Biography of
Jiang Jieshi

蒋介石全传（三）

刘 红 著

团结出版社
UNITY PRESS

蒋介石 全传

·Biography of Jiang Jieshi

重庆与蒋介石的抗日

重庆，是中国大西南腹地中的一座山城。作为一座古城，它的出名，却是在20世纪30年代后期，重庆是中国反法西斯战场的最高指挥中心，国民党把重庆作为临时国都，蒋介石把重庆作为大本营，在那里组织正面对日战场的作战，并在那里迎来了世界反法西斯战争的胜利。

抗日战争，是蒋介石政治发展史上的第二个正面时期。在8年抗战期间，尽管蒋介石在积极抗战一段时间后走向消极抗战，对中共的态度也由积极转向消极，对爱国民主运动也采取限制政策，依然限制人民大众的民主权利，强化国民党的反动统治，但是他基本上能够坚持在抗日民族统一战线内，坚持与日本帝国主义不妥协的立场，一直战斗到日本侵略者投降为止。8年抗战，也给蒋介石带来了巨大的政治利益：在国际上，因为中国人民对世界反法西斯事业的巨大贡献，中国成为世界大国之一，因而成为联合国的创始国和安理会成员之一；同时蒋介石与罗斯福、丘吉尔、斯大林一起成为世界四巨头；在国内蒋介石更是权势冲天，不可一世。抗日战争把蒋介石带到权力的顶峰，也把蒋介石带到威望的顶峰，但是他没有因势利导继续前进，而是过高估计自己的力量，过低估计中共的作为，最后不可避免地走向反面。

一、前期抗战中的蒋介石

从"七七事变"到武汉会战结束，为抗日战争的战略防御阶段。"七七事变"爆发后，蒋介石已无退路，开始组织全面抵抗。面对日本帝国主义者的疯狂进攻，中国共产党领导全国人民，指挥八路军、新四军进行了英勇抵抗。中国人民和中国军队尽管牺牲惨重，但粉碎了

1938年11月25日，蒋介石（左四）在衡阳南岳主持军政官员联席会议

日本速战速决占领中国的计划，并且建立起稳固的正面战场和敌后战场，为牵制日寇、为世界反法西斯事业，也为最后战胜日本帝国主义打下了基础。

（一）抗日烽火，蒋介石组织正面战场

日本侵略者挑起了"七七事变"，从北到南发动了全面侵华战争。在反击日本侵略的作战中，以国共两党武装为主体的中国抗日力量，组成两大战场。蒋介石指挥国民党军队，在正面战场上历经苦战，在八路军、新四军和人民群众的支持下，与日本侵略军相对峙，为大后方建起一道屏障。中共指挥的八路军、新四军，活跃在日寇的后方，在远离抗日大后方的艰苦环境中，发动、依靠群众，牵制了日伪军部分主力，给日本侵略者和敌伪势力以沉重打击。两大战场相互配合，互相支援，有力地遏制了日本强盗的嚣张气焰，最终在世界反法西斯同盟支持下，打败了日本帝国主义。

1937年7月7日，是中华民族难以忘怀的日子：一方面，因为中国的积贫积弱，日本发动了全面侵华战争，给中华民族带来了无尽的灾难；另一方面，中国人民奋起反抗，开始了为期8年的武装反抗侵略的斗争，中华民族开始觉醒，开始强大，开始走向世界。

卢沟桥事变

在中国千年古都北京城西南的永定河上，有一座建于北宋时的白石桥。此桥在金代大定二十九年奉诏命改建，历时3年完成。建成后的石桥长660尺，宽26尺，9匹马可以并驾齐驱。桥下9孔，桥上有142根柱，柱上有大小不一、姿态各异的大狮子281头，小狮子204头。曾有人说，在"七七事变"前几天，看到卢沟桥上的狮子们开始流泪，此话无可证实。但是这一艺术珍品上的狮子们，再一次领略了日寇的凶残和贪婪。

永定河流经北平西南时，自北向南，卢沟桥东头，是燕京十景之一的"卢沟晓月"碑，桥正对着宛平县城。体现着中华传统文化精华的卢沟桥和乾隆皇帝亲笔所题的"卢沟晓月"，在侵略者的眼里，更激起其侵略欲念。

1937年7月7日晚，天气不算太热。夏夜分外寂静，人们总觉得今天的寂静与往日不一样，因为今天日军的演习就在宛平城东北进行。10点40分，在宛平县城东北千米左右的大瓦窑演习的日军阵地突然响起一阵枪声。不一会儿一批日本军人来到宛平城门，声称有一名士兵去向不明，要求进城搜查。面对这一无理要求，中国军队理所当然予以拒绝。日本河边旅团第1联队第3大队第8中队长清水节郎，当即指挥日军包围宛平县城，开枪威胁。这个级别不高但凶恶无耻的日本军人，成为挑起日本侵华战争的直接责任者。

清水节郎在向宛平县城进攻的同时，请求驻丰台的第3大队长一木清直派兵增援。一木清直立即向北平城内的第1联队报告，联队长牟田口廉马上召集军事会议，决定扩大事态，趁机发动进攻。与此同时，日本驻北平特务机关长松井太久郎大佐，打电话给冀察政务委员会，造谣说正在宛平县城附近演习的一中队日本兵，突然听到城内响起枪声，引起日军混乱，结果丢失日本兵一名，要求进入县城搜索，但遭到中国守军的拒绝。这位日本特务头目同时威胁说，如果中国方面不允许，日本方面将"以武力保卫前进"。

冀察政务委员会马上将松井太久郎的电话内容报告北平市长兼29军副军长秦德纯，请示如何处理。秦市长明确指出："卢沟桥是中国领土，日本军队事前未得我方同意在该地演习，已违背国际公法，妨害我国主权，走失士兵我方不能负责，日方更不得进城检查，致起误会。"为了防止日寇故意挑衅，秦市长指出，可以在天亮后，由中国军警代为寻找，如果查到日本士兵，即行送还。为了防止意外，秦德纯指示宛平县城守军冯治安师长和吉星文团长、宛平县县长王冷斋查清真相和做好战斗准备。

王县长不敢怠慢，立即在城内普查，根本没有日本兵的影子。他当即于8日凌晨3点多钟，赶到北平日本特务机关，冀察政务委员会外交委员会主席魏宗瀚、委员林耕宇、交通处长周永业已经到达。面对松井等日本强盗的无理要求，王冷斋在一再解释无效后，责问日方是否又在重演当年藏本失踪事件故伎。此时，又得到了失踪的日本兵回到部队的报告，蛮不讲理的松井表示即使日本士兵回到部队，但为什么会失踪还需要调查。王县长十分气愤，质问如要调查原因，只要问一下那个日本兵不就清楚了吗？在松井的胡搅蛮缠下，冀察政务委员会指定日方的樱井顾问、寺平辅佐官、斋滕秘书和中方的林耕宇、周永业、王冷斋为调查委员。

代表们星夜赶往卢沟桥，一路上日军联队长牟田口廉等人一再对中方代表进行威胁。当他们到达宛平县城东约1公里处，只见公路沿线已被日军占领，寺平当即威胁王冷斋，要中国军队从县城西门撤出，日本军队进入县城东门。寺平的无理要求，被王县长坚决顶回。日军副联队长森田彻强逼王县长在10分钟内作出决断，中国政府代表没有被日本强盗所吓倒，最后日方不得不同意继续调查。

日本根本没有就此停止的打算。7月8日晨5时30分，一木清直和牟田口廉经过密谋，决定向宛平县城发动进攻。一场罪恶的侵华战争打响了！震惊中外的抗日战争打响了！

日军进攻宛平县城，并非偶然事件，早已蓄谋已久。"九一八事变"以来，日本为扩大对华侵略战争做了充分的准备，整个经济体制已经完全纳入战争轨道，转入以侵略中国为目标、以生产各种战争物资为主体的军工生产体系。日本政权和政治体制进一步法西斯化，1937年1月23日，广田内阁因为追究军人干政的问题，被迫辞职，组成了以曾任朝鲜占领军司令官的林铣十郎为首相的新内阁。6月，以发动侵华战争为目标的近卫内阁上台。

"华北事变"以后，在中国东北和华北地区，日寇一直没有停止准备扩大侵略的行动：

1936年底，日本参谋本部的有关人员，提出了《对华实施的策略》，准备武力解决华北问题。

1937年2月1日，日本军令部第三部根据驻南京总领事须磨弥吉郎的汇报，向日本当局提出："现在应对既定的对华政策再研究，准备和、战两手，使之万无一失。"

3月上旬，日本驻华武官喜多诚一少将、中国驻屯军参谋和知鹰二中佐、关东军参谋大桥熊雄少佐联合向参谋本部提出，日本如对南京政府采取软弱政策，只会使局势恶化，当前最紧急的是在以敷衍调整对华关系下，促进充实对苏、中的战备。

4月16日，日本内阁外务、海军、陆军和大藏四相研拟了《第三次处理华北纲要》，提出"使该（南京）政权实质上确认华北的特殊地位，并进而对日、满、华提携互助的各种措施进行合作"。

6月5日，日本陆军教育总监本部部长香月清司向日本当局报告，华北形势相当紧迫，因此中国驻屯军增加兵力很有必要。

6月9日，关东军参谋长东条英机提出，从准备对苏作战的观点出发，则应首先对南京政府加以一击，以除去日本背后的威胁。

在1937年上半年，日军在华北的侵略活动急剧增加。一是大批日本军人和特务来到华北北平、张家口、归绥、大同、太原、济南、青岛等地进行实地考察，对北平附近的西苑、北苑、南苑和清河等地29军防地进行了细致的侦察，为发动侵略战争做准备。二是日本军部在北平、天津、张家口、归绥、太原、济南、青岛、郑州和北平的通县等处设有特务机关，日本海军在北平、天津和青岛设立了特务机关，他们凭借侵略特权，设立电台，四处活动，对中国的政治、经济、军事状况进行了充分而周密的侦察。三是大举进行军事演习。在平、津地区的日军自进入初夏以来，频繁进行各种科目的军事演习。在丰台地区的日军，一直把控制宛平县城作为既定目标。其中在7月6日，不顾北方难遇的大雨，日军在铁路桥东南，即距卢沟桥西北千米左右的龙王庙前进行演习，以卢沟桥为假想目标。当时正在演习的日本军队就提出要穿过宛平城去长辛店，但被中方拒绝，双方对峙近10小时。四是大举增兵华北。在"七七事变"前的近一年间，日寇在华北地区的军队由1800人增加到6000余人，并且提出要在丰台和卢沟桥之间建立机场。

随着蒋介石对日政策趋于强硬，驻防华北的29军军长兼冀察政务委员会委员长宋哲元，面对日本侵略者的侵略阴谋，在全国人民和南京政府的支持下，在绥远抗战胜利的鼓舞下，开始进行必要的准备：

1937年1月20日，冀察政务委员会与冀察绥靖公署发布通令。提出：一、拥护中央；二、保卫国家完整；三、反对赤化。规定：一、中国人不打中国人；二、侵我土地者即我敌人；三、对中共则人人得而反对和"诛之"；四、"反共"不为内战。

2月24日，宋哲元派出秦德纯出席南京国民党五届三中全会，以破除外界关于29军与中央政府不一致的谣言。

3月间，宋哲元坚决拒绝了日寇要其成立华北自治政府的要求。

4月20日，宋哲元发布命令，宣布凡盗卖国土者，处以死刑。

4—5月间，举行华北地区国民大会代表选举，冀察平津成立国民大会选举总监督处。在当时特殊背景下，此举无疑是表示冀察政务委员会拥护国家统一，华北是中国整体的一部分。

5月，宋哲元命令所有华北地区的中等以上学校，恢复军训。29军成立军训委员会。在南苑举办暑假学生军训，有1000多名女性大专学生参加。

针对日军军事演习，29军在平津民众的强烈要求下，分别在北平红山口地区、保定地区进行军事演习。

华北地区，只有29军一支正规部队。其中37师驻守北平，师长冯治安任河北省主席；132师驻任丘、保定之间，师长赵登禹兼任河北省保安司令；38师驻天津，师长张自忠兼任天津市长；143师驻察哈尔，师长刘汝明兼任察哈尔省主席。驻守宛平城的是第37师110旅219团第3营，营长金振中是一位负责任的军官，根据师长冯治安的要求，在宛平城"以不惹事、不怕事的原则维持目前局势。但若日军硬攻时，必抱定与城、桥共存亡的决心，以维护本军名誉和报答全国同胞"。

1937年7月8日晨5时30分，在一木清直的指挥下，日军开始向宛平城攻击。日本鬼子打响了卢沟桥战争的第一枪，一场全面侵华战争由此开始！

"救亡大义千秋著，抗战英风万古存。无定河边壮士骨，卢沟桥上健儿魂。"卢沟桥抗战开始了。

金振中营长很快接到秦德纯市长的命令：要以宛平城与卢沟桥为吾军坟墓，一尺一寸国土，不可轻易让人。何基沣旅长也下达三条命令：不同意日军进城；日军武力侵犯坚决回击；我军守土有责，绝不退却。

日军第三大队主力在一木清直指挥下，排成四路纵队直扑龙王庙和铁路桥的中国守军。站在桥头要求日军撤退的第10连排长申仲明被日军突然射来的子弹射中。因为寡不敌众，第3营的两个排全部牺牲在桥头阵地。同时日军又向宛平县城东门发动进攻，遭到第3营和城内民众的顽强抵抗。

针对日军的突然袭击，秦德纯、冯治安、张自忠以及29军军部发表声明和命令，要求与桥共存亡，不得后退。

7月8日7时30分，日本华北驻屯军司令部对天津各部，下达了准备出击的命令；9时，华北驻屯军命令牟田口占领永定河东岸地区，永定河东岸地区的中国军队则要解除武装。13时，牟田口到前线；15时50分，河边正三旅团长赶到丰台督战，几次进攻都被29军击退。为进行战争准备，河边、牟田口又玩起谈判阴谋，无耻要求中国军队退至西苑。18时，日军援军到达，开始向宛平专员公署进行炮击，城内许多民房和公署被炸毁。同时，日军出动9辆坦克和大批步兵，向只有一个连守军的宛平城进攻，3个小时后县城岿然不动。当晚，219团主动出击，于9日凌晨收复了永定河东岸地区。219团官兵作战英勇，金振中营长也身负重伤。

9日，日本特务机关长松井和秦德纯市长在北平达成口头协议，日本军队退到永定河左岸，中国军队退至永定河右岸，卢沟桥守卫由保安队负责。日军并不是想停战，而是行缓兵之计。

当时正在山东乐陵老家的冀察政务委员会委员长宋哲元，于11日晚赶到天津。遗憾的是，这位与日本和蒋介石打过多年交道的华北最高军政长官，在这一攸关中华民族生存的历史紧要关头，有两个失误，一是误认为蒋介石不会同意全面抗战；二是轻信日本的停战承诺。所以，他没有指挥部下全力反击侵略者，只是指定天津市长兼38师师长张自忠负责交涉。身患重痢疾的张自忠将军面对日本特务松井太久郎的威胁利诱，一口拒绝日方提出的惩治肇事者、从卢沟桥撤退中国军队的无理要求。但日方与秦德纯、齐燮元、张允荣等人和宋哲元的想法差不多，所以谈判有所进展。

日本当局准备利用此次事件正式发动侵华战争。7月11日下午2时，华北驻屯军情报部已接到日本内阁会议的决定："为了解决中国问题多年来的悬案，现在正是大好机会。所以，当地交涉已经没有进行的必要，如果已达成协定，也予以撕毁。"为贯彻这一决定，日本军部任命香月清司为华北驻屯军司令官，并准备调动40万军队参加对华行动。在日本已经决定发动大规模战争的同时，当天晚上秦德纯与松井太久郎还正式签署了《卢沟桥事件现地协定》；并且还把近几天来俘虏的200余名日本兵送回丰台。宋哲元还特意表示，卢沟桥事件为"东亚之不幸"，并主动宣布撤销北平的戒严，严禁中国军队与日本军队发生摩擦。因为对日本在华北的侵略底线并不了解，蒋介石也只是要29军"固守宛平，就地抵抗"。南京国民政府于7月16日发表《备忘录》，正式向日方提出和平倡议。

日本当局却在加紧发动全面侵华战争的准备。7月12日香月清司经朝鲜转飞天津上任。同时，日本增援部队陆续到达密云、山海关、天津、唐山、通州等地，大批重型武器也由日本本土、朝鲜和东北运往平津地区。7月14日，香月清司向宋哲元提出了取缔抗日分子、处罚金振中营长和罢免冯治安师长、宋哲元出面正式道歉、撤出八宝山附近的中国军队等让中方无法接受的要求。日本驻华武官和驻华使馆参事官分别以上述内容向中国政府提出事实上的最后通牒。

至此，日本侵略者的兵力布置完毕，准备发动战争。华北驻屯军司令部发表强盗声明，声称："从20日午夜以后，驻屯军将采取自由行动。"日本外务省于1937年7月20日凌晨发表侵略声明，认为中国政府的《备忘录》难以接受；日本内阁也同时批准了参谋本部提出的武力解决事变的计划。此时的宋哲元还在坐失战机，19日回到北平的宋哲元在20日上午发表谈话，既不同意坚决抗日，也不甘心全面退让，只是要中日两国人民互相信任、坦诚相待。正如他在29军高级将领会议上所表示的："既不以退为守，也不以攻为守，我们就以守为守吧！"

就在宋哲元发表公开谈话的当天下午3时，日军开始炮击宛平城和长辛店。21日，日军飞机在北平上空散发传单、进行示威。7月23日，日军8个师团共16万人在华北集结完毕。

7月25日下午，一个大队的日军向廊坊的中国军队驻地发动进攻，中国守军第38师刘振三的113旅进行抵抗。第二天，在飞机和坦克的支持下，日军占领廊坊。

7月26日，日军在占领廊坊后，要求宋哲元从北平撤出全部中国军队。遭到拒绝后，日军向北平广安门发动进攻，29军刘守珍团坚决抵抗。27日晨，日军在18架飞机的掩护下，出动步兵和骑兵向通州发动进攻，29军守军伤亡千余人。当天日军在北平城外围向中国军队发动多次进攻。松井就此事件，向宋哲元提出最后通牒，要求中国军队撤出永定河东岸地区，防守北平的37师撤至保定。

7月28日2时，松井通知宋哲元，日军准备采取自由行动。8时，日军在3个炮兵团、百余辆坦克、十几架飞机的掩护下，向北平南苑、北苑、西苑等地发动进攻。驻军132师等部在佟麟阁副军长和赵登禹师长的指挥下，进行顽固抵抗，最后包括这两位将军在内的5000余名官兵英勇殉国，南苑失守。下午，宋哲元、秦德纯、张自忠等人决定放弃北平，指挥部撤往保定，冀察政务委员会委员长、北平市长、北平绥靖区主任由张自忠代理。1937年7月29日北平陷落。

在北平陷落的同时，日军向天津发动进攻，中国守军38师在副师长李文田的指挥下，在天津火车站、军用机场、海光寺等地与日寇血战，一度争取冀东伪政权保安队3000人反正，并逮捕汉奸头子殷汝耕。终因寡不敌众，最后于1937年7月30日撤出天津。平津沦陷，标志着日本侵华战争的全面启动。身为北平市代理市长、冀察政务委员会委员长、北平绥靖主任、天津市长的张自忠，因为在宋哲元、秦德纯提前撤往保定后负责平津战局，最后在日寇占领平津后，于8月4日化装成孝子，骑自行车逃出北平。因为他是最后的指挥官，丧师失地的责任当然落在他的身上，一度被民众骂为"张逆自忠"。

日寇在占领平津地区后，开始沿平汉线、津浦线南下和向山西方向进攻。8月14日，日本关东军在《处理时局的纲要》中提出："我们不仅要消灭在华北的中国陆军和其他一切军队，而且要取得上海和控制山东，在没达到目标以前，不进行一切外交活动。"日本军人更是狂妄，叫嚣要南北出击，一举攻占广州，十天占领上海，三周攻下南京，一个月占领武汉和太原，二个月拿下华北，总之要在三个月内灭亡中国。真是狂妄无知的侵略者，在鸦片战争以来的近百年间，西方英美法德俄等大国，面对中国执政者的软弱无能，知道可以获得部分政治、经济利益，但面对举着大刀、长矛，不顾洋枪洋炮轰击而勇往直前的中国人民，深知无法占领中国，小小的岛国日本竟想霸占全中国，真是不自量力，可笑至极。

对于卢沟桥事变，应该说蒋介石和南京政府从一开始态度就比较明确。7月8日，蒋介石电令宋哲元立即离开家乡去保定设立指挥所，并作出"宛平城应固守勿退，并须全体动员，以备事态扩大"的指示。（古屋奎二：《蒋"总统"秘录》之十一第12页）并连续两次电令宋哲元，要做好战争准备，在谈判中不能丧失主权。蒋介石此时并不清楚日寇此次的意图是什么，但不再对日让步的意思十分明确，并且在军事上也做了一些准备。

1937年7月9日，蒋介石密电孙连仲第26路军的两个师、庞炳勋的第40军、万福麟的第53军以及山西商震部向石家庄方向集结，李默庵的第10师、赵寿山的第17师、杜聿明的第25师、刘戡的第83师、曾万钟的第3军向华北集中。设立石家庄"军事委员会委员长行营"，任命徐永昌为主任，负责华北战事。

7月10日，前一天从庐山赶回南京的外交部长王宠惠，向日本使馆发表了措辞强硬的书面抗议，要求日军立即停止在卢沟桥的军事行动。11日，外交部发表了谴责日本侵略的声明，强调任何关于华北问题的谈判协议，必须经过南京政府的批准。同一天，正在四川主持川军整顿事务的何应钦回到南京，具体研究战争准备事项。第二天，为了解决军事运输问题，国民政府发表了"军事征用令"。

7月12日下午，蒋介石向驻守陕豫鄂皖苏的军队发布动员令，要求这些部队以郑州为中心向平汉、陇海铁路集中；平汉、津浦、陇海铁路局集中军用列车；在南昌的中央军30架飞机飞往华北地区增援；派出参谋本部次长熊斌作为中央代表，赴华北视察。在南京政府内部，当时身为军委会参谋总长的程潜和即将赴石家庄就任新职的军事委员会办公厅主任徐永昌、训练总监唐生智等军界名人，则认为军事准备不足，不宜开战，这或多或少干扰了蒋介石的决策，造成南京政府在卢沟桥事变初期形成了"应战而不求战，作和战两手准备"的决策。

面对日寇在北平地区侵略意图的日益彰显，蒋介石的立场逐渐明朗起来。7月15日至20日，蒋介石在庐山主持召开暑假谈话会，总共有150多位各党各派

1937年7月17日，蒋介石发表了著名的《庐山谈话》

代表、学者名流与会，中共代表十年来第一次公开参加国民党召集的全国性会议。1937年7月17日，蒋介石发表了著名的《庐山谈话》：

"我们的东四省失陷，已有六年之久。现在冲突地点已到了北平门口的卢沟桥，如果卢沟桥可以受人压迫强占，那么我们五百年的故都，北方政治文化中心与军事重镇北平，就要变成沈阳第二！今日的北平如果变成昔日的沈阳，今日的冀察亦将成为昔日的东四省。北平若可变成沈阳，南京又何尝不可变成北平！"蒋介石严正表示，卢沟桥事件的解决，只能恢复事变前的态势，并且确保中国行政官员和军队驻扎不受任何影响。他说："我们固然是一个弱国，但不能不保持我们民族的生命，不能不负起祖宗先民所遗留给我们历史上的责任；所以到了逼不得已时，我们不能不应战。至于战争既开之后，则因为我们是弱国，再没有妥协的机会，如果放弃尺土寸地与主权，便是中华民族的千古罪人！那时便只有拼民族的生命，求我们最后的胜利……我们希望和平，而不求苟安；准备应战，而决不求战。我们知道全国应战以后之局势，就只有牺牲到底，无丝毫侥幸求免之理。如果战端一开，那就是地无分南北，年无分老幼，无论何人，皆有守土抗战之责任，皆应抱定牺牲一切之决心。"（《先"总统"蒋公全集》第1063页）

蒋介石表示，"我们既是一个弱国，如临到最后关头，便只有拼全民族的生命，以求国家生存。那时节再不容许我们中途妥协，须知中途妥协的条件，便是整个投降、整个灭亡的条件。全国国民最要认清所谓最后关头的意义。最后关头一到，我们只有牺牲到底，抗战到底！唯有牺牲的决心，才能博得最后的胜利。"针对在国民党"五全"大会上蒋介石所说的"和平未到根本绝望时期，决不放弃和平；牺牲未到最后关头，决不轻言牺牲"，现在蒋介石认为"最后关头"已到，"牺牲到底绝无任何求免之意"。因此，"卢沟桥事件能否扩大中日战争，全系日本政府的态度；和平希望继续之关键，全系日本军队之行动"。（《先"总统"蒋公全集》第1063页）《庐山谈话》是蒋介石一生中最有影响的一次谈话。对南京政府来说，表明了南京政府和国民党已经开始抗战；对中华民族来说，表明了全民族开始投入抗战；对蒋介石个人来说，表明他已把西安事变时作出的政治承诺变成政治现实。中共中央军委主席毛泽东特意发表谈话，对《庐山谈话》予以肯定。曾经作为蒋介石多年对手的毛泽东说，这一谈话"确定了准备抗战的方针，为国民党多年以来对外问题上的第一次正确的宣言，因此，受到我们和全国同胞的欢迎"。《庐山谈话》，表明作为中国的最高统治者蒋介石，面对日寇的侵略暴行，在全国人民、中国共产党和爱国民主力量的推动下，终于同意进行第二次国共合作，组成最广泛的抗日民族统一战线，一致对付侵略者。

　　1937年7月26日，日军攻占廊坊后，蒋介石在致赴英国特使孔祥熙的电报中说："倭寇今晨攻占廊坊后，继续向南苑轰炸，大战刻已开始，和平绝望。"（王德胜：《蒋"总统"年表》第222页）7月27日，中国政府外交部发表声明，指出卢沟桥事变以后中国政府作出的一切和平努力已因为日本方面的原因而被破坏，中国只剩下进行抗战一条路。平津沦陷后，蒋介石对记者发表谈话时称："军事一时之挫折，不得认为失败；而且平津之役，不过其侵略战争之开始，而绝非战争之结局。国民只有一致决心，共赴国难。""今既临此最后关头，岂能复视平津之事为局部问题，任听日军之宰割，或更制造傀儡组织。政府有保卫领土、主权与人民之责任，唯有发动整个计划，领导全国一致奋斗，为捍卫国家而牺牲到底，此后绝无局部问题解决之可能。"（1937年7月30日南京《中央日报》）7月31日，蒋介石发表《告抗战全体将士书》，指出："现在和平既然绝望，只有抗战到底。那就是不惜牺牲来和倭寇死拼。我们大家都是许身革命的黄帝子孙，只有齐心努力杀贼，有进无退来驱逐万恶的倭寇，复兴我们的民族。"（王德胜：《蒋

抗日战争时期的蒋介石

"总统"年表》)

中国人民的抗日战争正式开始了!

全面抗战虽然发动，但是形势是严峻的。日本拥有由法西斯武士道精神训练出来的现代化军队250万人，后备役200万人左右。每个陆军师团编制达22000人，配备有5800匹战马，9500支步枪，650余挺轻重机枪，108门各种火炮，24辆坦克。据蒋纬国在《蒋委员长如何战胜日本》一书中估计，日军一个师团的火力可以超过当时经过整编的中国3个完整师的火力；可以和上海抗战期间的8个至10个中国前线作战师相比。日本海军有战斗舰只190万吨，飞机2700架。与之相比，中国军队虽然有200余万人150多个师，但整编完毕能够开上前线作战的只有100余万人，南京政府可以使用的野战步兵部队只有80个师，9个步兵旅，9个骑兵师，2个旅又16个团的炮兵；海军只有各类舰只59000吨；空军只有飞机600余架，其中作战飞机只有美国"霍克C型"战斗轰炸机3个大队、"雪莱克"强击机1个大队、"诺斯路甫"轻型轰炸机1个大队，共314架。两国军队相比，实力相差很大。

敌强我弱的军事态势非常明显，但这只是基于"唯武器论"得出的结论。因为中国人民反侵略的光荣传统和顽强斗志是无法计算的，中国辽阔的地域和众多的人口为长期进行反侵略战争提供了广阔的空间和无限的战争潜力。8月7日至12日，国民政府军事委员会召开各战区各省市军政长官和中共代表参加的第一次最高国防会议。会议经过对战争态势的分析，认为日本国土窄小、人口有限，在军国主义鼓动下高速膨胀起来的军事实力可以嚣张一时却不可能持久，再加上日本军部正在进行是北进苏联还是南下亚太地区的争论，无论是北侵还是南犯，都需要在中国速战速决，在短期内征服中国。针对日本的速战速决战略，只要挡住日军倾注全力进行的战备进攻，就能利用中国的战争潜力、优势，消耗敌人，最后达到战争的胜利。因此，会议制定了"敌之最高战略为速战速决，而我之最高战略为持久消耗"的抗日战争总体方针，这一结论和方针符合敌我之军事对比现状。从后来的历史演变看，蒋介石的"持久消耗战略"和后来提出的"以空间换取时间，积小胜为大胜"的方针是正确的，但是在抗战实践中，他并没有发动人民抗战，对中共的抗日游击战争也多方阻挠，这就使得这一战略大打折扣。

1937年8月12日，国民党召开临时中央常委会，决定为适应全面抗战的需要，协调党政军各方面的行动，决定国防大政、国防经费和总动员等重要事项，设立"国防最高委员会"，取代中央政治会议。国防最高委员会组成成员为国民党中央党部秘书长和各委员会主委，国民政府文官长、行政院长、行政院秘书长和各部部长，军事委员会正副参谋长和各部部长、三军负责人，各战时全国动员、训练、党政机构负责人。蒋介石任国防最高委员会委员长，张群任秘书长。由蒋介石指定的国防最高委员会常委是于右任、居正、孔祥熙、孙科、戴传贤、王宠惠、何应钦、白崇禧、陈果夫、邹鲁、叶楚伧。

会后，国防最高会议与党政军联席会议成立，决定国民政府军事委员会为"最高统帅部"，蒋介石出任陆海空军大元帅。此外，为团结各阶层，群策群力，会议决定征召各党各派及各界名流，成立"国防参议会"。

"八一三抗战"

此时的日本当局和侵华军，已经利令智昏，急于在华全面挑战，把在华北得手后的第二个进攻目标选在上海。上海是中国第一大城市，国民党政权的首都虽在南京，但事实上的政治、文化、经济、军事中心却是上海。日本进攻上海的意图，就是先拿下上海，然后沿江而上，迅速占领南京，摧毁南京政府。

蒋介石也愿意在上海打一仗，其意图有二：一是上海为国际都市，西方大国在中国的主要机构和主要代表、主要投资项目都在上海、南京，日本对上海的进攻严重威胁到西方的在华利益，进而可以逼使西方表态，加入或者从物质和道义上支持中国的反侵略战争。二是日本占领华北，可以沿着平汉铁路和津浦铁路南下进攻，沿铁路南下，进攻速度快，火力便于展开，并一路扫荡沿线经济发达地区，并且既可以轻取南京，又可以轻取武汉。而日军如果占领武汉，对南京政府和中国的抗战将形成巨大威胁，既可以断南京政府西撤之路，又可以取中国抗日腹地。因此，有必要把日寇由北向南进攻的地理优势，扭转到由东向西、沿

蒋介石在淞沪抗战前线

江逆流而上的不利地理环境上来。引导日军改变进攻方向，沿长江而上，沿江仰攻，点少面狭，放不开，快不了，可以拖延日军进攻速度，争取向大后方转移所急需的时间。

卢沟桥枪声一响，侵驻上海的日军遥相呼应，在虹桥机场挑衅，强横无理地要求中国政府撤出驻扎在上海的保安部队和所有防御工事。1937年8月13日，日军命令驻吴淞口的30余艘军舰向上海市区开炮，并向虹口、闸北地区发动进攻。蒋介石得知日军的行动后，迅速作出进行淞沪战役的决策。

淞沪战役是中、日间第一次大规模作战，双方投入了大量兵力。日寇原以为上海是第二个北平，无须多大代价即可拿下。结果6次增兵，在上海派遣军司令官松井石根大将要求下，共投入兵力9个师团30余万人、300余门大炮、200余辆坦克、300余架飞机、80余艘军舰。

中国方面为有效遏制日军的进攻，组织第三战区，先由冯玉祥指挥，后因为军队来自南方各主要省区，为便于指挥由蒋介石亲自兼任战区司令官。先后参加淞沪会战的中国军队主要有：张发奎的右翼军，编有张发奎兼任司令的第8集团军和刘建绪的第10集团军；张治中（后由朱绍良接任）的中央军，编有朱绍良兼任司令的第9集团军和廖磊的第21集团军；陈诚的左翼军，编有薛岳的第19集团军和罗卓英的第15集团军；刘兴的江防军。共有50余个师、6个旅和部分炮兵、要塞和警备区，约70万人；出动了250架飞机和40余艘军舰。中国军队主力尽出，但更多的是从南方省区抽调来的在短期内编成的军队，装备很差，训练不足，但士气高昂，作战勇敢，将士们把6年来对日寇的仇恨集中在枪口上，奋勇杀敌。

淞沪会战十分惨烈，中国军队面对灭绝人性的日寇占有绝对优势的火力，不怕牺牲，前仆后继，为求得民族的生存，为维持世界正义，英勇作战。1937年8月14日，中国军队开始反击，第5军军长张治中将军指挥第87、88师，在杨树浦至闸北、虹口公园一带，向日军发起反击，将敌人压缩至虹口海军陆战队司令部一线。19日，宋希濂的第36师攻占汇山码头。只因敌人火力太强，战斗处于胶着状态。

1937年8月20日，为应对日寇的全线进攻，南京政府和军事委员会决定成立"战时大本营"，由蒋介石大元帅负责统率三军及指导全民，"对于侵犯我主权领土，与企图毁灭我民族生存之敌国倭寇，决以武力解决之"。大本营参谋总长由程潜担任，副总长由白崇禧担任；第一部长黄绍竑，第二部长张群，第三部长孔祥熙，第四部长吴鼎昌，第五部长陈公博，第六部长陈立夫，后方勤务部长俞飞鹏，管理部长朱绍良，首都防空司令谷正伦、副司令黄镇球。协助大本营指挥者，为国民政府军政部长何应钦，训练总监唐生智，军事参议院院长陈调元。

大本营根据日军进攻态势，认为对日作战有三个重点：第一个是华北地区，要多线设防，固守平绥路东段，确保晋鲁；第二个是华东地区，集中主力，扫荡敌海军根据地，阻止敌人后续部队登陆；第三个是华南沿海，守备海防要地。在敌强我弱的态势下，既要阻止日军凶猛的攻势和消耗其实力，又要保存中国军队的实力，以准备长期作战。

为实现这一战略构想，大本营决定成立5个战区，第一战区负责河北和山东北部地区，由蒋介石兼司令长官，由徐永昌代理；第二战区负责山西、察哈尔、绥远地区，由阎锡山任司令长官；第三战区负责江苏长江以南及浙江地区，由冯玉祥任司令长官，顾祝同任副司令长官；第四战区负责福建、广东地区，由何应钦任司令长官，余汉谋任副司令长官；第五战区负责江苏北部和山东地区，由蒋介石兼任司令长官，由韩复榘代理。此外，大本营决定组建由李宗仁、白崇禧、刘湘、邓锡侯，龙云、薛岳、何成浚、徐源泉分别担任正副总司令的四大预备军。

大本营决定全力以赴支援上海作战。8月15日，日寇以第3、11师团为主体合组上海派遣军，增援上海，23日凌晨在川沙镇、吴淞登陆，日军援兵的到来开始了会战的第二阶段。日军11师团凭借强大的火力，扑向罗店、月浦等地。尽管在敌人猛烈的炮火和飞机轰炸下，成建制连、建制营牺牲，但中国军队坚守阵地没有后退一步。日军第3师团向吴淞方向的进攻也没有成功。8月31日，松井石根要求日本国内派遣5个师团的增援部队来沪。9月5日，日军集中30余艘军舰和步兵，向宝山城发动猛攻，守军第18军583团3营全体官兵，姚子营营长以下500名官兵全部牺牲。在中国军队的殊死抵抗下，日军的作战目标没有实现。9月14日，继日军援军天谷支队、饭田支队投入上海战场后，由日本台湾守备队改编而来的第重藤支队在川沙镇登陆；9月下旬，日军第9、13、101师团先后在上海至吴淞口登陆，从海路赶来的华北的10个日军大队也投入上海战场。中国方面正式组成三个方面军，坚守上海北站、江湾、庙行、罗店等一带。9月

30日起，日军开始大规模进攻，双方在大场镇、蕴藻浜两岸激战，日军依然在原地踏步。10月17日，日军第16师团从华北赶来上海。此时，日军的局部优势已经非常明显，并且有海空军的支援，中国军队不得不退出大场间阵地，10月25日退守苏州河南岸。

10月26日，会战第三阶段开始。日军依靠强大兵力，在杀伤力巨大的重武器掩护下，强渡苏州河。88师525团在团长谢晋元的指挥下，在北岸四行仓库坚持作战。11月5日，日军援军第10军在杭州湾金山卫登陆，中国方面曾组织67、79军渡过苏州河反击，但没有成功。此时，中国军队已经处于东、南、北三面包围之中，由于日军越来越多，战局越拉越开，压力越来越大，南京最高当局的指挥也越来越乱，中国军队不得不撤退。11月7日，日军重新编组为华中方面军，由松井石根任司令官。11月9日，日军攻占松江，12日占领全上海，15日攻占嘉定、昆山，11月19日占领苏州、嘉兴、常熟，淞沪会战至此结束。

其中在四行仓库坚持作战的谢晋元团，陷于敌人重围之中，已经无法突围，只得在租界内坚持斗争。1941年4月24日，太平洋战争爆发后，上海租界被日军占领，日寇买通了525团内的3个汉奸，在早上出操时暗杀了谢晋元，几百名壮士后来也被日军押往各地充当苦役，最后几乎全部被害。

淞沪会战虽然失败了，但是作为战略防御阶段中的最重要的一次战役，基本实现了预定的战略设想。蒋介石调动日军主力，变敌军由北而南的进攻方向为由东向西方向的目标已经实现。中国军队在中国共产党和上海各界民众、海内外侨胞的支持下，依靠自己的力量，苦战3个多月，30万武装到牙齿的法西斯军人依靠飞机、军舰强大的火力支援，包括使用毒气弹，仍久攻不下，而且增援6次、总攻5次，死伤6万余人，日军10天占领上海、3个月占领中国的神话破灭。上海会战成为中国全民抗战的一次大动员，在支前活动中，中国共产党的各级组织，四处奔

　蒋介石、宋美龄举行外籍记者招待会

走，发动工人、市民、学生支援前线。各党各派各界人士无不奔走于抗日，工商界和市民们踊跃捐钱捐物。在支援前线的行列中，有杜月笙、虞洽卿等人，甚至宋氏家族也出钱出力，慰问前线，救护伤兵。宋美龄本人也于10月22日前往前线劳军，不幸遇日机轰炸座车在躲闪中

蒋介石在抗日前线阵地观察敌情

翻车，造成肋骨折断，陪同的顾问端纳也负伤。国难当头，全国人民显示出一致抗日、团结救国的精神。

上海抗战，改变了国际上对中国军队的看法，也改变了日本人对中国军队的看法。在国际舆论看来，以往的中国军队似乎只会逃跑；日本人更不把中国军队放在眼里，从"济南惨案"、占领东北等一系列与中国军队的交锋中，他们认为，中国军队能打的上级不让打、不能打的打不赢，战胜中国军队不在话下。岂知此次则不然，中国军队依靠十分简陋的武器，在后勤供应不能得到基本保障的情况下，竟然挡住日军3个月，出现了许多像宝山城保卫战、四行仓库保卫战等英勇战例，与日寇进行了无数次肉搏战和短兵相接。

在上海抗战中，中国空军首开击落日机的纪录。在1937年8月14日的空战中，中国空军出动轰炸机轰炸日军海军司令部、兵营、汇山码头，炸伤日海军旗舰"出云号"等10多艘军舰，日军损失巨大；同日下午，又迎战日军从台湾起飞的13架重型轰炸机，击落日机3架，在中国空军战史上写下光辉的一笔。

张治中、宋希濂、陈诚等将领也是不离火线，坚持指挥。有人回忆说身为左翼军总司令兼第四预备军总司令、战区前敌总司令的陈诚，在3个月的会战中，几乎"没有一晚不是和衣而卧，每晚只得三几个小时的休息，头发长得像一个荒山野人，脸孔也瘦得如同马骝"。蒋介石本人在作战紧张时期，一天几十个电话打到前线，催问战况和督阵。中国军队英勇作战的壮烈情景，使得一直认为短期内中国军队会溃败的西方各国，准备调整冷眼旁观的对华政策；日

本当局也看到了中国军队的潜力，开始调整作战方针。

上海抗战，为蒋介石实施向后方大转移争取到3个月的时间。在这3个月中，中央政府机关、许多大专院校、重要工业设备和各类物资完成了向后方的转移。在这次空前的战略转移中，南京政府于10月30日开始迁都重庆，整个国家机器全部经武汉、南昌、长沙等地撤往大西南；大批高等学校内迁，如北京大学、清华大学、南开大学迁到昆明，成立了西南联合大学；北平师范学院、北洋工学院、河北省立女师迁到陕西城固成立西北联合大学；浙江大学、武汉大学、中山大学、上海大学、云南大学也分别内迁。到1939年8月，专科以上学校迁往大后方者共有70余所，为中国保存了一批现代教育人才和高教基地。工商业也是如此，1937年8月12日，行政院成立"工厂联合迁移委员会"，并拨款56万元。工厂内迁分为军需和民用两类，军需优先、兼顾民用，内迁工厂大多经武汉前往西南各省。到1940年间，内迁工厂达639家，其中钢铁业22家，机械业230家，电器业41家，化学工业62家，纺织业115家，食品业54家。这不仅成为坚持抗战的经济基础，也使昔日较为落后的大西南、大西北出现了一批新兴工业企业，使全国的经济布局更加合理。特别值得一提的是，东北沦陷后，南京政府开始整理北平故宫的珍贵文物，经过精选，共挑出约40万件，精心包装后于使全面抗战爆发前夕南运，不久西运西南。这批文物在抗战8年间根本没有开箱，在国民党蒋介石集团退台前夕又被运往台北。尽管这批珍贵文物保存在台北故宫博物院内，但也为中华民族留下了无法替代的文物精品。避免造成更大损失、对坚持8年抗战起到极大作用的战略转移之所以能取得成功，重要原因之一是上海抗战争得了3个月的时间。

在淞沪会战进行的同时，已经占领平津地区的日军集中9个师团，准备实施沿平汉铁路、津浦铁路南下作战计划，目标直指武汉和南京。针对日寇的这一阴谋，蒋介石在寻机改变日军进攻方向的同时，调遣主力部队尽量阻挡华北敌人的进攻。1937年8月3日，蒋介石指示宋哲元的第1集团军负责津浦路北段，刘峙的第2集团军负责平汉路北段，韩复榘的第3集团军负责胶济路，蒋鼎文的第4集团军负责徐州附近的津浦路和陇海路段，顾祝同的第5集团军负责陇海路西段，傅作义的第7集团军和杨爱源的第6集团军集中在晋察两省，刘汝明的第68军外加彭善的第11师、高桂滋的第84师合编为察省守备军团；汤恩伯的第20军团为预备军团。在平汉路、津浦路由第1、2集团军，以及驻扎石家庄的卫立煌的第14集团军、孙连仲的第1军团为第一线；第3、4集团军为第二线，第5集团军为总预备队。蒋介石的战略意图很清楚，就是重叠配置，多层设防，千方百计阻挡日军主力沿津浦铁路和平汉铁路南下。

华北抗日战

日军在占领平津后，无论是向南还是向西，察哈尔省的中国军队都会严重威胁其侧背安全。为保证华北日军的侧翼安全，华北方面军的第一个进攻目标便是察哈尔省。日寇分两路进攻察哈尔，一路沿平绥路进行，一路从热河方向张家口进行。1937年8月10日，关东军成立察哈尔兵团，由关东军参谋长东条英机中将指挥，17日在多伦成立司令部，19日攻占张北，对张家口形成巨大威胁。刘汝明的察哈尔守备军团急忙迎战。20日军对张家口发起进攻，24日占领张家口西南高地，此时赶来增援的傅作义虽连续作战反攻均未取得重大战果，27日日军攻占张家口。

沿平绥线方向前进的日军则不顺利。1937年8月11日，日军第11旅团开始沿平绥线向张家口前进，当时被编为第13军的汤恩伯部在南口据险而守，日军出动飞机和坦克配合攻击，汤恩伯部在失去了南口车站后又在两侧山岭上继续抵抗，双方战斗分外激烈。孙连仲的第1军团在北平南部良乡一线的反击没有实现作战目标。16日，日军板垣征四郎的第5师团到达南口，投入作战，汤恩伯部右翼阵地一度被突破。此时傅作义第7集团军的1个师和1个旅赶来参战，稳定了战局。19日，日本关东军一部攻占张家口北部的重镇张北，傅作义不得不率兵回师增援，南口防线出现缺口。到23日，在南口之战之初奉蒋介石令从石家庄前来增援的卫立煌第14集团军此时赶到南口，但因无法联络未能及时投入战斗，26日南口被攻占。27日日军第11旅团攻占延庆，第5师团攻占怀来。历时半个月的南口阻击战是华北战场的第一场硬仗，打出了中国军队的威风。

日军攻占张家口，实现其在华北第二个作战目标。1937年8月31日，日本编成华北方面军，由寺内寿一大将为司令官。日军在占领察哈尔省后，继续实施向西向南进攻计划。板垣的第5师团沿蔚县南下参加保定会战，东条英机部于9月6日起开始沿平绥线西攻天镇，守军第61军军长李服膺曾在南口之战时拒绝前往增援，如今又率军逃跑，只留1个团负责防守。尽管只有1个团，却在天镇坚守了一个星期，至9月11日天镇陷落。日军兵临大同城下，守军弃城而逃，13日日军不战而得大同。日军继续向北、南发展，10月17日攻占包头，占领绥远省。至此，日军的察哈尔战役作战目标实现。

1937年9月4日，日本华北方面军制订了华北会战计划，由第1军进行平汉线作战，第2军进行津浦线作战。9月14日，日军开始行动，沿平汉路两侧前进，中国守军是8月20日刚刚就任第一战区第2集团军总司令刘峙的第2集团军，因为指挥失误，日寇从固安渡过永定河偷袭成功，第2集团军侧翼受到严重威胁，刘峙指挥所部拼命南逃，一口气逃跑近200公里，一直从北平南郊逃到保定。刘峙在保定立足未稳，仓促组织保定会战。因为其逃跑过快，日军前进速度过快，使得其他中国军队根本没有时间赶来保定，9月24日日军占领保定。

与此同时，日军第2军离开平津，沿津浦路南下，依靠铁路，运输速度快、运输量大，日军行动迅速，各种重型武器畅通无阻，因此防守津浦线北端的宋哲元的第1集团军没能挡住日军的进攻。1937年9月20日，日军兵临沧州，第1集团军虽然顽强阻击，但沧州仍于4天后被攻占。保定、沧州失守，日军南下河北计划第一步实现。

事实上，此时的蒋介石及其南京最高军事指挥当局，已经在实施扭转日寇进攻方向的计划，在上海集中重兵进行会战，以吸引日军主力到东南，而华北的中国军队则以保存实力、防御作战为主，因此整个华北战场的作战目标主要是拖延日军南侵的时间和进程。保定失陷后，军事委员会命令参谋总长程潜出任第一战区司令长官，在石家庄、德州一线组织防线。程潜的计划是，卫立煌的第14集团军防守平汉路以西地区，商震的第20集团军防守平汉路以东地区，刘峙的第2集团军防守平汉路正面。在津浦线上成立第六战区，由离开上海战场北上的冯玉祥任司令长官，指挥西北军旧部宋哲元的第1集团军和韩复榘的第3集团军阻击日军第2军。

津浦线方向，日军第2军除以16、109师团配合平汉路的南侵外，1937年10月3日以第10师团进攻德州，进入山东境内作战。蒋介石命令韩复榘派兵两师支援前线，韩复榘为保存实力只派出一个团，10月5日德州沦陷。此时，日军逼近黄河，按照蒋介石的命令，宋哲元的第1集团军转向第1战区，指挥山东战事的第六战区撤销，韩复榘部归第五战区指挥。根据确保山东和策应平汉路作战的计划，蒋介石于10月26日电令韩复榘向日军主动出击，前进至德州、沧州，但韩复榘的军阀本性不改，为保存实力进军迟缓，反而在日军进攻下向南撤退。11月8日，日军分二路向黄河推进，第3集团军于15日撤过黄河，并炸毁黄河大铁桥。12月23日日军2000人从济阳与青城间渡过黄河，韩复榘率部闻风而逃，守卫济南的部队也纷纷逃离，27日日军占领济南。蒋介石和李宗仁急电韩复榘利用泰安、沂山、沂蒙山有利地形进攻日军，韩复榘又于31日下令放弃泰安。29日蒋介石电令青岛市长沈鸿烈主动放弃青岛。韩复榘部更于1938年1月2日，放弃大汶口、济宁，退守单县、曹县地区，并将辎重装备先运河南漯河。韩复榘畏日如虎，违反军令，不战而逃，无疑是为自己准备了一条死路。

平汉路方向，1937年10月1日，日军第1军从保定南下，被称为国民党"福将"的刘峙再次退却，一口气跑到河南，10月10日日军占领石家庄。第20师团于10月13日起沿正太路向山西推进，与从北边进入山西的板垣第5师团夹攻山西；第14师团17日攻占邯郸后兵临河南，强渡漳河，在安阳一带与52军激战，两军在此对峙到11月中旬，中国军队后撤固守黄河北岸。在此前后，第六战区撤销，所部划归由程潜任司令长官的第一战区。日军南下冀豫计划的第二步实现。

在河北战役稍有眉目后，日军开始实施山西战役。日军进攻山西的意图非常明确，占领山西，打通进攻中共陕甘宁边区和拿下关中、汉中的通道，取得由北向南进攻四川腹地的前进基地。

山西本是阎锡山的老窝。自从在中原大战失败后，阎锡山就到大连当起寓公，表面上悠闲自在，内心一直在关注着南京政坛风云和山西政局演变。"九一八事变"后，阎锡山趁蒋介石无暇顾及山西，与蒋介石达成妥协，回到太原出任山西绥靖公署主任。中国工农红军东征时，阎锡山依靠中央军全力围堵红军。日本在华北扩大侵略时，山西成为日寇的下一个目标，阎锡山也高喊"守土抗战"口号，开始与中共取得联系，并建立了山西抗日民族统一战线组织"牺牲救国同盟会（牺盟会）"。卢沟桥事变后不久，阎锡山飞赴南京参加最高国防会议，出任第二战区司令长官。面对日军东条英机、板垣等部的进攻，阎锡山在晋东娘子关和晋东北的内长城线、晋东阳泉、太原北部的忻口布置防线，蒋介石也调动卫立煌的第14集团军增援晋北，准备阻击敌人。红军改编而来的朱德的第18集团军（1937年8月25日，定编为"国民革命军第8路军"，9月间改编为"第18集团军"，历史上习惯称为"八路军"）115师、120师、129师也奔向山西各前线。

进攻山西的日军来自三个方向：一是占领大同、绥远后沿同蒲路南下的东条英机察哈尔派遣兵团；一是占领张家口后沿晋东北蔚县、广灵、涞源而来的板垣部；一是占领石家庄后沿正太路而来的第20师团。1937年9月22日，板垣第5师团第21旅团在灵邱、大营一带与晋军激战。9月25日，八路军115师在平型关东北小寨至老夜庙附近伏击第5师团一部，歼敌1000余人，有力地支持了晋东北的正面战场。9月30日，板垣部突破茹越口，10月2日占领雁门关。至此，日军从晋东北和晋北开始向太原合击。为保卫太原，阎锡山下令组织忻口战役。忻口位于太原北不到200里，是太原的重要屏障，第二战区调动14个师约8万兵力负责防守。其中第二战区副司令长官卫立煌任前敌总司令，左翼兵团由李默庵指挥，中央兵团由王靖国指挥，右翼兵团由刘茂恩指挥。同时命令战区副司令长官黄绍竑指挥孙连仲的第1军团、冯钦哉的第14军团等部，加强正太路北侧娘子关防线，以保护忻口和太原的右后侧安全。

　　1937年10月13日，忻口会战打响。日军第5师团和关东军第15混成旅团，在飞机、重炮、坦克掩护下，向忻口发动猛攻。次日，中国守军全线反击，稳住防线，以后中国军队多次挡住日军的猛烈进攻。16日，第9军军长郝梦龄将军和第54师师长刘家骐，在前线双双阵亡，其中郝将军是抗战开始以来牺牲的第一位军长。为减轻正面战场压力，八路军各部活跃在日军后方，奋勇杀敌，破坏交通，侦察情报，组织支前。10月18日，120师在雁门关烧毁日军汽车500辆；10月19日，129师679团偷袭阳明堡机场，一次烧毁敌机20架，有效打击疯狂的侵略者。与此同时，为配合进攻忻口，日寇第20师团等部于10月19日发动正太路战役。黄绍竑指挥13个师在娘子关阻击敌人。10月26日，日寇迂回进攻娘子关成功，造成娘子关腹背受敌，中国军队不得不退出娘子关。日军在阳泉遇到刚从四川来到前线的川军第22集团军的抵抗，身上还穿着单衣的川军在已经很冷的气候中坚持作战，无奈日军火力太强、攻势太猛，不得不于30日退出阳泉。日寇在阳泉得手后，前往太原的道路基本肃清，为加快进军速度，日军第109师团也开始沿正太路南侧向太原推进，11月2日占领昔阳，开始与第20师团并肩向太原进军。此时，忻口地区的中国军队作战异常英勇，有时在头天晚上进入一线阵地的整营、整连中国军队，到第二天晚上友军上去接应时已经全部牺牲，尽管如此，要求上一线的部队依然不减。真是可歌可泣，惊天地泣鬼神。无奈日军火力、攻势过猛，中国军队无法再坚持下去，只得于11月2日撤出忻口防线，傅作义退往太原布防。骄狂的日本侵略者，迅速包围太原，并于11月6日发起猛攻，守军傅作义部在尽力抵抗后不得不放弃太原。

太原失守，标志着华北全部沦陷。国民党在华北有70万军队，其中确有刘峙等部"由琉璃河至石家庄计里四百余，石家庄至彰德计里四百余，是旬日之间，败退几达千里，自古及今，丧师失地未有如是之速者矣"（1937年10月26日，张澜等人在监察院弹劾刘峙文），除此之外，绝大多数中国军队奋勇杀敌，牺牲巨大，之所以失败，主要是因为当时确实没有速胜的条件，日本军队的实力决定了中国的抗日战争是一场持久、艰苦的战争。北方沦陷，东南上海会战失利，日军开始向南京进攻。

从华北战役来看，蒋介石扭转日军进攻方向的战略是对的，但是在上海吸引日军9个师团30万主力、华北方面日军得不到补充的情况下，中国军队应该趁机顽强杀敌，消灭敌人有生力量。可是，蒋介石却要华北方面以防守为主，实施时刘峙、李服膺等高级将领更是以逃跑为主。消极防御不可能取得积极结果，显然不可能延缓日军南下的进程，反而只能加快日军南侵的速度，最后蒋介石只得使用黄河决堤等措施，阻挡日军南下武汉。

南京防御战

淞沪会战结束后，日军第10军和华中方面军于1937年11月22日建议大本营立即发动进攻南京之战。华中方面军于11月24日起开始执行《第二期作战大纲》，兵分两路向南京进军。因为淞沪会战失利的影响，沪宁线上满是撤退的中国军队和逃亡的民众，上海至南京之间昔日修筑的许多坚固战略工事都没有发挥作用。日军上海派遣军沿宁沪线推进，先后占领无锡、常州、江阴、金坛等地。期间中国军队在江阴进行了艰苦的要塞保卫战，为阻止敌舰前进，海军在航道上沉没各种舰轮35艘和小型船只近200艘，同时在江西域布雷，派出4艘主力舰防守。面对日机的一次又一次轰炸、扫射，军舰上的高炮和机枪坚决进行还击。12月初日军兵分三路包围要塞，12月3日守军撤退，留下掩护撤退的一个团官兵坚持战斗到全部牺牲。

从杭州湾登陆的日军第10军沿太湖南岸推进，先后占领湖州、宜兴、广德等地。到1937年11月底，南北两路日军共6个师团逼近南京。12月1日，日本大本营下达中国大陆作战第8号令，华中方面军据此命令进攻南京：由第6、9、16、114四个师团直接进攻南京；第13师团过江占领浦口，第18师团占领芜湖，以切断南京中国军队的北、南退路。

面对日军的进攻，如何防守南京，是军事委员会委员长蒋介石重点思考的难题。1937年11月17日，淞沪会战已经失败，日军开始向南京推进，蒋介石召集高级将领研究对策。出席会议的有军政部长兼参谋总长何应钦、副参谋总长白崇禧、军事委员会办公厅主任徐永昌、训练总监唐生智、大本营作战组长刘斐、宪兵司令谷正伦、军训部次长王俊等将领。会议主要研究防卫南京的整体战略。刘斐认为，南京已经处于日寇的立体包围之中，地形也是易攻难守，南京四周的军队大多刚参加过淞沪会战处于极度疲劳之中，无法再打大仗；当然南京又是首都，还是孙中山的陵寝所在地不能不守。因此，刘斐尽职地向蒋介石建议用18个左右的团，在南京进行象征性的防卫战后，主动撤出南京。白崇禧、何应钦、徐永昌等人皆认为刘斐的计划有可行性，蒋介石已经准备把从上海撤退出来的军队调往皖赣等后方休整，所以也同意刘斐的计划。

情况在第二天发生变化，军委会训练总监唐生智突然发难，慷慨陈词："现在敌人已迫近首都，首都是国父陵寝所在地，值此大敌当前，在南京如不牺牲一二员大将，我们不特对不起总理在天之灵，更对不起我们的最高统帅。本人主张死守南京，和敌人拼到底。"（《李宗仁回忆录》下册第696页）唐生智的话，显然有违军事常识，以政治压军事，可谁也无法反对。因为他讲的是绝对真理，只是不具备实施的可能。因为对唐生智的意见只有蒋介石一人可以反对，其他人都无法反对，蒋介石又没有表达意见，只得在当晚继续召开会议讨论。唐生智继续强调死守南京的必要性，蒋介石如果真心为军队和南京民众着想的话，应该否决唐生智的意见，立即组织全城军队和百姓有秩序地撤出南京。但是，蒋介石为避免担当放弃南京的责任，竟然错误地同意了唐生智的计划，并问在场的将领谁愿意指挥南京之役。已经脱离军队多年的唐生智当即"啪"的一个立正，信誓旦旦地表示："我愿意勉为其难，我一定坚决死守，与南京共存亡！"一个错误的决策就这么产生了。

1937年11月20日，唐生智就任南京卫戍司令长官。守军有7个军实际约11万人。唐生智在龙潭、汤水镇、牛首山等地设置第一道防线，在下关、紫金山、光华门、中华门、雨花台等处设置第二道防线，摆出一副死守南京的架势来。12月4日，日军进攻南京计划已经实施4天，南京处于危险之中。当晚8时，蒋介石准备离开南京，在和南京守军师以上将领的讲话中希望守军同心同德，抱定不成功则成仁的决心，克尽军人守土卫国的神圣职责。他还说到达武汉后，将从云南调来3个装备完整的师支援南京。次日，蒋介石乘坐飞机离开南京，望着逐渐消失的故都，心情非常沉重。他想唐生智不是洪秀全，日军不是清军，不可能死守南京多久，即使果真有军可调，恐怕南京也很难长期坚持。

12月7日，日军开始组织南京合围。10日各路日军已经来到南京城下，南京城已被团团围住。当天下午，日军第9师团两次突破光华门。11日，双方在城墙下激战。12月12日，日军第6、114师团于中午攻进88师阵地，雨花台失守。日军第16师团也攻占紫金山、工兵学校等地，进入城内。南京失守。

日寇进入南京当天，蒋介石电令唐生智相机撤退。下午5时，唐生智下令全军向安徽芜湖、广德方向撤退。唐生智无法顾及军队和民众的撤退，只能命令宋希濂的第36师负责掩护卫戍总部渡江撤退。这位信誓旦旦要与南京共存亡的司令长官，只身先逃了。此时因为日军已经进城，四周炮声、枪声不断，天上飞机轰炸、扫射不绝，城内已经极度混乱，很多部队根本没有接到唐生智的命令，即使接到命令也很难冲出重围，结果来不及撤退的许多军队被困在南京城内，因为城墙的缘故，无数的军人和民众集中在下关，汽车、坦克、军人、民众在挹江门处被挤死、踩死、压死者不计其数，最后城内部队只有少数逃出日军包围圈，城外部队在下关处无法渡江，只得向宣城、宁国一带撤退。

日寇开始在南京大屠杀!

日军第6师团长谷寿夫在天皇叔父朝香宫的授意下，首启为期两个月的惨绝人寰的大屠杀，被害的中国民众达35万人，全市近三分之一的民房和各类建筑被毁坏。

历史记下了日本强盗的暴行：

在燕子矶，正在八卦洲处准备渡江的10余万中国民众，几乎全部被追赶而来的日军用机枪打死，幸存者全被赶往冰冷的江中淹死，许多尸体被江水冲走，顿时沙滩上无一活人；

在草鞋滩，57000余名难民、居民、伤兵，全部被日军用机枪打死；

难民区的2万余名青壮年，每百人或数百人被捆成一串，押到江边集体屠杀后再焚烧；

雨花台旁杀死的中国难民、伤兵和散兵达2万余人；

下关、中山码头处的万余名难民、军人家属和伤兵，在被机枪扫射后，其余全部被赶到江中冻死淹死；

和记制蛋厂的上万名难民被全部杀死；

上元门、凤凰待、上新河处被屠杀的难民达2万余人；

汉西门外一次烧死难民和军人达7000多人，然后将千余名老幼运到沙洲活埋；

难民3000人被活埋在紫金山旁；

······

在进行集体大屠杀的同时，日寇官兵已经成为毫无人性的群兽，在城内见到中国男人就杀，见到中国妇女就先奸后杀，见到金钱财物就抢。六朝古都成为人间地狱，成为日本强盗的杀人场。

日军有两个名叫向井敏明、野田岩的下级军官，在南京大屠杀中成为最出名的杀人狂。两个豺狼成性的家伙，在进入南京前进行屠杀百人比赛。到达汤山时，向井已屠杀中国人89人，野田已屠杀中国人78人，进入南京后继续比赛。这两名日本强盗，在南京街上遇到中国人就当头一刀，把人劈成两半，结果又分别亲手杀害35名和36名中国人。在这种残暴屠杀同类的杀人狂身上，足可见灭绝人性的军国主义毒素已经泛滥到什么程度。

日本强盗在街上随意抓人，抓到就进行残害，手法极其残酷：砍头，劈脑，剖腹，挖心，挖眼，割鼻耳，割肉，水溺，火烧，砍去手脚，割生殖器，刺穿阴户，插穿肛门，用锥子把人刺成血人，用刺刀穿破喉管，无所不用其极。更为残忍的是，日本强盗往往在杀害一个中国人时同时施以几种酷刑，直到把人慢慢残害致死。

日寇把中国青年剥去衣服，浇上硝镪水，身上皮肤和肉体一块块往下掉，还逼他行走，直至死亡。

日军把中国人捆在柱子上，进行刺杀训练。

南京名僧隆敬、隆慧在日军进城第一天被杀。

······

日本强盗在疯狂杀人的同时，兽欲大发，疯狂地强奸和杀害妇女。如此疯狂地奸杀妇女，在人类历史上也没有发生过：

只要遇见女性，当场进行强奸，老人和幼女均不放过；

有的女性被轮奸37次后被杀；

进入任何一家公司、商店和民宅，只要有女性就强奸、轮奸，往往一家老少几个女性同时被奸；

进入难民区和外国人居住的国际安全区的中国女性，定期定量地被日军拉出去强奸；

不少少女被抓去进行轮奸；

一些孕妇被强奸、轮奸后，被剖腹取出胎儿取乐；

一名丁姓女童，被轮奸13次，因喊痛不止，被奸完后杀死；

市民姚某一家在避难，妻子被轮奸后杀死，两个8岁和3岁的孩子也被枪尖挑穿肛门扔进火堆烧死；

年近古稀的老妇谢某，在东岳庙被轮奸后杀死，并把竹竿插入其阴户；

一名姓陶的女性，被奸后又被分尸，扔入火中；

南京有名的尼姑真行、灯高、灯元，都被日军轮奸后杀死；

逼亲属之间互相进行性交；

逼僧人与女性性交；

被奸后的妇女被逼拍照取乐；

被奸后的妇女被逼当众跳舞；

……

日本强盗在杀人、强奸的同时，还放手抢劫中国人民的财物。为便于挨家挨户抢劫、行凶，日军强令公司、商店、民居不能关门，士兵可以随意入内，任意抢劫财物，强奸室内女性。在南京大屠杀期间，中国人民损失多少财产无法计算。

远东国际法庭在判决书中说："在日军占领后最初六个星期内，南京及其附近被屠杀的平民和俘虏，总数达二十万人以上。这种估计并不夸张，这由掩埋队及其他团体所掩埋尸体达十万五千的事实就可以证明了。"因为这不包括被日军大量焚毁的尸体以及投入长江或以其他方式残害致死的人。（《文史资料选辑》第22集第33页）经过中国有关方面考证的被灭迹杀害的达19万人，也就是说被害人总数达35万人。而这仅是日寇占领南京后6个星期内所犯下的罪行，以后的屠杀还在继续进行，因此日军在南京屠杀35万人是客观存在的事实。远东国际法庭的判决书还说："许多妇女在强奸后被杀，还将她们的躯体加以斩断。……在占领南京的第一个月中，在南京市发生了二万起左右的强奸事件。……全城内，无论是幼女、少女，或老年妇女，多数都被奸污了。"（《文史资料选辑》第22集第28、29页）当时德国驻南京大使馆给德国外交部的秘密电报指出："犯罪的不是这个日本人，或者那个日本人，而是整个日本皇军。……它是一副正在开动的野兽机器。"南京大屠杀和侵略中国的战争，难道还不值得日本民族深思和反省吗？

时过境迁半个世纪，不断有人出来声称，南京大屠杀确无其事，是中国为了煽动民族主义而编出来的神话。虽然1946年3月南京大屠杀的主犯谷寿夫已被处决于南京雨花台，虽然1948年11月12日南京大屠杀的主犯松井石根被处以绞刑，但是军国主义的阴魂不断，否认南京大屠杀则是其主要表现之一。对于一个曾经对人类正义、对中华民族犯下滔天罪行的民族来说，只有对历史深深地检讨，只有汲取历史教训，才能步入正常、健康的发展轨道。死者不会复生，战争罪犯也已罪有应得，但是后人应该更多地思考一下如何避免曾经出现过的悲剧的重演。

台儿庄血战

日寇继占领华北和东南两大地区后，处心积虑地要把两大战场连成一片。为实现这一目标，日寇从北、南两个方面向位于津浦、陇海铁路交界处的徐州发动进攻，占领这一联结南北的枢纽，还可以沿陇海线向西发动攻势。在日军津浦路北段指挥官西尾铸造、津浦路南段指挥官畑俊六指挥下，日军13个师团投入徐州会战。其中投入台儿庄战役的有第5、10两个师团。

在平津、张家口、绥远、太原、上海、镇江和南京相继被日寇占领后，根据前阶段的抗日作战情况，蒋介石于1938年1月17日调整作战部署，取消军事委员会副委员长制，重新划分战区。以平汉路方面为第一战区，程潜任司令长官；山西为第二战区，阎锡山任司令长官；苏浙为第三战区，顾祝同任司令长官；两广方面为第四战区，何应钦任司令长官；津浦铁路为第五战区，李宗仁任司令长官；甘青宁为第八战区，蒋介石兼司令长官；另设武汉卫戍总司令部，西安行营和福建绥靖公署改组为军事委员会。军委会设立军令部、军训部、政治部，部长分别是徐永昌、白崇禧、陈诚，原来的参谋本部归军令部。同时对全国的军队进行扩编。指挥台儿庄战役的中国方面最高指挥官是第五战区司令长官李宗仁、副司令长官李品仙，主要作战部队为孙连仲的第2集团军和汤恩伯的第20军团，以及孙桐萱的第3集团军、李品仙的第11集团军、徐源泉的第20集团军、廖磊的第21集团军、邓锡侯的第22集团军、韩德勤的第24集团军、杨森的第27集团军、庞炳勋的第3军团、冯治安的第19军团、张自忠的第27

军团等部，超过40万人。

1938年2月，日本华北方面军第5师团，在占领太原后又投入山东战区，从青岛出发沿西南方向而下，与沿津浦铁路南下的矶谷第10师团会合，攻取台儿庄，以占领进攻徐州的前哨基地。这两个战争贩子急抢头功，所以不等南京等地北上的日军行动，便先行南下，孤军深入。

李宗仁的部署是在徐州之南，配备韩德勤、李品仙、廖磊等集团军以及于学忠的第51军，汤恩伯军团在汤山一带待命，为五战区后备队。徐州以北，由邓锡侯部守藤县，张自忠作为后备军，庞炳勋部守临沂。1938年3月6日，张自忠部与庞炳勋部联合作战，力经苦战，于18日将板垣师团击退，骄横的板垣第一次在中国军队的打击下逃回东北方向近百公里外的莒县。此时，矶谷第10师团于3月9日起，在数十辆坦克和飞机掩护下，沿津浦路南下，16日到达藤县，与20军团王仲廉的85军、22集团军41军王铭章的第122师交火。另一部分主力坂本和濑谷支队向枣庄进军。为此，20军团关麟征的52军和第2集团军池峰城的31师、张金照的30师在台儿庄附近运河北线布防。汤恩伯率领13军向台儿庄东北山区进军。3月19日，坂本和濑谷支队到达台儿庄。

进攻藤县的矶谷师团多次向城内发动猛攻，守城的王铭章部英勇作战。出师不久的这支川军为川军争来了光荣，为中国人民和中国军队争来了荣誉，誓死不退。到3月20日，师长王铭章以下全师官兵全部殉国。川军和王铭章将军的壮举，与世长存。在延安，中共中央军委主席毛泽东哀悼道："奋战守孤城，视死如归，是革命军人本色；决心歼顽敌，以身殉国，为中华民族争光。"台儿庄战役的最高指挥官李宗仁送的挽联是："君真三峡豪，拼血肉作墙垣，顿使瓮城成铁壁；我忝五区帅，率健儿驱巨疬，誓将凯奏慰忠魂。"

藤县地区作战结束，矶谷将作战重心转往台儿庄。3月23日，敌军冲入台儿庄车站，中国守军主力是第2集团军第31师。在师长池峰城的指挥下，31师官兵们与敌寇每天在城外肉搏一二十次。27日，日军发动第3次总攻，一度分别突入城东北和西北角两地，31师在损失兵员3000人的情况下，将敌人赶出城外。29日，矶谷赶到台儿庄督战，占领东半城，双方进行了惨烈的肉搏战。城外的31师一部，主动出击，以减轻城内守军的压力。4月1日，31师已伤亡近半，由张金照的30师进城接收防地，伤亡也很重，到4月3日台儿庄已有三分之二被日军占领。但是，李宗仁估计汤恩伯部能够在4月4日中午到达预定作战位置，从

左起：李宗仁、蒋介石、白崇禧于台儿庄大战期间的合影

而形成对矶谷师团的包围，所以再三令池峰城、张金照死守。他们英勇顽强作战，坚守台儿庄，为外线兵团形成对日军的包围赢得了时间。

早在台儿庄激战之初，李宗仁就命令汤恩伯军团迅速出击，汤却躲在姑婆山下迟迟不进，李宗仁以如再不行动将军法从事逼汤出兵救援。蒋介石也特意发出了2小时内必须收到的电报，要汤恩伯紧急南下。汤部只得南下从北部运动兵力。第2集团军孙连仲部已经前进到台儿庄的两翼，日军坂本和濑谷两支队虽然围着台儿庄不放，但矶谷师团已被中国军队团团围住。4月6日，中国军队全线出击，7日战役结束，除濑谷支队逃走数千人外，其余全部被歼。日寇被击毙击伤8000余人，被俘1000余人，缴获大炮70余门、坦克40余辆、汽车100余辆，步枪上万支。这是中国人民开始全面抗战以来规模最大的一次胜利，也是日寇自卢沟桥事变以来的第一次大失败。空前的胜利极大地鼓舞了中国人民抗战到底的决心。

日本大本营得知台儿庄惨败消息后，下令华北方面军集中13个师团共30万人，兵分6路进行徐州会战。徐州北面有7个师团和第10师团残部，南面有7个师团各一部。此时集中在徐州一线的中国军队已达60万人，有8个集团军4个军团近20个军。颇有战略眼光的李宗仁，将全部军队分为5个兵团。由3个军组成淮南兵团，由李品仙指挥；4个军组成淮北兵团，由廖磊指挥；9个军组成鲁南兵团，由孙连仲指挥；3个军组成陇海兵团，由汤恩伯指挥；2个军组成苏北兵团，由韩德勤指挥。5月9日，日军第16师团从济宁出发，18日来到徐州西北22公里处；5月12日，华北方面军第14师团从濮县渡过黄河，向陇海线推进，18日到达内黄，炸毁了陇海铁路；5月15日，临城的第10师团渡过微山湖，19日到达徐州北面6公里处；5月15日，第5师团渡过运河，向宿县前进。徐州南面的敌人第13师团和第9师团于5月13日从皖北和苏北向徐州推进。中国军队已被团团围住，这正是日寇的目标，企图集中消灭中国军队有生力量。

从台儿庄战役结束以来，从4月中旬到5月中旬的一个月内，中国军队与各部日军进行了顽强的作战。如鲁西菏泽之战中，第23师师长李必蕃指挥官兵与攻入城来的日军进行白刃战，不幸身负重伤后牺牲；皖北的蒙城之战中，第173师副师长周元指挥2000官兵进行阻击，最后全部牺牲。特别是在徐州会战中，因徐州地处大平原，无险可守，对日军运用现代化的武器装备极为有利，因此日军对徐州的包围圈越来越小。为避免被敌人包饺子，李宗仁将军从5月15日起，开始挥师分路突围。第一路为战区司令部，由廖磊部掩护，向宿县东南撤退；第二路为汤恩伯部，向宿县和永城方向撤退；第三路为孙连仲部，由台儿庄向萧县、永城方向突围；第四路为关麟征部和一部川军，向西突围；第五路为孙震部，向东南突围。李宗仁的指挥艺术确实不一般，在短短的一周间，60万大军神不知鬼不觉地从日军的铁壁合围中消失。当日本最高当局觉察到李宗仁将军的意图后，赶紧收网，只有负责掩护大军撤退的刘汝明68军在徐州西面进行了为时2天的抵抗，19日也主动脱离战场。

和台儿庄战役相反，徐州战役是以日军的暂时胜利而结束，日军实现了打通津浦路和把华北、东南两个战场联结起来的战略目标。但是，此次会战并没能消灭中国军队，李宗仁成功组织大撤退，成为一次大规模的实实在在的"军事演习"。更重要的是李宗仁在徐州集结重兵，吸引了一直在准备和中国军队主力决战的日本军队两个半月，为武汉保卫战争取到了较多的准备时间。

武汉保卫战

南京沦陷后，南京中央政府机构迁往重庆，军事委员会先迁武汉。抗战初期的武汉三镇，一时成为全国抗日的中心，当然也就成为日寇进攻的目标。日寇在占领徐州后，主力沿陇海线西进，尾随西撤的中国军队而来，准备夺取郑州，以便沿平汉铁路南下直取武汉三镇。

1938年5月22日，豫东重镇开封前沿兰封被土肥原贤二的第14师团占领，陇海线被切断。面对紧迫的军事形势，蒋介石于5月26日赶到郑州指挥陇海铁路中段的战事。在蒋介石亲自指挥下，宋希濂的第71军收复兰封；李汉魂的第64军攻占罗王车站，打通陇海线。为确保陇海线，蒋介石把胡宗南部调到豫东前线。5月31日，土肥原率领两个师团到达开封，与中国军队展开激战。蒋介石从武汉致电第一战区，指出日军主力正沿着陇海路两侧前进，在开封附近的中国军队有被包围的危险。因此，命令开封地区的中国军队向平汉铁路西转移，由商震的第20集团军在开封、中牟地区进行掩护。6月6日，中国军队开始西撤。6月7日，日军在占领开封后，继续西进，抵达郑州的前卫阵地中牟，郑州已经十分危险。

当时的主要作战目标，是如何避免日军利用平汉路南下向武汉发动进攻，这就需要把日军控制在陇海线以北和平汉线以东地区。为实现这一战略，第一战区司令部参谋长晏勋甫及其幕僚，提出了利用黄河水挡住日军的黄河决堤计划。黄河大铁桥已于1937年底被炸断，日军沿平汉路南下暂时无可能，北线之敌已被挡住；对于东面之敌，由于豫东地区地处平原，无险可守，便于日军机械化部队发挥火力，为有效阻挡日军的进攻，可以在郑州以北的花园口，炸断黄河南堤，水淹豫东地区，切断陇海路，阻止日军西进。对于这一无须花费军事代价便能暂时挡住日军进攻的计划，在向侍从室主任林蔚报告后，不到1小时第一战区就接到林蔚的来电，通知说委员长已经同意执行黄河决堤计划。

蒋介石还亲自致电第39军军长刘和鼎，落实炸堤任务。电报中说："为了阻敌西犯，确保武汉，依据冯副委员长建议，决于赵口和花园口两处施行黄河之决口，限两日完成平汉路东侧地区间的对东泛滥，该军担任赵口之决口，限两日内完成。已另电洛阳第一战区长官负责主持，规划实施。该军应立即以主力担任郑州之守备，并以有力之一部担任郑汴间游击，阻滞敌寇活动。花园口之决口，已电令一○九师负责，仍由三十九军统一指挥。并电报告，即和程长官切取联系，接受指示，认真办理具报。"（黄铎五：《抗日战争中黄河决口亲历记》，见《江苏文史资料选辑》第2辑第75页）

在第2集团军第39军新编第8师师长蒋在珍的指挥下，1938年6月9日在郑州北面花园口和赵口实施炸堤计划。关于"黄河炸堤计划"，有两种说法：一是说先由隶属第一战区李树森的109师在花园口、隶属39军刘尚志的56师在赵口负责实施，但都没有完成。蒋介石还特意致电刘和鼎予以指责："这次决口有关国家民族命运，没有小的牺牲，哪有大的成就。在这紧要关头，切戒妇人之心，必须打破一切顾虑，坚决干去克竟全功。"（黄铎五：《抗日战争中黄河决口亲历记》，见《江苏文史资料选辑》第2辑第77页）到6月15日，两处决口才完成。一是说6月9日，新8师用两门平射炮向花园口打了几十发炮弹，形成了两丈多宽的决口，由此黄河改道。

滔滔黄河水使得豫东地区成为一片汪洋泽国，自然成为阻击日寇的天然屏障，确实让原来正在豫东地区的日军损失了一批辎重物资，一队日本骑兵因被洪水挡住了东撤之路而被消灭，土肥原的第14师团、中岛今朝的第

蒋介石视察战车部队

16师团被困在中牟、尉氏，只得靠空投度日，日本侵略者暂时放弃了沿陇海线西进计划，因此黄河决堤在军事上取得了一定的效用。但是这并没有阻止日军对武汉的进攻，日本大本营根据这一情况，迅速改变作战计划，变由北向南进攻为由东向西进攻，沿长江水路两侧、豫东南地区迂回西进。从这一点上讲，黄河决堤只是赢得了推迟日军进攻、占领武汉的有限时间。从历史的角度，应该看到作为黄河历史上极其少见的人工毁堤制造黄泛区的事件，给中华民族、给当地人民带来了巨大的灾难。滔滔洪水迅速冲开了百余米宽的决口，向东南流去，洪水淹没豫、皖、苏40多个县，泛滥面积达1700多万亩，90万人死亡，610万人受灾，数百万人无家可归。如此大面积的水灾，让已经处于贫困交加、生活在战乱年代里的广大民众遭受了巨大损失。当事人黄铎五先生回忆说："过了两天，我陪同长官部派来的人员视察黄泛情况，那一望无际的浪涛中，只能见到稀稀落落的树梢，在水面荡漾着。起伏的波浪卷流着木料、用具和大、小尸体。孩子的摇篮随着河水漂浮，还可以断断续续地听到号哭声。全家葬身于洪水者，不知凡几，甚至有全村、全族、全乡男女老幼无一幸免者。"（黄铎五：《抗日战争中黄河决口亲历记》，见《江苏文史资料选辑》第2辑第77页）

武汉沦陷，在当时敌强我弱背景下是无法避免的事情，而且并不影响正面战场和敌后战场的战局，在河南地区应该对日军进行有力杀伤后主动撤离；使用黄河水，不可抗拒的自然力对其范围内的所有生灵的杀伤是一样的，从一定程度上讲，它可以阻挡日敌的进攻，但对水域内成千上万民众来说也是巨大的

灾难，作为中国最高统治者的蒋介石应该想到这一点。事后，蒋介石也感觉到黄泛区的严重性，感到无法向历史、向中华民族交代，于1938年6月11日密电第一战区司令长官程潜，对外宣传时要说是日机炸毁了黄河大堤。中央社还对外发布消息，称日本飞机违反国际公约，炸坏黄河堤岸，使洪水泛滥，广大民众深受其害。第一战区还伪造了日机轰炸的现场，邀请中外记者前往参观，误导舆论。确实是先有日本侵华，才有黄河决堤，日寇是8年抗战期间中国人民所有灾难的元凶，但是黄河决堤本身并非日本人所为，这是基本事实。

日本当局在经陇海线转平汉线进攻武汉计划因为人工黄泛区而告吹后，开始分3路向武汉三镇进攻：一路经豫皖交界处的亳县、阜阳、潢川攻信阳南下，一路经南京溯江而上，一路沿江南西进，日军总兵力有10多个师团。为防守武汉，蒋介石调动了当时所能调动的全部野战部队，江北由李宗仁的第五战区负责，江南由陈诚的第九战区负责，共110个师。

武汉会战从1938年6月间开始，侵略者和反侵略者双方在千里战线上激战4个多月。6月12日，日军攻占安庆，26日攻占长江要塞马当。为阻止日军溯江而上，蒋介石再次寄希望于自然力量，下令沉船以截断长江航道。此招没有起到作用，日军于7月5日攻占湖口，7月25日攻占九江。8月初江北的日军已经占领九江对岸数十公里的宿松和黄梅，直逼武汉。9月16日，蒋介石拟定了完整的武汉会战计划，要求第九战区和武汉卫戍部队防卫武汉，尽可能推迟敌人的进军；第五战区利用江北地区的有利地形阻挡日军的进攻，保护武汉北部的安全。此时会战已经进入最困难的时期，9月29日长江田家镇要塞被攻占，武汉以东长江上已没有要塞可守。

1938年10月12日，河南信阳沦陷，第五战区司令长官司部撤往平汉路以西，桂系的21集团军留在平汉路以东地区打游击，武汉江北的防线门户洞开。10月中旬以后，敌人已经形成对武汉的三面包围之势，从10月下旬起，日军已经进入武汉外围。此时日寇在广东大亚湾登陆，10月17日广州7万军民举行声势浩大的游行示威，决心誓死保卫广州、保卫武汉。无奈第四战区防御力量无法挡住日寇进攻的锋芒，战区司令长官何应钦和第12集团军总司令余汉谋下令于10月21日撤出广州，华南最大的城市，也是抗战以来仅存的出海口广州被日军占领。广州被占后，日军得以沿着粤汉铁路北上，武汉的南大门出现空洞，保卫武汉已经失去意义，蒋介石决定放弃武汉，命令各部进入华中腹地继续坚持抗战。

10月24日蒋介石和宋美龄飞往湖南衡阳，岂料飞机迷失方向，又返回汉口，第二天早晨4时换乘飞机起飞时，日寇已经到达汉口城外15公里处，情形非常危急。当天武汉失守。

大武汉保卫战，中国军队打得异常英勇，如在万家岭战斗中中国军队一次消灭日寇一个联队，这是战略防御阶段中国军队单仗消灭日寇最多的一次。10月上旬，薛岳指挥所部消灭日军4个联队。蒋介石的基本方针并不是要守住武汉，而是为了牵制敌人，消耗日寇，基本结束日军的战略进攻阶段；中国军队主要是保存实力，为长期抗战做战略上的准备。因此，会战周期达4个多月，作战面积达13万平方公里。日寇虽然实现了占领武汉的目标，但消灭中国军队主力的愿望落空，且被中国军队牵着鼻子走。日军原定准备使用10个师团左右的兵力，结果兵力一再增加，最后达22个师团50余万人，前后损失兵力达20多万人。

蒋介石调动了几乎可以调动的所有野战部队，共计有陈诚的第九战区：薛岳的第1兵团，编有商震的第20集团军，下辖商震的第32军和黄维的第18军；吴奇伟的第9集团军，下辖欧震的第4军、李玉堂的第8军、叶肇的第66军、李汉魂的第29团（李汉魂的第64军和李觉的第70军）、王敬久的第37军团以及俞济时的第74军、陈安宝的第29军等部。张发奎的第2兵团，编有王陵基的第30集团军，下辖王陵基的第72军、张再的第78军；孙桐萱的第3集团军；汤恩伯的第31集团军，下辖张轸的第13军、张刚的第98军；关麟征的第32军团（关麟征的第52军和李仙洲的第92军）；李延年的第11军团；霍揆彰的第54军。罗卓英的武汉卫戍总部，编有万耀煌的江北区总指挥（甘丽初的第6军和董钊的第16军）；周岩的江南区指挥部；郭忏的武汉警备司令部；卢汉的第30军团、万福麟的第53军。李宗仁的第五战区：孙连仲的第3兵团，编有孙连仲的第2集团军，下辖田镇南的第30军、冯安邦的第42军、萧之楚的第26军、曹福林的第55军、刘膺古的第87军；李品仙的第4兵团，编有王缵绪的第29集团军，下辖彭诚孚的第44军、许绍宗的第67军；李品仙兼领的第11集团军，下辖覃连芳的第84军、张义纯的第48军、刘汝明的第68军、何知重的第86军；徐源泉的第26集团军，下辖徐源泉的第10军；廖磊的第21集团军，下辖韦云淞的第31军、张淦的第7军；冯治安的第19团；于学忠的第51军、宋希濂的第71军、陈鼎勋的第45军；张学忠的27军团；韩德勤的第24集团军；杨森的第27集团军；胡宗南的第17军团。总兵力为49个军近百万人。

在保卫大武汉的战斗中，中国空军作出了贡献。在华北、上海战场，中国空军虽然数量有限，战斗力有限，但也发挥了独特的作用。在武汉保卫战中，空军为回击日军的轰炸，与日寇进行了多次大规模的空战。第一次是在1938年2月18日，日军12架轰炸机在26架战斗机的掩护下，轰炸武汉市区。中国空军出动29架战斗机，经过半小时空战，击毁日机14架。第二次是在4月29日，日军出动18架轰炸机和21架战斗机，中国空军出动67架战斗机，击落日机21架。第三次是在5月31日，中国空军迎战54架日机，击落日机14架。在7月16日、8月3日也进行了空中保卫战。在空战中，苏联空军志愿人员也参加了战斗。苏联在武汉空战期间援华200余架Ｅ－15、Ｅ－16型战斗机和ＳＢ轰炸机，还组织两个大队的飞行员参加作战。中国空军还进行了远征日本行动。1938年3月，蒋介石下令筹备向日本投发《告知日本国民书》的军事行动。5月19日晚11时48分，空军第14队队长徐焕升上尉和副队长佟彦博驾驶两架马丁Ｂ－10飞机，飞行2小时30分，飞经日本长崎、福冈等城市上空，投掷了20万份传单。传单内容是进行反战宣传，指出日本军阀发动的侵略战争，最后会使中日两国两败俱伤，希望日本国民唤醒军阀放弃进一步侵华迷梦，迅速撤回日本本土。远征飞机在日本上空飞行达2小时，并摆脱日机围堵于20日凌晨返回南昌，经加油后于11时30分飞抵汉口机场。中国空军远征日本本土的壮举，对正处于军国主义狂热中的日本军人和民众是一次很好的教训，同时也使日本民众开始怀疑日军的防空能力。

在保卫大武汉的战斗中，中国海军作战也十分英勇。海军在长江沿线的历次作战中作用甚大，在长江口、江阴、南京、芜湖、安庆、湖口、九江、田家镇等战斗中，与日本

穿飞行服的两人就是远征日本空投传单后胜利归来的中国空军14队队长徐焕升和副队长佟彦博

飞机和军舰进行了顽强的战斗。为保卫武汉，中国海军在长江上逐段抵抗，一共击沉日舰13艘、击伤7艘。特别是"中山舰"在金口遭15架日机轰炸，全舰官兵伤亡严重，但一直坚持使用舰上高炮和机枪反击日机，舰长萨师俊腿被炸断后还手抱铁柱坚持指挥作战，直到军舰下沉。这艘记载着中国近现代历史风云的军舰，在59年后被打捞出水面，成为国人进行不忘国耻和爱国主义教育的极好阵地。

中国共产党在保卫大武汉会战中作出重大贡献。抗日民族统一战线正式成立，合法化以后的中国共产党，在武汉积极开展抗日救亡活动，在社会各阶层中广泛进行了抗日宣传活动。中共中央军委副主席周恩来兼任国民党于1938年初成立的军事委员会政治部副部长，周恩来在武汉期间继续与蒋介石进行谈判，坚决贯彻中共中央关于发展、巩固抗日民族统一战线的主张，在国民党上层和社会各界中为推动抗日救亡运动、支援前线作战做了大量工作。在周恩来的领导下，中共机关报《新华日报》成为宣传抗日救亡、发动全民抗战、推动国共合作健康发展的主要阵地。在周恩来直接关怀和政治部第三厅厅长郭沫若等人的指导下，中共组织了10个抗战演剧队，高举抗日大旗，利用文化阵地揭露日寇侵略本质，批判干扰抗战的种种错误观点，鼓舞全国人民的斗志。

为推动蒋介石抗战，巩固国共合作，尤其是为了总结前一阶段战略防御的抗战经验和指出即将进入战略相持阶段的抗战方针，中共中央军委主席毛泽东于1938年9月29日亲自致信蒋介石："介石先生惠鉴：恩来诸同志回延安称述先生盛德，钦佩无既。先生领导全民族进行空前伟大的民族革命战争，凡我国人无不崇仰。十五个月之抗战，愈挫愈奋，再接再厉，虽顽寇尚未戢其凶锋，然胜利之始基，业已奠定，前途之光明，希望无穷。此次，敝党中央六次全会，一致认为抗战形势有渐次进入一新阶段之趋势。此阶段之特点，将是一方面更加困难；然又一方面必更加进步，而其任务在于团结全民，巩固与扩大抗日阵线，坚持持久战争，动员新生力量，克服困难，准备反攻。在此过程中，敌人必利用欧洲事变与吾国弱点，策动各种不利于全国统一之破坏阴谋。因此，同人认为此时期中的统一团结，比任何时期为重要。唯有各党各派及全国人民克尽最善之努力，在先生统一领导之下，严防与击破敌人之破坏阴谋，清洗国人之悲观情绪，提高民族觉悟及胜利信心，并施行新阶段中必要的战时政策，方能达到停止敌之进攻，准备我之反攻之目的。因武汉紧张，故欲恩来同志不待会议完毕，即行返汉，晋谒先生，商承一切，未尽之意，概托恩来面陈。此时此际，国共两党，休戚与共，亦即长期战争与长期团结之重要关节。泽东坚决相信，国共两党之长期团结，必能支持长期战争，敌虽凶顽，终必失败；而我四万万五千万人之中华民族，终必能于长期的艰苦奋斗中，克服困难，准备力量，实行反攻，驱逐顽寇，而使自己雄立于东亚。此物此志，知先生必有同心也。专此布臆，敬祝健康！并致民族革命之礼！"

作为中共驻武汉最高代表的周恩来，在武汉撤退中也是最后一批离开的。周恩来在安排好中共各机关撤往重庆的工作后，在1938年10月24日傍晚还回到中共机关所在地鄱阳街一号，给即将上船西撤的郭沫若、胡愈之送行，并且前往报馆口述武汉版《新华日报》最后一篇社论《告别武汉父老兄弟》，深夜还赶到编辑部研究最后一天报纸的版面。因为已经停电，当用手摇印刷机印出报纸清样后，国民党有关当局来电称日军已到近郊。周恩来立即指示章汉夫等把机器搬上卡车撤退。他还和工人们告别说，一定会回来的。然后与吴志坚、司机祝华一起乘吉普车离开武汉前往沙市，这时已是25日凌晨，炮声已在城郊响个不断。在十里铺，周恩来遇上正在等待司机修车的军委会副参谋总长白崇禧，赶紧招呼说："敌人的先头部队离我们不远，赶快上我的车去长沙吧。"国共两党最高军事负责人在炮声中最后一批离开了武汉。

1938年10月25日，武汉保卫战结束。此战标志着中国的抗日战争，日寇战略进攻阶段已经结束，开始进入侵略者和反侵略者的战略相持阶段。

在此期间，国民党在共产党和民众的推动下，对日作战是努力的，上海、山西、台儿庄、武汉的几个会战，打破了日寇3个至6个月灭亡中国的狂妄计划，也使西方国家对中国刮目相看，开始愿意支持中国的抗战。但是也应该看到，在15个月内，几百万国民党军队节节败退，一泻千里，说明蒋介石的抗战是被动的，是在推行一条以消极防御为主的片面抗战路线，当然国民党军队内部腐败、素质低劣、装备落后也是失败的直接原因。同时也应该看到，国民党的正面战场作战得到人民群众的支持，各界组织起慰问团、救护队、运输队、宣传队支援前线，对此，国民党蒋介石集团不但不欣赏，反而进行压制、破坏，这是其阶级本性本能的反映。

值得一提的是，武汉撤退后发生了放火烧毁华中重镇长沙的事件，这是继黄河决堤、人工制造黄泛区后的又一严重事件。蒋介石从武汉撤退后到达衡阳，于1938年11月7日到达长沙。此时的长沙，因为武汉失守已经成为日寇沿粤汉路南下进攻的目标。蒋介石亲自布置长沙撤退一事，对湖南省主席张治中等人说："敌人来了，你们长沙怎么办？"不等张治中回答，蒋介石明确指示："还有什么可思索的，都用火烧掉，我们不能住，也不能叫敌人来住。……不论粮食器材，凡不能带走的东西都用火烧掉。这是大家不可忘了的事。"（关于长沙大火一事，冯玉祥在《我所认识的蒋介石》第84至87页有详细论述）蒋介石离开长沙后，11月12日委员长侍从室主任林蔚打电话给张治中，传达蒋介石关于在长沙实行"焦土政策"的决定。不久，张治中又接到蒋介石发出限1小时到达的密电，电文是："长沙如失陷，务将全城焚毁！望事前妥密准备，勿误！"

进行"焦土抗战"，最初提出者是桂系的李宗仁、白崇禧。早在1936年4月17日李宗仁在广州发表关于中日问题的谈话称："为整个民族救亡问题，为争取中华民族自由平等，保卫中华民国领土主权之完整，必须不许此不死不活之现状连续下去，必须改变此苟安因循之现状，尤必须发动整个民族解放战争，本宁愿全国化为焦土亦不屈服之决心，用大刀阔斧来答复侵略者，表现中华民族自存自立之伟大能力与精神，然后中国始有生存可能。"卢沟桥事变后，李、白二人先后发表了《焦土抗战与民族复兴》《抗日救国》等文章，系统宣传焦土抗战理论，主张纵使全国化为焦土，也要与暴敌血战到底；军事实行总动员，是主动的进攻战、游击战、运动战、长期消耗战而非速决战。他们再三强调，焦土抗战并非自行将所有物资烧毁一空，"而是本宁为玉碎，不为瓦全的心理，以激励全民与敌人火拼"。应该说，李宗仁、白崇禧提出的"焦土抗战"，并非是直接的烧房烧厂烧店烧公共建筑烧物资，而是表示不惜牺牲、抗战到底的决心。

蒋介石的"焦土政策"与"焦土抗战"有着很大的不同，后者是利用一切人力、物力、财力抗战到底，前者是把焦土当成抗战手段，以此来阻挡敌人。因此，"焦土政策"和黄河决堤一样，是利用自然力进行大破坏。如果说黄河决堤还或多或少取得了一些军事效益，长沙大火则一事无成。

根据蒋介石的指示，正在忙于把省政府迁往湘西沅陵的张治中布置长沙警备司令酆悌、省保安处长兼警备2团团长徐昆负责执行。张治中说得很明确："须在我军自汨罗撤退后再下令开始行动。"（张文心：《长沙大火见闻》，见《江苏文史资料选辑》第15辑第52页）而且还详细布置说，开始行动时，必须先发空袭警报，使居民躲避，等到再放紧急警报时，才开始行动。因此，蒋介石在长沙实行"焦土政策"虽说方式不当，但明确指出是"长沙如失陷"时行动；而张治中布置在往北70余公里外的汨罗江防线被攻破、空袭警报、紧急警报时便行动。在纪律、法制观念十分淡薄的国民党军队内部，他们根本没有认真理解蒋、张指示的具体时间要求。1938年11月12日晚，粤汉路上湖南境内的第一个要地、汨罗江往北50余公里的岳阳失守，警备第2团团长徐昆向司令部参谋长石国基请示进行放火演习，石国基表示敌人已过"新墙河"（位于岳阳以南），来不及了。徐昆向下传达时，被一连长误听为敌人已过长沙北边、汨罗江以南的"新河"，所以立即下令放火。

面对长沙城中突然起火，有人说是散兵游勇在南门处抢劫商店为消灭犯罪痕迹而放的火，有人说是医院失火，鄷悌、长沙警察局局长文重孚、警备第2团团长徐昆等人，在不明了火从何起的情况下，赶紧下令放火烧城。执行点火任务的保安团又不按照预定的方案进行，顿时满城起火。寒夜中还未撤退的约3万名长沙民众，面对突如其来的满城大火，毫无准备，难以计数的民众葬身火海。大火烧了两天两夜，直到20日还到处可以见到未完全熄灭的余火。全城被烧毁近三分之二，财产损失根本无法统计。

日寇并没有对长沙发动进攻，长沙大火烧的是全城民众，蒋介石无法向全国交代，国民党内不少开明之士也纷纷谴责。为应付全国上下对长沙放火的批评，蒋介石于1936年11月16日赶到长沙视察，下令军事法庭审判鄷悌、文重孚、徐昆三人。军事法庭判处放火演习总指挥徐昆有期徒刑5年，擅离职守的文重孚有期徒刑10年，睡觉不接电话的鄷悌有期徒刑20年。

蒋介石接报后，亲笔批道："鄷悌身负长沙警备全责，疏忽怠惰，玩忽职守，殃及民众，着即枪毙；文重孚身为警察局长，不奉司令，率警遁逃，着即枪毙；徐昆玩忽职守，着即枪毙。"

三犯于1938年11月18日被处决，以平民愤。长沙大火，从根本上讲是日寇的罪行之一，没有日寇侵略也就不会有长沙大火；蒋介石应该负决策失误责任，焚烧全城不可能击败敌人，更不利于保存自己，应该说焚城不是有效的抗战方法，而纯粹属于需要人民群众付出极大代价、作出巨大无谓牺牲的消极退却手段；张治中的责任应该是作为地方最高行政长官，应该利用与蒋介石的亲密关系据理力争，坚持抗战，如果无法抵抗日寇则利用长沙城外的有利地形进行坚壁清野，但他没有这样做，而是遵照蒋介石的指示——焚城，尽管他对具体放火行动作了详细、明确指示，但国民党军队本来就军纪很差，在日寇即将来侵的混乱之中，更难执行详细计划，他却没有考虑到这一点；直接罪犯是酆悌、文重孚、徐昆等人，他们目无军纪和百姓利益，置民众生命财产于不顾，罪该万死。长沙被焚，实属不该，人民群众为了抗日救国，愿意作出牺牲，更愿意与日寇决一死战，但是作为统治者不应该让他们作出无谓的牺牲。

在长沙大火的火光中，迎来了抗战第二阶段的到来。

全民抗战——全国涌现抗战热潮

卢沟桥事变后，蒋介石在领导正面战场抗击日寇侵略的同时，政治方面比抗战以前有所改进。一方面与中共加快进行共同抗击日寇侵略、组织第二次国共合作的谈判；另一方面开放了部分民主，采取了一些有利于进行全民抗战的措施。

政治的宽松

抗战开始后，全国人民强烈要求进行政治改革，开放民主，为抗战缔造良好的条件。当时在民主运动中，最敏感的问题是"七君子事件"。早在蒋介石被扣西安期间，他曾经答应释放爱国"七君子"，岂知全国人民一等再等不见踪影不说，到1937年4月4日，苏州法院居然对7位爱国民主领袖列举出十条罪名，表示将以"危害民国为目的而组织团体，并宣传与三民主义不相容之主义"为名提出起诉。（《"七君子"事件》第15页）

对于蒋介石这一出尔反尔、镇压民主运动的专制行为，中共中央于1937年4月12日发表《对沈、章诸氏被起诉宣言》（以下简称《宣言》）指出，"吾人对此爱国有罪之冤狱，不能不与全国人民一起反对，并期望国民党中有识领袖之切实反省"，南京政府能否无条件释放7位爱国领袖，是它有无与民更始、改正错误政策的实际表现。在《宣言》中，中共强烈要求彻底修改《危害民国紧急治罪法》，明确指出："真实之抗战准备，唯有给予民众以民主权利。"（《解放》周刊第1卷第1期）各界进步人士也纷纷站出来，揭露、批判国民党镇压民主运动的罪行。沈钧儒等7人，也与南京当局进行了英勇斗争，他们在答辩书中指出："以被告等爱国之行为而诬为害国，以救亡之呼吁而指为宣传违反"三民主义"之主义，实属颠倒是非，混淆黑白，摧残法律之尊严，妄断历史之功罪。"（《"七君子"事件》第27页）国民党又派出中央党部秘书长叶楚伧、上海滩上的闻人杜月笙出面对沈钧儒、王造时、李公朴、沙千里、章乃器、邹韬奋、史良7人进行劝降，提出只要他们愿意立下悔过书、入反省院，然后可保释出狱。这种卑劣的手法理所当然为7位爱国民主人士所拒绝。6月11日，江苏高等法院正式开庭审理，当审判长问他们："抗日救国不是共产党的口号吗，你知道你们被共产党利用吗？"第一个被审判的沈钧儒回答说："共产党吃饭，我们也吃饭，难道共产党抗日，我们就不能抗日？假使共产党利用我抗日，我甘愿被他利用。"（《"七君子"事件》第65页）6月间，宋庆龄、何香凝联合上海文化界人士共同发起"救国入狱运动"，强烈抗议蒋介石非法逮捕、审判爱国领袖的罪行。文化界16位爱国人士在声明中说："我们都是中国人，我们都要抢救这危亡的中国。我们不能畏罪就不爱国，不救国。"号召全国人民和各界人士，都为救国而入狱，"再不用害怕敌人，再不用害怕日本帝国主义的侵略！"（《宋庆龄选集》第112页）他们在宋庆龄的带领下，来到苏州主动要求入狱。全面抗战爆发后，蒋介石为表示抗战的诚意，在中共和爱国民主人士的要求下，不得不开始释放政治犯，"七君子"也于7月31日被公开释放。

卢沟桥事变后，蒋介石举行庐山谈话会，参加会议的全国知识界、文化界的名流，与中共代表周恩来等人会聚一堂，亲切磋商，共同商讨抗日大计。从此，在以后一段时期内，宣传全民抗战不再成为被镇压的理由。当时任北平图书馆委员会委员长的胡适，也在会上坚决主张抗日，主张争取西方国家的支持。发言后国民党省党部秘书、杭州《民国日报》主笔胡健中递来一首打油诗："溽暑匡庐

七君子获释后，在爱国老人马相伯家的合影。右起：李公朴、王造时、马相伯、沈钧儒、邹韬奋、史良、章乃器、沙千里、杜重远

胜开会，八方名士溯江来；吾家博士真豪迈，慷慨陈词又一回。"胡适想也没想，提笔就回道："哪有猫儿不叫春？那有蝉儿不鸣夏？那有蛤蟆不夜鸣？那有先生不说话？"散会后，在东返的轮船上，胡健中谈起胡适的诗时，在场的蒋介石、周恩来、林伯渠等人听后哈哈大笑。在这种宽松的环境中，开始了国共合作、全国抗日的局面。

随着国共合作抗日民族统一战线的建立，国民党当局开放了党禁，在一定程度上允许民众言论、出版、结社等自由。在淞沪、南京会战期间，全国人民踊跃支援前线，当地各界组织起各种支前团体，成为全国抗日的第一波热潮。南京失守后，国民党政治中心转向武汉。国民党为进行抗日宣传，特意在军事委员会政治部下设第三厅，以郭沫若为厅长，阳翰笙为主任秘书。在第三厅的安排下，大批著名进步文化人士，利用合法的舞台，利用歌咏、戏剧、电影、漫画等方式，进行抗日救国宣传活动，并组织慰问团、演出队，奔赴前线战区，深入农村山乡。如全国戏剧界救亡协会，组织了13个抗日救亡演剧队，奔赴各地宣传抗日。其中由洪深率领的救亡演剧第二队，经南京、徐州、开封、洛阳抵郑州，沿途向群众演出《放下你的鞭子》《九一八以来》等剧目，极大地鼓舞了全国人民的斗志。第三厅也组织了10个抗敌演剧队，到全国进行宣传活动。1938年3月27日，经国民党当局的批准，爱国民主人士在汉口成立了"中华全国文艺界抗敌协会"，协会成立宣言说："对国内我们必须喊出民族的危机，宣布暴日的罪行，造成全民族严肃的抗战情绪和生活，以求持久的抵抗，争取最后的胜利；对世界我们必须揭露日本侵略者的罪行，引起世界人民的正义感，以共同制裁侵略者。"协会选举郭沫若、茅盾、夏衍、田汉、巴金、郁达夫等45人为理事，周恩来、孙科、陈立夫等人为名誉理事，老舍担任总务部主任，主持"文协"日常工作。在武汉期间活动最多、影响最大的是青年救国团，共有成员2万多人，在宣传抗战、教育和发动民众、参加难民收容、组织青年下乡打游击等方面做了大量工作。

类似的抗日热潮，遍及大后方西南、西北的昆明、桂林、南宁、贵阳、西安、兰州等地。在上述地区，国民党的专制控制暂时放松，允许民众走上街头进行抗日宣传活动，允许组织各种抗敌团体，各界人士有钱出钱，有力出力，有粮出粮，利用各种形式和各自优势，支持抗敌作战。其中，武汉在抗战一周年之际举行献金运动，4天内共有50万人参加捐献。其中中共捐出1000元党费，

909

周恩来等中共代表献出1个月的薪金,蒋介石夫妇拿出19451元。活动共收到捐献100万元,支援各战区。全民抗战热潮的出现,极大地鼓舞了全国武装部队奋勇杀敌。

作为全国抗日热潮的一部分,出现了一批进步报刊。有郭沫若主编的《救亡日报》,田汉等人编辑的《抗战戏剧》,邹韬奋的《抗战三日刊》和《全民抗战》,中共出版的《群众》和《新华日报》,文协主办的《抗战文艺》,上海漫画协会编印的《救亡漫画》以及《抗战木刻》《抗战漫画》等。一批鼓舞全国人民奋起抗战的文艺作品也相继问世,如郭沫若的《战声集》、何仲平的《边区自卫军》、田间的《给战斗者》、艾青的《向太阳》、丘东平的《第七连》和《我们在那里打仗》、刘白羽的《逃出北平》、张天翼的《华威先生》;此外还有《游击队》《到敌人后方去》《黄河大合唱》等优秀歌曲。这些刊物和作品的出现,极大地鼓舞了全国军民反击侵略的信心和决心。

其中,中共的《群众》和《新华日报》的出刊颇费周折。中共中央认为,为了宣传中共团结抗战的方针,打破国民党对舆论的控制,有必要在国民党统治区出版报刊。国民党方面对中共的这一要求曾极力进行抵制,陈立夫就对康泽明确说不能同意。经过做国民党内开明派的工作,迫使蒋介石不得不同意中共发行一份周刊一份日报,国民党中央宣传部部长邵力子于1937年8月间把这一消息通知了周恩来。周恩来立即指示潘梓年、章汉夫、钱之光等人出面进行筹备,并请监察院长于右任为《新华日报》题写报头。后来因为国民政府迁都重庆,中共代表团也安排撤退,《群众》周刊直到12月11日才出版,《新华日报》则到武汉后于1938年1月11日才与群众见面。"这两份报刊的公开出版,在当时的政治生活中是一件大事,深受广大群众特别是进步知识分子的欢迎。在抗战时期和解放战争初期,对于宣传党的方针政策,动员广大人民积极参加抗战和民主运动,都起了重大作用。"(童小鹏:《风雨四十年》第一部第119页)

但是,国民党的开放政策是有限的,1938年7月,国民党中常会即通过了《抗战期间图书杂志审查标准》《战时图书杂志原稿审查办法》,成立了"中央图书杂志审查委员会",恢复昔日的文化统制政策,查禁进步刊物和作品的事件也逐渐多了起来。不管怎样,在部分开放民众抗日和政治民主的背景下,文化界名人十分活跃以及抗日文化的涌现,推动了抗日热潮不断向前发展。

作为蒋介石开放部分政治民主的一个重要内容，就是释放政治犯。所谓政治犯，则是在国共十年内战中被国民党关押和迫害的共产党人和进步人士，他们曾经为中华民族的进步和人民的幸福奋斗多年，后来不幸落入敌手，被长期关押，受尽迫害，并且随时有被杀害的危险。如今，挽救民族危亡已成全民共识，也成为国共两党合作的基础，国难当头，意识形态的差异不能成为阻挠组织抗日民族统一战线的理由，这批中华民族的优秀分子不应被继续关押、迫害甚至杀害，不能继续剥夺他们的政治权利，应该让他们回到争取民族独立、祖国解放的第一线。在国共之间进行的多次谈判中，中共代表坚决要求无条件释放政治犯，坚决要求让这批政治犯参加抗日阵营。中共的要求，得到了各党各派各界的拥护，爱国民主力量也利用各自的关系和影响力，主张释放政治犯。其中最为突出的就是宋庆龄、何香凝等人组织的"救国入狱运动"。国民党蒋介石集团对此采取了较为开明的态度。

根据中共方面的估计，仅东南地区被国民党关押的政治犯就达四五千人，俘虏两三千人。为解救政治犯，抢救优秀干部，中共中央做了许多工作。在华北地区，因为日伪势力的嚣张，国民党的监狱也不安全，被国民党关押的许多中共北方局的干部随时都有被害的危险；而此时因为抗日高潮即将来临，中共需要大批干部。鉴于当时华北民族斗争和阶级斗争的形势，经中共中央和北方局的同意，薄一波等61位中共人士履行手续出狱。平津陷落前夕，中共方面一再进行交涉，使得被关押在平津地区监狱中的许多中共党员释放出狱，避免了落入日伪手中，其中北平草岚子监狱就释放了安子文、彭真、冯基平等中共重要干部。

释放沪宁地区的政治犯，是周恩来等中共代表与蒋介石谈判的一个主要内容。中统头子陈立夫借故拖延，提出要中共开具名单。由于日寇已经开始在上海发动进攻，威胁苏州、南京，为促使国民党当局启动释放政治犯工作，1937年8月18日，周恩来、叶剑英前往"首都反省院"看望政治犯，并且要求把夏之栩（赵世炎夫人）、王根英（陈赓夫人）、张琴秋（西路军政治部组织部长）保释出狱。当天下午，中共代表团即把3人（张琴秋换成熊天荆，不久张琴秋也出狱）接到八路军办事处。以后营救政治犯的工作由叶剑英具体负责。在南京沦陷前，国民党先后从沪宁地区的监狱中释放中共党员和进步人士有刘顺元、陶铸、方毅、王鹤寿、潘梓年、钱瑛、曹荻秋、刘宁一等1000多人，以后也有

韩复榘

不少人离开国民党监狱，奔赴抗日前线。

在中共解救的名单内，还有中共前总书记、被中共开除的"中国共产党左派反对派（中国布尔什维克列宁派）"总书记陈独秀。陈独秀被判刑8年，已经服刑3年，经中共再三要求，国民党当局不得不于1937年9月释放了陈独秀，1937年11月20日的延安《解放》周刊发表了文章，欢迎他回到革命队伍中来，重振老战士的雄风。最后因为康生派人出面对其进行攻击，使陈独秀没能再回到中共党内。

蒋介石之所以同意释放政治犯，既是中共强烈要求的结果，也是民族斗争取代阶级斗争的结果。这一措施既有利于塑造蒋介石的民主形象，也有利于抗日大局。

处决韩复榘

蒋介石在部分开放民主权利的同时，也公布了一些有利于整肃国民党军界混乱、有利于抗战的法律和法令，如《中华民国战时军律》《惩治汉奸条例》《惩治贪污暂时条例》《非常时期农矿工商管理条例》等，对制止国民党军队不战而逃、遏制国民党内正在刮起的妥协投敌风、改革吏治和维持战时经济的运行起到一些作用。其中在刹住国民党军队内的逃跑风方面，影响最大的莫过于处决韩复榘。

韩复榘是个政治上反复无常的军阀，历史上有过多次叛变其主的记录。他中原大战时出任山东省主席，利用控制山东的机会，无恶不作，极尽搜刮民众之能事，与南京方面保持不公开对立但事实上割据的局面。全面抗战爆发后，任何分化抗日力量的行为都是不能允许的。山东省主席、第3集团军总司令韩复榘作为旧军阀，成为时代的落伍者，既不放弃旧军阀武装割据的恶习，也不理解全民抗战的意义，因此他的所作所为是不利于全民抗战的。

日军沿津浦铁路南下进攻之际，山东已经成为南京和东南沿海地区的主要屏障之一，手握重兵的韩复榘守土有责，理应竭尽全力抵抗，为民族战争尽一份心力。可是他无法适应抗战的新局面，无法跟上时代的步伐，还在做着军阀混战时的美梦。对旧军阀来说，首要之举是保存实力，韩复榘几次抗命，不思保境守土，从鲁北的德州南撤700余里，逃往鲁西南的曹县、单县一线，把山东境内的津浦铁路完整地交给了日军，大大增加了第五战区的军事压力。他之所以这样做，就是为了避免与拥有大规模常规杀伤武器的日军作战，以保存其第3集团军的实力。当然韩复榘之敢于这样做，一是有例可循，因为作为中央军主力的第2集团军总司令刘峙也是由北往南一逃千余里，蒋介石并没有处分刘峙。二是准备分裂抗战阵营。抗战开始后，针对蒋介石西撤四川的战略意图，韩复榘联合川康绥靖公署主任、第七战区司令长官、第23集团军总司令刘湘，实施阻止蒋介石入川计划。密谋的方案是刘湘守宜昌、韩复榘守襄樊一带，再联合华北平汉路上作战的宋哲元，一起断蒋介石的进、退路。蒋介石早就有收回山东之意，苦于没有机会和理由，如今韩复榘公开抗命、破坏抗战罪责难逃，是结束韩复榘割据的最佳时机。

1938年1月11日，蒋介石在开封召开第一、五战区团长以上军官会议，总结华北各省和沪宁地区的抗战情况。韩复榘也被通知与会，此人生性多疑，再加上放弃山东、阻止蒋介石入川等败绩和阴谋，自然心怀鬼胎，带着一个手枪旅和卫队营前来开封。在戴笠的精心安排下，韩复榘乘坐的专列在一车站停车时，特工当局即以空袭警报为名，将韩复榘的专列先行开走，与手枪旅、卫队营隔开。在会上，蒋介石首先进行了严肃的训话，要身为将领的高级军官身先士卒，奋勇抗敌。训话结束时提到有些将领不听命令，未战先逃。训话后，主要研究平汉铁路、陇海铁路、津浦铁路的战事，由李宗仁和程潜作专题军事报告。当天会议结束时，蒋介石让刘峙出面要韩复榘留下，然后趁机将其扣押。蒋介石为试探反应，召集军委会督导长官冯玉祥、第五战区司令长官李宗仁、第一战区司令长官程潜和副参谋总长白崇禧征求处理意见，岂知4位将军没有1人为韩复榘求情，这是因为韩复榘作为霸占一方的实力派，已经把许多国民党要员得罪，冯玉祥恨韩几次背叛西北军，程潜恨他几次抗命拒绝支援平汉路作战，李宗仁、白崇禧恨他在两广倒蒋时在宁粤两边讨好捞取政治好处。此次大敌当前，掌握第3集团军、位居要地山东的韩复榘，不思苦战，只想逃命，予以军法从事并无不当之处。

蒋介石命令军事委员会军法总监何成浚、军事委员会军法执行总监鹿钟麟组成军事法庭，审判韩复榘。最后以"开放烟毒，牺牲壮丁，私入河南，贻误军机"的罪行，立即将韩复榘处决。死到临头，身为山东省主席、集团军总司令的韩复榘，在山东数年间，对民众不知使用了多少酷刑，不知残杀了多少无辜百姓和爱国进步人士，不知使当地增加了多少屈死鬼，如今临近鬼门关，竟然抱着门框不让带走，喊冤求情。当时正逢冯玉祥有事路过，见到韩复榘的如此无赖样，一连抽了他四个大嘴巴，抽得韩复榘满嘴鲜血，并骂道"你这孬种！"如果对韩复榘这样作恶多端、残杀无辜的凶手简单枪毙了事，可以说是便宜了他，冯玉祥总算替地下的冤魂解了恨，韩复榘总算得到了应有的下场。1938年1月24日，在韩复榘汉口被处决。

至于有人说，枪毙韩复榘，吓死刘湘，则有牵强之处。因为韩、刘合作阻止蒋介石入川只是两人的初步设想，不见具体行动，刘湘还在卢沟桥事变后，马上整顿川军出川投入抗日战场，并没有采取拥兵自重、不离四川的割据策略。蒋介石和南京方面也从没有以此治罪于任何人。而且刘湘有病在先，督率川军出川参战时已经病体不支，身任第七战区司令长官驻节许昌时胃溃疡已经恶化，在韩复榘被处决前4天，他即病逝于汉口，是第一位死在抗日前线的战区司令长官。

在处决韩复榘的同时，军事委员会公开表彰了上海四行仓库勇士谢晋元、忻口战役中牺牲的第9军军长郝梦龄、平津抗战中牺牲的第29军副军长佟麟阁等6人。严肃处分了41名将领，其中在晋东北战斗中违抗军令、弃城逃跑的第61军军长李服膺等8人被处决。严肃军纪，执行军法，对维护国民党军纪、制止盛行的逃跑风，起到了一定的作用。在台儿庄战役中，第20军团司令汤恩伯屡屡抗命不愿增援台儿庄作战，最后也是李宗仁暗喻这位骄狂的将军不要忘了韩复榘的教训才把汤恩伯逼出参战，但时间也晚了2天。

"临全会"紧缩

抗战第一阶段中，国民党军队的大部分作战是努力的，国民党也进行了部分政治改革，但是蒋介石推行的是一条"片面抗战路线"。说片面抗战路线，是因为蒋介石虽然同意抗战，也把主要精力和主要战力放在抗日军事前线，但在政治上单纯依靠国民党政府，缺乏发动、组织人民群众参加抗战的诚意，有心限制民众的各种基本政治权利，更不同意还政于民以鼓舞全民参战；军事上单纯依靠国民党军队作战，缺乏支助、发展第18集团军的诚意，有心限制各地自发的抗日民众武装，更不同意在武器、装备和经费上支持民众抗日武装。因此，自抗战开始以后开放的部分民主，以后也不断收缩，各方面都表现出片面抗战的场景。片面抗战路线的集中体现，就是国民党于1938年3月召开的临时全国代表大会。

抗日战争全面爆发后，国民党经过半年多的作战，需要对过去的抗战经验和教训进行总结，需要对抗战全局和以后的战略方针进行研究，1938年2月3日，国民党中常会第66次会议决定，由"五全"代表出席，召开临时全国代表大会。类似的会议，在国民党历史上是第一次。

1938年3月29日上午，中国国民党临时全国代表大会在武昌国民政府礼堂举行。会议期间，蒋介石致开幕词并作了《对日抗战及本党前途》的报告，中央党部秘书长叶楚伧作《党务报告》、中央政治会议主席汪精卫作《政治报告》、军政部长何应钦作《军事报告》、外交部长王宠惠作《外交报告》、财政部长孔祥熙作《财政报告》。对于会议目的，蒋介石在开幕词中说得很清楚，就是为了制定抗战大计，制定关于战时军事、政治、经济、教育等方面的"精祥方案"，改变国民党组织松懈、纪律废弛、精神衰颓状况。会议主要议题如下：

一是完成蒋介石"总裁"合法化。从历史上看，孙中山时期的国民党实行"总理制"，中央机构和国民党领导体制很不完整。国民党开始改组后，理顺了中央领导体制，但是孙中山的个人地位和权威依然存在。国民党党章规定"国民党总理"拥有"全国代表大会之主席、中央执行委员会之主席、对于全国代表大会之决议有交复议之权、对于中央执行委员会之决议有最后决定权"，并且明文规定："总理已于中华民国十四年三月十二日逝世。十五年一月第二次全国代表大会接受总理遗嘱，并努力实行之，保存此章以为本党永久之纪念。"明确规定国民党的创始人和为国民党作出巨大贡献的孙中山为永远的"总理"。孙中山逝世后，国民党内胡汉民、汪精卫、蒋介石等人在党内争权夺利，党的最高领导机构实行"合议制""常委制"，在长达12年间，只设"中常会"不设"中常会主席"和"中央执行委员会主席"（"五全"前后蒋介石为劝说胡汉民离开两广来南京，曾一度设中常会主席由胡担任，后因胡突然去世，中常会主席职也随之取消）。临时全国代表大会通过了推举蒋介石为国民党总裁、汪精卫为副总裁的决议，并在《党章》总章第四章"总理"之后加上"总裁"一节，规定设总裁1人、副总裁1人，由总裁代行总理之职权。蒋介石开始成为国民党内名实相符的最高领袖。同时会议强调："各界人士，不问其派别如何，尤应捐除成见，集中在一个信仰、一个领袖、一个政府之下。"（《中国国民党历次代表大会及中央全会资料》下册第488页）确切地说，面对全面抗战这一民族战争的新形势，有必要集中指挥，统一领导，问题是蒋介石因为掌握军队，通过控制军统和中统，牢牢控制着国民党和政府系统，党政军大权一直处于他的绝对控制之下，一直是事实上的最高领袖。如今成为国民党总裁，高度集权，无非是完成组织手续，把党政军体制合法地转移到党魁"总裁"的轨道上来，为全面实施"一个主义、一个政党、一个领袖"的独裁统治提供了基础。临时全国代表大会，在蒋介石个人政治发展史上有着特殊的地位，他开始成为合法的独裁者。

二是加强对社会的控制。临时全国代表大会通过了著名的《抗战建国纲领》（以下简称《纲领》），《纲领》总共7章32条，集中体现了国民党在抗战期间的基本路线、政策。在外交方面，主张"联合世界上同情于我之国家及民族，为世界之和平与正义共同奋斗"；军事方面，主张"加紧军队之政治训练"，军队要为国效命，并且"在敌人后方发动普遍的游击战"；政治方面，主张"组织国民参政机关，团结全国力量"，改善各级政治机构，整饬纲纪，严惩贪官污吏；经济方面，主张"实行计划经济"，扩大战时生产，全力发展农村经济，加强财税管理，严惩投机奸商；民众方面，主张"发动全国民众，组织农、工、商、学各职业团体，改善而充实之，使有钱者出钱，有力者出力，为争取民族生存之抗战而动员"，救济难民及失业民众。（《中国国民党历次代表大会及中央全会资料》下册第484至488页）确切地说，《抗战建国纲领》是国民党建党以来一个较好的文件，能够顺应抗战这一大局，把握时代脉动，基本反映民众的抗日要求，但是纲领中也有不少消极的内容和主张。

如争夺对抗战的领导权。会议一再强调纲领中提出的"全国抗战应在本党及蒋委员长领导之下"，"凡有志于救国者，固应在本党领导之下共同努力"（《中国国民党历次代表大会及中央全会资料》下册第485、488页），这显然不利于全民抗战的进行。对于这一场全民族的抗日战争，中国共产党提出"在国共两党彻底合作的基础上，建立全国各党各派各界的抗日民族统一战线，领导抗日战争，精诚团结，共赴国难"。中共的主张公允、客观，既无强求也很尽职，但是国民党却不顾全民抗战局面，无视人民对民权的呼声，压制各党各派的抗日热情，极力主张由国民党和蒋介石"领导"，显然在抗战领导权问题上有着他们的图谋，这就为下阶段蒋介石变积极抗战、消极"反共"为消极抗日、积极"反共"埋下了伏笔。

如加强对民众思想上的控制。《纲领》总则中规定，"确定三民主义暨总理遗教为一般抗战行动及建国之最高准绳""当此非常时期中，行动固宜统一，理论尤贵一致。概自军兴以还，各方之宣传刊物如雨后春笋，其中认识正确、动机纯洁者，而言论幼稚、主张怪诞者，亦不为少。若而刊物，率多在对日抗战一词掩护之下，或则抨击政府，妄作主张；或则厚诬本党以十年来均未一行主义；光怪陆离，不一而足。……由中央宣传部重申本党容纳各党各派之立场，并制定以民族统一战线为理论中心之抗战时宣传纲领。"（《中国国民党历次代表大会及中央全会资料》下册第485、488、499页）"在宣传运用上应渗透教育机关、文化机构及社会各种组织，使宣传与教育、文化等打成一片，而避免显露党的宣传之痕迹，以深入人心。"（《中国国民党历次代表大会及中央全会资料》下册第500页）会议还特意成立中央宣传部、文化部，与军警宪特机构相配合，专门负责对社会舆论机构、民众言论的监督，"围剿"任何被认为是违反国民党专制理论和蒋介石个人独裁的理论、媒体和各界人士。

如加强对民众运动的控制。任何独裁者和专制统治制度最害怕的事情，就是民众的觉醒和民众组织起来参加社会改革运动。从政治人物和政治力量对于民众的态度中，可以看出其是真革命还是假革命，是真抗日还是假抗日，是真民主还是假民主；任何反动势力和专制暴君，总是站在人民的对立面，总是压制民众。蒋介石虽然走上抗日之路，虽然同意全民抗战，但是对民众运动起来后冲击国民党专制统治的担心一直存在。因此，纲领明确规定："在抗战期间，于不违反三民主义最高原则及法令范围内，对于言论、出版、集会、结社当与以合法之充分保障。"（《中国国民党历次代表大会及中央全会资料》下册第487页）从历史的角度论，孙中山创立的"三民主义"应该是中国脱离半殖民地半封建社会过程中，在工业基础薄弱、政治未脱离封建状态阶段的一种较好的理论，但是经过蒋介石发动政变上台后十余年的演变，已经被篡改为维持国民党一党专制和蒋介石个人独裁的理论根据。因此，蒋介石开放民主、改革政治的标准局限于已经被蒋介石改造过的"三民主义"理论范围之内，显然反映出蒋介石开放民主、改革政治的局限性和反动性。为有效控制民众运动，"临全"决定成立调查统计部、社会部、职业部、妇女部、训练委员会五大部委。尤其是中央执行委员会调查统计部，这一特务机构迅速恶性膨胀，成为镇压民众运动和爱国民主运动的刽子手。

如加强对青年的控制。抗战军兴，无数有志青年在中国共产党的号召下，热血沸腾，奔赴抗日前线，其中不少人则奔赴各八路军和新四军根据地。蒋介石见到此情此景，看到了国民党的危机，看到了国民党缺少对广大青年的吸引力，觉得不能眼看着原先是工人、农民，现在是青年、名人、有为之士都向中共方面跑，有必要保持对青年的吸引力。临时代表大会在《统一革命理论肃清政治斗争之意识案》中声称，关于民主、抗日宣传"尤足使一般青年政治斗争之意识超于民族斗争的意识之上，是其为害，宁不甚烈。此本席等认为抗战前途之一隐忧，而亟欲迅予矫正者也"（《中国国民党历次代表大会及中央全会资料》下册第489页）。蒋介石的担心就在这里，为控制广大青年，引导青年沿着国民党"三民主义"和蒋介石的专制理论方向进行思考，会议决定："青年尤为国家民族之瑰宝，本党应取消预备党员制，另设青年团，征求全国优秀青年而训练之，使各成为三民主义之信徒"（《中国国民党历次代表大会及中央全会资料》下册第500页）；要"以一贯之训练，集之于同一之组织，纳之于新生活之规律"（蒋介石：《为组织"三民主义"青年团告青年书》，《先"总统"蒋公全集》第3165页）。蒋介石自任"三民主义"青年团团长，陈诚任三青团书记长。三青团成为蒋介石控制青年的主要机构，于1938年6月16日正式成立，陈诚、陈立夫、朱家骅、梁寒操、康泽、张励生、周佛海、陈布雷、李扬敬、谷正纲、段锡朋、王世杰、张道藩、刘健群、贺衷寒、谭平山、黄仁霖、胡宗南、王东原、黄季陆、章乃器等36人由蒋介石以团长身份指定为临时中央干事会干事。陈诚、朱家骅、陈立夫、贺衷寒、张励生、段锡朋、陈布雷、谭平山、谷正纲9人为中央常务干事，平时三青团团务主要由陈诚掌握。三青团后来在社会和广大青年间活动甚多，遍及教育、文化、宣传、学校、机关和社会各个角落，与中统、军统一起，成为最反动的政治势力。

"参政会"活跃

在放松部分政治控制和开放部分民主的同时，蒋介石同意召集"国民参政会"。"九一八事变"后，召开"国难会议"已成为爱国民主运动和进步舆论的主张，在国民党"四全"上，蔡元培领衔提出了"组织一国难会议，以期集思广益，共济时艰"。1932年4月，国难会议在国民党当时的陪都洛阳召开，会议的唯一成果就是决议设立"国民代表会"，12月间召开的国民党四全三中全会上决定将国民代表会易名为"国民参政会"。中国共产党的《八一宣言》中提出"赞助由普选出来的国会"。庐山谈话会成为事实上的国民参政会的前奏。淞沪抗战开始后，蒋介石以最高国防会议主席的名义，指定24位各界人士，组成"国防参政会"。参加会议的有中共代表毛泽东、周恩来，青年党代表左舜生、李璜，全国救国会代表沈钧儒、邹韬奋，乡村自治派的梁漱溟、晏阳初，中华职业教育社代表黄炎培，以及无党派的胡适、张伯苓、傅斯年等人。蒋介石为主席，汪精卫主持会议，秘书长是甘乃光。不久，蒋介石出于对会议的控制，增加了包括五院院长在内的51名代表。1937年12月21日，中共代表周恩来、王明、博古等人在武汉与蒋介石的谈判中，提出把国防参政会改组为民意机关的建议；1938年1月中共中央在致国民党临时全国代表大会的贺电中，正式提出这一建议。

1938年3月国民党临时全国代表大会召开时，正式同意设立民意机关。4月7日国民党五全四中全会通过了《国民参政会组织条例》，决定正式成立国民参政会，设正副议长各一人；国民参政会负责听取政府施政报告和向政府提出询问权和建议权；会议成员由地方政府和国防最高会议提出，由国民党中央执行委员会决定。6月16日，国民党中常会通过了国民参政会名单，共200人，21日国民政府予以公布。参政会议长为汪精卫，副议长为张伯苓；36个省和特别市代表94人；海外侨胞6人；其他代表100人，其中包括中共代表毛泽东、董必武、王明、博古、林伯渠、吴玉章、邓颖超（毛泽东没有参加）；爱国民主人士张澜、黄炎培、沈钧儒、徐谦、晏阳初、梁漱溟、胡文虎、陈嘉庚、张申府、史良、邹韬奋、吴贻芳、张奚若、罗隆基、章士钊、章伯钧、谭

汪精卫叛国后，参政会议长由蒋介石兼任。这是他与副议长张伯苓在一起

平山、杜重远、许德珩；学术界名流胡适、张伯苓、傅斯年、梁实秋；青年党左舜生、李璜、曾琦、陈启天、余家菊等人，其中蒋介石派人出面请陈独秀参加参政会时，遭到陈独秀的拒绝。

1938年7月6日，国民参政会第一届第一次会议在汉口举行，国民政府主席林森、军事委员会委员长蒋介石、中央政治会议主席汪精卫、行政院长孔祥熙等出席会议并致词，议长汪精卫主持了会议；会议期间军政部长何应钦、内政部长何键、财政部长孔祥熙、经济部长翁文灏、教育部长陈立夫、政治部长陈诚等作了各自主管部门的专门报告。会议在《宣言》中提出，中华民族决心抗战到底，争取联合更多的主持正义的西方国家，孤立和制裁日本；提出政治上、军事上、经济上进行改革，以确保抗战的进行。会议的主要成就反映在通过的一些提案上：《拥护抗战建国纲领案》主张制定具体措施为实现抗战建国的胜利而奋斗；《请中央通令全国军政机关切实保障人民权利案》提出维护人民基本权利、不得任意捕罚民众、不得任意查封人民团体和刊物、民众不受军事审判等主张；《调整民众团体以发挥民力案》提出应该允许成立抗日民众团体。国民参政会是全民抗战和各党各派争取抗战胜利路线的必然产物，是蒋介石在抗战第一阶段有限度开放政治民主的集中体现。

国民参政会一共存在9年，其中第一届国民参政会召开过5次大会；1940年12月成立第二届国民参政会，共召开2次会议；1942年7月组成第三届，共召开3次会议；1945年4月组成第四届，共召开三次会议。会议代表有所增加，但组成成分基本没有改变。国民参政会的职能只是咨询机构，并无决策权力；会议代表由国民党指定，并非人民选举或各党派各阶层各团体自行推选；会议议程、通过决议都在国民党及

50多岁的蒋介石自兼三青团团长，在该团第一次代表大会上训话

其亲蒋势力的控制之下。但是，国民参政会的建立，冲破了国民党一党专制、蒋介石一人独裁的政治局面，为中国共产党和爱国进步势力提供了一个合法的政治舞台，有了一个发表各自政见的机会，使得人民的抗日意志和要求正义的呼声可以在国家殿堂中得到传播。正如毛泽东等中共参政员发表的《我们对国民参政会的意见》中指出的那样："在目前抗战剧烈的环境中，国民参政会之召开，显然表示着我国政治生活向着民主制度的一个进步，显然表示着我国各党派、各民族、各阶层、各地域的团结统一的一个进展。虽然在其产生的方法上，在其职权的规定上，国民参政会还不是尽如人意的合格的人民的代表机关，但是并不因此而失掉国民参政会在今天的作用与意义——进一步团结全国各种力量为抗战救国而努力的作用，企图使全国政治生活走向真正民主化的初步开端的意义。"国民参政会上始终存在着积极抗战与消极抗战、进步与黑暗的两条道路斗争，始终存在着共产党为争取抗战胜利而坚持全面抗战路线、国民党为维持反动统治而坚持片面抗战路线的两党斗争。抗战进入相持阶段后，蒋介石则把国民参政会当成粉饰独裁统治、欺骗人民的御用工具，当成限制中共影响力的主要阵地，国民参政会的作用大为削弱。

综上所述，在抗战初期，国民党蒋介石集团，虽然增设国民参政会，允许成立社会团体，改善政治运行过程，但巩固国民党一党专政、维持蒋介石一人独裁的实质没有改变。随着日本帝国主义侵略势头被遏制、抗日战争进入战略相持阶段，国民党统治的反动性便日益暴露出来。

（二）人民战争，共产党活跃敌后战场

日本帝国主义发动的全面侵华战争，把建立民族抗日统一战线的任务摆到了中国共产党、中国国民党以及各种政治力量和全国人民的面前。卢沟桥事变爆发，使得国共两党进行二度合作成为可能。经过一年多来国共双方的接触，尤其是经过西安事变周恩来与宋子文、宋美龄、蒋介石的亲自谈判以及事变后与顾祝同的谈判，国共双方提出的条件逐渐接近。在中共的不懈努力下，卢沟桥的枪声，加快了国共两党合作的步伐；日本的疯狂侵略，促成了国共两党合作的完成。

卢沟桥的抗敌枪声响起后，随着国共合作的形成，中共中央立即下令，整编红军，开赴抗日前线，在沉重打击日寇的同时，广泛组织敌后游击队，建立敌后根据地，成为反击日寇侵略的主要力量。

西安事变后，中共中央搬到延安，从此延安成为中国革命的领导中心。

西安事变后，国民党与共产党之间的谈判开始进入正常阶段，虽然没有谈出具体成果，但为"七七事变"后的第二次国共合作创造了氛围，提供了条件。

周恩来、蒋介石三度谈判

1937年6月14日，中共中央代表周恩来带着《关于御侮救亡复兴中国的民族统一战线纲领草案》，来到庐山。国民党方面参加与周恩来谈判的有蒋介石、宋子文、宋美龄、张冲等人。双方围绕统一战线组织形式、红军如何改编、边区政府改制、释放政治犯问题展开争论，争论的焦点是共产党、国民党都要坚持各自的政治主张，但是双方已经取得国共应该合作、红军可以改编、边区政府可以改组、政治犯分批释放等共识，只是在具体合作形式、进程及数量等方面还无法谈拢。谈判结束时，蒋介石请宋子文向周恩来传话说："共产党为了将来的发展，当前首先是取得全国的信用，目前不要搞得太大，否则容易引起外方恐惧，也使他难于工作。"蒋介石的本意显然是还想拖下去，但是他拖下去的理由马上没有了，因为抗战马上就要开始了。第一次庐山谈判就此结束。

1937年6月下旬，周恩来回到延安。中共中央研究决定，在与国民党的下一阶段谈判中，先确定国共两党合作的共同纲领，开始起草国共合作宣言，如果国民党再予以拒绝，中共将自行宣布红军改编、同意接受国民党开明派出掌边区政府主席、修改宪法草案等主要谈判方案。

卢沟桥事变后的第二天，中共中央提出"国共两党亲密合作抵抗日寇的新进攻"的建议；中共中央军委主席毛泽东、红军总司令朱德致电蒋介石，要求实行全国总动员，保卫天津，保卫华北，收复失地；表示红军将士"诚愿在委员长领导之下，为国效命，与敌周旋，以达保家卫国之目的"。7月9日，红军将领彭德怀、贺龙、刘伯承、徐向前、叶剑英等致电蒋介石，表示"红军愿即改名为国民革命军，并请授命为抗日前驱，与日寇决一死战"。中共中央军委同时指示各红军部队，立即开始进行改编，为开赴抗日前线做准备。

1937年7月10日，周恩来、博古、林伯渠到达庐山，参加谈话会，与蒋介石、邵力子、张冲、康泽等人进行谈判。谈判中蒋介石主张未变，继续强调毛泽东、朱德出洋；红军改编为3个师，副职由南京方面派任；红军不设总部，只设总政治部负责指挥全部红军，由周恩来、康泽任正副主任；丁惟汾任边区政府主席，并由国民党方面派任副专员、副县长、副区长。蒋介石在谈判内容上大倒退不说，还把周恩来带来的《国共合作宣言》搁置起来。周恩来见蒋介石没有诚意，表示红军马上改编，必须设立朱德、彭德怀为正副总指挥的总部，任弼时、邓小平任正副主任的总政治部继续保留；中共内部的事情由中共"包办"。双方立场差距太大，已经没有谈下去的必要，周恩来于7月21日离开庐山去上海，第二次庐山谈判就此结束。蒋介石关于国共合作立场的后退，与他此时还没有摸清日寇在华北扩大侵略的动机有关，他准备抵抗，但还没有下决心发动全面抗战。

鉴于蒋介石没有诚意，中共中央决定自行开始改编红军。日寇占领平津、在上海虹桥机场挑起事端后，发动全面侵华战争的图谋暴露无遗。蒋介石引敌由北向南为由东向西战略开始实施，全面抗战已经进行。

1937年7月15日，中共中央将关于国共两党合作的《宣言》送交国民政府，主要内容为：争取中华民族之独立自由与解放，首先须切实地迅速地准备与发动民族革命抗战，以收复失地和恢复领土主权之完整；实现民权政治，召开国民大会以制定宪法与规定救国方针；实行中国人民之幸福与愉快的生活，首先须切实救济灾民生活，安定民生，发展国防经济，解除人民痛苦与改善人民生活。只要能实现以上三项主张，中共作出四项保证：孙中山先生的"三民主义"为中国今日之必需，本党愿意为其彻底实现而奋斗；取消一切推翻国民党政权的暴动政策及赤化运动，停止以暴力没收地主土地的政策；取消现在的苏维埃政府，实行民权政治，以期全国政权之统一；取消红军番号，改编为国民革命军，受国民政府军事委员会之统辖，并待命出发，担任抗日前线之职责。从此宣言中，可以看出中共愿意进行国共合作、共同抗日的诚意。

蒋介石在接到中共自行改编红军的通报后，邀请周恩来、红军总司令朱德、中央军委参谋长叶剑英来南京谈判。1937年8月9日，周恩来等人从西安赶来南京，于8月12日起与蒋介石、邵力子、康泽等人开始进行谈判。8月19日双方达成了红军改编为国民革命军第8路军的协议；22日，南京国民政府军事委员会公布了红军改编的命令；9月11日，因为战区和作战序列调整，第8路军改编为第18集团军。但是人们更习惯于称呼中共的武装为"八路军"。红军改编命令的公布，标志着国共两党合作的初步完成。

1937年8月22日至25日，中共中央在洛川召开中央政治局扩大会议，通过了《关于目前形势与党的任务的决定》，明确提出了全面抗战路线。主要内容为：在敌人后方放手发动群众，开展独立自主的游击战争，建立抗日根据地；在国统区，放手发动抗日民主运动，争取全国人民应有的政治、经济权利；为了团结和巩固敌后根据地，争取一切赞成抗日的力量支持敌后游击战，将以没收地主土地为主要内容的土地革命政策调整为减租减息。会议还通过了《抗日救国十大纲领》，主要内容为：打倒日本帝国主义，全国军事总动员，全国人民总动员，改革政治机构，实行抗日外交政策，实行战时财政经济政策，改善人民生活，实行抗日教育政策，肃清汉奸卖国贼并巩固后方，建立抗日军民团结。中共关于国共合作的宣言以及十大纲领的提出，充分反映出中共建立第二次国共合作的诚意，反映出中共为抗日救亡不惜牺牲的精神。同时，此次改编最后基本按照中共提出的方案进行，说明中共提出关于全面抗战、组织抗日民族统一战线路线的正确和英明。

1937年9月6日，关于苏维埃政府问题也达成协议。国民党方面原来坚持边区政府主席要由国民党派任，中共方面曾作出让步，同意在宋子文、张继、于右任三人中由蒋介石任选一人。一直负责与中共具体谈判的复兴社重要骨干康泽对三人是这样看的："张继先生对党虽然很忠诚，但很感情用事；于右任先生也是一样，都经不起一拍，共产党对他好了，他们就会跟着共产党走的。宋子文先生我对他不很了解，我看好像更感情用事。"康泽的意见，最终被蒋介石采纳，决定派"不感情用事，对国民党忠诚"的丁惟汾到延安任职，但理所当然被中共所拒绝。随着红军改编的最终完成，蒋介石也放弃了接管边区政府的主张，同意中共提出的中华苏维埃政府易名为陕甘宁边区政府、林伯渠任边区政府主席的建议。至此久争难了的红军、边区政府改编问题终于解决。

1937年9月中旬，博古与康泽就发表中共关于国共合作宣言事务进行谈判，康泽还想继续做文字游戏进行阻挠，要求把"国民党政权"改为国民政府。但是此时的抗战大局已经不允许国民党继续拖下去，形势比人强，康泽不得不在《宣言》上签字，博古代表中共签字。9月21日，叶剑英、博古在孔祥熙家中与蒋介石、康泽、张冲继续谈判，蒋介石当场同意发表中共《宣言》。

　　1937年9月22日，国民党中央通讯社终于发表了《中国共产党为公布国共合作宣言》。9月23日，蒋介石公开发表谈话，此一谈话稿经过中央政治会议主席汪精卫、行政院长孔祥熙、考试院长戴季陶、监察院长于右任、司法院长王宠惠阅示，以表示代表国民党中央和政府的意见。蒋介石在谈话中表示："此次中国共产党发表之宣言，即为民族意识胜过一切例证。宣言中所举诸项，如放弃暴动政策与赤化运动，取消苏区与红军，皆为集中力量，救亡御侮之必要条件，且均与本党三中全会之宣言及决议案相合；而其宣称愿为实现"三民主义"而奋斗，更足证明中国今日只能有一个努力之方向。余以为吾人革命，所争者不在个人意气与私见，而为三民主义之实行。在存亡危急之秋，更不应计较过去之一切，而当使全国国民彻底更始，力图团结，以共保国家之生命与生存。今日凡为中国国民，但能信奉三民主义而努力救国者，政府当不问其过去如何，而咸使有效忠国家之机会；对于国内任何派别，只要诚意救国，愿在国民革命抗敌御侮旗帜之下，共同奋斗者，政府无不开诚接纳，咸使集中于本党领导之下，而一致努力。中国共产党人捐弃前成见，确认国家独立与民族利益之重要，吾人唯望其真诚一致，实践其宣言所举之诸点；更望其在御侮救亡统一指挥之下，人人贡献能力于国家，与全国同胞一致奋斗，以完成国民革命之使命。"（1937年9月24日《中央日报》）

　　蒋介石的谈话，虽然有许多不尽如人意的地方，正如当时的《解放日报》所说：这一谈话"承认了共产党在全国的合法地位，这是值得赞许的。但是在蒋氏的谈话中，没有抛弃国民党自大主义的精神，尚没有坦白承认国民党过去十年来，在民族危机中，所应负的责任，不免遗憾！"（1937年10月2日《解放日报》）蒋介石作为南京政府的最高领导，当然不可能放弃所拥有的正统地位，也不可能彻底放弃以四大家族为代表的大资产阶级、大地主阶级的政治利益，更不可能拱手让出国家政权，他能够在民族危急关头，暂时停止公开、激烈的意识形态之争，同意联合包括中共和红军在内的各党各派各军各阶层进行民族战争，已为资产阶级政治人物、旧中国统治者所能达到的最高境界。正如《解放日报》所指出的那样："今后的问题，是如何实行民主政治，改善人民生活，启发全国人民的抗日运动。"

　　至此，第二次国共合作正式形成。毛泽东对此指出："这在中国革命史上开辟了一个新纪元。这将给予中国革命以广大的深刻的影响，将对于打倒日本

帝国主义发生决定的作用。"（毛泽东：《国共合作成立后的迫切任务》1937年9月29日，《毛泽东选集》第335页）

国共两党携手二度合作

第二次国共合作，是国共两党关系史上两党共同谱写的光辉篇章；是中国社会基本矛盾和民族矛盾发展到一定阶段，在半殖民地半封建社会、日寇侵华这一特定背景下中国社会演变的必然产物；是中国共产党制定、实施切实可行的民族统一战线政策的重大成果；也是国民党蒋介石集团政治上朝向有利于人民、有利于民族转变的必然结果。前者是关键所在，后者必不可少。

第二次国共合作，是日本帝国主义逼出来的，没有日寇侵略，没有丧师失地的民族危机，蒋介石不会放弃"反共"的基本政策路线；是中共争来的，是中共领袖们运用高超的斗争艺术，使用赶毛驴上山战略，促使蒋介石走上抗日救国道路的结果。因此，第二次国共合作，是在日本侵华这一特定的历史条件下形成的，是长期的国共两党的武装联盟和阶级联盟。

说它是阶级联盟，因为它是最广泛的、全民族的统一战线，包括除汉奸、投降派以外所有愿意抗日的阶级、阶层、党派、团体、各界人士和海外华侨，因此统一战线内部矛盾相当复杂、斗争相当尖锐。但是因为反对日本帝国主义侵略的大目标，把各党各派各阶层连到一起，因为有这一反帝大目标，所以谁也不会公开分裂统一战线；因为有各自的政治利益，所有难免会产生矛盾和斗争。

说它是武装联盟，因为它是以两个政权两家军队的合作为基础的统一战线，其中主要是两家军队共同作战对付日寇，因此武装联盟内部的矛盾如果处理得好，可以增加对日作战的力量，如果处理不当，则成为武装冲突，因而会削弱对日作战的力量。

说它是长期结盟，因为抗日战争是一场持久战，赶走日本侵略者是一项长期的任务，因此统一战线也将长期存在；既然统一战线长期存在，维护统一战线内部的团结成为统一战线双方最主要的长期的任务，要达到这一目标必须保持中共的独立自主的地位，坚持在斗争中求团结，在团结中求发展，斗争是手段，团结是目的。

第二次国共合作之所以能够实现，毛泽东曾有简洁明了的说明，这就是他为1938年3月12日纪念孙中山逝世13周年暨追悼抗日阵亡将士大会撰写的对联。对联说："国共合作的基础如何？孙先生云：共产主义是三民主义的好朋友；抗日胜利的原因安在？国人皆曰：侵略阵线是和平阵线的死对头。"

第二次国共合作开始后，在抗战第一阶段显示出巨大的政治威力，结出了丰硕的抗日之果。首先，两党在军事方面进行了多种合作，共同对日作战，有效地遏制了日寇的侵略势头。在军事行动上，在平津、淞沪、华北、台儿庄、武汉各战役中，中共各级组织发动各界群众踊跃支援前线，弥补了国民党军队后勤供应严重不足的缺陷，鼓舞了国民党官兵奋勇杀敌。在山西战役中，按照军事委员会命令进行改编的八路军三大主力立即投入前线战斗，战果辉煌。八路军、新四军、东北抗联长期坚持在敌后地区，沉重地打击了日本侵略者，牵制和抗击了绝大部分日伪军。在军事战略上，两党认识到抗日战争的长期性、持久性；短期看敌强我弱，远期论敌弱我强；中国应该以空间争取时间，积小胜为大胜。在军事战术上，两党都主张把运动战、游击战作为基本作战方式。在军队管理上，在中共的帮助下，国民党方面也意识到在军队里开展抗日爱国教育的重要性，并且在武汉时期还进行两军政治思想工作经验交流，一些中共政治工作干部还被聘请到国民党一些军队里负责思想工作；1938年10月，中共还在衡阳帮助国民党开办军事干部训练班。正是两党军事上的有效合作决定了日本必败的命运。

其次，在中共的推动下，国民党能够容纳共产党人的抗日活动。在抗战第一阶段，国共两党的合作是愉快的、有效的。两党合作制定了有高度共性的纲领，中共制订了《抗日救国十大纲领》，国民党提出了《抗战建国纲领》，两者的共性决定了基本抗日目标、军事方针、外交路线、经济和教育政策上的一致性，成为事实上的合作纲领。在中共和各界人士要求下，国民党也同意设立国民参政会，成为两党交流和合作的场所。同时，为便于开展抗日救国运动，国民党开放了部分政治民主，释放了一批政治犯，允许中共在国民党主要统治地区设立办事处和发行刊物。在不少地区，两党还共同发起、组织、领导工、青、妇、商各界的抗日救亡运动。

最后，在外交上两党利用各自优势争取国际援助。中国的抗日战争是国际反法西斯战争的重要组成部分，争取国际反法西斯国家的支持有助于中国抗日战争的进行。中共利用和苏联共产党紧密的关系，为发展中苏关系、争取苏联对中国抗战的支持作出了重要贡献。在第一阶段抗战中，苏联政府向中国政府提供了数千人军事顾问和志愿军事技术人员、565架飞机、700辆汽车、82辆坦克、817门各种火炮、6000多挺机关枪、600余万发子弹、140万发炮弹，这批武器在抗战初期发挥了很大的作用。中共还通过共产国际，在各个共产党及其所在的国家内招募医疗、技术人员来中国战场工作。宋庆龄等爱国民主人士，发动华侨和国际友人，支持中国抗战，提供了大量的经费和物资。南京政府在发展与西方国家的关系上也作出了努力，取得了很大的成效。

从历史的角度看，在抗日战争第一阶段，在统一战线内部，国共之间合作多于矛盾，收获大于内耗，团结多于斗争，这种情形直到抗日战争进入战略相持阶段时才出现了改变，国民党蒋介石集团在统一战线内部开始人为制造合作障碍、挑起军事冲突、破坏两党关系的活动。

第二次国共合作的形成，中华民族组成了最广泛的反侵略阵营，动员起全国军民投入反抗日本帝国主义侵略的英勇斗争，促使中国人民的革命力量得到空前的发展，进而促进了中国社会的进步。如果没有第二次国共合作，就不会有两党的联合；如果没有两党的联合，就不会有共同抗击侵略的局面；如果没有共同抗击侵略，就不会有两党的发展；如果没有两党的发展，就不会有全国人民的团结奋战；如果没有全国人民的团结奋战，就不会有抗日战争的胜利；如果没有中国抗日战争的胜利，世界反法西斯战争就不会取得光辉胜利。

游击战扬威——八路军分兵出师威震敌胆

自"九一八事变"起，中国共产党人就旗帜鲜明地举起了抗日义旗，此后奋起反击、把日本帝国主义赶出中国去的立场从来没有动摇过。只是因为国共合作问题没有解决，红军一直处于国民党军队的"围剿"之中，无法奔赴抗日前线，可谓是英雄无用武之地。

全面抗战爆发后，为中国共产党参加抗日作战提供了条件，国共双方谈判速度加快，诚意明显增加。淞沪抗战开始后，蒋介石面临华北、东南两大战场的军事压力，希望红军迅速奔赴山西战场。而且如果再不达成协议，红军也将自行奔赴抗日前线作战，因此南京方面在与中共代表谈判时的立场有明显转变，不再顽固坚持不合理的要求。

八路军奔赴抗日前线

1937年8月19日，国共两党代表在南京就改编红军达成如下协议："红军改编为第八路军，设立总指挥部，下辖三个师。任命朱德、彭德怀为正副总指挥。国民党不派参谋长、政治部主任，军队中的副职从副师长到副排长，都由中共自行选派，南京政府只向八路军总部及3个师各派一名联络参谋。"关于改编红军的谈判，如今终有结果，国民党近二年来在与中共接触中，一直坚持要插手红军人事的图谋没有实现。在批准中共合法化和改编红军后，从1937年9月至1938年10月的第一期抗战中，国民政府每月发给八路军军费50万元，米（粮）津（贴）10万元，河防米1.4万元，合计61.4万元。（《党史通讯》1985年第5期第50页）

8月22日，南京政府正式任命朱德、彭德怀为第8路军正副总指挥，第8路军编入第二战区序列作战。三天后，朱德发表就职通电，表示："效命疆场，誓驱日寇，收复失地，为中国之独立、自由、幸福而奋斗到底。"蒋介石、汪精卫、第二战区司令长官兼太原绥靖公署主任阎锡山等国民党军政要员分别致电祝贺。

8月25日，中共中央军委发布命令，成立"国民革命军第八路军总指挥部"：总指挥朱德，副总指挥彭德怀；参谋长叶剑英，副参谋长左权；政治部主任任弼时，副主任邓小平；总部有4980余人。

下辖115师（原红1军团为主，包括原红15军团和红74师）师长林彪，副师长聂荣臻，参谋长周子昆，政训处主任罗荣桓，副主任肖华；编有陈光、肖华的343旅，徐海东、黄克诚的344旅等部。总兵力约15500人。

120师（原红2方面军）师长贺龙，副师长萧克，参谋长周士第，政训处主任关向应，副主任甘泗淇；编有彭绍辉、罗贵波的358旅，王震的359旅等部。总兵力约14000人。

129师（原红4方面军余部和陕甘的4个独立团）师长刘伯承，副师长徐向前，参谋长倪志亮，政训处主任张浩（1938年1月由邓小平接任），副主任宋任穷；编有陈锡联、谢富治的385旅，陈赓、王新亭的386旅等部。总兵力约13000人。

陕甘宁留守兵团，总指挥萧劲光，参谋长曹礼怀，政训处主任莫文骅；编有1个警备司令部、1个河防司令部。总兵力约11000人。

　　八路军整编完毕，立即开赴抗战最激烈的山西战场。八路军总部东迁山西左权县。1937年8月30日，115师从陕西韩城芝川镇东渡黄河出发；9月8日，120师出发；9月30日，129师离开驻地，向山西东北部挺进。尽管蒋介石要八路军开赴晋东北地区与日军主力决战，不无借日寇削弱中共武装力量的意思，但是作为抗日主力的八路军为实现抗日理想，也愿意向抗战最激烈的战场挺进，并且在战场上壮大自己、消灭日寇。

　　进攻山西的三路日军中的中路，在占领张家口后沿晋东北蔚县、广灵、涞源而来的板垣部，被称为"大日本皇军精锐之师"，于9月中旬在灵邱、大营一带与晋军激战。第二战区杨爱源的第6集团军和115师为右军，在平型关地区；傅作义的第7集团军和120师为左军，在雁门关地区。9月22日，板垣师团的21旅团的第19、20联队，连同配备的坦克、汽车、辎重等共有5000余人，于黄昏时刻到达平型关，9月23日向杨爱源部发动进攻。埋伏在灵邱至平型关公路间小寨村至老爷庙一段险要地带的115师343旅，向日军主动出击，从上午8时打到11时，除了从国民党军队防区跑掉大部日军外，共消灭日敌1000余人，缴获汽车80辆、机关枪20挺、步枪300余支，取得了抗战开始以来的第一个胜仗。对于此仗，历史上争论很大，关键原因有三：一是林彪的浮沉，此人摔死在蒙古温多尔汗后，平型关大捷的评价也受牵连；二是八路军伤亡数，认为歼敌一千自损六百不划算，八路军经不起如此损失；三是认为平型关打的是正规战，不是游击战，因而不值得提倡。此事非也，林彪后来政治上的发展走入歧途，但不能株连战争年代他所参与指挥的战役本身的评价；八路军不能伤亡过大，但也不能因为有伤亡就不打日本鬼子，况且平型关之战的伤亡主要是因为不了解深受法西斯武士道精神毒害的日本军人的习性所造成的，八路军出于人道优待俘虏，可是日军士兵却顽抗到底，因此在清理战场时造成不必要的损失；至于正规战也好，游击战、运动战也好，只要能消灭敌人都可以，平型关战役时适合于打正规战，适合于打阵地战，为什么偏要强调什么"战"呢？不管怎样，日本"精锐之师"在平型关遭重创，沉重打击了日寇的嚣张气焰，振奋了全国军民的抗日信心，鼓舞了自平津、淞沪战役以来久振不起的士气。朱德、彭德怀、林彪等中共将领收到包括国民党军政要员、海外华侨、各界人士在内的数百封贺信，对坚持抗战产生了很深远的影响。

　　为配合忻口战役，10月18日，根据八路军总部的命令，120师的贺炳炎、廖汉生团在日军增援忻口前线的雁门关南侧黑石头沟附近，设兵伏击日军从阳明堡北进和从广武南进的两支运输队，苦战3小时，歼灭日军500余人，缴获和击毁汽车500余辆，收复了雁门关，有力配合了第二战区正在进行的忻口战役。此外，115师先后收复了7座县城，多次切断了日军张家口至五台、代县间的交通线。

10月19日，129师陈锡联团，作为师先遣队，进入距日军阳明堡机场十多里的代县南苏郎口，当晚向机场发起进攻，烧毁日军各类飞机24架，歼敌百余人。八路军的胜利，大大减轻了忻口战场上的空中压力，日军也不得不从前线抽调一批兵力加强后方防卫，进而减轻了前线战场的正面压力。

10月26日，八路军一部参加保卫娘子关战役。10月10日，进攻山西的日军第6、20师团组成南路军沿正太路进攻，发起娘子关战役。第26路军、赵寿山的第17师、曾万钟的第3军、冯钦哉的第27军，在旧关等地与日寇反复争夺，26日被迫撤出娘子关后陷入日军包围之中。11月2日，日军第109师团135联队300余人，准备经九龙关、黄崖底向昔阳进犯，以断从娘子关后撤的中国军队的退路。八路军129师和115师一部在刘伯承师长的指挥下，在有利于作战的黄崖底设伏，当场消灭日寇300余人，缴获战马200余匹，有力地支援了友军，掩护了友军向后方转移。

忻口战役失利后，八路军在一段时间内，继续在山西战场作战。1938年2月22日，129师在正太路东段井陉、旧关间的长生口附近，兵分两路，一路设伏，一路进攻旧关日军据点，诱使井陉守敌出兵增援。在旧关附近消灭日援军100多人。

在此前后，日军从太原西进，集中一万多军队，扫荡晋西北，先后占领宁武、神池、偏关、河曲、保德、五寨、岢岚7座县城，逼近黄河渡口，威胁陕甘宁边区。八路军120师，连续作战，于31日收复沦陷的全部7座县城，歼敌1500余人，实现了巩固晋西北地区、保卫陕甘宁边区的作战目标。

在此同时，日军3个师团从太原南下，向晋西发动进攻，直达大宁等地，企图攻占晋西黄河渡口，进攻陕甘宁边区。115师奉命进行保卫黄河河防作战，于3月14日至17日，在午城镇、井沟等地与日军第11师团一部作战，消灭敌人300余人。18日，驻扎临汾的日军第108师团一部800余人增援午城，在井沟、大张庄等地被115师包围，日军几乎被全歼，仅逃脱30人。两次战役共消灭日军

1000余人，缴获军马800余匹，烧毁汽车79辆，粉碎了日军袭击黄河渡口、进攻陕甘宁边区的计划。

经过数月来的战斗，八路军连战连胜，在敌人后方站住了脚，开始向更大的敌后战场发展。

八路军在山西境内的作战，主要是为了阻止日寇战略进攻的锋芒、稳住正面战场，只是服从于整体防御战中的进攻战。在敌人全面进攻减弱后，为了发动、组织、领导更多的群众投入反侵略战争，为了壮大八路军力量，开始转向敌人的腹地进军，建立敌后根据地，随时进攻敌人。

根据中共中央洛川会议制订的全面抗战路线，八路军应主要在敌人后方放手发动群众，开展独立自主的游击战争，建立抗日根据地，毛泽东于1937年9月21日向正在前线指挥作战的彭德怀副总指挥发出了《关于独立自主游击战原则的指示》，指出八路军在敌后开展游击战，要以创立根据地和发动群众为主，以分散兵力为主。9月25日，毛泽东代表中央书记处和中央军委，在给中共中央军委副主席、中央书记处书记、中共驻国民党全权代表周恩来和中共中央北方局书记刘少奇等领导人的信中，提出整个华北应以游击战为唯一的方向，一切工作都应围绕着游击战争开展。因此，在中共中央书记处和中央军委领导下，华北地区八路军根据地建设，在山西境内作战取得一定成效后迅速展开。

晋察冀地区。平型关战役以后，聂荣臻副师长率领115师杨成武团、1个骑兵营以及2个不完整的连共2000余人，向太行山北部进军。当时偌大的太行山区，除五台县以外，已经没有国民党政权存在，国民党军队和官员早就逃之夭夭，社会处于无政府状态，日寇嚣张疯狂，滥杀、滥捕、滥抢、滥烧、滥奸，几个日本浪人举着刺刀上挑着膏药旗的步枪，就能占领一座县城。聂荣臻将军到达五台后，鼓励五台县长宋劭文站出来领导抗战，五台成为晋察冀边区的核心地区之一。1937年11月7日，晋察冀军区正式成立。聂荣臻任司令员，舒同任政治部主任，孙毅任参谋长，唐延杰任副参谋长。1938年1月10日在阜平县城召开军政民代表大会，选举产生边区行政委员会，宋劭文任政府主席。这是中共在抗战时期建立的第一个省级政权。晋察冀边区先后于1937年11月、1938年3月、1938年11月间三次粉碎日伪军的"扫荡"，积极向外发展。其中于1938年4月，成立了冀中军区和行政主任公署，由东北军将领吕正操负责；1938年8月成立了冀热辽军区和行政委员会，由120师宋时轮、邓华、李运昌等人负责；此外还有萧克负责的平西根据地。

晋冀鲁豫地区。太原失守后，129师主力在刘伯承、张浩（后邓小平）等人指挥下，进入晋东南，在太行山南部开展游击战。随后又和薄一波等人领导的山西牺牲救国同盟会、新军等进步组织和武装，开辟了太岳根据地。1937年底粉碎了日寇沿同蒲路和平汉路夹击根据地的军事进攻，次年秋又粉碎了13万日军的9路围攻，奠定了晋冀鲁豫根据地的基础，开始向冀南地区发展。不久，129师组织东进纵队和挺进队，横过平汉路，进入冀鲁豫大平原，形成了以太行为中心，由太行、太岳、冀南、冀鲁豫根据地组成的晋冀鲁豫根据地。1940年7月边区党委召开黎城会议，决定成立政府。次年7月，边区政府正式成立，由杨秀峰任主席，薄一波、戎子和任副主席。

晋绥地区。贺龙、关向应指挥的120师转战山西战场，在1938年晋西北战役接连收复7座县城后，李井泉支队乘势向绥远大青山进军，建立大青山抗日根据地，与晋西北地区连成一片。1940年1月，晋绥根据地正式成立晋西北行署，由续范亭任主任。

山东地区。抗战开始以后的一年间，山东各地在中共领导下举行抗日武装起义，其中比较重要的有冀鲁边、鲁西北、天福山、黑铁山、鲁南、湖西等地起义，作战上百次，收复肥城、牟平、蓬莱、博山等15座县城，各地抗日武装发展到4万多人，1938年底改编为八路军山东纵队，下属9个支队，总指挥由张经武担任，政治委员为黎玉。1939年3月，罗荣桓、陈光率领115师一部进入山东，山东抗日根据地进入发展时期。1940年底成立了山东战时行动委员会，为最高行政机关，中共山东分局为党的最高机关，山东军区为最高军事机关，范围遍及津浦路东的山东大部、冀苏一部。

新四军转战大江南北

红军长征后，留下来的红军游击队在南方8省区坚持进行了为期3年极为艰苦极其悲壮的武装斗争。红军武装主要有闽西南地区的闽西南军政委员会主席张鼎丞、副主席兼财政部长邓子恢、副主席兼军事部长谭震林领导的1200人；湘鄂赣地区的湘赣省委书记兼湘赣军区政委傅秋涛领导的1100人；闽东南地区的闽东特委书记、闽东军政委员会主席兼独立师师长叶飞领导的920人，赣南的中央军区司令兼中华苏维埃政府办事处主任陈毅、中央分局书记兼中央军区政委项英领导的300人；鄂豫皖地区的皖西北道委书记、红28军政委高敬亭领导的

900人等14支游击队。他们和中共中央失去联系，对当时的时局演变和党的政策不甚了解，对西安事变也是从敌人的报纸上才知道的。抗战爆发后，一些红军指挥员凭着政治修养，已经感觉到党的工作重心的转变，开始与国民党方面进行谈判。陈毅、项英等人还向国民党方面提出把红军游击队改编为赣南抗日义勇军的建议。1937年8月下旬陈毅和大余县长谈判，提出马上停止冲突，为游击队提供交通便利，以开往抗日前线的要求。

由于南方游击队中不少人不了解党的方针政策，出现了两种倾向：一种是右倾，主张放弃改编军队中的独立自主性，全部交给国民党，如粤边游击队领导人何鸣按国民党军事当局的命令开往漳浦县城集中，近千人的游击队被缴械，后经中共代表叶剑英据理力争，国民党方面才把人枪交还。一种是"左"倾，认为国共合作、拥蒋抗日是放弃原则，是向国民党投降，有的游击队把上级党组织派去的代表当成叛徒杀害。

1937年8月1日，中共中央发出了《关于各游击区域工作的指示》，要求南方各游击队在保存和巩固革命武装、保证党的绝对领导的前提下，可以和国民党谈判，改变番号以取得合法抗日地位。淞沪抗战开始后，周恩来代表中共正式向蒋介石提出了改编南方游击队的要求。同时，中共中央也派郑位三任鄂东特委书记，加强对高敬亭部的政治工作；9月间派刚营救出狱的原项英部下顾玉良，以八路军驻南京办事处上尉副官的名义，拿着证件到南昌，让国民党方面派人护送到吉安，找到陈毅，口头传达了中共中央关于游击队不能自行集中下山的指示，又到赣南大庚找到项英，面交了叶剑英、博古给项英的信，并陪同项英经南昌到南京，项英则去延安，直接接受中央的指示。顾玉良又身负重任，再次南下赣东北，找到原中华苏维埃政府中央执行委员兼闽北特委书记、时任闽赣省委书记的黄道和闽东的叶飞，并陪同他们到达南昌，与新四军筹备处负责人取得联系。

蒋介石表示同意南方红军游击队改编为国民革命军新编第四军，但不给军饷、不给武器装备，并且要派出政训人员；对于中共提出整编为1个军的主张，蒋介石予以同意，但不设师、旅，只设支队以限制新四军发展。蒋介石还提出要让军政部次长陈诚或苏浙边区绥靖主任张发奎任军长，中共没有同意，提出由叶挺出任军长，蒋介石接受了这一建议。

蒋介石之所以同意叶挺出任军长，是因为在他看来，叶挺不是共产党员，只是中共的同路人而已。广州起义失败后，叶挺到了澳门，与中共党组织失去了联系，福建事变时他也出面准备与中共有关机构取得联系，因为事变很快失败也没有找到有关的人员和机构。抗战开始前后，叶挺积极主张抗战。蒋介石认为叶挺已经脱离中共多年，中共也不会信任他。于是在1937年10月2日发布命令，任命叶挺为新四军军长，项英为副军长；新四军列入第三战区作战序列。叶挺于10月底到达南京，与叶剑英会面，两位同乡本姓终于又站到同一条战线上。在叶剑英安排下，叶挺去了延安，具体商谈新四军建军事项。

抗战开始后，为了恢复和发展南方党组织，迎接抗战高潮的到来，中共中央洛川会议决定，于1937年8月23日成立"中共长江沿岸委员会"，周恩来任书记，委员有博古、叶剑英、董必武和林伯渠，后由博古任书记。1937年12月13日，中共中央政治局召开了"十二月会议"，欢迎从苏联回来的王明、陈云、康生这三名政治局委员。会议决定张闻天继续担任中共中央总书记，留守延安，毛泽东和王明则分别负责军事和统一战线，王明坐镇武汉，实际扮演了"中共外长和形象代言人"的角色。会议决定设立长江局，成员有周恩来、博古、项英和董必武。武汉当时还有一个中共中央代表团，成员有王明、周恩来、博古、叶剑英。12月23日，中共中央代表团和长江局召开第一次联席会，决定对外称中共代表团，对内称长江局，王明担任书记，周恩来为副书记，委员有项英、博古、叶剑英、董必武和林伯渠。长江局领导13省地方党和新四军，其中包括东南分局，成员是项英、曾山、陈毅、方方、涂振农，项英任书记兼军分会书记，陈毅任军分会副书记，具体领导新四军工作。1938年1月，新四军总部成立，参谋长是张云逸，副参谋长是周子昆，政训处主任是袁国平，副主任是邓子恢。叶挺当时不是党员，项英以长江局委员兼东南分局书记、东南军事分会书记的身份出任新四军副军长，所以新四军的工作从一开始就极易受到项英的干扰。

根据新四军总部的安排，各红军游击队开始与当地国民党军政机构谈判：闽西由邓子恢负责出面与国民党第157师旅长练惕生，在龙岩谈判；赣南陈毅、项英负责出面与江西省主席熊式辉，在吉安、赣州谈判；湘鄂赣傅秋涛负责出面与武汉行营谈判；鄂豫皖高敬亭负责出面与三省"剿共"督办公署少将参议刘刚夫谈判，等等。

南方红军游击队共编为4个支队：第一支队，司令员陈毅，副司令傅秋涛，参谋长胡发坚，政训处主任刘炎；第二支队，司令员张鼎丞，副司令粟裕，参谋长罗忠毅，政训处主任王集成；第三支队，司令员张云逸，副司令谭震林，参谋长赵凌波，政训处主任胡荣；第四支队，司令员高敬亭，参谋长林维先，政训处主任肖望东。

整编完毕后，1938年春，第1、2、3支队集中安徽歙县岩寺，第4支队集中皖东舒城。1938年4月，新四军军部也搬到岩寺。此时，沪宁失守后，东南地区蒋介石政权已经不见，日寇也只是占领一些城市，本是新四军发展的大好时机。但是掌握新四军大权的项英却吵着要请第三战区司令长官顾祝同前来校阅，坐失时机，直到4月7日才派出粟裕指挥各支队干部、侦察人员组成约一个连兵力以"先遣支队"的名义向苏南出发。中共中央于1938年5月4日、5月14日、5月22日接连三次电示，要新四军立即向前线出击，在茅山一带建立根据地，发展游击队，然后再向苏州、吴淞等日寇后方进军和渡江北上建立江北根据地。在中央的三令五申下，6月1日，项英才同意派出陈毅支队向镇江、丹阳、金坛地区开进。6月17日，粟裕指挥的先遣支队在镇江西南的韦岗，伏击日寇运输队，击毁汽车4辆，打死打伤日军20余人。这是新四军建军以来与日寇的第一仗，也是江南地区的第一个胜仗。两位第一线的指挥官粟裕和陈毅抑制不住心中的激动，分别写诗庆贺，其中陈毅的诗是："弯弓射日到江南，终夜喧呼敌胆寒。镇江城下初遭遇，脱手斩得小楼兰。"粟裕的诗是："卫岗斩土井，处女奏凯歌。"

1938年7月，张鼎丞支队进入溧水一带。年底江南抗日局面全面打开，以茅山为中心的根据地已经建立起来。第3支队在谭震林的率领下，开赴铜陵、繁昌前线，建立安徽江南根据地；第4支队则东进舒城、桐城、庐江一线，建立了以藕圹为中心的安徽江北根据地。

与八路军、新四军建立抗日根据地同时，还有已经存在6年的东北抗日联军。全面抗战爆发后，在中共满洲省委的领导下，东北抗日联军多次打破了日寇的"扫荡"，坚持战斗在日寇进攻中国的大本营——东北的白山黑水间。在华南地区，曾生领导的东江人民抗日游击纵队和中共琼崖特委书记冯白驹领导的海南琼崖人民抗日游击独立纵队，以及珠江纵队、粤中纵队，合编为"华南抗日纵队"，成为插入华南地区日寇统治中心的尖刀。

从1937年9月到次年10月的抗战第一阶段，八路军、新四军转战华北、东南地区，牵制了全部侵华日军的58%即40余万人，抗击了全部的伪军约8万人；45000余人的东北抗日联军牵制了30万日军。中共抗日武装已经成为抗日的主力军。同时，八路军和新四军也得到迅速发展，八路军由30000余人增加到15万人，新四军由10000人增加到近3万人，并且形成了人口达5000万的根据地。

华北四大根据地、新四军抗日基地和东北抗日联军各基地、华南根据地的建立，标志着中共领导的抗日游击战争进入新的阶段。它们犹如插入敌人各要害部位的钢刀，在敌人后方广泛开展游击作战，与正面战场一起，造成日寇腹背受敌的局面。八路军、新四军、东北抗日联军在有效杀伤日伪军的同时，在日寇后方四出游击、袭击，又"游"又"击"，"游"为了"击"，"击"促进"游"，有效地打破了日军在正面战场上的通讯、运输、补充、后勤等系统的畅通，日寇犹如内脏严重内伤的野兽，貌似强大，但战斗素质已被严重削弱，贯彻其战略意图的能力大为降低。八路军、新四军、东北抗联，沉重打击了日本侵略者，和正面战场的作战相配合，迫使敌人停止战略进攻，进入战略相持。更为主要的是，中共三大武装力量和从北到南各根据地的建立，为全国人民树起一面坚决抗日、奋勇杀敌的旗帜，成为抗日民族统一战线中的稳定力量，极大地鼓舞了全国军民的斗志。

此外，从抗日民族统一战线内部考虑，中共在敌后发展抗日根据地，可以不断扩大中共的政治影响，发展抗日力量。同时，由于根据地除陕甘宁边区外都是在日寇统治区，其中不少是日伪、国民党都不到的政治真空地带，中共在这些地区活动，基本不涉及国民党的利益，因而可以减少抗日统一战线内部的矛盾冲突，进而巩固统一战线内部的团结。

在抗战第一阶段中，日本速战速决的神话被打破，日本3到6个月占领中国永远成为白日梦，原因很简单，因为中国人民不答应，因为国共两党合作，在反击日寇侵略中出现了以共产党为主体的敌后战场、以国民党为主体的正面战场。两个战场相辅相成，正面战场主要是保卫抗日的大后方，敌后战场主要是打击敌人的大后方；正面战场处于守势，敌后战场处于攻势；两个战场同时负有打击日寇有生力量的任务。日寇在腹背两个战场的打击下，岂有不败之理？

二、相持阶段中的蒋介石

蒋介石在战时的消遣之一是与夫人下棋

武汉失守后，中国抗战进入战略相持阶段。在战略相持阶段中，蒋介石的抗日立场基本未变，但国民党统治集团内部出现分裂，汪精卫叛国集团公开投降日本，成为中国现代史上最大的汉奸；蒋介石从积极抗日、消极"限共"转为积极"限共"、消极抗日，正面战场出现调整。与此相反，敌后战场继续扩大，八路军、新四军自身也在对日作战中快速发展；同时因为蒋介石"反共"意识越来越浓，国共冲突也开始加剧。

（一）战略相持，正面战场的调整

敌后、正面两个战场的作战，有效地遏制了日寇的进攻势头，抗日战争进入战略相持阶段，日本帝国主义的败象已经显露，中国人民抗战进入新的艰苦历程。由于日本已经失去继续扩大占领区的能力，正面战场的压力相对稳定，蒋介石没有趁势进行反攻作战，反而继续采取消极防御策略，正面战场停滞不前。

战况转变——相持阶段的到来

抗日战争第一阶段，一方面日军凭借优势兵力、火力疯狂进攻，另一方面是中国军民进行顽强抵抗有效遏制了日寇的进攻势头。因为日军武器性能优良，作战凶猛，因此出现了"亡国论"。东北沦陷后，蒋介石和南京政府中的不少要员，认为中国武器不如人，抗战必败，自我标榜为要卧薪尝胆，准备抗战，所以久疑不决，难下抗日决心。全面抗战开始后，国民党蒋介石集团则走上抗日之路，而国民党汪精卫集团则继续宣扬"亡国论"，宣扬"抗日必亡！""亡国论"由于国民党在军事上的溃退，在相当一部分人中产生共鸣，对抗战前途悲观失望。因为国民党军队虽然放弃了东北、华北、东南、华南地区的城市、主要交通线、经济发达地区，但迫使日寇在占领上述地区后无法进一步占领中国的广大腹地，因此在一部分人中间产生了"速胜论"。有人认为只要国民党军队认真抗战，只要西方国家出面支持，日寇可以在短期内打败，甚至在中共党内也有一些人产生了速战速决的错误思想。因为"速胜论"不符合现实，"速胜论者"缺少长期、持久打算，在抗战没有速胜后则成为"悲观论者"。

针对"亡国论"和"速胜论"两种完全对立又完全不符合中国国情的观点，如何正确认识抗战形势和抗战前途，成为抗日民族统一战线领导者的一项主要任务。

蒋介石在卢沟桥事变爆发后的第一次最高国防会议上就提出了"敌之最高战略为速战速决，而我之最高战略为持久消耗"的思想，之后蒋介石本人和国民党有关机构反复重申过这一思想。在1938年2月间，蒋介石在《抗战必胜的条件与要素》一文中指出："我们现在与敌人打仗，就要争时间。我们就是要以长久的时间来固守广大的空间，要以广大的空间，来延长抗战的时间，来消耗敌人的实力，争取最后的胜利！"在武汉失守后，蒋介石在《为国军退出武汉告全国军民书》中指出："今者，我中部工业及东南人力、物力多已移植于西南诸省，西部之开发与交通建设已达成初步基础；此后抗战乃可实施全面战争，而不争区区之点线。"（《中央日报》1938年11月1日）11月20日，蒋介石在南岳召开的军事会议上，指出："在第一期战斗过程中，我们虽然失去了许多土地，死伤了许多同胞，表面上我们是失败了，但从整个长期的战局上说，是完全成功的。最大的成功是什么呢？就是我们争取最后胜利战略上一切布置的完成，亦就是我们已经依照预定的战略陷敌于困敝失败莫能自拔的地位。"（《先"总统"蒋公全集》第1册第1172页）

蒋介石的"持久消耗战"的思想基本符合抗日战争的现实，但是对抗日战争的战略和策略作出系统、完整、准确论述的，还是中共中央书记、中央军委主席毛泽东。

中共领袖们在延安的窑洞里，对抗日战争有关问题进行过详细的研讨，并得出了正确的结论。在中共中央政治局洛川会议上，明确提出了抗日战争"是艰苦、持久战"的思想，朱德、周恩来、彭德怀、张闻天等人都先后发表了很多文章和谈话。周恩来还与国民党军事负责人白崇禧等将领对此进行过详细探讨，在白崇禧北上辅助李宗仁指挥台儿庄、徐州战役时，周恩来还具体对战略和战术提出了看法，曾得到白崇禧的赞赏。在中共领导群体中，毛泽东则远远地站在时代前列，从理论和实践的角度对抗战战略、战术进行了系统研究，提出了"持久战和抗战三阶段"的光辉思想，丰富了中国共产党的军事理论宝库。

1938年5月毛泽东发表了《论持久战》一书。在这部毛泽东军事思想的代表作中，毛泽东精辟地论述了以下三个问题：

抗日战争是持久战。毛泽东指出，抗日战争中，中国和日本之间存在着四种矛盾：日本是强国、中国是弱国，强弱之间的矛盾；日本是侵略者，中国是反侵略，正义和非正义之间的矛盾；日本是小国，中国是大国，大小之间的矛盾；日本是失道寡助，中国是得道多助，援助多少之间的矛盾。强弱矛盾决定了抗日战争将成为一场持久战；正义和非正义、大小国家、援助多少的矛盾，决定了日本必败、中国必胜的结局。在毛泽东之前，国共两党的军事、政治理论家还没有谁像毛泽东这样提得如此全面、透彻、准确。

兵民是胜利之本。毛泽东认为，要想完成赶走日本侵略者的任务，只有巩固抗日民族统一战线，动员全国的老百姓，造成了陷敌于灭顶之灾的汪洋大海，造成了弥补武器等缺陷的补救条件，造成了战胜一切困难的前提。毛泽东针对日本军队的先进武器，对"唯武器论"进行了有力的批判："武器是战争的重要因素，但不是决定的因素，决定的因素是人而不是物，力量对比不但是军力和经济力的对比，而且是人力和人心的对比。"毛泽东的这一理论，让许多军事院校毕业的将领们由衷地佩服，抗日战争由此找到了克敌制胜的法宝。

关于抗日战争的战略、战术问题。毛泽东具有预见性地指出，抗战的整体战略是持久战。持久战分为战略防御、战略相持、战略反攻三个阶段。第一阶段是敌人从外线向中国军队包围、进攻，中国军队则是开展"内线的持久的防御战"，中国军队可以根据需要进行"战略内线中的战役战斗的外线作战，战略持久中的战役战斗的速决战，战略防御中的战役战斗的进攻战"。作战方针是运动战，第一阶段是运动战为主要的，游击战和阵地战为辅；第二阶段是游击战上升到主要地位；第三阶段基本上是游击战，但不放松有利条件下的运动战。

毛泽东关于抗日战争战略和战术问题的论述，得到蒋介石以及国民党高级将领的赞扬。周恩来把毛泽东的《论持久战》《抗日游击战争的战略问题》等军事理论文章向白崇禧等国民党高级将领作了介绍后，白崇禧非常生动地把毛泽东的思想概括为"积小胜为大胜，以空间换时间"12个字，并向蒋介石做了汇报，然后把《论持久战》的主要内容由军事委员会通令全军，进行学习。白崇禧还把《论持久战》发至桂军，要官兵们认真研读，以提高军队士气和素质。当然，蒋介石、白崇禧等人没有想到，贯彻、掌握《论持久战》的立场、观点和方法，需要放手发动群众，壮大人民力量，国民党推行以限制人民群众为核心的片面抗战路线，无法学到《论持久战》的真谛，更无法在抗战实践中贯彻和实施。

攻占武汉后，日寇已经陷入无法缓解的危机之中：

首先是战线太长，兵力不足。日寇对中国战场估计不足，原本以为如济南事件、一·二八事件、侵占东北一样，只要日本出兵中国军队就立即弃地而逃，因此做着速战速决的美梦，从战略物资、军事装备到兵役人员方面都没有进行足够的准备，以为用侵略中国东北时的17个师团就足以发动对华战争，实现占领中国的目的。谁知打错了算盘，发动卢沟桥事变后，日本侵华军队急剧增加，到1938年底已增加到46个师团100万人，投入中国战场的总兵力已达24个师团。再则日本准备发动太平洋战争，需要大量兵力储备，因此已经没有更多的师团调往中国战场。而在中国的24个师团只能维持占领区内的城镇和交通线的基本秩序，没有力量向中国抗日大后方发动大规模的进攻，或者说即使集中兵力攻占一块新的地区，但也不可能长期予以占领。

其次是开支浩大，军费不足。为对付在华战争的浩大开支，从七七事变到1938年初，日本政府4次追加预算，总数已超过48亿日元，平均一天费用高达2000多万元，到占领武汉时，军费已高达100多亿日元。其中在淞沪会战的92天内，仅陆军弹药消耗就达106万吨，军费开支达21亿日元。在如此大的消耗后，日军军事储备已严重不足。日军之所以在占领南京后延误半年多才开始向武汉发动进攻，因素很多，但需要加紧军事物资准备是重要原因。所以在进攻武汉时，日军一门野炮只有200发炮弹，一门榴弹炮只有120发炮弹，一门山炮只有150发炮弹。如果正常作战，炮弹只能维持2至3个小时。

再次是经济困难，矛盾尖锐。巨额的军费负担引起日本本土的经济出现严重困难，1938年颁布了《国家总动员令》和其他很多战时统制法，干预、控制和指挥经济；日本当局还规定，延长劳动时间，工人每天劳动时间可以增加到12至14个小时，以增加对工人的剥削，弥补军事需要的不足。此外，为确保军火工业的优先发展，许多民用工业被压制，国内民用物资奇缺，造成物价飞涨，许多工人失业，阶级矛盾尖锐。为了镇压工人的反抗，1937年12月日本当局一次就镇压、逮捕"无产党"和"工会总评议会"的领导成员400多人。日本当局一方面加紧在中国、朝鲜的掠夺，另一方面加紧向民众灌输法西斯武士道精神，以维持战时体制。

最后是中国人民的反抗。日军侵略中国，遭到中国人民的坚决抵抗。中国军队在正面战场虽然连遭失败，但沉重打击了日本侵略者，打破了日寇3至6个月灭亡中国的狂妄计划，这不得不让日寇正视中国人民的力量；此外国民党政府不管是积极还是消极抗战，在军队数量上占有很大优势，日军是无法彻底消灭的；再则，共产党领导的敌后战场开辟后，游击战争在所有的日占区到处展开，严重威胁到日军的后方，日军只能孤立地据守交通要道和一些城镇，时刻处于人民抗日武装的包围之中，日军的交通线、经济重镇、统治秩序、据点安全都处于八路军、新四军、东北抗联战士的严重威胁之下。

相持阶段的到来，宣告了日本速战速决占领中国阴谋的破产。日本因为侵略实力不够，开始改变对华方针。第一阶段是把主要兵力用在正面战场，对南京政府实行以军事打击为主、政治诱降为辅的政策；第二阶段则把主要兵力用在敌后战场，对南京政府以政治诱降为主、军事打击为辅。在继续保持军事压力的同时，开始对国民党政府进行拉拢，实施政治诱降方针。国民党统治集团内部也开始出现分化，蒋介石集团开始由积极抗日、消极"反共"转为消极抗日、积极"反共"，正面战场出现调整，"反共"军事冲突加剧；汪精卫集团则公开投降卖国，成为中华民族的败类。

投降卖国——汪精卫演出最后一幕

卢沟桥事变起，蒋介石曾寄希望于外交渠道解决日本侵华问题。如果能够通过谈判迫使日寇退出中国，对中国来说无疑是一件好事，问题是已经被军国主义毒化的日本当局不可能退出中国，因此决定了蒋介石的外交调解是一条死路。

西方调停不成功

日本在平津地区挑起战争后，中国政府外交部于1937年7月10日、13日、19日三次要求日本停止战争挑衅，均遭到日方拒绝。蒋介石见正式管道不行，又通过日本纺织同业会理事长、曾任上海总领事的船津辰一郎与日方谈判。船津辰根据日本当局的旨意于8月7日到达上海，与日本驻中国大使川越茂一起，同中国外交部亚洲司司长高宗武秘密会谈。只因淞沪抗战爆发，秘密会谈不了了之。

国联调停不停

与此同时，蒋介石寄希望于西方大国对日本采取行动，以制止日本扩大战争的行为。蒋介石频繁与英国大使许阁森、美国大使詹森、法国大使那齐雅、德国大使陶德曼、意大利大使柯莱、苏联大使鲍格莫洛夫接触，要求他们与日本斡旋，按照国际法制止日本的侵略行为。但是这些大使关心的只是在华侨民的安全和利益，只是希望日本方面能够自我节制。1937年8月14日，国民政府发表声明，再次希望西方国家对中国的反侵略斗争予以同情，以履行各国在国际条约下应尽的义务，但没有得到任何回应。

在西方国家没有明确表态前，蒋介石又把目光投向国联。按照中国政府的指令，中国代表团正式向国联提出申诉，并递交了日本侵略中国的事实说明书，中国首席代表顾维均更是积极活动，争取与会国的支援。令人遗憾的是，1937年10月6日"国联"开会时，只是请美国通过"九国公约组织"负责处理。10月24日，九国公约组织在比利时首都布鲁塞尔开会，中国政府指示中国代表顾维均、郭泰祺、钱泰如，向会议提出要求与会国出面调停，尽早结束战争。会议也向日本发出通知，要日本代表来会议"作出说明和交换意见"。然而如此明显偏袒侵略者的要求也被日本方面所拒绝。会议还无理要求中国代表退席，更不用说进行有利于调停的任何努力。调停失败，面对中国代表提出的西方国家援助中国抗战的请求，美国、英国、法国等国代表相互推诿，以"中立政策"为由予以拒绝。11月24日，会议以"会议认为，暂时休会是可取的"为理由，决定休会。

九国公约组织布鲁塞尔会议出现如此结果，反映出美英等西方国家的不良用心。日本在制订侵华方案时，占领中国是为了北进和南进。北进是进攻苏联，南进是进攻东南亚和太平洋地区。日本做着"大东亚共荣圈"的美梦，但东南亚和太平洋地区是西方国家的势力范围。因此西方各国的企图是纵容日本实施北进，同时把中国让给日本，以阻止其南下。

英国是有名的老奸巨猾的老牌帝国主义国家，在对待日本侵略中国问题上，损人利己，出让中国利益。在英国人看来，日本实力有限，根本无法独占中国，因此承认日本在华攫取的利益，既能阻止日本南下，又能阻止中华民族取得彻底解放，并不影响英国的在华利益。英国政府也不打算完全放弃蒋介石，因为需要蒋介石制衡日本和中共。已经强大起来的美国也是这样，在中国抗战开始后，美国政府向南京政府提供了为数不多的援助，但是以不惹怒日本人为限度。1937年9月14日，美国总统罗斯福发表了"中立法声明"，声称武器、弹药和军用材料同时向中日双方提供。在侵略和被侵略面前，美国保持"中立"，实则是对侵略者的纵容。由于日本经济实力强大，得到美国同意后向美国购买了大量的钢材、战略物资和武器装备，弥补了日本侵华战争物资的不足。

在南京失守后进行的陶德曼调停失败后，中国政府于1938年1月25日指示顾维钧代表再度争取国联的支持。顾维钧、郭泰祺等人在向西方大国提出制裁日本侵略行动、援助中国抗战的要求后，英国外交大臣艾登认为，对日禁运未见得有效，关键还是要美国同意；至于对华援助，则应由与中国邻近的苏联进行。法国外交部长德尔博斯提出，应由有关各国与美国协商，如果认为时机成熟，再召开九国公约组织会议，以讨论对日制裁问题。英法如果单方面对日制裁，日本会作出强硬反应，也不利于欧洲局势的演变。苏联外交人民委员李维诺夫则表示，苏联认为对日制裁不会奏效，中国不应该提制裁日本提案。苏联有关方面甚至认为，日本在中国扩大战争，有可能推迟欧洲战争的爆发。

英法苏等国再次把球踢给美国。美国国务卿赫尔利明确向中国驻美国大使王正廷表示，九国公约组织布鲁塞尔会议结束不久，再次召开不见得有何助益；再则美国人民和美国国会因为经济利益和其他因素，不见得同意对日制裁；如果美国同意制裁日本，等于把美国拖入远东战争之中。1938年1月27日，国联理事会召开第100次会议，顾维钧在会上重申了对国联的信任，希望各成员国力行国联章程，制止侵略。中国代表的要求没有得到与会国的赞成，国联只是在2月2日，通过了表面上不赞成日本在华军事行动，实际上祖护侵略者的决议。5月间，国联理事会召开第101次会议，除苏联代表李维诺夫表示全面支持中国的申诉外，西方国家态度依旧。1938年9月，武汉会战接近失败之际，在国联第19届全体会议和理事会议期间，中国政府和代表团坚决主张按照国联盟约第17条，对日采取全面禁运和制裁措施。西方国家除在口头表示对中国的同情外，对中国要求制裁日本的行动，冷嘲热讽，甚至无视国际正义，要求中国收回提案。中国政府反对侵略的申诉，直到欧洲战争爆发也没有取得任何成效。

武汉会战以后，英、美等国袒护侵略者的行为进一步发展，他们多次和蒋介石密谈，劝导中国政府与日本停战议和。同时策划太平洋国际会议，压中国和日本议和。与英法等国纵容德国在东欧的侵略，在捷克不在场的情况下，同意将捷克苏台德地区割让德国，以把祸水引向苏联被称为"慕尼黑阴谋"一样，西方国家在日本侵华问题上袒护侵略、歧视中国的行为也被称为"远东慕尼黑"。这一阴谋之所以最后没有成功，是因为日本发动了太平洋战争。

布鲁塞尔会议夭折和国联无视正义、袒护侵略，宣告了第一次世界大战结束后形成的华盛顿体系的破产，同时助长了国际法西斯势力，日本军国主义开始在远东地区进行更大的军事冒险。

在向国联、九国公约组织申诉的同时，蒋介石也在卢沟桥事变后的几个月间，与日本进行谈判，谋求停战。

1937年10月23日，日本当局担心第二天开幕的布鲁塞尔会议得出不利于日本方面的结论，为了向会议施加压力，宣布接受已经参加德日"反共"协定的意大利和德国的调停。

陶德曼调不停

德国和意大利都同意其驻中国大使出面调停，其中德国驻华大使陶德曼具体参与其事。日本参谋本部马奈木敬信中佐通过德国驻日本武官奥特来到上海，与陶德曼商谈。1937年11月5日，陶德曼在南京会见蒋介石、汪精卫，转告了日方的条件：在内蒙古成立自治政府；华北"非武装区"扩大到冀中地区；上海停战区扩大；停止排日，减低日货关税；共同防共。蒋介石面对日方的条件，一方面向陶德曼表示感谢，另一方面表示如果同意日本要求中国政府将为之垮台。

淞沪会战结束后，日军开始向南京进攻，而布鲁塞尔会议不了了之。经蒋介石同意，1937年11月28日、29日两天，即将出任行政院长的财政部长孔祥熙和外交部长王宠惠紧急通知陶德曼，表示中国准备与日本议和。蒋介石也在南京沦陷前夕，即12月2日在南京约见陶德曼，表示愿意以11月5日的谈话为基础，与日本进行谈判。陶德曼表示，只要日本方面同意和谈，德国方面则可提出停战建议，并由希特勒出面呼吁双方停火。

岂知德国驻日本大使狄克逊将蒋、陶谈话情况向日本方面转告时，日本外相广田弘毅不但不接受，反而加以嘲笑一番，狂妄声称：在日军已取得巨大军事胜利之后再来重谈一个月以前提出的条件有何意义？日本内阁也作出决定，在攻下南京以前不再和中国进行谈判。

日本当局在占领南京后，于1937年12月22日通过狄克逊向中国方面提出：中国与日、"满"合作，实行"反共"政策；由日本来决定设立"非武装区域"和"特殊机构"；日、"满"、华三国缔结秘密经济协定；中国赔偿日本的损失。广田外相还向狄克逊解释说，这些条款的具体内容就是要中国承认"满洲国"；在内蒙古、华北、上海建立"自治政府"或"特殊政权"；在关税和商务单方面对日优惠；中国应当赔偿日本的军费支出和财产损失。这个军国主义分子还宣称，如果中国不同意这些条件，将不可能与中国谈判；12月31日是中国接受日本条件的最后期限。日本的条件，也就是要中国投降。

1937年12月26日，陶德曼把日本的条件转告了孔祥熙和宋美龄。孔祥熙明确表示：这些条件没有人敢接受，因为责任过大。因病没有出席的蒋介石至此对调停已经失望，在当天的日记中记道："倭所提条件如此苛刻，绝无接受余地。"

在1938年1月上旬，陶德曼继续与中国外交部长王宠惠进行过多次会议，向王外长转达了日本当局提出的中国必须在1月15日接受日本要挟的最后通牒，被王宠惠所拒绝。1月16日，日本政府发表了不以中国国民政府为对手的声明，即第一次"近卫声明"，声称："帝国政府尔后不以国民政府为对手，并期待真能与日本提携的新兴支那政权之成立与发展。俾与之调整两国邦交，以协助建立更生之新支那。"（古屋奎二：《蒋"总统"秘录》之十一第106页）

针对这一侵略者的狂言，1938年1月18日，重庆国民政府发表声明说："日本不顾一切，调遣大批陆海空军攻击中国领土，屠杀中国人民，中国迫不得已起而自卫，抵抗侵略，抵抗暴力。数月以来，中国未有一兵一卒侵入日本领土之内。……中国政府于任何情形之下，必竭全力以维持中国领土主权与行政之完整。任何恢复和平办法，如不以此原则为基础，绝非中国所能忍受。同时，任何在日军占领区域内，如有任何非法组织潜窃政权者，不论对内对外，当然绝对无效。"（古屋奎二：《蒋"总统"秘录》之十一第107页）

1938年1月20日，中国驻日本大使许世英离开日本；8天后，日本驻华大使川越茂宣布离任。因此，在日本发动全面侵华战争，中国抵抗侵略但没有对日本宣战的情况下，中国和日本两国断交！陶德曼调停因此而宣告结束！

中日两国断交前后，蒋介石还在谋取与日本当局的联络。如果说蒋介石在抗战爆发之初，与日本当局进行政治接触、外交谈判，希望通过和平渠道解决日本扩大侵华战争问题还有可行性、还可以理解的话，在日本占领中国首都、两国断交后，蒋介石还在继续进行谈判，显然是灭中国人之威风，长侵略者之志气。

在日本发表第一次"近卫声明"后，蒋介石派出外交部亚洲司司长高宗武和日本科科长董道宁，秘密前往已被日寇占领的上海。高宗武在上海期间，与和日本近卫首相关系亲密的日本同盟通讯社中南总分局长松本重治拉紧了关系。董道宁和正在上海的川越茂进行了会见，并与南满铁路株式会社驻南京办事处主任、日本陆军大将西义一的亲戚西义显拉上关系。高宗武、董道宁主要关心的重点是，日本发表"不以国民政府为对手"的声明后是否不再与中国进行谈判。通过西义显的安排，董道宁于2月中旬由日本军部安排前往日本，在日本期间与日本军部许多高级将领、特务头目进行了密谈。日本方面态度很明确，要求蒋介石立即停止反抗，再充分考虑蒋介石提出的和谈条件。日本参谋本部第八课课长影佐祯昭还给行政院副院长张群、军政部长何应钦写了两封亲笔信，要两人勇敢地站出来，与日本谋和。3月16日，高宗武、董道宁与松本重治、西义显在上海见面，约定到香港继续谈判。3月27日，高、董两人与松本重治、西义显及伊藤芳男在香港会谈，双方经过7小时的密谈，并没有谈成任何协议，只是高宗武、董道宁向日方表示，国民党副总裁、中央政治会议主席汪精卫集团有志于"和平运动"。

3月底，高宗武、董道宁回到武汉向蒋介石汇报。蒋介石认为日本态度积极，表示愿意与日本"以诚相见"。但是他提出，东北和内蒙古可以保持现状，以保障日本的在华利益，但冀察地区必须交还中国，日军退出长城以南地区。也就是说，蒋介石以同意"九一八事变"时日本侵略所占中国领土的合法化，出让中国的东北和热河主权、领土的方式，与日本谋和。

但是，蒋介石的谈判条件已经无法满足日寇的侵略胃口，1938年4月16日在高宗武、董道宁再到香港向日方代表转达蒋的条件时，日方已经没有兴趣。日本军部已经在徐州地区集聚重兵，组织徐州战役，准备全歼李宗仁指挥的数十万中国军队主力；此外，日本当局已经把谈判的重点转向汪精卫，准备扶持汪精卫出台充当傀儡。蒋介石被戏弄后，十分生气，立即要高宗武停止对日交涉。

蒋介石始终无法改变媚日恐日的态度，1938年5月日本内阁改组，主张保持日本既有在华利益、尽快结束在华战争的宇垣一成出任外交大臣。6月17日，宇垣对记者发表谈话，透露出准备与中国政府进行谈判的信息。蒋介石媚日旧病复发，立即要最高国防会议秘书长张群致电宇垣，祝贺其出任新职。宇垣则回电请张群赴日访问。最后双方都认为两国交战已久，张群一级的官员不宜进行外交活动，所以中国方面改派行政院长孔祥熙的秘书乔辅山，日本方面改派驻香港总领事中村平一，进行谈判。

谈判之初，日本的条件和陶德曼调停时一样，只是增加了蒋介石必须下野的条件。1938年7月8日，日本五相会议决定，中国现政府应和日本扶持的伪政权合并，停止抗日容共政策，蒋介石必须下野。在蒋介石没有同意此条件前，日本不与蒋介石谈判"停战问题"。对于这样苛刻、实质上是要蒋介石投降的条件，蒋介石竟然要乔辅山继续争取，讨价还价。逼蒋介石放弃谈判的是日本，日本当局见蒋介石还在讨价还价非常不满，立即下令全面发动向武汉、广州的进攻，切断中国抗日后方的所有补给线，逼使蒋介石全面屈服。蒋介石再次被日本方面戏弄一把，尊严尽失。蒋介石的求和愿望破灭，只得放弃三心二意、侥幸心理，开始认真布置大武汉保卫战的整体防务计划。

对于蒋介石希望国联出面制止日本扩大侵略战争和与日本和谈一事，应该客观地分析。在两国发生战争之时，争取利用外交途径予以解决，避免更大的损失，作为统治者来说也是一种理智的行为。蒋介石如果能够借用国联的力量，通过谈判的方式，结束日本对中国的侵略，当然很好。问题是蒋介石的和谈也好，争取国联同情也好，有几个失误：一是过高地估计了西方国家的正义感，西方国家作为殖民大国，在国际战略的运用中，都有各自的政治和经济图谋，不可能站在维持公正、扶正压邪的立场谴责侵略者。二是不吸取过去曾被国联伤害的教训，日本侵占东北时，蒋介石就寄希望于国联出面调停，国联的表现令中国人民失望，也令蒋介石难堪，日本对中国的局部侵略国联都不敢动，怎么可能对日本在中国的全面侵略行动进行制止？三是继续抱有对日本的幻想，日本军国主义对华野心由来已久，蒋介石不是不知道；日本军国主义在蒋介石主政后，多次挑衅，蒋介石一再妥协、退让，也因此一再受到全国人民的谴责。蒋介石之所以不放弃对日本军国主义的幻想，主要是为了消灭中国的革命力量，消灭中国共产党，巩固国民党的统治，这一政策直到日本侵略者威胁到他对全国的统治地位时才发生改变。即使在这种情况下，蒋介石仍继续寄希望于外交途径，与虎谋皮，主动建议日本举行根本不可能成功的和谈，结果可想而知。四是无视中国人民的愿望，中国人民富有反侵略的光荣传统，对近代以来日寇对中国的侵略行为十分痛恨，特别是"九一八事变"以来日寇对中国的侵略，更是引导起中国人民的愤怒。全国人民强烈要求抵抗，把日本帝国主义赶出中国去。蒋介石既不欣赏中国人民反侵略的勇气和信心，也不相信中国人民反侵略的力量，所以一直不放弃对日谈判。

当然蒋介石还有更严重的失误，那就是谈判的目的和原则上的失误。在侵略和反侵略的谈判中，应该坚持的一个基本原则，就是伸张正义，谴责侵略；维持国家主权和领土完整，要求侵略者退出中国和进行赔偿。蒋介石恰恰相反，他对日谈判的底线，既非逼日寇退出中国，也不是要日寇进行战争赔偿，只是要日寇停止扩大战争，甚至承认日本对已经占领地区的控制。如此谈判，当然不可能遏制军事上一再扩张的日本军国主义者；凶恶成性、贪得无厌的日本军阀当然不会在军事上不断有所得的情况下停止对中国的战争。在这一基础上，日本对与蒋介石谈判的底线非常明确，那就是利用军事上的"胜利"压蒋介石投降，以花费最小的代价达到最大的政治和经济利益。蒋介石不会接受日本的这一底线，因此，这场谈判不可能取得任何成果。

评价一场政治谈判最主要的标准是看谈判的结果，蒋介石和日本方面的谈判，并没有签订任何卖国条约，也没有放弃抗日意志，这是考察蒋介石在抗战前期和日本方面谈判的一个基本点。

当然，蒋介石的谈判确实没有取到任何结果，但也没有因为谈判而在军事上停止对日寇的抵抗，也就是说谈判和投降不是一回事。不能因为蒋介石出面与日本进行过谈判，就把这说成是蒋介石破坏抗日的举动，甚至说成是蒋介石的卖国举动，这就有违基本史实。只能说蒋介石出于对形势的错误判断，基于错误立场，错误地与日本进行了一场错误的谈判，不仅不利于中国人民的抗战，而且助长了日寇的侵略气焰。

汪精卫叛国投敌

在世上、坊间流行的《推背图》一书，作为中国古代第一预言书而著称。在此不是考证此书的真伪和成书的事实，只是想说一下书的内容。书的"第三十九象"预言了1300多年后日本对中国的侵略。该象"颂"曰："十二月中气不和，南山有雀北山罗。一朝听得金鸡叫，大海沉沉日已过。"说的是日本全面挑起侵华战争的时间，是在"十二月中（间）"即7月7日。日本有两大汉奸协助，"南山有雀（雀即'精卫鸟'指汪精卫）北山罗（爱新觉罗·溥仪）"。侵华失败是在"酉年"，"一朝听得金鸡（1945年是'鸡年'）叫"，"大海沉沉日（本）已过（败）"。

说精确预言也好，说算命迷信也好，说牵强附会也好，说非唐代出书也好，只要不是抗战前后出的书就行，反正简单事实说得基本正确，确实出了一个叫汪精卫的卖国巨奸。

低调俱乐部低调

蒋介石不谈了，有人乘机谈下去；蒋介石不投降，有人愿意投降。这就是中华民族的败类、无耻的政客汪精卫。作为国民党内大地主大资产阶级亲日派总头目的汪精卫，在中华民族危急关头，露出了一副民族败类的嘴脸。

汪精卫一生最大的弱点，就是不具备当领袖的品德和才华，却一直想当领袖。论才华，他只不过是个高喊适时政治口号、进行政治煽动的高手；论品德，他只不过是个拙劣的政治投机家。如果说汪精卫在清末民初的政治投机，或多或少带一点革命气息，那么汪精卫在大革命时期的政治投机，则带有强烈的个人权欲；如果说国民党新军阀混战时期汪精卫的政治投机，还带有一点反对蒋介石独裁的气息，那么在"非常会议事件"结束，汪精卫进行政治投机与蒋介石合流，则显然是为了权力而不择手段；如果说汪精卫以前的政治投机，都是以国民党派系内斗、个人权力之争为背景，那么此次进行的政治投机，以投降日本作为本钱换取伪政府最高领袖的地位，这场赌博则是把中华民族前途作为赌资，与中国人民对抗，这是非常危险的政治游戏。对于"和日、妥协"，实力比他强得多、认识比他深得多、水平比他高得多的蒋介石玩了一段时间后不玩了，汪精卫乘机继续玩下去，等着他的只能是一条不归路。

国民党"五全"后，蒋介石对日态度趋于强硬，但面对日本侵略，国民党内一些人有不同看法。在南京西流湾8号军事委员会侍从室副主任兼第五组组长周佛海的家中，外交部亚洲司司长高宗武，蒋介石的文胆之一、北大和中央大学教授陶希圣，原江苏第十行政督察专员兼保安司令梅思平，中央党部民众训练部部长陈公博，国民党中央监委兼中央党部文化事业计划委员会副主委褚民谊等人经常举行闲聊式集会，胡适、顾祝同、朱绍良、熊式辉等人时常光顾。对日态度是会议的基本主题，主张退让，不赞成蒋介石依靠英美解决中日争端的做法；认为"抗日必亡"，蒋介石宣传抗战是唱高调；至于国共合作，共同抗日，是上当受骗，只有联日"反共"才是唯一出路。汪精卫等人称之为"救国俱乐部"，胡适称之为"低调俱乐部"，进步人士和舆论则称之为"奴才俱乐部"。

1938年1月14日，低调俱乐部成员还在武汉创办"文艺研究会"，由汪精卫出任指导，周佛海、陶希圣分任总务、研究总干事。文艺研究会还在长沙、广州、重庆、西安、香港等设有分会。从中可以看出低调俱乐部在当时还有相当的市场。

"低调俱乐部"的绝大多数成员成为汪精卫的追随者。其中周佛海是新交。周佛海自1924年被中共开除后，则成为蒋介石的高参，专事攻击共产党。此事连汪精卫都看不过说："他以前是共产党，现在却攻击起共产党来，他退出了共产党就算了，还要反噬，真不是东西。"事实上汪精卫比周佛海更卑鄙，他曾与共产党合作，后来"反共"不也是很卖力吗？西安事变后，时任国民党中央党部民众训练部部长的周佛海受蒋介石之命去香港，迎接从法国养枪伤后回国的汪精卫，因为两人在对日交涉立场上的一致，开始结成"神圣政治同盟"。事实上从国民党内来说，在一致抗日大局下，派系争斗的空间缩小，低调派为扩大在党内的影响则改以"抗日"为主题从事派系活动。

低调派缺乏实力却热衷于派系纷争，没有根基却热衷于追名逐利，他们没有起码的政治道德，却喜欢政治上标新立异。在国民党集团内，在各派争权夺利中标新立异可以理解，但是在民族危急关头，标出一个逆抗日潮流而动的"新"，立出一个对日妥协的"异"，恐怕不会有好的收场。

其中最为关键的是汪精卫，此人此时的权力已可谓不小，地位已可谓不低，身兼"最高国防会议副主席、国民参政会议长"，在国民党内已经成为仅次于蒋介石的第二号人物。此人前半辈子的从政活动，都离不开一个"权"字，为了权力多次不惜出卖个人人格、改变政治见解。在旧中国政治舞台上，在国民党内，政治变色龙的出现可以理解，因为政客们都是为权力在奔走，汪精卫也可以这样。问题是全面抗战开始，抗日民族统一战线已经建立，国民党已经走上抗日之路，党内各派应该围绕抗日进行活动，应该为抗日尽一份力。如果此时还利用日本的侵略和谈判来作为个人和派系争权夺利的机会与资本，破坏抗战，则打错了算盘。汪精卫则是这样：他前半辈子最不满意的就是一直败在蒋介石手中，最不甘心的就是只能屈居于蒋介石之后。他与蒋介石争夺对国民党的控制权，一而再再而三的失败，此次准备最后一次也是最大的一次政治投机——投靠侵略者，利用侵略势力来实现与蒋介石一争高低的愿望，则是忘了被抗日志士枪击的旧事，自寻死路。

全面抗战开始后，平津沦陷之时，汪精卫发表了《最后关头》的广播讲话，宣扬日本一步一步杀进来，中国只有一步一步后退，因为中国比日本落后六七十年，绝对阻碍不了日本的对华侵略，中国只能是"确实忍无可忍，让无可让，而仍然让下去"，只能使日本进行慢些，我们退得慢些。这些话竟然出在国民党副总裁的嘴里，因此只能说中国之所以遭受日寇侵略，主要是因为国民党统治集团内部有一批像汪精卫这样的媚日奴才、出卖民族利益的汉奸。在1938年7月6日国民参政会的开幕式上，不顾当时涌现的全国抗日热潮，汪精卫大肆渲染抗日流血，"一切武装同胞与非武装同胞的血，从前流着，现在流着，未来还要流着"，在这庄严神圣的殿堂，无非是说抗日只能多流血，毫无前途可言。汪精卫开始寻找一条与抗日民族统一战线不同的"救国之路"，只要不抗日，当时不可能找到解决中日争端的有效方法；只要不抗日，只能是投降卖国。

早在陶德曼开始调停时，1937年10月31日汪精卫急忙与陶德曼见面。两人交谈后，汪精卫成为中日和谈的积极主导者，极力劝说蒋介石接受日本的条件，甚至出面逼行政院长孔祥熙、外交部长王宠惠下令宣布接受日本全部条件。孔祥熙被逼得没有办法，只得半开玩笑半当真地说："汪先生，我没有你的胆子大，我背部受不起两颗子弹。"陶德曼调停失败，日本当局发表了不以国民政府实质上也就是不以蒋介石为对手的声明后，汪精卫、周佛海、陈公博等人见时机到来，高度关注日本当局关于要在中国"建立一个新政权"的意向。

1938年2月，汪精卫和周佛海在汉口设立"日本问题研究会"，主任即为正在为蒋介石奔走、谋求与日本谈判之路的高宗武。"日研会"名为搜集日本情报，实为寻找新的卖国途径。因此，高宗武、董道宁与日本方面的谈判，既完成蒋介石交代的与日谈判的任务，也有为汪精卫卖国联络的性质。汪精卫之所以为卖国进行实质性的准备，是因为国民党上层已经决定召开临时全国代表大会，确立以蒋介石为首的总裁领导体制，汪精卫的权欲受到严重挫伤，只有依靠外力，不惜破坏全国抗战，不惜成为民族罪人，来实现权力梦。此外，汪精卫确实认为中国人民根本没有战胜日本侵略者的可能，日本占领中国将成为永远的事实，中国只能成为日本的殖民地，因此对日晚降不如早降，对内晚分不如早分，与其跟着蒋介石走一条只能失败的抗战路，还不如走一条苟安路，还不如举起"和平运动"旗帜提前成为伪政权首脑，既能满足日本人的要求，又能在日本人的支持下与蒋介石一争高低。正是在此次会议上，汪精卫出任国民党副总裁，这更增加了他卖国的本钱。

此外，华北和南京两个伪政府的成立也刺激了汪精卫的政治野心。1937年12月14日，在北平成立了"中华民国临时政府"。日寇认为出台的汉奸分量不够，所以让这个不伦不类的伪政府的"政府主席"职位虚空。伪政府成立了三个委员会，其中议政委员会委员长汤尔和，行政委员会委员长王克敏，司法委员会委员长董康。各部总长是治安部齐燮元、教育部汤尔和、赈济部王揖唐、实业部王荫泰、财政部汪时景、内政部王揖唐（兼），下设河北省（高凌蔚）、山东省（马良）、河南省（肖瑞臣）、山西省（设临时政府筹备委员会）、北平市（江朝宗）、天津市（高凌蔚兼）和青岛市等地方机构。

1938年3月28日，在南京成立了"中华民国维新政府"。伪政府行政院长梁鸿志，外交部长陈录、内政部长陈群、财政部长陈锦涛、绥靖部长任援道、教育部长陈则民、实业部长王子惠、司法部长许修直、交通部长梁鸿志（兼）、立法院长温宗尧。下设江苏省（陈则民）、浙江省（汪瑞恺）、安徽省（倪道琅）、上海市（傅宗耀）、南京市（高冠吾）和苏浙皖三省绥靖总司令部（任援道）。

一南一北两个汉奸政权出场，使得汪精卫的"和平运动"有了更加明确的目标，也使得汪精卫加快了卖国步伐，他担心落后于其他败类，"统一组阁"任务落入他人之手。

1938年4月间，因为日本开价过高，谈判破裂，高宗武的"对日联络代表"工作被蒋介石停止后，开始一心一意为汪精卫服务。7月间，日本新内阁提出中国政府必须和已经成立的华北、南京伪地方政权合并，蒋介石必须辞职的和谈条件，蒋介石最后终止了与日本的谈判活动。汪精卫抓住这一时机，准备在卖国道路上迈出具体步伐。

汪精卫出逃降敌

1938年7月5日，汪精卫秘密派遣高宗武作为代表前往日本，会见了日本陆军大臣板垣征四郎、参谋本部总长多田骏、参谋本部中国课课长今井武夫等人。日本方面向高宗武明确提出，对华方针的重点是政治诱降，只要汪精卫、唐绍仪、吴佩孚等人愿意出山组织政府，日本方面将全力支持。这是日本方面向汪精卫发出的具体信息。蒋介石得知高宗武去日本的消息后，破口大骂："高宗武这个混蛋，谁叫他到日本去的？"（《今井武夫回忆录》第79页）8月底因为高宗武肺结核复发，改由梅思平在香港等地与日方继续会谈，具体谈到了蒋介石下野、由汪精卫出来领导"和平运动"的设想。

武汉失守后，汪精卫投降步伐加快。1938年11月12日，正在追随汪精卫走上卖国之道的梅思平、高宗武与日本代表今井武夫、伊藤芳男等人在上海虹口公园的重光堂秘密会谈，会谈的内容只有一个，那就是汪精卫投敌出任傀儡政府首脑、安排汪精卫出逃。汪精卫失去起码的民族良知，终于下决心叛国。在会谈期间，梅思平、高宗武完全屈从于日本主子的旨意，为建立"东亚新秩序"，承认日方提出的投降条件：共同缔结防共协定；承认伪满洲国；承认日本所有在华政治、经济利益；同意补偿日本侨民在日军侵略中国中造成的损失。会议中，梅思平、高宗武异想天开，以为日本真的会把已经占领的中国领土交给汪精卫管理，因此提出日军从内蒙古和华北、东南、华中、华南地区分阶段分梯队撤出的设想。对于汪精卫出逃，会议决定一条路是由重庆直飞香港；另一条路是经昆明赴河内。只是前者比较危险，因为汪精卫目标太大，容易暴露，后者相对安全，只要过云南龙云一关即可。11月20日晚，双方签订了《日华协议纪录》《日华协议纪录应谅解事项》和《日华秘密协议纪录》三个文件。

1938年11月30日，日本御前会议通过了三个协议，确定了"中日善邻友好、共同防共、经济提携"三个基本原则。汪精卫集团却对此疑虑重重，一是担心成为大汉奸，一是担心出逃不成。前者被称为"既要做婊子又要立牌坊"；后者是做贼心虚。

12月上旬，梅思平到达香港和上海，告知日方汪精卫准备逃出蒋管区，具体路线是经昆明到河内。在此前后，汪精卫夫人陈璧君曾去过昆明、河内，先行考察出逃线路，并劝说龙云同意帮助汪精卫。12月7日，身任国民党中央宣传部副部长的周佛海借视察宣传为名去了昆明，国民党御用文人陶希圣随行理所当然；陈璧君让远房侄子陈春圃把她的儿子汪文悌和幼女汪文恂先送昆明。

在此期间，1938年12月3日，日本见汪精卫投降计划已经开始实施，由近卫首相出面发表了"中日冲突有解决之望，只需蒋介石将军向国民政府辞职，参加行将成立之新中央政府"的声明（见《第二次中日战争纪事》第175页）。正在桂林的蒋介石收到声明后，担心政局有变，马上派陈布雷先行回重庆，稳住汪精卫等上层人物。8日蒋介石飞回重庆黄山官邸，次日召集国民党副总裁汪精卫、行政院长孔祥熙、外交部长王宠惠、中央党部秘书长叶楚伧到官邸开会，讨论抗日大计。

这一天，也就是1938年12月9日，本是汪精卫预定赴昆明出逃的日子。岂知蒋介石在12月8日突然从外地来到重庆，并且立即致电昆明的周佛海回重庆召集上层会议，打乱了汪精卫的出逃计划。

在1938年12月9日的会议上，蒋介石认为日本无谈判诚意，如果与日本谈判，中共将会趁机鼓动民众扩大实力。他认为，中国抗战的前途光明，中国军队已按照预定计划退入山地，能够阻止日军的进攻，形势更有利于中国。蒋介石的观点并不令人意外，说明他已不再寄希望于与日本的谈判。汪精卫声称："敌国之困难在结束战争，我国之困难在如何支持战争"，两者皆有困难，故和平非可无望。（《陈布雷回忆录》第89页）他还认为，应该响应日本的"和平运动"，与日本共同防共和建设"东亚新秩序"。此时，汪精卫已有出逃卖国的打算，对蒋有恭无敬；蒋介石对汪精卫轻视已久，只是虚与委蛇。两人的会见并不轻松，也不愉快，更无共识。

汪精卫不得不推迟叛逃日期，并且装出种种关心国事的姿态来，参加国民党中央纪念周，听取行政院长孔祥熙、军统局长戴笠、最高国防会议副秘书长陈布雷的工作汇报，实际上是旁敲侧击摸蒋介石的底。不敢回重庆的周佛海还于12日下午出席国民党云南省党部的扩大纪念周，发表演讲。汪、周显然是唯恐暴露，在极力掩饰，制造假象。1938年12月16日，汪精卫求见蒋介石，与病中的蒋介石进行了一生中最后一次会面，见面时声称"如不能战，则不如和"，要蒋介石不要从个人毁誉和难易考虑，应该因"使国家民族濒于灭亡"而迅速辞职，以谢天下。蒋介石严正拒绝了汪精卫的要挟，不到半小时就结束了此次"最后的谈话"（《今井武夫回忆录》第101页）。

1938年12月18日，汪精卫以应时任国民党四川省党部主委陈公博邀请到成都发表演讲为名，通过原改组派骨干、交通部次长彭学沛办妥机票，与夫人陈璧君及最高国防会议秘书曾仲鸣等人一起飞昆明。同一架飞机上，竟然坐着国民党空军司令周至柔，周司令见国民党副总裁乘坐同一架飞机，还亲自表演了一番驾驶技术。周至柔的出现，使得汪精卫非常紧张，汪精卫以为是蒋介石得知底细后派周来监视他的。在昆明期间，汪精卫劝说云南省主席龙云、第四战区司令长官张发奎，通电响应"和平运动"，但被两位将军拒绝。汪精卫见事情败露，为防不测，遂于次日晚和周佛海等人乘火车离开春城，前往法国殖民地越南河内。1938年12月27日，汪精卫的多年助手陈公博和陶希圣赶往河内会合。

见汪精卫已逃出中国，原定在汪精卫12月9日逃离重庆后发表第三次对华声明的日本首相近卫，于1938年12月22日召开记者招待会，宣布：日本将和"中国同感忧虑、具有卓识的人士合作"，"共谋实现相互善邻友好、共同防共和经济合作"。声明基本肯定了重光堂三协议的内容，只是把日本撤军的内容全部取消（《日本外交年表和主要文书》文书卷第407页）。汪精卫也于两天后致电蒋介石，为近卫声明辩护，并要蒋"如对方提非亡国条件，宜及时谋和以救危亡而杜共祸"（《中华民国重要史料初编——对日作战时期》第六编之三第48页）。12月28日，他又致信国民党中央常委会和最高国防会议，声称："自应签以声明，以之为和平谈判之基础，而努力折冲，使具体方案得到相当解决，则结束战争以奠定东亚相安之局，诚为不可再失之良机矣。"（《和平"反共"建国文献》第一辑第5页）12月29日，汪精卫另一追随者林柏生控制的《南华早报》刊登了臭名昭著的电报韵目代号为"艳"的电文。汪精卫在给蒋介石和国民党中央党部的电文中，无耻声称：近卫第三次声明"唯欲按照中日平等之原则，以谋经济提携之实现，则对此主张应在原则予以赞同，并应本此原则，以商订各种具体方案"。"艳电"成为汪精卫投降卖国的宣言书和自供状，标志着汪精卫已经完全投入侵略者的怀抱，卖国求荣，成为一代卖国巨奸、千古罪人。

对于汪精卫叛国一事，蒋介石非常重视，为阻止事态发展和影响抗日情绪，他下令封锁汪精卫出走的真相和消息，说汪精卫因为旧病复发，在昆明无法回渝。1938年12月24日他从陕西武功回到重庆后，立即通过端纳通知英、美使馆，表示汪精卫无权代表任何人进行谈判，中国不准备与日本讲和，已经准备作大规模的抵抗。12月26日蒋介石在中央党部总理纪念周上表示，汪精卫出走是个人行为，毫无政治意味。事实上蒋介石事发之初也摸不清汪精卫的底细，因为凭他多年和汪精卫的来往，认为汪精卫虽然权欲熏心，但不会不知道叛国的分量，不会走上叛国之路。

"艳电"发表后，各党各派各界人士和海外华侨，形成了一股声讨的怒潮。延安也举行了讨汪大会，强烈谴责投降派的卖国行为。中共将领和国民党的许多高级将领纷纷发表通电，要求严惩叛国贼。在全国皆曰"卖国贼可杀"的压力下，蒋介石只能于1939年元旦召开临时中央常委会，讨论汪精卫叛国一事。最后以汪精卫犯有"匿迹异地，传播违背国策之谬论"，"违反纪律，危害党国"等罪，永远开除党籍，并撤除其一切职务。汪精卫以前曾得过类似的处分，那是因进行"护党救国活动"被国民党蒋介石集团开除党籍和撤销职务的，只不过是党内派系斗争的结果，如今性质则不一样，这是民族斗争的结果，是对一个卖国贼的处分。汪精卫作为国民党领袖之一，和蒋介石、胡汉民等人一样，曾经在中国近现代史上做过一些工作，历史上也有过不少记载，只是因为汪精卫最后走上叛国之路，终于成为十恶不赦的叛国贼。汪精卫有所不知，中华民族的宽容性极强：因为中华民族富有的宽容，所以历史上出现过各种各样的人物和事件；也因为中华民族富有的宽容，历史上各种各样的人物和事件也因此得到客观的评价。但是中华民族从来不对一个汉奸和叛国贼提供任何形式的宽容。

蒋介石为挽救汪精卫做过一些努力。1938年12月27日，他致电住在越南河内高朗街27号的汪精卫，恳劝其以民族大义为重，迅速回渝报到。开除汪精卫党籍后，蒋介石又让全国经济委员会主席、中国银行董事长宋子文，外交部长王宠惠，最高国防会议副秘书长陈布雷出面，劝汪精卫回国参加抗战。为教训汪精卫，劝汪精卫悬崖勒马，军统局特务在香港暗杀刊登"艳电"的《南华早报》后台林柏生，但林柏生被铁棍击中头部后并没有死亡。1939年1月30日，蒋介石派出中央执行委员、昔日改组派干将谷正鼎带着签好的护照，赶到河内，劝说汪精卫出国游历。无奈汪精卫卖国主意已定，所有劝说都听不进去，一步一步走向深渊。蒋介石见劝说无效后，考虑到汪精卫地位太高，由他出面组织叛国政府将对重庆政府形成严重威胁；汪精卫掌握的机密过多，他的叛国对中国抗战将会造成极大危害，只得使出最后一招——暗杀。

执行暗杀任务的是军统局，军统局实际负责人、副局长戴笠还亲自跑到河内察看地形。经戴笠亲自安排，由陈恭澍、岑家焯、余乐醒等十多名军统人员前往河内，已经对高朗街27号附近的交通、地形和汪精卫的起居、活动情况掌握得一清二楚。1939年3月19日戴笠下达了执行的命令。躲在河内的汪精卫，凭他与法国当局的良好关系，一直处在法国殖民机构的保护之下，林柏生案更使他胆战心惊，但他无法躲过正义的惩罚。

1939年3月21日凌晨2时半，陈恭澍派出的6名刺客，成功来到三楼汪精卫的卧室门前，将门劈开后，将躺在床上的人打死。岂知被打伤后致死的并非汪精卫，而是汪精卫的秘书曾仲鸣。因为当天曾仲鸣的夫人赶来河内会合，临时无法安排住处，汪精卫则把自己的卧室让给他们夫妻团圆，就这样曾仲鸣在一阵高兴之余竟成了替死鬼。曾仲鸣是革命志士方声洞夫人的弟弟，方声洞的妹妹方君瑛更是汪精卫的第一个恋人，汪精卫对在大革命时期被陈璧君逼死的方君瑛念念不忘，所以对曾仲鸣也予以重用。曾仲鸣对汪精卫忠心耿耿，在胸部被击中三枪临死之际，考虑到汪精卫的全部政治和私人款项都是以他个人名义存入银行的，为避免取款时的麻烦，强忍痛苦把空白支票签完。临死前还说了些"国事有汪先生，家事有夫人，死无遗憾"之类的豪言壮语，只是他为叛国贼而死实在不值得。汪精卫被刺未死，惊动了日本当局，决定加强警戒，并于1939年5月8日安排汪精卫登上"北光丸轮"逃出河内，经台北前往上海。周佛海、陈公博、陶希圣等人则逃往香港。

汪精卫可谓是坏人命大，所犯罪恶恶贯满盈，却两次遇刺不死。曾仲鸣的死，说明蒋介石对汪精卫已经不抱幻想。1939年4月5日蒋介石让《大公报》出面公布汪精卫投敌叛逃经过，宣布汪精卫的罪状。汪精卫则发表三次"和平宣言"和《举一个例》等文章，把卖国行为与蒋介石接受陶德曼调停行动等同起来，称自己的卖国行为是为国家民族着想，说自己卖国的依据是"蒋总裁在陶德曼工作之际，曾允以日方条件为和平之基础"，并说"中央心里想和，而口里不敢言和，余则心口如一"。真是厚颜无耻，想不到一贯心口不一的汪精卫，在卖国叛国问题上还真成为一个"心口如一"的人。历史已经证明，蒋介石的想"和"而没有"和"，与汪精卫的想"和"就"和"，是不能同日而语的。这是两个性质根本不同的问题：蒋介石是抗日决心有动摇、抗日决策有失误；而汪精卫则是背叛民族、国家和人民。汪精卫的叛国，正是他失败主义、投降主义的恶性发展，是他长期以来媚日"反共"的必然结果。

汪精卫被刺未死，加快了成立伪政权的步伐。1939年1月4日，日本近卫内阁总辞，由平沼骐一郎继任首相，汪精卫担心日本扶汪压蒋政策改变，于2月21日派高宗武离开河内去日本打听虚实。日本首相平沼骐一郎、外相有田八郎于3月18日召开"五相会议"，决定继续实施扶汪压蒋政策，在南京成立以汪精卫为首的伪中央政权。并决定从中国海关"关余"中拨款1800万元作为汪精卫的活动经费。在此基础上，高宗武经过与日方谈判，于4月初正式达成《汪平（沼）协定》。

卖国戏粉墨登场

汪精卫到上海后，住在愚园路1136弄，此处戒备森严，成为汪逆的最高指挥中心，在这里汪伪集团进行了一系列的组织伪中央政府的活动。5月31日，为安排叛国活动，汪精卫、周佛海、高宗武、梅思平、董道宁等人前往日本，与军国主义分子会谈。6月6日，日本"五相会议"通过了《树立新中央政府的方案》，要求汪精卫搜罗日占区的所有叛国分子，组成伪政府，不得单独活动；伪政府必须按照1938年11月30日本御前会议通过的决议进行活动。汪精卫只是标准的儿皇帝，伪政府只是一个奴才政府，只能全盘接受日方的安排，甚至伪政府的机构和成立日期都不能提出。6月18日，汪精卫回国为伪政权的出台开始四处活动和加紧筹划。

1939年9月1日，汪精卫拼凑的"中国国民党第六次全国代表大会"在上海极司斐尔路76号举行。这是汪精卫第一次掌控国民党的全代会，心中不免泛出一丝欣慰；不过，汪精卫眼看着台下根本没有国民党影子和不成气候的所谓代表，想到这是在卖国时，心中掠过一阵惊恐。心想依靠台下这帮人，"曲线救国"也好，"和平运动"也好，只会越搞越糟。会议决定把"降日"和"反共"作为其基本路线，并选举汪精卫为"中央执行委员会"主席；陈公博、周佛海、陶希圣、梅思平、高宗武、何世桢、丁默邨、林柏生、焦莹、陈璧君、顾忠深、褚民谊为"中央常委",褚民谊为"中央党部"秘书长;梅思平任"中央组织部"长,陶希圣任"中央宣传部"长,丁默邨任"中央社会部"长,周佛海任"中央特务委员会"主委,汪精卫兼任"中央党务训练团"、"党务工作人员训练团"团长。

伪六全的召开是汪伪政权开场的序幕。汪精卫投降心切,急于掌握党政军最高权力,希望尽快成立伪中央政府。岂知日方一拖再拖,预定是1939年"双十节""胜利还都",岂知拖到次年元旦;到了元旦,东京方面仍无动静,具体日期遥遥无期。出现这一局面,是因为日本方面并不信任汪精卫,认为此人历史上反复无常,政治上左右不定,在国民党内没有什么威信可言,重用此人会让日本方面丢脸。日本方面在攻占南京后决定拉汪,真正企图是为了拉蒋,是为了促使蒋介石投向日本。拉不来蒋介石,日本方面也希望让吴佩孚、唐绍仪等名声要比汪精卫好得多的人物出场。此外,在中国的占领军,对汪精卫更是讨厌,因为各驻屯军都有自己扶持的傀儡政权,东北有溥仪、华北有王克敏、东南有梁鸿志等人,他们当然不希望再出现所谓的"中央政权"牵制各地伪政权;再则,汪精卫在投降谈判过程中,曾夸下海口,把陈诚、何应钦、余汉谋、张发奎等高级将领和实力派拉过来,还能拉过来不少于20个师的国民党军队,可是到汪精卫正式投降后,国民党实力派没有一人愿意出来捧场,连昔日汪精卫的头号助手顾孟馀也没有参加,至于军队方面只是一些被称为"野鸡部队"的非主力军队为了生存而出面附和。1939年8月30日,平沼内阁辞职,阿部信行上台,暗中开始与重庆方面进行联络,日本外相还亲赴香港与重庆方面代表密谈;侵华派遣军总部也派出今井武夫在香港与宋子文的弟弟宋子良会谈。日本国内也成立"兴亚院""大政翼赞会"等组织,由影佐等人出面进行控制,负责对华政治诱降等事。因此,日本对汪精卫急于成立伪中央政府的要求置之不理,尽量往后拖,以等待拉拢其他国民党实力派和各界重要人物改变态度和立场。汪精卫取得如此结果并不意外,因为历史上任何一个儿皇帝、傀儡政权无一例外。

卖国不得人心,失道寡助,在全国上下一致声讨叛国集团的压力下,汪伪集团内部也出现分化,高宗武、陶希圣回到重庆。高宗武身为外交部亚洲司司长,曾经具体安排蒋介石和日本方面的谈判,后又成为汪精卫投降日本的具体牵线人和策划者。重庆方面公布汪精卫投降日本过程后,日本特务认为是高宗武向重庆方面透露的，因此暗中开始侦察高宗武的动向。此外，高宗武自认为对汪精卫投敌劳苦功高，应该获得应有的报酬，起码出任"外交部长"，岂知日汪都不重用他，只让他充当"外交部次长"。再则，高宗武从政多年，对官场名节的重要性多少有些看重，再看到汪伪集团内部争权激烈，难成气候，还不如趁早抽身。陶希圣也有此意，得知高宗武的意向后，决定同回重庆。高宗武通过在日本长崎的同学黄溯初，与杜月笙的香港办事处联络，经杜月笙和重庆方面请示，蒋介石特地从桂林赶回处理，同意杜月笙把高宗武的家属撤出上海，安排高宗武和陶希圣归来。1940年1月5日，高、陶二人到达香港，两人披露了汪精卫与日寇勾结的内幕，一时震动海内外。之后高宗武接受蒋介石送来的5万美元和一本护照，以最高国防委员会秘书厅参事职带着全家远走美国。陶希圣继续成为蒋介石的高参，出任侍从室秘书、《中央日报》总主笔等职，继续活跃在国民党核心圈。

高、陶出走，沉重打击了汪伪叛国集团，也提醒了日本当局，如果再不成立伪政府，不可避免将出现更多的分化，甚至周佛海也在日本华北最高司令官多田骏的宴席上，发出了"一部分日本人欲杀余，一部分中国人亦欲杀余"的哀号，显然反映出走狗对主子的不满。更让汪精卫、周佛海、陈公博等人不满的是，日本方面表示如果成立伪政权，日本不派全权大使只有特派大使，也不递交国书，更不发表宣言予以承认。这就把汪精卫置于更加尴尬的处境，日本对汪连起码的面子也不给，儿皇帝的特色更加突出。

汪伪集团和一南一北两个伪政权的争吵也十分激烈，争当头号卖国贼，争当头号儿皇帝，此事曾成为汪伪政权难产的主要因素。到1939年9月上旬，伪国民党"六全一中"召开，成立"中央党部"。会后汪精卫与王克敏、梁鸿志在南京会谈，于20日达成协议，准备成立"中央政治会议"，筹设伪政府。到此时内部矛盾已经基本解决，华北伪政府以半独立的方式存在，南京伪政府则交还给汪伪政府。12月底，汪精卫卖国密约《日支新关系调整要纲》在上海签字，与日本方面的意见基本一致。汪伪内部为解决分赃问题，三派汉奸代表于1940年1月21日来到青岛开会，商谈内阁席位瓜分难题，日本特务影佐及蒙奸德王代表李守信参加了会议。最后三方同意3月间在上海召开伪中央政治会议，成立伪政府，不过华北伪政权改称华北政务委员会。会后成立伪政府筹备委员会，由褚民谊、陈群任正、副秘书长。

3月20日，伪中央政治会议在南京举行。"中央政治委员会"主席汪精卫，当然委员有陈公博、温宗尧、梁鸿志、王揖唐、王克敏，还有列席、指定、聘请委员34人，其中包括江亢虎、陈群、林柏生、刘郁芬、任援道、褚民谊、丁默邨、李士群、缪斌、周佛海等汉奸。会议通过伪政府成立大纲，伪政府名称为"国民政府"，"首都"为南京。至于"国旗"，汪精卫原本想盗用国民党的青天白日旗，日本方面坚决反对。最后商定在青天白日旗上另加三色三角形飘带，飘带上书写"和平、反共、建国"。这一不伦不类的"国旗"，成为汪精卫卖国的象征和标记，将永远被钉在历史的耻辱柱上。

伪中央政治会议开完，抗日战争中继伪满洲国、伪蒙古军政府、伪中华民国临时政府、伪中华民国维新政府之后的第五个伪政权终于粉墨登场。国人皆曰："汪逆叛党祸国，靦颜事敌，罪大恶极，浮于秦桧；伪组织下之群丑，沐猴而冠，认贼作父，丧尽天良。"

3月31日，伪政府拼凑完毕。汪精卫出尽卖国风头，临时拼凑起来的伪政府，有名无实，大多成员为酒肉之徒，不要脸面之辈，只有汪氏还能有点政治资本，日本主子挑来挑去，只能让汪氏出任傀儡头目。其他卖国集团成员与汪精卫的差距太大，所以把绝大部分权力全集中到汪精卫手中。尤其喜好掌握权力的汪精卫，坐上卖国第一交椅，本兼各职有伪"中央执行委员会主席、中央政治委员会主席、军事委员会委员长、国民政府代主席、行政院长、最高国防会议主席、中央党务训练团长、全国经济委员会主席、清乡委员会委员长、中央陆军军官学校校长、海军部长、新国民运动促进委员会委员长"等，一时"龙袍加身"，大权集中。

伪政府的其他成员是行政院副院长褚民谊、周佛海，立法院长陈公博，司法院长温宗尧，考试院长王揖唐，监察院长梁鸿志，军事委员会副委员长周佛海，清乡委员会副委员长陈公博、周佛海，内政部长陈群，外交部长褚民谊，财政部长周佛海，军事部长鲍文樾，海军部副部长凌霄，司法行政部长李圣五，工商、实业部长梅思平，农矿部长赵毓松，铁道部长傅式锐，交通部长诸青来，社会部长丁默邨，宣传部长林柏生，警政部长周佛海，政务次长李士群，铨叙部长江亢虎，社会福利部长丁默邨，粮食部长顾宝衡，建设部长陈君慧，审计部长夏奇峰；参谋本部部长杨揆一，常务次长郑大章；军事参议院院长任援道，副院长郑大章、富双英、李长江，军事训练部长肖叔宣，政治训练部长陈公博，军令部长胡毓坤；调查统计部长李士群。下设湖北省（何佩熔）、广东省（陈公博）、江苏省（高冠吾）、安徽省（倪道琅）、浙江省（梅思平）、江西省（邓祖禹）、南京市（蔡培）、广州市（彭东原）、上海市（傅宗耀）、武汉市（张仁蠡）、厦门市（李思贤）等地方机构。

军队设有军事委员会委员长武汉、苏北行营；编有黄大伟的"和平建国军"第1集团军，唐蟒的"和平建国军"第3集团军；李长江的第1集团军，杨仲华的第3集团军，项致庄的第5集团军；任援道的第1方面军，孙良诚的第2方面军，吴化文的第3方面军，张岚峰的第4方面军，庞炳勋的第5方面军，孙殿英的第6方面军；绥靖公署有开封（刘郁芬）、武汉（叶蓬）、广州（陈耀祖）、苏北（汪精卫兼）、徐州（郝鹏举）、九江（高冠吾）、蚌埠（罗君强）、杭州（项致庄）、苏州（张恒）；此外还设有苏浙皖三省绥靖总部（任援道）、苏豫边区绥靖总部（胡毓坤）、苏皖边绥靖总部（杨仲华）以及各要塞司令部、各省保安司令部、各主要军校。

真可谓是中国现代史上群奸大聚会，沐猴而冠的汉奸们，弹冠却庆不起来。在举行的所谓"还都"仪式上，各位汉奸按照粉笔画好的位置，表情悲凉，汪精卫机械地发表讲话后，进行群奸合影即草草收场。令汪精卫气愤的是，日本侵华军总司令西尾一行竟然也没到场"祝贺"，日本殖民地国家的"外交使节"也没到场"致意"。

当时一位诗人痛斥原"维新政府"的诗，对汪伪政府也有意义："载鬼一车为幻张，金陵晦气黯神伤。沐猴祇顾眼前福，走马何知身后殃。千古龙盘虎踞地，一朝狗盗鸡鸣场。鹊巢休道鸠居占，树倒猢狲自散亡。"（姚伯麟：《维新傀儡迁京》，作于1938年10月10日，于上海）

作为日本的傀儡政府，只有形式上的政府，任何一项职务都没有相应的权力。尤其是汪精卫，虽说集大权于一身，只因是日本刺刀和恩赐下的儿皇帝，所以党务政务军务财务外交均要由日本当局决策，汪只是一个高级办事员；只因他与人民为敌，与敌为友，不断遭到新四军、八路军和其他中国军队的进攻、打击，他的政权只能在宁沪杭一小块地区苟延残喘，汪只是一个高级维持会长；只因他是汉奸，只能干卖国勾当，为虎作伥，实际是一个高级洋奴。想当初，汪精卫成为深受倒蒋势力欢迎的人物，大有一呼百应、八面威风之势，可这次搞"和平运动"，却遭到各方的抵制，成为众矢之的。

因为汪精卫只是一个傀儡政府的走狗，既无政绩可言，也无其他光彩记录，在此没有必要加以记述，只是简单说一下他的下场。

汪精卫走上卖国投敌之路后不久，就开始陷入深深的危机之中。体内的子弹无时不在折磨着他，到1943年8月，麻痹和剧痛已经扩展到整个胸部。如果说生理上的病痛还可以靠医药加以抑制的话，那政治上的压力则使他惶惶不可终日。

政治压力一是来自不可逆转的世界反法西斯战争和中国抗日战争的胜利趋势，南京城里的汉奸们整日被抗击日寇侵略者的枪声，吓得心惊肉跳。汪精卫在命令伪军加紧清乡、屠杀抗日志士和人民群众的同时，加紧与日本主子合作，同东南亚的一批降日将领大搞什么"东亚共荣圈"。这些丑陋的表演，无益于时局，只是增加了汉奸们的罪恶。

政治压力二是来自汪伪政权内部的腐败，群丑们政治上反动，才智上平庸，可在捞取民脂民膏上却是个个一流水准。汪贼自己曾专门写过一首诗来描述内部的贪污、腐败之风，诗说："窃没灯鼠贪无止，饱血唯蚊重不飞；千古殉财如一辙，燃脐还是董公肥。"他的理智和直觉都已预感到贪污、腐败之风正在毁灭着南京伪政府，一只只饱血蚊、窃油鼠的行为，正在促进末日的提前来临。

面对即将到来的人民的胜利，汪精卫无可奈何。这位颇有诗才，写过不少诗词的政客、汉奸，在生前最后一首词中，情绪低沉，一片哀叹、伤感、凄凉之情。多愁善感的作者写道："城楼百尺倚空巷，雁背正低翔；满地萧萧落叶，黄花留住斜阳。阑干拍遍，心头块垒，眼底风光，为问青山绿水，能禁几度兴亡？"他还特意注道："重九登北极阁，读元遗山词，至故国江山如画，醉来忘却兴亡，悲不绝于心，亦作一首。"汪精卫为自己写出了最合适的挽歌。

1943年12月19日，病入膏肓的汪精卫在日军野战医院取出了留在体内8年的子弹，病情一度好转，感觉良好。1944年1月病情剧变，高烧和剧痛使他不能正常行动，医生诊断为压迫性脊髓炎，必须到日本治疗。3月3日，汪精卫在夫人陈璧君、子女的陪同下飞往日本名古屋帝国大学附属医院治疗。复诊为"上骨髓肿病"，再次进行手术治疗，半年不见好转。汪精卫离开岗位后，伪政府主席由陈公博代理，伪行政院长由周佛海代理。周逆曾飞日本探视汪逆，而汪精卫要陈逆来日的电文却被陈璧君扣压，根本没有发出。1944年10月间，汪精卫见自己来日不多，死到临头，口授下《最后之心情》的遗嘱，表示希望葬于广州白云山下。1944年11月9日，为躲避盟军轰炸，医院把汪连人带床降到地下防空室，因上下时受惊吓和风寒，病情恶化，体温升至40度以上，进入昏迷状态，次日下午4时20分，在该院因新诊断的骨癌死亡，一代巨奸走完了不光彩的一生。

汪精卫断气身亡，逃脱了人民的惩罚，但逃脱不了应有的下场。1944年11月12日他的尸体由"海鹚号"专机运回南京，11月23日葬于南京中山陵梅花山。抗战胜利后，国民党当局认为汪奸墓与中山陵并列，玷污了先总理，玷污了庄严肃穆的中山陵园，无法向国民交代，故于1946年1月21日，命令74军51师工兵营将汪坟炸开，尸体棺木运往清凉山火化。在陈公博、褚民谊、林柏生、梅思平、梁鸿志等一大批汉奸押赴刑场处决的枪声中，在周佛海被判为无期徒刑后病死前的哀叫声中，在王克敏自杀时的恶咒中，在陈璧君被长期关押后神经质的思考中，汪精卫坟被炸，倒也不失为合适之下场。

抗日战争中，一生投机的汪精卫终于演出了人生最后的，但是极不光彩的一幕。

中国现代史上最大的卖国政府——南京伪政权，随着日本侵略的失败和抗日战争的胜利，也走向灭亡。

日寇疯狂——国民党军队损失惨重

抗战进入第二阶段，日寇经过第一阶段巨大的军力消耗，非常清楚中国军队无法消灭，并且因为蒋介石为对付共产党需要军队，因此放慢了对正面战场的进攻；同时也因为准备发动太平洋战争需要大量军力，因此在中国战场上暂时没有大量兵力可以投入。多种原因，促使日本方面改变对华方针，不再把蒋介石当作主要军事对手，只是为训练部队和保卫大后方进行一些有限度的进攻。蒋介石见日本当局已经不可能扩大正面战场，也把许多主力部队退往以昆明、重庆、西安为中心的西南和西北地区，保存实力；留在前线的军队，除在正面战场保持现状外，则把相当大的一部分力量用于"反共"军事挑衅。

蒋介石"反共"要"容共"

国民党消极抗战、积极"反共"的转折点是"五届五中全会"。作为抗战开始以来国民党召开的第二次中央全会，主要是调整和修正已经执行一年多的基本适应当时形势的抗战路线。

蒋介石之所以调整抗战路线，主要是出于以下考虑：一是日本在武汉会战后加紧对重庆政府进行政治诱降，军事压力暂时减弱，蒋介石得以调整正面战场态势，调整国民党的基本政治路线，准备在恢复卢沟桥事变前态势的情况下再次与日本谋和。二是国民党内部出现重大分化，徐州会战以后，日本加紧对汪精卫集团的拉拢，这本身包含着向蒋介石施加压力的成分。汪精卫发表"艳电"后，遭到各党各派各界的强烈谴责，蒋介石认为有必要统一党内思想，消除汪精卫在党内的影响，由他来主导与日本方面的谈判。三是中共和人民抗日运动的发展，蒋介石原来每月发给中共3个师的军饷，八路军应该是45000人，并且从1939年起时发时停，可八路军现已发展到50万人。因此，他诬蔑中共是"游而不击"，是"一分抗日、二分摩擦、七分发展"，有必要对八路军、新四军等人民抗日武装进行限制和打压，甚至不惜发动军事进攻；此外，随着抗日运动的兴起，国统区爱国民主运动和人民抗日运动迅速发展，人民群众强烈要求开放集会、结社、言论自由，保障民众的基本政治权益。在蒋介石看来，中共的发展已经影响到国民党的统治地位，人民群众的民主要求已经危及统治阶级的基本利益。正是出于上述因素考虑，蒋介石为了巩固国民党的反动统治，维护一人独裁，企图通过召开全会的方式，完成政治路线的调整。

1939年1月21日至30日，国民党"五届五中全会"在重庆举行。会议主要任务有三：

一是提出"有限抗日论"。蒋介石在会上做了《以事实证明敌国必败及我国必胜》的演说，在这篇充满激情的报告中，从历史、地理、文化、经济等方面分析了日本为何必然失败的原因和中国必然取得胜利的因素，对悲观失望、妥协投降情绪和思潮进行了严厉的批判，并且表示要抗战到底，要大家提高信心，"要精神胜物质，以勤俭补缺乏，以加倍努力补已往的蹉跎，以牺牲的决心和必胜的信心来补我们武器和近代军备的不足"。他说"'知难得易'，是我们的信条，'自力更生'是我们的座右铭，我们只要能行、能干、快干、硬干、苦干、实干，没有不成功的道理"。（《中国国民党历次代表大会及中央全会资料》下册第541页）事实上，蒋介石对抗战一直缺乏必胜的信心，在他看来只要能够恢复卢沟桥事变时的状态就是胜利。他说："我们不回复七七事变以前原状就是灭亡，回复了就是胜利。""在卢沟桥事变前现状未恢复，平津未收复以前，不能与日本开外交谈判。"（国民党五届五中全会会议记录）

原来，蒋介石的抗日目标有限，只是要"回复卢沟桥事变时的状态"，而"回复"以后则是继续和日本进行谈判，以解决争端。在他看来，军事抗战是暂时的，最终中日战争只有靠谈判来解决。如果说蒋介石在抗战第一阶段和日本方面进行谈判，以缓解日寇的军事压力，或多或少还有合理成分的话，那么在日寇军事压力减弱，抗日战争已经进入相持阶段，无论是时间还是空间都对中国全面抗战有利的形势下，并且是在汪精卫集团已经公开投敌的情况下，还在与日本方面谈判，提出"有限抗日论"，显然有其不可告人的目的。

二是强化国民党的统治地位。蒋介石在会上做了《唤醒党魂，发扬党德，巩固党基》的报告及《整理党务之要点》；会议通过了《对于党务报告之决议案》。会议强调，"本党之基础实建立于党魂、党德、党史与党纪之上。凡我同志应首先坚定其信仰，以振奋其志气，发皇党魂，砥砺党德，光大党史，维持党纪，以充实凝固本党之精神"。"今后务宜深切体认纪律为全党生命之所寄，执行党的纪律，即为维持党的生命"。会议提出，"国民党要致力于新力量之增加与培养"；"力求在乡村社会力量之发展，过去本党组织仅偏重城市而忽略乡村，致广大农民群众易为异说所乘，今后亟应以乡村为发展组织与宣传之主要对象，于乡村社会中深植本党之势力"；"应首先力谋党的下层组织之健全"；"力求党员之切实训练"；"力谋本党纪律之坚固"。（《中国国民党历次代表大会及中央全会资料》下册第541~554页）抗日战争开始后，特别是汪精卫集团叛国后，国民党内暂时出现高度一统的局面。和抗战以前蒋介石总是借巩固党的团结来对付党内反对派不一样，此时提出巩固国民党、强化国民党主要是针对中共和爱国民主运动而言，主要是为了强化国民党的反动统治，准备实施镇压人民抗日民主运动和开始积极"反共"。

三是推行"反共"路线，由消极"反共"变为积极"反共"。会议充满"反共"气氛，不少别有用心的人乘机大肆造谣。会议通过了《整理党务决议》和赞成《限制异党活动办法》等"反共"文件，提出"对中共要斗争，不要怕它"，"我们对中共不好像十五六年那样，而应采取不打它但也不迁就它，现在对它要严正——管束——教育——保育，现在要溶共——不是容共。它如能取消共产主义，我们就容纳它"。（《国民党五届五中全会会议记录》）一些右派还在会上称：国民党"领导全国从事抗战已届年半，乃异党假借抗战之名，阴分壁垒，分化统一，破坏团结，谋求政权，已造成党国莫大隐忧"。（国民党中央执、监委员李宗黄等13人会议提案）会议以后，蒋介石指示有关机构制定了《共党问题处置办法》《沦陷区防范共党活动办法草案》《异党问题处理办法》《处理异党实施办法》《陕甘两省防止异党活动联络办法》《运用保甲组织防止异党活动办法》等一系列"反共"秘密文件。这些文件提出要取消陕甘宁边区；限制八路军、新四军的活动；严令解散"民族解放先锋队、西北青年救国联合会、工人救国会、农人救国会、妇女救国会、全国学生联合会"等公开或秘密的民众抗日组织；中共在国统区发行的报刊一律禁止；封锁解放区，既不发军饷也不准八路军和新四军自筹军费。这些文件还规定，对于中共，国民党"党部负责斗争责任，政府处调和地位，军队则为后盾"，具体策略是"制裁共党活动，应尽量运用民众力量，党政机关避免直接出面，尤其避免党派斗争之痕迹"，"中央可示宽大，地方务须谨严，下级积极斗争"。

当然五中全会也对全国抗战作了一些安排，如提出二期抗战开始也是中国反攻战的开始，并在对日军事作战方面进行了一些新的部署，虽说把二期抗战说成是反攻开始过分乐观了一些，犯了速胜论的错误，但抗日的决心还是有的。此外，全会对民族抗日统一战线也是赞成的，在要求限制中共活动的同时，并没有要终止与共产党和各爱国民主党派的合作。

全会还通过了《国民抗敌公约》，提出"凡我国人，尤应精诚团结，矢志救国，各抱抗战必胜之决心，始能获得最后之胜利"。明确规定全国人民必须做到："一、不做敌国顺民；二、不参加伪组织；三、不做敌军官兵；四、不为敌人带路；五、不为敌人侦探；六、不为敌人做工；七、不用敌人纸币；八、不买敌人货物；九、不卖粮食及一切物品给敌人。"并且规定各地党部、政府、学校、保甲负责组织各人进行宣誓遵守，不参加者一律处以一元罚款。（《中国国民党历次代表大会及中央全会资料》下册第569页）这样的规定，对抗战起到了一定的作用。

不过，从总体上看，国民党五届五中全会的召开，标志着国民党蒋介石集团已经放弃积极抗战、消极"反共"的既定路线，开始转为消极抗战、积极"反共"，反动性进一步增加。

蒋介石谈判未投降

五届五中全会后，国民党蒋介石集团的第一个转变是再度向日本谋和。抗战中蒋介石第二波与日本谈判，是在日本加紧对蒋介石进行政治诱降的背景下发生的。

日本对蒋介石的方针发生重大转变的一项主要内容就是再次进行政治诱降。在第一阶段作战中，日寇对蒋介石的求和行动并不感兴趣，这主要是因为日本自以为凭借军事实力完全可以制服蒋介石，完全可以灭亡中国，所以对与蒋介石的和谈并不热心。武汉会战以后，日本当局自觉军事打击的初步目标已经实现，在更大地域向中国抗日大后方继续进行大规模进攻，因为后援兵力的严重缺乏已经不可能，对蒋介石的政治诱降成为对华方针基调。此外，因为汪精卫降日，不但没有起到分化、瓦解中国抗日阵营的作用，反而激起中国人民的极大愤慨，要想打击中国人民的抗日意志，要想分化中国抗日阵营，只有诱使蒋介石放弃抗日行动，或者减缓蒋介石的抗日行动。

早在1938年5月日本内阁改组后，日本方面加强了对蒋的拉拢工作，双方有过一些接触。武汉会战结束后，11月10日，行政院长孔祥熙派出国民党中央文化事业计划委员会副主委褚民谊、曾任过外交部常务次长的樊光与日本参谋本部中国课课长今井武夫在上海进行密谈，讨论"和平"问题。国民党蒋介石集团对日和谈的底线，和抗战第一阶段中与日谈判的条件一样，就是恢复卢沟桥事变前的状态，承认日本在东北、华北长城以北的既得利益，双方立即停战；并且要日本方面不要欺人太甚，把他逼得没有退路。已经帮助汪精卫出面和日本有关方面接触准备叛国的褚民谊对此并不热心，樊光则提出要日本放弃7月8日"五相会议"提出的要蒋介石下野的决定，以便于两国谋和。

五届五中全会后，蒋介石加大了对日谈判的力度。为通过谈判实现"和平"，蒋介石希望美英等西方大国向日本方面施加压力。在日本当局要蒋介石下野、蒋介石指示高宗武停止与日本的第一波谈判后，他先后对英、美代表发表了谈话，表示坚决抗战到底的决心。同时，也希望英、美等国能够压日本方面停止战争，甚至在接见英国大使卡尔时称，如果没有英国政府的同意，中国政府不做任何事。1939年8月日本阿部信行上台，9月底行政院长孔祥熙在接见美国记者毛勒士时表示，只要有合乎"光荣和平"的条件，中国无不乐于接受，尤其希望爱好和平的国家如美国出面促成调停；美国、英国等西方国家政府和驻华使节进行了一些相应的活动。由于日本开价过高，甚至提出了要"蒋介石下野"这一重庆政府根本不可能接受的条件，所以双方的谈判不可能有任何成果。

1939年11月中旬，国民党举行五届六中全会。会议的主题之一是面对汪精卫准备公开建立卖国政府和日本平沼新内阁的政治诱降方针，研究对策。会议在重申五中全会基本路线的同时，在强化国民党统治基础和巩固蒋介石的个人权威上也采取了一些新的措施。

汪精卫公开叛国后，日寇并没有放弃拉拢蒋介石的打算，蒋介石也没有放弃与日谋和的图谋。1940年2月，日本特务今井武夫和日本驻香港领事馆武官铃木卓尔把工作对象锁定在香港西南运输公司总经理宋子良身上。宋子良是何许人也？宋子良在南京政府时期曾出任外交部总务司司长、中国建设银行总经理、广东省财政厅长等职，他任的职务并不是很高，重要的是他拥有的特殊背景。宋子良是宋子文、宋美龄的弟弟，是四大家族内的二级成员，颇受兄姐们的喜爱，在统治集团内部也算是一个通天的人物。日本特务正是因为这一点而找上门来，企望通过他与蒋介石恢复会谈。宋子良与他们的谈判并没有深入进行，只是建立了联络关系。

1940年3月7日至10日，今井武夫、铃木卓尔和参谋本部臼井茂树拿着日本陆军大臣畑俊六证明书，宋子良、重庆行营参谋处副处长陈超霖中将、国防最高会议秘书主任章友三拿着中国最高国防会议秘书长张群证明书，在香港进行正式会议。今井代表日方提出的条件是，中国政府承认伪满洲国和日本在华北、内蒙古的驻军，缔结防共协定，蒋介石和汪精卫两集团合作。

宋子良等人对于日方的条件不敢答应，因为如果接受日本的条件无疑是与中国人民为敌，将会成为中共和全国人民批评的目标。

1940年3月17日，日本陆军部制定了《桐工作实施要领》，除今井武夫已经提出的内容外，还增加了在华北和长江下游地区进行经济合作，为日本提供特别方便；在沿海特定地区进行海军军事合作，中国聘请日本人作为经济军事顾问；日本人拥有在中国内地的居住权等内容。一句话，日本"桐工作"实质是要中国灭亡。

5月间，日本当局与重庆政府在香港进行第二次会谈，此时蒋介石已经看到汪精卫伪政权成立后的狼狈模样和中国人民的反对怒潮，因此不敢公开接受日本的"桐工作要领"。

6月4日到6日，双方又在澳门进行第三次会谈，没有取得实质性的进展。

宋子良不负责任地建议，由张群和汪精卫、蒋介石和日本派遣军参谋长板垣征四郎进行谈判，经讨价还价，最后协议进行蒋、汪、板会谈。

此时，日本当局急于实施南进计划，急于解决中国的抵抗，征服中国，一方面在四川的长江门户——宜昌等地发动军事进攻，施加军事压力；另一方面加紧推行"桐工作"，进行政治诱降。

6月16日，宋子良正式通知日本，同意7月中旬在长沙举行蒋、汪、板会谈。在日本人看来，蒋介石同意参加会谈，无疑说明蒋介石成为汪精卫第二已是时间问题。日寇野心大，但对蒋介石不了解，因为蒋介石和汪精卫相比，有着爱国与卖国的不同。7月23日，双方议定在8月上旬举行蒋、垣会谈。

1940年7月22日，日本发生内阁改选，近卫第二次上台。蒋介石不会忘记正是近卫的第一次对华声明，宣布不再以国民政府（蒋介石）为对手，辜负了蒋介石当初的一片"求和之心"。现今近卫上台，蒋介石当然不会凑这个热闹了。尽管近卫、板垣写信给蒋介石，同意作出某些让步，但预定的8月会议已经自动取消。蒋日的第二波谈判就此结束。

严格地说，蒋介石进行的第二波对日谈判，是他一贯媚日恐日思想和做法的继续。此波谈判，因为是秘密进行，所以在社会上引起的反响有限，对全国人民抗日热情的打击也不大，但这不能解脱蒋介石对日谈判的罪恶感。确切地说，蒋介石对日谈判并不是为了制止日本进攻，而是为了共同"防共、反共"的需要，提醒日本当局不可逼人太甚，以妨碍国民党发动"反共"高潮。

"二期抗战"战略调整

五届五中全会后，蒋介石的第二个转变是对日消极作战。1939年2月10日，日寇占领海南岛，这是日本当局在侵略中国过程中以扩大在华占领区为作战目标的最后一战。以后日寇也发动过多次进攻战，但作战意图大多是打击国民党主力、抢占和维持交通线、施加军事压力，因为从占领海南岛后日军已经没有实力攻击和占领新的地区。

日军占领海南岛，"南向政策"已经十分明显，什么时候发动对东南亚和太平洋地区的进攻，只是时间问题。日军在中国的作战，已经把对中国占领改变为把中国作为太平洋战争的后勤基地。在中国的战争，主要是如何巩固占领区，如何在占领区进行掠夺。因此，消灭中国抗日军队主力，把几个战区联络起来便于掠夺，成为日寇的主要作战目标。在具体战略上，在中原地区是沿陇海线向西郑州、洛阳进攻，打算把山西战场和豫北战场、豫北战场和豫南鄂北战场连到一起；在长江中下游地区，则是准备占领南昌和长沙，和武汉成鼎立之势；在华南沿海，则是在辽、鲁、苏、沪、浙、闽等出海口已经占领的情况下，封锁在华南沿海的中国最后的出海口。同时，对重庆等大后方主要城市和军事基地，实行轰炸。其中陆军航空兵对付华北战场，海军航空兵对付南中国地区，主要目标是重庆等城市。

抗战时期国民党情报机构发挥了相当大的作用，对日寇的军事动向掌握及时，也较为准确，因此蒋介石对日本的军事意图也就较为清楚。对于日寇攻占海南岛，蒋介石明确指出："日军之进窥海南岛，即等于1931年9月18日之占领沈阳；换言之，日本之进攻海南岛，无异造成太平洋上之九一八；地区各有陆、海之分，影响却完全相同。"他不无预见性地说："今日日本又进攻海南岛，如任其占领盘踞，吾料不及八月，其设计中之海空军基地，即可初步完成；于是太平洋上之形势必将突然大变。法国纵欲在安南设置海军根据地，美国纵欲从事关岛之设防，亦将时不及待。日本之决然南进，并非欲借此以求中日战事之结束，而实证明其不惜最后之冒险，以造成太平洋战局之开始也。"

（古屋奎二：《蒋"总统"秘录》之十二第4页）

在蒋介石看来，海南岛的沦陷，拉开了日本发动太平洋战争的序幕，只要太平洋战争爆发，美、英等国必然会参战，中国的抗战不会再是一国苦战，而是作为世界反法西斯战争一部分——反日同盟军的共同作战。因此，蒋介石打算争取西方援助，轮训主力，等待国际反日同盟军建立后一致对日作战；针对中共的发展，调动一部分主力进攻八路军和新四军。在具体战略上，蒋介石对日作战方针，在洛阳、潼关、中条山、长沙、衡阳、昆明、桂林等南北纵线上，不是主动、进攻、主动出击，主要是保卫抗日大后方，被动迎战、防御，有限作战。

蒋介石在1938年11月25日的南岳军事会议上表示："第二期抗战，就是我们转守为攻，转败为胜的时候。"蒋介石称转守为攻，是早了一点，是速胜论的观点；不过在军事部署上，蒋介石并没有转守为攻，只是消极防守。

进入二期抗战后，蒋介石对战区和军队进行了改组。参谋总长为何应钦，副参谋总长为白崇禧、程潜；军委会设有西安、桂林两个办公厅，由朱绍良、李济深任主任；军委会还设昆明、成都、西昌、桂林四个行营、行辕，分别由龙云、张群、张笃伦、白崇禧任主任；军委会设有驻云南军事参谋团，由林蔚任团长。军委会编有黄琪翔、龙云的预备集团军和陈诚的远征军。

军委会将全国分为以下战区：卫立煌、孙连仲的第一战区（豫、皖部分地区），阎锡山、朱德和杨爱源的第二战区（晋、陕部分地区），顾祝同、唐式遵的第三战区（苏南、皖南、浙、赣地区），张发奎、余汉谋的第四战区（两广地区），李宗仁、李品仙的第五战区（皖西、鄂北、豫西地区），陈诚、杨森和商震的第六战区（四川长江门户地区），余汉谋、蒋光鼐的第七战区（广东地区），朱绍良、傅作义、马鸿逵的第八战区，薛岳、罗卓英的第九战区（赣省部分地区和鄂南、湘省），蒋鼎文的第十战区（陕西省）。

军委会设有于学忠的苏鲁战区，鹿钟麟的冀察战区；太原、广东、广西、鄂湘川黔、滇黔、川康、川陕鄂边、闽区绥靖公署，分别由阎锡山、余汉谋、李宗仁、谷正伦、龙云、邓锡侯、潘文华、陈仪任主任；设有鲁苏皖豫边区（汤恩伯）、闽粤赣边区（香瀚屏）、晋陕绥边区（邓宝珊）、伊盟军守备军（陈长捷）、鄂陕甘边区（祝绍周）、豫鄂皖边区（李品仙）、长江上游江防军（吴奇伟）、川康边防军（刘文辉）、粤桂边区（蔡廷锴）、鄂湘川黔边区（郭思演）、东北挺进军（马占山）、重庆卫戍司令（刘峙）、新疆边防督办（盛世才）、宪兵（贺国光）。

军事委员会对国民党军队的整编原则是"减少大单位，充实小单位"，共编成213个步兵师，124个军，15个骑兵师和部分特种兵。编有卢汉的第1集团军、孙连仲的第2集团军、孙桐萱的第3集团军、蒋鼎文的第4集团军、于学忠的第5集团军、杨爱源的第6集团军、傅作义的第7集团军、张发奎的第8集团军、吴奇伟的第9集团军、刘建绪的第10集团军、李品仙的第11集团军、余汉谋的第12集团军、王靖国的第13集团军、卫立煌的第14集团军、陈诚的第15集团军、夏威的第16集团军、马鸿逵的第17集团军、朱德的第18集团军、罗卓英的第19集团军、商震的第20集团军、廖磊的第21集团军、孙震的第22集团军、唐式遵的第23集团军、顾祝同的第24集团军、陈仪的第25集团军、徐源泉的第26集团军、杨森的第27集团军、潘文华的第28集团军、王缵绪的第29集团军、王陵基的第30集团军、汤恩伯的第31集团军、上官云相的第32集团军、张自忠的第33集团军、蒋鼎文的第34集团军、李汉魂的第35集团军、李家钰的第36集团军、叶肇的第37集团军、徐庭瑶的第38集团军、石友三的第39集团军、马步芳的第

40集团军。此外还编有何柱国的第2军团、刘文辉的第5军团。

国民党军队编制很大，数量很多，但大多是在抗战第一阶段发展起来的，缺乏训练，缺少装备，后勤供应严重不足，因此也严重影响了战斗力，但广大官兵不怕牺牲，克服困难，英勇作战，取得了一些胜利，赢得了部分战场主动权。

正面战场力抗日寇

进入第二阶段后，在太平洋战争爆发前，正面战场进行的大规模战役如下：

1939年2月间，日军第11军司令官冈村宁次，指挥4个师团，发动南昌战役，准备切断浙赣路，割断东南各省与大西南的联系。日军在海、空军的掩护下，强渡修水，分左右两路进攻南昌。3月24日，日军经过7天7夜猛攻，占领鄱阳湖进攻南昌的水上门户吴城镇；23日，另一路日军攻占靖安、安义等地。27日，两路日军合围南昌，守军经过苦战后向进贤撤退，南昌沦陷。4月16日，蒋介石电令第三战区司令长官顾祝同和第九战区司令长官薛岳，调集罗卓英、上官云相、王陵基、汤恩伯、卢汉等部，分3路向南昌反攻。4月21日进攻开始，5月3日迫近城郊，5月5日占领南昌火车站、飞机场，一部分官兵已与守城日军进行肉搏战。无奈日军火力过猛，第32集团军第29军军长陈安宝壮烈殉国，因为伤亡过大，蒋介石在接到白崇禧的请求后，于5月9日下令"南昌攻击停止"，中国军队退出南昌前线。在此战殉国的还有第76师师长王凌云、旅长龚传文，第26师师长刘雨卿受重伤。此仗虽然没有收复南昌，但给日军以沉重打击。

1939年4月底，日军集中3个师团，在冈村宁次指挥下，为巩固武汉外围，向豫南和鄂北出击。在第五战区司令长官李宗仁指挥下，组织张自忠的右集团军（编有张自忠的第33集团军、王瓒绪的第29集团军），李品仙的左集团军（编有李品仙的第11集团军）以及汤恩伯的第31集团军、廖磊的第21集团军、孙连仲的第2集团军、孙震的第22集团军，在随县、枣阳一线决战。日军兵分两路，一路攻克塔尔湾、高城，守军汤恩伯北撤，致使随县防线孤立，5月7日随县被攻占。12日在枣阳以东又包围中国军队，占领唐河、南阳等地。此时日军兵力分散，无力固守，在颇有指挥经验的李宗仁将军指挥下，中国军队灵活用兵、英勇作战。他命令汤恩伯部自豫西南下，14日克复唐河；第2集团军进攻南阳，克复南阳；23日收复枣阳，日军被消灭13000余人，之后双方在襄阳东西两岸对峙。面对中国军队主力，日军已经没有进攻的能力，也没有发动进攻，与第一阶段相比，日军的战斗力已经大幅下降。

1939年9月间，日寇调集兵力进行长沙战役。日军的作战目标是以武汉、南昌为基地，夺取长沙，建立向西南进军的基地。日军先是从东、北两面向长沙进军，其中东路是赣西北方面，中国军队宋肯堂的第32军、刘多荃的第49军、孙渡的第58军、安思溥的第60军、张再的第70军，于9月13日至10月14日在高安一带与日寇决战，打退日军。日

为国捐躯的张自忠将军

军北路军有4个师团，于9月22日至10月3日，与中国军队在九岭一线决战，日军同样被打退。9月18日第一次长沙会战开始，日军组织四路军共6个师团6万余人会攻长沙。蒋介石要陈诚指挥第九战区主力罗卓英的第19集团军、卢汉的第1集团军、王陵基的第30集团军、杨森的第27集团军、关麟征的第15集团军、商震的第20集团军等部，阻击日军。陈诚利用长沙周围的有利地形，运用"逐步抵抗，保存实力，诱敌深入"战略，对日寇进行分割包围。10月4日，日军突围而逃，退过汨罗江，于10月7日撤至岳阳、临湘一线。第一次长沙会战结束，消灭日军2万余人。这是抗战开始以来，中国军队一次性打退日军最多的一次会战，蒋介石为此还颁发奖金15万元。

日本当局见中原、华中地区进攻不利，于11月中旬开始了桂南战役，作战目标是切断大西南与东京湾的联络，封锁抗日大后方的最后出海口。在日军华南派遣军司令官安藤利吉指挥下，集中10余万人、50余艘舰只和100多架飞机，自11月5日日军第5师团在钦州湾登陆起，向桂南地区发动进攻，24日攻占南宁，12月4日攻占昆仑关，威胁桂林，震动桂滇黔川后方。在桂南行营主任、军委会副参谋总长白崇禧的指挥下，集中夏威的第16集团军、蔡廷锴的第26集团军、邓龙光的第35集团军、叶肇的第37集团军、徐庭瑶的第38集团军以及装备有近百架飞机的空军第2路、一部炮兵的支持下，进行了桂南阻击战。富有大兵团作战指挥经验的白崇禧将军，在广西南部复杂的地形中，组织运动战，与敌

寇周旋，见机出击，大量杀伤敌人。在昆仑关，新建的机械化部队、杜聿明将军指挥的第5军，消灭日军第5师团第12旅团，击毙日军中村旅团长以下4000余人。1940年10月28日、30日，中国军队在收复龙州、南宁后乘胜追击，退到钦州的日军只得乘坐军舰逃走。

1940年4月间，在武汉周围地区，蒋介石设置了第五、六、九三个战区进行防卫，对日寇造成很大的军事压力。为巩固武汉占领区的安全，日军调集5个师团，分三路向枣阳、襄阳、宜昌等地发动进攻，图谋消灭我第五战区主力。5月上旬，在钟祥、信阳、随县等地展开激烈的争夺战。李宗仁将军再次发挥运动大兵团的指挥艺术，将三个集团军运动至敌人外围对日寇实行反包围，日军陷于被动，中国军队收复明港、桐柏等地。从5月11日起，日军开始撤退。张自忠将军指挥第33集团军两个团的兵力渡过襄河，准备截断日军退路，岂知后续部队没有跟上，在万余日军进攻下，张自忠将军及所属官兵全部牺牲。以后，双方又在襄阳、宜昌等地激战；6月在江陵、宜昌、随县、信阳一线对峙。11月，日军又发动对随枣地区的进攻，但未能突破中国军队的防线。日军发动此次战役的目的就是为了与中国军队主力决战，但是在整个战役中被消灭4万余人，并且面对中国军队主力，只能望洋兴叹。

张自忠将军以身殉国，是抗战期间在战场上牺牲的最高军职和军衔的将领，这位因为平津撤退而被骂为"张逆"的军人终于以自己的壮烈行为，一洗不实之词，成为抗日名将、民族英雄。

八路军最高军事指挥官朱德、彭德怀将军深悼这位抗日名将的牺牲，写道："一战一和，当年变生瞬间，可大白于天下；再接再厉，后起大有人在，应无忧乎九泉。"中共中央书记处书记王稼祥的挽联也说："誓驱倭寇，三载沙场千日战；尽忠民族，一朝殉国万古传。"国民党总裁蒋介石在张将军殉国三周年时的题词是："大仁大义，至勇至忠。江河万古，国士之风。"中共驻重庆的代表董必武的挽联是："汉水东流逝不还，将军忠勇震瀛寰。裹尸马革南瓜店，三载平芜血尚斑。"这是中华民族对民族英雄的承认和赞扬。

1940年2月22日，蒋介石在柳州举行高级军事会议，讨论最近一年多来的抗战形势。蒋介石在会上对日军的分析基本正确，他说，日军有四点长处和四点短处。长处是："第一点是'快'，即敌人善于以快速突入，乘人不备之时，猛地扑来；第二点就是'硬'，他们坚守阵地，不容易被攻破；第三点就是'锐',敌人惯用锥子战术,一往直前;第四点就是'密',敌人行动保密性强,令人难测。"短处是:"第一个是'小',敌人来华兵力,因其开辟南方战场,难于增兵;第二个是'短',其战斗力不能持久;第三个是'浅',不能深入内地,作远距离入侵,只能近距离攻击;第四个是'虚',即敌后兵力不足,后方空虚。"

蒋介石因此提出,军事上要善于利用敌人弱点:以大部队对小部队;以长时间作战对敌之短时间进犯;以纵深配备,对付敌人之浅近攻击;以全力出击,利用敌之后方

1939年5月3日蒋介石夫妇在日军轰炸后步出防空洞

空虚。他还提出,作战时要打破敌人之长处:以稳、慢制敌之"速",以坚韧制敌之"硬",以纵深伏兵制敌之锥形战术,以有效之谍报制敌之"秘密"。(关于此次会议参见王俯民的《蒋介石详传》下册第842页)蒋介石针对抗战军事战术的分析,基本符合正面战场的特点,但是缺乏战略上的整体规划,忽视人民群众在正面战场上的作用,不谈抗日统一战线内部军事上的协同作战。因此,可以说蒋介石思考中国问题时,格局总是过小,思路总是过窄。

1941年1月上旬,按照华中派遣军的命令,冈村宁次又调集15万多人,共7个半师团,进行豫南战役。日军的作战意图是急于把武汉战场和豫北战场连成一片,打通平汉路,然后集中兵力沿陇海线向西进攻潼关,威胁抗日后方大西北地区。在广阔的中原腹地,有数十万中国军队,日军仅靠十数万兵力很难实现战略目的。1月20日,日军开始向北发动进攻,李宗仁将军指挥孙连仲的第2集团军、汤恩伯的第31集团军、接替张自忠将军指挥的冯治安的第33集团军和何柱国的第2军团,全线出击,压制日寇,激战半月,日军被迫退回原来防线,没有前进一步。

到1941年间,日本当局为准备太平洋战争,急于解决中国问题。但是,日军在中国战场几乎都处于孤立状态,尤其是在中国腹地的长江中下游地区,虽然占领了武汉、南昌,却被中国军队所隔开,很多兵力被牵制,又无法夹攻长沙。3月15日,日军为扫清武汉和南昌之间的中国军队,打通赣西北,为进攻长

沙准备条件，出动2个师团1个旅团共4万人，兵分三路离开南昌直取赣西北军事重镇上高。蒋介石命令第6战区司令长官陈诚和第九战区司令长官薛岳率部反击，罗卓英的第19集团军作为参战主力，所部刘多荃的第49军、李觉的第70军、韩全朴的第72军、王耀武的第74军等全部投入作战，双方激战到4月2日，日军再次显出败象，不得不退回南昌。敌军34师团几乎全军覆灭，师团步兵指挥官岩永少将、联队长滨田以下15000余人被打死。中国军队缴获2800匹战马、步枪1000余支、各种火炮10多门、俘虏百余人，而且中国军队已经进逼南昌城下，江西之敌已经无法参与进攻长沙的战斗。

1941年5月5日，日军在继随枣、枣宜两次战役失败之后，又在鄂北发动进攻。日本当局占领武汉的目的，就是为了西攻重庆，北连平汉路，南接两广战场，可是占领武汉已两年半，一个战略目的也没有实现，武汉还是孤零零地突出在长江中游，根本不可能发挥战略放射作用。因此，冈村宁次再次组织3个师团，向随枣地区发动进攻，双方在高城一线进行激战。中国军队主要由第五战区的孙连仲部出击，在刘家河和太山庙的两场战斗中，日军溃败，孙连仲部乘胜追击，克复唐县、资山等地。14日，1000余名日军又向枣阳发动进攻，16日枣阳被占领，中国军队当即发起收复枣阳战役，日军逃跑，双方再次恢复1939年4月间随枣战役之初的防线。

1941年5月7日，日军调集6个师团2个旅团共5万余兵力，扫荡晋南中条山地区。自运城、沁阳、孟县出发的日军，兵分二路向中条山进攻。负责指挥此次战役的是第一战区司令长官卫立煌，他调动3个集团军和5个军，进行阻击。在中条山地区部署7个军，在东北方向的高平地区部署4个军，共出动军队20万。令人遗憾的是，不少第一战区的军队无心参战，甚至避而不战，只有中共的第18集团军奋勇杀敌。终因日军火力太猛，

抗战期间，蒋介石与宋庆龄（右）、宋蔼龄（左二）、宋美龄摄于重庆

此战失利。到27日战役结束时，中条山南部黄河各渡口都被日军占领，国民党军队大部退往黄河以南和进入吕梁、太行、太岳等地，中条山全部沦陷敌手。作战中，第3军军长唐惟源、新27师师长王竣和副师长梁希贤因兵败无法突围而自杀，壮烈殉国。中条山战役是抗战第二阶段以来正面战场的第一次大失败。

日军在占领武汉等地后，开始向重庆等大后方发动空袭。日寇的轰炸，对大后方的人民生命财产造成了巨大损失，对中华民族犯下了滔天罪行。1939年5月3日和4日的两次轰炸中，炸毁民房1200多栋，炸死民众达4400余人，炸伤民众达3000余人。在此之前，4月28日，正逢蒋介石、宋美龄会见印度总理尼赫鲁，因为日机轰炸，会谈因此进入防空洞而中断三次。1941年6月5日晚，日军对重庆实施大规模轰炸，市民躲进重庆唯一的公共防空设施较场口防空隧道，由于空袭时间长、隧道设计不合理，通风设备又没打开，在炎热的夏夜发生窒息现象，人们争先恐后涌向已封闭的出口，相互拥挤踩踏，死伤万余人。第二天，蒋介石、宋美龄亲临现场指挥抢救，他们的座车也被用来救人，宋美龄亲自拦车运送伤员。事后组织了大隧道窒息惨案审查委员会，负责勘查，抚恤死伤人员。后来重庆防空司令，负责警报业务的副司令等人被撤职或调任。

1941年9月18日到10月6日，由接替冈村宁次的第11军司令官阿南惟几组织第二次长沙战役。日军出动115000人，全部集中于湖南北部地区，向长沙发动进攻，以打通粤汉路，与两广战场连成一片。中国军队由第九战区司令长官薛岳指挥，调动罗卓英的第19集团军、王陵基的第30集团军以及第11军共30万人，在汨罗江南岸和长沙北面布置防线。日军全线扑来，很快突破汨罗江防线，9月28日占领长沙。在这危急关头，薛岳调动一部分军队，利用日军主力南下长沙的机会，从湘北向宜昌方向挺进，威胁宜昌日军。阿南惟几不得不下令退出长沙，撤到新城河以北地区。此次这个战犯不仅没有实现作战目的，而且损失1万余人。

9月18日，是抗日战争爆发10周年，蒋介石发表了《告全国军民同胞书》，指出："我们可以明白告诉我们的友邦，亦可以明白告诉我们的敌人，我们流血的目的，自始至终，就是要保障我们的中华民族的独立生存和领土主权与行政的完整；就是誓万死，排万难，来洗雪'九一八'以来的仇恨和耻辱，使我们东北和一切沦陷区域都脱离敌人的蹂躏与劫持，才算达了我们的目的。否则，如在中国境内还残留着敌军之一兵一卒，我们的抗战就一日不容停止。"

根据对日军发动的上述战役的分析，蒋介石认为：日军除海军未有大规模消耗外，陆军、空军的战斗力和弹药损耗重大，连飞机投弹也舍不得乱投了，已到"一滴汽油一滴血，一片钢铁一片肉"的处境；武汉会战后，日军士气逐渐低落，军队质和量均比从前差，量也已到了最低限度；日军每次作战，最多不过10天或半月左右，攻不下阵地就退走，攻下也无固守之力，而且既无扩大战区，也无消灭中国野战军的幻想。因此，日寇已力量薄弱，信心动摇了。（《第三次南岳军事会议训词》）

广大国民党官兵，以低劣武器、人海战术、流血流汗，付出极大的代价，换来了正面战场的稳定，仅第一、第二次长沙会战中国军队牺牲、受伤和被打散的部队达13万余人，作战中间战区民众的损失更是不计其数。造成这样的结果，主要是因为蒋介石缺乏对长达数千里的正面战场防线的全面规划，后勤支援不力，不少中高级军官腐败无能。最为关键的是，蒋介石制定的是一条片面抗战路线，采取消极防御战略，否则应该会取得更好的战果。

因为在中国战场上没有进展，日本陆军不再支持近卫首相，以陆军大臣东条英机为首的陆军军官联合海军大臣，公开逼近卫辞职。1941年10月12日，近卫不得不辞职。18日，得到海军部支持、主张立即发动太平洋战争的东条英机出任首相，并晋升为大将兼任陆军大臣。军人内阁的出现，说明日寇将要采取新的战争步骤，中国的抗日战争也将面临新的形势。

（二）百团大战，敌后战场的发展

抗日战争相持阶段到来后，日寇改变对国民党政府的政策，变军事进攻为主、政治诱降为辅为政治诱降为主、军事进攻为辅。日军在正面战场的武汉周边地区进行了以连接北南两个战场为目的的有限的作战，主要是为了实现"以战养战"的目的，维持对占领区的统治，从正面战场抽出相当多的兵力对付敌后根据地。因此，从抗战第二阶段起，解放区战场成为抗日的主战场。

抗日前沿——敌后战场挺立敌后

敌后战场建立后，在严酷的对日作战中迅速发展。仅在华北地区，日军保持的兵力高达44万人，是向正面战场发动大规模作战时的3倍至4倍。在抗战第二、第三年中，日寇对华北各抗日根据地动用兵力1000人以上的"扫荡"达

109次，动用兵力万人以上的"大扫荡"有7次，最大的一次日寇动用兵力达6万人。为了封锁华北的各根据地，日军在根据地四周修筑了1870公里的铁路、15600公里的公路、2749个据点，在华北平原上可谓是"抬头见炮楼，抬腿过壕沟"。从1938年6月至1941年5月间，八路军对日作战，大小战斗15139次，新四军作战4967次，平均每天27次，消灭敌人18万余人，其中日军高达十余万人，俘虏日军1400人，日军投诚31人。其中1939年4月的齐会战斗中，贺龙的120师，消灭日伪1500余人，树立了平原歼敌的榜样；1939年11月上旬的黄土岭战斗中，晋察冀八路军杨成武部击毙敌旅团长、"名将之花"阿部规秀。八路军以自己的抗日业绩，名震天下。

同时，华北和东南抗日根据地从抗战第二阶段起，也成为国民党发动第一次"反共"高潮的主要进攻地区。本来华北四大根据地范围内的国民党军队早已撤走，根据地建立后，在边缘地区也有不少国民党军队前来借光。随着抗日形势的改变，这些国民党军队反客为主，干起攻击八路军的勾当来，一再进行军事挑衅，后来被八路军——击溃。正是在集中精力对日作战的同时，展开对国民党顽固派的自卫反击战，八路军、新四军迅速发展，根据地在巩固中扩大。

晋察冀根据地。到1940年底，根据地已经发展到东至渤海，西至同蒲路，南至正太路，北至张家口、多伦、锦州一线，包括山西、河北、察哈尔、热河、辽宁五省的一部分，面积达80万平方公里，人口达2500万人。晋察冀边区，等于是插入日寇华北占领区中心平津保（定）地区的一把尖刀。晋察冀八路军发展到10万余人，最高军事领导机关是聂荣臻任司令兼政委的晋察冀军区，编有（司令兼政委）杨成武的1分区，郭天民（司令）、赵尔陆（政委）的2分区，黄永胜、王平的3分区，熊伯涛、刘道生的4分区；萧克、程世才的挺进军；吕正操、程子华的3纵队（兼冀中军区）。

晋绥根据地。晋绥根据地位于内蒙古、山西、陕西交界处，东起同蒲路、平绥路，西至黄河，南迄汾阳、离石一线，北到绥远包头、百灵庙一线，面积33万平方公里，人口320万人。所处地理位置十分重要，是日寇向西北抗日后方进攻的前沿阵地，因而成为日寇进攻的重点。日军仅在1940年发动3次万人以上的"大扫荡"，为八路军——击退。同年2月成立了包括大青山和晋西北根据地在内的抗日民主政府。晋绥根据地八路军最高领导机关是贺龙任师长、关向应任政委的120师，全师有近4万人。编有张宗逊、李井泉的358旅，王震的359旅，高士一、朱辉照的独1旅，彭绍辉、张平化的独2旅，姚喆、张达志的骑兵支队，续范亭、罗贵波的新军。

晋冀鲁豫根据地。横跨四省、位于中原腹地的晋冀鲁豫根据地，一直是日军进攻的主要目标。1938年底，日军集中3万兵力，从平汉路和陇海路进行夹击；1939年秋又出动13万兵力分9路进行围攻。1940年全区军民在刘伯承、邓小平的领导下，对日作战1410次，破坏敌方控制的铁路、公路6000余公里。根据地东临津浦线，西至汾河，北接沧州、石家庄，南靠黄河、陇海路，面积达69万平方公里，人口为2500万人。晋冀鲁豫不仅面积大，军队也发展到11万人。最高军事领导机关是129师，师长刘伯承，政委邓小平；编有陈锡联、谢富治的385旅，陈赓、王新亭的386旅；还有新1、4、7、8、10旅，决死1、3纵；杨得志、苏振华的2纵；陈再道、宋任穷的冀南军区，秦基伟、高杨的太行军区和太岳军区。

山东根据地。1939年3月间，罗荣桓率领115师一部到达鲁西南后，与山东地方游击队联合起来，在郓城樊坝消灭伪军一个团，主力继续东进泰山以西地区建立抗日根据地。5月间打破日伪军5000余人的"围剿"，站稳脚跟。到1940年间，已经发展到鲁冀苏各一部分，面积为60万平方公里，人口2900万人。山东根据地成为华北、华中两大战略区的连接地，它的建立，为东南沿海地区新四军各部前往华北各根据地和陕甘守边区建立了安全通道，作战效率和政治影响大为扩大。山东根据地的最高军事领导机关为山东军区，有八路军5万余人，主力部队有115师，代理师长陈光，政委罗荣桓；编有曾国华、吴文玉的教导第2旅，邓克明、张国华的教4旅，邢仁甫、同贯玉的教6旅；主力部队有张经武、黎玉的1纵，编有王建安、周赤萍的1旅，孙继光、王宏坤的2旅，许世友、刘其人的3旅，廖容标、江华的4旅，吴克华、高锦纯的5旅；还有第1、5支队和独立支队。

此外，东北抗日联军和华南抗日纵队也在坚持极其艰苦的对日作战。

新四军的对日作战和建立抗日根据地的过程则要复杂得多。造成这一结果的原因很多，主要是除了对日作战以外，还要对付国民党顽固势力的干扰。这一地区具有特定的背景：首先，靠近宁沪杭地区，在抗战以前就是国民党统治的中心地带、四大家族的主要势力范围，国民党的统治基础要比华北根据地所在的地区强得多；其次，国民党对从华北大撤退以后，造成敌后地区被中共占领的事实，深感这是很大的失策，因此华东地区在淞沪会战和南京保卫战失利后，在苏皖浙赣交界处特别是皖南地区留下了10多万的正规军；第三，国民党留下了一批土匪性武装，如戴笠和杜月笙于1937年10月成立的"江浙行动委员会"，后又成立"淞沪别动总队司令部"，退出上海后易名为"忠义救国军"，主要任务就是"反共"，在敌后游击区和新四军作战。中共中央一再指示东南局书记项英，发展新四军，建立根据地，而项英一直没有启动，其主要考虑的就是这些，因而失去了许多有利时机，直到中共六届六中全会彻底清算党内以王明为代表的右倾投降主义错误后才有所改变。但项英头脑中的右倾观念一直到死也没有彻底清除，最后酿成了"皖南事变"的恶果。

新四军茅山根据地建立后，按1938年5月4日中共中央指示，新四军应该沿茅山东进，同时北进江北，但项英没有行动，3支主力支队仍留在当地。1939年二三月间，中央派周恩来到新四军岩寺总部，向项英重申了中央"向东作战、向北发展、向南巩固"的精神。1939年4月，陈毅、谭震林派了第3支队叶飞的第6团组成"江南抗日义勇军"，挺进上海近郊及苏锡常一线，震动了日军在华最高当局。11月间，因为新四军总部在皖南寿县岩寺地区，远离抗日前线，为了便于指挥江南地区的抗日战争，第1、2支队合组成"江南指挥部"。由陈毅任总指挥，粟裕任副总指挥，包括陈毅的第1支队、张鼎丞的第2支队、以镇江地区地方武装改编而成的管文蔚指挥的挺进纵队、叶飞的江南纵队。

江南指挥部建立后，以第2支队的陶勇部改编为苏皖支队渡江北上，在泰兴、六合、仪征附近开展游击战争。同时，渡江北上的还有管文蔚的挺进纵队。面对有利形势，中央军委指示张云逸的第3支队立即全部北上，可项英只让张云逸率领2个连北上。不久，高敬亭第4支队的方毅第8团也开到津浦路东地区。

新四军的问题不仅是项英的右倾问题，还有第4支队高敬亭不服从命令的问题。高敬亭参加红军较早，抗战开始后，新四军只有10000余人，但第4支队有4000人，所以高敬亭认为应该由他来领导新四军，对总部要4支队东进的指示一直不理不睬，在总部的一再催促下，实在没有办法，只派出方毅团东进。并且第4支队还存在严重违反政治纪律和组织纪律的问题。到1939年4月间，中共中央认为已经到了非解决不可的时候，派出叶挺、邓子恢、罗炳辉、赖传珠出面处理，同时周恩来、董必武、叶剑英也出面找高敬亭谈话。6月间，新四军内开展"反高斗争"。

"反高斗争"中,叶挺宣布组成"江北指挥部"。江北指挥部由张云逸任总指挥,徐海东、罗炳辉任副总指挥,邓子恢任政治部主任,张劲夫任副主任。编有张云逸的第3支队;原第4支队改编而来的第4、5支队,分别由徐海东、罗炳辉作司令员;李先念的鄂豫游击纵队;彭雪枫的第6支队。

其中鄂豫纵队,最早是陶铸、杨学诚带着8条枪到鄂中创建的;李先念则带着一个连到河南新阳地区开展游击战争,两支部队合并为鄂皖游击纵队。这支部队活动区域北起信阳,西至汉水,东接安徽,南到洞庭,形成对武汉的包围。鄂皖根据地独立于中原,和其他根据地没法联系,控制着平汉路两侧。日寇为解除这一对武汉和平汉路的严重威胁,多次重兵进行"大扫荡"。鄂皖根据地的对日作战非常艰苦,仅1939年至1941年间,对日作战1030次,消灭日伪41100人;鄂豫纵队(后改为新四军第5师)牺牲的连级以上干部就有110余人,地方区级以上干部达180人。

第6支队则是1938年10月组建的,于1939年春挺进徐州地区,随后又到蚌埠一带活动,7月张爱萍部前来配合,创建了豫皖苏游击根据地。第4支队则继续以路西定远藕塘为中心,第5支队则开往皖东半塔集地区建立根据地。

至此,新四军的苏北、苏中、苏南、皖东、皖北、皖中、豫鄂以及浙东等根据地正式建立起来。总面积达120万平方公里,人口6000余万人。

从东北,到华北、东南、华南,直至海南岛,在日寇占领区,中国共产党发动人民群众,建立起一座座抗日的堡垒,组织起无数个抗日战场,无时无刻,无处不在,向日本侵略者发动袭击和进攻。在八路军、新四军和各游击队的频繁打击下,在人民战争的汪洋大海中,所有侵华日军都处于忧虑烦躁、胆战心惊之中,从城市到乡村,日军没有安全的场所,据点不安宁,交通线不畅通,通信被毁坏,日军每时每刻都在消耗。日军这架战争机器,每个部位和每个零件都被八路军、新四军和游击队损坏,根本不可能正常运转,整体战斗力受到毁灭性的打击。正如中共名将刘伯承所说,鬼子在"扫荡",铁路公路是他们的大、小运兵线,据点就是他们的兵站。在经济上,这些铁路公路又是他们掠夺中国人民财富的运输线。打个比喻来说,这些铁路线、公路线好比大吸血管、小吸血管,这些据点好比人身上的淋巴结;铁路线、公路线又是日寇放毒的大毒水管、小毒水管,据点又好比放毒器,毒化着人们的思想。我们毁坏了这些铁路、公路，就斩断了鬼子的运兵线、吸血管、毒水管，毁坏了他们的淋巴结、兵站和放毒器，这样他们就只能失血、脱水、窒息直至瘫痪。中共建立敌后根据地、进行抗日游击战的真正作用就在此。因此，虽说八路军、新四军没有连续组织正面战场上的正规会战，但所起的作用远远超过了正面战场国民党军队的作战，如果没有八路军、新四军和各抗日游击队的作战，国民党军队不会固守正面战场而不退，日寇不会在武汉会战后就进入战略相持阶段，不会在8年间就被打败。

八路军、新四军也正是在对日作战中，深受人民群众的拥护和支持，所以迅速发展起来，到1941年5月间，八路军、新四军由抗战初期的4万多人发展到50万人，民兵发展到200多万人，中共成员也增加到80万人，解放区人口达到9000多万人。需要指出的是，中共军队建立的抗日根据地，除陕甘宁边区外，其他都是在日寇占领区，没有与国民党军队争一寸土地，没有从国民党政府管辖区挖走一个人，因此根本不存在"一分抗日、二分游击、七分发展"问题。在抗日战争中，中国共产党完全是公忠体国，尽了应尽的义务，做了应做的工作。

沙场杀敌——"百团大战"大战日寇

自抗战进入相持阶段以后，日寇开始把主要兵力转向敌后战场，作战目标是清理敌后战场，稳定占领区秩序，保证交通线的畅通，建立有利于日寇掠夺战争资源、维持统治的安全机制。因此，调集大批主力对各抗日根据地反复进行"扫荡"。

1939年10月，多田骏出任日军华北方面军司令官后，认为八路军已经成为日本征服华北的主要障碍，开始把八路军作为日军的主要作战对象，调集兵力对华北占领区实施"囚笼战略"，通过封锁沟、交通线、碉堡阵、反复扫荡、三光政策把华北根据地分割、包围，不少根据地又变成游击区。因此打破日寇的"囚笼战略"，已成为八路军的主要作战任务。

在华北地区，横贯着平汉、津浦、正太、同蒲、白（壁）晋（城）5条铁路，成为分割华北四大根据地的主要封锁线。其中白晋铁路正好由西北到东南斜穿晋冀鲁豫根据地而过；正太路，横亘在晋察冀和晋冀鲁豫两大根据地之间，实为八路军在华北发展根据地、打击日寇的心腹之患。对于白晋铁路，129

师已于1940年夏，在全长200多公里的铁路线上全线出击，破坏铁路50多公里，毁坏桥梁50多座，导致整条铁路线运输中断，使得日寇切断太行和冀南两块根据地的计划没有实现。

1940年春，在反击第一次"反共高潮"取得基本胜利后，第18集团军总指挥部开始考虑进行"反囚笼作战"。因为朱德总司令要在4月间前往洛阳和国民党第一战区司令长官卫立煌谈判，所以在行前与副总指挥彭德怀、参谋长左权决定，发起一场大规模的"破袭战"，打破日军对华北根据地的封锁。

因为进行反击朱怀冰、石友三等顽固派的进攻作战，晋察冀的聂荣臻和晋冀鲁豫的刘伯承、邓小平都在总部附近，因此于4月下旬，在总指挥部所在地武乡王家裕召开了两大战略区联席会议。四位中共高级将领很快取得一致意见，刘邓指挥129师不久前刚进行完白晋路破袭战，因而决定再对沿线地形复杂、山高沟深、桥梁和隧道相连、不易修复的正太路全线进行破袭战。

1940年7月22日，朱德、彭德怀、左权发布了《关于正太路战役的命令》，同日上报中央军委。8月8日，三位将军下达了《战役行动命令》，规定各路大军于8月20日开始投入作战。现代史上闻名的"百团大战"即将开始了。

晋察冀军区司令员兼政委聂荣臻和参谋长聂鹤亭、政治部主任舒同，决定将全军区50个团大部，分成左中右三路主攻纵队和独立支队。1分区司令员兼政委杨成武担任中央纵队司令员兼政委，负责娘子关至上下安段铁路；4分区司令员熊伯涛任左纵队司令员兼政委，负责上下安至石家庄段铁路；2分区司令员郭天民、政委刘道生分别担任右纵队司令员兼政委，负责娘子关至平定段铁路；独立支队由4分区参谋长叶长庚任司令员，主要任务是钳制平汉路西的日军；其余各部都在各自作战范围内负责牵制当地日军。属于晋察冀军区的吕正操、程子华指挥的冀中军区，不在正太路战区，则参加了牵制平汉路东日军的作战。

晋冀鲁豫根据地的129师司令员刘伯承和政委邓小平，决定成立由陈赓、陈锡联、谢富治组成的前线指挥部，将全军60个团中的大部，也分成3个纵队。386旅旅长陈赓任中央纵队，新4旅旅长范子侠任左纵队指挥，386旅参谋长周希汉任右纵队指挥。主要作战对象是正太铁路平定至榆次段，重点是阳泉至张净段。同时对平汉路上的元氏至安阳段，德州至石家庄铁路，同蒲铁路榆次至临汾段，白晋铁路平遥至壶关段以及临汾至屯留公路进行大规模破袭。

参加战役的还有晋西北的120师。120师司令员贺龙、政委关向应领到的作战任务是破坏平遥以北的同蒲铁路和汾（阳）离（石）公路，因此决定所部33个团大部出击，分别由张宗逊、李井泉的358旅和朱辉照的独1旅攻占岚县至离石一线的日军据点；韩钧的决死2纵和雷任民的决死4纵破坏汾离公路；侯俊岩的工卫旅和杨嘉瑞的特务团破坏高村至平社段同蒲铁路；续范亭的暂编1师进攻五寨、神池一线的交通线。同时派出两个正规团南下归刘伯承、邓小平指挥，参加晋冀鲁豫区的作战。

1940年8月20日晚8点，百团大战正式开始，各路纵队如猛虎下山，同时出击，正太路、同蒲路、平汉路段顿时枪声大作，火光冲天。百团大战第一仗是晋察冀军区中央纵队杨成武指挥的攻占井陉煤矿的战斗。位于正太路北侧的井陉煤矿，盛产优质煤，是日本从华北掠夺战略资源的主要地区，日寇强迫抓来的2万余名劳工，日夜干活，每天抢走煤炭6000吨。中央纵队占领煤矿后，拆毁了大部分设施和铁路，致使其半年多没有出煤。也是在这次战斗中，聂荣臻收养下了在抵抗中负伤致死的铁道枢纽站副站长加藤清利夫妇的两个女孩。

与进攻井陉煤矿同时进行的是右纵队攻击娘子关之战。曾因为唐高宗之女平阳公主驻守而闻名的娘子关，是华北进入山西的要隘，日军在这里布防的是第4混成旅团的警备中队和一批伪军，由池田龟市中尉指挥。郭天民指挥的陈祖林、萧锋的第5团于8月21日黎明时分占领娘子关，并且重创正好到达车站的一列鬼子兵车，在拆毁工事后主动撤离。

129师则于8月20日当晚发起进攻阳泉的战斗。在城外制高点狮垴山，陈锡联指挥的385旅769团抢先日兵一步登上这一至关重要的山头。负责防守阳泉的是日军第4混成旅团长片山。第二天下雨，阵地平静。8月22日清晨，日军开始进攻，200多名日军向山头冲锋，不久被击退。8月23日，日军从太原调来20多架飞机对八路军阵地实施轰炸，700多名鬼子开始冲锋。经过肉搏作战，八路军终将日军全部赶回阳泉城去。

129师周希汉部开始了对正太路寿阳至榆次段的作战，同时对芦家庄、上湖、尚足、马首4个车站发起进攻，当晚全部占领，车站设施和路轨被拆，枕木被烧毁，燃烧枕木的火堆犹如一条长龙。

陈赓纵队和范子侠纵队也同时出击，作战范围内的铁路、车站、设施无一逃过。8月25日，因为掩护其他各纵队作战的任务已经完成，陈锡联部顺利撤出狮垴山。

120师也在8月20日晚开始行动。张宗逊、李井泉指挥的358旅的两个连进攻忻县至静乐公路上的日寇康家会据点，全歼守敌50多人。同时，120师彭昭辉、张平化指挥的独立第2旅和侯俊岩的工卫旅在同蒲路朔县至宁武段、高村至平社段，两部合力在宁武至原平段作战，铁轨全部扒掉，枕木全部烧毁，9座桥梁被炸断，完成作战目标。120师主力还攻克太原北边的龙泉据点，颇有进攻太原之势。

在白晋铁路、平汉路北段、沧石铁路、石德铁路到处都是八路军和民工在扒铁路、挖路基。

百团大战的第一阶段目标到1940年9月10日全部实现，使华北日寇交通线几乎全部瘫痪。第二阶段从9月20日开始到10月初结束，主要任务是消灭交通线两侧和深入根据地的敌伪据点，仅晋察冀军区军民在涞源、灵邱间就拔除据点29个。第三阶段从10月6日起到12月5日结束，主要任务是反"扫荡"，华北日军面对八路军的全面进攻，对各抗日根据地进行反复"扫荡"，抗日军民进行了艰苦、英勇的反"扫荡"，打退了日寇的进攻。

百团大战为时3个半月，参战部队是正太线上30个团，平汉线上15个团，同蒲线上12个团，津浦线上4个团，加上其他战线上的部队，总共为105个团。其间共战斗1824次，击毙击伤日伪军25800多人，攻克日伪军据点2911个，破坏铁路470余公里、公路1500余公里和车站、桥梁、隧道、水塔等建筑物260余处，缴获步枪5400余支、机枪200多挺、各种炮53门，炸毁敌机6架，战果辉煌，是抗战以来八路军取得的最大一次胜利。

这一在抗日战争历史上占有重要地位的战役，因为中共党内极"左"路线的干扰，彭德怀自20世纪50年代以后被批判，他所指挥的百团大战因而受到牵连，在"文化大革命"中一度竟然成为彭德怀"为蒋介石服务"的罪证。历史是客观的，也是公正的。在中共中央军委领导下，在彭德怀直接指挥下，由八路军100多个团奋勇拼杀进行的百团大战，历史功绩将永存史册。

第一，百团大战的发动是适时的。当时，国际法西斯势力分外嚣张，欧洲波兰战争爆发后，法国投降，意大利加入希特勒德国的侵略行列，美国、英国在欧洲因为缺乏准备而处于败退之中。法西斯在欧洲的挺进，对日本是一大刺激，在加紧对蒋介石劝降的同时，日军急于打通浙赣线和平汉线，为发动太平洋战争做准备。1940年7月间，中国共产党在全面抗战爆发三周年时指出，抗战已经进入空前困难阶段，投降是当时主要的危险。在这一抗战的紧要关头，作为抗战中流砥柱的中国共产党应该站出来，拨正抗战的航向。百团大战的进行，有利于稳定全民抗战的局面，支持正面战场作战，制止蒋介石的投降危险。从总体上看，百团大战对战局的影响是非常大的。

第二，沉重打击了日本侵略者的嚣张气焰，战果辉煌，有效杀伤了日伪的有生力量，破坏了日寇的战争机制，牵制了日军对正面战场的进攻，减轻了正面战场的压力，避免了蒋介石的溃败，保证了抗日战争的顺利进行。战后不久，任职时间不长的多田骏中将被撤职，说明百团大战打痛了日寇。1940年9月10日，中共中央发出了《关于军事行动的指示》，提出应仿照百团大战，在山东、华中组织一次到几次有计划、大规模的对敌行动，华北应扩大行动。延安举行祝捷大会时，毛泽东和中共其他领导人都出席了会议，可见对战役是肯定的。

第三，彻底揭穿了国民党顽固派对八路军"游而不击"的谣言，争取到中间势力，提高了八路军、新四军的政治威望。国民党许多高级将领和重要人士向毛泽东、朱德、周恩来、彭德怀等人发来了大量贺电贺信，高度评价百团大战的行动。全国各大报都在显要位置登载了百团大战各战役的消息，发表了一系列的赞扬文章和评论。国际各主要通讯社纷纷发表电讯稿，引起了正在面临法西斯侵略威胁的全世界人民的关注，也引起了西方主要国家对中国战场、对八路军和新四军的高度关注。在反击第一次"'反共'高潮"后，中共以自己的实际行动，表明继续在积极抗战。百团大战的战绩，是中共宣传抗战、反击"反共高潮"的最有说服力的材料。正如毛泽东在贺电中所说："蒋介石正在发动反共高潮，我们就要用百团大战这种形式去反击它。"

第四，鼓舞了中国人民的抗日斗志，坚定了抗日胜利的信心。日寇占领武汉后，接连发动南昌、随枣、桂南、长沙、枣宜等战役，占领了襄阳、宜昌、南宁等地。虽说国民党军队没有出现大规模的溃败，基本顶住了日军的进攻，但日寇占领南昌、襄阳、南宁、宜昌等地，以及汪精卫集团公开投敌，并且不时传出蒋介石和日本当局秘密会谈的消息，使得国民党上层人士和国民党军队中上层军官中出现了一些失败论调，在国统区和敌占区的部分民众和舆论机构中也出现了一些悲观情绪，对抗战前途有所担心。中共的百团大战，沉重打击了日本侵略者，极大地振奋了全国军民抗日情绪，人民大众拍手称快，国民党军队许多官兵也提高了认识，对抗战前途充满信心。因此，百团大战对扭转抗战第二阶段以来的僵持局面有重大意义。

当然，从总体上看，百团大战本身也有一些问题，如对抗日作战的长期性、艰巨性、复杂性认识不足，战斗中也出现了拼实力、伤亡偏大的现象。百团大战之后，华北地区遭受严重的自然灾害，供给不足；日寇又调集重兵，发动了抗战期间时间最久、最残酷的"大扫荡"。因此，抗战进入最为困难的时期。

但是，不能因为有困难就不打鬼子，不能因为鬼子要"扫荡"就少打鬼子。八路军、新四军的存在就是为了打击侵略者，正是因为八路军、新四军奋勇作战，积小胜为大胜，才把抗日战争一步一步推向胜利。在国民党蒋介石集团以保存实力和退守大后方作为军事主要任务的二期抗战阶段，八路军、新四军和各游击队的抗战就显得十分重要。

"反共冲突"——"皖南事变"震惊天下

1939年1月召开的国民党五届五中全会后，蒋介石的第三个转变就是由"消极反共"演变为"积极反共"。在"反共策略"上，是"政治反共"为主，"军事反共"为辅，挑起军事冲突。到1939年11月国民党召开五届六中全会后，"反共策略"则升格为"军事反共"为主、"政治反共"为辅，对中共武装大打出手。

在五届六中全会后，在五届五中全会制定的"反共"文件基础上，蒋介石又指示国民党中央党部制定和通过了一系列的文件，主要有《限制异党活动办法》《异党问题处理办法》《共党问题处置办法》《第八路军在华北陕北之自由行动应如何处置》《运用保甲组织防止异党活动办法》和《沦陷区防范共产党活动办法草案》等。蒋介石的态度非常明确："关于共党问题之症结，目前不要陕北几个县，而在共党应有实践共赴国难宣言之诚意及服从中央命令、执行国家法令、实行三民主义、彻底取消一切特殊化之行为与组织，而不自居于整个国家体制之外。"（《共党问题处置办法》，《中共党史参考资料》第8辑第318页）

具体规定是：取消中共不合法的组织和人事任命；中共军队不得擅自招募军队；中共不得自由发展、停止宣传活动和发行宣传品；加强对中共各种组织和军队的分化、瓦解工作；中共各根据地政府要服从所属省或战区司令部的节制；在冀鲁等战区增派军队，限制中共发展。从1939年10月起，停发新四军的军费。1940年10月起，停发八路军的军费。

原来，蒋介石是要中共放弃在抗日民族统一战线中坚持的独立自主地位，放弃对人民抗日运动的领导权，放弃对中共各级党组织和八路军、新四军的领导权。就像国民党不可能放弃对全国抗战和下属军队的领导权一样，中共对此也绝对不会同意。更为重要的是，中共之所以反对，是因为如果按照蒋介石所说的那样放弃"独立自主原则"，放弃对中共各级组织和全部武装的领导权，最后无疑又将是一场"四一二政变"，无疑是抗日战争的大好局面被断送。

八路军、新四军、东北抗联一直在努力作战，正是因为中共坚持正确的全面抗战路线，得到了人民大众的拥护和支持；正是因为八路军、新四军、东北抗联的抗日战果，得到了人民大众的承认，所以尽管在国民党处心积虑地打压之下，中共也迅速发展起来。相反，国民党掌握全国的政治、军事、经济资源，有几百万军队，主导政局的发展，甚至曾与它斗争10年的中共也与之合作，可是它又为何发展不顺，又为何为各界所批评？蒋介石不考虑这个问题，或者说已经考虑但不愿改正或者无法改正其错误，他只有使出最后一招——压制中共，武力解决问题。中共为了保证抗战向正确方向发展，为了保存自己，只有奋起自卫。因此在抗战中期，国共两党在抗战的紧要关头，因为国民党蒋介石集团的挑衅，双方进行了一系列战斗。

"反共"惨案

五中全会开始以后，国民党挑起冲突，掀起一股股"反共"恶浪。

博山事件。抗战开始以后，在中共和民主抗日人士的领导和组织下，山东各地民众组织起来，组成抗日武装，参加抗日行列，到1938年底正式成立了山东纵队。在各战区之间，山东人民的抗日运动发展最快也最好，这引起了国民党右派的忌恨。1939年3月间，为加强对山东抗日运动的领导，中共中央派115师政委罗荣桓和343旅旅长陈光来到山东，全面负责山东根据地的工作。罗荣桓来到山东后，正确执行中共中央的方针、政策，发动人民群众，开展对敌斗争，革命形势发展很快。面对如此局面，国民党右派开始闹事。公开跳出来进行挑衅的是山东省主席沈鸿烈，当时在国民党驻鲁部队中流行着"日可以不抗，共不可不打""见人就捉，见枪就下，见干部就杀"的反动口号。4月间，沈鸿烈命令国民党山东省党部委员、鲁苏战区游击第3纵队司令秦启荣，突然袭击在博山太和地区活动的八路军山东纵队第3游击支队，杀害支队政治部主任鲍辉等官兵400余人。博山事件，成为国民党"反共摩擦"的序幕。

深县惨案。抗战开始后，在河北地区有一活跃人物，这就是原晋系主要骨干张荫梧。此人曾任北平警备司令、公安局长，中原大战时更是出任倒蒋派第4路总指挥，兵败下野回家乡创办中学。抗战开始后出任河北民团总指挥，不久兼民政厅长。此人并非国民党统治集团的核心人物，但"反共"是铁了心；此人掌握的仅是一些地方保安部队，但"反共"时却甘愿充当急先锋。1939年6月11日，张荫梧指挥3个旅，突然进攻冀中根据地深县的八路军后方机关，杀害官兵400余人，并且在冀中一带疯狂进行"反共活动"，取消中共冀中主任公署、暗杀八路军军政干部、活埋抗日军人家属、冲击和进攻当地抗日民主政府，造成了恶劣的影响。八路军忍无可忍之下，发起反击，吕正操将军指挥的冀中八路军第3纵队将其全部消灭。

平江惨案。1939年5月30日，蒋介石亲自电令军令部长徐永昌，要求查处湖南平江地区的新四军办事处问题。接着蒋介石又亲自电令陈诚和薛岳，速将平江办事处嘉义留守处主要干部解决。6月12日，驻扎在湘鄂边的川军杨森第27集团军总部特务营一个连，来到平江县嘉义镇，包围新四军通讯处，当场枪杀新四军参议涂正坤、通讯处军需吴贺众。当晚，又将八路军少校副官罗梓铭、通讯处秘书吴渊、新四军司令部少校秘书曾汉声等6人活埋，抢走8支短枪、2支长枪。7月2日，中共代表团负责人周恩来，直接要求蒋介石查清事件真相。后来陈诚造谣说，平江涂正坤招集土匪，扰乱后方。事实上平江事件是国民党方面有计划的"反共"行动的一部分，而且是蒋介石、陈诚、薛岳等人直接插手的"反共事件"。对于平江等"反共"惨案，中共表示强烈愤慨。中共追悼平江烈士："在国难中惹起平江，江河不洗古今撼；于身危时犹明大义，天地能知忠烈心。""顽固分子，罪不容诛，挟成见，作内奸，专以残害爱国英雄为能事；共产党员，应该警惕，既坚决，又灵敏，乃是对付民族败类之方针。"毛泽东在挽联中说："日寇凭陵，国难方殷，枪口应当向外；吾人主战，民气可用，意志必须集中。"朱德、彭德怀责问道："须有同舟共济之心，方能制敌；不明阅墙御敌之道，何是救亡？"

华北"反共"。1939年11月12日至20日，国民党五届六中全会在重庆召开，此次会议的主题是为了更好地贯彻五中全会制定的"反共路线"，重新调整党的领导机构，强化蒋介石的个人统治地位。会议决定由蒋介石兼任行政院长，孔祥熙任副院长；并选举王法勤、丁惟汾、邹鲁、孔祥熙、冯玉祥、阎锡山、陈果夫、李文范、何应钦、白崇禧、陈济棠、陈树人、张厉生、王泉笙、邓家彦15人为中

蒋介石在兰州召集胡宗南、朱绍良、谷正伦等人，面授机宜

央常务委员，并决定国民政府五院院长为国民党中央常委会当然委员。会议选举叶楚伧、甘乃光为中央党部正、副秘书长；组织部长朱家骅、宣传部长王世杰、社会部长谷正纲、海外部长吴铁城。蒋介石则通过全会，得以兼任行政院长，以党、军第一把手的身份，把行政权力公开抓到手里，成为名副其实的独裁者，并且开始掀起第一次"'反共'高潮"。

如果说在华中地区仅是制造恶性"'反共'事件"的话，蒋介石在华北和西北则是大打出手。首要目标是陕甘宁边区。陕甘宁边区是中共中央所在地，是人民抗日运动的领导中心。抗战进入第二阶段后，蒋介石则命令爱将胡宗南部脱离正面战场，来到陕甘宁地区，对付中共。胡宗南果然没有辜负蒋介石的期望，从1939年夏天起，开始对边区实行政治、军事、经济封锁，1939年12月间先后占领了属于陕甘宁边区政府管辖的淳化、洵邑、正宁、宁县、镇原五县。对于国民党掀起的第一次"'反共'高潮"，中共中央曾于1939年7月7日发表宣言，提出了"坚持抗战，反对投降；坚持团结，反对分裂；坚持进步，反对倒退"的三大政治口号，揭露国民党顽固派的"反共阴谋"。在政治上批判投降派和顽固派的同时，在军事上进行反击。对于胡宗南的进攻，萧劲光、莫文骅指挥的八路军陕甘宁留守兵团，王震指挥的369旅全面反击，一举解放了绥德、米脂、佳县、吴堡、清涧5个县，并且把晋绥解放区和陕甘宁边区连成一片。蒋介石、胡宗南的目的没有达到。

国民党顽固派在华北地区进行"反共"的另一地点是山西。全面抗战爆发以前，红军在东征时曾打垮过阎锡山的几支劲旅，阎锡山也汲取教训，所以采

取了"抗日和日、联共反共、拥蒋拒蒋"的中庸路线。并且接受中共的帮助，依靠刚从北平草岚子监狱释放出来的薄一波以及杨献珍、朱荫冠、冯基平、廖鲁言等人到山西开展抗日救亡运动，于1936年9月18日成立了"山西牺牲救国同盟会"。抗战开始后，阎锡山为扩大山西抗日力量，提出要薄一波组织新军（抗敌救亡决死先锋队），新军占晋军三分之一，编制为50个团，在日寇进攻山西时，新军发挥了很大的作用。1939年初，蒋介石制造"反共舆论"、进行"反共军事挑衅"后，阎锡山不甘落后，在3月份的"秋林会议"上称："抗战前途是中日不议而和，国共不宣而战。"1939年12月，国民党五届六中全会后，阎锡山指挥6个军向晋西的第2决死纵队出击，中共对阎锡山的"反共"图谋早有准备，所以把4个纵队的新军全部拉到晋绥、晋冀鲁豫根据地。阎锡山消灭新军的企图没有实现，反而把新军逼向中共一边。

国民党顽固派在华北地区进行"反共"的第二个地点是太行山。晋冀鲁豫根据地南到黄河，连接国民党的大后方；向北直逼平津，地理位置非常重要；此外，位于晋冀鲁豫根据地太行山的左权县还是八路军总部所在地。因此，太行山成为国民党第一波"反共高潮"中军事进攻的重点。

进攻太行山的是冀察战区副总指挥兼察哈尔省主席石友三。此人出身西北军，是个反复无常的反动军阀，作战凶猛，杀人如麻，在现代史上留下了许多不光彩的记录。抗战开始后虽说没有像韩复榘那样抗命，但他十分喜好"反共"，于1939年10月向冀南太行山根据地发动进攻，被八路军打败，石友三逃往山东曹县，勾结汉奸张岚锋，于1940年1月又奉蒋介石命两度进攻冀南，均被打退。

与此同时，配合石友三行动的还有朱怀冰。朱怀冰于保定军校毕业，曾参加过北伐，抗战开始时出任第97军军长，不久兼任豫北自卫军总指挥、冀察战区政治部主任，五届六中全会后任河北省政府委员兼民政厅长。为保持抗日民族统一战线的团结，中共有关方面曾一再出面做工作，希望朱怀冰能够为抗日多尽力，刘伯承将军还亲自出面劝说他不要做对不起民族的事情。朱怀冰不知天高地厚，以为中共和八路军是害怕他，"反共"立场和行动依旧，于1940年3月从武安、磁县一带向太行山进攻，目标是夺取八路军总部。结果不出所料，晋冀鲁豫军区司令员刘伯承、政委邓小平指挥13个团，激战4天，消灭朱怀冰3个师，朱本人受伤后逃走。129师占领了漳河以南地区，边区得到了发展和巩固。第18集团军总司令朱德，来到洛阳和国民党第一战区谈判，希望国民党军队以抗日利益为重，不可再挑起事端。最后双方议定以临汾至屯留公路，以及长治、平顺、磁县为线，该线以南地区为国民党管理，以北地区为中共管理，互不干扰。

在进行军事反击的同时，中共还进行了许多揭露国民党顽固派"'反共'阴谋"的工作，与军事上的胜利相配合，终于打退国民党顽固派的第一次"'反共'高潮"。

皖南事变

1939年12月至1940年3月间为时4个月的第一次"反共高潮"被打退后，蒋介石损兵折将，不仅没有消灭华北地区的八路军，而且八路军还继续发展。然而，他不仅不准备停止"军事反共"活动，而且还准备发动更大规模的"军事反共行动"，掀起第二次"反共高潮"。

为了掩盖"'反共'真相"，蒋介石又开始与中共进行谈判。1940年6月，蒋介石指示何应钦、白崇禧出面与中共代表周恩来、叶剑英谈判。谈判的主要目的是，蒋介石要限制八路军、新四军的活动范围，在战场上得不到的东西希望在谈判桌上实现。蒋介石不提进入第二阶段抗战以来，对中共的封锁和压制，反而提出《七月提案》《中央提示案》，要求中共将八路军、新四军全部撤往黄河以北。中共代表坚决拒绝这一不利于八路军、新四军和抗战局面的建议，只是同意将皖南的新四军撤往长江以北，把皖南让给顾祝同的第三战区。

蒋介石的用意很明显，北方因为八路军实力强大和根据地稳定，无法占到便宜，而东南则不一样，新四军根据地有限，军事实力也远低于第三战区。此外，新四军活动区域靠近京沪杭繁华地区，周围有上海、南京、杭州、南昌、九江、武汉、徐州等战略要地，新四军等于是建立在中国最发达最重要地区的一个堡垒。再则，新四军已经向苏北、皖北以及华中地区发展，如果让新四军和华北的八路军连成一气，后果则不堪设想，以后再要消灭新四军则难上加难。因此，在蒋介石看来，如果不及早解决新四军将后患无穷。

蒋介石曾经为阻止新四军向北发展，下令江苏省主席、苏鲁战区副总司令韩德勤采取行动，打击准备进军苏北的新四军。韩德勤在十年内战时期曾是红军的俘虏，可是他没有汲取教训停止"反共"，反而越来越嚣张。抗战开始后，新四军向苏北挺进时，韩德勤曾下令"日人不足为虑，共匪为心腹大患"，"一律严缉，以遏乱萌"。蒋介石之所以让韩德勤出任江苏省主席，也是因为韩德勤的"反共立场"不动摇。蒋介石的打算是，以韩德勤的16万大军消灭陈毅的7000人。

1940年5月下旬，新四军挺进纵队在反击日伪军1000余人的进攻后，转移到江苏省泰州西北的郭村（今属江都县）休整。韩德勤指挥国民党鲁苏皖边区游击副总指挥李长江的13个团，于6月28日拂晓，向郭村的新四军发动进攻。新四军被迫自卫还击。当时驻郭村的只有挺进纵队机关、教导队、第1团和第4团各1个营，尽管与国民党军兵力悬殊，挺进纵队在新四军苏皖支队等部支援下英勇反击，7月2日下午反击战结束，共歼国民党军3个整团，俘700余人（内团长两人），缴获步枪600余支、轻重机枪10余挺。此时，国民党军第40师开始向新四军江南指挥部进攻，陈毅只得忍痛撤出苏南地区，挺进苏北，改称为苏北指挥部，与江北郭村挺进纵队会合，这样新四军在苏北的部队达7000余人。对于郭村之战，新四军指挥员叶挺、项英、陈毅、饶漱石等人认为，鲁苏皖边区游击总指挥李明扬、李长江等部是受到韩德勤压制的杂牌军，"反共"并非出于自愿，完全是蒋介石、韩德勤所逼的结果，因此还有团结抗日的可能。新四军决定放回二李的全部俘虏，交还缴获的枪支和弹药，并把郭村附近地区还给国民党鲁苏皖边区。二位李将军深受感动，决心与新四军合作共同抗日，韩德勤借刀杀人之计没有成功不说，还间接帮助新四军增加了抗日力量。

1940年9月，蒋介石命令韩德勤，必须将在苏北立足不久的新四军予以消灭，以绝后患。10月初韩德勤指挥16个团及地方保安部队共30000余人，向新四军驻泰兴县黄桥总部约7000人发动进攻。此时，山东八路军黄克诚指挥的第5纵队也来到苏北，双方配合作战，于5日一举消灭韩部89军、独立旅和保安旅共11000人，其中89军军长李守维掉进八尺沟后因身带银圆过多而被淹死；师长孙启人、旅长苗瑞林和张能思被俘。黄桥之战的失败，蒋介石并不甘心。周恩来回忆说，蒋介石听到黄桥失败的消息时，捏住鼻子没有说话，因此可以断定，他是要报仇的。黄桥之战一结束，新任江苏省主席兼第十战区副司令长官王懋功，就赶往第三战区总部，部署新的"反共"行动去了。

黄桥之战胜利后，新四军东进部队、苏北部队与黄克诚部胜利会合，正式形成苏鲁皖根据地，新四军在苏北建立桥头堡，苏中、苏北地区连成一片。在江北进攻新四军失败后，蒋介石考虑新的"反共战场"。

蒋介石选定新的"反共突破口"是皖南，这时中共已经同意将皖南的新四军撤往江北，蒋介石开始寻找消灭新四军主力的时机。1940年10月19日（皓日），军事委员会参谋总长何应钦和副参谋总长白崇禧，致电第18集团军总司令朱德、副总司令彭德怀和新四军军长叶挺，诬称新四军、八路军不受战区范围限制自由行动，不遵守编制限制随意扩大，不服从命令破坏行政系统，不打日军专打友军和吞并友军；电报限令黄河以南的八路军、新四军一个月内撤到黄河以北地区。

中共领袖们非常明白皓电的内涵，非常清楚蒋介石已经准备下手。11月9日（佳日），朱德、彭德怀、叶挺、项英联合复电何应钦、白崇禧，严厉驳斥了皓电对新四军、八路军的诬蔑，拒绝了八路军、新四军全部撤往黄河以北的无理要求，但为保持抗日民族统一战线的团结，同意作出让步，把江南的正规军北移江北，江北部队暂请免调。电报表示："当以事关重大，处此民族危机千钧一发之际，为顾全大局挽救危亡起见，经德等往复电商，获得一致意见。"

中共的佳电已经不能阻止蒋介石进行恶意报复。1940年11月14日，军事委员会军令部制订了《黄河以南剿灭共匪作战计划》，提出了要以第三、第五战区的国民党军队，集中力量，分期迫使中共军队撤往黄河以北。具体计划是先赶走江南的新四军，再对付苏北的新四军，然后把八路军、新四军全部赶到黄河以北。

为实现上述计划，蒋介石一方面要何应钦、白崇禧于1940年12月8日再发齐电，重复皓电老调，并明确规定江南的新四军在12月31日前开到长江以北，长江以北的新四军于1941年1月10日前开到黄河以北，黄河以南的18集团军于1940年12月31日前开到黄河以北；一方面指示国民党御用宣传机构对新四军、八路军进行舆论围攻。《中央日报》发表了《命令重于生命》的社论，声称要严惩不服从国民党命令的任何军队。

1940年12月26日，蒋介石亲自出面，约见中共代表周恩来，要求中共接受国民党的方案，把军队撤往黄河以北。周恩来坚持佳电主张，劝说蒋介石以抗日大局为重，不要做不利于抗战的事情。

此时皖南的形势已经非常紧张，第三战区司令长官顾祝同消灭新四军的计划早已在实施之中。顾祝同作为蒋介石的亲信将领之一，抗战开始后不久，离开西安来到东南地区，先后出任第三战区副司令长官兼江苏省主席、保安司令，在各战区第一次调整时升任战区司令长官，兼任第24集团军总司令。第三战区实力雄厚，在淞沪和南京会战失利后，一部分军队没有西撤、北撤，而是留在苏南、皖南、赣东北、浙、闽地区坚持斗争，到此时已编有第24集团军、刘建绪的第10集团军、唐式遵的第23集团军、上官云相的第32集团军4个集团军。该战区孤立于大后方之外，但地理位置异常重要，直接威胁宁沪杭以及南昌、武汉地区的日寇，更是太平洋战争爆发后盟军打击东南亚地区的日军和日本本土的前进基地。蒋介石当然不放心新四军在该地区的活动，更担心新四军在该地区的发展，因此下定决心要顾祝同解决新四军问题。1940年12月9日他指示顾祝同，"立即解决"新四军在皖南的部队。

顾祝同在回忆录中曾谈道"皖南事变"，他说："新四军奉令后，迄无行动表示，而借口要求粮弹，假道苏南。我于侦知该军真正企图在盘踞京沪杭三角洲地区后，即令当地驻在皖南各部队，密切注意该军行动，预为防范。次年1月4日据报该军将所有部队集中在泾县附近，6日午夜该军突然集中7个团的兵力，三路袭击驻在三口附近的国军第40师（陈士章），攻击十分激烈。……战区为避免第40师被该军包围歼灭，并为整饬军纪，我乃不得不一面呈报中央，一面采取紧急处理。"

顾祝同作为司令长官，他的话与事实不符。首先，新四军在项英的错误指挥下，没有按中共中央军委的指示及时进行转移，北移路线选择也不尽正确，但从未有过撤往宁沪杭地区建立根据地的计划。况且新四军总部机关、东南分局和大部分非战斗人员组成的9000余人的大部队，也不可能开进日伪统治中心长江三角洲地区，即使能开进去也无法开辟根据地。

其次，项英深受右倾投降主义思潮的影响，主张一切通过国民党，把新四军北撤的线路全部上报第三战区，第三战区以同意新四军北撤、鼓励新四军北撤的方式，公开报道了新四军北撤的方位和路线，等于向日军透露新四军的军事动向，日军已经在新四军可能经过的渡口、主要道路上布置重兵，在这种情况下新四军只能沿容易被第三战区误解为军事扩张的路线北撤，这极易引起顾祝同的怀疑。

第三，第三战区的部队已把新四军北撤之路层层堵死、团团围住，9000余人长途行军、渡过长江的战略转移，很难避免与围在身边的第三战区部队的冲突。冲突发生时，难道还不准新四军自卫还击？问题是蒋介石、顾祝同消灭新四军的主意已定，即使新四军不还击，国民党顽固派照样要下毒手。

第四，新四军军纪严明，论大的方面，它是民族抗日统一战线中各种政策的模范执行者，对国民党友军的种种不合理要求，从抗战大局出发，一再作出让步；论小的方面，对老百姓那就更无违纪一说，新四军的生命力就存在于军民团结之中。新四军需"整饬军纪"，纯粹是莫须有的罪名。

事实也是这样，中共中央军委对国民党发动第二次"反共高潮"早有觉察，考虑到江南新四军和国民党军队力量悬殊，并为了团结抗日对蒋介石作出让步，同意皖南的新四军北撤。在皓电以后，中共中央军委一再指示东南分局立即行动，赶快北上。如果新四军按照中央军委的命令立即行动，第三战区尚来不及采取军事行动。只是身为新四军副军长、东南分局书记的项英，不但无故推迟行动，而且还把行军路线全部上报第三战区，以显示所谓的"诚意"。1940年12月26日，中共中央军委致电项英，指出：你们至今还犹豫不定，将来是要吃大亏的。

此时，皖南新四军所面临的主要难题是如何防范国民党随时可能发动的军事进攻，为抗日为中共保存新四军主力，这已成为当时最大也是最迫切的事情。因此，在行军路线上，中共中央军委提出新四军应从距离最近，并且在长江北岸有新四军江北部队接应的铜陵北上过江。国民党方面也由上官云相出面劝说项英、叶挺接受这一北撤路线。因此从驻地向东开，经马头镇、杨柳铺、孙家埠、毕家桥、郎溪、梅诸镇、南渡桥到水西地区过江到无为，路程既短，也是顾祝同同意的开往江北的新四军所走的基本路线，可以减少国民党发动军事进攻的理由。1941年1月3日，蒋介石致电叶挺，要求新四军从芜湖、铜陵中间的无为一带过江。理论水平较高、实践能力过低的项英别出心裁，提出要声东击西，向南到天目山，再向东转战数百里到镇江北上。国民党方面正好造谣说，新四军根本不是想北撤，而是准备南进已为第三战区占领的天目山、黄山、茅山三地区。再则，在项英的拖延下，新四军已失去了最佳北撤时间和路线。待明白过来返回中共中央军委指定的北撤路线已不可能，因为国民党电台公开广播了新四军的行动路线，日寇方面已经加强长江北岸的防御，第三战区也调动主力防守长江南岸，企图在江南解决新四军。国民党方日英的第40师、刘秉哲的第52师、刘埙浩的第62师、段霖茂的第79师、顾宏扬的第

108师、唐明昭的第144师和田钟毅的新编第7师，已经对新四军北撤部队完成包围。

1941年1月4日，项英把开始行动的消息报告第三战区后离开岩寺总部。这已经超过了齐电的时间限制，等于给第三战区的军事进攻提供了借口。

1月6日，除了江北新四军指挥部及所部以外，新四军军部机关和所属支队共9000余人，兵分三路冒雨出发。在前面泾县茂林的崇山峻岭中，顾祝同和上官云相已经布下天罗地网。上午9时，在丕岭、麻岭地区两度与国民党先头部队发生枪战，上官云相以此声称新四军是土匪，立即下令："集团军以迅速围剿该匪之目的，于苏城及宣城方面对敌伪暂取守势，以主力于明日（1月7日）拂晓开始围剿茂林、铜山徐一带匪军。"

1月6日下午，唐明昭的第144师截断了新四军的退路，国民党军队从四面向新四军压来。面对蜂拥而来的国民党军队，新四军已经陷于绝境。战斗一开始，傅秋涛指挥部分官兵从星潭突围成功，此处国民党只有两个营的兵力，叶挺决定全军从这里突围，项英竟然不同意，提出到对新四军极为不利的章家渡过河，在政委说了算的年代里，军长叶挺只得服从命令。章家渡有国民党第40师把守，新四军伤亡很大。经过3天激战，对新四军的困境负有主要责任、大权独揽的项英，带着政治部主任袁国平、副参谋长周子昆先行离队而去，临阵脱逃，新四军无人指挥，叶挺急电报告党中央，中央军委指示叶挺全权指挥新四军。岂料到10日，项英因为冲不出去，竟然又跑回指挥部。到14日因为阴雨连绵，无粮无弹药，又湿又冷，东南局副书记饶漱石（化名梁甫），以党的名义强令叶挺下山谈判。这是饶漱石的重大失误，在如此情形下，即使要谈判也不能派公开的第一号首长去，在兵败之际派遣叶挺下山，无疑是为敌方送去一个最合适的人质。果然，下午4时，叶挺一下山即被扣押，接着被送到52师师部、上官云相的总部，后在1月18日被押送第三战区司令部。

"皖南事变"中，冲出8万国民党军队重围的新四军重要干部只有时任第1支队司令兼政委的傅秋涛、皖南特委书记谭启龙、政治部组织部副部长余立金、新四军秘书长兼军法处长李一氓、军部直属教导总队训练处处长薛暮桥等人和2000余名官兵，其余大部被俘被杀，很多被俘人员受到了残酷虐待。项英、袁国平、周子昆再次成功逃跑。岂知这三人与副官刘厚通躲在一个山洞中，刘厚通见到项英带着作为新四军军费的一盒金银首饰，顿起坏心，半夜将三人打死逃走。此人后来投靠顾祝同，经请示蒋介石后顾祝同给了刘厚通一笔钱，只值刘厚通所交出的那盒金银首饰的几十分之一。刘厚通被奚落一番后，灰溜溜地离去，从此隐姓埋名，偷度残生。项英的下场，可谓悲哀。在新四军一边，项英是"皖南事变"的直接责任者，数千名新四军官兵牺牲在国民党军队的枪口下，项英也成为自己所信任的副官的枪下鬼。

1941年1月17日，国民政府发表命令，宣布新四军是叛军，取消其番号，把叶挺交军事法庭审判，革职收监。顾祝同、上官云相等人出面劝降叶挺，并许以"第三战区副司令长官"的高职进行拉拢，同时派在作战中叛变的新四军参谋处长赵凌波出面劝说，均为叶挺所拒绝。

蒋介石见新四军主力被歼，得意万分，马上奖赏在作战中特别卖力的第32集团军总部和所部王敬久的25军（40、108师为该军主力）各5万法币；40师师长方日英升为副军长，52师师长刘秉哲升为军长；而144师因为防守不力，致使部分新四军突围而走，师长唐明昭被撤职。

蒋介石在皖南阴谋得逞，继而命令汤恩伯、李仙洲、李品仙等部共20余万人进攻新四军苏北根据地；命令胡宗南的20万大军围攻陕甘宁。国民党顽固派在西安、桂林等地冲击八路军办事处，并且列出黑名单准备对中共和爱国民主人士实施逮捕。同时，国民党军事当局和宣传机构，一再发表谈话和宣传材料，继续诬蔑新四军和八路军，进行舆论攻势。

为制止国民党顽固派第二次"反共高潮"的蔓延，中共进行了坚决斗争：

1941年1月4日当天，周恩来向国民党有关方面表达了对新四军安全的担心。

茂林事件发生后，中共方面多次要求国民党有关方面立即停止对新四军的进攻。周恩来找到国民党代表张冲，要求第三战区让路，保证新四军安全北移。

1月13日，中共中央军委以朱德、彭德怀、叶挺、项英的名义，发出抗议通电，要求立即停止对新四军的进攻。

1月17日，国民政府关于撤销新四军番号的命令发布以后，周恩来立即打电话给何应钦，谴责国民党方面做了亲者痛、仇者快，日本帝国主义想做而做不到的事情，痛斥何应钦是千古罪人。延安《解放日报》发表了《抗议无法无天之罪行》，揭露国民党顽固派的"反共真相"和罪恶目的。

1月18日，中共中央政治局委员兼中原局书记刘少奇在苏北盐城发表谈话，就国民党对新四军的诬蔑之词逐条驳斥。他说，新四军北上是遵命而行，当时已经不可能从铜陵、繁昌等地渡江，因为日军已经严密封锁渡口，李品仙部也在江边布防，近万人的新四军不可能在敌人据点附近渡江，只能远转。此外，第三战区要新四军到宁国一带领取子弹、经费，只能绕行。因此，根本不存在新四军向南向东发展进攻友军的计划。

当天，中共中央发出了《关于"皖南事变"的指示》，揭露国民党顽固派的阴谋，要求严惩凶手，表达了中共的抗日意志和决心。

周恩来针对国民党方面禁止《新华日报》发表关于"皖南事变"真相的消息，在报上开天窗处，题写了"千古奇冤，江南一叶；同室操戈，相煎何急！"陈毅也愤而写道："赢秦无道即今同，此债千重又万重。倒海翻江人呐喊，立将莫邪斩苍龙。"新四军江北指挥部前敌委员陈国柱悲愤地喊道："皖山峻兮皖水深，顽贼祸国兮摩擦相寻。诱我北渡兮困我茂林，肆彼毒计兮逞彼兽心。围奸屠杀兮炮火纷侵，尸横山积兮鲜血如淋，至死不屈兮气节堪钦。风瑟瑟兮夜沉沉，其魂不灭兮浩魄长临，英风迈古兮壮烈烁今，千秋万世兮永播徽音！"

1941年1月20日，中共中央军委发表了重建新四军的命令，任命陈毅为代理军长，刘少奇为政治委员，张云逸为副军长，赖传珠为参谋长，邓子恢为政治部主任，把华中新四军统一改编为7个师和1个独立旅。苏中第1师（粟裕、刘炎），皖东第2师（张云逸、郑位三），苏北第3师（黄克诚），皖北第4师（彭雪枫、邓子恢），豫鄂第5师（李先念、任质彬），苏南第6师（谭震林），皖中第7师（张鼎丞、曾希圣），梁新析、罗华生的独立旅。国民党顽固派消灭新四军的计划未能得逞，新四军反而在被打击中壮大起来。

1月22日，中共中央军委发言人发表谈话，提出解决"皖南事变"的12条办法，主要内容为：国民党当局停止挑衅；严惩事变祸首何应钦、白崇禧；恢复叶挺将军自由；交还新四军的枪支，抚恤爱国阵亡将士。并且明确宣布，鉴于国民党顽固派的分裂行为，中共的让步阶段已经结束，将不惜采取一切手段和措施，阻止顽固派破坏抗战的阴谋。

1月23日，新四军新的指挥员陈毅、刘少奇、张云逸、赖传珠、邓子恢等将领通电就职，新四军军部在盐城正式成立。

1002 中共有理有利有节的斗争，得到了各界的同情和支持。各爱国党派和爱国人士纷纷发表谈话，支持中共的要求，反对国民党的分裂行为。1月11日宋庆龄、柳亚子、何香凝、彭泽民等人致书蒋介石，要求国民党当局"慎守总理遗训，力行我党国策，撤销'剿共'部署，解决联共方案，发展各种抗日实力，保障各种抗日党派"。团结抗日，制止一切蓄意挑起国共武装冲突、进而挑起国共内战的阴谋，成为社会的一致呼声。

蒋介石是聪明的，在抗日战争胜利以前，他不会公开终止国共合作，不会结束抗日民族统一战线，他考虑的是如何调整战略格局，以在国共纷争中占据有利位置。正如陈诚所说："蒋委员长看问题看得很准的，皖南离开首都南京很近，如果现在不把它干了，等到抗战胜利后，共产党军队就威胁南京，后患无穷。现在抗战虽然还没有胜利，但是蒋委员长已经看到了这个问题，并且做了抗战胜利后的准备。蒋委员长还在苏南、苏北布置了军事力量，要韩德勤在那里指挥。山东也作了布置。……我们要懂得蒋委员长，就必须从他的这些做法当中来了解他。这才能增进认识蒋委员长的英明远见。他处理问题，总要先发制人的。皖南的事情，在没有发动以前，我们很担心，我们把共产党在皖南的军事力量估计过高，以为不容易把它打垮的，没有想到这样轻而易举地解决问题。"（陈里特：《陈诚谈"皖南事变"》，见《江苏文史资料选辑》第57辑第31页）

事实上陈诚并不了解蒋介石，因为他从地缘上论述蒋介石对新四军下手的动机，不符合客观实际，因为对于"皖南"，中共并未想要，而且已经同意将皖南的新四军北撤。蒋介石的真实用意是，不仅要取得有利于国民党的政治地缘位置，而且要削弱中共的实力。这一目的因为"皖南事变"得以部分实现后，他开始改变腔调。

1941年1月27日，他在每月例行的总理纪念周上表示：新四军事件完全是为整饬军纪，当然不涉及其他问题。显然他想缩小影响，有意停止第二次"'反共'高潮"。

2月15日，国民参政会7位中共代表写信给参政会，指出如果蒋介石拒绝中共提出的12条，他们将不出席于3月初开幕的国民参政会第二届第一次会议。3月2日，董必武、邓颖超等中共代表又向参政会提出"新12条"，内容主要集中在政治改革方面。

3月6日，国民参政会开幕，中共代表拒绝到会。不过，蒋介石仍授意会议选举董必武为驻会委员。他私下也找周恩来谈话，表示国共之间的很多问题可以商谈。1941年3月8日，蒋介石还被迫出马，作《中共七参政员不出席参政会之理由》的报告，表示以后绝无"剿共"事件发生，间接表示愿意部分接受中共提出的两个"12条"。

中共以血的教训和代价，维护了抗日民族统一战线内部的团结，也揭露了国民党顽固派的"反共"面目，在全国人民和世界反法西斯同盟面前表达了中国人民坚决抗日到底的决心，提高了中国共产党的政治威信。

三、中国战区中的蒋介石

1942年初，蒋介石出任盟军中国战区最高统帅

20世纪三四十年代是多事之秋，人类发展史上的恶魔——法西斯，吞噬人类的计划开始实施。1931年9月18日，中日战争爆发；1937年7月7日，日寇对华发动全面进攻；1939年9月1日，德国法西斯突袭波兰，欧洲战争爆发；1940年6月22日，德国进攻苏联；1941年12月7日，日本偷袭珍珠港，太平洋战争爆发。人类面对法西斯的嚣张，联合起来进行一场捍卫人类基本尊严、消灭法西斯的战争。在这一场战争中，已经进行艰苦抗战8年的中国战场，成为消灭法西斯战争的重要组成部分，西方国家终于经过多年的徘徊后，同意加入中国的抗战。中国战场和东南亚部分地区组成中国战区，蒋介石作为中国战区最高统帅，成为世界四巨头之一。在蒋介石第一次与西方的合作中，虽需要适应、磨合，但最终他们走到了一起。

（一）侵略扩张，日本人挑战太平洋

在太平洋的西北边缘，有一串由东北向西南走向的岛屿，这就是日本。从整个太平洋地区看，日本是个弹丸之地。但在20世纪上半期，它却一直在做着称霸太平洋、称霸亚洲的美梦。

侵略中国，并非是日本的最终目的。已经被军国主义严重毒化的日本，有着更大的野心。他们的目标是在占领朝鲜后，占领中国东北；占领中国东北后，占领中国；占领中国后，占领苏联远东地区或占领东南亚及太平洋地区。它的目标是称霸亚洲，与德、意法西斯占领欧洲、北非遥相呼应。任何侵略者总是过高估计了自己的实力，过低估计了反侵略的力量。日本军国主义者作为最反动的力量，也脱不了这一窠臼。在日本扩大侵略时，反侵略的力量也在增长，最终是侵略者把自己送上失败之路。

珍珠港事件——反法西斯同盟形成

在东方日本军国主义急剧膨胀、侵略中国的同时，在欧洲德国、意大利法西斯势力也在兴起。1933年1月3日，希特勒在纳粹党徒的支持下，被兴登堡总统任命为总理。从此，一发不可收拾，希特勒开始疯狂地扩军备战，实行空前的法西斯恐怖统治，兴登堡死后，自任国家元首。1936年11月25日，德国与日本签订《"反共"产国际协定》正式结盟；1937年11月6日，意大利加入，法西斯"轴心国"开始形成，成为世界上最凶恶最残暴的侵略势力。1938年德国吞并奥地利和捷克苏台德地区，1939年3月占领捷克。8月23日，里宾特洛甫在莫斯科与苏联外长莫洛托夫签订了《互不侵犯条约》，墨迹未干，9月1日晨4时45分，德国出动50个师、2500辆坦克、2000多架飞机，扑向波兰，9月3日英国和法国对德宣战。德、意法西斯迅速占领欧洲大部分地区和北非地区，第二次世界大战欧洲战场正式形成。1940年7月，希特勒开始实施"巴巴罗萨计划"，准备进攻苏联。9月27日，德、意、日三国宣布组成轴心国，实施霸占世界计划。1941年6月22日晚，希特勒指挥550万军队、3500辆坦克、5000多架飞机，沿着南北长达1800公里的战线，向苏联发动进攻。欧洲战场的出现，导致西方美国、英国以及苏联对待法西斯的立场和态度有了重大转变，开始向组成国际反法西斯阵营努力。

1941年12月1日，德国军队兵临莫斯科城，克里姆林宫顶上的红星清晰可见，希特勒开始做起进入这个红色首都后如何进行阅兵式、如何处置在他看来是劣等民族的俄罗斯的美梦。远在东京的法西斯盟友日本军国主义分子，以为莫斯科被攻占已指日可待，斯大林的失败已经无法挽回，急于扩大远东地区的战争。事实上日本当局对欧洲局势估计严重失误，如果他们能够预测到德国将兵败莫斯科城下后，恐怕就不会马上发动太平洋战争了。

有一位名叫拜沃特的英国海军专家，曾经出版过一本名叫《大太平洋战争》的战争幻想小说。在这本描写未来海军作战的书中，有一段描述几乎与后来在珍珠港发生的事实一样。这本书出版后，没有引起美国海军的注意，但引起日本海军头目的关注，并照此画瓢，成功地实施了偷袭珍珠港计划。在德国大军兵临莫斯科后，1941年12月7日，也就是苏军开始在莫斯科城反击的第二天，当时并不知道此情况，或者说知道苏军反攻但以为苏军不可能赢的日本最高当局，批准了偷袭美国珍珠港的进攻计划。当天，海军大将南英率领由27艘战列舰组成的超级舰队，已经潜伏在距珍珠港西北200海里处。7时55分，第一批日本飞机飞临珍珠港。当天正值星期天，大部分水兵离开战舰。正在吃早饭的海军军官们，见到头顶上的飞机，不解地说道："自己的飞机怎么会冲到港口里边来了？"享受美味早餐的美国军官们，怎么也没想到，马上就是他们的末日。

在两个小时内，日本飞机在港口里狂轰滥炸，炸弹精确命中目标，美国海军几乎全军覆没。18艘战列舰、300余架战机、2500余名美军官兵葬身大海。珍珠港事件把美国拉入了反法西斯战争。

1941年12月8日，美国总统罗斯福对日、德、意三国宣战。美国宣战后，英国、加拿大、澳大利亚等国紧紧相随，宣布对法西斯开战。

1942年1月1日，中苏美英等26国公布《同盟国宣言》，保证结成反法西斯统一战线联盟，共同对付法西斯，彻底摧毁法西斯政权。

美英等国对中国抗战的态度，曾经经历了纵容日本侵略、同情中国抗战、支持中国抗战的过程。

在中国抗战开始后，西方国家主要基于引导日本向北进攻苏联的目的，同时也为保住在中国的既得利益而不敢得罪日本，因此对日本的侵华战争采取了名为中立实为纵容的立场，甚至间接支持日本的侵略行为。随着日本在中国侵略战争的升级和扩大，已经明显侵犯了西方各国在中国的经济、政治利益，西方开始对日本感到失望。此外，1939年2月10日日寇占领中国海南岛后，蒋介石明确向国际间指出，日本在海南岛的行动，说明日本的南进政策已定，发动东南亚和太平洋战争已经成为其基本方针，日本将直接占领英美法等国的殖民地和势力范围。

日寇的行动，自绝于世界人民，西方各大国也觉得有必要开始有限度地制裁日本，西方对中国抗战的态度出现转变，进入"同情中国抗战时期"。在日本对海南岛采取行动期间，1939年2月8日，美国向中国政府提供了中国抗战以来的第一笔借款，号称"桐油借款"，美国向中国提供2500万美元。到珍珠港事件爆发前夕，美国又向中国提供各类借款6笔共2.078亿美元。1939年3月15日英国也同意向中国提供商业信用贷款50万英镑，从抗战初期到珍珠港事件前夕，英国共向中国提供各类借款10笔约6450万英镑，其中大部分是在海南岛被占领以后提供的。美国并开始禁止对日信用贷款，禁止对日输出飞机和零件。

针对日军随时准备进行的对东南亚和太平洋地区的侵略行动，美英等国也进行了一些军事准备，美国则通过了《太平洋设防案》，以进行必要的战争准备。英国也加强了在香港地区的戒备和防卫。

1939年7月26日，美国废除了1911年签订的《美日通商航海条约》，切断了日军主要战争物资的来源。德国进攻波兰后，日本加快了发动太平洋战争的步伐，特别是东南亚国家因为欧洲战争的爆发而失去了各自宗主国的庇护，已经成为日本下一步打击的目标。日本下决心放弃北进苏联政策，实施南进，还有另外一层原因，即1939年5月间，日军进攻外蒙古诺门坎蒙古军，有意试探苏联的态度。8月20日，苏军进行反击，日军第23师团被歼灭大部，日本当局意识到北进将会损失惨重；此外，8月23日，德国与苏联签订《苏德互不侵犯条约》，日本见到希特勒如此对待苏联，当然不敢扩大事态。8月30日，上台不几天的近卫内阁因为对苏失败和在中国战场上没有进展，不得不辞职，阿部信行内阁成立。新内阁急忙于9月16日与苏联方面签订《诺门坎协定》，停止战争，专心南下。

1939年9月18日，蒋介石指示新任驻美国大使胡适，加强对美工作，争取美国在反日问题上早日表态。

1940年1月16日，日本海军大将米内光政组建内阁，积极推行海军进行太平洋战争的主张，"南进"步伐加快。精明的美国人对日本的意图不会不清楚，1月26日，美、日协商失败，美国对日禁运开始。

此时，欧洲战场的压力越来越大，1940年5月13日荷兰投降，6月17日法国投降，英法等国的军队在德国军队的追击下，进行了著名的"敦刻尔克大撤退"，在德军追赶下从欧洲各地败退而来的30多万军队和难民逃往英国。德国军队隔着英伦海峡发出了进攻英国的叫嚣，战局的变化对美英等国越来越不利。7月22日，因为进行战争准备不够，日本米内光政内阁倒台，由近卫第二次组阁。近卫与陆军大臣东条英机、外务大臣松冈洋右相勾结，提出了"建立大东亚新秩序"的设想，由过去的"东亚新秩序"前加上一个"大"字，显然是针对美国、英国而言，准备占领西方在东南亚和亚太地区的殖民地。在近卫和裕仁天皇秘密策划下，于7月27日在大本营、政府联席会议上提出了《世界形势的变化及时局处理纲要》，主题是"在迅速解决中日战争的同时，尤其要努力促使国内外形势好转，抓住有利时机解决南方问题"。（森松俊夫：《日军大本营》第195页）近卫要求侵华日军尽快解决中国战场，同时部署南进行动。美国在声称保持"中立"的同时，开始在远东地区实施"彩虹计划"。

1940年8月1日，日本当局正式提出了建立"大东亚共荣圈"的侵略口号，并于次月间，为执行南进政策，派出两个师团入侵印度支那半岛，在海南岛部署200架军用飞机，在印度支那地区和中国沿海增派军舰。针对日本的侵略企图，10月12日，美国总统罗斯福宣布："美国援助被侵略者；无意屈服于胁迫、威吓，而走向独裁者们所指示的道路。"英国首相丘吉尔也于10月17日再度开放已经封闭3个月的滇缅公路，中国唯一陆上进口物资运输线终于恢复。

1940年11月5日，罗斯福第三次当选美国总统，援华政策基本确定。11月9日，蒋介石宣布，中英美三国将进行合作。主要内容为：坚持九国公约门户开放与维护中国主权、领土、行政完整之原则；反对日本建设"东亚新秩序"或"大东亚新秩序"；认定中国之独立自由为远东之和平基础，亦即太平洋整个秩序建立之基础。具体措施是：英美两国向中国提供2亿至3亿美元；美国每年贷款给中国购买美国战斗机500架至1000架，本年度内提供200架至300架；英美派遣军事与经济、交通代表团来华，组织远东合作机关，代表团成员即成为中国政府的顾问；英美向日本宣战时，中国陆军全部参战，空军基地由中英美联军使用。

之后，英美等国相继兑现承诺，蒋介石非常高兴，在1940年12月14日的日记中写道："美参战时期日近矣。"12月29日，美国总统罗斯福发表了著名的炉边谈话，表示美国将成为民主国家的兵工厂，将全力以赴支持反法西斯国家的抗战。

　　1941年3月11日，日本凭借武力签订《日、泰、法、越协定》，得以控制越南。日寇是在1940年11月间借泰国和越南发生冲突之际，以调停的名义，占领东南亚地区，震动了美英等西方国家。还在日本插手东南亚期间，罗斯福于1941年1月16日，召集最高决策层会议，讨论美国的安全问题。1月29日，美国又和英国讨论远东地区的安全问题。3月11日，美国国会通过《租借法案》，规定战争期间美国支持盟国作战，战后再清理账目结算。（根据这一法案，美国共支持反法西斯阵营470多亿美元，其中五分之三给英国，五分之一给苏联，五分之一给中国和法国。支持苏联的五分之一中就有12000余架飞机、10000辆坦克、14万辆汽车以及其他战争武器）

早从1940年起，为让中国拖住日本、制止日本发动侵略西伯利亚的战争，苏联就增加了对中国的援助。抗战开始以来到1939年，苏联提供的援助是1亿美元，从1940年到招致德国侵略为止，苏联提供2亿美元，其中主要是重型武器、军事装备、汽车等运输工具。1941年4月13日，斯大林得知德国正在策划进攻苏联后，对中国态度更加热络。同时，与日本签订《苏日中立条约》，以牺牲中国利益为代价，取悦于日本军国主义分子，以减少日寇北侵的危险。

1941年4月9日，美国同日本签订《美日谅解案》，主要内容为：中国独立；日本军队于2年之内撤出中国领土；中国领土完整；无赔偿；恢复门户开放政策；国民政府和南京汪伪政权合并；日本停止向中国大规模移民；承认"满洲国"。这一协议，以"九一八事变"前的态势为依据，以承认日寇对中国东北的侵略为条件，牺牲中国的主权和领土完整，但是明确提出要日本在2年内撤出中国主要地区。

在当时背景下，苏、美两国对日签订条约的行为是对日寇的变相鼓励，不利于反法西斯作战。中国共产党在1941年5月25日的声明中，强烈谴责了苏美两国与日本当局炮制的"远东慕尼黑阴谋"。由于日本在与苏联签订中立条约后，对美国的态度强硬起来，美国不甘作出更大的让步，很快调整了对日政策。

1941年5月6日，罗斯福认为"中国防务对美国国防是很重要的"。（1941年5月7日《中央日报》）在此前后，日本外相松冈洋右提出要美国承认汪精卫伪政权，承认日本拥有对南太平洋地区资源的开发权，停止援助英国。这一不知天高天厚、狂妄自大的军国主义者的无理要求，理所当然被美国拒绝，日美两国中立条约也因此而告吹，两国关系迅速恶化。5月23日，美国官方向中国大使胡适表示，在未与中国政府协商以前，美日之间将不会再签订任何协议。不仅如此，在中国政府的要求下，美国政府通知日本当局，将在已签订的《日美谅解案》中删除承认伪满洲国和要求重庆、南京政权合流的内容。5月27日，罗斯福总统发表了第二次炉边谈话，表示将继续支持中国和英国的抗战。6月1日，中美两国决定"美国于战争结束后，放弃一切在华特权"。（1941年6月2日《中央日报》）6月9日，美国援助中国的100架Ｐ－40型战斗机开始交货。在6月22日德国发动对苏战争后，美国援华步伐加大。7月12日，美国通过了《向中国提供飞机的短期计划》，并准备用燃烧弹轰炸日本。7月15日，美国宣布冻结日本在美财产，美国的一些盟国同时宣布废除对日通商条约。7月25日，中美英三国在重庆协商保证滇缅路畅通问题。7月26日，美国组建了以麦克阿瑟为司令的远东陆军司令部，负责对日防卫作战。8月1日，美国宣布实施对日全面石油禁运。8月14日，美国罗斯福总统和英国丘吉尔首相，在大西洋的一条军舰上，发表《大西洋宪章》，明确宣布，没有本国人民的同意，任何变更领土管辖权的做法无效；各国人民有选择本国政体的权利；在粉碎纳粹后，建立和平秩序。这一文件成为反法西斯阵营的基本纲领。8月17日，罗斯福对日本驻美大使野村吉三郎严正表示："日本如为军事支配邻近国家而再有任何措施，则美将立即采取一切必要的手段。"（古屋奎二：《蒋"总统"秘录》第12册第168页）8月22日，美国严正警告日本不得侵略泰国、荷印、马来亚。8月24日，丘吉尔发表谈话，强烈谴责日本对中国和越南的侵略，警告日本不得侵略新加坡、菲律宾等国。10月2日，美国国务卿赫尔拒绝了日本当局提出的《美日谅解案修正版》。10月10日，美国军事代表团到达重庆，商议修建云南至仰光铁路，扩大援华物资运输。10月22日，美国援助的常规武器——48门大炮和1万余挺机关枪到华。可以说，美国为组成国际反法西斯统一战线作出了很大的贡献，已经进入"支持中国抗战时期"。

日本在德苏战争爆发后，组编了以饭田祥二郎为司令官的第25军，准备对南洋作战。1941年7月2日，日本御前会议制订了《随情势推移的帝国国策纲要》，确定"首先南进，相机北进"。7月12日，因为对美交涉不顺，松冈只得辞职，近卫在辞职后又连任首相。9月6日，裕仁天皇批准主要是发动对美战争的《国策纲要》。10月16日，近卫因为在中国战区的作战和对美交涉没有进展而辞职。10月18日，一心想扩大战争的东条英机组阁，上台的第一件事就是于

11月2日完成对《帝国国策实施要领》的修订，3天后获得御前会议批准。《实施要领》决定：趁德国攻占苏联西部的有利时机，加快备战太平洋战争。如果对美国的谈判不能满足日本的要求，在短期内发动对美、英、荷的战争，时间定在12月上旬，陆军、海军大臣要做好开战前的一切准备。11月6日，日本大本营参谋总长杉元奉裕仁天皇之命，下达了作战命令。一场血战已经不可避免！

1941年11月7日，日本提出的谅解案被美国拒绝。11月16日，日本当局又派前驻德国大使来栖三郎赴美游说，抛出新的修订案，美国方面考虑到参战需要时间准备，于是准备就新方案与日本方面谈判，以签订临时协议，并提出"日本仅在北越保留25000人，有限度地恢复美日通商，中日间任何问题之解决应基于和平、法律、秩序、公正原则解决"三项谈判原则。美国虽然提出了这些原则，但在如何确保日本遵守"和平、法律、秩序、公正原则"既没有措施保证，也没有时间限制，实际上是变相出卖中国利益来换取与日本的妥协。

当蒋介石从驻美大使胡适的报告中得知这一消息后，十分焦急，立即指示胡适和正在美国上层圈内寻求对华支持的特使宋子文，向美国国务卿赫尔、海军部长诺克斯、陆军部长史汀生转达中国政府的意见，阻止美国政府的妥协。在收到1941年11月24日胡适关于美国不愿改变立场的电报后，蒋介石又亲自致电丘吉尔，请他出面劝说美国改变态度。由于丘吉尔的坚决反对，罗斯福改变态度，不仅取消与日本订立临时协议的计划，而且向日本提交了《赫尔备忘录》和《和平方案》，明确主张：日本必须撤出在中国和越南的所有军队与警察；日本放弃在中国之一切治外法权；美国只承认和援助中国重庆政府；日本不得对太平洋安全作出有抵触的解释。在遭到日本方面的拒绝后，11月27日，赫尔不失幽默地对诺克斯、史汀生说："局面已经转移到你们陆海军手里了。"

日本方面接到美国的备忘录，于1941年11月26日下令南云中将指挥的联合舰队从择捉岛基地出发，开往珍珠港。日本首相东条英机于11月30日，公开声称要对敌国美国、英国进行打击。

太平洋地区的局势顿时紧张起来，罗斯福结束休假返回华盛顿；英国在新加坡于12月1日宣布戒严，次日"威尔斯亲王号"和"却敌号"战列舰到达新加坡。

12月6日，美国还想以和平方式解决太平洋地区的紧张状态，罗斯福要日本大使野村转达美国愿意继续与日本谈判的信息，但电文却被已经准备对美国实施不宣而战的日本军方，拖延至海空军已经实施偷袭珍珠港行动一小时后才送到天皇手中。

1941年12月7日晨7时55分，不平静的太平洋记下了日寇的侵略罪行，美丽的夏威夷在日机的轰鸣声中震动，热闹的珍珠港在炸弹的爆炸声中颤抖，一艘艘战列舰在下沉，一架架飞机在燃烧，一直优越感十足的美国军队遭受到空前的失败！美国终于尝到了纵容侵略的恶果！美国的失败令人遗憾，因为日本偷袭珍珠港的计划，已被美国情报机构从日军往来电报中截获，罗斯福总统也已在日军行动前80分钟下达了要求夏威夷陆、海军指挥官严防日军偷袭的指示，不知何因，可能是因为美国军方不相信日本会偷袭珍珠港，可能是因为值班军官的失误，罗斯福的电报到达夏威夷时，日本的偷袭行动已经结束。仅仅是因为一个电报被推迟发出，仅仅是因为一个不大的失误，竟然造成如此大的损失。

日军在偷袭珍珠港的同时，开始对中国香港、菲律宾、马来亚进行空袭。

1941年12月8日，美国总统罗斯福宣布对日宣战。

美国参战，蒋介石非常高兴，他感到庆幸。在他看来，珍珠港事件爆发，使得美国在支持中国抗战方面不可能再后退，日本的战争行动已经迫使美国义无反顾地投入反法西斯大战；美国有足够的实力，无论是经费、军事装备还是战略物资方面都有着其他任何国家所不能比的优势，中国战场需要美国的援助；在此之前，中国战场的最终结果暂时难以预料，而太平洋战争爆发后日寇必败无疑。1941年12月8日上午8时，蒋介石召开国民党中常会，决定对日宣战，并且提出反法西斯战争三原则：一、太平洋反侵略国，应即成立正式同盟，由美国领导，并推举同盟军总司令；二、要求英、美、苏与我国一致实行对德、意、日宣战；三、联盟各国应相互约定：在太平洋战争胜利之前不单独对日媾和。蒋介石提出的适用于整个反法西斯阵营的三原则，对于争取美援，提高他在美国人心目中的地位是有一定作用的。

1941年12月9日，中国国民政府主席林森根据国民党中常会的决定，宣布对德、意、日进入交战状态。中国政府在对日宣战声明中指出，在中国以武力从事自卫之时，就希望日本认清征服计划必败。战争发生以来，其他各国亦均表示最大的同样容忍，希望日本为着眼整个太平洋区域的和平而改弦易辙。

但日本长期企图征服中国失败之后，不但未曾表示任何悔改迹象，反而变本加厉开始攻击中国的盟友美国和英国，从而扩大侵略活动的范围，成为正义与世界和平之大敌。为此，中国政府正式对日宣战，并进一步宣布有关中日两国之一切条约、协约、盟约，自此一律无效。

这可谓之迟到的宣战，日本打进国门已经十年有余，日寇在中国广大地区扩大战争已经4年，中国人民早就用自己的抗战行为向日寇宣战，国民党蒋介石至此才宣战，从中可见他们对抗战前途和对日作战缺乏应有的信心，反映出蒋介石始终没有放弃与日

蒋介石在视察美援武器

谋和的打算。直到欧洲战争和太平洋战争爆发后，西方主要国家全部加入反法西斯阵营后，他才敢挺起腰来直言抗战和对日宣战。

1941年12月11日，罗斯福宣布对德、意两国宣战。随着美国的宣战，英国、加拿大、澳大利亚等国相继宣布对法西斯开战。

蒋介石致电罗斯福，再次建议在中国重庆进行谈判，建立以在东南亚有利益所在的美国、英国、荷印（印度尼西亚）和中国、苏联为中心的反法西斯盟军政治中心。罗斯福、丘吉尔很快回电同意，苏联以无力东顾为由而拒绝与会，荷兰已无实力也没到会。

1941年12月23日，中、美、英三国代表在重庆举行会议。英国代表魏菲尔强调美国援华物资必须拿出一部分支持缅甸的作战，美国代表勃兰特也认为如果缅甸不保，美国援华没有通道。中国代表何应钦尽管对此不满，但为了稳住美援和保住援华物资通道，同意出兵进入缅甸作战。会议最后通过了《远东联合军事行动初步计划》，主要内容为：保卫缅甸；中国提供东南和中部空军基

地，对日本基地及建筑物发动空军攻势；中国军队向日军据点发动进攻，牵制日军；向中国军队提供武器装备，为最后实施反攻做准备；中美英为大反攻做准备；希望美国组织永久机构。蒋介石还希望能与美国讨论，以决定中美联合作战和援助中国空军计划。

在12月25日香港沦陷前后，罗斯福、丘吉尔在华盛顿召开会议，决定组建参谋长联席会议和军需分配委员会，成立中缅印战区。

至此，中国同美国、英国的军事合作正式形成。从此，在远东地区和欧洲、北非地区三大战场上对法西斯作战的反法西斯阵营终于诞生。

侵略者嚣张——抗日战场苦战日寇

太平洋战争爆发后，日寇在中国战场的主要任务是：解决因为国土面积有限和发动侵略战争不得人心因素所导致的军力、人力、物力不够应付偌大战场需要的难题，把中国战区变成太平洋战争的"后方基地"，以实现"以战养战"的目的。

敌后战场反击"围剿"

要实现征服中国的目的，主要手段有二：一是要控制中国，需要把各战区连成一片，各战区连成一片需要南北大动脉贯通，要保持津浦线畅通和打通京汉、粤汉路，需要与国民党军队决战，在以武汉周边地区为中心的作战一直没有实现这一战略目的。二是要维持占领区的秩序，要保证占领区交通和通信的畅通，要镇压占领区人民的反抗。要做到这些，需要和在广大敌后地区活动的八路军、新四军、东北抗联及游击队作战，但在人民战争的汪洋大海中，日军根本无法予以控制。人民军队在人民群众的支持和帮助下，集中以消灭敌人，分兵以发动群众，神出鬼没，声东击西，四处出击，活跃在敌人心脏里。正是因为日寇有着上述两个政治图谋，又存在着与其政治图谋相对应的两大障碍，因此为消除障碍，日寇对正面、敌后两个抗日战场发动了大规模的进攻，中国人民的抗日战争进入最为艰苦的岁月。

日寇在两个战场向中国军民发动进攻，重点是敌后战场。在1941年间日寇动用侵华兵力的75%，1942年间日寇动用侵华兵力的63%，对付敌后战场。仅在华北地区，华北派遣军司令官冈村宁次强制推行"治安强化运动"，实行保甲制度和"连坐法"，把日占区称为"治安区"，把游击区称为"准治安区"，实施镇压和怀柔相结合的政策，并且在靠近根据地的边缘地区制造宽达几十公里的无人区。日军把根据地称为"非治安区"，实施"三光政策"。在日寇的"囚笼"策略下，到1944年间，日伪在华北地区共修筑了10000多个据点、30000多个碉堡和10000多公里的封锁沟。同时，日寇加紧进行大"扫荡"，实施"分进合击、铁壁合围、捕捉奇袭、纵横扫荡、拉网合围"，1941年至1942年间，日寇组织的动用兵力千人以上的大"扫荡"就有174次，总兵力达83万人次，最多的一次使用13万余人，"扫荡"时间最长的达3个多月。日寇所到之处，就是一片火海，一洼血河，一堆尸体，一堆废墟。仅在1941年1月25日，在晋东南潘家峪，3000名日伪军一次杀害了该村的1320人，其中包括婴儿、儿童、孕妇、妇女、老人，幸存者不足400人。类似的大屠杀事件在日寇"扫荡"时层出不穷。在对东北、华中和华南抗日根据地的频繁"扫荡"和"清乡"中，日寇也是凶暴无比，滥杀、滥抢、滥烧、滥奸。

在日寇加紧"扫荡"根据地的同时，国民党军队内部的"曲线救国论"也在发酵。自1938年底河北省保安司令张荫梧提出这一卖国理论后，一些国民党将领开始效仿。1940年间，蒋介石任命庞炳勋为第24集团军总司令兼河北省主席，并通过陈布雷转告庞氏要"宁肯失地于日寇，不能失权于共党"，因此1943年5月庞炳勋在被日寇打败后，干脆"委屈求全"投降日本，搞起"曲线救国"。国民党山东省主席牟中珩对"曲线救国"解释得非常透彻，他说："宁当伪军，别干八路，当了伪军是曲线救国，日后反正，中央（蒋介石）还能收留，干了八路中央就永远不予原谅了。"牟中珩深得蒋介石的真经：认真抗日，国民党军队被消灭，削弱的是蒋介石发动的实力；降日后有机会再反正，还是蒋介石的军队。在日寇加紧打击，在蒋介石第一、第二次"反共高潮"中，国民党军队中出现"曲线救国热"，到1943年间，共有50万军队投降日寇，其中有高级将领58人，国民党中央委员20人，代表人物有庞炳勋、第39集团军副总司令孙良诚、新编第5军军长孙殿英、新编第4师师长吴化文等人。降日军队占全部伪军的62%，伪军的增加，成为日寇"以华治华、以战养战"的主要依靠力量。为补充日军兵力之不足，不少"扫荡"都是由伪军充当主力，不少据点主要由伪军防守。同样，助纣为虐、顽固不化的伪军也成为人民军队打击的对象。

面对日寇的残暴"围剿"和国民党顽固派的"反共摩擦"，中共中央决定开展广泛群众性的游击战争，实行主力兵团地方化、地方武装群众化，大力发展地方武装与民兵，开始反扫荡、反蚕食、反清乡运动。八路军、新四军、东北抗联和游击队继续战斗，在全面抗战的第5、第6个年头，共对日作战42000次，平均每天对日作战57.8次，毙伤俘日伪军33万人，缴获各种武器10余万件。

例如1941年8月，冈村宁次集中130000兵力，分13路合击晋察冀边区，屠杀了5000多名无辜百姓和600多名抗日干部，烧了15万间房屋。晋察冀军民在两个月内作战800次，打死打伤俘虏日伪军8000余人。1942年的冀中"五一大扫荡"，日寇在6万平方公里范围内修建了1500个据点，700多辆巡逻车在网状公路上日夜巡逻，3个师团和2个旅团进行"全面扫荡、纵横合击、对角清剿、张网捕鱼、反复围剿"，结果被冀中军民消灭日伪军10000余人，粉碎了日伪军"确保华北、先保平原"的企图。1942年5月，日寇60000人"扫荡"太行山，129师灵活作战，奋起反击，消灭日伪军5000余人。第18集团军副参谋长左权也在这次战役中牺牲，他是抗战中在前线牺牲的八路军最高指挥官。

在抗战前线殉职的中共著名将领还有东北抗日联军第1路军总指挥杨靖宇、新四军第4师师长兼淮北军区司令员彭雪枫、东北抗日联军第2路军副总指挥赵尚志、东北抗日联军第5军军长柴世荣等英雄；在反击国民党顽固派前线牺牲的中共著名将领有新四军副军长兼中共东南分局书记项英、新四军政治部主任袁国平、新四军参谋长周子昆等；被国民党顽固派杀害的中共领导人有中共驻新疆代表陈潭秋、中央工农民主政府国民经济部长兼新疆财政厅长和民政厅长毛泽民等；在抗战时期病故的中共著名领导人有120师政委关向应、129师政委张浩等。人民永远怀念这批中华民族的菁英，写下了不少纪念他们英勇业绩的诗篇。朱德总司令称颂他们为："吾华好男儿，正好抗日死。民族赖以立，国亦得所恃。捍国不惜身，伟哉诸同志。寰宇播英名，千古传青史。"陈毅在左权牺牲时也写道："五年以来，在江南苏北河朔淮扬燕岱纵横驰骋，喋血沙场，几许热心头颅名昭史册；四方转战，集川湘赣闽吴粤豫楚黔越海外侨胞，工农贤俊，无数中华儿女誓复河山。"

日寇在华中地区实施残酷的"清乡"计划。在华中一望无际的大平原上，日军依靠机械化装备和强大的火力，逐村逐乡进行"清剿"，只是浩浩荡荡的军事行动没有换来应有的成果。如在1941年7月、8月间，日伪军25000人，"扫荡"新四军军部所在地盐城、阜宁地区，新四军苦战34昼夜、作战135次，毙敌5000余人。次年11月，又击溃日伪军50000余人的大"扫荡"。人民群众在中共各级组织的发动下，组织起来，在水网地带，筑水下坝，阻止日伪军的汽艇行进。在苏中区，曾经在一夜之间，将天生港至南坎镇间用来封锁游击队的200里篱笆烧毁。

敌后战场的存在，造成日寇交通时常中断，通信不畅；"扫荡"时在前线挨打，收军后只能在碉堡内活动；农村不安全，城内不安全，据点内也不安全；日军因为八路军、新四军、东北抗联和游击队的存在，风声鹤唳，草木皆兵。因此，其掠夺粮食、矿产等战略资源的行动受到严重干扰，敌后战场已成为日寇实施"以战养战、以华制华"的最大障碍。

正面战场力克日寇

日寇在加紧进攻敌后抗日根据地的同时，也在正面战场上进行了一些较大规模的作战。日军进攻的目标，是牵制中国军队协助对香港地区的进攻和扫荡美军在中国使用的前线基地。中国军队进行了顽强抵抗，有效遏制住日寇扩大占领区的行动，在部分正面战场上国民党军队的主动权有所增加。

打通粤汉铁路一直是日本华中方面军的主要作战目标，但是苦于没有实力无法实现。太平洋战争爆发后，牵制中国军队，配合香港地区的作战，是华中方面军的基本任务。1941年12月13日，日军第11军司令官阿南惟几决定进行第三次长沙战役。第11军在岳阳集中了第3、6、34、40等师团共12万余人，阿南惟几本人也从汉口飞到岳阳指挥。

指挥第三次长沙反击战的是第9战区司令长官薛岳。在1941年12月中旬，日军向岳阳调动时，薛岳已经觉察出日寇的动向，开始集中兵力，准备迎战。参加长沙会战的有罗卓英的第19集团军、夏楚中的第69军、萧之楚的第26军、夏首勋的第78军、孙渡的第58军、陈沛的第37军、傅仲芳的第99军、李玉堂的第10军、彭位仁的第73军、欧震的第4军、王耀武的第74军、韩全朴的第72军等部。

1941年12月23日，日军第4师团到达新墙河，会战正式开始。27日，日军突破汨罗江防线。中国军队第134师、133师、37军、97军进行了英勇的抵抗。其中在固守傅家桥战斗中，王超奎营一直战斗到全部牺牲为止。日军进占汨罗江南岸时，日寇已经占领香港，本该暂时结束攻势，但狂妄的阿南惟几错误地认为长沙中国守军不足，于12月29日下令进攻长沙。此时日军已经过近10天作战，在雨雪交加的气候中，连遭中国军队阻击和进攻已疲惫不堪。

按照军事委员会的命令，第九战区将主力兵团转移到外线休整，留下李玉堂的第10军固守长沙。1942年元旦，日军渡过浏阳河，来到长沙东南的高地阿弥岭、林子冲等地发起攻击。中国军队开始与日军在长沙城郊和城内进行了激烈的争夺战，日军大队长加藤、横田庄三郎等人被击毙。到3日，薛岳除一方面派出第77师渡过湘江增援李玉堂部外，主力兵团从三面包抄日军。阿南惟几不得不于1月4日下达了停止"扫荡"长沙的命令。前线日军全线出击，使用了包括毒气在内的所有轻重武器，但被第10军堵在城下。4日晚，日军全线撤退，第九战区各部一路追杀，到1月16日日军逃回进攻前的原阵地。此次会战，日方报告是死亡6000余人，第九战区的报告则是击毙日军56900多人，其中包括大队长、联队长以上军官10人，俘虏日军139人。第三次长沙会战是日军由胜利到失败的转折点，中国军队不仅挡住了日军的进攻，而且还在作战后期部分转为进攻作战。蒋介石也称赞说："此次长沙胜利，实为'七七'以来最确实而得意之作。"

第三次长沙会战失利后，日军的作战重点还是在南方。1942年4月18日，从太平洋上美国航空母舰"大黄蜂号"上起飞的16架 B–25轰炸机，远征日本，轰炸日本东京、大阪、横滨、名古屋等城市，因为轰炸地点不同，有5架轰炸机在第三战区的浙江机场上降落。一直在等待"圣战"胜利消息的日本人民，等来的却是盟军的炸弹，他们开始真正感到了战争和死亡的威胁。日本当局为了安定人心，决定夺取中国军队控制的沿海机场，堵截美国轰炸机利用这些机场作为攻击日本的前进基地。

1942年5月中旬，日本当局从华北方面军、华中第11军和第13军中各抽调一部共14万余人，由第13军司令官泽田茂中将指挥，开始向金华地区发动"扫荡"。

中国方面由顾祝同的第三战区指挥，集中了李觉的第25集团军、王敬久的第10集团军、上官云相的第32集团军、唐式遵的第23集团军和另外4个军，第九战区也出动3个军协同作战。

1942年5月15日清晨，浙赣会战开始，日军5个师团和2个旅团，从余杭到奉化一线向金华方向进攻。第三战区各部一方面逐次抵抗，另一方面向敌后转移兵力。5月29日，日军占领金华、兰溪，中国军队撤出该地，向衢州方向集中。衢州是日军此次战役的目标，也是顾祝同预定的与日军决战的地点。但由于日军从缅北开始向云南进攻，直接威胁西南大后方，局势严重，衢州有无已不重要，因此蒋介石电示顾祝同放弃在衢州决战计划，保存实力。6月7日，衢州城内的中国守军突围而去，日军占领该城，并破坏了衢州机场的全部设施。6月15日，第三战区总部所在地上饶也落入日军手中。

为配合浙赣会战，阿南惟几指挥驻赣东的第11军3、34师团等部共4万余人，由南昌向东进攻，一路陷进贤、都昌、鹰潭、弋阳。另一路日军向温州地区发动进攻，1942年7月11日占领温州，瓯江运输线也被中断，第三战区的海上交通和沿海美军潜艇补给受到影响。日军占领温州后，又向温州南面沿海地区进行"扫荡"。7月24日浙东南的日军占领丽水，破坏丽水机场。日军共占领48个县共10万多平方公里，中国军民死伤25万人，中国军人阵亡4万余人，占领区建筑财产损失严重，衢州、上饶、金华等城市受到重大破坏，衢州、丽水、玉山三大美国空军可以使用的前线机场被彻底破坏，浙赣铁路毁坏更甚。7月28日，日本当局破坏东南沿海机场的作战目标已经实现，因此下令停止浙赣会战，只固守金华地区，浙南其他地区的日军从8月中旬起逐步撤出新占领区，第11军也于8月27日返回南昌。随着日军的撤退，第三战区趁机追击，到8月30日止，浙南地区除金华和兰溪外，基本恢复浙赣战役前的状态。日军在浙赣会战中伤亡近35000人，其中死亡1600余人。

浙赣战役结果说明，日军的进攻持久力已经大幅度下降，即使占领了新的地区也无法固守，在这种情况下，中国军队避其锋芒，在进行必要的阻击和消灭部分敌军力量后主要撤离一线战场，进入广大腹地，待日军因为运输和战争中的消耗无法固守而主动撤退时，中国军队则抓紧时机进行追击战，既保存了实力，又可以收复失地。以后，正面战场上的许多次会战大多采用这一战略。但是，这种战略有很多弊端，一是日军可以在较短的时间内，尽可能多地占领新的地区，在新占领区内烧杀掠抢，无恶不作，中国人民的损失更大；二是日军在没有遭到中国军队强硬抵抗的情况下，可以较快地速度占领新的地区，又可以抢到更多的财物和杀人取乐，鼓起了日寇的侵略欲念；三是因为战役初期退让，日军撤退时才开始进攻，因此一些国民党军队的中高级将领，贪生怕死，争功诿过，这往往给国民党军队带来不必要的损失。

1943年8月28日，日本大本营制定了《昭和十八年秋季以后支那派遣军作战指导大纲》，决定由华中第11军"进攻常德附近，消灭中国军的主力，摧毁中国第六战区的根据地，使得中国军无法继续作战，而牵制可能到云南去的中国军兵力，以策应南洋方面的作战"。日军此次战略，既不能起到影响中国战局的作用，在广阔的中国抗日大后方，有着无限的伸缩空间，日军对任何一处的进攻，只能对部分地区产生影响；也不能起到影响中国远征军作战的作用，中国战区联合部分英军，在缅甸发起反攻作战，不可能因为中国正面战场一场战斗而改变战局，中国数百万军队不可能因为常德会战所需要的几十万军队而减少派到云南、缅甸去的远征军。这说明日军在中国战场，已经没有什么有效制衡中国军队的新招，再也不可能发起类似淞沪、忻口、武汉那样的改变整个战场态势的会战。

日军从1943年10月开始集中兵力，因为没有现成的后备军队可以使用，只得从鄂西北、赣北、皖南等地调兵，共有3、16、32、34、39、68等师团一部和第17旅团约10万人，由第11军新任司令官横山勇指挥。如此大范围内的军队调动，很快被中国军方所察觉，并且根据日军集结点是在洞庭湖西北一线的华容、石首、江陵一线，判断出日军的进攻方向，应该是渡过澧水进攻洞庭湖西南的常德一线。蒋介石命令第六战区调集军队准备迎战，为增加指挥权威，还让在同年2月间出任远征军总司令的陈诚回任战区司令长官以取代代理司令长官孙连仲。第六战区集中王缵绪的第29集团军、王敬久的第10集团军、周岩的第26集团军、冯治安的第33集团军、王耀武兵团；薛岳的第九战区，也派出李玉堂、欧震两兵团参战。中国方面共出动16个军。

1943年11月2日晚，常德会战开始，日寇从宜都到华容近300里的战线上，兵分4路向南推进。6日，由第10集团军和第29集团军一部防守的第一道防线被日寇突破，双方进入交叉混战状态。14日，日军占领常德门户石门，中国军队转入慈利一线抵抗。18日，慈利失守，常德已无险可守，常德保卫战开始。到24日，日军4个师团已经兵临常德，双方陷入苦战之中，到攻防战的第3天即26日，负责守城的余程万第57师，全师8315人只剩下500余人。28日，日军20余架轰炸机继续对常德城内实施轰炸，炮兵轰击中国军队阵地，步兵已经冲进东门。此时，守城部队已经伤亡达95%，武器损失达90%，所有后勤兵员全部投

入战斗。29日，双方已经进行巷战，余程万在给第六战区司令部的电报中说：

"弹尽、援绝、人无、城已破，职率副师长、指挥官、师附、政治部主任、参谋主任等，固守中央银行；各团长划片区域，扼守一屋，做最后抵抗，誓死为止。"就在此时，中国空军第4大队在上午9时30分空投一批弹药，以供急需，并且与前来轰炸的日机相遇，击落日机4架。下午，中美空军联队又空投一批弹药、食品和慰问品，但是援兵一员未到。到12月1日，只剩下中山南路和大西门一处由57师残部防守。此时，前来增援的第九战区的方先觉第10军赶到河对岸的德山，但因无法渡河而只能隔河相望。12月2日，余程万只得率领残部弃城而走，留在城内掩护撤退的169团团长柴意新等人，与日军肉搏10余次，最后全部牺牲。

增援常德的军队一直没能赶到常德。第10军于11月18日奉命行动，一路上接连遭到日军阻击，直到30日才打到德山。12月1日，预备第10师师长孙明瑾在作战中牺牲，到2日第10军还是无法渡河援助常德。与此同时，第九战区还调集9个团，由战区副司令长官欧震指挥，增援常德，但直到12月7日才攻克毛湾，与从常德城内撤退而来的余程万部会合。

此时，中国参战部队在常德周围集结成功，开始反击。1943年12月9日，占领常德仅6天的日寇突出重围北逃，从10日开始日军全线撤退。到月底，双方恢复会战开始前的态势。常德一仗，中国军队损失60000余人，作战区域内的中国民众被日寇洗劫一空。日本军队以损失10000余人的代价，抢到大批财物，但发起会战的政治、军事目标没有实现。走上穷途的日寇，离末路已经不远了。国民党军队虽说最后遏制了日寇扩张的势头，但由于配合作战不够，整体安排失当，列入战区的部队很多，真正在一线作战的不多，特别是在日寇重点进攻的常德城，和南昌、长沙、衢州、金华、上饶等地的攻防战一样，只留下参战大军中的一小部分军队防守，不可能进行有效抵抗。这样的战略，虽说最后能够把日寇逼出击，但给作战区域的民众带来了巨大灾难，也给国民党军队本身带来了重大损失。

欧洲战场出现后，日本军国主义分子将希特勒作为效仿的榜样，在战略上也开始像德国那样，以扩大侵略范围、占领更多的国家为首要目标，因此不自量力发动了太平洋战争，图谋占领整个远东和称霸太平洋地区。岂知如此战略实是把自己逼到了无法应付的地步。德国占领了整个中欧、东欧、西欧，但面临的军事压力也越来越大，每扩大一个侵略地区，就等于自己往脖子上套上一道绞索，因为德国法西斯有无限大的侵略野心，但无实现侵略野心所需要的足够的军队。日本也是这样，对付整个中国、朝鲜已经力不从心，但还不自量力发动太平洋战争，因此面临的军事压力越来越大。因为，它可以抢到战争需要的各种物资，可以掠夺中国人民的财富以补充战争经费的不足，但是它的占领区极不稳定，它缺乏维持整个占领区秩序和进攻中国抗日大后方起码的兵力。胜无从谈起，败已经开始。

（二）开罗会议，蒋介石跻身四巨头

随着太平洋战争的爆发，中国战场在世界反法西斯阵营中的地位大为提高。美、英等国为了保住在太平洋地区的势力范围，为了保住在东南亚、南太平洋地区的政治影响力，需要制止日寇对这一地区的侵略。战胜日本军国主义的侵略行为，必须借助已经进行多年抗日战争的中国战场，正如罗斯福总统在日寇占领东南亚地区后所指出的那样："假如没有中国，假如中国被打垮了，你想一想有多少师团的日本兵可以因此调到其他方面来作战，他们可以马上打下澳洲、印度——他们可以毫不费力地把这些地方拿下来，他们并且可以一直冲到中东。"（伊里奥·罗斯福：《罗斯福见闻录》第49页）中国战场在反法西斯同盟中的政治地位提升，中国政府派出远征军远征缅甸，协同英国军队作战；反法西斯同盟也增加了对中国的援助，蒋介石因此与罗斯福、丘吉尔、斯大林一起，成为世界四巨头。

远征缅甸——中国军队悲壮一页

日寇偷袭珍珠港后，和人类历史上所有的反动势力一样，总是把侥幸当成必然，把一时的胜利当成永远的胜利，开始实施庞大的侵略计划，先后占领太平洋上的威克岛、关岛，摆出一副东取夏威夷之势。稍有现代军事常识的人一看，即能发现这一步死棋，因为日本占领的关岛和威克岛，远离日本本土，缺乏有效防守的手段，是美、英等国强大的海军牵制和打击日本海军的最佳阵地，因此，从西太平洋的战略态势来论，日本在发动战争之初已经难逃失败的命运，事实也是这样，美国对日本的大反攻就是从西太平洋上开始的！

日寇扩大侵略

1941年12月8日，日军占领泰国，泰国傀儡政府与日本结成军事同盟；12月8日，登陆菲律宾；12月25日，占领中国香港；1942年1月25日，占领新爱尔

兰岛；1月26日，占领所罗门群岛；2月5日，占领新加坡；3月6日，攻占荷属东印度（印度尼西亚）首都雅加达；3月7日，进入新几内亚；3月9日，占领印尼和马来西亚。在整个过程中，日军只损失1500人、380架飞机和4艘驱逐舰。新占领386万平方公里土地、1.5亿人口。

在此前后，日军加紧在中南半岛上的军事侵略，在1940年9月占领越南和与泰国政权进行勾结、1941年11月在英国殖民地马来亚半岛登陆后，随着太平洋战争的发动，开始把进攻矛头指向英国另一殖民地缅甸。

缅甸对英国和中国来讲都非常重要。对英国来说，自日本在中南半岛和东南亚地区发起侵略后，英国的殖民地已经全部沦为日本占领区，缅甸则是最后一块英国的势力范围，当然要进行必要的防卫战，否则如何保住宗主国的政治威信？如何在新的国际格局中争得一席之地以保住大英帝国的有利态势？对中国来说，因为海上通道已为日本堵死，缅甸是中国西南后方的最后一条国际通道，西方提供的援华物资从海上运到缅甸，再从缅甸通过滇缅公路运到中国昆明后转运各战区，如果缅甸被占领，陆路中国则仅剩下西北的苏联通道，但苏联也在进行战争，不可能对华提供多少方便和援助，因而西北通道不可能取代滇缅公路。滇缅公路的重要性，决定了中国对日寇在缅甸的侵略不可能袖手旁观。

滇缅公路于1938年底修成通车。对于这条中国西南后方的交通大动脉，英国一直屈服于日本的压力设阻、干扰，并为配合日本当局对蒋介石发起的政治诱降，于1940年7月18日封锁了滇缅公路。蒋介石对于英国的落井下石之举，非常气愤，曾于7月16日发表谈话，指出："如果以滇缅运输问题与中日和平并为一谈，即无异英国帮助日本，迫中国对日屈服，其结果必牺牲

1942年1月出任中国战区盟军最高统帅的蒋介石在就任书上签字

蒋介石夫妇欢迎新到任的中国战区最高统帅部参谋长史迪威将军

中国之友谊，且必牺牲中国在远东之地位。"蒋介石下结论说："如英国果有此种行动，余可断言，英国必获极端相反之结果，其本身必遭无穷之祸"；"如英国视为停止滇缅运输可以缩短远东战争者，余复断言：其结果必更助长远东之战祸，而扩大远东之战局"。正如蒋介石所预料的一样，日本对英国的献媚并不领情，不仅在1940年8月初提出了建立"大东亚新秩序"的侵略口号，还于9月份先后出兵越南、泰国，直指缅甸。英国不得不于1940年10月间重新开放滇缅路，并且任命丹尼斯少将作为驻重庆陆军武官，专门协调中英共同保卫缅甸事宜。

按照英国方面的要求，蒋介石派出了以商震为团长、林蔚为副团长，包括杜聿明、侯腾等将领在内的赴缅甸军事考察团。考察团于1941年2月初出发，历时三个月，回国后提交了30万字的《中国缅印（度）马（来亚）军事考察团报告书》，提出了关于中、英、缅三国共同防御缅甸的建议。不久，中国军方再次向英国方面提出《中英缅共同防御意见书》。令人遗憾的是，英国还放不下老牌帝国主义的架子，坚持不同意中国军队进入缅甸作战。因此，一再坐失良机。

根据1941年12月23日，中、美、英三国军事代表制定的《远东联合军事行动初步计划》，中国方面同意出兵缅甸。作为圣诞节礼物，罗斯福、丘吉尔在华盛顿协商，决定成立中缅印战区。至此，中国同美国、英国的军事合作正式形成。

1942年1月1日，反法西斯同盟的26个成员国发表《联合国共同宣言》，由中美英苏四国领衔，其余22国则依第一个字母顺序排列签名，中国以自己的抗战业绩，终于成为世界四大国之一。

1942年1月3日，经美国总统罗斯福提议，蒋介石出任中国战区最高统帅。

这是蒋介石个人经历中，在国际上得到的最高荣誉。他对此也十分看重，在当月的《反省录》中说："二十六国共同宣言发表后，中美英苏四国已成为反侵略中心，于是我国遂列为四强之一。自我允任中国战区最高统帅之后，越南泰国亦列入本区内。国家之声誉及地位，实为有史以来空前未有之提高。"问题是，美、英等国成立中国战区、推荐蒋介石出任最高统帅，只是借助中国的军队去打仗，而非让蒋介石指挥缅甸战争，甚至不让蒋介石过问中国派出的中国军队的情况，因此，从成立战区之初就决定了蒋介石和西方盟国之间必然要发生矛盾冲突。

西方虽说成立中国战区，但对中国战区内中国境外的军事行动并没有让蒋介石指挥的意思，而是授权负有全权的战区参谋长指挥。中国战区参谋长人选的决定权，不在统帅蒋介石那里，而是由美国推荐。罗斯福推荐了约瑟夫·史迪威陆军中将，担任中国战区参谋长兼中国战区美军司令官。

史迪威中将有着完整的军人经历和在中国任职的经历。他出生在美国南方佛罗里达州帕拉特卡，1904年，22岁的史迪威毕业于著名的西点军校，后成为该校教官。第一次世界大战爆发后，他参加了战争。1920年起在中国学习中文三年，以后在美国设立的山西红十字会筑路队工作过一段时间，30年代以后任过美国驻天津部队参谋长、司令官，美国驻中国大使馆武官，直到1939年调职回国，出任美国第3兵团司令。史迪威在中国期间，正是日本军国主义势力对华一再挑衅、发动侵略战争的过程，因此他对国民党军队和日本方面的意图都比较了解，应该说他是一个合格的中国战区参谋长。作为正规军校毕业的军人，作为美国的一位将军，作为中国战区的参谋长，史迪威对中国战区内的事务当然比较熟悉，并有自己的见解；他看不惯蒋介石的行事风格和国民党的政治路线、国民党军队的战略战术，因此与蒋介石的矛盾不可避免。

在美国陆军部长史汀生通知史迪威任新职时，史迪威出于对蒋介石的了解，对担任此职有畏难情绪，因此提出为了完成保护滇缅公路和联合中国各抗日力量的任务，必须拥有对美、英、中三国军队的指挥全权。美军参谋长乔治·马歇尔和史汀生表示将全力以赴支持史迪威的工作。如果史迪威的指挥正确，那就指引远征军从胜利走向胜利；如果史迪威指挥失误，那就指引远征军从胜利走向失败。因为史迪威更熟悉西方正规作战规律，对带有游击战特色的东方阵地战并不了解，因此以西方式的军事规律和作战经验指挥远征军作战，缺少获胜的把握。

1942年1月20日，日军第15军由饭田祥二郎指挥，越过泰缅边境进入缅甸。入缅日军兵分三路：一路从泰国经缅甸毛淡棉前进的是日军第15军的2个师团；中路沿仰曼公路西进的是第55师团，进入仰光后向英军进攻的是第33师团；东路还有第18师团，尚在泰国景迈、毛淡棉一线后备。缅甸告急。

早在1941年12月24日，蒋介石与参加中美英三国军事会议的代表共进早餐时，当场向英国代表魏菲尔表示，如果英国需要，中国可以派8万人到缅甸作战。而这位死要面子的英国将军则狂妄地宣称："如果贵国军队解放缅甸，实在是英国人的耻辱。"大话好说不好收，时隔不到一月，日军即发动缅甸战役，准备消灭英军主力，切断中国的国际通道。面对日军的进攻，1942年1月23日，缅甸英军总司令胡敦急电求援；英国军事代表哈浦生求见蒋介石、何应钦，请求中国立即派遣军队入缅作战。2月16日，仰光告急，蒋介石立即命令组织中国远征军出征缅甸，中国远征军的装备由美国提供。因此，史迪威一上任，就投入组建中国远征军的事务之中。

中国军远征缅甸

在第二次世界大战中，中国出兵援助他国战场的唯一的军队——中国远征军的筹建始于1941年12月11日，蒋介石在珍珠港事件后意识到中国远征作战已经不可避免，因此先行准备组建。远征军第1路军司令长官是卫立煌，先是由罗卓英代理，卫立煌任职不到一月，又由罗卓英正式接任；副司令长官是杜聿明。编有杜聿明的第5军（下辖戴安澜的第200师，廖耀湘的第22师，余韶的第96师）、甘丽初的第6军（下辖彭壁生的第49师，吕国铨的第93师，陈勉吾的第55师）、张轸的第66军（下辖孙立人的新38师，刘伯龙的新28师，马维骥的新29师）。在远征军中，主要将领的情况如下：

罗卓英，广东大埔人，1896年出生，保定军校8期生。毕业后回家乡任过中学校长，1923年底随军校同窗陈诚进入粤军，任初级军官，后随陈诚进入黄埔军校炮兵连。陈诚日后在蒋介石的提携下飞黄腾达，罗卓英在陈诚的提携下连连高升。中原大战时，陈诚出任第18军军长，罗卓英则出任18军的基干部队第11师师长。在"反共"军事作战中，罗卓英历任要职，1934年2月，在第五次"围剿"中出任第18军军长。全面抗战开始后，罗卓英以18军军长身份参加了淞沪会战，以武汉卫戍总司令身份参加了武汉会战，以第19集团军总司令身份参加了南昌、前两次长沙、上高等会战，以第9战区副司令长官身份参加了第3次长沙会战。远征军编组时，原定的卫立煌到任一月后去任，罗卓英正式出任司令长官。

杜聿明，陕西米脂人，1905年出生，黄埔军校1期生。蒋介石下野时，杜任职的军事委员会校阅委员会取消，失业在家靠友人接济度日。蒋介石复出后，杜聿明出任徐庭瑶的第17军第25师第73旅旅长，在长城古北口抗战中，因为25师师长关麟征负伤，杜升任副师长代理师长。1934年南京政府组建装甲兵，杜聿明直接负责创办装甲兵的工作。1938年中国成立第一支机械化师——第200师，杜聿明出任师长。年底该部扩编为第5军，杜师长成为杜军长。在桂南之战中，第5军取得昆仑关大捷，消灭日寇中村正雄的第12旅团数千人，一时震动抗日战场。在援缅作战中，杜聿明曾参加军事考察团到实地考察。远征军成立时，出任副司令长官。杜聿明和胡宗南、黄杰、郑洞国、桂永清、廖耀湘、关麟征、戴笠等人一起，是蒋介石最信任的黄埔学生。

戴安澜，安徽无为人，1904年出生。黄埔军校3期生，毕业后任职国民革命军总部。中原大战后，升任团长。长城抗战时，随所在的第17军第25师在长城古北口抵抗日军，时任第27旅第145团团长。全面抗战开始后，升任第73旅旅长，1939年初升任第200师师长，6月间被授衔陆军少将。

廖耀湘，湖南邵阳人，1906年出生。黄埔军校6期生，毕业后在国民党军队中任过一些低级职务，1930年以上士军衔赴法国圣西尔军校、机械化骑兵专门学校留学。1936年毕业后回国任中央军校教导总队连长。抗战开始后，军职不断上升，到1940年6月，三年中由连长升至第5军第22师师长。

孙立人，安徽舒城人，1900年出生，美国普林斯顿大学毕业后考入弗吉尼亚军校，回国后在陈果夫的中央政治学校任初级军官。1930年，时任财政部长的宋子文组建税警总团时，这位亲英美系头目挑选了孙立人这位美国军校的毕业生出任第4团团长。税警团装备一律从西方进口，主要任务是缉私。抗战开始后，第4团参加淞沪会战，在温藻浜一线战斗中，孙立人负伤13处，后被送到香港疗伤。1938年，孙立人回到长沙的税警团，1941年11月税警团被改编为新编38师，不久被编入远征军。

中国军援缅作战，出于真心诚意；但美国和史迪威却在明里暗中图谋控制这支军队，因此极有可能在指挥作战时出现混乱；英国方面更是出于不可告人的目的，它不是为了打击日寇，也不是为了保全仰光这个出海口，只是为了掩护英军的撤退！因此，中国远征军极有可能随时被英国军队出卖。

远征军自出发起就不顺利。1941年12月11日，蒋介石即命令第6军第93师到车里，第49师到边境畹町，归英国驻缅军司令胡敦指挥。12月16日，蒋介石又电令第5、6军准备入缅。第5军开到离边境只有200里开外的保山时，因为英国方面的拒绝而停止前进。日军轰炸珍珠港后，进攻缅甸的企图已经明朗化，英国当局如果真是为了挽救缅甸战局的话，如果真是为了保住中国国际通道的话，应该放弃在日寇的枪炮面前已经一文不值的所谓宗主国的尊严，尽早邀请中国军队进入缅甸布防，严阵以待，守株待兔。遗憾的是，直到1942年2月1日，日军已经进入缅甸10余天并占领各战略要地，蒋介石也命令第6军集中于芒市、龙陵一线，等待英方派车来接。此时，缅甸的英军已经处于非常危急的境地，如果没有私心的话，应该想方设法挽回败局，最合适的办法就是邀请中国军队入缅助战。

但是英军却不急，因为英军的目标只是逃出日军重围。战场上军情紧急，但是英国当局一拖再拖，直到2月16日才同意第5军开赴缅甸。3月1日，蒋介石赶到腊戌，欢送远征军出征。3月2日，第5军第200师从中国云南下关启程，8日到达前线同固（东瓜），开始接收英军的防务，以保卫缅甸当时的首都曼德勒。

3月18日，英军全线撤退，日军紧盯不放，在皮尤河南12公里处，掩护英国军队撤退的中国军队与日军侦察部队发生遭遇战。次日，一大队日军在皮尤河边进入远征军的包围圈，大部被消灭。

与此同时，同固战役开始，主要任务是阻击经仰光向曼德勒挺进的中路日军的进攻。第200师师长戴安澜下令，各级军官必须预立遗嘱，并且规定"如本师长战死，以副师长代之；副师长战死，以参谋长代之；参谋长仍又战死，以某某团长代替"。第200师决心死守到最后一刻，戴安澜准备以身殉职。

同固战役十分残酷。日军依靠飞机轰炸、炮兵集团轰炸、坦克和装甲车冲锋，直到3月24日双方伤亡惨重，但远征军的阵地没有动摇。24日下午，日军一部带着迫击炮迂回进攻飞机场，机场一营守军被打败后放弃飞机场。戴师长决定放弃鄂克春、坦塔克阵地，固守同固。25日，同固已处于日军三面包围之下。到27日，日军占领了不少阵地，其一部在克水冈地区与赶来增援200师的新编第22师发生战斗。第22师投入同固战场对战局起了很大的作用，在参战之初就击溃了日军攻击同固的主要炮兵阵地。28日，第5军在杜聿明指挥下，向同固周边地区的日军发动攻击，但由于不熟悉战场和不适应气候，攻击没有奏效。史迪威下令，第5军转移到叶达西，再进行反攻。第5军在史迪威的命令下撤退，导致第200师军事压力倍增，戴安澜部已经弹尽粮绝。此时，远征军已经处于十分危险的境地，不仅反攻日寇的计划已经没有实现的可能，而且从仰光登陆的敌人正赶来同固，企图围歼第200师。在这一情况下，杜聿明命令第200师在3月29日夜突围。史迪威不同意杜聿明的主张，强行命令执行反攻命令，杜聿明面对这一不切实际的命令和压力，为防止无谓的牺牲，命令新编22师从侧面佯攻，掩护第200师撤出同固城。

同固战役结束后，东路毛奇远征军陈勉吾的暂编第55师，在日寇第56师团和一个联队的进攻下，于3月19日失守罗衣考，日军进入棠吉、罗列姆一线。西路的英军一与日寇接触便立即溃退，日寇一路追击，4月13日，英军提出要中国军队掩护英国军队撤退。4月17日，英军第1装甲师和装甲第7旅约7000人和装备，在仁安羌被一个大队的日军包围，竟然束手无策。东、西两路军的失败，致使远征军的平满纳会战计划不得不放弃。

仁安羌英军告急后，孙立人的新编38师从乔克巴当赶来救援。血战三昼夜，击溃赶来准备围歼英军的第33师团，消灭日寇1200人，英军7000人得以生还，撤往加里瓦。

仁安羌和同固两次战役的胜利，使得一再轻视远征军、骄狂至极的日寇，不得不放弃原来的作战计划，暂缓沿滇缅公路北进中国，先行解决远征军。远征军在前线苦战期间，英军大部却撤往缅北安全地区，原计划协助英军作战的远征军，成了孤军作战。面对占绝对优势的敌军，由于史迪威、罗卓英在指挥上的混乱，远征军第5军的3个师集中于曼德勒，而第5军军长杜聿明已经命令坦克、骑兵、工兵、运输、汽车等部于4月28日安全回国。4月29日，日军攻陷缅北重镇腊戍，滇缅公路被切断，5月3日，继续北上的日军攻占中国边境城市畹町，并且向龙陵进攻。

集结在曼德勒，已经根本不可能进行会战的第5军的3个师，还在按照史迪威、罗卓英的命令，准备与英军联手进行曼德勒会战。因为时机已失，会战决定本身就是错误的，更为可耻的是，曼德勒的英军竟然再次甩开中国军队自行逃命。占领腊戌的日军一部调头南下，准备与沿仰光北上的日军一起南北夹击曼德勒的远征军。4月30日，身为最高指挥官的罗卓英和史迪威，面对危机，不知如何是好，只是要各部队沿伊洛瓦底河西岸向密支那、八莫一线撤退。远征军已经陷于占领各处要地和做好充分准备的日军的随意打击之下。

1942年5月初，日军已经打进中国国门。一路日军接连攻克八莫、密支那；攻克腊戌、畹町的另一路日军紧逼保山。6日，日军集中数千兵力，在强大的火力掩护下，强渡怒江，被中国军队击退。9日，部分中国军队在上游渡过怒江，迂回包围正在进攻怒江的日军的后背，迫使日军放弃了强渡怒江的打算。11日，日军转攻腾冲，遭到顽强抵抗，一部分中国军队不断从惠通桥下游渡江，在日军后方进行作战，破坏日军渡江东侵计划。到6月6日，中国军队在怒江东岸固守，双方在怒江两岸对峙，战局基本稳定。

留在缅甸中部地区的远征军各部，处于撤退无路的惨境。身为最高长官的罗卓英和史迪威，擅自脱离指挥岗位，分别带领少数人徒步西行，后来到达印度英帕尔。尤其是史迪威，杜聿明还在为他的安全担心，指派参谋长带人追赶进行保护，追了两天也没有追上。

第5军第200师为掩护进行曼德勒会战南下作战，1942年4月下旬在会战毫无希望后开始北撤。他们的北撤路线最长，沿途要地均已经被日军占领。在戴安澜师长的指挥下，200师一路北撤。5月18日，遭到日军袭击，戴师长身受重伤，因为没有药品，26日光荣牺牲。余部在副师长高吉人等指挥下，历尽饥饿、疾病、伤痛、野兽的袭击，损失惨重，终于在6月17日到达腾冲，全师只剩下4000余人。

杜聿明致电蒋介石，要求把远征军撤回中国，得到蒋介石允许后，第5军96师等部，向密支那方向北撤，1942年5月9日，在加迈被日寇追杀，因密支那和八莫已被日寇占领，不得不经孟关一线北撤，在没有人烟的原始森林中，无粮无药，许多官兵倒下去永远没有站起来，部队死亡惨重，直到8月17日才回到滇西剑川。

第6、66军，在缅北地区担任保卫远征军后方的任务，但是因为日军迂回中缅边境，第6、66军在进行阻击战后也被日军挡在缅北地区无法撤回，在语言不通、地形不熟悉、气候异常恶劣、粮草弹药得不到及时补充的情况下，坚持与日寇周旋，直到1942年9月5日才冲开重围，回到滇西碧江、滇南一带。

第5军军部机关和新编22师，步行北撤，在野人山等地的山区和原始森林中遇上山洪暴发，又无粮食，死亡累累，沿途留下无数尸骨，仅22师就因饥饿和疾病一路死亡2000余人。因为北撤已经没有希望，蒋介石不得不于5月31日，命令杜聿明改道撤往印度，幸亏美国空军空投食品和药品后，部队才于1942年7月25日到达印度利多。

孙立人的新编38师，则按照罗卓英、史迪威的命令，撤往印度利多。

远征军的作战是悲壮的。远征军没有实现作战目标：原定任务是保护滇缅公路，但滇缅公路被切断；援助缅甸战场，但日军却攻占了缅北并攻进中国境内；消灭日寇，但远征军自己遭受了空前的打击，并且在撤退过程中又因病死饿死累死而损兵折将。远征军损失五分之三，出发时的10万人最后只剩下4万人。

作为第二次世界大战期间中国派出的第一支远征军，虽然伤亡过半，作战任务也没有完成，但远征军的悲壮战史应该永远留在中国人民和世界人民反法西斯斗争的光辉史册上。远征军在缅甸期间，凭着中国人的正直和勇敢，恪守国际援助准则，无私作战，英勇杀敌，结果受害于英国殖民主义军队贪生怕死、损人利己、知恩不报的本性。首先，远征军出动时，日寇在缅甸的攻势已经全面展开，十分不利于远征军防守，局势很难扭转；其次，远征军到达缅甸后，不应全面铺开，而应从实际出发，对日寇进行必要打击后主动撤出战场，进入游击区或者撤回中国和印度；第三，面对史迪威好大喜功式的与日寇会战的决策，面对英国军队损人利己的行为，远征军将领应该毫不客气地向中国最高军事当局报告，并应随时做好进行抵制的准备，避免全军陷入无法缓解的困境之中。当然，远征军在地形不熟、气候不适、语言不通、没有供给的条件下作战，更增加了失败的可能。综上所述，远征军的失败并非偶然，从其出征之日起就已潜伏下惨败的因素，但是中国军队以自己的苦战和牺牲，在世界反法西斯战场需要的时候，没有退缩，而是尽自己的最大能力和努力，写下了悲壮、凄怆的一页。

远征军的作战是失败了，但中国官兵依靠简陋武器，在供给极差的情况下英勇作战的精神，中国官兵在面临绝境、极端艰难的情况下奋勇求生的精神，不仅为中华民族所赞扬，也使得西方一些明智人士深受感动和教育，他们也看到颇有西方殖民主义遗风的政客和军人们出卖中国人民利益、损人利己行为的可恶之处。仁安羌和同固战役，轰动英伦三岛，使得孙立人将军在盟军中名声鹊起，美国总统里根伦敦给英勇作战的中国官兵及孙立人送来了皇家勋章。在几十年后，还为已经丢失勋章和证书的戴安澜的后代重新签发了美国政府当年颁发给戴将军的勋章。

中华民族和中国人民更没有忘记远征军的英勇壮举，其中对戴安澜将军的赞誉则代表了这种思念和肯定。戴将军殉职后，中共中央军委主席毛泽东赋诗赞道："外侮需人御，将军赋采薇。师称机械化，勇夺虎罴威。浴血东瓜守，驱倭棠吉归。沙场竟殒命，壮志也无违。"中共中央副主席周恩来称他为"黄埔之英，民族之雄"。八路军正副司令朱德、彭德怀称他为"将略冠国门，日寇几回遭重创；英雄羁缅境，国人无处不哀思"。

因此，中国远征军出征缅甸，是一次损兵不损志、败军不败神的成功但又悲壮的远征！远征军在北撤路上所留下的累累白骨，将成为人类纪念抗击法西斯胜利的永恒纪念碑。

开罗开会——世界三强笑谈世界

中国人民进行的抗日战争，是一场主持人类正义、消灭法西斯势力的战争，中华民族为打赢这一场战争、为人类减少法西斯的侵害已经作出了巨大的贡献，也付出了巨大的代价。但是，让中国这样一个积贫积弱的国家单独承担战争的消耗是不公正的。蒋介石从抗战一开始，就加强了对美外交努力，以争取美援。

美援的到来

在蒋介石上台后几年间，美国对南京政府和蒋介石一直比较冷淡。出现这一状况的主要原因，是对蒋介石没有照搬西方政治制度感到不满，对蒋介石的东方式专制统治能否成功抱有疑虑。国民党统治集团内的亲英美势力为扭转西方对蒋介石的看法，为树立蒋介石在西方世界的形象做过许多工作。同时，蒋介石也逐渐迎合西方人的口味，以美国为代表的西方世界从30年代中后期起开始接受蒋介石。蒋介石在对待西方列强上，采用清末慈禧太后那一套做法，一方面不允许西方人的活动影响他作为中国统治者的地位，另一方面为获得西方的支持又不惜放弃国权民利。帝国主义者在中国也就入乡随俗，既承认蒋介石作为领袖管理政府，又许以恩惠以换取在华特权和利益。

抗日战争中，美英等国之所以扶植蒋介石，还有一个重要原因就是中国全民族的抗战有助于世界反法西斯战争的早日胜利，因此把对华援助提到正式的议事日程。蒋介石在抗战之初，争取美国、英国等西方国家的援助并不顺利，主要障碍是美国和英国等国一直想以承认日本侵占东北、华北的现实，出卖中国的主权和利益，同时鼓励日本北侵苏联，以换取日本停止南侵属于英美势力范围的东南亚和太平洋地区，为此甚至不惜逼蒋介石接受日本的无理条件与日本议和投降。

蒋介石夫妇与飞虎队总指挥陈纳德将军

蒋介石为改变美英等西方国家对日本法西斯的妥协政策，也曾愿意以出卖东北主权和领土的方式换取和平解决中日两国争端，以表现出和西方国家某种程度的一致来换取西方的援助。同时，也加强了对美国的外交工作。前者，蒋介石没有走得太远，他开出的谈判价码因为日方不可能放弃对中国的占领计划而被日本拒绝；后者，蒋介石做了许多努力。

1938年9月，蒋介石任命北京大学教授胡适为驻美大使。这样做，主要是借重美国培养的这位博士在学术界的名声，改变美国对中国政府的印象，增加宣传中国抗战的分量，进而打动美国人的心。胡适也确实做了不少工作，尤其是在争取西方舆论扩大对中国抗战的正面宣传和同情中国人民的抗战方面成效显著。

1940年6月，为扩大对美外交活动和争取更多美援，蒋介石又派出时任全国经济委员会主席的宋子文作为私人代表前往美国活动，对外假称是为了"处理家庭事务"。

蒋介石之所以挑中宋子文出面是有原因的。美国从来认为，接受美国教育，欣赏美国民主方式，是负责对美外交者所应具备的重要素质，也是其作为亲美势力的基本条件。四大家族中的宋家一派西式作风，在中国政界具有至高无上的地位，更是美国官方和财界所想招揽的代理人。宋子文自南京政府成立后，在美国上层社会已经结下一张关系网。正如宋家传记作家所说："子文开始了对美国歌剧般的求爱活动，宋氏一家担任朝臣、侍女及买办的角色。他们制定条件，拎着钱袋，记下账目。"宋子文与美国的关系，又巩固了他在国民党政权中的地位，也给他带来巨大的经济利益。

宋子文到达美国时，罗斯福正在为第三次连任总统而忙碌，援华被遗忘。宋子文就像"幼儿园的保姆"一样，默默无闻地在华府活动。他曾与罗斯福总统、国务卿赫尔、英国首相丘吉尔等西方政要见面，商议中国战场的军事问题和签订中美租借协定；也曾一有机会就找美国内阁成员和罗斯福总统的密友搞公关，宴请包括联邦贷款局局长、财政部长在内的高级官员，进行游说，告知中国抗战的艰巨性和中国财政的困难度。为方便宋子文的活动，蒋介石于1940年12月23日任命其为外交部长。

罗斯福成功连任后，对华贷款进展顺利。1942年2月，美国国会通过了5亿美元贷款，比前4年总和还多出一倍。6月2日，中美两国签署《抵抗侵略互助协定》，强调中国的抗战对于美国的防御关系尤为重要，美国则继续向中国提供援助。根据这一协定，中美两国还签订《租借物资协定》，规定美国将8.7亿美元的军用物资租借给中国，以增加中国抵抗日本的能力。当然，这并非是靠宋子文个人努力得来，1940年12月2日罗斯福提议、国会批准"新信用借款"1亿美元时，美国《生活》杂志就毫不掩饰地说："中国有了这1亿美元，保证能把一百一十二万五千名日军拖住，这是一笔十分廉价的交易。"所以说美国的对华援助，既是为了帮助国民党政府坚持到抗战最后，更是为了美国的利益。当然，宋子文作为具体经办人也是功不可没的。

在美国的对华援助中，陈纳德的飞虎队立下不朽功勋。陈纳德原是美国得克萨斯州的一位中学教员，在第一次世界大战中服役，1920年加入陆军航空兵，以后在飞行学校、空军战术学校任教，因为耳聋而于1936年退役，1937年间到中国帮助训练中国飞行员。抗战开始后，他看到日军飞机在中国上空横行霸道，如入无人之境，认为中国空军实力和技术有限，建议由美国提供轰炸机和驱逐机，并招募美国飞行员参加对日军基地的轰炸行动和支持中国军队作战。蒋介石因此于1940年11月，指示正在美国活动的宋子文向美国方面提出了要求美国提供500架飞机，在中国设立机场，轰炸日军，支持中国军队实施大反攻的建议。

罗斯福总统和军方、外交部门进行会商后，认为中国提出的计划不失为行之有效的方案。1941年3月间，美国通过《租借法案》，美国飞行员可以到中国进行作战。陈纳德开始在美国招募飞行员，条件是月薪750美元，每击落一架日本飞机可得500美元。关于援助飞机却不很顺利，因为美国军方当时手中根本没有500架飞机可以调出，只得将准备交付英国的100架"P-40"驱逐机先给中国使用，1941年6月间这批飞机陆续到货。1941年8月1日，美国空军志愿队正式在重庆成立，陈纳德为总指挥。这支部队的飞机头部都绘成鲨鱼嘴状，并且定名为"飞虎队"。

珍珠港事件后，美国通过了向中国提供约13亿美元的军用物资和商品的决定。美国同意援助，但是如何把数量如此巨大的货物运到中国却成为难题。特别是滇缅公路被切断后，中国陆上的国际通道停止，地上、海上已无路可走了，唯一的办法就是从天上走。美国方面先把各类援华物资经海路运到当时处于英国控制之下的印度东北部港口，然后运到靠近中国边境的阿萨姆邦，再用飞机空运到中国西南地区。从四川、云贵到南亚印度的阿萨姆邦，要飞越横断山脉、喜马拉雅山脉、金沙江、澜沧江、怒江，航线全长1120余公里。航线并不算太长，难度在于航线沿途大都是海拔达5500米到7000米的高山，一路上山峦起伏，山连着山，峰连着峰，因此被称为"驼峰航线"。在高山顶上飞行，还有着变化不定的气候，从东南亚起飞的日军飞机经常进行拦截，因此，驼峰航线又被称为"天空地狱"。

在这条最危险、最可怕的航线上，在抗战最后几年间，分外繁忙，每天都有飞机飞来飞去。在这条航线上飞行的，是陈纳德指挥的美国第14航空队。原来美国陆军方面接受了史迪威的建议，对在中国投入空军力量并不感兴趣，正是由于陈纳德的坚持，美国空军也出面劝说罗斯福支持中国空军，以加强对日寇的打击力度。1942年7月4日，飞虎队被改组为美国空军第10航空队第23战斗大队，陈纳德也因此被升为准将。飞虎队每月运输的货物已达3000吨，在当时飞机载重量有限的情况下，能够达到这一水平殊属不易。陈纳德对自己辛辛苦苦拉出的航空队伍，还得接受第10航空队的指挥深为不满，在10月威尔基访华时，他请威尔基给罗斯福总统转交报告，再次要求拨给500架飞机。

1943年2月，美国空军代表安诺德到达中国，在与蒋介石的会谈中，蒋介石为遏制史迪威，提出应授予陈纳德独立指挥权。1943年3月，罗斯福致电蒋介石，指出第23战斗大队改组为第14航空队，由陈纳德任总指挥并晋升为少将；第14航空队要装备500架左右的各类飞机，每月运送的美援物资应增加到10000吨。3月10日，第14航空队正式成立。5月8日，罗斯福通知宋子文：自7月1日起，经由印度运到中国的货物，每月增加到7000吨，其中5000吨归陈纳德的空军，其余2000吨归陆军（史迪威控制）；如果印度阿萨姆邦机场扩展工程如期完成，每月运输将增加到10000吨。

第14航空队身负战斗和运输两大任务。航空队的空中作战取得了颇为辉煌的战绩，如在1943年7月20日飞往汉口、广州、衡阳等地上空，向日寇发动进攻，包括"零式"战斗机在内的日机起飞拦截，结果日机一共被击落153架，把一贯在中国天空横冲直撞的日本飞行员打慑了。

运输更为可观，在驼峰航线上500多架C-46、C-47、C-54型运输机每天穿梭，从每月运输80吨增加到每月最多时达80000吨。在中国的航空公司共进行飞越驼峰航线80000架次，运送乘客33000余人，由中国运到印度的物资有247000吨，由印度运往中国的物资有508000吨，合计755000吨，其中第14航空队运输了650000吨。

为维持这条运输线，中美两国人民付出了巨大的代价。复杂的航线、多变的气候、繁忙的任务以及日军的拦截，致使很多飞机坠毁在高山顶上。据不完全统计，中国航空公司共损失飞机46架，牺牲了25组机组和十余名随机人员，还有多架飞机被日本驱逐机击落。美国空军损失飞机468架，平均每月13架，牺牲人员数百人。因为美国飞机事故太多，在1943年，美国特工在缅甸组织了救护队，专门抢救坠机跳伞的飞行员，营救出125人，但不到遇难飞行员的三分之一。在这条航线下面宽50英里的地面上，散落在山头山坡上的铝质飞机残骸到处可见，在阳光下竟然可以成为飞行员的地面反光路标。直到20世纪90年代中期，在中国西南地区还发现了当年失踪的飞机残骸和飞行员的遗骨。上述这些数字，令人肃然起敬，人类就是以牺牲换来了消灭法西斯的胜利，推动了正义事业的前进。

西方和苏联对中国援助的功绩是不能否认的。其一，这些援助对中国在全面抗战爆发后坚持8年起过不小的作用，可这不仅是为了中国，也是为了世界人民的反法西斯战争的胜利。反击、打垮法西斯，是人类在20世纪上半期必须完成的一项国际性任务，否则后患无穷。正是中国人民首先站出来承担打倒法西斯的重任，并且承担了打垮法西斯任务中最艰苦最重要的部分，应该得到全世界的喝彩，应该得到全世界的支持，西方世界在这一问题上是问心有愧的。

其二，中国为偿还战争贷款，付出了大量的战略原材料和战略物资。如抗战开始后的5年间，中苏两国间5笔贷款共3.064亿美元，均属于以货易货，即拿中国的矿产、农产和其他战略物资换取苏联的常规武器。中美两国间由中国用桐油、滇锡、钨砂偿还贷款的就达上亿美元。

其三，以货易货以外，大部分贷款主要用于购买债权国的产品，中国政府在武器的选择和价格上受到较大的限制。用美国对华贷款采购军火都是由宋子文主管的公司进行，这些公司的代理人和职员，进行有关经济活动时，在价格、质量、品种、性能上屈从于债权国。此外还收受贿赂、侵吞公款、倒卖物资，使得贷款的效果大打折扣。

其四，到抗战后期，美国的援助主要用于装备蒋介石的军队，按师建制提供全套装备，这比单项、数项武器援助更能提高部队的作战力，蒋介石为此专门成立陆军司令部，管理、培训这批用美械装备起来的精锐部队。本来美国这类援助对大反攻作战是有利的，可蒋介石却把这几十个美械师大部放在大后方，没有投入抗日反攻战场，而是留待以后发动全面内战。

罗斯福在对华援助问题上，一是要求蒋介石把美援用到对日作战上。这涉及的问题有：（1）凡是在中国坚持抗日的政治力量和军事力量都应该分得美援；（2）国民党政权腐败，贪污和挥霍美援，甚至拿着美援物资到因为空袭和战争而物资奇缺的市场上进行投机，牟取暴利；（3）中国政府用美元作为基金，发行债券，但大多被四大家族成员、官员、巨商和投机商抢购。对这三个问题，蒋介石和罗斯福没有共同语言，所有美援由国民党蒋介石集团全面掌控，不要说八路军、新四军和各抗日武装拿不到美援，即使在国民党军队中杂牌军和中央军内非蒋系亲信掌握的军队都无权分享；国民党统治集团内部贪污美援和用美援牟取私利问题，是一直存在的黑洞；用美援支持财政，虽说是挪用美援，但起码用到"政府"身上，至于掌握财政命脉的政商要员们利用经济运作和政经特权赚取利润，这在一个人治高于法治、有权就有一切的社会里是难以克服的现象。当然，在如何使用美援问题上，蒋介石有着高度的政治敏锐力，即任何美援的使用都不能影响到他的个人权威，不能让美国人干涉国民党的内部事务。

二是要蒋介石对腐败和混乱的政治体制进行必要的改革。这涉及的问题有：（1）美援不能支持一个政治专制、统治黑暗的政权；（2）国民党政权必须改革；（3）建立正常的运行体制，有效遏制共产主义在战后的蔓延。对这三个问题，蒋介石和罗斯福有某些共同之处和交集点。对于国民党政权性质的认定上，美国无论是官方还是媒体，对南京政府的人权政策一直都是持否定态度，对国民党官场的黑暗一直进行严厉批评，对蒋介石本人一直把他看成是东方君主型专制的集中代表，只是因为美国政府对共产主义势力有着天然的抵触立场，蒋介石又是一个"反共"前线人物，所以专制和独裁都在"反共"光环下被掩盖，这也是蒋介石为专制和独裁自我辩解的主要理由，美国方面对此是默认的；除了属于西方殖民地的国家外，东方国家大多处于封建专制末期，实行封建君主制，相比之下，南京政府还是一个仿效西方政治体制的政权结构，一批从欧美日留学归来的人掌握着国家政权的主要岗位，通过了一个个类似于西方的法律法令，这也成为堵截西方国家对国民党政权内部腐败、贪污、渎职批评的最好的"防火墙"，西方对国民党政权内部腐败的任何批评，都在这一"防火墙"面前显得软弱无力；有效遏制共产主义势力在中国的蔓延，蒋介石和美国的执政者在这方面有着天然的一致性，美国方面欢迎中共的抗战路线和对日作战行动，但更关心的是战后中共的地位和发展的程度，所以蒋介石拒绝把美援分给中共，把相当部分的美援留在后方以培养"反共"内战实力，美国对此虽有疑义，但也没有追究。

正是因为有着上述"二类六项"的不同，所以美国方面时常和蒋介石为美援发生争吵；正是因为在上述"二类六项"中有交叉和共同点，所以美蒋之间的争吵每次都能化解，双方的合作继续进行。

喜好管他国闲事的美国舆论机构，一再对蒋介石的路线、政策和行为进行批评，特别是对国民党内部的腐败更是穷追猛打，这使得罗斯福也坐立不安，开始思考用美国纳税人的钱去维持一个反日战场到底能不能起到作用，维护一个专制和腐败的政权到底合适不合适的问题。

1942年10月，罗斯福按照美国的惯例，派出私人代表到受援国进行考察，派来中国的是刚从竞选总统中失败的温德尔·威尔基。威尔基是个严肃、认真的美国政治活动家,但是他的"严肃认真"在"东方礼貌"下无用武之地。在蒋介石的亲自关怀下,负责接待、全程陪同的是毕业于美国密苏里大学的新闻学士、时任国民党中央宣传部副部长的董显光。在董副部长的安排下,威尔基看到的尽是国民党当局欣欣向荣的景象。

在威尔基到来之前,蒋介石特意在1942年10月1日发表声明,指出威尔基是1879年美国前总统格兰特访问中国以来的第一位最高级美国人士。蒋介石之所以如此重视,用意非常明显,一是争取更多的美援,尤其是滇缅公路被切断后,中国的陆上国际通道已经断绝,只有依靠飞越喜马拉雅山的驼峰运输,但因当时航空器水平所致运输量不大;此外,由于对日进行空战的需要,增加防空力量和对日作战都需要空军,因此美国加大空军援华的力度迫在眉睫。二是史迪威上任后,指挥战绩不佳,对远征军失败负有不可推卸的责任,但是对于对日作战失败,蒋介石和国民党将领们已经习以为常,只是史迪威身为中国战区参谋长,也是美国派往中国的最高官员,此人对蒋介石的所作所为和对国民党政府的阴暗面,进行了不遗余力的批评,这其中虽然有推卸指挥远征军失败责任的因素,但也有不少确实已经打到了蒋介石的七寸,而且史迪威的身份和经历使得他的话在美国有着很大的影响力,蒋介石不能容忍这位美国将军的干扰。威尔基身为罗斯福特使,他对中国战区的印象就将成为罗斯福对中国战区的看法,获得威尔基的支持,也就可以打掉多年来美国舆论界和政界不少人士对国民党政权的批评和嘲弄。因此,加大对威尔基访华一事的投资,可以换来巨大的政治利益和经济利益。

威尔基在华逗留的一个月内,走到哪里,首先是东方式的热情——盛宴款待,然后是检阅意气风发的军队,参观书声琅琅的学校,游览整齐划一的市容,听取群众集会上慷慨陈词的演说,看望营养丰富、受到上乘治疗的伤兵,视察中国军队严阵以待的前线。威尔基把这些观感通过报告和媒体,告诉了罗斯福和美国民众。威尔基确实没有添枝加叶,也没有故意夸大,因为从威尔基看到的现象来说,他只要如实反映,就是一篇篇关于国民党蒋介石政权的颂歌和赞美诗。

问题出在他所能见到的、听到的和亲身经历的是否就是国民党统治区内的真实情况?军队里有意气风发者,但更多的是饱一顿饿几顿,缺衣少穿,依靠简陋武器,尤其是一人只有几颗十几颗子弹却要死守阵地的下层官兵们!确实有书声琅琅的学校，但更多的是在绝大部分地区根本没有学校，无数的儿童、少年、青年根本没有读书的机会！有整齐划一的市容，但更多的是穷乡僻壤，城市中更多的地区破烂不堪，到处都是乞丐、失业者！有慷慨陈词的群众集会，但更多的是国民党特务禁止人们自由集会，更多的是群众集会上对国民党特务统治和政治腐败的批评！有受到良好待遇的伤兵，但更多的伤兵医院中缺衣少穿、缺药少食！有严阵以待的防线，但更多的是国民党中上层军官们的无能、腐败和败退！威尔基见不到真实情况，当然也就只能向罗斯福汇报假情况，向美国人民提供假信息。特别是由于他一贯的"严肃认真"，他带回去的消息更具欺骗性，罗斯福和美国人民更相信他的话，美国当局对此感到欣慰，不再为投入中国战场而感到后悔，蒋介石得到的美援也在不断增加。

废除旧条约

首先，日本占领东北、华北、东南、华中、华南地区的主要城市后，特别是太平洋战争爆发以后，西方国家根据鸦片战争以来强迫清王朝签订的不平等条约，在中国的政治、经济特权已经没有实施的对象。其次，中国政府认识到废除不平等条约的时机已经成熟，中国人民已经用自己英勇抗日的壮举，赢来了祖国的尊严，奠定了在世界反法西斯战争中的地位。第三，中国发动全面抗战已经5年，罗斯福、丘吉尔、斯大林都已认识到中国战场的重要性。第四，西方国家已成为法西斯轴心国侵略的对象，北欧和西欧的一些国家包括法国已经投降德国，英国正在为防止德军冲过英吉利海峡而焦头烂额，美国也在忙于消灭法西斯，不可能考虑如何恢复在中国日占区的政治、经济特权。因此，为稳定中国抗日战场，巩固反法西斯同盟军的团结，美国准备废除旧条约，并劝说英国也同意废旧订新。

最早正式提出这一问题的是宋美龄，她在美国《纽约时报》上发表了《如是我观》一文，明确提出取消西方各国在中国的种种特权。一向紧跟蒋介石的熊式辉，此时出任中国驻美国军事代表团团长，他提出因为美国并不愿意立即废除与中国签订的旧条约，还不如中国自行宣布予以废除，他断定在当时的国际背景下，英国、美国对此不会公开反对。正在美国的中国外交部长宋子文、驻美大使胡适则认为如果这样做则不妥，因为既是合法政府，既然有理由、有机会，就应该通过合法途径，废除旧条约。

蒋介石根据罗斯福、丘吉尔发表的《大西洋宪章》，向西方国家提出"在自由、平等原则上建立新的国际关系"的要求，同时表明中国政府愿意就废除旧约签订新约与西方国家进行谈判。

在第二次世界大战中一直比较明智的美国罗斯福总统，在处理与中国签订的旧约问题上，也显得比其他资产阶级政治家高明得多。他在1942年5月以后，多次表示愿意解决这一问题。9月间，中国新任驻美国大使魏道明将同美国国务院谈妥的取消治外法权的草案电告蒋介石。10月9日，美国国务卿赫尔、英国外交大臣艾登分别通知中国大使魏道明、顾维钧，表示愿意从即日起放弃在华种种政治、经济特权，同时准备另订新的条约。加拿大、荷兰、巴西等国也作出了同样的声明。

美国、英国等西方国家所同意放弃的在华种种特权，是指1842年签订《南京条约》以来对华所有不平等条约中规定的西方国家本不应该得到的各类权利。主要内容为：

领事裁判权，规定今后在中国领土内的人民或社团，应依照国际公法及惯例行事，受中国政府管辖，特别法庭同时取消；

使馆界：使馆界内除使馆外的所有行政与管理、官有财产与官有义务，全部移交中国政府；

驻兵权：在使馆界和北宁路等区域内的驻兵权全部取消；

租界：所有租界内的行政与管理、官有财产及官有义务，全部移交中国政府；

外籍引水员：中国各口岸的外国引水员的特权全部撤销；

军舰行使特权：西方军舰进入中国领土的特权取消；

英籍海关总务司：英国放弃这一沿用多年的、控制中国海关的特权；

沿海贸易与内河航行权：在中国沿海贸易和内河航行的特权取消；

影响中国主权的其他问题以不影响中国主权为标准予以解决。

1943年1月11日，中国同英国、中国同美国正式签订了新约。新的条约主要内容如下：

撤销西方政府及其人民或公司在中国享有的种种特权；废除1901年的《辛丑条约》；交还在上海、厦门、天津、广州所有租界的管理权；在中国的不动产合理解决；西方人民享有在缔约国旅行、居住、经商的权利；待战争结束后，再与中国缔结友好通商设领事条约……

5月20日，中国和美国、英国交换新约批准书。比利时、挪威、加拿大、瑞典、荷兰、法国、瑞士、丹麦、葡萄牙也在此后不久与中国换约。

废旧约定新约的完成，得到全国人民的一致拥护。重庆举行了7万人的大游行，延安举行了盛大的集会，各非占领区的各界群众也进行不同规模的庆祝活动。蒋介石特意发表《告全国军民书》，声称中国已经与美、英、苏等大国并列，已经完全独立自主。中共中央机关报《解放日报》发表社论指出："新约的签订是中国人民多年来牺牲奋斗的光辉代价，它不仅鼓舞了中国的抗战，同时也加强了同盟国的团结，有利于反侵略、反法西斯战争。"正如《解放日报》所指出的那样，废除旧的不平等条约，签订从条约字面上看基本符合国际法则的新条约，反映了100年来深受西方殖民之苦的中国人民的要求，代表了灾难深重的中华民族自强不息的愿望。废除不平等条约之所以能够实现，是西方政府看到了中国人民具有的不屈不挠的反抗精神，是因为中国展开的全民族的抗战表现了中华民族强大的凝聚力，表现了维护国家主权、领土完整的决心、信心和能力。此外，合理解决中国和西方国家之间的历史问题，有助于反法西斯阵营内部的协调和团结，推动反法西斯战争的进程。

当然，也应该看到废旧约定新约的局限性。美国、英国虽然同意取消在华各种政治、经济特权，但不能说明西方资本主义势力已经放弃其根深蒂固的侵略欲念，不能说明西方资本主义势力已经完全放弃对华不良企图，对归还香港、澳门则没有提及。在抗日战争结束前后，西方势力在中国已经开始卷土重来。因此，中国恢复全部主权和领土完整，要在中国人民取得政治上翻身、经济上解放，完全掌握中国的命运和发展强大起来以后才能完全实现。

宋美龄访美

接受蒋介石的指令，与宋子文一起在美国为争取美国援助而努力的还有他的妹妹宋美龄。威尔基回国前，建议对西方人充满魅力的宋美龄到美国"进行一次亲善访问"。威尔基与宋美龄相处的时间有限，但对她留下了很好的印象。他在访华后是这样评价中国的"第一夫人"："她的才能出众——请恕我这种带有个人感情的说法——以及她对中国的献身精神，在美国是众所周知的。她到美国不仅会受到大家的爱戴，效果也必然乐观。她的话会比任何人的话都有力量。她具有才智和魅力，还有慷慨和谅解的胸怀，她的仪容优美，风度文雅，她的信念炽热，正是我们需要的人物。"威尔基纯属出自同一阶层内部的评述，并不代表人民和历史的评价。

宋美龄作为蒋介石的夫人，作为中国的"第一夫人"，在抗战热情方面更多地表现在外交上，通过对国际间的呼吁，以争取国际社会对中国抗战的同情和支持。

宋美龄在美国众议院发表演讲

为争取获得世界各国人民的同情和支持，宋美龄在美国等西方国家媒体上多次发表文章和谈话，谴责日寇的侵略暴行，呼吁富有正义感的政府和人民支持中国人民的抗日战争。这位"第一夫人"是这样来揭露日寇的侵略目的的："就日本军阀目前在华的行动来观察，诸君当能明了日本军阀居心的险恶和残忍，预照着预定计划，进行数年以来无日不在准备的征服中国的企图。为了达到这目的，即使完全歼灭我中国人民，也在所不惜。""日本军阀早已昭示世界，对于国际信用悍然不顾，并且把从前武士道的高尚精神委弃无遗，武士的尊荣也跟着扫地以尽，在世人瞩目之下，做出种种恶行还不以为耻。原因在哪里呢？无疑地他们自信世界列强不敢反对，所以日本军阀拼命进行他们的征服计划，自信可灭亡中国，到一定时候，还可排除一切西方文化和商业在华势力。所以，若是我们中国人不能阻遏它，恐怕日寇将在中国的焦土之上，建立一个扰乱世界的大陆日本帝国。"

这位"第一夫人"是这样谴责日寇暴行的："他们用整批的炸弹、大炮、机关枪屠杀中国无数的民众。请看家室市廛，有的在侵略者点燃的火焰中焚毁，有的被炸而化为灰烬；请看血流成河，积尸遍野；请看盈千累万的中外难民，惊呼骇叫，仓皇逃难，想苟全他们的生命。"

这位"第一夫人"是这样来介绍中国人民的反抗精神的："1943年中国，早已被迫陷入于全面战争中，单独无援从事作战已历5年，忽在一夜之间使自由世界认识中国虽武备未周，仍与侵略作英勇的搏斗，以图雪耻。""中国一向被认为怯懦无能，军事上也没有充分的准备，然而如今已决定放弃以前的容忍政策，不再忍受暴敌的侵略、残杀和无理侮辱，全国奋起，为了国家的生存而从事抗战。""埋头苦干的中国人，将尽我们的力量所至，抵抗到底。我们将奋斗到最后的胜利，或最后的惨败。纵使大好河山，悠久历史，都被鲜血染红，或毁灭在熊熊的火焰之中，亦所不惜。""由于我们抵抗日本军阀的侵略，已把侵略者的车队牵制在中国的泥沼之中，而使它动弹不得。只要能给我们以正义的同情到相当时期，一定能使敌人完全失败。日本也就不能助长人类的祸患，摧毁民主主义和人道正义来扰乱世界的安宁。那时节世人将会公认我们的功绩，对于整个人类是怎样作出我们的珍贵贡献。"

这位"第一夫人"是这样来批评西方的绥靖政策的："在1931年日本军阀强夺东三省的时候，列国曾纵容它的首次侵略行动。到了1932年，日本轰炸睡梦中的上海闸北居民，列国则纵容它的继续。而现在呢？日本再度大举侵略，铁蹄差不多踏遍了中国全境，列国竟也熟视无睹。""只有依靠集体和经济的力量，才能挽救自由、正义的民主信念于不毁，并且使得美国和其他弱小民主国家免予受害于无法预料的灾难。但是，若是大家对现在横行中国的罪行视若无睹，这些灾难就不是不可预料的了。""所奇怪的是，列国竟袖手旁观，完全没有考虑到制止的步骤，是不是日本军阀每日虚构事实的宣传，竟能使各国相信吗？还是日本催眠的技术，麻醉了世界的政治家呢？'这并非战争，只是一种事变'的日本咒语，似乎富有蛊惑的魔力，驱使世界保持缄默。""我们的抗战，不仅是为了国家的主权，民族的生存，也为了维护国际条约的尊严，而各国反而坐视他们在华权益横被摧残，在华侨民被迫流亡，岂非怪事。各国采取这种畏葸怯懦的态度，在日本军人看来，认为是一种可庆幸的鼓励。""请告诉我，西方各国坐视这样的残杀和破坏，噤无一词，是不是可以算作讲求人道、注重品德、尊尚仁义、信仰耶稣文明的胜利象征呢？再则，现在第一强国，袖手旁观，好像震慑于日本的暴力，不敢出一语相诋评，是不是可以看作国际道德、耶稣道德，或所谓西方优美道德堕落的先声呢？"

宋美龄这些讲演和文章，犹如政治宣言，重塑起她的形象不说，也扩大了中国的影响，对争取西方国家对中国抗战的同情和支持，是有益处的。

1942年11月18日，宋美龄在孔祥熙的二女儿孔令伟和医护人员的陪同下从重庆秘密飞美国。11月27日，罗斯福总统派"第一夫人"埃莉诺和国务卿霍普金斯出面欢迎。宋美龄到美国后的前两个月内，主要是到纽约治疗抗战初期车祸留下的旧伤和皮肤病，以及进行全身健康检查。在听惯颂歌和唱惯颂歌的东方人看来，福分无边的君主是不会生病的，宋美龄的病和治疗也是在秘密状态下进行的，一切由孔令侃、孔令伟负责安排，包租下就医的哈尼克斯医院整个第十二层，并由美国联邦保安人员严加警卫。此行她第一次专程到美国治病，以后就隔几年来一次，特别是过敏性皮肤病折磨了这位夫人一辈子，到晚年又增添了妇科疾病。

从1943年2月起，宋美龄放弃"保密"，公开进行一系列的外交活动，刮起一股股中国旋风。2月17日，当她从纽约到华盛顿时，罗斯福夫妇邀请其住进白宫，在宋以前，还没有一个国家的"第一夫人"有此殊荣。2月18日，中国的"第一夫人"受邀到美国国会发表演说，在她之前在此讲台上讲演过的外国女性只有荷兰女王。讲演时她颂扬了"我们两国伟大的人民之间持续了一百六十年的传统友谊"，强烈谴责日寇的侵略罪行，表示"在中国人经过五年半的抵抗之后，确信应该'宁可光荣冒险，不愿屈辱认输'"，呼吁美国及西方国家加强对正处于抗战最艰苦阶段的中国的援助。国会演说的结尾是这样的："顺逆之境都可考验一个人的根性，而一个民族的灵魂，更是加倍如此。"国会演说成为宋美龄一生都可炫耀的政治资本。

1943年3月19日，罗斯福总统又陪同宋美龄出席在白宫椭圆形办公室举行的新闻记者招待会。首都活动结束后，宋女士又周游美国，先后到纽约、芝加哥、洛杉矶等城市演说，与当地官员、名士交流，和市民及各界代表见面。在这少年时生活过9年的国度里，中国的"第一夫人"如鱼得水，种种才能都得到充分的发挥，直到1943年7月4日才回到重庆（其中6月间去加拿大访问3天）。

美国总统的友好，欢迎群众的热情，宴会上的祝词，讲演会上的掌声，使得宋美龄神魂颠倒，忘乎所以。她恐怕不知所以然：对宋美龄欢迎，并不尽是她个人因素决定的，主要是因为美国官方和民间对中华民族反抗侵略的勇气和战绩的肯定，正是把她作为中国的外交使者才给予如此热烈的欢迎。当宋美龄五年后作为被中国人民所抛弃的政府代表去美乞求援助时，同一个女性，则遭冷遇。在国际外交舞台上，靠貌、才并不能达到全部目标，当事国的实力和正义感最重要。

宋美龄访美的成功，也有其个人因素，她的华美、高贵、典雅的打扮和富有东方女性美的气质，在风俗、语言、习惯、人种不同的国度里，极易引起轰动。特别是当时国际上首脑间的外交活动不多，少见多怪，物稀为贵，宋美龄旋风一刮而起。在今天电视普及、航空便利的条件下，各国"第一夫人"的外交活动频繁，新鲜感就少得多。

当然，宋美龄赴美半年多，真人露相，真面目也有所暴露。一是罗斯福夫人对自己请来的客人的评价是："民主，她讲得很动听，就是不知如何过民主生活。"事因是访问过程中，一次罗斯福夫妇与宋美龄共进午餐，总统问起如果战时煤矿工人罢工，她和蒋委员长将如何对付？"美龄默默将那染了色的长指甲的手在喉咙处抹了一下"。宋美龄用潇洒简洁的动作回答了她所认为的一个极为简单的问题，也难怪她这样回答，因为南京政府处理工人罢工时常用"第一夫人"所演示的手段，这种靠"屠杀"和"镇压"对付罢工工人的手法，当然不被罗斯福夫妇所接受。赤裸裸的弹压政策，在西方资本主义国家，已被蒙有"民主和人权"面纱的法治，以及分化、收买、欺骗所代替，埃利诺对这位美国培养出来的女政治家没有学懂弄通、正确使用美国式资产阶级民主而感到遗憾。

二是宋美龄的任性、固执，令美方讨厌。美国的接待人员认为宋是"最麻烦的客人"。访问过程中，她坚持用美方专机运送所需的香烟。每篇讲演稿和文章都要修改七八遍，让接待单位无所适从。在灯火管制下，凭着招待人员的手电筒光"穿戴打扮"，梳头、做发式、化妆是她一辈子从不马虎的工作。宋女士总是颐指气使，高高在上，为了满足自己的需求，从不考虑别人，因此也就不会得到别人的认同。

三是宋美龄的奢侈豪华气派给美国之行的效果大打折扣。访问进行时，人们注意到她在白宫时每天要换四五次丝绸床单；她那风韵犹存的身材每天穿上让人吃惊的服饰；她回国时有一架军用运输飞机专门装载行李，卸货的美军士兵发现尽是名贵大衣、高档钟表、女人用品。宋美龄作为"第一夫人"外出访问，高层次的享受可以理解，可其过分的豪华已为富有的美国人所惊讶。当时正在为中国募捐的救济会官员"被迫不得不向人们解释，为什么为贫困的中国救援的宋美龄却穿得这样奢华"。说到底，宋美龄的习惯、爱好、信念、见解，已毁掉了她作为女政治家、外交家的形象。

当然宋美龄的访美活动，有助于世界各国对当时还有些神秘的中国的了解，增加以美国为首的西方国家对中国抗日的同情和支持。

三巨头会谈

蒋介石主政南京后，仅在第一次下野后到过日本活动，但那次活动无论是对南京政府还是对蒋介石本人，均未起到任何有益的作用。抗战开始后蒋介石有过二次出访活动。

一次是在1942年2月初。太平洋战争爆发后，日寇向缅甸进攻，中国的国际通道面临被断绝的危险，为寻求新的国际通道，蒋介石把注意点移向印度。印度是与中国西南最近的国家，西方的援助物资通过海路运到印度东北地区的海港，再由空中运到中国西南，这是当时最近的一条海空运输捷径。而当时印度与宗主国英国的矛盾十分紧张，英国此时已经开始支持中国抗战，蒋介石担心印度国大党和甘地领导发起的"不（与英国）合作运动"，因为对英国的不满，有可能影响到印度对中国抗战支持的态度。为与印度协商，蒋介石夫妇在国防最高委员会秘书长王宠惠、英国驻华大使卡尔等人的陪同下，于2月4日前往印度访问。在印度期间，蒋介石与甘地和尼赫鲁等印度领导人进行了会谈，虽说没有改变他们对英国的不合作立场，但印度方面出于支持反法西斯战争的大义，同意提供向中国运送物资的通道。2月21日，蒋介石离开印度回国。蒋介石此次访问，对后来远征军在失败后，部分军队退往印度以及在印度利多训练中国军队做了准备。

另一次是在1943年11月间。1943年10月28日、11月1日、11月9日，美国总统罗斯福三次致电蒋介石，邀请其出席在中东埃及开罗举行的美、英、中三国最高首脑会议。原定还有苏联，但是斯大林认为中国不够"世界四强"条件，所以拒绝出席会议。1943年11月23日上午，会议正式开幕。在开罗的"总统饭店"，集结了世界反法西斯阵营方面的主要领导人：中国国民政府主席并兼任军事委员会委员长的蒋介石和夫人宋美龄、国防最高会议秘书长王宠惠、军事委员会办公

蒋介石夫妇访问印度时与甘地（中）合影

1047

厅主任商震、航空委员会主任周至柔、国民党中宣部副部长董显光、委员长侍从办公室主任林蔚、侍卫长俞济时、秘书长俞国华等；美国总统罗斯福、国务卿霍普金斯、陆军参谋长马歇尔、陆军航空司令安诺德、第14航空队司令陈纳德；英国首相丘吉尔、外相艾登、外交部常务次长贾德干、参谋总长布鲁克、海军参谋长肯宁汉、空军参谋长波多尔；北美盟军总司令艾森豪威尔、东南亚盟军总司令蒙巴顿、英美联军总部英方代表团团长狄尔、中缅印美军总司令史迪威。英美方面缺席的重要军事指挥官是西南太平洋盟军总司令麦克阿瑟、美太平洋舰队司令尼米兹；会议最大的缺席者是反法西斯阵营主力之一苏联的代表。

开罗会议作为第二次世界大战中的一次重要集会，它的召开具有特定的背景和特殊的任务。

进入1943年以后，侵略与反侵略的较量已经出现了向有利于反侵略方面的转化，反侵略一方无论是从实力还是在气势上都开始拥有优势。从夏天起，在欧洲和太平洋战场盟军开始进行局部反攻：欧洲德军大败在斯大林格勒城下，被消灭32万人；美英联军成功登陆西西里岛，意大利政府宣布投降；在太平洋战场，日本惨败于中途岛，美国转为攻势。在这种情况下，有必要对如何加快战争进程、结束法西斯侵略进行会商。同样，因为战争即将取得胜利，美、英、苏等大国已经在开始思考战后的世界格局，有必要对世界态势进行有利于西方大国的规划。在1943年初，美国总统罗斯福就战后的世界安全和秩序，提出了建立美、英、苏、中四国警察力量的计划。8月间和丘吉尔在加拿大魁北克举行的会议中，着重讨论了战后的世界秩序重建问题。10月间，美、英、苏外交部长和中国驻苏联大使傅秉常代表各自政府，在莫斯科签署了《普遍安全宣言》，确定了最后消灭法西斯和战后国际安全的普遍原则，提出要"以爱好和平国家主权平等之原则为根据"，成立一普遍性的国际组织，这成为后来联合国宪章的基本思想。在此基础上，罗斯福建议召开美、中、英三国领袖会议，以统一在亚洲地区的行动。因此，此次会议更多、更直接的议题集中在如何结束对日作战方面。三巨头协商的中心是如何在对日最后的作战中相互协作，以及中国军队和盟军在缅甸反攻、中国收复失土、中美军事合作、增加对华援助、军事占领日本、解放朝鲜、日本皇室地位等问题。会议为结束第二次世界大战作了必要的准备。

　　从开罗会议过程来看，罗斯福对中国的抗战和蒋介石本人依然表现出较浓的兴趣，对中国在国际事务中应有的地位和作用，表现了热情支持与合作的态度，因而保证了会议能够顺利地进行和取得积极的成果。丘吉尔则与他不同，始终抱着老牌帝国主义心态，把对日最后一战的安排始终定位于能否保证英国在远东地区殖民利益的恢复和保持，因此会议筹备时不赞成中国代表与会，会议举行过程中又蛮不讲理，不给中国人必要的权利，只要求中国让步，只要求中国为缅甸反攻出力，只要求中国人给英国人尽义务，甚至对在中国军队反攻缅甸时英国军队应该在缅甸南部登陆也不愿意作出承诺。这位可怜的英国老绅士，有老牌殖民者的遗风，但已无老牌殖民者的实力，只能靠耍泼和滑头取胜！丘吉尔的态度，不要说蒋介石，连罗斯福都觉得既不体面也不合理。蒋介石在当时的日记中写道："英国之自私与贻害，诚不愧为帝国主义之楷模矣。"（古屋奎二：《蒋"总统"秘录》第13册第122页）

　　会议经过4天的商讨，于1943年11月26日通过了著名的《中美英三国开罗宣言》（以下简称《宣言》）。《宣言》说：

　　"三国军事方面人员，关于今后对日作战计划，已获得一致意见，我三大盟国决心以不松弛之压力，从海陆空诸方面加诸敌人。此项压力已经在增长之中。

　　我三大盟国此次进行战争之目的，在于制止及惩罚日本侵略。三国决不为自身图利，亦无拓展领土之意。三国之宗旨在剥夺日本自1914年第一次世界大战开始以后在太平洋所夺得或占得之一切岛屿，在使日本所窃取于中国之领土，例如东北地区、台湾、澎湖列岛等，归还中华民国。日本亦将被逐出其以武力或贪欲所攫取之所有土地，我三大盟国轸念朝鲜人民所受之奴隶待遇，决定在相当期间，使朝鲜自由独立。

　　我三大盟国抱定上述之各项目标并与其他对日作战之联合国家目标一致，将坚持进行为获得日本无条件投降所必要之重大的长期作战。罗斯福、蒋中正、丘吉尔（签名）"。

　　开罗会议宣言在德黑兰会议期间获得斯大林同意后，于12月3日正式公布。

　　在宣言谈及的问题之外，会议争论最多的是缅甸的反攻作战问题。蒋介石根据史迪威拟定的计划，提出英国出动海军控制缅南海域并攻占仰光，出动空降部队攻占英都，以控制缅甸南北大铁路；中国军队和在印度的中美军队分别进攻缅甸北部。蒋介石为这一计划所起的名字为"海盗"。美国方面完全同意"海盗计划"。即使在会议期间也瞧不起中国军队、不肯承认中国大国地位的丘吉尔及其带来的一批军事将领，在反攻缅北问题上却把反攻责任全部推给中国方面，既不同意出兵缅南海域，也不同意出动空军支援中国军队反攻作战。最后还是罗斯福出于尽快结束对日作战的考虑，对蒋介石说："我知道由于中国远征军在缅甸战场吃了亏，所以你现在变得小心了。英国人是很狡猾的，在谈判桌上他们不肯作出让步，这不要紧。我经人格向你担保，如果英国不能适时在孟加拉湾部署海军，那就由美国来弥补这一空白。此外，我们将派遣经过严格训练的3000名远程突击队参战，在物资供应上，保证满足你的需求。"罗斯福还同意了蒋介石提出的，如果反攻缅甸作战需要美国方面提供530架飞机和每月10000吨战略物资的要求，并且后来在"驼峰运输"中基本满足了中国方面的要求。但是中英共同开辟缅甸反攻战场的计划在德黑兰会议后则被英国和美国、苏联取消了。

在开罗会议留给历史的那张蒋介石、宋美龄、罗斯福、丘吉尔的合影照片中，从宋美龄的位置和表情，可以看出她在会议过程中所起的作用。宋美龄在会议中间十分活跃，在蒋介石尚不为罗斯福、丘吉尔所熟悉，或者说他们对蒋介石印象不佳的情况下，她成为蒋介石和罗、丘之间最好的沟通者。

宋美龄几个月前访美活动的余音还在，所以一到开罗即成为美、英代表团和三国新闻记者关注的中心。蒋介石是政治中心，可对喜好排场和情绪容易冲动的西方人来说，对猎奇、追求新闻价值的记者来说，宋美龄成了中心人物。

在开罗期间，蒋介石参加全体会议，或是与罗斯福及艾森豪威尔的两次密谈，或是与英国丘吉

开罗会议期间（左起）蒋介石、罗斯福、丘吉尔、宋美龄的合影

尔首相及其军事将领的讨价还价，宋美龄均作为决策者、助手、翻译在场。1943年11月23日，蒋介石举行茶话会，宋美龄是主人。11月27日，宋美龄又独自举行茶话会，招待各国代表，记者们写道：

"在茶会中，蒋夫人受到了包围"，为出席者所注目。

开罗会议期间，蒋介石忙里偷闲游览埃及古迹。这无疑是他心境最佳的时刻

"丘吉尔首相的女公子莎娜小姐和四五位太太们把蒋夫人缠住不放。"

"蒙巴顿上将曾和蒋夫人谈了29分钟。"

正因为她的活动太多，花费精力太大，故在会议中间病倒，为她治病的丘吉尔首相的私人医生提出忠告说："只有在你的生活放松之后，才会好起来。"

从那张历史性的照片中可以看出，她尽管坐在一边，可耐心中不失信心，热情中不失风度，身体稍倾随时准备发表自己的见解，以施加自己的影响力。无论从哪方面来说，蒋介石、宋美龄的开罗之行是成功的。俩人在尼罗河畔的合影，这唯一的一次参加国际首脑会议，既是蒋氏夫妇外交生涯中的顶峰，也是其政治发展史上的里程碑。在开罗会议以后不久，西方媒体再提到蒋介石、宋美龄时，则换上了蔑视、贬低、冷对的态度。

开罗会议对中国的现实意义主要表现在，中国作为反法西斯阵营的四大强国之一，与美国、英国就如何结束日本帝国主义在太平洋地区的侵略，如何结束日本帝国主义对中国的占领，作出了政策性的宣示。规定美国军队将增加对太平洋上日军的进攻，中国军队在缅甸地区实施战略反攻，并且在过后不久召开的罗斯福、丘吉尔与斯大林参加的"德黑兰会议"中，又增加了苏联红军出兵中国东北和朝鲜北部，扫荡日本关东军的措施。同时，开罗会议期间，美国总统罗斯福同意增加对中国的援助，尤其是继续加强已经组织起来的第14航空队的运输和战斗实力，以确保援华物资的运输，进而确保国民党的正面战场可以得到更多的美国援助，国民党军队的实力将整体提升。

开罗会议对中国的历史意义主要表现在，正式以大国国际会议的形式，决定基本维护中国的领土和主权完整。鸦片战争以来，中国的领土和主权完整一再受到西方列强的挑战，在近100年间，英国和葡萄牙分别占领了中国的香港和澳门，而作为东邻的日本，却强行割据了中国的台湾、澎湖地区，对中华民族犯下了不可饶恕的罪行。开罗会议决定，永远结束日本的对外侵略、扩张的历史，规定日本无条件把在过去对外侵略过程中依靠武力无耻占领的外国领土交出来。在对华问题上，日本在被赶出中国占领区以外，日本在甲午战争中霸占的台湾、澎湖地区也将交还中国。会议的上述成果，鼓舞中国军民为夺取抗战的最后胜利而继续奋斗。

从结束不平等条约到参加开罗会议，反映出中国近一个世纪以来的风云变幻。中国从任人宰割的被奴役地位上升为世界四强之一，蒋介石也由一个神秘的东方君主式统治者变成为反法西斯同盟的四大领导人之一，这是因为中国人民站起来英勇抗战的结果，是中华民族抗击"第二法西斯"日本的历史性贡献换来的，作为蒋介石、宋美龄本人应该清楚这一点，如果不是全民族抗战，恐怕蒋介石只能成为旧时代中一个旧政权的统治者，宋美龄只能成为一个依附于专制型君主的宠幸者。正是中华民族反抗侵略者的勇气和打击侵略者的行动，才把他俩推上了世界政治舞台的中心。令人遗憾的是，蒋介石并没有保持好这一荣誉。美国在蒋介石坚持民族抗战时支持他，而在蒋介石坚持发动内战时也支持他，因此很快走向了另一面。

中国的大国地位不到一个星期后便迅速下跌。就在蒋介石、宋美龄于1943年11月27日晚离开埃及、绕道印度回国之际，罗斯福和丘吉尔赶到东北方向2000公里外的伊朗首都德黑兰，在11月28日到12月1日，与苏联共产党总书记、红军最高统帅斯大林举行最高级会谈。一直对中国缺乏诚意的斯大林，在与西方两大强国会谈时，表示只要美英两国在中国东北问题上作出有利于苏联的让步，苏联愿意在德国投降后出兵东北和朝鲜，参加最后打击日本法西斯的战斗。得到苏联的这一承诺后，英国立即表示赞同，而且决定停止在缅甸南部地区的军事行动，停止"海盗计划"。美国对中国在消灭日本军阀的最后一战中的地位也有所看低，只是因为美国在对日本的最后作战中，不能没有中国基地，所以依然继续援助中国，但也同意放弃"海盗计划"。更重要的是，后来的《雅尔塔协议》背着中国把中东铁路和大连、旅顺地区租借给苏联，也是德黑兰会议在起作用。

德黑兰会议上发生的变化，说明弱国无外交，一个国家国际地位的提高，需要有实力来保障，中国人民进行的正义之战，并不能最终感动西方及苏联等国。西方和苏联对华政策是为他们的政治

开罗会议后，蒋介石回国途经印度兰姆珈，视察中国驻印部队。右起郑洞国、蒋纬国、蒋介石、宋美龄、蒙巴顿、黄仁霖

和外交利益服务的。在他们没有遇到法西斯侵略时，他们没有公开支持中国的抗战；在法西斯侵略他们，他们需要组织反法西斯同盟军时，他们可以援助中国并增加与中国的协调；而一旦法西斯被消灭、共同的敌人被打败后，西方和苏联则又对中国恢复了"霸主"的面孔。

史迪威事件

在中国现代史上影响相当大的史迪威事件之所以发生，是因为在太平洋战争爆发后，在亲美英系负责对美外交的同时，蒋介石亲自与美国方面打交道过程中，双方需要有一个磨合过程，美国对蒋介石本人有一个了解的过程，蒋介石对美国也有一个适应的过程。蒋介石和史迪威在认识和行动上有所不同，但蒋介石和美国政府在政治选择上没有不同，因此决定了蒋美之间会发生"史迪威事件"，但在抗日和"反共"基础上的一致则是不变的。

1942年3月中国远征军第1路军远征缅甸失败后，第5军军部直属机关和第22师、第66军的新38师历尽艰辛，撤到印度利多、兰姆珈等地，后又从中国运去一些部队，成立中国驻印军。中国驻印军由史迪威任总指挥，原中国远征军司令官罗卓英因为不为史迪威接受而被调回国内，不久由国内派去郑洞国担任副总指挥。驻印军编有孙立人的新编第1军（唐守志的新编第30师，李鸿的新编第38师）、廖耀湘的新编第6军（李涛的新编第22师、龙天武的第14师、潘裕昆的第50师），驻印军接受美国援助，待遇和装备都属一流，在美军顾问指

导下，进行必要的军事训练，因此这两支部队后来成为国民党"五大主力"成员。

中国远征军第1路军失败后，在1943年4月间又成立"中国远征军总部"，由陈诚任司令长官。编有宋希濂的第11集团军（钟彬的第71军、黄杰的第6军）、霍揆彰的第20集团军（王凌云的第2军、周福成的第53军），此外还有阙汉骞的第54军等部。远征军全部接受美援和美国军事顾问的训练，火力大为加强，战斗力明显提高。远征军的任务是负责滇西地区的防守，在滇缅公路正面和下关、大理、弥渡、永平一线驻扎。

中国驻印军的主要任务有二：一是准备反攻缅甸，与日寇斗；二是修筑中印公路，与恶劣的大自然斗。

修筑中印公路是为了运输美国援华物资。中缅公路被切断后，美援物资只能靠穿越驼峰的飞机运输，但是由于当时飞机制造水平有限，虽说运程所需时间短，但运输量小，大型物件和重型武器无法运输，再加上气候恶劣、日军攻击等原因，所以空中运输受到很大的限制。开辟新的陆上国际通道迫在眉睫。东南亚各国此时大多处于日寇控制之下，只有东邻东南亚、北靠中国的印度还由英国控制，印度东部地区面对孟加拉湾建有不少港口，便于转运经海路运来的美国货物，再把货物转运到位于中国、缅甸交界处的印度东北地区的利多。此外，中国还有军队在印度进行训练，他们既可以督导和参加修路工程，又可以保证修路安全和实施反攻在缅日军计划。中印公路从利多开始，经过荒无人烟和地形复杂的那加山脉野人山地段，进入缅甸后经新背洋、马科、拉瓦到孟拱，再经密支那、八莫与滇缅公路衔接。

中印公路的建设是在边战斗、边修筑中进行的。1943年春，中国战区参谋长、驻印军总指挥和驻华美军司令官史迪威，调动2个美国工兵团和中国第10工兵团，开始从利多修路。同时，派出新编38师114团进入野人山东区进行掩护，并不断随着公路的延伸向前推进。到10月份，在野人山下的胡康地区与日寇第18师团进行作战。全部装备美式武器的新编第22、30、38师等部迅速将田中新一中将指挥的第18师团击溃，到1944年3月间，在缅北地区向南推进150公里，进入孟拱河谷。4月4日，新22、38师在美军飞机配合下，进行了以攻占卡盟一线为目标的战役，到6月16日击溃第18师团和前来增援的第2师团，实现作战目标。

在攻占卡盟后，驻印军又发动了进攻孟拱之战。1944年6月18日，新38师主力和英军第77旅一部，向孟拱发动进攻，岂料英军再次被日寇包围，又是新38师114团冒险用橡皮舟强渡宽达400公尺的南高江，把英军救出重围。6月25日攻克孟拱，击毙日寇大佐以下官兵1600余人，缴获一批作战物资。

在进行卡盟战役的同时，驻印军新30师一部于1944年5月17日向缅北重镇密支那机场发动进攻，双方以后在密支那进行拉锯战，直到8月5日将密支那占领，为中印公路开通赢得关键一役。因为密支那作战异常艰苦，所以指挥此战的孙立人被西方誉为"东方的隆美尔"。此时，驻印军正式编为新1军和新6军。与此此时，史迪威与蒋介石的冲突开始加剧。

史迪威和蒋介石的矛盾由来已久。史迪威长期在中国任职，因为事务关系，多次见过蒋介石，和蒋介石有过多次交谈，同时也耳濡目染了社会各界对蒋介石的各种批评，并用西方人的幽默称蒋介石为"花生米（蒋介石的光头像花生米）"，而称蒋介石的一批亲信将领陈诚、何应钦、刘峙、顾祝同等为"一篮子花生米"。从他对蒋介石的戏称上，可以看出其对蒋介石的轻视。在1938年12月28日写给美国参谋部军情部的报告中，时任美国驻华大使馆武官的史迪威对中国军队的大溃败，毫不客气地指出："在蒋介石的指挥系统中通常存在的混乱状况，在很大程度上是蒋介石本人直接造成的。他首先考虑由他本人控制最精锐的部队和物资，以使自己的地位不受到威胁。"史迪威的批评不无道理，但是当时中国军队因为军事物资奇缺，确实无法阻挡具有强大火力的日军的进攻也是事实。试想一下，在每个士兵只有几颗或数十颗子弹的情况下，如何战胜装备有现代常规武器并且弹药充足的日寇的强攻？中国军队只能以广阔的空间和持久的时间来消耗日寇，以换取最后的胜利。当然，蒋介石的劣根性也确实一而再再而三地在对日作战中反复表现出来，否则中国军队会打得更好一点，损失会更少一点。史迪威对蒋介石的批评，直接影响到对蒋介石的态度。

1942年3月6日，史迪威来到重庆向蒋介石报到，具体职务是"美国总统的代表、驻华美军司令官、驻华空军司令官、对华租借物资监理官、滇缅路监理官、中国战区参谋长"。六项职务中除第二、三项外，都有监督蒋介石的内涵，而且第二、三项职务在行使时，也会起到间接监督蒋介石的作用，因此史迪威所任职务本身就是对蒋介石的挑战。

1942年3月，中国远征军第1路军出征时，蒋介石批准史迪威同行，并且要罗卓英、杜聿明等服从史迪威的指挥。岂料，在缅甸的英军损人利己，史迪威显然不熟悉中国军队的作战能力和作战方式，在不了解整个缅甸战场的情况下，指挥失误，并且擅离职守提前逃走，结果导致第5军几乎全军覆没的惨局。此事，引起了蒋介石对史迪威的严重不满。同时，因为蒋介石同意杜聿明指挥的部分军队直接向中国撤退，打乱了史迪威把远征军第1路军撤往印度的计划，他对蒋介石也是怒火冲天，凭着西方人的直率，竟然公开大骂蒋介石是个"微不足道的小人物！"两人的矛盾进一步发展。

史迪威的个人专断作风也严重影响了与蒋介石的关系。史迪威在指挥中国驻印军期间，干涉中国军队内政，上不向蒋介石报告驻印军动向，下不与驻印军指挥官郑洞国、廖耀湘、孙立人等协商，私自决定驻印军的全部事务。他把罗卓英等一大批坚持正确意见的中国军官，以"无法合作"为名排挤回国，扫清障碍；调动中国军队不通过驻印军中国最高指挥机构郑洞国的副总指挥部，越权指挥；不通过军师部直接向团以下机构发放官兵军饷，收买人心。顿时，郑洞国、廖耀湘、孙立人等高级将领，直接向蒋介石告状，揭露史迪威把驻印军当作个人资本的图谋，强烈表示再也不能容忍美国佬的欺负，准备统率军队从西藏回国参战。

蒋介石当然也不满意，但为了取得美援，只得忍气吞声，派出何应钦到印度兰姆珈进行安抚。何应钦的意思很明白，要郑洞国、廖耀湘、孙立人以大局为重，把美国装备领到手，再在美国顾问的训练下把军队训练好；自己内部要团结好，只要驻印军内部保持完整的指挥体系，反正美国人不会把发下来的武器再收回去，反正不会把驻印军带走。此事虽然没有闹出大乱子，但蒋介石对史迪威的成见已到了无以复加的程度。

1943年6月底，史迪威从印度来到重庆，在与蒋介石会谈时，提出建立一支新军，蒋介石对此没有同意。事实上蒋介石只是不同意成立由史迪威提出、让史迪威指挥的新军，正是由于史迪威的提醒，后来蒋介石改变了把美国援助的军事装备分发各战区的做法，把美国军援中的绝大部分武器装备，都集中到某些部队手中，以建立类似于史迪威提出的"新军"，并在1945年初成立陆军司令部，专门接收、装备美式军械。

但是在此时，史迪威的提议，成为蒋介石视史迪威干涉中国军队内政的又一重要例证。蒋介石并且提醒史迪威，作为中国战区参谋长，应该履行职责，向美国争取更多的援助。3天后蒋介石在给史迪威的信中又提出了3条具体要求：美国调3个师来中国作战；在中国建立一支500架飞机的空军；每月向中国空运5000吨军事物资。史迪威对此的看法是，中国军队的战报十有八九是假的，美国不能支持蒋介石的专制政权。蒋介石心中非常清楚，美国对华援助并非是史迪威所能阻止的，因为华盛顿需要中国抗日战场。因此，蒋介石对史迪威此类的话语并不感到意外，令他无法容忍史迪威的有两点：

一是史迪威认为中共武装正在敌后进行着卓有成效的抗日作战，牵制了大部分侵华日军，应该把美国援华物资中的一部分拨给八路军、新四军使用。史迪威认为，中国战场上任何对日作战的成绩，都是直接和间接对美国太平洋战争的支持；任何意识形态方面的争论，都不应超越消灭法西斯这一大目标。

二是史迪威认为，为集中兵力打击日寇，蒋介石应该把包围中共各根据地的80万大军全部开往抗日正面战场，增加一直未见起色的正面战场的作战力量；同时减轻对中共根据地的军事压力，减少国共军事冲突，八路军、新四军也可以调出更多的军队参加敌后作战。

在蒋介石看来，史迪威的盛气凌人，可以原谅，因为西方人有着天生的优越感；对于史迪威的越权指挥，可以原谅，因为这位美国将军对国民党政权有着很深的成见；对于史迪威的批评攻击，可以原谅，因为东西方人有着不同的文化背景，对同一事物的看法不一样，结论相差更远。但是在国共分歧上，史迪威的意见则不可取，更不能原谅。蒋介石在接连发起两次"'反共'高潮"没有取得成效后，遏制中共的发展已成为其主要目标。欧洲、太平洋战场转入反攻作战后，美国援华物资经过驼峰航线源源不断到达后，蒋介石认为日寇必败无疑，在华日军败局已定，国民党军队打与不打都将取得胜利，而中共正在迅速扩张，与中

蒋介石夫妇与东南亚盟军总司令蒙巴顿将军合影

共的较量是一场长期的战争。因此，史迪威提出的"援共论"，无异于为虎插翼，为共张目，蒋介石当然不会视而不见，放而不管，他准备与史迪威决裂。

挑起这场冲突的是史迪威。史迪威作为一个西方将领，习惯用西方人的思维方式思考东方复杂的政治问题。在他看来，重庆和国民党到处都是批评蒋介石的人，看来在美国方面支持下停止蒋介石行使职权的时机已经成熟。1943年2月9日，作为中国战区参谋长的史迪威发出了很不负责任的电报，请求美国陆军参谋长马歇尔同意在中国执行"排除蒋介石"的"政变方案"。对于史迪威方案，罗斯福总统认为，蒋介石是中国四亿人民的领袖，不能像对待苏丹酋长那样对待他，而且也找不到可以代替蒋介石的有力人物。史迪威的方案因为罗斯福的反对而没有实施，事实上即使实施也不可能成功。尽管史迪威的"政变计划"流产，但蒋介石已经无法再和这位危险人物共事。因为，史迪威的这一建议，对蒋介石来说，要比"援共论"更可怕，威胁更大，万一实施则后果不堪设想。

蒋介石开始反击。1943年7月间，他在接待美国总统顾问柯恩时，对史迪威的所作所为进行了全面批评，要求撤换史迪威，并请柯恩把此要求转告罗斯福。在10月16日与东南亚联军总司令蒙巴顿上将和美国空军补给司令索摩维尔中将会谈时，再次明确提出辞退史迪威。

1943年10月17日，在蒙巴顿、索摩维尔以及宋美龄等人的劝说下，史迪威主动与蒋介石和解，但他心里对被他称为"没有发出响声就要咬人的响尾蛇"的蒋介石并不服气。第一波蒋史冲突，以史迪威占下风而基本结束。

正在此时，为参加开罗会议，蒋介石把史迪威请到重庆黄山别墅，要其起草会议提案。史迪威在和军委会办公厅主任商震等人研究后，提出了美国为蒋介石装备训练90个师和实施缅甸反攻战的"海盗计划"等方案。其中前者，实际上与史迪威原先提出的"建立新军"相类似；至于"海盗计划"则因为英国不愿意承担义务而放弃。

但是在开罗会议期间，史迪威和罗斯福有了很好的沟通，罗斯福对蒋介石的看法有了很大的改变，这直接影响到罗斯福、丘吉尔在德黑兰会议上对中国的态度，并且在后来史迪威与蒋介石的第二波冲突中明显站在史迪威一方。

导致蒋介石、史迪威矛盾再度激化的是对日作战。1944年初，驻印军开始进入缅北地区，向胡康地区的日军发动进攻，日寇急忙调动第2师团支援第18师团。罗斯福、马歇尔急令蒋介石在滇西发动进攻，蒋介石没有同意，为此美国正式拒绝已经同意的10亿美元贷款。蒋介石则以退出对日战场、停止修建美军使用的轰炸机基地相要挟。1月14日，罗斯福致电蒋介石，如果蒋介石再不发动攻缅作战，美援将会停止。4月10日，马歇尔向蒋介石转达了罗斯福于4月3日起草的电报，宣布，如果蒋介石还不出兵缅北，美国援助将停止。蒋介石不得不于1944年5月11日强渡怒江，向缅北发动进攻。

此外，1944年3月，日军发起"一号作战计划"，准备打通平汉铁路和粤汉铁路，国民党正面战场出现大溃败，国民党几十万军队闻风而逃。罗斯福对中国军队的表现非常不满，来电责问蒋介石：中国军队在哪里？中国军队为什么不同日军打仗？言外之意是，美国提供了那么多的援助，中国军队的败象为什么没有改变！蒋介石竟然借中原失败，趁机提出要把驻印军撤回中国参战。

中国正面战场大败，使罗斯福更加相信了史迪威过去所讲过的话，为慎重起见，于1944年6月18日派出特使华莱士来重庆调查。华莱士的结论是：国民党政权是"一个由地主、军阀和银行家支持的落后的无知的政府"；史迪威已无法和蒋介石合作，由艾伯特·魏德迈接替；派一名外国友人来华调停中国的国共纷争；派一个观察小组去延安实地调查。华莱士对于中共的明智态度，是出于对日作战需要中国统一的抗日力量，以有利于太平洋战场。（陈孝威：《为什么会失去大陆》第40、48页）

罗斯福根据华莱士的报告，于1944年7月6日写信给蒋介石："我决定给史迪威晋升上将军衔并希望你赶紧考虑把史迪威从缅甸召回中国，使他在你的直接指挥下统帅所有中国军队和美国军队，让他全面负责，有权协调和指挥作战行动，阻止日军的进攻浪潮。我认为中国的情况非常严重，如果不立即采取果断而适当的措施，我们的共同事业就会遭到严重的挫折。"（《美国十字军在中国》第164页）

罗斯福对中国战局的批评是对的，要求蒋介石重视这个问题也是必要的，但是竟然在战争紧急关头，要求一个国家的元首交出军队实际指挥权，显然是违反国际准则，严重干涉中国内政。当然蒋介石有求于美国，需要美国的援助，不敢公开闹翻。

1944年7月26日，蒋介石向罗斯福提出：史迪威将军领导中国所有军队但不包括中共的军队，明确界定与史迪威冲突中的责任，租借法案援助的物资完全要由他来掌握。蒋介石没有得到回音。

9月6日，华莱士提议的调停国共冲突和了解中国战场实情的美国总统私人代表赫尔利到达重庆，展开调查。9月18日，正在加拿大魁北克与丘吉尔吵得不可开交的罗斯福，致电蒋介石。电报中说："近几个月来，我曾屡次敦促你采取果断的行动来抵御正在日益临近中国和逼近你本人的灾难。现在，由于你还没有让史迪威将军指挥中国所有军队，我们面临着在中国东部丢掉一个极重要的地区的危险，而这有可能带来灾难性后果。"电报中还说："我确信，你目前能够阻止日军达到其在中国的侵略目标的唯一办法，就是立即增援萨温江（缅甸）部队，继续使他们进攻，同时立即使史迪威将军能不受限制地指挥所有中国军队。我要你采取的行动将有利于我们的判断，也有利于美国为保持和增加对你的援助而打算继续进行的努力。……在我们这里所有的人看来，事情已经非常明显，如果再作拖延，你和我们为挽救中国所作的一切努力将付诸东流。"（《战时外交》之三第659页）

1944年9月19日，史迪威收到这个电报，高兴万分，又写日记又写打油诗，表示"我等了好久，想要复仇，终于时运来了，我瞪着眼瞧着那个小子，兜屁股踢他个够"。他拿着这份电报译文，直奔黄山蒋介石别墅。当时蒋介石正在与赫尔利和陪同的宋子文、何应钦、白崇禧等人召开高级军事会议。听到史迪威到来，赫尔利迎出来拦住史氏，但史迪威不但不听劝阻，竟然要译电员当着与会者宣读电报。赫尔利则和史迪威不一样，懂得外交礼节，意识到事关重大的电报只能是小范围阅示，尤其应该让蒋介石首先知道，至于蒋介石知道后愿意传达到哪一级那是蒋介石的事情，如果一下子在大范围内扩散，将会伤及蒋介石的威信和自尊，不利于事件的解决。赫尔利从译电员手中抢过电文，交给了蒋介石本人。

蒋介石、宋子文（左一）与接替史迪威的魏德迈将军（左二）和美国驻华大使赫尔利合影

史迪威以为蒋介石会暴跳如雷，岂知蒋介石迅速看完，不动声色地说道："知道了。"然后，立即散会。史迪威想看蒋介石的狼狈样没有看到，他轻看了蒋介石，像蒋介石这样老谋深算的人，怎么会像西方人那样外露呢！史迪威如果明智的话，应该意识到蒋介石表面上的平静意味着政治风暴的来临！

蒋介石表面镇静，内心十分气愤，绝对不会束手就擒。当天晚上，周密的反击计划形成。在蒋介石看来，美国方面不会放弃中国，因为美国需要中国战场；中国的抗日战争，因为欧洲战场的胜利和美国的参战，日本的败局已定，即使没有美国援助，中国也能等来胜利。对待罗斯福的电报，即使准备让步，也应该是在讨价还价后再同意让步。因此，蒋介石决定先顶一下再说。

第二天，蒋介石正式向赫尔利表示："我已下决心，请罗斯福总统调回史迪威，另派一合作的高级军官来接替参谋长职务。希望罗斯福总统不要因为坚决要求调回史迪威而使中美之间产生隔阂。"意思非常明确，将不惜牺牲美国援助赶走史迪威。

赫尔利是一位比较成熟的外交家。1944年9月23日，他在得意忘形的史迪威提交的全盘接收中国军队指挥权的方案上签完"太晚！"两个字，向罗斯福发出了有如下内容的电报：

蒋介石的地位无人可以替代，如果支持史迪威将失去蒋介石，失去蒋介石即中国的抗日力量也随之消失；蒋介石能够与美国的任何一位将领合作，但不能与史迪威合作；应该派人取代史迪威。

罗斯福对这些问题已经考虑到了，美国需要中国战场的配合，蒋介石并没有侵犯美国的利益，援华物资停止后将会带来毁灭性的后果，蒋介石限制中共的计划从整个世界遏制共产主义势力蔓延的角度出发应该支持。经过一个礼拜的思考，他也觉得原来的逼蒋计划欠妥。1944年10月1日，对史迪威来说是灾难性的。赫尔利转告他，将由魏德迈将军来华取代史迪威。远没有蒋介石那样有修养的史迪威，在听到这一消息时，大骂罗斯福是"老软脚蟹（罗斯福下肢瘫痪）"。10月18日，史迪威正式接到了要其回国出任新职的决定，10月21日离开了重庆，接替中国战区参谋长的是魏德迈，接替驻印军总指挥的是索尔登。因为罗斯福正在为第四次连任做竞选准备，唯恐史迪威发表不利于竞选的言论，不允许史迪威公开露面，但任命他为美国地面部队司令。

在"史迪威事件"中得胜的是蒋介石，失败的是史迪威，丢脸的是罗斯福。史迪威失败是因为他的狂妄和急躁，采用了不适当的方式夺取本该不是他的也不应该给他的权力；罗斯福的丢脸是因为他的过分和轻率，忽视了蒋介石的军事指挥权背后的国家主权因素，忽视了蒋介石不可能容忍别人挑战他的领导地位，对不适当的对象在不适当的地方采取了不适当的方法，过早地亮出底牌，失去了回旋的空间，结果自取其辱。凭美国的实力和美援"杠杆"，凭罗、史两人的地位和在国际上的影响力，整倒一个穷国的领袖本不在话下。之所以一个失败，一个丢脸，并且是一个人对另一个人实施先支持后出卖的手段，最主要的原因，在于他们是在干涉别国内政，竟然要一个国家元首交出军权，实属罕见，岂有不败之理。蒋介石得胜，并非是说他完全正确，而是说他虽然指挥失误，国民党政治腐败、官场黑暗，但是他不可能把指挥数百万军队的大权拱手交给史迪威！正是因为在这一涉及国家主权和民族气节问题上，蒋介石坚持原则，一"顶"成功。

史迪威失败，标志着美国对华政策转变的开始。一方面，表明罗斯福为代表的美国政府开始放弃比较公正对待国共两党的立场，开始转向支持国民党统治，开始推行"扶蒋反共政策"；另一方面，以罗斯福为代表的美国政府开始轻视中国的国际地位，在以后的雅尔塔会议上屈从于苏联的压力，以出让中国领土部分主权换取苏联参加对日作战。

远征军胜利

史迪威走后，中国的抗战在继续，魏德迈、索尔登与蒋介石合作良好。1944年10月，雨季一过，廖耀湘的新6军被空运回国到湖南芷江地区。在攻占密支那后，新1军在军长孙立人指挥下，又向另一要地八莫发动进攻，12月15日，新1军在几乎摧毁日军全部阵地后攻占八莫城，守城日军只有60人泅水逃向南坎，中国军队又乘胜攻下南坎。1945年1月21日，在畹町和滇西地区与中国远征军会师。之后，新1军又在美英联军的配合下，南下攻克腊戌一线，并在此驻扎到抗战胜利为止，驻印军的历史使命基本结束。

中国境内的远征军也于1944年5月11日开始，强渡怒江。霍揆彰的第20集团军进攻腾冲，宋希濂的第11集团军进攻龙陵、芒市。两军分别于9月14日和11月3日攻克腾冲和芒市。1945年1月20日，攻占日军在中国边境的最后一个据点畹町，次日与驻印军胜利会师。

从中国远征军入缅起，滇缅印战区抗击日寇历时三年零三个月，中国投入兵力总计40万人，伤亡近半，日本投入兵力总计30余万，被歼灭18.5万余人。反攻缅北、滇西战役历时一年半，作战期间，中国驻印军伤亡2万多人，歼灭日军4.8万余人。滇西远征军伤亡6万余人，歼灭日军2.1万余人，合计毙敌7万余人。中国远征军取得了大反攻的全面胜利，也成为正面战场上中国军队唯一彻底击溃日寇的胜仗。同时，重新打通了国际交通线，使得国际援华物资源源不断地运入中国，为抗战胜利作出巨大贡献。

中国远征军、驻印军经过一年多的努力和极其艰苦的作战，终于达到预定的作战目标，缅北地区全部解放，中印公路打通。蒋介石在欢庆这一胜利时没有忘记曾对建设这条公路作出过重大贡献的史迪威将军，尽管史迪威将军已和蒋介石闹翻并因此被调回美国，但蒋介石还是把这条对重庆政府来说至关重要的公路命名为"史迪威公路"，以示纪念。不用说此举让中国人感到吃惊，连远在美国的史迪威也说："这条响尾蛇怎么了？"1945年1月25日，第一辆满载美国援华物资的卡车到达昆明，街上挤满了举着蒋介石、罗斯福、史迪威画像的欢迎人群。从此开始，每天数以百计的军用卡车，装载着大批美国援华物资，运往中国西南抗日大后方。值得一提的是，运来的美援特别是军事装备，大部分没有用到各抗日主战场，而是主要由在昆明新成立的陆军总司令部接收。

早在1944年12月，同盟国中国战区中国陆军总司令部成立，总部设在昆明，总司令由国民政府军事委员会参谋总长何应钦兼任，卫立煌任副总司令，萧毅肃任参谋长，辖有远征军卫立煌部、黔桂湘汤恩伯部、第四战区张发奎部、滇越边境卢汉部及杜聿明的第5集团军和李玉堂的第27集团军，共有28个军、86个师，兵力在65万左右。缅北解放后，1945年3月，陆军总司令部兵员调整，编有卢汉任司令官，黄杰、关麟征任副司令官的第1方面军（下辖关麟征的第9集团军，王敬久的10集团军，张冲的第2路军，赵公武的第52军，安恩溥的第60军）；张发奎任司令官，夏威、邓龙江任副司令官的第2方面军（下辖韩练成的第46军，黄涛的第62军，张弛的第64军）；汤恩伯任司令官，霍揆彰、张雪中、郑洞国任副司令官的第3方面军（下辖杨森的第27集团军，石觉的第13军，陈明仁的第71军）；王耀武任司令官，夏楚中、彭位仁任副司令官的第4方面军（下辖胡琏的第18军，彭位仁的第73军，施中诚的第74军，李天霞的第100

军）；杜聿明任司令官的昆明防守司令部（下辖邱清泉的第5军，何绍周的第8军）。这支部队，大部分以师建制的方式，逐师逐师地接收美式装备。这是因为"史迪威事件"后，美国和蒋介石在遏制中共方面已经取得一致，组建美式装备师主要作为抗战胜利后外出接收战略要地和进攻中共武装的基本力量。以后号称国民党的"五大主力"中，除在驻印军中的新1、6军外，王耀武的第74快速纵队、邱清泉的第5机械化军、陈诚的起家部队第18军都在此列。

"史迪威事件"的主角史迪威上将，于1945年6月间被调往冲绳出任第10军军长，职位倒也不低，只是心情好不起来，1946年10月12日病逝。从历史长河看，"史迪威事件"只是一个小浪花而已，谁对谁错并不重要，重要的是正在走向胜利的抗日局面没有受到影响，无论是蒋介石，还是罗斯福、史迪威都应该为此感到欣慰。

四、结束抗战时的蒋介石

1943年，欧洲、太平洋战场开始转入大规模的反攻阶段。中国的抗日战争也度过了最为困难的时期（1940年至1942年），开始转入局部反攻，胜利已经在望。随着新阶段的到来，蒋介石为在战后的国共纷争中占据有利的战略地位，一方面强化国民党的专制统治，抛出新的统治理论；另一方面避免全力与日军进行大型会战，以保存实力。

中国共产党及其武装力量，在经历了抗日战争的风风雨雨后，迅速壮大起来。爱国民主运动有了进一步发展，开始联合起来，向反动统治发起新一轮的进攻。

人类迎来了反法西斯

抗战期间，蒋介石接受美国罗斯福总统赠予最高统帅勋章后与蒋纬国合影

战争的最后胜利。在中国横行了14年的日本军国主义者，不得不无条件投降，中华民族扬眉吐气，以空前的胜利结束了抗日战争。

（一）蒋介石如何分析中国命运

随着抗日战争胜利的临近，中国在夺取这一场民族解放战争胜利后是走向光明还是走向黑暗的问题，已经摆在全国人民的面前。国民党蒋介石集团为保持其统治地位，维持其统治秩序，从政治、理论、军事各个方面做了充分准备。

充实理论——发表《中国之命运》

确切地说，蒋介石理论体系并不完整，尽管他一生中文章不少，尽管他的论述涉及政治、军事、经济、社会、伦理、修养各个领域，但有价值的不多。总体上看，他的哲学思想体系是唯心的，政治思想核心是中国封建政治理论和西方政治理论的混合物，经济思想则是解释孙中山的民生主义理论，其中最完备的是他的"反共政治"和维持统治秩序的理论，关于这两方面所作的讲演、发表的文章、通过的文件、制订的法律，不计其数，远远超过其他任何领域，但其"反共理论代表作"却是到台湾后才发表的。

蒋介石的主要思想

蒋介石主政南京后，十分注意增加自己的理论色彩，以建立思想体系。为此，蒋介石请过一批文胆，为其捉笔。在20世纪30年代，蒋介石的侍从室设有第二处，是专事研究和秘书的机构，其中主要成员和经常出没于侍二处的有：曾任《中央日报》第一任社长、国民党中央宣传部副部长程沧波，国民革命军第2集团军总部秘书长、《扫荡报》社社长黄少谷，侍从室秘书、国民党中常委陈方，国民党中常委、行政院秘书长李惟果，上海复旦大学教授、侍从室秘书陶希圣，侍二处主任、中央政治会议副秘书长陈布雷等人，再加上这批人的秘书班子。这批笔杆子要见识有见识，要水平有水平，要理论有理论，要西方有西方的，要东方有东方的。更为重要的是，他们能够按照蒋介石的需要，生产出各种令蒋介石满意的讲话、报告、文章作品。

他们能够掌握蒋介石的脉搏，替蒋介石写文章，实属不容易。比蒋自己写得差，蒋不高兴，反映不出"才华"；比蒋自己写得好，蒋也不喜欢，这位"蒋委员长"是最聪明的，手下奴仆岂能超过主子，不是有意贬蒋、压蒋、笑蒋无能吗？照搬蒋的原意不行，这样会枯燥无味；发挥过多也不行，这样会偏离朕意，皆会引起不满。一句话，文章要写得好，还要让蒋介石看不出来。陈布雷、程沧波等人就有这般功夫：替蒋所写的文章，主题是蒋介石预先约定的，但有发挥；套路是蒋介石预先设计的，但有新感；格式是蒋介石所喜欢的，但有新招；见解是蒋介石原有的，但更完美些；语言是蒋介石常说的，但有新意。这样照搬中不失提高，提高中不失原意。出来的成品，比蒋介石原来设想的要好，似乎比蒋原有的又好不到哪去。难就难在对蒋某人的内心，要能够完整不漏地揣摩出来，再巧妙合理地加以阐述，恰如其分地表达出来。做出来的文章，符合蒋介石的水平和风格，看不出刀笔吏的成分。

在刀笔吏中，最成功的要数陈布雷，其他人则要略逊一筹。蒋介石的重要文章大多是陈布雷所写，如提出"和平未至绝望时期，决不放弃和平；牺牲未到最后关头，决不轻言牺牲"名句的蒋介石在国民党"五全"上的报告；蒋介石从西安事变回到南京后发表的《西安半月记》《对张、杨训话》；被张季鸾称为抗战中国民党"第一篇有力文字"的驳斥第三次近卫声明的讲演等，都是陈布雷所写。当然，《中国之命运》并非陈布雷所写，因为陈布雷身体不好，在成都养病，蒋介石只得请陶希圣代笔。

从蒋介石的理论建设上看，刀笔吏的贡献则更大。如陈布雷就写过《行的道理》《政治的道理》《三民主义之体系和实施程序》等文章，其他一些捉刀人也有过不少这样的贡献。不过，就像世界通行的惯例一样，尽管是助手们写的施政文章或者理论文章，只要是以这位政治家的名义发表，就成了该政治家的成果，蒋介石也是这样。

蒋介石主政后，发表了一批理论文章，以构筑思想体系。论他的哲学思想体系，最早的代表作为1932年5月16日发表的《自述研究革命哲学的经过》、1936年间发表的《做人与革命建国之道》两篇文章。在这两篇文章里，蒋介石根据王阳明的"知行合一"观，宣扬主观唯心论思想。他说："要知道日本所以致强的原因，不是得力于欧美的科学，而是得力于中国的哲学。他们日本自立国以来，举国上下，普遍学我们中国的是什么？就是中国的儒道，而儒道中最得力的，就是中国王阳明知行合一'致良知'的哲学。他们窃取'致良知'哲学的唾余，便改造了衰弱的日本，统一了支离破碎的封建国家，竟成功了一个当今称霸的民族。我们中国人自己忘了自己立国的精神，抛弃了自己固有最良的武器，反给日本人窃去，拿来压迫中国，还要灭亡中国，这是多么可耻可痛的事情。"（《先"总统"蒋公全集》第1册第2卷第629页）

蒋介石一生中把王阳明学说奉为圣经。"致良知"到底是什么？在蒋介石看来，人的意识即"良知、心意"是天生的，固有的，而不是实践和社会的产物，一切事物离不开"良知"。他特意举例说："比方革命是一件事情，如果我们心理起一个叛变的念头，就立刻成为反革命。"蒋介石认为，这就是心意"牵累到事物"。事实上，"良知、心意"的改变，并不改变客观存在的革命与反革命；"良知、心意"的改变却是因为革命或反革命力量、斗争形势改变的结果；日本的发展也并非是信仰"致良知"的结果，而是吸收西方科学和民主思想，并付诸改造社会实际的结果。尽管日本资产阶级政治家和理论家把社会和生产力进步归功于信奉王阳明的"致良知论"，但事实上是接受了建立在唯物主义基础上的现代科学理论和技术的结果。应该看到，日本在接受西方先进的科学文化知识、发展经济的同时，其封建武士的扩张思想也迅速膨胀起来，发展成为20世纪人类的毒瘤——法西斯主义。所以日本的经济发展，变成了军国主义所需要的扩张基础，发动对外侵略，一时的强大最后难逃成为失败者的命运。

蒋介石为什么把王阳明的"致良知论"当成其哲学思想的根基呢？他自己是这样解释的："良知是我们大家所固有的，故不必再另外去探求之。……后知后觉的人们，以及不知不觉的人们，跟着先知先觉的人们去行，就可以节省时间，完成革命。"（《先"总统"蒋公全集》第1册第2卷第628页）观点很明确，在他看来，除了绝少部分"先知先觉"的人以外，绝大部分都是属于"后知后觉、不知不觉"的人们，他们只要听从、追随"先知先觉"的人，就能推动社会前进。蒋介石为什么这样讲？因为他是"先知先觉者"，所以人们应该服从他的绝对领导；任何反对他的政治势力，都是违反了"致良知论"。因此，哲学上讲"致良知"，就是为了政治上搞专制。蒋介石后来还发表了许多论述哲学理论的专文，但大多没有超出《自述研究革命哲学的经过》《做人与革命建国之道》这两篇文章的深度。

论蒋介石的经济思想，代表作有1935年发表的《国父遗教概要》《国民经济建设运动》，1936年发表的《国民自救救国之要道》以及1943年发表的《中国经济学说》和《中国之命运》等书。

蒋介石经济思想的提出，主要集中在20世纪30年代中期和抗战后期。这是因为30年代中期至全面抗战爆发前，国民党的军事作战任务相应减少，南京政府开始把经济建设纳入正常国家生活轨道，蒋介石作为最高领袖，当然也会就经济发展提出"指导性的思想和理论"；抗战后期，反法西斯作战进入全面反攻阶段，正面战场的作战任务很重，但蒋介石却开始思考战后的政治态势，避免与日军主力作战，以接收美援和保存实力为主，就抗战胜利后压制中共和巩固国民党的统治进行思想和理论上的准备，因此也发表过一批论述国家建设的文章和演讲。纵观蒋介石的经济思想，事实上只是对孙中山的民生主义进行一些概念性的阐述，并没有对中国的经济发展远景和如何发展中国经济提出什么有益的设想。

对于中国的经济建设，蒋介石提出了"二阶段论"：

第一步是发展交通。这一思想来自孙中山的理论，孙中山的建国思想中，一直把交通建设放在第一位，并且对全国的铁路、公路、航运、航空提出过具体的设想。蒋介石根据孙中山的上述观点，从20世纪30年代中期起对中国的经济建设进行过一些规划，提出了建设全国公路网和西北、中央、东南、东北地区铁路网，建设和扩大上海、广州和沿海海港，发展长江等内河航道等交通规划。

第二步是发展农业和工业。发展农业的想法是对的，对于中国这一农业大国，任何忽视农业、轻视农民问题的政治和经济措施都是要失败的。蒋介石也是这样，他把发展农业放在相当重要的位置，提出过从改良种子、肥料、生产技术和运销方法，到发展水利、移民垦荒等许多的设想，但是国民党政权并没有解决农民问题，尤其没有解决好土地问题，更没有减轻对农民的盘剥，所以蒋介石发展农业的思想只能是海市蜃楼，正是因为他在农业和农民问题上的失误，使得他的统治失去了最广泛的基础。因为在中国谁能解决好占人口绝大多数的农民问题谁就能赢得天下，中共成功地解决了农民的土地问题，依靠组织和觉悟起来的农民打败了蒋介石。

至于工业，蒋介石从思想上也是比较重视的，提出要大力开发铁、煤、铜、稀有金属和石油，发展电力、冶炼业和制造业；发展纺织业、印刷和出版业；为改变中国经济不平衡状态，应该从人口稠密地区向西北地区移民，发展垦荒，等等。但是蒋介石空有发展工业的设想，既没有进行大量投入，也没有制定具体的政策措施，而且受到西方在技术和资金方面的封锁，所以不可能取得大的成功。因此，到国民党政权覆灭前，中国的现代工业依然处于起步阶段，各类生产、运输设备和许多生活设施、设备还没有发展起来。

集蒋介石经济理论、思想之大成的是1943年间发表的《中国经济学说》。与此相配合，他还在国民党1943年1月14日召开的"七届四中全会"上，发表了《民生主义育乐两篇补述》讲话。

在《中国经济学说》中，蒋介石既称资本主义自由经济是以私欲为出发点、"纯属商品行为"的"物与物经济"，又称共产主义经济是只讲无产阶级、不讲有产阶级的"人与人关系"经济。因此，蒋介石设想的经济是"养民为本、计划为要、民生与国防相结合的经济"，必须实行国家大计划下的有限度的自由经济，节制资本。

《民生主义育乐两篇补述》讲话的基本思想是，应该实行"资本国家化，享受大众化"。认为孙中山的"三民主义"，在国计民生中具体体现为"民族主义是情，民生主义是理，民权主义是法"。民生主义的具体体现是城市乡村化，乡村城市化，"货不必藏于己，力不必为己"，社会间要"人不独亲其亲，人不独爱其子"。讲话中，他还对南京政府的经济建设阶段性目标和具体经济政策，进行了一些阐述。

蒋介石的经济思想，最大的局限性表现在国民党的统治是建立在维持剥削制度和对工农民众实行超经济剥削基础之上的，是以四大家族为代表的大地主大资产阶级阶级联合专政，完全违背了人民的根本利益，因此这种政治上的不和谐成为蒋介石经济思想中的主流意识。他的"计划经济"成了有计划的剥夺经济，他的"节制资本"成了遏制民族工业发展、四大家族进行垄断的最好理由，他的"民权主义是法"成了限制人民大众基本政治和经济权利的桎梏，他的"享受大众化"成为事实上的"大众贫困化"。

除了政治因素之外，从实际角度讲，蒋介石的经济思想也缺乏可行性，脱离了中国的国情，不改变政治上的高压政策，既没有长远持久的发展战略，也没有切实可行的发展措施，尤其是国民党统治集团不仅内部高度的不一致，还存在严重的干涉、阻挠经济发展的种种非经济因素。经济领域严重缺乏人才和技术，财经制度混乱，支柱性产业空白；民不聊生，工人失业，农民破产，工商倒闭；再加上战乱不止，因此蒋介石的经济思想只能是纸上谈兵，国民党在大陆统治时期的经济建设只能处于自生自灭状态，没有起到应有的促进社会进步的作用。

与蒋介石的哲学、政治、军事思想比起来，最苍白无力的应该是他的经济思想。这不仅仅是从专业的角度来看，更主要的是他的哲学、政治、军事思想曾对他的施政实践起过作用，起码南京政府在存在的22年间将其当成理论基础，但是蒋介石的经济思想纯属沽名钓誉，仅仅是为了把权力无边的人捧成识广无涯的人而已。

蒋介石谈中国问题

蒋介石的第一本系统论述中国问题的专著是《中国之命运》，这一本书也成为蒋氏理论的代表作。1943年3月10日，国民党正中书局出版发行了蒋介石署名的、由陶希圣所写的《中国之命运》一书，全书分为8章共10余万字，分别讲的是中华民族的历史变迁与发展概略，国耻的由来和革命的历史，不平等条约的影响，国民党奋斗的历史，与西方签订新约的内容，国民党进行建国的关键问题，中国的命运与世界前途的关系。从所论述的内容来看，《中国之命运》成为集蒋介石的政治、经济、外交、历史、伦理等思想大成的杰作。在这本杰作中，蒋介石从论述中华民族几千年的文明史出发，对近代中国社会的变迁和西方近百年来对中国的侵略进行了描述，着重分析出国民党产生、存在和发展的原因，以及所取得的"革命成果"，最后得出的结论是"中国从前的命运在外交，……而今后的命运，则全在内政"，也就是说只要继续保持国民党的统治，消灭共产主义势力，建立国民党一党专制的国家，才是中国的命运和前途。

只要细读《中国之命运》，就可以发现在蒋介石的政治思想中，贯穿着一条历史唯心主义的主线。在蒋介石看来，传统伦理道德中的"忠孝仁爱信义和平"等"八德"和"礼义廉耻"等"四维"，是中华民族的文化核心和中国的立国之纲。蒋介石的观点难于让人

蒋介石正在翻阅署着自己名字的这部《中国之命运》

苟同，史实留给人们的是，提倡"四维八德"的阶层和人们，正是在"四维八德"招牌下违反"四维八德"的人，整个社会处于不平等之中，广大民众处于被剥削和被压迫之下。因此，"四维八德"是传统文化的主要内涵，但作为优秀文化的核心和立国之本，应该是在社会和政治层面体现出来的经代不息、愈来愈强盛的爱国主义和民族凝聚力；是劳动人民始终坚持的反抗压迫、争取社会平等的求变心理。

《中国之命运》再次宣扬蒋介石的唯心哲学观。他借解释孙中山的"知难行易"观说，人们意识的难度是存在"知"和"不知"，因此社会人分为两部分，一部分是"知"的"知者集团"，更多的是"不知"的"行者人群"。因此，蒋介石的用意很清楚，就是要人们去服从以他为首的"知者集团"的统治，尤其不要受其他理论的影响，防止马克思主义对人们的渗透。蒋介石的知与不知论，没有什么新的内容，只是为巩固国民党的统治、维持蒋介石个人独裁提供理论基础。

蒋介石对以清朝为代表的封建统治进行了批判，认为清代入关后实施的残酷的杀戮和"奴化政策"严重阻碍了中国的进步，随之而来的是西方列强强加给中国的不平等条约；清末民初的资产阶级民主主义革命表现出明显的不彻底性，辛亥革命胜利后，革命党人没有致力于社会实践和继续革命，"在这种心理与风气之下，仿造西洋的枪炮，必至于用泥沙代火药；推行议会制度，必至改约法，行贿选，以至于袁氏称帝"，中国开始进入军阀混战时期。蒋介石对于这一段历史的论述基本正确，问题是他为何在北伐基本完成的情况下继续进行新军阀混战？他主政后为什么要等到太平洋战争爆发后才废除旧的不平等条约？

对于中国现代史部分，蒋介石论述的重心有两条：一是为自己的对日妥协退让辩解。书中宣称，"济南惨案"忍日寇之辱但未忘怀雪耻，"九一八事变"不抵抗是因为"准备对日作战需要时日和不抛弃和平，不能像明末之轻于出战而亡国"。一是批判中共的"封建割据"，认为从1927年7月起，中共组织武装叛乱，进行"封建割据"，宣称要将共产主义统一于"三民主义"和民族意识之中，"没有中国国民党就没有革命"，彻底结束中共的武装反抗行为。蒋介石如此谈现代史，事出有因，前者是为了开脱他自己对日妥协、屈辱出卖中国人民利益的罪行，后者是为了破坏抗日民族统一战线，诬蔑正在积极抗战的八路军、新四军，为战后发动"反共"内战进行舆论准备。

关于国民党"革命建国"，蒋介石说，革命建国分军政、训政和宪政三个时期，革命建国的基本工作是"教育、军事、经济"的三合一，完成这三项工作。而要完成这些工作，需要进行心理、伦理、社会、政治、经济建设。蒋介石还把这五项具体工作的具体指标仔细列出来，包括经济指标和所需人才数。他在此还提倡以中国的文化和政治哲学研究西方科技，引进西方科技，如此独立、富强的中国，将与各国并驾齐驱，共同保卫世界和平。蒋介石的建国理想，没有解决下列这些问题，即如何改造中国？改造中国需要什么样的理论作指导？改造中国需要什么样的方式？1949年后应该建立什么样的社会制度？尤其关键的是，在抗战胜利即将来临之际，如何继续自抗战开始以来的国共第二次合作？在谈论中国命运的书中，在他认为决定今后中国命运的"内政"问题上，对这一系列问题没有得出正确的结论，这是此书最大的失败之处。

蒋介石的大作一发表，在国内外产生了很坏的影响。对学术界来说，《中国之命运》实质上是对20世纪30年代中国社会史问题论战的反扑，以宣扬历史唯心主义来对抗论战中获胜一方宣传的历史唯物主义。中国共产党方面为正本清源，对《中国之命运》进行了猛烈的批判。原北平中国大学教授、毛泽东的政治秘书陈伯达发表了《评中国的命运》，对《中国之命运》进行全面评析，此文成为各解放区的政治学习书。原北大女子文理学院院长、中共中央研究院副院长范文澜，发表了《谁革命？革谁命？》，揭露国民党不革命、反革命的本质，运用近代史上的事实进行批判。原社会科学家联盟研究部长、中共中央文委秘书长艾思奇，发表了《中国之命运——极端唯心论的愚民哲学》，集中批判蒋介石的哲学思想，指出孙中山创立的"力行哲学"被蒋介石篡改为国民党的反动政治理论基础。总之，《中国之命运》一发表，在各解放区引发了批判运动，为中国共产党揭露国民党蒋介石集团的实质提供了靶子。中共中央在思想战线上回击了国民党的第三次"反共高潮"，推动了国统区的民主运动。

蒋介石此时隆重推出《中国之命运》是有特殊的用意。首先，当时美国的援华已经制度化，各种战略物资源源不断地穿过喜马拉雅山运到西南，蒋介石手中掌握的物资质和量均已经超过战前水平，国民党军队的整体作战实力要好于全面抗战爆发之时，因此在他看来，向中共发动进攻的时机已经成熟。再则，蒋介石认为西方从资本主义的本性出发，也会赞成他的"反共"举动。蒋介石的用意很清楚，为避免已经得到迅速发展的中共可能在对日作战的大反攻阶段取得更大的发展，为避免抗战结束后爆发国共之间的斗争，必须趁早把处于日本军队围困下的中共予以消灭，即使消灭不了全部那就消灭其有生力量，为最后结束中共的存在创造条件。《中国之命运》的出版，就是在为发动新的"'反共'高潮"制造舆论。

其次，第三国际解散成为"'反共'时机"。第三国际（也称为共产国际）成立于1919年3月2日，总部设在莫斯科，共有57个各国共产党支部，作为国际共产主义运动的领导中心，对推动各国革命运动的发展起到了很好的作用。但在20年代中期到30年代中期的10多年间，共产国际受苏联共产党和斯大林的影响，严重干涉各国共产党的内部事务，推行极"左"路线，使得包括中国革命在内的各国革命运动受到了很大的损失。反法西斯斗争开始后，第三国际的路线、理论得到调整，指导各国共产党组成统一战线，投入反法西斯战场。在国际反法西斯同盟组成后，第三国际继续被西方政治势力骂成"第五纵队"，各国共产党和革命团体在组织统一战线的过程中，各国很多中间力量和知名人士因为有第三国际的因素而不敢加入；此外，随着反法西斯斗争的胜利，各国共产党的处境得到改善，实力已远远超过第一次世界大战结束后几年间的水平，已经不再需要有一个国际革命领导中心。因此，最初由美国共产党提出解散第三国际，因为共产国际当时没有同意，所以美共自己退出了第三国际。到1943年5月22日，共产国际正式宣布，解散共产国际的条件趋于成熟，符合历史潮流，符合世界革命要求，至此停止活动。第三国际自行解散一事，被国民党蒋介石集团利用来作为批判中共的依据。蒋介石认为，中共是按照第三国际的理论和在第三国际直接指导下产生的，既然共产国际已经解散，中共也没有存在的必要；第三国际的解散代表着国际共产主义运动的失败，中共也应汲取教训，立即解散。既然认为共产主义不符合中国的国情，蒋介石就要拿出符合中国国情的理论来，所以推出了不伦不类的《中国之命运》。

第三，新疆盛世才公开"反共"。盛世才，辽宁升源人，1897年1月8日出生。1917年去日本东京明治大学留学，五四运动爆发后回国南下广东韶关讲武堂习武，毕业后进入奉军郭松龄部从军，郭松龄倒奉失败后再赴日本留学。1927年回国后到南京参谋本部任职，1930年因结识新疆省主席金树仁，到迪化（乌鲁木齐）任边防督办公署上校参谋，1931年哈密发生民变，盛世才出任东路军总指挥进行镇压。1933年4月12日，盛世才与陈中、陶明樾、李樊天合谋政变，并得到在东北无法坚持抗战、绕道苏联经新疆回国的东北军马占山余部的支持，当上新疆边防督办，金树仁逃回内地。南京政府派出参谋次长黄慕松带领宣慰团来新疆，表面上是慰问，暗中是要控制新疆。盛世才闻讯后，立即捕杀陈中等三位政变领导人，剪除竞争对手，并向黄慕松示威。黄慕松见状，知难而退，悄然东返。8月1日，盛世才正式得到南京政府的追认，刘文龙被任为省主席。盛世才上台后，提出了"反帝、亲苏、民平、清廉、和平、建设"六大政策，伪装革命，公开场合拿着马克思、列宁的著作号召党政官员进行学习，同时要求苏联给予援助。在苏联驻新疆领事的努力下，盛世才得到了苏联大批武器和物资。

盛世才的权力稳固后，开始把新疆作为自己的割据地盘，顺次削平各敌对势力，先后把刘文龙以及有南京政府背景的重要官员全部清除。中共中央到达陕北后，因为盛世才的"联苏政策"，新疆成为中共与第三国际联络的主要通道，盛世才也同意一些中共代表到新疆活动；西路军失败后部分人员退到新疆得以保存下来，一些重要干部也是从新疆绕道回到延安。全面抗战爆发后，中共中央先后派出陈云、邓发为驻新疆代表，八路军也设有以陈潭秋为主任的新疆办事处，在迪化北郊八家户野营地还有西路军退入新疆的数百名官兵组成的"新兵营"。中共重要干部毛泽民被任命为财政厅长、代理民政厅长，黄火青担任反帝会秘书长、阿克苏行政长，杜重远担任新疆学院院长，林基路担任新疆学院教务长、库车县县长。

1939年7月10日，刚视察完新四军工作、要求新四军抓紧时机向东向北发展的周恩来，从东南地区回到延安，准备参加专门研究正在刮起的蒋介石第一次"'反共'高潮"问题的中共中央政治局会议。在去中央党校作报告途中，因马受惊从马上摔下来，右臂撞在石崖上造成小臂下端粉碎性骨折。8月18日，为周恩来治病的三位印度大夫认为伤骨愈合不理想，右肘处于半弯曲状态，已经无法伸直了，中共中央决定由邓颖超陪同周恩来去苏联治疗。8月27日，周恩来等乘坐重庆方面派来的道格拉斯飞机前往兰州，在兰州等了一个星期，转乘苏联专机前往莫斯科，途中在迪化停留。在迪化期间，周恩来听取了时任中共驻新疆代表邓发和八路军驻新疆代表陈潭秋的汇报，看望了"新兵营"和正在学习的中共航空队学员，并同盛世才进行了4次会谈，劝说盛世才坚持联苏亲共的立场，为民族为抗战多做一点有益的工作。但是，周恩来根据邓发、陈潭秋等汇报，已经觉察到盛世才的野心和阴谋。盛世才已经在新疆控制了政府、军队、警察和情报部门的大权，开始排挤中共和进步人士。周恩来在摸清盛世才的政治底细后，立即安排部分正在受到排挤的重要人士离开新疆回延安。

3天后周恩来离开迪化前往苏联，在克里姆林宫医院进行治疗。因为国内工作繁忙，周恩来拒绝了重新开刀接骨、让右臂能自如行动的治疗方案，改用保守疗法，但右臂只能在40度至60度之间行动。出院后，周恩来又会见了共产国际和苏联共产党的许多老朋友，代表中国共产党驻共产国际代表团向共产国际执行委员会提交了长达116页的《中国问题备忘录》和作了专门报告，论述国共抗日民族统一战线和中共七大筹备情况，争取共产国际的理解和支持。1940年2月间，共产国际执行委员会专门做出了《关于中共代表团报告的决议》，肯定了中共的路线、方针和政策，肯定了以毛泽东为首的党中央的领导。在苏联期间，周恩来还看望了中共驻共产国际代表团以及许多在苏联工作和学习的中共人士；看望了位于莫斯科郊外的国际儿童院的中共革命先烈和领导人的孩子们；此外，还参加了对曾给中国革命和红军带来巨大损失的共产国际顾问李德的审查，结论是"有错误，免予处分"。

1940年2月苏联派专机送周恩来回国，飞机在新疆停留时，周恩来与盛世才又进行了3次会谈，向他介绍共产国际的情况，以拉住盛世才。此时的盛世才，已经准备进行政治上的重新选择。1941年4月，重庆政府正式任命盛世才新疆省主席，作为回报盛世才开始政治上倒向蒋介石。苏德战争爆发后，苏联面临被占领的危险，盛世才对苏联失去信心，错误地认为苏联自身难保，寻求苏联的支持已成为不可能，所以准备远离苏联。苏联为了巩固后方，也加紧对新疆地区的不法活动，甚至为阻止盛世才的反动，于1942年7月组织政变。盛世才识破后，进行了大规模的镇压。自此之后，盛世才加快了"反共"步伐，写信给第八战区司令长官蒋鼎文，表示甘心情愿接受国民党中央的领导。

蒋介石接到朱绍良转来的此信后，见一直没有归顺的新疆如今主动回归，心中大喜，立即派夫人宋美龄于1941年8月20日到迪化慰问，表示中央派军队到玉门、安西等地，牵制哈密的苏联红军；外交权收归中央，清除在新疆的中共活动。8月28日，蒋介石也赶到此前从未到过的大西北要地——青海西宁视察，用盛世才"反共"作为例证，对西北军阀"三马"势力中的骨干青海省主席马步芳、宁夏省主席马鸿逵、骑兵第5军军长马呈祥、青海柴达木盆地屯垦督办马步青进行安抚，指令在河西走廊的马步青等部撤回青海境内，警告他们不得与中央政府对抗，停止与中共方面进行的任何接触。

1941年10月5日，盛世才正式向苏联提交了一份备忘录，要求苏联撤走所有的经济、军事、技术顾问和苏联红军第8团等所有非外交人员，结束与苏联的亲密关系，主要理由如他向苏联驻新疆总领事普希金所说："之所以要求他们撤走，是因为他们在这里不是在帮助新疆，他们在这个区域里，搞颠覆活动，煽动暴动，给新疆带来破坏。"盛世才和苏联的合作关系正式结束。（后来在1943年4月间，苏联驻哈密地区的红军和武装警察撤走；5月22日，第三国际解散。盛世才"反共公开化"，在此前后把大批中共和进步人士投入监狱，9月杀害了中共领导人陈潭秋、毛泽民等人，向蒋介石效忠。）

对西北归顺中央和盛世才公开"反共"，蒋介石喜出望外，从南京政府成立以后他对西北一直无可奈何，如今不费一枪一弹即解决问题实是出乎意料。他在当年的反省录中称："新疆省主席兼督办盛世才于1941年7月间公开反正，归顺中央，河西走廊马步青军队亦完全撤回青海。于是兰州以西直至伊犁直径3000公里之领土，全部收复，此为国民政府自成立以来最大之成功，其面积实倍于东三省也。此不仅领土收回而已，盖新疆归诚中央以后，我抗战之后方完全巩固，日本更不能再有消灭我政府之妄图。而俄国与中共之态度亦大为转变，不敢复为我抗战之害。此非上帝赐予中华民族之恩泽决不至行也。"（1942年12月31日反省录）在蒋介石看来，西北"反共"，既可以增加中央政府的权威，又可以有效对陕甘宁过区进行封锁和减少中共与苏联的联络。因此，发动第三次"'反共'高潮"的条件趋于成熟，《中国之命运》也成为"'反共'高潮"的舆论准备。

第四，蒋介石在军事上准备进攻陕甘宁边区。《中国之命运》是第三次"'反共'高潮"的信号，第三次"'反共'高潮"进攻的重点是在陕甘宁过区。蒋介石为防止再出现类似于当年东北军、西北军包围红军反而与红军签订停战协议的情况，抗战开始后不久就派出黄埔系骨干、亲信将领胡宗南率部包围陕甘宁边区。胡宗南在参加1937年8月开始的淞沪会战时，官升至军团总指挥，指挥第17军团参加了在宝山、杨行、刘行一线的战斗，原令守7天，结果死守了40余天，军团负伤、牺牲的营长、团长达一百多人。11月16日脱离战场，20日从镇江过江去扬州，南京沦陷时，17军团在浦口隔岸观火。12月底，胡宗南部回到关中，名义上是固守黄河防线，防止日寇从同蒲铁路南下，屏蔽川蜀，保护大后方。黄河河防东起陕州，沿黄河北到宜川，长1100余公里。因为黄河东边的山西有中共的太行山根据地前卫，黄河西岸有中共的陕甘守边区后卫，所以日寇从来不敢碰这条防线。国民党的河防防线形同虚设，主要军队均被胡宗南调去封锁陕甘宁边区，限制边区的发展。封锁边区的陇东封锁线东起宜川，经洛川到甘肃的环县，长1300余公里。动用的军队有第八战区副司令长官胡宗南指挥的3个集团军。除了设置封锁线外，胡宗南还制造多次""反共"摩擦"。

为实施"'反共'计划"，蒋介石准备让胡宗南出面。之所以让胡出面，并不全是因为胡氏"反共"死心塌地，还有其他的原因。在华北的第一次"反共高潮"中，出动的杂牌军全部被打败；而第二次"反共高潮"中，动用顾祝同的第三战区主力出击，则消灭新四军数千人。既然要发动第三次"反共高潮"，而且又是进攻中共中央的心脏地区，所以蒋介石决定让装备远好于杂牌军的中央军嫡系胡宗南充当进攻主力。

按照蒋介石的指令，1943年6月18日，胡宗南在洛川召开高级军事会议，研究军事进攻陕甘宁边区方案，准备兵分9路一举拿下延安，"扫荡"边区。会后，第八战区的部分军队向前线运动。对于胡宗南的军事企图，中共领袖们早就有所察觉，在进行必要的军事准备的同时，发动舆论攻势，向全国人民揭露了胡宗南进攻计划，公开呼吁国共双方一心抗日，制止"反共高潮"。7月6日，第18集团军司令朱德发表通电，呼吁全国人民起来制止"反共内战"。7月7日，在全面抗战纪念日，胡宗南竟然下令炮击中共关中分区，第三次"反共高潮"正式开始。7月9日，中共在延安召开3万人参加的军民大会，中共中央书记处书记刘少奇在会上发表讲话，代表党中央，号召全国人民团结起来，为保卫解放区而奋斗。同时严正表示，中共反对内战但并不害怕战斗，对任何企图来犯之故，将坚持进行反击。

蒋介石见进攻未起，已经出现反对第三次"反共高潮"，中共已经先声夺人，再发动军事进攻显然已经不合时宜；再则，美英当时并不赞成进攻中共边区，以史迪威为代表的一批开明人士认为八路军、新四军一直在进行有效作战，中共不仅不应被消灭，而且还应该把部分美国援华物资支助中共。罗斯福对这一主张也有同感，美英的态度使得蒋介石踌躇不前。因此，胡宗南的军事行动没有继续下去。到1943年9月间，国民党召开五届十一中全会，蒋介石在会上再一次强调，中共问题是一个纯粹的政治问题，应该以政治方法来解决。并且，再次开始与中共进行谈判。

因此，《中国之命运》的发表，并不仅限于一本书，还有着特殊的政治背景和政治意图。从蒋介石个人来讲，他需要改变政治理论贫乏的局面，需要把他几十年来的思想、理论进行系统总结，形成蒋氏思想体系，充实蒋记思想库；从蒋介石的政治意图来说，则是为夺取抗战胜利果实，分裂抗日民族统一战线，提供思想基础和理论依据。

保存实力——豫湘桂兵败如潮

从整个全面抗战过程来看，蒋介石的估计在整体上有误。武汉会战结束后，抗战进入相持阶段，日寇以占领新的地区为目标的作战已经基本结束，但为达成某一特定目标而进行作战的能力还有，而且实力并不很弱。无论是正面战场，还是敌后战场，虽有效遏制了日寇扩大新占领区的侵略行为，但还未形成战略反攻的能力，因而还不能阻止日寇发动"扫荡"。日寇随时可以凭借局部优势发动新的攻势。

蒋介石的战略评估

蒋介石缺少战略家的眼光，对整体战局的估计过分乐观，在武汉会战以后他就认为抗战已经进入反攻阶段，并认为从1943年12月结束的常德会战开始抗战既已进入战略反攻阶段。事实上，武汉会战结束抗战只是进入战略相持阶段。蒋介石对战局的整体估计和准备采取的战略战术，从他主持召开的几次最高级军事会议的内容可以看出来。

武汉失守后，蒋介石于1938年11月25日至28日在南岳召开高级军事会议，参加会议的有第三、六、九战区师长以上军事将领100余人。蒋介石在会上的讲话中，明确提出抗战已经进入转守为攻、转攻为胜的阶段。在第二阶段到来的一年间，国民党军队针对在第一阶段作战中暴露出来的问题，把国民党正规军分三批进行轮训；同时决定减少指挥层次，集团军下面以军为战略单位，撤销广州、西安、重庆行营，设立桂林、天水行营，统一指挥南北两个战场。

1939年10月29日至11月5日，蒋介石又召开第二次南岳军事会议，参加会议的主要是武汉、长沙、南昌地区的国民党军队的高级将领。此次会议针对第一次长沙会战后的敌我态势，研究对策。蒋介石在会上强调要"反守为攻，转静为动，积极采取攻势"，"一定要不断研究出避实击虚，乘间隙的方法，使各地敌人受到我们的打击"。

1940年2月23日在广西柳州举行高级军事会议，参加会议的有军事委员会副总参谋长白崇禧、军事委员会政治部长陈诚、军事委员会办公厅主任商震、军事委员会桂林办公厅主任李济深、第四战区司令长官张发奎、第九战区司令长官薛岳、第四战区副司令长官余汉谋、第8集团军副司令长官李汉魂等高级将领。会议针对桂南会战，研讨国民党军队针对日寇进攻的特点应该采取的战略战术。蒋介石在会上宣布，桂林主任白崇禧、政治部长陈诚，因为督战不力和指导无方，处以降级处分；第27集团军总司令叶肇交军法审判；第38集团军总司令徐庭瑶、第36军军长姚纯、第66军军长陈骥、第99军军长傅钟芳等多名军师长撤职查办；阵亡的第9师师长郑作民不予追究，但该师番号撤销，改称无名。对于作战有功将领则进行表彰：第35集团军总司令邓龙光、第46军军长何宣、第76师师长王凌云记功一次。蒋介石在会上继续要求"自动作战，争取主动，积极进攻"。

1941年10月16日至21日，第三次南岳军事会议举行，参加会议的主要是在中原地区作战的第三、六、九战区的高级军事将领，会议主要任务是针对日寇的中原会战和第二次长沙会战的战役特点进行总结。蒋介石面对日寇发动的一系列进攻，一筹莫展，因此没有再强调继续进攻，只是再三强调军事纪律和军人精神修养，加强工事，阻击日寇的进攻。

1944年2月10日至14日，第四次南岳军事会议举行。参加会议的有第三战区司令长官顾祝同、第四战区司令长官张发奎、第六战区司令长官陈诚、第七战区司令长官余汉谋、第九战区司令长官薛岳等高级将领。会议的主要任务是总结常德会战的经验教训。蒋介石在会上指出，以进攻作战的抗战第二阶段已经结束，开始转入战略反攻阶段。因此，中国军队保持荣誉，战斗力和学训技能不能落后于外国军队；决战阶段的战略要注意军事战和政治战的配合；解决沦陷区收复后的种种问题。蒋介石在会上明确宣布，只要积极努力，在一年之内打到武汉是有把握的。

蒋介石的军事战略有几大失误：一是对军事形势估计过分乐观。在抗战开始初期，中共领袖们已经明确将抗战分为日寇的战略进攻、中国战略防御，中日双方进入战略相持，中国开始大反攻三个阶段。当时战争的进行过程和历史证明，中共领袖的这一分析是正确的，是符合抗战事实的。蒋介石却把第二阶段定为反攻阶段，第三阶段也定为反攻阶段，这又该如何区分呢？抗日战争在日强中弱的态势下，中国不可能过早地进入反攻作战。蒋介石的乐观估计在受到重挫后，即转为军事上的消极防守；此外，过分乐观导致他无法正确预测抗战形势，他预测抗战胜利时中国军队只能反攻到武汉，又从乐观走向悲观。

二是对军事行动过分消极。虽然蒋介石将第二阶段定为局部反攻，把第三阶段定为战略反攻，可是并未见到蒋介石在第二阶段采取任何局部反攻的行动，正面战场反而一直处于被动挨打状态；在第三阶段也未见到蒋介石采取什么战略反攻的举动，即使缅北大反攻也是在美国以取消美援相要挟下被动进行的。因此，蒋介石可谓是在军事形势估计上过分乐观，但在军事行动上又过分消极，在第二阶段虽然遏制了日寇的攻势，但国民党军队和作战区域内的民众却受到了空前的浩劫。

三是蒋介石的真实目的何在？蒋介石在自称的进攻阶段，攻又没有进攻，守也没守住，不仅如此，从战略反攻阶段开始，国民党正面战场又出现军事上的大溃败，原因何在？这就是蒋介石没有说出来的潜台词：中国的抗战，因为美国等西方国家参战和国际反法西斯同盟的组成，取得胜利只是时间问题；国民党军队的主要任务，已经不是对日作战，而是保存实力，其一是为抗战胜利后下山摘桃子，抢夺胜利果实；其二是为应付抗战胜利后国共斗争新形势，准备消灭中共的最后一战。所以，为避免与日寇作战，不惜丢失国土，置人民的生命财产于不顾。这才是为什么日寇发动平汉路、粤汉路战役时，国民党上百万军队一触即溃的真实原因。

日寇的豫湘桂战役

1944年初，美国在太平洋岛屿争夺战中，接连取得胜利，日军面临海上交通线被切断的危险，为了解救南洋广大地区的日军，日本最高当局决定实施"1号计划"，发起"豫湘桂战役"。首先，日本的主要作战目标是打通平汉铁路、粤汉铁路，从陆路上依靠铁路线把朝鲜、中国、东南亚连接起来；其次，中国有许多美国空军第14航空队使用的军事基地，美国轰炸机从这些基地起飞可以轰炸日本本土，日本当局准备摧毁这些军用基地；最重要的，日本当局还另有图谋，就是在日本本土和南洋被美国占领的情况下，继续利用中国占领区进行顽抗。

日军从1944年初开始进行战役准备，赶修了从新乡到黄河北岸的铁路。进攻河南的战役由日本华北派遣军司令冈村宁次指挥，调动华北地区一半左右的日军参战，包括华北方面军第12军的37、62、110三个师团和绥远调来的坦克第3师团、关东军第27师团，以及华北的3个旅团，总共约15万人。除此之外，还有驻扎山西境内的日军第1军在黄河北岸，华中方面军一部在豫南地区配合。与日军一起行动的还有伪军张岚锋、孙良诚、庞炳勋、孙殿英等部。

国民党第一战区司令长官蒋鼎文，指挥孙蔚如的第4集团军、刘茂恩的第14集团军、何柱国的第15集团军、陈大庆的第19集团军、李仙洲的第28集团军、李家钰的第36集团军、高树勋的第39集团军等7个集团军共18个军、30万人进行反击。

1944年4月17日晚，日军第37师团渡过黄河向郑州的前沿阵地中牟发动进攻，战役打响。19日，守军第15军全线溃败，日军开始大规模渡河南下。同时，日军第22联队一部偷袭郑州攻占部分城墙，20日下午，待日军第37师团主力赶到城下时，守军第85军向西逃窜。中原要地、联结陇海和平汉两大铁路的枢纽郑州就这样轻而易举地落入敌手。初战得手的日军分外嚣张，21日占领新郑、尉氏，23日占领长葛，5月1日攻占许昌，5月5日攻占郾城，5月9日日军在确山与由信阳北上的华中方面军的第11旅团会师。日军打通平汉路的计划实现，几乎没有遭到有效抵抗。

与此同时，1944年5月初，日军第12军一部从郾城、密县等向西北，日军山西第1军的两个旅团由垣曲向东南，合击洛阳。到5月4日，南路日军先后占领登封、临汝、襄城等地，逼近洛阳。洛阳为第一战区司令部所在地，因此惊动了蒋介石，蒋介石下令死守，然而死守是可以死但守不住。蒋鼎文急忙调兵遣将，但已无力回天，在中国军队还在调动之际，日军已经接连向洛阳周边地区发动猛攻并全部得手。5月19日，南北两路日军第62师团和第3坦克师团以及第110师团一部，向洛阳发动进攻。洛阳守军是第15集团军武庭麟的第14军第94师，由王建庆任师长。蒋介石在如此重要的军事重镇仅部署一个师14000余人守卫。94师进行了英勇抵抗，22日日军三度攻入城内，23日日军集中兵力攻击城北地区，此时守军只剩1700余人。24日下午日军发动总攻，25日占领洛阳，河南战役就此结束。在整个战役期间，国民党第一战区被迫西移西安，潼关告急。为集中指挥，蒋介石撤销第八战区，改组第一战区，由陈诚兼任第一战区司令，调动兵力，加强防守，阻敌于潼关之外。豫湘桂战役开始以来，国民党军队一天丢失一座城池，37天丢失38座县城，被击溃主力20多万人。被蒋介石称为已经进入战略反攻阶段的国民党军队竟然如此不堪一击！

在进行河南战役的同时，日本当局又下令准备长衡会战。从1944年2月起，日军即开始集中军队。5月25日，在洛阳告捷之时，日军驻中国派遣军司令官畑俊六由南京到达汉口，亲自指挥此次战役，参战部队还是华中的第11军。日军第11军编有8个师团1个旅团，共36万人，此外日军还调动第22飞行大队和4万余匹战马到达前线。

中国方面迎战的仍然是第九战区薛岳部，军事实力稍差，但兵力并不少，问题是薛岳和蒋介石一样，都认为日军与前三次长沙会战一样，只打不占领，打一阵就会撤兵。打仗岂容如此心理？如此心理岂能打胜仗？

1944年5月27日，日军第11军司令官横山勇指挥8个师团向第九战区发动进攻。日军第3、13、40、68、116师团组成第一线兵团，担任正面主攻；第27、34、58师团组成第二线兵团，作为后续部队；另外第17混成旅团和独立步兵第5旅团，作为辅攻部队。

日军左翼第3、13师团离开蒲圻、崇阳向长沙东面推进；日军中路第68、116师团离开岳阳，正面向长沙推进；日军右翼第40师团离开石首、华容向长沙西面推进。薛岳本以为日军只是沿粤汉路南下，未料日军三路出击，所以手忙脚乱，匆忙应付为时已晚。中路日军在汨水遭到国民党杨汉域的第20军顽强抵抗，2天后突破防线，6月6日到达长沙捞刀河北岸并继续向南推进。11日右翼日军攻陷长沙西北要地益阳，14日左翼日军攻陷长沙东面要地浏阳，16日右翼日军攻占长沙西面宁乡，18日日军第34师团攻陷岳麓山，长沙已经处于三面包围之中，守军张德能的第4军突围而走，长沙陷落。

日军在占领长沙后继续南下，6月23日，日军第13师团攻占耒阳，由南向北向衡阳进攻，衡阳南路被断。攻占长沙后沿粤汉路南下的日军第68师团由北向南攻击衡阳，6月26日攻占衡阳东北面的飞机场。第116师团也到达衡阳西北面，衡阳已经落入日军包围之中。

衡阳是粤汉线和湘桂线的连接点，是中原腹地通向西南的门户，也是美军第14航空队的重要基地之一。蒋介石对于衡阳有着特殊的感情，离开南京后召开过5次高级军事会议，其中有4次是在衡阳北部的南岳衡山召开。守卫衡阳的是李玉堂兵团方先觉的第10军，身负的任务有二：一是阻击日军的进攻，二是配合第九战区在衡阳地区歼灭日军主力，其作战任务之难可想而知。薛岳在命令方先觉死守的同时，向北线的浏阳、醴陵、益阳、宁乡一线集结军队，准备出击。国民党的作战方案确实让人怀疑，守卫衡阳这样一个军事重镇，只安排了一个军！

从1944年6月28日起到7月2日，双方反复在衡阳城下争夺，不分胜负。7月11日起，日军在得到大量弹药、火炮以及空军支援下，再度发动进攻，到16日衡阳已成一片废墟，但日军还是没法进城。8月3日，日军发动第三次进攻，在衡阳城三面同时展开。战到7日，日军依然在城外。当天晚上，日军司令官横山勇，集中火炮炮击小西门，然后日军趁机拥入，中国守军与之进行巷战肉搏。次日凌晨，方先觉在胜利无望、撤退无路、援兵不到的情况下，率领第3师师长周庆祥、第190师师长朱岳、暂编第54师师长孔荷宪等人向日军投降，衡阳保卫战失败。

衡阳保卫战进行之中，第九战区的一些部队进行了部分反击战，方靖的第79军、黄涛的第62军以及李天霞的第100军等部，赶来增援第10军，因为被日军阻挡而未到位。

占领衡阳后，日军开始沿湘桂线向广西进攻，以实施打通越南的计划。1944年8月26日，日本当局组建以冈村宁次大将为司令官的第6方面军，编有由4个师团组成的直辖兵团；由6个师团组成、由横山勇任司令官的第11军；由2个师团和5个旅团组成、由田中久一任司令官的第23军；由1个师团和5个旅团组成、由佐野忠义任司令官的新设第34军。在日军作战史上，还没有一次作战组编过如此庞大的军团。

中国方面指挥此次作战的是第四战区司令长官张发奎，编有杨森的第27集团军（下辖杨汉域的第20军，丁治磐的第26军）、夏威的第16集团军（下辖贺维珍的第31军，黎行恕的第46军，甘丽初的第93军）、邓龙光的第35集团军（下辖黄涛的第62军，张驰的第64军）、李玉堂的第27集团军副司令长官部（下辖方靖的第79军，牟庭芳的第94军，杨宏光的新编第3军，廖耀湘的新编第

6军）、汤恩伯的黔桂湘边区总部（下辖陈素农的第97军，罗广文的第87军，孙元良的第29军，刘希程的第98军，陈金城的第9军，石觉的第13军，刘安琪的第57军）。中国军队编制众多，只要认真部署和真心作战，阻挡日军挺进应该没有问题。

1944年9月8日，横山勇的第11军攻占零陵，14日攻占广西门户全州，逼近桂林。为配合广西战役，驻广州的日军第23军，一部由雷州半岛出发，于9月22日攻占梧州。日军对广西形成东、北两个进攻面，进攻的目标分别是桂林和柳州。

10月28日，北面、东面的日军开始行动，第二天向桂林发起进攻。防守桂林的是阚维雍的第131师和许高阳的第170师，他们苦战10天，使城外的日军无法越雷池一步。11月9日起，日军发起总攻，突进市区，守军进行巷战无效后，只得于11日撤出桂林。11月9日，日军开始向柳州进攻，10日守军丁守磐的第26军按照张发奎的命令退出柳州，作为第四战区司令部驻在地的柳州陷落。第23军一部与从越南北上的一部日军于24日到达南宁城郊，守军同样弃城逃走。12月10日，从柳州南下的日军到达南宁，南北两股日军会师，打通南北交通的目标实现。

日军见国民党军已溃不成军，于1944年11月15日攻占柳州西北的宜山。因为第一、九、六、四战区接连失败，蒋介石手中已经无兵可调，急从陕西调来汤恩伯部。11月18日，汤恩伯单枪匹马先来上任，20日到达黔南独山布防，可是汤部因为路途远达3000公里到达无期，只有陈素农的第97军供其指挥。11月27日，日军向桂黔交界处的黎明关发动进攻，第97军一触即溃。日军乘胜北上，12月3日追到独山以南10余公里处，国民党守军已经开始逃跑，第3师团继续前进，一路拿下都匀等城，抵达贵阳以南50公里处。因为日军担心战线太长陷入被动，所以停止追击。至此，豫湘桂战役结束。

这真是国民党军事史上的耻辱！善良的人们，包括罗斯福在内的西方盟友，做梦也没有想到国民党会有如此大的失败。日军发动的豫湘桂战役，历时8个月，打败国民党军队60万人；攻占城市146个，其中包括洛阳、长沙、福州、桂林4个省会；摧毁7个空军基地和36个机场；占领新区20万平方公里。在日军经过的数千公里地段上，在日军占领的20万平方公里土地上，6000万难民背井离乡，多少妇女、儿童和老人惨死在日寇的屠刀下面！多少人民群众的财产被日军占有！多少建筑和民房被日军烧毁！多少难民饿死、病死、累死、冻死在逃亡路上！多少被日寇抓捕的难民被集体屠杀！人们不禁要问：国民党的650万军队在哪里？蒋介石是如何指挥国民党军队的？国民党军队是如何作战的？

即使蒋介石想保存实力，留着日后准备与中共决一死战，但是起码也要遏制住日军的进攻态势，总不能看着日本强盗行凶而不管吧！总不能看着日军的进攻而不抵抗吧！总不能看着由夫抱子、妻带女、老扶少、少牵少的6000万难民组成的滚滚难民潮而只知逃命吧！

召开"六全"——国民党"'反共'建国"

全面抗战发动初期，蒋介石的反动政策确实有所收敛，开放了一点民主，人民抗日运动迅速高涨起来。随着正面战场军事压力的减弱和对日作战形势的转变，国民党蒋介石集团拒绝进行任何民主改革，继续加强独裁统治。

蒋介石扩权

蒋介石真正实现对国民党的控制是在抗战中完成的。抗战初期，蒋介石是国民政府军事委员会委员长，论党内地位他只是个中常委，论行政权力因为汪精卫是最高指导机构中央政治会议主席、林森是国民政府主席，蒋介石只是个行政院长（1939年11月20日接替孔祥熙）。蒋介石自主政南京以来，每一个增加和巩固权力的行为都受到党内不同派别的反对，但是全民抗战开始以后，他利用抗战需要全民统一、需要集中指挥的有利时机，在"临全"上出任国民党"总裁"，并通过把"中央政治会议"改组为"国防最高会议"的方式，取代汪清卫成为主席，让汪精卫成为副手。此时的蒋介石，已经是国民党内无人敢于挑战的领袖，但是他对"国民政府主席"一职却是十分看重。

尽管谁都明白，林森的国府主席职在蒋介石面前只是个闲差，无事可做，任何决策都由党（总裁）、军（委员长）、政（国防最高会议主席、行政院长）也就是蒋介石决定，蒋介石为何又看中"国民政府主席"这一闲差？原因在于，蒋介石虽说集大权于一身，但是他身上的职务，都是"中国特色"的职务，世界上没有可比性，同西方国家领导体制没有交集点。蒋介石在参加外交活动时，关于他的身份总要靠宋美龄解释一番，才能让对方明白。因为在实施军队国家化的美国、英国等西方国家，要明白"军事委员会委员长"的职务是什么东西确实有难度，而且这一职务极易被认为是"军事独裁者"；再加上兼任"行政院长"职，更像一个西方讨厌的依靠军事政变后出任政府首脑的"军事独裁者"。因此，在国民党政权的领导体制中，唯一可以不经解释便可被西方认同的职务是"国民政府主席"。虽说"国府主席"和美国的"总统"职务产生方式不一样，但同样也是国家元首。因此，蒋介石总想把"国民政府主席"一职弄到手，即算林森未病故，恐怕在抗战结束前后，此职也会成为蒋介石的新头衔。

1943年8月1日7时4分，国民政府主席林森病故，为蒋介石走上前台接任新职提供了契机。在此之前，在5月间林森因车祸受伤时，蒋介石主导下的国民党中常会，修改《国民政府组织法》第12条，取消了原有的"国民政府主席不得兼其他官职"规定，并增加了"国民政府主席因故不能视事时，由行政院长代表之"的规定。如此修改的用意十分清楚，取消兼职限制，为出任官职最多的蒋介石兼任"国民政府主席"提供了方便之门。在国民政府主席宝座上坐了12年的林森，心里一直不安，因为他的职务是从蒋介石手中抢过来的，当年蒋介石担任此职，各路倒蒋大军组织"非常会议"，在广州另立中央，联合起来逼蒋介石辞职。这样，蒋介石原任的国民政府主席一职便给了林森。但是林森在党内基础不深，没有枪杆子，更主要的是他在整个党务、政府、军事系统没有

一套班子，也没有追随者，整个国家机器完全是按照蒋介石的套路运作。林森手中无实权，充其量不过是个蒋介石的橡皮图章，他也自嘲为"监印官"。林森病故，则使得蒋介石提前实现了出任国民政府主席的计划。

1943年9月6日至13日，国民党召开五届十一中全会。这次会议是国民党在抗战第三阶段到来之时召开的一次很重要的会议，为国民党下一阶段的工作定下基调，政治上继续贯彻"反共方针"，体制上准备实施宪政，组织上为蒋介石党政军大权一把抓完成"合法化"。会议的主要议

1943年10月10日，蒋介石再次出任国民政府主席

题有三：

一是强调继续"反共"。会议通过了《关于中国共产党破坏抗战危害国家案件总报告之决议》，诬蔑中共"不但毫无感动觉悟之表现，反变本加厉，加紧进行其危害国家，破坏抗战之种种行为，殊深惋痛"。提出要取消暴动与赤化运动，取消苏维埃政府和红军，但又声称"希望中国共产党能幡然自反"，交中常会处理，以政治方式进行解决。（《中国国民党历次代表大会及中央全会资料》下册第840页）会议通过的"反共决议"，是国民党蒋介石集团"反共本性"的大暴露，也是自抗战开始以来蒋介石一边进行国共合作，一边破坏国共合作行为的继续，同时也是为他发动的"反共高潮"进行辩护。当然，会议也反映出蒋介石还没有同中共决裂的计划，他还有要同中共继续谈判的打算。

二是会议做出准备实施宪政的决定。会议《宣言》中说："盖此次抗战，其目的不仅在求战争之胜利，而尤在求和平之胜利；不仅在求敌寇之消除，而尤在求建国之完成。此种在作战时期发扬民权之事实，尤征本党为宪政奋斗一贯精神之所在。值兹胜利在迩，吾人益当精勤努力，于最短期间完成施行宪政之一切准备，务于抗战结束之一年内召开国民大会，制颁宪法，实行总理所主张之民权政治。"（《中国国民党历次代表大会及中央全会资料》下册第834页）同时规定要"设置各级民意机关，健全县以下各级组织，建立公职候选人考试制度，皆所以扶植民权之发展，树立宪政之基础"。（《对于政治报告之决议案》，《中国国民党历次代表大会及中央全会资料》下册第838页）蒋介石时刻不忘召开国民大会，冠冕堂皇的理由当然是贯彻孙中山的"三民主义"，完成"军政、训政、宪政"三部曲；从他个人方面来说，实则是着眼于早日出任"总统"矣。

三是为蒋介石出任国民政府主席铺路。会议正式通过《国民政府组织法修正案》，规定国民政府主席可以兼任陆海军大元帅，这样为蒋介石出任国民政府主席和继续充当军事统帅，完善了法律规定。会议根据新的修正案，由吴稚晖等人建议，在13日的全体会议上正式选举蒋介石为国民政府主席，并同时选举孙科、居正、戴季陶、于右任、孔祥熙、叶楚伧、覃振、朱家骅、刘尚清为国民政府委员。会议并决定蒋介石继续兼任行政院长，孔祥熙任副院长；孙科任立法院长，叶楚伧为副院长；居正为司法院长，覃振为副院长；戴季陶为考试院长，朱家骅为副院长；于右任为监察院长，刘尚清为副院长。1943年10月10日，蒋介石继1928年10月出任国民政府主席之后，二度出任国民政府主席。对蒋介石来说，出任任何职务都不奇怪，如今出任国民政府主席也属正常，当然他的真实目的，并不仅在此，他是要召开国民大会，充当国民大会代表选出的"总统"。

经济上紧缺

蒋介石出任国民政府主席，无人与之竞争，这是因为国民党掌握着国家机器，蒋介石掌握着国民党。蒋介石权力很大但并不代表其正确，自全面抗战爆发以来，从经济、政治和外交层面来说，他的决策和措施都是为了巩固国民党的统治基础，维持国民党的统治秩序。

经济上想方设法扩大官僚资本。全面抗战打响后，国内财经形势令人担扰，解决财经难题无非是开源和节流。日寇入侵，使得"源"大为减少：日寇的烧杀抢掠，造成中国官方和民间损失无数财产；经济发达地区几乎全被侵略者所占领，严重影响生产；一批大型企业和学校、机关向大后方转移，迁移费用不计其数；经济活动繁忙地区沦陷，关税、统税和田赋、盐税及各种消费税收入大为减少，1937年赋税收入比1936年减少30%，直到1940年税收才略高于1936年，税收减少直接导致政府财政收入减少。财源大减，节流更难，因为数年"剿共"军费不断扩大。抗战军费所需浩大，从国民党官方公布的抗战前5年的军费看，分别是同年行政费用的1.6倍、2倍、4.5倍、1.38倍、1.5倍，由此可见，军费是财政的主要负担；此外，机关、学校以及部分企业迁往大后方都需要钱，本来由全国承担的财政负担，现在只由国统区人民负担……再加上国民党各级官吏的腐败，更让财政支出增加了许多"黑洞"，财政压力确实很大。

国民党蒋介石集团采取的主要财经手段有：

一是发展战时生产。随着国民党政治中心西迁，经济中心亦随之西移，到抗战胜利前夕国统区厂矿已达5266家，资本按1936年价值计算达5亿元，其中川、湘、桂、陕、甘、滇、黔7省占有国统区厂矿总数的88.63%，资本占93%，特别是重庆一地更为后方工业中心，厂矿占国统区总数的45.24%，资本占53%。尽管国统区的全部厂矿仅为战前上海一地的厂矿企业拥有量，可毕竟在昔日落后的大西南、大西北，出现一批新兴工业区，从全国范围讲，布局趋于合理。为确保战时生产的正常进行，重庆政府通过设立的资源委员会、战时生产局和农产、矿产调整委员会，通过统购统销，指导生产和发展经济；为改善大后方的经济环境，逐渐增加经济建设投资，1940年达到13亿元，占同年行政费用的2.7倍。这些投资建成的一批在大后方称大称全称先进的工矿企业，如资源委员会到抗战胜利时直属大型企业就有125家。在大后方建立的官营企业，虽说数量上只有民营企业的五分之一，可资本占全部总额的69%。经济建设费用主要不是用来支助民族工商业，但毕竟增加了大后方的经济生产。在发展工业生产的同时，发展农业也迫在眉睫。抗战开始以后，因为东北、华北、东南、华中、华南不少地区变为沦陷区，重庆政府控制的农业地区面积大大缩小，对粮食、棉花、油料等农产品的需求量大为增加，对川、陕、甘、湘、桂、滇、黔等省区的农业生产压力越来越大。为解决这一难题，国民党政府发放一些农业贷款，推动农业生产的发展。到1941年，每年发放农业贷款在4亿至5亿元之间。

发展战时生产，对坚持长期抗战起到一定的作用，增加了抗击侵略者所急需的经济实力。当然也应该看到，与国民党蒋介石集团政治上"反共"、军事上消极抗战的片面抗战路线相一致的是，发展战时生产计划，并不是鼓励和帮助实业界和民间休养生息、以养备战，而是推行以战为名，过度和超量剥夺大众的政策，所以发展战时生产的种种措施，大多没有得到真正的落实和起到应有的作用，也没有促进生产的发展。

二是实施统购统销。统购统销政策出台之初是为了保证从原料供应到加工、生产、出售整个产供销过程的正常进行，稳定大后方的生产和市场。可是不久则成为国民党政府控制原料供应，抬高国家出售原料价格，压低国家收购商品价格、上扬国家控制产品价格的垄断政策。这些垄断行为给后方生产带来巨大影响，不少厂家无法正常开工，仅重庆一地在1943年就有三分之一的工厂停工减产，不少厂家倒闭破产。农副业也受到很大伤害，如猪鬃市场价应是67万元一担，统制价仅是其十一分之一。由于实施统购统销所带来的副作用和人为因素，无人愿意扩大再生产。四川桐油统制前年产量50万担，统购后几乎全部停产，川康两省的生丝也因统制下降十分之九，统购统销成为发展战时生产的最大阻力。

与统购统销政策一致的是，财政部拨出的建设资金，出台之初对恢复西迁工厂的生产和创建后方合理的工业体系起过一定的作用，不久就被官僚资本和孔宋财团挪用，成为操纵市场、压制民族工商业、扩张官僚资本和大财团势力的投机资本。"指导和推动战时生产"的各类机构，创办之初对总体设计大后方的经济方案、扶助重点项目做过一些工作，不久就变为压制和吞并民族工业、发展官僚资本的垄断机构。至于"扶农措施和发放农贷"，出台之初解决了一些农业生产急需，可并没有改变农村农民缺少土地、地主超经济剥削的现实，没有减轻农民的负担和苦难，农民的劳动成果大部分到了地主、政府的手中。因此，"扶农措施"带来的结果是农业生产进一步衰落，以1942年为例，大后方13省中的农作物播种面积比上年度减少17.39%，产量减少13.9%。

三是加强金融管制。到1936年底，官僚资本已经形成对金融业的垄断。抗战开始后，为集中使用资金，应付全面抗战和西迁大后方的需要，国民政府对金融业进行过一系列的行政干预。如淞沪会战打响后，在宁沪地区发生挤兑风潮，行政院下令"中央、中国、交通、农业四大银行系统"停业2天，颁布《安定金融办法》，对防止巨资转移、支持前方、稳定后方起到一定的作用。

如控制法币发行量，在抗战开始后的前2年间，货币发行量一直控制在中央财力和民众财力所能承受的范围内，发行指数由战争爆发时的100上升到1938年12月的164，购买力指数下跌39，虽说幅度较大，可比起1939年以后法币发行上升率和购买力指数下跌量来，则要小得多。从抗战第二阶段起，重庆政府干脆放弃法币发行限制政策，法币发行量远远超过商品流通总额所需数量。到抗战结束前夕，发行指数已经上升到13464，购买力指数跌至0.17。

如在1938年3月14日，公布《购买外汇清核办法》，由官方管制外汇买卖，以稳定法币币值。限制外汇买卖的目的是为了保持外汇对美元的比价，可是美、英等国银行自行挂牌进行外汇交易，因而出现黑市汇率，而孔宋财团则成为利用官价和黑市差价进行倒汇的大户。

如在1939年8月，成立"中央、中国、交通、农业四银行联合办事总处"，作为最高金融管理机构，蒋介石任主席，孔祥熙、宋子文等任副主席，实际由孔祥熙主持，负责对四大银行体系进行战时管理。"四行总处"的成立，使得蒋介石对四行的控制能力得到加强，其通过四行对全国金融业的控制权力也有所强化。

如1939年9月，为保证抗战之需，增加硬通货币，增加中央政府实力，规定黄金收归国有，禁止自由买卖，由国家规定价格集中收购。问题是重庆政府收购的黄金，并未用到抗战之中，而是成为官僚资本增值的财源，变为对民众的搜括。令人气愤的是，到1943年6月，重庆政府财政部又宣布黄金解禁，可以自由买卖，通过政府出售黄金和吸引"黄金存款"来回笼法币，稳定物价，这又为官僚资本及孔宋财团依靠雄厚财力进行黄金投机提供了条件。

如1939年10月1日起实施《中央国库法》，并在各省市建立国库网，政府所有收入一律集中于国库，统一使用，不得克扣。

加强金融管制，是世界各国为适应战时需要、保障军事作战顺利进行通常使用的办法，重庆政府的种种措施也取得相应效果。要论不足的话，一是不顾民生，一再侵犯民众和民族工商业者的利益；二是以权谋钱，利用国难之机和掌握的财经大权，以孔宋为代表的官僚资本和财团，进行投机，牟取暴利；三是金融管制是早期好、中期差、后期坏，抗战最后4年，管制已经失去当初的实际作用，成为官僚资本剥夺人民、积累财富的手段。

四是增加赋税。提高税收田赋以满足战时需要是世界上通行的惯例，但国民党政府有所不同：其一是增税幅度太大，民众难以接受。如1941年当年田赋捐税收入是上年度的2.85倍，1942年是1941年的4.9倍，1943年又是1942年的2.52倍，1944年又是1943年的2.4倍，即使扣除物价上涨因素，"增收"还是到了令人吃惊的程度，而这"增收"部分全由老百姓承担，使得深受战争之苦的中国人民经济压力更重。

其二是征收方式各异，想方设法夺取民财。抗战开始后，本已取消的买路钱式的厘金制死灰复燃，一部卡车从安徽到福建要过72道各地官府、恶霸设立的关卡，过一关被剥一层皮，使得地区间的商品流通和经济活动大受影响。因为法币贬得过快，从1941年下半年起，税捐田赋也由现金改为实物，但是因为折实基价要比市场价低得多，所有纳税人所交的实物远超出税捐田赋钱额所能买到的实物，因此纳税人的负担大幅增加。在"征实"之外，还有预征、带征、带购、带借、地方加派，因此纳税人负担远超过原定的税赋额。

其三是收税标准不一，压贫助富。按照当时的税赋规定，按资金基数同等收税赋，向商业投机资本倾斜，有利于从事投机活动的大财团，不利于民族实业。在暴发户和贫困户之间，向暴发户倾斜。如在四川一年收入4500石粮食的地主，只需交田赋150石，占总收入3%，而一年收10石的小农却要交1.336石，占总收入的13%。全民抗战本来应该是有人出人，有力出力，有钱出钱，有粮出粮，收入多应该多出，但按照当时的规定正好相反。更为不合理的是，地主们交税赋原本不多，可在实际运作中又把税赋转移到农民头上。

因此，增收税捐田赋方案，最后变成横征暴敛、搜括民财的措施。方案有错，执行过程漏洞更多。主要问题之一，是各级地方官吏、地方富豪和税收部门，为富不仁，带头逃税漏税，受贿贪污普遍盛行，他们所造成的政府经济损失，主要靠榨取百姓血汗弥补。

五是大举借债度日。因为中国战场担负起反对法西斯的主要作战任务，因此，西方国家也对中国提供了部分援助，支持中国的抗战。计到1942年底，中国政府共获得32笔贷款。具体情况是这样的：美国提供8笔，计7.476亿美元；英国提供12笔，计1.185亿英镑；苏联提供5笔，计3.0638亿美元；法国提供4笔，计10.3亿法郎和150万英镑；德国提供1笔，计1.2亿法郎；比利时提供1笔，计2000万英镑；捷克提供1笔，计1000万英镑。自欧洲战争爆发后，苏、英、法等国对华贷款大量减少，直至取消，只有美国成为对华债权国，美国根据租借法案向中国提供8.7亿美元的各类军事物资。这些贷款是对日趋紧张的中国财政的巨大支持，也是政治上和外交上对国民党统治的巨大支持。

引进外资是国际间经济往来的基本方式，可如何使用、管理、偿还，则表现出不同的立场和理财能力的高低。在这方面，首先是使用不合理。既然是为援助中国抗战而提供的贷款，那么所有的抗日力量都应分享，负责分配、使用贷款的重庆政府，对在敌后坚持抗日作战的中共方面却分文不给，甚至一些驻中国战区的美国代表也觉得此事不公；既然是援华抗日，那么就应在抗日最艰苦的岁月（抗战第二阶段）中，使用贷款，以巩固抗日军、政战线，就在抗战最困难的1942年，国民政府得到美国提供的5亿美元财政信贷借款（8年抗战中最大的一笔外援），直到抗战结束前夕才开始有限度使用；根据租借法案，美国向中国提供的贷款、装备、军火中的四分之三，应蒋介石之求，直到1944年下半年和1945年上半年才运到中国，也就没有投入战场。从中可以看出，推迟使用美援，并非简单的时间问题，而是出于美蒋合作、扶持国民党统治的需要。

其次是偿还方式不合理。以美国为首的西方各国对华提供贷款，有其政治目的，这就是以贷款为诱饵和压力，迫使中国方面签订对西方债权国有利的不平等条约，掠夺各种在华政治特权；还有其经济目的，即不少借款是用中国的稀有金属、有色金属、战略原料等初级产品偿付的，这说明西方也是在发"中国国难财"。

最后是管理不合理。中国政府借到的钱，并非全权由重庆方面支配，美国通过双方建立的合作委员会和提供的顾问，干预贷款的使用，控制中国的财政金融。即使是由孔祥熙任部长的财政部主管的外国贷款，也只是起到聚财的作用，没有把这些款项用到抗击日本帝国主义的战场，发挥应有的作用。

重庆政府在大量举借外国贷款的同时，还发行了大批国债。"举债度日"来形容国民党8年抗战的财经状况，并不过分。从财政部公布的中央政府岁入预算分析情况中可以看出，债务收入已成为国家主要收入项目。1939年为16亿元，是当年赋税收入的3倍；1941年是90亿元，是当年赋税收入的5倍；1943年是357亿元，是当年赋税收入的1.6倍；1945年是218亿元，是当年赋税收入的十分之九。债务收入和赋税收入相加，几乎就是当年的岁入总数，由此可见债务收入已到决定财政预算是成是败的程度。

债务收入主要依靠外国贷款和发行内债、银行贷款利息和本金、发行通货所获得。重庆政府在8年中共发行16笔公债，其中救国公债1笔，计5亿元；整理广西公债1笔，计1700万元；国防公债1笔，计5亿元；金公债1笔，计关金1亿元、英币1000万英镑、美元5000万元；赈济公债1笔，计法币3000万元；建设公债3笔，计法币18亿元、英币1000万镑、美元5000万元；军需公债3笔，计30亿元；同盟军胜利公债4笔，计90亿元、美元1亿元；整理省债公债1笔，计法币1.7亿元。总计151亿法币、1亿关金、2000万英镑、2亿元美元。

发行公债乃治国策中的经济偏方，不可不用，也不可多用。国民党政权不会不用，不然庞大的财政赤字空洞无法填平。据不完全统计，1938年赤字是全年预算的44%，1939年是73%，1940年是87%，1941年是84%。太平洋战争爆发后的几年间，赤字更为可观。为弥补赤字，只好动用发行公债这一各国常见的处理经济危机的方式。发行公债，并不为过，问题是重庆政府既发行公债，又滥发货币，且已到令人无法容忍的程度。

其发行方式不光彩。16笔公债中除"救国公债"等少数几笔外，其余大部分既未公开发行，也没印出公债票，只是以"总预约券"方式向"中中交农四大银行"抵押，再由银行垫款给国民党政府。这样发行的公债，政府并未得到足额的款项，百分之三十至百分之四十成为承销银行的"手续费、代办费"。政府发行的公债，可公债利益却到了官僚资本集团和大财团手中，成为官僚资本和大财团积累巨额财富的途径。

其还债方式不光彩。抗战8年，物价扶摇直上，物价指数1938年比上年增长66，1939年比上年增长191，1940年比上年增长921，1941年比上年增长1460，1942年比上年增长5030，1943年比上年增长13164，1944年比上年增长37814，1945年比上年增长153946。物价上涨如此之快，物价指数上升更是惊人，财政部发行的公债无保值一说，利息远低于物价上涨指数。所以"公债"在为政府集资的同时，给购买公债者带来的损失之大可想而知。更坑人的是，抗战胜利后财政部决定对1941年以前的公债"一律恢复普遍偿付"，偿付回来的债券本息还不够去银行取款的交通费。公债名副其实地充"公"了。

让人不可思议的是，在抗战如此紧张时期，国民党政府借了大量的外债和内债，以维持财政平衡和应付作战之需，但是到抗战结束之时，中央国库却存下了9亿多美元和价值1.3亿美元的黄金，这钱从何而来？只能有这几种情况：一是该花的不花，除蒋介石集团的花费外，许多关于国计民生和抗日作战的费用紧扣不发；二是加紧搜括，以国统区民众的贫困作为代价；三是军队和官衙自行解决，中央政府只提供有限的经费，其他的费用靠军队和官衙搜括所在地的民众来解决。因此，财政高度困难的抗战时期，却成为官僚资本和四大家族为代表的大财团的大发展时期，真可谓是发"国难财"。

观察蒋介石的经济思想，其中理想主义的成分，因为缺乏足够的经济实力和实行"'反共'政治路线"而失去可行性；其中具体政策部分，因为各级官僚机构和官吏的腐败无能而成为限制经济发展的桎梏；其中本身属于消极和落后的部分，因为国民党政权的反动性而阻挠了中国经济的发展；其中属于维护官僚资本和四大家族利益的部分，因为对人民的剥夺加重而加大了民众的贫困。

政治上高压

政治上加紧对全国民众的控制。随着抗战第二阶段的到来，蒋介石对在全面抗战初期实行的部分民主措施，反攻倒算，大部收回去不说，还推出许多新的政治控制措施，以巩固国民党的统治基础和维护国民党的统治秩序。

一是加速全面党化。蒋介石公开叛变革命后，国民党成为过街老鼠，名声极臭，除一批"反共"分子和受蒙蔽者外，无人问津国民党。抗战开始后，国民党发展党组织的工作有所进展，这主要原因在于国民党同意同中国共产党合作，组织抗日民族统一战线。在这一大背景下，随着国民党形象表面上的改善，拉拢一批有志于献身民族解决事业的有为之士加入国民党成为可能，所以蒋介石下令国民党各级党部抓紧发展新党员，扩大国民党的影响力，加速"国民党化"，增强国民党的统治基础；此外，蒋介石为了在抗日统一战线中限制中共的活动，压缩中共的活动空间，与中共争夺群众，缩小中共的影响力，削弱中共的社会基础，所以加速推行全面国民党化。为加速国民党化，国民党各级党部到处拉人入党，不惜采取种种不正当手段，将国民党的势力渗透到社会各个领域。"集体入党""举手入党"、按照所在机关和学校花名册入党、校长或机关主官代表全体师生和公务员入党、军队主官代表下属官兵入党，名目繁多，许多军公教人员，甚至工人和农民糊里湖涂成了国民党党员。与国民党化相配合的是，国民党各级党部对基层党工进行定期培训，分批进行训练，以期提高国民党基层组织的战斗力。同时，国民党编发了名目繁多的宣传材料，如《中国国民党党员守则》《党义研究概要》《"三民主义"浅说》《总裁言论》等，向国民党员灌输蒋介石的理论和"一个政党，一个领袖，一个主义"的思想。国民党各级党部还定期组织一些政治和社会活动，以增加国民党的吸引力和提升国民党的形象。确切地说，抗战时期是国民党组织大发展时期，但是其中有不少人在认清蒋介石集团的"反共"真面目后，则开始走向革命阵营。

二是加紧特务控制。自蒋介石主政南京后即开始建立特务组织，但国民党两大特务组织——军统、中统则正式成立和发展于抗战时期。特务控制是蒋介石的基本统治方式之一，特务机构是蒋介石政权的统治支柱之一，但是特务如此大面积渗透社会各个角落和各行各业，如此深入社会生活的各个层面，则是在抗战期间完成的。抗战期间，中统和军统的主要任务有：充当"'反共'打手"，在各地秘密逮捕、迫害中共成员和

蒋介石兼任"三民主义"青年团干部学校校长，这是他在对学员点名。跟随在他身后的是教育长蒋经国

抗日志士，收集各抗日根据地的情况，煽动"反共高潮"，并且派出许多特务潜往延安进行破坏活动和侦察情报；维持国统区的社会秩序，由于国民党的腐败和专制统治，处于极度贫困中的民众，被迫起来与国民党当局进行坚决的斗争，以争取基本生存权，爱国民主运动不断高涨，中统和军统积极镇压和破坏爱国民主运动，他们收买工贼、学霸，采取分化、拉拢和暗杀等手段，破坏社会上的爱国学潮、工潮；为保证统治集团内部的一致，中统、军统的另一个重要任务就是及时发现统治集团内部可能出现的不忠行为，对任何不满蒋介石个人独裁、国民党一党专制的政治势力和个人毫不留情地予以清除，可以说如果没有中统、军统两大特务组织，蒋介石的统治很难维持下去，当然也正是特务统治，加速了国民党政权的灭亡。从全面抗战这一特殊的历史背景出发，中统和军统也较为成功地开展了对日情报工作，取得了一些有一定价值的情报，并且惩罚了一批汉奸，如1933年5月7日，在北平六国饭店杀死的张敬尧；1937年11月间，在上海杀死的傅筱庵；1937年12月间，在上海杀死的唐绍仪；1938年3月22日，在河内执行暗杀汪精卫计划时杀死的曾仲鸣……

三是拉拢控制青年。全面抗战开始后，蒋介石专门成立"三民主义"青年团，以增加对广大青年的号召力，扩大国民党的社会基础。三青团前期由陈诚、张治中、康泽、袁守谦等黄埔系、准黄埔系负责，抗战结束前夕，则由蒋经国负责。在这批蒋介石亲信的控制下，无论是在国民党内，还是在社会各界，三青团势力发展很快，名为青年组织，实际上已经成为国民党第二。有一些青年是被国民党抗战现象所迷惑而自动加入三青团，但更多的加入三青团的青年是被拉入团内充当国民党的政治工具。三青团组织遍布各机关、学校，专门监视师生、公务员和社会各界的政治活动和社会运动。

作为控制青年的重要一环，是加紧对学校师生的监控。教育部于1938年间公布了《青年训练大纲》和《训练纲要》，具体规定了对广大青年和学生进行政治灌输的主要内容，把封建伦理道德、国民党党义、四书五经作为对青年进行人生观、世界观教育的基本教材。更为荒唐的是在不少基层地区，乡长兼任中心学校校长，壮丁队长和保长兼任国民学校校长，外加由国民党特务充任训导主任，以负责对学校进行法西斯主义式的管理。

为加强对广大青年的控制，蒋介石于1944年10月24日发表《告知识青年从军书》，提出了"一寸山河一寸血，十万青年十万兵"的号召。当时，日寇发运豫湘桂战役，兵临大西南，为增加军力和提高抗日意识，蒋介石接过了中央、重庆、复旦、四川、西南等大学爱国学生提出的"知识青年从军"的口号，发起知识青年从军运动。蒋介石成立了由何应钦、陈诚、白崇禧、陈立夫、蒋经国、黄少谷等人组成的全国知识青年志愿从军指导委员会和以罗卓英为首的青年军编练总监部。到1945年1月，从15万报名者中录取了12.5万人组成9个师的青年军，还有一些人加入了宪兵部队、特种兵部队。青年军并未直接进入抗日战场，到抗战结束后缩编为204、205、206、207、208五个师，其余则解散后继续完成学业。成立青年军是蒋介石利用广大青年的抗日热情、扩大国民党影响和加紧控制青年的新手段之一。此外，直接指挥青年军的是青年军总政治部主任蒋经国，蒋介石的意图是把蒋经国打造成"青年领袖"，为蒋经国从政提供更大的政治舞台。

赫尔利访华

外交上争取西方支持"反共建国"。抗战进入第二阶段后，蒋介石在争取大量美援的同时，劝说西方接受他的"反共建国"方针。全面抗战进入相持阶段以后，以美国为首的西方反法西斯力量，并不赞成蒋介石发动的三次"反共高潮"，并且提出中共的八路军、新四军也应该分得一份美援物资。当然，西方的这一态度，并不是赞成中共的政治路线和奋斗目标，而是从整个反法西斯作战全局考虑，需要中国战场，因而认为对利用天时地利无时无刻不在主动对日出击的八路军、新四军，应该予以鼓励和支持。蒋介石则不一样，他认为中共是"游而不击"，打击日寇有

1944年底，蒋介石身穿青年军制服出席青年军成立典礼时留影

反法西斯盟军，日寇必败无疑，有没有中共参战并不重要，重要的是中共趁着抗战之机大力发展，必将给战后政治生态带来新的不平衡，国民党将面临一个难以遏制的政治对手。蒋介石从"反共战略"出发，极力劝说美英等国改变对中共的态度。史迪威在与蒋介石的争斗中败下阵来，固然与罗斯福为考虑远东对日作战、稳定中国战场而继续拉住蒋介石的目的有关，但更大程度上是因为美国对华政策已经包含有"扶蒋反共"的内涵。

1944年9月6日到达重庆的赫尔利，离开华盛顿前罗斯福曾面授机宜，明确规定他的使命是：防止中国国民政府政治上和经济上崩溃；支持蒋介石的领导地位；保证蒋介石与新任中国战区参谋长魏德迈合作顺利；统一中国境内的一切军事力量。（《抗战后期国共谈判资料——赫尔利使华报告选译》，《党史通讯》1984年第7期第45页）赫尔利对自己的使命很清楚，为完成使命也很努力。

此人一到任，马上建议罗斯福撤换史迪威，接着继高斯以后出任美国驻中国大使。他的工作重心是放在"统一中国境内的一切军事力量"方面。

能否统一中国的军事力量，关键有几点：国民党蒋介石集团能否放弃"反共"立场，承认中共的力量并与中共组织联合政府？能否实行政治民主化？能否变军队蒋家化为军队国家化？能否公正对待包括八路军、新四军在内的所有军队？其中核心是能否放弃"反共"立场和组织联合政府。如果这些问题不能解决，则国共两党的军队根本无法统一。赫尔利凭着西方政治活动家的坦率，在国共间为此确实做了一些工作。

赫尔利经过与在重庆的陕甘宁边区政府主席、中共长江局委员林伯渠和中共重庆工作委员会书记董必武，以及蒋介石和国民党高层官员会谈后，草拟了《五点协议》。提出："一、中国政府与中国共产党将共同合作，求得国内军队之统一，期能迅速击败日本，并解放中国。二、中国政府与中国共产党均承认蒋介石为中华民国的主席及所有中国军队的统帅。三、中国政府与中国共产党将拥护孙中山之主义，在中国建立民有、民治、民享之政府，双方将采取各种政策，以促进与发展民主政治。四、中国政府承认中国共产党并使之为合法之政党，所有在国内之各政党，将予以平等、自由及合法之地位。五、中国只有一个中央政府及一个军队。中国共产党之官兵，经中央政府编定后，将依其阶级，享受国军相同之待遇，其各单位对军火军需品之分配，亦将享受相等之待遇。"他还提出，希望能够到延安去考察。

华莱士来华时，曾于1944年6月22日劝说蒋介石同意派一个美军观察小组到延安。此时，中共通过正在延安的美军驻延安代表团团长包瑞德上校，致电赫尔利，表示欢迎他前往延安参观。

蒋介石当然不会坐视不管，在劝说一番赫尔利后，对《五点协议》进行了巧妙的修改。由于对中国国情和国共纷争实质并不清楚，再加上翻译上的差异，赫尔利当然看不出蒋介石所修改部分的真实意图，但是他没有想到，正是因为蒋介石的部分修改，使得赫尔利根据全面抗战爆发后国共双方同意合作抗日的声明起草的、自认为完全可以被国共两党接受的《五点协议》，不可能被中共所接受。

蒋介石修改后的《五点协议》变成了后来赫尔利向中共正式提交的《为着协定的基础》，内容是："一、中国政府与中国共产党将共同工作，来统一在中国的一切力量，以便迅速击败日本与重建中国。二、中国共产党军队，将遵守与执行中央政府及其全国军事委员会的命令。三、中国政府和中国共产党将拥护为了在中国建立民有、民治、民享的孙中山的原则，双方将遂行为了提倡进步与政府民主程序的发展的政策。四、在中国，将只有一个国民政府和一个军队。共产党军队的一切军官与一切士兵当被中央政府改组时，将依照他们在全国军队中的职位，得到一样的薪俸与津贴，共产党军队的一切组成部分将在军器与装备的分配中得到平等待遇。五、中国政府承认中国共产党的政党地位，并将承认共产党作为一个政党的合法地位。中国一切政党将获得合法地位。"（此件系赫尔利携带来的文件译稿的复印件，见《周恩来传》第571页）其中第一条中，把"解放中国"变为"重建中国"，其意是把抗战中的问题延长至战后中国的重建时期；第二条中，把中共承认蒋介石的领导地位，变成"遵守与执行中央政府及全国军事委员会命令"，其意是分出中央和地方之区别，肯定国民党一党专政；第四条变为第五条，内容也进行了修改，把中共及各政党将予以"平等、自由及合法之地位"变为"共产党作为一个政党的合法地位"，中共只是"合法的政党"之一，必须接受国民党蒋介石集团的领导。赫尔利实在无法分清楚两份文件中的不同点，蒋介石偷梁换柱，赫尔利有眼难识，方案偷渡过关。

1944年11月7日，赫尔利飞往延安，飞机降落时，当时正在延安参加整风运动的周恩来和包瑞德前来迎接。当周恩来见到这位穿着考究的将军服、佩戴着大量勋章的美国将军时，问包瑞德，他是谁？包瑞德回答说这是罗斯福总统的特使赫尔利少将，周恩来立刻请来了毛泽东。（包瑞德：《赫尔利将军访问延安》，《人物》1983年第1期第143页）赫尔利见到这批久闻其名的中共领袖时，其心情激动和复杂可想而知。

第二天，中共中央领袖毛泽东、周恩来、朱德和美国总统特使赫尔利、包瑞德、一名翻译和一名秘书进行了会谈。会谈一开始，赫尔利明确表示，美国无意干涉中国内政，只是想促进国共双方做一些加快打败日本侵略者的事。然后拿出了《为着协定的基础》。当毛泽东问这一《基础》代表谁的主张时，赫尔利明确表示，是和蒋介石方面一起讨论的，并且蒋介石同意的。

毛泽东就此指出："重庆政府实行的政策是阻碍中华民族团结的根源，国民党以各种借口推迟实行民主制，不仅不能挽救中国目前的危机，而且将会导致重庆政府的崩溃。""中共方面根据中国抗战7年多的实际情况，才提出了改变国民党的独裁政策与改组国民党政府两项基本要求。为了战胜日本帝国主义，国共两党必须团结。""中国必须有一个由国民党、共产党和其他党派组成的联合政府，为此而改组政府是必要的。"赫尔利还算比较通情达理，他当即表示："希望毛先生和蒋先生能与我合作，解决悬案，使中国走上团结民主的道路。"

11月9日，下午继续会谈，毛泽东代表中共提出了协定草案。赫尔利认为毛泽东提出的草案是正确的，他将尽一切力量促使蒋介石予以接受。而且他当场建议，毛泽东主席应该去重庆和蒋介石主席谈判，并且用美国国格来保证毛泽东主席安全返回延安。不管是毛主席，还是朱总司令、周副主席，只要去重庆，都将是他的上宾，由美方提供运输工具，并住在他的房子里。此外，他还提议双方根据谈判内容，确定《中共与中国政府的基本协定》，由他和毛泽东主席签字。当天晚上，中共中央召开紧急会议，通过了基本协定，并授权毛泽东在文件上签字。

签字后的协定内容为："一、中国政府、中国国民党与中国共产党应共同工作，统一中国一切军事力量，以便迅速击败日本与重建中国。二、现在的国民政府应改组为包含所有抗日党派和无党无派政治人物的代表的联合国民政府，并颁布及实行用以改革军事政治经济文化的新民主政策，同时军事委员会应改组为由所有抗日军队代表所组成的联合军事委员会。三、联合国民政府应拥护孙中山先生在中国建立民有民治民享之政府的原则，联合国民政府应实行用以促进进步与民主的政策，并确立正义、思想自由、出版自由、言论自由、集会结社自由、向政府请求平反冤抑的权利、人身自由与居住自由，联合国民政府亦应实行用以有效实现下列两项权利：即免除威胁的自由和免除贫困的自由之各项政策。四、所有抗日军队应遵守与执行联合国民政府及其联合军事委员会的命令，并应为这个政府及其军事委员会所承认，由联合国民政府得来的物资应被公平分配。五、中国联合国民政府承认中国国民党、中国共产党及所有抗日党派的合法地位。"（《中国国民政府中国国民党与中国共产党协定》，见《周恩来传》第573页）这一协定，正式提出了迅速打败日本侵略者、组织"联合政府"、进行民主改革的主张，反映了国共第二次合作的基本思想，反映了经过7年全面抗战后中国国内的基本政治现实，代表了中国人民的愿望，为中国描绘出光明的前景。

因为东西方文化的不同，赫尔利同样也对中共五点方案吃不透，他也无法弄清楚中共方案中与他的《为着协定的基础》的重大原则区别之所在。

11月10日上午，双方继续会谈。毛泽东向赫尔利表示，为抗议国民党蒋介石集团发动"'反共'高潮"和参加中共一系列重要活动的需要而回到延安已经一年多的周恩来，将随赫尔利前往重庆，以解决国共双方的许多细节问题，然后再进行最高级谈判。赫尔利对此非常理解，他说："尊敬的主席阁下，你当然理解，虽然我认为这些条款是合情合理的，但我不敢保证委员长会接受它。"看来赫尔利虽然和蒋介石交往时间不多，但已经熟知蒋介石的为人和政治立场。会谈最后，双方正式签署协定。中共中央政治局主席、中共中央军委主席毛泽东和赫尔利少将分别在协定上签字，并且为蒋介石的签字留出了地方。

中午，赫尔利和周恩来等人乘飞机离开延安，返回重庆。

赫尔利回到重庆后，正如他所预料的那样，《中共与中国政府的基本协定》被蒋介石当面推翻。蒋介石担心的是"联合政府"，在他看来，什么民主改革都是口号，无碍大局，关键是要压缩中共的活动空间，在全面抗战爆发后，仅是让中共在敌后自由活动，结果中共取得了空前发展，已经尾大不掉，为此后悔莫及，如果再与中共组织联合政府、让中共进入政府，岂不是为虎添翼，为龙插翅，自掘坟墓？因此，在赫尔利还在津津乐道地宣讲他访问延安的成就时，蒋介石心中就不停地骂："真是个大傻瓜！"待赫尔利一说完，坐在旁边的宋子文马上接过话头说："你上当了！"蒋介石经过与智囊团协商，决定提出反建议。

11月21日上午，应邀来到赫尔利住所的周恩来，见到蒋介石交给美国总统特使的《三条建议》。内容为："一、国民政府允将中共军队加以改编，承认中共为合法政党。二、中共应将其一切军队移交国民政府军委会统辖，国民政府指派中共将领以委员资格参加军委会。三、国民政府之目标为实现"三民主义"之国家。"政治上高度敏感的周恩来，马上问道："蒋介石对联合政府的态度如何？"赫尔利轻松地回答："啊，这件事情已经过去了。"面对周恩来的追问，赫尔利也不得不承认他也不赞成成立"联合政府"的主张。

第二天，周恩来、董必武在赫尔利住处，与国民党中央宣传部长王世杰、军委会政治部部长张治中就联合政府、中共参加军委会进行会谈，双方没有交集点。当天周恩来、董必武还应约与蒋介石会面，但是没有谈出什么结果。

当天晚上，赫尔利宴请为抗议蒋介石、赫尔利违反协定草案而准备离开重庆的周恩来和董必武，深表歉意。同时，蒋介石也宴请部分国民参政员，明确表示：中共要求组织联合政府，他不能接受，因为他不是波兰流亡政府。

因为飞行员突然病倒，周恩来没有成行。12月2日，周恩来向赫尔利转告了毛泽东的三点电示："第一，政府三项与延安五条距离太远，我们认为联合政府与联合军事委员会是解决目前时局问题的关键。这既不能获得蒋介石的同意，因此无法挽救危局。第二，国民党的态度至今未变，梁寒操（曾任国民党中央宣传部副部长、时任三青团中央常务干事）三天前在记者招待会上宣称，中国目前所需要者只是军令统一，党派合法问题须留待战后一年再讲。第三，根据目前形势，我党中央必须召开会议，再行讨论。因此他将留在延安，不再来重庆。"（《周恩来传》第577页）毛泽东的电报显然是回绝了赫尔利提出的继续进行国共谈判、他自己与蒋介石进行谈判的建议。

12月4日，赫尔利再度约见周恩来，劝说中共不组织联合政府，但先答应参加政府和军事委员会工作，"先插一只脚进来"。周恩来以自己任军事委员会政治部副部长被架空和桂系二号人物白崇禧身为军训部长但毫无实权的例子，来说明不赞成这种"做客式的入阁"。赫尔利还提出：中共"只要参加政府，就可获得承认，就可获得美国军官帮助训练和作战，就可获得物资的供给。你们拿到这些东西，就可以强大起来。为什么一定要改组政府呢？"看来，赫尔利真想促成此事，以完成罗斯福交给他的使命。周恩来明确表示："这是一个救中国的问题。政府不改组，就无法挽救目前的危局。""参加的一面是不能在政府中有任何作为；另一面就要受到牵制，一切不好的军令政令都来了。"并且宣布，中共参加政府，就是要替人民负责；如果起不了作用，参加进去也无用（《周恩来传》第578页），回绝了赫尔利的劝说。

12月7日，周恩来、董必武飞回延安。因为国民党在豫湘桂战场一败涂地，危机日益加深，为帮助国民党脱离困境，赫尔利一再催促周恩来返渝重开谈判。周恩来于8日和16日两次复信赫尔利，指出："我们认为只有国民党放弃一党专政与建立民主的联合政府，才能使中国向着民主走进一步，才能使中国人民由此开始得到自由，才能动员与统一中国一切抗日力量反对日本侵略者。而在国民党一党政治下的任何人事变动，都不可能变更目前国民政府的制度和政策，这也就是我们与国民党谈判不能获得正当解决的症结所在。"（《周恩来传》第580页）。

随着1944年过去，赫尔利的调停一无所获。1945年1月7日，赫尔利再度致函毛泽东和周恩来，建议在延安举行国共两党会议。11日，毛泽东复函表示，在目前形势下，举行此类会议不会有效果，可以在重庆举行有国民党、共产党和民主同盟参加的国事会议的预备会议，如是周恩来可以前往重庆。

1945年1月20日，赫尔利再次致函邀请周恩来到重庆"作一短期访问"。中共领袖们认为，如果再予以拒绝，不利于中共的形象，不利于做赫尔利和美国的工作，不利于争取中间势力和广大群众，决定派周恩来赴重庆谈判。

1月24日，周恩来到达重庆。离开延安和到达重庆时，他对新华社和《新华日报》记者发表谈话指出，此次赴渝，是为了向国民党提议，召开国事会议预备会议。国民党只有立即废除一党专政，承认一切抗日党派的合法地位，取消镇压人民自由的法令，废除特务活动，释放政治犯，取消对边区的包围，"除此并无别途可以动员和统一全中国人民的力量，击退敌人的进攻，配合盟国的反攻，也并无别途可以挽救目前的危机。至于其他一切头痛医头、脚痛医脚的敷衍办法，不管其形式如何，决然无补国事"。

周恩来一到重庆，立即与赫尔利、代理行政院长宋子文以及王世杰、张治中等人，举行政治谈判。宋子文提出在行政院内成立"行政委员会"，以容纳国、共和民主党派人士。周恩来指出，成立行政委员会，但整个系统不变，而"这个系统，就是一党专政。新机构属于行政院，行政院属国防最高委员会管辖，国防最高委员会又属国民党中常委管辖。蒋主席也不是人民选举的，是国民党中常委推选的。这一套系统不改变，我们也无法参加政府"。赫尔利对周恩来说，蒋介石已经同意在"三点建议"基础上，成立"战时内阁"；成立由美国、国民党、共产党代表组成的整编委员会，整编委员会后则承认中共合法地位；由美国军官出任共产党军队总司令，中共人士任副司令。赫尔利的建议，实质是要在任何政治民主改革都没有进行的情况下，取消中共的军事力量，是要把中共军队"隶属于外国，变为殖民地军队的恶毒政策"，因此理所当然被周恩来拒绝。

1945年2月2日，周恩来向赫尔利、国民党代表王世杰和张治中，提交了召开党派会议的建议草案，提出这一会议的主要任务是结束党治，改组政府，起草施政纲领；并且要保证与会者的人身安全和自由往来。

周恩来代表中共提出的建议，被蒋介石一口拒绝。蒋介石在2月13日与周恩来、赫尔利谈话时，竟然称"联合政府是推翻政府，党派会议是分赃会议"，"中共不是一个民主政党，仅仅是为了夺取国民党的政权而伪装民主。中国决不能由各党派联合组织政府，而必须按照国民大会制定的宪法的步骤来解决"。为此，周恩来认为谈判已无进行下去的必要，决定再度返回延安。2月14日，王世杰也发表了歪曲中共立场的声明，第二天周恩来发表声明进行了驳斥，16日离开重庆飞回延安。

3月1日，蒋介石在宪政实施协进会上宣称，党治不可能结束，也不能成立联合政府，不管中共和其他党派的态度如何，国民党将在11月12日举行制宪国民大会。国共谈判至此实际破裂。

更为关键的是，赫尔利此时的政治立场发表逆转，由"扶蒋助共"，向"扶蒋压共、扶蒋反共"方向转变。对于中共提出的美国应该援助八路军、新四军的建议，赫尔利明确表示，如果向中共提供援助，将会破坏美国防止国民政府崩溃和支持蒋介石为政府主席及三军统帅的既定政策。1945年2月19日，赫尔利与魏德迈回华盛顿述职，其"反共"面目全面暴露，呼吁美国政府不要放弃蒋介石和不要停止对蒋介石的援助，"只要向蒋介石的中央政府提供数量较小的援助，共产党在中国的叛变就可镇压下去"。

罗斯福总统此时已经完全站在"扶蒋反共"立场上。罗斯福之所以作出这一政治上的选择，一是出于意识形态之争，为了遏制共产主义在全世界的发展。特别是第二次世界大战中，在东欧一些国家和远东的朝鲜、中国、越南等国中，共产主义力量得到迅速发展，在意识形态一致性的基础上，这些国家的共产党如果掌握政权，将会形成以苏联为首的共产主义阵营，成为西方国家最强有力的竞争对手。在雅尔塔会议上，罗斯福已经知悉了斯大林的扩张计划，因此对于除苏联共产党之外的最大的共产党——中国共产党，在日寇已经必败，中共是否参加对日作战已经不影响整个太平洋战场的力量对比的情况下，当然不会继续劝说蒋介石接受中共，而且走向反面，支持蒋介石对中共进行压制和打击。

二是美国国内极右势力的活动。右翼势力利用国会讲台和一些新闻媒体阵地，对苏联为首的共产主义势力进行了不遗余力的批判，认为第二次世界大战挽救了苏联和斯大林，而各国共产党则已成为苏共的傀儡，如果建立一个由中共控制的红色中国，必然招致共产主义势力的蔓延，扩大苏联的势力范围，美国在这个东方国家将失去市场，势必要危及美国的国家利益和基本安全。因此，美国应该全力以赴支持国民党政府，支持作为美国忠诚可靠的朋友和"一个爱国主义者"的蒋介石，帮助蒋介石消灭中共。美国国内的右翼势力为了压制中共，还把对中共较为友好的驻华使馆官员谢伟思、戴维斯等人调回国，以减少不同声音。

1945年4月2日，赫尔利以"驻华大使"身份，在华盛顿召开记者招待会，第一次公开明确宣布了"扶蒋反共政策"。从此，美国站在国民党蒋介石集团一边，与中国人民和中国共产党为敌，直至支持蒋介石发动全面"反共"内战。蒋介石也正是因为知道美国的"反共政策"已经不可逆转，所以才在整个谈判过程中，态度异常强硬和反动。美国的"扶蒋反共政策"，增加了蒋介石的"反共决心和反共资本"，蒋介石已经开始思考：如何在抗战结束后抢占军事要地，如何最后消灭中国共产党！

国民党"六全"

在得到美国的明确支持后，为统一全党及统治集团的思想，迎接抗战胜利的新形势，决定战后"反共斗争策略"，蒋介石根据1943年9月召开的五届十一中全会作出的"本党第六次全国代表大会应于事实上可能时从速召开、至迟亦应于战事结束后半年内召集之"的决议和1945年1月8日中常会第274次会议的决议，于1945年5月5日至21日，在重庆召开中国国民党第六次全国代表大会。参加会议的有代表600人，列席代表162人，代表全党692万党员。会议开幕之前，从4月30日起，分组举行了谈话会，以便统一代表思想。

会议期间，蒋介石致开幕词和做《党员确定革命哲学之重要》的讲演，中央党部秘书长吴铁城作党务报告，国民政府文官长吴鼎昌作政治报告，经济部长翁文灏做经济报告，代理参谋总长程潜作军事报告，参谋次长兼军训部长白崇禧作续军事报告和中共问题报告，中央宣传部副部长潘公展作特种问题报告，参谋总长兼中国陆军总司令何应钦作中国陆军总司令部组织情形及湘西战役报告。会议主要内容如下：

一是争取抗战的最后胜利。已经进行近8年的抗战，是中华民族第一次全面奋起反击外国侵略，中国人民作出了巨大的牺牲，中华民族付出了巨大的代价，抗战胜利已经指日可待。国民党正面战场虽说一直在溃败，但起码没有投降，坚持到最后一刻。因此，蒋介石在开幕词中说："经过如此惨重的牺牲，奠定了我们最后胜利的基础。现在对日决战，机运已熟，在纳粹祸首已经消灭，欧洲战争瞬将结束的今日，反侵略的主要战场将移到东亚，唯有在中国大陆上拼死挣扎，妄想缓其崩溃。今后我们的抗战，就是要突破最后胜利以前最大的危险和最后的艰难，完成我们九仞一篑的工作。"事实上，直至六全召开以后，蒋介石只是指挥600余万军队进行了极为有限的反攻作战。

二是拒绝了中共提出的成立民主联合政府的建议。成立由国民党、共产党和民主同盟为代表的各党各派参加的联合政府，是中国共产党根据抗战形势的发展和自身力量、爱国民主力量增长的现实提出来的，是如何把国共合作共同抗日扩大到国内政治领域的最好途径，也是真正实施宪政的基础和前提。代表全国人民利益、对中国人民负责的中国共产党成立24年来，一直为推动中国的进步和民主进行坚决的斗争，在抗战胜利前夕，中国共产党又及时提出了"组织联合政府"的口号，这一口号也被广大人民群众和爱国民主人士所接受，已成为与国民党当局进行斗争、中国政局发展的新焦点。六全大会的召开，标志着国民党蒋介石集团彻底拒绝了"组织联合政府"的正确主张，在国民党一党专制、蒋介石一人独裁的道路上一意孤行，放弃了在中华民族取得空前胜利的前夕、把中国引向光明的努力。

三是准备实施宪政。与中共提出"组织联合政府"相对的是，蒋介石提出在短期内结束训政、召开国民大会、制定宪法、还政于民，以对抗中共提出的通过党派协商的办法实现政治民主的主张。中共提出的主张，是通过党派互相监督的办法迫使蒋介石进行政治改革；而国民党的宪政计划，只是在维持国民党一党专制的前提下，维持国民党统治和蒋介石独裁的手段，宪政和国民大会成为国民党假民主、真专制的障眼法。蒋介石在开幕词中说，他在元旦对全国的广播和3月1日宪政实施协进会上表示的，要在本年11月12日总理80岁诞辰召集国民大会，以实现宪政。"在总理倡导国民革命已满50年的今日，有提早实施宪政的必要。"会议通过了《关于国民大会召开日期案》《关于宪法草案案》《促进宪政实现之各种必要措施案》，正式决定在11月12日召开国民大会。

四是强调"继续'反共'"。在抗战中后期召开的国民党历次中央会议上，几乎没有一次不谈"反共"，六全会议也是如此。会议通过的《关于党务报告之决议案》中称："年来共产党乘敌寇深入之际，破坏抗战，袭击国军，在各地对本党同志横加残害，在言论上对本党横加诬蔑，大会对此深表痛惜。"在《本党同志对中共问题之工作方针》声称："中共最近更加变本加厉，提出联合政府口号，并阴谋制造其所谓'解放区人民代表会议'，企图颠覆政府，危害国家。"在《对中共问题之决议案》中称："中共仍坚持其武装割据之局，不奉中央之军令政令。"表面上该决议称，只要不妨碍抗战危害国家之范围内，一切问题，可以商谈解决，但为以后发动内战埋下了伏笔，因为根据此类决议，随时可以给中共扣上"妨碍抗战"，"危害国家"的罪名，予以"讨伐"。因此，蒋介石声称："今天的中心工作，在于消灭共产党。日本是我们国外的敌人，中共是我们国内的敌人。只有消灭中共，才能完成我们的任务。"（蒋介石：《军事政治经济党务之现状与改进的途径》1945年5月18日）大会闭幕后两天，顾祝同就指挥10个师的兵力向苏浙地区的新四军发动了进攻。

五是选举领导机构。会议选举蒋介石继续担任总裁，选举于右任、何应钦、叶楚伧、居正、孙科、陈诚、戴季陶、宋子文、白崇禧、陈果夫、张治中、陈立夫、陈布雷、朱家骅、胡宗南、冯玉祥、朱绍良、宋庆龄、程潜、阎锡山、谷正伦、傅作义等222人为中央执行委员，张钫、石敬亭、马占山、郑洞国、杜聿明等90人为候补中央执行委员，吴稚晖、张继、王宠惠、李宗仁、邵力子、张发奎、王世杰、张静江、商震等105人为中央监察委员，胡文灿、孙震、熊斌、刘汝明等44人为中央候补监察委员。

在5月28日至31日召开的六届一中全会上，选举中央常务委员，决定中央党部人事安排和改组内阁。内阁和五院人事安排是宋子文任行政院长、翁文灏任副院长。其他人事安排是国民政府文官长吴鼎昌、主计长陈其采，行政院秘书长蒋梦麟、内政部长张厉生、外交部长王世杰、军政部长陈诚、财政部长俞鸿钧、经济部长王云五、交通部长俞飞鹏、教育部长朱家骅、农林部长周诒春、社会部长谷正纲、兵役部长鹿钟麟、粮食部长徐堪、侨务委员会委员长陈树人、蒙藏委员会委员长吴忠信、司法行政部长谢冠生（1943年1月由隶属司法院改为隶属行政院）；立法院长孙科、副院长叶楚伧、秘书长吴尚鹰；司法院长居正、副院长覃振、秘书长谢冠生；考试院长戴季陶、副院长周钟岳、秘书长史尚宽、铨叙部长贾景德；监察院长于右任、副院长刘尚清、秘书长程中行、审计部长林云陔。

会议决定的军事人事安排是：军事委员会参谋总长何应钦，参谋次长杨杰、熊斌、白崇禧、程潜，军令部长徐永昌，军训部长白崇禧，政治部长张治中，军法总监何成浚，军事参议院院长李济深，卫生勤务部长黄镇球，后方勤务部长俞飞鹏，航空委员会主任周至柔。第一战区司令长官陈诚（胡宗南代），第二战区司令长官阎锡山，第三战区司令长官顾祝同，第四战区司令长官张发奎，第五战区司令长官刘峙，第六战区司令长官孙蔚如，第七战区司令长官余汉谋，第八战区司令长官朱绍良，第九战区司令长官薛岳，第十战区司令长官李品仙，第十一战区司令长官孙连仲，第十二战区司令长官傅作义，冀察战区总司令鹿钟麟，鲁苏战区总司令于学忠；陆军总司令何应钦，副总司令龙云、卫立煌，第一方面军司令官卢汉，第二方面军司令官张发奎，第三方面军司令官汤恩伯，第四方面军司令官王耀武；海军总司令陈绍宽，空军总指挥周至柔，宪兵总司令张镇。

从人事安排情况看，基本上没有大的变动，只是随着抗战和时间的推移，一批国民党元老退出政治中心；一批胡汉民、汪精卫系的重要骨干投靠蒋介石并继续获得重用；蒋介石培植的一批以准黄埔系和黄埔系、ＣＣ系为代表的基本政治力量走上前台，成为党务、军事、政府、财经、文宣和特情等部门的主要掌权者。总之，"六全"的人事安排，为推行蒋介石以巩固国民党专制统治、镇压爱国民主运动为既定方针的政治路线和以消灭中共武装力量为既定方针的军事路线，完成了组织安排、准备了干部基础。

国民党第六次全国代表大会的召开，确定了抗战结束后国民党的基本政治、军事、经济路线，确定了以消灭中共武装力量为基本思路的政策方针，因此，从此时已经孕育着全面内战的危险。也就是说，国民党六全，是蒋介石坚持一党专政、抢夺胜利果实、准备发动全面内战的一次重要会议。（上述关于国民党"六全"的资料，主要见《中国国民党历次代表大会及中央全会资料》下册第899至1026页）

（二）法西斯走向全面灭亡

人类历史上最大的灾难之一，是在20世纪前50年间出现了法西斯。法西斯挑起了人类历史上最大的战争，进行了人类历史上最大的大屠杀。血债要用血来还，侵略战争只有用反侵略战争来制止。以人类为敌的法西斯，同样也遭到全世界人民的毁灭性的打击。进入1943年，反法西斯战争出现了有利于世界人民的重大转变，盟军开始大反攻。

随着抗日战争的进展，中共领袖们开始思考着更深层次的问题，即如何把中华民族即将取得的第一次反侵略战争的胜利，扩展到国内政治斗争领域，变为争取改变当时中国现状的机会。中共的基本方针是依靠在抗战中发展起来的武装力量和爱国民主力量，依靠抗战中得到进一步提高的人民大众的民主意识，揭露国民党蒋介石的政治专制、军事溃败和官场腐败，促使蒋介石进行政治改革，在民族战争取得胜利之机，争取中国的光明前途。

时局焦点——中共主张"联合政府"

中国共产党在抗战期间得到了前所未有的发展，这一成就的取得完全是因为中共坚持"党的领导、武装斗争、群众路线和统一战线"的结果。为了迎接抗日战争最后胜利的到来，中国共产党进行了著名的"延安整风"。整风运动作为一次思想教育、组织整顿运动，不仅教育了广大干部和党员，更重要的是经过这次整风运动，确立了毛泽东在全党的领导地位，党的理论水平和实践能力进一步提高。在客观、系统、正确地总结历史经验的基础上，随着整风运动的深入，中共中央在1944年5月21日至1945年4月20日，举行了六届七中全会。

这是共产国际解散后，中共召开的第一次中央全会，也是召开第七次全国代表大会的预备会议。

进入抗战第三阶段后，中共面临三大政治任务：一是赶走日本侵略者。抗日战争的主要目标就是要赶走日寇，作为抗日主力的八路军、新四军的主要作战任务就是消灭和打击日伪力量，这一中心任务不能改变只能加强。二是同国民党顽固派的斗争。武汉失守后，国民党顽固派开始积极"反共"，接连组织三次"'反共'高潮"，如果对顽固派的进攻坐视不管，或者无原则地屈服，只能是亲者痛仇者快，只会削弱抗日力量和干扰抗日大局，无疑是对抗战的犯罪和对民族的不负责。因此，中共坚持原则，坚持斗争，坚决回击国民党顽固派的进攻，维护统一战线内部的团结，推动国民党蒋介石集团继续抗战。三是争取抗战的光明前景。抗日战争已经处于胜利的前夜，如何把国共合作、共同战胜日寇的大好局面继续推向前进，如何把民族反侵略战争的胜利转化为国内政治改革的动力，支持在国统区蓬勃发展起来的爱国民主运动，推动民主政治的建立，是统一战线内部各派所要考虑的主要问题。

因此，在延安整风的同时，中共继续向日寇发动进攻，并组织局部反攻。在国统区，一方面支持爱国民主运动走向联合，另一方面以"组织联合政府"为目标，与国民党蒋介石集团进行了有理有利有节的斗争。

民主党派的成立

在中国共产党的领导下，国统区的爱国民主运动有了新的发展。随着抗战的进行，人民大众对国民党的不满主要集中在对内对外两个方面：对内是特务恐怖笼罩着国统区，人民的各种民主权利受到严重威胁；经济压榨民众，国民党许多官吏和以四大家族为首的财团趁着战争大发"国难财"，人民的不满日益加深，对蒋介石的认识也由抗战初期的"民族领袖、抗日英雄"，开始转变为"抗日打败仗、专制是内行"。对外是国民党军队抗战不力，特别是豫湘桂战役的失败，激起了各界对国民党军队的强烈批评。因此，在国统区不断爆发了大规模的民主运动。这些斗争得到了中共的有力支持，中国共产党从政治上进行指导，组织上加强领导，保证了爱国民主运动的正常发展。

爱国民主人士大多是中共的朋友，在当时的背景下，他们虽说并不完全赞成苏联式的社会主义，也不完全接受无产阶级的暴力革命这一社会变革的方式，但是他们主张政治民主，主张天赋人权，因此在中共与国民党蒋介石集团的斗争中，一直成为中共的朋友和同盟军。从抗战中后期起，各民主党派成为国统区反对国民党专制和蒋介石独裁的主力军。

当时的爱国民主运动，存在两大欠缺：一是力量不团结，二是目标不明确。为把这一运动引向深入和在更高层次展开，中国共产党从两个方面进行了引导。一是提出为广大人民群众和爱国民主人士接受的政治口号。1944年9月3日，国民参政会三届三次会议开幕。在9月5日的全体大会上，中共代表林伯渠正式提出："结束国民党一党专政，召开各党各派、各抗日军队、各地方政府、各人民团体的代表组成的国事会议，成立各抗日党派联合政府。""联合政府"的口号一经提出，立即得到各界的热烈拥护，为爱国民主人士指明了方向，民主运动从此有了明确的斗争目标。

二是引导民主人士组织起来。抗战开始后，蒋介石采取部分民主开放措施，爱国民主运动也比十年内战时期有了很大的发展，但是大多处于分散状态，很多反专制争民主活动只是临时性的政治行为，而无组织上的配合，缺乏统一的机构和共同的行动。因此无论是发动爱国民主运动的声势，还是爱国民主运动的成绩，都受到了影响。许多爱国民主人士也意识到了这个问题，意识到团结、组织起来的重要性。中共也十分关注这一问题，从中做了许多工作。因此，从抗战中后期起，各主要民主党派纷纷成立。

大革命后期成立的中华革命党、中国国民党临时行动委员会、中华民族解放行动委员会，于1947年2月召开第四次干部代表大会，成立中国农工民主党；1943年开始筹建的民革发展很快，后来于1945年10月间在重庆正式成立"三民主义"同志联合会（1946年4月又成立中国国民党民主促进会，1948年1月"三民主义"同志联合会与中国国民党民主促进会联合，在香港成立中国国民党革命委员会）；1939年10月11日在重庆成立统一建国同志会，1941年10月在这一组织基础上成立中国民主政团同盟；1945年8月间发起、12月正式成立了中国民主建国会；1945年12月30日成立了中国民主促进会；1944年底发起，1946年5月4日在重庆成立了九三学社；1925年10月在美国旧金山成立的致公党，在国统区十分活跃；民主青年协会、民主青年同盟、新民主主义青年社，主要成员是活跃在国统区的进步青年学生和职业青年，青年协会于1944年10月在成都成立，青年同盟于1945年1月在昆明成立。除此之外，在国统区成立的进步组织，还有1939年底在重庆成立的宪政座谈会，1945年7月在重庆成立的中国妇女联谊会，

1945年冬在重庆成立的中国人民救国会，1946年8月在上海成立的中国民主社会党革新派……

国统区的社会正直之士、国民党内的反对派、知识分子、工商业者、青年和学生、华侨以及各阶层各领域的民主人士，按照各自领域的特点，冲破国民党特务的监视，呼应中共提出的组织联合政府的主张，结成最广泛的反对国民党专制、蒋介石独裁的统一战线。这一以"争取抗战胜利、反对政治专制"为主题的统一战线的成立，对揭露蒋介石和国民党政权的反动真面目，对争取全国人民加入反内战、反专制的阵营起到了积极的作用。

国共两党的谈判

随着抗日战争的进行，蒋介石的专制统治日益加剧，对中共的封锁和进攻变本加厉，"反共"再次成为蒋介石的基本政治路线。在蒋介石的这一反动政治路线下，取得抗战胜利后的中国将再度进入黑暗的专制统治时期。面对这一严峻形势，既要争取抗战的最后胜利，这就要继续保持国共抗日统一战线的团结，不能与蒋介石集团决裂；又要为全国人民争取基本民主权利，这就要反对国民党的专制和蒋介石的独裁，不能与蒋介石和国民党顽固派进行无原则的妥协。

因此，中共领袖们思考的问题是，如何把国共间的斗争，在坚持抗战的同时转到和平建国上来？国共谈判的主题也由解决国共合作的遗留问题，转到全国性的政治问题上来。根据这一思路，中共提出了"联合政府"的主张。"联合政府"的提出，表明中共政治斗争艺术的成熟，是新民主主义革命路线在争取抗战胜利和反对蒋氏专制时期的总的体现，是一条能够达到教育群众、动员群众、争取中间派、对国民党实行"洗脸和改造"这一目的的正确路线。

自抗战开始以来，中国共产党为巩固抗日民族统一战线做了很多工作，与国民党进行过多次谈判。

1937年12月9日，中共中央召开政治局会议，决定由项英、周恩来、博古、董必武组成中共中央长江局，领导南部中国党的工作。由周恩来、博古、叶剑英和刚从苏联回国的王明组成中共代表团，与国民党进行谈判。12月18日，周恩来、王明、博古以及周恩来夫人邓颖超、王明夫人孟庆树到达武汉。

12月23日，中共代表团和长江局召开第一次联席会议，决定合组为一个组织，对外称中共中央代表团，对内称长江局。由王明任长江局书记，周恩来任副书记，项英、博古、叶剑英、董必武、林伯渠为委员。叶剑英任参谋长，李克农任秘书长，董必武任民运部长，博古任组织部长，王明任党报委员会主席。王明负责长江局工作，周恩来负责统战工作。先后在中共代表团内工作过的还有凯丰、吴玉章、罗瑞卿、张爱萍、罗炳辉、边章伍、张经武、聂鹤亭、李涛、黄文杰、吴克坚等人。同时决定潘梓年任《群众》周刊社长兼主编，许涤新任副主编；王明为《新华日报》董事长，潘梓年任社长，华岗任总编辑，熊瑾玎任总经理，章汉夫任编辑主任。

1938年初，蒋介石为了适应抗日战争的需要，改组国民政府军事委员会，把武汉行营政训处（第六处）扩大为政治部，任命陈诚为政治部部长，周恩来、黄琪翔任政治部副部长；时任行政院长的孔祥熙也提出要周恩来到行政院任职。周恩来再三推辞不成，最后经中共中央批准，出任政治部副部长，这是第二次国共合作中中共人士在国民党内担任的最高职务。同时，中共秘密党员郭沫若任第三厅厅长，第三厅负责抗日宣传工作，因此一大批进步文化名人进入厅内工作。

1938年8月29日，周恩来、王明、博古、徐特立离开武汉回延安参加中共中央政治局会议和六届六中全会。正是在这次会议上，毛泽东在中国共产党内的领导地位得到确立。会议未完，因为武汉会战开始，周恩来急忙于10月1日回到武汉。10月22日，朱德也赶来武汉与周恩来一起会见蒋介石，讨论武汉地区的战局，23日朱德乘战斗机前往襄阳，转车返回八路军总部。武汉失守后，周恩来经沙市前往长沙，参加了蒋介石在长沙主持召开的军事会议。11月13日，国民党将领鄷悌等人在长沙纵火，当夜周恩来、叶剑英、邱南章也在城内，待发现时已满城起火，急忙冲出火海中的长沙，处境相当危险。15日，周恩来到达衡山，出席25日至28日蒋介石主持召开的南岳军事会议。会议决定举办游击干部训练班，主任是蒋介石，白崇禧、陈诚任副主任，汤恩伯任教育长，叶剑英任副教育长。叶剑英任中共驻该校代表团团长，边章伍、薛子正等任教员。周恩来于12月3日从衡阳到达桂林，12月中旬飞往重庆。

1939年1月5日，中共中央书记处召开会议，针对国民党统治中心西移重庆的现实，决定成立中共西南局，由周恩来、博古、凯丰、董必武、徐特立、吴玉章、叶剑英、廖承志、吴克坚、邓颖超、刘晓、高文华、张文彬组成，周恩来任书记。周恩来认为西南局名实不副，应称为南方局，并建议由周恩来、博古、凯丰、吴克坚、叶剑英、董必武6人组成南方局常委会。董必武任统战工作委员会书记，叶剑英任副书记；博古任组织部长，后由孔原、董必武接任；博古任社会部长，后由吴克坚接任；邓颖超任妇女运动委员会书记；蒋南翔任青年工作委员会书记；凯丰任文化工作委员会书记；周恩来任敌后工作委员会主任；章汉夫任国际问题研究室主任；叶剑英任华侨组组长。南方局和八路军办事处一起办公，周恩来、叶剑英等则在曾家岩50号"周公馆"办公。

周恩来以中共中央代表和国民政府军事委员会政治部副部长的身份，在重庆开展活动。他的主要工作有：直接与蒋介石见面，直接与陈诚、张治中、陈立夫、康泽等人谈判；宣传中国共产党的全面抗战主张，保持中共在抗日民族统一战线中的独立自主地位；与国民党谈判，协调正面战场和敌后战场的关系，争取国民党兑现在国共合作时作出的诺言；及时揭露国民党顽固派的"反共"阴谋，发动人民群众和各界人士，制止国民党顽固派的"反共"活动；联络社会各界人士，广交朋友，共同反对国民党的特务统治；按照全面抗战路线，领导国统区人民开展抗日斗争。当时，中共与国民党的谈判，主要也是围绕上述问题进行的，并且取得了很大的成功。

1938年12月6日，蒋介石在桂林约见周恩来，提出中共既然宣布信仰"三民主义"，还不如与国民党合并成一个组织，如果中共全部加入国民党有问题，可以一部分党员加入，但不能跨党。12月8日，蒋介石到达重庆后，又向来重庆参加国民参政会的王明、博古、吴玉章、董必武、林伯渠等人提出同样的建议。周恩来等人，坚持中共在抗日民族统一战线中的独立性，拒绝了这一企图吞并中共的建议。这是抗战以来，蒋介石和中共领导人的第一次交锋。

蒋介石吞并中共的图谋破产后，随即在五届五中全会上提出了一条消极抗日、积极"反共"的错误路线。会后，国民党顽固派不断向八路军、新四军发动军事进攻，并发动第一次"'反共'高潮"，周恩来和中共代表团的活动也受到国民党特务的监视。对国民党顽固派制造的一系列"'反共'惨案"，周恩来代表中共向蒋介石、陈诚、军令部长徐永昌、军训部长白崇禧、军政部长何应钦等人提出强烈抗议。

1939年2月中旬至5月初，周恩来视察了新四军和东南6省的工作，途中针对新四军存在的问题进行了调查研究和作了处理，并在广大东南地区和广西等地，对各界人士做了大量工作。

6月18日，为反击国民党的"'反共'高潮"和挽救时局，周恩来离开重庆回到延安，与其他中共领袖共商大计。在延安期间，他协助毛泽东，胜利指挥了反击河北省民政厅长张荫梧进犯冀中根据地的战斗；对延安军民和党员干部做了多场报告，揭露蒋介石的"'反共'阴谋"，介绍国际形势和国内抗战形势；参加多次中共中央政治局和中央书记处会议。7月10日，他在去中央党校作报告时，因过延河时河水上涨，坐骑受惊不幸坠马右肘受伤，因为医疗条件有限留下终身残疾。次月去苏联治疗，直到1940年3月回国。同行前往苏联的有王稼祥、陈昌浩、李德等人，同行回国的有任弼时、陈琮英、蔡畅、邓颖超、陈郁、师哲等人。来回在新疆停留时，周恩来对盛世才做了大量挽救工作，但没有成功。

1940年3月，成都发生"抢米事件"，国民党当局查封《新华日报》成都营业分销处，枪杀中共党员朱亚凡、洪希宗，逮捕该处负责人、中共川康特委书记罗世文和军委记车耀先。为处理这一事件以及第一次"反共高潮"后的严峻形势，从苏联回国的周恩来立即赶往重庆。5月31日，绕道成都到达重庆。回到重庆后，周恩来与正在重庆的新四军军长叶挺、新四军政治部主任袁国平、东南分局负责人饶漱石进行了认真的谈话，指示新四军的发展方向第一是苏北、第二是苏东、第三是苏南和皖南，建立根据地的次序先是苏北、皖北，然后是湖北。请他们转告项英，要项英尊重叶挺的领导权，特别是新四军与第三战区所有的直接联络和谈判，全部转到重庆由中共中央代表团负责进行。这显然是保护新四军和纠正项英右倾错误的有效措施，遗憾的是后来项英没有执行。

为推动抗战，巩固抗日统一战线，揭露国民党顽固派的"反共阴谋"，反击国民党顽固派的军事进攻，1940年6月初周恩来直接面见蒋介石，当面商定，就国共关系问题，在重庆开始第一次谈判。

参加谈判的分别是中共代表周恩来、叶剑英和国民党代表何应钦、白崇禧。周恩来提出的方案主要内容为：各党派合法存在；释放一切被关的中共党员；支持人民抗战活动；陕甘宁边区设置23个县，由林伯渠任政府主席；八路军（第18集团军）由3个师扩编为3个军9个师，新四军扩编为7个支队。何应钦、白崇禧的方案是，陕甘宁边区可以保持18个县，八路军扩编为3个军6个师加6个团，新四军编为2个师，编完后全部开到黄河以北地区。7月16日，国民党方面又提出《提示案》，竟然提出取消陕甘宁边区，缩编八路军、新四军，八路军和新四军在一个月内全部开到黄河以北。

由于双方距离太大，谈判陷入僵局。为了争取团结抗战的有利局面，周恩来带着何应钦、白崇禧的《提示案》返回延安商量。1940年8月下旬，周恩来回到重庆，同意作出较大的让步，以避免与国民党发生正面军事冲突，维持国共统一战线内部的团结。问题是此时，蒋介石已经准备在皖南对新四军下手，当然也就没有谈判的诚意了。为阻止皖南事变的发生，周恩来做了许多工作，并且向延安总部多次报告险情，商讨缓解之道。

1940年圣诞节之夜，周恩来应邀到蒋介石的官邸做客。蒋介石对周恩来说：“连日来琐事多，情绪不好，本不想见，但因为今天是四年前（西安事变）共患难的日子，故以见面谈话为好。抗战四年，现在是有利时机，胜利已有希望，我难道愿意内战吗？愿意弄坍台吗？现在八路军、新四军还不都是我的部下？我为什么要自相残杀？就是民国十六年，我们何尝不觉得痛心？内战时，一面在打，一面也很难过。”蒋介石心里很清楚，再过几天就要在皖南对新四军发动进攻了，因此，他又说：“如果非留在江北免调不可，大家都是革命的，冲突决难避免，我敢断言你们必失败。如果能调到河北，你们做法一定会影响全国，将来必成功。”周恩来在当夜发给中央的电报中明确说：“我对蒋的挑拨及攻击我们的话，均当场答复了。”（童小鹏：《风雨四十年》第一部第223页）

皖南事变发生后，中共中央和中共代表团采取了一系列措施，与国民党顽固派进行了坚决的斗争。1941年3月14日，政治上没有得分的蒋介石约见周恩来，当面表示：“两月多未见面，由于事忙，参政会开会之前，因不便未见。”“现在开完会，情形和缓了，可以谈谈。”周恩来申述了中共的政治主张，但没有具体结果，蒋介石只是表示：“只要（八路军、新四军）听命令，一切都好说，军队多点，饷要多点，好说。”（童小鹏：《风雨四十年》第一部第239页）3月25日，宋美龄宴请周恩来，蒋介石、贺耀祖、张冲和邓颖超作陪。至此，虽说蒋介石没有作出任何承诺，国共谈判也没有什么具体成果，但国共关系开始进入相对稳定阶段。

在以后一段时期内，中共代表团除与国民党谈判以外，主要工作，一是发动大后方的各界人士参加各类抗日活动，尤其是在第一次“‘反共’高潮”开始后，国民党在大后方强化专制统治，压制各种宣传抗日的进步刊物、文艺作品的发行，周恩来和中共代表团在文化艺术界做了大量工作，支持进步文化工作者进行各种反对专制、宣传抗日的斗争。二是在贯彻中共中央为保护国统区工作的中共机关和干部的安全所提出的"隐蔽精干，长期埋伏，积蓄力量，以待时机"的"十六字方针"方面，针对皖南事变后国民党在国统区进行的破坏中共地下组织的活动，进行各方面的补救工作。在鄂西特委和南方工委被大面积破坏后，周恩来一方面安排营救被捕的廖承志等领导干部和党员，一方面采取许多补救措施，避免党组织遭到更大的破坏。

在第一次"'反共'高潮"被粉碎后，中共曾派出朱德与卫立煌在郑州进行谈判，以解决华北地区国共两党、八路军和国民党军队的关系问题。

1942年7月21日和8月14日，蒋介石两次约见周恩来，表示已派出张治中和刘斐作为代表，准备与中共方面谈判，妥善解决皖南事变后的国共关系问题；他将去西安，希望能在那里见到毛泽东。周恩来认为在没有摸清蒋介石底细的情况下，毛泽东不能去西安见蒋介石；可以假称毛泽东有病，以林彪为代表。林彪在抗战开始后，由抗日军政大学校长兼政委，转任八路军115师师长，1939年在晋西作战中负伤，年底赴苏联治疗，1942年回到延安，出任中央党校副校长。从此时起，他在党内的地位不断上升。毛泽东则认为他本人可以与蒋介石谈判，甚至提出即使不谈判到重庆参加10月召开的国民参政会三届一次会议也行。毛泽东还认为，只要见蒋，将国共根本关系加以改善。周恩来坚持认为，蒋毛此时见面弊大于利，应该由林彪先谈为宜。最后中共中央接受周恩来的主张，同意先由林彪谈判。

1941年9月14日，林彪离开延安去西安与蒋介石见面，但是路上耽误了时间，到达西安时蒋介石已经离开回重庆了。10月7日，林彪赶到重庆，13日蒋介石与其见面，但没有谈成任何东西。16日，林彪与周恩来一起和国民党代表张治中谈判，提出停止全国军事进攻，停止全国政治进攻，停止对《新华日报》的压迫；释放新四军被俘人员，发饷，发弹；允许将中共领导下的军队编为两个集团军。即"三停，三发"。（《周恩来传》第548页）事实上林彪提出的条件并不过分，释放新四军被俘人员，是蒋介石在二届参政会上同意的；向八路军发饷发弹是中条山战役时国民党方面同意的。但张治中当场间接回绝了林彪的条件。中共中央和周恩来认为，此时两党进行谈判解决问题的时机尚不成熟，因此提出林彪之行的任务有二：一是缓和两党表面关系，二是重开谈判之门，能不能谈成什么协议则不重要。

10月16日下午，林彪在张治中陪同下会见蒋介石，谈判并未有实质性的进展。24日，周恩来和林彪再次与张治中谈判，根据延安总部18日的指示，提出：中共合法化，国民党可以到解放区办党办报；八路军扩编为4个军12个师；陕甘宁边区改为行政区，直属国民政府；战后中共的武装力量原则上同意全部开往黄河以北。周恩来解释说，四项条件并不过分，这是以何应钦、白崇禧那封挑起皖南事变的皓电为依据的，只是军队的数目高一些，中共武装北移的时间比预定的要迟一些。张治中认为，周、林提出的四项要求与国民党方面的距离太大，中共所要的军队数量过多，军队北移必须限期进行。谈判没有进展。

1943年3月间，蒋介石发表了《中国之命运》，国共双方论战升级；5月22日，第三国际发出了《解散共产国际的决议》，这成为国民党顽固派发动"'反共'高潮"的千载难逢的机会，他们趁机刮起一股叫嚣取消中共的歪风。中共中央书记处电告周恩来，要他速回延安，讨论第三国际解散后的新形势。6月28日，周恩来、林彪、邓颖超、孔原等人离开重庆，于7月16日回到延安，国共第二次正式谈判就此结束。

1943年9月，国民党召开五届十一中全会，会议决定实施宪政。会上蒋介石还表示，中共问题是一个政治问题，应用政治方法解决。对于蒋介石的这一态度，毛泽东呼应说："在蒋先生和国民党愿意的条件之下，我们愿意随时恢复两党的谈判。"（《毛泽东选集》一卷本第881页）11月间，开罗会议时，罗斯福明确向蒋介石表示，中国不应该发生内战，所有抗日力量应该联合作战，国内各方应该考虑组织联合政府。

在这种情况下，蒋介石请何应钦、白崇禧出面，向留在重庆的董必武表示，欢迎中共派代表来重庆谈判。国民党驻延安的联络参谋郭仲容也向毛泽东表示，欢迎林伯渠、朱德和周恩来前往重庆。毛泽东表示，国共谈判可以皓电为基础，中共"拥蒋抗战"与"拥蒋建国"两项方针不变。（中共中央文献研究室编《周恩来传》第565页，本书中所举的《周恩来传》与此相同）1944年3月5日，中共中央政治局专门研究宪政问题，认为如果用政治方式解决国共关系问题，国民党应该承认中共在全国的合法地位，承认边区和各根据地的人民政权，承认八路军、新四军和提供军费，撤销对各根据地的包围和封锁。

1944年4月29日，中共谈判代表林伯渠，以及王若飞、伍云甫经西安飞重庆，与国民党代表王世杰、张治中开始进行第三次谈判。谈判没有进展，只是双方重复各自的观点和立场，没有交集点。问题的实质是蒋介石不想为中共提供一个宽松的环境，而且根本没有放弃打压中共的计划。

进入1944年，日寇执行"1号计划"，国民党军队一败再败，全国人民乃至世界反法西斯阵营为之愤然；国统区官场腐败，特务横行，物价飞涨，民怨沸腾。在这种新的形势下，中共提出新政治口号的时机成熟。9月4日，周恩来致电林伯渠、董必武、王若飞："目前我党向国民党及国内外提出改组政府主张，时机已经成熟。其方案为要求国民政府立即召集各党各派各军各地方政府各民众团体代表开国事会议，改组中央政府，废除一党统治，然后由新政府召开国民大会，实施宪政，贯彻抗战纲领，实行反攻。"（中共中央文献研究室编《周恩来传》第567页）

1944年9月3日，第三届国民参政会第三次会议开幕，在15日的大会上，中共代表林伯渠报告了4个月来国共谈判的经过，正式提出："结束国民党一党专政，召开各党各派、各抗日军队、各地方政府、各人民团体的代表组成的国事会议，成立各抗日党派联合政府。""联合政府"主张一提出，立即为广大人民群众和爱国民主人士所接受，成为与国民党当局进行斗争以及中国政局发展的新焦点，并且在国统区各界形成了讨论联合政府的热潮，对蒋介石和国民党当局形成了巨大的政治压力。

1944年9月6日来华的美国总统特使赫尔利，也以联合政府为基点，提出了国共谈判的新方案。赫尔利本人也在重庆、延安之间进行了偏袒蒋介石的调停，最后因为国民党蒋介石集团不愿放弃国民党一党专制的立场，拒绝进行任何有实质意义的民主改革，因此，赫尔利的调停没有取得成功，到中共召开七大、国民党召开六全，标志着国共双方抗战以来的第三次正式谈判也以无结果告终。

中共七大的召开

1945年4月23日至6月11日，中国共产党第七次全国代表大会举行。早在1937年12月召开的中共中央政治局会议上，已经决定于1938年间的适当时间召开第七次代表大会，并且成立了以毛泽东为主席、王明为书记的由25人组成的会议准备委员会。由于抗日战争形势变幻，会议一再推迟。到1944年5月19日，中央又一次发出通知，提出为进行七大准备工作，决定召开六届七中全会。

1945年3月31日，七中全会正式通过了七大政治报告和新党章草案。4月20日，七中全会通过了《关于若干历史问题的决议》。至此，七大的各项筹备工作基本就绪。

1945年4月21日，中国共产党第七次全国代表大会预备会议召开。会议选举了中共中央政治局主席、中央书记处主席、中央委员会主席、中央军委主席毛泽东，中共中央主席团成员、第18集团军总司令朱德，中央书记处书记刘少奇，中共中央主席团成员、南方局书记周恩来，边区政府主席林伯渠，中共中央北方局代理书记、第18集团军副总司令彭德怀，中央社会部长康生，中央组织部长陈云，新四军军长陈毅，晋西北军区司令员贺龙，抗日军政大学代校长徐向前，西北局书记、陕甘宁边区晋绥联防军代理政委高岗，马列学院院长、中央干部教育部部长、中央研究院院长张闻天，晋察冀分局书记、中央总学习委员会副主任彭真，中央书记处书记任弼时为大会主席团成员。秘书长任弼时，副秘书长李富春，代表资格审查委员会主任彭真。毛泽东、朱德、刘少奇、周恩来、任弼时为主席团常委。预备会议通过544名正式代表和208名候补代表，代表着120万党员。代表们来自中直军直、陕甘宁、晋绥、晋察冀、晋冀鲁豫、山东、华中、大后方8个代表团，分成50多个小组活动。其中有4个代表没有到会，即八路军新疆办事处主任陈潭秋（此时已经牺牲），廖承志、马明方（在国民党狱中），李立三（被苏联扣留）。

1945年4月23日，中国共产党第七次代表大会在中央工作人员特意为七大召开而修筑的延安杨家岭中央大礼堂举行开幕式，由任弼时主持，毛泽东致开幕词。毛泽东点出会议的主题："我们这次大会是关系全中国四亿五千万人民命运的一次大会。中国之命运有两种：一种是有人已经写了书的（指蒋介石的《中国之命运》）；我们这个大会是代表另一种中国之命运，我们也要写一本书出来。我们这个大会要打倒日本帝国主义，把全中国人民解放出来。这个大会是一个打败日本侵略者、建设新中国的大会，是一个团结全中国人民、团结全世界人民、争取最后胜利的大会。""在中国人民面前摆着两条路，光明的路和黑暗的路。有两种中国之命运，光明的中国之命运和黑暗的中国之命运。"（《毛泽东选集》第3卷第1025页）

在开幕式上，朱德、刘少奇、周恩来、林伯渠、日本共产党代表野坂参三致辞。大会期间，4月24日毛泽东作了事实上是"我们也要写一本书"的"书"

《论联合政府》的政治报告；4月25日朱德作了《论解放区战场》的军事报告；5月14日刘少奇作了《修改党的章程》的报告。

《论联合政府》具体、全面、系统、深入地阐述了中共在新民主主义革命时期的路线、方针和政策。毛泽东指出，中共提出的这些符合中国国情的政治、经济、军事路线和政策，"如果没有一个举国一致的民主的联合政府，就不可能顺利地在全中国实现"。因此，结束国民党一党专制是最重要的任务，"目前时期，经过各党各派和无党无派代表人物的协议，成立临时的联合政府"；"将来时期，经过自由的无拘束的选举，召开国民大会，成立正式的联合政府"。（《毛泽东选集》第3卷第1079页）毛泽东在当天的口头报告中指出：党的七大总路线是，"放手发动群众，壮大人民力量，在我党的领导下，打败日本侵略者，解放全中国人民，建立一个新民主主义的中国"。"我们的路线，我们的纲领，拿一句话来概括，就是'无产阶级领导的人民大众的反帝反封建的革命'。"（《毛泽东在七大的报告和讲话集》第120、121页）

1945年6月9日、10日，大会选举了林彪、徐向前、关向应、罗荣桓、贺龙、陈毅、刘伯承、张闻天、邓小平、叶剑英、聂荣臻、李先念、薄一波等44位中央委员和廖承志、王稼祥、黄克诚、邓颖超、谭政、粟裕、陈赓等33名候补中央委员。

在6月19日召开的七届一中全会上，毛泽东、朱德、刘少奇、周恩来、任弼时、陈云、康生、高岗、彭真、董必武、林伯渠、张闻天、彭德怀被选为政治局委员，毛泽东被选为中央政治局、中央书记处、中央委员会主席，朱德、刘少奇、周恩来、任弼时被选为中央书记处书记。上届政治局委员博古、王稼祥、凯丰、王明、邓发等未能当选。

1945年6月11日，毛泽东作闭幕词，朱德、吴玉章、徐特立发表演说，大会完成全部议程，宣布闭幕。

中国共产党第七次全国代表大会决定了当前的主要任务是坚持反对国民党的法西斯统治，"废止国民党一党专政，建立民主的联合政府"。大会还制定了一条完整、正确的军事路线。中共七大的召开，使得根据地军民和国统区、沦陷区的爱国民主力量和民众，有了明确的奋斗目标；同时，中共此时已经在敌后发展壮大为拥有120万党员，120万主力部队，220万民兵，拥有一亿人口解放区的政治武装集团。因此，中国政治必将沿着中共七大制定的路线、方针进行正面演变。

延安召开中共七大主张建立各党各派参加的民主联合政府，重庆召开国民党六全坚持国民党一党专制，代表着国共之间的不可妥协性。国共间的对立，引起中间势力的严重不安，为揭露国民党专制实质，教育中间势力，引导一些对马克思主义、阶级革命有误解的人士放弃所谓"中立政策"，走向人民阵营，毛泽东、周恩来于1945年6月18日致电国民参政员褚辅成、黄炎培、傅斯年、左舜生、章伯钧等人，欢迎他们到延安参观、商谈。

1945年7月1日，黄炎培等人飞临延安，在逗留延安的3天时间内，受到了毛泽东、周恩来、朱德等人的热情接待。经过3次正式会谈，双方达成"停止进行国民大会，从速召开政协会议"的共识。毛泽东还请他们向蒋介石建议，只要国民党停止单方面召开国民大会，中共愿意参加"国民政府召开的民主的政治会议"。

召开政治协商会议，成立联合政府，已经成为国内时局的焦点。随着抗日战争胜利的接近，也将成为以国民党蒋介石集团为一方、以共产党和爱国民主运动为另一方斗争的焦点。

邪恶必亡——欧洲纳粹彻底覆灭

进入1942年底，世界反法西斯战场形势开始向有利于反法西斯同盟方面转变。苏联从莫斯科战役始，全面扭转了战场上的被动局面，在1943年2月取得斯大林格勒战役的胜利后，全线反攻打响。

苏联先反攻

最先实施反攻作战的是苏联。1942年初，德军惨败在莫斯科城下，损兵30万。已经利令智昏的希特勒不仅没有汲取教训，反而投下更大的赌注，集中150万大军，计划在1942年7月下旬占领斯大林格勒（伏尔加格勒）。斯大林组织起斯大林格勒方面军，命铁木辛哥、伏罗希洛夫、朱可夫、华西列夫斯基、叶廖缅科夫等元帅前往指挥。两军相持城郊。到8月23日，德军渡过顿河，直逼斯大林格勒城下，屡屡组织大量步兵，在1000多架飞机、1000多门大炮和数百辆坦克掩护下向城内发动攻击。9月15日，已经打进斯大林格勒城西部的工业区，情况十分危急。苏联红军和斯大林格勒的人民，顽强坚持到11月19日，苏联红军开始反攻。红军以每公里战线配备400门大炮的强大火力，终于撕开德军的防线，于1942年12月初完成对德军的反包围，德军主帅、快速纵队作战专家鲍罗斯屡屡发电希特勒请求批准突围。1943年1月10日至2月2日，红军开始围歼战，歼敌33万，俘虏9万人，德国在此战中前后损失150万军队。当时，希特勒提出要用被俘的斯大林的长子雅可夫交换已成为苏联俘虏的鲍罗斯，但斯大林对女儿斯维特兰娜·雅列诺伊娃说："德国建议用你哥哥交换战俘，我不干，战争就是战争。"最后，雅可夫不甘作为希特勒折磨斯大林的工具，在俘虏营当众自杀，情景极其惨烈。

斯大林格勒战役改变了敌我力量的对比，扭转了欧洲战局，成为欧洲战场乃至世界反法西斯战场的转折点。

1943年3月，英军在利比亚、突尼斯边境，美军在突尼斯南部，夹击德意联军。5月13日，25万德意联军投降，北非战场结束。7月，盟军在西西里岛登陆，8月17日占领全岛。

在盟军对西西里岛进行军事扫荡之时，1943年7月19日、20日，意大利法西斯头目墨索里尼和德国法西斯头目在弗尔特雷市会晤，墨索里尼请求德国增援。问题是此时的德国东部战线压力已经越来越大，根本没有兵力可以调出。黔驴技穷的希特勒建议墨索里尼干脆放弃南部，缩短战线，加强北部地区防务。但是，意大利的有识之士已不允许墨索里尼继续把意大利拖向毁灭的深渊。7月20日，意大利国王召见墨索里尼，当场予以逮捕，由巴多格里奥接替首相职务。意大利当局把墨索里尼看押在只有一条铁索桥相连的大萨索山顶。9月初，希特勒派出空降兵，驾驶滑翔机，将墨救出。9月3日，巴多格里奥在人民群众的压力下，宣布向盟军无条件投降。9月8日，英美联军在意大利南部登陆，德军趁机占领意大利北部地区，建立傀儡政府，扶助墨索里尼进行顽抗。1943年10月13日，意大利政府正式向德国宣战，德意日联盟崩溃。

为最后战胜德国法西斯，1943年10月19日至30日，美国国务卿赫尔、英国外交大臣艾登、苏联外交部长莫洛托夫在莫斯科举行会议，发表了《普遍安全宣言》，提出，所有盟国都要把反法西斯战争进行到底，战后盟国要致力于世界的和平和安全，建立一个维持和平安全的国际组织。会议一致决定，举行世界大国首脑会议。由于斯大林不赞成中国参加，美国总统罗斯福、英国首相丘吉尔和中国国民政府主席蒋介石先行在开罗举行三国首脑会议。11月28日至12月1日，罗斯福、丘吉尔又和斯大林在德黑兰举行会议，中心议题是如何结束德国法西斯的侵略，开辟第二战场。原本对第二战场并不热心的罗斯福、丘吉尔，眼看苏联红军将要冲出国境，解放欧洲，欧洲将要成为共产主义势力范围，因此，两人同意立即着手开辟第二战场，以便在战争结束前夕，美英军队出现在法国、德国。会议议定在1944年5月1日前夕，美英军队做好在法国登陆的准备。

进入战争后期，希特勒有500万军队部署在东线，以应付苏联的进攻。1943年7月，希特勒集中了90万军队，发动库尔斯克战役，只是强弩之末，没到10天，德军就被打败，苏军乘胜追击。在1944年间，苏军发动了10次进攻，一共消灭德军200万人，以此为题材，苏联拍出了《解放》这部动人心弦的战争影片。到1944年夏，德军已被全部逐出苏联领土，希特勒面临灭顶之灾。

1944年6月6日，美国、英国担心苏联单独占领柏林和欧洲大部，也为执行德黑兰宣言，美英联军乘着偶然出现只能保持数小时的有利气候，实施"铁砧行动"，开辟第二战场。在4年前的5月29日，人们永远忘不了这个日子，30万英法军队和欧洲各国居民，从英吉利海峡的敦克尔刻在悲痛和慌乱中逃离法国去英国避难，今天美英联军强渡英吉利海峡反攻欧洲。由美国将军艾森豪威尔任欧洲远征军总司令，英国将军太德任副总司令，英国将军拉姆齐任海军司令，英国将军蒙哥马利任陆军司令，英国将军李达洛里任空军司令，集中了3000余艘各类船只、数千架飞机以及17万步兵和2万多空降兵，在法国诺曼底登陆成功。8月15日，美英联军又在法国土伦、马赛登陆成功。第二战场的开辟，加快了德国法西斯的覆灭。

面对盟军的打击，德国内部出现分化，有些开明人士和将领要求早日结束这场战争。在这一背景下，德军内部发生了"七二〇政变"，即谋杀希特勒未遂事件，德国名将隆美尔也卷入此事，最后以自杀了之。希特勒共逮捕7000余人，国防司令部参谋长施道芬堡等多名将军被处决。

1944年8月19日，法国共产党组织人民起义，24日基本解放巴黎，戴高乐随美英联军进入巴黎。

东线进展顺利。苏联打出国界后，东欧、中欧各国人民纷纷发动起义，推翻本国的傀儡政权，到1945年春，苏联红军已经打进德国领土。

《雅尔塔协议》

到1945年2月前后，欧洲战场即将结束，反法西斯同盟国在欧洲的争夺也越来越激烈，主要矛盾是美国、英国、法国等国，图谋限制苏联趁扫荡欧洲地区的德国法西斯而一直在扩大的势力范围。其次是在远东战场上，美国军队正在太平洋岛屿上与凶恶成性的日寇逐岛争夺，损失很大，要想把日军尽快从中国、东南亚和南太平洋岛屿上赶走，美、英等国希望苏联，出兵中国东北，以加速日军的失败。

在克里米亚半岛的雅尔塔的沙皇海边别墅里，罗斯福、丘吉尔、斯大林举行了第二次会晤。会议决定之一是在占领德国后，将德国一分为四，由美、英、法、苏四国占领，柏林也分别由四国军队占领。后来根据这一方案，在美、英法三国控制的地区成立了德意志联邦共和国，在苏联控制的东部地区成立了德意志民主共和国。会议决定之二是德国赔款200亿美元，其中50%交苏联。会议决定之三是通过了解放欧洲宣言，同意欧洲各国人民自己决定自己的前途、生活方式和政治制度。会议决定之四是成立联合国，并同意给苏联三票。

雅尔塔会议还有一个"秘密协议"。1945年2月8日，罗斯福邀请斯大林私下会谈，商谈苏联在德国投降后出兵中国、打击日寇问题。关于苏联出兵中国的条件，斯大林早在1944年12月14日就已正式向美国驻苏联大使哈里曼提出，内容是："（一）租借旅顺和大连及周围之区域；（二）租借从大连到哈尔滨的中东路，以及从哈尔滨往东到海参崴，往西北到满洲里一段；（三）承认外蒙古现势——维持外蒙古共和国为一独立国。"（《中外条约汇编》之三）罗斯福总统次日就从哈里曼的电报中知道了全部详情，也听取了哈里曼的分析报告。

斯大林抓住这一机会，向西方讨价还价，而罗斯福也是拿着中国的领土和主权送人情。斯大林称："我没有'正当理由'对日本作战，出兵东北，无法向苏联人民解释对日作战的原因。唯有提出从日本手中收回帝俄时代在（中国）东北失去的权利，才能使苏联人民谅解苏联政府出兵对日作战的举动。"

1945年2月11日，罗斯福、斯大林和丘吉尔，签订了关于苏联参加对日作战的政治条件草案。根据这一草案，苏联在德国投降后2个至3个月内对日宣战；外蒙古维持现状；苏联恢复1904年日俄战争被日本占领的权益，南库页岛和邻近岛屿交还苏联；中国大连和旅顺港由苏联租借，中长铁路由中苏合办的公司经营；千岛群岛（择捉、国后、齿舞、色丹四岛）交给苏联。

罗斯福的慷慨，主要是为了让苏联出兵，以减少美国的损失，据杜鲁门估计，苏联出兵至少可以免除美国数十万军人的伤亡。丘吉尔则估计，苏联出兵至少可以减少美国军人伤亡100万人，减少英国军人伤亡50万人。事实上罗斯福、丘吉尔过高估计了日寇的力量，此时的日本已经不是发动战争初期的日本，人心和实力都已大幅下跌。西方错误高估日本，只能满足斯大林的要求，再则已重病缠身的罗斯福，其意志、精力都已不是斯大林的对手。3个反法西斯大国，背叛了国际准则，背着中国做交易。斯大林还对罗斯福、丘吉尔说："只要三国同意签字，可暂不与中国商谈。有关具体问题，可邀请宋子文于4月份到莫斯科商谈。"

会议开完，蒋介石心中不安，驻英大使顾维钧、驻苏大使傅秉常、驻美大使魏道明也密电国内，把各自在所在国得到的有关《雅尔塔协议》的消息向蒋介石作了报告。1945年4月24日，回国述职的赫尔利返回重庆后，以私人身份向蒋介石通报有关消息，而此时罗斯福已在12天前因脑溢血病故。6月15日，根据杜鲁门总统的指示，赫尔利正式向蒋介石通告了"雅尔塔密约"的全部内容。

联合国成立

根据《雅尔塔协议》，组建联合国排上议事日程。成立联合国的计划，最初出现在1942年元旦发表的26国《华盛顿宣言》，宣言宣布赞成大西洋宪章主张，所有志愿联合国家决心共同为世界和平而战。1943年10月的莫斯科四国外长会议（中国政府派驻苏大使傅秉常作为代表），决定成立联合国。1944年9月，中国、美国、英国代表在敦巴顿橡树园开会，为联合国催生。10月9日，美、英、中、苏四国对联合国的具体机构设置、成立仪式、各国代表团的组成、联合国宪章精神取得了一致。

雅尔塔会议根据以往已经商定的内容，决定联合国设置安全理事会为最高领导机构，由美、苏、英、中法5国为常任理事国，同时选举轮换制的6个国家为非常任理事国，11国各推举1名代表组成常任理事。并且决定由5个常任理事国作为邀请国，邀请参加同盟国的44个国家派代表出席联合国成立仪式并作为联合国的成员国。由于法国拒绝参加，因而由美、苏、英、中4国出面邀请。

在隐约得知被《雅尔塔协议》出卖的愤怒之中，蒋介石获得了一丝安慰，这就是中国成为即将成立的联合国安全理事会成员和发起国之一。1945年2月14日，重庆方面发表声明，表示愿意担任联合国邀请国之一。外交部还发表公告，宣布："关于设立国际和平安全机构事，中、美、英、苏四国政府，现正发出请柬，订于4月25日在美国旧金山举行联合国大会；凡在民国三十四年

（1945年）2月8日前签字于联合国宣言，及民国三十四年（1945年）3月1日向轴心国宣战之协约国，均在被邀之列。"

因为1944年10月美、苏、中、英4大国规定，参加联合国成立典礼的各国代表团，必须由各自国内的所有政党代表所组成，中国共产党提出也应该派代表参加中国代表团。但蒋介石没有让中共代表参加的打算，周恩来直接打电报给已经回国述职的赫尔利大使，赫尔利经过向罗斯福请示后，致电蒋介石，希望同意中共代表参加代表团。蒋介石在接到赫尔利的电报后，马上致电罗斯福，像什么事也没有发生过一样，主动介绍中国代表团成员，其中包括中共代表、国民参政员董必武。

1945年3月27日，行政院公布了参加联合国成立典礼的中国代表团成员名单：首席代表是中国外交部长兼行政院代院长宋子文，驻英国大使顾维钧，国民参政会主席团主席王宠惠和吴贻芳，驻美国大使魏道明，青年党代表李璜，国社党代表张君劢，共产党代表董必武，国民参政员、《大公报》总经理胡霖。秘书长胡世泽，高等顾问施肇基。

1945年4月25日下午4时30分，联合国成立大会在旧金山举行。宋子文同美国的斯特丁纽斯、英国艾登、苏联莫洛托夫一起当选为会议主席。5月8日，德国宣布投降的消息传到联合国总部，上下一片欢腾，全场轰动，举杯相庆。宋子文要求大家只干半杯酒，就在众多外交官迷惑不解时，宋子文宣布还有半杯酒留待日寇被消灭以后再干，顿时获得全场代表热烈欢呼。6月26日，参加会议的51国代表签署了永载史册的国际法典——《联合国宪章》。因为宋子文此时已去苏联谈判，所以由顾维钧代表签字。《联合国宪章》的基本精神是，维持世界永

1945年8月24日，蒋介石在重庆签署《联合国宪章》

久和平和安全；尊重人权及自决原则；不分种族、性别、语言或宗教，进行经济、文化、社会及人类福利性质的国际间的交流和合作。联合国以后成为捍卫人类正义的不可替代的机构，当然也多次被西方一些大国用来作为干涉他国内政的工具。

纳粹的覆灭

在联合国各成员国旗帜升起在会场前面之时，德国法西斯的末日终于来临。在雅尔塔会议以后，苏军加速向德国腹地推进。1945年3月7日美军渡过莱茵河，27日与苏联红军会师。4月，斯大林在莫斯科召见朱可夫、科涅夫元帅，同意朱可夫元帅指挥的俄罗斯第1方面军与科涅夫元帅指挥的乌克兰第1方面军和第4方面军一部，同时向柏林挺进。结果朱可夫抢先一步，夺下攻打柏林的头功，让科涅夫元帅留下了终身的遗憾。德国唯恐被苏联单独占领，急忙派出赫斯坐直升机去英国，向美、英秘密求和，以便把军队调向东线阻击苏军，但被美、英拒绝。

1945年4月24日，意大利人民在共产党的领导下，在北部举行起义，于26日解放了整个北部地区，墨索里尼化装后逃跑，被游击队抓获。28日，被处以死刑，陈尸米兰街头，这位法西斯头目落得应有的下场。

1945年4月，艾森豪威尔指挥的美英联军和朱可夫指挥的苏联红军已经兵临柏林城下。4月30日下午，苏联红军把红旗插上了德国国会大厦。同一天，希特勒同他的情妇爱娃·勃劳恩在大本营地下指挥部正式结婚后自杀，尸体被浇上汽油后焚毁。5月1日，海军元帅邓尼茨宣布成为希特勒的继承人，并授权阿尔弗雷德·约德尔将军和艾森豪威尔谈判，表示德军愿意向美英联军投降；希特勒的主要助手、国民教育和宣传部长戈培尔作为总理，也让陆军参谋长克雷布斯与苏联霍可夫将军指挥的第8近卫军谈判，遭到拒绝后克雷布斯回到军营即自杀；戈培尔在绝望之际，在毒死亲生的6个子女后与夫人一起自杀。他和作恶多端的希特勒一样，选择以自杀谢罪。

1945年5月7日，在兰斯市，德国约德尔将军正式宣布投降。出席签字仪式的有盟军代表史密斯将军，苏联的苏士洛巴罗夫将军在向莫斯科发电请示没有及时接到回电的情况下，作为见证人出席了签字仪式。他的行为遭到斯大林的严厉批评，认为像他这样低微身份的人不配出席如此重要的历史性活动。5月9日，在柏林郊外的卡尔斯霍尔斯特，重新举行了德国投降签字仪式。出席签字仪式的盟军代表是副司令太德，苏联是朱可夫，德国是凯特尔。

欧洲法西斯终于走到尽头，东方强盗日本的末日已经不远。不过，此时日本狂妄的军人们，还在重复所有人类敌人走过的路，不放弃侥幸心理，总认为还有力量进行顽抗，总认为还有胜利的希望。所有的敌人都是在这种幻觉中迎来最后的失败！

不义必毙——东方恶魔举手投降

小小的岛国日本，凭借军国主义的疯狂和一时强大的军事实力，在亚洲大陆和浩瀚的太平洋发动了侵略战争，只要头脑正常、思维清晰、情绪稳定的人一看就明白，日本是无法成功的。以日本东京为中心，向外辐射，北到平壤、西到武汉、南到所罗门群岛、东到珍珠港，占领了朝鲜、中国一部、泰国、菲律宾、中国香港、缅甸、新加坡、马来亚、印尼、新几内亚、不列颠岛、所罗门群岛共700万平方公里的土地，奴役5亿人口。面对如此广阔的地区和如此众多的被奴役民众，日本即使每一寸国土都变成堡垒，每个国民都变成变形金刚，每一棵树都变成大炮，每一根小草都变成枪支，也不可能打赢这一场战争。因为它野心太大，容易神经错乱；因为它太小，极易将自身置于死地。一是军国主义疯狂，一是国土太小人口有限，岂有不败之理。当日本天皇和他的大臣、臣民们在享受了几年"大东亚战争"的胜利进军欢乐之后，开始尝到战败的苦果。

反攻太平洋

远东地区的反攻最先在南太平洋战场打响。美国在太平洋上分成西南太平洋战区和太平洋战区，前者以澳大利亚为中心，由麦克阿瑟指挥，后者以夏威夷为中心，由尼米兹指挥。缅甸则由英国负责，由蒙巴顿指挥。

1942年6月4日，在中途岛再次发生类似珍珠港那样的事件，不过事件的主角发生了改变。当时，日本司令山本五十六亲自指挥，集中了10万多官兵、1000多架飞机、11艘战列舰、6艘航空母舰、300余艘各类军舰，假装北上，摆出一副进攻阿留申群岛的架势来，真实目标是美国位于珍珠港西北部1136海里的中途岛。中途岛是夏威夷的前沿阵地，也是美国进攻日本的前进基地和太平洋上的枢纽，日本一直图谋在这一战略要地与美国海军主力进行决战。对于日本的阴谋，美国方面因及时破获了日军的密码，所以了如指掌。只是对日军进攻的地点代号"AF不清楚，美国情报人员编造了"中途岛缺少淡水"的假消息，马上在日军的密电上出现了"AF缺少淡水"的内容，美国根据这一点判断出日军进攻的目标是中途岛。

美国方面马上进行部署，调集3艘航空母舰、8艘巡洋舰、14艘驱逐舰，集中在中途岛海域。在日军进攻中途岛的海路上，安排潜水艇潜伏，守株待兔。经过远征、疲惫不堪的日军舰队终于送上门来。以逸待劳的美军，击沉日军1艘战列舰、4艘航空母舰，280多架飞机随舰沉入海底。美国损失一艘航空母舰和一艘巡洋舰。这是日本海军第一次大失败，既损失了实力，也使得狂妄至极的日寇自尊心受到沉重打击，从此失去了在太平洋战区发动进攻战的能力。

中途岛之战结束后，太平洋地区处于暂时平静时期。1944年初，美国军队从澳大利亚出发，占领了所罗门群岛和吉尔伯特群岛，揭开了太平洋反攻作战的序幕，到1945年初，几乎占领了南太平洋全部被侵占岛屿，包括马绍尔群岛、加罗林群岛、马利亚利群岛、关岛……都已落入美军手中。1945年2月3日，美国军队在菲律宾登陆（7月占领菲律宾）。2月16日起，美国出动千余架飞机对日本东京附近大轰炸3天。3月9日，美国出动轰炸机群轰炸东京，14日再炸大阪，仅东京一地被炸死83000人。3月17日，美军占领硫磺岛。4月1日，美军出动海军舰队和千余架飞机，以史迪威指挥的第10军为主力，向日本南端的琉球群岛发动进攻，这里是距日本本土最近的外围防线，日军不得不组织"神风攻击队"进行反击，这种灭绝人性的自杀性进攻方式，既无战略战术，也无起码的安全保护措施，只是让飞行员野蛮地扔下炸弹后再驾机冲向军舰自杀。如此愚蠢且野蛮的攻击，正好给有着良好防空装置的美国军舰提供了练习打靶的机会，数百架飞机被击落。但美军官兵在得意之时，稍一大意，还是有不少军舰被撞沉。4月7日，日本主力舰"大和号"及它率领的其他舰只，被美国300架飞机集中轰炸而沉没。至此，日本海军主力基本被打垮。

日本国内面对美国在太平洋地区的反攻和美国飞机的轰炸，已经乱作一团。最高决策阶层分成两派：一派主张寻找途径摆脱战争；一派则坚持把战争进行到底。

当时正值"雅尔塔密约"传出，蒋介石气愤不已，指示缪斌前往日本，与日本谋和。日本首相小矶国照对中国代表十分热情，1945年3月21日，在"最高战争指导会议"上建议，以"缪斌方案"为基础，日中两国进行谈判，以阻止苏联出兵。但是陆军大臣杉山元和外务大臣重光葵坚决反对，天皇也不赞成，"主和派"在这关键时刻依然占下风，这说明日本国内受军国主义毒害之深已经严重到何等程度！小矶不得不于4月5日辞职，继任者是铃木贯太郎，铃木继续与中国有关方面秘密接触。蒋介石也派第十战区司令长官何柱国与日方联系，条件是日军撤出东北以外的全部中国领土。如果在坚持抗战8年后又回到全面抗战之初的原点，蒋介石则将成为中华民族的千古罪人。

与此同时，赫尔利回国述职见到"雅尔塔密约"（副本），大吃一惊，询问罗斯福："美国是否有权割让另一个国家的一部分领土？是否破坏了美国参加第二次世界大战所宣告的一切原则和目标？"罗斯福也意识到问题的严重性，指示赫尔利绕道伦敦、莫斯科做一些补救工作，以压苏联放弃在中国捞取特权的计划。丘吉尔因为要继续占领中国的香港，当然不会制止苏联占领大连、旅顺。斯大林则一口咬定非占领中国东北部分领土不可。赫尔利1945年4月24日回到重庆，多次劝说蒋介石，要以打败日本为重，中苏间的纠纷可以在战后以谈判方式来解决。在这种情况下，蒋介石勉强接受，同时也停止了与日本谋和的行动。

尽管战果丰硕，但美国并不愿意马上向日本本土发动进攻。在美国最高军事决策当局眼里，如果要发动对日本本土的登陆作战，日本海军、空军已经基本被打垮，但陆军还能动员200万人，美英等国需要动员700万兵力才能将其制伏。现在，中国已经开始局部反攻，东南亚也在准备反攻，而且欧洲战事一完，根据"雅尔塔秘密协议"，苏联将会出兵，因此美国对日本只是进行空中轰炸和海上打击，等待中国、朝鲜战场出现变化，逼日本投降。

中苏谈东北

根据《雅尔塔协议》，德国问题解决后苏联应该立即出兵中国东北。1945年4月12日，苏联政府通知日本，单方面废除1941年4月12日签订的《苏日中立条约》，此事说明苏联准备对日采取军事行动。斯大林并没有忘记在雅尔塔会议上的承诺，只是他要先取得在中国东北的特权后再出兵。为此苏联派出新任驻华大使彼得罗夫，于6月11日向蒋介石要求两国签订中苏友好互助条约，逼中国同意苏联租借想要的中国领土。直到此时，斯大林依然没把"雅尔塔密约"告诉蒋介石，当然蒋介石已从赫尔利处得知。

此时，日本也找上苏联，请其充当中日间的战争调停人。日本国内此时弥漫着疯狂的战争心态和困兽犹斗的绝望情绪。日本第87届议会制定了《战时紧急措施法案》，规定凡15岁至60岁的男子和17岁至40岁的女子，均需加入国民义勇队；将全国现行行政体制打乱，分为8个战区，设立"统监"，统一军、政、经，准备顽抗到底。议会竟然还号召全体国民，要人自为战，顽强抵抗，不惜人人自杀！铃木首相狂妄地叫嚣，一亿人殉国也在所不惜！精神鸦片"江田岛精神"已经严重毒坏了这个民族的神经！

日本的计划是，太平洋地区逐岛抵抗，岛上是逐山逐沟逐洞抵抗，日军官兵是逐人抵抗。在太平洋岛屿争夺战中，日本这种自杀性质的战术，确实让美国军人感到害怕；日本本土是全国上阵，全民出战，能攻就攻，能打就打，宁可切腹自杀，也不屈膝投降，直到战斗到最后一个人；中国大陆和朝鲜是日本的主要基地，即使日本本土被占领，它也要把在中国和朝鲜的战争坚持下去。而要保住中国战场，则主要是阻止苏联红军出兵。1945年6月22日，日本当局举行最高战争指导会议，"主战派"依然不顾惜日本人民生命财产，发出抵抗到最后一分钟的叫嚣。日本天皇考虑再三，从保存日本军事实力、延续战争出发，决定请苏联充当调停人。裕仁命令近卫带着他的亲笔函与苏联联络，广田在东京与苏联驻日本大使马立克联络，日本驻苏联大使佐藤在莫斯科与苏联外交部长莫洛托夫联络，准备三路齐动，寻求延缓日本失败的途径。日本当局的主动求和，目的是要保住在中国的利益，这等于使苏联无法获得在中国东北的利益和特权，斯大林对此没有兴趣。

苏联已经在准备获得在中国东北的特权后迅速出兵。1945年6月20日，宋子文从旧金山飞回重庆，根据国民党七届一中全会的决议，于6月25日就任行政院长。两天后，即6月27日，宋子文与外交部次长胡世泽，前农林部长、中央设计局东北委员会负责人沈鸿烈，蒋介石的长子、三青团中央干部学校教育长蒋经国等一起，前往莫斯科谈判中苏友好互助条约。

蒋介石寄希望于此次谈判，希望能争回一点国权，所以派出不畏权威、个性鲜明且能说会道、善于处理外交大事的行政院长宋子文，外加留学苏联12年、又是太子的蒋经国，可谓一个是对西方外交专家，一个是精通苏联事务专家。再加上两人在国民党统治集团内的地位，这个代表团不同寻常。

中国代表团到莫斯科后，立即被"同一条战壕的战友的热情"所包围。斯大林更是和蔼可亲，对曾被自己扣压12年的蒋经国充满关怀，还送给蒋经国在苏联出生的长子蒋孝文一支步枪，看起来这位大国领袖似乎既有长者的慈善又有君子坦荡的风度，可到谈判桌上，论及实际问题时，斯大林茹柔吐刚，掂斤播两，根本没有让步的可能。

谈判的第一阶段从1945年6月30日到7月12日，宋子文、蒋经国、胡世泽及中国驻苏大使傅秉常，同斯大林、莫洛托夫、副外长洛索夫斯基、苏联驻华大使彼得罗夫会谈6次。因斯大林、莫洛托夫要出席定于7月17日举行的波茨坦会议，谈判休会，宋子文、蒋经国也赶回重庆协商。

7月17日至8月2日，为落实德黑兰、雅尔塔会议精神，美、苏、英三国首脑在柏林城郊的波茨坦举行最高级会谈。只是人事沧桑，反法西斯同盟国领袖罗斯福已经病故一个半月，美国总统换成了杜鲁门；反法西斯的功臣丘吉尔已经下野，艾德礼成为英国首相。在对欧洲遗留问题提出解决方案的同时，1945年7月26日会议发表公告，勒令日本立即无条件投降。作为讨论最后结束对日作战问题的会议，没有邀请蒋介石参加，这是不公正的，这既有斯大林在作祟，也有中国正面战场大溃败而被西方所轻视的因素。不过，会议征得蒋介石同意，由中美英三国签署发表了《波茨坦公告》，斯大林则是在对日宣战后补签的。

《波茨坦公告》指出：盟国对日作战，直到日本完全停止抵抗为止；日本政府应立即宣布无条件投降；《开罗宣言》的条件必须实施；日本军队要完全解除武装，日本军国主义必须永久铲除；不准日本保有可供重新武装的工业等。

这个让日本军阀心惊肉跳的文件签署时，苏联没有签字，但是斯大林在会上表示将在3个月内出兵中国东北。

在《波茨坦公告》已经发表的情况下，日本当局如果明智的话，应该立即结束这场根本没有获胜希望的战争，应该尽早结束日本人民的战争苦难。令人遗憾的是，日本陆军部表示，还有7000架飞机，定能获得"最后的胜利"！军部则声称要"战至最悲惨的结局！"这岂不是瞎人说盲话，事到如今，还执迷不悟，法西斯果然是法西斯，军国主义就是军国主义，这完全是一帮缺少正常思维、心灵被扭曲的战争狂人。但日本的好战、顽抗态度已经不那么重要，重要的是同盟国已开始最后收拾日本。

斯大林开完波茨坦会议回到莫斯科，1945年8月8日至14日，中苏继续谈判了4次，中国方面除宋子文、蒋经国以外，还有新任外交部长王世杰和负责接收东北工作的熊式辉参加谈判。中国代表据理力争，斯大林坚持既定方针，甚至提出新的条件，直到8月14日协议才最后定稿。

蒋经国回忆："当说到中国不能放弃外蒙古时，斯大林干脆说：'今天并不是我要求你来帮忙，而是你要我来帮忙。倘使你本国有力量，自己可以打日本，我自然不会提出要求。今天你没有这个力量，还讲这些话，就等于废话。'后来他不耐烦了，直截了当地表示'非要把外蒙古拿过来不可'。"蒋介石的私人代表、也是其长子，在斯大林眼中只是一个毛孩子；蒋介石的官方代表、也是其大舅子的行政院长宋子文，在斯大林眼中只是一个精于敛财的商人，根本不把两人放在眼里。

蒋经国接着又写道："我还记得，在签订友好条约时，苏方代表又节外生枝。他的外交部远东司的主管，同我商量，要求在条约上附上一张地图。并在旅顺港沿海一带区域画了一条黑线，大概离港口有20里距离，在这条线内，要归旅顺港管辖。……俄国这一要求，显然是不合理的，为了这一问题，争执了半天，从下午四点到凌晨两点钟，还没有解决。他拿出一张地图，就是沙皇时代俄国租借旅顺的旧图，在这张地图的上面画了一条黑线。并且指着说：'根据这张图所以我要画这一条线。'我觉得非常滑稽，因此讥讽他们说，这是你们沙皇时代的东西，你们不是早已宣布，把沙皇时代所有一切条约都废止了吗？一切权利都全部放弃了吗？你现在还拿出这个古董来，不是等于你们承认你们所打倒的沙皇政府吗？他有点焦急地说：'你不能侮辱我们的苏联政府！'我说：你为什么要根据这个东西来谈判呢？不是等于告诉全世界说，你们还是同沙皇政府一样的吗？他说：'你不要吵闹，你的火气太大。'我说：你要订约可以，但无论如何这一条线是不能画下的。经过一番力争之后，这一张地图，虽附上去了，可是那条线始终没有画出。"

前后10次谈判，苏联方面坚持雅尔塔会议所定的内容，不允许讨论。美国驻苏大使哈里曼也劝宋子文，与其让苏军出兵东北后"自由行动"，还不如签订条约把苏军的行动约束在预定的范围内。宋子文对违反国际法、侵犯中国主权的实质性问题也没有进行过多抗争，所做的努力，一是防止在《雅尔塔协议》之外苏联捞取新的特权，强调中国东三省的主权不能侵犯，苏联特权仅限于大连、旅顺和南满、中东铁路；二是主张通过合适途径承认外蒙古独立；三是要求苏联不再支持中国新疆的民族叛乱、分裂活动；四是提出苏联对华援助的对象只能是国民党政府，不能包括中共；五是提醒苏联方面苏联红军撤出中国东北的时间不能过迟。

足智多谋的斯大林见东方良港大连、军港旅顺已经到手，40多年前沙皇政府为侵占中国东北而修建的、从东到西连接苏联和大连的铁路已经到手，目的已经达到。如要把"特权"扩大到整个东北地区，中国不会同意，正在考虑战后势力范围划分的西方大国更不赞成，还不如见好就收。故对宋子文、蒋经国提出的不是主要问题的问题明确表态，基本同意中方意见。不过斯大林同意不占领整个东北，但不等于不喜欢东北，最后食言而肥，把经他同意的、宋子文和蒋经国提出的日本投降后3个月内苏联红军全部撤出中国东北的期限，推迟5个月。这8个月中，苏军违反协议，私自把东北地区当时价值100多亿美元的先进工业设备、重要原料和产品搜括一空，全部运回苏联，东北地区工业经济几乎陷于瘫痪之中，东北地区的经济活动几乎处于半休克状态。

中苏双方签署的文件有《中华民国、苏维埃社会主义共和国联盟友好同盟条约》：条约议定两国联合其他国家协同对日作战，不得与日方单独谈判；两国不得缔结反对对方之任何同盟；双方进行经济援助；条约有效期为30年。

关于外蒙古的两个照会。王世杰给莫洛托夫的照会说："中国政府声明于日本战败后，如外蒙古之公民投票证实此项（希望独立）愿望，中国政府当承认外蒙古之独立，即以其现在之边界为边界。"莫洛托夫的照会则称：对中国的态度"业经奉悉，表示满意"，兹并声明苏联政府将尊重蒙古人民共和国之政治独立与领土完整。

《中华民国与苏维埃社会主义共和国联盟关于中国长春铁路之协定》：协定中说，日本投降后"中东铁路及南满铁路由满洲里至绥芬河及由哈尔滨至大连旅顺之干线"应归中国和苏联"共同所有并共同经营"。"共同经营，应在中国主权之下"。共同所有权平均分属双方，为管理此路，单独成立"纯粹商业性质"的中国长春铁路公司，公司各级主管、理事由中、苏双方人士分担；路警由中国负责；苏联物资使用该铁路过境或运往大连、旅顺时，免交任何捐税；共同经营期为30年。

《关于旅顺口之协定》：协定规定旅顺口作为"纯粹海军根据地，仅由中苏两国军舰及商船使用"。基地防护由苏方进行，民事行政权属中方，共同使用期为30年。

《关于大连之协定》：协定中苏联表示"保证尊重中国管辖中国东三省全部之主权视其为中国之不可分离部分"。中国同意宣布"大连为一自由港，对各国贸易及航运一律开放"。大连行政权属中国；苏联境内直达大连的货物免除一切关税，该港运往中国各地的货物要向中国交纳进口税；协定有效期为30年。

《关于中苏此次共同对日作战苏联军队进入中国东三省后苏军总司令与中国行政当局关系之协定》：协定规定苏军在东三省的全部军事行动，一律由苏军总司令指挥，中方派出军事代表团驻苏军司令部内负责联系。所有中国籍人员，不论军民均归中国管理，在苏军收复地区中方派出代表设立行政机构，但要与苏军"积极合作"。此协定还附有第五次宋子文、斯大林会谈时的记录，斯大林不同意在协定中加上"日本投降后三个月内苏军撤走"的内容，仅是声明在日降后的三星期开始撤军。在回答宋子文关于全部撤军所需的时间时，斯大林回答"不超过两个月"，"三个月足为完成撤退之期"。岂知最后撤军花了8个月。

宋子文、蒋经国、王世杰对以上协定不是没有看法，也不是没有争辩，只是斯大林不予理睬。在苏联看来，请中方来莫斯科谈判，只是形式而已。

国民政府外争国权的行为，在苏联遭到惨败，宋子文、蒋经国、王世杰、熊式辉无力回天，空手而归。可在10年后，大连、旅顺、南满铁路、中东铁路却被新中国收回，离协定有效期还差20年。这一让一收，不是简单的外交事件，而是反映出国家的实力和地位的不同。

"雅尔塔密约"非某一大国所为，而是反映出第二次世界大战后两大阵营新的势力范围的划分，故非蒋经国、宋子文、蒋介石所能改变。蒋经国、宋子文在交涉中虽说能够坚持应该坚持的立场，维护国家的完整和主权，可在整个外交决策中也有蒋家父子、也有国民党的私心，这就是寄希望于用对苏联让步的方法，以达到把日本退出中国东北后的治权交给国民党方面的目的，故一再屈从于苏联的压力。而当国民党方面在独霸东北的目的没有实现时，已经在国民党统治圈内影响越来越大、地位越来越高的蒋经国就用"追记""回忆"等方式，把自己打扮成识别苏联扩张阴谋、与斯大林周旋的英雄，以增加自己的政治资本，同时开脱自己在对苏谈判中的失策和无能。

《中苏友好同盟条约》签订时，苏联已经出兵中国东北数日。

日本的末日即将来临！

中国、美国、苏联3国对日本最后的进攻开始了！

中国的反攻

中国的敌后战场和正面战场开始全面反攻。敌后战场从1943年起，即开始发动局部反攻作战。1943年间，日寇对各抗日根据地发动的千人以上大扫荡达150多次，但总兵力、规模、持续时间已经明显不如前两年。八路军、新四军在反扫荡中一直处于主动地位，一年间八路军与日伪作战24800次，击毙、伤日伪军136000人，俘虏日伪军51000人。新四军与日伪军作战5300多次，击毙、伤日伪军66000人。在中国共产党的领导下，各敌后战场的军民在反扫荡作战中，送走了1941年、1942年的困难局面，迎来了解放区的恢复和发展的新局面。解放区人口上升到8000多万，人民军队发展到47万，为即将到来的大反攻打下了良好的基础。

从1944年起，解放区各战场开始由内线反攻作战转入外线反攻作战。一年中，八路军、新四军和华南抗日纵队，主动出击，向敌人发动进攻20000多次，击毙、伤日伪军26万余人，俘虏日伪军60000余人，争取反正3万余人，攻克日伪据点5000多处，收复国土16万平方公里，解放人口1200万。到1945年春，人民抗日武装已达91万人，民兵200余万，19个解放区总面积已达956000平方公里，总人口达9550万。日伪军占领的中心城市、重要交通线和海岸线，都处于八路军、新四军的包围之中，人民军队比国民党军队占有更有利的战略地位。1945年起，各根据地的军民加大了进攻当地日寇的力度，进攻目标已集中向日伪军的大中型据点，开始与日军主力作战，各地的日军在八路军、新四军的打击下，已经士气低落，无心恋战。

正面战场进入1945年后，其主要任务依然是如何阻止日寇的进攻。3月20日，日寇第12军向豫西沙河店、舞阳、鲁山一线发动进攻，激战2个月，日军得失城池相等，5月25日日军开始溃退，留下的据点不久被国民党军队包围。

3月21日，鄂北的日军第34军向自忠县以南的国民党军队防线发动全面进攻，到4月18日毫无进展，日军不得不停止进攻。

4月初，日本中国派遣军总司令官冈村宁次为贯彻日本军部把中国作为日本本土被占领后的侵略基地的计划，发动湘西会战，以准备第6方面军由衡阳、柳州攻芷江、贵阳后，进攻重庆和成都，以彻底击溃国民党政权，至少也要以

1945年3月，蒋介石视察准备对日反攻的部队

军事上的胜利造成重庆政府的分裂。从4月起，占领湖南的日军北起洞庭湖，经宁乡、邵阳到南端的新宁，全面整体向西发动进攻，以夺取战略基地芷江为目标。

4月2日，日军第34师团在湘桂交界处的新宁、东安开始行动，到5月2日被中国军队击败。另一路日军第47、116师团由邵阳西渡资水向西进犯，在遭到阻击后，兵分四路前进的2个师团不得不于4月底停止进攻。4月14日，日军第68师团由洞庭湖南岸的沅江向益阳、桃源等地进攻，也遭到国民党军队有效阻击。4月30日起，中国军队在湖南全线开始反攻，6月中旬，将日寇20万人包围在雪峰山一带，本可以全歼，但由于重庆最高军事当局指挥上的失误，已陷入重围的日军，集中火力在邵阳和芷江中间的洞口一线冲破中国军队的包围逃走。

广西方向，随着湘西战役的胜利，张发奎指挥的第2方面军也于4月底开始反攻，5月27日收复南宁后，紧追北逃的日寇不放。汤恩伯的第3方面军自黔桂边境向河池、宜山方向发动反攻，6月14日在收复河池后占领宜山，21日收复柳州，7月28日收复桂林。

第三战区也进行了反攻作战，1945年5月18日收复福州，福建、浙江沿海地区基本全部收复。

敌后战场和正面战场的反攻作战，对中国战场上的日军进行了毁灭性的打击。在此情况下，日本当局把中国占领区当成日本本土被盟军占领后的侵略基地的计划绝对不可能实现，即使苏联不出兵东北，中国也能把日本侵略者赶出去。

原子弹爆炸

把德国打败后，美国加紧袭击日本本土，B－29重型轰炸机不断出现在日本各主要城市上空，几乎让日本人患上了恐惧症，只要有马达轰鸣声就以为是

B—29来临。美国强大的海军舰队集结在日本外海，百万大军随时准备登陆日本四岛。

《波茨坦公告》发表后，无疑是给已经穷途末路的日本军阀一个机会，立即放下武器、无条件投降，可以减少日本人民的灾难。但是，从来不把人当人看待的日本军国主义分子，为了满足歇斯底里的野心，拒绝了这一机会。铃木首相决定采取"默杀政策"，其意有二，即"不加评论"和"不予理睬"。在战争的转折关头，当然不能容忍这种含义不清的回答，美军翻译理所当然、毫不犹豫地把铃木的态度译成具有挑战性的"不予理睬"。美国决策当局不能容忍日本的嚣张，决定实施最后的打击。

美国兵临日本的同时，还有更秘密的计划和行动。20世纪30年代起，科学家发现了铀235在中子轰击下可以产生链式裂变。1939年8月因为犹太人身份而被希特勒赶走的著名世界级科学家爱因斯坦，领衔致函罗斯福总统，呼吁美国研究原子弹，以对付德国正在进行的核研究。政治上有远见、决策上有魄力的罗斯福总统，于1941年12月6日批准了美国军方制订的《曼哈顿计划》。根据该计划，由陆军工兵部队指挥官莱斯利·格罗夫少将和世界级科学家奥本海默主持，投入22亿美元和大批人力、物力研究核武器。1942年12月，链式核裂变试验成功。1943年4月，在新墨西哥阿拉莫斯成立了原子研究所，在橡树岭、汉福特的两家工厂，开始进行实弹制造，定名为"小男孩（用铀原料）"和"胖子（用钚原料）"的人类制造的第一、二颗原子弹在美国诞生。

欧洲战场进展顺利，对日作战不顺利。如何结束对日作战，美国陆军主张直接进攻日本本土；美国海军主张进行海上封锁；美国空军主张常规轰炸；一批科学家则主张用核武器结束战争，以减少盟军的伤亡。美国新任总统杜鲁门，决定接受科学家们的建议，用原子弹制造恐怖气氛，逼日本投降；并且选择了日本的15个城市作为原子弹打击的目标。杜鲁门总统想亲自见证一下被称为"杀人魔器"的原子弹的威力。

为了训练投掷原子弹，1943年9月美国陆军航空部队编组了"509混合大队"。到1945年5月，混合大队的飞行员多次飞临过日本上空，对日本空域和地面、气候都比较熟悉。7月2日，波音公司生产的编号为"82"的"B—29"重型轰炸机经夏威夷飞抵提安尼岛，8月2日在该岛开始安装原子弹。因为天气不好，把投掷时间定为8月6日。

在1945年8月6日那一天，美国对日本发动了有史以来最大的空袭，600架当时最为先进和装载量最大的"B—29"重型轰炸机，一天向日本东京附近地区扔下4000吨炸弹，炸得东京及其他主要地区一片火海。同时，美军按计划向日本北海道、本州等岛发动攻击。发动侵略战争的日本军国主义分子正在承受战争的苦果，遭受集团常规轰炸早已是常态，然而，还有最新、最厉害的打击在等着他们。

当天凌晨2点45分，代号为"诺拉·盖伊"的"B—29"重型轰炸机装着原子弹，在一架原子弹爆炸数据测量机和一架侦察机的陪同下飞向320公里外的日本广岛。9时15分，飞机到达广岛一座大桥的9400米上的高空，已经遭到多次轰炸的当地居民虽然害怕，但因未听到空袭警报，以为头顶上的3架飞机和以往的大机群不同，只是侦察、照相而已，谁也没有想到马上就有一场空前的灾难临头。

正在此时，被称为20000吨级实际是14000吨级的原子弹在空中爆炸。最初人们只发现空中有一个巨大的火球，当他们还没认清之时，这枚火球发出的百万度的高温和势不可当的冲击波、看不见摸不着但具有持久杀伤力的核辐射，立即击垮了广岛。25.5万人的广岛化为一朵蘑菇云，当场死伤13万人，建筑物被毁78327幢。

面对如此巨大的死伤，日本执政的军国主义者没有动静，继续拿日本人民的生命财产作赌注。8月9日，美国载有另一颗原子弹的"B—29"重型轰炸机，朝日本飞去，因为气候不好试投三次未成，飞机油料不够了，只得就近把原子弹扔在也属15个目标之一的长崎。落弹点偏离计划中的爆点2000米，但这并不影响原子弹的杀伤力。34万多人的长崎，当场死伤、失踪三分之一。

人类第一次使用原子弹，看到了原子弹的威力：广岛、长崎被炸死炸伤239000人，更多的人遭受了致命的核辐射，也活不多久；两地的绝大部分建筑和交通、通信、水电气暖、公共工程被毁，数十万人无家可归。

日寇的投降

1945年8月6日，美国第一颗原子弹扔在广岛后，斯大林担心日本会在短期内投降，可能使得苏联失去出兵中国东北、进而失去攫取在东北特权的机会，改变了原先等《中苏友好同盟条约》签订后再出兵的计划，急急忙忙于8月8日，由外交部长莫洛托夫出面，召见日本驻苏联大使佐藤，宣布从8月9日起苏联对日宣战。9日，苏联100万红军，在华西列夫斯基元帅率领下，兵分三路沿着中苏边境和中蒙边境全线出击，兵发日军在中国战场的巢穴东北关东军本部，5天推进了250公里至400公里。8月16日伪满洲国皇帝溥仪，在沈阳机场准备逃往日本时，被突然赶来的苏联空降兵抓获。到8月20日，苏联红军占领中国东北和朝鲜北部，共击溃日军22个师团，俘虏59.4万人，击毙8万多人，缴获了大批武器装备和战略物资。

1945年8月9日，中共中央主席、中央军委主席毛泽东发表了《对日寇最后一战》的声明，号召"八路军、新四军及其他人民军队，应在一切可能条件下，对于一切不愿投降的侵略者及其走狗实行广泛的进攻！"8月10日、11日，中共中央军委副主席、中央书记处书记朱德，接连发布7道命令，命令：

吕正操、张学思、李运昌所部进军东北和察北；聂荣臻指挥晋察冀军区所部向秦皇岛、张家口、山海关、北平等地进军；刘伯承、邓小平指挥的晋冀鲁豫军区所部向平汉线上的邯郸、石家庄一线反击；陈毅指挥新四军所部向长江三角洲进攻……两个月内，八路军、新四军和华南抗日纵队在日寇投降前，共击毙、击伤和俘虏日伪军23万人，缴获长短枪18万支，机枪2000多挺，火炮600余门，解放了31万平方公里的土地、1871万人口和190多座城市，包围了一些大、中城市。

1945年8月11日，蒋介石也接连发出3道命令，命令：

各中央军主力加紧作战，积极推进，勿稍松懈；各路伪军，就地负责维持地方治安，乘机赎罪，努力自新，不得接受非国民党以外的政党和军队收编；八路军、新四军则是原地驻防待命，不得向日伪军擅自行动。蒋介石的军事方针显然是：日寇要打，伪军要收，中共的行动要限制。

8月9日，中国战场开始对日最后一战，美国已经扔下两颗原子弹，百万苏联红军已经势不可当地冲向所谓的日军精锐部队——关东军，日本不得不再次召开御前会议，日本军部各头目如参谋总长梅津、陆军大臣阿南、海军军令部长丰田等，已经没有往日极力主张向外进攻的嚣张气焰，但依然主张：日军自行撤退，日本战犯由日本政府自行审判，日本不同意盟军占领日本。只有外交大臣东乡较为明智，认为如此条件盟军不会同意。

1945年8月10日，美国总统杜鲁门，经过与中国、英国、苏联协商后，通知日本政府：

"自投降之时起，日皇及日本政府之国家统制权限，为实施投降条款起见，应置于采取其必要措施的联合军最高司令官限制之下。

日皇应对日本政府及日帝国大本营，为实施《波茨坦宣言》各条文起见，予以签署投降条款之必要权限，且须予以保障。日皇应对日本陆海空军当局，及不论在任何地区，在彼等指挥之下，一切军队，为终止战斗行为，交出武器。为实施投降条款起见，命其颁发盟军最高司令官所要求之命令。

日本政府于投降之后，应将俘虏及所拘侨民，为使搭乘同盟国船舶起见，迅速送至安全地区。

最后之日本政府形态，应遵照《波茨坦宣言》，由日本国民自由表明之意志决定之。

同盟国军队在达成《波茨坦宣言》所揭示之各目的以前，将留驻日本国内。"

盟军同意日本继续实施"天皇制"，这是蒋介石坚持的结果，美国、苏联也赞成。事实上，在深受东方专制体制影响的日本，即使按照《波茨坦公告》的规定，由日本国民自由选择的话，日本国民也还会选择"天皇制"。

盟军方面提出的远比德国宽厚的对日条件，日本当局在12日凌晨收到后，竟然被军部头目所拒绝。14日上午10时5分，首相铃木奏请天皇召开的御前会议在防空洞中举行，梅津、阿南、丰田等军国主义分子，声泪俱下，恳请天皇同意背水一战，死里求生。天皇为避免日本成为焦土，于当天下午决定接受美国、中国、英国、苏联的条件，接受《波茨坦公告》，立即无条件投

抗战胜利日，蒋介石与蒋经国摄于重庆

降。1945年8月15日，天皇发表《停战诏书》，命令日本军队，向所在国盟军投降。

为夺取这一场人类共同的胜利，中国人民作出了巨大的牺牲，其代价为伤亡21204974人（见朱德《论解放区战场》、何应钦《八年抗战经过》），直接损失约313亿美元，间接损失和战争对中国经济发展带来的破坏性损失将达此数的几倍（按1937年7月美元币值计算，当时日本年收入约7.7亿美元）。中国人民承担了最艰苦、最繁重、最惨烈的作战任务，正面战场作战40060次（其中大会战22次，重要战役1117次，小战斗38931次）、敌后战场大小战斗115000次。

抗战胜利日，既是蒋介石的威望达到顶点之时，也是其开始迅速衰落之时

抗日战争的胜利，是中国共产党坚持人民战争路线的胜利！中国共产党领导的八路军、新四军和华南抗日纵队抗击了60%的侵华日军、90%的伪军。抗日战争的胜利，也是全国各族人民和抗日武装力量团结一致、浴血奋战的结果。中国人民近百年来第一次取得反帝斗争的完全胜利，一洗百年来受帝国主义欺凌的耻辱。抗日战争的胜利，是世界人民和反法西斯同盟伸张正义、英勇奋斗的结果！

蒋介石应该是抗日战争的最大受益者。全面抗战开始后，中国人民英勇抗战的壮举，提高了中国在国际上的地位，蒋介石因此走上世界政治舞台，并且成为主角之一，在开罗与世界强国首脑纵论天下事，在世界反法西斯盟国中占有特殊的地位，可是因为国民党政权腐败、军队素质不高，又使得他在国际上的地位刚起就跌。

全面抗战的发动，也把蒋介石推向权力的顶峰。与国民党进行了10年战争的中国共产党，同意与国民党组成抗日统一战线，在许多民众心目中，蒋介石也成为抗日的领袖人物，其在国民党内的权威和在社会上的威望大为提升，可是因为国民党专制、腐败和特务统治，又使得他很快走向衰落。

全面抗战的发动，蒋介石的实力得到迅速扩展，无论是统治基础，还是军队数量，或是财力运用，都达到了空前的水准。尤其是在军事上，由抗战前的200万左右的军队发展到650万人，大有鲸吞天下之势。可是因为他坚持片面抗战，从抗战中后期起，接连掀起三次"'反共'高潮"，把国民党再次推上"反共之路"，同时也就埋下了几年后在大陆失败的伏笔。

南京与蒋介石的惨败

　　抗战胜利结束后，蒋介石集团和国民党政权迅速走向全面失败，究其原因，关键只有一条，那就是蒋介石的"反共"政策走向全面完备，同时也就走向全面失败。在抗战结束不到一年，蒋介石发动了全面内战，标志着国民党与共产党彻底决裂；全面内战爆发不久，蒋介石单方面召开国大，标志着国民党与中国人民彻底决裂；在政治、军事方面接连失利的情况下，蒋介石进行币制改革，标志着与社会各界彻底决裂。再加上南京政府推出的一系列与人民为敌的基本政治路线、经济政策、军事方针，蒋介石和国民党终于把自身推向惨败。

还都南京后，蒋介石率文武官员前往中山陵举行谒陵大典

一、为政不仁，蒋介石的政治路线

在中华民国政府在大陆生存的最后4年间，蒋介石在政治上存在着六大必败因素：一是媚外让权，这既是他外交上的基本方针，也是极易引发具有强烈爱国热情的全国人民反对的政治热点，因为爱国主义深入民心；二是坚持"反共"，这既是他政治上的第一需要，也是置他于失败之地的关键因素，因为"反共"不合乎历史潮流；三是压制民权，这既是他政治上的主要内涵，又是置他于失败之地的致命因素，因为哪里有压迫哪里就有反抗；四是特务统治，这既是他维护统治的基本手法，也是导致他失败的重要因素，因为特务统治不得人心；五是官场腐败，这是他所领导的国民党政府不可遏制的趋势，也是他和国民党自我毁灭的主要因素，因为是否腐败是关系到一个政权生死存亡的头等大事；六是派系林立，这是他维系统治集团内部秩序和稳定的基本手段，又是激化统治集团内部矛盾的基本因素，尤其是到国民党失败前夕，以桂系为首的派系公开逼蒋介石让权，大大增加了国民党的内耗。

（一）接受日本投降，蒋介石无视国际准则

抗日战争胜利后，中华民族昂首挺胸，中国人民扬眉吐气，全国各地锣鼓喧天，社会各界欢呼雀跃。日本战犯受到了应有的惩罚，200多万日本军队和侨民被遣返回国，以汪伪政权为代表的汉奸集团受到严厉惩处，结束了中华民族历史上最为惨痛的一页。在这历史的转折点，也出现了以蒋介石为代表的统治集团在受降过程中，无视国际准则，放弃中国人民应有权利等不和谐的声音和活动。

受降——蒋介石是"以德报怨"

对日作战一结束，善后工作马上开始，但是作为战胜国中国的受降工作受到了以蒋介石为首的统治集团的干扰。日本一投降，蒋介石的"恐日病"又复

1147

1945年8月15日10时，蒋介石在中央电台发表演说，内容之一是宣布此后的对日方针为"以德报怨"

发，把对日寇应采取的惩罚，变成令人作呕的"媚日行为"。"媚日三部曲"分别是要国人"以德报怨"的谈话、放宽遣返战俘的条件、放弃对战败国日本的索偿和严厉惩罚战犯的要求。

宣扬"以德报怨"

1945年8月15日上午10时，即在接到日本天皇投降电前的一小时，蒋介石在中央电台发表了《抗战胜利对全国军民及全世界人士广播演说》。他说："我们的抗战，在今天获得了胜利。正义战胜强权，在这里得到了最后的证明。……我要告诉全世界的人们和我国的同胞，相信这个战争是世界上文明国家所参加的最后一次战争。我们所受到的凌辱和耻辱，非笔墨和语言所能罄述。但是，如果这个战争能够成为人类历史上的最后战争，那么对于凌辱和耻辱的代价和收获的迟早，是无须加以比较的。"

当然，蒋介石亲自宣讲这个由陈布雷捉刀的广播演说词，并不是完全为了讲述抗战的胜利和表达胜利来临时的激动心情，他是要利用这一重要时刻和特殊场合，宣布对日作战胜利后的对日方针，兜售其一贯的亲日媚日思想，利用这一机会向日寇献媚，代价是无视国际关于惩治战争罪的法律法则，放弃中国人民应有的对侵略者的索赔权。请听他是如何说的："中国同胞们须知，'不念旧恶'和'与人为善'是我们民族传统至高至贵的德性。我们至今一贯地祗识黩武的日本军阀为敌，而不以日本的人民为敌。……我们更不可以对敌国的无辜人民加以污辱，我们只有对他们为纳粹军阀所愚弄、所驱迫而表示怜悯，使他们能自拔于错误和罪恶。我们必须切记，如果以暴行答复敌人从前的暴行，以奴辱来答复他们从前错误的优越感，则成为冤冤相报，永无终止，绝不是我们仁义之师的目的。"（蒋介石的讲话见何应钦《日军侵华八年抗战史》第351至354页）

后来被称为"以德报怨演讲"的蒋介石的谈话，说明此人离发展了的时代有多远：惩治战争罪犯是国际惯例，绝不是对"无辜的人民加以污辱"，蒋介石担心把战争罪犯和无辜人民混淆在一起，只能说他的政治鉴别力不如一般民众，或者说他要把战争罪犯当成无辜民众看待以谋私利。此外，不对无辜人民加以污辱，不等于不要采取措施让侵略国的全体国民对侵略战争有个清醒、明确、正确的认识，不等于不要彻底清算日本军国主义的罪行。正是因为蒋介石故意把战争罪犯和无辜民众混为一谈，所以他后来对战争罪犯无原则宽容，对日本无原则献媚，压制中国人民的正当要求。

蒋介石的谈话，还说明此人和中国人民的距离有多远。难道中国传统文化是要忍让侵略吗？难道中国传统文化是不要惩治邪恶吗？难道中国传统文化是把战争罪犯和无辜民众同等对待吗？中国传统文化的核心内容就是生生不息、世代相传的爱国主义和民族自尊心，中国传统文化之所以长盛不衰其动力就是泾渭分明的是非标准和疾恶如仇的除恶决心，就是对民众仁对敌人恶，如果缺乏这一起码的判断标准，则成为助恶长邪、毁仁坏义的谬论。蒋介石对侵略者借"仁义之师"之名，行让权让利之实，做宽容战争罪犯的事。在蒋介石的这一错误主张主导下，"以德报怨"成为南京政府在受降和遣返、审判战犯过程中，讨好日本、讨好战犯、讨好战俘的令箭。

接受日本投降

在日本天皇发表无条件投降的电文后，蒋介石就以最高统帅的身份致电日本驻华派遣军总司令冈村宁次，提出日寇投降六原则，主要内容有：日本政府已正式宣布无条件投降；应通令所属日军，停止一切军事行动，并派代表至玉山，接受中国陆军总司令何应钦之命令；日军可暂保有其武器及装备，保持现有态势，并维持所在地之秩序及交通；所有飞机及军舰应停留现在地，但长江内之船舰应集中于沙市；不得破坏任何设备及物资（何应钦：《日军侵华八年抗战史》第356页）。

1945年8月17日，蒋介石接到冈村宁次的回电："今派今井副总参谋长、桥岛参谋二人，率同随员三人，准于本月18日乘机至杭州等候遵命，再起飞玉山。敝处使用双引擎发动机一架，并无特殊标志，并请咨照玉山飞机场派员接见。"（何应钦：《日军侵华八年抗战史》第357至358页）因为玉山机场被暴雨冲坏，洽降改在湖南芷江。

8月21日，3架中美空中混合团的战斗机，引导着一架机翼上系着红十字风幡的日本运输机，在芷江机场降落。这一日军一直想攻占的军用机场，今天成为日本投降代表的降落点。

从运输机上走下来的是日军代表今井武夫、桥岛中雄、前川国雄少佐以及翻译木村。一律光头的他们一下飞机，摘去军帽，向前来迎接的中国军官规规矩矩地鞠了一躬，侵略者终于低下了罪恶的头，然后乘坐一辆美式吉普车前往陆军总部招待所。

下午3时，在芷江万寿宫，中国陆军参谋长萧毅肃和中国战区副参谋长、美国准将巴特拉，向坐在长桌对面的今井武夫等人，宣布了中国陆军总司令何应钦的第一号备忘录，规定中国战区的受降地区包括东北以外的中国所有的地区和越南北纬16度以北的地区，上述地区的所有日军立即向中国军队投降；中国方面派出陆军总部副参谋长冷欣前往南京设立受降前进指挥所；冈村宁次必须亲自向何应钦投降。并且要求今井武夫立即交出越南16度线以北的所有日军兵力、火力部署图，规定日军拒绝向国民党军队以外的军队投降。今井武夫，这位曾经参与策划侵略计划的日军军官，无可奈何地在作了辩解后全部接受。

按照中国方面的命令，日本投降仪式将于1945年9月8日在南京陆军学校礼堂举行。

在中国准备接受日本投降的同时，盟军总部也在安排在日本本土接受日本投降的事项。

1945年8月15日，中、美、苏、英四国经过磋商，决定由南太平洋美军总司令麦克阿瑟将军作为盟国驻日本军总司令，代表盟军接受日本的投降，参加受降典礼的有中国军事代表团、美国陆军部代表、盟军东南亚总部代表、澳大利亚特别军事代表团等。受降代表有中国军事代表团团长、军令部部长徐永昌，美国陆军部代表马歇尔·史塔德勒少将，东南亚盟军总部代表是英国蒙巴顿将军的私人代表班奈中将、田波曼少将，英国代表是空军司令魏德勃鲁克将军，澳大利亚代表是地面军司令布莱梅将军，新西兰代表是空军参谋长伊席特等，其他国家的受降代表将直接去日本会合。

同日，麦克阿瑟将军在远东盟军总部马尼拉发布命令：日本政府派代表速来马尼拉安排投降；日本军方代表必须于8月17日上午8时到10时到琉球伊江岛，接受命令。8月16日，日本回电称因为交通和通讯原因，投降令不可能到达太平洋中的一些小岛，因此17日不能派代表前来。

8月18日，日本大本营表示日本代表将于19日上午7时到达伊江岛。8月19日，到达伊江岛的日军投降专使、日军副参谋长河边虎四郎由美国飞机空运至马尼拉。盟军总部参谋长苏赛兰上将下令将河边虎等16人的军帽、军衔、佩剑摘去后，双方进行了2次洽降会议。8月20日，在洽降会议结束后，麦克阿瑟立即宣布，他将根据德黑兰、波茨坦会议的规定，率军占领日本，接受日本投降。

8月28日，世界现代史上壮观的一幕出现在日本相模滩。盟军400艘军舰开入这一日本海湾，其中包括17艘航空母舰、20艘巡洋舰、21艘驱逐舰、24艘护卫驱逐舰。在天空中编组飞行的是2000架飞机。具有巨大威慑力的海空军编队在向日本法西斯示威。

面对盟军的海空军，日本应该深省：4年前日本也拥有如此强大的海空军阵容，在短短的几年间，几乎全军覆没，挑战整个人类的战争是注定要失败的。

8月29日，巨型舰队中的一部分舰只，驶入东京湾，准备举行日本投降仪式。临近东京湾、距东京不过数十公里的横滨市，成为盟国日本占领军总部所在地。

8月30日，盟国日本占领军总司令麦克阿瑟到达横滨。

9月2日8时15分，历史性的时刻。在美国太平洋舰队旗舰"密苏里号"军舰上，麦克阿瑟总司令，美国尼米兹元帅，英国福拉塞海军上将，中国徐永昌上将，苏联狄里夫扬柯夫中将，法国莱克勒将军，加拿大哥格洛夫上校，澳大利亚布莱梅将军，新西兰伊席特将军，荷兰欧英中将等盟军代表以及盟军各部代表，气宇轩昂地站在军舰右舷。

面对神情严肃的盟军代表，日本投降代表、外相重光葵和大本营参谋总长梅津美治郎在美军上校麦希毕的带领下进入场地。

9时，麦克阿瑟宣布盟军受降仪式和日本投降仪式开始，并发表了演说，然后在一尺五寸长、一尺宽的日本投降书上代表盟军签字，美国、中国、英国、苏联、法国、加拿大、澳大利亚、新西兰、荷兰等国代表相继签字。

盟军代表签字完毕，由重光葵代表日本政府、梅津美治郎代表日本军部签字。日本代表签字的投降条款表示："我们奉日本皇帝、日本政府与日本帝国大本营之命并代表他们兹接受中、美、英三国共同签署的、后来又有苏联参加的1945年7月26日公告中的条款，该四国嗣后即称为盟国。我们兹为日本皇帝、日本政府与他们的继任者承担忠诚履行波茨坦公告各项规定之义务，并发布盟国最高统帅或盟国为执行该公告而指派之任何其他代表所要求之任何种命令与采取其所要求之任何种行动。"（见《美国对外关系文献》第8卷第109页）此时，400架"B–29"重型轰炸机和1500架战斗机，从密苏里号上空掠过，这是再一次向日本军国主义者显示人类惩罚恶魔的威力。10时，日本投降仪式结束。曾经显赫一时、横行亚太的日本强盗，如今在侵略史上画下了一个句号。日本军国主义势力以后还会活动，但作为主流意识和主导力量已经不再。

蒋介石在安排接受日军投降仪式的同时，任命的其他受降主官有：

第1方面军总司令卢汉，在河内接受越南北部的日军部队长土桥勇逸指挥的第38军的21、22师团和34旅团的投降。

第2方面军总司令张发奎，接受在广州的日军将领田中久一指挥的第23军，129和130师团，23旅团等部；在雷州半岛的日军22、23旅团等部；在海南岛的海南警备队的投降。

第七战区司令长官余汉谋，接受在潮汕地区的日军第23军、104师团、130师团一部的投降。

第4方面军总司令王耀武，接受在长沙和衡阳、岳阳地区的日军将领坂西一良指挥的第20军，64、68、116师团，81、82、17旅团等部的投降。

第九战区司令长官薛岳，接受在南昌、九江的日军将领笠原幸雄指挥的第11军，13、58师团，71、22、84、87旅团等部的投降。

第三战区司令长官顾祝同，接受在杭州、厦门的日军将领松井太久郎指挥的第133师团，62、91旅团等部和海军陆战队一部的投降。

第3方面军总司令汤恩伯，接受在上海、南京的日军将领松井太久郎、十川次郎指挥的第6、13军，27、60、61、69、3、34、40、161师团的投降。

第六战区司令长官孙蔚如，接受在汉口、武昌的日军第6方面军，第132师团，85、86、88旅团等部的投降。

第十战区司令长官李品仙，接受在徐州、蚌埠、安庆的日军将领十川次郎指挥的第6军，70、131师团等部的投降。

第十一战区司令长官孙连仲和副司令长官李延年，分别接受在天津、北平、保定、石家庄、青岛、济南等地的日军将领根本博、细川忠康指挥的第43

军，118、47师团，9、2、8、5、11旅团等部和海军陆战队一部的投降。

第一战区司令长官胡宗南，接受在洛阳、新乡和郑州的日军将领鹰森孝指挥的第12军，22、110师团等部的投降。

第五战区司令长官刘峙，接受在郾郑、许昌等地日军将领鹰森孝指挥的第115师团，92旅团等部的投降。

第二战区司令长官阎锡山，接受在太原的日军将领澄田睐四郎指挥的第1军的投降。

第十二战区司令长官傅作义，接受在归绥的日军将领根本博指挥的驻热河、内蒙古的蒙疆军的投降。

台湾行政长官陈仪，接受在台澎地区的日军将领安藤利吉指挥的第10军，9、12、50、66师团等部的投降。

要说受降中有什么问题的话，主要是分配不公。第18集团军和新四军、华南抗日纵队的作战区域遍布各沦陷区，日寇在中国的占领区，包括东北、察哈尔、热河、河北、山东、江苏全部，山西十分之九，河南十分之七，安徽十分之六，湖北十分之四，浙江十分之五，江西十分之一，湖南十分之五，广西十分之六，广东十分之八。其中在华北区，中共的根据地面积占一半左右；在山东和江苏省，中共的根据地面积占近一半；在安徽，中共有大片根据地；在两湖两广地区，中共也有多块根据地，解放区人口达1亿。8年间，中共指挥的武装力量作战达12.5万余次，毙伤俘日军和伪军达170万人，每天平均与日作战40余次，每天平均毙伤俘日伪军近600人。国民党军队的战绩，按该党编发的资料统计，共进行大会战22次，重要战斗1117次，小战斗38931次，致日伪军伤亡约为2418928人，每天平均对日作战14次，每天平均毙伤俘日军820余

1945年9月10日，中国陆军总部副参谋长冷欣将日军签署的投降书呈交蒋介石

人。当然，国民党进行了许多场大规模的战斗，消灭的也主要是日本侵略者，可中共方面作战也是积极和努力的，且也战果辉煌，受降时起码应在华北和华东分配3个至4个受降区给八路军、新四军。

同国民党的将领比起来，有资格接受日寇投降的中共将领起码应有中共中央书记和中共最高军事负责人朱德、第十八集团军副总司令和当年百团大战的总指挥彭德怀、晋察冀军区司令和华北敌后抗日根据地的缔造者聂荣臻、中共著名军事家和晋冀鲁豫军区司令刘伯承、中共中央委员和晋冀鲁豫军区政委邓小平、晋绥军区司令和中共著名将领贺龙、能攻善战的战将和山东军区司令罗荣桓、军中儒将和新四军军长陈毅等多名，蒋介石逞一时之快，排斥共产党人，这是不光彩的，也说明他确实没有作为一国之领导所应有的能容纳不同政见的胸襟。

在南京陆军军官学校礼堂举行接受"中国战区日本投降签字典礼"，代表中国政府接受投降的是陆军总司令何应钦。受降本该不会出错，远的不说，盟军在欧洲接受德国投降时的一幕记忆犹新，盟军在密苏里巡洋舰上接受日本国投降时更有中国代表在场受降，但蒋介石在受降时却搞出一个"中国特色"。向何应钦投降的有日本侵华驻屯军总司令冈村宁次大将、参谋长小林浅太郎中将、舰队司令官福田良之中将和今井武夫少将。

日军将领还是较为老实的，如冈村宁次签署投降书时连看都没有看一眼拿起笔来就签上自己的名字，并说"仗都打败了，教我怎么签就怎么签"。可何某真是做惯了奴才不知道做主人了，按规定日本军人应佩带军刀出席，并当场解下象征军权的自己的军刀，深度弯腰后双手奉上以示交出武器和正式投降，何司令考虑到这样日本军人未免太失面子，竟然同意日本将领不佩带军刀出席投降仪式，省了这道最具有象征意义的议程，并在冈村递上投降书时，何应钦竟然抬身还礼。泱泱大国遗风是有了，可战胜国的威严却没了。

作为接收工作的一个很重要的方面，也是具体工作量最大的事情，就是遣返200多万名战俘和侨民。到全面内战爆发时，东北之外，共有212万名日本人和被胁迫来参战卖命的58277名朝鲜人、12493名中国台湾人、95名印尼人、29名菲律宾人及时回到各自的家乡。蒋介石为完成遣返，在美国的支持下，进行了史无前例的海上运输工作，其程度和动员的运输力量并不亚于把参加内战的部队送往前线。仅一个上海虹江码头，由汤恩伯主持的"日侨管理处"就一共送走82万人，每个月开往日本的轮船多达数十艘，最高的月份达60多艘。在此项工作中，如果说有什么失误的话，那就是对战俘的特殊优待，违反了国际准则，侵犯了中国人民的利益，伤害了中国人民的感情。

在遣返战俘问题上，蒋介石无视同盟国对法西斯战俘的有关规定，不顾处于贫困中的中国人民的悲惨生活和已经历8年战争磨难的国家经济状况，故意提高战俘的待遇，这是一。二是违反战俘处理常规。自国际上签订战俘处理条约以来，只要是准备遣返的战俘就应打乱原有建制，按军阶和军衔编排部队。可蒋介石却批准主持战俘遣返的何应钦和汤恩伯的建议，把所有日俘按原建制编排和遣返，称之为"徒手官兵"，战俘的具体管理和组织仍由原日本侵华军总司令冈村宁次和日本军总部负责。中国没有一点战胜国的威风，日俘却是凶相不减。三是在遣返时，按盟军的规定只准带15公斤的行李，可汤恩伯主管的上海区的80万战俘和日人返国时，竟允许带走30公斤的行李，而且规定食品不在此内，除武器之外的任何东西都可以带走，包括从中国抢走的文物书画、金银珍宝。国民党当局主动放弃了最后一次清算日军战争罪行、追回国家和民间财产的机会。

审判战争罪犯

对战败国日本的接收措施中，有一条就是对战争罪犯的审判。

1945年8月8日，美国、英国、苏联、法国四国在英国伦敦决定和盟国设立纽伦堡国际法庭审判德意战犯一样，设立远东国际法庭审判日本战犯。1946年1月19日盟军占领日本军总部，根据这一协议，颁布了成立远东国际法庭的特别通告和组织宪章。宪章规定战争罪分为破坏和平罪，即发动战争罪，犯有此罪的人则定为甲级战犯；违反战争法规及惯例罪，即扩大战争和非法使用禁止武器罪，犯有此罪的人则定为乙级战犯；违反人道罪，即虐待、屠杀无辜民众和战俘罪，犯有此罪的人则定为丙级战犯。

1946年5月3日，由中

1945年9月，何应钦（左）在南京代表中国政府接受侵华日军总司令冈村宁次呈递的投降书

1155

国、美国、英国、苏联、法国、加拿大、澳大利亚、新西兰、荷兰、印度、菲律宾11国法官组成的远东军事法庭开庭，到1948年11月12日结束，共开庭818次，记录48000页，出庭和书面作证的有1198人，受理证据4300余件。法庭通过《远东国际军事法庭判决书》，确认日本军国主义者犯有侵略中国、苏联和东南亚各国以及发动太平洋战争罪，确认日本在对外侵略中犯有野蛮屠杀和平居民和奸淫抢掠、虐待和残害战俘罪。宣布的甲级战犯中判处死刑的有7人，他们是：

日本陆军大学毕业，甲午战争的战犯东条英教的儿子，作为参谋本部作战科长具体策划"九一八事变"和作为内阁总理大臣具体指挥偷袭珍珠港，指挥整个对外侵略战争，日本军国主义势力的集中代表和对外侵略罪魁祸首，在日本投降后畏罪自杀未遂的东条英机。

日本东京帝国大学毕业，曾长期在日本外交界任职，利用外交舞台为日本侵略摇旗呐喊、极力鼓吹对外侵略的军国主义势力的代表人物之一，作为冈田内阁外相提出臭名昭著的"广田三原则"和具体策划"七七事变"、纵容南京大屠杀、策划汪精卫叛国，在1936年至1937年任过内阁首相的广田弘毅。

日本陆军大学毕业，长期在中国策划和指挥侵略活动，是野蛮成性的军人野兽。七七事变爆发后，他作为上海派遣军司令官，率军进攻中国第一大都市，后转任华中方面军司令官，攻占南京后，是南京大屠杀事件的直接和最高指挥官，对中国人民犯下不可饶恕的罪行的松井石根。

作为长期在中国活动的特务头目，一手策划和指挥了"九一八事变"和组织伪满洲国的活动，以后任过侵华日军第14师团师团长、航空总监、第7方面军总指挥官，指挥侵略中国、苏联、东南亚军事行动，对人类犯下滔天罪行，其名字几乎与日本所有罪恶活动连在一起的土肥原贤二。

日本陆军大学毕业，在中国多处地方担任特务机关长，策划占领中国东北后担任伪满洲国军政部最高顾问、关东军副参谋长、第5师团师团长、陆军大臣、侵华军总参谋长、驻朝鲜军司令官、驻新加坡的第7方面军司令官，在日本现代对外侵略活动中都有他的影子的板垣征四郎。

日本陆军士官学校和陆军大学毕业并留学德国军校，发动对华侵略战争时出任日本陆军省兵器局长，是对华侵略战争的具体策划者之一，1939年出任第32师团师团长，直接进行侵略活动，东条英机组阁时升任陆军部次官等职，

1944年担任日本驻缅甸方面军司令官，有"缅甸屠夫"之称的木村兵太郎。

日本陆军大学毕业，长期在军界任职，作为参谋本部课长在1937年间极力主张全面发动侵华战争，是南京大屠杀元凶之一，以后官升华北派遣军参谋长、陆军省军务局长，太平洋战争爆发后，担任近卫师团师团长，出兵东南亚，以残害战俘出名的武藤章。

战犯中被判处无期徒刑的有16人，主要有：

日本陆军士官学校陆军大学毕业，军国主义势力的主要骨干，陆军激进派和"皇道派"的核心人物，对外侵略最主要的支持者，曾出任驻苏武官、西伯利亚派遣军参谋、宪兵司令、参谋本部作战部长、第6师团师团长，一度出任文部相的荒木贞夫。

日本陆军士官学校和陆军大学毕业，极右势力中的活跃分子，在日本右派发动的多次政变阴谋中都有他的影子，先后任过海拉尔特务机关长、侵华日军炮兵联队长，在日本政界十分活跃，组织青年党，出任大日本赤成会负责人、议会翼赞政治会议副会长等职的桥本欣五郎。

日本陆军士官学校和陆军大学毕业，曾任参谋本部部员、驻奥地利武官、驻德国武官等职，作为军人出身的外交官，极力主张对外扩张，并且在驻奥和二度驻德期间，为日本和德国、意大利三国法西斯组成轴心联盟出力甚大，《日德共同防共协定》具体策划者之一的大岛浩。

日本京都帝国大学毕业，长期在经济界任职，多次出任文部大臣、厚生大臣、内政大臣，日本政界极右势力的代表，日本军国主义思想的疯狂推行者，虽然他不是军人，但是东条英机的死硬支持者的木户幸一。

日本东京帝国大学法学博士，长期在法律界任职，历任检事总长、大审院长、法务相等职，并主持国会数年。作为法律界实权派，在任职议会议长期间，多次通过鼓吹军国主义、对外侵略和镇压国内政治反对派的法律法令，在1939年1月出任过8个月首相的平沼骐一郎。

日本陆军士官学校和陆军大学毕业，军界对外侵略的积极鼓吹者和实施者，日本出兵西伯利亚时为第12师团参谋，"九一八事变"升任关东军参谋长和朝鲜军司令官，以后又出任拓相和朝鲜总督，并且继东条英机后出任首相，因为在远东战场接连失败而被迫辞职的小矶国昭。

日本陆军士官学校和陆军大学毕业，日本军界死硬右翼派代表人物之一，曾任中国驻屯军司令、陆军士官学校校长、第16师团师团长、驻朝鲜军司令，在其任陆军大臣期间，策划和指挥进行"九一八事变"，发动侵华战争，以后任关东军司令官、朝鲜总督、贵族院议员的南次郎。

日本陆军士官学校和陆军大学毕业，曾任驻美武官、陆军大学教官等职，除了政治上信仰军国主义理论和极力主张对外侵略外，军事上参与指挥了一系列对外侵略活动，任职大本营报道部长、华南方面军副参谋长、陆军省军务局长、第27师团师团长的佐藤贤了。

日本东京帝国大学法律系毕业，1936年出任伪满洲国实业部总务司司长、产业部次长、商工部次长，1939年回国后在阿部信行、米内光政、近卫文麿三届内阁中任商工省政务次官，1942年在大政翼赞会的支持下当选为议员，次年出任国务大臣兼军需省次官，对外侵略主要创导者之一的岸信介。

小学毕业，在海军飞行队服役，1927年间利用发行的《国防》杂志宣扬军国主义和侵略理论，1931年成立国粹大众党并自任总裁，1942年当选为众议员，为大政翼赞会要员的笹川良一。

此外还有畑俊六、星野直树、岛田繁太郎、白岛敏夫、铃木贞一、冈敬钝等人。

战犯中被判处有期徒刑20年的有：

日本东京帝国大学毕业后长期在外交界服务，出任驻德国、苏联大使，1941年底东条英机组阁时担任外相，"大东亚共荣圈"的主要创导者之一，1945年4月铃木组阁时再任外相兼大东亚相的东乡茂德。

战犯中被判处7年徒刑的有：

日本东京帝国大学法学院毕业，长期在外交界和特工界任职，九一八事变、一·二八事变时为日本驻中国公使，全面侵华战争爆发后任驻苏联、英国和伪满洲国大使、外相等职，极力鼓吹"大东亚共荣圈"的重光葵。

此外还有战犯：

美国俄勒冈大学法学院毕业，后进入外交界和特工界任职，曾任日本驻福州、上海等地总领事，外务省情报部长，驻国际联盟日本首席代表，南满铁道株式会社总裁。曾作为外相与德国、意大利签订轴心国军事同盟条约，在审判期间病死狱中的甲级战犯松冈洋右。

日本海军兵学校和海军大学毕业，曾任驻美武官、海军军令部部长、伦敦裁军会议日本首席代表等职，1936年出任海军大臣，极力鼓吹和积极参与对外侵略，珍珠港事件后作为日本海军最高指挥官指挥太平洋战争，并升任海军元帅、天皇最高海军顾问，在关押中死亡的永野修身。

身为东京帝国大学法律学博士，日本现代国家主义、法西斯主义理论主要指导者之一，利用学者身份和学术研究成果、组织法西斯团体为对外扩张服务，并混迹政界具体实践侵略活动，患有精神病的大川周明。

东京审判，是人类正义的胜利，也是世界人民为抗击法西斯战争付出巨大的代价换来的。东条英机等双手沾满数千万民众鲜血的刽子手终于被押上了审判台，得到了应有下场。

虽说判处为数仅数十名战犯有罪，与日本军国主义势力杀害的无辜民众和战俘相比，与日本军国主义势力发动的侵略战争的罪恶相比，是不能相抵的，对无数被害人更谈不上补偿，但起码是对无数死在军国主义屠刀下的被害人和幸存者的一种慰藉。当然也应该看到战争贩子虽受到了一定的惩罚，但是日本军国主义势力和军国主义思潮却没有受到应有的打击。

审判日本战犯，深受日寇侵略之害的中国人民更有发言权，更有权追究日本发动战争的责任。蒋介石确实派出了一批有经验的国际法律专家和颇具说服力的证人前往日本，他们揭露了灭尽天良的日寇制造南京大屠杀等惨案的真相，最后终于同有关国家的法官、律师、证人一道，把日本最大的战犯送上绞刑架。但是，在审判在华日本战犯过程中，在蒋介石的"以德报怨论"的主导下，对这批为数巨大，犯有直接杀人、抢掠、奸淫罪无数的大小战犯们，总共只判处145件死刑和400余件有期徒刑。而且在国民党政权大失败之际，在蒋介石的授意下，1000余名在押战犯一律被释放，包括冈村宁次在内的全部在押战犯一夜之间成为无罪之人，并被送往日本。

放弃对日索赔

在如何处理战败国问题上，蒋介石宣布放弃对日本的赔偿要求。日寇的14年侵略，给中国人民带来了巨大损失，据不完全统计，中国军民伤亡达2000万余人，流离失所者达一亿人以上，日军伤亡人数只有242万人；中国的直接经济损失以1937年的美元币值计算，达313亿余美元，这相当于当时日本40年的政府财政收入！至于间接损失恐怕将达日本政府百年财政收入以上！第二次世界大战结束后，主要战胜国都有战利品收获，如美国、英国和法国三国联合起来占领德国西部，苏联占领德国东部；如苏联出兵中国的东北，除强行租借大连、旅顺和中东铁路外，还顺手拆走了已属于中国的当时价值100亿美元的设备和材料。

中国人民是受害者，国民党政权和蒋介石集团也损失巨大，蒋介石为什么完全放弃对日的赔偿要求？这种高姿态实在令人吃惊，让大家百思不得其解。当我们回想起在甲午战争的善后过程中，日寇本身就是侵略者，可它还是从中国毫无羞耻地拿走战争赔款达10亿两白银，相当于清政府14年的财政收入，他们并没有感到有什么不合适。中国作为战争的受害者，要求赔偿是完全有道理和应该的。蒋介石放弃赔偿要求，奉行的是所谓"以德报怨"，但"以德报怨"是理论上有道理、认识上有矛盾、实践上有错误，而放弃赔偿则没有必要，因为它在相当程度上等于放弃了对战争罪行的惩治，也为日本军国主义思潮复活、篡改侵华历史提供了条件。从后来的历史发展看，日本人民和有识之士对蒋介石无原则地向日本军阀们的献媚行为并不欣赏，最后抛弃了国民党当局和蒋本人。

中国成了战胜国，可蒋介石却放弃了作为战胜国的许多权利，究其用心无非有以下几点：

一是因为国民党大军都在大后方，为防止华北、华东、华中、华南的八路军和新四军抢占各战略要地，蒋介石就用对日本无原则的让步，安抚日军战俘，让其在国民党军队未赶到前帮助维持秩序，阻止中共接收。

二是希望通过对日军的友好安抚，便于接收日俘手中的68万支步枪、1.8亿发子弹、6万余支手枪、3万余挺机关枪、1.2万门各类火炮、7万匹战马、543辆各种坦克和装甲车等，这批武器的数量和质量均相当可观，可以大大增加国民党军队的实力。

三是蒋介石把对日本战犯的惩罚看成是落井下石之举，故在日本战败之际，不惜出让国家利益来帮其忙，以显示那"蠢猪式的仁义道德"，期望通过这种行动，与日本保持长远的友好关系。

事实上，蒋介石的第一、二用心是达到了部分目的，但第三点并未成功，自20世纪50年代中期起，中日两国人民和政府就开始相互往来，到70年代初正式恢复中日邦交。中日人民友好是大势所趋，而这是建立在国际公理之上的。蒋介石无视原则，不顾国际法则，怎能发展与日本的关系？！最终日本政府也抛弃了蒋氏政权。

四是蒋介石出于自留学日本时就养成的媚日立场。这一点在他的人生中表现得尤为明显，在接受日本投降过程中表现得更为突出和集中。他的这种只图一党私利、不顾民族利益的行为令人愤慨，无法收到应有的效果。不谴责侵略，又如何制止侵略？不揭露暴行，又如何批判暴行？不宣扬正义，又如何维护正义？不坚持原则，又如何执行原则？靠蒋介石的媚日行为，怎能真正制止新的战争？中日人民又怎能长期友好下去？并且蒋介石的媚日行为大大伤害了历经8年苦战的中国人民的感情，大大增加了人民大众对国民党政府的离心力。

蒋介石以上这些不顾战胜国威严和破坏反法西斯阵营接受投降的基本原则的做法，并未取得应有的政治效益。因为放纵侵略，造成日本军阀感到欣慰、世界人民和中日两国人民感到愤恨的结果。所以从根本和长远上讲，蒋介石的"以德报怨"，事实上只是对战犯的放纵，并未平息中国人民和一切战争受难者对日本军国主义者和战争罪犯的痛恨，可以说他的"以德报怨"实质上是"媚日媚寇"。

惩治中国汉奸

当时有一则政治幽默说，中国对付日本这一弹丸岛国之所以要费时8年才能取胜，就是因为中国汉奸太多。此话不妥，抗战之所以经历了8年，是因为中国抵抗侵略实力的增长需要一个过程，蒋介石执行片面抵抗路线也是主要原因之一。至于出汉奸则是极不正常的情况，因为从古到今中国人民具有光荣的反侵略爱国传统，爱国主义是历史上政治、文化、思想、军事的主流，所以统一的中国在世界民族之林延绵数千年。抗战中间，确实有一批卖国贼，确实有一批伪军，他们已经缺少起码的中国人的良知，缺少起码的国格和人格。

汪伪政权成立时，伪南京警察厅长申省三为讨好汪精卫，特意请灵谷寺老方丈当场书写对联祝贺。这位出家人的爱国心要比汪精卫等俗人高得多，当场挥笔写道："昔具盖世（谐音为'该死'）之德，今有罕见（谐音为'汉奸'）之才。"在场的群奸呆头呆脑，纷纷拍手称妙，结果被一中文翻译看出，申省三气急败坏，把对子撕毁。汪精卫不愧有"罕见（汉奸）之才"，见无法向在场的汉奸和日本官员交代，恬不知耻地说："诸位对不起，这是中国式的传统游戏，叫'拆字取乐'。"这一对联确实很妙，贴切地把这一群现代史上的风流人物的本性描述出来。

抗战结束后，蒋介石对待汉奸和伪军也是两套方案：为增加"反共"实力，拥有武装的伪军要收编；为划清界限，增加"抗日英雄"的色彩，公开卖身投靠日寇的汉奸要打击。

汪精卫病危和在日本病死后，汪伪政权在日本主子的扶持下，已经朝不保夕，形在实无。在中国人眼中，它是不齿于民族的败类；在日本人眼中，它是一群无用的奴才；在世界各国人民眼中，它是日本人的傀儡。

1945年8月16日，陈公博宣布取消伪政府，伪国民政府改组为临时政务委员会，军事委员会改组为治安委员会，并自任两委员会委员长，以满足和实施蒋介石提出的"伪军维持当地治安"的要求。但见无法躲过惩罚后，于8月25日在日本军方的保护下，秘密逃亡日本。已经宣布投降，并且已被盟军占领的日本，没有中国汉奸的避难所，在中国政府的要求下，10月13日陈公博被押解回国，由中国陆军总部关押，并由江苏高等法院进行审判。

陈公博，这位中国共产党第一次全国代表大会的参加者，后来很快叛变革命，成为汪精卫的主要助手，在南京政府内部组建改组派与蒋介石明争暗斗。广州非常会议后，陈公博和汪精卫等人一起，入朝为官，投降日本后担任要职，到汪精卫病危去日本治病后成为汪伪政权的实际主持人。他的职务有伪政府行政院长、代理国府主席、中央陆军军官学校校长、党中央组织部长等，此外他还身兼伪上海市警察局长、伪上海市警察局司法处处长、伪芜湖税捐局局长等职。当时有人送他一副对联："选特简荐委，五官俱备；苏浙皖赣闽，一省不全"，讽刺汪伪政权表面上管辖5个省，实际上因为第三战区和新四军的活动一个省也不全，只是靠日本人在几个城市里维持场面。而陈公博兼任有"选任"（伪国府主席）、"特任"（伪上海市长）、"简任"（伪上海市警察局长）、"荐任"（伪上海警察局司法处处长）、"委任"（伪芜湖市税捐局局长），既反映出他掌握汪伪政权内部的实权，也反映出汪伪政权内部的混乱，一个"国府主席"竟然还兼任地方的处长、局长。日本投降后的第二天，陈公博赶紧取消伪政权，成立临时政务委员会任委员长兼治安委员会委员长，但他不思悔改反而出逃日本，10月13日被押解回南京受审。1946年4月12日，江苏高等法院判处陈公博死刑，6月3日执行。当天，这位现代史上的大汉奸，正在给典狱长书写对联"大海有真能容之量，明月以不常满为心"，并把一只茶壶送给了关在旁边牢房中的陈璧君。

周佛海，这位中共一大的参加者，很快叛变革命走上"反共"之路，在国民党统治集团内部历任要职，国民党"四全"起担任中央执行委员。此人原来与汪精卫的关系并不亲密，从抗战前夕起，因为亲日渊源和缺乏对日作战的信心，在"低调俱乐部"中成为志同道合者，以后一起卖国。周佛海成为汪伪政权内部继汪精卫、陈公博之后的第三号人物，出任伪军事委员会副委员长、行政院副院长、财政部长、警政部长等职。珍珠港事件以后，周佛海见美国参战、盟军开始对日作战，自知日本取胜可能极小，开始与重庆军统方面取得联系，和军统的忠义救国军有较多的来往，并提供过一些军政情报。1943年9月，因为汪伪特务头子李士群不留后路，气焰嚣张，作恶多端，对国民党的特工人员一点面子也不讲，戴笠通过有关渠道命令周佛海处置李士群，结果李氏被毒死。因此，周佛海自称："国人因为我是汉奸要杀我，日本人因为我通蒋也要杀我。"8月12日，日本投降前夕，周佛海忽然被国民政府军事委员会任命为上海行动总队总指挥，在国民党军队未到上海前，负责维持上海社会秩序，防止因为日本投降而使上海落入新四军手中。周佛海扬扬得意，一时成为上海地区的最高军政长官。未过几日，一方面收编的许多伪军已经控制东南各大城市和交通要道，另一方面社会各界对不严惩周佛海表示强烈不满，因此国民政府于9月30日将周佛海、丁默邨押回重庆，先是判周佛海死刑，后改为无期徒刑，1948年2月28日周佛海在狱中病死。因为其病重已有时日，对死亡充满恐怖，在最后心脏病发作时异常难受，在呼叫声中死亡。

褚民谊，浙江吴兴人，1884年出生。早年赴日本、法国等国留学，1920年与吴稚晖、李煜瀛等人共创中法大学。1924年回国，次年出任广东大学代理校长兼医学院院长。南京政府成立后，历任要职，并且跟随改组派上蹿下跳，1932年汪蒋合流后出任行政院秘书长、党中央监察委员、中央党部文化事业计划委员会副主委等职。他也是汪精卫降日计划的具体策划者和执行者，在汪伪政权中先后出任伪外交部长、行政院副院长，伪党中央常委兼秘书长、中央政治会议指定委员。汪精卫病危和病死后，出任伪军事委员会委员、中央宣传部长、广东省长等职。抗战胜利后被陆军总部逮捕，1946年8月23日在苏州监狱因叛国罪被执行死刑。

梅思平，安徽宿县人，1896年出生。此人学法律出身，毕业于北京大学法律科，竟然不知道爱国与卖国的差别。梅思平毕业后一度从教，任中央大学、政治学校教授，不久从政，担任江宁县长、江苏第十行政督察专员兼保安司令。他作为改组派的理论骨干之一，参加了改组派的倒蒋活动。全面抗战开始后，梅思平是"低调俱乐部"的主要成员，是汪精卫叛国投敌的主要策划者。汪精卫投敌后，梅思平担任伪党中央常委、组织部长、中央政治会议委员、工商部长、粮食委员会委员长。1940年11月，日本政府发表《中国基本关系条约》，他是具体参与者之一。以后任伪浙江省长、实业部长、内政部长、民众训练部长等职。抗战胜利后因叛国罪被南京政府逮捕，1946年9月14日处决。

林柏生，广东信宜人，1902年出生。求学时期参加学生运动，广州国民政府成立时由执信中学训育主任改任政府主席汪精卫的秘书，不久去苏联莫斯科中山大学留学。回国后长期在汪精卫身边服务，负责理论、宣传等方面的事务，创办过《留欧通讯》《南华日报》《中华日报》《国际编译社》等媒体，成为汪精卫的宣传喉舌，有"汪精卫的戈培尔"之称。汪精卫叛国时与汪一起逃离重庆前往河内，汪伪政权成立后任伪党中央常委、中央政治会议委员，伪行政院宣传部长、青少年团总监等职。汪精卫病危离开政治中心后，林柏生出任伪安徽省长兼蚌埠绥靖主任。抗战胜利后，与陈公博一起逃往日本，被引渡回国后判处死刑，1946年10月8日枪决。

丁默邨，湖南常德人，1903年出生。此人原为文化人，活跃在大上海，主编有《社会新闻》刊物，出任江南学院院长等职。为谋取政治上的发展，他找到投靠CC系的做官捷径，成为CC系的追随者，并转入特工界发展，出任军统局第三处即邮电检查处处长。抗战开始后，出任军事委员会少将参议、武汉特别市政府秘书长。1938年冬，与李士群一起到上海进行情报工作。汪精卫叛国后，受到重用，出任伪党中央常委、社会部长、特工总部主任，成为特务总头目之一。以后又担任伪中央政治会议委员、伪行政院社会部长、伪军事委员会政治保卫部副总监。汪精卫离开政治中心后，改任伪浙江省长、杭州绥靖主任等职。1945年9月因为汉奸罪被逮捕，1947年2月被判处死刑。

梁鸿志，福建长乐人，1882年出生。清末举人，1905年考入京师大学堂，毕业后担任过一些低级官职，民国政府成立后历任卫戍司令部秘书处长、参议院议员、临时执政府秘书长等职。北洋军阀垮台后，长期隐居，华北事变后与日寇当局眉来眼去，甘心为日阀所驱使，充当汉奸。1938年3月，在日本侵略者的支持下，在南京成立卖国政府——伪维新政府，出任行政院长兼交通部长。汪精卫叛国后，与伪维新政府和北平的伪中华民国临时政府合作，组成伪国民政府，梁鸿志任伪监察院长、伪中央政治会议委员、伪立法院长。抗战胜利后，他作为大汉奸之一被捕入狱，1946年11月9日在上海执行死刑。

温宗尧，广东新宁人，1876年出生。在香港官立中央书院毕业后赴美国留学，兴中会成立时他是第一批成员，后出任过自立军驻沪外交代表、两广将弁学堂总办、清政府驻藏参赞大臣等职，辛亥革命爆发后，任湖北军政府外务次长、南北议和参赞，孙中山南下护法时温曾任军政府外交部长、政务总裁等职。孙中山被排挤出军政府后，温也离开广东来到上海寓居。抗战开始后，公开投敌，出任伪维新政府立法院长，伪政府与汪精卫联合后，出任伪司法院长、时局策进委员会副委员长、中央政治会议连续四届委员。1945年10月1日被捕，后被判为无期徒刑，已经70岁的他，很快走完人生旅途，死于狱中。

王揖唐，安徽合肥人，1877年出生。清末进士，1904年由清政府保送日本士官学校学军，1907年回国后任清兵部主事、东三省督署军事参议、吉林兵办处总办。辛亥革命后，任袁世凯大总统府顾问、共和党干事、第一届国会议员、安福俱乐部总裁、众议院院长。直皖战争皖系失败后逃亡日本，1925年间任安徽省长，北伐时逃居天津租界研究佛学。"九一八事变"后与日寇相勾结，出任伪东北政务委员会委员、伪蒙古军政府实业部长，1937年12月与王克敏一起在北平组织伪中华民国临时政府，任伪议政委员会常务委员、赈济部长、内政部总长等。与汪精卫联合卖国后，任汪伪政权考试院长、伪中央政治委员会委员、伪国务委员，抗战胜利后以汉奸罪被处决。

王克敏，浙江杭县人，1873年出生。中举后被清廷派往日本使馆任参赞，后出任中国银行总裁、中法银行总裁、北洋政府财政总长等职，被广州革命政府通缉。30年代初期任行政院驻北平政务整理委员会副委员长、北平政务委员会委员长、冀察政务委员会经济委员会主席等职，与日寇相勾结，出卖华北主权和利益。全面抗战爆发后，与汤尔和、王揖唐等人组织伪中华民国临时政府，出任伪行政委员会委员长、新民会长。1938年9月，伪南京维新政府和伪临时民国政府合组伪民国政府联合委员会，王克敏任伪主席。这一卖国机构与汪伪集团合并后，任伪中央政治委员会委员、伪华北政务委员会委员长兼内政总署督办、伪教育总署督办。抗战胜利后，以汉奸罪被捕，1945年12月25日在狱中自杀身亡。

陈璧君，广东新会人，1890年出生。早年加入同盟会，因崇拜汪精卫的

年轻时的陈璧君与汪精卫

才气和相貌，公开追求汪精卫。1910年2月21日，汪精卫因刺杀摄政王未遂被捕入狱后，因为"慷慨歌燕市，从容作楚囚，引刀成一快，不负少年头"的囚诗和气吞山河、文采飞扬的自供状，感动了民政部尚书王善耆，因而由"立即处斩"改为终身监禁。陈璧君在北京经常前往探视和出重金买通狱卒请其照顾汪精卫，终于赢得了汪精卫的爱情。溥仪在下台前夕，大赦天下，汪精卫得以释放，与陈璧君正式结婚。以后，陈氏活跃于政界，在国民党"二全大会"后开始进入中央监察委员会，并在国民党的妇女、经济等部门中担任职务。汪精卫投敌过程中，陈璧君起了很大的作用，她也在伪政权中担任了中央政治会议指定委员、伪党中央监察委员会常委等职。抗战结束，她逃往广州后被逮捕，判处无期徒刑。

汪精卫一生感情丰富，垂青他的女性不少，最后却找了陈氏为妻。陈璧君权欲熏心，刁悍阴毒，她与汪精卫结婚后，插手政务，封官卖爵，在汪伪集团中汪精卫是主犯，陈璧君是主谋。正如胡汉民生前所作的诗说："手如铁索急蛟螭，何意东坡有是非，不分少陵抒公论，一生受病在环肥"，指斥汪精卫政治上的堕落和陈璧君有很大的关系。陈公博也说："没有璧君，汪先生成不了事；没有璧君，汪先生也败不了事。""女人祸水论"固然不可取，可是本来品质不良的汪精卫再碰上陈璧君，不能不说是令人遗憾的事。

陈璧君被判刑后，移禁苏州狮子口第一模范监狱。新中国成立后，她被改押在上海提篮桥监狱。在狱中的陈璧君依然骄狂、放纵，但监狱里再无她发泄的场所和对象，故到1948年底精神已经处于崩溃状态，只能靠麻醉品稳定情绪。每日的消遣只是手抄《唐宋诗绝句》和汪精卫的《双照楼诗选》，到临终时共有四大册，全是一笔一画、整整齐齐的正楷，计4万余字。1959年6月17日死于狱中。一个在政治舞台上折腾了30多年的女人，就此结束了自己的生命，身边没有一个亲人。

在审判汉奸过程中，被判处死刑和无期徒刑、有期徒刑的还有相当一批人，这就是投降卖国者的下场。

蒋介石在审判汉奸的同时，对伪军却采取了另外一种方式。伪军在抗战期间，助纣为虐，成为日本帝国主义侵略中国、残害中国人、抢劫战略物资和民财、进攻解放区和正面战场的帮凶，应该受到严惩，起码应该遣散。但是伪军共有35万余人，装备有各类枪支23万余支，是一支颇具规模的武装力量，对蒋介石来说颇有吸引力。1945年8月10日，他下令说："我沦陷区各地下军及各地伪军，应就现驻地点负责维持地方治安，保护人民，各伪军尤应乘机赎罪，努力自新，非本委员长命令，不得擅自移动驻地；并不得受非经本委员长许可之收编，仰各凛遵为要。"蒋介石不仅是要收编伪军，在远在大西南和大西北的国民党军队主力未到达各战略要地以前，还授予伪军承担起阻止八路军、新四军反攻的任务。也就是说伪军不仅没有受到惩罚，反而按照蒋介石的一纸命令，摇身一变为国民党军队了。

对于接收伪军的做法，国民党上层的意见并不一致，不少有识之士并不赞成，社会各界对蒋介石重用伪军也公开反对，认为这是鼓励卖国，鼓励投降，有背爱国大义，违反民族良知。蒋介石一意孤行，收编主意已定，为隐人耳目，减少社会各界的批评，下令陆军总部要各战区和绥靖公署出面进行办理。并且，收编伪军不采用国民党军队的编制和番号，把伪军的"军"改为"暂编纵队"，把伪军的"师"改为"暂编总队"。最后共收编伪军6个纵队、27个总队，兵力为238996人。伪军第1集团军司令兼海军部长任援道被收编为南京先遣军司令、国民政府中将参议，伪军第2集团军司令张岚峰被收编为第3路军司令，伪军第3集团军司令孙良诚被收编为先遣军司令，伪军第4集团军司令孙殿英被收编为第3纵队司令官，伪军第5集团军司令庞炳勋被收编为先遣军第1路司令，伪军第6集团军司令郝鹏举被收编为第6路军司令，伪蒙古自治政府副主席李守信被收编为东北民众自卫军总司令……到全面内战爆发后，暂编纵队和总队则全部恢复国民党军队番号，开往前线与中共武装力量进行作战。

抗日战争期间，蒋介石听取中美联合作战简报后步出会场

与日本军国主义分子相比，美国到底不愧为资本主义世界中的后起之秀，在获得在中国的特权和利益方面，手段要比日本老练，目的要比日本明确，付出的代价要比日本小，得到的利益要比日本多。

美国和蒋介石的关系，发生于北伐过程中，发展于10年内战时期，在国民党内部专门有以宋美龄、宋子文、孔祥熙等为首的亲英美派主持对英美关系。到抗日战争爆发后，美国政府和人民对中国的遭遇表示同情。太平洋战争爆发后，美国也成为世界法西斯势力的侵略对象，从而结束了几年来在反法西斯战争中观望不定、假中立真鼓励侵略的摇摆时期，对中国政府的援助也迅速增加。尽管同美国对苏联、英国和法国等国家的支持相比，美国对中国的援助是最少的，但是对已被战争拖得筋疲力尽的中国政府来说，美国的援助无疑是雪中送炭，有力地支持了国民党政府和中国人民的抗日行动。在史迪威事件后，美国派遣魏德迈和赫尔利使华，对蒋介石的政策有了明显改变，这就是在助蒋抗日的同时，开始"扶蒋反共"。

抗日战争胜利后，蒋介石从划分国、共两党势力范围开始，准备重演1927年4月12日的悲剧，公开"反共"。他的"反共行动计划"，迎合了美国当权者的需要。自第二次世界大战结束后，美苏两国代表各自的阵营，把世界引向新的冷战时期。美国出于封锁社会主义苏联的需要，积极组织世界性的反苏包围圈，同苏联接壤万里的中国当然成为美国筹组的对苏防线中的重要一环。要组织反苏包围圈，当然也就要消灭中国境内的共产主义势力；要消灭中共，当然需要借助蒋介石的力量；要借助蒋介石的力量，当然就要支持蒋介石和南京政府。

对蒋介石来说，要想消灭中国的共产主义势力，在第二次世界大战结束后的背景下，只有寻求美国的支持，这正好与美国以"扶蒋反共"为核心的对华政策是完全吻合的。需要指出的是他的"联美反共政策"，并非完全是因为中共与苏共之间存在的战友关系，他也很清楚，毛泽东和斯大林之间是无法做到统一步伐、统一行动的。他是要通过反苏"反共"，与美国结成神圣同盟，一方面巩固国民党的执政地位和亲信家族势力的统治地位，另一方面削弱苏联的影响和消灭中共势力。

蒋介石马歇尔握手寒暄

美国在中国的活动，同日本相比有很大的不同：日本是捞取更多的经济和物质利益，美国则是更看重能争取到的侵略特权；日本是武力侵占，美国是以援助政府为主；日本是靠武力解决问题，美国是靠谈判协议来达到目的；日本是成为直接占领者，美国是寻找代理人。因此无论是目的，或是手段，还是结果，美国均要比日本略胜一筹，其欺骗性也大得多。

美国为了实现压制苏联、组织反苏包围圈的战略目标，对南京政府慷慨大方，蒋介石因之获得不少实惠。国民党蒋介石集团当时最大的政治需要，就是为全面内战做准备，美国为此尽了很大的努力，提供军费、武器和物资，出人出钱出装备。

第二次世界大战远东地区的战事结束后，因为逼迫日本投降而在亚太地区驻扎有大批军队的美

"三人小组"成员：（右起）中共中央书记处书记周恩来、美国总统特使马歇尔、国民党中央执行委员张群

国，把焦点定在中国的内政问题上。插手中国内政主要从两方面进行：一是调处国共冲突；二是利用各种机会和形式进行侵略。

抗战一结束，蒋介石和美国总统杜鲁门就联手策划"调处国共内战问题"。1945年12月23日，美国总统特使、第二次世界大战的英雄马歇尔将军应邀飞抵重庆，两天后杜鲁门发表对华政策声明，希望中国停止内战，实现民主和平和统一。马歇尔负有调停中国内战的责任，国共两党代表均表示愿意与他合作。有两个因素决定了蒋介石对马的友好态度，即美国的援助和对中共的限制。首先，根据美国《租借法案》，自抗战中后期以来，美国已向蒋介石提供了大量的援助，抗战虽已结束，可美国的援助没有停止，各种剩余战略物资源源不断地运来，马歇尔的态度显然对美援数量的多少和时间的早晚，都会有相当的作用；其次，蒋介石最为担心的是马歇尔是否会"亲共"，当然会竭尽全力拉住这位美国特使，因此在马歇尔留华的时间内，他成为蒋介石的座上宾，两人多次进行会谈。中共代表也希望同马保持友好关系，希望利用美国的影响来限制蒋介石的"反共"活动。

1945年12月27日，在马歇尔将军的主持下，国共代表开始谈判，并成立"三人小组"，成员是马歇尔和中共中央书记处书记周恩来、国民党中央执行委员张群。1946年1月10日上午11时30分，刚开完第五次会议的三人小组举行记者招待会，公布了"一切战斗立即停止，军队调动一律停止"的决定，中共代表周恩来更是当众宣布本党无条件停战。下午3时10分，在所举行的第六次会议上，三方代表正式签订《中共代表与国民党政府代表关于停止国内冲突的命令和声明》等四个文件。考虑到交通和通信问题，规定在13日午夜12点起执行。如此重大的事情，那么快作出决定，还真有点美国人的办事效率。在停战的当天，为执行"停战令"，在北平正式成立"军事调处执行部"，分别由美国代表罗伯森上校、国民党代表郑介民中将和中共代表叶剑英将军组成，下属36个执行小组。1946年2月25日，三人小组通过整军方案，议定一年后所有军队编为108个师，其中中共为18个师；一年半以后所有军队编为60个师，其中中共为10个师。这一方案不可能实施，原因是在各党各派各界代表人士组成的联合政府没有成立以前，中共方面不会同意把军队进行如此大幅度的压缩和整编；蒋介石发动全面内战的决心已下，当然不会同意进行军队缩编。

自1946年2月28日起，三人小组分赴北平、张家口、延安和汉口等地视察"停战令"执行情况。3月11日至4月17日，马歇尔回国述职。3月27日，"东北停战令"生效。6月5日，根据三人小组的意见，蒋介石和周恩来向各自一方下令在东北停战15日，22日又下令延长8天。6月25日，全面内战爆发。8月10日，马歇尔和美国驻中国大使司徒雷登发表声明，宣布调处失败。1947年1月，马歇尔发表离华声明后返美，同月29日，美国宣布退出军事调处执行部。

对美国的调处，国共两党都不满意。中共代表周恩来尽管称马歇尔将军"直率、朴素、冷静"，"我与马歇尔个人关系很好，我认为他是一个有智慧的人"，但是"美国的错误政策，使我们和马歇尔无法取得协议"。蒋介石则称，马歇尔是"受了中共宣传之所蒙骗而对国民政府不无偏见的人"；1946年8月30日，蒋介石在日记中说："美国对华政策已因马歇尔之调解不成，更趋恶化。果尔，则马歇尔纵容共党，其将不仅有害于我国，而适足以自害美国矣。"

马歇尔的调处，吃亏的是中共，还不满足的是蒋介石。一是马歇尔使华期间美援大幅度增加，美国给蒋介石的武器、物资和借款已达40亿美元；美国海军陆战队派驻中国的兵力高达4.5万余人。1946年6月13日，美国国会专议军事援华法案和授权在华组织军事顾问团；6月28日，美国宣布延长对华租借法案，赠送1071架飞机予蒋；7月16日，美国国会同意赠送271艘军舰以扩大蒋介石的海军。从中可以看出，蒋介石之所以敢于发动内战，同美国以上的援助不无关系。

二是助长蒋介石的军事图谋野心。马歇尔来华后，中共已分别在上党、津浦路、平汉路和绥远等地，粉碎了国民党方面蓄意发动的大规模的军事进

1946年3月4日下午，军事三人小组到达延安，受到中共中央负责人和数千群众欢迎。右起：林伯渠、毛泽东、张治中、朱德、马歇尔、周恩来

攻。第一次"停战令"下达的当天,蒋就命令各部乘正式生效前的3天时间抢占要地,其中包括承德、赤峰、高邮、泰县等数十座重要城市;在1月13日"停战令"生效后,国民党军队还在到处抢占城池,但马歇尔要中共立即停止战斗;东北对国共双方来说都很重要,可马歇尔的方案中却称:"为收复东北主权,政府军向东北调动不在此限(即可以随意派兵进驻)",并要中共退出在东北的大城市;军调处的36个小组,在国民党的破坏下,基本上都不能正常工作,且在徐州、济南、新乡等地还发生中共代表被抓被打被暗杀事件;在国民党军队打到松花江边时,马歇尔为阻止中共的反击,再次下达"停战令",捆住中共的手脚。蒋介石曾公开对张群说:"你管谈,我管打",从中可以看出,虽然蒋介石和周恩来都对马歇尔将军不满,但两人批评马歇尔的立场和观点是不同的。

事实上,马歇尔根本不可能调处成功,一方面,中共在调处国共冲突时的二国三方会谈中,不交出军队和根据地是最后的防线,决不让步;另一方面,蒋介石坚持中共交出军队和地盘,也不让中共分享权力和保持军事、政治实力。双方明显对立,无法协调,马歇尔即使三头六臂,也没法解决,更为重要的是,他在反对共产主义方面同蒋介石有着惊人的同一性,他无法调处,可他又"助蒋反共"。军事调处工作是蒋介石与毛泽东会谈的继续,美国人用偏袒国民党压制共产党的不平等的"调处",来拒绝中共有关"和平民主,组织联合政府"的正确主张。

在军事调处的同时,美国就开始用各种办法多渠道地进入中国,这是自鸦片战争以来,美国对中国政府的影响力越来越大,首次成功领先于其他西方国家。

蒋介石向美国出让国家利益和主权。他为了自己"反共"需要,甘心情愿充当美国在华的代理人,签下一批批卖国的不平等条约。1946年8月,双方签订了《中美航空协定(草案)》,决定由陈纳德的空中运输公司,担负国民党对东北、华北和华中各战场的空运人员与军用物资任务;1946年9月,双方签订《中美三十年船坞秘密协定》;1946年10月1日,签订《中美宪警联合勤务议定书》;1946年11月4日,签订《中美友好通商航海条约》;1946年12月20日,签订《中美空中运输协定》;1947年1月,签订《青岛海军基地秘密协定》;

1947年7月15日,签订《中美售让船舶合约》《滇越铁路管理与川滇铁路修筑协定》；1947年11月10日，签订《美国在华教育基地协定》；1947年12月，签订《海军协定》。

通过以上协定，美国取得了多种在华特权，在签订《中美友好通商航海条约》时，中国现代著名的外交家顾维钧一针见血地指出，这是等于"全中国领土均向美国商人开放"。很多国人更是干脆称之为"新21条"。这些协定，使得美国控制了中国的领空、领海、领土和获得了涉及政、经、军诸方面的各种特权。美蒋勾结打内战，这在当时是最不得人心的事情。此事并不奇怪，人民已经厌恶战争，不管战争的双方是谁，不管战争双方的政治立场有何不同，只要谁发动战争，谁就会失去民心。所以，蒋介石在这一点上显然是失策的，中国人民反对挑起内战、依靠军事手段解决政治纷争的蒋某，当然也反对作为他后台老板的美国佬，可谓恨蒋及"美"。

蒋介石把崇洋媚外、出让国家利益、依靠洋人支助打内战作为外交政策的基点，赢是不可能的，输却可以预料。因为他崇洋媚外，有骨气的中国人民就看不起他；因为他出卖祖国利益，爱国的中国人民就要同他进行坚决的斗争；因为他依靠洋人支助打内战，热爱和平的中国人民就要用战争制止战争，赢得这一场战争。可以说在外交上，他也是自己打倒了自己。

蒋介石的失败，既是他政治路线的失败，当然也是美国对华政策的失败。美国的失败，主要表现在支持了一个没有前途的政权；蒋介石的失败，主要表现在卖国同"反共"一体化导致全局性的崩溃，即使能够寻得外援，也无法发挥应有的作用。

（二）继续专制统治，蒋介石破坏民主法则

1946年5月3日，蒋介石和宋美龄乘坐的"美龄号"专机在南京明故宫机场降落，这是这位中国的统治者及夫人在抗战胜利后第一次回到自己的首都，此时，蒋介石和国民政府已经在陪都重庆驻扎了八年半。

1946年5月5日，国民政府举行盛大的还都典礼，在雄伟、庄严、别具一格的中山陵前，集中了南京政府主要官员，阅兵式上走过一列列装备先进、步伐整齐的国民党军队，天上飞机，地上各种火炮和坦克，颇有一番气势。主持阅兵的军委会委员长、国民政府主席、国民党总裁蒋介石，踌躇满志、趾高气扬，一点也看不出当年日军兵临南京城下时仓皇出逃的样子。

如此情形，在蒋介石的个人历史上出现过三次，大家记忆犹新。一次是

1946年5月5日，蒋介石在还都典礼上发表广播讲话

1927年4月18日，因为北伐的胜利，开府南京，夺得天下；一次是1930年10月10日"双十节"，因为中原大战的胜利，基本结束了地方实力派和军阀用武力反抗中央政府的状况，蒋介石在国民党内受到的武力挑战减少；此次是第三次，因为抗战的胜利，与建立政权和夺取新军阀混战的胜利等不一样，蒋介石已冲出国境，成了世界级的"反法西斯英雄"。不管怎样，此次祭奠先总理孙中山，确是蒋介石所有的祭奠活动中最有意义的一次，第一次反侵略战争的彻底胜利，足以告慰长眠于地下的先总理。

此时，离日寇投降已有9个月，而距蒋介石发动全面内战已经不远，20天后，国民党30万大军合围中共的中原解放区，中国近现代史上最后一次内战打响。正是这次内战，使得蒋介石不可避免地走向垮台。

长期以来，国民党方面和蒋本人一直把自己的失败说成是中共施展"统战阴谋"的结果，是中共"煽动群众"的结果。如果果真施展"统战阴谋和煽动群众"就能打败对手的话，难道国民党在这两方面工作做得还少吗？而且在抗日战争胜利时，国民党和蒋介石并非没有政治上的优势，问题是他们的种种倒行逆施行为把自己放到了人民的对立面上。

重庆谈判——毛泽东再见蒋介石

抗战结束前夕，中共在第七次全国代表大会上明确提出了建设"一个独立、自由、民主、统一、富强的新中国"的基本路线，提出了"废止国民党的一党专政，建立民主的联合政府"的建国大纲。其基本内容即是避免内战，争取通过和平民主方式建设一个新中国。中共的主张，代表了全国各阶层民众的愿望。自清朝灭亡后中国的战乱就没有停止过，特别是8年抗日战争更是打得血肉横飞，中国人民为打败侵略者付出了巨大代价。连绵不断的战争，使得民众盼望和平心切；尤其是第一次反侵略战争的胜利，民众自觉和平已经来临。在这一大背景下，和平与民主成为时代潮流，顺之者昌，逆之者亡。因此，中共提出的关于组织联合政府的政治主张，使得其在国共两党的斗争中，在抗战后关于国家前途的选择上，已经先得一分。

中共主张和平民主，与第二次世界大战后在欧洲和东南亚的共产主义运动中出现的"交枪风"根本不同，毛泽东和中共的其他领袖从来没有想过要像法国、意大利、马来西亚、缅甸等国的共产党那样，把在反法西斯战争中建立的武装交出去，来换取几个官职。中共所主张的"联合政府"，就是要国民党放弃一党专政、各党各派各界人士在平等的基础上共商国是，共组政府。也就是说中共虽说是要和平要民主，但只要国民党和蒋介石一天不放弃独裁专制、顽固"反共"的政治主张，就要坚决斗争下去。因此，对国民党和蒋介石随时可能向解放区发动的军事进攻，并没有掉以轻心，而是严阵以待。

蒋介石与之相反，以内战的方式来解决国共争端，以独裁的方式来维持统治。他的"独裁"，是一贯的专制统治的继续；他的"内战"，则依仗所拥有的远远大于中共的军事力量来打败中共。为此，采取了一系列的行动，其中之一是假谈真打，拒绝中共提出的政治主张。

1945年8月14日，蒋介石致电毛泽东："倭寇投降，世界永久和平局面，可期实现，举凡国际国内各种问题，亟待解决，特请先生克日惠临陪都，共同商讨，事关国家大计，幸勿吝驾，临电不胜迫切悬盼之至。"在毛泽东婉拒后，8月20日，蒋又致电毛："深望足下体念国家之艰危，悯怀人民之疾苦，共同勠力，从事建设。如何以建国之功收抗战之果，甚有赖于先生之惠然一行，共定大计，则受益拜惠，岂仅个人而已哉！特再驰电奉邀，务恳惠诺为感。"在毛泽东表示委派周恩来到重庆谈判时，8月23日，他又再次致电毛："惟目前各种重要问题，均待与先生面商，时机迫切，仍盼先生能与恩来先生惠然偕临，则重要问题，方得迅速解决，国家前途实利赖之。兹准备飞机迎迓，特再电速驾！"（见《重庆谈判记录》第21至27页）。

面对蒋介石的和谈攻势，中共如何应付？1945年8月23日中共中央举行政治局扩大会议，新一届的中共政治局委员、候补委员和第二天就要上前线的军政指挥员刘伯承、邓小平、陈毅、林彪，以及中共各部门主要负责同志，参加了会议。针对蒋介石的谈判邀请和中共要不要正面回应问题，毛泽东在会上指 1175

出："现在的情况是，抗日战争的阶段已结束，进入和平建设阶段。"但是，"和平能否取得，内战能否避免？""蒋介石想消灭共产党的方针没有改变也不会改变"，"现在是独裁加若干民主，并将占相当长的时期，我们还要钻进去给蒋介石洗脸，而不是砍头。这个弯路将使我们党在各方面达到更成熟，中国人民更觉悟，然后实现新民主主义的中国"；"因此，对国民党的批评，本来是决定停一下的，因为日本突然投降，蒋下令要我们'驻防待命'，不得不再批评一下，今后要逐渐缓和下来。以后仍是蒋反我亦反，蒋停我亦停，以斗争达到团结，有理有利有节。不可能设想，在蒋的高压下没有斗争可以取得地位。"（见中央文献出版社：《毛泽东传》第728页）

对于与会者担心毛泽东亲赴重庆的安全问题，毛泽东说："对我们这些即将奔赴前线的同志说，同志们担心我去谈判的安全。蒋介石这个人我们是了解的。你们在前方（与前来解放区进行挑衅的国民党军队作战）打得好，我就安全一些，打得不好，我就危险一些。你们打了胜仗，我谈判就容易些，否则就困难一些。""我是否出去？我们今天还是决定出去而不是不出去。但出去的时机由政治局书记处决定。我出去，决定少奇同志代理我的职务。书记处另推陈云、彭真同志为候补书记，以便我和恩来出去后，书记处还有五人开会。"（解放军出版社：《萧劲光回忆录》第325页）

就在这一天，毛泽东也收到了蒋介石打来的第三封电报。1945年8月25日，中共中央留在重庆的代表王若飞回到延安，中共中央政治局立即召开了专门会议。毛泽东在8月26日的会议上，对于是否赴重庆谈判问题，明确表示："可以去，必须去，这样可以取得主动权。"

最后会议通过了《中共中央关于同国民党进行和平谈判的通知》，通知表示中共在与国民党的谈判中，愿意作出部分让步："如果国民党还要发动内战，它就在全国全世界面前输了理，我党就有理由采取自卫战争，击破其进攻。同时我党力量强大，有来犯者，只要好打，我党必定站在自卫立场上坚决彻底干净全部消灭之（不要轻易打，打则必胜），绝对不要被反动派的气势汹汹所吓倒。但是不论何时，又团结，又斗争，以斗争之手段，达团结之目的；有理有利有节；利用矛盾，争取多数，反对少数，各个击破等项原则，必须坚持，不可忘记。"（《毛泽东选集》第4卷，人民出版社1991版第1153至1154页）

毛泽东不愧是一位革命家和战略家，他看蒋介石可谓入木三分。蒋介石邀请毛泽东谈判并非是真为了谈判，蒋介石的目的无非有四：一是发动内战需要时间，国民党军队从大后方下山摘桃子需要一个过程，提出谈判是为发动内战争取时间。二是发动内战需要伪装，抗战刚刚结束，社会各界，包括国民党内一些有识之士都反对内战，提出谈判可以装出和平假象，欺骗世人。三是发动内战需要嫁祸于人，如果毛泽东不来重庆谈判，则可以把内战的罪名安在中共头上。四是发动内战需要全面安排，如果毛泽东来重庆，用几个内阁职位，逼中共交出军队、取消解放区，和平解决中共的武装，不费一枪一弹消灭中共。

根据上述分析，中共领袖们得出了正确的结论，作出了正确的决策：毛泽东必须去重庆，毛泽东必须通过谈判戳穿蒋介石假和平的假象，必须通过谈判向社会各界表达中共的和平诚意，必须通过谈判与国民党进行有理有利有节的斗争。

1945年8月28日下午3时37分，中共中央主席、中央军委主席毛泽东及周恩来、王若飞在美国大使赫尔利和国民党军事委员会政治部长张治中将军陪同下，飞抵重庆。当天晚上，国民党总裁蒋介石在林园官邸宴请中共中央主席毛泽东，这是中国现代史上两位用不同方式改变历史的人物在分别18年后的重逢。宴会上的热闹，并不能消除国、共和毛、蒋之间的对立，毛泽东曾是蒋介石一心要抓获的对象，蒋介石则是毛泽东一心要推翻的目标，两人见面，显然有话不投机之感。当然对这两人来说，谈判的具体结果都不是最重要的，不管谈出什么样的结果，谁都是只用对自己有用的条文，都会用各自的实力来解决争端。判断他们之间的对错，只有一条标准：是否有利于争取中国光明的前途？是否有利于中国的和平和发展？是否有利于人民的幸福和富裕。在当时的历史条件下，毛泽东显然比蒋介石有优势。

因此，国共首脑会谈，无论对哪一方来说，实际意义远小于宣示意义。蒋介石请毛泽东来谈判，是为了表示国民党要和平的假象和为下一步的内战争取时间；毛泽东愿意来谈判，也是为了表达中共的和平愿望。双方都没有把自己的下一步行动局限在谈判桌上。这样的谈判，因为没有把宝押在谈判上，也就好谈；因为对谈判没有抱多大希望，也就很难达成双方都能接受的协议。

蒋介石虽然三次电邀，但是没有想到毛泽东真会飞赴重庆，故对谈判毫无準备，临到谈判，竟拿不出任何谈判方案，对此国民党代表邵力子则说，这是因为"希望听取中共的意见，倘若政府先提出具体方案，也许使中共方面认为政府已有一种定见，而有碍于会谈的进行"。1945年9月3日下午，中共代表对谈判的各项问题，提出了完整的方案——《谈话要点》，国民党代

1945年8月28日，专程迎接毛泽东去重庆谈判的张治中、赫尔利与中共中央领导人在延安合影。左起：周恩来、赫尔利、毛泽东、张治中、朱德

表马上同意以此为蓝本开始会谈。

在国共谈判代表唇枪舌剑、互不相让的同时，蒋介石和毛泽东进行了10次会谈。其中主要的会见有：

1945年8月29日下午，两人通报各自的谈判代表，毛泽东介绍的谈判代表有中共中央副主席、中央书记处书记之一周恩来和中央委员、中央党务研究室主任王若飞。蒋介石介绍的谈判代表有国民党中央宣传部长王世杰、成都行营主任张群、军委会政治部长张治中、国民参政会宪法促进会秘书长邵力子。这六人论谈判所需要的出众的口才、敏锐的思维、灵活的战术、高超的谈话艺术等基本功均不差，周恩来和王若飞舌战群儒、克敌制胜的本领则更高一筹，张治中和邵力子也算

重庆谈判期间，毛泽东与蒋介石合影

上乘之士，王世杰、张群则为蒋的智多星，只因国民党的谈判底线定得太高，中共又不准备作过多的让步，再好的谈判代表也不可能谈出任何理想的成果。

1945年9月4日，蒋介石和毛泽东就军队缩编等问题单谈。9月5日，蒋介石宴请苏联大使，邀请毛泽东作陪。9月12日和17日蒋介石和毛泽东，就谈判中最棘手的问题——中共军队缩编和解放区政权的承认问题，进行最高级会晤，其中在9月17日还和美国大使一起共进午餐和照相。

1945年10月9日，蒋介石和宋美龄再次与毛泽东会见。他们的多次会见，因为两人都对中国传统文化、历史、社会、政治、理论有全面的了解，对政治斗争和国共之争都有丰富的实践，也都智慧过人，自我感觉高度良好，所以见面时，免不了谈笑风生、幽默风趣，纵论古今中外之事。他们之间的政治对立，不是用指斥、怒骂、愤恨来表示的，这样未免有失身份，而是用对信仰的忠诚、坚强的意志和高度的智慧，斗智斗勇，有高谈阔论，有谈言微中，有旁敲侧击，有单刀直入，有幽默，有热讽。毛泽东在劝蒋让权、放宽对共产党的压制方面没有成功，但从谈话过程中看，毛泽东始终处于上风，且他因为对蒋没有过多的期望，大不了就是再"上山打游击"，也就没有什么包袱，因而也就更潇洒、更有风度和感染力。蒋介石一心扑在消灭共产党上，谈判中又在不断策划新的图谋，且又总是以一国之主的架势和威严出现，表现就显得呆板和做作。

1945年10月10日，是国民党政权的国庆日。午后，在毛泽东临时借住的张治中将军公馆，签署了《国民政府与中共代表会谈纪要》（即《双十协定》）。中共代表周恩来、王若飞，国民党代表王世杰、张治中、邵力子，在这份国共之间唯一的最高级会谈文件上签字，毛泽东出席了签字仪式。历时43天的重庆谈判宣告结束。

身着戎装、佩戴特级上将军衔的蒋介石只是在这一历史性的签字仪式结

在10月10日晚的酒会上，蒋介石与毛泽东碰杯，庆祝抗日战争的伟大胜利

束后，才姗姗来迟，故意来迟显然是为了再一次显示自己的威权，以示高人一等。身穿五星上将服装的蒋介石和身着普通民服的毛泽东只谈了10分钟，时间不长，可能是两人通过对谈判过程的研判，都已预感到了双方的决战已经不可避免。既然如此，多谈又有何益？值得一提的是，身穿金星闪烁将军服的蒋介石，有意从服饰和气势上压倒对手，可最后成了败军之将，胸有雄兵百万但身穿平民服装的毛泽东最后成了胜利者。当天晚上，毛泽东出席蒋介石为外宾举行的酒会和戏剧演出。10月11日晨，蒋介石最后一次盛邀毛泽东共进早餐。

在中国近现代政治舞台上两大政党首脑亲自参与下的"重庆谈判"至此结束。《双十协定》就当时中国所面临的主要问题进行了详尽讨论，对国内政治争端的解决提出了一些办法。

在被称为《国民政府与中共代表会谈纪要》的《双十协定》中，提出了以下12个问题。

关于和平建国的基本方针：双方一致认为和平建国的新阶段即将开始，并同意蒋介石所倡导的政治民主化、军队国家化及党派平等合法为达到和平建国必由之途径。

关于政治民主化：双方一致认为应迅速结束训政，实施宪政，由国民政府召开政治协商会议，讨论建国方案及召开国民大会的各项有关问题。

关于国民大会：中共提出重选代表、延期召开、修改会议组织法和"五五宪法"三大主张，国民党予以拒绝，但增加部分中共代表可以重新考虑。双方同意把有关问题提交政治协商会议讨论。

关于人民自由：凡认为有碍于保护人权的法令和法律应分别修正或废止。

关于党派合法：中共方面提出应承认一切党派的平等合法地位，国民党方面表示这本是宪法常轨今可即行承认。

关于特务机关：双方认为要对特务机关的权责严加限制。

关于释放政治犯：国民党方面愿意自动办理中共方面提出的释放政治犯一事。

关于地方自治：双方赞成各地推行自治和普选，但国民党方面提出这不应影响国民大会的如期召开。

关于军队国家化：中共方面提出政府应公平合理地整编全国军队，重划军区，确定征补制度，这样中共愿意将军队编成20个师及将在广东、浙江、苏南、皖南、皖中、湖南、湖北、河南（豫北不在内）8个地区的抗日军队，撤至陇海路以北及苏北皖北的解放区，国民党方面表示赞成，但拒绝了中共提出的把民兵编为地方自卫队的计划。

关于解放区地方政府：中共方面提出四种方案，政府应承认解放区的各级民选政府；在陕甘宁边区及热河、察哈尔、河北、山东、山西五省市由中共官员出任省主席及委员，绥远、河南、江苏、安徽、湖北、广东6省由中共官员出任省府副主席及委员，北平、上海、天津、青岛四特别市由中共官员出任副市长，东北地区应允许中共官员参与各地行政工作；政府应承认解放区的省级民选政府；各解放区维持现状。国民党方面对前三种方案予以拒绝，对"各解放区维持现状"同意继续商谈。

关于奸伪：一致同意尽快严惩；关于受降问题：国民党事实上拒绝了中共提出的"重划受降区，参加受降工作"的要求。

在以上12条中，蒋介石向毛泽东所作的许诺，一种是虚与委蛇，如召开政治协商会议，事实上他根本没把政治协商会议当成是全国政治改革和国民党放弃一党专政的开端。如国民党军队的缩编，事实上根本没有压缩兵力的意思。一种是只说不做，如和平建国、政治民主化、保护人民的自由和限制国民党特务机构的权责均不准备实行。一种是避重就轻，如对召开国民大会，只允许增加部分代表而拒绝修改"五五宪草"和大会组织法。一种是横加拒绝，如中共增加军队整编数和解放区政权的承认问题，以及中共参加接受日本投降等。一句话，只要涉及国民党统治地位的任何要求，蒋介石均予以反对。

相比之下，毛泽东从全国和平的大局考虑，为维护抗战胜利后的和平局面，作出了一些实质性的让步。中共代表表示愿意接受蒋介石的领导；愿意让出江南的8个解放区；愿意将军队缩编为20个师；关于解放区和人民政权的地位问题同意继续谈判。这是中共对国民党作出的最大的让步，目的只有一个，那就是以让步换取和平。蒋介石并不满足，他的底线是要彻底解决共产党军队和解放区政权问题，而这事实上对在对日寇作战中发展起来的中共是不公正的，也是办不到的。

重庆谈判取得了两个成果：一是中共军队的合法化。虽说将120万军队缩编为20个师是不公正的，但是这说明蒋介石已经承认其合法性。在数量上也有增加，在抗战初期以及中共代表林彪、林伯渠三次与国民党的谈判中，中共军队数量一直是双方谈判的主要内容。此次，毛泽东亲自到重庆，军队编制增加到20个师，这是蒋介石答应的最多的一次。二是中共和民主党派的合法化，第一次在国共首脑谈判的文件中得到肯定。中共和各民主党派可以参加政治协商会议，与国民党论辩是非，共商国是，这是继国民参政会以后，革命和民主力量得到的又一个公开的政治舞台。尽管《双十协定》没有得到全面落实，也没有改变后来中国的政治走向，但因为是蒋介石和毛泽东之间唯一的正式会谈，也是这两位都在以各自的套路改变历史的重要人物，在国共两党决战前夕仅有的一次正式会谈所达成的协定，该协定将作为中国现代史上最有价值的文件而长存于世。

1945年10月11日，毛泽东返回延安，蒋介石没有到机场为中共最高领袖送行。他们二人结识于大革命时期，毛泽东作为国民党中央代理宣传部长，与当时的军事首脑蒋介石常来常往，会上会下，各种社交场合，均留下两人相会的影迹；蒋介石发动"四一二政变"后，毛泽东成了最大的通缉犯，蒋介石成为毛泽东立志要推翻的目标；在以后长达十年的国共军事对峙中，两人成为直接的对手，蒋是先输后赢，毛先是多次赢得反"围剿"胜利，后又把中共带出险境，完成战略大转移；抗战8年，国共第二次合作，也多次进行过高级谈判，但两位最高领袖一直没有见过面，如今终于在重庆相见。这种政治上对立的两大党领袖会谈，在西方国家极为常见，在中国则极为罕见。此次见面后，直到蒋介石1975年4月5日在台北病故，两人再也没有相逢过，也没有进行过任何形式的相互问候。在蒋介石去世一年余，毛泽东也于1976年9月9日病逝。

1945年10月11日，毛泽东在张治中（左）等人的陪同下乘蒋介石的专机离开重庆回延安。蒋介石的代表陈诚（右）以及各界人士到机场送行

毛泽东回延安后，中共代表周恩来继续留在国统区与国民党方面保持接触，与国民党谈判代表的主要议题有二：军事调解工作、召开政治协商会议。周恩来直到国民党单方面召开自绝于人民的

"制宪国民大会"才返回延安。

政治协商——中共要求又被拒绝

抗战胜利后的国共谈判，在蒋毛会谈、军事调处之外，还有一条就是政治协商方面。召开政治协商会议，是《双十协定》中决定的事情，也是该协定中蒋介石唯一兑现的许诺。1946年1月5日，重庆政府公布了《召开政治协商会议办法》和代表名单，共计有38人，国民党代表有孙科、张群、陈立夫、王世杰等8人，共产党代表有周恩来、董必武、叶剑英、王若飞等7人，民主同盟代表有张澜、沈钧儒、章伯钧、黄炎培等9人，青年党代表有曾琦、余家菊、陈启天、杨永浚等5人，社会贤达代表有莫德惠、王云五、傅斯年、郭沫若等9人。

1946年1月10日，《双十协定》中商定的政治协商会议在重庆国民政府大礼堂开幕。虽不是代表的蒋介石来到会上致词，提出要给"人民自由、政党合法化、普选、释放政治犯""四项诺言"。和以往一样，这四条是蒋介石最不愿意做的事情，当然也就不会做到做好。"人民自由"，在传统封建思想和现代法西斯主义相结合的蒋氏独裁下，人民大众在政治和经济、文化上没有翻身，如何谈"自由"？蒋给人民的自由是建立在必须维护统治集团利益的前提下，否则"由不得民"。"政党合法化"，很快被对中共和民主党派的镇压所代替；"普选"，成为国民党党工和行政官员的政治闹剧；"释放政治犯"，蒋介石对此是最不愿做也做不好的，不要说革命志士蒋不会释放，就连民族英雄张学良和杨虎城将军他也没有释放。总的来说，蒋介石在政治协商会议上所做出的承诺，并没有超出《双十协定》的范围。

政协会历时22天，通过了"政府组织""和平建国纲领""军事整编""宪法草案"等决议。会议的中心议题是"政治民主化"和"军队国家化"。前者的实质是包括中共在内的进步民主力量，要改组国民党一党专政的政府，组织联合政府；后者的实质是蒋介石要统一军令，迫使中共交出军队。

敢于和善于同蒋介石斗争的中共代表，提出先政治民主化再军队国家化；蒋介石的态度很明确，即先军队国家化再政治民主化。谁都明白，这不是简单的次序之争，而是根本的对立。蒋介石的用心是中共先交出军队，政府才能实施所谓的"政治民主化"；中共也不糊涂，只有先政治民主化，组织联合政府，中共才能把军队交给联合政府。双方何能一致？

蒋介石在大陆执政的22年间，大政方针且不说，就他个人而言，留给世人最深刻的印象就是缺乏诚意。朝三暮四，出尔反尔，这是资产阶级政治家们常用的手段，也是人们对政治家评价的主要内容。缺乏作为一国领袖应有的诚意在战后蒋介石身上表现得尤为突出。

蒋介石提议谈判、同意召开政协会议和国共继续谈判，同意邀请美国代表来华调处国共武装冲突，似乎成了"和平天使"，可他并未为和平出一份力。既然是谈判，双方都应做些让步，以便向共同的目标靠拢，可蒋介石只要毛泽东让步，国民党只要共产党让步，国民党没有让出一寸土地，没有向中共解放区少派一兵一卒，也没有从16个接受日寇投降的地区中划出一块给在抗日战争中立下丰功伟绩的八路军和新四军。

既然是政治协商，就应各党各派平等协商解决国内政治问题，可国民党代表拒绝中共代表关于"建立联合政府"的建议，坚持国民党的一党专政，坚持要先实行"军队国家化（即让中共交出军队）"，然后再实行"政治民主化"，所以这样的政协，实质上是"招安"。

既然是"和平"，长期坚持一党专政、亲信家族势力操纵国政、蒋介石个人独裁的南京政府就应进行民主改革，容纳各党各派各界人士，商议国事，以消弭国内政治、军事争端，可蒋氏依然如故，他行他素，所以他的"和平"只是招牌。

既然是解决争端，就应照顾到争端双方的基本利益，蒋介石同意召开政协，同意国共继续谈判，同意共产党合法存在，同意人民军队编为20个师，可决不承认解放区和人民政权。没有人民政权和解放区，共产党和军队又如何生存？如何发展？所以他的"和平措施"对中共来说实为釜底抽薪。

既然是调处，就应该公平、合理、妥善处理冲突事件，调处（中共、国民党、美国代表）三方通过的协定要有约束力，可美蒋合作，偏袒国民党军队的挑衅和进攻，即使这样的协定国民党军队也不愿意遵守。所以谈判、协商、和平、调处及解决争端，只是蒋介石拒绝中共"和平民主建国"主张的一些托词而已。

1946年3月1日至17日，国民党六届二中全会在重庆召开，这是国民党在陪都举行的最后一次中央全会。会议通过的《关于政治协商会议之决议案》声

称，对于国民党的领导地位和路线政策，绝不容许社会各界和各政党有所违

背。会议决定召开一再遭到中共和各民主党派反对的"制宪国民大会"，肯定已经被全国人民所抛弃的《五五宪法（草案）》，选举了国民党出席"制宪国民大会"的代表，继续坚持国民党一党专制、蒋介石个人独裁的政治体制，事实上等于完全否定了重庆谈判和政治协商会议的成果，等于是向中共宣战。

会议为实施内战方案，对国民党的党政军体制进行了调整，并于1946年5月间开始实施。会议根据蒋介石的提议，决定撤销国防最高委员会，恢复中央政治会议制度。会议通过的中央政治会议组成人员有：张静江、李煜瀛、冯玉祥、阎锡山、熊克武、孔祥熙、程潜、李宗仁、何应钦、徐永昌、朱绍良、陈济棠、李敬斋、徐堪、甘乃光、余井塘、彭学沛、曾养甫、方治、齐世英、谷正鼎、袁守谦、鹿钟麟等。当然委员还有各国民党中央执行委员和监察委员、国民党籍政府委员和国民政府文官长。蒋介石任会议主席，秘书长陈立夫（后由吴铁城接替）、副秘书长洪兰友。

会议决定撤销国民政府的军政部，设立隶属于行政院的国防部。政府人事调整情况如下：行政院长宋子文、副院长翁文灏，立法院长孙科、副院长魏道明，司法院长居正、副院长覃振，考试院长戴季陶、副院长周钟岳，监察院长于右任、副院长刘尚清。国民政府参军长商震，行政院秘书长蒋梦麟、内政部长张厉生、外交部长王世杰、国防部长白崇禧、财政部长俞鸿钧、经济部长王云五、教育部长朱家骅、交通部长俞大维、农林部长周诒春、社会部长谷正纲、粮食部长徐堪、司法行政部长谢冠生、蒙藏委员会委员长罗良鉴、侨务委员会委员长陈树人、新闻局长董显光。

会议决定对军事指挥体制和人事进行调整，除在与中共有直接接触的地区保留战区外，其余战区全部撤销，改设海陆空军和后勤四总部以及绥靖区、集团军等机构，并于6月间开始实施，军事人事情况是：国防部长白崇禧，次长林蔚、秦德纯、刘士毅；参谋总长陈诚，参谋次长刘斐、郭忏、范汉杰等；陆军总司令顾祝同、副总司令汤恩伯；海军总司令陈诚、副总司令桂永清；空军总司令周至柔，副总司令毛邦初、王叔铭；联合后勤总司令黄镇球，副总司令黄维、陈良、何世礼。

国民政府主席重庆行辕主任何应钦，副主任张群、朱绍良，下设川鄂湘黔边区绥靖公署（潘文华）、川康绥靖公署（邓锡侯）、云南警备总部（贺国光）、西昌警备总部（何绍周）、重庆警备总部（孙元良）；北平行辕主任李宗仁，下设保定绥靖公署（孙连仲）、张垣绥靖公署（傅作义）；西北行营主任张治中，副主任郭寄峤、马鸿逵、马步芳，下设河西警备总部（李铁军）、新疆警备总部（陶峙岳）；东北行营主任熊式辉，东北保安司令杜聿明，副司令梁华盛、范汉杰、郑洞国、马占山（下设5个绥靖区，分别由孙渡、石觉、赵公武、廖耀湘、陈明仁任司令）；广州行辕主任张发奎；武汉行营主任程潜，副主任孙蔚如、王缵绪、唐式遵；陆军总部徐州总部总司令顾祝同，副总司令韩德勤、范汉杰；第一战区司令长官胡宗南、第二战区司令长官阎锡山、第十一战区司令长官孙连仲、第十二战区司令长官傅作义。

西安绥靖公署主任胡宗南，徐州绥靖公署主任薛岳，衢州绥靖公署主任余汉谋，台湾警备司令陈仪；第一绥靖区司令李默庵、第二绥靖区司令王耀武、第三绥靖区司令冯治安、第四绥靖区司令刘汝明、第五绥靖区司令孙震、第六绥靖区司令周岩、第七绥靖区司令王陵基。

蒋介石也可算中国一大谋略家，可他常常又善于把有利条件转化为不利条件，把优势转化为劣势。在如何分析和对待抗战后的国共纷争上更是如此，他的决策有严重失误，拒绝中共提出的"和平民主建国"方针，是其错误的核心。正是因为拒绝"和平"，等于蒋介石要战争；正是因为拒绝"民主"，等于蒋介石要专制；正是因为不断向解放区发动进攻，等于蒋介石要用武力解决国内政治争端。这样使得国民党处于被动的位置，因抗战胜利换来的政治优势逐渐消失，只剩下一条与中共决一死战的不归路。

在第二次世界大战后新的国际格局大背景下，蒋介石在确定国民党的政治路线和建国方针上，拒绝中共"和平民主建国"的主张，可以说这是政治上他自己打倒自己的最有力度的一击。

白色恐怖——令人窒息的特务网

抗战胜利前后，国民党的特务统治到了登峰造极的程度。镇压共产党人，镇压民主党派，镇压人民群众，全国上下，处于白色恐怖之中。

特务功能大发挥

抗战开始前后，中共在各主要地区和城市恢复中共地下组织。国民党特务在抓捕中共地下工作人员的同时，还有三项任务：

一是压制进步民主势力。因为民主党派的活动大多处于公开和半公开状态，利用合法的政治舞台与国民党内的反动势力进行各种斗争，蒋介石为了民主的招牌和有利于争取西方援助，为了让西方资本主义制度的味道更浓一些，故把东方专制和法西斯主义藏得更严一些，对民主党派的打击和监视便只能用地下的办法，依靠特务来进行。民主力量要爱国，特务们要干涉；民主力量要抗日，特务们要反对；民主力量要"联共"，特务们更是害怕。特务们杀害了杨杏佛和李公朴、闻一多等许多民主党派的活动家；包括孙中山夫人宋庆龄、著名平民教育家陶行知在内的许多民主斗士受到特务的恐吓；包括著名经济学家马寅初、民主同盟主席张澜在内的许多民主党派领袖被特务监视；包括民主同盟、"三民主义"同志会等在内的各民主党派无时不在特务的威胁之下。

二是充当蒋介石反动统治的鹰犬。到20世纪，中国是唯一保留用毛笔的国家，墨写的条幅当然也就成为最为普及，也是最能反映社会现实的文化形式。在中国所有的条幅和横幅中恐怕有一条是用得最多的，那就是"莫谈国事"。把历史从今天往前推到1949年10月以前，贴满国统区各地、人人皆知的口号就是这一条。议论国事在现代国家现代社会本是正常之事，"卑贱者"最聪明，把无数个"卑贱者"的脑袋发动起来为国为民献计献策，对"高贵者"来说应是求之不得的事情，问题是"高贵者"们往往听不进"卑贱者"的意见，而且将任何"卑贱者"的建议都视为有不良企图，加以镇压和取缔。高压之下，民众当然也就养成在公开场合"莫谈国事"的习惯，公开不谈，不等于民众就会甘心于统治者的统治，那就必然会由明转暗。蒋介石当然明白这一点，他便有借助于特务手段，对人民群众实行最不得人心的监视，这就造成多少人间悲剧，人在家中坐，祸从天上降，多少百姓和学子，只因几句实话就成为特务机关的刀下鬼。特别是青年学生，在学校里受到训导人员和军训官严格的思想和言论控制，任何不满都将有可能被视为叛逆而遭到整肃。在国民党特务的监视下，文学、艺术、新闻、学术、科研的活力一再遭到摧残。这一点"蒋记特务"远过于女皇武则天时代的周兴和来俊臣，远过于明代的锦衣卫，也不亚于蒋介石崇拜的希特勒的特务机构。人民大众可能因为各种各样的原因，对国共在政治军事上的对垒并非都感兴趣，或者也不完全赞成中共的主张，也不完全否认国民党的政治主张，但是对特务手段却均深恶痛绝。遍布城乡各阶层的特务网，给国民党统治集团带来了一时的安全感，给人民带来了恐怖和死亡，当然也加速了人民的反抗和国民党统治的灭亡。从古到今，无论世界上哪个地方，都还找不到警察政权成功的例子，蒋介石本身就是最好的证明，他建立在特务统治基础上的政权只存在了22年。

三是保证统治阶级内部对蒋介石的绝对忠诚。国民党统治集团在大陆时期，主要是以争权夺利为主的利益集团。他们缺少以民众利益为本的共同的利益，当然也就没有奉献精神；没有奉献精神，当然也就没有党内的一致和团结；没有党内的团结，当然也就没有严密的组织和党纪党规。因此，蒋介石就在所有的党务、行政、军事、学校、官营企业和党的外围团体内设立特工部门，在公务机关有人事二处或政风室，在军队有政训处，在学校有军训室和训导室，这些机关成为事实上的人事和组织部门，通过控制升迁及调动等与人根本利益相关的途径，监视所有的军界将领、国家管理人员和为政权服务的工作人员。首先是保证"反共"的一致性，其次是保持统治队伍的稳定和正常的统治秩序。和蒋介石所有的指示均被执行部门加以本地区和本单位的特色化后再施行一样，他的用"特"手段，也被下面创造性地发挥。特务们滥用特权，利用所拥有的权力，捕共反谍有之，邀功请赏有之，挟私报复有之，诬告陷害有之。无奇不有，无所不能，很多军公教人员日夜处于白色恐怖之中，人人自危，朝不保夕，随时都有被扣上红帽子、坐牢杀头、家破人亡的危险。即使在国民党统治集团内部，对特务的胡作非为、横行霸道，也是怨气冲天、仇恨满腔。

特工系统大改组

到抗日战争胜利时，蒋介石的两大特务机构"中统"和"军统"，已到千夫所指、人神共愤的程度，社会上和舆论界固然对其口诛笔伐，食肉寝皮也不解恨，即使在国民党和南京政府内也是对其切齿腐心、掩鼻而过，在这种极其被动的情况下，蒋介石只得改变方式，重组特务组织。

"国民政府军事委员会军事调查统计局"于1946年10月易名，归至新成立的国防部，改称为"保密局"。

保密局进行了较大的改组，大量可用可不用的特务"转业"至各地军官总队，但抗战前参加军统的"核心分子"和抗战期间经特工班培训出来的"基本人员"没有动；外勤人员"社会化"，每个人都有一个公开合法的职业作掩护，形式不一，人员多样，但对付共产党的主要目标没有变。保密局下设七处、三科、四组，主要有情报处、行动处、人事处、电讯处、督察室、总稽核室和机要组、特种政治问题研究组、特种技术研究组等。保密局的外勤单位分为秘密和公开两种，以便进行各自不同的活动。改组后的保密局，以更凶更坏更臭的面目呈现给世人，在国民党大失败和蒋介石大逃亡的过程中，镇压民主运动、破坏学生运动、突击搜捕中共成员、突击杀害在押革命者、炸毁工厂和桥梁、绑架名人去台湾、暗杀新解放城市和地区的中共领导人、布置潜伏特务，无恶不作。这些国民党特务，凡是属于好事的他们一律不做，他们要么不动，只要一动手就必然是去做坏事。

中统组织也和军统一样，因名声太臭而不得不改头换面。1947年中央党部调查统计局改称为"中央党员通讯局"。名称也和以前一样，表面上只是一个党员联络机构。不过，让人一看就不可思议，国民党有完整的党务组织、管理、登记和通信系统，为什么还要有一个通讯局？国民党难道是靠通讯来保持日常联系和开展党务活动的吗？特工组织还真要用一个特殊的但是不伦不类的名称来表示。

改组后的中统局原有的机构大幅度减少，只保留核心机关，其他部门和人员全部用化整为零的办法，安插至各国家机关，他们的任务和职能没有改变，隶属关系明里是在各行政机关，但实际上接受通讯局的领导和控制，而且这批分出去的特务也不愿意脱离中统，因为他们不愿意放弃特权和利益。属于通讯局的机构有属于国民政府主计处统计局的第六、第七科，表面上"负责行政效率和施政成绩"的统计，事实上正是利用审核中、上层官员业绩的工作来收集各级官员的情报，以便于对他们实施控制。有属于内政部人口局的第四处，表面上负责人口政策研究及人口资料，而事实上是利用收集和整理人口资料的机会，搜集进步人士的历史、特性、家庭和社会关系、活动。有属于经济部的特种经济调查处，表面上调查和处理非法经济活动，取缔黑市、走私，而事实上是利用此项业务，搜集中共的经济情报，部署对解放区的封锁禁运，并利用职权大肆敲诈勒索、扰害商民。

由此可见，中统特务原有的控制文化、经济、宣传、社会、教育、艺术等部门进行特务活动的职能没有改变，分出去的原中统机构，主要是执行秘密业务，公开业务只是一种掩护而已，几乎所有的原特务机关都被完整保存下来，而且因有了公开机关的掩护发展更快，对蒋介石的贡献更大，对革命的威胁也就更大。到1949年5月，中央党员通讯局在国民党的临时首都广州又改名为内政部调查局。

国民党政权的各级机构和组织，可以说是在现代国家里最没有效率的管理群体，可它的特务组织，有时却很有效率，特别是在第二次世界大战期间，在苏德战争和太平洋战争的爆发时还有过提前、准确预报的好成绩。在国内战场上，对日军的行动也搜集过及时有用的情报。当然，蒋介石对这些不是十分感兴趣，他所关心的是能否有效遏制中共地下组织的活动。因此，国民党特务系统的主要任务是保持对蒋介石的忠诚和"反共"立场。

特务技能大提升

自抗战后期起，国民党当局十分重视特务情治机构和技能的现代化。蒋介石和英美等国的合作，最早是在军事和特工两大部门进行。到1943年4月15日，军统出面与美国海军情报署正式签订关于建立中美合作所的协定。根据该协定，美方提供各种当时最先进的特工设备，并在中国进行各种新式特工仪器的试验；进行情报合作，互相交换各自需要的情报；按照美国方式训练中国特务，到1950年底结束这项合作计划时为止，共在全国各地设立20余个训练班，培训特务2000多人。总之，通过这项计划，国民党的特务迅速实现现代化。

国民党特务对付革命者的各种手段不断翻新。国民党特务在情报、逮捕、刑讯、暗杀等方面可以说是无所不用其极，为了达到"反共"目的，不惜一切手段。特务手段名目繁多，方式新颖，装备先进，而对付被捕的革命志士主要只用一种办法，那就是肉刑。在长达数千年的奴隶和封建社会中，可以说肉刑是使用最多、最起作用、也最残忍的基本方法。在西方国家因为人权运动的兴起而肉刑逐渐减少，可在旧中国如果被错抓又错打到，被释放时谁又敢在国民党特务面前论人权？所以国民党不论技术多么先进，可肉刑从来没有停止过，犯下了无数摧残革命志士、令人发指的罪行。在中美技术合作所的监狱中，更是集中外肉刑之大成。国民党蒋介石集团以它"反共"的意识形态和落后、原始且残忍的手段，怎么可能战胜中国共产党呢？

蒋介石企图用中国传统的封建伦理为指导思想，按照资本主义形式建立一个东方特色的社会制度，这本来就是两个互不兼容的社会体系，是互相对立的两种社会形式，可蒋介石如果不采用西方资本主义制度，则无法与世界同步；如果不采用中国传统的封建伦理，则无法实施个人专制。因此，他要讲西方的社会制度就要在公开的层面上主张实行法治；他要以中国传统的封建伦理为指导思想，就要实行人治，而人治的最好方式就是实施特务统治。可不论从哪个角度讲，特务统治都是最容易失去人心的。对于国共之争，人们可能会认为是政治信仰和党派的对立，但特务的活动却是直接伤害到人，让人感到恐怖和反感，蒋介石不仅因为戴笠、徐恩曾、毛人凤、郑介民等人的丑恶活动而形象大受损坏，即使一个小特务的胡作非为也会让人联想到蒋介石和南京政府的"反共"和疯狂。当然国民党的特务本身，最后也落到了人人喊打、个个追杀的地步。在蒋介石打算把特务恐怖作为基本统治方式时，也就同时意味着他的失败已经开始。

制造事端——民主力量屡遭打压

在中国近现代政治舞台上，一直存在三股政治力量：一股是把东方专制和西方现代资产阶级专政相结合、穷兵黩武、导致中国积贫积弱的反动势力；一股是以祖国和民族的振兴为己任、有广大劳动群众参加的革命力量；一股是介乎上述两者之间，政治上主张西方式民主、经济上主张发展自由经济的第三势力，这就是以民主党派为代表的在国民党统治时期十分活跃的进步民主力量。

第三势力有其特殊性：他们的职业基本集中在理论、科技、新闻、法律、文学、艺术、教育、医学等与社会政治、经济及日常活动有着密切关联的领域；因为他们的职业性质决定了他们可以用各自的专业技术，参与国家的部分管理和建设活动；他们可以谋取比较好的工作，因而也能获得较高的收入，生活远好于经济十分落后的农村。由于他们属于白领阶层，所以既不想用革命的手段推翻现有社会制度，也不会满足处处限制他们自由发挥的东方专制式的社会管理，希望社会能够在孙中山"三民主义的旗帜"下得到改良，所以进步民主力量在有革命要求的同时，又带有软弱和妥协性，不可能充当革命的领导阶级和主力军。

由于他们属于知识阶层，任何国家管理者都不可能完全排斥这批涉及社会各领域的专业人才，所以尽管不赞成他们的政治主张，但也在某种程度上容忍他们的改良要求和行动，这样就使得他们有了一个相对公开和合法的反对专制的舞台；由于他们大多参与社会政治、经济活动，间接对国家和社会进行管理和监督，对官场的黑暗和政治的混乱、民众的疾苦有着深切的了解；他们中的大多数富有正义感和良心，有时能够为民申冤、伸张正义，与统治阶级进行一些合法和有限的斗争。他们因各自的职业特点，在社会上都有一定的影响力，可以说，国共两党谁能获得这一进步民主力量的支持，谁就增加了胜利的把握。

抗日战争结束后，作为进步民主力量主力的民主党派，他们的观点非常明确，主张用民主改造国家政治，用和平手段解决国内政治争端。他们对于中共没有拥兵自重，没有利用在抗战中发展起来的百万雄兵与国民党再打内战以争天下，主张和平建国这一深明大义的举动十分佩服。特别是以民主同盟为主的民主党派，从来在国内的政治斗争中，不为国民党所看重，只有在重庆谈判和政治协商会议上，由于中国共产党力争，才使他们成为中国政治舞台上的主角，以政团和政党的身份加入抗战胜利后善后事务的处理。民主党派中的许多活动家，都是中共领袖们的好朋友，长期来往，互相支持，已结下深厚的情谊，所以民主党派当然也就成为反内战反专制阵营的成员。

自1927年国共分裂以来，第三势力就成为反对南京政府的重要力量，并为此牺牲过像李汉俊、邓演达、杨杏佛、史量才等优秀的民主斗士。抗日战争后期起，民主党派和民主人士充分利用自己的各种有利条件，与坚持一党专制的国民党及坚持专制独裁的蒋介石进行过多次较量，在内迁知识分子较为集中的大后方的不少地区，民主爱国运动搞得轰轰烈烈。

抗战胜利后，人民不愿意打内战，不愿意再因战争而流离失所、家破人亡，因此反战的呼声很高，纷纷要求和平民主，还政于民。民主党派的主要政治诉求也就是"停止内战，组织联合政府和和平建国"，为此掀起颇有声势的爱国民主运动。蒋介石在人民的支持下，赢得了全民族抗战的胜利，但他对人民却毫不感恩，反而不断强化独裁统治，压制人民爱国民主运动，或明或暗地指使特务和军警制造一起又一起的惨案。

"一二·一惨案"。在西南名城昆明，在广大的知识分子和爱国学生中间，已积聚起不小的民主力量，民主空气相当浓厚。抗战结束后，针对蒋介石不断向各根据地发动武装挑衅，响应中共"反对内战、组织联合政府"的号召，他们又掀起反内战运动。1945年11月25日，大中学生6000余人在西南联合大学图书馆前举行时事晚会，呼吁阻止内战。国民党当局会上派特务捣乱，会后封锁交通，使学生回不了城。次日，全市30000学生举行罢课，反对内战和美国军队在中国登陆。蒋介石的高足、黄埔军校一期生、时任云南警备司令的关麟征不可一世地说："学生有在校罢课的自由，我在校外有开炮的自由。"12月1日，这位战场上的名气远没有在此次制造的惨案中名气大的将军，下令包围西南大学和西南联合大学，对学生大打出手，并用手榴弹炸死四名师生。"一二·一惨案"成为全国反内战的序幕。

"较场口事件"。政协会议期间，中共和民盟等组织在沧白堂宣讲政协会议，向各界群众宣传和平民主建国的基本主张，国民党特务几次来破坏。1946年2月10日，民主党派又在较场口召开庆祝政协胜利结束大会，国民党方面又暗中指使特工人员，痛打出席会议的民主人士。大会总指挥李公朴（民盟中央委员）的胡子被扯掉一半后又被一脚踹到主席台下；郭沫若（军委会文化工作委员会主任）为保护李公朴，眼镜不知去向；马寅初（上海交通大学教授、立法院经济和财政两委员会委员长）身负重伤，连马褂也被剥掉；施复亮（大会主席团成员）被追打，不得不躲到附近的一家小杂货店；周恩来赶到时见特务如此嚣张，气愤地高叫："这是什么国家？"爱国将军、民主斗士冯玉祥曾为此写下一首诗，诗中曰："有的破口骂，有的砖头飞；章乃器被打，李公朴被毁，郭沫若受伤，施复亮挨捶；有些挨打者，打伤两条臂，还有受伤者，打坏一条腿。"

"下关事件"。1946年6月3日，内战已迫在眉睫，蒋介石向解放区发动全面进攻的决心已定，远东国际金融中心、中国第一大都市上海，10万群众举行大会，反对内战、反对美国干涉中国内政。大会推选中国民主促进会创始人马叙伦等十位代表到南京向国民政府请愿。当天晚上到达南京时，在下关车站遭到特务殴打。

"暗杀李公朴和闻一多"。更为残暴的是，蒋介石还向进步人士伸出了罪恶之手，用国民党特务的拿手戏来对付爱国民主人士。1946年7月11日和15日，民主同盟负责人李公朴和闻一多相继被害。对于民主同盟，蒋介石已视之为共产党，一律采用密报、密捕、密决的手段。一生献给人民民主事业的李公朴对此早有预感，不畏强暴地说："我跨出了大门就不想再进大门。"烈士的鲜血，教育了全国人民，认清了蒋介石统治集团的法西斯本质。7月25日，重庆在中共活动家吴玉章的组织下，召开了隆重的追悼大会，国民政府主席成都行营主任张群担任大会主席，岂知特务又来捣乱，打伤了民盟主席张澜。

"解散民盟"。1947年5月3日，国民党称与他们不合作的民主同盟、民主建国会、民主促进会、"三民主义"同志联合会等民主团体已为"中共所实际控制"，成为"中共之新的暴乱工具"，这预示着蒋介石已开始对民主爱国力量公开采取高压政策。10月，南京政府宣布中国民主同盟为非法团体，取缔民盟成员在各地的一切活动。取缔民盟，使那些曾对抗战胜利后的国民党抱有一丝好感的中上阶层中的不少人彻底绝望。蒋介石打击中间党派，等于"为渊驱鱼，为丛驱雀"，把这股政治力量全部推向中共一方，他们后来成为中共建设新中国的过程中最好的合作者。

蒋介石之所以在短短的3年间就走上失败路，与他在谋略上的失误有很大关系。对于蒋某，虽然历史把他推上了一国领袖的位置，但他缺少领袖所应有的谋略。就他一生中最大的谋略上的失算来讲，有一点是非常明显的，那就是在其统治的22年间，几乎一直是同时与几个方面的对手作战，刚上台就同时与中共、第三势力、党内反对派和地方实力派开打。抗日战争时期，在极需团结全民族一致对付侵略者的时候，他不忘与中共搞摩擦。8年抗战刚结束，本该休养生息，可他又把三种政治力量当成对手，一种是中共，一种是进步民主力量，一种是人民大众，同时在三条战线上作战，大大加快了其失败的速度。

蒋介石在极力消灭共产党、压制民主党派的同时，对人民大众并没有手软，白色恐怖笼罩着国统区。

"取缔上海摊贩"。早在1946年7月间，上海市政府就以"妨碍市容，有碍观瞻"为名，明令取缔全部摊贩，这严重损害了民众的利益，理所当然遭到市民的抵制。11月，市长吴国桢再次下令，马路上不准再有摊贩，如不见效，就是警察不力，以渎职罪论处。此令一下，顿时上海滩上的所有摊贩均遭了殃，不甘"渎职"的警察，见"贩"就抓，见"摊"就砸，一共抓了一千多名正常营业的摊贩。靠"摊"为生的上海人超过10万人，再加上他们的家属，不下几十万、上百万。他们无以为生，只有到市政府请愿。在官场上还不算昏庸和腐败的上海市市长吴国桢，在对待民众、对待共产党的问题上有着本能的反动，为推行"取缔令"，颁布戒严令，并批准在必要时就开枪镇压。1947年11月30日，军警开枪镇压，游行群众有7人在冬天的寒风中倒下，第二天又有10人死在军警的枪口下，数百人受伤。反动派的镇压并没有吓倒摊贩、上海人民乃至全国人民。上海各界人士首先起来声援同胞，形成全市性的反蒋爱国运动，并迅速向全国各大城市和地区蔓延，成为国统区人民斗争走向新高潮的先声。

"抗议美军暴行"。庆祝抗日战争胜利的中国人民还没来得及从喜悦中回过劲来，便被迫陷入苦难的深渊，人民大众只有走上反抗之路。在蒋管区人民的斗争中，抗议美军暴行对全社会产生了重大影响。抗战胜利后，驻华美军以老大自居，利用各种侵略特权，横行霸道。在1945年8月至1946年11月，美军在登陆的五个城市，制造了3800多起暴行，军车肇事达1500起，仅上海一地平均每天就有一人死在美军的手下。更为可气的是，美方规定：杀死一个中国人赔款10万元，而杀死一头驴竟赔偿13万元，如此赔偿，居心何在？1946年12月24日，美国海军陆战队士兵皮尔逊等2名歹徒在北京东单操场强奸北京大学女学生沈崇，引起了中国人民反对美军殖民化斗争的总爆发，50万大中学生走上街头要求"美军退出中国"。"受难女性"沈崇最后被迫走上了落发为尼的凄凉之路，但她的受害促使许多中国人走上了斗争之路。

"五二〇惨案"。由蒋介石强加给中国人民的内战已经打响，给社会带来的只是农民破产、工人失业、学生失学、商店关门，民不聊生，民怨沸腾，政治危机、经济危机、生存危机、教育危机，整个国统区处于各种危机之中。哪里有压迫，哪里就有反抗；哪里有剥削，哪里就有斗争，忍无可忍的民众终于走上街头。从内战进入第二个年头起，在全国许多省份，广大民众组织起来，武力抗租拒交捐税，逃丁逃命。特别是饥饿中的农民和市民无以为生，为图生计，只有"抢（官店和富商的）米为生"。据不完全统计，蒋介石为镇压"抢米风潮"，竟然派出30万正规军进行"围剿"，群众的反抗达到多么激烈的程度，从中可见一斑。到1947年5月，不堪忍受的民众在全国更广泛的范围内，掀起了"反饥饿、反内战、反迫害""反对前方打内战、后方打学生"的抗议运动。5月20日，来自京沪杭等地区的16所大专学校的学生，举行挽救教育危机联合大游行。在南京珠江路口、国府路口，与军警对峙6小时，学生被打伤118人，被捕20余人，这就是震惊全国的"五二〇惨案"。惨案中流的是学生的鲜血，可换来的是民众的觉悟和斗争的勇气，"反饥饿、反内战、反迫害"三反运动，开始在全国各地全面展开。

说蒋介石在政治上自己打倒了自己，就国民党之外的原因讲，主要是在拒绝中共"成立联合政府、和平民主建设国家"的主张和镇压进步民主力量两方面，这就必然导致一个结果，就是蒋介石为首的国民党极右势力，完全站在人民的对立面上。失去民众支持和信任的政权是没有前途的，也是没有生命力的。

派系内耗——党无宁日政无太平

国民党的失败，可以说其众多的派系和激烈的派系斗争是一个重要原因，内部先烂，哪有不垮的！

国民党的派系纷争由来已久，它随着国民党在中国政治舞台上的位置日益重要和影响日益扩大而发展，并且越来越激烈。

国民党上层派系应有尽有：有亲西方势力，如以四大家族为代表的亲英美派，以张群、何应钦为首的亲日派；有同盟会和中华革命党时期留下来的右派组织，如西山会议派、政学系、胡汉民的复兴系、汪精卫的改组派；有特务组织CC系和复兴系；有投机钻营的孙科的再造派；有后起之秀的实力派组织，如蒋经国的赣南系、三青团系，陈诚的实力派；有军事方面的派系，如陆军中的日本士官系、保定军校系、黄埔系，海军中的福州马尾海校系、江阴电雷系、青岛海校系，空军中有周至柔为首的旧派、毛邦初为首的新派、王叔铭为首的山东派。他们之间有大有小，有有形的、有无形的，有经济的、有文化的、有军事的、有特工的，有控制中央的、有控制地方的，可谓名目繁多，十三路风云、七十二支兵马，搅得周天寒彻，党无宁日国无太平。同时，由于他们有政治上的一致性，都是为了维护蒋介石的统治，故这些派系能够互相依存，又互相拼杀，但谁也无法吃了谁。当然，派系再多，蒋介石依靠的支柱型派系只有四家，即党务靠CC系，军事靠黄埔系，行政靠政学系，外交靠亲英美系。

历史悠久、盘根错节的国民党派系，实质上就是在几个实力人物周围积聚起一批追随者，在同其他集团争夺中谋取私利的政治势力。它们中间除改组派、复兴系等派系外，均不见于完整的组织形式，不举行代表大会，没有法定或选举出来的领导人，没有宣言和纲领，没有常设的组织机构，也不定期举行组织活动，他们的结合并非偶然。

在国民党统治时期，没有正常和鼓励人们奋发向上的干部制度，可是总有一批人要往高处走，混个一官半职，苦于无门，只有依靠权力依附，千方百计牵上一种既庸俗又万能的关系，官场成为他们的私人权利交易所。这些人效忠实力人物，围绕实力人物寻找晋升之路。在这方面做得最为成功的是汤恩伯（依靠陈仪）、吴国桢（依靠何成浚的推荐），最后分别达到文、武官的高峰，文为省主席和封疆大吏，武为战略方面军总指挥。所以到20世纪40年代以后，国民党内的中、上层官员最后几乎全部都与派系挂钩，分属不同的派别，各有各的后台，各有各的路线。试想一下，如此政治能不混乱吗？能不腐朽吗？派系内部则是一荣俱荣，一损俱损，互相提携关照，共谋权益好处，有一种极不正常的向心力，这就是形成国民党内众多派系的社会基础。国民党内的派系之所以那么热闹，那么多，连续不衰20多年，到台湾以后也在延续，就是因为有这样的社会基础。

派系之间争得的权势越大，实际利益就越多；既要同其他派系竞争，又要在争权夺利中取胜，就要发展本派的势力。而发展本派势力的关键，尤其是一个派系能否成功，它的影响是大是小，该派的活动家和核心人物的作用是相当大的，但最为关键的是取决于蒋介石对该派的信任程度。在国民党内，不管是谁只要获得蒋介石的支持，他就可以放心大胆、为所欲为，如常败将军刘峙、逃跑将军汤恩伯因有蒋介石的宠信，就可以神气活现、耀武扬威；如果哪一天失去蒋介石的支持，他就可能一夜之间跌入十八层地狱，如"中统局"头目徐恩曾因让蒋介石感到不满意，被蒋判为永不录用。国民党内的派系就是这样，所以他们都在蒋介石身边龃龉相克，争功邀宠，讨好卖乖；各派之间则是钩心斗角，尔虞我诈，都想置对手于死地。蒋介石也是派系纷争的老手，善于利用一派牵制一派，使他们互相处于尖锐对立状态，处于剑拔弩张之中，利用多边形的稳定性，免于一派坐大失控，这样可以形成非正常的平衡，便于操纵和调遣，召之即来，挥之即去，这就是蒋介石对于各派系的辩证法，也是各派系斗争的政治基础。

此外，所有派系在蒋介石面前，固然是绝对忠诚，蒋介石对各派系也保持有绝对权威，可是国民党内的派系在日常政治生活中的作用却是不能低估的，对国民党的每一项决策、指令的制定，都有很大的影响。也就是说，国民党的每一项实质性的政策，都是多种政治势力平衡的结果。这就使得南京政府和国民党统治集团内部，本来很多正常的政治活动、军事活动、经济活动和社会活动都带有很浓厚的派系纷争色彩，都是一场各方政治势力参演的闹剧。

蒋介石利用派系斗争，目的当然是巩固自己的统治，不是团结他人；手法是利用矛盾，不是解决矛盾；结果是四分五裂，不是精诚团结。这就是蒋对待派系存在的基本立场和态度。所以从某种意义上讲，他就是国民党内最大的派系组织头子。他对待向自己挑战的派系的基本做法就是，政治上分化、拉拢，经济上收买、搞垮，军事上打击、招抚。对待忠诚于自己的派系的基本做法是，准许他们互相争吵，但不允许背叛朕意；准许他们分权分利，但不允许一派独大；准许他们胡作非为，但不允许同情中共。

最早国民党内派系的出现，与蒋介石当然没有关系；可国民党内派系组织的发展、派系混斗日益激烈，却与蒋介石有着必然的联系。蒋介石能够操纵派系，当然也能制止派系和统一派系。问题是他并不想彻底禁止，因为这个诞生在半殖民地半封建社会的独裁者，在建立、巩固统治的过程中，采用的办法可以说是集古今中外阴谋权术之大成，以派制派、分而治之、恩威并用只是其中之一。他笼络部下的办法有三：

一是制造分立，分而治之，把部下培养成各种势力集团，互相对立，互相监督，谁也不能成为天下老二。正如得到他真传的汤恩伯所说：好狗好马要多养几匹，使其互相牵制，才能杀其骄气。所以蒋介石养了CC系、黄埔系、亲英美系、政学系等几匹"好马"，维持权力平衡。

二是要求部下盲目服从，要奴才，不要人才，最好是人才加奴才。为防止人才不奴才或奴才不听话，这位多疑的东方独裁者就明里暗里默认部下分派分党，从中看出部下对自己的忠心，谁忠就用谁，谁听话就用谁，部下就开始对蒋进行献忠心比赛，这虽然不利于部下发挥创造力，但显然有利于蒋的统治。

三是特务统治。国民党内派系众多，蒋介石唯恐失控，又在各个派系中培植特务，以便及时掌握各派系的动向。蒋介石的特务策略，曾收到意想不到的效果，使得有关派系头目对"钧座"能及时掌握本派的信息而感到吃惊。

四是恩威并用。蒋介石论文治武功，在中国近现代史上不算特别成功者，可论对中国人劣根性的了解上，可算是高手。他深知部下所求，深知部下难过名利关的本性，故能投其所好。给利，但必须听话；给名，但必须服从；也骂，不骂不知威；也管，不管不知严。恩威并施之外，并对什么时候施恩、什么时候施威的火候都掌握得恰到好处。

国民党的派系自其成立之初即已有之，从某种意义上讲，早期是有助于国民党发展的一种催生剂和激素。从同盟会成立到国民党改组，派系斗争主要表现在对革命方式和手段的争论方面，对党的领导权的争夺还不是主要矛盾。造成这种党内和平相处现状的原因，一是因为当时还是有患难无享福时期，党权换不来利益，当然争权人也就不会多；二是孙中山为一正直革命家，没有像蒋介石那样利用派系斗争拉一派打一派，上无所好，下无过之。因此，1894年至1924年间的派系斗争只是属于国民党内派系斗争史上的初级阶段，主要特征是派系组织少、派系斗争规模小；孙中山没有陷入派系斗争之中，一直是公认的革命领袖；以后的一些大派系（如西山会议派、蒋介石、胡汉民、汪精卫等）在此阶段已有雏形。

从国民党改组到南京政府成立，国民党内主要分为以廖仲恺、宋庆龄、邓演达、何香凝等人为代表的"左"派；以汪精卫为代表的假"左"派；以蒋介石为代表的中间派；以胡汉民为代表的右派；以邹鲁、谢持、居正等为代表的极右派。在孙中山健在时，派系之间的分垒和斗争不是十分明显；孙中山逝世后，党内派系纷争马上凸显出来，胡汉民、汪精卫、蒋介石、西山会议派等纷纷出来搅局，进行以由谁来填补孙中山逝世留下的政治真空、争夺国民党最高领导权为目的的夺权斗争。主张国民党与中共一起继续领导和推动大革命的"左"派，同另外四派的斗争反映了革命和反革命两种不同政治性质的斗争。在这两种性质和多种组合的政治纷争中，有一个主要倾向值得注意，那就是蒋介石以掌握国民党军权的优势登上霸主地位。这是国民党历史上的第一个派系斗争高潮，主要特征是：争夺的目标是国民党的最高领导权；手段趋于多样化；"左"派领袖廖仲恺被害，国共合作遇到困难；蒋介石的派系支持力量浮现，黄埔系、CC系、新政学系、孔宋系、亲日系的雏形出现；各地方实力派都已初具规模，东北奉系、山西晋系、广西桂系、湖南唐生智、四川川系、西北军等乘北洋军阀统治的松弛和南方革命政府初建，都已各自成军。

蒋介石发动"反共"政变上台后，一方面他独揽政权和独占党务的做法，引起汪精卫、西山会议派、胡汉民等政治力量的不满；另一方面他当政后排斥、剪除异己的政策，引起受到打击的各地方实力派的不满。所以在国民党统治圈里群雄并起、战乱不止,几乎每个地方实力派都有过反蒋行动,都有过参加、发动和组织倒蒋战争的历史。这是国民党历史上,继辛亥革命前后到大革命时期的派系混斗之后,第二个也是最后一个"派系斗争高潮"。主要特征有:党内倒蒋派和地方实力派联合行动,在1930年8月召开"中国国民党中央党部扩大会议"、1931年5月召开"中国国民党中央执监委广州非常会议",两次公开分裂国民党;武力倒蒋成为时髦,直到1931年南京政府先后打败冯玉祥、阎锡山、唐生智、李宗仁等人,基本结束武力倒蒋的历史;蒋介石具有法统地位,以军事对军事、以政治对政治、以派系制派系,对倒蒋派实行严厉军事围剿成功后,基本掌控党政军警宪特经各项大权,在国民党内的统治地位得到巩固和强化。

从1931年底至1949年10月南京政府被推翻,地方军阀已不再对蒋介石构成什么威胁。蒋介石针对忠诚于自己的各派系,有的已经形成尾大不掉、大有弄权自重之势的现状,开始采取牵制、制约措施。比如在军事指挥班子中日本士官系和保定军校系在国军中的势力太大,蒋就加速提拔黄埔子弟,使之成为名实相符的黄埔系,与日本士官系、保定系形成鼎足三立之势;比如CC系中陈氏兄弟的势力太大,蒋就派进去一个朱家骅。所以这一时期的派系斗争主要反映在南京政府同一统治集团内部,集团本质和基本利益是一致的,只是属于国民党上层内部争权夺利、争功诿过、互挖墙脚、互相捧场的问题。抗日战争结束前后,统治阶层派系出现重大变化,长期主导党国财经的孔祥熙、宋子文先后被蒋介石清出官场。这是蒋介石上台后第一次对一个主要派系的主要首领开刀,也是国民党上层大家族内最大的一次内斗,蒋介石与其连襟、大舅子的友谊开始进入冷冻期。

除以旧军人为代表的国民党军阀外,国民党内的政治派系主要集中在上层,上层是南京政府权力和权术的结合部,也就成为政治派系混战的战场。

蒋介石有如此手段,如果他有一支绝对忠诚于他的干部队伍,国民党也不会失败,可事情并未朝他设想的方向发展。他的以派制派策略,只能带来全党的混乱;他的用人策略,只能带来奴才多于人才的后果;他的多疑,只能带来统治集团内部的离心离德;他的个人崇拜,只能窒息属僚们的思考和投其所好;他的专制下的民主和宽容,只能让部下无所适从。蒋介石的全部做法,加剧了各大集团之间的窝里斗,也使集团内部不太平;无原则的纷争和利益输送，只能让派系成员成为一批既得利益者，只有利益关系，没有远大的目标和宗旨，先总理的精神和思想、遗愿成了各自的幌子。他们从全党来讲，没有相忍为党的精神；从本派的角度来讲，没有相忍为派的想法，因此也就没有以党国为重的情况出现。蒋介石笼络部下、维

蒋经国从苏联回国后与蒋介石的合影

护统治集团内部稳定的做法，出于维护团结和巩固权力的本意，可最后的结果却适得其反。

抗日战争结束后，国民党内的派系状况并未有所改观，但经过8年的战争和自然规律的作用，派系情况有所改变。

一是主要派系达到全盛期。如CC系通过召开国民大会准备过程，进入国民大会、立法院和行政部门，使得该系的势力得到空前大的扩张；如黄埔系经过抗日战争全面占据军事领导位置，老一代军界将领几乎全部退出军队中的一线指挥岗位，绝大多数军长、师长都为黄埔军校毕业生；如政学系成员也大多受到重用。派系越盛，派系争夺也就越激烈；派系斗争越激烈，对党的事业的危害也就越大，因此国民党的失败也就不奇怪了。

二是对国民党蒋介石统治集团最具影响力的、由四大家族骨干组成的孔宋系，因孔祥熙远走美国，宋子文外放广州而被迫解体，孔宋系的垮台并未扭转国民党统治区财政金融的颓势，更大的经济乱子马上就要出现。

三是桂系李宗仁、白崇禧势力的强大。桂系和蒋介石有很深的渊源，当初北伐时，在北伐军里面有三支能攻善战的队伍，这就是以黄埔学生为基本力量的国民革命军第1军、以粤军为基本力量的第4军、以广西子弟为基本力量的第7军。蒋介石建立南京政权是因为北伐的胜利，在这胜利中桂系立下汗马功劳。桂系和蒋介石又有很深的恩怨，新军阀混战中桂系第一个起来军事倒蒋，直到抗日军兴，双方才真正握手言和。到全面内战爆发时，南京政府内的原地方实

蒋经国参加国民党的活动仅10年就当上了中央常务委员。这是他1939年任江西第四区行政督察专员时的留影

力派只剩下四川的川系众家军阀、山西的阎锡山和广西的李宗仁，而能与蒋介石对抗的只有桂系，特别是在中央军主力被中共大部歼灭后，桂系凭借实力在国民党内起到了举足轻重的作用，在大陆的最后失败关头，他们成功地把蒋介石一度赶下台。

四是派系斗争越演越烈。CC系和政学系、黄埔系等派系的矛盾在伪国民大会召开过程及政府改组中，为分得更多的利益和职位，为在国民党大失败过程中，逃避责任和嫁祸于他派他人，互相攻讦、互挖墙脚、互相出卖，到达最高峰。

五是培植蒋经国个人势力。蒋介石在利用派系的同时，开始实施扶持长子蒋经国计划。蒋经国自1925年间去苏联留学，直到1937年春才回国，然后到江西赣南地区任职，开始进入政界，从此以后扶摇直上。抗战中期起，蒋经国开始进入三青团领导层，到抗战结束前后三青团已经成为蒋经国的势力范围。仅此还不够，蒋介石此时已有培植长子接班的意图，要让蒋经国完成接班，需要拥有足够的实力。蒋经国何时、以何种形式进入中央，如何在中央派系势力分配中占据压倒地位，是蒋介石一直在为他考虑的问题，最后蒋介石通过"党团合并"的方式，让蒋经国带着三青团系全面进驻党中央。

1947年9月，南京召开国民党六届四中全会，通过了《统一中央党部、团部组织案》，把国民党、三青团合二为一，规定三青团的本届中央干事一律为国民党中央执行委员，候补中央干事一律为候补中央执行委员，"三民主义青年团"的中央监察委员一律为国民党中央监察委员，党团相当各级"平等"合并。同时，把国民党中央常务委员的人数由45人增加到55人，中央监察常委由15人增加到19人，这显然是为三青团系统的人马留出的位置。

已有50余年历史的国民党，与只有9年历史的三青团在"平等的基础上"合并，公开宣布的理由是"为集中革命力量，统一革命领导，以适应当前环境之需要"。所谓"当前环境之需要"，是因为蒋介石已于1946年11月召开伪国民大会，制定了维持国民党一党专制的"宪法"。接下来即将召开"行宪国民大会"，竞选"行宪国民大会代表"马上就要进行，蒋介石梦想21年的"大总统"马上就要到手。他想顺利当上"大总统"，就得控制"国民大会代表"的人选；要控制代表人选，就得加强对负责竞选、助选的国民党各级党部的控制，以防止长期主管党务、组织的CC系一派权力膨胀。把蒋经国及赣南帮、中干系控制的三青团各级团部与各级党部平等合并，无疑是控制国民党的上乘之计，是向自1926年3月（"中山舰事件"）以来一直由陈果夫、陈立夫执掌的党务系统"掺沙子、甩石头、挖墙脚"的好办法，这就是"环境的需要"。

所谓"集中革命力量"，蒋介石当然不会忽视蒋经国"仿效"苏联共产主义青年团组织发展起来的、主要是青年组成的"三民主义"青年团这一"革命力量"，他要把它作为自己的统治工具。

所谓"统一革命领导"，无非是通过党团合并，把国民党的组织大权统一到蒋经国手里，让长子参与更多的政务党务。

通过党团合并，蒋介石基本达到了预期的目的：

第一，提高了蒋经国的政治地位。作为三青团中央常务干事，转为国民党的中央常务委员，可蒋经国以前还未任过中央执行委员，这次他便避开了中执委的选举关，一步跨入最高决策圈——中央常委会。蒋经国真正参加国民党具体活动的时间是从苏联回国后，至今只有10年，他的资历远低于国民党上层的许多人，如果不是这次党团合并的话，他还不具备中常委所需要的资格。从六届四中全会上通过的中常委人选看，主要由三部分人组成：一是元老，如丁惟汾、居正、于右任、李文范、邹鲁、马超俊、戴季陶、宋庆龄等；二是各大派系负责人，如陈果夫、陈立夫、宋子文、白崇禧、陈诚、邓文仪、康泽、朱家骅等；三是各主要部门负责人，如张治中、钱大钧、张厉生、张其昀、张道藩、谷正纲、陈布雷、潘公展等。所以根据以上中常委组成的情况看，此次分外引人注目的是蒋经国进入国民党中常委，并带来三青团的袁守谦、黄少谷、倪文亚、郑彦棻等一批人进入。

第二，使得在素有"第二国民党"之称的三青团里占绝对优势的蒋经国，把全套人马、班子搬进国民党中央及各级党部，在党内派系的实力分配中占有明显优势。在国民党的最高权力机构中常委中，蒋经国的个人势力得到发展；

1946年春节，蒋介石、宋美龄与蒋经国全家合影

在中央执行委员会中，从三青团转来的中央执行委员就有数十人，其中如俞济时、黄珍吾、胡轨、上官业佑、覃异之、萧赞育等不少人后来成为蒋经国的重用对象；更为重要的是，如果说在中常委和中执委中，三青团的势力还有限度的话，那么在中央以外的各级国民党党务机构中，三青团的势力则要大得多，有的甚至超过了党的影响，或者说三青团过来的人，比党员还凶。

第三，党团合并成为蒋经国扩大在党内影响和势力的捷径。以前国民党内各家派系的形成，都是该派系头目占据中央领导地位后再发展自己的势力，而蒋经国则不一样，他是把自己的势力通过党团合并的方式，一起拉进国民党中央领导阶层。所以说其他政治派系的头目是一人先出台、上台，蒋经国是一派出台、上台，这是蒋介石针对国民党内派系林立的现实，蒋经国难以一人在党内打开局面而采取措施。

第四，通过党团合并，蒋经国的名声和势力通过遍布全国的三青团系统与国民党的党务部门，迅速向其他地区和党政军部门扩散。以前，知道蒋经国名字的人有一些，知道蒋经国所作所为的人不多；蒋经国在上层人士中名声大一些，在中下层人士中名声要小一些。现在党团合并后，团的系统通过更全面更系统的党务系统，把蒋经国的名声传向四面八方。所以说蒋经国在党内的地位得到肯定，是在六届四中全会上的党团合并时；他在社会上的影响得到全国性的提升，是在上海打老虎时。

长期的派系之争，成为国民党政权的巨大内耗，蒋介石的权力基础在派系斗争中确立，在派系斗争中发展，最后也在派系斗争中削弱，国民党内的派系纷争以及带来的后果，毁掉了整个国民党，成为导致国民党失败的主要原因之一，也是国民党自己打倒自己的主要方式之一。

战后接收——接收混乱变成劫收

国民党最后的大失败，并非偶然，就其自身因素来讲，主要是不可抑制的全面腐败。其全面腐败的原因很多，有错误的政治路线和经济路线所致，有党的干部和党员素质太差所致，有党纪党法不严所致，有贪污受贿等经济犯罪成风所致，有官场黑暗政治混乱所致。

但在抗日战争结束后这一特定的政治背景下，全面腐败则主要反映在以派系纷争为主的政治混乱和以接收为主的国民党各个阶层普遍和大面积的腐败。国民党最后固然是被中共的武装力量所打败，可是考察国民党内致败原因，政治、军事、外交因素暂且不论，抗战结束后的"接收"和"物价飞涨"成为导致能顶住8年抗战的国民党政权却在抗日胜利还都后的短短3年中垮台的两大原因：接收，致使国民党全面腐败；物价飞涨，致使全国人民彻底抛弃南京政府。总之，接收确实是导致国民党失败和蒋介石离开大陆的重要原因。

随着第二次世界大战中盟军在北非、欧洲和苏联不断取得进展，远离抗日前线的中国国民政府主席、国民党总裁蒋介石和幕僚，也感觉到中国的胜利已经不可避免地来临。迎接胜利的工作千头万绪，其中量最大、最易失控的就是接收。接收的对象有日本侵略者的一切人员、物资、武器、机构和资产，还有汪伪政权的一切人员、物资、武器和机构以及汉奸们的浮财。

接收日本侵略者留下的经济物资及某些战争罪犯留下的财产和汉奸们的浮财，本是一件既容易做好又能给国民党当局带来巨大好处的事情。然而，国民党却把这件好事办得异常糟糕，把国民党因抗战胜利换来的名声损失殆尽。这是国民党各级官员的腐败所致！

接收工作中，对于曾被日本占领的东北和台湾地区的接收过程应该说基本顺利，但是具体方针上有误。因为对东北地区接收的政策性失误，致使东北成为国民党最先失败的地区；因为对台湾地区接收的政策失误，很快引起了台湾人民的反抗，爆发了"二二八起义"。这是国民党当局的腐败所致！

接收东北，不顺

随着第二次世界大战的胜利推进，中国战区的胜利为时不远。为迎接这一胜利日子的到来，国民党当局进行了一些准备，其中对沦陷区的接收当然也在

准备之列。

準備之列。

考虑之中，在大部分省份中因八年抗战一直有政府机构存在，因而也就没有另外组织新省府的问题，即使因胜利时论功行赏需要变动的话，也不会出现全局性矛盾。但在东北和台湾地区则不一样，台湾被日寇霸占50年，东北被日寇霸占14年，对国民党政府来说是两个被完全隔离的地区。

为接收东北地区，在太平洋战争爆发时，重庆政府就宣布原东北边防副司令万福麟、原东北军炮兵创始人邹作华、抗日英雄马占山和刘多荃为辽宁、吉林、黑龙江、热河四省省主席，此批任命因东北沦陷敌手而没有实际意义。到抗战后期，国民党的党政军各系统都有各自的班子，在蒋经国出任教育长的团中央干部学校里就有一个东北青年训练班，集训东北青年100余人，作为接收东北的基本干部队伍。

抗日战争结束后，蒋介石对东北特别重视，把关外划为九省四特别市，委派熊式辉为东北行营主任，张嘉璈为东北经济委员会主任兼中长铁路董事会主席，杜聿明为东北保安司令，蒋经国为外交特派员，徐箴为辽宁省主席，高惜冰为安东省主席，郑道儒为吉林省主席，刘翰为辽北省主席，关吉玉为松江省主席，彭济群为嫩江省主席，吴焕章为兴安省主席，吴瀚涛为合江省主席，韩俊杰为黑龙江省主席，沈怡为大连市长，杨绰庵为哈尔滨市长，赵君迈为长春市长，董文琦为沈阳市长。

确切地说，这批人中也不乏行政干才，如熊式辉虽然曾因座机失事而致残，走路不便，可并非无能之辈，他一直受到蒋介石的信任，官场上的同乡更是称他为"飞天拐子，不学有术"；张嘉璈为近代中国著名银行家和经济管理人才，曾在国民政府中任过交通部长和铁道部长；杜聿明更是黄埔系中的骨干，一生打过许多次大仗。还有在以上这些人为核心的接收队伍中，文官和专业人才也不少，当时最主要的军事干部，特别是原东北军的将领，蒋介石根据熊式辉的意见，因担心东北人主政后拉帮结派架空新政权，而极少任命，这不能不说是一个失策。而最大的失策，是没有让正被关押中的张学良出面负责接收东北的工作，如果让张学良主持东北接收的话，恐怕国民党在东北的历史将要改写。此外，国民党赴东北接收队伍不了解东北的民情，没有体现中央政府对经受了日本14年殖民统治的民众的关怀，一味采取军事进攻和高压统治的方式，也缺少与中共较量的正确而有效的策略，最后导致东北成为国民党最先失去的地区，共产党由此而开始反攻。

东北的接收还受到签订不久的《中苏友好同盟条约》的制约，国民党接收队伍只得在这一条约的阴影下活动。

1945年10月12日，东北行营主任熊式辉、经委会主任张嘉璈、东北宣慰使莫德惠、外交特派员蒋经国作为第一批接收人员到达长春。因为东北处于苏联红军占领之下，其中不少地区也是中共抗日武装的活动区，因此国民党接收机构的主要任务是在逐渐扩大国统区、建立国民党政权的同时，协调苏联红军撤离东北与国民党军队换防事项，即苏军撤退与国民党进驻；接收苏军缴获日军的武器；阻止苏军拆迁中国的工业设备和抢走中国的其他物资。

由于国民党方面急于占领东北，特别是急于赶在中共主力开赴东北之前，把大批中央军开到关外占据大城市和战略要地，一再就苏军与国民党军队易防问题发生多次冲突。从1945年10月13日至11月5日，熊式辉、蒋经国与苏军总司令华西列夫斯基元帅，先后举行7次会谈，苏军撤退日期也一拖再拖，第一次是把中苏条约规定的日本投降后3个月这一撤军日期推迟到12月2日。

东北还在谈判，国民党的第94军已于1945年10月30日向山海关、北戴河地区发动进攻。随之不久，包括新1军、新6军在内的几十万国民党主力部队开到山海关、秦皇岛、葫芦岛等地，不断向关外蚕食。让南京政府和蒋介石急于在东北采取行动的，并非他事，只因为中共已从8月中旬起从热河地区的陆路和胶东半岛到辽东半岛的海路向东北派遣了13万大军，在东北的行动比国民党整整提前了2个月，蒋介石通过中苏条约让苏联红军阻挡中共于关内的计划已经破产，只有让国民党军队迅速开到东北，抢占战略要地，以便在下一步与中共的较量中取得优势地位。

正是因为国民党的军事威胁，给刚刚从日寇铁蹄下解放出来的东北人民带来不安；打入东北各地的国民党特务兴风作浪，给社会带来不稳。上述两大原因，打乱了苏军撤出的日程安排。国民党方面的活动，理所当然地受到人民群众的抵制，在进步力量的威力面前，国民党特务的活动有所收敛，东北行营官员们也不敢放肆妄为。各地群众纷纷起来欢迎坚持抗战、由中共指挥的东北民主联军进驻东北。

1945年11月15日，蒋介石以东北行营及接收人员"不能正常工作"为由，命令其撤至山海关、北平待命，向苏联方面施加压力。12月5日和9日，蒋经国与张嘉璈飞回长春，二度与华西列夫斯基元帅会谈，议定苏军撤退日期为1946

年2月1日，国民党方面从陆路和空中，向长春运一个师，向沈阳运两个师。

为彻底解决问题，1945年12月25日，圣诞之日，蒋经国再次作为蒋介石的私人代表，第二次出使苏联，与斯大林面谈。斯大林最为担心的是美国继日本之后进入东北地区，东北成为向苏联进攻的桥头堡。在从蒋经国那里得到中国方面不让美国势力进入东北的保证后，苏联最高统帅同意协助国民党军队进驻东北各要地。就在蒋经国赴苏联交涉期间，外交特派员公署因无人保护而从长春撤到北平。确切地说，苏联方面受《中苏友好同盟条约》的约束，并不反对国民党军队进驻东北，只因苏方提出了超出《雅尔塔协定》的内容，揽取更多的好处，使得执行条约时增加了难度，撤军也一再推延。

如果说维持社会治安、防止国民党军队和日本特务破坏，是影响苏联远征军撤出东北的中方原因的话，那影响苏方撤军行动的苏方原因则是苏联要争取时间，在撤出中国之前，接收、运走更多的日军交出的武器，拆下、运走更多的东北先进的工业设备。

大约75万人的日本关东军，装备先进，轻重武器齐全，制造、修理机械均有，据国民党方面的统计，日本投降时留下的武器及装备有925架各类飞机，700余辆坦克和装甲车，13800挺机关枪，2600余门火炮，6600余辆各种机动车辆，12万匹骡马，742座弹药库，70万支步枪，这批装备无疑可以装备一支具有相当战斗力的军队，尤其是重型武器和机动车辆、装甲车、坦克、飞机，对在第二次世界大战中遭受巨大损失的苏联来说，也是很有吸引力的。一向不做亏本生意的苏联政府当然不会把从日军手中夺来的军火留在东北地区。

蒋经国回忆此事说："他们（苏联代表）向我政府口口声声称道'友好关系'，可是，日本关东军交来的武器，就不肯交给我们。经根据条约一再向他们交涉，没有办法抵赖的时候，答复我们说：'应该照办，不过，你们过一星期再来。'又过了两天，他们说：'对不起，武器原来是放在火车站，因为装车装错，运到莫斯科去了。'后来，我们去了一个公文，质问他们说：'这么多的东西，怎么会搬错？'他们满不在乎地回一个公文说：'你们的信，我们收到了。现在根据同盟友好的关系，我们把关东军的武器，交给你们。共计步枪3000支，马刀148把，东西现存哈尔滨，你们自己去取回。这真是和我们开玩笑一样。'"

按照国民党的说法，关东军的武器由苏联红军交给了中共的东北民主联军。真可谓是天大的笑话。如果东北民主联军真有这批足够装备5个骑兵军、近12个炮兵团、近10个装甲团、30个左右飞行团、8个汽车运输团的先进武器和装备，如果有装备数十个军的步枪等轻武器，恐怕辽沈战役不是在1948年10月发生，而应提前一二年进行了。事实上到新中国成立，中共方面拥有的飞机、坦克、大炮也是极为有限的，在中华人民共和国的开国大典上，能够上天参加检阅和保卫庆典的巡航飞机不过十数架，中共靠小米加步枪打败了国民党。

日军交出的武器装备，并未到达中共手中，而是到了苏联，这显然是违反《雅尔塔协定》的，侵犯了战胜国——中国在本土接收战利品的权利。国民党方面为何盯住这批军火不放？原来是在坚持国家主权的背后，还有一个不便说的原因，这就是如抢到这批军火将会大大增加发动内战的本钱和实力。无奈熊式辉、蒋经国等人的外交活动，只能换来微不足道、国民党也不缺的几千支步枪、百来把战刀，而且还放在抗战胜利后国民党军队从未到过的哈尔滨，与其说是苏方发还日寇所交的武器，还不如说是一种嘲弄，蒋介石和蒋经国眼睁睁地看着煮熟的鸭子飞走。

苏联政府在看中日本关东军军火的同时，更看中了东北地区的工业设备和技术、原料。如果说"军火"只能增加一些军事实力，可工业设备则会增加苏联的经济实力。苏军之所以推迟到1946年5月3日撤退完毕，从苏方原因说，则为拆、卸、运走大批工业设备和军火争取时间。

苏军利用横扫东北的机会，对日寇留下的工厂、企业、矿山了解得清清楚楚，在摸底的基础上，提出了一整套拆运中国工业设备的计划，以利用日本在东北修建的先进工业设备加强他们自己的工业基础。

苏联红军先是提出对东北的主要工矿业实行中苏共管，遭到了张嘉璈和蒋经国等人明确的拒绝。一计不成，苏方又把已被打败、已宣布投降的日本帝国主义者作为卖方，向日方提出购买全部在华工业技术、设备的要求，再次遭到中国方面的拒绝。因为日本已作为战败国，对在华的工矿企业已无所有权。二计不成，苏方又提出要把日本在东北利用中国的廉价劳动力、原材料、资金修建的工矿企业设备作为"战利品"运往苏联。中国代表再次予以拒绝，并且按照国际惯例指出，"战利品"只是"敌人之作战武器及军事直接有关之供应品"，工业设备、经济实体不能作为"战利品"。蒋经国以及东北经委会的三次拒绝，未能保住原本应该属于中国的经济设施、工业设备。

三计不成，图穷匕首见，苏军趁军事占领的有利时机，单方面拆走大批的先进设备。苏联红军作战算英雄，当然军转民拆机器也算一流，大量机器设备被东北地区的解放者拆运走。例如当时属于世界第四、亚洲第一的小丰满水电站，就是苏联抢拆、盗运的明证。电站修筑时，被日寇从华北抓来的2万余名战俘和劳工全部累死、病死在工地。发电设备订购自美国、德国、瑞士，一共10套70万千瓦，因太平洋战争爆发缺2套。8套机组中，为免使整个电站报废，苏军才留下一号、四号机组，其余6套世界一流的机组均被"苏联的同志们"席卷而去。

例如在当时的世界十大钢铁中心之一、年产200万吨钢铁的鞍钢，80多个分厂中，炼铁、炼钢、轨钢、特殊钢、钢轴、钢板、无缝钢管等厂的设备和控制系统，被拆走的关键设备和部件，在当时就价值9亿多美元。沈阳、本溪的钢铁企业损失超过一半，官原、通化的钢铁企业则损失百分之百。据不完全统计，因主要设备或部件被苏联红军拆、盗走，苏军占领区内的电力生产能力由180万千瓦下降到60万千瓦，煤矿生产能力损失2000万吨，铁路损失达2.1亿美元，食品工业损失5900万美元，此外还有机械、燃料、化工、水泥、非金属工业、电信、造纸等几乎涉及社会经济活动的各个部门的损失。

据当时专门为此事而来的美国鲍莱特调查团估计，东北全部表面损失达20亿美元之巨，间接和停工造成的损失还不算在内。价值20亿美元、在40年代中期堪称世界一流的各个生产部门的主要设施，都作为"战利品"，在"友好、友谊"的招牌下，被苏军明里暗中装上火车，通过呈丁字形的中东路，经绥芬河、满洲里东西两个方向，昼夜不停地运往苏联。身为太子的"外交特派员"蒋经国却无能为力，也无法阻止，枪口之下无外交可言。他的种种外交努力，均付之东流，很有教养、不失风度的苏方代表，一方面对蒋特派员始终保持相当的外交礼节，另一方面从未停止过强拆、盗运行为。

面对苏军在杰出的军事家华西列夫斯基率领下，抢运应该留在东北的日寇关东军的武器和中国拥有完整主权的经济设施，南京方面和蒋特派员只是口头抗议了之，蒋介石一心一意所想的只是抢占关外军事基地。从政治领先的原则出发，如何赢得在东北与共产党斗争的胜利，是压倒一切的政治任务，经济上的损失显然是不能与之相比的。只要苏联红军能协助国民党军队向北推进，经济损失微不足道。为争取得到苏联方面的协作，加快自己的军事行动速度，1946年1月14日才由苏联经西线返回重庆的蒋特派员，18日又飞长春，22日陪同蒋介石夫人宋美龄慰问以为在2月1日要撤走的苏联红军。双方假戏真做，隆重、热烈、和睦的气氛驱走了东北特有的严寒，可苏方并未因此而放弃原来的主张，"第一夫人"和外交特派员也未得到想要得到的东西。苏联红军只接受慰问，并不想按原计划撤军。

苏军违反《中苏友好同盟条约》，蒋介石也没有完全遵守，苏军推迟撤出并未影响到蒋介石的军事北进计划。1945年12月27日，国民党军队占领锦州城后，迅速向四周扩散，向东北民主联军发动军事进攻，强行推进。1946年1月15日，国民党军队开进沈阳城后，又迅速向四周进攻。正是蒋介石指挥精锐部队不断向人民革命力量控制的地区发动进攻，也正是中共方面贯彻"让开大道，占领两厢"的计划，主动撤离城市，到1946年5月3日苏军完全撤离东北时，国民党的新1军等部已兵临长春、四平，并进逼第二松花江南岸。

当然，蒋介石也未把占领东北的希望寄托于外交交涉和与苏军的和平交接上，而是寄望于枪杆子，寄望于由美式武器装备起来的中央军身上。然而，蒋介石以枪杆子、坦克开路，向东北民主联军发动进攻，并未得到预想的效果，当杜聿明总司令指挥军队占领关外主要城市后才发现，他们处于被动挨打的地位，军事上的劣势一直没有改变。

接收台湾，动乱

接收台湾的工作一直为蒋介石所重视，这倒并非他在抗战后期已预感到台湾岛将成为国民党的最后的基地，而是因为自台湾遭日寇强取后收回宝岛就成为抗日民族意识的一项主要内容。早在1941年2月10日，重庆就成立"台湾革命同盟会"，同年又在香港（后因太平洋战争

1946年1月宋美龄、蒋经国到长春慰问苏联红军

爆发迁广东）成立"台湾党务筹备处"。次年，又组织"台湾党务训练班"。1943年初，又重新成立"中央直属台湾党部"，委员有林忠、丘念台、郭天乙和谢东闵，翁俊明（后为王泉笙、萧宜增）为主任委员，党部迁福建漳州、永安等地。除此之外，在成都中央军校专门设立台湾义勇队，共有3个区队9个分队184人。

开罗会议后，中、美、英三大国首脑原则确定将日本掠走的中国领土一律归还中国政府，接收台、澎地区已正式提上议事日程。1944年4月，当时国民党的主要智囊团中央设计局根据蒋介石的要求，设置"台湾调查委员会"，通过对日军在台律令的研究起草如何顺利接收台澎地区的具体计划。同年年底，国民党的最高党训组织中央训练团另外设置"台湾行政干部训练班"，共有民政、工商、财政、金融、农林、渔牧、教育、司法小组162人，此外还培训警察932人。几年来，国民党为接收台湾确实做了不少工作。

1945年8月29日，即日本投降后不到半月，设在陪都重庆的国民政府下令设立"台湾省行政长官公署"，任命日本士官系骨干、曾任过军政部次长和浙江省政府主席的陈仪出任台湾首任行政长官，这个人选也不尽合适。就像蒋介石在东北不用张学良和王铁汉、何柱国、周福成、马占山等许多东北军将领一样，在台湾的接收中也不用台籍人士出任要职，这虽有助于防止出现当地实力派拥兵自重的局面，可也反映出蒋介石心胸狭窄，宁愿冒着失败的风险，也不愿重用合适但不一定是他信任的人担任接收要职。

1945年10月5日，由长官公署参谋长葛敬恩率领的"前进指挥所"飞到台北，这是中国50年来上岛的第一个正式官方代表；17日，第70军登陆基隆，这是50年来上岛的第一支中国军队，多少台湾同胞看到祖国的亲人和政府的军队时，忘情地洒下高兴的泪水。10月25日，台湾省行政长官兼警备总司令陈仪在台北市公会堂（后改名中山堂），接受日军第10方面军司令长官安藤利吉的投降，被迫割让50年又156天的台湾省，终于回归祖国。

台湾人民长期遭受外国列强统治，受尽欺负和蹂躏，如今回到祖国怀抱，应该受到中央政府更多的关怀，应该受到应有的尊重。在政治上高度自治，当家做主；在经济上恢复生产，稳定生活。但是，南京政府和蒋介石集团忙于"反共"内战，在对台湾地区的统治中，完全无视当地人民的愿望和要求，照搬在祖国大陆剥夺人民的方式继续在台湾的统治。"二二八起义"爆发的主要原因，是国民党的"劫收"和腐败、苛政。

1946年10月21日蒋介石第一次巡视台北时，绝对想不到4个月后这里就爆发了"二二八事件"

"美机轰炸，惊天动地；日本投降，欢天喜地；贪官污吏，花天酒地；警察蛮横，黑天暗地；物价飞涨，呼天唤地。"这是在国民党接收台湾后不久流行的"五天五地"。"开口奴化，闭口奴化，卑躬屈膝，奴颜事仇，竟称独立自主；伸手要金，缩手要银，与民争利，唯利是图，也说为民服务。"这是台湾回归祖国后第一个春节时百姓所贴的春联。从中可以看出，国民党到台后的所作所为。

首先，就像国民党几乎在所有的沦陷区接收后都无可挽回地走向腐败一样，它在台湾的接收同样也逃脱不了这一命运。以陈仪为首的接收班子，到台后并未在表达祖国的关怀上做出什么有说服力的事情，做得最好的却是把接收变成名副其实的"劫收"。90%的工厂企业和73%的土地成为"国营、党营"财产，在600万人口的台湾岛，有数十万工人失业，300万农民陷于绝境，广大市民破产，通货膨胀，物价飞涨，民众的生活陷于困境。

其次，更令百姓吃惊的是国民党官僚的腐败。本来在日寇的铁蹄下生活了50年的台湾民众，对祖国有着深深的爱恋和信任之情，可"盼中央、望中央，中央来了真遭殃"，国民党各级官员无法无天，横征暴敛，鱼肉百姓。台湾民众十分痛恨国民党接收大员的"贪污三部曲"："引荐亲友"，如长官公署秘书长葛敬恩带着7个亲戚来台出任要职，高雄市警察局长在本局内安排了40个亲戚；"贪污舞弊"，这在当时是公开的秘密；"官官相护"，接收大员的贪污行为，一经揭发，也是大事化小，逐渐化了。台湾民众称国民党接收官员为"中山袋"（用他们所穿的中山装上的大口袋可以装很多钱币来比喻他们的贪婪），他们作为"一批新的统治者，这一批落伍、贪婪、自大、不守卫生、不秩序的外来者"，被称为"与土匪兵仔共一色的官员"；"军人的打家劫舍，在陈仪部下的眼中已是司空见惯"；"大多数'外省人'办起事来，总是拖、拖、拖"（见王建生、纪显芸、陈涌泉著《一九四七台湾二二八革命》第28—40页，台湾文化事业公司出版）。民间很快把对中央政府的期望变成失望，把对蒋介石的盼望变成绝望。

第三，陈仪按照南京当局的旨意，不仅仿效日本殖民体制设立政权机构，而且推行歧视政策，排挤台籍人士。在省级各处局首长中，仅教育处副处长宋斐如，在各县市长中只有台北市长游弥坚和高雄市长黄仲图，在各事业机关中仅台湾省油脂公司总经理颜春安和台湾省玻璃公司总经理陈尚文等为"台湾人"。台籍人虽说有简任官和简任官待遇的27人、荐任官817人、委任官12557人，但他们与大陆来的官员相比，同工不同酬，工薪只有一半左右。国民党在接收和管理台湾地区中的失误，导致在台湾地区回归祖国不到一年半，就出现了第一场政治风暴。

"二二八事件"的导火索是缉拿私烟。烟酒专卖是国际上通行的制度，缉拿私烟私酒曾经引起过不少事件。国民党接收台湾后进行过多次缉拿私烟行动，此次原先也只是例行公事。肇事者之一、台湾省专卖局专员叶德根在事后接受审查时是这样记述1947年2月27日发生在台北市的冲突的：

"我们6个人有3个人带枪，我带的是德国的白朗宁，傅学通带的是什么枪，我不知道。盛铁夫带的是法国的小四寸，警员4人带的是我看好像是14年式的日造手枪。

"昨天下午2点，我奉专卖局业务委员会第四组杨组长子才之命，他派我到淡水去，据报有55箱香烟，一方面叫我带一公函到警察大队，派警员4名会同前往。在2点多钟时，我们坐一部专卖局的汽车，车子坏了，我们派一人回去交涉换一部卡车，我们就在茶馆里等他。以后我们到淡水去，通知淡水派出所开始查缉，结果查到9条香烟，并没有55箱。当然回到台北市时差不多是下午6时左右，便到'小春园'吃晚饭。前几天杨组长告诉我说长官说街上香烟这么多，你们为什么不去查缉，因为过去私烟白天是在台北后车站发卖，晚上是在'天马茶房'附近，所以饭后约6点多钟，我们便到'天马茶房'附近，查缉私烟。当时因卡车上有台湾专卖局的字，只开到拐弯地下，我们是徒步到那边去的。当时发现私烟一二千包，但缉到的只有一二百包。按查缉手续，我们查到烟后叫他们放在那里，我们经点后打收据给他，可是我们叫他们放在那里时，他们就来抢了，并将石头乱扔。那时我看情形就想不抓了，看见有一妇人头上有血，我就同警察大队的一个人说其他的事务以后再办，我们把这头上出血的妇人送到医院去。可是我们送到查缉地点附近的一个医院，他们说他不是看病的。我们把她带到我们车上，送她到别个医院去医。当那时候老百姓已动身打了。把卡车也打翻，我便到蓬莱对面巷子里，出来到延平路二段派出所，请他打电话给警察局宪兵团，请他们派宪警到场弹压。那时警察队的一个队员，我们里面的刘超祥也到派出所来了，我就对刘超祥说，你赶快去报告我们的组长。同时因为警察大队的电话不通，便同警员到太平町借汽车到大队去报告警察大队的大队长，据大队长说他已派有14名警员到场弹压去了，我于是回小门官舍去报告我们的李业务委员，并借车到杨组长那里去报告。杨组长不在，又折返李委员处，再去杨组长处时，半路上碰上杨组长、傅学通，我请他们上汽车预备回到李委员那里去。在车上，傅学通对我说，在我走以后老百姓把他追到永乐町，将他抱着，没有办法他打了一枪，于是同到专卖局副局长公馆去报告副局长后，再同杨组长、李委员、傅学通4人同乘汽车往太平町打听，看见卡车正在烧，我们也没有停留，直驶过去，打听到（同去缉私烟的）赵子健受伤在医院，我们去看他时警察局刚来传他转送宪兵队，我也就回去了。今天杨组长到我家里来叫我到宪兵队去转送到这里来。"

叶德根所说和社会上广为流传的说法不一，谁真谁假已不重要，只有一点是最为关键的，那就是老百姓痛恨国民党的贪官污吏已到了无法容忍的程度，只要有起因就会引发重大政治事件。

当天的情况是这样的，当缉私烟的卡车开到延平路"天马茶坊"附近时，发现一批小商小贩。素有斗争经验的小贩们立即四处躲逃。40多岁的女烟贩林江迈没来得及跑被查获，为避免货物和已卖到的钱款被没收，故一面下跪，一面哭诉：自己是个寡妇，一家数口全靠卖烟维持生活，如果被没收，"那明天起就无法生活"。但是查缉队员置之不理，林江迈拼命上前去争夺，被警察用枪托打得头破血流。在现场围观的数百名民众面对这种残忍的行为，忍耐不住，把查缉队员团团围住，这些警察见状害怕，举枪射击，当场又打死陈文溪一人后逃脱。

围观的群众，追到警察局、宪兵团要求惩办凶手，被拒绝后又回到肇事地点，烧掉了缉私车和查缉来的烟卷。然后，愤怒的群众已失去了控制，又冲回市警察局要求缉拿凶犯。警察局立即表示，案犯被逮捕后送到宪兵团。示威的群众又赶回宪兵团，宪兵团张慕陶团长则不说有也不说没有。群众不会相信警察局、宪兵团的话，把两个机关包围得水泄不通，直到天明也没有散去。

另外一路的示威群众，来到《新生报》社，要求会见社长李万居，结果只有总编辑吴金炼出面接待，他以社长不在家和已接到"宣传委员会"关于不准报道此事的通知，拒绝了民众要求该报报道事件真相的请求。只因该报是由陈仪亲自掌握的机关报，经常登一些让民众看了不舒服的消息和报道，积怨甚深，今日又是这种态度，故在人们和吴总编的辩论中，只见有人喊道："登不登，只一句，真的不登，今晚就把你们这个鸟报馆烧掉。"当接到通知赶来的李万居，看到已经准备好的燃烧报社的汽油时，他赶紧表示："一定登，一定登。"次日，只有这份报纸违背了当时的"宣传委员会"的命令，登出了警察违法乱纪的事件，不过是用5号字排印，全文不过一百字。

事件扩大化是当局一手造成的。"民变"既然发生就应立即采取有效措施消弭动乱，接受群众的要求，严惩责任者，缓和群众的对立情绪。长官公署没有这样做，而根据南京方面的指令，陈仪的长官公署却是一再采取激化冲突的措施，事件越闹越大。

一是拒绝请愿群众的合理要求。正在暴怒中的民众，再次赶往专卖总局，要求总局局长陈鹤声出来谈判。此时，当场选出的5名代表向专卖局提出："肇事凶犯立即在民众面前枪决；厚恤死者家属；严禁私烟进口；禁止查缉烟贩；局长出面向民众道歉。"并且声明必须在30分钟内答复。可是只会惹事不会了事的国民党官员，总是在关键时刻退却，陈鹤声局长早就躲藏起来。情绪高昂的群众，分队赶到陈家和前任局长任维均家，在混乱中两家所有东西被打得粉碎，附近专卖局职员的宿舍也有不少遭殃。

在烟贩们的请求下，市议会由议长黄朝琴带着民众代表去向陈仪请愿，民众代表向陈仪的代表要求："当众枪决凶手；专卖局负担死者之治丧费，并发给抚恤金；保证今后不再发生类似不幸事件；专卖局长亲自与民众代表谈话并当面道歉；要求当局立即将专卖局主管免职。"陈仪不仅不接受，而且拒绝与请愿代表见面。

1947年2月28日上午10时，市议会组织起"缉烟血案调查委员会"，推举黄朝琴、周延寿、王添灯、林忠等为代表向陈仪建议："立即解除戒严令；立即释放被捕民众；不准军警开枪；组织官民参加的处理委员会；请陈仪发表公开讲话，以平息暴动。"同样没有回音。

民众代表请愿一再遭到拒绝，激化了矛盾，事件不可避免地扩大化。直到3月1日5时，陈仪才发表公开谈话，表示：查缉私烟误伤人命者已送交法院讯办；马上慰问受伤者和存恤受难者；被捕者具保释放；午夜12时起取消戒严；但为维持正常的秩序，集会游行、罢工罢课立即停止。讲话发表后3小时，由警备司令部出面，宣布从12时起解除戒严、受难者抚恤金为20万元、受伤者为5万元。但是没有兑现，在当时激烈的冲突情况下也不可能实施。事实上这是陈仪根据南京方面的指示而实施的缓兵之计，因为武力镇压的方针已经确定，只是从大陆调兵到台湾还需要时间。

二是开枪弹压激化冲突。2月28日，早晨龙山寺、延平路一带人山人海，以昨晚包围警察局和宪兵团为主的群众，开始示威游行。主要的十字路口，都有慷慨陈词的人在揭露国民党的丑行。上午9时，一支游行队伍到达延平路警察所时，所长黄某竟然开枪恐吓，愤怒的人们立即冲进警察所，痛打这位所长，并将所内一切办公用具和玻璃统统捣毁，这是民众在事件中第一次反击。游行队伍又冲到专卖局台北市分局，当场打死两人、打伤4名办公人员，并把局里所有的存货如火柴、香烟、酒类和办公用具及大批现钞都予以焚烧。赶来的宪兵也无法阻止，只好在旁边观看。

在专卖总局，在宪警和民众谈判时，不知哪一位警察又鸣枪警告。枪声再次点燃了民众怒火。一声无名氏的"冲"之下，人们冲破宪兵和警察的阻拦，拥进专卖总局。

2月28日下午1时，群众游行队伍又把目标选定为台湾最高机构——行政长官公署。面对四面八方、敲锣打鼓、一队接一队而来的游行队伍，陈仪和南京当局已经决定采取武力镇压。当游行队伍到达公署面前时，从办公大楼顶上射下一排排子弹，当场打死3人，打伤3人（不久死去）。

长官公署的枪声，成为当地民众进行更大规模抗争的信号。整个台北市及附近地区，立即变为恐怖的世界，在各主要路口和马路上，当地各种各样的人，拿着各种各样的凶器，见到外省籍的人便不分青红皂白，一律痛打。在他们眼中，外省人就是贪官污吏的代表和勾结贪官污吏的商人。一时间马路上到处都是鲜血，到处都有被打得半死不活的大陆人的哀号声，打人者则斗志昂扬，边打边高呼着"打倒阿山（指大陆去台湾的士兵和官员）"的口号。此外学生停课、商店关门、工厂罢工，机关工作人员各自出走，凡是与官方和官商有牵连的公司、商行都无一不在捣毁之列。事情已经发展到非常严重的地步。

2月28日下午2时许，事件的热心参加者在中山公园内开会，同时占领设在公园内的台湾广播电台。占领电台后迅速向全台地区广播，称台湾自光复以来，政治黑暗，遍地贪官污吏，陈仪被包可水、严家淦、葛敬恩等贪官污吏所包围，对贪官污吏，不肯惩办一人，以致贪污人员无法无天，呼朋引类，官官相护。且武装军警与地方官吏相勾结，以致米粮外溢，人民无谷为炊，与其饿死，不如起来驱逐各地的贪官污吏，以求生存。台北暴动的消息传遍全台各个角落，各县市迅速响应，纷纷成立"处理委员会"和自卫组织，机关、学校、商店、工厂基本关闭，民众自发地组织起来，接管政权、警察、社会管理机关，社会处于一片动荡之中。

2月28日下午3时，陈仪出面宣布戒严，军警乘着美式军用大卡车在台北、高雄、基隆等街头巡逻，到处和示威的民众发生冲突，枪声不断。双方的对立更趋严重，矛盾更加激化。游行队伍又集中在万华车站等地，继续殴打外省人，广场上官方的汽车全部被焚烧。

3月2日，上午10时，台北大学、延平学院、法商学院、师范学院等院校的数千名学生，集中在台北中山堂，举行声讨当局腐败政治和教育界黑暗的大会，宣布支持台北市人民的英勇斗争，要求"政治民主、教育自由"，并决定学生深入民间组织民众，呼吁人们团结起来。学生充当事件的组织领导者，意在把无组织的群众组织起来。

下午1时，由政府派出的周一鹗、胡福相、赵连芳、包可承、任显群等代表，在中山堂召开"处理委员会"会议，政府代表及各委员均出席了会议。会上作出决定："从宽处理参加此次暴动的人员；免保释放被捕人士；存恤不分省籍；处理委员会中增加各界代表。"并要求各地停止各类武斗行为。

3月3日，"处理委员会"继续开会，可是不见政府委员，因为南京方面的密电到，部队即将到达。为稳住民心，陈仪在会见"处理委员会"成员时，再次痛快且全面接受了"处委会"提出的要求。下午3时起，台北市内的军队开始撤出，他的这种退让绝不正常。并且不少军警和特务，组成"行动队"在市内到处活动，盯梢暴动人员，暗害活跃分子，威吓、抢劫、放火、打人，故意制造恐怖气氛。

青年学生并没有接受"处理委员会"的意见，而是利用全台不少地区已经开始的暴动，继续鼓动民众起来，发动武装起义。如一张传单这样写道："特攻队的勇士们起来，奇袭的时候到了！""集中我们的力量和武器，争取时间，夺取敌人的武器！同胞们，一致武装起来，拥护全省民的胜利，争取台湾的高度自治！"3月4日，各校学生代表召开秘密会议，讨论组织武装和武器问题。会议决议："派出代表到台中等地请求武器援助；派人到新店联络高山族同胞；联络桃园民众武装进攻台北；次日深夜攻击军事机关，夺取武器，武装自己。"

3月5日上午10时，"台湾自治青年同盟"在中山堂正式成立。会上，容易激动、情绪亢奋的学生，有真有假地报告了各地的起义情形，鼓动进行武装斗争，并开始登记台籍陆海空军人员，准备编成军队。在此同时，又出现了类似的青年组织，如"台湾省青年复兴同志会、学生自治同盟、学生联盟"。只是因为情况太复杂，根本无法形成统一的中心，也就不可能有什么坚强的战斗力。即使在"处委会"内部，蒋渭川和王添灯作为当地两大势力的代表人物，并不团结，还不时在争夺对"处理委员会"的影响力。

事实上，这一天整个台北的局势已经基本恢复正常，当然问题并没有解决。"处理委员会"成立了各种常设组织，摆出一副自行处理台湾各种问题的架势。委员会通过了《组织大纲》，改名为常务委员会，有主席团和处理、政务两局。处理局下设有总务、治安、调查、交通、粮食、财务各组；政务局下设有交涉、计划各组；主席团下设有秘书室。处委会还通过了《改革本省政治方案》，让人一看，该组织已有了要取代长官公署的意思。3月5日晚上，市面上又出现新的完全政治化的标语："打倒国民党专政！打倒官僚资本！建立台湾民主自治政府！建立台湾民主联军！"这显然把正在进行的斗争提升到更高的层次。

国民党开始武力镇压。南京中央政府接到陈仪关于事件的报告后，一开始就没有做妥协的打算，而是坚决镇压，只是为调运部队耽搁了时间。3月5日下午2时，陈仪接到由刘雨卿指挥的整编21师和张慕陶指挥的宪兵第4团已分别从上海和福州出发的消息后，马上与部下举杯相庆。国民党的悲剧就在于此，上层干部对自己辖区内发生的事情总不是考虑如何更好地解决，总是用激化矛盾的办法去解决本来不会激化的矛盾，总是从相互对抗的角度去思考本来并非对抗的问题。

3月5日下午8时，陈仪发表第三次也是最后一次广播讲话，表示已经接受"处委会"提出的《改革本省政治方案》，决定准备将长官公署改组为省政府，只要中央同意立即执行，改组时尽可能地任用本省人士出任省府委员和各厅厅长，县市长选举定于7月1日举行，等等。

陈仪的讲话，他自己也不希望得到台湾民众响应，因为他的目的只是在大军到达之前稳住局势。民众当然也没有上当，当时大批国民军即将到达的消息已经传遍台北的大街小巷及其他各地，不少青年学生纷纷赶往台中，准备武装后编队进攻台北，"彻底消灭敌人的武装部队，生俘陈仪以下大小官僚，尤其要以陈仪首级祭死者之灵"。

3月5日下午6时20分，"处委会"宣传组长王添灯发表公开谈话，对"处委会"中意见不一致、部分亲长官公署代表的不协作表示痛心，并宣布"处理委员会"的使命已经结束，从今以后，事件只有靠全体人民的力量去解决，希望全体省民继续奋斗。最后，他提出了42条处理大纲，其中主张：缺乏教育的军队绝对不能驻扎台湾；警备司令部立即撤销，以免军权滥用；省议会全部改选；省政府秘书长和民政、财政、工矿、农林、教育厅长和警务处长必须由居住台湾10年以上者担任，全省法院长和首席检察长全部由本省人担任；除警察机关外不得捕人，宪兵只能抓军人人犯；非武装集会结社绝对自由；本省人中的战犯和汉奸嫌疑犯全部无条件释放；送与中央的15万吨糖依时值估价后拨归台湾省。他的这番话，无异给人心惶惶的台湾社会添了一把火。

3月8日下午4点钟，由福州开来的"海平轮"在基隆靠岸，宪兵第4团的两个营登陆。晚上10时后，在长官公署、警备总部、警务处、供应局仓库、警察大队、铁路警察署、台湾银行、法院等处，爆发阵阵枪炮声。翌日清晨，柯远芬参谋长发表广播讲话，称昨夜在上述各处遭奸匪暴徒数千人进攻，已被击退，但从9日起，台北、基隆一律实行戒严，以便搜缉奸匪暴徒。同时，当局宣布"处理委员会"为非法组织，予以查禁；此次发生的暴动是"企图颠覆政府，夺取政权，背叛国家"，参与者一律予以严惩。

3月9日下午2时，军舰"太康号"满载第21整编师到达基隆。宪兵团和21师到达后随即在台北开始行动，在马路上只要认为是可疑者都可以当场处决，一片血雨腥风，大屠杀一共进行了4昼夜。同时是大逮捕，"处委会"的成员大部被捕，王添灯、宋斐如、林茂生等不少台籍知名人士被捕被杀。据有关方面统计，在台北被杀的有2000余人，被捕的有千人。

1947年3月10日，蒋介石第一次就事件发表谈话："光复后台湾的秩序良好，这次民变乃系被日本征兵到南方的台胞，其中一部尽为共产党员，乘机煽惑，造成暴乱，并提出改革政治之要求，其中有逾越地方政治之范围，故特派军队赴台戡乱。"此令一下，一片血雨腥风，台湾全岛处于白色恐怖之中。21师、宪兵团、驻基隆、高雄要塞等地的军队及警备武装，在各地大肆搜捕事件参与人员，不少无辜者也惨遭连累。

"二二八起义"主要参加者有（参考台湾文化事业公司出版，王建生、纪显芸、陈涌泉：《一九四七，台湾二二八革命》）：

王添灯，日据时代曾任"台湾地方自治联盟"台北地区理事、台湾茶叶公会会长。台湾回归祖国后，创办《自由报》和主持《人民导报》，当选为第一届省参议员，多次揭露过国民党的贪污舞弊案。事件中出任"缉烟血案调查委员会"代表和"台湾省二二八处理委员会常委兼宣传组长"，并提出"42条处理大纲"。3月14日，被用汽油烧死。

王石定，战后高雄市参议员，事件中出任"处委会"高雄分会委员，后在高雄市政府内被杀害。

王育霖，抗战胜利后从日本回国，任新竹地检处检察官。事件发生时，正在台北市建国中学任教，同时担任《民报》法律顾问，事件后失踪。

阮朝日，战后担任《新生报》总编辑，事件后失踪。

宋斐如，抗战期间任《战时日本》总编辑，战后回台接收，任长官公署教育处副处长和《人民导报》社长、报业同业公会召集人，事件中失踪。

李仁贵，第一届台北市参议员，事件中曾带队前往军法处调查肇事者是否已关押，在3月9日国民党军队开入台北市当天失踪。

李瑞汉，执业律师，任台北市律师公会副会长，后失踪。

李上根，《和平日报》社社长，事变中以"事变期间，言论反动，煽动事变"的罪名被捕杀。

邱金山，《新生报》高雄分社主任，事件后被杀。

余振基，在事件中被定为"台南暴动主首"而处决。

吴鸿棋，台北高等法院推事，事件后被杀害。

吴金练，《新生报》日文版总编辑，事件后与大批记者一起失踪。

林宗贤，第一届台北县参议员和第四届国民参政员，事件中担任"处理委员会板桥分会主任委员"，组织板桥保安队，被捕后处决。

林茂生，战后任台湾大学文学院院长、《民报》社长、第四届国民参政员、台湾省电影戏剧商业同业公会理事长，事件中任"处委会委员"，3月10日被军人从床上抓走后失踪。

林连宗，台中市执业律师，第一届台湾省参议员，"制宪国民大会代表"，事件中担任"处委会常委"，3月7日失踪。

林介，高雄市民众开始行动后，他与另外3人作为代表求见要塞司令彭孟缉要求其解除武装，当场被害。

林登科，嘉义市警察，参加当地民众发起的抗议活动，于3月24日晚被枪杀。

施江南，台北医学专科学校教授，战后出任"台湾省科学振兴会主席"，事件中出任台北市"处委会委员"，后在市参议会馆前当众枪杀。

柯麟，第一届嘉义市参议员，事件中参与"处委会"事务，枪杀在火车站前。

涂光明，接收台湾时任高雄市敌产清查室主任，事件中担任该市总指挥，组织学生队，攻打宪兵队、陆军医院及军械库，与彭孟缉谈判时被害。

徐春卿，台北市参议员和台湾文化协进会常务理事，因为出任"省处委会委员"职被枪决。

许秋粽，第一届高雄市参议员，事件中担任当地"处委会委员"，后被杀害。

黄妈典，省商会联合会常务理事和第一届省参议员候补，事件后以"隐藏枪械，煽动青年"的罪名被捕杀。

黄赐，早年从事岛内劳工运动，第一届高雄市参议员，事件中担任当地"处委会委员"，后被杀。

许锡谦，三青团花莲分团主任，事件中负责"青年大同盟"，担任总指挥并兼任"处委会花莲分会委员"，3月17日国民党军队开到花莲时被杀。

郭章垣，省立宜兰医院院长，事件中出任"处委会宜兰分会主任委员"，后作为暴动首犯被枪杀。

陈炘，台湾信托股份有限公司筹备处主任、大公企业公司董事长，作为民众代表出席了接受日本投降的典礼，事件中数次向陈仪面谏改革，21师进入台北后被捕杀。

陈屋，第一届台北市参议员，事件中担任"处委会治安组委员"，后失踪。

陈能通，被捕杀前是淡水中学校长，罪名是在事件过程中私藏武器。

陈复志，三青团嘉义分团主任，事件中被推举为该市"处委会主任"和"防卫司令部司令"，3月13日先被五花大绑游街示众后在嘉义火车站前被害。

陈清波，油画家，第一届嘉义市参议员，作为"处委会嘉义分会委员"而遇害。

陈显福，嘉义中学教师，事件中担任该校学生队队长，在进攻机场时被打死。

陈显宗，陈显福之弟，担任进攻嘉义机场卡车队指挥，作战时被打死。

陈显能，陈显福之弟，进攻嘉义机场时被打死。

陈容貌，嘉义市警察局长，事件中支持起义民众，3月14日被害。

黄朝生，开业医师，第一届台北市参议员，事件中为"处委会治安组委员"，在国民党军队赶到时，被杀害于台北市参议会馆前。

汤德章，三青团台南分部主任兼台南市人权保障委员会主委，第一届省参议员候补，事件中担任当地"处委会宣传组长"，被捕时正在演讲，后被杀害在"大正公园"。

曾凤鸣，事件中与彭清靠、涂光明、林介、黄仲图一起与彭孟缉谈判，当场被害。

张见益，高雄市看守所长，事件中放掉犯人200余人，后以此罪杀害。

张见利，高雄刑务所长，因释放犯人罪被杀。

张七郎，花莲县参议会议长，事件中作为"暴徒首要"被枪决。

张宗仁，张七郎之子，花莲中学校长，与其弟、该校教师张东仁作为"暴徒首要"与其父被杀害。

叶秋木，第一届屏东县参议会副议长，事件中出任当地"处委会主委"，组织"治安本部"和"屏东司令部"，进攻宪兵队和机场，后被捕杀。

杨元丁，第一届基隆市参议会副议长，事件中担任"处委会基隆分会副主委"，3月8日国民党军队在基隆上岸后即遭枪杀。

……

参加"二二八事件"的人还有：

省参议员洪约白、马有岳、林日高、韩石泉、颜钦贤、简桱堉，省参议员和国民参政员林献堂，省参议会副议长李万居，省参议员候补蒋渭川、陈旺成，台北市参议员黄定火、潘渠源、骆水源、张晴川，台北市参议员候补王明贵，高雄市参议员方锡祺、王清佐、郭万枝、蒋金聪、郭国基，台北市参议会秘书庄茂林，高雄县参议员陈昆仑，新竹县参议员宋枝发、江立德，台中市参议员林连城、林西陆，台中市消防队副队长林克绳，台中地方法院书记林有福、陈长庚，台中地方法院推事叶作荣、蔡玉杯、饶维岳，台中地方法院检察官陈世荣，台中县参议员林糊、陈万福、张文环，台中市监狱典狱长赖远辉，台南县参议会议长陈华宗，台南县参议员吴新荣、陈海永，台南市参议员蔡丁赞，花莲地方法院推事赖耿松，花莲地方法院检察官郑松筠，台南工学院教授郑西川，台中市图书馆馆长庄垂胜，新竹县图书馆馆长黄师樵，《和平日报》编辑杨逵和记者蔡铁成、嘉义分社主任饶逸仁，《新生报》编辑部主任王白渊，《兴台日报》社长沈瑞庆，三青团台南分团主任庄孟候，《自由报》嘉义分社主任钟逸人……

为保存革命力量，一些参加起义的人及时转移，历经千辛万苦来到了大陆，他们是：

台共领导人谢雪红，台共成员林梁材，"三青团新竹负责人"王万得，文化协会会员石焕长，"三青团北门分团负责人"郭水烟，建国中学校长陈文彬，《和平日报》记者杨克煌，《自由报》工作人员蔡庆荣，"三青团台北地区负责人"潘钦信，《民报》记者蒋时钦，《人民导报》编辑苏新……

据不完全统计，在这次为时数月的大逮捕和大屠杀中，共有3万余"乱民"被杀，失踪更多。1947年3月13日，在国民党政府残酷镇压下，因为民众抗议一方缺乏统一的领导核心，再加上台湾地区范围有限缺乏周旋余地，遍及台湾的抗议运动全面失败。"二二八起义"历史功绩是永存的，台湾人民爱国民主、反抗国民党专制统治的英勇斗争，在中国人民革命斗争史上写下了光辉一页。正如1947年3月8日延安中共中央告台湾同胞书中所说："我们要告诉台湾同胞，你们以和平方法争取自治，和在蒋介石武装进攻之下，采取武装自卫的手段，我们对此是完全同情的，你们的斗争就是我们的斗争，你们的胜利就是我们的胜利，解放区军民必定以奋斗来声援你们，帮助你们！"

1947年3月17日，事件被镇压后，蒋介石派时任国防部长的白崇禧到台湾，进行安抚，收买人心。白崇禧听取了不少对南京政府尚有好感者的反映，并对陈仪的公务情况进行了调查。在他到台湾后发出的第一号布告中宣布：一、台湾地方政治制度进行调整，改行政长官公署为省政府，各县市长提前民选；二、台湾地方人事进行调整，省主席不再兼任警备总司令，省府委员，各厅、处、局长尽选用本省人，本省人与外省人待遇平等；三、经济上民生工业的公营范围尽量缩小；四、恢复台湾地方秩序，"二二八事件处理委员会"及其他类似之"不合法组织"宣告结束，参与事变人员除共产党外从宽免究。4月2日白崇禧离台返宁，向蒋介石作了报告，并对如何改良台湾省政提出意见，促使蒋介石下决心调换陈仪。4月24日南京中央政府下令改组台湾行政长官部为省政府，将陈仪免职，由魏道明任台湾首任省长，撤销专卖局，其余各厅主要负责人被调换。这或多或少满足了台湾人对省政的要求。

"二二八事件"的爆发，则把南京政府在台湾民众中刚刚建立起来的信任和威望损失殆尽。蒋介石如果明智的话，本应利用台湾民众因长期被列强宰割、受尽亡国奴之苦而产生和形成的强烈的向往祖国之情和对中央政府的认同感，因势利导为国民党所用，在台湾地区建立起"牢固"的统治基础，作为对国民党政权退路的一种安排，可蒋介石有当"君主"的胆，无"君主"所应有的谋，把接收台湾这类本应做得很好的事情不但没有做好，而且还严重伤害了台湾人民的感情，引起大规模的反抗。

此外，在事件过程中，许多台籍知名人士和大批民众被害，在台湾人民的心灵和感情上造成了很大创伤，使得国民党接收引起的省籍矛盾不仅没有得到有效缓解，反而更加扩大和深化，本省籍和外省籍之间形成了严重的隔阂，形成了省籍矛盾和族群对立，对日后台湾地区的政治生态产生重大影响。台湾解除"戒严"后，台湾当局和一些政治势力，着手进行为"二二八事件"平反事项，在台北设立事件纪念碑，李登辉正式代表执政当局向全省人民道歉，并准备向受难者及其家属予以经济赔偿。1997年2月间，台湾当局正式公布了由"财团法人二二八事件纪念基金会"确定的"二二八事件纪念碑文"，并于事件50周年纪念日——1997年2月28日，正式在台北事件纪念公园举行纪念碑揭幕仪式。碑文如下：

一九四五年日本战败投降，消息传来，万民欢腾，庆幸脱离不公不义之殖民统治。讵料台湾行政长官陈仪，肩负接收治台重任，却不谙民情，施政偏颇，歧视台民，加以官纪败坏，产销失调，物价飞涨，失业严重，民众不满情绪濒于沸点。

一九四七年二月二十七日，专卖局人员于台北市延平北路查缉私烟，打伤女贩，误杀路人，激起民愤。次日，台北群众游行示威，前往长官公署请求惩凶，不意竟遭枪击，死伤数人，由是点燃全面抗争怒火。为解决争端与消除积怨，各地士绅组成事件处理委员会，居中协调，并提出政治改革要求。

不料，陈仪颟顸刚愎，一面协调，一面以士绅为奸匪叛徒，迳向南京请兵。国民政府主席蒋中正闻报，即派兵来台。三月八日，二十一师在师长刘雨卿指挥下登陆基隆。十日，全台戒严。警备总司令部参谋长柯远芬、基隆要塞司令史宏熹、高雄要塞司令彭孟缉及宪兵团长张慕陶等人，在镇压清乡时，株连无辜，数月之间，死伤、失踪者数以万计，其中以基隆、台北、嘉义、高雄最为惨重，事称二二八事件。

斯后近半世纪，台湾长期戒严，朝野噤若寒蝉，莫敢触及此一禁忌。然冤屈郁积，终须宣泄，省籍猜忌与统独争议，尤属隐忧。一九八七年解严后，各界深感沉疴不治，安和难期，乃有二二八事件之调查，"国家元首"之致歉，受难者与其家属之补偿，以及纪念碑之建立。疗愈社会巨创，有赖全民共尽力。勒石镌文，旨在告慰亡者在天之灵，平抚受难者及其家属悲愤之情，并警示国人，引为殷鉴。自今而后，无分你我，凝为一体，互助以爱，相待以诚，化仇恨于无形，肇和平于永恒。天佑宝岛，万古长青。

为"二二八事件"平反，反映了台湾人民的愿望，也是国民党当局应该采取的行动。不过，在为事件进行平反的过程中，"台独"和"独台"势力活动嚣张，否定"二二八事件"爱国民主、反抗国民党反动统治的政治性质，既把

"要求台独和与祖国分离"强加给事件，还把其作为分裂祖国、煽动台湾民众分离意识的材料。历史告诉我们，任何时候，任何分裂祖国的行为都是不可取的和必须反对的，也是不可能得逞的。

国民党在台湾地区，因为接收和统治方式出错，酿成"二二八事件"。台湾人民的英勇斗争，成为反蒋第二条战线的重要组成部分。

接收浮财，劫收

历史已经证明，东北的接收失误导致国民党在东北一开始就失去军事、政治主动权，台湾的接收失误导致国民党政权很快失去民意基础。在接收浮财方面，从这一工作一开始，就显示出腐败和反动，导致国民党政权中相当大的一部分官员走向全面变质。

东北和台湾的接收，具有重大的政治和地理战略上的意义，而对浮财的接收则直接关系到国民政府综合实力的增长，可以在即将开打的全面内战中为国民党方面提供强大的财政支持，蒋介石正是基于这一点，对接收浮财异常重视。

抗战结束后，国民政府设立了三类接收机构，即：在陆军总司令部专设"党政接收计划委员会"，以陆军总司令何应钦为主任委员，谷正纲和萧毅肃为副主任委员，下设党团、经济、内政、财政、外交、金融6个组；除此之外，在各战区司令长官部，设立由司令长官负责的各"省市党政接收委员会"，负责地方性的接收事务；另外还在行政院内设立"收复区全国性事业接收委员会"。在三类机构的督率下，数不清的接收大员奔赴沦陷区的各个角落，刮起震荡全国的接收风，因风路不正，没有严格的防范和遏制措施，贪官污吏乘机作乱，接收又增加一个"痞"号：接收，"劫收""劫搜"耶。

劫收之一：接收混乱。按照国民党中央的设想，国民政府也一再表示：任何部队和任何部门都不得直接接收；受降和接收同时进行；任何个人不得乘机中饱私囊。这三条指示在利益和私欲面前很快失去作用。面对可以全部变为当局和本部门所有的浮财，不可能做到受降和接收工作同时进行。本来行政系统的接收机构应与军事上的受降将领一起到达准备接收的区域，军用武器和装备由党政接收计划委员会和战区司令部组成的接收委员会接收；非军用组织、企业及机构则应由收复区全国性接收委员会接收。

在先到先捞、多接多捞、先捞先富、多收多富的背景下，整个接收完全处于无组织和失控状态。先到先捞，受降部队无一不是劫收的先锋，如第六战区副司令长官郭忏在负责接收湖北境内敌伪物资过程中，从接收物资中提出价值40亿元的绸缎、布匹和日用品，分给战区范围内各军事机关的官兵、眷属，而他自己贪污、受贿的物资和金额则远远超过此数。受降部队的接收代表，全国性事业接收委员会，所在战区司令部派出的接收代表，当地由伪军和官吏改换门庭、摇身一变而来的接收官员，个个争先恐后，四方过路财神各显神通，任意抢收各敌伪产，还常常为接收同一个单位，你争我夺，互相杀戮，热闹非凡，很多地方出现"封条重重，此揭彼封"的现象，你也抢我也抢，文和武争，官和民争，斯文尽失。如上海警备司令和汤恩伯的第三方面军为争一所日军俱乐部，竟然开枪争夺，发生死伤多人的流血事件。国民党的背叛者冯玉祥曾对接收有过一段用词朴素且符合实际的描述："到上海、北平、天津各地接收的人，一个工厂、一个仓库，前面会贴上六个或七个封条，经济部说是他应管的，财政部说是与他有关系，军政部说是这些东西他都用得着。前门的封条刚贴上，就把后门开开了，先把成品都运走，然后把原料也都运出卖掉了，以后连机器都拆了卖，甚至把电灯泡拿下来，把电线割断了。因为抢一辆汽车，两个机关打起来。"把本来扬眉吐气、主持正义、惩治败类的"接收"，搞得乌烟瘴气，变成一场灾难式的"劫收"。

劫收之二："垄断"优先。劫收带来的结果是，官僚资本在金融、工商界、农业领域的垄断地位又有很大发展。时任行政院长的宋子文把"接收"看成扩充官僚资本的最佳机会，命令有关部门四处抢收，行政院所属的"收复区全国性事业接收委员会"更是充当了"劫收"的主力军。据有关部门统计，到1946年7月，共接收日伪工厂2411家，其中发还和拍卖的不足十分之一，绝大多数被官僚垄断资本并吞。官僚垄断资本和官商财团在接收大批日伪企业的基础上，成立了许多全国性和地区性的垄断组织，当时的官僚资本占全国产业资产的80%以上，大大超过抗战前的水平。

在金融界，国民党政府接收了日本、正金、住友、朝鲜、台湾、中央储备等银行和中央信托公司、中央保险公司，使得官僚资本在银行业无论是在资本规模还是在银行数量上均占绝对优势。在全面内战爆发时，全国有3489家银行，官办的占70%。农业方面的接收也是数目惊人，仅台湾一省就接收占土地耕种面积四分之一的"官有地"，东三省接收的土地达数百万亩。通过接收，国民党政权增加了200多亿美元的财富，这笔巨额财富很大程度上减少了官方财经方面在8年抗战中的损失，也增加了统治实力。如果南京政府能够抓住时机，放弃内战政策，进行经济建设，接收到的资金、企业和原材料，无疑是一个有利条件。遗憾的是，这一优势还未变成现实就被"腐败和内战"所化解。

劫收之三：腐败不堪。无法抑止的腐败，是接收带来的另一结果。腐败遍及接收的各个层次和各个角落。对在沦陷区略有实力和起色的工商企业和富家大户，三类接收大员轮流而至抢收不说，党政军财警宪特各部门也各自上门"接收"。经数次接收，接收者互相攻讦，使尽招数，各取所需；被接收者元气大伤，实力大减，财产遭受严重损失。原沦陷区的经济刚从日寇的重压下摆脱出来，正想投入民族复兴大业，可还未喘过气来，就毁于"接收"。

接收大员们个个为财而争，为"收"而忙，为"劫"而忙，几乎每个接收大员均为营私舞弊之徒，趁机中饱私囊，贪污受贿，大发"接收财"，大量本该上交国库的敌产伪产成为接收大员的私产，如日伪在海南岛有各种车辆2000余辆，而由各接收机关造册登记的只有961辆，且多是等修车和报废车。就北平市而言，被接收物资不足应接收的五分之一。南满铁路当局在沈阳的房产原有1200栋，接收人员强取豪夺后只剩下2栋；很多被接收大员看中的民房民产民有企业，无端被指为敌产，加以没收，由接收者霸为私有，仅在武汉一地，就有金龙云面粉厂、太平洋肥皂厂等29家厂商被说成是敌产，加以没收，在整个沦陷区的范围内，被强占的民房就更多了。接收大员们为了敲诈民众，随意扣人以汉奸帽子予以迫害，商人、教授、厂主只要拒绝接收大员的要求，随时都有被抓被关的危险；接收大员并不关心政府接收事业的成败，并不关心被接收工厂、矿山、商店、银行的安危，他们关心的是如何多得"五子"（金子、房子、票子、车子、女子），中央社武汉分社主任竟掠取敌伪物资达数十亿元。包括蒋介石在内的不少国民党接收大员，后来在台湾论及"国民党为何三年就垮台"的原因时，无不认为抗战后的"接收"，严重损害了国民党的官僚队伍，导致出现不可遏止的全面性腐败。可蒋某不知想到没有，为什么会出现此种情况？接收中出现的腐败，来源于抗战中后期已经蔓延开来的国民党的腐败。而在接收过程中捞得最多的正是官僚垄断资本势力和官商财团，上行下效，官大多捞，官小巧捞，无官的狠捞，接收变"劫收、劫搜"，捞得"接收"一片昏天黑地。

国民党官员利用接收的机会，对人民巧取豪夺，疯狂地搜刮民脂民膏，难怪人民得出了如下符合实际的结论："盼中央，望中央，中央来了更遭殃。"国民党的接收，彻底搜尽了民间的财富，也彻底搜去了民众对国民党仅有的一点信任，引起了人民的普遍不满，人民对国民党政府的希望变成了绝望，国民党失去了成功的基本要素。

"制宪行宪"——实施"宪政"破坏宪政

1946年10月11日，南京政府察哈尔省主席兼张家口绥靖公署主任傅作义，率部攻占聂荣臻任司令的晋察冀军区总部所在地张家口。当天下午，蒋介石得意忘形，以为中共在军事上已到了崩溃的边缘，不再是国民党的对手，当然也就没有必要顾及中共对国民党单方面召开国民大会的态度如何，立即宣布将举行"制宪国民大会"。但他犯了大错，即中共退出张家口，并非大败，而是主动撤退；即使中共在张市失利，也不是全局性的毁灭；此外国民党和蒋介石无视中共的态度召开国民大会，带来了极其严重的后果，即完全与人民革命力量对立，自绝于人民。

蒋介石想当总统

蒋介石急于召开国民大会的目的何在？一句话，他想当总统！国民党最早在辛亥革命后建立政权，孙中山出任"临时大总统"，到1921年孙中山又到广州建立护法北伐政权，出任"非常大总统"（北洋政府有过袁世凯、黎元洪、冯国璋、徐世昌、曹锟等"总统"，可非驴非马，与国民党无甚干系），不管怎样，均非全国国民大会选出的正式大总统。作为中国执政党的国民党内还无人任过"总统"之职。蒋介石在国民党内也算是远见卓识之辈，对"总统"一职怀有特殊的感情。

蒋介石成为国民党和南京政府事实上的最高统治者，已经19年，其中名副其实地任国民政府主席已3年，任国民政府军事委员长已15年，任国民党总裁已8年，早已是一国之主，为何独青睐于"总统"一职？此人一直以孙中山先生的接班人自居，当然也要出任大总统。此话不假，蒋介石确有此意，但这不是主要原因。

蒋介石更喜欢"总统"的原因，是因为"总统"本身所具有的光环。"总统"显然不是中国的国粹，而是西方的发明，根据资本主义制度的运行法则，总统是民选的产物，是民主、政党政治的集中体现。蒋介石上台后，可以说是东方专制的典型代表，一直成为西方对蒋不满的政治势力攻击的目标，不利于他发展与西方的关系。而对那些公开高喊"维护人权"的西方国家来说，"民选总统或普选国民代表选举总统"是最受欢迎的，蒋介石当然愿意投其所好，把自己打扮成东方民主的开辟者，从而提高自己在国际上的地位；此外，召开国民大会和选举总统，可以修正南京政府和国民党在国际上的形象，拉近同西方国家的距离，便于争取经济援助和政治支持。蒋介石这样想，但他最终没有按西方政党政治的运行法则进行，而是把总统选举罩上东方特色，专制依旧，只是换了包装。

蒋介石为何在此时召开国民大会？仿效西方政治体制成立民国政府、实行"总统制"，是孙中山一贯的指导思想。早在窃国大盗袁世凯死后不久，孙中山在上海对参、众两院部分议员发表的演讲中指出，在全国3000个左右的县中，每县选出一位代表，"此代表完全为国民代表，即用以开国民大会，得选举大总统"。在1919年5月出版的《孙文学说》第六章中又指出，"俟全国平定之后六年，各县之已达完全自治者，皆得选举代表一人，组织国民大会，以制定五权宪法"。1924年1月，在国民党第一次全国代表大会上，孙中山公布了《建国大纲》25条，其中有三条是对制订、通过和颁布宪法的规定。

同时，广州革命政府开始进入"军政时期"，扫荡盘踞全国各地的北洋军阀各部，到1927年4月18日，蒋介石正式组建自己的政府，登上一国之主的宝座。南京政府组建之初，一再受到党内政治倒蒋派和地方实力派的挑战，蒋在进行繁忙的军阀混战的同时，并没忘记开辟迈向大总统之路。

蒋介石想当总统为时已久，早在1930年10月间，在打败阎锡山、冯玉祥为首的地方实力派后，除了还有中共的几块红色革命根据地外，在中国大地上蒋可以说是打遍天下无敌手，基本实现武力统一，踌躇满志之际，准备足登中华民国大总统宝座，为此酿成"广州非常会议事件"。蒋介石之所以想当总统，与其说是为了亮出"民主牌"，还不如说是为了以总统身份，把所有大权集中到自己手中，因为当时国民党的许多元老和实力派对蒋并不佩服，更谈不上崇拜，没有佩服也就不会有服从，没有崇拜也就不会有盲从，没有盲从当然也就谈不上依附，但这次蒋介石放弃了马上出任总统的打算。他败在实力不够，还不足以彻底摧毁倒蒋派，没有实力只有"民主牌"是无法横行于国民党内的。

到1936年间，南京政府又准备召开"国民大会"和"制定宪法"，以还政于民。出席会议的1200名代表也已选出，当然这批代表主要是由国民党权力部门所决定的，选举只具象征意义。大会所需要的《宪法》文本早在1932年间即由立法院议订，1936年5月5日公布。这就是所谓的《五五宪草》。关于会议本身，议定在第二年孙中山的诞辰日即11月12日为会议的开幕日，结果因抗战爆发，国民大会无限期后延。

抗日战争结束，蒋介石要想实现总统梦，此时为最佳时刻。因为一是国运昌盛，只要按照和平民主方针建国，不打内战，近百年来为外国列强所欺凌的中国振兴有日。对于这一点，只要稍微有一点政治头脑的人都会明白，蒋介石当然不会不明白，遗憾的是，他知道这一点，但没有利用这一点，放弃了和平民主建国之路，这就使他即使被选上总统也缺少必要的政治基础和社会条件。

二是蒋介石本人的声誉也处于其人生巅峰，反击日本侵略者的胜利，把这位能够站在民族抗日统一战线内、终于坚持到抗日战争结束的国民党总裁、国民政府主席推上"民族英雄"的宝座。当时的中国，基本无人怀疑蒋介石在国民党内的领导地位，包括中国共产党在内的各派政治势力，无人否认国民政府和蒋介石的领导地位。当然这并不是说，中共和民主党派就完全同意蒋介石的政治主张，但是这并不影响与蒋介石继续结成国共合作为主要内容的统一战线。如果蒋介石能够审时度势，放弃用军事手段解决国内政治纠纷的打算，政治上他就不会仅仅3年就达到最低潮，总统梦也不致于仅圆9个月。时间是短了一些，可他毕竟当上了总统，这也不奇怪，因为这是他在具备实力以后再打"民主牌"，赢的概率要高得多。

三是国际上有一股援蒋势力，中国作为幅员辽阔的大国，从近代以来在世界上却从来没有得到大国应有的地位和待遇，只有在抗日战争暨第二次世界大战中，中国人民英勇打击日寇的行动，真正提高了中国在国际舞台上的地位。理所当然，中国人民的这份宝贵的政治财产，被蒋介石所接收，这也不奇怪，因为历史是人民创造的，可记在历史上的只有领导者而无人民。刚刚从反法西斯战争中喘过气来的各大国领袖，对世界新的政治格局和势力划分，有着不同的意见，可对蒋介石的态度基本上是一致的，即均希望他能继续领导拥有四亿多人口的中国。当然"希望他执政"，有不同的出发点：美国是为了建立反苏封锁线而支持蒋介石，此政策维持了近3年；苏联的斯大林是为了抑制中共的势力，唯恐中共进行自卫反击引起第三次世界大战而支持蒋介石；英、法、日等国显然是看美国的眼色行事而支持蒋介石。这种政治上的支持，大大增加了蒋的政治资本，也是他下决心实施宪政和选举总统的原因所在。

孙中山的"三阶段论"

蒋介石想当总统由来已久，可为何自1931年的"非常会议"到抗战结束的15年一直没有进行，并非他这一时期对出任总统不感兴趣，而是有他的考虑。

他不能不考虑到先总理孙中山理论上的约束。孙中山对中国的民主宪政进程有着独到的论述，在他名垂青史的《建国大纲》中，曾提出著名的"三阶段论"，即军政时期、训政时期和宪政时期。其军政时期，是指"以武力扫除一切障碍，奠定民国基础"；其训政时期，是指"以文明法理督率国民，建设地方自治"；其宪政时期，是指"地方自治完成后，乃由国民选举代表，组织宪政委员会，创制宪法，宪法颁布之日，即为革命成功之日"。也就是说"军政时期"，即为以军代政，以军行政；"训政时期"，即为以党代政，以党治国；"宪政时期"，即为还政于民，由民做主。

当然，孙中山的"三阶段论"，如同他的"五权分立"一样，都有局限性，可在中国社会大背景下，还算是一个具有可行性和指导性的理论。按照这一理论，蒋介石如要搞总统选举，即有以下几个条件：

武力统一。国民党政府对新军阀基本上做到了统一，但还有人民革命力量存在，国共之间只要分裂，就谈不上"和平和统一"，蒋介石拒绝中共关于和平民主建设国家的主张，就无"国家统一"可谈。

文明法理。孙中山的基本思想是在统一国家的基础上，实行法治，文明治国，作为执政党则应放弃以军代党以军领政的恶习，建设一个现代化的法制国家。蒋介石没有这样做，他的统治方式，有外国的法西斯主义，有现代的西方方式，有中国的传统文化，有古时的封建伦理，可就是没有文明和法理。他在江西搞得轰轰烈烈的新生活运动，也只是东西方文化杂交后冒出来的怪胎，

1233

并无什么新东西，更主要的是他的新生活运动，在贫穷的江西和中国的绝大部分省份和地区都没有可行性，文明法理显得多么的遥远。只要人民过着食不果腹、衣不遮体的生活，就无"文明法理"可谈。

实行自治。国民党政府的统治，远没有达到实行地方自治的境界，有地方实力派的省份，是军阀割据；中央控制的省份，是集权统治，无自治可言。即使在国民党的三大模范省江西省、广西省和山西省，也看不到一点自治的成绩，广西和山西是军阀的天下，江西则是蒋介石高度专制和严密控制的地区，国统区无"实行自治"可谈。

民选代表。这是一条非常明确和严格的定义，即在自治完成以后，由民众根据普选的原则，选举国民代表，进行制宪和行宪工作，选举总统。在中国谈"民选统治者"，实属天方夜谭，北洋时期搞过一些所谓的议会和总统选举，但只是增加政坛上的笑料而已。国民党也搞过，但缺少孙中山所定的"武力统一、文明法理、实行自治"的三个前提，当然选举也就无反映民意之意，人民大众当然也就无法行使职权。民选代表一事，国民党在失败数十年后在台湾地区实行，尽管受到财产、派系、黑道和地位的影响，毕竟还有"民选普选"的模样，在大陆时期，却无一点"民选代表"可谈。

宪法颁布和革命成功。孙中山认为宪法颁布时，意味着理想社会已经实现，也就是说宪法的制定本身就是社会进步和发展的要求及必然结果。国民党的统治还没有到这一程度，虽说抗日战争已经胜利了，可谁都明白，如果没有第二次世界大战中国际反法西斯统一战线的支持和八路军、新四军的奋力作战，中国的抗战可能就要延长，并非蒋介石的实力已经达到能够战胜日寇的水平；抗战结束后，尽管国民党政权颇有一番新气象，可中共的120万军队和名义上200余万实则更多的民兵存在于各解放区，能说国民党统治稳固了吗？当然从国民党的历史看，抗战结束后，确实是国民党和蒋介石最辉煌的时期。但从孙中山的要求看，当时的中国还没达到"颁布宪法和革命成功"的程度。

以上条件不具备，蒋介石部署召开国民大会，制定宪法和选举总统，显然是操之过急。蒋介石不是不知道这一点，而是想乘抗战胜利的东风，一鼓作气，登上"总统宝座"。说实话，这时候当不当总统都不影响他的霸主地位和操纵政权的能力。而他过分看重名分，长期以来需要正名，所以他不顾一切地谋取此职。

蒋介石算计太多

蒋介石要开国民大会选总统，不得不考虑中共及进步力量的态度。如果蒋介石"参选"总统只是操之过急，对他来讲倒用不着担心，因为他从来没有说过要等各项条件具备后再"行宪"，也没有说过他要等到人民群众同意后再动作，但他不得不考虑中共的态度。提出在抗战胜利后召开国民大会的，不是别人，正是参加政协会议的中共和民主党派，他们主张由各党各派参加的联合政府成立后再联合筹备召开国民大会。蒋介石抓住这一点，借机部署立即召开国民大会。

中共和进步力量之所以主张召开国民大会，主要目的是先逼蒋介石开放部分民主和权力，组成联合政府，然后再通过国民大会这一法律程序重组能够体现中共和人民意志的国民政府。作为会议的大前提就是在中华民族赢得近现代史上第一次反侵略战争的大气候下，通过谈判和让步的方式，争取和平民主，建设一个新民主主义的中国。蒋介石只要中共和民主党派提出的召开国民大会的建议，不要中共和民主党派提出的避免内战和争取和平民主的主张。这就是中共为首的革命进步势力和蒋介石为首的国民党统治集团的不同之处，双方争论的要害，也是国民大会的指导思想，更是抗战胜利后全社会和国际上的主要政治力量所关心的焦点：国共双方是和平解决争端还是在战场上论是非？由于这一问题一直没有解决，国共双方的谈判也一直没有进展，国民大会有关事项也就一直没有取得实质性的进展。

关于国民大会的指导思想，国共双方的分歧果然无法弥合，即使在会议的具体筹备和组织上，双方也是各有见解，互不相容。因为召开国民大会是中共和民主党派所提出的，那么在一般情况下就不便轻易推翻，基于这一点，国民党方面就一再提出强人所难的观点和主张，逼中共让步。中共以毛泽东为首的领导核心充满智慧和力量，对于只要有利于缩短革命进程的任何要求，都有可能接受和愿意做出让步的。

蒋介石关于国民大会的第一个无理要求是提出让"过时代表"出席会议。南京政府为了国民党的私利和控制即将召开的国民大会，提出让10年以前选出的1200名代表参加大会，此一决定显然是错误的，且不说这些称之为"代表"的人士到底有多少代表性，就是从时间上讲也已经过去10年，特别是已经过8年抗战，世事变迁，形势大不相同，酒越陈越好人却不一样，还推出这批"过时代表"显然是不合适的。

当年"选举"代表和讨论《五五宪草》时并未被征求意见的中共和当时还未成立的各民主党派，对1200名"过时代表"作为国民大会的代表一事持反对态度，理由很简单，即这批代表没有多少代表性和议政能力。国民党也罢，蒋介石也好，面子和固执害了他们，他们从来没有向中共和民众承认自己的过错，更不要说公开改正自己的政策和法令，此事也是一样，坚持要把这批"过时代表"增进国民大会。

为了大会正常召开，不至于因国民党极右集团的干扰而导致国民大会流产，中共方面同意10年以前选出的代表作为正式代表出席国民大会，条件是必须增加"选举代表"，最后代表总数为2050人，这比孙中山当年所设想的一个县选一个代表要少一些，且不论"代表们"的素质和议政能力如何，单从中国历史上看，如此多的代表相聚一堂，实属少见，颇有"历史上第一次"的味道。

蒋介石关于大会筹备的另一个无理要求是，国民大会要通过的宪法，应以《五五宪草》为蓝本。《五五宪草》是继1912年的《临时约法》、1913年的《天坛宪草》、1914年的《中华民国临时约法》、1924年的《中华民国宪法》、1931年的《中华民国训政时期约法》之后的第六部宪法。在被称为"中华民国宪法"的文件中，共有14章175条，在清末立宪至此时所有的有关国家宪政的、名目繁多的"临时约法、宪法"中，这部文件无论从内容和形式上讲，应是最完备的一部，也是最现代化的一部。但论其内容，无非是在全国确认南京政府的合法性，在全社会确立国民党的领导地位，在国民党内巩固蒋介石的个人权力。至于从宪法文本表面视之，则国民党惯有的虚假和空话也不少，什么秉承先总理的遗教，外争民权、内护民生、发扬民权；什么民有、民治、民享；什么自由、普选、民主，等等。事实上，这部"宪法"的主要内容不外乎：

一是照搬欧美国家资本主义体制下的宪法条文。这是国民党方面党政军经所有文件的主要特色，要说有什么超过西方水平的话，那就是加入了中国传统文化中的封建伦理道德的部分，用西方的东西表示国民党政府与西方资本主义接轨，便于与美、英、法、日等国发展关系；用东方的东西愚弄深受传统思想束缚的民众，维护其既落后又反动的统治。

二是赋予蒋介石极大的权力。国民党无论用什么方式、什么理由选择最高统治者，只要蒋介石存在一天，这个位置就非蒋莫属，因为在国民党内几乎不存在具备实力与他抗衡的对手。所以只要是在宪法草案中肯定的权力，实质就是为蒋介石做准备，也就是从便于蒋介石统治和掌权的角度来起草宪法。因此，尽管在"宪法草案"中规定"中华民国基于三民主义，为民有民治民享之民主共和国"，但赋予"总统"的权力却是空前绝后的，一句话，就是一切由"总统"说了算，行政院成为蒋个人意志的执行机关，立法院、监察院、考试院和司法院则成为蒋的附属机构。

当然在总统制下，作为总统应该有掌控一切的权力，无论是在西方或是在东方，都是如此。问题是在国民党统治时期，全国人民对作为执政党的国民党，国民党全体党员对作为总裁的蒋介石，国民大会全体代表对作为他们走过场选出的总统，立法、司法和监察、考试四院等专门督察部门，对作为被他们监督的对象蒋介石均无有效约束力，这就是不正常的地方，也是国民党政府和蒋介石假民主真独裁的要害所在。

三是实施"五权分立"。西方的三权分立，实为资本主义自诞生以来三百年间统治经验的总结，也是西方国家政治体制的最高浓缩。行政、立法、司法三权分立，各自独立行使职权，又互相监督，形成有效且有一定排毒能力的权力结构。当然把此照搬到东方显然是不合适的，可是像孙中山那样把"三权分立"改成"五权分立"，显然有重复错位之感，给人以画蛇添足的印象，这种中国特色是不成功的，也是不必要的。当然，无论是"三权分立"还是"五权分立"与蒋记独裁均毫无共同之处。

四是实施"双首长制"。根据国民党宪法中的规定，最高权力机构是实行"总统和行政院长共同签署的双首长制"，这就更让人无法理解。在世界近现代政治史上，有实行"总统制"，如美国、俄罗斯等国家；有实行"内阁制"，如德国、加拿大等国家；有实行"君主立宪制"，如英国、日本等国；也有实行新独裁制，如第三世界中一些相对比较落后的国家，但绝少有实行"双首长制"的政治体制，国民党的这一招，在集权时代还显不出它的局限性，但在蒋家父子过世后，有关"总统"和"总统选举"涉及的体制之争就不可避免地成为各种势力抗争的焦点。

五是取消中共的合法地位。宪法草案绕开当时最为敏感的中共和进步政治势力的地位问题，对于中共的根据地和人民政权、人民军队，这部分确定中国政治体制和社会制度的历史性文件中根本没有谈到，更没有作出任何有利于中共和人民阵营的安排。这是蒋介石的失策之处，从当时的形势论，国内所有的矛盾中，恐怕国共冲突是最主要的矛盾，这个矛盾制约着其他矛盾的发展和消长，这个矛盾不解决，其他所有矛盾都无解决的可能，作为阶段性的国家根本大法宪法草案，没有谈到国共矛盾的最终解决办法，这个文件无论如何是不完整的，也是不正确的，缺乏可行性，对国民党形成巨大威胁、唯一有力量向国民党挑战的中共不会接受。

对这样一个只有形式上的中国特色但无符合中国国情和政治现实实际内容的《宪法（草案）》，中共和民主进步势力当然无法赞同。

蒋介石关于召开国民大会的计划，出席代表问题中共不尽赞成，宪法草案中共全面反对，特别是对大会召开的前提即国共双方停止内战、和平民主建设中国的主张，双方更无共同之处，这样两党势必会摊牌。

全面内战爆发后，中共反对召开国民大会的态度更加坚决，蒋介石见双方已无达成一致的可能，准备冒中共和全国人民反对之大不韪，按计划召开。蒋介石一边打内战，一边要召开国大，这一明显强化国民党的反动统治、建立新形势下的独裁、"反共"举措，理所当然遭到共产党和民主同盟及其他爱国人士的抵制。内战全面打响后，蒋介石表面上仍然表示国民党虚席以待，欢迎中共代表光临中国历史上第一次召开的国民大会。攻陷张家口（应说是中共方面在聂荣臻的指挥下，主动撤离）后，蒋介石自以为中共武装力量已不堪一击，没有必要再去顾及中共的态度，故在当天宣布了国民大会召开的日期，即11月12日（1946年）为开幕日，为招徕中共和民主党派参加国民大会，南京政府发言人又表示，会议推迟3天，为中共和民主同盟做最后考虑提供时间；并在55名大会主席团成员中为中共方面保留5个名额、民盟保留4个名额。

中共不是不领情，而是绝不拿原则做交易，190名中共代表和80名民盟代表，均没有出席。在中共的带领下，包括学术名流、科学泰斗、商界巨子等不少社会著名人物也没有到会，2050名代表中到会的只有1701人。

尽管中共代表和民主党派的代表没有与会，蒋介石和国民党却把会议开得有声有色。会议开幕，蒋介石首战告捷，已宣布不出席大会的青年党和民社党突然改变主意，同意出席国民大会，这对宣布抵制会议的中共和民主同盟显然是一大失利，对国民党方面来说显然是一大胜利，但中共对此看得很坦然，既然青年党和民社党不想留在民盟这一进步民主团体中，还不如早一点走。蒋介石高兴万分，立即作出决定，增加两名大会主席团名额，由民社党两位主席张君劢、伍宪子担任。说实话，由原国家社会党和民主宪政党组合而成的民社党，在中国政治舞台上很难取得什么成就，但他们通过违背自己与中共和民主同盟已立下的诺言而走投机的捷径，一下子成为南京政府的座上宾，倒也不失为"政坛怪杰"。

蒋介石收获不小

会议最关键的是制定《中华民国宪法》，1946年11月26日，大会主席团向全体会议提交《中华民国宪法草案》（以下简称《宪草》），一读后交发大会讨论，意见集中后交第8组审查委员会逐条逐句审查修正，再交第9组综合审查委员会整理后提交大会讨论，到12月25日，即大会的闭幕日，正式三读通过这一国民党的"根本大法"。按照惯例，重要文件是不加圈点的，《宪草》也是如此，没有标点符号，故特请大会主席团主席、著名大学者胡适为其加注标点。大会最后一个节目，即是请代表中年龄最长者吴稚晖，代表主席团向国民政府现任主席蒋介石致送《中华民国宪法》。此次仅在会议期间就对《宪草》进行了为期30天的讨论，看来还是比较慎重的。至于这一《宪法》对国民党政权有何助益，则很难讲了，因为它只让南京政府保持了3年的政治生命，对退到台湾后的国民党当局，则引起了无数次的"修宪纠纷"。尽管如此，12月25日是《宪法》通过的日子，是日被国民党当局定为"宪政纪念日"。1947年元旦，南京国民政府公布了《中华民国宪法》，这个《宪法》随同制定它的、执行它的国民党政府一起在大陆存在的时间并没有超过3年。

被称为"制宪国民大会"的这一次在国民党统治史上空前的全国性会议，通过了《国民大会组织法》《国民大会代表选举罢免法》《总统副总统选举罢免法》《立法院立法委员选举罢免法》《监察院监察委员罢免法》《五院组织法》。这些法律对维护国民党统治的秩序、保证南京政府的正常运转，起到了很大作用，但不能保证南京政府和国民党不失败。

"制宪国民大会"开完，蒋介石在国民党内的地位得到了强化。蒋介石自当上黄埔军校校长后，进入仕途的鼎盛期，他的领导地位早已得到确立，即使他在1927年夏和1932年初的两次辞职期间，国民党也无法在没有蒋介石的情况

吴稚晖向蒋介石致送"宪法"

下进行军政活动。抗日战争结束后，他的威信无论是在社会上还是在国民党内均达到个人历史上的最高峰，但这时间不长，因制造一系列的惨案和不断蚕食中共的武装力量，蒋介石的臭名很快在960万平方公里的国土上迅速传开。这些不会影响到国民大会的决策，蒋通过这次表面上轰轰烈烈的会议，其地位和权力首次以国民大会的形式得到肯定。在国民党的100余年历史间，只有蒋介石、严家淦、蒋经国、李登辉、马英九五人有此殊荣，无论是一走形式也好，还是争权夺利也好，他们毕竟是得到了所谓国民大会的认定。

"制宪国民大会"开完，国共两党彻底决裂。开会的第二天，中共谈判代表周恩来在南京梅园新村举行谈判期间的最后一次记者招待会，当场散发了书面声明，强烈谴责伪国大准备要通过的伪宪法，指出这实质就是要把内战、独裁、分裂和出卖国家利益、人民利益合法化。情绪激昂、态度坚决的周恩来当众宣布：中共绝不承认国民党正在召开的"国民大会"。他说，因为蒋介石封闭了国共两党和谈的大门，中共代表团和他本人将于日内返回延安。至于即将离开的南京城，中国共产党和他本人是一定要回来的。这句话，恐怕在当时并未引起记者们和国民党有关方面的注意，更有甚者，他的话被蒋介石及其助手们认为这是一个对前途不抱希望、对言论不负责任的政客的狂言，但这是中共领袖们对国共两党争斗结局的预言，两年零五个月后，人民解放军就解放了南京城。

国民党于1947年3月15日至24日召开六届三中全会，正式宣告与共产党决裂。因为在会议前一天胡宗南开始进攻延安，在会议中间因为中共的主动撤出，胡宗南占领了延安，在蒋介石看来这是国民党"空前的胜利"，中共必败无疑，所以他在会上底气十足地表示："不能坐视变乱而不加以制止"，要同中共决战到底。他宣称："这一次全会实在是结束训政的一次全会，……实在是二十年来空前重要的一次集会。我们要从这次全会起，重新厘定党和政府的关系，改变我们党员在训政时期的意识和观念。"

1947年元旦，蒋介石高兴地签署了"宪法"，因为据此他就可以通过"选举"当总统了

（光明日报出版社：《中国国民党历次代表大会及中央全会资料》下册第1089页）会议决定立即着手贯彻伪宪法，打出民主旗号，改组内阁，吸收非国民党籍人士入阁，为"行宪"做准备。

在具体安排上，会议决定增设"国民政府副主席"，向"行宪"时设置"副总统"过渡，副主席由孙科担任；改组内阁，由张群任行政院长，翁文灏任副院长；扩大政府，开放部分内阁人事，吸收青年党的李璜任经济部长、左舜生任农林部长、社会贤达许世英为蒙藏委员会委员长，并且安排了另外一些职位给非国民党籍人士。不管如何改组，并没有改变国民党一党专制、蒋介石一人独裁的政治构成，入阁的非国民党人士既无发言权，也无决策权，纯属政治花瓶。

1947年9月9日至13日，国民党召开六届四中全会，为"行宪"做最后的准备。会议决定国民党和三青团合并，这是蒋介石在"行宪"前的重要安排。"行宪"对国民党内各派系来说，是一个难得的机会，可以通过各自控制的机构，尽可能多地进入国民大会，以增加发言权。为遏制CC系、黄埔系、英美系、政学系等在"行宪"过程中操纵国民大会的代表选举、操纵国民大会的总统选举，蒋介石引进蒋经国的三青团系进行搅局。

作为国民党在大陆时期的最后一次中央全会，会议选举了国民党在大陆时期的最后一届中央常务委员会。常务委员是：丁惟汾、居正、于右任、朱霁青、李文范、麦斯武德、邹鲁、马超俊、吴铁城、李宗黄、戴季陶、张群、张治中、陈布雷、宋庆龄、朱家骅、田崑、白云梯、孙科、陈果夫、宋子文、白崇禧、钱大钧、潘公展、萧同兹、范予遂、梁寒操、陈诚、段锡朋、张道藩、张厉生、陈立夫、贺衷寒、谷正纲、王启江、赖琏、刘健群、萧铮、柳克述、邓文仪、康泽、吴忠信、何浩若、张其昀、蒋经国、袁守谦、黄少谷、何联奎、倪文亚、赵仲容、汤如炎、郑彦棻、李蒸、程思远、黄宇人；中央监察委员会常务委员是：吴稚晖、张继、王宠惠、邵力子、刘文岛、姚大海、王秉钧、邵华、张知本、张黔君、李永新、鲁涤平、朱经农、李曼魂、白端、刘贤周、李世军、朱光潜、程天放。并决定由陈立夫任中央党部秘书长、吴铁城任中央政治会议秘书长、谷正纲任组织部长、陈雪屏任青年部长，并且成立了由蒋经国主持的干部训练筹备委员会。

《中华民国宪法》出台，党内人事调整完毕，为召开"行宪国民大会"和蒋介石"竞选"总统铺平了道路。

蒋介石当上总统

1948年3月19日，"行宪国民大会（即国民党政权第一届国民大会第一次会议）"在南京国民大会堂开幕，5月1日闭幕。大会的主要议程是：正式开始"行宪"；选举蒋介石和李宗仁为总统、副总统；制订《动员戡乱时期临时条款》。完成大会任务，涉及的问题有三：代表的选举、副总统人选和总统的权力。

一是代表的选举。根据国民党宪法的规定，每县市或同等区域各选出代表1人，人口过50万者，每增加50万人增选代表1人；蒙古每盟4人，每特别旗1人；西藏、边疆、侨民、职业和妇女团体，专门有具体规定。应选代表总数为3045人，但只要达到代表总数的三分之二即可召集会议，到1947年12月25日，国民大会代表已选出2042人，超过限额，遂确定于1948年3月29日召开。最后选出代表为2961人，会议报到代表2878人。在贫穷落后的中国进行全民普选，并非易事；在国民党统治之下进行普选，难上加难。在今天的台湾，选举不断，暴力、派系、送礼、许愿、游说、收买、拉票等，各种贿选手段层出不穷，细想一下，奇而不怪，因为在当年"制宪和行宪国民大会代表选举"时上述贿选手段就已盛行，到台湾后只是程度更严重了而已。

自制宪国民大会召开后，行宪国民大会代表的选举在各地分别展开。基层选举中的各类丑闻之多，已到了举不胜举的地步，因为在旧中国确实不存在举行普选的条件，政治经济发展的不平衡、吏治不清、地方恶霸政治泛滥、现代教育和文化不普及，导致在包括各大城市在内的全国各地无法进行有规则的竞选游戏，所以国民大会代表选举，只是一场场地方级闹剧。当时在代表选举方面影响较大的事件是"两大联谊会之争"。

国民党对选举还是十分重视的，规定凡是国民党内志愿参选者，必先得到党内提名，以避免出现自行违纪参选者与国民党提名的候选人争夺选民。一个县一名代表的限制，造成各地出现参选火爆的现象，许多未被提名的国民党员，纷纷自行参选，最后这类人总共有600余人当选国民大会代表，造成本来准备用来装点民主门面的民社党和青年党籍的国民大会代表严重不足。蒋介石为安抚争着要名额的两个在野党，指示自行参选当选的代表自动把名额让给民、青两党成员，否则就要以违纪参选为由，给予党纪处分。岂知这批人也是官场闹斗好手，他们来到开会前夕的南京城，联合成立"民选代表联谊会"，向中央示威，争取代表资格。而那些虽获各级国民党党部提名而没有当选的人则成立"提名当选人联谊会"，联合行动，要求出席国民大会。两个联谊会开打，热闹非凡，指责、攻讦、谩骂，凡是能充分表达自己态度和情绪的污言秽语均毫无顾忌地从这些"中央民意代表"嘴里喷出来。由于"提名代表"有国民党党部的认定，力量当然超过了被批评为自行违纪参选的"民选代表"，后者处于劣势。最后，这批应该有理、可不被承认的自行参选当选者，无法无天，有100多人在会议开幕时竟然进行绝食抗议；有人干脆实行死谏，上吊自杀；有人抬着棺材到会场门口，扬言"不进会场就进棺材"；有的则自行进入会场，强占座位；有的则与在场维持秩序的宪兵发生"肢体冲突"。此类好戏，在世界政治史上并不多见。

确切地说，民选代表不被承认是不符合民主原则的，中央民意代表当选与否，并非按有没有获得哪一个政党的提名作为标准而决定能否当选，即使是这批代表未获党内提名，但选择民意代表的最后决定权是在选民手中，只要获得当选所需要的选票就算当选，这是所有正当选举所应遵守的基本原则。所以说，蒋介石靠行政命令要把所谓的民选代表拉下马，名义上是为了民主，把名额让给在野党，实际上这件事本身就是违反政党政治的竞选原则的。对于民社党和青年党来说，更不应该，只要是普选，选不上就应高姿态"让贤"，又怎么能靠执政党和蒋介石的恩赐而得到代表名额呢？

事后想起来，这批代表还真有远见，因为原定国民大会代表是选举制，要想当选得花不小的代价；代表不是铁饭碗，每届任期只有6年。岂知，在他们的任期还有六分之五时间时，他们选出来的政权已被推翻，只好流落海岛。真是坏事可以变成好事，国民党的大失败，这批人来说，本不是有利的事情，可在台湾却成了变相的终身制，这些人捧着"国大代表"这一铁饭碗，一直到四十余年后才被勒令退休。

二是副总统人选。在西方的民主政党政治中，有一条不成文的规定，即总统和副总统候选人一般都是黄金搭档，即总统候选人先找好副总统候选人后再投入选举。在国民大会的制宪和行宪过程中，除有民选代表和提名代表这一中国特色外，还有就是在副总统人选问题上充分表现出中国特色，即总统和副总统分头参选，更有甚者，本来应该成为一体的正、副总统，却在竞选开始之时就争得不可开交，当然也就谈不上当选以后的协作和一致，身为总统和副总统者，简直是在拿国家政治生活开玩笑。

蒋介石在自己获取权力方面，是无止境的，强烈的权力欲使得他无时无刻不在考虑如何巩固和扩大自己的权限。他当上总统后，还要思考如何控制副总统人选，以防止副总统分权行为的出现。作为政治装潢的副总统一职，在国民党上层引起连锁反应，即国民大会给某些实力派带来了上升的机会。在国民党内共有李宗仁、孙科、于右任、程潜、莫德惠、徐傅霖6人参选副总统，蒋相中的人是被称为"阿斗"的孙科，真正具备竞选副总统实力的是李宗仁和于右任。

1948年4月23日，第一次投票李宗仁得票最高，但没有过半数。随即进行第二轮投票，在得票前三名李宗仁、孙科和程潜中选出一名当选者，李宗仁尽管没有过半数，可仍然领先，达到1163票，超过孙科200余票。对此结果，不仅孙科本人着急，连蒋介石也开始着急，如果唯唯诺诺的孙科落选，让很有主见的李宗仁当选，岂不是自找麻烦，不是挑一个副总统，而是挑一个天煞星在身边。为阻止李宗仁当选，蒋介石授意特工、治安、党部、政务各部门的有关人士，出马拉拢国大代表，为孙科拉票；并要程潜退出竞选，把票源让给孙科；对此扶孙倒李的活动，李宗仁和程潜很是不满，联合起来宣布退出副总统选举，孙科见此状，只好也宣布退出，这样造成世界宪政史上还未出现过的狼狈局面：国民大会竟然没有副总统参选者。这种政治绝食，使得蒋介石十分被动，只好出面动员李宗仁参选，并强调他本人绝无控制选举的意思。4月28日进行第三次投票，李宗仁得1156票，孙科得1040票，程潜得515票，还是无人过半数。这样又在李、孙间进行第四轮投票，李结果以1438票的微弱多数，当选国民党政权的第一任副总统。事实上，双方都未得到理想的结果，蒋的行为使得他与桂系的矛盾更深，李的较劲使得蒋对其的不信任更甚。这一场"选举副总统事件"，在国民大会以后并没有完结，一直延续到国民党在大陆的最后失败，延续到逃台桂系要员的死亡。

三是总统的权力。只要稍微有一点国民党史常识的人，对国民党行宪选举总统一事是很容易看清楚的，总统非蒋莫属。无论是从历史上蒋介石对国民党所起的作用看，还是从现实上南京政府上层的权力分配看，尽管批蒋贬蒋骂蒋的人很多，可在国民党内蒋介石的地位是无人可以替代的。令人吃惊的是，他在国民大会召开前夕，一鸣惊人，公开宣称不当总统，而只愿意担任除总统和副总统之外的任何职务，并主动推荐胡适作为总统候选人。

只要稍微熟悉国民党官场的人，对此很清楚，蒋介石何出此言？一是虚伪地谦虚一下，反正"总统"一职是煮熟的鸭子飞不掉，如果胡适果真参选，也不会任总统，这位学者说，如果真让他当总统，则马上把宪法由"总统和行政院长双署制"改成"内阁制"，请蒋介石当行政院长，即由他自己这个"总统"当家，由蒋介石这个"行政院长"做主。胡适的态度，实出于无奈，也是基于他对蒋介石的深刻了解，因为在国民党和南京政府内，国民政府主席（总统）和行政院长，权力孰大，并非按职务大小来分，而是看蒋介石出任哪个职务来定，蒋任总统即总统的权力大，蒋任行政院长即行政院长的权力

1948年5月20日，蒋介石、李宗仁（右）就任总统、副总统。图为蒋介石就职后致辞

"当选"总统不容易，为了证实"当选"的合法性，也为了给当选者增添风光，便有了这道仪式：由一个大会代表为蒋介石送上一份"总统当选证书"

大。胡适深知这一点，故在没摸清蒋的真实意图的情况时，愿意出马参选"总统"，并让蒋任操纵实权的"行政院长"；而摸清蒋的真实意图后，则干脆礼让蒋介石参选"总统"，以"不能毁了30年来不从政的名声"，然后就专心当大会主席团主席和圈选宪法去了。

二则为实实在在的不满，因为根据《宪法》条文，"总统"只是一个礼仪性的国家元首，且要受到很多宪法条文的限制，要蒋当这样"窝囊"的总统是不可能的。

蒋的助手还算是聪明人，马上投蒋所好，设法修法加强总统的职权。先是由国民党、青年党和民社党三党代表提出一项"赋予总统以紧急处置的权力"的办法，只因该法对蒋使用特权和紧急处置权的限制太大，蒋没有首肯。4月15日，东北元老莫德惠领衔771名国大代表，联署向大会提交了《请制定动员戡乱时期临时条款案》。宪法第39、43条曾为防止那些素质较差、身为总统的人滥用权力，故规定"总统依法宣布戒严，须经立法院之通过或追认。及总统于立法院休会期间，依严重情况发布紧急命令后，须于一个月内提交立法院追认。如不同意，该紧急命令立即失效"，蒋介石当然不会接受此种被立法院控制的安排。《临时条款》则解决了这一问题，明文规定："总统在动员戡乱时期，为避免国家或人民遭遇紧急危难，或应会财政经济上重大变故，得经行政院会议之决议，为紧急处分，不受宪法第39条或43条所规定程序之限制。"

根据临时条款，蒋介石被赋予至高无上的权力，可以为所欲为；根据这个条款，蒋介石在几个月后实施紧急财政处分令；根据这个条款，蒋介石可以在台湾宣布戒严四十年；根据这个条款，蒋介石可以连任五届总统；根据这个条款，蒋介石可以禁止任何个人和团体组织新的政党；根据这个条款，蒋介石可以禁止任何新的报纸的发行和随意查禁杂志刊物；根据这个条款，蒋介石可以"不接触、不谈判、不妥协"代替海峡两岸民众的来往；根据这个条款，蒋介石可以多次修正《临时条款》，以适应台湾岛内新的形势。难怪，台湾当局在蒋家父子去世后，进行宪政改革，所做的第一件事也是最难的事情就是废除《动员戡乱时期临时条款》。

有了《临时条款》，蒋介石当总统的积极性就来了，同时也成为唯一的总统候选人。4月19日，国民大会举行国民党政权有史以来的第一次总统选举，当天

蒋介石就任总统时与宋美龄的合影

出席会议的2734名代表中有2430票赞成蒋出任总统，得票率为88.9%，蒋介石终于成为国民党执政史上的第一位正式总统。这样他就和西方世界的政治相接轨，在新闻媒体和礼宾仪式上出现的时候，就可在称其他国家总统的同时，也可称"中国总统"蒋介石了，这和世界上一些政治不稳定国家的什么"政府主席，军事委员会、救国委员会主席"的名称和感觉是不一样的。虽然这位总统先生只在"总统"这一岗位上存在了9个月，可却是空前绝后之举，在他之前，没有人任过总统；在他之后，新中国没有实行总统制，台湾也只有地区领导人了。

综上所述，蒋介石在抗战结束后拒绝中共的正确主张，对日妥协对美让权，强化专制统治，镇压进步民主力量，最后又单方面召开国民大会，彻底与中共决裂，为一党私利弃国家的和平，为一人权欲弃民众的安定，为政见之不同把全国人民带入血雨腥风的战场，为政党之对立把中华民族带入贫穷和分裂的境地，蒋介石所为可以说已在政治上自己打倒了自己。

二、为经不济，蒋介石的经济决策

1948年上海挤兑黄金的情形

蒋介石在大陆22年的统治，拥蒋派感觉到最多的是他的光辉，倒蒋派感觉到最多的是被他排挤，政治反对党感觉到最多的是他的镇压，民主政团感觉到最多的是政治黑暗，而对民众来说感觉到最多的却是经济压力。人民对一个政权的评价，当然有政治价值和社会价值的标准，但更直接的是看这个政权为人民大众做了多少实事，给人民大众在多大程度上改善了生活，给人民大众带来了多少实惠。反过来一个政权的垮台，经济危机往往通过加剧政治、军事危机的方式成为主要原因，因此没有成功的经济政策就不会有成功的政权。中国历代的农民起义，主要原因各有不同，有民族矛盾、阶级矛盾，有政治上的压制，有暴政的肆虐，但都存在一个普遍的问题，即民众无法容忍官方和豪绅在经济上的压榨。抗日战争结束后，国民党蒋介石集团在经济决策和具体政策上的失误，导致其自己整垮了自己。

（一）掠夺民众，蒋介石无视民生

蒋介石的基本财经方针是对人民大众进行超经济的剥削。国民党被称为"国民党万税"、国民党总裁蒋介石被称为"蒋发财、总发财"。蒋介石财经政策的基本目标，是为进行"反共"内战和巩固统治基础服务。

剥夺无度——民众啼饥号寒

蒋介石无视民生，实施以掠夺为主体的经济政策，其原因是为了维持反动统治的稳定性，需要对民众实施剥夺政策；而对民众的剥夺，必然就要引起民众的反抗，其中包括武装斗争；蒋介石为镇压人民大众的反抗，就要动用大规模的武装，进行"反共"内战；在维持庞大的国家机器运转、维持剥削阶级巨额消费和聚集财富的同时，更要进行无休止的"反共"内战，需要庞大的经济支援，巨额的军费开支成为南京政府不可缓解的财政包袱，形成统治上的"经济黑洞"。所以这种"收"与"支"矛盾的恶性循环，把蒋介石的"反共内战政策"推向破产。

兑换伪币汇率低

重庆政府在接收沦陷区的过程中，有一项很重要且涉及千家万户的工作，就是如何把民间流通的汪伪政权发行的伪币回收。按照当时的实际购买力及重庆、上海两地的批发物价指数计算，法币和伪币的兑换率约在1比25，因为这是民间的货币更换问题，已不是惩罚汉奸性质的接收，官方应该实事求是、按照现实可行的汇率进行兑换。以行政院长宋子文为首的国民党财政决策班子，在决定汇率时，竟然把此当成对人民进行盘剥的机会。

1945年9月27日，还在重庆的国民政府财政部发布命令，规定凡是南京汪伪政权发行的"中储券"必须兑换；法币兑换伪币的汇率是1比100。国民党政府不愧是剥夺人民的行家，本来货币兑换应该是不赚钱的，完全是由政府出面解决因战争和政治原因带来的货币混乱问题。如果把此当作盈利的手段，必然会引起民愤，因为不管穷人或富人，或多或少都存在货币的兑换和使用问题，稍有不慎，即会引起民众的反感甚至反抗。

然而，同其他许多决策一样，国民党政权根本不在乎民众的态度，它如果把民众的态度放在心上的话，那它就不是国民党了。它看中的是沦陷区民众手中的财物，考虑的是用什么办法把民众的财物变为国民党当局和官僚垄断资本的财产。相较于收税和提高物价而言，只有货币兑换是最隐蔽的，也是最有效的办法。

说它最隐蔽，是因为货币兑换名正言顺，把伪币换成法币，并无任何不妥，国际上有许多惯例，国民党这样做也不过分；说它最有效，是因为人们必须使用货币，当一种货币被禁止时，只有靠兑换来解决，所以说蒋介石用这一招，够毒够狠，几乎无一幸免，钱多多损失，钱少少损失，无钱更损失。一夜之间，民间多少财产被堂而皇之地洗劫而去。

如果说"接收"，国民党官员"不捞白不捞、捞了也白捞"的行为，是对少数富裕大户的洗劫；那么"伪币更换"，却是对沦陷区所有民众的洗劫；

而国民党是最大的经济受益者,收入由此增加三倍。正如当时的《大公报》所说,货币兑换, "实际就是贬低了江浙人民(应是所有沦陷区民众)的财产,因为是大大的贬低,几乎近于没收",民间损失在1300亿法币左右。民间所失去的四分之三的购买力,则转化为国民党官僚资本的购买力,从而提高了官方在原沦陷区抢购紧张物资的能力,大量重要物资被官方当局所控制,进而操纵了新收复区的经济命脉。

伪币更换,国民党经济收入虽然增加三倍,总数不小,但失去的民心和政治上的损失却是无法计算的。它造成严重的后果,即中央政府一来,处于中国富裕地区的原沦陷区每户人家,现金和存款减少四分之三,购买力下降四分之三,生活、生产何以为继?如果作为负责任的政府,在接收之初,面对被日寇蹂躏8年之久的沦陷区人民,应该宣示中央政府的恩泽,蒋介石对日寇是"以德报怨",对民众岂不更应以德、恩报之。沦陷区的民众在苦难中挣扎,深受日寇和汪伪政权、当地恶霸的多重剥削,没料到中央政府一来,通过兑换货币的形式,又经受了超过敌寇数倍的剥削,这并非是一般政策上的失误,而是当权者的阶级立场和仇视人民的立场所致。

一方面,此种兑换致使无数家庭一夜之间沦为赤贫,搞得民不聊生,民怨沸腾;另一方面,接收大员"三洋开泰(爱东洋、捧西洋、要现洋)""五子(金子、房子、车子、票子、女子)登科"。现实使人民放弃了在抗战过程中建立起来的对能够抗日的国民党政府和蒋介石统治集团仅有的一点好感,看清了国民党政权根本不为人民大众谋利益的真面目。

所以说,国民党政权胜利还都,蒋介石凯旋而回,本来是重新塑造国民政府新形象的极好时机,遗憾的是蒋介石几乎招招有错,在经济上抛出的兑换货币第一招,即告失利。当蒋介石对中共的胜利不服气时,他应该想到,正是国民党的错误政策和行为,为中共作了义务宣传,把人民推向了中共这一边。

直线上升的物价

抗战结束,国民党政权的经济形势应该是较好的。当时,政府的财政状况出现盈余,总共积存外汇达9亿美元、黄金储备达600万两(折合4亿美元)。当然这不是经济和生产发展的结果,也不是综合国力增强的结果,更不是人民富起来的结果,而是国民党内以蒋介石为首的统治集团克扣外国援助、不把外援用在对日战场反攻的结果,不管是真正的还是虚假的,反正是国民党政府账面上的资本和实力。同时，依靠接收敌伪资产，又增加了100多亿美元的经济实力。这一经济优势，只要运用得好，完全可以平抑因长年战乱和物资匮乏带来的飞扬的物价，制止经济滑坡。

蒋介石没有这样做，而是把主要的财力放在准备全面内战上，巨额的战争费用引起巨大的中央财政赤字，只好用滥发货币来解决。滥发货币的必然结果是币值下跌，物价飞涨。抗战期间，物价已经压得人民透不过气来，如果把1937年的物价指数定为98.8的话，那么1945年的物价指数则为212690；如果把1937年的法币购买力指数定为101.21的话，那么1945年12月的法币购买力指数仅为0.04。日本帝国主义投降后，全国人民理当期待经济有所好转，生活有所提高，可等着他们的是更为严酷的局面，国民党政权的统治中心和经济中心上海，1947年间的物价是抗战前的6万倍。当年上海的一担米，1月是6万元，6月是50万元，12月是110余万元。

即使按照国民党官方的统计资料来看，也是非常严重的，该文件称据不完全统计，上海市民的生活指数升幅和升速是惊人的。就工人来说，1946年11月，生活指数是战前53100倍，平均每年上涨6600余倍；以职员为例，生活指数是战前的46500倍，平均每年上涨近6000倍。到1948年7月底，则工人的生活指数上涨到1860000倍，职员上涨到1500000倍。其中仅当年6月的生活指数就比5月翻一番，即由337000倍上升至710000倍；而7月的生活指数又比6月再增一倍半，即由710000倍上升至1860000倍。西方人有时喜欢用那特殊且又简明的形式来说明不易说明的问题，如美联社对中国法币购买力的下跌和币值就有过一个颇有说服力的解释：中国的100元法币，1937年可以买2头牛，1938年可以买1头牛，1941年可以买1只猪，1943年还可以买1只鸡，到抗战胜利则只能买1条鱼，到全面内战爆发时买1枚鸡蛋，到1947年则只能买三分之一盒火柴。10年间，出现2头牛和小半盒火柴之差。美联社所举的这一例子，反映出国民党政权经济上的破产。一个政府把经济治理到这种地步真是可悲可恨也可怜，百姓在这种经济状况下，又如何生活？没法生活，只有寻找新的出路，那就是跟国民党政权决裂。

超量征收捐税赋

赋税一直是南京政府的收入大项，在财政收入中所占比重很大，南京政府成立之初，几乎达80%；到抗战前一年，占41%；全面内战爆发后，还高达

1251

32%。特别是从抗战后期起，赋税收入每年增长很快，如1942年是上年的4.9倍，1943年是上年的2.52倍，以后一直保持如此高的增长率。收赋收税，为国际上通用的筹集财政经费的主要办法，问题是南京政府和官僚垄断资本在此方面超过了人民所能承受的能力，搜括无度；超过国家财力所能承受的程度，开支无度；超过了社会所能认同的限度，超量无度。

第一是税额很高。抗战结束，当务之急是让全国百姓休养生息，更应该在经济上采取优惠政策，发展生产。蒋介石不是这样，对刚从大后方转到东南沿海各地和各大城市的民族工业实施高税收政策，繁重的捐税成为发展民族工业的障碍，有些地区高达被征企业总资本的数倍，一年盈利所剩无几。当时的江苏当局也不得不承认"没有任何东西像他们那样折磨着商人"。棉布、粮食、五金产品等军需日常生活用品，更是被国民党军队随意摊派，民间损失无数。内战3年余，因为国民党党政经军警宪特无一不是征税部门，征粮征税征丁，成为主要工作。征税有多少，连官方都无法统计，只好不统计，在南京政府的很多资料中，都用"此一时期通货膨胀，币制变动，无完整资料"的注释来代替。

税收之外，田赋也是这样。蒋介石曾在抗战结束时宣布，在原沦陷区，即现收复区，因深受日寇8年糟蹋需休养生息，一律实行"豁免一年田赋"，1946年因大后方8年抗战需重整生产而一律实行"豁免一年田赋"。话音刚落，免征的地区却强迫献金献粮，开征的地区则大征特征，征额大幅上升。如历来为富饶地区的江浙两省，在被日寇占领以前，每亩为2斗左右，现在回到国民政府统治之下后，竟然每亩需要付出6斗以上，再加上交给地主的地租3斗至4斗，这样农民一年的辛劳换来的却是食不果腹。在一直是大后方的农业生态恶劣的甘肃省，战前每年的田赋只是12万石，到内战爆发后竟然高达200万石；气候条件较差的河南省则高达创纪录的420万石；在江西峡江地区，当时因战乱只剩下3万余人，可仅分配到的军粮数竟达10万石，包括老人和婴孩在内的所有人口均为3石，真可谓是天下"奇税巨税"，真可谓是"地皮有尽刮无尽"，"官有多大胆，税有多大产"。由于征粮实质上就是抢粮，以至于江西省府的粮食处处长也在内战爆发前因无法完成任务而投河自杀，由此可想，因交不出公粮而自杀的民众不就更多了吗？本来就落后的中国农村，在如此重的田赋之下，再加上连年战乱，劳动力流失，生产资料严重缺乏，生存都不能保证，发展生产又从何谈起？

第二是税种繁多。国民党的税多是闻名天下的，故蒋介石有"总发财"和"蒋委员长万税"、国民党有"刮民党"之称。旧中国有一绝，这就是无法计算出究竟有多少种捐税。据1932年天津《大公报》的报道，当时有人统计出全国的捐税有1700余种，涉及人们日常所有的经济交往、社会活动和家庭生活，结婚有新婚捐，死人有棺材捐，走路有过路捐，上路有交通捐。忍无可忍的百姓，曾用通俗易懂的话讽刺道："自古未闻屎有税，如今只有屁无捐。"

在南京政府所收的捐税中，最不合理的有三种：一种是厘金，即"买路钱"，任何一项货物经过任何一个地区都要付出数量惊人的钱物，这种严重阻碍商品流通和经济发展的税收，源于封建社会的实力割据，在西方资本主义社会早已取消，南京当局也在20世纪30年代初期明令取消，只是积习难改，且这种不吃窝边草、只吃过往客的等于劫财的做法，确实能给当地的实力人物带来可观的经济收益，谁会放弃这块吃惯了的肥肉？至于破坏经济和阻碍经济的发展则不管了，受害的自然是商人和生产者。另一种是各行其是，各行省、特别市和各县区政府自定税收，固然不在话下，甚至连乡长和保长，都可以任意增收税捐和钱物，已到了无法无天的地步。在浙江绍兴，各种非法摊派竟达276种，这还未加上中央政府和省政府下达的税种。如四川重庆附近的农村所负担的各种非正式的捐税就有乡公所办公费，乡分所官兵伙食费，保公所办公费，警备班津贴，驻军蔬菜费，驻军营房材料费，修枪械费，特别保卫费，优待壮丁费，壮丁安家费，保学校设备费，消防队伙食费，积谷征募费，航空费，飞机费，救国捐，建国捐，各种献金等数十种。还有一种是副税要比正税重，中央政府和省政府的税额本来就因庞大的赤字无法解决而不断增加，早已超过了民众的承受能力；各级官僚机构为维持各自的运转，满足官员享受的需要，又要层层加码；上行下效，各级税务官员不能对不起自己的职业，当然也是见机行事，能捞则不会不捞，能多捞则不会少捞；具体出面收税者，更是抓紧机会，直接多收少交，多收或不交，税务系统的加收后克扣要比克扣应交数来得保险和富得快。这些副税，远远超过正税，从各地的情况看，每省的征粮所得，一般要比南京中央政府所规定的高出一倍以上；各县市的征粮数又要比省政府下达的交粮数高出一倍至二倍。从中可以想象，人们负担的苛捐杂税有多重。

第三是收税严厉。在国民党的统治下，通过增加税收品种和数额的形式进行超经济剥削已到了非人道的程度，在有的地区，有时候当局因搜括过多，实在无脸再增加税种和税额，那就使出绝招——提前征收，这也堪称税收史上的一绝。全国不少县市，早已把50年代的税收征收完毕，在四川新繁县已经预征到1991年。这样的政府和官员，人民大众如何去支持它和信任它？

人们对以蒋介石为首的统治集团苛政的认识，在对民众的搜括方面，除对让人难以承受的高税额有无法磨灭的印象之外，就是对国民党当局如狼似虎般的收税方式感受最深。既然是超经济的剥削，超过了民众所能承受的程度，民众当然也就无法及时和足额交出。抗税抗捐，在世界上任何一个国家都是不被允许的，问题是如果无视民众的生活和经济能力，单方面把税金提高到民众无法交纳的程度，在这种情况下，抗税抗捐的性质就起了变化。在中国的历史上，因征交过量租税赋，曾经引发无数的农民起义和斗争。国民党蒋介石统治集团，违反孙中山的民生主义思想，滥征民税，民众使用各种方法抗税抗捐，南京政府则采用各种办法收税催捐。税官、基层官员、军队、特务、警察、乡保丁一齐出动，抓、关、抢、打等各种手段一齐使用，无异于明抢。

一个国家和一个政权的经济政策和经济路线，主要分为两大部分：一是为维持国家各项功能的正常需要提供财政保证；二是对民众生活状况和各种经济活动实施的具体政策。从抗战结束后的具体情况看，与民众切身利益休戚相关的经济律令基本上是错误的，如更换伪币、物价失控、币制改革、捐税无度，这四项关系到千家万户的经济利益的事情，几乎无一成功，百姓为之怨声载道，官方也是收益甚微，贪官却是兴高采烈，如此的对民经济政策，如此的民生主义，如何得到民众的拥护？蒋介石国民党统治集团以剥夺人民、牺牲人民的经济利益为其基本经济路线，这就与其政治上的"反共"基本政治路线相一致，为自己整垮自己提供了可能。

币制改革——百姓怨声载道

进入1948年，国民党的经济状况，因其军事上的失败和政治上的困境，越来越糟，以中国最大的都市和远东最大的金融中心上海为例：

1月5日，1担米的价格为150万元，为抗战前的15万倍，美元黑市高出官价汇率1倍，1美元兑换法币16.5万元。

2月25日，1担米价格为300万元，1美元兑换法币31万元，每两黄金价格达2000万元。

3月9日，1担米价格为420万元，1美元兑换法币42万元，每两黄金价值达2480万元。

5月8日，1担米价格为580万元，1美元兑换法币120万元，每两黄金价值为5800万元。

6月8日，1担米价格为800万元，1美元兑换法币160万元，每两黄金价格为8000万元。

7月12日，1担米价格为3800万元，1美元兑换法币达680万元，每两黄金价值上升到天文数字3亿元。

到南京政府进行币制改革的前一天，天津《大公报》报道，上海市物价狂涨，上周批发指数已是战前的7005000倍，天津的上涨水准只是稍低于上海，广州也已达450万倍，重庆稍好一些，也已达280万倍。在这一背景下，再不治理，经济就要崩溃。

南京政府准备对经济动大手术，可又缺少神丹妙方，时为财政部长、对国家经济管理不太在行的行政院长翁文灏、财政部长王云五，向蒋介石提出了进行"币制改革"的建议，这可算作一服置南京政府于更大困境的"虎狼方"。

发行"金圆券"，抢钱

1948年8月19日，蒋介石以"总统"的名义，颁布《财政经济紧急处分令》，下令进行币制改革。命令说：

一、由即日起，以金圆券为本位币，十足准备发行金圆券，限期收兑发行之法币及东北流通券；

二、限制收兑人民所有黄金、白银、银币及外国币券，逾期任何人不得持有；

三、限期登记管理本国人民存放国外之外汇资产，违者予以制裁；

四、整理财政并加强管制经济以稳定物价，平衡国家总预算及国家收支。

基于上述要旨，特制定：《金圆券发行办法》《人民所有金银外币处理办法》、《中华民国存入国外外汇资产登记管理办法》《整理财政及加强管制经济办法》。

具体内容是：按照规定立即进行金圆券的兑换工作；金圆券的总发行量为20亿元；兑换率是金圆券1元换300元法币、200元换1两黄金、3元换1两白银、4元换1美元，任何人不得违反和隐瞒；同时冻结物价和工资，以保证币改的正常进行。

币制改革的关键是保证金圆券的币值，保证金圆券币值的关键是保证的兑换率，严格控制物价。只因金圆券根本没有"十足准备"保证金或物资，也就没有"十足币值"，所以"兑换率和物价"也就无法稳定和保证。

造成这一结果，蒋介石不是不知道，只是他并非真想解决经济危机，如果真想挽救经济崩溃，只要把（后来运到台湾）库存的黄金、银圆、美元和部分美援，作为金圆券保证金，金圆券起码不会败得如此之快、如此之惨。问题是蒋介石的真正意图是通过币制改革，借兑换钞票、黄金、白银和外币的机会，对全国各阶层进行一次彻彻底底的搜括，这种本需要各阶层配合和支持的改革还能成功吗？南京政府曾在20世纪30年代搞过一次币制改革，虽然毛病不少，却也基本达到目的，原因在于发行法币是为了推行现代化的货币体制和建立统一的货币体系，而非此次以搜括为目标、冠之以"兑换新币"的蒋介石在大陆最后一次全国性的大洗劫。

蒋介石的币制改革理论上说不通，实践上行不通，只有靠行政高压推行。行政院专门设立"经济管制委员会"，委派俞鸿钧、张厉生、宋子文为上海、天津、广州全国三大经济区的经济管制"督导员"，蒋经国、王抚州、霍宝树为"协助督导"。

深受物价暴涨之苦的民众对币制改革的效果深表怀疑，反对币制改革的更是大有人在。稍有积蓄和经济实力的富裕阶层反对币改，是因为限制物价直接减少他们的收益；投机商、实业界大亨反对币改，是因为经济管制失去赚钱机会；黄金、白银、外币持有者反对币改，是因为不愿兑换毫无保值基础的金圆券；厂家商号老板们不单名义上反对，还囤积居奇以待冲破"8·19物价限制线"。所以，金圆券从发行之始币值就开始下跌，黑市盛行，且因物价被冻结于"8·19水平"，商店不愿低价出售商品和影响收益而关门止售。

为执行财政经济紧急处分令，蒋经国在上海使用铁腕，对囤积货物、抗拒监管、破坏币改的不法商人、违法官员，不管背景如何，一律处以严刑。蒋经国令出法随，抓、打一批"经济老虎"，一时间，在上海声名鹊起。时过70天蒋经国因顶不住党内腐败势力的进攻，自认失败，随之南京政府宣布取消限价，私人可以持有黄金、外币，币制改革彻底失败不说，财经也已完全崩溃。金圆券的贬值速度远远超过法币，如上海每担米在新币发行之初为20.9元金圆券，到蒋经国离沪、南京政府宣布放弃限价后10天，即升到2000元，上升100倍，到解放军过长江时，金圆券的发行量由当初的9亿元增加到68万亿元，金圆券彻底破产。

人民群众对手中的一堆已一贬再贬的金圆券，仇恨的程度可以想象，一项政策引起民众产生普遍仇视的话，制定政策的人和这项政策本身离被抛弃的日子已经不远。蒋介石本人对币制改革和金圆券的这一结果，肯定是不满意的，他作为治国理政的人，也不会满意这样的政绩，如果币制改革能获得各方面都欢迎的结果当然是最好的，问题是他为了自己的最高利益不惜牺牲金圆券的币值，牺牲民众的利益。

谁都明白，蒋介石的最高利益就是维护国民党的统治地位，要维护统治就要有起码的经济基础，要保持起码的经济基础就要有经济来源。正常的财政收入和经济运行因为战争的爆发已无法保障，外援不足以弥补南京政府的需要，只有靠非法手段获得，反正国民党统治者使用非法手段是屡见不鲜的。现时的币制改革成为非法劫取民财的极好时机。

在币改过程中，面对南京政府的高压以及根据紧急处分条令不得持有黄金外汇等保值货币的命令，不少上层民族资本家和社会活动家都忍痛交出了黄金、外汇，如上海银行董事长、著名民族工商业者陈光甫也把库存的黄金送往中央银行，尽管他按照处分令去做了，但作为一个商界名人，他已预测到金圆券的末日，即金圆券"就要崩溃"。蒋介石的好友、国民党上层"五吴"之一吴铁城说得更是直截了当，黄金送到中央银行等于没收。另外"一吴"、也是蒋介石的亲信之一吴忠信的老婆交出黄金换回没用的金圆券后，痛斥到上海主管劫财的蒋经国说："经国是我抱大的，现在连我的棺材本，都被他抢去了。"当然这些人的不满，并不影响他们的生意、收入和发财，也不影响他们的地位和权力，可平常人家就不好办了，一般百姓遭受的祸害就太大了。多少寻常人家为防灾荒和突变，依靠几代人的努力，花费多少心血，好不容易积聚起来一点点家产如黄金、外汇等保值货币，今毁之一旦，他们能原谅当局明换实抢的掠夺行为吗？！

蒋介石通过币改劫取民财的做法，收到了良好的效益。说到此事，细想起来国民党政权即使想干好事还真是干不好，而它干坏事却是有板有眼且收效显著，所干坏事中则要数特务恐怖和收括民财最为内行。论收括民财中最具普遍性、危害性同时又是最露骨的则是发行金圆券，其涉及的面，当然也是伤害的面要超过当年更换伪币，其捞到的保值货币，当然也是伤害的程度也远甚于当年更换伪币。据不完全统计，到1948年10月，仅上海一地就掠得黄金116.6万两，美元3452万元，港币11000万余元，银圆369万元，白银96万两。另据全国66处汇总，计有黄金1677164两，白银8881373两，银圆23564069元，美元49851877元，港币86097451元。南京政府果真达到了目的，通过币改政策搜括到价值数亿美元的金银外汇，这种掠夺行为，一般情况下只是发生在宗主国政府对殖民地国家的行为上，像蒋介石那样对待本国臣民的却是不多见，这也是我们分析国民党和蒋介石之所以失败的一个基点。当然，蒋介石对此次掠取的财物也是不会满意的，一是离所设想的目标相差还很远，民间远不止这些数量的保值货币，隐而不报者不在少数，对此除了上门搜查外别无办法，即使搜查，也是挂一漏万；二是与掠夺比起来，他还是寄希望于币改能够成功，因为如果币改成功，其产生的经济效益恐怕远远超过掠夺到的金银、外汇。由于币改失利，原来属于币改副产品的掠夺民间的保值货币，现变成了主产品；而作为主产品的币改，则一无是处，全面垮台。

币改政策引起民众不满，还有一个因素就是党内腐败势力和不法商人公开抗命，而南京政府却无可奈何。实行财政紧急状态，官方是下了决心的，蒋介石也是摆出一副绝不手软、清查到底的姿态，已经积极加入国家政治生活和参与党内运作的蒋经国更是一路高歌向上海，发誓专打和一定打"老虎和祸国的败类"。最后导致币改失败的是上海和广州的经济管制，两地均为党内腐败势力和恶霸豪坤的破坏所致。

蒋经国"打虎"，失利

主管上海经济管制的是蒋介石的长子蒋经国，一到上海，他在广泛宣传、争取社会舆论支持的同时，抓住典型案例，重判重罚，对平抑上海物价和经济管制颇有说到做到、战天斗地的味道。实行币制改革的第5天（8月23日）和第9天（8月27日），蒋经国指挥市警察局、警备司令部稽查处、宪兵及江湾、京沪铁路、京杭铁路3个警察局的数千名军警和黄金管理局的管理、执勤人员对全市的市场、商店、工厂、公司、仓库、车站和码头突击大检查，"凡违背法令及触犯财经紧急措施条文者，商店吊销执照，负责人送刑庭法办，货物没收"；任何人不得套购金、银、外汇，不得操纵股票市场；工厂和商店不得因冻结物价而不供货和不售货，切实保证金圆券的币值。1948年9月1日，他公开举行记者招待会，宣布已有10人因违反经济管制被传讯，其中有上海黑社会头目杜月笙的次子杜维屏和女婿荣鸿元及商界名流万墨林、张超等。两天之后，正式

蒋介石与上海经济管制督导员俞鸿钧及"协助"其督导的蒋经国合影

宣布逮捕不愿在限价内出售纱、布、香烟和纸张等市场必需品，囤积居奇，制造紧张气氛的"棉纱大王"、中新纺织公司总经理荣鸿元，"纸老虎"、纸业公司理事长詹沛霖，"棉布巨头"、吴记棉布号老板吴锡龄，"烟霸"、永泰和香烟公司总经理黄以聪等上海滩上的商界名流；逮捕涉嫌泄露币制改革机密，并在币改前夕大量抛售股票，币制改革开始后又违反证券市场的禁令，暗中从事证券黑市交易的"证券太保"、证券交易所第237号经纪人杜维屏。9月21日，大商人王春哲因扰乱金融市场、对抗经济管制被处决；财政部秘书陶启民因泄露经济情报被枪毙；警备司令部稽查大队长戚再玉、经济科长张亚民因掌握荣鸿元的倒汇投机案而进行敲诈勒索、知法犯法被枪毙。蒋经国的行动再加上他的"宁使一家哭、不可一路哭""专打老虎、不拍苍蝇"的口号，震动了大上海，也取得了一定的经济效益。如全市在不突破"八一九物价防线"的前提下，到9月底，已储存了足够供应一年的食糖、供应4个月的油、供应半年以上的650万疋棉布和9万件棉纱，一些生活必需品的库存也有所增加。对此，

他自己也不无得意地说："政治力量是解决经济混乱的主要条件。"

蒋经国在上海打"老虎"，当然是打着为民谋利的招牌，但真正的获利者是国民党政府。因为他控制上海的经济可以达到稳定全国财经形势的目的；他稳定上海的物价可以达到保持金圆券币值的目的；他打老虎等收买人心的举动可以达到顺利进行币改的目的；更重要的是他进行币制改革可以达到骗取民众交出金银、外汇等保值货币的目的，当时，仅在上海市刮到的硬通货就占全国收搜总数的七成以上。

蒋经国贵为"太子"，行政能力也不很差，且又抱着必胜必成的信心到上海，没想到不过两月余，竟然在1948年11月2日便宣布"70天来的努力，已一笔勾销"，灰溜溜地离开上海。本想在上海大干一场的蒋经国，落得这一下场实属正常，因为他的对手都非无能之辈，有奸商，有不法分子，有官倒。如所抓的杜维屏、荣鸿元等奸商，蒋经国可以抓他们，但无法处置他们，只能不了了之；虽然杀了戚再玉、张亚民等下层不法分子，但真正泄露经济情报、敲诈勒索的身居要职的官员却一个也没有抓出来；对孔宋为代表的官商财团和中央有关部门在上海经营的公司倒卖紧俏物资和外汇的投机行为，他有的不敢管、有的不能管、有的管不好、有的不想管。不管怎样，蒋经国对十里洋场的不法分子，不管其身份如何，多少还能有所动作，可在遇到"扬子案"时，他不但无能为力，还被弄得灰头土脸。

"扬子建业股份有限公司"违法一事被查获的起因是蒋经国的大搜查。该公司的老板不是别人，正是蒋经国的姨表兄弟、曾主持过多年国民党政权财经事务的孔祥熙的儿子孔令侃，该公司是四大家族成员孔家在抗战结束后返回宁沪地区开的一家主要公司，孔令侃最擅长的手段就是如何利用特权，通过非正式渠道和不等价的交易进行赚钱。在蒋经国亲自组织的大搜查中，孔令侃的仓库中有近百辆汽车和3000余箱300余种的呢绒、西药、钢材、染料和玻璃等市场紧缺物资被查处，蒋经国决心借机整治一下这个早已看不惯的一贯违法乱纪的表弟。然而，道高一尺，魔高一丈，孔令侃搬出了疼爱自己、但不爱经国的小姨妈宋美龄，宋美龄施展自己那蛮不讲理、从无守法观念的故技，把非亲生儿子经国痛骂一顿后就把犯法的外甥带往南京，"扬子案"使得蒋经国"不打苍蝇专打老虎"的誓言变为空话。如果说蒋经国对奸商、不法分子和官倒，不论是赢是输，起码还能战它几个回合，但对南京政府内部的捣乱却是一筹莫展。

1948年10月2日，南京方面宣布对卷烟、洋酒、国产酒类、烟叶等7种商货增征税款，增加额达原额的几十倍，并准许厂主和商人将此新增的税款加入售价之内，转嫁到老百姓头上。10月31日，南京行政院正式通过了《财经紧急处分令的补充办法》，宣布从次日起放弃"限价政策"。随后物价马上直线上扬，一星期后上海的每担大米上涨77倍。11月8日，行政院又颁布《修正金圆券发行办法》，撤销金圆券发行限额20亿元；金圆券正式贬值至发行时币值的十分之一；人民可以拥有外汇和金银，不同的是兑换率高于当时卖给官方银行的两倍。这是南京政府决定的事情，并非蒋经国所能控制。南京政府之所以这样决定，也是迫于无奈，蒋经国经管的上海，经济管制只是在高压下出现一些暂时的平静，而平静之下却是更汹涌的波涛和更险峻的恶浪，随时都有爆发的可能。上海的经济形势决定了全国的经济走向，也就决定了币制改革的成败。币改一月余，在全国的第一大都市，经济管制已到非放弃不可的地步，国家全面干预已导致出现再不提价、市场将会停摆的残局，也就是说金圆券只保持了一个月的生命力，因为交通和通讯等原因，金圆券还未在全国铺开之前，就已面临全局性的危机。此时南京城里的决策者们终于明白，既然没有实力扭转全国经济，该捞的已经捞到，想要的已经要到，还不如放弃已被实践证明是失败了的、靠行政手段高压进行的经济管制，让金圆券走上以前法币的旧路。故制定"8·19物价防线"的当权者们，又自己冲破了这一物价防线，而突破"8·19物价防线"，即意味着币制改革正式失败，主持币改的"翁文灏内阁"为此倒台。

主管广州经济管制的是蒋介石的舅子、广东省主席宋子文，此位宋主席是被蒋介石借实施宪改、组织多党政府之名赶出南京城，离开行政院长的岗位后到达广州上任的，心理上显然无法平衡。作为美国哈佛大学的经济学硕士、哥伦比亚大学的经济学博士和曾主持多年南京政府财政事务的宋子文，深知中央方面正在进行的这种违反经济规律、在没有保证金的前提下实施的币制改革的危险性。他了解这种危险性，当然不是为了设法弥补中央币制改革的欠缺和不足，而是准备见机挤垮金圆券。他并不希望此次币制改革成功，因为在他离开南京时，国民党政权的财政已经陷入不可逆转的危机状态，如果在他刚离开中央财金主管的位置不久，金圆券发行顺利，币制改革成功，一举扭转财政危机，这无疑是等于宣判他无能，对他来说未免太难堪和太残忍。再则，这位国舅大人，被妹夫像一条狗一样一脚踢出行政院，如此待遇使得他对蒋介石的新仇旧恨一齐涌上心头，20年来受蒋的多少气和结下的多少恨，如今总结算的日子和机会终于来临。所以尽管他是广州的经济督导员，可要他与中央保持一致，从财力和行动上支持经济管制，是不可能的。

宋子文的基本策略，是黄鹤楼上看翻船，不支持但也不公开破坏，只助退不助进。不支持，因为他要看着币改的失败；不公开破坏，因为他要顾及面子和讲究斗争策略；只助退，不助退币改不会垮得如此快；不助进，他不愿看到南京政府的经济状态得到什么实质性的好转。尽管宋子文主管全国经济工作时的业绩并不理想，可他凭借所掌握的基本经济理论和多年主管经济的实践经验，进行干扰中央财政决策方面的工作还是绰绰有余的。他当然不会像外甥孔令侃那样明火执仗和蒋经国公开对抗，既然要搞垮币改，只要用经济手段即可；就经济手段来说，也不要什么高明和复杂的办法，只要和上海的蒋经国"管卡压"相反，放任自流就会把此次币改搞垮。

宋子文略施小计，竟使蒋经国在上海的努力一一落空，进而也就使南京政府全局性币改工作的努力一一落空。宋子文没有出面反对，也没有进行抵制，只是不认真而已，只是不抓紧而已。他控制的广州，对任何违反经济管制的经济活动，是明禁暗不禁，明察暗不究；上海对被经管人员抓住的私自提价的商人是严惩不贷，广州的"限价"是只叫不限，物价照常上扬，只是比以前稍微收敛些；上海查抄囤积物资是所有的商店、工厂、仓库、车站和码头一齐行动，漏网的非是高手不可，广州查抄囤积物资，干脆不见行动。总之，在紧急处分令颁布后，广州却不见行动，宋子文的"宽松和宽容"实际上是怂恿奸商、官倒对抗南京政府的命令，大量资金、资产从被蒋经国"严打"下的上海和华东地区转移到广州和香港。使得蒋经国在上海无"虎"可打，"老虎"在广州和香港、华南地区躲过风头，再回上海兴风作浪。因此，因为有宋子文的"黑洞"，即使没有上海的"孔令侃和扬子公司事件"的发生，蒋经国在上海的经济管制很快也会流于形式，不打自垮。

南京政府的币制改革，蒋经国的经济管制，最后竟然毁在自家亲戚亲友亲人身上，这出乎蒋经国的意料。这场斗争，一方面使得蒋经国领教到了官商大家族成员要家不要国、要财不要德的贪婪行径，他对此一直是深恶痛绝的，以后当然也不会与他们同流合污；另一方面国民党上层非蒋氏大家族，均通过与蒋经国的第一次冲突，领教到蒋大公子的厉害，大都与蒋经国不再发生过从亲密的联系。

平心而论，此次币制改革本身，并无过多的不妥，在法币一泻千里的背景下，更换新币是明智之举，问题在于国民党政权的出发点并非是为民众着想，当然也就不可能有成功的结局。

到1949年2月23日，先迁上海又迁广州的孙科内阁，规定以"银圆"和"关元"为军费开支和关税征收的计算单位，此项规定的出笼等于国民党当局承认金圆券已经彻底破产。1949年7月3日，时任行政院长的阎锡山又主持通过币改命令，发行银圆券兑换券。由于此时国民党当局已经处于大溃败之中，再无实力挽救已经垮台的经济，银圆券无疑是废纸一张。

（二）赤字财政，蒋介石无以为继

在地大物博、人口名列世界第一的中国，即使在生产力低下的情况下，提供国家机器所需的费用绰绰有余。然而国民党政权的开支并不正常，在维持庞大的国家机器运转的同时，还因进行全面内战需要巨额军费，此外还有统治集团的贪污腐败需要的开支无法统计，所以在内战几年间，南京政府的经济状况一直处于崩溃边缘。

庞大经费需求——左支右绌

南京政府的行政费用支出并不算太大，从国民党政权公布的1940年以前的资料看，行政费用占总支出的情况是这样的：

1929年是24%；

1931年是28%；

1933年是20%；

1935年是31%；

1937年是17%；

1939年是13%；

1940年是16%。

（自1941年起，国民党政府把财政支出分为"特别岁出"和"普通岁出"两部分，其中则以主要是军费支出的特别岁出为大。）

南京政府的行政费用之所以不高，和它的行政管理队伍有限有关，国民党政权虽然不为民众办事，它的官僚队伍却也不大，一向是重上层轻下层，重中央轻地方，政权机构越往下越简单，即使在中央和省市部门，行政机构也不完备，除一些主官外几乎没有什么富余人员，十羊九牧现象还不普遍。在县政府和党部及以下部门，官僚队伍更是有限，在县长和警察、税务、教育局长以及县党部主任等主要官员之外，只有为数不多的一些随从，还称不上编制庞大，人员冗多。当然，在当时的生产力水平下，如此多的行政官员已经对国家财政造成很大的负担。

南京政府的经济建设费用也不算太大，蒋介石统治集团在上台之初，对经济建设并不感兴趣，忙于"剿共"和军阀混战，更没有意识到经济建设的重要性，直到1934年才把经济建设经费正式列入国家财政开支。

1934年投入经建的费用只有5000万元，占全年财政支出的5%；

1935年投入经建的费用为6000万元，占全年财政支出的6%；

1936年投入经建的费用为9600万元，占全年财政支出的9%；

1937年投入经建的费用为4.9亿元，占全年财政支出的32%；

1938年投入经建的费用为3.6亿元，占全年财政支出的27%。

到国民党政府维持正常财政预算的最后一年即1940年，投入经建的费用也只有13亿元，占全年财政支出的41%。

在当时的生产力水平下，在近千万平方公里的国土上，投入以上数额的经建费用，实如杯水车薪，无济于事。

在行政支出和经济建设之外，南京政府统治集团的公款消费却是一笔巨大支出，官场腐败，官员贪图享受，只思个人发财不想民众疾苦，只图个人享受不为社会效力，这一情况在当时的国家机器中，属于普遍现象。在当时低下的生产力水平下，南京政府各级官僚利用自己手中的权力，各有一种极不正常的不捞白不捞、捞了也白捞的心理，多捞多得，多捞先富。整个国家在怀有这种心理状态的官员的治理之下，岂有不败之理。

在统治阶层中，在当时落后、贫穷的社会里，"修建别墅风、坐豪华汽车风、出入高级宾馆风、以权谋私风、官商合一风、官商勾结风"屡见不鲜。再加上中国的美食文化、饮酒文化，给国民党上层人物充分享受提供了合适的土壤。

在旧中国的高等社交场合，广泛流行着两个传闻。一是有关陈布雷的，一是有关宋美龄的。宋美龄的奢侈为国民党之一绝，她的"西方化和帝王化"的生活不仅令中国人吃惊，更令见过她日常无限制消费的外国人惊讶。她在当上中国"第一夫人"后第一次赴美国访问回国时，专门有一架军用专机为她装运行李，装卸货的美军士兵发现尽是美国高档消费品，如价值昂贵的金银首饰、裘皮大衣、上等手表、一流的化妆品。美国士兵发现是这样的物品，一时竟拒绝装卸。

和宋美龄不同的是，陈布雷则是国民党上层艰苦朴素的典型，此人整日忙的是为蒋介石和国民党中央起草文件，自己一人独住南京，只有在节假日时回上海与家人团聚，平时的爱好只有抽"三五"香烟和文章写到得意处一人小酌一杯。可在国民党中央机构管理部门一次公布诸位要员所用的汽油时陈布雷竟名列第一。这位报人出身的高级官员，当然不知道这些实权部门在统计时所做的手脚，政府管理部门也是因为陈布雷不谙于官场所为才敢于把"第一名"送给他。自认为廉洁到家的陈布雷为之勃然大怒，马上清理自己用车的记录，发现有少量是手下人所为，更为重要的发现则是因为自己的汽车太过陈旧、耗油量大所致，所以他提出要换最新型的美国福特汽车以便节油。这就是反腐败的中国特色，本来不算腐败的问题，反而成为陈布雷更换新车的理由。

在喜好排场的旧中国官场，上行下效，从上到下，非正常消费其数目之大恐怕非常人所能想象。

巨额军事费用——入不敷出

南京政府的日常主要开支除行政费用、经济建设、公款消费之外，还有一个无底洞，即军费支出。军费支出，最初在南京政府的收支账上还有记载：

1929年，军费支出2.66亿元，占全年财政支出42%；

1931年，军费支出2.97亿元，占全年财政支出33%；

1932年，军费支出3.35亿元，占全年财政支出42%；

1933年，军费支出4.16亿元，占全年财政支出50%；

1934年，军费支出3.33亿元，占全年财政支出36%；

1935年，军费支出2.21亿元，占全年财政支出33%；

1936年，军费支出3.22亿元，占全年财政支出32%；

1937年，军费支出4.1亿元，占全年财政支出27%；

1938年，军费支出5.9亿元，占全年财政支出45%；

1939年，军费支出4.7亿元，占全年财政支出22%；

1940年，军费支出7.4亿元，占全年财政支出23%。

1940年以后，当时正在重庆的国民政府，开始把全年财政支出分为两部分，一是特别岁出，一是普通岁出，前者每年不再公布，实际主要是军费、特工、上层特别支出。从中可以看出，军费在南京政府的支出中所占比例较大，而其中军阀混战、"围剿红军"、抗战时期军费就偏高一些。

考察南京政府的军费，还有几个因素需要考虑：一是实际军费远大于计划军费，这是因为当局对占其军队大部分的杂牌军从来不给足军费，由黄埔系将领统率的中央军也领不到足额的军费，中央所发的军费根本无法满足各部队武器补给、军饷开支、后勤供养、装备更新等需要。二是国民党的许多地方军阀、地方部队、自卫武装、准军事机构的经费都由地方政府供给，这在中央的开支账上反映不出来，近百万此类部队的需要也是一个天文数字。三是各部队所缺的军费则自行解决，各部队只是把此转嫁到民众头上，加紧对所驻地区的盘剥，不少就靠抢劫式的强买强拿筹集；另外的解决途径，就是克扣下层官兵的军饷，无法获得正常补贴的下层官兵就只有自行解决，明里暗中去抢劫民财、敲诈勒索，以弥补所欠的军饷和增加发财途径。

南京政府的军费到底有多少，恐怕不易找到确切的数字。在1946年，有人指出，一个师的每月开支是12亿元，如果南京政府的军队以200个正规师计算，一年就是28800亿元。这只是非战时期的基本开支，如果打仗的话，这个数字则更大，因此有人估计，1946年的军费实际上是6万亿元。如此巨大的军费开支，尽管中国地大物博、人口名列世界第一实在也是难以承受的！

由于军费急剧增加，南京政府的财政赤字越来越大：1946年，财政收入是22万亿元，财政赤字为48万亿元；1947年，财政收入是30万亿元，支出是70万亿元，财政赤字是40万亿元。庞大的财政赤字，造成南京政府的财政陷入崩溃边缘，到1948年8月，蒋介石寄希望于币制改革，以图扭转财政颓势，无奈已病入膏肓，无可救药。

蒋介石兵败大陆，经济上的失策是主要原因之一。造成经济上失误的主要原因有二，一是"收"的方面对民众的剥夺，二是"支"的方面巨大的军费和贪污腐败黑洞。

逼退孔宋财团——收权让利

从抗战后期起，四大家族内部继1927年4月宋庆龄出走、30年代中期宋子文和蒋介石闹翻之后，再度出现重大裂痕，孔祥熙在抗战结束前后被迫离开政界，宋子文在抗战结束后仕途重兴，但很快被外放离宁。蒋介石对这两人的主要不满，就是他俩利用政治特权，侵吞国有资产，带头非法致富，大发"国难财"。

孔祥熙在进入国民党决策圈后，出任过1年的广东财政厅长、2年的工商部长、4年的实业部长、4年的财政部长、代理5个月的行政院长，1938年1月出任行政院长兼财政部长、中央银行总裁、农业银行董事长、中国银行董事长、四行联合办事处副主席，1939年11月行政院长由蒋介石接任，孔以副院长的身份总管行政院。从中可以看出，孔祥熙手中一直掌握着国民政府和国民党的财政大权。孔家财团的发家高潮是在抗战开始以后，他利用此时经济重心向西迁移、经济重新布局、经济结构重新调整的机会，利用手中的特权，开办了"庆记纱号""强华公司""大元公司""中国兴业公司""华福烟草公司"等大公司，尤其是中国兴业公司，开办时资本仅为1200万元，到1943年时资产已达12亿元，为大后方最大的公司之一。抗战结束后，孔家财团又开办了"扬子建业股份有限公司""长江公司"等。

孔家发财秘诀有二：选准投资方向和垄断性经营，其实质是以权谋私。身为全国财经主管的孔祥熙，充分利用统筹全国经济的便利条件，掌握市场供求需要，预知国家财经政策的转变和统购统销物资、市场物价的起落，选择投资方向，选择公司的营业范围和经销地点，选

蒋介石、宋美龄在太谷参观铭贤学校时与孔祥熙合影

择进货时间和推销时间、数量，转手倒卖紧缺物资和美国援华物资及军火，进行股票、黄金、外汇等金融投机。这类权力下的交易，使得孔家在商场上连连得手，迅速致富。

孔家财团经商、投机的另一个特色是垄断性经营。孔祥熙利用手中的权力，为孔字号企业、公司带来种种特权和优惠，无视政府的专卖规定，自行组织专卖，偷税漏税，囤积居奇，贱买贵卖，欺行霸市，牟取暴利。孔记公司带头套购、传播经济情报，在上海、南京、重庆等经济中心，呼风唤雨，掀起黄金风潮，扰乱金融市场，破坏国民的正常经济生活和国家的正常经济活动。试想一下，一位财政部长，晚上打理本家公司的财路，白天公务之余忙于如何把国家财政事务和私家商务挂钩，可谓是为国为家，为国必先为家，为国是假，为家是真。

在孔家财团中，除孔祥熙外，还有3人起到相当大的作用，分别是宋蔼龄、孔令侃、孔令伟。宋家三姐妹中，宋蔼龄以"爱钱"出名，没有小妹宋美龄"爱权"的紧张，也没有二妹宋庆龄"爱国"的高尚，只是浑身充满其父发家致富、精于理财的遗传基因。宋蔼龄不受传统女性礼节所累，活跃于社会，争钱夺利，精明强干，倒也不失现代女性之风貌和竞争意识。如果手段、方式得当，发家致富也应鼓励。遗憾的是宋蔼龄手段虽巧却非正常，方法虽妙却非正道；钱赚无数却为不义之财，富甲天下却为人所不齿。孔家商务活动中，其二子二女中有儿子孔令侃和女儿孔令伟成为其助手、代表和代言人，也进行了许多不合法的政商勾结活动。他们通过基本不正常的经商活动，一共积聚了约5亿美元的巨额财产。

1944年11月至1945年10月，重庆方面4次宣布：孔祥熙已分次辞去了行政院副院长、财政部长、中央银行总裁、四行总处副主席、农业银行董事长等职务。孔祥熙被逼离开决策中心，主要原因是自抗战中期起，四大家族已经成为国民党腐败、黑暗、贪赃枉法的代名词，孔家已成为官倒、发国难财的罪魁，社会舆论凡提到孔祥熙则是一些令人不愉快的名词和用语。统治阶级内部的一些有识之士，也认为国民党要复兴、维持其统治，只有当机立断，撤换孔祥熙等腐败之徒；当然国民党内的一些利禄之辈，不会放过此种乱中夺权的机会，十分"投入"地制造倒孔舆论。

在这种情况下，蒋介石为树立新形象，趁抗战胜利即将来临之际，试图改造党风不正、党纪荡然、党员不纯的国民党，特别是考虑到美国方面对孔祥熙主持财政的强烈不满和要求，决心撤换孔祥熙。为此，孔祥熙在走红国民党官场20年后，开始退出政界。

到币制改革前后，蒋介石、蒋经国与孔祥熙的矛盾，因为孔令侃胡作非为而再次加剧。其导火索是蒋经国上海打"老虎"失败。

四大家族内部从第二代起，开始走上不同的道路。蒋家的公子是从政，陈系的后代也没什么杰出的表现，宋家的后代则远离政界，孔家的子女则是大发横财。双方壁垒分明，各有所好，"官"不为"商"所动，"商"不为"官"所惑，双方瞧不起，只有互相攻讦，不见互相捧场；只有貌合神离，不见情投意合，家庭背景和阅历决定了他们一出场就是龙虎斗。

在四大家族的第二代中，在商场上留下众多劣迹的是孔家的兄妹俩，孔令侃、孔令伟两人作为"前敌总指挥"，孔祥熙、宋蔼龄在幕后策划，兄妹俩负责出面接洽、交涉、谈判、经营、管理，成为孔家这个"商业投机王国"公开的君主。孔家兄妹为孔圣人的第76代裔孙，对儒学不感兴趣，这可以理解，儒学不会有多大的市场。他们跟父母一样，长于敛财，不求闻达于诸侯，只求豪富于天下。这本不是坏事，像四大家族这样人家的子弟，与其搞世袭特权，还不如去钻研学问或经商，这对净化国家政治环境有益，从此点上讲，孔家没有宋家和陈家明智，但也比蒋家聪明，蒋家子弟比孔家子弟权重，可孔家子弟要比蒋家子弟潇洒。

既然一般平民子女都可以经商，那么孔家子女也可以经商，但问题是应该合法经商，不能用歪门邪道，不能用其父担任多年的南京政权中最高财经领导职务去谋私，不能利用其父可以调动的国家资产去投机，不能利用四大家族的名号去招摇撞骗，更不能利用其父掌握的经济情报去操纵市场，孔家大公子和孔家二小姐正是在这些问题上搞颠倒了。因为，如果他俩不是这样的话，就不是孔祥熙的后代了。

在四大家族第二代中，只有孔家长子孔令侃和二小姐孔令伟、小儿子孔令杰横行于南京、上海商场，他们的丑闻成为各上层社交场合议论的主要话题。孔家兄妹继承了母亲血统中的好动、狂妄和贪婪。如果只是"好动"，最多只是调皮而已；如果只是"好动加狂妄"，最多只是泼皮而已；如果只是"好动、狂妄加贪婪"，最多只是恶少太保而已。问题是孔家少爷小姐与政治特权相结合，"好动、狂妄、贪婪加特权"，就会形成一股凶恶的政治势力和经济势力。

这对兄妹深受其小姨夫蒋介石、小姨妈宋美龄的喜爱，孔令侃21岁时就由小姨夫任命为"中央信托局常务理事"，孔令伟则被没有儿女的宋美龄视为干女儿。正是凭着这双重后台，有恃无恐，商场上、经济圈内无恶不作。在抗战结束前夕，兄妹不是收敛了，而是为父鸣冤叫屈，并把这种愤怒化为更加肆无忌惮的捞财捞物的手段，触电擦边，存心和当局过不去，刺激南京官场，以发泄心中的不满，有关当局考虑到他们的背景，奈何不得。

由于孔家少爷和小姐有以上问题，蒋经国早就看不惯表弟、表妹在商场上的拙劣表现，只是没有合适的时机和合适的理由，敢怒敢言可没有用。直到此次上海打"老虎"，蒋经国才有了惩治孔家不法行为的机会。位于上海南京和四川路口迦陵大楼中的"扬子建业股份有限公司"，是孔令侃在父母的指使下于1946年4月间成立的公司。扬子公司通过宋美龄的关系，获得"汽车、药品、钢材、染料"等重要物资的进口、销售权，经营中更是通过走私、逃税、套取官价外汇及垄断货源办法，两年间已赚取黄金、美元无数。扬子公司的违法活动，一直成为中外新闻界报道的重点。

蒋经国的严厉措施，对孔家少爷来说，根本不屑一顾，趾高气扬的孔令侃从不把国民党的律条放在眼里，根本没有进行逃避检查的任何准备，如果是别人主管经济管制，那就不会有"扬子案"发生，因为没有人愿意去碰孔令侃这个马蜂窝。蒋经国则不是这样，他不是擦枪走火，也不是歪打正着，他就是在接到举报后有意去查禁孔家公司的，这次孔家少爷撞到蒋经国的枪口上。

在搜查中，扬子公司犯法证据确凿，孔令侃罪责难逃。蒋经国自以为此战不会再有意外，可以放手大胆进行，他总觉得父亲和母亲虽然和孔令侃很亲，可这事关经济管制大局，也为了党国利益，作为党国最高首脑的父亲和作为中国"第一夫人"的母亲应该会支持自己的维护党国利益的行动，而不会站在犯法者的一边。因此，蒋经国马上下令逮捕孔令侃，查封扬子公司。但长孔令侃5岁的蒋经国没有对手成熟，也没有对手无耻，他低估了这位表弟的能量和势力，也过高地估计了父亲和母亲的觉悟。

孔令侃马上兵分三路，采取补救行动。一路是在物资被查处之初以在美国的孔祥熙的名义，把上海市市长吴国桢请到西爱咸斯路51号孔公馆，托市长从中斡旋。吴市长见孔前部长没有出场，自觉被戏弄，分外气愤，甩手而去。蒋介石也致电吴国桢，要吴劝蒋经国放孔令侃一马。吴国桢对气焰嚣张、为非作歹的孔令侃本来就有看法，故对蒋介石的电令置之不理，坐山观虎斗。

右起：孔令侃、宋美龄、孔二小姐、孔令杰

　　一路是从南京搬来宋美龄。宋对四大家族中的第二代，一贯重视孔家的二子二凤、宋子文家的三朵金花，轻视蒋家二虎、陈家三子一女。她对4年前孔祥熙被贬出中央一事更是耿耿于怀，把对贬孔的不满变为对孔家第二代的怂恿和爱护，此次岂能容许蒋经国如此对待孔令侃。9月30日，正在南京主持宴会的宋美龄接到匿名电话，通报侃甥被揪。蒋夫人当即和上海警备司令宣铁吾联系，证实孔大公子已成阶下囚。这位"第一夫人"急电正在北平指挥东北战事的蒋介石来沪，制止蒋经国的"大义灭亲"之举。次日宋女士飞到上海，召见蒋经国，痛斥捕孔一事，下令立即放孔。1948年10月8日，蒋介石来到上海，对爱子的行为不尽赞成，还亲切接见了宋美龄接来的孔令侃。

　　一路是操纵舆论。孔家势力通过被收买的报社和记者，大量散布消息，称"在扬子公司查获的大批新汽车及呢绒等，并非事实"。上海警察局发言人也称："所抄查均已向社会局登记，所囤大批汽车并非孔令侃所有。"为孔令侃和扬子公司开脱。

　　三路夹击之下，蒋经国无力反击，失败不算，在孔祥熙、宋美龄、孔令侃、孔令伟等人的喧嚣下，还不得不公开发表谈话，称"在法律上讲，扬子公司是站得住的"。自己打自己的耳光。追踪报道扬子案的《大众夜报》《正言报》也在高压下被迫停刊。

　　扬子案失利，蒋经国的"打老虎计划"全部破产，无脸也无勇气在上海继续执行经济管制计划。1948年10月底，南京方面正式承认经济管制失败。11月4日，蒋助理督导辞职，此次孔令侃虽全胜收兵。此次孔令侃虽赢了，可他目光短浅，逞一时之勇，得一时之利，却彻底失去表兄的友谊，以后两人形同路人。抓办扬子案，实际上是蒋经国对官商勾结、敛财发财的总表态，他并非是针对孔令侃一人，而是针对整个官僚垄断集团、官商结合阶层。当然，他也只是对这些人官商勾结行为进行批判，而非站在人民的立场上否定孔宋财团以及保护这些人的社会制度。蒋经国对孔宋财团的批判，只是为了巩固国民党政权，维护蒋家统治的长治久安。蒋介石和宋美龄袒护孔家第二代，除了亲戚关系之外，还有就是他俩只是要孔祥熙退出政界，交出权力，而没有要孔祥熙交出不义之财，更没有把孔祥熙往绝路上逼的意思。

1949年1月，孔祥熙的最后一个头衔——中国银行董事长被撤去。无官一身轻的孔祥熙在历史的转折关头，再次以其老练和成熟，预测南京政府的末日不远，因此在"扬子案"爆发后，即开始把亿万家财向美国转移。由于孔家财团走得早，所以在国民党失败过程中，在外逃的大资本家、大商人中，只有孔家转移财产最完整，几乎毫分未损。这和他有充分的时间回笼资金、有充分的条件准备运输工具有关。到1949年下半年，当那些不明真相的富有者们为搞到一张去舟山、台湾、香港、海外的船票、机票争得七生八死时，孔家已开始将捞取来的钱财全部投入美国进行新的运营。

宋子文与孔祥熙政治上齐名、财富上旗鼓相当，1933年10月出任全国经济委员会主席，1939年10月兼四行联合总处副主席，1941年12月兼任外交部长，1944年12月代理行政院长，1945年起任行政院长，1946年兼行政院绥靖区政务委员会主任委员。因此，事实上宋子文一直控制着国民党政权的财经命脉。

无论是宋子文主管财经，还是主管外交，但有一项业务他从来没有荒废过，那就是不放过任何一次发财的机会。宋子文的经商活动，除由他自己主导外，就是让其弟子良、子安出面，他自己的夫人和女儿基本不上第一线。

宋子文发财手段之一是兴办公司。宋子文有过三次办公司的高峰，第一次是从30年代起，南京政府开始进行一些经济建设时，他利用出任财经主管的有利地位，抢先得到很多便利，有针对性地开办公司；第二次是抗战西迁时，利用这一经济大调整的机会，在西北、西南对热点项目进行投资，一出场就成为经济活动的热点；第三次是在抗战结束后，他以"行政院长"的身份，了解市场行情和敌伪产业动向，又创办了一批进行投机、操纵市场的公司。所以宋记公司的出现，均为非常时期，全国性的经济大调整为他选择投资方向、确定投资数额、获取巨额利润提供了合适的机会和条件。

宋记公司主要有"中国棉业公司""华南米业公司""国货联营公司""中国物产公司""中国棉业贸易公司""重庆中国国货公司""西宁实业公司""西南运输公司""雍兴实业有限公司""环球贸易公司""中国国防物资供应公司""孚中公司""中国进出口贸易公司""统一贸易公司""金山贸易公司""利泰公司"等。在国民党上层圈内，在举办公司上能够和宋子文相媲美的只有孔祥熙。宋记公司经营项目之多、经营点分布之广，在工商界少见。宋记公司插手金融、军工、外贸、化工、航空、汽车、轻工、农副产品等行业，在全国主要地区和美国、南美均有关系网。

宋记公司几乎全部拥有垄断经营性质，如"中国棉业公司"掌握中国的花纱布市场，"华南米业公司"专司运输、出售进口大米，在纽约的"环球贸易公司"、在华盛顿的"中国国防物资供应公司"全权代理利用美援采购军火的业务，"西南运输公司"包办抗战后期美国对华援助物资的公路运输。这种垄断权的存在，有的是宋记公司用不正当的手段争来的，更多的是来源于宋子文的特权。

发财手段之二是贪污援华物资。美援中的相当一部分款项，用于购买中国方面提出的货物和军事物资。这项特殊经济活动大都掌握在宋记公司的手中，由"中国国防物资供应公司"提出采购要求，由"环球贸易公司"负责在美国进行采购，其中一部分需要陆路运输的美援物资则由"西南运输公司"运回国，后期运回国的物资再由宋子文控制的"救济与复兴总署"负责发放，在整个连环套中，宋子文的黑手伸向每一环节。在负责美援物资中，宋子文采用的途径、手法有明道、黑道两种。"明道"是接受大量以"佣金、劳务费、推销费、代办费"的名义付给的贿赂；"黑道"则更奇更多更贪，手法有"虚报货物，抬高商品价格，谎称保管和运输中丢失、物资到华后由宋记公司转入黑市销售，提高运输价格"等多种。宋家财团从"明道""黑道"到底捞取了多少美国援华物资、贷款，恐怕永远无法查清，只是从宋子文远远超出经商常规的资本增长速度和天文数字的存款中，可以看出他的"夜草"有多少！

发财手段之三是利用经济情报，进行投机活动。集中体现这一点的是在金融市场，利用强大的资本力量操纵黄金、外汇市场，集中活动是在两次黄金风潮中。一次是在1943年美国提供5亿美元贷款，并用黄金支付和可以在中国市场上销售，回笼已经严重贬值的法币，制止市场上疯狂的通货膨胀。因为是回笼货币，所以重庆政府在孔祥熙的主持下，决定从3月30日起大幅提高官方黄金交易价格。孔祥熙、宋子文当然知道这一情报，立即安排所属公司在提价前3天开始大量套购黄金。他们的套购，等于泄露经济情报，引起市场上出现黄金套购风潮。等正式涨价后，孔、宋财团又以高价抛出黄金，一进一出赚钱无数。

一次是在1946年8月间。由于经济状况恶化，法币对美元的汇率起伏不定，每到月初必定提高汇率，此事已成惯例。到8月中旬，宋子文为给自己找到发财的机会，决定把汇率大幅提高到3350元法币兑换1美元，并且把汇率变动日期由通常的下月初提前到19日。他的理由是给投机商以措手不及。可是宋记公司、孔记公司和他们的亲朋好友，立即到各银行、钱庄套购黄金、美钞等硬通货。一直在投机商们监视之下的宋氏公司的行动，当然被视为金融市场的风向标，马上出现了黄金套购风潮。8月19日汇率公布后，宋、孔财团开始抛出黄金、外汇，并且是在价格更高的黑市上操作，一进一出，宋、孔财团发财知多少！

1947年2月，金融市场已经失控，南京城内的黄金每两高达93万法币，1美元高达16000法币，而且价格一日数扬。蒋介石在愤怒之中，下令特工机关彻查，宋子文的丑行才在国民党上层公开，这成为他被逼出南京的主因。

在1947年9月举行的国民党六届四中全会上，一些国民党中执、监委纷纷发言，指责"豪门资本"操纵市场，破坏经济，致使经济走向崩溃。发言者不敢点官僚垄断资本和官商财团的名，脾气很大的宋子文自动出来对号入座，似乎高姿态地说："我捐出来好了，不过我要看看别人。"结果别人没有动，宋子文无法收回说出的话，只得捐出当时价值2000亿法币的"中建银公司股票"。蒋介石非常高兴，在会上予以表扬，并希望其他委员效仿。

宋子文慷慨有他因，一是2000亿法币时值140万美元，可购20万担大米，对他高达数亿美元的庞大资产来说无足轻重；二是捐出中建银公司股票，可总经理依然是宋子良，不影响宋家对该公司的控制；三是捐产可换美名，自1947年2月"黄金风潮"过后，宋子文的职务被逐一剥去，南京上层一些人正利用他泄露经济情报、带头投机倒卖一事，趁美国提出撤换宋子文的行政院长职务之机，准备置宋子文于死地，现捐产可以阻挡别人的进攻，蒋介石顺势任命宋子文为广州绥署主任、广东省府主席。到1949年1月24日，新任省主席薛岳到达广州后，宋子文带着早已清理好的全部资财，前往香港，6月间到了美国定居。

孔祥熙、宋子文主管财经，基本立足点放在剥夺民众上，越积极，收效越大，对民众的伤害就越多，被民众打倒的可能性就越大。如果说以陈果夫、朱家骅为代表的政治上的强硬派，最大的错就是被"反共"扭曲了灵魂；以黄埔系军人为代表的军事力量，最大的错就是对蒋介石的愚忠；以于右任、陈布雷为代表的蒋介石的高级政务幕僚，最大的错就是为一个没有前途的政权服务；那孔祥熙、宋子文为代表的财经决策者，最大的错就是太爱财。

孔、宋一生的悲剧在于好财。作为普通公民来说，好财爱钱可以理解，作为政坛要员如此好财廉洁奉公就无从谈起；作为普通公民来说，经商为正常职业选择，无可厚非，作为政坛要员经商就是以权谋私，就是官倒。

蒋介石先后惩治孔祥熙、宋子文，既不对他们进行政治清算，也不对他们进行经济清算，只是让他们利用已经拥有的巨额财产继续去谋求财富，并且继续留用孔宋财经势力主管财经。

三、为军不当，蒋介石的军事战略

论及南京政府垮台的原因，得到大家认同的，也是最有说服力的无非是三个方面，即政治上逆历史潮流而动，经济上为剥夺民众的剥削者服务，军事上出无名之师"剿共"。当然，政治家、军事家、哲学家、思想家、经济学家、文学家、艺术家及官吏、百姓还会有各种各样的评述，这其中有对国民党政治路线的剖析，有对南京官场的揭露，有对社会制度的否定，有对蒋介石和国民党官员的评析，有对社会理性的认识和批判，有对人民大众痛苦生活的同情。中共方面则更多的是认为资本主义制度在中国行不通。国民党方面则肯定"三民主义的社会制度"为立国之本，失败主要是党政官吏腐败所致。众说纷纭，论出多家。蒋介石20世纪50年代初期在台湾进行国民党改造时，关于在大陆的失败问题，检讨深刻，涉及党政团经军警各个系统，无一例外。

历史告诉后人，国民党政权失败的直接原因是军事上的失败。古今中外

蒋介石与他的侍从官

政权更迭、易手多得无法统计，专制独裁政权有过，腐败无能政权有过，不顾民生的政权有过，卖国投敌的政权有过，奴隶主政权有过，封建农奴主政权有过，资产阶级政权有过，当然开明、关注民生、发展生产、注重休养生息的政权有过，长则数百、短则数年数月的政权也有过，如此多的政权更迭，除少量的和平演变和宫廷政变外，垮台的直接原因都是军事上的失败。

人类脱离野蛮进入文明时期，开始组织政权，成立国家的最基本的方式是建立国家机器——军队。军队有能力保护政权时，统治者就可以高枕无忧；当军队失去这一能力时，政权就会立即分崩离析。虽然政治、经济上的原因可以改变政权的性质和军队的战斗力，可不是失败的直接原因。只要国民党军队不被打垮，南京政府就不会流亡，乃至被推翻。中国人民都明白这一政治规则，蒋介石本人更是到了无师自通的程度。

想当初建立南京政府就是靠枪杆子，维持南京政府离不开枪杆子。所以蒋介石在22年的施政方针和施政重点中，军事始终放在首位。在他的统治方式中，首不成功的是经济政策，次不成功的是政治路线，再不成功的是用人方式。可经济政策失误还能维持，只是百姓更苦；政治路线反动还能生存，只是反抗更多；用人方式不对还能运转，只是效率更低；可军事上不是这样，军队被消灭后，政权只有垮台。

蒋介石最大的成功在于建立起一支中国历史上人数最多的军队，最大的失败却也是在军事上，军事上的惨败导致国民党政权被赶出大陆。蒋某打过不少败仗，这对军事家来说并不奇怪，胜败乃兵家之常事。最著名的败仗有"二期北伐"时的徐州之战，对中央苏区的前四次"围剿"，抗战初期和后期的大溃败，这些败仗虽说有的规模也很大，但只是局部的损失，无碍大局。真正置南京政府于死地的是1946年6月至1949年10月间发生的全面内战，3年中蒋介石兵败，不是败一仗输一役，而是始终败、全局败。

（一）准备"反共"内战，中共针锋相对

蒋介石一生之中也有过成功的决策，但是错误的决策占主流，不然不会仅22年就断送一个政权。蒋介石最大的失策就是在抗日战争胜利不到一年，匆匆忙忙发动"全面反共内战"。历史不能假设，不会以某个预言家的设想轨迹运行，历史果真出现"如果"，将会带来不可收拾的局面。人们只是在对比的时候使用"如果"。抗战结束，中共方面明确提出"和平民主建国"的政治主张，国民党方面如果放弃内战打算，与共产党携手，维护第二次国共合作；实施民主改革，贯彻孙中山的民权主义；谈判解决争端，建立联合政府；医治战争创伤，实施《建国大纲》；对中共的根据地和军事力量，对解放区实行一国两制，分区而治；对中共军队相对调整驻防地区，避免发生冲突。这样虽说不能彻底解决国内政治争端，国民党和南京政府也不能保证半殖民地半封建的江山永不变色，可是决不会三年余就被赶出大陆。蒋介石对中共和人民大众永远没有这样的胸怀和计谋，而是相反，拒绝"和平民主"，立即部署内战，这是他最大的失策所在。

调兵遣将——蒋介石志在武力解决

抗日战争结束后，如何对待在抗战中迅速壮大、已经具备和南京政府分庭抗礼实力的中国共产党及其武装力量？蒋介石的基本方针是武力解决。

蒋介石要打内战

蒋介石的内战决策不是没有依据。首先，日寇投降，国民党军队官兵士气高涨。苦战8年的650万军队，以胜利者的姿态，接收几乎所有日寇占领区的各类城市和主要地区，获利之多、油水之大、士气之高，可想而知。蒋介石和国民党的决策阶层以为军队已经进入精神上的最佳作战状态，可以一鼓作气，乘胜出击，全部、干净解决国内争端。

其次，日寇投降时留下大批武器：68万多支步枪，1.8亿发子弹，6万余支手枪，近3万挺机关枪，1.2万门各类大炮，7万匹战马，543辆各种坦克和装甲车。这批武器可以装备60个步兵师、10个炮兵师、6个骑兵师、6个装甲团。日寇还留下1400艘各类军舰，排水量等于抗战开始时国民党全部海军舰只的吨

位。侵略者交出的武器，成了蒋介石发动内战的资本。

第三，美国的支持。美国实行"扶蒋反共政策"，从抗战中后期起，对国民党政府的政治、经济、军事、外交予以全力支持。军事上按照租借法案，准备装备国民党军队54个美式机械化师，到第二次世界大战结束时，已经完成36个师。在太平洋地区，美国为准备和日本决战，曾运来大量战争物资，日降后战争剩余物资全部低价处理给国民党当局，并继续提供新的军事援助和经济援助。仅国民党海军就接收了美国提供的32艘驱逐舰、潜艇，英国提供的13艘军舰，总吨位不下10万吨。除此之外，美国还公开出兵青岛和上海等中国东部重要城市，为蒋介石助威。美国提供的军援和日本交出的战争物资，使信奉唯武器论的国民党决策阶层，认为物质上的军队最佳作战时机已经到来。

外交方面，美国操纵新成立的联合国，把蒋介石政权拉为安理会常任理事国，并明确表示支持中国政府与苏联抗衡。同时，国际共产主义运动中出现一股"交枪风"，法国、意大利、菲律宾、马来西亚等国的共产党领袖们，在取得反法西斯战争胜利后，主动交出几万乃至几十万的武装力量，以换取内阁阁员和地方议员一类的官职，蒋介石以为中共当局也会在"交枪风"下交出武器。所以蒋介石和国民党决策阶层认为发动"剿共"战争的最佳国际环境已经到来。

第四，蒋介石过高估计自己和国民党政权的威望。不可否认的是，抗战胜利使得名义上领导抗战的"蒋委员长"威望如日中天，"拥护蒋委员长领导、欢迎中央军收复沦陷区"的口号喧嚣一时。在蒋某返回离开8年又5个月的南京、举行盛大还都典礼时，在祭扫总理陵寝时，在1946年10月蒋氏夫妇第一次到台湾视察时，金陵、台北万人空巷，一片致敬声、效忠声，从中多少可以看到民间那种对蒋介石并不牢固、缺乏基础的崇拜情。蒋本人飘飘然起来，以为只要登高一呼，"反共"战争就会指日可胜，共产党及其军队就会一触即溃，天成为蒋委员长的天，地成为蒋委员长的地。

第五，蒋介石感到了共产主义的威胁。蒋介石作为政治活动家和军事家，不会忽视如下事实：中共在抗战如此艰苦的条件下，为了抗战的需要，以每月1万正规军、每年15万民兵的速度发展。如今日寇的威胁已解除，按照中共"七大"通过的政治路线"放手发动群众，壮大人民力量"，中共武装力量的发展速度将更快。从日寇投降到内战全面爆发，中共正规军每月平均发展2万人，是抗战期间平均值的两倍。蒋介石最担心的事情终于发生，于是他要趁早下手，消灭中共势力。

第六，蒋介石对国民党军队的战斗力、实力估计过高。抗战胜利，原因很多，当然也有国民党军队的功劳。国民党军队本身在抗战中也得到很大发展，可动员的参战兵力、武器装备、作战技能、指挥艺术、总体作战水平都有不同程度的提高或增加。日寇投降后平时保持

抗战胜利时的欢呼声使蒋介石过高地估计了自己的威望，不合时宜地增强了发动内战的底气

的总兵力是中共的5倍，火力构成、整体作战能力数倍于八路军、新四军。更何况国民党军队有全国财政支持，八路军、新四军只有几块根据地，后勤供应的能力远不如国民党军队方面。在蒋介石看来，国民党军方已经具备消灭中共的能力。

以上六条，促使蒋介石下决心和共产党决一死战，当然他设想的结果是消灭共产主义势力，清除红色氛围。蒋某看到的只是似乎对他有利的因素，没看到有些因素会转化。国民党官兵抗战士气高，但进行"反共"内战士气不会高；有新的装备和武器，但操纵者不见得具备相应的技术和能力；有美国的支持，但美国时常抛弃朋友，更不会让大批美国士兵参加"反共"内战；蒋介石有威信是因为他支持抗日，只要打内战民众马上就会喊出"打倒蒋介石"的口号；靠战争限制不了共产党的发展，可以说越战中共发展越快越强；国民党军队理论上的战斗力，只要投入"反共军事战场"即会迅速减弱，直至完全丧失。

总的来说，蒋介石对国共两党军事形势的估计严重失误，盲点是在以理论上的实力定胜负。可见国民党之败，并非败在军队战斗力的数量多少上。败、胜取决于民心向背，军心向背，中共代表民众利益，在民心、军心上占优势，最后赢得战争。蒋介石作为政治家、谋略家，竟然看不到这一无形的但起决定作用的战斗力，或者说看到了也不承认，失误之大让人们不得不怀疑他作为一

国之主、万军之帅的能力和品德。他的错误决策，又把刚刚脱离战争灾难的中国，拉入内战战场。

蒋介石部署内战

抗日战争接近尾声，蒋介石就为国共斗争新格局作出安排。当时他考虑的问题有三：一是如何登上总统宝座，结果如愿以偿，但在台上时间不长；二是如何接收日寇和汪精卫叛国集团的财产，如何搜刮已脱离国民党统治数年的沦陷区，此事成果颇丰，但腐蚀了国民党各级官员，导致国民党全面走向腐败；三是如何消灭共产党，此事所费精力最多，无成效不说，还被彻底打败。军事方面，蒋介石有四要策，为全面内战做准备。

首先，蒋介石对全国的军事机构作了重大调整。

国民党的军事机构受中国传统的影响，为避免藩镇割据，把全部军务大权集中到中央，特别是对国土广阔的中国来说，至关重要的陆军更是由中央直接管理。从1925年7月正式建军起，即由中央军委指挥全国军队，到北伐时增设"总司令"和参谋部。1928年10月军委会取消，由"国民革命军总司令"行使指挥权。1929年3月，蒋介石改组中央军事指挥机构为"陆海空三军总司令部"。九一八事变以后，国民政府决定裁撤"总司令部"，再设"军委会"。抗战军兴，1937年8月12日国防会议决定军委会机构调整，到次年1月再度调整，军委会下设"军令、军政、军训、政治"4部，归委员长和参谋总长统制。为便于指挥军队，设战区和行营作为中央军委派出机构。1944年12月首次设立"陆军总部"，但不指挥全国陆军部队，只是有权调配4个方面军。

抗战结束，蒋介石为部署全面内战，决定按照美国的军事编制改组最高领导机构。1946年6月1日，国民党政权正式设立"国防部和总参谋部"，下有"海军、空军、陆军和联合勤务"4个总司令部（"海军总司令部"曾在抗战期间成立，1945年12月撤销。"陆军总司令部"在全面内战爆发后不久又增设"陆军训练"和"陆军作战"两个司令部）。作为派出机构是"主席行辕"和以后成立的"剿匪总部""绥靖公署"等。

国防部、参谋部及4大总部的成立，从机构设置上讲更有利于军事指挥和军队调动，可以解决国民党军事系统长期存在的陆海空军不分、主战和后勤不分、主战和训练不分、同一兵种的集中指挥和各兵种协同作战不分等混乱局面，也便于蒋介石重新安排人事，安插亲信，重用主战派。国防部的成立，完成了国家军事管理机构的现代化，全面内战的军事指挥体系已经形成。

其次，对重要军事指挥人选作了调整。

蒋介石的班子中，军事助手最多。自黄埔建军起，时任校长的蒋某就开始组建军事指挥班子，这套班子进行过3次重大改组。第一次改组在1924年5月到1930年10月，内容是更换孙中山时期的军事将领。即把国民党内第一代军事活动家如李烈钧、李济深、邓演达、朱培德、李福林、唐生智、冯玉祥、王柏龄、王懋功等排挤出军事指挥岗位，为蒋介石发现、重用的军事人才让路。取而代之的是毕业于保定陆军军官学校和日本陆军士官学校的何应钦、陈诚、顾祝同、刘峙、周至柔、蒋鼎文等"准黄埔系"。

第二次改组在抗战期间，蒋介石培养的黄埔军校学生全面走上接班之路，中央军的军、师、旅长几乎全由黄埔军校的前6期毕业生出任。国民党内以"保定系、士官系"为代表的准黄埔系，除一些骨干还担任全国各总部和战区、行营首脑等要职外，不少将领被架空和出任高级副职及参议。

第三次改组在全面内战时期，黄埔系全面占领军事指挥岗位。抗战结束前后，胡宗南出任第一战区司令长官和西安绥靖公署主任，桂永清接替陈诚出任海军总司令，毛邦初和王叔铭出任空军副司令，黄维出任联合勤务副总司令，杜聿明出任东北保安司令长官，王耀武出任第二绥靖区司令，廖耀湘出任东北第四绥靖区司令，黄杰出任中央训练团教育长，本来由保定系、士官系将领主持的各总部、各军兵种和作战大区、各大军团，大部改由蒋介石的"黄埔学生"主持。

在极其敏感的军事系统，动如此大的政治手术，再加上大战在即，阵前换将更须谨慎，蒋氏出此绝招也是不得已而为之。他利用军事体制变为美式体制的机会，安插以黄埔学生为骨干的亲信将

在准备内战期间，蒋介石夫妇到重要城市和战略要点"巡视"。此图是在北平参观故宫文物

领，是发动全面内战的需要。与共产党的较量是一场硬仗、苦仗，在十年内战时期蒋介石和国民党军队品尝过中共的厉害，现在的国共较量更需一大批政治上忠诚、军事上肯为国民党政府卖命的年轻将领，所以他冒险换将。事实上重用年轻将领是对的，但人选并非全部合适，如胡宗南、汤恩伯（此人不是黄埔学生）、张灵甫、邱清泉等则职高才低，并不称职。

第三，整编全国军队。

抗战一结束，蒋介石就下令进行整编军队，主持整编的是蒋的头号军政助手陈诚。整编前总编制有124个军、354个师、31个旅、112个独立团，经过整顿缩编为87个军、223个师，军事单位由4550多个缩编为1779个，总兵力由590万人缩编到434万人。

此次整军是国民党军事史上的第二次，程度远不如从1928年的编遣会议到川军出川参加抗战时的第一次整军。第二次整军达到以下几个目的：一是欺骗舆论，伪装和平。整编军队对外公开是称压缩在抗战中膨胀起来的军队，与邀请毛泽东到重庆谈判一事相配合，以便在公众面前显示国民党的"和平"诚意，压中共裁军。二是通过整编，全军上下采用美军编制，以便于对口接收美援，便于统计人员、所需武器弹药和后勤物资。第三点最重要，即通过整编，淘汰老弱病残，充实武器装备，所有的军事单位都已转入实战状态，尤其是野战军、师都已完成作战准备，符合蒋介石、陈诚、顾祝同等设想的进行"反共"内战的具体要求。军队整顿，再加上军事指挥将领的调整、军事指挥机构的改组，国民党军事系统取消了许多形式主义的中间环节，军、师成为战略单位，可以直接接受总部命令，体制上趋于合理和有效。

第四，积极推进，抢占要地。

蒋介石关于"反共"内战所采取的直接为内战做准备的第一个行动，就是抢占战略要地。日寇投降时，整个战略态势对国民党方面极为不利，国民党军队大部安置在正面战场和大后方，除第三战区深入敌后，靠近京沪杭外，主要部队远离东部大中城市、经济中心和战略要地。蒋介石要想把抗战的胜利变为国民党的胜利，就要抢占各主要沦陷区。

为此，他下令中共停止一切接受日寇投降的行动；下令日寇和伪军"就地待命"等待国民党军队接收；更重要的是利用一切可以利用的运输工具，并求得美国的帮助，下山摘桃子，直取战略要地和各重要城市。其中命令各靠近的战区出兵相应的城市和地区布防，如顾祝同为司令长官的第三战区占领杭州、福州、厦门；阎锡山为司令长官的第二战区占领太原、大同；余汉谋为司令长官的第七战区和张发奎为司令长官的第二方面军占领广州等地；第十一战区的孙连仲部和第十二战区的傅作义部占领

蒋介石巡视卢沟桥

北平、天津、石家庄、张家口、绥远等地；第五战区刘峙部占领郑州、开封、南阳、襄樊等地；第一战区胡宗南部占领洛阳等地；第六战区孙蔚如部占领武汉、宜昌等地；第九战区薛岳部占领南昌、九江等地；第四方面军王耀武部占领长沙、衡阳等地，第十战区李品仙部占领徐州、蚌埠、连云港等地。

在蒋介石的军用地图上，重要城市和地区只剩下南京、上海和东北、台湾地区。1945年9月上旬，蒋介石的"五大主力"之一、廖耀湘任军长的新6军空运南京，为9月9日举行的中国战区日军投降仪式实施安全保卫，这是占领国民党首都南京的第一支主力部队。1945年10月14日，陈孔达任军长的第70军运抵台湾，这是被日军占领50年之久的台湾岛光复后进驻的第一支国民党军队。进驻上海的是汤恩伯的第三方面军，这一远东地区金融、商业、经济中心以及蒋记政权的重要基地，本该完全可以从就近的第三战区派人前来接收，可蒋介石特意从昆明运来汤部主持上海的接收工作，原因不外乎是对沪市和汤氏的重视。

战略要地中范围最广、最为关键的是东北。东三省土地肥沃，物产丰富，工业先进，可以为战争提供强大的物质基础；东北被日寇占领14年，苏联红军收复东北地区后，在该地区形成政治真空，国共双方谁先占领就是谁的地盘，所以国共双方为占领关外花费不少心血。中共方面对华北、中原、华东、华南等地的沦陷地区，没有采取"接收行动"，基本上让给了国民党，对东北则不一样，迅速抽调13万大军，利用互相接壤的解放区，挺进关外的腹地。

蒋介石为进军东北，进行了国民党军史上最大的一次运兵行动。从先遣

队两个军于1945年11月16日到山海关至1946年6月内战爆发，共运进1个交警总队、12个保安支队，共50余万人。这么多的人，再加上装备和粮食、弹药，以每天5列火车出关的速度，也要半年以上。国共双方在东北的"投资"是值得的，因为内战最先在东北打得白热化，最后的决战也是在东北最先展开的。

1945年8月至次年6月间，蒋介石的军事安排和军事决策也有失误，机构改组、选拔黄埔子弟确为必要之举，可搞得太快、太猛，带来一些后遗症。如将兵不识，不少新任主师上任，部下并不认识，互不了解，何谈配合、协作？如争权夺利，被调配下台者不满意，有些升了官和调任其他职务者因环境不熟悉、不利行使职权也不满意，调配完毕互不服气，争权夺利、互相拆台，何谈兄弟部队间的配合、协作？有此两类不配合、不协作，又如何打仗？四处出兵、抢占战略要地确为必要之举，可搞得太快、太猛，同样带来一些后遗症。如战线太长，实力不足，蒋介石靠数百万大军去牢牢控制每一个县、每一座城市，几乎是不可能的；如短时期内接收成功，兵骄将悍，大部分军队已失去打苦仗、硬仗的能力；如全面接收、全面出击，正好被对手各个击破。

蒋介石"如果"在接受日降完成后，整军备战，严密封锁各根据地，逐渐缩小包围圈，虽说最后也无法逃脱失败的命运，却也不会三年余就被共产党所打败。蒋介石缺少这一全局性的、更深层次的考虑，作为国民党军队的最高统帅，应是运筹帷幄的谋略家，可他更多地像一个具体指挥某一战役方面的蹩脚的军长、师长，考虑全局总是失误。而国民党军队中的军、师、旅、团长们，应是具体指挥官，可他们更像一个谋略家，总是希望其他部队应该如何行动、如何作战、如何增援，而不谈自己的部队如何参战、如何奋力作战、如何增援他人。

蒋介石的备战，从军事上讲该备的都已备齐，可"改造人的思想"这一思想备战却无法做到，因而使其他有形的备战大打折扣。因此，蒋介石的军队"备"而可以战，但"战"而无法胜。

分兵出击——国民党军队抢占要地

从抗战结束到全面内战爆发，蒋介石在进行军事整顿、军事部署的同时，一直在挑起内战。他之所以10个月以后才向各解放区发动全面进攻，并非是在"战"与"不战"中动摇不定，而是"战"已定，只是准备尚未充分，出兵还需时间。军事机构改组、指挥人员调整、整编全国军队、抢占战略要地等战前要务非短期能完成，一句话，为实现消灭共产主义、消灭中国共产党人的总目标，他还需要充分准备。

施放和平烟幕弹

在10个月间，为完成军事总体部署，蒋介石打出两类烟幕弹：争取和平和制止战争。蒋介石在大陆执政的22年间，抛开其大政方针，就他个人而言，留给世人最深刻的印象就是缺乏诚信。朝三暮四，出尔反尔，这是作为政治家常用的手段，也是人们对政治家评价的主要内容。缺乏作为一国领袖应有的诚信，在战后蒋介石表现得尤为突出。抗战后，站出来高喊"想和平、争和平"的是蒋某人。日寇初降，他就提出为解决国内政治争端，邀请中共领袖毛泽东到重庆谈判；召开政治协商会议；与中共代表团保持经常性接触。这三条之下，似乎蒋介石成了"和平天使"，可他没有为和平出一份力。既然谈判，双方都应做些让步，以便向共同的目标靠拢，可蒋只要毛让步。相反，中共方面却作出了撤离南方8块根据地、军队只编20个师（应编60个师）的重大让步。国民党方面没有让出一寸土地，没有向各解放区少派一兵一卒，也没有在16块受降区中划出一块给中共。

蒋介石的谈判显然没有诚意。既然是"政治协商"，就应各党各派平等协商解决国内政治问题，国民党代表拒绝中共代表关于"建立联合政府"的建议，坚持国民党一党专制，坚持要先实行"军队国家化"（即让中共交出军队），所以蒋介石的"政协"实质是招安。既然是"和平"，那么长期坚持一党专制、亲信家族势力操纵国政、蒋介石个人独裁的南京政府就应进行民主改革，容纳各党派和各界人士，商议国事，以消除国内政治、军事争端的根源，可蒋氏依然如故，我行我素，所以他的"和平"只是招牌。既然是解决争端，就应照顾到争端各方的基本利益。蒋介石同意召开政协，同意国共继续谈判，同意共产党合法存在，同意人民军队编为20个师，可决不承认解放区的人民政权。没有解放区和人民政权，共产党和军队又如何生存？如何发展？所以他的"措施"只是釜底抽薪。

站出来高喊"制止战争"的也是蒋介石。面对（也是他挑起的）战后狼烟四起、炮声隆隆的内战战场，他公开宣布邀请美国代表来华调停内战，国共双方准备签订停战协定。蒋介石不愧为假戏真做的好手，试问"调处"和"停战"的战争是谁挑起的？早在1945年9月17日，国民党军事委员会已印好大量《"剿匪"手本》下发，虽说此书并非进攻共产党的作战令，却也是进攻共产党的批准书，造成以后谁进攻共产党，谁进攻共产党的干劲足、下手狠，谁就有理、谁就是功臣的局面。

仅从日寇通过无线广播宣布无条件投降之日到9月9日南京举行受降典礼及各主要地区举行分片受降典礼完成，中央军联合日军、伪军进攻解放区即达200多次，攻占中共控制的县城25座。到1946年6月底，仅在关内蒋介石就使用兵力258万人次，进攻中共3675次，强占解放区的县城、镇、村2077个。在关外东北，中央军更是大打出手，公开、全面向东北民主联军进攻。从国共双方在1946年月1月13日发布"停战令"到内战爆发，蒋介石违反国共两党和美国三方达成的协议，不经过军调部，调动2个兵团、42个军、108个师、2个炮兵团，共130万人到内战前线。原来他的"调停内战、制止战争"实际上是为了准备战争。在数千次的挑衅中，也有把蒋介石打痛的战役。

挑起战争失利多

"上党较量"。国共两党首脑的重庆谈判正在进行之际，蒋介石暗中搞起小动作，图谋从中共手中夺得晋东南的长治地区。蒋氏之所以决定冒此风险有其打算；一是古称上党郡的长治地区深入中共晋冀鲁豫根据地腹地，占领长治可以分离太行、太岳两大根据地，并同豫北的友军取得联系；二是如在上党获胜，可以威胁正在重庆的毛泽东、周恩来等中共领袖，逼其在谈判桌上让步；三是此仗不用中央军出力，出动的兵力全由阎锡山解决。若赢，蒋介石有政治收获和取得战略上的主动；若输，损失的兵力是阎锡山的。阎锡山平时也算人精，可终究识不破蒋介石设下的迷魂阵。蒋某利用阎锡山贪图小利的弱点和急于收复晋东南的心理，以谁攻下城池归谁管理的条件，诱阎上钩。

上党战役的经过是这样的。日降后第二战区司令长官阎锡山委派19军军长史泽波指挥68、37两个师和挺进2纵、6纵，强占上党及长子、屯留、潞城、壶关等城。毛泽东离开延安去重庆前夕，曾对前来送行的晋冀鲁豫军区司令刘伯承、政委邓小平指点道："我们要打歼灭战，不打消耗战，你们在上党打得好，我们在重庆就谈得好；你们打得越大，我们谈判的本钱就越大。"1945年8月27日，两位将军到达前线，贯彻毛泽东主席的思想，集中陈锡联的太行、陈赓的太岳、陈再道的冀南3个纵队20个团，于9月10日至19日，连下长子等4城，长治遂成孤岛，由史泽波死守。阎锡山闻讯，急令第7集团军副总司令彭毓斌率领23、83、61军共8个师及数师省防军前来接应19军，援兵在增援途中遭埋伏，彭氏被击毙。10月8日，长治守将史泽波见增援无望，弃城突围，10月12日在沁河以东被歼，军长本人被活捉，史泽波成为抗战后为中共俘获的第一位国民党军队的军长。

南京方面第二战区共损失35000余人。上党战役对国共双方关系重大，对蒋介石来说，作为中央军沿平汉线北上的侧翼配合，现兵败上党，平汉路上的孙连仲部成为孤军；对中共来说，此仗是抗日战争结束后首次组织的、双方各自出动数万人的大战役，现上党兵胜，除为重庆谈判争得主动外，还鼓舞了中共官兵自卫反击的士气和信心。上党一仗，成为以后作战的范例。

"津浦较量。"作为蒋介石北上平津、进军东北的一部分，在接收日寇投降的过程中，国民党最高当局命令第十战区司令长官李品仙，指挥由他兼任司令的21集团军、何柱国的11集团军、陈大庆的19集团军等部共17个军约40万人，在日军及伪军吴化文部的配合下，沿津浦路北上，打算直取平津后，再进东北。

为打破蒋军摧毁华东解放区和从陆路进军东北的计划，中共中央命令山东军区副司令黎玉和新四军军长陈毅，在徐州与济南段组织反击战，考虑到敌我力量悬殊太大，此战的作战目标，不是追求消灭多少敌人，而是以阻滞敌人的北上计划为主。1945年10月19日，山东军区吴克华、江华指挥各自的部队在邹县、大汶口地区扫荡拒降的伪军。11月3日，奉命调入山东的新四军罗炳辉部、张爱萍部和邓子恢部在界河以北采取行动。到12月中旬，在陈毅、黎玉指挥下，扫清滕县、临城外围各据点，一共消灭敌人8800余人，津浦路徐州至济南段为中共所控制，蒋介石沿路北进计划被打破。

"平汉较量"。按照中央军北进方案，东线由李品仙部负责，西线由胡宗南、阎锡山部负责，阎"进剿"晋东南，胡则沿同蒲路、石太路开进，中路是十一战区司令长官孙连仲部（30军、40军、新8军，共48000余人）沿平汉路北进，打算在石家庄与胡宗南部会师后推进北平、天津，然后与李品仙部一起沿京奉线出关。

1945年10月中旬孙连仲部离开新乡出发，此时阎锡山部已被赶出晋东南，津浦路上的中央军受阻。晋冀鲁豫军区部队刚刚在长治获胜，精神、物质双丰收，他们发扬连续作战的作风，按照刘伯承司令、邓小平政委的命令，主力集中到位于太行山根据地的平汉路，在邯郸和漳河之间展开兵力。此仗对国民党方面极为不利，兵力上中共方面有3个纵队6万人和10万民兵超过对手。双方出场的将领能力悬殊更大，中共一方是刘伯承、邓小平、滕代远、薄一波、李达、杨勇、苏振华、陈再道、陈锡联等一批现代史上著名的军事家和军事将领；国民党一方是孙连仲、刘茂恩、李延年、高树勋、马法五等一批胜仗与他们基本无缘的将领。

山东战场打响后，平汉路随之行动，从1945年10月23日至27日，杨勇、苏振华的第1纵队在邯郸以南阻击，陈再道、宋任穷的2纵和陈锡联、彭涛的3纵实施对敌人的包围。10月28日至11月2日，发动总攻。高树勋（第十一战区副司令长官兼新8军军长）率部18000人起义。在孙连仲逃跑过程中，又消灭其26000余人。平汉路和一个多月后津浦路上的胜利，基本打破蒋介石靠陆路进军东北的计划，迫其改为运输量要小于铁路、公路的空运和海运，为贯彻中共中央"向南防御、向北发展""建立巩固的东北根据地"的方针，作出了贡献，争取到2个月的时间。当蒋介石军队到达关东大门口时，中共军队已在2个月前开始进入东北。

"绥远较量。"日本投降后，平津地区远离大后方，蒋介石为抢占华北这一片重镇，后分3路，分别沿津浦、平汉、平绥路进兵，南边两路受挫，西路也不顺利。指挥西路的是十二战区司令长官傅作义。1945年10月中旬，傅部5万余人离开驻地集宁、丰镇，向晋察冀军区的张家口方向前进。

傅部没有国民党"五大主力"那么多的装甲和机械装备，却有不少颇具草原特色的骑兵。蒋介石交给傅作义的作战任务是占领张家口、承德，控制绥东、热河、察哈尔地区，既可接应北上平津的李品仙、孙连仲、胡宗南等部，拱卫北平、天津、石家庄，有效堵住华北解放区的中共军队东下，又可切断由晋绥、晋察冀解放区北进东北的中共军队、干部的通道，挫败延安方面"向南防御、向北发展"的既定方针。

延安中共总部决定发起"绥远战役"，力争把傅作义部留在绥远归绥、包头地区半年以上，以便于继续"向北发展"，同时打掉国民党方面的嚣张气焰。1945年10月18日在贺龙、聂荣臻两司令的指挥下，晋绥、晋察冀两军区的39个团53000余人，分别出击，占领集宁、丰镇、凉城一线，24日在攻克归绥东部数十公里的卓资城时，消灭新编26师，形成对归绥和包头两城的包围之势。傅作义还没有按蒋介石的战略意图完全展开到位，自己却已处于被动挨打的境地，处变不惊、临战冷静的傅作义赶紧下令收缩兵力，力保包、绥两城。到12月14日，中共"向北发展，建立东北根据地"方案大部实施，贺、聂将部队由平绥路西段拉向东段，傅作义的军事压力虽然减弱，可东进平津计划完全被打乱，且被消灭两个师的大部16000余人。傅部再次东进已是9个月以后。

国共东北争夺急

全面内战开战前的10个月间，国共双方冲突最为激烈的地区是东北。延安、重庆（南京）双方为增加各自在关外的力量，均做过不少努力，费过不少心血。中共方面先行一步，苏联红军出兵东北后，中共有关部门就派出一些电台到苏军后方协助工作，冀热辽军区副司令员李运昌率部经热河进入辽宁，16分区司令曾克林指挥部队配合苏军攻克山海关，1945年9月6日八路军4个连进驻沈阳城。9月14日曾克林飞赴延安汇报苏联红军只占主要交通线、大城市和中小城市，广大农村无人占领等重要情况。同时，山东军区从海路派往辽东地区的侦察排也很快证实这一实情。延安的中共最高决策者马上决定建立东北根据地，改向南发展为向北发展，并于9月15日命令陈云、彭真、伍修权、叶季壮、段子俊、莫福如6人，当天乘飞机去沈阳。为便于联系，考虑到苏军官兵有军衔，中共中央军委主席毛泽东特授彭真、陈云、叶季壮为中将军衔，伍修权为少将，另外2人为上校。

1945年9月19日，时在主持中央工作的刘少奇，通知山东分局书记、山东军区司令员兼政委罗荣桓部9万人及新四军黄克诚师3万人，和华北、中央派出的万余名干部共13万人，以尽可能快的速度进入东北，组成东北民主联军和北满、辽东、吉林、西满4个军区。并通知已到达晋冀鲁豫区、准备去山东接替罗荣桓的林彪立即转赴东北，主持东北全局工作。并以山东解放区的党政军机关为基础，组建东北各机关。中共派出的13万人中有2万名干部，其中有彭真、陈云、高岗、张闻天4名政治局委员和林彪、罗荣桓、黄克诚、邓子恢、萧劲光、谭政等近四分之一的中央委员。中共派出如此强大的阵容，足见对东北地区的重视。

东北民主联军的指挥班子更是不同一般，集中了一大批中共方面著名的军事将领。总司令兼总政委为林彪，副总司令有吕正操、李运昌、周保中、萧劲光，副政委有彭真、罗荣桓、高岗、陈云。辽东军区司令为程子华、政委为肖华，吉林军区司令为周保中、政委为林枫，西满军区司令为吕正操、政委为李富春，北满军区司令为高岗、政委为陈云。在民主联军的各部队里，更是强将云集，能攻善战者数不胜数。国共两党到达关外的各自军队中，从质量上讲，从指挥官的能力和士兵的作战状态讲，国民党方面远不及中共方面。

蒋介石也紧盯东北不放。1945年10月16日，为减少组建接收东北机构的难度和减少安排人事的麻烦，蒋介石下令将"昆明防守司令部"易名为"东北保安司令长官部"，由杜聿明任司令长官，梁华盛、范汉杰、郑洞国、马占山为副司令长官。下设5个绥靖区，分别由孙渡、石觉、赵公武、廖耀湘、陈明仁主持。到东北的将领和各军主官，几乎是清一色的黄埔子弟和蒋之亲信、嫡系。事实上国民党内最适宜接收东北、能被东北各界人士所接受的是张学良将军。蒋介石明知张将军在东北家乡父老乡亲们心中的位置很高，就是不愿任用。"如果"让张学良出任东北新主帅，也许后来国民党在东北的情形不至于如此之糟。蒋某选出一批黄埔的骄兵悍将，虽能确保他们对国民党政权的忠诚，却不被当地人士所接受。

津浦、平汉、上党及绥远4仗失利后，蒋介石自觉陆路进军东北已非易事，在得到美军的帮助后改由海运、空运，11月上旬北平、天津和唐山各运到1个军。11月1日，挺进东北的第一批部队13军、52军到达秦皇岛，此时中共已有不少部队先行出关。13、52军在石觉、赵公武的指挥下，立即向山海关发动进攻。

蒋介石对东北极为重视，这是国民党军抢占沈阳后他与宋美龄来到沈阳参观北陵时所摄

如果说蒋介石在华北、华东、华中挑起冲突时还有顾虑、不愿承认的话，在东北则不一样，一开始就大打出手、步步进

逼。从山海关争夺战到全面内战打响，东北的内战战火实际上没有停止过。面对国民党军队的进攻，东北民主联军为争取时间向中小城市、农村腹地转进，待战略目标实现和歼敌有生力量后主动转移。

双方争夺战集中在4块区域。一是山海关、锦州地区，国民党方面的作战目标是打通进入东北通道。11月初，13、52军攻占山海关后，沿北宁线继续进攻，24日到达锦州城下，次日兵力处于劣势的东北民主联军一部根据"让开大路，占领两厢"的指示，主动撤出该城，整个战役国民党军队损失3000余人。锦州是蒋军拿到东北地区的第一个重要城市，3年后中共在该城发起大反攻，打赢辽沈战役第一仗。

二是热河地区，国民党方面的作战目标是切断华北、东北两大解放区的联系。进入锦州的13、52军由东向西，随之赶来的陈明仁的71军、卢浚泉的93军、牟廷芳的94军等部由平津地区往北，夹击承德、赤峰地区的中共军队。从1946年1月起，冀热辽军区的2个纵队和8个旅进行了长达数月的热河保卫战，其中承德城就反复争夺3次，最后中共在巩固华北、东北解放区农村通道的前提下，主动撤离承德和赤峰，国民党军队付出的代价是损兵31000余人。

三是沈阳周边地区。1946年3月，苏联红军撤出沈阳地区，12日国民党军队趁机抢占沈阳，中共方面则占领辽阳、鞍山、抚顺、本溪等城市。蒋介石命令孙立人的新1军、廖耀湘的新6军和赵公武的52军等部攻占沈阳东南4城，以封锁辽东解放区。3月18日，辽阳首先打响，中共军队在程世才、肖华、林枫、周保中、吴克华、万毅、周赤萍等名将指挥下，做必要阻击后主动撤离辽阳、鞍山、抚顺、本溪等城。尽管双方力量对比中共处于明显劣势，但还是歼敌11000多人。至4月27日，该地区的东北民主联军转向外线作战。

四是四平地区，国民党的作战目标是在占领辽宁的大中城市后继续向北进攻。东北民主联军最初计划在四平集结。16日陈明仁部被歼1个师，此后新1军、71军、60军等改变分头冒进的策略，数军并肩推进，这使还不具备进行大兵团围歼战条件的中共方面，失去了各个歼敌的机会，只得变歼灭战为四平防御战，为民主联军和东北局首脑机关北撤和建立新的防区争取时间。双方在四平城及周边地区激战到5月18日，民主联军2个纵队4个师2个旅撤离该城，一个多月内"国军"损失7600人。四平之战是内战爆发前东北境内战况最为激烈的一仗。

在抗战结束后的10个月中，关内中共方面为实施自卫，保卫解放区，基本策略是守，对来犯敌人坚决打击。关外则占领中、小城市和农村，总体上是"退"，退向有利于人民革命力量生存和发展的地区。所以，蒋介石在关内是进攻解放区，关外是攻占大城市和交通线，一再挑战，挑起内战。

在国民党方面发动的3600多次进攻中，中共方面丢失了一些根据地的边缘村、镇、城，在自卫反击中却也消灭不少中央军。南京政府得到一些城池，特别是攻占城池的"喜"掩盖了损兵折将的"忧"，损失的兵力又无伤内战资本——中央军的筋骨，所以蒋介石下定"战"心，并打全面内战。

（二）发动"全面进攻"，中共有守有攻

到1946年6月间蒋介石准备动手了，10个月来国民党方面该调配的兵力已经到位，进攻状态已经部署就绪。军事准备如此，政治、经济上的"得手"也使他忘乎所以。政治上同中共谈判没有断，"重庆谈判"结束"政协会议"又开，《停战协定》签字，到6月5日又从重庆还都南京，这一系列事件给人造成这样的假象，似乎蒋介石在同共产党的"文攻"中连连得手。经济上从沦陷区捞到200多亿美元，美国还在不断馈送，国库一时出现国民党史上从未有过的10多亿美元的积余。这些错觉使蒋本人忘掉一个基本事实：内战不得人心，人民不会容忍欺骗和压迫。

国共两党看内战——蒋介石踌躇满志

就像轻率地决定用简单但危险的军事手段来解决极其复杂的政治纠纷一

样，蒋介石很轻率地提出了进攻各解放区的战斗方案。方案几乎把全部野战兵力拉到内战前线，从兵力分配上，压向晋冀鲁豫区的大军达27万；进攻山东区的有19万；指向晋察冀区的有25万；包围中原解放区的有30多万；对晋绥、陕甘宁、华南3个解放区，分别派出9万、15万、

蒋介石与何应钦等在灵谷寺野餐

7万；东北区则有三分之一以上的军队一直在进攻东北民主联军。

除以上机动兵力、野战集团军之外，还有200多万地方部队、治安部队和后勤、特种部队配合，在军事人员和武器水平、火力烈度上均占优势。正是这种"优势"，使得蒋介石在内的国民党不少高级将领根本没有认识到这是一场没法取胜的战争，更没有认识到这场战争竟然导致南京政权的垮台。如果他们有以上两点考虑，恐怕在下达"内战令""剿共令"时要慎重些。

蒋介石对军事前景的乐观，通过陈诚的"狂言"充分表现出来。陈诚在国民党党内的地位十分重要，论仕途，他是蒋介石时代的第一成功者。抗战胜利后出任第一任国防部参谋总长，在他的军事生涯中，经历的战役不计其数，是一位一直得到蒋介石宠信的助手。1946年6月，作为全面内战计划的具体制定者和实施者的参谋总长陈诚，在南京城里公开宣布：完全有把握在5个月内解决共产党。具体计划是这样的，在6月份用48小时消灭中原解放区，在7月份用两个星期占领苏皖解放区，在8月份用3个星期打通津浦线和胶济线，在9月份消灭冀热辽解放区和晋冀鲁豫解放区，然后摧毁整个中共根据地，"让解放区成为历史上的名词"。

陈诚的打算不无道理，先清除中共对国民党统治腹地的威胁，故先拿中原解放区开刀；再消除威胁统治中心和主要经济发达地区的华东解放区；随即清除威胁平津和进入东北通道的华北解放区；最后清除远离政治、经济中心的晋绥、陕甘宁等解放区。只是国民党统治集团的算盘珠历来不是由国民党和蒋介石一方拨打的，还要取决于中共的态度如何。

在直线相隔南京1100余公里的延安窑洞里，中共方面最杰出的军事统帅毛泽东、周恩来、朱德、彭德怀、叶剑英等，当然不会被蒋介石、陈诚等人的气势汹汹所吓倒。从未在军事学校中学过军事理论和军事常识的毛泽东，如同在政治理论和实践方面取得的巨大成就一样，军事上也成为近现代史上从理论到实践最为辉煌的军事家。蒋介石和毛泽东个人军事素质上的差异，已经决定蒋必然会成为毛的手下败将。

面对国民党的军事进攻，毛泽东以独到的思维阐明了英明、正确的见解：中共得到的权利，绝不允许轻易丧失，必须用战斗来保卫（这是政治宣言）；在美苏之间有一个辽阔的中间地带，这一地带的人民应当团结起来，争取反对帝国主义及其走狗斗争的胜利，以制止新的世界大战，中国共产党即将进行的就是这一意义上的自卫战争（这是说给以避免引发第三次世界大战为由、不赞成中共自卫反击的苏联共产党领袖斯大林听的）；一切反动派都是纸老虎，害怕原子弹是没有道理的，决定战争胜负的是人民（这是说给支持蒋介石发动内战的美国执政者听的）；我们依靠"小米加步枪"，比蒋介石的"飞机加坦克"还要强些（这是说给内战罪魁蒋介石听的）。

最为重要的是毛泽东和中共领袖们已经明确提出了如何打败国民党反动派全面进攻的方针。方针的主要内容是，政治上建立最广泛的反对美蒋的人民民主统一战线；经济上坚持自力更生，作持久打算；军事上改抗战时期的"以分散兵力打游击战为主的作战方法"为"集中兵力打运动战"，实行积极防御，以歼灭敌人有生力量为作战目标（这是说给中共各成员和武装力量听的）。马克思主义者不是算命先生，毛泽东以他实事求是的分析、正确的决策、英明的预见，作出了在以后三年间得到证明和检验的决定。

蒋介石要5个月"消灭解放区"，毛泽东也有这方面的预言，他宣布中共领导的120万武装将要在第一年消灭国民党方面96个旅，用5年的时间解放全中国。结果是，战场上的较量是按毛泽东和中共领袖们的思路进行的，给蒋介石带来的只是耻辱和失败。国共两党实力上的差异，造成1946年6月至次年6月一年间国民党处于战略进攻、中共处于战略防御的局面。国民党200万大军压向各解放区，中共不但顶住了进攻压力，而且很快取得了有利的战略态势。总的来说，蒋介石是善于把优势转化为劣势的军事家，而毛泽东则是善于把劣势转化为优势的军事家，三年内战第一年的战况充分证明了这一点。

全面进攻被粉碎——蒋介石折戟沉沙

解放战争是中国历史上从未有过的大规模的战争，参战军队多，同时展开的战场多，动用和消耗的武器弹药多，涉及的著名军事家多，累及的民众也多。对中共来说关系到是生是死、是存是亡的战争。25年前13名代表宣告成立的，只有50多位成员的中国共产党，今天能够从东北到海南、从山东到川陕这一广阔地区内，在十数个主要战场上，同国民党的200万大军同时开战，且不说输与赢，"迎战"本身就已说明中共具有强大的生存能力和发展潜力。在内战的第一年中，处于战略防御阶段的中国共产党在各个解放区，成功地实施积极防御，且为第二个年头开始的大反攻准备了条件。处于战略进攻的国民党，却没有能够进行真正的"进攻"，且为大溃败作了预演。

李先念先退成功

国民党军全面进攻的每一仗都使蒋介石失望，其寄予厚望的第一仗是围攻中原解放区。中原解放区地处鄂豫交界处，创建于1938年11月，当时正值"二期抗战"开始，由陶铸、杨学城等人用8条枪开辟，不久李先念带着一连人前来配合，到1946年6月已有6万人的武装，建制有李先念任师长的新四军第5师，王震任司令的南下支队和王树声任司令的豫西支队，总指挥是中原军区司令李先念和政委郑位三。

在重庆谈判时，中原解放区属于北撤的范围，军调部第9执行小组也要求李先念部撤走，中共方面则已同意4万人撤到华北或苏北，2万人就地复员。南京方面不这么想，蒋介石、陈诚有着更深的阴谋，认为中原区在长江以北的各解放区中实力最小，且又远离其他大解放区，国民党兵力是李先念部的五倍，李先念必败无疑，故决定就地全歼6万人，向全面内战献礼。所以拒绝执行军调部的命令，拒绝为中共中原军区部队放行，而且派遣30万大军予以封锁，把消灭李先念、郑位三部作为打响全面内战的第一仗。

指挥国民党30万大军行动的是武汉行营和郑州绥靖公署。事实上蒋介石、陈诚、国防部长白崇禧及上层军界人士，比武汉行营主任程潜和郑州绥署主任刘峙更为关心中原战局，更为关心内战第一仗。1946年6月26日拂晓，国民党方面的10万大军开始向中原军区所在地宣化店发动进攻。

当日，早已做好心理准备和行动准备的中原军区领导班子，根据中共中央军委和周恩来的指示，决定趁国民党方面总攻还未全面展开前，进行突围。因为在大军压境之际，只要能够避免大的损失，只要能够突围出去，就是最大的胜利。

中原军区的领导者都是中共方面土生土长、在实践中成长起来的军事将领。李先念、郑位三均为红四方面军的创始人，李曾为红30军政委，郑曾任鄂豫皖特区苏维埃政府的内务部长，副司令王树声任过红四方面军副总指挥，副司令兼参谋长王震则是湘赣根据地和红6军团的创始人。4位名将过去均有过不少次类似于中原被围的处境，也创造过多少次绝境逢生的奇迹。李先念、王树声就是"西路军事件"中英勇作战、消灭敌人，又躲过敌人追杀的幸存者；王震在抗战胜利前夕，率领南下支队离开延安奔赴当年的根据地湘赣老区，因中共中央把"向南发展"改为"向北发展",作为"向南发展"安排之一的南下支队也退回中原解放区。此次南下行动情形之艰难不亚于一次小型长征。李、郑、王、王4人具有的觉悟、智慧、才能、经历、经验和判断力,再加上打好自卫反击第一仗的责任感,完全可以指挥好6万人的突围行动。

在中原军区首长的安排下,6万大军分3路从国民党部队的结合部,神不知鬼不觉地跳出包围圈,并且很快甩掉敌人的追击。铁壁合围被打破,蒋介石48小时结束在中原军区的战斗的计划成为泡影,不仅被打死打伤俘虏5000余人,而且30万大军及郑州绥署、胡宗南部的不少军队因为准备出兵围堵李先念、王树声、王震三军而无法调开,直接影响到其他区域的配合作战。

在以后3年的时间里,南京政府的军队打过无数次败仗,中原失利只因损失数千人,不足为奇,无人再提。可是中原之战在国民党军事史上占有重要的位置,该战役暴露出国民党军队的许多弱点,如徒有虚名,缺少战斗力;将领们墨守成规,无法应变;各军之间的协作不够,忙于保存实力,等等。"如果"蒋介石及时总结和汲取内战第一仗失败的教训,正视"国军"的弱点,对以后的作战不是没有益处的。

陈粟部连败敌军

中共方面在中原面临五倍于己的敌军都没有失败,在其他战场当然更不会失败。为反击国民党军的全面进攻,中共各武装力量按照延安总部的命令,各自为战,摆出最强的阵容,对付敌人的进攻。

华东前线各野战部队分别由已经在鲁苏浙皖地区作战多年的陈毅、粟裕、谭震林、许世友等名将指挥,取得一系列作战的胜利。华东解放区成为内战开始后的8个月间,即蒋介石发动全面内战初期消灭敌人最多的地区。许世友领导的胶东军区,胜利进行了抗击两个正规军进攻的胶济路东、西段反击战等多次作战;粟裕、谭震林领导的华中野战军,胜利进行了七战七捷和盐城保卫战等多次作战;新四军军长兼山东野战军司令陈毅,率部胜利进行了两淮、宿北、鲁南、莱芜等作战。

诸次战役中,国民党陆军副司令汤恩伯部、徐州绥署主任薛岳部、李弥的第8军、阙汉骞的第54军、韩浚的第73军、陈金城的第96军、李振的整(编)65师、王铁汉的整49师、黄百韬的整25师、张灵甫的整74师、李天霞的整83师、赵承绶的33军、郝鹏举的42集团军,均遭打击和重创,合计损失246000人。

华东区的作战中，要数七战七捷和莱芜战役影响最大。蒋介石在全面进攻中，用于苏中战场就有15个旅12万人。1946年7月15日起，华中野战军在司令粟裕、政委谭震林指挥下，出动23个团，先攻泰兴之宣家堡的19旅；二在如皋附近打49师；又打李堡、丁堰、林梓附近的7旅、105旅、5个交警大队；再打泰州和邵伯附近之25师。到8月27日，取得七战七捷，国民党方面损失6个旅、5个交警大队共计51000余人。此仗的作战区域地处长江三角洲平原，与国民党统治集团的根据地上海、江苏省会镇江、国都南京隔江相望，蒋介石、汤恩伯的十数万大军奈何不得粟谭二将的3万余人，且七仗七败，影响之大，可想而知，对蒋某的震动之大也可知一二。

莱芜战役发生在1947年2月20日至23日。华东失败后，蒋氏派出两路大军，准备在山东根据地的要地临沂与中共方面作战。南路是欧震的第10集团军（属第7绥靖区），一起行动的还有一些部队，由陇海线北进；北路是第2绥靖区副司令李仙洲指挥的3个军9个师。他们的对手是陈毅、粟裕指挥的华东野战军主力，共9个纵队。

1947年2月10日，根据中央军委电示，华东野战军的7个纵队秘密北上，20日在莱芜外围与韩浚的第73军、韩练成的第46军交火，23日李仙洲弃城逃跑被活捉。莱芜战役获胜，陈毅挥兵追击，解放胶济线上的十余座县城。蒋介石气得直跳，一气损兵6万余人，是内战开战以来单仗损兵最多的一次；二气损失李仙洲、韩浚等大批军官、将领；三气韩练成竟为中共特工，暗中支持共产党。莱芜战役结束的第二天，蒋某飞到济南，检讨此战，这也说明此仗对南京政府打击有多大！莱芜战役标志着国民党的全面进攻已经全面失败。

刘邓部积极迎战

华东战场如此，其他战场对蒋本人来说也不乐观。在刘伯承、邓小平的统帅下，晋冀鲁豫区陈赓、谢富治领导的4纵，刘金轩的24旅及太岳地区的1、2、5分区的地方部队，晋绥军区许光达的独2旅、顿新云的独4旅、王新亭和余秋里的358旅，胜利进行了同蒲路南段阻击战及晋西南、汾孝、临浮告等战役；陈锡联的3纵队、王宏坤的6纵、杨勇的7纵及王秉璋领导的冀鲁豫区地方主力一部，胜利进行了陇海路等战役；陈再道的2纵、3纵、6纵、7纵及杜义德领导的冀南军区一部、王秉璋部，胜利进行了定陶、巨野、鄄城、滑县、豫皖边等战役。

诸次战役中，国民党第一战区司令长官胡宗南及罗列的整1师、王应遵的整27师、严明的整90师，第二战区司令长官阎锡山及周建祉的第69师、王榗的第44师、周志仁的第39师、曹福林的整55师、刘汝珍的整68师、赵锡田的整3师、陈鼎勋的整47师、鲁崇义的整30师、邱清泉的第5军、胡琏的整11师、陈宗进的整41师、方先觉的整88师、柳际明的整75师、吴绍周的整85师、傅翼的整72师、刘汝明的第4绥靖区所部、王仲廉的第31集团军、王敬久的第10集团军（原属第六战区）等均遭打击和重创，合计损失145000余人。

蒋介石对晋冀鲁豫战区的进攻，有它的特点：一是动用兵力多，出动的整编师、旅超过在其他战区动用的兵力；二是作战规模大，大部分战役在全面进攻的一年间都属大战役；三是出动不少精锐之师，如第一战区的整1、3、27、90师和第5军、整11师等，这些部队装备之好、火力之强在国民党军界是闻名的。为此，大大增加了刘伯承、邓小平所部的军事压力，晋冀鲁豫野战军也为消灭国民党军队作出了特殊的贡献。

晋冀鲁豫区的作战几乎每仗均消灭蒋军上万人，影响较大的有1946年7月13日至9月1日进行的同蒲路南段阻击战。此仗蒋方出场的是抗战期间躲在大后方，封锁陕甘宁区，基本上没有参加对日作战的胡宗南部。此次是胡氏出陕第一仗，不但中共方面重视，国民党方面也很重视，多少黄埔校友和其余将领对胡的官运一向十分佩服，自叹不如，可对他的才能却一直不服，妒忌有之、轻视有之、贬低有之。现在胡率兵到山西与中共正式决战，是看胡宗南好戏的时候了。胡的作战目标是打通同蒲路，夺取属于晋冀鲁豫区的太岳根据地。主要对手是刘伯承、邓小平和以能打仗而出名的陈赓、谢富治指挥的4纵。对手令胡宗南生畏，他为确保实现作战目标，出动包括整1师、整90师在内的主力部队共6个整编旅，再调阎锡山的3个师，共7万多人，分南北两路进击太岳区。

1946年7月13日，双方在夏县接触，次日胡宗南损失1个整编旅，另2个旅各损失一部。刘邓大军打完蒋介石的嫡系再打杂牌军阎锡山部，一个月后陈谢纵队出奇兵攻击300里外的洪洞地区阎锡山部，消灭第39师全部，重创另外2个师。此仗胡宗南损失6000余人，阎锡山损失8000余人。同蒲路失利是胡宗南走上军事指挥岗位以来的第一次大失败。既是军人，就不可能永远打胜仗，总会有胜有负。问题是胡宗南从出陕第一仗到逃台湾再也没有打过真正的胜仗，关于胡宗南的"神话"就此消失。南京城里对他的议论更多，当然蒋介石没有减少对他的信任。

第二仗是1946年9月22日至24日进行的临浮战役。对手没有改变，依然是胡宗南和陈赓这两个当年黄埔一期同窗。9月初胡宗南开始在临浮周边集结兵力，准备北进。按照中共中央军委的指示，刘邓首长和4纵司令陈赓、政委谢富治商定的作战计划是消灭胡宗南1个整旅。

1946年9月22日，胡宗南的起家部队"天下第一军"（整1师）的"天下第一旅"冒进集结地点临浮，即被4纵围攻；到24日该旅被全歼。赶来增援的胡军，也在4纵等部的阻击下损失不少。"天下第一旅"的覆灭，沉重地打击了胡宗南部的士气，增加了同僚们嘲弄胡宗南的材料。"天下第一旅"的覆灭开启了蒋介石的嫡系、精锐覆灭之先河，国民党军队的"五大主力"被歼灭均发生在"天下第一旅"被打垮之后。

第三仗是1946年10月3日至7日进行的巨野战役。此仗国民党方面出动了两大主力：全副美械装备的机械化部队第5军和整11师，其指挥官分别是黄埔骨干邱清泉和胡琏，前者毕业于黄埔军校2期，后者毕业于黄埔军校4期。第5军是国民党建立的第一支机械化军，整11师则是18军的基干，为陈诚所创建。第5军、整11师的作战目标是打通位于冀鲁豫区的菏（泽）济（宁）公路，分割晋冀鲁豫和华东解放区。

刘伯承、邓小平作了周密部署，为确保粉碎对手进攻，动员4个纵队64000余人参战。参战部队中任纵队指挥官的名将有陈再道、陈锡联、王宏坤、杨勇、宋任穷、曾绍山、张廷发等，任旅指挥官的名将有刘华清、李德生、田维新、肖永银、李震、吴忠等，再加上忠诚于中共事业的6万多官兵，作战目标完全可以实现。

第5军、整11师是行动迅速、实力雄厚的机械化部队，不易捕捉，中共军队数次均扑空，最后消灭整11师的32团、第5军的一个团又两个营，邱清泉、胡琏为保住资本，减少损失，自行脱离与晋冀鲁豫野战军的接触，向陇海线撤退。

聂贺部迂回作战

华北的另一大战场是晋察冀和晋绥两区，晋察冀解放区直接威胁北平、天津等特别市和归绥、张家口、石家庄、保定、承德等重要城市，察哈尔、热河和华北、东北间的通道等关键地区，以及正太、北宁、平绥、平汉、津浦等主要线路，因此双方的争夺围绕上述几个方面进行。

对取得华北的控制权，延安和南京都非常重视。为抗击国民党的军事进攻，在晋察冀军区司令兼政委聂荣臻、副司令萧克、副政委刘澜涛和罗瑞卿，晋绥军区司令贺龙、政委李井泉、副司令张宗逊和周士第、副政委廖汉生等著名将领的指挥下，华北野战军各部努力作战。许光达的独2旅、顿新云的独4旅、杜文达的第11旅，胜利地进行了晋北等战役；郭天民的2纵、杨成武和李志民的3纵、陈正湘和胡耀邦的4纵及晋绥的部分部队胜利进行了大同、集宁等战役；杨得志和苏振华的1纵和另3个纵队及贺龙派来的部队，胜利进行了张家口保卫战等战役；晋察冀的3、4纵和1、4、7、8等4个独立旅，胜利进行了易满战役；3、4纵和一批地方主力部队进行了保南等战役。

诸次战役中，阎锡山的第二战区、傅作义的张垣绥靖公署、李正先的第16军、周福成的第53军、牟廷芳的第94军等部，均遭打击和重创，共损失近6万人。在此期间，华北野战军进行的著名战役是张家口保卫战。蒋介石对张家口、承德地区觊觎已久，以为只要占领该地区，就能切断关内关外的通道，孤立东北民主联军。再则张家口是晋察冀军区总部所在地，占领该市、消灭聂荣臻的总部，意义更不一般。所以在先后侵占承德和集宁后，分东西两路向张家口进攻，东路军由第16、53、94军组成，西路军由傅作义、阎锡山的4个正规师和骑兵纵队组成。

延安总部给聂荣臻、贺龙的指示则认为，保卫张家口是为了寻机消灭敌人，死守张家口则没有必要。据此，在聂荣臻的统一指挥下，由晋察冀野战军司令萧克、政委罗瑞卿负责东线防御，由晋绥军区副司令张宗逊和4纵司令陈正湘负责西线防御。张宗逊、罗瑞卿毕业于黄埔军校，且和陈正湘一起在红一军团中任职升迁，萧克则与王震等人一起创建红6军团，由肖、罗、张、陈守张家口，可谓是选将有方。

战斗一打响，即对国民党方面不利。1946年9月29日傅作义、阎锡山下令开始行动。10月8日，东路3个军被挡于怀来地区，损失8000余人。为牵制此敌，聂将军命令1个纵队外加一个旅主动出击平汉线上的保定周边地区，又歼敌8000余人。1946年10月10日，傅、阎在攻克张北后向张家口推进。11日晋察冀军区总部机关撤出张家口，10月12日中共各部队全部撤出作战区域。

张家口是唯一驻有中共大军区总部机关的省会、重镇，蒋介石拿下该城后，被表面的胜利冲昏了头脑，以为内战战场已经决出胜负，以为共产党的失败只是时间问题，所以毫无顾忌，甩开中共和民主党派，单方面召开强化国民党一党专制、蒋介石一人独裁的国民大会。他有所不知，中共领袖长期在农村坚持斗争，只注重消灭敌人有生力量，对大城市和重要城市能占领则占领，不宜占领的则放弃，决不会计较一城一池的得失。蒋介石则相反，对城池异常喜欢，甚至不惜兵力消耗也要换来一城一池。这种"攻城夺地中心论"致使蒋介石和国民党的许多高级将领，在同中共的作战中，常常出现失误，带来本可以避免的兵力损失。就拿张家口保卫战来说，国民党军队虽然占领该城，但损兵折将22500多人。

林彪巩固东北区

全面内战爆发后，东北地区的作战相对集中，但更为激烈。到1946年6月，东北境内的国共两党势力范围基本划定，第二松花江以南，长春至沈阳、锦州、营口铁路两边各数十公里宽的地带（城市和铁路、公路集中区）为国民党统治区，四周全为东北民主联军的根据地。双方争夺战主要集中在松花江南岸、长春以北的德惠、农安、九台、吉林一线和辽东的安东、通化地区。

东北两军对垒，两军主帅均有黄埔学生，国民党军队主帅杜聿明是一期生，中共军事主帅林彪是四期生。杜聿明的手下，除少数东北军将领外，主要为黄埔系骨干。其中杜聿明、梁华盛、范汉杰、郑洞国等司令长官、副司令长官和各军军长、各师师长，大都为黄埔一期生。在国民党军界内部，黄埔将领也是等级森严，早一期毕业压死人，如今东北战场上他们的进攻作战屡屡失利，损失越来越大，对手并非他人，而是黄埔四期生林彪，这些老校友不会作何想？

在中央军委和东北民主联军总部的指挥下，辽东军区司令程子华、政委肖华，3纵司令吴克华、政委彭嘉庆，率部胜利进行了新开岭等四保临江战役；北满军区司令高岗、政委陈云，1纵司令李天佑、政委万毅，2纵司令刘震、政委吴法宪，6纵司令洪学智，率部胜利进行了江南等战役。

诸次战役中，陈明仁的第71军、廖耀湘的新6军、赵公武的第52军、曾泽生的第60军等部，均遭打击和重创，共损失43000余人。在此期间，东北民主联军进行的著名战役有四保临江和三下江南。

四保临江战役发生在1946年12月7日至次年4月3日。蒋介石在东北实行的基本军事方针是"北守南攻"，"北守"是为了阻止北满的林彪精锐之师南下；"南攻"则是为了稳定沈阳、锦州、抚顺、本溪、鞍山等统治中心地区。到1946年底，蒋介石调动大军，企图一举荡平南满根据地。南满根据地北到黑吉省界，东到中朝边境，西到长白山边缘，南到辽东半岛。杜聿明的具体计划是兵占安东、辑安、临江等城，由南往北扫。

延安总部和东北民主联军总部及东北局，十分关心南满战局。南满军区程世才、肖华、江华等首长，吉林军区周保中、林枫、陈光等首长，深知南满战局的走向将直接影响到东北的战局，为此制定出相应、周密的作战计划。12月17日，国民党东北保安总部派出的6个师第一次攻临江，南满的4纵在吴克华的带领下，直插敌后的本溪、抚顺，迫使进攻临江的军队回援这个钢铁基地。程世才指挥的3纵则从正面打击敌人，到次年1月21日，敌人退往通化城。南满军区总部所在地临江解围仅10天，国民党军队第2、21、22、195等4个师又来攻临江，3、4纵联合作战，消灭第195、21师各一部，二保临江成功。又过了不到半个月，又有4个师的敌人到临江地区，3纵打右路之敌，击溃2个团；4纵在敌后袭扰敌人，不过4天打退敌对临江的第三次进攻。1947年3月18日，杜聿明命令5个师，四犯临江，3、4纵再次联合作战，吃掉来犯之敌的中路军第89、54师各一部，四保临江成功。自此之后，临江地区再也没有国民党的正规部队进犯，辽东、南满、吉林地区已成为进攻沈阳、长春、锦州等地的前哨基地。

三下江南发生在1947年1月7日至3月10日。四平激战后，林彪部在不损失实力的情况下主动北撤，让四平、放公主岭、弃长春，直退到第二松花江北边。尾追而来的国民党第71、60军及新1军望江兴叹，不敢过江北伐，在以后的两年间始终处于北满野战军的打击之下，"北攻"无望，只有"北守"。东北民主联军的林彪、罗荣桓、彭真、陈云、高岗等首长，当然不会满足于在黑龙江地区划江而治，他们想让蒋介石、杜聿明"北守"守不住，"南攻"赢不了。

北满军区的高岗、陈云、李天佑等首长按照中央军委和民主联军总部的指示，命令第1、2、6、7纵渡过结冰的松花江，进攻吉林、九台、德惠、农安等城，新1军、71军乱作一团。2月22日，北满军区的主力二过松花江，再次把长春、吉林以北地区搅得天翻地覆。3月8日，赶在松花江解冻之前，林彪部三过松花江。三下江南共歼敌5000余人。

论东北民主联军的实力，消灭几万人不算多，三下江南、四保临江的意义不在于消灭敌人多少，而在于东北民主联军可以几度攻下临江、国民党军队主力隔着松花江就是过不去的现状，等于政治上宣告蒋介石在东北已无能为力。而中共方面在南满进行了成功的阵地保卫战，在北满则一直处于攻势状态，已经建立起名副其实的"巩固的东北根据地"。

到1947年3月，蒋介石策划、指挥的全面进攻已进行8个月，8个月的战绩令南京政府和军界难堪。从总体战场上讲，军事形势对蒋介石来说是在向坏的方向变化，即使是在同为"全面进攻"的8个月间，后期也比前期更糟。在战争的前4个月间，占领中共管理的淮阴、承德、张家口等153座城市，减去中共收复的48座，净占105座，同期损失33个旅共30万人。此后，国民党军队以失去有生力量换来城池的情况很快改变，以占领中共解放区最大城市张家口的1946年11月份计算，战场上国民党的攻、中共的防，已变为拉锯式的进与退；国民党占中共17座县城，中共收复15座；国民党损失6个旅，中共还没有在任何一次战斗中损失过一个整营。在全面进攻阶段的后4个月，国民党占领中共87座城市，中共收复87座，蒋介石兵力损失41万余人，原来以"兵"换城，现在只见"兵"去，不见"城"来。

在发动全面进攻的8个月中，南京政府损失总兵力达71万人，在此打击下，虽说总兵力继续增加，但可以用在一线作战的机动兵力已由117个旅降至85个旅，已丧失全面进攻解放区的能力。蒋介石在此期间占领中共方面的105座城市（这也是用71万兵力换来的"战绩"），成为南京政府向国内外舆论宣传战胜共产党的主要材料。就在这"宣传"的背后，蒋介石、陈诚等人有说不出的苦衷，因为每占一城池即要用足够的兵力来保守它，而身为全军主管的蒋、陈二人哪有多少机动兵力去防守如此长的战线？

（三）组织"重点进攻"，中共有退有进

蒋介石的身边，养着一批幕僚，其中不乏军事高参，更有一些美国军事顾问。智囊团确实也向蒋介石提过一些建设性的方案，由"全面进攻转为重点进攻"就是符合国民党实情的好办法。如果不考虑参战双方各自的政治立场，如果类似于1929年至1930年间的军阀混战，在全面进攻失败、且总兵力又高于对手的情势下，停止四面出击，缩短战线，正确选择目标，实施重点进攻，应该是正确的，取胜、改变战局的可能性也很大，在人类战争史上也不乏成功的战例。问题是在国共间的较量中，中共得到人民的支持，人民军队进行的人民战

争有着广泛的社会基础和群众基础，这将是无法用数字来计算的；蒋介石纯军事式的"围剿"中共，是无法适应人民战争这一特殊的战争方式的。蒋介石及其智囊团不了解人民战争，也不愿意相信人民战争，过分相信军队数量和理论上的战斗力，这是蒋介石的军事盲点所在。

攻延安——胡宗南拿下一座空城

1947年3月初，蒋介石批准了国防部和参谋总部的报告，把对中共各解放区的全面进攻，收缩为集中进攻陕甘宁和山东两大解放区。被称为"哑铃型攻势"的重点进攻方案，意图非常明显，西攻延安，打击中共首脑机关和军事总部，断其中枢；东攻山东，把华东解放军赶到狭窄的胶东半岛，予以全歼，解除对徐州、上海、南京等地的威胁，巩固军事战略要地和政治、经济中心。如果此两仗得手，东西两路会师北上，再向关内、关外辐射。重点进攻计划，用心良苦，能否成功呢？

毛泽东、朱德、周恩来等人，作为中华民族历史上的优秀军事家，对于蒋介石的进攻计划，当然有相应的安排。西北区总兵力只有2万余人，对付10倍于己兵力的胡宗南部，总体上是防御，仗要打得巧，打得妙。山东解放区，华东野战军实力雄厚，总体上是反进攻，不退不让，专门进攻对方主力。这两仗由有军事指挥艺术，有领袖才华，也有点脾气的彭德怀、陈毅两将军指挥。

内战爆发之初，相对平静的是西北战区，蒋介石为维持愿意与中共谈判的假象，一直推迟对陕北的进攻。重点进攻方案出台后，沉寂的西北战场热闹起来。

西北解放区位于陕、甘、宁三省交界处，这一贫穷的黄土高坡集中了中国一批最优秀的民族英雄，中共领导机关、中央军委即驻在陕北延安。担任保卫延安总部和西北解放区重任的是中共中央军委副主席、总参谋长、野战军副总司令彭德怀，晋绥军区司令贺龙，晋绥军区政委习仲勋。

担负进攻延安和陕甘宁边区重任的是南京政府第一战区司令长官胡宗南，人们对彭德怀、胡宗南两将并不陌生。被毛泽东称为"彭大将军"的彭德怀，早岁毕业于湖南陆军讲武堂，具有丰富的实践经验，自加入革命队伍后，成为中共的主要军事领袖之一，长期受命于中央军委，具体负责指挥革命武装，是一位著名的军事家。作战风格是敢打硬仗，好打快仗，拍板果断、干脆。解放战争开始8个月来，其他大区已经战果累累，西北区斩获不大，彭大将军本来就性急，面对胡宗南部多年的封锁，早就有跃跃欲试之心，现终于有了打仗机会。

胡宗南十数年来一直是彭德怀的对手。胡宗南考进黄埔一期时，彭德怀为湘军连长；胡宗南参加北伐战争时，彭德怀已是北伐军的营长；胡宗南参加"二期北伐"并率军进军华北时，彭德怀率部发动"平江起义"，走上推翻南京政府之路。彭德怀协助毛泽东、周恩来、朱德等中共领袖指挥长征到草地时，胡宗南率部阻击；中共中央总部定驻陕北和延安后，指挥国民党军队封锁陕甘宁边区的是胡宗南，至此双方对峙已经近十年。就胡宗南来说，手下有数量足够多的军队；就彭德怀来说，手下有素质、觉悟高一筹的军队。

全面内战爆发后，在彭德怀、贺龙、习仲勋的直接指挥下，王世泰、阎揆要、张仲良负责的陕甘宁军区各部2万余人，同兵力占绝对优势的胡宗南部巧妙周旋，曾在1946年10月中旬进行过榆横战役，消灭国民党晋陕绥边区总司令邓宝珊部3600余人，肃清边区北部边境。直接和胡宗南较量，则是在"重点进攻"阶段。

胡宗南进攻延安，蓄谋已久，全面内战开始后就两次向蒋介石提出进攻延安作战计划，现在他终于可以进行谋划10余年的攻延之战。蒋介石把进攻延安的重任交给胡宗南，足见他对这位高足的信任。

胡宗南在国民党官场混迹多年，对蒋介石如此安排的用心不会不知道，十分清楚此仗如果打胜的价值。他对战局的设想是：捣毁中共中央机关，活捉中共各领袖，这是最好的结果；中共领袖全部撤走，中央机关全部转移，消灭保卫延安的西北野战军，这是较好的结果；中共各总部机关和西北野战军转移，缴获大批武器弹药、粮草物资、文件资料，这是次好的结果；以上3条无望，拿下延安空城，这是起码的结果。

胡宗南作为一名高级将领，当然知道所谓"胜仗"的含义，一个完整的胜仗应能歼兵、夺城、缴获物资和为下一次进攻创造条件。四者之间，消灭对手有生力量为重；歼兵不行，缴获各类战争物资补充自己也行；如果对方有生力量未破，战争物资无获，仅拿空城，可以说是劳而无功；如果拿下空城，不利于下次新的进攻，处于被动挨打局面，则是战略上的失误。胡宗南当然希望能打个"四位一体"的胜仗，1947年2月18日，到南京专门汇报进攻延安的作战准备时，夸下的海口，就是保证取得战果。可他的战场对手会同意吗？

毛泽东、朱德、周恩来、彭德怀、贺龙等，恰恰给胡宗南安排了一条"被动、挨打"之路。中共中央军委的具体方案是，在延安以南西北野战军实行机动防御，给敌人以大量杀伤，再主动撤离该城，诱敌深入，寻机歼灭敌人。可怜的胡宗南，和绝大部分国民党的高级将领一样，不自觉地但又无可奈何地接受了中共的安排。从此点上讲他不是一位优秀的军事家，只是一个并不高明的指挥官。

1947年3月，胡宗南调集董钊、张耀明任正、副军长的整一军（下辖王应遵的整27师、罗列的整1师、严明的整90师），刘戡、李世龙任正、副军长的整29军（下辖何文鼎的整17师、钟松的整26师、廖昂的整76师），还有西北马家军中马敦静的整18师、马静的整81师、马继援的整82师和另外2个杂牌旅，作为进攻延安的主要力量。3月12日，南京方面的空军开始轰炸延安城。13日，兵分两路向延安进击，右路由董钊部负责，沿宜川以北的平路堡，经金盆湾、张家桥方向前进；左路由刘戡部负责，沿洛川至延安的公路前进，总兵力8万多人。

彭德怀在延安以南的地区布置两道防线，迎候胡宗南。第一道在临真镇、金盆湾、茶坊地段，正面由罗元发旅长指挥的教导旅和警7团（团长刘英、政委刘昌汉）防守，晋绥军区的1纵（司令为张宗逊）、新4旅（旅长张贤约、政委徐立清）、新11旅（旅长曹又参、政委高峰）、警1旅（旅长高锦纯）、警3旅（旅长黄罗斌、政委李洪邦）等部则作为预备队，实施机动袭击，牵制、干扰、消灭敌人。激战3日后，西北野战军撤至离延安城不远的第二道防线。至1947年3月18日，中共各机关、学校、部队均安全转移，群众也已疏散完毕，延安成为空城。6天的阻击战打得异常艰苦，胡宗南一线进攻兵力4倍于彭德怀部，作为中央军的精锐部队和蒋介石的嫡系部队，其整编军、师1旅均为一级作战部队，士兵经过严格训练，军官经过严格挑选，装备主要由美国提供，一个师的火力能抵上装备简陋的中共几个师的火力。正是靠彭德怀的正确指挥和2万余将士的忠诚、对民族解放事业的奉献精神，战士们用血肉和生命，使得胡宗南的钢铁、弹药没有发挥应有的效力。

1947年3月19日上午8时，右路军进入延安市区，左路军到达三十里铺，胡宗南损兵5200多人，以每天损失近800人的代价，换来一座空城。尽管是最次的战绩并失去战略上的主动，蒋、胡也不放过吹嘘、炫耀的机会，把"攻克"（应是"进入"）延安城说成是空前的胜利，以为中共的西北部队已不堪一击。蒋介石在给胡宗南的慰问电中还称："延安如期收复，为党为国雪二十一年之耻辱。"

不仅如此，蒋介石还把拿下延安作为与中共决战的转折点，认为胜利已成定局，于是全面实施反动统治，进行全国"戡乱总动员"。国民党政府于1947年5月间公布了《维持社会秩序临时办法》，这成为事实上的戒严令。根据这一办法，逮捕了13000多名为要求和平民主和人权而参加罢工、罢课、罢市、集会、游行的工人、学生、市民，封闭了100多家反对内战、呼吁和平的团体和媒体。6月28日，蒋介石通过南京最高法院下令，通缉中共中央主席、中央军委主席毛泽东。7月5日，发布《全国总动员令》，表示要"全国军民集中意志，动员全国力量"，加紧戡乱。7月18日又发布《动员戡乱完成宪政实施纲要》，宣布在全国进行动员戡乱。7月又颁布了《戡乱时期危害国家紧急治罪条例》，镇压进步民主运动，不计其数的爱国民主人士、青年学生和工人被关进监狱和被杀害。这一政策后在次年召开的国民大会上，演变为《动员戡乱时期临时条款》，国民党蒋介石调动全国进入非常时期，以与中共进行最后的决战。

事实上放弃延安，并非中共之败！占领延安，并非国民党之胜！

为应付放弃延安后的新局面，中共中央分作两部，一部由刘少奇、朱德组成"中央工作委员会"前往晋察冀边区，具体领导全国的解放战争。一部由毛泽东、周恩来、任弼时组成"昆仑支队"，在陕北坚持斗争。"毛泽东还在陕北"，仅此一条消息，即成为革命力量的强大的精神支柱。毛泽

虽说胡宗南占领的延安只是一座空城，蒋介石也不错过炫耀的机会。这是蒋介石"巡视"延安时与胡宗南等人的合影

东还在陕北，中共中央继续领导全党，有否延安，就像当年抗战时有否南京城一样，并不影响全局的战斗；就像当年长征时没有瑞金一样，并不影响中共继续取得胜利。中共放弃延安，只是领导机关的驻地发生改变，其余方面没有什么大的变化。当然这一驻地时而在村庄，时而在山坡，时而在大树下，规模虽小，效率、效益极高。正如周恩来所说："毛主席在世界上最小的司令部里，指挥了最大的人民战争。"胡宗南犁庭扫穴、扫荡中共中央机关的目的没有达到，可主力部队深入陕甘宁边区腹地，成为西北野战军随时可以进攻的目标。所以，"为党为国雪二十一年之耻辱"从何谈起？

直到胡宗南的先头部队快到延安城郊、在警卫部队一再催促之下才离开住处的毛泽东主席，临行之际宣布："一年以后我们就要回到延安城。"无论是从当时的现实，还是从历史的角度看，胡宗南确实不是中共军事家们的对手。

延安放弃不过一星期，彭德怀、习仲勋指挥西北野战军6个旅，在青化砭地区伏击胡部第31旅，消灭2900多人，俘获旅长李纪云。1947年4月14日又在羊马河地区猛攻整编135旅，全歼该旅代旅长麦宗禹以下4700余人，创西北野战军首次歼敌一个整旅的先例。5月2日至4日，攻克胡宗南部陕北后勤补给点蟠龙镇，消灭国民党军队6750人，并缴获大批军用物资。5月29日至6月16日，西北野战军又把敌人调到陇东，在合水、环县一带消灭胡部4300余人。胡宗南在占领延安后的3个月内，彭德怀、习仲勋指挥各部发扬连续作战的作风，四战四捷，胡宗南的几万大军被牵着鼻子在黄土高坡上转圈，被动挨打，说明对延安的重点进攻已经失败。

从延安陷落至收复，西北野战军利用一切机会进攻胡宗南部。1947年8月上旬，进行第一次榆林战役；8月中旬，进行沙家店战役；9月，进行岔口战役；10月，进行黄龙战役、延清战役、第二次榆林战役；1948年2月，进行宜瓦战役；3月，进行黄龙山麓战役、西府和陇东战役，9次战役共歼敌91800多人。

其中规模和影响最大的是宜瓦战役。西北野战军接连获胜，越战越勇，1948年2月24日，许光达的第3纵、贺炳炎和廖汉生的第11纵、王震的第2纵、罗元发和徐立清的第6纵在瓦子街附近公路上伏击整29军。29日刘戡率部进入中共方面预设的埋伏圈，血战4日，刘戡部全军覆灭。此仗开创西北野战军一次全歼一个整编军的纪录。3月3日，宜川解放，此役歼敌29400人。

在西府和陇东战役中，中共军队冲出陕甘宁边区，挺进敌后，一度切断西安到兰州的公路和西安至宝鸡的铁路，1948年4月26日还攻克宝鸡城。西北野战军威胁宝鸡、西安之际，胡宗南分外紧张，急调裴昌会的第5兵团西进增援，并命令洛川、延安的守军向第5兵团靠拢，一起撤兵，免得再被中共各个击破。沦陷13个月后的延安城又被中共方面所收复。

当然，当年撤出延安的毛泽东、周恩来、任弼时没有回到延安，而是在"一年收复延安"的预言得到证实后，放心地离开陕西，去河北西柏坡与中共中央工作委员会会合，共同领导人民解放战争中的"大反攻"这一最后但又辉煌的一幕。

孟良崮——张灵甫魂断沂蒙山区

中共在山东的反重点进攻有它的特色。为实施山东沂蒙山区的作战计划，蒋介石撤销徐州、郑州两绥署，分别成立陆总徐州司令部和郑州指挥部，授权陆军总司令顾祝同统一指挥，协调两战区作战。1947年4月上旬，顾祝同亲率汤恩伯的第1兵团、王敬久的第2兵团、欧震的第3兵团、冯治安的第3绥靖区、王耀武的第2绥靖区所属的17个整编师、7个军杀向山东解放区腹地。45万大军中，包括邱清泉的第5军、张灵甫的整74师、胡琏的整11师等国民党军队中的精锐之师，包括黄百韬的整25师、杨干才的整20师、李弥的第8军等一些颇能打恶仗的主力，一时间平静的山东革命老区被弄得鸡飞狗跳，生灵涂炭。

代表国共双方指挥各自战事的是顾祝同和陈毅，顾祝同保定军校毕业，自投靠时任大本营参谋长和粤军第二军参谋长的蒋介石后开始走运，出任过许多要职，帮助蒋介石具体指挥中央军主力。此人在国民党高级将领中无汤恩伯的狂、周至柔的骄、陈诚的狠、何应钦的软、刘峙的笨，是一个有一定指挥大兵团作战能力、考虑比较周到、比较能打仗的将领。

相比起来，陈毅更高一筹。他是四川乐至人，从未进过任何军校就读，可一干军事工作，就立即显出作为一个革命军事家所具备的种种才华。他参与、组织、领导过南昌起义，以后协助朱德、毛泽东指挥中共的第一支，也是最重要的武装红4军等部，出任过红4军、红1军团的政治部主任。红军长征后，留在老区坚持斗争。抗战期间，担任新四军主要领导。自此以后，多次组织大型战役，作战风格是善出奇，沉着、果断，不战则已，开战必胜，再加上多才多艺，是同僚中最有儒将风度的名将。需要说明的是，陈毅还有理想的搭档，出任其副手的粟裕、谭震林等，也是中共身经百战、战功卓著的高级将领和军事家。

顾祝同、陈毅是老对手，江西时期顾祝同任"围剿"中央苏区主力北路军总指挥，陈毅担任江西红军总指挥，两人在前线较量过。抗战8年，陈毅和新四军编入第三战区，在苏南、皖南、苏中、苏北坚持抗日斗争，顾祝同身为战区司令长官多次挑衅，直至制造"皖南惨案"。现在两人狭路相逢，显然是智者、能者、勇者胜了。

中共总部批准陈毅提出的对付顾祝同的基本方针：反进攻。陈毅如在棋盘上运筹帷幄、运动兵力、制服对手一样，轻松且有把握地调动兵力，引导顾祝同部逐步走向深渊。善于指挥大兵团作战的陈毅，把华东野战军分为两部分：东兵团由韦国清任司令兼政委、张震任副司令的第2纵，陶勇任司令、王必成任政委的第4纵，皮定均任司令、江渭清任政委的第6纵，王建安任司令、向明任政委的第8纵，聂凤智任司令、刘浩天任政委的第9纵组成；西兵团由叶飞任司令、何克希任副司令的第11纵，何以祥任司令、丁秋生任政委的第3纵，宋时轮任司令、景晓村为政委的第10纵组成。两大兵团分开时能打大仗，合作时更能歼敌。

顾祝同在沂蒙山区连续3次发动进攻。第一次是王敬久的第2兵团在津浦路泰安附近进攻西兵团，欧震的3兵团在新泰、蒙阴一线进攻东兵团。1947年4月26日，经4天战斗，泰安被粟裕、谭震林指挥的西兵团攻克。5月2日，汤恩伯的1兵团遭伏击，被东兵团击退，两仗顾祝同损失28000人。此仗顾祝同和3位兵团司令受到的损失不算大，因为老谋深算的顾祝同不许整师整旅孤军外出，以免给共产党打歼灭战创造条件。如在泰安被围之际，看着部下被歼，坚持不让仅在30公里外大汶口的工兵团一部北上增援，他知道"共军"精于围点打援，精于伤其十指不如断其一指，孤军外出增援或冒进无异于送死。此外，顾祝同只要遇到强大对手，则不战先退，以避免更大损失，他也算是知陈毅用兵者。陈毅见无歼敌良机，暂且停止追击。

第二次是全线推进，寻找华东野战军主力决战。顾祝同见集中行动初见成效，又施故伎，各军齐步向前，不给对手提供进攻机会。优秀的军事家会创造奸敌时机，陈毅略施小计，马上有人上钩。华东野战军主力突然转移，汤恩伯、张灵甫等则认为"共军"无大兵团作战的能力，面对国民党军队45万大军的进攻被迫逃跑，故与顾祝同一起，决定第1、2兵团由南往北，第3兵团由东往西，把华野赶到鲁中山区决战，一举歼灭陈毅部。

1947年5月1日，骄蛮的汤恩伯率师北犯，所部张灵甫整74师求战心切，一马当先，冒进众军之前。张师长本人，及汤恩伯、顾祝同，甚至蒋介石对此也深以为然，与整74师一起行动的还有7个整编师、1个军，陈毅魄力再大也不敢同如此强大的"国军"阵容对抗。再者整74师为国民党的"五大主力"之一，称"快速纵队"，装备精良，人员素质上乘，多次受到南京政府的嘉奖，国民党第10绥区副主任李延年曾说过："国民党有10个74师就能统一中国。"

陈毅喜欢打"名家"，他看中的就是整74师的名气。华东野战军最高首长命令叶飞、王建安部从整74师两翼插入敌纵深，把张灵甫部和友军李天霞的整83师、黄百韬的整25师分离开；命令皮定均、江渭清部切断整74师的退路；命令陶勇、王必成部和聂凤智、刘浩天部正面对付整74师，张灵甫在劫难逃。

张灵甫多年来为蒋介石所重用，平时熟读兵书，可生吞活剥，不知灵活运用。见四面被围，竟不顾兵家所忌，爬到孟良崮上固守。孟良崮山不大，荒山野岭上根本不具备固守的条件，被华野的两个纵队团团围住。至1947年5月16日，张灵甫以下33000人被击毙、俘虏。整74师成为国民党五大主力中第一支被歼的精锐之师，顾祝同的第二次进攻输得太惨。陈毅竟然从十几万敌军组成的方阵中拉出一个骨干师痛打，可谓创造奇迹。

孟良崮战役中，华东野战军缴获各种火炮277门、轻重机枪987挺、长短枪9828支和一批弹药。对此，蒋介石虽然已经习惯充当"运输大队长"、给中共"送"武器"运"弹药，但他也认为整编74师的覆灭，是"最可痛心、最可惋惜的一件事"。中共领导人则盛赞粟裕在"百万军中取上将首级"。事后，毛泽东主席见到粟裕时说："这场战役中国只有两个人没有想到，一个是蒋介石，另一个就是我毛泽东！"时任华东野战军司令员的陈毅专门写诗道："孟良崮上鬼神嚎，七十四师无地逃。信号飞飞星乱眼，照明处处火如潮。刀丛扑去争山顶，血雨飘来湿战袍。喜见贼师精锐尽，我军个个是英豪。"

第三次进攻集中在胶济线两侧。整74师被全歼，在以后的近两个月中顾祝同的3个兵团兔死狐悲，死气沉沉，谁也不敢深入解放区纵深一步。顾祝同见两仗两败，无法向上峰交账，明知第三仗也无取胜把握，只好勉强为之，以图败中求胜，死中求生。7月中旬，顾祝同指挥9个整编师向鲁中靠拢。

陈毅善于利用对手的弱点，立即把主力摆在敌人兵力空虚的鲁南和津浦线，再度进攻泰安、曲阜及鲁南地区。1947年7月13日，胶济线上的蒋军赶紧回援，鲁中胶济线只剩下4个整编师，陈毅、粟裕再次调动敌人创造了歼敌机会。7月17日，华东野战军主力向南麻、临朐进攻，到月底主动撤出战场，歼敌16000余人。至此，蒋介石的重点进攻山东解放区的计划全部破产。顾祝同部很快离开鲁中，赶到鲁西南去围堵刘、邓大军。

在4个月中，蒋介石不仅仅在陕北和山东遭受重大挫折，在其他战场同样一再败北。苏北战场有淮沭及李堡战役，晋冀鲁豫战区有豫北攻势战役、晋西南攻势战役，华北有正太战役、青仓战役，东北有夏季攻势等，其中正太战役中共军队歼敌30000多人，东北夏季攻势战役收复县城40余座，歼敌80000多人。

这些战役，同山东反重点进攻取得的胜利一起，促成全国政治军事力量对比向有利于中共方面转化，这样中共大反攻的时机已经到来。

从1947年3月到6月，蒋介石每月平均损失10万人，虽说抢占了解放区95座城市，可被中共收复了153座。至此内战一年来，南京方面损失112万人，97.5个旅，打破了陈诚、蒋介石提出的"5个月消灭中共和解放区"的计划，实现了毛泽东提出的"每月消灭8个旅"的计划（超额完成1.5个旅）。力量对比上，国民党方面的正规军保持量已从430余万人降到373万人，正规野战军从200万人下降到150万人，机动兵下降到40个旅，已经不再具备组织大规模进攻战的能力。

中共方面则从120万人增加到200万人，随着国民党的进攻能力不可遏制地下降，各解放区的防守压力迅速减弱，所以中共军队几乎全部可用来进攻，机动兵力已超过对方。兵员数量上增加，武器装备因缴获大量作战物资而大为改善，士气情绪因连打胜仗越来越高。解放区不断恢复、巩固、扩大因而支前作战能力大大增强。在此形势下，作为中共最高领袖和军事统帅的毛泽东，代表党中央，号召全党全军在解放战争的第二个年头，举行全国性反攻，主力打到外线去，将战争引向蒋管区，在敌占区大量消灭敌人。即中共由防御转入进攻，迫使蒋介石由进攻转向防御。

（四）开始"重点防御"，中共启动反攻

一年前向各解放区发动进攻、在解放区内到处寻找与中共主力决战的蒋介石，今天成了被进攻的对象。中共武装力量在中共中央军委、总部领导下，深入国民党统治地区，主动向国民党军队发起攻击，开辟新战场。早知这么快就风水倒转，蒋介石也就不会发动全面内战了。

刘邓挺进大别山——中共反守为攻

首先率领大部队杀向国统区的是刘伯承、邓小平，首先被中共方面选作新战场的是地处中原的大别山区。解放战争3年多，与国民党蒋介石统治集团决策总是失误不同，中共最高领导层当时的决策保持始终无误的最佳状态，选大别山为新战场、选刘邓为主将就是其中一例。

战略反攻的决策

选择大别山区，是毛泽东、周恩来、朱德、刘伯承、邓小平等统帅深思熟虑的结果，当然也是蒋介石最担心的结果。大反攻的前锋，只能对准历来为兵家必争之地的中原。其他地区也有可选性，但各有局限。例如西北、西南虽有潜力但不便行动；江南直逼宁沪杭，可有长江天堑；东北可以养兵，华北可以作战，但作为大反攻的首选地区则不合适，因为远离国民党统治的政治、经济中心，无法对国民党政权形成致命威胁。大别山具有特殊的战略地位，地处豫鄂皖三省交界处，面临长江，虎视武汉，侧击平汉路，控制长江航道，是插向国民党统治地区的一把尖刀。大别山本身具备作为新战场的条件，它曾是鄂豫皖苏区和中原解放区所在地，群众觉悟高，社会基础好；它是长江中下游和淮河流域大平原旁仅有的大山脉，适合于作为根据地和开展歼敌战。

当然，挺进大别山也有相当的难度。该区距离最近的华东、晋冀鲁豫解放区有千里之遥，地理条件较差，有黄泛区、淮河等自然障碍；出动的十几万大军远离老区，进入新区，后勤供应、弹药补充均可能成为致使行动计划失败的因素；挺进路线中有敌人防守严密的平汉、陇海等铁路，中原地区又便于南京方面集结兵力，进行追、堵、剿。有此几大难关，蒋介石及其军事决策班子，以为中共大反攻的第一仗不会选在中原，而会选在中共实力雄厚的东北、华北地区，故从来没有考虑大别山的问题，直到刘邓大军开始执行行动计划，蒋某也未想到这是中共"千里挺进大别山"的战略反攻行动。正是有几大难关及蒋

介石因之而出现的麻痹大意，善出奇兵、妙棋的中共军事家们下决心把反攻第一仗定在南京方面意想不到的大别山地区。

正如大别山是令蒋介石头痛的地点一样，统率反攻第一军的主帅更令蒋介石害怕。中共众多的将帅中，能够担当此反攻任务的将领很多，毛泽东、刘少奇、周恩来、朱德、任弼时等组成的中共中央书记处，最后选定刘伯承、邓小平担此重任。对于刘、邓二人，蒋介石和国民党军界久闻其名。刘伯承是中共著名的军事家，有理论、有实践、有章法、有高超的指挥艺术。与刘伯承一起指挥晋冀鲁豫野战军的邓小平，他一生政治上取得的巨大成就似乎盖住了其在军事上的成就，可他也是一位才华横溢的军事家。作为大军统帅，邓小平善于思考，讲究实效，有创造，有主见，擅长于利用敌人的弱点和矛盾，擅长于发挥自己的优势，即使在最不利的态势下，也能促使矛盾转化，扭转危局，夺取胜利。刘、邓二人自抗战之初起合作，10年来可以说是心心相通，配合默契，形同一人。

刘伯承、邓小平和毛泽东、周恩来、朱德、彭德怀、陈毅、林彪、罗荣桓、聂荣臻、贺龙、徐向前、粟裕、谭震林、李先念、陈赓、王震等将帅一起，均为指挥大型和特大型战役的能手，而国民党军界则几乎没有这样的军事家，蒋介石从"十年内战时期"起就喜欢组织大型会战，只是鲜有成功的战例，现在面对如此强大的对手岂能不败？

正如"大别山""刘邓二将"令蒋介石头痛一样，中共出兵的主力部队同样使南京城里的军事将领们担心。可以出兵大别山区的有晋冀鲁豫野战军和华东野战军。华东地处政治中心和经济发达地区，是国民党统治集团政治、军事、经济集中的要地，在推翻南京政府的最后反攻中，华东野战军肩负的任务本来就很重。晋冀鲁豫野战军则有余地，从反击国民党的全面进攻，保存和发展自己来说，坚持晋冀鲁豫地区的斗争很有必要；可进行大反攻，该区涉及的山西、河北地区的战事可以由华北、晋绥野战军负责，河南北部、山东西南地区的战事可以由华东野战军负责，编有11个主力纵队、3个军、5个军区的晋冀鲁豫军区，完全可以作为大反攻总体战中的机动兵力，担负新的、艰巨的作战任务。

晋冀鲁豫野战军诞生于蒋记南京政府成立不久。当时，中共在大别山区数度发动武装起义，曾经建立起中共在土地革命时期最大的一块苏区，即鄂豫皖根据地；建立起中共在土地革命时期最大的一支红军，即红四方面军。抗日战争开始后，八路军在晋冀鲁豫边区为民族解放事业立下累累功勋。全面内战爆发后，晋冀鲁豫野战军成为抗击蒋军的主要武装，战无不胜，攻无不克，令对手们闻风丧胆。

晋冀鲁豫野战军中有无数优秀的战士，他们心甘情愿地奉献出自己的一切，这种牺牲精神却是国民党军队里的官兵所学不会的。刘邓大军中更有一大批优秀的指挥员，在新中国成立后，出任党政军领导职务的、原晋冀鲁豫野战军的总部和纵队首长就有刘伯承、邓小平、滕代远、王宏坤、薄一波、张际春、李达、王新亭、宋任穷、杨勇、苏振华、陈再道、陈锡联、陈赓、谢富治、秦基伟、黄镇、刘志坚、王秉璋等；原旅团指挥员一级的就有阴法唐、李德生、肖水银、李震、汪家道、万里、刘毅、柴泽民等，正是在他们的指挥之下，在无数具有献身精神的革命战士的英勇作战之下，晋冀鲁豫野战军才打出威风，为人民革命事业立下丰功伟绩。现今该师出征，杀向"老家"，蒋介石找不到有效对策进行阻击。

挺进大别山，难度极大，作为战略家的毛泽东对此十分慎重，在和刘邓商议进军一事时，曾设想三种结果：一种是付出代价，中途被迫退回根据地；一种是付出代价，到了大别山，打不进去；一种是付出代价，站稳脚跟，打开局面，建立根据地。无论是哪一种结果，均是胜利，只要冲出内线，打到蒋管区，无论是"站稳脚跟"，还是退回解放区，都不能算失败。因为这一行动本身，等于宣告大反攻开始。毛泽东在欢送刘伯承、邓小平时，风趣地说："今天我们就不握手了，到凯旋时再握手。"

千里跃进大别山

令蒋介石焦虑不安的事终于发生了。1947年6月30日，放弃延安不过3个月的中共中央，命令刘伯承司令、邓小平政委亲自率领晋冀鲁豫野战军的第1、2、3、6等4个纵队共13个旅、12万大军，在鲁西南张秋到临濮300里长的地段强渡黄河，开始战略大反攻行动。南京军界得报后，以为只是中共方面故伎重演，目的是为了减轻山东陈毅部的军事压力，渡过黄河，牵制顾祝同兵团。特别是刘邓大军强渡黄河后在鲁西南停留近40天，更使国民党的高级军事幕僚们产生错觉，更加坚定了他们原来的看法：刘邓的行动只是为了配合陈毅部作战。

挺进纵队在鲁西南的停留，是为了突破蒋军的防线，并且尽可能地把挺进大别山所经地区的敌人吸引到鲁西南来，为下一步行动清道。大军南渡黄河后，立即投入紧张、激烈的战斗。1947年7月8日，杨勇任司令、苏振华任政委的第1纵队攻克郓城，歼灭整55师的2个旅，活捉副师长理亚明。同日，陈再道为司令、王维刚为政委的第2纵队，王近山为司令、杜义德为政委的第6纵队，攻克定陶、曹县，歼敌153旅。7月14日又在巨野的六营集歼敌整32师、70师两个师部和3个旅，活捉70师师长陈颐鼎。7月22日，在金乡活捉敌旅长王仕翘。7月28日，活捉66师师长宋瑞珂，总共消灭国民党军队4个师部、9.5个旅，共56000人。

蒋介石见鲁西南战事不停，1947年7月11日亲飞开封，下决心与刘邓大军在该区决战，故匆匆从陇海、津浦路和豫、鲁等省调来主力33个旅，摆开决战阵势。刘邓大军调动敌人兵力到鲁西南、大量杀伤敌人的目的已经达到，根据中央军委关于"下决心不要后方，挺进大别山"的指示，在西线陈赓、谢富治部和东线粟裕、谭震林部的配合下，8月7日，刘伯承、邓小平两首长率领4个纵队及中原独立旅，分3路向大别山前进。8月11日跨过陇海线，8月17日通过遍布沼泽的数十公里宽的黄泛区，为争取行军速度，甩开敌人，在通过积水密布、无路无人的黄泛区时，刘、邓首长下令抛弃不少重型武器。8月18日，渡过沙河。至此，蒋介石才恍然大悟：刘邓大军急速南下，遇河过河，遇敌绕道，扔下不便行军的重型武器，并非败军夺路南窜，也非仅到鲁西南牵制"国民党军队"主力，而是有目的、有计划地向大别山挺进。

为阻止中共的战略行动，南京方面急调20个旅堵截，在平汉线和黄河南岸布防。1947年8月27日，刘司令、邓政委亲自指挥第6纵冲开汝河防线，渡过汝河，进入大别山区，实现"挺进计划"第一步"进入战区"。

以邓小平为书记的中原局决定赶在敌人主力到来之前，迅速展开兵力。第1、2纵在大别山北麓阻击蒋军；第6纵在鄂东，陈锡联为司令、彭涛为政委的第3纵在皖西开辟新区。1947年9月上旬，敌人大部队纷纷到达，白崇禧组织"国防部长前进指挥所"到九江督战，结果并不理想。10月9日至11日，陈锡联指挥第3纵于六安东南张家店地区全歼白崇禧部第88师62旅，10月11日解放舒城，歼敌5600人，打开皖西局面。中原野战军命令各部在努力歼敌的同时，放手发动群众，恢复人民政权，到11月间已经建立33个县政权，解放区面积达到1946年6月李先念率部突围前的规模。"挺进计划"第二步"站稳脚跟"实现。

1947年11月底，南京国防部长白崇禧转任蒋介石为"围剿"刘邓大军而设的华中"剿共"总指挥部总司令，督率33个旅封锁大别山。11月27日，围攻开始，中原野战军各部及时跳出合击圈。12月上旬，从晋冀鲁豫解放区赶来的王宏坤为司令、刘志坚为政委的第10纵，赵基梅为司令、文建武为政委的第12纵，和第1纵一起投入外线作战，分别向淮西、桐柏、江汉地区展开，先后创建淮西解放区和王宏坤、刘志坚领导的桐柏军区，张才千、刘建勋领导的江汉军区。第2、3、6纵三个纵队及独立旅则在大别山内线开展斗争。3个新区的建立和大别山区坚持斗争，标志着"挺进计划"的第三步"开创新局"已经实现，毛泽东可以和刘、邓握手庆贺了。

两翼牵制大战略

在阻挠中共实施"挺进计划"的过程中，蒋介石和南京方面的失败不仅仅是在大别山地区和刘邓大军一条战线上，东有华东野战军外线兵团的进攻，西有陈赓、谢富治太岳兵团的进攻。为配合刘邓大军挺进大别山的行动，中共中央军委指示晋冀鲁豫军区新任负责人徐向前，组织由陈赓和谢富治的第4纵、秦基伟和黄镇的第9纵、孔从周的西北民主联军第38军、第22旅等部合编而成的"太岳兵团"，挺进国民党军力薄弱的豫陕鄂边区，开辟新战场。1947年8月22日，太岳兵团在垣曲、济源间飞渡黄河，切断洛阳至潼关的陇海铁路，接连攻克新安、陕县、灵宝、渑池等城，大有进攻西安之势。蒋介石为保西安，直飞古城，调集10.5个旅阻击。9月底，太岳兵团调动敌军的目的已经达到，放弃西进，立即南下。南下的太岳兵团，从11月18日起，连破临汝、鲁山、登封、禹县等城，正式宣布成立豫陕鄂军区，下辖8个军区。陈赓、秦基伟、孔从周等部的行动，歼敌6万人，完成了策应挺进大别山和开展大别山斗争的任务，并且把胡宗南集团军与中原蒋军完全隔开，这为以后围歼胡部创造了条件。

刘邓大军和太岳兵团的战略行动，使得蒋介石心惊肉跳，到1947年9月初中共又导演了与之配合的第三台好戏，即组织华东野战军外线兵团。由粟裕、谭震林指挥的原华东野战军西兵团，在顾祝同主力追堵刘邓大军离开山东后，决定把黄河北部的部队转到黄河南部地区，与当地的友军联合作战。蒋介石见状不妙，为阻止南北两支大军会师，又调集5个旅到鲁西南，并决堤放洪，围堵西兵团。

自内战开始以来，蒋介石的作战计划还未完整实现、完成过一次，此次也不例外。在黄河南部地区的第1、3纵呼应下，9月5日北岸部队南渡成功，7日打响会师后第一仗，在沙土集（菏泽以西）歼敌整编57师，段霖茂师长被俘，9500余人或死或伤或成俘虏。9月24日，按照中央指示，为配合刘邓、太岳兵团建立中原解放区，粟裕、谭震林指挥5个纵队南下江苏、河南、安徽3省交界处，一个月后歼敌万余人，攻克24座县城，解放一千万人口，建立豫皖苏解放区。站稳脚跟后，外线兵团在徐州至开封间的陇海路段上频频出击，破击和控制铁路200公里，致使该线运输中断较长时间，牵制敌人15个旅。12月间为减轻大别山区面临的白崇禧部的压力，太岳和外线兵团各一部沿平汉路南攻，摆出南打武汉之势，以调动进攻刘邓大军的白崇禧部北上。12月24日，李铁军率领的蒋军第5兵团两个师北上堵截。粟裕、谭震林部的1纵（叶飞、谭启龙）、3纵（何以祥、丁秋生）、4纵（陶勇、郭化若）及太岳兵团的4纵、9纵，还有在大别山外线作战的刘邓大军一部，3军联合，在西平附近和确山将李铁军部包围。29日，围攻大别山的白崇禧只得抽调13个旅回援平汉线李铁军部。调动白部主力离开大别山的战略目的已经实现，并消灭敌人55000人，粟谭外线兵团、太岳兵团等部队主动撤离平汉线。

与3路大军分别出师、平汉路会师的同时，为配合中原战区的行动，西北、山东两解放区的野战军同时实施"两翼牵制"。中央军委命令彭德怀的西北野战军拖住胡宗南部，防止他东出潼关增援中原敌军。彭德怀在顶住胡宗南部的进攻锋芒后，主动出击，从沙家店战役起转入内线反攻作战，歼灭胡氏集团军的一批有生力量，再加上太岳兵团一度切断陇海线西段，使得胡军无法脱身东援中原。

中央军委命令山东陈毅部尽可能地把鲁中的敌人引向胶东，为刘伯承、邓小平及粟裕、谭震林大军南下创造条件。善于指挥敌人的陈毅，引诱敌胶东兵团进入预定的路线。10月和11月初，在胶河、高密、莱阳地区组织战役，总计歼敌3万余人。之后又转入内线反攻，收复大片土地。到1948年初，"两翼牵制"的战略方案完全得到实施。

"两翼牵制"之外，东北野战军也积极出击，与中原战场的反攻遥相呼应。1947年6月中、下旬，林彪、罗荣桓指挥3个纵队攻四平，17个师围打长春和沈阳方向赶来的援军，坚持作战3个星期。此战虽未破城，可震动了南京和东北"剿总"。因为东北的国民党军队一直在寻找东野主力准备决战，可现在东野的主力主动出击，杜聿明却束手无策，只有死守，岂不哀哉。四平攻坚战如同挺进大别山一样，其重要意义是作为一个信号，宣告中共即将反攻，中共将用类似的方式结束国民党统治。

东北战场此时十分醒目。1947年8月，身为国民党第一任国防部参谋总长的陈诚来到沈阳出任东北保安司令，陈司令又犯了一年前的错误，公开提出6个月内"收复满洲一切失地"。他的用意很清楚，想使用当年"围剿"中央苏区的办法，彻底打垮林彪部，给手下的将领作一"剿共"榜样。

陈诚把自己估计太高，如果当年中共不犯"左"倾错误，中央红军也不会被赶出中央革命根据地。他的对手、今天东北野战军的最高指挥林彪、罗荣桓二将，在当年江西时期只是军团和军级指挥员，今日此仗陈诚若败，势必更加丢人。陈诚若想保住自己所谓能攻善战的名声，就不该来到"反共"内战战场第一线，如此能打不能打、能攻不能攻、是胜是败便没有证明的机会和实例。只要一到内战前线，无论是谁，均为共产党的手下败将。

陈诚也不例外，他虽然集中了14个军发动进攻，可东野在林、罗首长的指挥下，按照中央军委的指示，不仅没有被陈诚部气势汹汹的进攻所吓倒，也没有采取防御手段，而是主动出击，沿着蒋管区的东、西、北三面全线发动进攻。在锦承线，攻朝阳、义县，迫使敌人向锦州靠拢；在中长路两侧，攻公主岭、法库、彰武、黑山、阜新等城；南满攻海城、大石桥；北满清除长春以北的前哨阵地农安、德惠、九台等处的敌人据点。陈诚在内战3年间这唯一的一次到前线指挥作战，便损兵69000余人，丢失不少城池，他比其他将领输得更惨。

在华北地区，晋察冀野战军在聂荣臻、萧克、罗瑞卿等指挥下，为声援千里挺进大别山的战略行动，牵制作战区域的敌军，不让其北援东北、南援中原，于1947年6月25日至7月6日，晋察冀野战军杨得志、罗瑞卿兵团的2纵（陈正湘为司令、李志民为政委）、3纵（郑维山为司令、胡耀邦为政委）、4纵（曾思玉为司令、王昭为政委）及冀晋军区（唐延杰为司令、王平为政委）、冀中军区（孙毅为司令、林铁为政委）的地方部队，在保定以北地区组织3次战役，歼敌33000人。

东北和华北的胜利，虽然和挺进中原没有直接关系，却也是战区内线反攻，有力地支援了反蒋军事战场，为下一步打好彻底结束国民党统治的最后一仗做了充分准备。

刘邓、太岳、外线兵团挺进中原的军事行动，造成的现实和带来的后果，蒋介石比谁都清楚。他固然心疼在这一连串军事行动中损失的20万兵力，但更担心中原的局面：南有大别山，东北有豫皖苏，西北有豫鄂陕，三支大军构成品字形的有利态势，鼎足而立，紧逼国民党的长江防线，直接威胁平汉、津浦、陇海3条最重要的铁路，直接威胁南京、武汉、郑州、开封、徐州、洛阳、合肥等大城市，大别山、豫皖苏、豫鄂陕3块解放区已经成为解放全中国的桥头堡。蒋军在长江以北的中原、华东、华北和东北、西北等各大战场再也谈不上发动、组织什么进攻，蒋管区和蒋军驻扎的地点已经成为解放军随时可以打击的目标。

从1947年底起，战争已经主要不是在解放区，而是在蒋管区进行。从3路大军出击中原到两翼牵制及东北、华北的胜利，这是打击蒋介石的第一个高潮。蒋介石作为国民党的最高军事统帅，被四面而来、同时展开的中共各野战主力的进攻所震惊，也被解放军在一年半时间内的发展规模和发展速度所震惊，心中只有仇恨和凄凉。他曾跟北洋军阀打过2年，与新军阀打过2年，同共产党打过10年，和日本侵略者打过8年，虽说有得有失，但都没有垮台，看来今天气数已尽，非垮不可，为时且已不长。

与蒋介石的态度、情绪相反，中共中央和中央军委主席毛泽东则轻松地说：抗战（中共）拿到了华北，抗战后拿到了东北，现又解放了中原地区，就等于解决了全国问题。因此，毛泽东纠正了在内战初期所说的要用5年时间结束反蒋战争的估计，认为完全可以提前完成推翻南京政府的任务。他说：中国人民革命战争已到达一个转折点，这是一个历史的转折点，这是蒋介石20年反革命统治由发展到消灭的转折点，这是一百多年以来帝国主义在中国的统治由发展到消灭的转折点，这是一个伟大的事变。

挺进中原的成功，预示着中国共产党领导的事业必然胜利、国民党政权必然失败已不可逆转。在1948年10月10日，中华民国的国庆日，中国人民解放军总部发表宣言，及时提出了"打倒蒋介石、解放全中国"的号召，宣布了包括成立民主联合政府、惩办内战罪犯在内的《八项基本政策》，胜利即将来临。

由进攻退为防御这一战略上的转折，导致南京官场上的争吵更加激烈，不少能说不能干的将领，有野心无实权的将领，有成见无公论的将领，趁机对内战开始以来的一线指挥官大加批评和指责，一片追究失败责任之声。这对蒋介石来说是一件难事，一是前线将领大部分是心腹、爱将，下手不忍心，更不能下毒手；二是前线失败是真，可换将难道就能避免失败吗？三是各大战役均由自己出面指挥，要追究失败责任，自己就是最大的责任者；四是不追究也不行，因为前方确实一直在打败仗，还未出现过一位凯旋的将军，有必要教训一下尽打败仗的爱将们。

蒋介石只得作出一些表示，下令撤职、调职的将领有陈诚、刘峙、薛岳、吴奇伟、汤恩伯、王仲廉、杜聿明、熊式辉、孙连仲等，当然大部分只是调任，其中陈诚由"参谋总长"调任"东北保安司令"，汤恩伯由"陆军副总司令"调任"衢州绥署主任"，杜聿明由"东北保安司令"调任"徐州副剿总"。这批将领大部分是"死硬反共派"，蒋介石的内战离不开这批人，当然也就不会对他们军法从事、严加惩处了。对于中共的反攻，蒋介石马上作出了反应。

蒋介石"重点防御"——中共将计就计

蒋介石有一名言：以不变应万变。事实上并非如此，他还是较善于根据对手的态度、立场和战略的变化做相应的改变的。面对中共开始的局部反攻，蒋介石采取"分区防御战略"，以分路堵截中共的进攻。这一战略很快失败，又出台"重点防御战略"。

六大集团军重点防御

中共军队转入进攻态势后，蒋介石的军事助手们针对战场上处处被动、时时挨打的局面，决定从1948年1月起实施"分区防御"。根据此计划，主要战区分为22个绥靖区，绥靖区司令全权掌握当地党政军所有大权，每区保持3个至5个旅的主力部队，与当地的地方部队、保安部队一起，集中固守区内的主要城市和交通线。如果不考虑政治因素，只是纯军事较量的话；如果国民党军队的旅有"旅"该有的战斗力的话；如果国民党军队美式武器、装备能够发挥应有效能的话，被称为"防御上的总体战"的"分区防御计划"，也算是一个可在全局范围内遏制对手反攻的办法。但是，国民党军队没有民众的支持，国民党军队没有应有的士气，国民党军队的士兵没有起码的奉献精神，岂有不败之理？蒋介石的任何计划都无法挽回正在走下坡路的败局，"分区防御计划"很快被打垮。

一是战役规模变大，消灭国民党军队的数量增加。这是因为蒋介石设计的每个绥靖区安置3个到5个旅的"分区防御计划"，正好符合中共军队的杀敌能力，一次性处理几个旅，与中共方面在各战区能动员和组织的作战力量相匹配。在1948年1月至8月间，平均每次战役消灭敌人数量大为增加，其中华东野战军粟裕、谭震林部和中原野战军一部组织的豫东战役就歼敌9万多人，为解放战争开战以来歼敌之最；连军队数量最少的西北野战军组织的宜瓦战役也一次歼敌中央军主力整29军；东北野战军的冬季攻势总计歼敌15万多人。从歼敌数量上也可以看出，各解放军各部打大仗的能力不断增强。

二是作为绥靖区固守要点的大、中城市不断被中共方面所占领。1947年12月28日，晋东南要点运城被王震指挥的西北野战军2纵和王新亭、王鹤指挥的晋冀鲁豫野战军8纵解放。1948年7月6日，鄂北重镇襄樊被中原野战军王近山、杜义德指挥的6纵和桐柏军区的28旅、陕南12旅解放，第15绥靖区司令康泽以下21000余人被歼。1948年3月14日，中原重镇洛阳被中原野战军陈赓和谢富治指挥的4纵、秦基伟和黄镇指挥的9纵、华东野战军何以祥和丁秋生指挥的3纵、王建安和向明指挥的8纵一度攻克。同年3月11日和12日胶济铁路要地淄博、周村被许世友和谭震林指挥的山东兵团解放。5月8日，胶济铁路另一要地潍坊被聂凤智和刘浩天指挥的山东兵团9纵、成钧和赵启民指挥的7纵、周志坚和廖海光指挥的13纵及胶东军区一部解放，胶济铁路战役共歼敌84000余人，使得渤海、鲁中、胶东3个解放区连成一片。5月底至7月中，津浦路中段的泰安、大汶口、曲阜、兖州被山东兵团解放，歼敌第10绥区司令部、第12军等部共63000人，俘获第12军军长翟守义。6月21日，中原重镇开封被华东野战军粟裕兵团攻克，国民党河南省党部、政府、军管区、警备部被全歼，援军第7兵团被击败，兵团司令区奉年被俘。同年4月26日，西北重镇宝鸡被彭德怀指挥的西北野战军5个纵队解放。

1947年11月12日，华北重镇石家庄被聂荣臻、杨得志、罗瑞卿、杨成武指挥的3个纵队、6个独立旅攻克，歼敌24000多人，这是中共攻克的第一个大都市，开创了进攻并占领大城市的先例。1948年5月17日，晋东南战略要地临汾被徐向前、陈漫远指挥的华北第1兵团及地方主力部队攻克，至此晋东南已无蒋军和阎锡山部，晋冀鲁豫和晋察冀两大解放区连成一片。1948年2月6日辽阳、2月17日鞍山、2月26日营口、3月13日四平和吉林被东北野战军解放。3月30日山东威海卫被山东兵团解放。以上城市被攻克（有的城市攻克后又主动放弃），证明蒋介石的"分区防御"防不住。特别是对石家庄、开封、四平、吉林、洛阳等城的防守，蒋介石分外重视，甚至还亲临战场上空指挥，督促友军增援，均无济于事。到1948年8月间，蒋介石放弃"分区防御计划"，另谋出路。

战略要点纷纷丢失，不是没有军事头脑。1948年5月20日出任总统的蒋介石此刻明白，国统区已经时刻处于中共武装力量的袭击之下，争城夺地已不再是战略目标，如今应在保住南京政府的前提下，收缩兵力，固守要地。对于可守可不守的则不守，必守守不住的也不守，这就是8月起推行的"重点防御计划"。根据此战略，蒋介石组织6个集团军，阻挡中共军队的进攻。

东北有卫立煌集团军。卫立煌在国民党军界是位知名度很高的将军，此人勤务兵出身，既无同僚中常见的毕业于日本士官学校这样的洋学历，也没有毕业于保定军校或各省讲武堂的土学历，更无毕业于黄埔军官学校这一蒋记金学历，可官至战区司令长官，衔至上将，指挥过不少国民党军队。此人的打仗作风是"狠"，按照自己的思路，不顾客观条件如何，不顾友军的行动，一冲到底，曾为蒋介石打过一些硬仗。但他在抗战中后期因同情中共而被蒋介石冷落，内战爆发前到美国等国考察。1948年2月，陈诚在林彪发动的冬季攻势中接连失利后辞职去上海，回国不久的卫立煌接任新成立的东北"剿总"总司令职，下辖4个兵团，48万人，以沈阳、长春、锦州为中心。

华北有傅作义集团军。傅将军毕业于保定军校5期，在晋军中深受阎锡山的赏识，中原大战后投靠中央军，抗战前曾因收复百灵庙一役而闻名于世。此人是没有地盘的杂牌军将领中被蒋介石授予军衔和军职、军权最高的一位。傅作义打仗，考虑比较周全，不打冒险之仗，不打无准备之仗，不打轻浮之仗，考虑过多有时难下决心。在"反共"内战中，比较善于总结失败经验教训，及时调整策略，在国民党的高级将领中是少数能比较好地组织大战役的将领之一，1947年12月，出任华北"剿总"总司令，下辖保定和张垣两个绥靖公署、1个集团军、1个兵团等部，60万人，以北平、天津、张家口为中心。

西北有胡宗南集团军。在中国现代史上，黄埔学生恐怕是军界最幸运的一批人，而黄埔学生中胡宗南更是蒋介石的宠儿。此人一直引领黄埔学生在国民党军界当官的新潮流，在中央军里第一个当师长的是他，第一个任军长的是他，第一个当军团长、集团军总司令、战区副司令长官和司令长官的也是他。特别是作为大战略区最高军事长官的"战区司令"一职，到国民党撤离大陆时止，也没有第二个黄埔学生出任。其中在1949年8月国民党覆灭前夕，他的校友关麟征任过陆军总司令，而此职在当时已无实际意义。黄埔学生中在1950年3月胡宗南逃离大陆以前，也有任职超过他的，不过不是在国民党，而是中共名将林彪和徐向前，徐向前早于1931年11月出任红四方面军总指挥（该方面军为中共3大主力之一），1949年10月任解放军总参谋长。林彪略后于出任第一战区司令长官的胡宗南，任东北民主联军总司令。

胡宗南生活不奢侈，尽职卖力，对蒋介石忠，对共产党狠，对同僚们傲，有此几点足以得到蒋介石的信任。论军事才能，在黄埔学生中不是最高的，即使在国民党中央军的将领中也只是中等水平，主要不足就是不具备与他的任职相称的指挥艺术，事实上他出任一个"师长"或"军长"还是得心应手的。他的大军在陕甘宁边区被彭德怀牵着鼻子走，不时被消灭数千数万人，黄埔学生恐怕都在为这位同窗的无能而感到失望。此人长期在西北驻防，熟知西北风情，这为他后来的大撤退提供了便利。1947年6月任"西安绥靖公署主任"，下辖1个兵团、4个军、2个整编师、2个绥靖区及西安警备总部，30多万人，以西安为中心。

中原有白崇禧集团军。白崇禧是保定军校3期生，算是国民党内少有的能攻善战的将领，接受蒋介石的收编后因以前多次倒蒋，得不到蒋介石的重用，一直虚居高位，基本上被剥夺了直接指挥军队的权力。到1947年12月才到武汉出任华中"剿总"总司令，初掌实权。他和蒋介石面和心不和，当然不会竭诚为蒋服务。可他的离心并非倾向进步，而是注重保存桂系的实力，当然也就不会贸然和中共做最后较量。所以说白崇禧靠蒋只是权宜之计，蒋用白并非高明之举，这样白某当然也就不会在军事史上留下什么光彩的记录了。华中"剿共"总部辖有3个兵团、3个绥靖区，75万人，以武汉为中心。

华东有刘峙集团军。在国民党军界，此人被称为"福将"。缘由是他在黄埔军校开办时只是少校教官，四年后升任师长，第五年为中央执行委员，第六年出任河南省主席，到第十一个年头被蒋介石正式授衔为上将，升官快是其"福气"之一。第二种"福气"是尽打败仗照样升官。抗战开始，刘峙指挥的第2集团军从华北前线直逃河南，国民党中央军的"逃跑风"就起源于他，以后主要在大后方出任要职。他的"福气"乃蒋介石所给，蒋氏幕僚圈中确有一些人才，也有一些奴才加人才，更有一些奴才加蠢才，刘峙就属于后者之列。论指挥作战、管理军务，刘某实属下乘、最差之列，甚至到委他出任徐州"剿总"总司令这一权力很大、作战任务也重的职务时，他因无能力和无战功而无脸去接任，他的"福气"给国民党带来的只是"晦气"。1948年6月14日，已经退居二线、出任战略顾问的刘峙到徐州上任，下辖4个兵团、6个绥靖区和徐州警备总部等，70万人，以徐州、蚌埠为中心。

宁沪杭有汤恩伯集团军。汤某1927年夏毕业于日本士官学校，回国后投靠蒋介石，官运极佳，但他在国民党上层名声不好，他官大架子也大，傲气十足，喜好打小报告和告密，心狠手辣，令人讨厌和惧怕。其个人经历可以说是劣迹斑斑，罪行累累。论作为一个战略方面军总司令和上将衔的将军所应具备的才华，汤恩伯既有也没有。说有，指他把兵书背得滚瓜烂熟，训练时头头是道；说没有，指他实战不行，仗一打响就陷于慌乱之中。汤恩伯这样的人能升官发财，只是畸形、黑暗、混乱的国民党官场的产物。1948年12月他到上海出任京沪杭警备司令，下辖首都和淞沪两个警备总部、2个绥靖区、3个兵团，45万人，以南京、上海、杭州为中心。

蒋介石在军事战略上打算靠这6大军事集团，控制全国主要地区，以维持南京政府已经支离破碎的统治，避免走向毁灭。从纯军事角度看，他的"重点防御计划"是当时唯一的选择。然而，到1948年时，中国的政治局面已经发生根本性的变化，中共的胜利已经不可阻挡。在解放战争第一年粉碎国民党方面的全面进攻和重点进攻后，第二年比第一年又多歼敌40万人，收复城市164座，不少战役已经在原来南京政府统治稳定、较为平静的长江流域、渭水以北的地区展开。更令蒋介石惧怕的是，中共领袖毛泽东提出在解放战争的第三个年头要消灭国民党军队128个旅，中共武装力量从来都是超额完成歼敌任务的。蒋介石的"重点防御计划"却给对手完成毛泽东提出的歼敌计划、缩短解放战争周期提供了可能。毛泽东希望通过组织一次大型战役，就可以消灭敌人几十万人，解放一大区，而组织大型战役的难度是无法调动几十万敌人到伏击圈，蒋介石的"重点防御"计划和6大集团军的安排，则省去了中共调动敌人兵力的麻烦。当然，蒋某这样布阵，并非自觉为中共创造进行歼灭战的条件，而是他认为中共还不具备歼灭几十万人大兵团的能力。那么，中共到底有没有这个能力呢？

中共战略上针锋相对

从全局上讲，国共双方力量对比已经发生变化，国民党虽想尽法抓丁抓夫，训练、补充新兵，军队日常保有量仍在下降。虽说总兵力比1年前只少8万人，可新兵比例大大增加因而作战能力迅速下降，用于一线防御、作战的只有170万人，蒋介石手中已无机动兵力可调。蒋管区内因为政治经济危机总爆发、第二条战线兴起而乱作一团，可以说天时、地利、人和三条蒋介石均已失去。

中共方面，野战军自1946年6月的120万人增至280万人，每月净增7万人。经过新式整军，士气高昂，装备改善，作战经验更加丰富，这些军事素质的提高是无法用数字来计算的，是国民党方面无法相比的。而且，各个解放区现已连成一片，面积达235万平方公里，占全国面积四分之一以上，人口达1.6亿人，解放区已成为野战军的战略后方。在这种情况下，毛泽东就国民党的"重点防御计划"作出相应部署：

东北有林彪、罗荣桓指挥的大军。林彪毕业于黄埔军校4期，20岁参加南昌起义，21岁任团长，23岁任红四军军长，25岁任红一军团总指挥，抗战结束后来到东北指挥东北民主联军。民主联军在消灭敌人的同时，大力发展自己，此时已由出关时的13万人增加到13个纵队、17个独立师和地方部队共100万人，是各解放区中发展最快的。此人的思维几乎是专门为"打仗"而设的，指挥作战时非常注意整个战役和各个战场之间的整体规划，因此仗越大指挥得越漂亮。

罗荣桓也是红一军团出身，抗战开始后率部挺进敌后，开辟山东根据地。率部到东北后，为巩固东北根据地、消灭蒋军有生力量作出了极其重要的贡献。罗荣桓用兵讲究，精于捕捉战机，善于鼓动将士和发动民众，这就弥补了林彪所缺乏的方面。可以说只有罗政委才能很好地配合性格孤僻的林彪，没有罗政委则林彪很难取得如此多的成功。

更需指出的是，在东北野战军里还有一批军事、政治精英，如任副司令副政委的高岗，任副政委的陈云、李富春，任副司令的吕正操、周保中、萧劲光，任参谋长的刘亚楼、伍修权，任政治部主任的谭政。还有肖华、程子华、黄克诚、陈伯钧、解方等兵团级将领以及时任1纵队司令政委的李天佑、梁必业，任2纵队司令政委的刘震、吴法宪，任3纵队司令政委的韩先楚、罗舜初，任4纵队司令政委的吴克华、莫文骅，任5纵队司令政委的万毅、刘兴元，任6纵队司令政委的黄永胜、赖传珠，任7纵队司令政委的邓华、吴富善，任8纵队司令政委的段苏权、邱会作，任9纵队司令政委的詹才芳、李中权，任10纵队司令政委的梁兴初、周赤萍，任11纵队司令政委的贺晋年、陈仁麟，任12纵队司令政委的钟伟、袁升平等，无一不是新中国成立后的军政领导人。林罗大军除了完成东北地区的作战任务外，实际上还是进军全国的机动兵团。

华北有聂荣臻、薄一波、徐向前指挥的大军。聂荣臻为中共著名军事家，是红一军团的主要领导成员，抗战时期开辟晋察冀根据地，所部成为中共"五大主力"之一。聂荣臻参加、指挥过无数次战斗，敢于打硬仗，善于开辟新局面。指挥作战时能够调动敌人，迷惑对手，正确把握决战时机，一举置敌人于死地。他大公无私，没有本位主义，亲手创建的晋察冀边区培养出不少优秀干部和创建了不少军队，可很多干部和军队在中央的安排下被派去支援其他大区，每次聂荣臻热情支持。因此他也是中共内部各方面都相当成熟的军事和政治领袖人物之一，此时任华北军区司令员。

徐向前和许多国民党将领一样，毕业于黄埔军校，并和林彪、陈赓、许光达、罗瑞卿等一起，成为中共一方"黄埔学生"的杰出代表。华北军区副司令徐向前是鄂豫皖和川陕苏区的创始人之一，抗战和解放战争期间，多次更换作战区域和调换职务，完成既重要又临时性的任务。徐向前一生功勋卓著，可也有过西路军的失败，尽管他不应负主要责任，尽管他也为减少西路军的损失尽过最大努力，可他从严解剖自己，因而更加成熟、更加富有将军的魅力和性格。徐向前指挥打仗时，稳如泰山，任凭战场起何风云，抱定必胜信心，以争取最好的结果。

薄一波是华北军区政委，他一生主要的杰作并非军事方面，可在战场上也是一位叱咤风云的大将。薄政委曾在抗战初期组织起几十个团的抗日决死纵队，也曾参与指挥过无数次战役。刘邓首长率军南下后，和徐向前一起参加晋冀鲁豫军区的领导工作。到1948年7月，晋冀鲁豫和晋察冀两大军区合并为华北军区，总计有3个兵团、2个纵队、5个军区、1个警备部，40余万人。在华北军区也有一大批青史留名的名将，如滕代远、萧克、黄敬、罗瑞卿、甘渭汉、陈漫远、杨得志、耿飚、杨成武、李井泉、王新亭、徐子荣、郑维山、胡耀邦、曾思玉、王昭、向仲华等。由于华北军区还有支援西北作战的任务，仅靠聂薄徐对付傅作义是不够的，但是强大的机动兵团林彪所部的第一个进攻目标，就是与华北军区一起消灭华北"剿总"傅作义部。

中原有刘伯承、邓小平指挥的大军，华东有陈毅指挥的大军。部署在大别山和苏北、山东地区的两支人民军队总计100万人。刘邓大军挺进大别山、打开局面后，改变了中原战场上敌强我弱的局面，到蒋介石实施"重点防御"时，已有6个纵队、7个军区，在根据地建设史和军史上，中原成为发展最快的解放区，中原野战军成为发展最快的主力部队。当翻开刘邓大军的花名册时，谁都会因名将如此之多而感到吃惊。这支武装力量中，从士兵到总司令，各个层次都有一批称职、勇敢、足智多谋的军事人才。国民党军事建设上一个最大的错误，就是只注意高层将领的选择，而忽视对中、下级官兵的培训，没有合格的团长、营长、连长及班长，这样的军队绝对与胜利无缘。刘伯承、邓小平的军队能够战无不胜，其中一条就是重视官兵的思想教育工作，重视各级指挥员的培养。刘邓大军和华东陈毅部已经具备吃掉华东刘峙集团军的能力，更重要的是已经具备向全国进军的能力。

陈毅、饶漱石、粟裕、谭震林指挥的华东野战军，实力仅次于林彪、罗荣桓部，下辖有粟裕兵团（7个纵队）、许世友和谭震林指挥的山东兵团（5个纵队）、韦国清和吉洛指挥的苏北兵团（3个纵队），另有5个军区。华东野战军中的陈士榘、张震、唐亮、王建安等兵团首长，叶飞、谭启龙、陶勇、郭化若、王必成、宋时轮、景晓村、王秉璋、曾山、聂凤智、傅秋涛、康生、管文蔚、陈丕显、曹狄秋等纵队和军区首长，在新中国成立后均成为党和政府及各部门、各省市负责人。有刘伯承、邓小平、陈毅、粟裕、陈赓、谭震林等优秀的军事家，有一大批优秀的将领，有英勇的战士，刘峙集团军的失败势在必行。

西北有彭德怀、贺龙指挥的大军。和彭德怀一起指挥西北解放军的是贺龙，贺龙早年从军，是中共著名军事家，红二方面军和晋绥根据地创建人之一。贺龙了解中下层官兵，能够调动官兵的积极性，前期虽历经几上几落，但斗志不减，勇往直前。解放战争打响后，和彭德怀一起，除了担负消灭敌人、发展自己、发动群众的任务外，还有一项艰巨的任务——保卫中共中央和中央军委总部。到解放战争第三个年头，彭贺集团军编有7个纵队、3个军区，共20万人。

在西北野战军中，有一批中共的优秀战士和将领。如时任西北野战军副司令的张宗逊，任参谋长的赵寿山、阎揆要，任政治部主任的甘泗淇，任1纵队司令政委的贺炳炎、廖汉生，任2纵队司令兼政委的王震，任3纵队司令兼政委的许光达，任4纵队司令政委的王世泰、张仲良，任6纵队司令政委的罗元发、徐立清，任联防军区司令政委的贺龙、习仲勋，任7纵队司令的彭绍辉。西北野战军的对手除胡宗南集团军外，还有西北马家军等凶恶的地方军阀武装。此外西北野战军的作战区域最大，包括陕、甘、宁、青、新及四川一部，仅靠西北彭、贺集团军难以马上解放，按照中共中央的整体部署，华北野战军将派出大部队增援。

国共双方组织的各自大军的对垒，决定了中国境内即将开始人类战争史上规模最大的战役，中共领袖毛泽东对此战役的结果抱有必胜的信心，认为原定从1946年6月起要用5年的时间战胜国民党的计划肯定要提前。国民党领袖蒋介石对此战役可能出现的结果，已有预感，自觉胜利无望。1948年8月，他在南京主持召开南京时期的最后一次军事汇报会议，协助主持会议的有几个月前刚任国防部长的何应钦和参谋总长顾祝同，出席会议的有国防部的部、厅、处长和各战区的主要军政长官。

内战爆发以来，南京军界召开过多次军事会议，只有此次会议调子最低沉，蒋介石同以往所讲"中共全线溃逃，国军战果辉煌，各要塞固若金汤"不同，大讲国民党军队的失败和中共军队即将发动的进攻，最后他说国民党军队屡战屡败的主要责任是各战场上的指挥官指挥无方，下边作战不力，各级官员只知道劫收浮财，兵骄将傲，贪污腐化，沉湎于酒色之中。这位总裁、总统预言，如在会上通过的"重点防御计划"挡不住中共军队的进攻，明年能不能在这里开会都成问题，到时恐怕死无葬身之地。

蒋介石的话基本上是对的，错的地方只有3个方面：一是推卸责任，即国民党全面腐败，作为党魁和元首的蒋介石应负什么责任，他没有说，这本可以追究他的渎职、失职之罪。二是没有提出解决办法，这起码可以追究他不称职之罪。三是有些与事实不符，如指挥官指挥无方是真，可也有蒋介石乱加干涉，致使部下无所适从的因素，这可追究蒋介石的瞎指挥之罪。

特别是国防部长何应钦为攻击操纵实权、控制军队、指挥战事的前参谋总长陈诚，私自在会上公布2年多来的败绩：国民党军队伤亡300多万人，损失7万挺机枪、100多万支步枪、1000多门山野炮，还有许多机动车辆。这些武器成了中共的装备，足够装备数十个军。从这个意义上讲，蒋介石真是个名副其实的"运输大队长"。以前一直刻意加以掩盖的战果令在座的将军们无不吃惊、震动、灰心。

国共历史性决战——中共胜利在望

内战两年多来，国民党损兵折将，越战越弱；共产党攻守兼备，越战越强。随着中共两年多来的胜仗和战果不断扩大，国共两党进行战略决战的时机在成熟。

济南战役

中共开始最后的反攻，首选目标是3大重镇：地处山东腹地的济南，地处中原腹地的郑州和开封。济南是国民党方面在山东的最后一个战略要点，由第2绥靖区司令王耀武率领1个整编军、3个整编师共11万人固守，徐州的兵团随时可以增援。中共方面由名将许世友指挥9个纵队打援，7个纵队攻城。

王耀武是蒋介石的爱将，为黄埔一期生，在腐败的国民党军界算是一个自我克制能力较强、有一定作战经验的将领，在内战战场上因为还未遭解放军痛打过而有些狂妄，准备在济南城下一比胜负，为蒋介石、黄埔将领和他自己争光。王遇到的对手许世友虽说从小练武而无军校学历，却以能打硬仗、苦仗，具有制敌经验而闻名，打王耀武显然不在话下。他为此战提出的口号是"打下济南府，活捉王耀武"。

1948年9月16日，山东野战军开始向济南城郊发动进攻，9月17日逼近城区，守军整编96军军长吴化文率部起义，王耀武防线崩溃。9月23日攻城部队向济南城核心阵地发起总攻，9月24日晨攻克，生俘化装逃跑的王耀武，消灭全部守军。接着解放临沂、烟台等地，后来青岛守军刘安祺部南逃，山东全境解放。济南战役是人民解放军组织大型攻坚战的彩排，攻打济南的经验为以后攻打设防严密的大城市时所借鉴，蒋介石把大城市作为固守基地的最后一招也在王耀武被活捉后而失败。

济南解放，一城争夺损失11万人，创下国民党军队前所未有的单仗损兵折将纪录，带来的第一个反应是郑州战役。1948年10月21日，刘伯承、邓小平为清理淮海战役所需要的战区，指挥5个纵队组织郑州战役。郑州的第12绥靖区司令陈鼎勋及李振的第40军等部，怕遭受王耀武的同等待遇，在中原野战军的包围圈还未合拢之前，便弃城逃跑。逃跑之风又刮到开封，开封守军也是未败先逃，中原大地只剩下徐州的刘峙集团军。

辽沈战役

在华东和中原进行济南、郑州战役的同时，按照中央军委的部署，解放军的"五大主力"准备组织战略决战，以加速国民党政权的覆灭。战略决战成为打击蒋介石的第二个高潮，消灭国民党主要军事力量的"三大战役"开始了。

第一场战略决战是林罗大军进行的辽沈战役。选择东北地区为战略决战地点，有多种因素：一是蒋管区只占东北3%的地域和14%的人口，蒋军兵力只有东北野战军的一半，其3大占领区锦州、沈阳和长春中长春已被包围两个多月。二是东北的国民党军队是留在关外还是退回关内，南京上层一直在争论，现趁蒋介石主意未定之前把卫立煌集团军歼灭，以免把这48万人放回华北，影响中共方面下一步的决战计划。打响辽沈大战，蒋介石要想增援和撤退的话，只有靠当时极为有限的空运，根本无法满足沈阳、长春、锦州守军的需要。三是中共如能消灭卫立煌部，林彪部就有80万大军成为中共的机动兵力，大大增加扫荡南京政府的烈度。以上几点，蒋介石心中有数，唯一的侥幸心理就是以为中共方面还不会打围歼50万人的大仗。当看到林彪摆开架势后，是守是逃已没有选择，只有硬着头皮、咬紧牙关打下去。

中共最高决策层对如何进行战役，还有一些小波折。中央军委主席毛泽东要林彪、罗荣桓部主力南下北宁线，先打锦州范汉杰部，切断关内进入东北的陆上通道，割断傅作义和卫立煌两部的联系，形成"关门打狗"之势。身为东北最高军事首长的林彪则提出兵分3路，向长春、沈阳、锦州三地全线出击。（到1948年10月2日林彪在得知葫芦岛又有4个师的增援部队到达后，再次主张放弃攻打锦州）林彪有主张很正常，可中央军委是正确的，按林彪的打法，也能消灭卫立煌集团军，只是时间要延长，东北解放军的损失要增加。

1948年9月12日，震撼世界、改写历史的3大战役之首辽沈战役开战。贺晋年和陈明仁指挥的第4纵、詹才芳和李中权指挥的第9纵、邓华和吴富善指挥的

1331

1948年，蒋介石到沈阳督战

第7纵、段苏权和邱会作指挥的第8纵、苏静和邱创成指挥的炮兵纵队，在北宁线义县、唐山等路段打响，到10月1日已把敌人分割在锦州、锦西和葫芦岛、秦皇岛和山海关3个地区，东北和华北通道被切断，战役第一阶段清理大战环境的目的已经达到。

第二阶段是打援和攻锦、解放沈阳。10月2日，蒋介石飞沈阳，目的是破解放军的"关门打狗"之策。具体办法是组织东进兵团，由17兵团司令侯镜如指挥11个师东援锦州；组织西进兵团，由9兵团司令廖耀湘指挥12个师西援锦州。蒋介石的决策是对的，林彪的相应措施也是对的。东北解放军总部决定把第4、11纵和热河独立1、8师放在塔山，准备对付东进兵团；把第1、2、3、7、8、9纵放在正面战场攻打锦州；把第5、6、10、12纵放在锦州以北地区，对付西进兵团。10月10日，辽沈战役中最为激烈的塔山阻击战开始。15日，经过31小时的奋战，锦州解放，东北的大门被关上。17日，长春守军60军军长曾泽生率部起义。18日，长春守军另一部、东北"剿总"副司令兼1兵团司令郑洞国率部起义。

10月23日到28日，在黑山附近地区，解放锦州后赶来增援的东北野战军各纵队将西进兵团全部消灭，其中有国民党军队五大主力的新1军、新6军，兵团司令被活捉。至此，东北残敌13万人在沈阳和营口地区流窜。11月1日，1、2、12纵和独立3、4、12、13、14师在清扫沈阳的周围地区后发起总攻，次日结束战斗，第8兵团司令周福成率80名将军14万官兵放下武器。与此同时，赶到营口的第9纵等部消灭正欲乘船逃跑的52军大部，敌逃走万余人。历时52天的辽沈战役结束，歼敌1个"剿总"，4个兵团部，11个军部，33个整师，共47.2万人。东北野战军伤亡不到敌人的七分之一，东北全境解放。

淮海战役

发动一场大规模的战役、消灭国民党军队有生力量、解放一大区、缩短推翻南京政府和建立新中国的进程，这一中共组织大型战役的目的在东北辽沈战役中已经完全实现。第二次战略决战是陈毅大军和刘邓大军进行的淮海战役，战役打击的主要对象是徐州刘峙部。

徐州是陇海、津浦铁路枢纽，是长江下游和南京、上海、镇江的屏障，蒋介石在此集中了邱清泉的第2兵团、李延年的第6兵团、黄百韬的第7兵团、刘汝明的第8兵团、李弥的第13兵团、孙元良的第16兵团，共34个军约70万人。济南被解放军占领后，南京方面已经觉察中原、华东地区一西一东两支解放大军的下一步行动，也准备在徐州、蚌埠地区与中共进行徐蚌会战，就双方都想在徐州打一仗而言，可谓是不谋而合。

1948年11月5日，南京方面的参谋总长顾祝同赶到徐州，与兵团司令们商议作战计划。第二天就在刘峙开始放弃海城、连云港向徐州方向收缩兵力时，华东野战军的进攻已经展开。在邓小平、刘伯承、陈毅、粟裕、谭震林组成的总前委领导下，陈粟部出动15个纵队2个独立旅共42万人，刘邓部出动7个纵队18万人，一东一西分别压向战区。11月8日，中共地下党员何基沣、张克侠（均为第3绥靖区副司令）率所部在枣庄、贾汪等地起义，华东野战军主力趁机南下，在碾庄地区截断从连云港方向撤往徐州的第7兵团。

为解第7兵团之围，蒋介石急令邱清泉、李弥两兵团东援。11月22日，东援行动受阻，第7兵团被全歼，黄百韬自杀成"仁"。这位黄司令官也算不识时务者，作为杂牌军的第7兵团长期不为蒋介石所重视，在被围之后竟异想天开，决心在会战中顽抗到底，打出杂牌军的"威风"让蒋介石看一看，最后则成为殉道者。华东、华中野战军第一阶段歼灭第7兵团的任务已经完成。

第二阶段是围歼第12兵团。第12兵团原属武汉"剿总"，由黄埔系骨干黄维指挥，编有4个军和由500辆汽车、炮兵、坦克组成的快速第4纵队，总兵力12万人，是国民党"五大主力"之一。按照徐蚌会战的总体设想，蒋介石从平汉路上调来第12兵团，以便有足够的力量对付中共的武装力量。结果正好相反，11月18日12兵团进入作战区域，25日在双堆集附近陷入中原野战军的重围之中。27日兵团第100师在师长廖运泽指挥下起义，黄维兵团的整体防线出现大缺口。30日取代已离开徐州、飞到蚌埠的刘峙指挥军事的"剿总"副司令杜聿明，指令徐州城周围的第2、13、16兵团向第12兵团靠拢。在撤军过程中，12月6日孙元良的16兵团被歼，第2、13兵团在徐州西南130里处的陈官庄地区被围。

15日黄维在突围途中成为解放军的俘虏，次日12兵团被彻底消灭。正在全力以赴援助12兵团的李延年、刘汝明兵团见状南逃，幸亏逃得快，不然的话，蒋介石在淮海战役中又要损失掉这两个兵团。第12兵团以18军及整11师为基干，是继张灵甫的整74师（孟良崮战役）、孙立人的新1军和廖耀湘的新6军（辽沈战役黑山歼灭战）被打垮之后，又一被解放军消灭的主力。"五大主力"现在只剩下最后一支，即邱清泉指挥的以第5军为基干的第2兵团。

第三阶段是消灭杜聿明部。杜聿明也算是黄埔学生中的得意者，抗战中也有过反攻昆仑关、远征缅甸等光荣记录。内战爆发时一度官至东北保安司令长官，与胡宗南并驾齐驱，后因在东北战绩不佳调任徐州"剿总"司令，辽沈战役起又调回东北，但杜聿明没有完成蒋介石的所托，到沈阳也没有起死回生的良药，国民党军队照样失败，故他又回到徐州任职。虽说他因病走路都受影响，可打仗时却有一股不服输的劲头，是南京军界高级将领中比较能处理危局的将领，虽然在徐州之战中这种能力也有所表现，但无法挽救失败。

1948年11月29日，徐州"剿总"司令刘峙逃往蚌埠"指挥"（此人福气不浅，又逃过惩罚），徐州实际由杜聿明负责。歼杜战斗因平津战役开始而暂缓启动20余天，杜聿明如果认输，集中兵力南逃，还有一定的主动权，只是他妄图扭转败局，不愿"走为上"，甚至在接到蒋介石的撤退令后，还迟迟不走。待到准备在1949年1月10日突围时，解放军在4天前已开始全面攻势，"剿总"总部、2兵团和13兵团全军覆没，李弥逃走，邱清泉自杀，杜聿明化装为13兵团军需处处长逃跑时被俘。整个战役，蒋介石损失55.5万人。

平津战役

第三次战略决战是在淮海战役后期开始的平津战役。华北"剿总"司令傅作义同以往和共产党作战一样，再次错误地估计了形势，以为华北野战军20万兵力无法吃掉国民党军队，而东北野战军至少要在辽沈战役后休整3个月才能入关。事实上中共的最高领袖们却令林彪、罗荣桓部80万大军立即开往华北，配合聂荣臻部就地消灭傅作义集团军。考虑到辽沈、淮海战役主要是和黄埔系骨干作战，而平津国民党方面最高将领和主要作战部队均为蒋介石的非嫡系，且北平又是文化古城，只能保护，不能损坏，所以在平津战役整体作战方案中，有一条就是力争和平解放北平城。

平津战役的难点是如何防止傅作义部西逃绥远（南逃江南的可能性不

大），为此，中共中央军委主席毛泽东再次显示其高超的指挥艺术。林罗聂贯彻执行毛泽东的意见：一是1948年11月29日命令华北杨成武、李天焕的第3兵团包围张家口；12月2日命令华北杨得志、罗瑞卿的第2兵团和东北先遣兵团切断平绥线，6日又将傅作义部主力第35军包围在新保安地区，西线"围而不打"、防止傅部西逃的战略已经实现。二是由入关的东北野战军主力将塘沽、天津、北平之敌隔离，切断他们的联系，东线"隔而不围"、以便各个击破的战略已经实现。三是打东线天津和西线张家口、新保安，压北平之敌。

1948年12月9日至11日，东北野战军第4、11纵，在康庄、怀来地区打了仅次于塔山阻击战激烈程度的又一硬仗，全歼傅部第16军（军长安春山），平津战役首仗获胜。12月22日，攻克新保安，傅作义的起家嫡系部队35军被歼，亲信军长郭景云死于战场。2天后第3兵团和第4纵攻克张家口，歼敌5万余人。3仗3败并未使傅作义清醒。1949年1月14日，东北野战军参谋长刘亚楼指挥22个师，向天津发起总攻，由黄埔系骨干、天津警备司令陈长捷指挥、依靠牢固工事和有利地形、有13万人固守的华北第二大城市在战斗打响29小时后即被解放。天津被攻克使得傅作义对防守北平失去信心，出于正义，他同意按照中共发表的八项和谈条件进行谈判，1月31日北平宣布和平解放。蒋介石在平津战役中损失52万人。

3大战役历时4个月零19天，南京政府有正规军144个师、地方部队29个师共154万人被歼。平均一天被歼一个多师，创下人类战争史上的失败奇迹，国民党政权的主要军事力量被消灭。

3大战役结束，国共两党是两种完全不同的处境和态度。中共已解放长江以北的东北、中原、华东、华北（豫北安阳还有3万蒋军，4月上旬被第4野战军收拾。绥远董其武已同意与中共谈判）地区，夺取全国胜利即将变为现实，1949年元旦，中共号召"将革命进行到底"。为安排向江南、西南、西北进军，中央军委早在1948年11月1日就把各大区的军队按地域命名为东北、华北、华东、中原、西北野战军。3大战役结束，各野战军将要突破地域限制，跨地区作战，中央军委又下令把西北野战军定为第1野战军、中原野战军定为第2野战军、华东野战军定为第3野战军、东北野战军定为第4野战军，华北野战军定为军委直属兵团。

1921年中共成立时无一兵一卒，1927年中共拉起武装，连蒋介石都没把开往井冈山的红军放在眼里，如今已经有了足以能够推翻南京政府的强大的人民军队。

第1野战军由彭德怀任司令兼政委，下辖王震任司令兼政委的第1兵团、许光达和王世泰任司令政委的第2兵团、周士第任司令兼政委的第18兵团、杨得志和李志民任司令政委的第19兵团，共40万人。

第2野战军由刘伯承、邓小平任司令政委，下辖陈锡联和谢富治任司令政委的第3兵团、陈赓任司令兼政委的第4兵团、杨勇和苏振华任司令政委的第5兵团、李达任司令兼政委的特种兵纵队，共40万人。

第3野战军由陈毅任司令兼政委，下辖王建安任司令兼政委的第7兵团、陈士榘和袁仲贤任司令政委的第8兵团、宋时轮和郭化若任司令政委的第9兵团、叶飞和韦国清任司令政委的第10兵团、陈锐庭和张飘任司令政委的特种兵纵队，共72.6万人。

第4野战军由林彪、罗荣桓任司令政委，下辖萧劲光和陈伯钧任司令政委的第12兵团、程子华和肖华任司令政委的第13兵团、刘亚楼和莫文骅任司令政委的第14兵团、邓华和赖传珠任司令政委的第15兵团、万毅和钟赤兵任司令政委的特种兵纵队、曾生和雷经天任司令政委的两广纵队，共82万人。

中央军委直属兵团（第20兵团）由杨成武和李天焕任司令政委；铁道兵团由滕代远任司令兼政委；此外还有西北、华北、东北、华东4大军区及所属的百万地方部队，这支军事力量足以使任何敌人胆战心寒。

四、为法自弊，蒋介石的失败记录

面对三大战役的失利，蒋介石见大势已去，无力回天，任何方案均已无法挽救国民党政权的性命，于1949年元旦发表和谈声明，算是对中共"将革命进行到底"的回答。蒋介石一方面被迫让出"总统"宝座，"请"李宗仁代理，应付最后的溃败；另一方面任命陈诚出任台湾省主席兼保安司令，准备把台湾省作为国民党生存、再生、发展的基地。在中国政治舞台上活跃了40余年的蒋介石，曾在1927年间夺得政治霸主地位，曾在抗战中进入全面兴旺时期，岂料在发动全面内战的3年间，却走向全面衰退，一生创建和维护的事业——中华民国政府也即将被推翻。

纵贯中国现代史的国共两党恩恩怨怨，如今终于到了阶段性了断的时候；在960多万平方公里的大地上，一个新型政权——中华人民共和国诞生了。

（一）愁云惨雾锁南京，蒋介石的忧愁

随着1949年新年的来临，南京政府一片昏天黑地，军事上"三大会战"

蒋介石等拜谒中山陵

失败致使国民党军事主力沦丧前线，经济上币制改革失败引起经济运行全面崩溃，社会上反蒋第二条战线的出现致使国民党政权人心丧尽。"三大危机"下政治矛盾激化，政局动荡不安，国民党政权的不治之症进入全面迸发阶段。

国民党风雨飘摇——政局动荡

国民党结束"训政时期"，正式进入"行宪时期"，理应社会稳定、经济繁荣、人民幸福，只是蒋介石方面把"行宪"当成招牌，为国民党专制、蒋介石独裁正名，其种种倒行逆施行为招致种种危机，故离失败也就越来越近。

陈布雷自杀

1948年4月19日，蒋介石当选为中华民国首任总统，李宗仁当选副总统。5月31日，行宪内阁正式成立，经蒋介石提名，由吴鼎昌任总统府秘书长、薛岳为参军长。内阁主要人事有：行政院长翁文灏，副院长顾孟馀，张厉生、王世杰、何应钦、王云五、俞大维、朱家骅、谷正纲、雷震、董显光等22人为政务委员；外交部长王世杰，国防部长何应钦，财政部长王云五，教育部长朱家骅，司法行政部长谢冠生，农林部长左舜生，工商部长陈启天，交通部长俞大维，社会部长谷正纲，地政部长李敬斋，粮食部长关吉玉，资源委员会委员长孙越崎，蒙藏委员会委员长许世英，侨务委员会委员长刘维炽，新闻局长董显光。

其余四院人事是：立法院长先是孙科，后是童冠贤，副院长先是陈立夫，

后是刘健群；司法院长王宠惠，副院长石志泉；考试院长张伯苓，副院长先是贾景德，后是钮永建；铨叙部长先是贾景德，后是沈鸿烈；考选部长田炯锦；监察院长于右任，副院长刘哲。

对大陆时期的国民党来说，行宪第一届内阁的成立，成为国民党政权最后一届较为完整的内阁。在此以后内阁和国民党统治集团一样，处于极度动荡之中，到国民党失败前夕，在16个月的时间内，内阁改组3次。新内阁一届不如一届，无力挽救国民党的失败，无力减缓国民党的失败，只能是为国民党政权最后的日子送行。

在国民党大失败前的一年余时间内，党政军经各个方面、各个领域的消息都令蒋介石沮丧。其中陈布雷、戴季陶自杀的消息，让他感到震惊，更让国民党统治集团内部感到茫然，颇有昏惨惨黄泉路近的感觉。

陈布雷在旧中国政治舞台上，可以算是一个走运、走红的人物。陈布雷，浙江慈溪人，1890年出生，原名为训恩，字彦及，号畏垒，至于"布雷"则是同窗好友送给他的绰号。陈布雷15岁时中秀才，后又考入浙江高等学校预科学习，毕业后供职于上海《天铎报》，其中有在他后面自杀的国民党另外一个要员戴季陶。在这个报社内，他简直成为"文章机器"，以每天交短评2篇、每10天交社论3篇的速度，源源不断地写出大量文章，因此被上海滩称为"民国以来，在言论上最有特殊成就的名记者"，"全国报界主持社论之人才，寥寥不多得。其议论周延，文字雅俊者，南（方）唯陈畏垒而已"。正是因为他在新闻界的知名度和获得上海滩上层势力承认的实力，成为正要建立政权、需要各类人才尤其是需要笔杆子的蒋介石拉拢的对象。

1927年春节前夕，趁报馆休刊之际，陈布雷和潘公展应蒋介石之邀一起赴南昌，并由蒋介石介绍加入国民党，两人自此成为国民党内的高级文吏，陈布雷则成为"政治笔杆"。他出手不凡，给蒋介石起草的第一篇文章是《告黄埔同学书》。蒋介石叛变革命后，陈布雷出任浙江省政府秘书长、中央党

　　陈布雷摄于1948年

部书记长、浙江省教育厅长、中央宣传部副部长、军事委员会秘书处长、委员长侍二处处长、国防最高会议副秘书长，1947年4月国防最高会议恢复为中央政治会议后任副秘书长。

从陈布雷的经历中可以看出，他一直是蒋介石最信任的助手。20年间，蒋介石的一篇篇文章、一次次讲话，侍从室飞出的一道道指令、一页页电报，几乎均出自陈布雷之手。陈布雷早年为名副其实的秘书，即文件由他起草，交蒋介石定夺；后期则成为名副其实的秘书头子，即有一套秘书班子起草文件，再由他修改、润色后送蒋介石。想当年，虽说在国民党上层政治舞台的前台，陈布雷出头露面时而有之，颐指气使却从未有过，为非作歹更是闻所未闻。可他作为国民党蒋介石集团最高决策中心的首席笔杆，深获蒋介石的信任，几乎参与全部军机大事和重要人事任免的决策过程，笔尖下面风云狂卷，公文纸上浪涛汹涌，地位之显赫，位置之重要，非常人所能及。另外，陈布雷尽管权倾一时、令人侧目，但他谨慎从事，不搭攀派系，不抛头露面，不取巧怠慢，不奢侈豪华，在官场上以"俭朴"和"高效率"著称，被蒋介石称为"一代完人"。具有讽刺意义的是，这样一位不同凡响的人物，最后自尽而亡，给人们留下不少话题和疑惑。

1948年11月13日，这位国民党内的政治明星级人物，突然吞药自尽。死因是什么？有人说是"尸谏"，称他是劝说蒋介石接受中共和平谈判建议不成，一死了之。事实上在他的遗书中，根本没有"尸谏"的意思，并且还有一些要家人和友人坚信蒋介石的领导和对付共产党的方针正确的内容。

有人说是因为陈布雷有3个子女是共产党员，受到蒋介石的训斥，开始遭到冷落，不堪忍受而自杀。此话不能服人，因为此事并不会影响陈布雷这样的人的前途。蒋介石早就知道此事，如果真要处置陈布雷，怎么会在几个月前还要陈布雷出任总统府秘书长？

事实上陈布雷完全是有计划的自杀。早在几天前他就开始准备，整日心神不安，精神处于崩溃状态，总是在办公桌旁踱步，念念有词地背诵李白的诗"君不见，青海头，古来白骨无人收"。他的秘书和副官已经觉察到反常，曾通知陈布雷同朝为官的弟弟和远在上海的夫人王允默前来南京劝说、开导。令人遗憾的是，谁都认为不会自杀的陈布雷竟然会自杀，当然也就没有谁对他进行任何形式的"思想工作"。

陈布雷的死因就是令他不安和绝望的事情。他在国民党内的地位没有丝毫动摇，党内是中央执行委员、中央常务委员，行政上是中央政治会议秘书长、国府委员、总统府国策顾问，仕途问题不会成为死因；政治观点上和蒋介石从无分歧，不会成为死因；他对蒋介石的忠诚没有变，遗书中一再感激蒋介石的知遇之恩，蒋介石对他的信任也没有变，虽然蒋周围常有"主和派"和"顽固派"去游说，可这并不影响蒋介石对陈布雷的宠信，蒋、陈关系没有危机，也不会成为死因；家庭内部因政治信仰不同而出现分裂，家中出了3个叛逆者，此事在国民党上层中确有人实想做文章，借机教训一下陈布雷，压一压陈布雷，可陈本人对此事并不在意，更不担心，儿女大了父母管不着管不了，以儿女的不同政治信仰来整陈布雷也整不倒，家庭异常也不会成为死因。总之，一无仕途危机，二无政治压力，三无任何不测，四无弥天大罪，陈布雷纯粹是蓄意自杀，使他下决心去死的因素，可以说是国民党的败局。

进入1948年11月以来，南京政府的日子越来越不好过。军事上的失利接二连三；政治上美国正在积极活动图谋换马；桂系头目和美国大老板眉来眼去，合谋倒蒋，搞得国民党上层人心惶惶不可终日；经济上币制改革带来恶果，物价以火箭速度上升，民不聊生。在中共军事力量和国统区人民群众组成的两条战线联合进攻下，国民党败局已定，谁也没有回天之术，陈布雷更清楚这一点。失败之际，为之服务多年的政权顷刻之间就要垮台，心中不免充满惆怅，无限空虚，还不如死去了事，万事空空，免得等待失败日子的到来。作为蒋介石的最高助手，谋事无效，无脸再活下去而引咎自责。如同战场上的败军之将，无可奈何只有把死作为最后一次向蒋介石效忠的机会。陈布雷真有点古代名士之遗风，很可惜表现的不是地方，成了国民党蒋介石集团失败的无谓牺牲品。

当然蒋介石的助手很多，应该为失败负责的人不少，为什么只有他一人自杀，这就是导致他自杀的第二个因素在起作用，即其身体已到了崩溃的边缘。这是他多年的文字工作压力造成的，当编辑时为赶文章，不分昼夜写稿，休息不正常，生活不规律，患上严重的失眠症。当上蒋介石的秘书后，半夜三更被叫醒更是常有之事，失眠越发厉害，到了只有靠安眠药才能睡上一会儿的地步，服药量从2片增加到6片，如果不是秘书们限制的话，还会增加。失眠和过量服用安眠药，使得他平时身体羸弱，面色枯槁，一副病态，局外人曾误认为这是抽鸦片所致。"失眠"这个不治之症，每天夜里无休止的折磨，使他对生活和生存失去信心，终于走上轻生之路。以上两条只要有一条好转，他就不会走上死亡之路。国民党的失败局面和他自己的健康恶化这两个不治之症，使他提前结束了自己的生命。

戴季陶自杀

戴季陶与蒋介石的关系并不一般，蒋介石在留学日本时期就和这位出生在四川广汉但原籍为浙江湖州的同乡来往。二次革命后，蒋介石和戴季陶一度去日本流亡，二人同住一处。蒋介石的小儿子蒋纬国就在此时出生，因此留下了纬国到底是蒋介石之子，还是戴季陶所生的谜。在以后的活动中，蒋、戴二人则互相支持、互相配合，同为孙中山所倚重。在早期活动中，戴季陶的地位要高于蒋介石，在国民党第一次全国代表大会上，戴季陶当选为中央执行委员、常务委员兼中央宣传部长，以后又任中央政治会议委员、大本营法制委员会委员长、黄埔军校政治部主任、国民政府委员，蒋介石则担任了地位不是特别高、但十分重要的黄埔军校校长职。

戴季陶与蒋介石的关系之亲密，不仅表现在两人来往方面，更主要的是戴季陶十分清楚蒋介石的政治理念，成为蒋介石政治思想的主要表达者、宣传者，也就是国民党蒋介石集团的主要理论家。在大革命时期，蒋介石表面上拥护国共合作，拥护国民运动，但内里却是在为公开"反共"准备实力。因此，尽管大革命时期的蒋介石在公开高喊革命口号，戴季陶却在拼凑反革命理论，说出了蒋介石想说而当时没有说的话。正是因为政治、思想上的一致，戴季陶成为蒋介石叛变革命的最有力的支持者。

戴季陶与蒋介石的关系之亲密，除了以上两方面以外，还有就是戴季陶作为国民党的元老，在蒋介石建立南京政府后，成为蒋介石"反共"路线最坚定的支持者，成为蒋介石打压党内政治反对派和地方割据势力最有力的支持者，成为蒋介石实行对外卖国、对内专制政策最忠诚的支持者。可以说，蒋介石在位22年期间，每一项决策、每一次行动，都有戴季陶的影子。戴季陶也一直深受蒋介石的重用，历任的要职有国民党中央常委、中央训练部长、三青团指导员、国大代表、国史馆长，尤其是担任五权制体制的考试院院长职达21年。

戴季陶想死，比陈布雷还早。1948年9月和12月，曾两次故意超量服用安眠药而休克，但均被抢救脱险。陈布雷死讯使他触动至深，1949年2月11日，他在广州服毒自杀（戴季陶出生于1891年）。

戴季陶的死，原因要比陈布雷简单，即是对"反共"前途失望，对国民党蒋介石集团失望。戴季陶和陈布雷这样的书生不一样，他自青少年时期起即投入反对清王朝的革命活动，也曾出生入死；在新民主主义革命兴起后，他无法接受国共合作和人民革命的现实，始终坚持"反共"的信仰和理念。可以说他是为信仰而活，为信仰而斗争，不会脆弱到轻易自杀的程度。他之所以自杀，纯属政治原因，是对蒋介石无力挽救国民党危亡的悲号。

面对国民党的军事、政治、经济、社会危机，面对蒋介石第三次下野，自己也因为不愿与李宗仁合作、反对国共和谈而避走广州，他预感到失败已是无法避免，自己为之奋斗数十年的事业顷刻间将要成为历史，与其坐等失败，与其等待极不愿意看到的人民革命和中国共产党胜利的到来，还不如一死了之。在临终前4天，他对新任国民党中央党部秘书长的郑彦棻说："我已经是油尽灯枯了！"事实上，戴季陶并没有"油尽灯枯"，他是在暗示国民党已经"油尽灯枯"！

戴季陶死前曾有一愿望，希望能到自己的出生地四川一游，但因为气候不佳，儿子戴安国准备的专机无法起飞，似乎是老天不让他实现这一最后的愿望。他在低吟"人不留客天留客"的心境中，吞下了远超过前两回、足以使他丧生的安眠药。果然，此次医生没有把他从死亡线上拉回来。

陈布雷、戴季陶的自杀，对国民党上层集团影响很大，在他们看来这不仅仅是陈、戴两人的个人行为，而是预示着国民党已经黄泉路近，油尽灯枯。因而，两人自杀虽说是个人行为，但加剧了国民党政局的动荡，所产生的影响不可估量。许多国民党上层人士面对国民党失败将至，开始认真考虑国民党的下场和自己的政治前途，作出必要的选择。

蒋介石对陈、戴二人的死十分痛心。得知陈布雷的死讯时，正在主持中央党部会议的蒋介石的脸色都变了，立即停止会议，驱车赶到陈布雷的住所探视，见到遗体时眼圈都红了。安葬陈布雷时，蒋介石出席公祭，并送上了"一代完人"的挽额，亲自撰写祭文说："国难未纾，天夺良辅，云何一瞑，逝者如斯"，怀念这位不可多得的助手。戴季陶自杀后，已经下野、正在溪口的蒋介石深为震动，称戴是"反共最早，决心最大，办法最彻底"，因此"闻耗悲痛，故人零落，中夜唏嘘！"

蒋介石下野

就在蒋介石悲叹陈布雷、戴季陶自杀之时，他自己再次下台。

事情从被国民党方面称为"徐蚌会战"的淮海战役说起。在这一场大江以北最大也是最后一次的国共两党军事大决战中，中共中央军委主席毛泽东调动刘伯承、邓小平指挥的中原野战军和陈毅、粟裕、谭震林等指挥的华东野战军，蒋介石则把江北所有能够调动的主力全部调上前线，决一死战。此仗如果中共一方无法实现全部消灭长江以北国民党军主力的战略目标，至多推迟全国解放的时间，无碍人民军队大反攻的大局。但对国民党方面来说，则是关键性的，事关国民党政权的安危。胜，则可保住国民党统治中心宁沪杭地区的江北屏障，延缓国民党失败的时间；败，则宁沪杭地区门户大开，中共大军将饮马长江，随时可以渡江南下，直取国民党首都南京和政治、经济、文化、军事中心上海。

战局和蒋介石预料的不一样，完全向有利于中共一边发展。1948年底，黄维兵团被歼，徐州地区杜聿明指挥的3个兵团陷于人民解放军的重围之中，蒋介石因为江北已无兵可调，只得再要武汉华中"剿总"司令白崇禧调出张淦的第2兵团和宋希濂的第14兵团，东援杜聿明部。

白崇禧没有配合。因为国民党党政军各方面的全面腐败和失利，引发了国民党统治集团内部出现两大变化。

其一是美国方面开始导演"换马记"。"换马记"的直接导演是美国驻中国大使司徒雷登，幕后导演则是美国政府。此事的提出，是在1947年7月间。美国在华调处失败后，为扶持中国的"反共"政权，美国杜鲁门总统采纳马歇尔国务卿的建议，同意派出前中国战区参谋长魏德迈作为特使，来到中国实地考察。考察任务有三：一是中国现在及未来的政治、经济、心理和军事情况；二是美国援助南京政权是否值得；三是如果美国要提供援助必须全部接受美国代表的监督。（1947年7月11日《杜鲁门给魏德迈的训令》，《美国与中国的关系》，《中美关系资料汇编》第1辑第300页）总而言之，魏德迈的考察关系到美国的援助能否及时到来；美国援助能否及时到来又关系到已经处于失败综合征边缘的南京政府能否摆脱危机。因此，此时的魏德迈简直成为蒋介石的救命稻草，成为能够挽救国民党失败的上帝。

对于魏德迈使华，蒋介石十分乐观。在他看来，在抗战后期他与魏德迈进行过成功的合作，魏德迈和时任驻华大使赫尔利一起不仅为中国战场带来美国

1343

抗战期间，蒋介石亲手为魏德迈戴上了青天白日勋章。两年后，魏德迈作为赴中国实地考察的美国特使，提出了更换蒋介石的建议

的援助，劝说美国总统处分驻华使馆中的谢伟思、戴维斯、艾奇逊等亲共外交官，还在抗战结束后动用美国军队和运输工具，帮助国民党军队收缴了日军的主要军事装备，帮助国民党把数十万主力从大后方运往各战略要地，为发动全面内战做准备；魏德迈又和马歇尔一起，在调处国共冲突时偏袒国民党军队，遏制中共方面。

因此，蒋介石觉得再与魏德迈唱一曲中美友好的颂歌、争取已经基本停止的美援的到来，应该是有希望的。

1947年7月22日，魏德迈到达南京，受到了蒋介石的热情接待，并听取了南京政府各方面的情况介绍。只是蒋介石心目中的魏德迈已经发生了变化，此时的魏德迈已经不是当年的魏德迈。抗战后期来华的魏德迈是为了消除史迪威事件的影响，尽力、主动与蒋介石搞好关系，并且劝说罗斯福总统扩大对中国的援助。此次则不一样，魏德迈主要是寻找美国停止对华援助的理由。因为美国有相当大的势力，不愿意再把纳税人的钱用来扶持毫无胜利希望的中国蒋介石政权。魏德迈的转变并非是他个人在起作用，也不是美国政府有意和蒋介石过不去，蒋介石也应该能够想到这一点。当年魏德迈和蒋介石友好相处，美援大量来到中国，是因为蒋介石站在反法西斯阵营一边，美国援蒋主要是为了支持中国抗日战场；今天蒋介石是在进行"反共"内战，美国为了保住在中国的政治特权，消灭中国的共产主义力量，曾经全力援助蒋介石，但是南京政府能否支撑不败，这将成为是否继续提供援助的基础。

所以，魏德迈并没有以蒋介石和南京政府及各省主席的报告为依据，而是自己前往国民党控制下的主要地区和城市，进行调查。并且在调查中，他利用政治特权，经常甩开蒋介石派来的随从人员，与各界进行密切接触，其中会见了民盟在内的许多民主人士。可想而知，魏德迈亲耳听到和收集到的各类信息，对蒋介石和南京政府是十分不利的，因此他决定如实向蒋介石和杜鲁门总统汇报。

从东北、华北、华东、华南考察回到南京的魏德迈，向40余位国民党各界要员汇报了考察结果。尽管事前蒋介石已经请赫尔利转告魏德迈尽量维护南京政府的面子，可以坦率谈问题，最好就事论事，但是魏德迈并没有给南京政府和蒋介石任何面子，而是毫不客气地批评了国民党当局各方面存在的严重问题，明确指出："只有靠立即着手改善政治经济状况，重新赢得中国人民的支持，这种改善进展的情况将决定政府的成败。"（《美国与中国的关系》第300页，《中美关系资料汇编》第1辑第765页）

蒋介石得知后，十分紧张，唯恐魏德迈的报告影响美国的援助。为挽回不良影响和改变魏德迈的决定，在魏德迈回国时，蒋介石于1947年8月24日亲自举行宴会，为魏德迈饯行。在这次有40余位国民党各界要员参加的宴会上，魏德迈拿出事先准备好的声明稿指出：光靠军事力量是消灭不了共产主义的，况且南京政府方面军事形势并不乐观，中共已经由在解放区反击国民党军队的进攻变为把战争引向蒋管区；国民党统治集团内部盛行失败主义、消沉和麻木；政府上下贪污、无能。他的结论更令人吃惊："中国复兴有待于富有感召力的领袖，恢复有待于令人振奋的领导。"（《美国与中国的关系》第300页，《中美关系资料汇编》第1辑第770页）显然魏德迈的结论是要想维持国民党在中国的统治，只有更换最高领导人，支持国民党内的清流派主持全局，以制止国民党内已经出现的不可遏制的溃败。

魏德迈恨铁不成钢，这是他对国民党沦落到如此地步痛心疾首而发出的肺腑之言。而且他回国后向杜鲁门总统递交了10万字的专门报告，强调在中国维持蒋介石统治有利于美国国际战略的同时，对国民党政权的腐败和无能进行全面批评，但他极力主张向中国继续提供有效军事援助，以维持中国国民

提出让蒋介石下台的司徒雷登

1345

政府的统治，遏制苏联的扩张，实现"反共"目标。杜鲁门总统根据此报告，同意继续对华提供援助。美国于1947年10月至1948年4月间，总共提供了价值5.4亿美元的援助。

与此同时，魏德迈提出的更换中国国民政府领导人的计划也开始实施。蒋介石对于魏德迈声明中的这部分内容十分不满，于当天晚上询问美国驻华大使司徒雷登的私人秘书傅泾波，探询美国是否要他退休或辞职？国民党中央认为魏德迈考察是洋人告洋状，时任行政院长的张群也称魏德迈不公正。

美国驻中国大使司徒雷登根据魏德迈的调查结果，开始具体策划"换马计划"。司徒雷登的计划分为两个方面。

一方面，在1948年5月至10月间，在司徒雷登的安排下，美国在华官员们，向包括总统杜鲁门、国务卿马歇尔在内的美国各主管部门长官，发出15份报告，详细介绍了蒋介石独断专行、任用亲信、排斥异己的种种劣迹，南京政府从上到下盛行不衰、无法制止的腐败程度，统治集团内部的各级官员和军事将领的无能无德状况，结论是："几乎毫无例外地，大家不再相信现政府能够不大加改组而恢复尚可忍受的生活水准。……他（蒋介石）将不可避免地经过相当时期而被抛弃。"（1948年8月10日《司徒雷登致国务卿马歇尔的报告》，《中美关系资料汇编》第1辑第898页）"除去蒋委员长的直属亲信人员和某些高级军官而外，没有多少中国人继续心悦诚服地支持他了；这个政府，特别是蒋委员长，已较过去更加不孚众望，并且愈来愈众叛亲离了。"（1948年10月16日《司徒雷登致国务卿马歇尔报告》，《美国与中国的关系》第300页，《中美关系资料汇编》第1辑第325页）正是在这个报告发出后1个星期，也正是这个司徒雷登，正式向马歇尔提出了请蒋介石下台的建议。他在报告中说："我们可以劝告蒋委员长退休，让位给李宗仁或者国民党内的其他较有前途的政治领袖，以便组成一个没有共产党参加的共和政府。"（1948年10月23日《司徒雷登向国务卿马歇尔的请示报告》，《美国与中国的关系》第300页，《中美关系资料汇编》第1辑第327页）

在中国人民解放军占领天津时，美国驻天津的总领事馆得出如下结论："我们目睹共产党军队占领了天津，这些军队的装备，几乎全部是从满洲国民党军队那里缴获的尚未使用过的美国武器。美国进一步援助这样一个政府的唯一后果，只会更加增强共产党力量，这个（国民党）政府已证明是如此的颟顸无能，以致我们所给予的援助，大部分已转入共产党的手里。我们反对共产主义的世界性政策，不应该强使我们去支持一个已经失掉本国人民支持的、悲惨无能和腐败的政府。"

　　另一方面，司徒雷登开始与非蒋介石嫡系、国民党最大的派系桂系的领袖们频频接触，以准备推出桂系领袖李宗仁出台替代蒋介石。司徒雷登找上桂系是有原因的，首先是桂系的实力。国民党历来是按实力来进行政治资源的再分配的，蒋介石之所以控制国民党20年是因为其实力位居众家实力派和反对派力量之上。经过20世纪30年代初期的军阀混战，地方实力派损失巨大，不是被消灭就是被收编，只有晋系、川系和桂系利用特殊的地理位置和蒋介石周旋，基本保持下来。其中晋系头目阎锡山是个标准的土著军阀，既目光短浅也颇有自知之明，自知缺乏和蒋介石争高低的实力，也就甘心在娘子关内精心经营。川系则长期不和，内耗严重损害了川军的实力。桂系则不一样，桂系头目的眼光远大，一直有着向全国发展的企图。并且桂系利用投身抗战的机会，冲出广西，趁机发展。全面内战开始后，蒋介石的中央军主力已经大部被歼，桂系的主力部队大部控制在白崇禧的华中"剿总"手中，成为国民党内唯一保存下来，并可以在实力上压倒蒋介石的派系。桂系的实力，成为司徒雷登压蒋的资本。其次是蒋桂矛盾，两者之间的矛盾由来已久。早在北伐过程中桂系有功却没得到应有的奖赏，蒋介石千方百计压制桂系种下双方不和的种子。桂系因之发动了第一场倒蒋战争，引起了地方实力派倒蒋连锁反应。抗战前夕，桂系借抗战之名，联合粤系陈济棠再度公开倒蒋，结果粤系被蒋介石整垮，桂系宣布归顺中央，李宗仁前往中原指挥抗战，白崇禧则留在军事委员会出任军训部长被架空。全面内战爆发后，李宗仁出任有职无权、更无指挥军队实权的国民政府主席北平行辕主任，白崇禧则高挂国防部长职，同样没有指挥军队的实权。中共开始战略大反攻后，白崇禧终于有了指挥军队的机会，前往华中出任"剿总"司令，既能控制相当大的军事力量，又能集结桂系的军队，成为一方霸主。在行宪时的总统选举中，李宗仁虽说当选为副总统，但也在蒋介石的玩弄之下，满腹怨气。双方矛盾发展到此，都把吃掉对方作为唯一解决的办法。桂系与蒋介石间无解的矛盾，为司徒雷登挑拨离间提供了可能。司徒雷登通过与李宗仁、白崇禧等人的密谈，初步定下由李宗仁取代蒋介石的计划。

　　无孔不入的特务们，当然及时、迅速地把美国的"换马计划"和桂系的欲

1347

望报告了蒋介石。因为是桂系在活动，它的实力使得蒋介石不敢轻举妄动；因为是美国和司徒雷登在活动，作为南京政府主要军援来源的美国插手使得蒋介石敢怒不敢言，敢言不敢动，只得迂回进行挽救。

事不凑巧，当年美国政府进行换届，蒋介石竟然一度把宝押在美国总统候选人杜威身上，岂知事与愿违，结果还是杜鲁门连任，蒋介石和南京政府十分被动。为改变不利局面，蒋介石于1948年11月9日致信杜鲁门，请求杜鲁门总统以发表支持南京政府声明的形式，"维持军队的士气与人民的信心，因而加强中国政府的地位，以从事于正在北方与华中展开的大战"。对蒋介石、南京政府已经失去信心，且对南京政府支持政治对手杜威耿耿于怀的杜鲁门总统，回绝了蒋介石的要求。

1948年11月13日，陈布雷自杀更让蒋介石有不祥之感。为制止美国实施"换马计"，蒋介石决定派宋美龄再度去美国，像抗战中的美国之行那样，在美国再刮政治旋风，劝说杜鲁门改变主意。11月24日，宋美龄主动打电话给美国国务卿马歇尔，要求访美。马歇尔出于外交礼节，同意宋前往，但只能以"私人的上宾"接待。聪明的宋美龄深知马歇尔的意思，按照这位中国"第一夫人"的脾气和行事风格，为防止自取其辱，完全可能停止美国之行。但为了挽救国民党失败，也为了挽救蒋介石的下野，宋美龄只得勉为其难，于11月28日飞往美国，6年前的风光不再。她在华盛顿等了12天，杜鲁门总统夫妇才出面会见，对于宋美龄提出的三点：美国发表支持中国"反共"目标的正式宣言；派一位美国高级军事将领来华主持"反共"军事战略和援华计划；核准援华三年计划，每年约10亿美元。杜鲁门心中不觉好笑，心想蒋介石真是贪得无厌，于是对宋美龄表示已经承诺的40亿美元援助计划中还未到位的2亿美元，可以继续执行，但不能保证支持一个无法支持的政府。宋美龄见"哭秦庭"一事无成，只得飞往纽约，暂住在孔祥熙的寓所。美国政府的态度，证明其"换马主意"已定。

其二是桂系已经决心倒蒋，取而代之。事到如今，一向团结、协作良好的李宗仁、白崇禧、黄绍竑，审时度势，觉得倒蒋时机已经来临。首先有美国的支持，这是逼蒋介石下台的关键因素。其次是李宗仁身为副总统，只要蒋介石下野，按照《宪法》规定自然成为蒋介石的接任者；白崇禧手下有30余万大军，成为逼蒋下野的实力因素；黄绍竑虽然从20世纪30年代起投靠蒋介石，但从来没忘保护桂系的利益，他作为李宗仁参选副总统的总指挥，依然是桂系的核心人物，此时作为监察院副院长，可以为桂系夺权帮腔呐喊。第三是国民党军队在战场上一败涂地，此时不少人主张与中共进行和平谈判，以争取喘息时间，确保实现划江而治，而蒋介石对和谈并不热心，因此和谈可以成为逼蒋介石下野的武器。第四也是最关键的，蒋介石手中主力只剩下宁沪杭地区的汤恩伯集团军和西北的胡宗南集团军，已经没有足够的军队对桂系的行动进行武力讨伐。因此，桂系逼宫主意已定，基本方案是李宗仁在南京城内活动，白崇禧在武汉呼应，黄绍竑从中联络和争取社会各界的支持。

美国和桂系联合逼宫的态势，已经把蒋介石逼上政治悬崖。对蒋介石来说，如果仅是美国"换马"，因为国民党内没有依托点也不会成功；如果只有桂系逼宫，因为没有美国背景也只能失败；如果没有与中共和谈的呼声，桂系和美国联手逼宫问题也不难解决。问题是现在桂系的逼宫，已经成为美国"换马计划"的重要组成部分，很难反击；蒋介石本人一直主张与中共决战到底，因此不可能与中共举行和谈，中共也不会同意与蒋介石和谈。此外，在辽沈战役和还在进行的平津、淮海战役中，国民党已经损失100万人，作为最高指挥官，要追究失败责任，蒋介石难辞其咎。

1948年12月4日晚，蒋介石得知宋美龄在美国倍遭冷遇后，自知自己下台已不可避免，向吴忠信表示："观察最近内外形势，我干不下去了。我走开后，势必由李德邻（宗仁）来维持，你就帮德邻上轿吧！等他上了轿，去留由你自己决定。"蒋介石安排吴忠信出任即将代理总统的李宗仁的总统府秘书长，既有安插亲信的意图，也有监督李宗仁执行国民党既定方针的含义。

1948年12月16日，蒋介石派中央政治会议秘书长张群、西北军政长官张治中、总统府资政吴忠信，前往位于南京傅厚岗的李宗仁官邸，提出蒋介石辞职计划。决定蒋介石主动下野，李宗仁代理总统，内阁改组。

武汉的白崇禧，从李宗仁秘书处得知这一方案后强烈反对。这位不愧为"小诸葛"，他转告李宗仁，要当就当名正言顺的总统，如果代理则将一事无成。此事后来果然让白崇禧不幸言中，李宗仁果然是个无职无权的傀儡。

在上述政治背景下，白崇禧接到蒋介石调兵的命令后，故意拖延，为蒋介石下野创造条件。在调黄维兵团时，白崇禧从中作梗，无奈黄维甘心为蒋介石卖命，又是中央军嫡系、"五大主力"之一，当然不会听从白崇禧的劝告，紧赶慢赶去淮海战场，结果全军覆没。现蒋介石又要调走两个兵团，白崇禧则准备公开阻止。

1948年12月17日，白崇禧造访宋希濂，开导他，与其被解放军所消灭，还不如利用与中共和谈的时机，为国民党重整旗鼓争取时间。他要宋希濂等蒋介石的门生，出面劝蒋介石下野。宋希濂处于三难境地：执行蒋介石的命令，白崇禧不会罢休；执行白崇禧的命令，蒋介石不会同意；作为黄埔系骨干，他本人也不忍心违抗"蒋校长"的命令。三难之下，宋希濂于当晚离开武汉，带着第14兵团前往沙市。张淦见宋希濂一走，当然也就按兵不动了。白崇禧见初战告捷，准备加大力度，逼蒋下野。

12月20日，内阁进行改组，为蒋介石下野做准备。主要人事情况是：总统府秘书长为吴忠信（后为翁文灏），总统府参军长孙连仲，行政院长孙科，副院长张厉生，外交部长吴铁城，国防部长徐永昌，财政部长徐堪，教育部长梅贻琦，司法行政部长梅汝璈，农林部长左舜生，工商部长刘维炽，交通部长俞大维，社会部长谷正纲，地政部长吴尚鹰，粮食部长关吉玉，资源委员会委员长孙越崎，蒙藏委员会委员长白云梯，侨务委员会委员长戴愧生，新闻局长沈昌焕。显然这一内阁部分采纳了李宗仁的意见，桂系和部分派系色彩不是很浓的人士入阁，不过熟悉国民党党内斗争的人一眼就可以看出，内阁人事主导权还在蒋介石手中。

为促请蒋介石下台，白崇禧于1948年12月24（敬）日独自致电张群、张治中，请其转蒋介石。电报内容意味深长："观察近日民心离散，士气消沉，遂使军事失利，主力兵团损失殆尽。倘无喘息整补之机会，则无论如何牺牲，亦无救于各个之崩溃。言念及此，忧心如焚！崇禧辱承知遇，垂二十余年。当兹危急存亡之秋，不能再有片刻犹豫之时，倘知而不言，或言而不尽，对国家不忠，对民族不孝。故敢不避斧钺，披肝沥胆，上渎钧听，并贡刍荛：一、相机将真正谋和诚意转知美、英、苏出面调处，共同斡旋和平；二、由民意机关向双方呼吁和平，恢复和平谈判；三、双方军队应在原地停止军事行动，听候和平谈判解决。"（《白崇禧致蒋介石亥敬电》，见程思远：《蒋介石发表求和声明的经过》，《文史资料选辑》第66辑第78页）

在白崇禧的带领下，属于武汉"剿总"辖区的湖南省主席、长沙绥靖公署主任程潜，河南省主席张轸，湘、鄂、豫、桂四省议会议长等，也发出了要求"总统毅然下野"的电报。白崇禧的行动被蒋介石看成是趁危逼宫的关键之举，难以容忍。

南京城内的李宗仁呼应武汉方面的行动，发表五项主张："（一）蒋总统下野，（二）释放政治犯，（三）言论集会自由，（四）两军各自撤退30里，（五）划上海为自由市，政府撤退驻军，并任命各党派人士组织上海市联合政府，政府与中共代表在上海举行和谈。"（蒋经国：《危急存亡之秋》《风雨中的宁静》第133页）李宗仁公开要求蒋介石辞职，提出的与中共谈判、释放政治犯、开放民权等主张，都为蒋介石所反对。李宗仁、白崇禧等人的行动，既是倒蒋风的风源，也是倒蒋风的主力。在李、白等人的活动下，国民党内的倒蒋风越刮越甚，蒋介石只有下台一条路。

1948年12月25日，司徒雷登亲自出面，来到蒋介石官邸，劝说蒋介石下野。蒋介石心中怨气冲天，但表面上依然客气地表示："我快要下台了。"素来以老大自居的美国大使司徒雷登也不客气地说："我正是为此事而来，不知您有什么意见，我可以向华府转达。"蒋介石真假不定地说："以后的事你找李副总统商量吧。"对于此次谈话，司徒雷登在日记中写道："1948年的最后那一个星期，对蒋来说，很难度过。"

1948年12月30（全）日，白崇禧见蒋介石没有动静，继续进行"催生"。他再次致电蒋介石，重申一星期以前的主张，称："当今局势，战既不易，和亦困难。顾念时间迫促，稍纵即逝，鄙意似应迅将谋和诚意，转告友邦，公之国人，使外力支持和平，民众拥护和平。对方如果接受，借此摆脱困境，创造新机，诚一举而两利也。"（《文史资料选辑》第66辑第79页）

1948年12月31日晚，南京黄埔路蒋介石的官邸前，只见在凛冽的寒风中一辆辆豪华轿车尾随而至，从车上走下来的都是当时南京城内的风云人物，有副总统李宗仁，五院院长孙科、童冠贤、于右任、王宠惠、张伯苓，有总统府秘书长吴忠信，行政院副院长吴铁城，中央政治会议秘书长张群，西北军政长官张治中，政务委员陈立夫、张厉生，政务委员兼社会部长谷正纲，一星期前辞职的外交部长王世杰，国民党中央常委蒋经国。在蒋介石邀请的40位客人中，只有两类人，一类是蒋记亲信，另一类是党内政敌。后者人数不多，领头的是李宗仁，蒋介石之所以请他到场，因为李宗仁是今晚宴会中不可替代的

蒋介石第三次下野前夕与李宗仁的合影（1948.12）

角色。

在辽沈战役结束、平津和淮海战役正酣、南京方面输局已定的情况下，出席蒋介石的除夕宴会显然不是为了品尝餐桌上的山珍海味，也不是为了迎新送旧，坐在长桌两旁的赴宴者，都在猜测蒋介石设宴的目的和用意。事实上这些精于政争和官场之道的国民党领导圈内之人，要说对晚宴主人的用意一无所知是假话，因为当时蒋介石所考虑的问题不外乎是：如何应付不可逆转的军事败局，如何应付新的一年到来，如何应付美国和党内反对派正在紧锣密鼓进行的逼宫。

直到晚宴结束，蒋介石才谈及正事，他在接过侍者送来的茶杯后，装着十分轻松地说："诸位，现在局面非常严重，党内有人主张和谈，我个人对此重大问题，不能不表示一点意思。现在草拟了一篇《文告》，请张群先生代为诵读一遍，读后，盼大家共同研究。"

张群宣读的文告，主要内容为"痛感失败"，他说："我深觉建国事业陷于迟滞，实在是感慨万分"；他表示"愿意和谈"，"只要共党一有和平的诚意，能做确切的表示，政府必开诚相见，愿与商讨停止战事，恢复和谈的具体方法"；关于"和谈条件"，他说：只要"神圣的宪法不由我而违反，民主宪政不因此而破坏，中华民国的国体能够确保，中华民国的法统不致中断，军队有确实的保障，人民能够维持其自由生活方式与目前最低生活水准"，就可以和谈；他表态"同意下野"，"和平果能实现，则个人的进退出处，绝不缅怀，而一唯国民的公意是从"。（见1949年1月1日《中央日报》）

接下来的场面可想而知，接下来发生的事也为以后国民党的内斗埋下伏笔：

蒋介石有意征求李宗仁意见，在得到美国的支持、已经开始做"代总统梦"的李宗仁毫无表情地回答："我与总统并无不同意见。"李宗仁连起码的挽留都没有，等于是赶蒋介石下台，这表明两人下一步的争夺将不可避免。

谷正纲突然号啕大哭，顿足捶胸，声泪俱下地喊道："文告不能发表。这篇文告隐示总统将下野谋和，果真如此，将对士气、人心发生重大影响，就要亡国亡党。"男儿有泪不轻弹，47岁的谷正纲能够对主人如此忠诚也实属难得。谷正纲的话引起在场的一些人士的附和，顿时会场热闹起来。蒋介石见到这些宠臣们的忠诚之心，心中感到一丝安慰，心想有这批人在，即使让李宗仁上台恐怕也不会有什么好的结果等着他。他变守为攻地说："我并不想离开，只是你们党员要我退职；我之所以愿意下野，不是因为共产党，而是因为本党的某一派别。文告必须发表，明天见报。"在场的人非常清楚，他是在骂桂系落井下石。

一冷一热，一反一忠，给蒋介石留下深刻印象。到台湾后他对党内反对派严加管束，一再重用忠臣，应该说是汲取了除夕夜的教训。

蒋介石之所以愿意放弃才到手9个月的"总统"宝座，首先，是共产党的原因。因为中国共产党领导的人民革命武装消灭了蒋介石的有生力量，三大战役打完，长江以北的半壁江山已经落入人民之手，蒋介石缺少继续在台前执政的基础。其次，是国共和谈的原因。因为人民要求和平，作为内战的元凶蒋介石不可能放下屠刀立地成佛，只要在台上就不可能与中共进行和谈，如果要想与中共进行谈判，蒋介石就得离开第一线。第三，是美国的原因。因为美国几个月来一直在进行扶李（宗仁）倒蒋活动，国民党统治集团进行"反共"内战离不了美国的支持，美国的态度当然是举足轻重的。第四，是党内反对派的原因。尤其是桂系，内战开始以来该系的实力至今还未伤及，20年前领先举起倒蒋旗帜的李宗仁、白崇禧当然不会放过此次倒蒋的最佳时机。正是这位李宗仁准备取蒋介石而代之，正是这位白崇禧在7天前从武汉急电蒋介石，要其恢复和平谈判。在他的带领下，长沙绥靖公署主任程潜、河南省主席张轸和湘鄂豫桂4省参议会议长致电要求"总统毅然下野"。蒋介石自己也说："我之下野的决心，固不能说全无国际环境之影响，但其重要因素还是我们内在矛盾的关系所多。"（《革命文献》第77辑110页）

确切地说，蒋介石之所以愿意下野，还有他自己内心不可告人的目的，即是为了推卸导致国民党在大陆大失败的责任。他到台湾后曾说过："在当时如果我不下野，当然我仍在南京，我认为只要有海空完整无缺，那南京是可以

1353

守的，万一守不住，我亦决心死在南京。"（见《先"总统"蒋公思想言论总集》第25卷第134页）。蒋介石在这里说了真话：如果他继续出任"总统"的话，则无逃命之说，只有死守死拼，正是因为他不是"总统"了，就可以率先逃命。更深入地讲，蒋介石辞职后已不是"总统"，所以对南京政府在1949年发生的最后也是最关键的失败根本不用负什么责任，到台湾后蒋介石讲到国民党在大陆的最后失败时，总是把责任全盘推给当时表面上在前台指挥的李宗仁。

从当时的政治情势和国民党逃台后蒋介石惩治党内非嫡系的行为看，他辞职下野是不甘心的，只是为了推卸失败的责任。

从当时的政治情势和国民党逃台后蒋介石惩治党内非嫡系的行为看，他辞职下台是不放心的，只是换种方式控制国民党。

新年文告发表，蒋介石没有正式下台的意思。他之所以还在观望，是因为尚存二点希望：一是如果徐州地区杜聿明的3个兵团和平津前线傅作义部能够保存，这两支兵力将可以用来制衡白崇禧部，下台问题还可再议；二是如果中共接受蒋介石的新年文告，同意蒋介石的和谈条件、和谈安排，下台问题则有转机。

形势比人强，1949年1月10日淮海战役结束，杜聿明3个兵团被全歼；武汉的白崇禧也于13日，以军费所需为名，把蒋介石从武汉中央银行运走的数百万银圆扣留，公开蔑视蒋介石和中央权威；1月14日中共向天津发起总攻，傅作义正在与中共平津前线最高指挥部进行谈判，平津陷落只是时间问题，蒋介石的第一个希望已经破灭。

在此同时，中共领袖见淮海战役已经结束、天津总攻开始、北平和平解放有望，大江以北地区全部解放已经基本实现，在此情况下，决定由毛泽东出面发表声明，回应蒋介石的新年和谈声明。中国共产党十分明确地指出，蒋介石"坚持现有宪法、法统、制度、机构、统治方式五不变"的求和声明，只是"为了保存中国反动势力和美国在华侵略势力"（《毛泽东选集》第1272页）。因此，不可能被中共方面所接受，也不可能为全国人民所同意，更不可能成为和谈的基础。1949年1月14日，《中共中央毛泽东主席关于时局的声明》发表。在这篇历史性的文件中，毛泽东代表中共中央提出了和平谈判的八项条件："（一）惩办战争罪犯；（二）废除伪宪法；（三）废除伪法统；

（四）依据民主原则改编一切反动军队；（五）没收官僚资本；（六）改革土地制度；（七）废除卖国条约；（八）召开没有反动分子参加的政治协商会议，成立民主联合政府，接收南京反动政府及其所属各级政府的一切权力。"（《毛泽东选集》第1280页）。中共的如此

蒋介石宣布"引退"后，在黄埔路官邸向李宗仁等告别

态度和立场，蒋介石应该能够想到，因为导致国共第二次破裂的是蒋介石，全面进攻中共的是蒋介石，如今中共解放全中国已经只是时间问题，怎么可能还像抗战期间在承认国民党和蒋介石统治地位的前提下与国民党谈判呢？毛泽东的声明打破了蒋介石的第二个希望。

一直在旁边监督蒋介石的美国大使司徒雷登见蒋介石只发表声明却没有下台的意思，非常着急。1949年1月17日赶到李宗仁处，明确表示："假如一周内蒋介石不肯下台，那么，你就马上去武汉，在那里发表主张和平的声明，我们美国政府会立即表示支持。"李宗仁派出助手程思远，立即赴武汉进行必要的准备。

通过特殊渠道，两个希望都已经破灭的蒋介石很快知道了这一消息，只得着手下台安排。1949年1月21日上午10点，蒋介石召开决策圈成员会议，宣布正式辞职，由李宗仁代理。蒋介石、李宗仁在蒋的引退文告上签字画押。这一文告说："中正毕生从事国民革命，服膺三民主义，自十五年由广州北伐，以至完成统一，无时不以保卫民族，实行民主为职志。先后二十年，只有对日之战，坚持到底；此外对内虽有时不得已而用兵，均不惜个人牺牲，一切忍让，为国从事，斑斑世所共见。战事仍然不止，和平之目的不能达到。决定身先'引退'，以冀弥战消兵，解人民倒悬于万一。"（蒋经国：《风雨中的宁静》《危急存亡之秋》第145页）下午4时10分，蒋介石飞离南京前往杭州。

当天，南京中央社正式播发蒋介石第三次下野文告，称他愿"身先引退，

以冀弭战消兵，解人民倒悬于万一。爱特依据中华民国《宪法》第49条，总统因故不能视事时，由副总统代行其职权之规定，于本月21日起，由李副总统代行职权，并勖勉全国军民暨各级政府，共矢精诚，同心一德，翊赞李副总统，一致协力，促成永久之和平。"（张其昀：《先"总统"蒋公全集》第3305页）

蒋介石第三次下野。

国民党政局动荡是国民党失败的产物，政局动荡又加剧了国民党的失败。国民党政局在经过以蒋介石辞职为主线的大动荡后，开始进入以蒋介石破坏国共和谈、"蒋李斗法"为主线的新的高潮期。在这一高潮期中，国民党政权终于垮台。

蒋介石破坏和谈——和谈破裂

南京城里的"代总统"李宗仁，根本无法驱动蒋介石经营20余年留下来的政府机器，成为中国政治舞台上牵线木偶式的"总统"。蒋总裁遥控南京决策层，更成为政治舞台上出色的牵线木偶表演艺术家。即使代总统李宗仁时有脾气，不听使唤，总裁大人也可以让留在中央、政府及军事系统的亲信、心腹们，继续保持蒋介石所定的"假和谈，以争取时间；真备战，以守住江南；假下野，以推卸责任；真掌权，以挤垮桂系"的航向。

不放权假下野

蒋介石的"假下野"，很快以李宗仁对党政事务一筹莫展为结果；蒋介石的"真掌权"，很快以国民党整个权力机器只有蒋介石能够驱动为结果。

蒋介石下野，为国共进行和平谈判创造了条件，问题是蒋介石并不同意此次和谈。对蒋介石来说，国共和谈如果成功，对国民党有好处，因为国民党按照中共提出的条件进行改造；对李宗仁有好处，因为是李宗仁主谈成功，政治资本大增，蒋介石打败了，李宗仁谈成了，反差太大。因此国共和谈如果成功，对国民党进行民主改革和巩固李宗仁在党内的政治地位，都不是蒋介石所愿看到的。

国共和谈如果失败，对国民党没有好处，因为国民党将会在短期内被消灭；对李宗仁没有好处，因为李宗仁好不容易争来的代总统将会随之而去。对蒋介石来说，国民党被打败是败，国民党接受中共和谈条件也是败，国民党失败已成定局，但还可以把李宗仁整垮，也就是说蒋介石时至今天，不怕国民党失败，只怕李宗仁成功。因此国共和谈如果成功，两项结果蒋介石都反对；国共和谈如果破裂，蒋介石起码可以二取其一。因此，蒋介石拒和立场是十分清楚的。

他在辞职当天飞到杭州后，第二天在陈诚、汤恩伯的陪同下回到溪口家乡，开始了为期3个月的"退隐家乡"生活。

蒋介石从下台之初就开始着手破坏国共和平谈判。他担心李宗仁上台后改变"拒和方针"，安排亲信担任要职进行牵制。蒋介石任命陈诚担任台湾省主席兼

"退隐"家乡的蒋介石在四明山的石窗晨读

警备司令，蒋经国为台湾省党部主任委员，严格控制这一国民党的逃亡基地。此外，任命汤恩伯为由京沪警备司令部扩大而来的京沪杭警备总部总司令，掌握长江下游军事大权，既可防止人民解放军过江，又可通过控制南京、上海地区的全部军队达到限制李宗仁的目的。任命张群为重庆绥靖公署主任，负责看守国民党的西南基地。任命朱绍良为福州绥靖公署主任，负责看守国民党复兴基地台湾的陆上基地。任命薛岳为广东省政府主席，负责国民党另一政治中心广州的防卫。再加上西北胡宗南集团军，蒋介石在当时国民党占领的长江以南和西南、西北地区，除武汉地区由白崇禧控制外，其余地区

下野后在家乡溪口遥控军政的蒋介石

妙高台

中正题

下野的蒋介石在故乡妙高台与前来拜会的行政院长孙科（右一）等人合影

全部配上自己的亲信和心腹。在这种态势下，能够贯彻李宗仁意志的只有武汉地区，他接受的只能是个受气的差使。

李宗仁在人事上被架空之外，权力也被架空。蒋介石在离开南京后，私自修改与李宗仁合签过的引退文告，只是称李宗仁为"代总统"，任凭李宗仁、白崇禧等人如何反对，蒋介石口是心非，最后决定的文告内容仍然坚持李宗仁只是代总统。问题还有，蒋介石辞职未经国民大会批准，李宗仁代理总统也未经国民大会批准，所以都不合法，蒋介石辞职不合法依然是总统，李宗仁代理总统不合法则说明他是非法的。除此之外，蒋介石虽说辞去了总统职，但他还是国民党总裁，根据国民党党章的规定，任何从政党员必须无条件接受本党的领导，自然也就必须接受这位总裁的领导，蒋介石可以总裁的名义和党务系统，直接指挥国民党在各地的行动。为便于指挥，他在溪口家乡安装了7部大功率的电台，绕过李宗仁和南京城的中央机构，直接指挥各地军事、政治运作。分布在各个岗位上的重要官员，更是奔走于前往溪口的路途中，既是向蒋介石效忠，也是来领取最高指示，以便于同李宗仁斗争。为增加效率和权威，蒋介石有些不便出面的地方和场合，则派长子蒋经国到场；有些不便说的话和做的事，则由蒋经国出面，与各界联络，以增加其权威性。他特意指示参谋总长顾祝同，完全掌控兵力调动大权，禁止李宗仁调动军队，影响长江防线。

蒋介石恋栈不下，操纵政务，一时溪口成为国民党的政治中心，军政大员们为表示对蒋介石的忠心和揭露李宗仁的"阴谋"，纷纷求见，奔走于乡间路上。此时的蒋介石被称为"世界上最忙的闲人"。

赶来"朝圣"的有国民党军队主将胡宗南、汤恩伯和陈诚、周至柔等人。

西安绥靖公署主任胡宗南，当时他手下有主力20万人，加上杂牌军有30余万人，蒋介石要其像抗战时期那样，保住大西北、川康这一中国的腹地。胡宗南来溪口，商议备战只是原因之一，更主要的是向蒋介石效忠。

赶来溪口的有京沪杭警备总司令汤恩伯。汤部主力为一式美械装备，全面内战开始后，汤恩伯并没有打过什么胜仗，而且在重点进攻山东解放区时被消灭主力整编74师，因而被降职为浙江衢州绥靖公署主任，负责编练二线兵团。到国民党大败前夕，蒋介石病急乱求医，请汤负责保卫京畿。汤恩伯统率38万正规军和近30万杂牌军，事实上根据他的才和能，是不适合担当这一重任的。蒋介石用他，只是要汤利用手中的实力阻止李宗仁与中共和谈，并要汤恩伯把防守要点从长江下游东移淞沪地区，能守则守，不能守就设法把兵力全部转向舟山和台湾。汤恩伯前来朝见显然是为了商讨对策。

赶来溪口讨教和效忠的还有空军司令周至柔。周至柔，为蒋经国生母毛福梅的姨甥，亲戚关系虽说是远了一点，可毕竟是亲戚。他是保定军校第8期生，和陈诚、罗卓英是同期校友，黄埔军校创办时，他投靠蒋介石，充当军校兵器教官。北伐开始后，成为国民党军界实力最大的一支"土木工程系"的创始人之一，长期主持11师、18军。1934年这位不懂空军和飞行的陆军将领出任中央航空学校教育长（校长是蒋介石），两年后任航空委员会主任，成为国民党的空军创始人。全面内战爆发前夕，蒋介石改组军事体制，周至柔出任改制后的首任空军司令。周司令的到来，对国民党的下一步如何动作关系重大。他是来商谈对国民党逃亡有极大作用的空军安排问题。作为当务之急，蒋介石要长子协同周至柔督促修建舟山定海机场，作为华东地区国民党党政军各方面撤出的中转站。

蒋介石把控制逃亡基地台湾的重任交给陈诚

赶来溪口求见的还有新任台湾省政府主席陈诚。对这位数一数二的重臣，蒋介石已有打算，将把更重要的任务交给他，陈诚更上一步的机会已经来临。蒋经国也有数，陈诚将成为自己以后在台湾的最主要的搭档。蒋家父子同陈诚讨论的问题跟其他人谈论的问题不一样，跟其他人讨论的是如何防守，而同陈诚讨论的是如何迎付国民党的未来，谈论的主要问题是如何安排固守台湾、治理台湾社会秩序、迎接大规模逃台高潮。蒋介石就逃台问题作出一个最重要的决定，这就是在台湾入境管理上，授予陈诚全权，不能放松对入台人员的审查和选择、监视。可去可不去的一律不让进，必去又不去的想方设法让其去，不能去的坚决不让去。陈诚在这一点上没有辜负蒋介石的期望。陈诚也考虑到了蒋经国日后的作用，对这位台湾省党部主任委员的意见他还是尊重的。

这些骄兵悍将，李宗仁如何指挥？他们不仅不听李宗仁的命令，不时干扰李宗仁的决策，而且还不时向蒋介石打小报告，通报李宗仁的行踪和决策，为逼走李宗仁创造条件。

对和谈真破坏

在以上权力结构基础上，蒋介石对李宗仁的工作不仅不支持，而且明里暗中进行破坏。蒋介石不断对外放话，他已经解甲归田，退隐家乡，所有政务都归李宗仁管。但是，蒋介石想行使权力的时候，他就忘了这句话；蒋介石不想行使权力的时候，他就重申这句话。特别是李宗仁因为蒋介石的亲信作梗和遥控指挥，政令不通，很多决策无法贯彻下去，他只得找上门来，请已经解甲归田、颐养天年的蒋介石下令，蒋介石本来就是要看李宗仁的笑话，当然不会配合，所以"解甲归田"成为他最好的推托之词。对于李宗仁要求退还被蒋介石运去台湾的中央银行金库部分库存、安排部分人事等要求，蒋介石则以"解甲归田"为名推得一干二净，结果这位代总统，连起码的财政经费和军费都没有。对于社会各界的正当要求，如释放政治犯，释放张学良、杨虎城等，蒋介石就以"不务政事"为名，推给李宗仁去处理，而李宗仁下达的释放命令又被职能机构顶着不办。"解甲归田"成为蒋介石继续行使专制、独裁大权的掩护伞。

对于国共两党和谈，蒋介石则直接插手进行干扰和破坏。

在蒋介石正式辞职之前，桂系就曾进行过一些工作。如在元旦过后，白崇禧曾包租陈纳德的飞机，派黄绍竑赴香港找广西老乡李济深，请李济深担任与中共的联络人，但此时李济深已经应中共之邀前往东北解放区参加新中国的筹建工作。黄绍竑只得请中国国民党革命委员会驻香港机关与中共驻香港机构联络，转达白崇禧的计划：蒋介石下野；李宗仁愿意与中共进行和平谈判。

蒋介石离开南京后，桂系表面上掌握中央政权，开始具体安排和平谈判事项。1949年1月27日李宗仁致电中共中央主席毛泽东，表示："贵方所提八项条件，政府方面已承认可以作为基础，进行和谈，各项问题，自均可在谈判中商讨决定。"（《李宗仁回忆录》第932页）。李宗仁在提议进行国共谈判方面，应该说是有诚意的，只是因为他的谈判目的不是为了消弭战乱、建设新中国，而是为了实施划江而治，延长已经走入死胡同的国民党反动统治，所以他的积极态度不可能取得积极的成果。

为制造和平气氛，在李宗仁的要求下，行政院长孙科决定：将各地"剿总"改为"军政长官公署"；取消全国戒严令；裁撤"戡乱建国总队"；释放政治犯；解除报章杂志禁令；撤销特种刑事法庭；通令停止特务活动，对人民非依法不能逮捕。从这七项内容看，确实有一些积极的东西，但与中共的八项条件有很大距离，而且只要不终止国民党的反动统治，李宗仁、孙科的决定根本没有实施的可能。

对于谈判本身，李宗仁亲自确定邵力子、张治中、黄绍竑、彭昭贤为国民党方面谈判代表。

蒋介石对于李宗仁的和谈建议非常不满，为阻挠和谈进行，在1949年1月28日要内阁阁员到上海开会，决定2月4日将行政院迁广州，以脱离李宗仁的控制，以便于在和谈最后阶段由行政院出面予以否决。

对于国民党方面的求和建议，中国共产党决定再给国民党一次机会，同意进行谈判。1949年1月27日和2月5日，中共中央发表声明，不承认南京政府，战犯必须惩治，彭昭贤不能作为代表，谈判在北平举行。中共的态度非常明确，任何谈判不能

这是1947年4月蒋介石率家人回乡扫墓乘筏剡溪的情景。此番"解甲归田"，其心情就大不一样了

干扰解放全中国、建设新中国的既定方针，国民党只有立即放下武器，接受改编，还和平、政权于人民。

李宗仁为实现划江而治的计划，并没有停止和谈行动，于1949年2月13日派出颜惠卿、章士钊、江庸、邵力子组成"上海人民和平代表团"赴北平、石家庄，和中共北平市有关负责人王拓、徐冰进行了谈判，并到石家庄受到了中共中央军委主席毛泽东、中共中央军委副主席周恩来等中共领袖的接见。毛泽东、周恩来同意举行国共谈判，时间定在3月25日左右。2月27日，4位老人组成的和平代表团回到南京。李宗仁根据他们带回来的信息，把孙科从广州请回南京，召开中央常会和中政会联席会议，确定了实施联邦制和划江而治的谈判方案。这一方案，根本不可能为中共所接受。

为推动谈判的进行，南京城内的国民党上层人士普遍认为，蒋介石将是谈判最大的障碍，既为中共所不能接受，也妨碍李宗仁行事。已被李宗仁指定为谈判代表的张治中，1949年2月20日从兰州回到南京，与李宗仁、司徒雷登等人协商后，决定到溪口，劝说蒋介石出洋。1949年3月3日上午10时，张治中和吴忠信飞到宁波，蒋经国前来迎接，蒋介石已从新闻界得知此事，劈面就说："他们逼我下野是可以的，要逼我亡命就不行！下野后我是个普通国民，到哪里都可以自由居住，何况是在我的家乡！"（《张治中回忆录》第286页）。张治中在溪口停留8天，只是游山玩水，原定的任务无法完成。

为干扰国共即将进行的谈判，蒋介石见孙科在和谈问题上已经和李宗仁走到一起，由孙科监督李宗仁已经不可能，所以决定改组内阁。1949年3月20日，在蒋介石的授意下，由政治上绝对可靠的何应钦出面组阁，其他人事安排是：总统府秘书长翁文灏，总统府参军长李汉魂，行政院副院长贾景德，外交部长先是傅秉常后是叶公超，国防部长何应钦，财政部长刘政云，经济部长孙越崎，教育部长杭立武，司法行政部长张知本，交通部长端木杰。此次内阁改组的关键是，由何应钦掌握行政院和国防部，届时由他出面公开破坏国共和谈。这一至关重要的事情完成后，蒋介石认为可以放心让李宗仁进行谈判了。

1949年3月26日，中共和平谈判代表团组成。团长是周恩来，成员是林伯渠、林彪、叶剑英、聂荣臻，秘书长为齐燕铭。

经中共同意，南京方面新内阁确定了谈判代表，由张治中任首席代表，成员有邵力子、章士钊、黄绍竑、刘斐、李蒸等人，顾问为屈武、李俊龙、金山，秘书长为卢郁文。双方决定会谈于1949年4月1日在北平正式举行。同时，李宗仁、何应钦经过协商，决定成立和谈指导委员会，由李宗仁、何应钦、于右任、居正、张群、吴铁城、孙科、吴忠信、朱家骅、徐永昌、董显光组成，负责谈判原则和内容的制定，监督谈判的进程。在何应钦的主持下，邵力子、章士钊、李蒸、刘斐、翁文灏、彭昭贤、贺耀祖、黄少谷制定了谈判"腹案"，主要内容为："和谈必须建筑在平等的基础上，我们绝对不能让共产党以胜利者自居，强迫我们接受不体面的条件"；"不能同意建立以共产党为统治党的联合政府，我们应该建议立即停火，在两党控制区之间划一条临时分界线"；"不能全部接受所谓八条，而只同意在两政府共存的条件下讨论八条"。（《李宗仁回忆录》第942页）

1949年3月29日，张治中考虑到蒋介石是总裁，为给谈判加上一点保护色，对付党内顽固势力的攻击，在屈武、吴忠信的陪同下，来到溪口面见蒋介石。蒋介石表面上对南京方面的"谈判腹案"没有意见，也鼓励张治中完成好这一艰巨的任务，甚至向张治中表示：只要和平实现，愿意终老还乡。但就是这位蒋介石，让身边的人对张治中进行威胁。张治中在回忆录中是这样说的："蒋左右有人对他（屈武）狠狠地说：'张先生这样热心和谈，将来是没有好结果的！张先生太天真了！现在还讲和平，共产党愿意和平吗？我看他会死无葬身之地！'"蒋介石对"谈判腹案"提出两条补充意见："和谈必须先订停战协定"；"共匪何时渡江，则和谈何日停止，其破坏责任应由共方负之。"（蒋经国：《危急存亡之秋》，《风雨中的宁静》第181页）他在日记中写道："可决定其为十足的投降之代表。但共匪是否接受其投降，是一问题耳。李宗仁和谈方案，其中心条件，无异于协同'共匪'消灭国军之基础耳。"（蒋经国：《危急存亡之秋》，《风雨中的宁静》第175页）从中可以看出蒋介石对国共和谈的拒斥立场。

蒋介石、李宗仁错误地估计了形势，还以为国民党是抗战时的国民党，蒋介石是抗战结束时的蒋介石，国民党军队是全面内战发动时的军队。此种心态，岂能让谈判成功。李宗仁的想法，或多或少是为国民党考虑；而蒋介石的心态，则显然是要搞垮国共和谈。

1949年4月1日，张治中和其他代表团成员，乘坐中国航空公司"天王号"专机飞往北平。下午3时，飞机抵达北平，齐燕铭秘书长前来接机，并将他们送往六国饭店。当天晚上，中共代表团宴请南京代表团，周恩来团长明确指出，张治中将军到溪口见蒋介石，那么这种由蒋介石导演的假和平，中共不能接受。接下来双方代表，开始进行具体接触。

1949年4月4日，经中共同意，由李济深派出的代表朱蕴山、李民欣、刘子衡到达南京，向李宗仁明确表示，不论和战，解放军总是要过江的，划江而治是不可能的。李宗仁见此，只得于当天致电毛泽东，称："宗仁何求，今日所冀，唯化干戈为玉帛，登斯民于衽席。耿耿此心，有如白水。"毛泽东在4月8日的回电中明确指出："中国共产党对时局主张，具见本年1月14日声明，则根据此八项原则以求具体实现，自不难解决。"毛泽东接着指出："贵我双方亟宜早日成立和平协定，中国共产党甚愿与国内一切爱国分子携手合作，为此项伟大目的而奋斗。"毛泽东的电报给南京方面指明了一条出路，也为和谈定了主题，也就是说假和平是不可能得逞的，南京方面唯一的出路就是接受中共八项主张，真心实意谋取国内和平的实现。

蒋介石则通过何应钦继续对和谈施加压力。1949年4月9日，已经在广州办公的行政院长何应钦致电南京，提出："（一）为表示谋和诚意，昭信国人，在和谈进行开始时，双方应即下令停战，部队各守原防。共军在和谈进行期间，如实行渡江，即表示其无谋和诚意，政府应即召回代表，并宣告和谈破裂之责任属于共方；（二）为保持国家独立自主之精神，以实践联合国宪章所赋予之责任，对于向以促进国际合作，维护世界和平为目的的外交政策，应予维持；（三）为切实维护人民之自由生活方式，应停止所有施行暴力之政策，对人民之自由权利及其生命财产，应依法予以保障；（四）双方军队应在平等条件之下，各就防区自行整编，其整编方案，必须有双方互相尊重同时实行之保证；（五）政府之组织形式及其构成分子，以确能保上列（二）、（三）、（四）项原则之实施为条件。"

蒋介石对和谈，明里暗中进行干扰，李宗仁于1949年4月12日请阎锡山、居正赴溪口送信。李宗仁在信中巧妙地对蒋介石辞而不退、退而不休的行为表达不满，尤其是对蒋介石干扰和谈的行为进行了批评，最后李宗仁提出如果蒋介石再不悔改，则他辞职。蒋介石软中带硬地把李宗仁的信顶了回去，根本不予理睬，阎锡山、居正无功而返。

1949年4月13日，国共代表团在北平中南海勤政殿举行第一次正式会谈。

会上，周恩来在总结过去十多天非正式会谈内容的基础上，提出了《国共和平协定（草案）》，共8条24款。次日，张治中代表南京方面，提出49条修正意见，其中半数为中共代表所接受，如为保全蒋介石的面子和帮助国民党进行民主改造，不提战犯一事和不追究战争责任，但坚决回绝了南京方面提出的"就地停战"和"划江而治"等违反实现和平要求的无理条件。4月15日，中共根据国民党代表的意见，对协定进行修正后，提交了最后修正案，并提出4月20日为接受协定的最后期限。毛泽东还对张治中等代表表示，愿意和李宗仁进行当面谈判，并说可以邀请李宗仁出任新中国的副主席。

1949年4月16日，张治中决定派人带着协定回南京汇报。当天，黄绍竑和屈武参加了行政院院会。参加者不仅是院会成员，其中包括代总统李宗仁、中央党部秘书长吴铁城、参谋总长顾祝同，甚至从太原逃出来的阎锡山也参加了会议。

会议由何应钦主持，黄绍竑在会上做了说明。他说，李宗仁代总统曾表示承认中共八项条件，所以代表团根据这一精神与中共谈判，8条24款的《和平协定》与"八项条件"差不多。

作为蒋介石亲信的几名与会者听到此言，马上按捺不住：

吴铁城表示，国民党中常会从未承认中共八项条件，李代总统也只是说八项条件可以商谈，并不是承认！如果取消"宪法、法统、体制、制度、统治方式五不变"，中华民国何以立国？

顾祝同则说，人民解放军已经做了过江准备，由此推断说中共没有和谈诚意，把责任推向中共一方。

阎锡山则表示，这个条款难以接受，接受了以后更难解决问题。

李宗仁因为黄绍竑那番发言以后，很难再发表意见。

何应钦则决定，这个和平条款不能接受，并由行政院作出答复。他显然履行了当初组阁时蒋介石交付的拒绝和谈的责任。

1949年4月17日，蒋介石接到了和平条款，他的意见是："'共匪'对政府代表所提修正条件24条款，真是无条件的投降处分之条件。其前文叙述战争责任问题数条，更不堪言状矣。黄绍竑、邵力子等居然接受转达，是诚无耻心之极者之所为；可痛！余主张一方面速提对案交'共匪'，一方面拒绝其条件，同时全文宣布，以明是非与战争责任所在。"（蒋经国：《危急存亡之秋》，《风雨中的宁静》第190页）

1949年4月19日，李宗仁召集和平指导委员会会议，决定请中共延长和谈时间。

黄绍竑把南京和溪口的态度用电话转告张治中时，张治中意识到和谈已经破裂了，他说中共已定于4月20日晚过江，并请黄转告李宗仁。

国共和谈因为国民党的拒绝，宣告正式破裂。蒋介石、李宗仁反对和谈，都有不赞成国民党放弃执政党地位的因素，但蒋介石还有不让李宗仁主导谈判成功的用心，李宗仁还有划江而治的目的，所以决定了和谈不可能成功。此外，中国共产党解放全中国只是时间问题，绝不可能拿政治原则与蒋介石、李宗仁作交易，不会放弃夺取全国胜利的机会。

（二）中华民国被推翻，蒋介石的哀歌

因为国民党方面撕毁《和平协定》，1949年4月21日，中共中央军委主席毛泽东、中国人民解放军总司令朱德，发布了《向全国进军的命令》。两位中共领袖命令解放军："奋勇前进，坚决、彻底、干净、全部地歼灭中国境内一切敢于抵抗的国民党反动派，解放全国人民，保卫中国领土的独立和完整！"

横扫千军如卷席——中共进军全国

此时，国民党方面还保持有67个军211个师的番号，总兵力达107万人，加上地方部队和特种兵，总共约132万人。主要分布在三个方面：长江下游地区的汤恩伯部，共19个军60个师约38万人；长江中游地区的白崇禧部，总共12个军36个师23万余人；位于陕川地区的胡宗南部，总共13个军33个师20余万人。其余大多为地方武装，分布在西北、西南一些省份。特别是连遭失败的国民党军队后勤供应日差，士气低落，无心再战。

在国民党军队兵员大幅下降的同时，中共基本解放了东北、华北和中原等广阔地区，已经兵临长江。人民解放军已经拥有正规军188个师（旅）218万人、地方部队140万人。并且人民解放军装备完整，士气高涨，已经具备解放全中国的实力。

渡江战役

国民党的"假和谈"，以何应钦内阁撕毁《国共谈判协议》为结果；国民党的"真备战"，以解放军百万雄师过大江的壮举为结果。

1949年4月20日后半夜，由蒋介石幕后控制、华盛顿方面支持、李宗仁出

面进行的"和平谈判"阴谋破产后，蒋介石精心组织和遥控的长江中、下游防线遭到中共第2、3、4野战军不可阻挡的进攻。

进攻湖口到吴淞口汤恩伯防线的有3路大军，东路军由3野副司令兼第二副政委粟裕和参谋长张震指挥，编有第8、10两个兵团35万将士，在江苏张黄港和龙稍港段渡江，任务是切断京沪铁路、公路及两地之间敌人的联系。

中路军由3野第一副政委谭震林指挥，编有第7、9兵团34万将士，在安徽裕溪、枞阳处渡江，切断京杭公路，完成对芜湖、南京、镇江的包围。

西路军是2野的28万大军，由刘伯承司令、邓小平政委指挥，在江西湖口段渡江，任务是直插浙赣线，切断汤、白之间的联系。（1949年5月14日，林彪司令、罗荣桓政委指挥的第4野战军在武汉以东的团风至武穴段强渡长江）

国民党政权的最后希望、汤恩伯和白崇禧精心经营的长江防线，当天即被冲垮。汤总司令指挥的17兵团（侯镜如指挥）、8兵团（刘汝明指挥）及6兵团（李延年指挥）、南京的45军（军长陈沛）、镇江的4军（军长王作华）和54军（军长阙汉骞）、芜湖的20军（军长杨干才）和99军（军长胡长青）、浦口的28军（军长刘秉哲）、安庆的47军（军长杨熙宁）等部，无心恋战，夺路南逃。

1949年4月23日晚，解放军103师侦察连进入南京市，次日举行盛大入城式。孙中山的陵寝所在地、国民党政权的首都、金陵古城南京回到人民手中。"虎踞龙盘今胜昔，天翻地覆慨而慷"，南京政府垮台，它是近代以来继清廷、袁世凯、北洋之后覆灭的第四个政权。陈毅在"总统府"向北京的毛泽东主席打电话报告胜利喜讯时，毛主席风趣地问："你们题了刘伯承、陈毅到此一游没有？"这一"游"包含多么广泛且深刻的含义啊！1949年5月16日、17日刚过江的第4野战军占领了武汉3镇。

蒋介石见到的是兵败如山倒的惨景，残存的"国军"闻风逃命，唯恐逃之不及。顽抗的被消灭，不投降的、逃得慢的被消灭，明智的、有正义感的、识时务的起义投诚。1949年4月27日苏州解放；5月3日杭州解放；7日绍兴解放，蒋介石的家乡也被人民解放军占领；5月22日南昌解放，解放军的诞生地终获新生，浙赣线被切断；5月12日至27日中国最大城市、国民党统治集团的重要基地上海解放，指挥进攻的陈毅称之为自己一生打得最理想的战役，骄狂一时的汤恩伯在战役中间出尽洋相后匆匆逃往福建。渡江战役至此，作战目标完全实现。

南京政府迁往广州办公。为应付国民党军队大溃败的局面，1949年6月24日李宗仁改组内阁，主要人事情况为：总统府秘书长邱昌渭，参军长刘士毅、行政院长阎锡山、副院长朱家骅，外交部长胡适，国防部长阎锡山，财政部长徐堪，蒙藏委员会委员长关吉玉。阎锡山成为国民党在祖国大陆彻底失败的最后阶段的"送终行政院长"。此时的蒋介石则在上海、厦门、广州、重庆、成都、台北间视察战事，被解放军追得从一城撤到另一城，最后撤到台湾。

1949年7月间，第3野战军第10兵团等进入福建，8月17日解放福州。10月17日解放厦门，守军汤恩伯、刘汝明部逃往金门岛。10月25日，解放军一部强攻金门古宁头失利，中央军委决定停止对金门、马祖等海峡岛屿的进攻，为撤台的国民党当局保留一个沿海的基地。金门之战并非是台湾当局所吹嘘的"古宁头大捷"，如果金门岛上残缺不全的第8、12、21兵团都无法消灭，那中共又是如何消灭国民党的几百万军队的？如果金门岛都攻不下，那中共又是如何占领沿海大到海南岛和崇明岛，小到数不清的无名岛，多到舟山群岛各岛的岛屿的呢？

就在第3野战军进行解放上海和东南沿海作战时，为防止可能出现的美国出兵华东地区的紧急事件，2野和4野在江西、湖北等地待命，随时准备增援第3野战军。到上海、福州、厦门解放，华盛顿发表《中美关系白皮书》，美国出兵中国大陆武装干涉的可能性已经变得很小。到9月间，作为战略预备军的第2、4两野战军百万大军开始南征。

中南追击

在休整和巩固新解放区期间，第4野战军的"青树坪之战"让人难忘。1949年8月4日，长沙绥靖公署主任程潜、华中"剿总"副司令和第1兵团司令陈明仁率国民党长沙绥靖公署、第1兵团部和3个军、3个保安师共7.7万人在长沙通电起义。在白崇禧方面的策反下，8月7日，起义部队有3个军部、5个整师和两个团总数约4万人叛变南逃。8月8日，第4野战军总部决定第13兵团的49军追击叛军，49军军长钟伟派遣第146师行动。

钟伟在向第13兵团提出的向永丰、界岭、宝庆方向追击的作战方案还没得到回复前，命令146师出发，等到林彪考虑到桂系精锐第3兵团正在永丰一带，要49军"不得盲目前进"的指示下达时，王奎先师长带着146师已经过了永丰，到达青树坪。

青树坪，又称青水平，位于湖南双峰县境西部，自古为驿站要塞。1949年8月15日，解放军146师先头营因连日急行军，部队十分疲惫又无敌情，所以没有派出有力部队控制制高点，结果部队通过青树坪旁山谷时，遭到埋伏在山上的桂系第10兵团第46军236师的伏击，双方立即开始激战。146师师长王奎先指挥全师向前猛攻，激战至次日天明，毫无进展，但没有引起应有的警觉。后方的林彪亲自下令146师撤出战斗，并派出145师接应，还派出41军、45军各一个师向永丰靠拢。然而，解放军第49军军部每隔半小时呼叫一次，没有收到146师的任何回电。此时的白崇禧十分清楚，146师是孤军深入，于是急调附近桂系第3兵团第7军的171师、172师两翼迂回，准备一举歼灭146师。8月16日，白崇禧指挥3个桂系主力师对解放军146师的"围歼"开始，经过血战146师渐渐显出不支，于是收缩防线，将全师集中到相邻几个山头，形成环形防御。8月17日清晨白崇禧部开始攻击，半小时内重炮发射2000多发炮弹。重炮和密集的炮击才让王奎先师长认识到已经陷入重围，中午从修好的电台中收到军部要其撤退的命令，这才明白了自己的危险处境。王奎先深知白天在重围下突围等于是自找死路，决定天黑后再撤。下午，白崇禧发起37次整营整团的集团冲锋，146师防线的最突出部塔子山，几经易手后在下午4时再度失手，438团组织最后的预备队，团长亲自带队，机关干部包括炊事员都参加冲锋，在师部炮兵营炮火掩护下，再次夺回高地。午夜，146师在145师接应下突围而出。青树坪之战为4野渡江以来的硬仗之一，全师牺牲877人，受伤2000余人，前来接应的145师也有470人的伤亡。青树坪的牺牲本来可以避免或减少，大反攻以来的连续胜利确实让有些官兵产生麻痹轻敌思想，导致此战的失算。不过，有敌人就会有战斗，有战斗就会有牺牲，向英雄们致敬！国家没有忘记他们，在双峰烈士公园中，建有"衡宝战役青树坪战斗烈士纪念馆"。在青树坪得手的桂系第3兵团很快在"衡宝战役"中被解放军4野打垮。

渡过长江、占领武汉的林彪、罗荣桓部，主要任务是解放湖广地区。1949年9月13日至10月13日，分3路在湖南衡阳、宝庆间组织"衡宝战役"，一举消灭白崇禧率领的桂系主力，迫使白残部逃回广西老家。在2野4兵团的支援下，12、13、15兵团压向两广。10月14日，4兵团和15兵团解放广州。11月初，4、15兵团为南路，13兵团为西路，12兵团为中路，直扫华南敌人主要集结地、桂系老家广西。11月22日省会桂林解放，12月4日南宁解放。白崇禧部输得很惨：张淦的3兵团在茂名被歼；徐启明的10兵团在横县被歼，司令本人被俘后逃走；鲁道源的11兵团在容县被歼；刘嘉树的17兵团在东兰被歼，司令被活捉；黄杰的1兵团在中越边境被歼，一部分逃往越南。曾为国民党早期主要根据地和第一次国共合作基地的两广地区成为中共的天下，此时新中国已成立2月余。

2野的杨勇、苏振华兵团由湘入黔，向贵阳进军，11月15日解放该城，不久贵州地区的国民党19兵团在副司令王伯勋指挥下起义。陈锡联、谢富治兵团开入湘鄂川边地区，任务是截断四川敌军逃滇之路，包抄川康之敌。陈赓的4兵团在广西战役结束后，进军云南。12月9日省主席卢汉宣布起义。4兵团对顽抗到底的8军、26军坚决打击，该兵团周希汉军长、刘有光政委指挥的第3军在蒙自、个旧地区歼敌26军主力，残部逃往越南，使得国民党海南方面的空军到蒙自机场接应计划落空。该兵团李成芳军长、雷经天政委指挥的第14军在元江、镇源地区歼敌8军主力，并俘虏国民党陆军副总司令汤尧，军长李弥率残部逃往境外金三角地区，云南全省解放。2野另一部主力则进军四川和西藏，刘邓大军深入大西南腹地，交通不便，条件艰苦，为解放全中国作出了巨大的贡献。

华北飘红

在华东、中原、东北组织大决战的同时，中央军委命令徐向前担任18兵团司令兼政委，负责攻克太原，端掉阎锡山的老巢。徐向前和阎某是老乡，同为山西五台河边村人，只是徐幼阎18岁，故两人并不熟识。徐向前考入黄埔军校时，阎锡山已经任山西督军12年。两人正式见面已是1937年9月，在两个月前离开西路军刚回到延安的徐向前，作为中共代表之一跟随周恩来与晋方谈判，商议挺进山西、开辟抗日根据地一事。抛开政治信仰不谈，阎锡山对河边村的这一能人还是佩服的。中共开始战略反攻后，徐向前回到山西，出任晋冀鲁豫军区第一副司令，该区和晋察冀区合并后，出任华北军区第一副司令、1兵团司令兼政委，先后指挥临汾、晋中等战役。1948年10月15日，打响太原战役。阎锡山在山西统治已达37年，给家乡人民带来数不尽的灾难，今天领导结束阎锡山统治的最后一仗，清算阎锡山罪恶的是山西人民、且为阎某同乡的徐向前，这也可谓之天意巧合。

阎锡山不敢轻视这位在自己出任山西督军时还在读私塾的徐向前，为防守太原修筑起大量永久性的工事，就碉堡外形而言则有高、低、人字、十字等多种形状，就碉堡性能而言则有杀伤、伏地、警、侧射、指挥等多种功能。晋军的火力装备因有自办的兵工厂提供，要好于一般国民党杂牌军队。

进攻太原并不顺利，18兵团力经苦战，到1948年12月4日只攻占郊区阵地。平津战役开始后，太原前线的解放军大部转入休整。平津战役结束后，华北19兵团（杨得志任司令，李志民任政委）、20兵团（杨成武任司令，李天焕任政委）到达太原城下。1949年4月20日再度攻城，24日发起总攻，1小时后即攻入城中，很快结束战斗。太原绥署副主任孙楚、省政府代理主席梁敦厚、第4区专员尹遵澡和省妇委会理事长阎慧卿、警察局长师则程等一批顽固分子自杀，这些人被国民党方面捧得很高，称之为"五百完人"。阎锡山在太原被攻破前已逃离山西。

华北还有南京政府的最后一块领地，这就是绥远省。从平津战役起，中共有关部门即与绥远省主席董其武进行谈判。在谈判过程中，中共协助董其武多次平定"顽固反共分子"的叛乱，到1949年9月19日，绥远正式宣布和平解放。至此，华北全境已无国民党军队。

进军西北

在第2、3、4野战军进行3大战役时，第1野战军也连续向胡宗南集团军、马家军发动猛烈进攻。胡宗南忘不了凄惨的1948年3月1日，战斗力、机动性强的整29军被彭德怀全歼于瓦子街，所以当1野向西北进军时，胡宗南马上收缩兵力，准备经汉中、川康至云南。蒋介石的高足、爱将及20万大军，竟然不战自退。一个政权，一个军队，只要有这类不争气的将领，胜利将无从谈起。

1949年4月28日，胡集团军西撤。5月11日挺进陕中的1兵团（王震指挥）、2兵团（许光达、王世泰指挥）开始追击胡军，20日解放西安，随后占领关中地区。6月26日，又联合赶来的解放军第18、19兵团，击溃西北军政副长官马步芳、马鸿逵指挥的20多万人的反扑。7月10日至14日，在渭河两岸的扶风、眉县地区围歼胡宗南部44000人，胡之余部逃往汉中和四川。至此，1野兵分两路，18兵团追击胡宗南，入川作战；1、2、19和18兵团的62军追剿"二马"。

1949年8月12日，2兵团和19兵团向马步芳主力防守的兰州发起进攻，这是解放大西北的最后一次大战役。该市为西北第二大城市，甘、宁、青、新的交通枢纽，也是西北军政长官公署所在地。马步芳生性残暴，割据青海，甘肃也成其势力范围。此人在当年"围剿"红军西路军时，双手沾满无数红军战士的鲜血，如今在彭德怀的进攻面前，已经预感到末日来临。8月26日，三面环山，中间夹着黄河，易守难攻的兰州被攻破。同时，能攻善战的王震挥兵马步芳老家，于9月5日解放西宁，长期遭受"马家军"践踏的甘、青两省始获新生，马步芳在兰州、青海会战中逃逸。

西北解放总导演彭德怀在执导完逼胡入川、攻克兰州、清扫青海等雄壮的军事大戏后，1949年9月5日，又派遣19兵团进军宁夏。卢忠良的128军、马光忠的11军在遭受痛击后，两位军长投降，81军军长马鸿宾率部起义。9月26日杨得志的部下举行了盛大入城式，宁夏全境解放。西北"马家军"另一罪魁马鸿逵早已逃之夭夭。

为解放新疆，王震和许光达的兵团分别从西宁、兰州沿河西走廊进军，1949年9月21日两兵团在陇中张掖会师，3天后西北长官公署河西总部和91军、120军在酒泉起义。此时，新疆警备总司令陶峙岳和省主席鲍尔汉主动派代表与中共洽谈，9月25日其部7万余人参加中共阵营。解放军第1兵团王震部远征乌鲁木齐安抚边疆民众，并沿西部边境进军藏东普兰地区，其距离远超过中央红军的长征路程。类似的近代远征行动只有清朝末年的左宗棠，至今在戈壁滩上还存有一些清兵栽种的"左公柳"，只是左氏的进疆是为了维护祖国的领土主权，而王震的壮举除维护主权、保卫边疆外，还有解放当地、进行社会改革、促进民族和睦的重大历史使命。

胡宗南逃到汉中，据守秦岭，紧追而来的解放军第1野战军18兵团60军由宝鸡以西向秦岭进攻，61军由宝鸡向南进攻秦岭，胡宗南稍加阻击后逃往四川。四川此时作为国民党政权在祖国大陆的最后一块"基地"，为保卫从广州迁到重庆的"中央政府"，川东有川湘鄂绥署主任宋希濂部6个军，川北有川陕甘边绥署主任胡宗南部12个军。1949年11月起，解放军2野3兵团和4野13兵团一部由川东，2野5兵团一部由川南，在巴东至天柱数百里长的地段上全线推进，向重庆进攻。11月29日蒋介石和国民党政府一些成员离重庆飞往成都，30日重庆解放。刘伯承率部进驻这座西南名城，重庆曾是8年抗战的陪都，也是共产党主席毛泽东和国民党总裁蒋介石唯一的谈判地点。重庆之战前后，宋希濂的3个兵团大部被歼，他本人也被活捉。

重庆告急时，蒋介石急调胡宗南部前来保驾，胡部的先遣部队到达重庆时，该城已被攻克，只得转往成都。解放军2野一部在刘伯承、邓小平指挥之下，1野18兵团在贺龙指挥之下，向成都挺进，真是巧合，刘伯承、贺龙当年都在川军当兵，邓小平则是四川人，今天由他们来指挥解放四川的最后一仗。

1949年12月13日，蒋介石和国民党政府撤离蓉城，到台北办公。12月22日胡宗南逃往海南，已被打得七零八落的罗广文的15兵团、陈克菲的20兵团、裴昌会的7兵团、李振的18兵团、朱鼎卿的3兵团、川鄂绥靖公署副主任董宗衍、重庆绥靖公署副主任邓锡侯和潘文华、西康省主席兼24军军长等大批高级将领宣布起义。12月27日，贺龙率部解放成都，四川省主席王陵基逃跑时被活捉。

全军覆没的胡宗南

败在成都城下的胡宗南残部万余人，逃往西康省会西昌，除夕那天，在蒋介石的严令下胡宗南从海口飞到西昌。到1950年3月，2野的14军（李成芳任军长、雷经天任政委）、15军（秦基伟任军长、谷景生任政委）和1野的62军（刘忠任军长、鲁瑞林任政委），分别由四川、云南方向南北夹击西昌，26日蒋介石派来飞机接走胡宗南，27日西昌城解放，这是同国民党军队在大陆的最后一仗，胡宗南的几十万大军至此全军覆没。

1950年3月，第4野战军发起海南岛战役。该岛守军主要有"海南行政长官"陈济棠、"副长官"余汉谋、"海南岛防卫司令"薛岳指挥的、从广州逃来的粤军残部。从3月5日至4月30日，4野15兵团发动渡海作战，将敌军一部消灭，其余敌军撤往台湾。第4野战军创下从黑龙江打到海南的记录。5月16日，3野7兵团向舟山群岛发动强攻，歼敌一部，其余敌军撤往台湾。

1950年10月6日，为挫败西藏地方当局分裂祖国、进行所谓"西藏独立"的阴谋，中共中央军委决定进军西藏。北路军由张国华、谭冠三的18军组成，在西北军区骑兵部队的支持配合下，10月19日切断反动藏军由昌都逃拉萨的退路；南路军由李成芳、雷经天的14军组成，截断敌人的南逃退路。昌都守军总指挥阿沛·阿旺晋美见战无胜利希望，逃路已断，10月24日宣布接受中共建议，停止作战。昌都一仗，为和平解放西藏提供了可能，拉萨地方当局表示愿意与中央政府谈判、参加中央政府。（1951年5月23日，《十七条协议》在北京签字，12月20日，18军和14军在拉萨胜利会师。）至此，除台、澎、金、马、港、澳外，中国大陆和沿海岛屿全部解放（大陈岛暂时还由台湾方面控制）。

胜利成果

蒋介石在大陆的失败，使他成为中国历史上损兵最多的败军统帅。内战期间，军队损失650个建制师、807万人，被解放军缴获的主要武器有各类轻型枪支3161912支、各类机枪319958挺、各类火炮54430门、各类机动车辆和坦克24039辆、各类军舰200艘。

国民党军事将领起义、投诚、被俘、被击毙或自杀的情况，可以从一个侧面反映出南京政府和蒋介石的损失已到崩溃的程度。

在内战战场上，走向人民阵营的有华北"剿总"司令傅作义、绥远省主席董其武、新疆警备司令陶峙岳、新疆省主席鲍尔汉、云南省主席卢汉、长沙绥署主任程潜、沈阳8兵团司令周福成、长春1兵团司令兼东北"剿总"副司令郑洞国、河南19兵团司令张轸、华中"剿总"副司令陈明仁、3绥靖区副司令何基沣和张克侠，以及西南战役中投诚的13位兵团司令或绥署副主任，还有新8军军长吴化文、60军军长曾泽生等许多军长、师长、旅长、团长的起义，如此多的将领、军官、士兵弃暗图明，反戈一击，说明国民党军队内部政治上的不稳定，蒋介石如何能打胜仗？

在内战战场上，战死沙场、愿意成仁、效忠蒋介石的兵团司令只有黄百韬、邱清泉、胡长清等为数不多的死硬派，只有35军军长郭景云、63军军长陈章、70军军长高吉人、20军军长杨干才、27军军长李正先、61军军长赵恭等极少数顽固派，蒋介石的忠臣到关键时刻如此之少，如何能打胜仗？

在内战战场上，被解放军俘虏的就有川湘鄂绥署主任宋希濂、东北"剿总"副司令范汉杰、徐州"剿总"副司令杜聿明、9兵团司令廖耀湘、12兵团司令黄维、13兵团副司令李九思、7兵团副司令何文鼎、2绥靖区司令王耀武和副司令李仙洲及司令康泽、天津警备司令陈长捷、四川省党部主任委员曾扩情、四川省主席王陵基、西康省党部主任委员李猷龙、天津市市长杜建时、49军军长郑庭笈、18军军长杨伯涛、3军军长罗历戎、96军军长陈金城、62军军长林伟涛、9军军长黄淑、73军军长韩浚、43军军长张文鸿、10军军长覃道善、47军军长严翊、79军军长方靖、25军军长陈士章、51军军长王秉钺、64军军长刘镇湘、114军军长沈策、64军军长李荩萱等，这批高级将领成为解放军的"战利品"。"如果"没有国民党最后数月的顽抗，争取到一些撤退的时间；"如果"没有台湾这一撤退基地，蒋介石和所有国民党政权的成员都会成为俘虏！有了撤退时间和撤退基地，还有如此多的高级将领被俘，可见蒋介石军队官兵的素质之差，如何能打胜仗？

一边是蒋介石和国民党的大失败，一边是毛泽东和共产党的大胜利，在解放军向全国进军、追击国民党残兵败将的脚步声中，迎来了庆祝中华人民共和国成立的隆隆礼炮声！在庆祝中华人民共和国成立的隆隆礼炮声中，"送"走了大失败的蒋介石。

蒋介石为何失败——自己打败自己

蒋介石，仅仅19年，从一个山区农村小农后代，成了一国之领袖。即使在习惯于"造反、起义、革命"登基的中华文化圈内，也不能不说是火箭速度，不能不说是仕途奇迹。而蒋介石的失败之惨之重，同他的成功之大之快一样，为中国历史上所少见。他组建的南京政府，22年后被中华人民共和国代替。对于蒋介石的失败原因，众说纷纭，但有一点很明确，那就是他自己打败了自己。

中共成立新政府

1949年10月1日下午2时，在北京天安门城楼上，中华民族最优秀的人物、中共领袖毛泽东、周恩来、刘少奇、朱德、任弼时主持和参加中华人民共和国成立大会。他们五位分别担任国家主席、政务院总理兼外交部长、副主席、副主席兼解放军总司令、中央书记处书记。下午3时，在当时面积有限的广场，举行有30万人参加的开国大典，中共武装力量各主要兵种进行阅兵式。毛泽东主席以浓重的湖南口音，向全世界宣告"中华人民共和国中央人民政府成立了"。五星红旗——中华人民共和国的国旗高高地飘扬在祖国的天空。

首先，中华人民共和国的成立是中国人民对政治制度和社会制度的历史性选择。

南京政府之所以垮台的原因，得到史学界一致认同，也是最有说服力的无非是三个方面，即：政治上逆历史潮流而动，政为欺天下世人而助寡头政客；经济上为剥削阶级服务，财为穷一国之民而富官僚垄断资本和官商财团等少数豪绅；战场上出无名之师"剿共"，军为好穷兵黩武而图挽回败局。蒋介石建立大地主大买办阶段联合专政的中华民国，实行剥夺穷人、压制民主、无视民权的社会制度，这是中华民族在走出封建、走向现代化的过程中，在选择什么道路、什么制度、什么生活方式上，国民党蒋介石强加于中国人民、给中国人民和中华民族带来巨大痛苦的尝试，最后不可避免地走上与中国人民为敌、被中国人民所抛弃的灭亡之路。中国人民希望找到一条适合中国国情，能够使得古老中国在尽可能短的时期内振兴、强大的正确之路，中国共产党看到这一民意，顺应这一民意，发动和组织人民群众，打败了蒋介石及其控制的政府，逐渐建立和完善起一套富有特色的发展模式、体制和制度，为民族振兴、社会发展、人民生活提高创造了有利条件。

其次，"中华民国"被推翻，其全部权利和义务都被中华人民共和国所继承。

随着南京政府的垮台，其全部对外独立代表权和对内行政管辖权均由中华人民共和国政府接管。根据国际法中对"国家主权"的界定，以对外独立代表权论，中华人民共和国政府自1949年10月起成为中国的唯一合法代表，中国在国际间的全部责任和义务由中华人民共和国政府承担；以对内行政管辖权论，中华人民共和国自1949年10月起管理和保卫着包括台湾在内的所有中国领土。中华人民共和国政府虽没有具体管理过台湾地区，但一直肩负着保卫包括台湾地区在内的所有中国领土安全的责任。在两岸关系上，大陆在坚持"九二共识"、反对"台独"的政治前提下，通过交流不断减少分离多年造成的隔阂，不断减少干扰两岸交流合作的政治和人为障碍，增加双方的信任感、亲近感，增加两岸的共同利益和促进两岸的共同繁荣，培养完成和平统一的心态和基础。也就是说，通过两岸关系和平发展的巩固和深化，深入和推进两岸交流，为完成两岸和平统一积累经验和创造条件。两岸和平统一的完成，需要满足"一个中国、共同发展、双方接受"三项基本条件。在现阶段，"一个中国框架"与"和平发展"已经成为"双方接受"的共识，因而"共同发展"已经开始并已经取得成效，"共同发展"的成果不断增加，就是为"双方接受"打下基础。坚定不移地贯彻执行对台工作新战略，继续推进两岸关系和平发展，依靠两岸同胞和所有关心和平统一的人们的努力，创造完美的"一国两制台湾模式"，这是全体中国人民的责任。

第三，中华人民共和国的成立，开创了中国人民排除外国干涉、独立自主解决中国问题的新时期。

自列强东侵以来，中国惨遭蹂躏，自慈禧、袁世凯、段祺瑞到蒋介石无一不是为了维持自己的最高权力，出让中国人民的利益以换取西方列强的支持；中国发生的许多历史事件中无一不打上西方粗暴干涉的烙印。中华人民共和国的成立，宣告帝国主义者在中国大地上横行霸道、为所欲为永远成了过去，中国人民不再允许和容忍外国势力插手中国内政。当西方反华势力一再挑起民族矛盾、指责中国人权问题、批评中国社会主义制度时，只能引起中国人民一次又一次的反感和反击，只能使得中国人民更加坚定走中国特色社会主义道路的信心和决心。值得警惕的是在台湾问题上，以"和平统一、一国两制"的方式实现祖国统一，是既定方针，以美国为首的西方反华势力从未放弃制造"两个中国"、维持"不统不独"局面、打"台湾牌"牵制中国的图谋。尽管不能阻止西方某些反华势力多年来一直在进行的分裂中国、干涉中国内政的图谋，但是中国人民有决心也有能力阻止西方任何损害中国主权阴谋的实施。

南京解放日1949年4月23日和中华人民共和国成立日1949年10月1日，对中共来说，是欢天喜地的日子，因为这标志着中国革命的胜利；对蒋介石来说，则是灾难性的日子，因为这标志着他所创建的南京政府在大陆被推翻。

历史开了蒋介石一个玩笑。一心消灭共产党的他，在不到4年间竟然成为中国近现代史和世界史上少有的最大失败者之一。他的政权机构从总统府、省政府到区公所、保公所全部被摧毁；政府由南京先后迁广州、重庆、成都，又迁到台北维持；以国民党统治集团为总代表的整个剥削阶级基本被消灭；近3000个由国民党政权和官僚垄断资本控制的大中型企业被中共所接收。军事上更使作为国民党军队最高统帅的蒋介石不堪回首，共损失650个建制师、807万人。

辛亥革命以后短短的38年间，中国就有过3次政权更迭，分别是（很快落入北洋军阀手中的）中华民国临时政府取代清朝、南京政府结束北洋军阀统治、中华人民共和国取代中华民国。改朝换代、变更天子，在中国历史上并不是稀罕之事，近40年间发生3次历史巨变并不反常，因为时代已经进入20世纪，社会在迅速发展，要求上层建筑作出与之相适应的变化。以上3次政权更迭，表现出中国在前进，第一次是结束了封建王朝；第二次是中国在脱离封建主义走向现代化过程中，在选择什么样的道路和发展方式上所付出的代价，南京政府

22年的统治严重阻碍了中国的发展；第三次政权更迭中，中国共产党和马克思主义的成功，开始了中国特色社会主义的建设过程，更是中国社会开天辟地以来最大的一次飞跃。这对胜利者来说无须过多解释，但对失败者来说却是痛苦的，对蒋介石来说则是更大的打击。

失败对政坛首脑、军事将领、历史枭雄来说，都是刻骨铭心、难于忘怀的，蒋介石也是如此。他难以接受失败的主要因素有四：

首先，在中国历史上，有多少王朝在战火中毁灭，有多少王朝在军事胜利的欢呼声中登基，蒋介石也不例外，他在北伐的凯歌声中自立门户。俗称打江山容易守江山难，可历史上守不住江山败江山的大都不是开国皇帝本人。古往今来被推翻的王朝很多，可丢失政权的大都是末代皇帝，大都是励精图治的开国皇帝那些贪图享受和昏庸无能的后代，历尽千辛万苦打下江山的先帝极少毁掉自己的王业。蒋介石却不是，使用武力抢到手的统治宝座只有短短的22年就被他自己断送掉。更有讽刺意味的是，他作为"国民大会"选出的"中华民国总统"，在位时间只有规定任期的七分之一即9个月，他既伤心又不服气可又毫无办法。

其次，历史上丢失政权的一方往往是被进攻的一方，清朝就是在革命党和义军的不断进攻下退位的，北洋政府是被攻势猛烈的北伐军打败的。蒋介石则不同，依仗占绝对优势的军队和装备，先后向中共发动了全面进攻、重点进攻，直到下台时，还在部署长江沿线、中南和西北一带与人民解放军决战，最后玩火者自焚，他挑起了这场战争，又不得不为战争的失败负责，弃位而跑；中共则由被进攻者的自卫到解放南京，成为当然的胜利者。

第三，败得太快，输得太惨。蒋介石集团由全面向中共发动进攻到兵败大陆只有3年余，虽说比清朝的失败从辛亥革命爆发到清帝退位历时四月余、北洋军阀的失败从北伐军出兵到兵临北京城历时两年余，要好一些，似乎蒋介石要强于清幼帝溥仪和吴佩孚、孙传芳、张作霖、张宗昌之流，但他输得更惨。他虽自居为中央政府，有远高于对手的军事力量，有以美国为首的列强支持，却以每月平均丢失相当于辽宁省面积的管辖范围、平均每月被消灭20余万兵力的规模和速度，走向统治的终结。

第四，输给中共是无法接受的。由于政治立场和信仰的不同，蒋介石长期以来一直对中共实行高压和人身消灭的政策，也不希望看到中国实行有别于西方资本主义的、更好的社会制度。可历史是无情的，蒋介石的如意算盘不如意，中共的胜利不可避免地到来。蒋某怎么也想不到，1921年7月由13名并不起眼的年轻人开会组成的中国共产党，竟然会在28年后夺得政权？毛泽东这位"山沟沟里出来的土包子"竟然会成为有谋有识有勇有胆的战略家、政治家、军事家？生活在南方潮湿山区和北方黄土高坡的中共将领们，竟然会把由日本士官学校、保定军校、黄埔军校、陆军大学等正规军校毕业的将领指挥和条件优越的"国军"打得落花流水？中国的工人、农民和社会各阶层为何都倒向中共一边？蒋介石绝对找不到正确的答案，他就是在不甚了了中走上了失败之路！

蒋介石败在何处

在中国由落后向现代化的转变过程中，蒋介石战胜北洋军阀和地方实力派，首先获得走什么道路、建什么体制、用什么模式的尝试机遇。当蒋介石基本统一中国后，他可以按照自己的意志，进行国家的政治、法制、经济、军事、文化建设。遗憾的是，他所采取的政治立场、基本路线、施政方针都与历史潮流、人心向背背道而驰，结果是阻碍中国社会进步、束缚中华民族的发展、导致人民生活水平的下降，最后理所当然被中国共产党所推翻。

不是统治机构不完整

蒋介石不惑之年"登基"，一副志在必得、功自我成的架势，为巩固权力费尽心机，权术用遍，建立起到当时为止中国历史上最具综合实力的政权。同民国史上的各届政府相比，南京的中华民国政府统治机构最完整、统治方式最完备、统治力量最强大。

谈到"机构完整"，历届北洋政府是无法和南京政府相比的，如果说清朝末年是封建专制王朝的话，如果说南京政府是西方资产阶级政权翻版的话，那么北洋政府只是其间的过渡，只是现代资产阶级政府的雏形。所以它的立法、司法、监督、民意、职能机构均不齐全，中央部委只是几个政客的活动场所，大部分机构形同虚设，省县机构简单，基层组织更是萧条，政府只知搜括，不知服务，故只有其名、没有权威，唯一值得一提的是官僚机构虽比清末庞大，但比南京政府精简，十羊九牧的现象还不普遍。

南京政府则不一样，从中央到基层都有完整的组织。中央权力机关实行五权分立，分设国民大会、行政院、立法院、司法院、监察院、考试院，外加凌驾于"一会五院"之上的"主席府"（此府的名称随蒋介石的任职名称而定，他任"国民政府军事委员会委员长"时则为"委员长侍从室"，任"国府主席"时则为"主席侍从室"，任"总统"时则为"总统府"）。"一府一会五院"内部更是结构严密，执行严格的文官制度和公务员制度。各级地方组织也得到强化。但是，从总统府到省府、县府直至乡、保、甲，蒋介石建立起来的官僚队伍以及如此完善的官僚机构，并未形成相应的战斗力。仅从机构设置来说，就有不合理之处，"五权分立"同"三权分立"相比，有画蛇添足之感。"国民大会""总统府""立法院"三个类似的立法机构的设立，使得"立法权"分散；"国民大会""立法院"和"监察院"三类监察机构的设立，使得"监察权"分散；"考试院"则在官员的考核和任免上，不可避免地会同"总统府""行政院"的有关部门发生混乱。这类机构的设置，造成整个管理体制叠床架屋，也算是西方三权分立体制的东方特色。再说国民党的各级权力机关，不是发扬"民权"的产物，也不是为民服务的机关。所以蒋介石设置的完整机构，只是加速了管理阶层的官僚化，体现了其腐朽性、无效率。

不是统治方式不完备

说到"统治方式完备"，南京政府可以说是集古今中外统治手段之大成。"古"有四维八德等封建礼教，"今"有"新生活运动"；"中"有千年封建专制独裁，"外"有法西斯主义。正道有国家机器，黑道有特务恐怖；文有"反共"的政策法令和理论基础，武有数百万大军；上有蒋记官衙，下有保甲制度。财为穷一国之民富官僚垄断资本和官商财团等少数之豪坤，政为欺天下世人助寡头政官，军为好穷兵黩武图挽回败局。

与统治方式相一致的是，蒋介石的统治手段也是多种多样，光怪陆离。他利用CC系控制党务，利用黄埔系和准黄埔系控制军队，利用孔宋系控制财政，利用亲英美系和亲日系控制外交，利用政学系控制行政，分工不分家。故各派各系以"分工"为名，增加内部的凝聚力，堵截他人染指；以"不分家"为名，图谋削弱他人势力，发展和扩大自己的势力范围。蒋介石好利用派系，又担心一派坐大，故采取以派制派、互相牵制的策略，这就是国民党内派系和派系争吵不断的原因。

蒋介石为控制统治集团的各成员，定期举行"总理纪念周"，举办"中训团、军官团"，大搞特搞蒋氏崇拜；为控制军队，收买将领，安插亲信，利用特务清除异己；为获取美援等外国救济，可以出让国家主权和人民利益；对地方实力派恨得咬牙切齿，可表面上却相敬如宾，彬彬有礼；为控制人们的思想，扼杀进步言论，大力宣传和实施法西斯主义和封建主义；为灌输蒋的信仰和生活准则，搞起延续数年的"新生活运动"；为对付中共和进步力量，蒋介石和国民党极右集团更是无所不用其极……

当为庆贺蒋介石50寿辰，全国发起"献机祝寿运动"搞得鸡犬不宁时；当听到"蒋介石"的名字和官衔，在场的人都要神经质地立正时；当人们看着蒋介石那俗不可耐的身着戎装、挎着战刀的照片时；当国民党特务在街头逮捕、屠杀革命者时；当人们把中央军称为"遭殃军"、把国民党称为"刮民党"、把蒋总裁称为"蒋发财"时，蒋介石的统治手段已经意味着失败。

不是统治实力不强大

说到"统治实力强大"，在国家管理方面，清朝只是沿袭历史上的封建国家体制，甚至连明确的国旗国徽国歌都没有，只有专制独裁的世袭君王和图腾式的龙旗；17年的北洋政府有现代国家管理的形式，无实质内容，也是残缺不全的。它们统治形式上不完整，统治实力也差，蒋介石南京政府则不一样。

作为国家机器，到发动全面内战时，南京方面的军队保有数是清朝的5倍，是北洋政府的6倍左右。军队装备差距更大，清末的原始武器且不说，到北洋时期飞机、大炮只是点缀品，在国民党统治的中、后期，轰炸机和战斗机、大炮、坦克、军舰已形成相当强的战斗力。警察也是这样，全国各地均有宪兵机构和警察局、所，外加保安部队和特务机关配合，可以说是无孔不入。监狱之多更是众所周知，南京政府在关押革命者、刑讯逼供和折磨政治反对派人士方面，恐怕写下了众多的中国之最，大大发展了清末、北洋军阀的残忍手段，"人权"成为粪土。

即使从一直令蒋介石头痛的经济问题来看，南京政府经济实力也强于清末和北洋时期，到20世纪30年代，南京政府的财政收入是清朝末年和北洋时期的6倍以上，仅"田赋税收"一项就是清末和北洋全年财政收入的3.5倍。至于外援更为清廷和北洋所不及，蒋介石上台之初所需全部经费主要由英美财团提供，以后"剿共"所需经费也由西方提供相当一部分。抗战期间获得了当时比值极高的十数亿美元，在全面内战的3年间获得了40亿美元。由此看来，国民党政权的综合国力远强于过去的历届政府，就是在当时的世界上进行横向比较，中国政府的统治实力也只是仅次于为数不多的几个强国。但是，国民党政府实力上的优势，却被蒋介石及其追随者的种种倒行逆施行为所破坏。

不是管理人才不够多

论统治实力，不能不说管理人员的素质。从近现代史上被推翻的清朝和北洋、南京3个政权看，比起墨守成规的清朝封建官吏，比起17年换过7人8届总统、频繁更换官员的北洋政府来，南京政府的政务官、事务官和军事将领的素质最高。提到南京官场，一向以黑暗、混乱、腐败而著称于世，可官场上的角色进入政治舞台之初时的品位都不低。

在南京政府内，集中了一大批20世纪前30年间留洋学成归国的学者，其中主要代表人物有：出任立法院长、中常委主席，毕业于日本东京法政大学速成科的胡汉民；出任国民政府主席、国民党副总裁，毕业于东京法政大学速成科的汪精卫；出任考试院长、中常委，毕业于日本帝国大学的戴季陶；出任行政院副院长、"总统府资政"，毕业于日本东京明治大学的吴铁城；出任中常委、监察院副院长，毕业于日本东京明治大学的丁惟汾；出任外交部长、司法院长，毕业于美国耶鲁大学的王宠惠；出任财政部长、行政院长，毕业于美国哈佛大学的宋子文；出任航委会秘书长、中央评议委员会主席团主席，毕业于美国卫斯理和威尔斯利学院的宋美龄；出任财政部长、行政院副院长，毕业于美国耶鲁大学的孔祥熙；出任中央组织部长、教育部长，毕业于美国匹茨堡大学的陈立夫；出任西南军政长官、"总统府秘书长"，毕业于日本士官学校的张群；出任东北行营主任、"战略顾问"，毕业于日本陆军大学的熊式辉；出任教育部长、宣传部长，毕业于英国伦敦大学、法国巴黎大学的王世杰；出任甘肃、福建省主席，毕业于日本士官学校的朱绍良；出任中央组织部长、行政院副院长，毕业于柏林大学的朱家骅；出任社会部长、中常委，毕业于德国柏林大学、苏联中山大学的谷正纲；出任中执委、中组部长，毕业于德国柏林大学和苏联中山大学的谷正鼎；出任行政院长、"考试院长"，毕业于美国加州大学的孙科；出任经济部长、行政院长，毕业于比利时罗文大学的翁文灏；出任内政部长、中央党部秘书长，毕业于法国巴黎大学的张厉生；出任上海市长、台湾省政府主席，毕业于美国普里斯顿大学的吴国桢……

在南京政府内部，还集中了一大批国内学校培养出来的学者，其中主要代表人物有：出任中央监委、国府委员，1899年高中秀才的谢持；出任立法院长、国府主席，毕业于福建鹤龄英华书院的林森；出任中监委、中央研究院院士，1891年高中举人的吴稚晖；出任中常委、苏浙沪宣慰使，毕业于苏州高等学堂的叶楚伧；出任审计院长、监察院长，1904年高中举人的于右任；出任国府主席、行政院长，1904年高中进士的谭延闿；出任国防会议副秘书长、中央政治会议秘书长，毕业于浙江高等学校的陈布雷；出任参谋总长、训练总监，毕业于云南讲武堂的朱培德；出任农林部长、海南行政长官，毕业于广东陆军速成学堂的陈济棠；出任中央党部秘书长、"教育部长"，毕业于南京高等师范的张其昀……

论及南京政府的管理人才，不能不说蒋介石本人。在中国历代统治者中，他并非等外品。远的不说，同北洋政府的"总统、大元帅、执政、总理"相比，蒋介石也在他们之上；同南京政府内的党政军经各界主管人员相比，蒋介石属上乘者；即使同20世纪前40年间西方国家的政治人物相比，蒋也非排在最后。

南京政府统治者的个人文化素质并不差，差在三个方面：一是政治素质上，他们分不清历史潮流，辨不清正确与错误；二是政治路线上，他们在国民党统治集团以"反共"和剥夺人民生存权为基本点的政治路线下，是无法在历史上长期存在的，更不用说有所作为；三是他们各人有各自的目的，只能加速党的失败。他们尽管个人文化素质较高，在当时的社会中也是佼佼者，但不可避免的是，他们最终只能成为蒋介石国民党反动政治的牺牲品。

此外，在南京政府建立之初和存在期间，正是中国由落后向进步转变的关键时期，吸引了大量的各种各样的人才。问题是虽有人才，但没有建立发挥人才作用的机制，绝大多数人才当然也就没有用武之地，也就不会成为维持南京政府的"有用元素"。最为典型的是，毛泽东、周恩来、朱德、邓小平等中共领袖们都是杰出的治国之才，却被国民党蒋介石集团及其实行的政治制度逼上梁山，绝大多数"落草为寇"，最后成为南京政府的掘墓人。

不是军事力量不够强

国民党的军队，一向以攻无法进、守无法固、退只知逃而著称，可军界的大部分将领都为科班出身。蒋介石信任的助手和军事将领中，出任陆军总司令、国防部长的何应钦，毕业于陆军士官学校；出任副总裁、"副总统"的陈诚，毕业于保定军官学校；出任国防部长、"国防会议秘书长"的顾祝同，毕业于保定军官学校；出任"空军总司令""总统府参军长"的周至柔，毕业于保定军校；出任第五战区司令长官、徐州"剿共"总指挥的刘峙，毕业于保定军校；出任第一战区司令、"国策顾问"的蒋鼎文，毕业于浙江讲武堂；出任蒋介石侍卫长、"战略顾问"的钱大钧，毕业于日本陆军士官学校；出任装甲兵司令、东南军政副长官的徐庭瑶，毕业于保定军官学校；出任京沪杭警备总司令、"战略顾问"的汤恩伯，毕业于日本陆军士官学校；出任宪兵司令、粮食部长的谷正伦，毕业于日本陆军士官学校；出任新1军军长、"陆军总司令"的孙立人，毕业于美国弗吉尼亚军校……

蒋介石还培植出一大批黄埔系将领，其中主要代表人物有：出任第一战区司令长官、"澎湖防卫司令"的黄埔军校一期生胡宗南；出任"海军总司令""参谋总长"的黄埔军校一期生桂永清；出任陆军军官学校校长、陆军总司令的黄埔军校一期生关麟征；出任"陆军总司令""国防部长"的黄埔军校一期生黄杰；出任军统局副局长、中美合作所所长的黄埔军校六期生戴笠；出任淞沪警备司令、"国防部长"的黄埔军校一期生陈大庆；出任18军军长、"第一军团司令"的黄埔军校四期生胡琏；出任"陆军总司令""参谋次长"的黄埔军校四期生罗列；出任52军军长、"台湾警备司令"的黄埔军校四期生刘玉章；出任5军军长、2兵团司令的黄埔军校二期生邱清泉……

在国民党的统治集团里，无学历、低学历的人也有一些，如出任东北"剿共"总指挥、陆军副总司令的卫立煌；出任"保密局长"、候补中央委员的毛人凤；出任25军军长、7兵团司令的黄百韬；出任中央组织部长、江苏省主席的陈果夫；出任东北保安司令、全国陆海空军副总司令的张学良……他们虽无学历，却各有所长。

蒋介石作为土生土长的"国君"，当然无法跳出历代统治者"只识弯弓射大雕"的窠臼，对"武功"尤为看重，并把"武功"作为大陆时期的主要政务。他的"武功"分为6种类型。

一是国民党改组以前所进行的军事活动。主要有：以推翻清王朝为目标、辛亥革命爆发后光复全国的军事活动；以推翻北洋军阀为目标所进行的"二次革命"、护国战争、护法战争等军事活动；以打败叛逆陈炯明为目标所进行的挺进广州的军事活动。这段时期蒋介石参军参战的根本目的，是增加军政资本，提升在国民党内的政治地位和军事地位。

二是以北伐为主的军事活动。主要有：以巩固广东革命根据地为目标的两次东征、平定"杨刘叛乱"等军事活动；以统一国家、打倒军阀为目标的出兵两湖、进军东南、占领上海和南京等军事活动。这一时期，是蒋介石个人势力和国民党势力发展的第一个膨胀期，也是他作为最高军事指挥官独立指挥全国性的战争之始，他的根本目的，是在已经掌握国民党的党权和军权以后，冲出两广，向全国发展，以建立自己的政权，同时寻找消灭已与国民党合作3年、一直在支持蒋介石北伐的中国共产党的机会。

三是热心于新军阀混战。主要有：蒋桂战争、蒋冯之争、中原大战等军事活动。蒋介石不顾与李宗仁、冯玉祥、阎锡山、张发奎、陈济棠等昔日的"同志、义弟义兄、胞泽"之情，与他们相见于战场，非打胜则不能罢休，根本目的是为了剪除异己，减少对手，削弱地方实力派，巩固在国民党内的统治地位，以建立在党内和军界的绝对权威。

四是发动"剿共战争"。主要有：五次进攻中央革命根据地；分别"围剿"鄂豫皖、湘鄂西和陕甘宁等重要革命根据地的军事活动。从1931年开始几乎把大部分兵力放在对人民革命力量的进攻方面，根本目的是为了把已经在中国大地上游荡的"共产主义的幽灵"清除出去，在世界上一些有钱有势大国的支持下，巩固和扩大蒋介石的个人权力地位，保持国民党的江山永不褪色。这样做的代价是：人民要牺牲幸福、社会要牺牲发展、国家要牺牲强大、民族要牺牲进步。

五是投入全民族的抗日战争。主要有正面战场的8年坚守和部分地区的敌后作战等军事活动。在全国人民和世界反法西斯阵营的支持下，与中国共产党第二次合作，终于打败了装备精良、本性残忍、人格卑劣的日本帝国主义。

六是发动全面内战。蒋介石调集数百万大军逼向中国共产党领导下的各个解放区，企图乘抗战胜利之余威，毕"反共"行动于一役。只有3年时间，他的计划彻底破产，结果完全相反。

蒋介石的"武功"是和他的政治路线连在一起的。与中国共产党合作、政治路线代表历史前进方向和人民要求时，在军事上就能有所收获；政治路线反动时，那只有失败。

政治上进步时，蒋介石在军事上就能胜利，因为有政治上的优势。从1924年初至1927年3月，是蒋介石开始指挥国民党军事全局的3年，因为"打倒军阀、打倒列强"的北伐代表了当时社会的要求，也是孙中山的遗愿，顺应民心，师出有名，故3年间领导统一广东和北伐战争的蒋介石，先是靠两千余名"黄埔军校"学生军和数量不多的粤军，击退有数万之众的陈炯明等军阀，建立和巩固了广东革命根据地；后是靠10万北伐军，横扫南方，饮马长江，定都南京，组织政府。对蒋介石来说，这3年是他个人发展史上至关重要的第一个"3年"。

国民党内斗时，蒋介石不会输，因为有实力上的优势。从1929年初到1931年底的3年间，由蒋介石单方面召国民党开第三次全国党代会，逼使汪精卫、西山会议派、胡汉民等国民党派别挑起连绵不断的党争；由军队"编遣"不公，引起地方实力派纷纷揭竿抗争，新军阀混战一时成为国民党内和全国政局的热点所在。蒋介石凭借军事实力和中央政府的财力，分期分批收拾各路军阀，结果冯玉祥解甲，阎锡山躲避，张学良易帜，陈济棠出洋，李宗仁合作，何键称臣；而唐生智、王家烈、韩复榘、西北三马、龙云、刘湘、杨森谁又能称雄？这3年，对蒋介石也很重要，因为通过压服众军阀的行动，他在党和政府内的地位得到强化，从此国民党内虽然还有不同的声音，但公开起兵反叛中央政府的行为却没有了。

参加全民族的反侵略战争，蒋介石也不会被历史所忘记，因为他代表了民族的利益。到1937年7月间，面临凶残成性的日寇侵略，国民党政府终于愿意站出来抗日，全国各党各派各界人士共商救国大计，有钱出钱，有力出力，有人出人，最后终于取得中国近现代史上第一次反侵略战争的彻底胜利。通过这次战争，蒋介石在国内党内达到权威的顶峰；在国外，还与罗斯福、丘吉尔一起共商过反法西斯大计。中国也开始进入"世界四强"，4亿中国人民那永不屈服外力的抗日行动，引起了全世界的注目。抗日战争，是蒋介石个人历史上最为光彩的一页，也是他的"文治武功"最为荣耀的地方。

与中共合作时，蒋介石就有了取胜的保证，因为他是与中国最有生命力的政治力量合作。国共两次合作，并非如后来蒋家父子和不少"反共"人士所说是上当受骗，而是给国民党带来了巨大的政治利益。第一次国共合作3年间，国民党得到了空前的发展，由一个一盘散沙型的政团改组为一个有资产阶级、工人阶级、农民阶级和小资产阶级参加组成的革命政党。这些都离不开中共的帮助。如此改组国民党，这是国民党和孙中山在过去一直要办而没有办成的事，在中共代表李大钊等人的帮助下，孙中山只用了不到1年时间就完成了改组任务。

在大革命的3年间，巩固广东革命根据地的关键战役——两次东征的胜利，实际不过半年就完成了；北伐进军东南、占领宁沪，只用了10个月的时间。这是成立不过数年的中共，利用其发动、组织、领导群众的优势和党员同志的牺牲精神，配合国民革命军作战的结果，也是蒋介石接受中共提出的正确战略方案的结果。要说第一次国共合作有什么遗憾的话，那就是国共双方在发展大革命的大好形势时，没有及时纠正蒋介石的个人夺权和投机行为，最后酿成让他篡夺了国民党最高领导权和破坏大革命的悲剧。

抗日战争时期，国民党为挽救民族存亡进行了不小的努力，在淞沪、台儿庄、枣宜、昆仑关战场……留下不少国民党官兵的英灵。当蒋介石欢庆胜利时，不应当忘了中国共产党。中共一方面在敌后，发动群众、建设根据地，主动、连续、猛烈且灵活地向日寇发动进攻；另一方面出于民族大义，推动蒋介石抗战，维护抗日民族统一战线的团结，迎接全世界反法西斯的最后胜利。要说第二次国共合作有什么不足的话，那就是双方的合作没有延续下来，而中共在当时还没有足够的力量来限制和制止蒋介石破坏国共和谈的行为。

拒绝与中共合作时，蒋介石就要失败，因为中共不可能屈服于他。1927年后的十年间，蒋介石放在第一位的任务就是要消灭中国共产党及其武装力量。当时，南京政府保持有近200万的常备军，而中共方面全盛时各个根据地的红军加起来不足20万人，至于武器装备更不是"国军"的对手，可蒋介石及其助手们的努力，充其量不过就是用战争的方式，请毛泽东和他的战友们走了二万五千里路而已；蒋某人的悲剧，不仅在于"剿共"时损失的兵力上，而且在于"逼使"中共通过战略大转移，到达了更利于生存和发展的新战略区。蒋介石和毛泽东较量22年，蒋终败于毛之手，并不意外，毛泽东个人才华横溢固然是一个因素，更主要的是他领导的中国共产党代表全国人民的根本利益，这成为中共战胜国民党最重要的条件。

最为冷酷且是蒋介石至死难以接受的事实，就是在发动内战后的3年间，与中共最后的较量中彻底失败，为时3年余，又是一个"3年"。在1924年至1927年的第一个"3年"间，通过黄埔建军、北伐和发动反革命政变，蒋介石在南京城内建立了政权；在1928年至1930年的第二个"3年"，通过发动军阀混战和"剿共"战争，蒋介石的地位得到了巩固；而在1946年至1949年的第三个"3

年"，蒋介石发动"反共"的全面内战则把他本人和统治集团推向末路。这就是历史的选择。

蒋介石之所以在统治中国22年后走向全面失败，是因为在统治过程中他的所作所为不为人民大众所接受。蒋介石失败之惨之重，为中国历史上所少见。纵观蒋介石的所作所为，已经决定了他难逃失败的命运，是他自己放弃了一次又一次改变自己和国民党命运的机会，是他自己写出了令他自己伤心的历史。因此可以说蒋介石是自己打败了自己。

Biography of Jiang Jieshi

蒋介石全传（四）

刘 红 著

团结出版社

蒋介石全传

Biography of Jiang Jieshi

台北与蒋介石的晚年

　　1949年12月7日，在正在逼近的人民解放军进攻的隆隆炮声中，蒋介石的专机从成都双流机场仓促起飞，从此他永远离开了大陆；中华民国在中国大陆被推翻，台湾地区成为国民党当局新的栖息地，刚过63岁生日不久的蒋介石开始在台湾定居。

　　蒋介石的后半生要比前半生有声有色，前半生是与动荡、奋斗和失败连在一起的，后半生在国民党统治下的台湾，有了一个较为安定的政治环境。在台湾地区的有限范围内，蒋介石全面移植南京政府的统治方式，在坚持军事反攻大陆、培养长子蒋经国接班的同时，注重改善国民党的形象，发展经济改善民生，维持和强化国民党的统治。但是，历史潮流不可阻挡，在蒋介石的最后日子里，国民党的"一党专制"和封锁两岸的大陆政策开始遭到严峻挑战。蒋介石正是在台湾社会和政治的大变革前夕，走完饱经沧桑、多姿多彩的一生。

蒋介石摄于雪山堂前

一、台湾"复兴"，强化一党专制

国民党当局退台后，在经历"二二八事件"的台湾地区，为维持和巩固统治，实施"戡乱戒严体制"，实行特务统治，严格监视人民的正常生活和活动，全岛处于一片白色恐怖之中。同时全面移植南京时期的政治体制，曾出任"总统"9个月、下台14个月的蒋介石于1950年3月"复职总统""行政院""立法院""考试院""司法院""监察院""五院"恢复行使职权，同时无限期地延长原为"任期制"的"三大中央民意代表"的任期。为维持和巩固统治，蒋介石对在大陆的失败进行了较为深刻的反省，对国民党进行了较为彻底的改造，为国民党维持在台湾地区的统治打下必要的政治基础。

1949年11月4日是蒋介石农历63岁生日。由蒋经国陪同，邀马超俊、李文范同游阿里山，在三代木前合影

（一）仓促撤退，台湾立足

在面临失败之际，蒋介石做出了"东撤台湾"的决定，把祖国的台湾地区作为国民党当局的新基地。在离开大陆之际，蒋介石最后一次回到家乡，向家乡的山山水水告别。同时，为应付国民党在大陆的最后失败，蒋介石东奔西

走，安排退台事宜。

台湾——国民党的新基地

在放眼无际、碧波荡漾的祖国东海上，有一座南北长东西窄的岛屿，这就是台湾岛。台湾本岛南北长有394公里，东西宽有144公里，周围有80余个岛屿环绕，总面积约3.6万平方公里，为中国第一大岛。

把台湾这块土地从大陆推出140公里的是中更新世的地壳运动，把大陆与台湾原本相连的部分变成了90米深的海峡的是大海。地壳运动使得台湾和福建分开，但一水之隔的两地却是多么的相似：地形上，山脉和河流的走向及分布，平原和丘陵的安排，几乎是大自然按照同一设计图的复制品；气候上，同受亚热带海洋季风的控制，年温度变化、降水量、冬夏季风的光临，又是多么的相仿；植被上，黄、红棕土，冲积土，灰化土及盐土等土壤，海岸林群、热带雨林群、暖冷温带山地针叶树林群、亚高山针叶树林群等植物，水稻、茶和果品等农作物，如此的相同和一致并非人类的创造力所能及。

虽然大自然的力量，把台湾从福建外移了140公里，但是古老的中华民族的成员却没有被这海洋鸿沟所阻隔。

1969年1月4日，台湾大学考古人类学系和地质系的专家们在台东县长滨乡海岸山脉东侧的三处海蚀洞穴中，挖掘出粗、细石器3000多件，骨角器114件。这批类同于福建清流、漳州一带旧石器时期文物的珍贵的石、骨器，将闽台两地的古人类与文化关系追溯到旧石器时期。

台湾新石器文化更清楚地把中原和台湾在文化上的同质性表现出来。台湾新石器中期文化代表台北圆山遗址和分布整个西部地区的后期文化代表黑陶文化，皆起源于山东龙山、浙江良渚、福建良平文化层，它们的基本类型和制作技巧是相同的。在台湾大小不一的上千处古人类文化遗址中，可以看出两岸源于共同的传统文化，同供一个佛、同信一种教、同拜一个庙，则更不用说。同一文化的力量将台湾和大陆连在一起。

中国人发明的纸，极大地推动了人类文化的传播，当然也记下了中华儿女共同开拓台湾、建设台湾的辛勤和努力。

战国初期的《禹贡》一书中，就有了台湾岛有史以来的第一个称呼"岛夷"。

1700多年以前，吴国人沈莹在他的《临海水土志》一书中，称这片海上的土地是"土地无雪霜，草木不死""土地饶沃既生五谷，又多鱼肉"。这是世界上第一次记载台湾风情的文字。

在此前后，吴国君主孙权也派遣将军卫温、诸葛直率水军1万到达被他们称为"夷洲"的台湾，这也是历史上有书为证的中国王朝第一次与台湾的联系。

自唐代起，福建泉州、漳州地区的居民，为了躲避战乱兵祸流向台澎，这是大陆民间形成的第一次向台湾的移民潮。明代末叶到清代中期，大陆往台湾的移民进入高潮。后来主政台湾的李登辉的祖先就是在此后期从福建永定迁居台湾桃园龙潭的。中原移民的进岛，带来了中原的文化、技术以及勤劳、勇敢的品质，他们与当地民众一起，共同建设宝岛。

南宋时，澎湖被列入福建晋江县版图，这在台湾开发史上是第一次。

公元1335年，元朝正式在澎湖设立"巡检司"，这一机构的编制有限、级别不高，但这是中央政府派驻台澎地区的第一个行政执法机构。

15世纪后，为打击不断骚扰中国东南沿海的倭寇，明朝政府在基隆、淡水二港派驻军队，这是中央政府第一次在岛内驻扎军队，保卫海防。

在万历年间，明朝的公文上正式使用"台湾"这一名称。

高雄凤山有特产"三宝姜"，就是明代郑和下西洋到达台湾时留下的，郑和舰队是中原到达台湾的第一支大规模的商队。

在"巡检司"设立550年之后，1885年五月初五，清朝光绪皇帝发布诏书，同意钦差大臣左宗棠和刑部左侍郎袁保恒的奏请，第一次在不久前胜利阻止英军上岸的台湾地区设省，从此台湾成为中国的行省，刘铭传成为第一位台湾巡抚。同时，与大陆洋务运动同步，台湾地区开始兴办各种实业，开矿、电报、铁路、造船、学校出现在古老的土地上。1891年10月，当清廷皇族为铁路是否坏风水、冲祖脉争论不休时，中国第一条铁路在台北至基隆运行。

大海向我们诉说的这些"第一"，不仅仅是时间先后的意义，而且包含着多少开拓者的艰辛，先行者的勇气，远行人的牺牲；包含着多少台湾对中原腹地的向往，多少中原人民对台胞的关怀。同样也告诉我们，正是在这种延绵千年的交往中，中华文化浸透了台湾；台湾人民则在连续持久的中华文化的陶冶下，成为这一令世界感到惊奇甚至有些不可思议的文化的创造群体之一。

大海可以证明，中国对台湾的主权是千百年来中国人民辛勤劳动、开发台湾的必然结果。正如中华人民共和国国务院台湾事务办公室、国务院新闻办公室发表的白皮书《台湾问题与中国的统一》中所说，跨过海峡赴台湾的大陆开拓者"带去先进的生产方式，由南到北，由西到东，筚路蓝缕，披荆斩棘，大大加速了台湾整体开发的进程。这一史实说明，台湾和中国其他省区一样，同为中国各族人民所开拓所定居"，"台湾的开拓发展史，凝聚了包括当地少数民族在内的中国人民的血汗和智慧"。

历史发展到近代，外国列强也踏上了中国的领土台湾。

在有据可查的文字史料中，在包括台湾人在内的中国人开始开发、建设、管理、保卫台湾1370多年后，台湾地区才来了不怀好意的外国人。

冒着黑烟的蒸汽机成为西方工业革命的动力，强大起来的西方列强纷纷冲出国界，走向对他们来说陌生的国度。不可否认的事实是，贪婪和扩张成性的西方人第一次到达亚非拉许多地区时，只有一个词可以描述，那就是"侵略"。台湾所经历的遭遇也是如此。

中国历史上对台湾的称呼有近十个，如《禹贡》中的"岛夷"，汉代的"东""东鳀"，三国时代的"夷洲"，隋代的"琉求"，明代万历年间在朝廷公文出现"台湾"。无论以上名称有何意义，都无关紧要，因为名从主人，中国人为自己的土地起名无可非议。某些别有用心的人，却爱称台湾为"福摩萨"。

最先听到"福摩萨"的是大海。1590年，正在热心于向外扩张的葡萄牙人乘船经过台湾海峡时，望着景色秀丽的宝岛，情不自禁地叫起"Iiha Formosa"（福摩萨）。此名为后来西方侵略者所沿用。从意为"美丽之岛"的"福摩萨"这唯一的外国人所起的名称中，可以看出西方殖民者对台湾的野心。在过了几百年，"台独势力"开始嚣张起来后，也把"福摩萨"的称呼作为"珍宝"。

1624年7月至1662年2月，荷兰人占领台湾38年。

在以后的岁月里，西班牙、英国等西方国家的武装商队及军队又数次侵扰台湾。

1895年2月，中国北洋水师在威海卫被歼，至此中国在日本挑起的甲午战争中失败。4月17日，中国代表李鸿章和日本代表伊藤博文在日本马关春帆楼签署的《马关条约》，规定将台湾割让给日本。日本从此占领台湾达50年之久。

外国列强的侵略活动，并不能改变台湾为中国领土的属性。1945年10月25日，中国政府收回了台湾，台湾回到了祖国怀抱。

在与中共进行最后的决战前夕，南京当局预感到失败为时不远，如何选择一个既能避免被中共彻底消灭，又能维持统治的新基地，已成为最迫切的问题。

在国民党最高统治集团内部，曾就撤往何方进行过一场争论：

一部分人主张以抗战为例，撤往大西北和大西南，利用西高东低的地理优势，取居高临下防守之势，负隅顽抗。这样虽说防备中国人民解放军进攻的难度较大，却有偷袭中原、东南之便。在实战中屡战不胜但对军事理论颇有研究的蒋介石没有采纳西撤方案，因为对失败不止的国民党军队来说，首要之举是如何躲避人民解放军的进攻，否则国民党的部队及政权将全部覆灭，而撤到西南西北是逃脱不了当时最善于进行地面作战的解放军的追击的。

一部分人主张东撤台湾，认为台湾海峡对当时没有海空军的中共来说，无疑是一条不易克服的天堑，对有条件渡过海峡的国民党蒋介石当局来说，将会有效地躲避致命打击。

以历史地理学者张其昀为首的蒋介石幕僚们对此一方案进行了充分的论证，他们认为把台湾作为"'反共'救国的复兴基地"，有着大陆任何地区都无法比拟的优越之处：台湾的热带和亚热带的气候，适合动植物的生存，全岛农作物和植物资源丰富，土地利用率高，生产能力和粮食产量基本可满足为数在200万左右的去台人员的需要；台岛有海峡之险，军事上便于防守，并位于太平洋西缘，扼太平洋西航道之中，取与美国远东防线南、北呼应之势，只要固守台湾，美国不会坐视不救；台岛内部交通便利，工业有日本殖民者留下的基础，经济有发展的便利；因为孤悬外海，与大陆隔开，政治上便于控制，可以有效防止所谓的"共谍"破坏。

此外，张其昀利用自己的地理专业理论，还把国民党去台最佳航海路线和航海图描绘完毕，后来蒋介石和国民党当局撤退台湾时，就是用的这张航海图。以后国民党当局收缩兵力，舟山、大陈岛等地的国民党军队撤回台湾，也是走的这条路线。

国民党逃台时带走了大量北京故宫的珍贵文物。这是蒋介石、宋美龄在台湾参观这些稀世珍宝

蒋介石同意东撤方案后，从1948年底起，就开始了经营台湾的工作。

第一，挑选强人主管台湾。蒋介石决定由新的权力班子主管台湾，有以下考虑：台湾将成为国民党的政治、军事统治中心以及唯一可能生存的省分，其重要性不待而言；安排整个国民党政权撤往

台湾是一项巨大的工程，并非一般官僚所能胜任；在大失败的过程中，意想不到的事随时可能发生，因此，完全有必要派出"政治强人"出任。基于上述考虑，蒋介石于1948年12月任命陈诚接替魏道明为"台湾省主席兼警备司令"，任命蒋经国为台湾省党部主任委员。陈诚追随蒋介石已20余年，担任过的重要职务数不胜数，更为重要的是陈诚自抗战起就作为蒋介石的"钦差大臣"，时常担当救急、压阵和督战重任。蒋经国为蒋介石的长子，"太子"身份足以压住任何级别的官员和实力派的捣乱。蒋介石的选择符合国民党官场的现况，陈诚和蒋经国确实实现了蒋介石的意图。两人上任后实施"铁腕统治"，使得已经混乱不堪的撤台局面得以控制，并为政治、军事和经济的整顿打下必要的基础。以陈诚、蒋经国为首的"实力派"成为后来40年间台湾政治的主要掌控者。

第二，抢运各种战略物资。蒋介石比任何人都清楚去台初期面临的物资奇缺的处境，为便于在台湾的生存和恢复，有必要尽可能多地往台湾抢运各类军事装备、生产资料和生活用品。此次抢运，国民党方面到底从大陆搬走了多少物资，难于计数。民间一些对中共不了解、不信任的工商界人士和富豪把多少财富带往台湾，也难于计数。其中，仅由蒋经国过问，在上海解放前夕抢运走的中央银行金库的库存就有黄金90吨左右、银洋1500万元、美元1.5亿元。在抢运物资风潮中，仅在上海战役期间，在蒋经国、汤恩伯和谷正纲等人安排下，从上海地区就运走了1500多船各类物资，有工业设备、技术资料、生产资料，

有布匹、棉纱、纸张和粮食等各种各样的日用品。从大陆抢运走的物资，成为国民党去台初期得以生存的主要物资基础。值得一提的是，在"九一八事变"后不久，南京政府当局组织人力、物力，从北平故宫博物院内运走40万箱珍贵文物，均为从文物宝库故宫中挑了又挑的稀世珍宝。这些曾经被运往抗战大后方的无价之宝在全面内战开始后，直接运往台湾，这成了以后台北"故宫博物院"的核心珍藏和展览品。

第三，充实台湾防卫力量。在全面内战走向全面失利之时，南京政府就开始把台湾作为训练后备兵员的基地，并调派孙立人主持这一事务。在决定把台湾作为"复兴基地"时，由蒋介石、陈诚亲自安排台湾兵力的调整部署，先后把当时周至柔主管的空军、桂永清主管的海军、蒋纬国主管的装甲兵和各特种兵部调往台湾，在战败过程中，又将刘安祺指挥的青岛守军、刘玉章的第52军、刘汝明的第8兵团、李良荣的第21兵团、胡琏的第12兵团残部、陈济棠和薛岳的海南守军残部，以及后来逃往越南的黄杰的第1兵团运到台湾。在上海战役中败北后撤到舟山群岛的陈大庆、石觉部也被调运到台湾，加强台岛的防卫。台湾地区成为国民党军事史上部署兵力最密集的省区之一。

第四，严格控制去台人员。从三大战役结束、蒋介石第三次下野起，陈诚和蒋经国就开始实施台湾的出入境管理。1949年3月1日，台湾省政府公布"台湾省入境军公教人员及旅客暂行办法"，开始办理"入境证"；5月20日，陈诚以台湾省主席、"警备总司令"名义，发布"戒严令"，"戒严"期间，除基隆、高雄、马公三港在"警备司令部"的监护下继续对大陆来台人员开放外，其余各港口一律封闭，禁止出入。控制去台人员主要有两大方面：一是不利于国民党在台湾统治和社会稳定的人员不能去，这样一大批被国民党认为在政治上不能与其保持一致的人员被排除在岛外；二是不愿意去台湾但又关系到国民党政权形象和生存的人必须去，其中有同情民主和爱国、不愿意离开大陆的一些元老重臣和"中央民意代表"，有科技界精英、各类专门人才、工商实业界人士。在去台湾的人间，许多国民党元老到台后不久即被当局冷落，科技人才、工商人士则成为台湾经济起飞的人力和科技资源。

溪口——蒋介石的故乡

蒋介石自第三次下野回家乡到1949年4月25日离开，在旧宅住了3个月又

蒋介石在与故乡亲友话家常

4天，此次是他自参加辛亥革命后在故居丰镐房住的时间最长的一次。以前两次下野及在政务之余，虽说经常回溪口，可住的时间均不长。第三次下野后也可以不住家乡，可以前往上海、杭州、台北定居、游历，但他比谁都清楚，此次回家已是最后一次，实际上是活着向家乡告别，不能再错过机会。只有趁解放军大举渡江之前，带着蒋经国和蒋纬国全家（此时宋美龄在美国活动），按照传统方式和习惯，与乡邻和亲友们一起，在溪口镇过上一段具有浓郁乡情的"民间生活"，再次游览家乡山水。正如蒋经国在日记中所说："此次下野，得返溪口故乡，重享家园天伦之乐，足为平生快事；而在战尘弥漫之中，更觉难得。""回到家乡奉化溪口，突然又体味到十分温暖的乡情；而且尽量享受了天伦的乐趣。"蒋经国总结道："盖，父亲一生最喜过平淡的生活也。"（蒋经国：《风雨中的宁静》第151页）

蒋介石一进家门，即举行仪式祭告祖先，大摆宴席，溪口当地名人和蒋家宗族的人都被请到场。席间的气氛沉闷，各有所思。蒋介石则很明智，没有大谈国家大事，只是谈了一些家乡建设小事。他说应该在溪口开办一些小型加工业和纺织业，利用溪水发电，把溪口建成以农业为主，也有小型工业的示范农村集镇。这话已经晚矣，当初南京政府没有失败时，蒋介石在家乡没有做这些应该做、惠及父老乡亲的事，现在已没有做的可能了。不过，蒋介石想做没有做的事，在新中国成立后已经做到了。他的家乡如今已经发展起来，昔日农村小镇已经成为现代化的闻名中外的旅游热点，溪口地区的经济文化状况也有了很大改观。

给家乡人印象最深的，是蒋介石庆贺1949年除夕和新年的到来。临到除夕，由武岭中学校长施季言出面，到南京请来一个京剧班，在溪口演出一个多月，蒋介石看过几次。他是一名京剧爱好者，可这是他最后一次看京剧，以后他就发誓要看京剧就要在南京、上海看，也就是说不收回大陆就不再看京剧的演出。蒋经国对京剧说不上有什么特殊的爱好，而蒋方良则是更多地从新奇的角度去欣赏京剧了。

丰镐房还举办了一次规模盛大的年夜饭，从南京赶来贺新年的有西南军政长官张群、立法院副院长陈立夫、国民党中常委郑彦棻，地方各级父母官，蒋家宗族成员，镇一级的名人，王采玉、毛福梅娘家人及蒋家各姻亲、友人，统统到场，真成了名副其实的辞旧迎新，既是送旧岁，也是蒋介石在家乡的告别宴会。那

蒋介石带着儿孙最后一次在故乡与族中长辈合影

蒋介石带领儿孙最后一次在徐凫岩瀑布前留影

天，蒋介石坐在正厅首席，奉化县县长周灵钧则是最高的父母官，应邀相陪。武岭中学校长施季言和警卫组主任石祖德，分坐两旁。蒋经国夫妇在下首执壶敬酒。席间，蒋介石还是大谈建设家乡，要在溪口建一座大桥，这样汽车可以直通法华庵。表面上看，他颇有大将风度，似乎外面什么事情也没有发生，可谁都知道他在想什么：辽沈、平津、徐蚌三大会战后，军事力量的对比如何？中共下一步军事动作是什么？最担心的是，李宗仁正在筹划的与中共谈判的进展如何？如何利用江南半壁江山和中共继续对抗？……每个问题都令蒋家父子担忧。正如蒋经国在日记中所说："农历元旦，黎明即起，在溪岸四望山景。念一年又过，来年如何，实难想象，更不知多少人在痛苦和忧愁中，度此年

节。目前整个社会，充满了血和泪，我纵欲新年言吉语，但事实如此，又如之何！"（蒋经国：《风雨中的宁静》152页）

蒋介石去了当地所有略有名气和对蒋家有意义的地方。每到一地，他总是大谈发展计划，而心头却别有一番滋味，正如当时在场的人所说，他待着不动，好像在记忆儿时到这些地方的光景，又好像在寻觅着什么，依依不舍。那种唯恐遗漏了什么、那种难舍难分的离情别意，深深地揪住了他的心。直到人民解放军渡过长江，他还不愿离去，像在等待什么奇迹出现。

永远离开家乡，对无论何人都是一件极其痛苦的事情。蒋介石作为一国之领袖，最后政权被人民推翻不说，连家乡都无法容身，心情之沉重可想而知。然而这毕竟是属于感情方面的事情，蒋介石也不全是为了寄托家乡情才回家的，他躲在家乡，所干的主要事情是破坏"国共和谈"和挤兑李宗仁。在此同时，蒋介石亲手抓的大事有二：

一是1月10日要蒋经国到上海，指示中央银行总裁俞鸿钧将金库中还未运走的黄金、白银和外汇全部转移台湾。在蒋经国的直接过问下，到上海解放前，一共运走四批，上海会战期间又抢运出最后一批。其中最后一批是在上海战役已经开始后的第三天进行抢运的，当时上海外围战场已经白热化，蒋介石和蒋经国都十分关心这最后一批储备金银的命运，下令由上海警备司令陈大庆亲自负责此事。陈大庆派出一个警备连，于午夜赶到中央银行金库，用6辆军用

卡车3个来回运走全部黄金和银圆，然后一同登上登陆舰，直运基隆。这一巨额资金，成为国民党在台湾生存、"复兴"的第一笔基金。论"功"行赏，后来俞鸿钧在统治集团内部的地位直线上升，最后官至"行政院长"。

二是处理陈仪劝降汤恩伯一事。陈、汤关系之亲密为国民党上层所共知，没有陈仪在当年推荐、担保汤恩伯就学日本陆军士官学校，就只有一位姓汤的小学体育教师而没有后来的汤总司令。陈仪是在北伐过程中联络上蒋介石，以后和蒋介石的关系较好，

　被蒋介石捕杀的陈仪

因为他也是日本陆军士官学校、日本陆军大学毕业生，所以在日本士官系势力较大的国民党军界，陈仪还有不少知音和校友。提议国共和谈后，身任浙江省主席的陈仪不愿看到长三角沪宁杭富庶之地、工业基础、文化遗产、秀丽风光毁于兵火，通过友人、中共地下党员胡邦宪和反蒋民主人士陈铭枢等人，与中共取得联系。在中共地下党组织支持下，陈仪派出外甥丁名楠和胡邦宪分别于1949年1月31日和2月7日，前往上海会见汤恩伯，劝汤率部起义。10日又让丁名楠去沪向汤面交亲笔信，信中提出"起义五要件、起义准备八要领"。

出卖恩师的汤恩伯

汤恩伯对前两次是敷衍了事，引陈上钩。待拿到陈仪的亲笔信后，证据在握，立即派上海警察局长毛森赶到溪口向蒋介石告密。蒋介石考虑到陈仪是汤恩伯的干爹和恩人，所以把汤用专机接到溪口。汤恩伯此时更关心蒋介石对自己的态度，他为了划清同陈仪的界线，不惜出卖恩师，蒋介石对此十分赏识，征求汤如何处置陈仪的意见，汤毫不犹豫地表示："国家大事，义不徇私，自应以领袖之意见为意见。"为催蒋介石立即处置陈仪，汤还主动向蒋推荐周岩接任浙江省主席，一副落井下石的无耻嘴脸。陈仪的遭遇可想而知，因为他的职务太高，又在战争紧要关头，为防不测，陈仪问题由蒋经国直接掌控。在蒋经国的亲自督促和主持下，陈仪被撤职、关押，后押往台湾，1950年6月18日被害。

国共两党的和平谈判，由于蒋介石的拒和立场，在1949年4月20日《国内和平协定》签字的最后期限到来之日宣告破裂，人民解放军第2、3、4野战军先后渡过长江，到24日解放南京时，解放军渡江各部已进入纵深追击阶段。"闲居"溪口镇的蒋介石再也待不下去，沿宁沪铁路、公路和宁杭公路滚滚而来的解放军铁流正在向浙东靠近，驻扎奉化的原青年军208师改编的第87军已经紧张万分。蒋介石匆匆忙忙把儿媳和第三代孩子送往台北。根据蒋经国自己的记录，蒋介石在家乡最后的日子是这样的：

"中午，奉父亲嘱咐说：'把船只准备好，明天我们要走了。'

我当即请示此行的目的地点，父亲没有回答。当时只好准备一艘军舰，听候命令。舰名'太康'，舰长黎玉玺中校问我："你知道不知道，领袖明天准备到什么地方去？'

我回答说："我也不知道，不过以这次取道水路看来，目的不外乎两个地方：一是基隆，一是厦门。'黎舰长甚以为然。

……

昨日（4月24日）妻儿走了，傍晚到丰镐房家中探望，冷落非常，触景伤怀。

（4月25日）上午，随父亲辞别先祖母墓，再走上飞凤山顶，极目四望，溪山无语，虽未流泪，但悲痛之情，无以言宣。本想再到丰镐房探视一次，而心又有所不忍；又想向乡间父老辞行，心更有所不忍，盖看了他们，又无法携其同走，徒增依依之恋耳。终于不告而别。天气阴沉，益增伤痛。大好河山，几至无立锥之地！且溪口为祖宗庐墓所在，今一旦抛别，其沉痛之心情，更非笔墨所能形容于万一。谁为为之，孰令致之？一息尚存，势必重回故土。

下午3时，拜别祖堂，离开故里，乘车至方门附近海边，再步行象山口岸登舰，何时重返家园，殊难逆料矣。

发舰后，父亲才说出要去的地方：

'到上海去！'

这真是出人意料之外。盖共军已经渡过长江，上海情势非常危急，此时到上海去，简直是重大冒险。但是父亲对于这些，毫不在意，因为放不下自己沉重的革命责任，就顾不得自身的安全，而定要在最危险的时机，到最危险的地方去了！父亲一生冒险犯难，又岂独此而已。"（蒋经国：《风雨中的宁静》第194至第196页）

离开家乡前10天，是蒋经国的生日，蒋介石题了"寓理帅气"和"每日晚课，默诵孟子'养气'章。十五年来，未尝或间，自觉于此略有颇悟。又常玩索存心养性之'性'字，自得四句曰：'无声无臭，唯虚唯微，至善至中，寓理帅气。'为之自箴；而以'寓'字，体认深切，引为自快；但未敢示人。今以经儿四十生辰，等书此'寓理帅气'以代私祝；并期其能切己体察，卓然自强，而不负所望耳"的《跋》，以示祝贺。这是蒋经国在大陆时期的最后一个生日，祝寿低调且沉闷；也是蒋介石在大陆故乡最后一个家庭节日，从此以后

所有的家庭节日都在异地
他乡进行。

是啊，蒋家父子可以
把黄金美钞搬走，可以把
军队和官员搬走，可以把
各种物资搬走，可以进行
现代史上少有的大搬家，
但是家乡的山山水水搬不
走，家乡情无法改变。蒋
介石要永远离开故土，心

蒋介石率领儿孙最后一次在父亲墓前行礼

情之坏可想而知！他怎能忘记家乡的山水草木？怎样向列祖列宗交代？作为蒋
家传人，再也不能给祖先上一炷香、点一炷蜡，曾鼎盛几十年的蒋家祠堂再也
不见了后辈的香火，这种情况一直到20世纪90年代后期章孝严、章孝慈等后辈
回到家乡时才有了改变。

4月25日下午2时，蒋介石一行来到象山附近的头江口，因为水浅，无法靠
近前来接应的汽艇，只好先上竹排。蒋介石坐在竹排的椅子上，在蒋经国、俞
济时的陪同下，前往近一里路外接应的汽艇。再由汽艇送往早就停在头江口外
的清江中的"太康号"军舰，出狮子口就是大海了。当时，护送蒋介石上竹排
的都是当地的保甲长们，完成任务后都领到了一块银圆，只是他们都不敢要，
把钱全退给了保长。（蒋介石告别家乡情况参见《蒋介石家世》第22至第37
页、第213至第220页）

4月26日下午1时，"太康号"军舰到达上海黄浦江中的复兴岛，蒋介石此
次到上海的目的，一是亲临前线，亲自领教一下解放军的攻势。这是他3年内战
以来第一次到达真正的军事前线，参加守城之战，按蒋经国和国民党的舆论所
说，则是为了"保卫大上海"。二是督促抢运各种物资，包括抢运最后一批储
备黄金。三是安排撤走有生力量。

第一类事，由蒋介石出面，先后召见国防部长徐永昌、总参谋长顾祝同、
空军总司令周至柔、海军总司令桂永清、保密局长毛人凤、参谋次长郭寄峤、
上海市政务主任谷正纲、市长陈良、京沪杭警备总司令汤恩伯、上海防卫司令
石觉、淞沪警备司令陈大庆等人，商量防卫上海事宜。蒋介石的军事指挥艺

1949年4月25日，蒋介石坐上"太康"号军舰赴上海，永远离开了故乡

术，总体战略上缺乏应变能力，多僵化；具体战术上缺乏稳定，多忙乱。故大多为即兴而作，无章法无统筹兼顾，颇有头痛治头、脚痛医脚的味道。由蒋介石审查批准，有3800个碉堡、10000多座掩体为主体，由电网、可开吉普车的战壕相连，被蒋经国称为"东方的斯大林格勒、马其诺防线"的上海防卫体系，并未证明蒋介石的军事才能有多高，也未给国民党的军事败绩带来希望。无论是蒋介石，还是顾祝同、汤恩伯，"保卫大上海"只是一句空话，无法挽回败局。对蒋介石来说，败不足为奇，要紧的是后二项。

第二项由蒋经国出面。实施过程中，他再次显示出出色的办事能力，利用淞沪警备总部当时掌握的7万吨船舶，用高压、欺骗、武、文的手段从上海的实业界手中抢走1500多船物资。

在安排军队撤退方面，蒋介石指示，如抢运一事已有眉目，上海战役的目的即已达到，汤恩伯应把残存的8万部队乘最后一批轮船前往舟山。从上海撤出的部队后被编为防卫台湾的基本部队，陈大庆、石觉及与同样带部队去台湾、为数不多的将领，如52军军长刘玉章、青岛警备司令刘安祺、第12兵团司令胡琏、逃经越南去台湾的第1兵团司令黄杰、海南防卫部司令薛岳等人，官运看好（京沪杭警备总司令、后任福建省主席的汤恩伯到台后不久病死）。

在上海期间，蒋介石的"反共心理"又一次大发泄，曾下令保密局长毛人凤、上海市警察局长毛森处决中共地下党员、进步人士达1300多人，与同年10月在重庆屠杀被关押在中美合作所的革命志士及杨虎城将军等惨案一起，成为蒋介石逃亡前欠下的又一笔血债。

5月7日，蒋介石安排好汤恩伯部的后事之后，离开上海，前往舟山群岛。

在此之前，4月29日解放军第3野战军进行沪杭三角洲战役，歼、俘敌8万余人，兵临上海西线。5月13日，第3野战军一部又解放太仓、嘉定、青浦、奉贤、南汇等地，上海守敌只剩下长江口一条退路。

1949年5月15日，解放军发动上海战役，蒋介石派蒋经国再飞上海会晤汤恩伯。一再夸下海口说"固守上海6个月不成问题"的汤总司令，此时按照他战前冷静、战时忙乱、战后清醒的作风，已经被吓得六神无主，顾不上平时最喜欢的豪言壮语，直告太子："保卫大上海没有把握，浦东方面已经告急。"蒋经国对防务已失去了信心，他关注的重点是督促抢运物资，听完汤恩伯一席话后，他即飞回定海，把上海真实战况消息告诉了蒋介石。蒋介石对此并不感到意外，也和儿子一样，同意守不住就逃的方针。22日，蒋经国奉父亲之命，准备飞回上海，检查抢运物资、撤走军队一事，可飞机飞临上海上空时，江湾机场已由解放军的炮火所控制，无法降落，只得飞返蒋介石所在的澎湖列岛马公市。上海被攻占，已指日可待。

5月23日，解放军开进奉化城和溪口镇，蒋介石家乡被解放。又过3天，大上海全部解放。22年前，蒋介石正是从此地走上公开"反共、独裁之路"；22年来，这里成为国民党经济、贸易、文化及军政中心，现在回到了人民手中。

5月26日，蒋介石飞抵台湾西南海岸边的高雄寿山，这是蒋介石第二次到台湾。

第一次是在1946年10月21日，当时赴台，一是为庆贺台湾回归祖国一周年，和他一同赴台的还有宋美龄。在欢庆这一历史性胜利的时刻，他的内战真面目和南京政府的腐败，在台湾还未引起广泛的注意，所以他的行动如同"民族英雄"的凯旋和"最高领袖"的视察，无处不受欢呼。蒋介石对此行颇有感慨，他曾在飞台当天的日记中写道："余9岁失怙，同年清廷割让台湾于日本，至今已51年矣，余之一生，自9岁迄今，无日不在孤苦伶仃艰苦奋斗中，而台省同胞在此一时期，亦受尽日人奴役与压迫之痛苦，今经我全国同胞从事八年之艰苦抗战，终获胜利，台湾失地始得恢复，可谓艰难极矣。"蒋介石和宋美龄先后到台北、台中、日月潭、基隆等地巡视和慰问，还出席了台湾省第一届运动会开幕式。台湾之行的主要目的是参加在10月25日举行的"台湾光复一周年纪念会"，会上蒋介石致辞说："与我相别50年的同胞相聚一堂，共同庆祝台湾的光复，使我50年的宿志，得如愿以偿，实在是我平生感到最愉快、最光荣的一天。"由台湾省参议会议长黄朝琴在会上宣读的《致敬词》，更是说得蒋介石心花怒放："本省得到光复的今日，实由于蒋主席和夫人三年前在开罗会议中折冲樽俎才奠定这个新局势，现在台湾光复已告一周年了，国土重光，金瓯无缺，而又欣逢我们的伟大领袖和夫人惠然降临，真是庆上加庆。"会议献给蒋介石的锦旗上写着"功昭寰宇"，顺便献给宋美龄的锦旗上写着"德溥蓬莱"。会后，蒋宋俩人来到中山堂平台与广场上的10万群众见面。

二是正逢蒋介石60寿辰（公历10月31日），易地祝寿别有一番情趣，也为台湾之行增添一层色彩。前来祝寿的国民党中央和政府的代表、司法院长王宠惠送上的贺寿词则称："仁者无敌，德必有邻，吹嘘所及，禹甸同春，寿考作人，康强逢吉，宏开太平，永奠基石。"祝词和现实毫无共同之处，辽阔的中华大地正因为蒋介石的"反共"内战政策而血雨腥风。尽管社会上找不到一点"仁、德、同春、太平"，可祝寿使得蒋之"巡视"更加热闹。

三是蒋介石4个月来指挥"国军"各路主力全部出动，连下各解放区的城池，这本是中共方面为保存实力、拖垮国民党军队的运动战战术所致，南京方面却兴高采烈，以为全线胜利近在眼前，已经准备在11月中旬单方面召开不合法的"国民制宪大会"。虚假的军事胜利刺激着蒋介石的神经，情绪高涨的"国府主席和国民党总裁"的台湾之行，自然也有"扬威布道"的意思。

回到南京，蒋介石在日记中写道："巡视台湾之收获，较之巡视东北之收获尤大，得知全国民心之所向。"可以说，蒋介石在1948年底决定将台湾作为国民党最后的去处，其中的原因之一就是因为有第一次赴台湾的感性认识，当然此时他的收获只是把台湾当作支援大陆内战的基地，还没想到会在海岛度过后半生。至于"民心所向"则是蒋介石的错觉，台湾人民欢迎蒋介石，是出自感谢祖国收复台湾、使之摆脱50年的殖民统治的心情，当南京政府在台湾地区横征暴敛、危及民生时，台湾人民也会起来反抗反动统治。所以在蒋介石视察后不到半年，即爆发了"二二八事件"。

蒋介石第二次到台湾时，虽然与上次到台只距两年半，可再也不见当时的欢迎场面了。国民党军队处置"二二八事件"的极端措施，让台湾人民领教了南京当局的专制；国民党军队和官员贪赃枉法、无法无天的行为，让台湾人民领教了国民党当局的腐败。在枪口、刺刀之下，当地居民以冷漠的表情，面对蒋介石的到来，这与当时热烈欢迎的场面真有天壤之别。对蒋介石本人来

说，发动内战的本钱即将
全部输光，被赶出大陆指
日可待，自我感觉绝不可
与1946年10月时相比。此
外，第一次巡视台湾时同
来的宋美龄，此时正在美
国求援，停留华盛顿，蒋
介石更觉孤苦伶仃，给他
安慰的是，身边还有懂事
的儿子和家人。

1949年7月，蒋介石在广州与时任行政院长的阎锡山（右）会面

在以后的几个月内，
蒋介石为安排国民党方面
在大陆仅存的几大军事基地与中共方面决战四出奔走，直至西昌被解放军占领
为止。他主要从事两个方面的活动，一是与李宗仁斗法，一是极力推迟失败的
到来。

南京解放后，"代总统"李宗仁和蒋介石一样开始流亡，除偶尔与蒋正
面交锋外，李宗仁则在还未被解放军进攻的有限的城市间飞来飞去，尽量避
开"下台总统"。两人争夺的焦点是，"代总统"向仍旧牢牢控制着人事、
军政、财务大权的"下台总统"，索要已经运到台北和决定要运到台北的金
银美钞，以充作一再亏空的军费；要"下台总统"停止对"代总统"职权的
侵犯。

蒋介石则以"下台总统"无权再理政务、财务为由一推了之。但身为"下
台总统"却时刻不忘控制党政军大权，指使蒋经国利用特殊身份出面处理要
务，并且对李宗仁发出阵阵攻击，散布种种不利李宗仁、为蒋介石辩护的流
言，并且鼓动一批追随者为蒋介石劝进，请蒋介石"复职视事"。

为给"李代总统"制造难题，在太子不断向何应钦进行暗示后，5月29日
才成立两个月零9天的"何内阁"向"代总统"提出辞职。6月6日，李宗仁在
提名居正接任行政院长未被立法院接受后，只得提名从山西逃出来的阎锡山继
任。蒋介石在拆台的同时，还搞"掺沙子"，8月间蒋经国劝说父亲进行人事调
整，把李宗仁最反感、上海大败的直接责任者汤恩伯调到福州，出任福州绥署

主任兼福建省主席。把对李宗仁甚为热情的闽省主席朱绍良调回台北，以此来警告其他高级将领，不要与李宗仁发生过于亲密的关系。

在国民党上层，权力的大小向来不是按职务的高低决定的，而是以蒋介石任什么职务、蒋介石的亲信任什么职务决定的。非蒋本人或"非主流派"的首领无论任什么职务，都将被蒋介石和"主流派"所架空。所以"下台总统"的职权远远超过"代总统"，蒋经国也远比"代总统"有权。李宗仁以桂系的实力和多智，对付蒋介石已经显得力不从心，现又多了一个更强的对手蒋经国，岂有不败之理。

在老蒋和小蒋的安排下，"代总统"一事无成，政务一团糟，上下各种压力如军事不断失利、后方社会不稳、物价飞涨、政府无钱可支等，一齐压向这位曾经把"逼蒋介石下台、自己取而代之"视为最终胜利的人物，使之不得不自动卸职，于1949年12月8日经香港飞美国一走了之。

逼走李宗仁，为蒋介石"复职总统"铺平了道路。事实上，蒋介石应该感谢李宗仁，国民党1949年的惨败，可以说是国民党当局倒行逆施、蒋介石专制独裁、各级官员贪污腐败的必然结果，蒋介石把"总统"职交给了李宗仁，那么整个失败过程的最高合法指挥者是李宗仁，本来应该负全面失败责任的蒋介石在推卸责任时有了最合适的替代者。台湾方面的官方正史，以及蒋介石、蒋经国等谈到1949年的大失败时，倾向性非常明显，一致认为失败、混乱是李宗仁瞎指挥的结果。

在"逼李"的同时，蒋介石并未忘记为推迟国民党失败的到来而出力。如果说上海会战前，国民党尽管失败可还能组织抵抗的话，那么在上海解放后，国民党军队在其余的作战中，基本上处于一路溃败、无力还手的状态。

在军事指挥上，本来不用"下台总统"出面，论军事指挥艺术显然李宗仁要强于蒋介石；论职位，李宗仁在代行"总统"职权，下台的蒋介石无权过问。可为配合政治上的"驱李"、架空"代总统"的行动，蒋介石把所有的军事指挥大权全部抓到手，在军事一线关键岗位上安排了大批亲信，为李宗仁制造麻烦。

如福州的汤恩伯、胡琏、李良荣、高魁元；广州及海南的陈济棠、薛岳、余汉谋；舟山的石觉、周岩、刘玉章；西南的张群、胡宗南、罗列、盛文；台湾的陈诚、孙立人、吴国桢等人，对"代总统"的指令，阳奉阴违的多，不理不睬的多。数遍当时还有权势、还在走红的国民党上层将领，唯一愿意与"代总统"通气、配合的是桂系二号人物、李宗仁的搭档、国民党中常委和"华中剿共总指挥"白崇禧。"华中剿总"所辖的近30万"白军"，从武汉经长沙、衡阳跑回广西老家，甘心投入与人民为敌的内战战场，准备在广西与解放军决战。蒋介石见"白氏计划"符合自己的内战方向，肯为国民党政权卖力，认为听不听指挥、亲不亲李宗仁已是次要问题。且白崇禧手下有30万重兵，大敌当前，随便处置极易引起不败自乱。所以，与其像处置朱绍良那样对待白氏，还不如听任白崇禧和30万大军自生自灭。

从上海战役结束到10月初，国民党军事上受到的压力相对减少，中共领袖们针对国民党军事大溃败的局面，为巩固新解放区以增加追击华南和西北国民党军队残部的后劲，为防止国民党方面利用国际援助、依靠现代化的海空军在东南沿海登陆，为筹备成立中央人民政府，决定在夏秋之际，野战军各部主要进行整编、补充、休整和调防，暂时减少了对国民党残余军队和所占区域的全面出击。中共的这一调整，使得蒋介石和蒋经国可以到厦门、定海、广州、成都、重庆、昆明等城"临阵指挥"。

特别是蒋介石的昆明之行，被国民党方面蒙上了一层神秘的面纱。按蒋介石的计划，本打算把昆明和重庆像抗日战争时一样，作为西南"反共"基地的核心。可云南实力派、省主席卢汉不满蒋介石的内战政策，主张国共双方停战息争。特别是由滇籍子弟组成的两个军在关外被解放军消灭后，卢汉自觉内战无出路，"反共"无前途，决定退出"反共"阵营。

由于昆明的地理位置相当重要，直接关系到蒋介石钦定的"西南保卫战"的胜负，蒋介石时刻注视着云南方面的动态。8月27日，受蒋之命，中央军第8军李弥率部开进昆明，与原有的余程万的第26军一起监视卢汉。9月6日，在蒋介石的盛邀下，卢汉来到重庆，两人会谈时，蒋要卢立即采取行动，逮捕昆明和滇省境内的中共党员和人士，解散宣扬民主爱国的议会，查禁红色刊物。卢也向蒋提出条件：国防部给云南6个军的编制，拨军费2000万银圆，否则无法阻挡中共军队的进攻。蒋介石以国民党总裁的身份答应考虑卢汉的要求。

迫于中央军两个军的监视，卢汉回滇后只得采取行动，实施蒋介石所定的"反共计划"。为稳住卢汉，9月22日蒋经国飞到昆明，转交蒋介石的亲笔信，并欺骗说原定的蒋介石来滇计划已经取消。第二天上午10时，蒋介石突然飞抵昆明机场，蒋经国拉着卢汉到机场迎接。为防止意外，蒋介石就在卢府用餐和会见重要将领后于下午4时匆匆离去。用餐时蒋经国把守厨房，会见时蒋经国亲自安排警卫。

事后蒋经国说："父亲昆明之行，固无异深入虎穴也。"（蒋经国：《风雨中的宁静》第252页）至于那些官方传记作者则写得更神，说蒋经国临危受命、智慧超人，他先是施计欺骗卢汉，说蒋介石不来昆明，以便让卢汉放弃任何对蒋不利的计划；再是蒋介石突然来昆明，蒋经国只让卢汉一人去机场迎蒋，不让卢汉身边有动手的部队；在卢家用餐，不让卢汉离开现场，是不给卢汉外出部署捉蒋的机会。这些大多是废话，问题的关键是省主席卢汉当时还未在"反共与反蒋"间作出最后选择，不想活捉蒋介石。否则，卢汉在昆明老巢，如真要捉蒋，恐怕非蒋经国的"大智大勇"所能让蒋介石逃脱，就像12月9日卢汉正式宣布起义，活捉蒋介石的说客张群等一批国民党高级将领，之后又义释张群等人一样，此举只是卢汉的政治觉悟和个人感情所致，而非张群的"大智大勇"矣。再说，蒋经国自以为得计的昆明之行，事实上对卢汉是不小的刺激，使卢汉深深感到蒋家父子对他的不信任，与其为其卖命，还不如趁早另觅出路，也就是说，正是蒋经国和蒋介石的昆明之行，促使卢汉当机立断，决心举行起义。

10月1日，中华人民共和国中央人民政府在北京成立。几千里之外，蒋介石在南方名城广州，守着收音机收听了天安门广场上举行的庆祝盛典，默默无言，但有所想。他想的是中共成立时，自己已参加同盟会、国民党14年；自己曾两次与共产党合作，后又两次推翻统一战线，两度发动"剿共"内战；国共两党曾联合一致打败日本侵略者，而如今失败的却是国民党和他自己，他无法服气。

为防止出意外一直守在蒋介石身边的蒋经国则不一样，他在留恋过去的同时，更多的是在考虑：如何收拾败局？如何东山再起？因为他年轻，历史、政治包袱要少于已经步入老年的蒋介石；因为他年轻，更多的希望将来国民党能够在台湾"复兴"。

"十一"一过，国民党政权的日子便难过了。10月6日，中秋之夜，厦门告急，蒋介石从基隆港赶到鼓浪屿，以求保住面对台湾、金门的大陆前沿阵地。下午4时左右，他的座舰"华联号"还未靠岸，便已经听到前方隆隆的炮声，吓得不敢久留，召集团长以上军官训话也是在座舰上进行，内容不过是精诚团结固守、不成功则成仁等一套陈词滥调。时为中秋之夜，与会者心事重重，都在考虑明年的中秋节在哪里度过、能否再在鼓浪屿赏月？酒浓菜香，可这些惊弓之鸟，雅兴全无。晚8时，蒋介石就

1949年10月，蒋介石在厦门召集团长以上的军官训话，要他们固守，不成功则成"仁"

离开了厦门。蒋介石的座舰一起锚，厦门最高守将、5个月前曾在上海败于陈毅手下的汤恩伯，在陈毅部的进攻下，又像当时在上海一样，急忙安排逃跑，把一批主力部队撤往金门岛。10天后，解放军经激烈的战斗消灭未撤走的蒋军后开进厦门市。

蒋介石离开厦门，同时接到南面广州、北面舟山告急的报告，11日飞临定海，见舟山已成孤立之势，周围岛屿大部被解放军占领，进攻定海已成定局。蒋介石改变原来死守舟山的战略，认为舟山守军与其被解放军吃掉，还不如待机撤走。

12日，搬迁至广州不足半年的国民党政府宣布迁重庆办公，两天后广州解放。25年前，蒋介石曾在距广州十数公里的黄埔，主持国民党的第一所现代化的军官学校，开始进入其政治生涯中的新时期，没有广州黄埔时期，也就没有以后的上海、南京时期。可在失去广州之前，蒋介石连前往告别的机会都没有，真可谓是兵败如山倒，国民党军队再也没有当年离开广州挥师北伐时的雄风了。14日，蒋介石从定海飞往台北。

10月31日，是蒋介石63岁生日。此时，再也没有往日祝寿的场面和心情，蒋介石在蒋经国的陪同下，只是无聊地在上午9时从草山出发，经新店到宜兰，在礁溪用过午餐后再乘火车返回台北。进入老年的蒋介石，并不担心自己的身体，但他看到国民党已经彻底失败了，对此颇有感受，在当天的日记中写道：

"本日为余六十三岁初度生日，过去之一年，实为平生所未有最黑暗、最悲惨 1411

之一年，唯自问一片虔诚，对国家、对人民之热情赤诚，有加无已，自信必能护卫上帝教令，完成其所赋于之使命耳。"所写的《六三自箴》中更是说："虚度六三，受耻招败，毋恼毋怒，莫矜莫慢。不愧不怍，自足自反，小子何幸，独蒙神爱。唯危唯艰，自警自觉，复兴中华，再建民国。"（蒋经国：《风雨中的宁静》第264页）从蒋介石的哀叹中，可以看出他对失败的无可奈何；从他的"豪言"中，可以看出他对失败的深刻认识。

华南只剩下广西的白崇禧部，桂系第3、10、11等5个兵团的数十万大军，已经落到蒋介石不疼、蒋经国不爱的处境。白部自湘入桂后，白崇禧以他素有"小诸葛"之称的聪明，盘算着新的计划：守住家园，顽抗到底；顽抗不成，再撤海南，联合正在海南岛的粤系，图谋东山再起。提前从广西退到海南的白崇禧带着船队前往广西钦廉港接运残部时，"小诸葛"失算一步，解放军已预先封锁出海口，造成关门打狗之势。到12月初，除白崇禧部第1兵团司令黄杰率1万余人逃入越南外，近30万大军全部被解放军解决，美国借重桂系实力以改变战局的努力至此全部破产。

对广西失败，蒋介石并不感到意外，他再也不用操心桂系是否会独立反抗中央问题。他所关心的是四川、西康一线，那里有蒋家最忠诚的门将胡宗南指挥的国民党在大陆的最后一支主力，那里是蒋介石设想中的最后一个顽抗基地。11月14日，蒋介石飞到重庆，只见军情一片混乱，防守四川东北、东部、东南一线的川军各部和川湘鄂绥署主任宋希濂所部，根本无法阻挡解放军的进攻。为挽回败局，蒋介石急电已从西安撤到汉中的胡宗南部驰援重庆。

为稳定军心，了解军事一线真情，蒋经国前往綦江、南川和江口等地，先后与宋希濂、第20兵团司令陈克非、第15兵团司令罗广文等将领会见，要他们挡住在解放贵州后沿川黔一线猛扑过来的解放军2野一部。但一切都无法逆转，11月29日解放军兵临重庆城下，国民党政府继南京迁广州、广州迁重庆后，再迁成都。当时因为逃得匆忙，重庆城内慌乱不堪，蒋介石在前往机场途中，车队数次被堵，最后不得不步行前往，午夜才赶到白市驿机场，当夜只好在专机上过夜。第二天早上6点，飞机匆匆起飞。当天重庆迎来人民的代表、新的军政领导：中共杰出的军事家、第2野战军司令刘伯承和政委邓小平。

蒋介石在重庆期间，下令杀害关押在中美技术合作所的全部革命者。11月25日，关押在白公馆内的37名革命者被杀害；次日，关押在重庆卫戍司令部保防处新世界饭店看守所的30名革命者被杀害；27日，关押在渣滓洞的140余名革命者被杀害。

从汉中赶来增援、此时已改任西南军政长官公署副主任的胡宗南，率兵刚到城郊，见渝城已无希望，马上改变计划，原定运重庆的第1军、运新津的第3军，

蒋介石登机飞往台湾

立即向成都、璧山转进。12月5日，蒋介石要胡宗南组织16个师的兵力进行成都会战，只因失败不断，军心全无，士气低落，国民党军队无心再战，成都会战不了了之。

12月10日，蒋介石在蒋经国的陪同下，离开已经守不住的成都城。临行前，这位国民党总裁三次接见胡宗南，要其打完、打好这最后一仗，守住国民党在大陆的最后大都市。下午2时，蒋家父子的专机起飞，蒋介石从此永远离开了大陆。

蒋介石走后，大西南战局剧变。12月9日，云南省主席卢汉、西康省主席刘文辉、西南军政副长官邓锡侯和潘文华在各自的驻地，同时宣布脱离国民党阵营；24日，原镇守川东的罗广文、陈克非宣布放下武器；贵州省主席谷正伦早于9月间逃香港。西北西南大部已成为人民的天下，蒋介石建立"西北、西南反共基地"的计划彻底破产，仅靠胡宗南部如何守得住一个孤城成都？胡宗南人地两生，非败不可。12月23日，他飞往海口。27日贺龙率部开进成都城。蒋介石亲自指挥、蒋经国一手安排的"西南保卫战"至此以失败而告终。

在短短的两个月内，蒋介石输得太惨了，蒋经国不服输，于1950年1月特意飞到由胡宗南及数千残兵败将盘踞的西昌，要这位蒋家最信任、对蒋家最忠诚的将领坚守西昌，以向"自由世界"证明国民党在中国大陆没有完全败北，

还有挺进基地。

蒋经国离开时，西昌对外只有一条经海口到台湾的空中交通线。空中航线也不安全，他曾回忆说："三十八年（指农历）我最后由西昌飞海南岛的时候，也是我最后一次离开大陆，当时王委员叔铭也在飞机上（王叔铭时为空军副司令），在大陆边缘，快要飞到海南岛的时候，我正在睡觉，忽然觉得飞机抖了一下。我问叔铭同志有什么事？他说你看一下飞机的窗子被'匪'高射炮打破了。"

为增加胡宗南的实力和信心，蒋经国破例答应空运武器。台湾军用仓库里储备的武器，来自抗战结束后美国的对蒋援助和从大陆抢运出来的存货，为保持防卫台湾的实力，陈诚、蒋经国对武器的基本方针是只进不出，故任凭当时"代总统"李宗仁如何以军情紧急要求台湾方面拨武器增援，陈、蒋都没有拨出一枪一弹。这次为在大陆进行最后一仗，陈、蒋向西昌方面输送了40架次的武器弹药。

蒋介石、陈诚、蒋经国和胡宗南的一切努力均无济于事，1950年3月中旬，解放军向西昌方面采取行动，26日胡宗南像遗弃以前所守的西安、成都一样，带着身边的几个人飞逃海南，残部很快被肃清。至此，国民党军队在大陆的最后一个据点被拔除，最后一支军队被消灭。

对于西南失败，蒋经国说："我记得最后在成都撤退的时候，'总统'曾经说过：'本身的生存，就是力量；本身的生存，就是希望。'有一天我在成都的时候，一位国外记者来访问我：'你们应当承认你们的失败了吧？现在你准备到哪里去？'我答复他说：'有形的失败，不是失败，我准备从成都到西昌去。'他说：'如果西昌守不住又将怎么办？'我说：'自有地方可去。'他说：'到最后你做什么打算？'我说：'做一个成功的打算。'他说：'你成功的把握在哪里？'我回答说：'成败不能论是非，力量的大小不能决定成败。'我们失败了，不是'非'，而是'是'。"

在西昌告别前，蒋经国曾对胡宗南说："一定要回来，要雪耻复仇。我们对革命许了这个愿，必须来还这个愿，否则便是历史上最大的罪人，历史是不会饶恕我们的。"蒋经国的话，至今已成为笑料。"生存"是"力量和希望"，可从国共两党对立的角度讲，国民党再也没有战胜人民政权的"力量和希望"。"雪耻复仇""'反共'复国"，永远也成不了现实。"一定要回来"是可以的，那就是与大陆进行和平谈判，完成祖国统一，光荣返乡。众所周知的是，蒋经国已经过世，他的"愿"无论什么形式都已成"遗愿"，这是他的悲剧所在。

从台湾南投县乘火车往南往东行20公里到达水里乡，再往前几公里就是鱼池乡，那里有最著名的风景地——日月潭。在这被称为"台湾八景"的碧波中，中间是一"珠子屿（光华岛）"，北半湖状如天日，南半湖如同弦月。在大陆最后一仗之前的1949年圣诞之夜，离开大陆不过半月余的蒋介石来到湖旁的涵碧楼，在一片秋寒中，面对枯枝残叶，哀叹自己多舛的命运，思索着自己的下半生和国民党的再复兴。

国民党政权的院长、部长、省主席、特别市市长、军事将领，还有国民党党务干部和各级官员，有起义的，有被俘的，有隐居的，有前往海外的，除此之外的去处只有台湾。台湾成了败兵残将的世界，被推翻后国民党政权各类机构和各色人马，不约而同地集中于台湾。

退台，对国民党和蒋介石来说，简直是噩梦一场。

当时，台湾海峡的空中和海上航线，空前繁忙，"直航"的飞机和轮船满载着撤往台湾的各类人员和各类物资。

大陆沿海能前往台湾的码头、机场上，当时最忙的业务就是安排人员和物资去台。

国民党各个还在行使权力的机关，当时最忙的公务就是安排撤退台湾。

国民党的军政人员当时考虑最多的就是如何撤退台湾。

除早期退台人员有所准备外，在后期退台的只有特殊人物才能有所安排，绝大部分是靠各自的门路和买通有关人员匆匆退

1950年1月13日，蒋介石在松山机场迎接在美国受尽冷遇无功而返的宋美龄

台。如：

后来出任李登辉副手的"副总统"李元簇，当时提着一个皮箱跑到台湾在大学任教。

于右任在有关人员的"特殊保护"下去了台湾，连夫人都来不及前往。

吴稚晖身为蒋介石的"师爷"、蒋经国的"老师"，赴台时匆匆忙忙，甚至连结发之妻都没有通知就上了不归路。

以"孝"字为本的张群这样的重臣，甚至来不及告知在四川家乡的老母就离开大陆。

蒋经国和章亚若所生的章孝严、章孝慈一家到福州后，由王升亲自安排还等了一个星期，才经厦门到基隆港。

蒋介石的爱将胡宗南，则是在西昌被中国人民解放军攻占前夜乘飞机逃出。

胡宗南的主要助手、到台后出任过"陆军总司令"的罗列，则是在1950年3月在西昌解放后，装死逃脱，后辗转经香港去台湾的。

还有：

宋美龄1950年1月13日从美国飞回台北。

陈诚于1948年10月到达台湾，12月29日时任"行政院长"的孙科任命诚陈为"省主席"，次年1月5日就任。

蒋经国1950年1月经大陆西昌，再飞台北。

严家淦抗战结束后随台湾省行政长官陈仪赴台湾接收时就到了台北。

彭孟缉1946年初到台湾并出任高雄要塞司令。

陈果夫1948年12月6日离开上海去台。

曾任"陆军总司令"的孙立人1948年秋冬之际去台。

CC骨干胡健中1948年携《东南日报》社物资去台，途中轮船沉没，同行人员所存无几。

翁文灏内阁的地政部长李敬斋1948年11月去台。

台首任"经济部长"郑道儒1948年底去台。

1949年3月，后任"立法院长"的张道藩去台。

任过"行政院长"的俞鸿钧在蒋介石在草山筹组总裁办公室时去台。

出任几十年国民党中常委的黄少谷随蒋介石由溪口去台。

到台后出任过"国史馆馆长"的黄季陆在成都解放后经香港去台。

官至"外交部长"的沈昌焕在总裁办公室成立时去台。

"国策顾问"陶希圣随蒋介石去台。

到台初期十分活跃的张其昀1949年初去台。

原上海市长陈良1949年5月去台。

新疆军阀盛世才1949年5月去台。

"国策顾问"张炯1949年8月去台。

在台湾做过"宪兵司令"的罗友伦1949年夏去台。

原"12兵团司令"胡琏1949年10月到金门。

曾任过"台北卫戍司令"的黄珍吾1949年10月去台。

原"京沪杭警备总司令"汤恩伯1949年11月从金门去台。

在蒋介石时期任"教育部常务次长"的高信在广州解放后经海南岛去台。

20世纪50年代初期为"澎湖防卫司令"的刘安琪1949年11月去台。

到台后任过"司法行政部政务次长"的查良鉴上海解放前夕去台。

川系军阀杨森1949年12月18日去台。

原"粮食部长"谷正伦1949年11月去香港后去台。

台第二任"主计长"庞松舟1950年1月间去台。

1950年9月国民党元老何成浚去台。

前"立法院秘书长"楼桐孙1950年11月去台。

1950年12月原奉系元老莫德惠在蒋介石派员劝说下去台。

国民党元老朱霁青1950年底去台。

后来任"第2军团司令"的石觉1949年6月出任"舟山防卫司令"。

"战略顾问"陈继承1950年5月去台。

前江西省主席胡家凤1950年11月去台。

对抗和平起义的"新疆省主席"尧乐博斯1951年5月去台。

1951年12年亲日派首领许世英由港去台。

1952年10月上官云相从香港去台。

在台湾当过"新闻局长"的吴南如1953年1月去台。

一直在缅甸活动的李弥1953年初去台的。

任过"国防部长"的黄杰1953年夏从越南去台。

前政学系骨干熊式辉1953年间才去台。

"立委"梁寒操1954年4月去台。

还有:

胡适离开北京大学后去了美国。

"代总统"李宗仁无法挽救败局,为避免成为蒋介石的斗争对象远走美国。

前"行政院长"翁文灏对国民党当局失去信心而拒绝赴台,暂居香港。

前东北"剿总"司令卫立煌选择香港暂时定居。

……

这些曾经在中国政治舞台上出尽风头的人物赴台尚且如此不易,何况中下层人士?退台的混乱和匆忙从中可见一斑。

20世纪40年代末50年代初,国民党当局海空运输量有限,海军拥有10万吨左右、约85艘当时较为先进的舰只。其中包括"太康、太平、太和、太仓、太湖、太昭、信阳"等排水量在1700—2000吨级的驱逐舰。

空军拥有50架左右当时先进的C–46、C–47运输机,其余则是更小型的货客机。

美国也提供了相当部分的飞机和军舰前来帮忙。

海上运输还有中国油轮有限公司所属的各种"永"字号油轮24艘;招商局所属的87艘大小轮船,其中载货量7000吨左右的9艘运载量共约65000吨,载货量在1000—3000吨的49艘运载量约13万吨。

此外,还有几十家规模有限的民营公司也被迫成为国民党当局的辅助运输工具,被随时征用的有约百艘千吨级轮船,有极少量为3000吨轮船,大部为数百吨级的船舶。

但是国民党退台共有200万人及其行李,包括60万军队所属的各种重、轻型武器装备,拆迁台湾的近百家工厂的机械及附件,退台政府机关的各种资料和设备,以及各类抢运走的生产和生活资料,再加上大部分人员和物资需要从内地先期运到沿海港口,其运输量之大可以想象。

国民党当局拥有的空军50架左右C–46、C–47型美国运输机,运输量极为有限,海上运输量理论上计算也只有30万吨,美国提供的运输工具也是有限度的，此外海峡航线风高浪急，气候条件复杂，特别是在当时的气象条件下台风季节更是不可捉摸。总之，退台过程中运输量过大和运输工具不足、航海设备有限的矛盾加剧了撤退台湾的混乱；运输工具超量使用，安全事故不断发生加剧了退台的混乱；退台人员参差不齐、良莠不分更是造成了退台的混乱；退台安排中，上级压下级、当官的压当兵的、有钱的压钱少的、军人压百姓、有枪的压民间的应有尽有。

总之，多少人饮恨含冤于退台路上，多少家庭分离于退台路上，多少人无法忘怀当年的退台情景。

在退台混乱中受害的只是百姓，国民党蒋介石统治集团的成员当然受累有限，但他们到台后，面对的却是社会动乱、政局动荡、人心动摇、经济动浮。

正如后来台湾地区的经济学家，并被李登辉先后任命为"考选部长"和"监察院长"的王作荣在其所著《我们如何创造了台湾经济奇迹》一书中所说："光复后的那几年，生产既不能快速恢复，进口又受到外汇短缺及大陆战乱的限制，大部分人民已到了衣不蔽体、食不果腹的程度，可说是民穷财尽了。更不幸的是由于大陆局势逆转，大量人民都逃避到台湾来，以致人口激增。在1946年，即光复后一年的年底，台湾总人口为610万人，但到了1948年便激增为680万，1950年增到790万。1952年又增到810万人，6年之间增加了200万，即增加了三分之一，而60万大军及未报户口的人民尚未计算在内。"

除此之外，几乎每一个在大陆时期的省政府，甚至一些市县机构都在台湾打出各自的官衙牌匾，几乎每一个在大陆时期的兵团、军、师、绥靖公署、绥靖区、军管区都在台湾打出各自的番号，有官无兵，有兵无将，有名无实，形形色色的招牌充斥台湾街头。

等着蒋介石的是一副庞大而繁杂的乱摊子，当务之急就是重新确定军政当局机构。

"总统府"里无"总统"："代总统"李宗仁去了美国，"总统"蒋介石还在下野之中。

送终"院长"阎锡山本来不是蒋介石信任的人，让他看守"行政院"显然不合适。

"立法院"在国民党政权覆灭前5个月，"院长"童冠贤辞职，由刘健群代理，"副院长"为黄国书。

蒋介石在日月潭边沉思

"司法院"还是原任"院长"王宠惠，"副院长"为石志泉，不久为谢冠生所代替。

"考试院"是原任"院长"钮永建，"副院长"原为谢冠生，不久由罗家伦取代。

"监察院"主持人没有改变，正、副"院"分别是于右任和刘哲。

军事当局，经历国民党在大陆最后失败阶段的"国防部长"徐永昌、何应钦和阎锡山分别下台，1950年1月由顾祝同接任。

原"参谋总长"顾祝同指挥了在大陆最后阶段的大败仗，到台后又升任为"国防部长"，这种局面恐怕难以服众，于1950年1月换成周至柔。周至柔一直在空军中负责，在国民党军事败局中，空军在支持国民党军队的作战中并未有过什么像样的战绩，但是在国民党的大撤退中却是出力甚多，论"功"行赏，周至柔凭着与蒋家的特殊关系，主持"参谋总部"并不令人意外。

"陆海空三军"的主持人分别为：从1948年底就退出"反共军事第一线"的孙立人出任"陆军总司令"，周至柔兼管空军，同样在"反共"内战末期作战中出力不大但在国民党退台中贡献不薄的原海军总司令桂永清，继续连任"海军总司令"。

而省级机构只剩下"台湾省、福建省和浙江省"。"台湾省"由吴国桢任省主席，编制完整；"福建省"只有金门、马祖两地，名不符实；"浙江省"先是在舟山后是在大陈维持，不久取消。

到1967年6月间，台北当局把台北市升格为"院辖市"，1979年7月高雄市也升格，"省级"机构维持在4个，其中"福建省"为"行政院"派出机构（到1997年间，"台湾省"也成为"行政院"派出机构。2010年12月升格台北县、台中市、台南市为"院辖市"。2014年9月升格桃园县为"院辖市"，台湾地区形成6都市16县市格局）。在大陆时期的全套统治机构就这样随着国民党在大陆的彻底失败而消亡，几十个省级机构、200多个高级军事单位全部撤销。蒋介石以重新确立专制统治为目标的大整肃开始了。

（二）"复职总统"，复制南京体制

1949年的圣诞节，正在日月潭涵碧楼的蒋介石，无心欣赏如同画中的风光。他在当晚的日记中记下的正是他自己当时所想的："过去一年间，党务、政治、经济、军事、外交、教育已彻底失败矣。如余仍能持志养气，贯彻到底，则应彻悟新事业，新历史，皆从今日做起。"（蒋经国：《风雨中的宁静》第289页）

此时的蒋介石心事重重，在他制定的有关国民党在台湾的"复兴计划"中，首要之举是要结束退台带来的混乱；要结束退台带来的混乱，首要之举是恢复自己在党内的绝对统治地位；要恢复在党内的绝对权威，首要之举是"复职总统"和"清理门户"。而这一切都要在维护"宪政秩序"下进行，都要围绕恢复国民党一党格局进行。问题是这样固然能够治理大乱下的台湾，可国民党专制、蒋介石独裁又要引发新的政局动乱，只是表现形式和爆发时间不一而已。

"复职"——蒋介石"梅开二度"

自第三次下野起，蒋介石就以搞垮李宗仁为己任。蒋介石下野后，从未放弃过权力，也在事实上领导着国民党最后阶段的抵抗，可对讲究"正统""礼仪"的中国人来说，"名不正则言不顺"，这也是蒋介石所不甘心的。

为创造重新上台的时机，面对国民党的全线溃败，蒋介石、蒋经国一面制造舆论，说李宗仁"代总统"的施政措施已经全部失败，无才无德，不配领导国民党政府；一面则把"代总统"甩在一边，自己开始行使领导权。为实施名正言顺的领导，很

蒋介石父子在日月潭边

少在国民党中央党部办公的总裁蒋介石，在1949年6月筹备、8月11日在台北草山成立蒋记领导中心——"总裁办公室"。自孙中山创办兴中会以来，在国民党内设立"总裁办"这样的最高决策、执行机构，在国民党历史上从未有过先例，党章里也找不到相应的条文，事先也未经国民党中央常委会和中央委员会的讨论和同意，这只是为了给蒋介石"复职总统"铺路。

对蒋介石来说，他更感兴趣的是"总统"。不管是强奸民意，还是为民所恨，"总统"毕竟是"宪政"的产物，是"中央民意代表"选举的结果，所以"复职总统"是唯此为大的要事。自上海被人民解放军解放后，在蒋介石支持、由蒋经国出面进行的"倒李（'代总统'李宗仁）"背景下，国民党内不少"有识之士"则开始断断续续地呼吁，恭请蒋介石"复出视事"。

南京政府由广州迁重庆时，国民党元老吴忠信公开出面力劝蒋介石尽快"复职"，以"应付迁渝中必将出现的混乱"。

1949年10月18日，蒋介石召见张其昀及举行中央设计委员会会议，研究"复职"问题及程序，这是"下台总统"首次谈及"复职"事宜。

11月1日，李宗仁飞昆明，拒绝留在重庆当有职无权的"空头总统"，"复职"一事越来越热闹。

11月7日，国民党中央非常会议秘书长洪兰友求见蒋介石，请求"下台总统"复出。

11月11日，"行政院长"阎锡山，13日，70余位"立法委员"致电蒋介石，请他由台北去重庆主持工作，"挽救危局"。在此前后，国民党中央常务委员会在蒋经国的暗示下，全体常委"一致主张"蒋介石必须"复位"，唯对复位的时间问题则有不同意见。

12月2日，蒋介石、蒋经国与"西南军政长官"张群、"行政

蒋介石在演讲"复职"的"使命与目的"

院长"阎锡山商量后，"决心复行视事为不二之道，时间放在待法定手续完成后"。为完成"法定手续"，在成都的"国民大会代表"以及为国民党政权帮腔助威的民社党、青年党纷纷出面请"下台总统"复出。

12月4日，李宗仁在香港宣布将去美国"治胃疾"，蒋介石表面上称："德邻出国，既不辞职，亦不表示退意，仍以总统而向美求援。如求援不遂，即留居国外不返，而置党国存亡于不顾。此纯为其个人利害，其所作所为，实卑劣无耻极亦。"事实上暗自窃喜，因为李宗仁赴美为他"复出"提供了借口。

1950年2月13日，蒋介石以国民党"非常委员会"的名义，向滞留美国不归的李宗仁发电，限其3日内回台，否则视为自动放弃职权。李宗仁根本没有回台的打算，很快写信给台湾当局的"监察院"表示拒绝。

李宗仁不可能行使"代总统"职权，但台北当局要完成蒋介石"复职"的"法定手续"还有程序要走。拥有选举"总统"、修改"宪法"资格和权利的"国民大会代表"，在国民党大溃败过程中已经各奔东西，离法定人数相差甚远。法定"国民大会代"表总额为3045人，1947年底实际选出2908人。1948年4月19日，出席第一届"行宪国民大会"第一次会议，选举蒋介石为"总统"的代表总数为2765人。如果按照需半数以上选票才能当选的宪政基本原则，那么蒋介石永远也不可能获得通过，因为"国民大会代表"去台的只有1080人，离"国代"半数还差400多人。

借"法定手续"完成蒋介石"复职"视事的可能性根本不存在，唯一的办法就像一年多前未经任何法律手续把"总统"职位让给李宗仁一样，现在要回"总统"一职又何必受"法定手续"的限制？问题是李宗仁"代理总统"还有"宪法"第49条"总统因故不能视事时，

1950年3月1日，蒋介石宣布"复职"重任"总统"

由副总统代行总统职权"这一条文可依，蒋介石恢复"总统"职权却没有任何法律条文可以引用。国民党内的一批元老吴铁城、吴稚晖、于右任、居正、冯自由、莫德惠和王宠惠等人，在蒋经国的诱导下，纷纷出面吁请国民党中央常委会讨论蒋总裁的复出问题。1950年2月23日，中常会和非常委员会决议蒋介石复出。

2月28日，蒋介石在草山举办国民党中央常委、非常委员会成员、中央政治会议委员茶话会，在会上称："现在国家情势危机非常，如果我再不负起政治军事的责任，3个月之内，台湾一定会完结，我出来之后，可以自保。"

1950年3月1日，蒋介石宣布"复职"，并称其复任"总统"是为了"扫除中共、光复大陆"，重建"三民主义之民有、民享、民治国家"；提出国民党在台湾地区的4大政治纲领是："在军事上巩固台湾基地，建国光复大陆"；"在国际上先求自力更生，再联合民主国家共同反共"；"在经济上提倡节约，奖励生产，推行民生主义"；"在政治上保障民权，厉行法治"。他自我解释说，一生中下野三次，第一次"复职"的使命是"完成北伐，统一全国"，第二次"复职"的使命是"抵抗日本侵略，争取最后胜利"，此次"复职"的使命是"恢复中华民国，解救大陆同胞，而最后的目的乃是在消灭共产国际，重奠世界和平"。（蒋介石在1950年3月13日总理纪念周上的讲话，见《先"总统"蒋公全集》第3册第3326页）

随着蒋介石重新登场，其他人事也进行了部分调整："立法院"正、副"院长"是刘健群、黄国书；"司法院"正、副"院长"是王宠惠、谢冠生；"考试院"正、副"院长"是钮永建（代）、罗家伦；"监察院"正、副"院长"是于右任、刘哲。这些"院长"因为存在换届问题，所以任职时间不一。

3月8日，蒋介石改组"行政院"，由陈诚取代阎锡山出任"行政院长"，张厉生任"副院长"，黄少谷任"行政院秘书长"，俞大维为"国防部长"，余井塘任"内政部长"，严家淦任"财政部长"，叶公超任"外交部长"，郑道儒任"经济部长"，程天放任"教育部长"，林彬任"司法行政部长"，贺衷寒任"交通部长"，余井塘兼"蒙藏委员会委员长"，叶公超兼"侨委会委员长"，吴国桢、蔡培火、田炯锦、董文琦、王师曾、蒋匀田为"政务委员"。新"内阁"既决定了国民党退台后的"行政院"体制和基本队伍，也决定了陈诚在今后一个时期内将成为蒋介石的主要助手。

蒋介石从台后跑到台前，继续他那没结束的第一届"总统"任期，接上了"蒋记政府"的血脉，当时台湾没人敢反对，远在美国的"代总统"李宗仁则认为蒋介石不通过"国民大会"，自己决定自己复任"总统"是滥用"国家"的名义，是违法荒谬行为，是对孙中山遗教和宪政精神的背叛。李宗仁还认为："蒋先生的复职并未使我惊异，因为事实上他早已是台湾的独裁者了。"谁都很清楚，蒋介石建立的是以蒋氏家族为核心、追随国民党当局而去的大陆亲信官僚为主体，台湾地区部分地方政治势力代表人物为辅助的一党专制政府。

改造——国民党全面整顿

蒋介石"复职总统"，开始全面恢复和移植南京时期的专制统治，其中最为重要的是如何检讨国民党的大失败，为下一步追究失败责任、治乱平乱提供理论和政治依据，凡被列为造成失败原因者，均在劫难逃。

检讨大失败

对于国民党在大陆的大失败，蒋介石痛心疾首，为寻找失败原因费尽心思，基本的一条是责怪部属。最典型的事例，是1954年6月29日汤恩伯死在日本医院的手术台上后，蒋介石在7月5日的"革命实践研究院党政军干部联合作战研究班"第三期上演讲时专门谈及此事。他说："这几日以来，由于汤恩伯同志的病逝日本，使我更加感觉革命哲学的重要。本来汤恩伯在我们同志中，是一位极忠诚、极勇敢的同志，今日我对他只有相信、感慨，而无追论置评的意思。我之所以要对大家说我的感慨，亦只是要提醒大家，对生死成败这一关，总要看得透，也要勘得破才行。汤同志之死，距离他指挥上海保卫战的时候，只有五年光景。这五年时间，还不到2000天，照我个人看法，假使汤同志当时能够在他指挥上海保卫战最后一个决战阶段，牺牲殉国的话，那对他个人将是如何地悲壮，对革命历史将是如何地光耀！我想他在弥留的时候，回忆前尘，内心感慨和懊悔，与其抱恨终天的心情，一定是非常难过，所以值得我们检讨痛惜和警惕的。"

不难发现，原来蒋介石是要部下同志们掌握"革命哲学"。"革命哲学"的内涵则是要国民党军队官兵保持对蒋的忠诚，对蒋的忠诚则是要官兵不成功便成仁。因此汤恩伯为何不战死成仁于上海，为何苟延残喘2000天，为何不为"革命哲学"争口气，难怪蒋介石感慨万千。当然，汤恩伯贪生怕死，应该被蒋介石批评，殊不知若以"上海逃跑"来论"革命意志"强弱，那在上海被解放军占领的前数天，这样看来蒋介石就带着儿子经国先于汤恩伯一走了之，躲在军舰上观战，这样看来汤恩伯逃跑比蒋介石还晚，"革命意志"比蒋介石还坚定。

从汤恩伯之死中，可以看出蒋介石检讨大失败的态度就不正确，所以也就很难找出真正的原因。

蒋介石自到台起到国民党召开第七次代表大会，谈得最多的是检讨、反省国民党兵败大陆的原因，几乎到了逢会必谈、逢人必讲的程度，如此认真和长时间地谈同一问题，而且是表面上"同志们"丢脸、实质上让蒋介石难堪的问题，这在蒋介石的政治生活中还属少见。他确实对国民党的失败进行了思考，确实是想找出国民党失败的症结所在，同他以往好大喜功式的大话、空话、套话相比，确实有一些实质内容。

蒋介石谈及造成国民党大失败原因的讲话和文章很多，概括起来主要集中在三方面：

第一，政治上的失败。蒋介石认为，政治上的失败是国民党在大陆时期总崩溃的主要原因，它表现为：一是党内民主过多。他在"革命实践研究院"的开学典礼上说，从专制式训政向民主式的宪政过渡时，"新的制度未曾建立，而旧的制度早已崩溃，所以在政治上形成这样混乱脱节的现象，这是我们政策的失败，以致整个政治濒于崩溃"。他又认为，"政治上的失败"，主要是"政党政治"的失败，如在"国民大会"选举"副总统"的问题上，有些人竟不顾党的纪律，而要强求自由竞选；本党就在这样自由竞选斗争攘夺之中，而招致整个的崩溃。（见蒋介石在国民党"七全"上的政治报告）

二是国民党的堕落。蒋介石多次讲过："党内有若干不肖之徒，自认为本党已经失败，不惜充当汉奸的走狗，来卖党变节，甚至趁火打劫，浑水摸鱼，弄得廉耻道丧，丑态百出，以至民心涣散，士气堕落，形成分崩离析的局势。"他反复强调："我们今天失败到如此地步，最主要的致命伤"，就是因为党内"一般干部普遍犯了虚伪的毛病，相习于虚浮夸大，而不能实事求是。这种风气流行的结果，使得部队、机关和学校一切办事、命令和报告，都是互相欺骗、互相蒙骗，而没有几件事是完全实在的，可以相信的"。

蒋介石还分析了之所以出现如此问题的原因，他认为，"党的失败主因，是在三民主义信仰的动摇"，导致了许多党的干部和党员脱离党的路线。再者，"第六届全国代表大会以后，中央组织之庞大复杂，内容之纷杂矛盾，是亦为党务失败原因之一"。"当37年（1948年）底38年（1949年）初，我们军事失败之时，内部顿呈分崩离析，一般党员，甚至中枢高级干部，都认为我不下野，共产党不会与政府和谈，我不下野，美国援助亦不会再来"。他还认为，他的下野，结果是导致中枢无人主持，一败而不可收拾。（见《先"总统"蒋公思想言论总集》第25卷131页）

蒋介石认为，党的信仰出现动摇，则是受"失败主义心理"的影响。而"失败主义心理"的出现，是因为"自徐蚌会战（淮海战役）以来，许多同志看到我们国家处处失败，于是就认为党在军事、政治上，已经陷于无可挽救的绝境。几乎成了束手无策，坐以待毙的囚犯。这种人就是彻底的失败主义者"。由此而来的是"投降主义的心理"，于是出现了"少数民族败类，完全丧失了民族自信心，对于民族固有精神和气节，抛弃无余"的结果。除此之外，还存在着"依赖主义心理""自从抗战末期以来，一般同志过分重视国际关系，甚至以为我们国内问题的解决，也非有外国的援助和谅解不可；尤其是对于美国，格外存在一种依赖的心理，以为没有美国的支持和援助，我们就不能"反共"，更不能反抗苏俄帝国主义者。大家都感到反共的胜利几乎绝望"。

三是组织不严。他说："军队腐败、政治贪污只是失败时候的各种现象，而不是促成失败的根本原因"，"军队为什么会腐败，政治上为什么有人会贪污，据我研究的结果，我们所以失败，第一在于制度没有建立，第二在于组织之不健"。（见蒋介石1950年1月5日在阳明山演讲"国军失败的原因及雪耻复国的急务"）

四是忽视教育和文化。蒋介石谈及此问题时说："政治、军事、经济等项的失败，其影响无非是一面和一时的，只有教育的失败，则其影响将及于整个民族"，教育之所以失败在于学校教育当局对学生的政治思想失控。他充满对共产主义的仇视："人生处世的意义和革命立国的道理，让教师们随意闲谈胡说，大专院校里充斥了共产主义的国际思想或自由主义的思想，国家观念和民族意识几乎消失殆尽，"三民主义"和民生哲学招致讽刺讥笑和破坏反对，学校做了中共'城工（地下党）'的大本营，民主与科学的口号也成了仇视民族文化的口实和消灭我民众精神的手法，当时在学校的青年和教授们，几乎大半都做了'共匪'的外围，成为'共匪'的工具。"因此，"要以三民主义的思想精神，完全浃治于每一个学生的精神、思想、生活和各种学术、课程之中，使其结合在本党"三民主义"旗帜之下，共同一致地消灭共产主义"。（见蒋介石《改造教育与变化气质》）

第二，军事上的失败。在蒋介石看来，军事上的失败是导致国民党在大陆失败的直接原因，他痛心疾首于军事失败之时，仔细找了造成军事崩溃的原因。一是军纪败坏。他说："就过去一年失败的情形看来，以军队纪纲的败坏最为严重"，"最显著的一点，就是一般军长、师长，不经过请假的手续，可以随便离开自己的职守，自由行动"。"过去北洋军阀被打败是他们本身腐朽，所有北洋军阀的毛病，我们的军队都已习染，不论在精神上、在行动上，都渐次趋于腐化堕落，几乎与北洋的军队如出一辙"。他警告军界将领说："如再不彻底觉悟，那这种军队非自取灭亡不可。"（见蒋介石1950年3月19日《国民革命第三期任务之说明》）

二是"三民主义"信仰的动摇。这位国民党的最高军事领导人，宣称："今天我们军队的失败，就是没有奉行三民主义之故。换言之就是我们军队已经失却战胜的基本条件，我们的军队已经成了没有灵魂的军队，失败则是必然。"他责问高级将领们："你们平时口头讲信仰三民主义，但是你们在行动上，究竟是不是实行三民主义呢？对于"三民主义"是不是只有形式的信仰，把三民主义当作了一个口头禅而已？"

三是高级将领腐败。"自从抗战末期到现在，我们国民革命军内部所表现的贪污、腐败的内容和实情，真是光怪陆离，简直令人不能想象。"（见蒋介石1949年10月20日《军事改革之基本精神与要点》）他列举了国民党高级将领存在的本位主义、包办主义、消极被动和推诿责任、大而无当和粗制滥造、含糊笼统和不求正确、因循守旧和得过且过、迟疑犹豫和徘徊却顾、主观自大和故步自封等八大问题。

蒋介石还举例说，一般军官和美国人相处，受了美国人的教育，可美国军人的长处一点没学到，则专门模仿美国人的生活及缺点，诸如"滥肆吸烟、酗酒、打牌、嫖妓"，殊不知这只是美国军人生活的一面，而对于工作业务之活泼认真，乃是对国效忠精义之所在。真可谓是"画虎不成反类犬"。蒋介石认定："这是我们军事最近4年来失败的最大原因，也是我们中国最近4年来，党务、政治、军事彻底崩溃的最大原因。"（见《先"总统"蒋公思想言论总集》第23卷第104页）

四是官兵对立、军民脱节。蒋介石说："许多高级指挥官每到作战的时间，不是在陆上准备了车辆，就是在水上准备了船舶，一到紧要关头，就不管他的部下生死，而先自上车或者登船逃命，这样没有人格的官长，可以说是寡廉鲜耻，怎能再取得部下的信仰呢？而且，一般的高级将领，在生活上骄奢淫逸，何尝还有一点同甘苦、共患难的意思。""我们的军队每到一个村庄，这个村庄中较好的房屋，就一定被我们军队占领，借了人民的东西不归还，损坏了人民的器具不赔偿。这样，当然使人民对我们发生反感，而不愿帮助我们。"（见《先"总统"蒋公思想言论总集》第23卷第42页）

五是战略上的错误。蒋介石把听信美国代表马歇尔的建议认为是军事战略上的失当。他说："我们政府误信马歇尔的调处，将最精良的国军开到东北，以致内地空虚，各战场都感到兵力单薄。战略上一经犯了错误，那在战术上是无法修补的，如此，当然失败得更快。"（见《先"总统"蒋公思想言论总集》第23卷第27页）"我们克敌军事是无往不利的，国军处于这样优势，本可一鼓作气，勇往直前，而军事调处的三人小组，每在我国军进展之处，总是提出严重的抗议，妨碍阻止，无所不至；因之，每逢我国军前进一步，便要受到进一步阻挠，真使我国军束手挨打，不能不使之功亏一篑。而敌人受了致命打击之后，不仅还有喘息的机会，而反使之能从容整补，养成其坐大反噬，卒使我们遭到这样最后的崩溃。"（见蒋介石《苏俄在中国》一书）

第三，经济上的失败。蒋介石认为，抗战结束后，农村凋敝，工业尚未恢复战前的繁荣，国民就业的机会不能增加，"特别是民国36年（1947年）间，行政院宋院长擅自动用了中央银行改革币制的基金，打破了政府改革币制的基本政策，于是经济就在通货膨胀的情势之下，游资走向投机垄断，正当的企业不能生存，中产阶级流于没落；社会心理日趋浮动之中，经济崩溃的狂澜，就无法挽救。这是大陆经济崩溃最重要的环节，亦是今后经济事业取重要的教训，不可不特别警惕。这是失败内在的原因，至于外在的造成经济加速崩溃的原因就更多了"。（见《先"总统"蒋公思想言论总集》第25卷第126页）

第四，外交上的失败。蒋介石把外交上的失败归咎为两点：一是苏联对中国的侵略。美、苏、英三国背着中国政府在雅尔塔开会，罗斯福、丘吉尔接受了斯大林提出的不合理要求，以控制中国东北部分地区和中东铁路作为苏联出兵对日作战的条件。蒋介石认为，苏、俄无权提出这一要求，美国人在会议上对苏立场是错误的，美国的妥协立场助长了苏、俄的侵略行为，同时导致国民政府在外蒙古问题上向苏俄妥协。蒋氏在解释国民党当局之所以在外蒙古问题上对苏妥协时说，当时中国处于内忧外患交相煎迫，而国内社会、经济，在长期抗战之后，更是百孔千疮，随时可能发生危险的局势；在这种局势下，自然希望要求一时的安定，以从事复员建设。蒋介石说："当时我个人的决策，就是要求战后确保胜利成果，奠定国家独立，民族复兴的基础，必须求得20年休养生息，和平建设；只要能争取这一建设机会，那就是任何牺牲，亦是值得的。承认外蒙古独立还由于外蒙已为苏俄所控制，中国对外蒙古领土已名存实亡"；"割弃外蒙古寒冻不毛之地，不是我们建国的致命伤"。他不得不承认，这种想法"实在是一幼稚的幻想，绝非谋国之道"。二是对美国的过分依赖。蒋介石还认为在外交上过分依赖美国导致了"缺乏自力更生的决心，那就是我们铸成今日悲剧的一个大错"。（上述内容见蒋介石在国民党"七全"上所作的政治报告。关于蒋介石检讨国民党失败的原因，参照李松林所著《蒋家父子在台湾》）

南京政府和国民党当局之所以失败，社会上公认的原因是政治上坚持"反共"，经济上没有缓解人民的苦难，军事上"剿共"打内战。当然，政治家、军事家、哲学家、思想家、经济学家、文学家、艺术家及官方人士、民间百姓还会有各种各样的评述，正史和野史、共产党和国民党还会有不同的记载。有对国民党政治路线的评析，有对南京官场的揭露，有对社会制度的否定，有对人民大众痛苦生活的同情。中国共产党则更多地认为资本主义制度在中国行不通，国民党方面则肯定"三民主义"和"五权分立"为立"国"之本，主要是党政官吏腐败所致。众说纷纭，论出多家。

蒋介石论述国民党在大陆失败的原因，就国民党方面所能谈到的深度和涉及的领域论，不能不说认识是空前的深刻，不能不说领域是空前的全面。但是客观地说，蒋介石的反省局限性较大，可以说是由表不及里，由浅不入深，拈轻怕重，主次颠倒。请看：

"国民党官场腐败和黑暗，党员素质低劣和无能"，是国民党的政治本质决定的。

"'三民主义'信仰动摇、教育的失败"，是因为国民党坚持"'反共'路线"所致。

"军事上失利当然有军事将领指挥失当、战略制定失策、军人贪生怕死、军纪荡然"等原因，但主要是因为蒋介石发动内战不得人心，得不到人民群众的支持。

"旧制度被破坏，新制度未建立"，应该是旧制度没有实质破坏，新制度更是旧体制的翻版，"民智未开"是愚民政策的代名词，"民主政治"是招牌，"蒋记专制"是实质，"政党政治"成为国民党内派系争夺的舞台，这才是国民党"军政、训政和宪政"的真相。

"马歇尔调处限制国民党对中共的进攻"更是违背基本事实，众所周知，抗战后美国的军事调处，基本上是"拉偏架"，偏袒南京当局"军事反共、争夺战略要地"的举动，限制中共方面的自卫反击行动。"美国的援助使得国民党方面缺乏自力更生的决心"，这话有一定的道理，但是如果没有美国的扶持和援助，恐怕南京政府也不敢轻易发动内战，挑起内战后失败得更快。

"经济加速崩溃的原因"固然有宋子文、孔祥熙等人主持经济无方的问题，但是经济危机之所以成为南京政府无法摆脱的顽疾，是因为它已陷入内战优先带来军费激增、生产破坏，军费激增、生产破坏带来财政危机的恶性循环之中。

以上，则是蒋介石没有看到，或者说是看到了不愿承认的导致国民党失败的真正原因。

国民党当局在大陆失败，事实上基本原因只有一个，那就是国民党并不代表全国人民的根本利益。蒋介石统治的22年，背离了实现国家强大、社会进步、经济发展和人民幸福的目标，最后被人民大众所抛弃。

改造国民党

蒋介石"复职总统"后，在反省失败的同时，着手进行国民党改造，为清理门户、重新培植适应台湾政局所需要的政治力量提供组织保证。

国民党在大陆的彻底失败，使得蒋介石开始清醒地认识到旧官僚系统的腐败是导致失败的主要原因之一。为东山再起、振兴国民党，有必要以"改造"的方式，对退台后的国民党进行全身换血式的大手术。为保证"国民党改造"的顺利完成和尽可能增加国民党改造的效果，蒋介石决定让长子蒋经国采取具体措施。蒋介石之所以愿意让儿子来放手实施改造，是因为蒋经国采取的任何措施，都是为了巩固蒋家统治的权威，不会出现大权旁落的后果；都是为了国民党的复兴，不会出现危及国民党统治的局面。

蒋介石原本不赞成国民党实施由上而下的大换血，可对党内进行整顿、教育却是既定的方针。早在下野之初，蒋介石针对党内不注重"团结"、各派系之间争权不止、官员之间推诿责任一事，指出："干部训练与重建之方针，必须淘汰干部，训练新干部。其基本原则：（一）以思想为结合；（二）以工作为训练；（三）以成绩为黜陟。"（蒋经国：《风雨中的宁静》第147页）1949年3月上旬，他又提出把国民党的整顿分为"整顿现状、改造过渡、筹备新生"三个阶段。为应付一发不可收的败局和整顿党组织，"决先组织一个非常委员会，人数20至30人为限"。（蒋经国：《风雨中的宁静》第172页）上海决战前，蒋介石表示："只有以新的精神、新的力量、新的生命，来迎接新的时代，奠定新的基础。"上海失守后，蒋介石又别出心裁，拟采取唐朝取士的办法，选拔干部，即"先以身、言、书、判为选拔之标准；后以德、才、业三者为任用之依据。体貌魁伟为身，言语清晰为言，笔法秀美为书，文理密察为判。以此取士，自可达到'天下为公'的境界"。（蒋经国：《风雨中的宁静》第217页）由此可见，蒋介石已经老朽，缺乏现代的人才新观念、新思路。从古人那里搬来的"武器"，又有几分可行性呢？

1949年7月16日，"中央非常委员会"正式成立，蒋介石为主席，李宗仁副之，另有10名委员。他们是：

阎锡山，长期盘踞山西，组织过倒蒋战争，在山西全境解放前夕跑到广州出任"送终行政院长"；

何应钦，准黄埔系首领，蒋介石的主要军事助手，辞行政院长不久，时为国民党中央执行委员；

张群，新政学系首领，蒋介石的心腹，出任过许多重要职务，时任重庆绥靖公署长官；

孙科，孙中山之子，历任立法院长、行政院长等要职，时任国民党中常委；

陈立夫，四大家族主要成员，CC系主要首领，长期控制党务、组织、中统系统，时为立法院副院长；

居正，西山会议派骨干，党内倒蒋活动的主要参与者，担任立法院长16

年，时为国民党中央监察委员；

于右任，早年追随孙中山，连任国民党大陆时期6届中央执行委员，此时已是出任监察院长第19个年头；

吴忠信，40年来一直是蒋介石的密友和智囊，辞总统府秘书长不久，时为国民党中常委；

吴铁城，数次充当蒋介石与反对派之间的说客，时辞行政院副院长兼外交部长不久，现为国民党中常委；

朱家骅，曾任中央党部秘书长、中央组织部长，并任职中央研究院院长达18年，时为行政院副院长。

"非常委员会"从人员结构上看，基本上是旧班子老面孔，是党内主要派系相互妥协的产物。虽说有蒋介石的亲信幕僚，但基本上全是与蒋介石同时代的人。他们和蒋介石有同等资历、阅历，其中一些人如李宗仁、阎锡山、孙科、居正等，武在战场上与蒋介石一方拼个你死我活，文是笔战口仗打得唾沫四射，大败之际，谁能以蒋介石为"政治核心"？连蒋介石的亲信也觉得此时此刻不具备全党改造的条件，无法贯彻蒋介石的改造思想。

蒋介石本人是想把"非委会"变成实施国民党改造的领导机构，无奈此组织因人事依旧，又大败当前，同其他党政部门一样，成为忙于协调逃跑事务的机构及蒋、桂争吵的场所。再说"非委会"的各位大员及其追随者，此时也不会同意进行任何否定过去，包括否定他们各自业绩的改造工作。蒋介石筹设"非委会"的目的没有达到，只是多了一个不必要的衙门，不过此事却促使蒋介石作出了一个极为重要的决定：非打破旧机构旧面孔统治的旧局面不足以开创新局面，非依靠新人新机构不足以冲破旧的官僚网和冲垮旧的派系力量。

1949年8月1日，"总裁办公室"成立，它的主要任务之一就是制定国民党改造方案。9月22日，蒋介石为应付在大陆即将到来的完全失败，美化以腐败无能著称的国民党形象，增加党内的战斗力，发表《告全党同志书》，要他的同志们，研究7月间起草的改造方案，以新组织、新纲领、新风气，"争取第三期国民革命之胜利"。蒋介石的号召，只是官样文章，当时国民党内上下一条心，忙于逃跑，寻找藏身之处，哪有闲心讨论"党的方案"。再说这类"讨论"果真进行的话，恐怕只能使国民党内在原有派系之争的基础上，再就失败问题推卸责任、嫁祸于人，闹得天翻地覆，变成一场没有是非和结果的派仗，干扰"全党一致逃跑"这一党的中心工作。

蒋介石从四川退到台湾后，在忙于"复职总统"的同时，集中思考改造问题。在国民党政权去台后的第一个圣诞节之夜，蒋介石颇为自信地在日记中写道："从前种种譬如昨日死，今后种种譬如今日生"，"近日独思党政军改革方针与着手之点甚切，此时若不能将现在的党彻底改造，决无法担负革命工作之效能也。其次为整顿军队，以求内部精纯，团结一致"。（蒋经国：《风雨中的宁静》第289页）

在1949年的最后一天，蒋经国在日记中写道："父亲认为：'改造要旨，在涤雪全党过去之错误，彻底改正作风与领导方式，以改造革命风气；凡不能在行动生活与思想精神方面，彻底与共党斗争者，皆应自动退党，而让有为之志士革命建国也'。"他自己也认为："改造本党，无非欲重整旗鼓，自力更生，以达成反共复国之使命。"（蒋经国：《风雨中的宁静》第290页）至此，"改造"紧锣密鼓，进入紧张准备阶段。

20世纪50年代初期，蒋介石"复职"，重新掌握整人大权；退台高潮结束，进入相对稳定时期；美援恢复，台湾的生存有了保证。至此，蒋介石和国民党当局可以有相对稳定的环境和时间，对国民党的失败进行秋后算账。

蒋介石如此热心于国民党改造，不外乎有以下几方面原因：

第一，造成国民党失败于大陆的主要原因是党的失败，那么有必要对党进行改造，以清除致败因素。正如他在国民党"七全"上所作的政治报告中所说："这次大陆反共军事悲惨的失败，并不是'共匪'有什么强大的力量足够打败我们国民革命军，完全是领导国民革命的本党组织瓦解，纪纲废弛，精神衰落，藩篱尽撤之所致。"亲身经历过大陆失败的蒋介石，对如何失败和为何制止不住失败有着比他人更深的体会，他的话不无道理，只是国民党的性质决定了党的路线、党员的行动，即使完成改造也不可能消除国民党的痼疾。

第二，整顿党的组织，结束内耗。蒋介石认为，由于"党内不能团结统一，同志之间，派系分歧，利害摩擦，违反党纪，败坏党德，以致整个的党，形成一片散沙，最后共党乘机一击遂致全盘瓦解，彻底崩溃"。结束党内派系林立和派系倾轧的局面，是蒋介石到台湾后的基本思想，因为党内派系形成由来已久，派系之间盘根错节，牵一发而动全身，因此有必要借全党的改造运动，通过全盘推翻以往组织、人事和权力结构的方式，结束党内的内斗。问题是这事好做不好了，政治上的后遗症不小。且因为国民党有派系存在的政治和社会基础，旧派系结束，会有新的派系以新的形式表现出来。

第三，推卸责任，寻找替罪羊。国民党在大陆失败后，追究失败责任是必然的，也是应该的。事实上国民党改造就是一次国民党为什么在大陆会失败、国民党如何避免类似失败的大讨论，这对国民党以后的存在和"复兴"是有益的。蒋介石还有他自己的目的，这就是逃避责任。800万军队被消灭，中华民国被推翻，国民党当局只好退居台湾岛，最大的责任者应该是蒋介石，尽管他在1949年间是下野之身，但正是他有意牵制李宗仁更加快了国民党领导层的内斗，加剧了国民党在失败过程中的混乱，也就是失败得更快，这是众所周知的事实。蒋介石则想借改造运动，把失败责任推给李宗仁和其他党内腐败势力。蒋介石要想推卸失败责任，当然得找出替罪羊，只有通过对国民党失败的大讨论，让残兵败将根据总裁的"启迪"自我总结在兵败过程中的失败表现。再在此基础上，清理派系头目，抓出腐败分子。从而造成这样一种局面：蒋介石不仅不是失败的根源，反而成了拯救失败的"英雄"。

第四，要使国民党获得新生。蒋介石在《为本党改造告全体党员书》中说：没有失败，党的改造也不会成功。要知道失败是严厉的淘汰，失败是坚强的锻炼。失败之中才有觉悟，失败之中才有奋发。只有在失败之后，党才能清除无耻的败类，团结忠贞的干部。也只有在失败以后，党才能检讨过去的错误，采取正确的路线。他认为，国民党现在的条件都比以往时期好，"所望全党忠贞同志，抱定决心，集中意志，遵循总理的遗训，以实事求是的精神，研订党的改造方案，郑重决定，切实进行，为革命复兴开辟光明坦荡的前途"。国民党的改造，可以在一定程度上实现蒋介石所定的"复兴国民党"的目标，但是因为国民党的阶级属性，决定了它不

在对国民党进行的"改造"中，蒋经国是蒋介石最重要的助手

可能获得高质量的"新生"。

1950年7月22日，国民党中央常委会召开临时会议，通过了蒋经国、张其昀起草的《中国国民党改造案》，正式决议进行国民党改造。蒋介石在会上"希望全党同志，同心协力，推行改造工作"。4天后，又以总裁身份提出16人的中央改造委员会名单，名单如下：

陈诚，"行政院长"。是蒋介石寄予厚望的人。

蒋经国，"国防部总政治部主任"。作为蒋介石的长子，有着他人无法可比的政治优势。更为重要的是，蒋介石让其接班是在20余年以后，但从退台起蒋经国已开始事实上主导岛内政局，制定大政方针时蒋介石对儿子的意见是言听计从。

张其昀，国民党中央宣传部长。作为一个历史地理学者，35岁时就当上中央研究院院士，经陈布雷介绍给蒋介石后，遂成为"侍从室的红人"，抗战结束后边搞学问边从政，当上"制宪国代"和考试委员。在国民党当局东退台湾的过程中起过重要作用，"总裁办公室"成立时出任秘书组长并任国民党宣传部长。

张道藩，"立法院副院长"。作为国民党主要派系CC系的骨干，抗战时期在蒋介石身边服务多年，结下不一般关系。蒋介石第三次下野时，公开出面反对，蒋介石下野后多次出面劝进。

谷正纲，总裁办公室党政组组长。国民党溃败过程中，坚持反对国共和谈和蒋介石下野，他的"政治投资"再次选准了方向。

郑彦棻，国民党中央党部秘书长。留学法国回来后追随孙科而出名于政界，又因背叛孙科的"太子系"而取悦于蒋介石，出任三青团中央团部宣传处长、副书记、中央党部秘书长，国民党"六全"时进入中央委员会，在此期间与蒋经国结下不一般的关系，他在中改会内的职务就是蒋经国授予的；因为他在力行社内也活动过，所以和陈诚的关系也较好。

陈雪屏，"台湾省教育厅长"。曾在北京大学和美国哥伦比亚大学专攻心理学，与著名学者胡适、蒋梦麟交往颇深，同时与在教育界很有势力的CC系及朱家骅系接近。三青团成立时入团任职，接近陈诚和蒋经国，出任中央青年部长、教育部次长。退台后由蒋经国介绍出任"省政府委员兼教育厅长"。

胡健中，《中央日报》社发行人。CC系骨干，退台后与蒋经国关系较好，负责掌控国民党的喉舌《中央日报》。

袁守谦，"国防部政务次长"。蒋经国接管三青团和党团合并时，袁积极主动予以配合，后出任中常委。国民党退台后，陈诚和蒋经国出掌国民党大权，袁守谦应运而出。

崔书琴，"立法委员"。在西南联大执教时，因时常为CC系骨干陶百川主编的《中央周刊》撰写"三民主义新论"而拉上关系，日本投降后到北京大学任教，大陆解放时逃香港，创办"文化学院"，拉拢青年赴台。1950年蒋介石令其返台，与张其昀共办"中国新闻资料供应社"。蒋介石起用他是为了改变中改会内党政人员过多的状况。

谷凤翔，"监察委员"。在国民党中央训练团受训结业后，一直在东北活动，出任哈尔滨警官学校政治教官、东北监察使、监察委员，因结识同期也在东北活动的陈诚和蒋经国，退台后获二人重用。

曾虚白，"中国广播公司副总经理"。长期从事新闻工作，任过军事委员会参议、国民党中央宣传部国际宣传处处长兼中央政治学校新闻学院副院长、行政院新闻局副局长。此人与蒋家关系不错，经常利用特殊的位置为蒋家捧场。

萧自成，《中央日报》社长。早年的职业是编辑，1934年起出任蒋介石侍从室少校秘书、少将秘书，三青团成立时出任中央团部常务监察。全面内战期间赴美国哈佛大学、英国伦敦大学进修4年。国民党退台后他去了台湾，为蒋家看管主要宣传阵地。

沈昌焕，国民党总裁办公室新闻组副组长。燕京大学研究生，司徒雷登的学生，担任蒋介石的英文秘书和翻译多年，随蒋出席开罗会议，长期从事国民政府的外事工作。1948年下半年一度出任行政院新闻局长，深得蒋家两代人的信任。

郭澄，原山西省参议会副议长。山西人，北京中国大学毕业后回家乡为阎锡山效力，阎某的"反共抗俄"和"反共秘密计划"就是出于其手笔。阎锡山跑到广州出任"送终行政院长"时，郭澄一同前往协助。在国民党失败过程中，他暗中协助和配合蒋经国进行"倒李（宗仁）压阎活动"，故深得信任。

连震东，"台湾省参议会"秘书长。生于台湾省台南市，早年到大陆从事抗日工作，任过国民党中央训练团少将教官，日本投降后任台北县接管委员会主任委员、台湾省参议会秘书长、省党部执行委员。他是国民党当局最早重用的一批台籍人士之一。

以上人员，虽然来自不同系统，但有一个特色，即都是蒋介石和蒋经国的亲信人物。他们能够在政治上与蒋介石保持一致，完整无缺地贯彻蒋介石的思想。在党内斗争中，攻可以充当打手，守可以充当门将。他们不仅主持了此次国民党的改造工作，还成为以后相当长时间内政治舞台上的活跃分子。至于大陆时期的党政军各部门负责人，除陈诚外几乎无人上榜，从中可见此次改造运动的重点在何处。人们还不难发现，在中央改造委员中，真正掌握实权和主导国民党改造的是蒋经国和陈诚。

8月5日，中央改造委员会通过《组织大纲》，规定中央改造委员会下设1处7组5会：秘书处，负责中央改造委员会议事、总务、人事等事务，设正、副秘书处长，蒋介石指定张其昀主持和侍从秘书周宏涛副之，"秘书处长"权限极大，相当于后来的中央党部秘书长。

各组的人事情况如下：陈雪屏任第一组即普通党务组组长；谷正纲任第二组即特别党务组组长；郑彦棻任第三组即海外党务组组长；陶希圣任第四组即宣传组组长；袁守谦任第五组即从政党员组组长；唐纵任第六组即"敌后党员组"组长；郭澄任第七组即党营事业组组长。以上7组，实际上奠定了以后数十年间国民党中央党务机构的基本架构。

同时，蒋介石以总裁身份决定：蒋经国出任干部训练委员会主任委员，先是李文范后是狄膺出任纪律检查委员会主任委员，俞鸿钧出任财务委员会主任委员，萧自诚出任设计委员会主任委员，罗家伦出任党史史料编纂委员会主任委员。

此外还通过了《本党改造纲要》等文件，提出了改造国民党的方针和纲领，主要是：

1. "排除派系观念，打倒地域关系，整肃党的纪律"；2. "铲除官僚，

1950年8月5日，"改造委员会"16人宣誓，蒋介石临会监誓

改变党的作风，革新党的组织"；3."坚持'反共'抗俄战争，恢复中华民国领土主权的完整，建设新的国家"。

以上三条中前二条对国民党来说，进行治理整顿实为当务之急，国民党之所以在短短的4年内失去政权，从党本身来讲，主要问题就出在这两条，蒋介石、蒋经国看到了这一点，也想解决这两个问题。当然经过改造，在二蒋时期，国民党内长期盛行的派系被遏制，但地域问题没有解决，以省籍为代表的地域关系竟然很快就成为台湾地区的主要矛盾。至于官僚和腐败，同样是有所遏制，要好于南京政府时期，但无法根绝。第三条则已无实际意义，因为国民党可以"反共抗俄"，但要恢复对大陆的统治则永远成了梦想。

为了接受国民党在大陆失败的教训和借鉴中共整党的经验，蒋介石和蒋经国一方面要国民党明白，国民党几乎已经到了灭亡的绝境，全部希望寄托在台湾地区，而台湾前途如何，完全要看改造的得失而定，所有的党员都要认真进行改造；另一方面，蒋介石要广大党员学习《辩证法》《中共干部教育》《中共工作领导及党的建设》《中共整风运动》等书籍，目的是借鉴中共整风的方法，使国民党起死回生。蒋介石之所以这样做，不怕中共"毒化"国民党党员，是因为听取了蒋经国的劝告，在蒋经国看来，苏联共产党的建设、管理、监督要好于国民党，中共则是把苏联共产党的一整套照搬后加以改造，才形成如此大的战斗力，国民党应该借鉴和效仿。

一场声势浩大，人们议论多、行动少，对刚到台湾还未站稳脚跟、人心未定的国民党党员来说感到茫然的改造运动，在全岛展开。国民党改造运动大致分为三个阶段：

从1949年1月至1950年7月，是国民党改造运动的筹备阶段，主要是统一思想、成立主导改造运动的机构和准备各种文件。

从1950年8月至1952年4月，是国民党改造运动的全面展开阶段，主要工作是接管国民党中央执行委员会、中央监察委员会职权，制定颁发改造运动的具体政策规程；直接督导和控制各级党部改造委员会进行改造；发展组织，正式组建党部。

从1952年5月至10月，是国民党改造运动的完成阶段，此一阶段的工作重心是为国民党召开七全大会做准备。

按蒋介石所说，国民党改造是"检讨过去，认清敌我，审察环境，策励未

蒋介石在主持"改造委员会"开会。左一为陈诚，中间目光平视者为蒋经国

来"；"中兴不仅是从败亡中从头做起，而且还要从腐烂中刷新重生，从废墟中奠基再造。尤其要从自信的丧失之中，来重新建立自信"。

国民党改造是组织整顿。组织整顿的任务是要"淘汰叛国通敌、跨党变节、毁纪反党、贪污渎职、生活腐化、信仰动摇、放弃职守等腐恶分子"（"七种人"）。蒋介石所说的改造意义和旧貌换新颜的设想，在以往国民党的每次中央会议、总理纪念周致辞及各种决议中间都能找到，此次则有新意，更有针对性。

至于组织整顿，在国民党的中上层人物中，反蒋爱国人士大都留在大陆，少部分去了海外，何谈"叛国通敌、跨党变节、毁纪反党"？不愿为蒋家卖命的人，也不会去台湾，何谈"信仰动摇，放弃职守"？说到"贪污渎职、生活腐化"之事，则在国民党的历史上以及去台湾后都是一种与党共存的现象，蒋介石、蒋经国无法根绝。所以说国民党的改造，对蒋家来说有特定的含意，说到底就是为了"优化"国民党统治的环境。显然，他清理"七种人"，主要是清除异己，以巩固统治基础。

组织整顿的目的，一是追究失败责任。这一招使得昔日的党国元老、军政重臣、各派头目，纷纷中枪落马。上乘者弄个"总统府战略顾问""总统府国策顾问""总统府资政"或国民党中央评议委员干干，下乘者则在家中颐养天年，更有一些人还被追究军纪、党纪和刑事责任。出现这一场景也不奇怪，因为这批人有谁不是中共的手下败将？谁又能逃脱对国民党大失败应负的责任？他们自己也觉得挨整在意料之中。问题是谁都明白，国民党失败的最大责任者是蒋介石，可到追究失败责任时，为何蒋介石只追究他人，不谈谈自己？追究失败责任的主持者蒋经国，为何看不见蒋介石这一最大、最明显的"责任者"，这是让"挨整者""七种人"不服气的地方。

二是取缔旧有的党政军系统。去台后，任期未到的国民党第六届中央执行委员会、中央监察委员会、中央常务委员会全部停止工作，党务由以蒋经国实际领导的中央改造委员会接管，几百名中央执行委员、中央监察委员、中央常务委员一夜之间统统成为普通党员。大陆时期的政府班子从行政院长阎锡山起，各部长官、司局长到处、科长几乎全部停职、更换。军警宪特机构主持人大部分由"新面孔"取代。

1952年10月9日，让当官者闻其名即头皮发麻、让老百姓闻其名即不屑一顾的国民党中央改造委员会宣布：改造工作全部结束。

10月10日，国民党第七次"全国代表大会"召开。蒋介石在开幕词中称："这次本党重新改造之后才举行这次代表大会，大家定会感到我们当时撤退的情形，如何为'奸匪'所侮辱，如何为世人所鄙弃，本党所领受的教训和遭受的环境又是如何恶劣，如何耻辱。凡是稍有志节的革命党员决没有不痛悔警觉，发奋自强，立志雪耻，以期补过、赎罪来安慰我们总理及革命先烈在天之灵。"

他所作的政治报告的主题是总结国民党兵败大陆的原因，关于国民党改造，他说："我从下野到复职的这一期间，经过了深长的考虑，最后决定一定要改造本党，认为这是改革政治和改造风气的动力。在实施本党改造方案的时候，我乃不顾一切反对，排除万难，这是毅然决定的，替国民革命打开了一条生路。""究竟党的改造是否达到预期的成功，还要看这次大会的结果。""但是我可以说一句话，在本党大分化和总崩溃之余，如不剑及履及，眼到手到的结集忠贞同志，重整革命阵容，为准备"反共"抗俄，复国建国来努力，就不会有七大的召开。"（张其昀：《先"总统"蒋公全集》第2册第2249页）

蒋介石还就国民党的下一步行动提出了"五大方针"：稳定经济、整饬军纪、安定社会、团结内部和建立民主制度。"五种办法"：保持币信，充实准备；贯彻命令，剔除浮滥；保密防奸，肃清"匪谍"；打破派系，集中意志；养成守法精神，实行地方自治。"三大要目"是"建立制度"："建立制度的着眼点，就是不论是党务、政治、军事、经济、教育、社会，任何方面，都要有健全的制度"；"注重组织"："注重组织的着眼点，就是每一个人都纳入组织，使其各尽所能"；"改造风气"："改造风气的着眼点，就是去除失败主义、投降主义和依赖主义的心理，打破无纪律、无国家、无政府的状态"。他的政治报告的结论是："这次大会是本党新生命的开始，反共抗俄革命建国事业复兴的关键"。

正如蒋介石所说，从大会的结果中可以看出国民党改造的成败，从"七全"所选出的中央党部中，看出国民党改造的"成绩"。

如新设立的中央评议委员会，专门安置已经退居二线、交出权力、过去为"蒋记政府"做过贡献的元老重臣：有蒋介石的军事助手何应钦、徐永昌、何成浚、胡宗南等人；有过去的国民党政府的主政文官张群、朱家骅、王世杰、洪兰友等人；有国民党元老吴稚晖、于右任、吴铁城、丁惟汾等人；有地方实力派头目和倒蒋派骨干阎锡山、贾景德、陈济棠、马超俊等人；有各界名流蒋梦麟、章嘉、张默君、尧乐博斯等人，这批总数达48名的中央评议委员，是退台初期政坛上的幸运儿。因为，不知多少过去同他们权力、声望不相上下的大员们均被排斥在外。

蒋介石连任总裁；会议选出的中央委员会有32名成员，其中包括陈诚、蒋经国、张其昀、谷正纲、陈雪屏、黄少谷、周至柔、张道藩、俞鸿钧、陶希圣、孙立人、沈昌焕、倪文亚、黄朝琴和吴国桢等；16名候补中央委员，其中包括郑介民、马纪壮、黄镇球、谷凤翔、罗家伦、毛人凤、李弥、李永新等。从中可以看到，不少人是初次进入中委会，从中委会的成立和人选上，可以看出改造运动"立新"的决心和魄力。

在七届一中全会上，选出了10人中央常委，他们是陈诚、蒋经国、张其昀、"立法院长"张道藩、"内政部长"谷正纲、"台湾省主席"吴国桢、"行政院秘书长"黄少谷、陈雪屏、袁守谦、《中央日报》总主笔陶希圣。同时决定中央党部秘书长为张其昀，副秘书长为周宏涛、谷凤翔、郭澄。中央党部组织为："自由区"组长唐纵，"敌后区"组长郑介民，海外侨务组长郑彦棻，宣传组长沈昌焕，民运组长连震东，心理作战组长张炎元，财务委员会主委俞鸿钧，纪律委员会主委李文范，设计考核委员会主委崔书琴，党史编纂委员会主委罗家伦。

至此，经过退台的混乱和整顿，国民党的新一届领导阶层总算组成，中央改造委员会的全部权力移交给新的中央党部。事实上，移交只是形式，因为无论是中央改造委员会，还是新的中央党部，主事的都是陈诚和蒋经国。

对六届中央党部的222名中央执行委员、90名修补中央执行委员、104名中央监察委员、44名候补中央监察委员来说，"七全"是一次灾难性的会议，使得大部分人从此结束了荣任中央委员、中监委员的政治经历和处于被清算的地位。人事大幅度的变动，可以看到蒋介石改造国民党的概况和内幕，恐怕这也是国民党改造的唯一成果和蒋家父子所希望看到的结果。至于蒋介石希望通过改造达到的党员能够"遵守纪律、克服一切困难、破除派系成见、戒绝互相倾轧之恶习""本大无畏精神、为三民主义实现而奋斗牺牲"的目标；希望通过改造达到"加强反共思想意识，使党成为反共复国、建国强国的基本力量"的设想，恐怕永远也无法奏效。

在改造过程中，还有一个主要问题就是整顿党的基层组织和党员队伍。省级及县级改造委员会由上而下逐级成立，省级改造委员会由中央改造委员会遴选之；县级改造委员会由省级改造委员会遴选报请中央改造委员会核派。区党部不设改造委员会而由县级改造委员会督导。各级委员会成立后应接管各级党部及党部所经营的事业机构，这些机构的主要职责是扩大宣传、教育工作，讲授国民党改造案和有关法规，宣传改造的意义和措施，宣传国民党现阶段政治主张并研讨具体实施办法；发动党内反省检讨运动，厉行新作风；发动国民党党员归队，厉行党员整肃，吸收新党员，加强党员训练；完成省以下各级党部之正式组织，重新调整划编区党分部小组。同时规定省改造委员会工作限9个月完成，县市改造委员会工作限7个月完成，区党分部工作限5个月完成，待改造工作正式完成后成立各级党部，改造委员会于各级党部正式成立行使职权后应即撤销，从1950年8月至1951年3月，国民党各级委员会全部成立。

此外，国民党改造的另一项主要工作是整顿党员队伍。针对国民党党员在大失败和大改组中，大量流失，去台的党员也处于混乱之中，有组织无党员、有党员无组织的状况十分严重。为解决党员严重流失问题和重建党的队伍，1950年12月23日，中央改造委员会要求党员归队，规定从1951年1月4日至23日内，为党员重新登记日期。有关登记事项，中改会规定：凡脱离组织之党员，未参加此次党员归队登记者，一律撤销其党籍；党员登记日期定为20天，不得展延；各主办单位于登记结束后，15日内将报到党员纳入组织。

国民党的整个登记工作并不理想。在1947年国民党和三青团合并时，登记党员总数为160余万人，退台后台湾当局还宣布有党员25万余人，可是在实施党员登记的前两周内，只有2万余名党员登记。拿第六届中央执监委为例，总共589人，重新登记表明：死亡6人，留居大陆及情况不明者84人，在港澳及海外者107人，开除党籍者62人，未归队者25人。在台的305人中，又有个别人未归队。从中可以看出国民党的党员流失情况已到多么严重的程度。（李松林：《蒋氏父子在台湾》上册第89页）

在党员重新登记的基础上，国民党各级党部与组织系统相继建立，与此同时，开始从本地人口中吸收党员。在接收新党员方面，蒋介石特规定四条标准：愿为"反共抗俄"而坚决奋斗者；有刻苦耐劳之生活习惯者；能深入社会为民众服务者；工作努力能起模范作用者。

从中可以看出，国民党发展新党员的标准，政治上"反共"是第一条，也要注意新党员本人的素质，以防在大陆时期引起国民党军溃败的腐败再度发生。事实上国民党的性质已决定了本身自律自净能力的不足，因此党员素质很难提高。蒋介石在发展新党员时，要求扩大党的社会基础，新生的国民党"应以青年知识分子及农工生产者等广大劳动群众为社会基础，结合爱国的革命知识分子为党的构成分子"。不管有没有作用，国民党到台湾后的成分与大陆时期相比，确有很大变化，如在1952年8月统计，当时的党员构成成分中农工分子占近50%，高中以上的知识分子占近30%，25岁以下的青年占近36%。（李松林：《蒋氏父子在台湾》上册第90页）

国民党改造，说它是"党的新生"，则过之，因为国民党的本质和专制体制并没有改变，应该说还是在大陆时期的国民党的延续，只是组织上变得相对单纯些；说它是"蒋介石篡党的手段"，则有误，因为蒋介石本来就是国民党的总裁，无非是再次确认而已，并非是"篡党"。但是国民党改造对退台的国民党的复兴确实起到了不可替代的作用。

第一，国民党成为清一色的"蒋家党"。无论是从中央改造委员会成员，还是从新成立的中央党部机构看，国民党原有派系的首领无人进入，在大陆时期任职的党政经军主要主管，除陈诚等极少数人外，均被排除在外。这是蒋介石从"三全"就开始尝试，但一直没有成功，且引起多次党争和军阀混战的愿望和做法，如今在台湾一朝实现。

第二，强化国民党的统治机能。经过国民党改造运动，经过毁灭性失败的国民党在混乱中初步安定下来，并用先全部撤销然后重建的办法加以整顿，全体党员经过重新登记和甄别，均纳入各自的小组和党部，各级行政机构和事业单位都必须建立党部，军队建立政工系统，青年中成立"反共青年救国团"。因此，国民党的统治机能与在大陆时期相比，不仅没有削弱，反而得到加强，只是管辖范围只限于台湾。

第三，为蒋经国接班创造条件。传位蒋经国是蒋介石的既定方案，自退台起蒋介石就开始把蒋经国放到最需要的地方，并参与国民党所有大政方针的决策。蒋经国接班的主要阻力来自党内，特别是比蒋经国资历深、能力强的大有人在，有志于在政治上有更大发展的党内"同志"更多。现在，上层权力重新分配，反对派全部被挤出决策圈，"党国元老"们的实权被剥夺，党政军经各系统都被安插上政治上可靠的"同志"，新的以蒋经国、陈诚为代表的"实力派"开始主导台湾政局，为蒋经国日后的再度升迁和接班奠定了相应的政治基础。

清算旧军阀

在进行国民党改造的同时，蒋介石还采取了多种形式、异常严厉的整肃行动，台湾政局开始进入专制机制下的基本稳定时期。

1950年初，宋美龄从美国回台次日，台北的寒冷还没有全消，官邸内气温宜人，前来看望蒋夫人的有陈诚和蒋经国。

客厅内，蒋介石手托下巴默默无语，显然是在为难题而苦恼。左边沙发上陈诚还在继续谈："总裁，有关政学系、CC系的同志，为党国出过不少力，这是事实，只是台湾的局面不允许再有不同派别的存在。"

右边沙发上的蒋经国接过话题说："父亲，辞修主席讲得有理，既要进行党的改造，首要就是禁止所有派别的活动。"蒋经国见陈诚不时地点头称是，补充说，"父亲，革命已到如此危急关头，拖是不行了。"

刚从美国回来的宋美龄对他们所谈的内容显然不很赞成，但又想不出更好的办法替代，只得提醒说："禁止派别、小组织活动是可以的，但要照顾好他们的情绪和生活，不要让他们说我们过河拆桥。"沉默已久的蒋介石似乎明白了什么，不紧不慢地开口："辞修，经国，整顿可以，是必要的，不过要注意他们的情绪。对违法乱纪乱政者，不可手软；对忠于党国者，要以诚相待，以友待之。"

蒋介石深知岛内政局能否安定，关键在国民党内；国民党内政争能否结束，关键在派系；派系恶斗能否缓和，关键在能否摆平各派中的"龙头老大"。蒋介石只是没有想到，过去20多年间，造成国民党内派系林立、军阀横行局面的，不是别人，正是蒋介石自己。

蒋介石在反省国民党在大陆失败的原因时，有一个重大疏漏，那就是没有认清国民党内派系之争的危害。退台后的派系状况和派系斗争能否结束，是蒋介石分外担心的问题。令他感到欣慰的是，原有派系和军阀随着国民党的大失败已溃不成军，就地方实力派论：

桂系，在蒋介石完全控制的台湾，不会有桂系多大空间。退台的主要将领和骨干有：在大陆时期任职国防部长的白崇禧、总统府秘书长邱昌渭、广西绥署主任李品仙、总统府参军长刘士毅等。

粤系，抗战以后，粤系和蒋介石的关系好转，全国解放前夕，粤系利用海南岛还进行了最后顽抗。退台的粤系将领、骨干较多，主要有：在大陆时期任职海南特区行政长官的陈济棠、广州绥署主任余汉谋、广东省主席薛岳、海南警备副司令黄国梁、广东保安司令欧震、军长莫福如、广东"反共救国军"北区总指挥容有略等。

晋系，在全面内战末期，在中共名将徐向前指挥大军解放山西全境过程中，阎锡山率先逃命，其余顽抗到底的晋系骨干全部被消灭在山西境内。晋系退台的主要骨干有：在大陆时期任职行政院长的阎锡山、行政院秘书长贾景德、太原绥署副主任杨爱源、山西省议会副议长郭澄等。

西北系，中原大战中，蒋介石文武并用，将其彻底击垮，西北军成为地方实力派中最早被蒋介石打垮的一支，西北军将领绝大部分转向蒋介石，冯玉祥自抗战后期起公开反蒋，被蒋介石逼走国外。退台的西北系实力有限，主要有：在大陆时期任职国防部次长的秦德纯、总统府参军长孙连仲、第3绥靖区司令冯治安、第8兵团司令刘汝明、陕西省主席熊斌、军长吉星文等。

蒋介石与阎锡山（左一）、吴稚晖（左二）等在一起

奉系，退台的主要奉系人物有：在大陆时期任职战略顾问的邹作华、政务委员莫德惠、监察院副院长刘哲等，以及身不由己被软禁的张学良。

川系，四川因其特殊的地理位置和政治环境，自辛亥革命后冒出很多军阀，除参加南北军阀的混战外，川系军阀内部也是时常兵戎相见，派系间互不服气，熊克武、刘湘、刘文辉、杨森、邓锡侯、潘文华、王缵绪、田颂尧、唐式遵、王陵基等自成体系。解放前夕，蒋介石欲在四川坚持国民党的最后一战。结果可想而知，川军大部分走向人民阵营，退台的有：在大陆时期任职重庆市长的杨森、川鄂边区绥署主任孙震、第16兵团司令孙元良等。

湘系，宁汉分裂后，积极参加"反共活动"的湘军很快为蒋介石所挤垮，20世纪30年代以后湘系派系特征并不十分明显，退台的主要残存人物有：在大陆时期任职上将参议官的赵恒惕、湖南省主席何键、军事参议院参议许克祥等。

"西北三马"中的青海省主席马步芳、宁夏省主席马鸿逵、骑5军军长马呈祥等人，新疆军阀盛世才，滇系和黔系军阀中的一些人也到台湾度日。

显然，昔日的地方实力派已无"实力"可言：地方实力派靠的是旧中国政治经济发展不平衡所带来的地区间的差距，从中建立自己的地盘和经济体系，如今集中台湾，人生地不熟，失去了割据的基础；地方实力派靠的是自成体系的军队，如今军队中除一部分起义之外，大部已被人民解放军所消灭，带军队退台的只有粤系和西北系刘汝明，可是这两支军队一到台湾还未上岸，在船上就被蒋经国亲自点收、改编，失去了割据的本钱；与派系斗争相适应的旧中国中央体制已经完结，地方实力派再无利用中央派系之间的矛盾进行割据活动的舞台。总之，退台为蒋介石结束地方实力派的纷争提供了机会。

地方实力派无实力挑战，不等于蒋介石不追究大陆时期地方实力派的倒蒋责任。蒋介石惩治地方实力派头目，有秋后算账的意思，更有教训所有退台国民党各类官员的含义，杀鸡给猴看，警告他们必须规规矩矩做事、夹起尾巴做人。

地方实力派退台人员除"半粤系半中央系"的薛岳等极少数人继续走红官场外，绝大部分已无担任重要党政军职务的可能，上乘者只能在二线有一职位，即使这样蒋介石也不放心。1952年10月，台北当局宣布了第一批退役将领名单，地方实力派中被勒令退役的有"一级上将"阎锡山，"二级上将"何键、杨爱源，"中将加上将衔"孙震、杨森、李品仙、刘士毅，"中将照上将待遇"秦德纯，"中将"熊斌、刘汝明等。被解除"总统府战略顾问"职务的有邹作华、杨爱源、熊斌、杨森、孙震、刘士毅、秦德纯等。这样，退台的地方实力派代表人物大都已成为"一介平民"，闲居在家，靠从大陆带去的财产生活无忧，可"颐养天年"中更添乡愁。继续任职"国策顾问""资政"评议委员或一些"民意机构"负责人的地方实力派人物如阎锡山、白崇禧、陈济棠、余汉谋、贾景德、莫德惠、许克祥等人，已是明日黄花，大都只求无事，不求有为了。

将地方实力派清除出去是第一步，追究责任、惩治过去的不忠行为才是蒋介石的目的。以前倒蒋最猛的桂系当然要首当其冲了。

"罢免李宗仁"。李宗仁在军事指挥艺术上比蒋介石有过之，可在政治眼光上比蒋介石有不及，特别是在国民党大失败前夕轻信美国人的支持，低估蒋介石的官场权术，以为蒋介石的辞职之日就是"桂系掌天下"的成功之时。岂不知"代总统"只有"代"字是真的，"总统"从形式到实质都是假的，不得不灰溜溜地不告而别。蒋介石"复职"竟然可以不通知"代总统"，也不需要"代总统"同意。即使这样，蒋介石也没有放过他。因为李宗仁虽说不在岛内，但他还自认为是"代总统"，还在坚持"自1949年1月21日起，继续为'中华民国之代总统'，应至下届大选之后为止"。即便李的"代总统"因为蒋的自行"复职"已自行取消，但李还是"副总统"。

李宗仁远在美国，蒋介石对其是鞭长莫及。为组织对李宗仁的围攻，对太平洋的另一边，台湾当局抓住"毛邦初案"，大做文章。毛邦初是蒋介石原配夫人毛福梅的侄子。此人曾由蒋介石送到苏联学习空军，也算是国民党内第一批空军人才。1943年起，美国大批援华物资到位，为安排、调配美国援华物资和武器、装备，毛邦初出任空军驻美购料处主任，负责空军装备的采购事务。1946年，因为有蒋介石的关照，官运极好的毛邦初晋升为空军副司令。以后，蒋介石方面多次汇款给在美国的毛邦初，采办物资装备。蒋第三次下野后，又汇款1000万美元，并要毛邦初以私人名义存入美国、瑞士的一些银行，以免日后被"代总统"冻结。后当台湾方面向毛邦初提出支领这些款项时，被毛拒绝，毛邦初还和李宗仁议定，以揭露蒋介石"要其利用存款在美国进行游说活动真相"相要挟，逼台湾方面让步。蒋介石因为朝鲜战争爆发已经在台湾站定脚跟，故在处理此案时强硬以对。1951年8月21日，毛邦初被宣布停职。蒋介石之所以"大义灭亲"，主要原因是毛邦初同李宗仁站在一起，"纠毛"除了暗指李宗仁参与贪污公款以外，还有就是警告国民党官员不要支持李宗仁。

在岛内，与之相呼应的是，台湾当局还利用"刘航琛案"倒李。前四川财政厅长刘航琛，在李宗仁竞选副总统时曾为其拉票和提供资金，在李宗仁去美国时又给予支助，蒋介石查刘显然是为了向远在美国的李宗仁施压。

同时，国民党当局组织"国大代表"在"国民大会"罢免李宗仁，组织"监察委员"在"监察院"弹劾李宗仁。事实上，既然李宗仁已脱岗跑到美国，免与不免"现职"又有何意义？如果他看重"副总统"的话，那他就不会私自脱岗；既然他私自脱岗，那"副总统"对他已无吸引力。所以罢免李宗仁只是台湾政治舞台上的一场闹剧而已。

1950年5月5日，"国大代表"胡钟吾发起、711名同行联署，提案要求罢免李宗仁的"副总统"职务。"罢免书"列出的罪状有4类：

妄倡和平，而养痈成患，佥言抵抗，而失地丧师；竟借词出巡，擅行赴美，迹近逃亡，置国家人民于不顾；遥领"元首"职权，而不负丝毫责任，以国事为儿戏，视大法弁髦；"代总统"的存在是破坏"法统"，动摇"国本"，颠覆"民国"。

"罢免书"称李宗仁已"违宪背誓、贻误国家，应予罢免"。与之相呼应的，还有"国民大会代表联谊会"也提出了类似的提案。只因选举李宗仁为"副总统"的"国民大会"远不够召集会议的法定人数，无法开会，只好不了了之。

1952年1月，"监察院"出面为蒋介石主持"公道"。"监察委员"金维系等92人提出"为副总统李宗仁违法失职提请弹劾案"，因为当时"监察院"能召集的"监察委员"总共只有93人，所以很快该提案在院内获得通过。"监察院"在"审查决定报告书"中称："奉交审查金委员维系等92人弹劾副总统李宗仁违法失职一案，当经本院全体委员过半数之共同审查，金认副总统李宗仁于代行总统职权期间弃职出国，复于代总统名义解除后在外国擅发命令，显系违法失职。至其公开声明，'拟有恢复中国合作政府计划，不久即可宣布，此计划并非完全依赖武力'，显系有颠覆政府危害国家之意图，实触犯刑法第100条之罪行，当经决议：'本院应予成立，依宪法第100条之规定，向国民大会提出，其触犯刑法部分，依监察法第15条之规定，径送司法机关依法办理。'"

"国大秘书长"洪兰友接到"监察院"的报告后，立即致电李宗仁，要李在1952年2月19日召开"国民大会"期间，"命驾返台，以便将弹劾案副本正式送请察答辩"。李宗仁没有回台，"国民大会"因为没有解决法定人数不足、如何延续"香火"问题也没有开会。直到一年以后，即在1954年2月19日"国大一届二次"才在停会6年后重新开会，会上主要任务有二：一是再次"选举"蒋介石为第二届"总统"、陈诚为"副总统"；二是通过"国民大会代表"提出的罢免李宗仁"违宪背誓案"和"监察委员"提出的弹劾李宗仁"违法失职案"。会议达到了预定的目的，蒋介石连选连任，陈诚取代了李宗仁，李宗仁被罢免。

早在1954年1月13日，李宗仁接到了洪兰友要其返台准备答辩的电报，他在2月5日致电蒋介石，就谁在"违宪""违法"提出疑问。电文表示："按照宪法第90条，全体监察人员的人数，确定为223人。又按宪法第100条，对总统副总统之弹劾案，须得全体监察委员过半数之决议，向国民大会提出之。过半数则为113人。前年（1952）1月11日"监察院"出席委员只为93人，凑足法定人数尚少20人。吾兄竟唆使违法集会，对仁提出弹劾，所持理由，为若干委员未曾选出，若干委员未曾报到，若干出缺，若干'附匪'，擅将全体委员减为160人。宪法明文规定之人数，可以任意减少，毁法弄权，莫此为甚。"

李宗仁认为，其一，"监察委员"人数不足竟然能够开会作出决议，本身就是在"违宪""违法"；其二，弹劾和罢免案等此类事，都是在蒋介石一手策划下进行的。事实就是如此，论"违宪"，首先是蒋介石，"中华民国"已被推翻5年，何来"总统"和"中央民意机构"？"中央民意机构代表"法定人数严重不足，且至此任期已过，何来"民意代表"？至于弹劾李宗仁这类涉及大部分"中央民意代表"的政治活动，在风声鹤唳的台湾如果没有蒋介石的授意或同意，根本不可能进行。此外，在政治高压下，即使真有李宗仁的同情和支持者，也不敢冒蒋天下之大不韪为李辩护。至于李宗仁本人来不来台湾、参不参加答辩，结果反正是一样的。李宗仁虽说被台湾当局弹劾，但他毕竟是个有为之士，此后不久在政治上作出了正确的选择，毅然回到祖国，参加社会主义建设。

　　"弹劾白崇禧"。白崇禧，在中国现代军事史上留下过深深痕迹。综观其一生，可以说是起在投军，成在割据，兴在北伐，乱在倒蒋，功在抗日，衰在内战，败在"反共"，哀在台湾。在地方实力派中，站在"反共"一边、坚持到最后一刻的就是桂系。白崇禧指挥30万大军，先守武汉、后战湖南、逃入广西，准备经雷州半岛从海路逃往海峡对面的海南岛，与还在岛上固守的粤军会合。无奈原以为要几天后才能赶到的解放军突然从天而降，占领广西钦廉地区，切断了白部的出海口，白崇禧派轮队接运残部的计划破产。这位被称为"小诸葛"的国民党"一级上将"，比谁都清楚接运计划的破产意味着什么：一生争雄，今已败北；昔日与蒋介石争高低，今后将受制于蒋介石，后半生不容乐观。

蒋介石对白崇禧的军事失策是乐观其成。他无法忘怀李宗仁、白崇禧等人曾凭借数十万桂军一再掀起政治动乱，他无法忘怀桂系的倒蒋习惯。蒋介石一生下野三次，次次都和桂系有关。桂系倒蒋之多在民国史上是出了名的，前后达8次。其中首尾两次倒蒋是趁蒋之危，逼其下台，其余6次则是蒋介石吞并杂牌、危及地方实力派的生存，桂系和其他地方军阀一起为"自保"而战。在历次倒蒋事件中，白崇禧大多是主角。

1949年12月30日，白崇禧自海南飞抵台湾。台湾岛对他来说并不陌生，在"二二八事件"他后曾受南京当局的派遣前往台湾安抚、收买人心。在游历全岛时，曾在爱国名将郑成功的祠前写下"孤臣秉孤忠，浩气磅礴留万古；正人扶正义，莫教成败论英雄"的题词。当时，他身为国防部长，又是中央政府的钦差，布道扬威，这荣光非他人所能比。如今则不一样，一到台湾"华中剿总"便被撤销，领兵打仗的历史永远结束，原任的国民党中央常务委员衔也被永远撤去。只剩下三个职务："国大代表""总统府战略顾问委员会副主任委员"、1937年起就担任的"中国回教协会理事长"。地位不低，可无任何实权。有职无权不说，和其他退台的桂系骨干一样，行动还受到监视。如想发表公开谈话，讲稿必须交蒋介石秘书审核；平时不得与外国人交谈；不得离开台湾外出活动。白崇禧曾多次向当局有关方面表示"为了要舒一口闷气，要到美国去"，始终未获批准，甚至女儿在美国举行的婚礼也不让参加。特别是在海外的李宗仁只要一有活动，白氏也要被当局"邀请垂询一下"。白夫人的行动限制虽少却也不自在，一次她赴香港登机时因突遭宪兵搜检，不得不以最快速度将丈夫写给在港的黄旭初、夏威等人的信撕毁。以上这些都是为什么？只因蒋介石对桂系倒蒋怀恨在心，尤其是对白崇禧在武汉的"逼宫"更是耿耿于怀，要报几箭之仇，岂能宽容白氏！

1954年2月，"国民大会"在台北复会，蒋介石怂恿一批"国民大会代表"弹劾白崇禧。文情并茂的"弹劾书"称，白氏支付军费370万元，"实与安禄山之截留河北岁贡、吴王濞之把持山东盐铁，如出一辙……上列金银，为数甚巨，究何所属，亦或朋分，甚至望风款敌，实在一一切实追究"；"不知当时华中统帅临去之日，曾凭壕守过一夜否？数十万众，曾对敌放过一弹否？"

说白崇禧"反共不力"，蒋介石也知道说不过去；白氏强行支付巨款，危急之际先斩后奏也不为过。所以，蒋介石只是要清算一下白崇禧，只要白退出政坛后不再捣乱就算达到目的，所以"弹劾书"只是以"保留"为终，并未通过。

以后的白崇禧处于半退休状态，官方活动很少参加，消磨于湖光山色之中，醉心于写字、行猎、下围棋。更有一喜好：背诵《左氏春秋》一书。1962年12月4日，恩爱一辈子的夫人马佩璋女士患脑溢血突然去世，白崇禧暮年失伴，打击之大可想而知。他异常伤心，在40日内每天清晨带着在身边的孩子到妻子墓地诵读《古兰经》和祷告，以寄托自己的哀思。1966年12月2日，他的军事参谋吴祖棠发现他已死在台北市松江路127号寓所，死于心脏病发作。他原计划当天上午9时南下参加高雄楠梓加工区的落成典礼，还定好两天后和杨森去打猎。就这样，白崇禧在孤独中突然死去。

关于白崇禧的突然去世，传说不少。如台情治部门派人暗杀所致，第一次是在白崇禧上山打猎时在其乘坐的小火车路经的铁桥做了手脚，第二次是直接撞其乘坐的小火车，两次都是在千钧一发之际白崇禧被助手推下火车而幸免于难。此事有难度，山区火车坠桥、高山铁路相撞应该不是小事，很难掩人耳目。第三次是在白夫人过世后，收买白身边的年轻护士张小姐勾引白崇禧，然后让其纵欲过度而亡。对于"暗杀说"，白将军的儿子白先勇认为是"八卦新闻"，完全没有的事。他认为，其父当时并没有军政实权，蒋介石也完全没必要杀他，去世就是因为心脏病猝发。

"阎锡山隐居"。在45年前的台北阳明山菁山草庐，突然冒出一座用石块垒成的既不是房屋也不是窑洞但更像窑洞的建筑，还有一个奇怪的名字"种能洞"，里边当然也住着一个古怪的人，他就是"总统府资政"阎锡山。

到台湾不到3个月，阎锡山就被撤销"行政院长"职务，可他不甘心于就此退出政治舞台。在他的家里，挂着"造福世界，替今人正德，替古人宣德，替后人立德，是仁者责任；澄清宇宙，为现世除冤，为往世鸣冤，为来世防冤，乃圣贤心怀"的对联，习惯于用大实话表达高雅题意的阎锡山，似乎他自己成了"救世主"。

只要一有机会，阎锡山总会到各种场合进行"'反共'理论、实践演讲"，如1951年4月5日，他在"国防部总政战部"作了"如何战胜敌人"的讲演。他还到处宣讲"共产党的错误、共产党为何必败、反共抗俄的前途及收复大陆后重建国家问题、怎样收复大陆、收复大陆的根本条件、'反共'复国的前途"等报告；出版过"世界和平与世界大同""共产主义的哲学、共产主义共产党的错误""人应当怎样""'反共'的什么，凭什么'反共'""大同之路""反共的哲学基础""大同国际宣言草案""对道德重整会世界大会提案"等多本著述。（见李松林：《蒋家父子在台湾》第204页）甚至他还公开对记者发表谈话，说什么"一旦如能配合国际局势，王师跨海北进，直捣黄龙，毫无问题。诸位别看我阎锡山已老态了，真个一旦反攻号响，看吧，我还要请求率领健儿们再打几个胜仗给国人看看，我有信心。生从太原来，我这把老骨头仍将活着回太原去"。

让人不可思议的是，这位人民革命力量的手下败将，竟然可以大言不惭地大讲特讲所谓的"反共基础""收复大陆"，还要"生从太原来、活回太原去"！

原来，此人又在重演当年的旧戏。当初，袁世凯得知阎锡山正在山西积聚实力、图谋割据时，准备将其革职查办。阎锡山在朝见袁世凯时，大热天在长褂中穿上了小皮袄，只见他头上虚汗淋漓，袁世凯心想这位见到我都如此害怕的人，怎么会"称雄割据"呢？于是既不撤职也不查办，还好心安慰一番，要阎励精图治，建设山西。如今，阎锡山出任"总统府资政""行政院设计委员会委员""革命实践研究院院务委员"国民党中评委，4职之中，没有一个阎本人满意的职务，因为没有一职是有实权的。充当山西"土皇帝"近40年、出任"宰相"半年余的阎某当然无法"安现居乐现业"，心中还存有重返政坛的一线希望。所以他一方面到处宣讲"反共"，以投蒋介石所好，换取政治上的信任，准备复出的政治基础；一方面从台北闹市区搬到地处偏僻的阳明山菁山草庐，隐居"种能洞"，在那里不轻易外出，以学习、思考、写作为主，以睡木板床为自怡，表示已退出江湖，毫无政治野心。

只是蒋介石不是袁世凯，阎锡山已不是当年的阎锡山，他的政治把戏没有取得应有的效果。蒋介石对其"'反共'行动"，大加赞赏，称："自38年底至39年初，赤焰滔天，挽救无术，人心迷惘，莫可究极，甚至敌骑未至，疆吏电降，其土崩瓦解之形成，不惟西南沦陷，无法避免，即台湾基地，亦将岌岌欲坠，不可终日。而一般革命败类，民族叛徒，鲜耻文官，寡廉武将，唯恐对敌乞降之无路，陷害政府之不力，更视中正为寇仇之不若。当此之时，中央政府率有阎院长锡山，苦心孤诣，苦撑危局，由重庆播迁成都，复由成都迁移台湾，继续至当年3月为止，政府统绪赖以不坠者，阎院长之功实不可泯。"（见王德胜《蒋"总统"年表》341页）阎锡山病逝时，蒋介石还亲手写下了"伯川先生千古，怆怀耆勋"的挽联。

蒋介石政治上再也没有起用"阎前院长"，不仅没有起用他，而且阎锡山离开台湾赴日本、美国等处的要求也不予同意，阎锡山只好在"种能洞"中继续研究他的"反共理论"。

1960年5月21日，患有糖尿病、冠状动脉硬化、心脏病的阎锡山，患上感冒后卧床不起，次日转为肺炎，第三天下午1时30分去世，终年78岁。一生从不轻视自己的阎锡山临终前再次写下了颇有特色的遗嘱："一切宜简，不宜奢；收挽联不收挽幛；灵前供无花之花木；出殡宜早为好；不要放声而哭；墓碑刻他的思想日记第100段第128段；7日之内，每日早晚各读他选作之《补心录》一遍。"（见1960年5月24日台湾《中央日报》）

李宗仁、白崇禧、阎锡山的遭遇很有代表性，地方实力派中的退台人员从中明白了蒋介石的用心：地方实力派残存人士的政治辫子都抓在蒋某的手中，只要蒋介石认为合适的话，随时都可以揪；地方实力派再卖力为蒋介石服务，在台湾的国民党并不需要，所以也就不可能改变自己的政治命运。

清理旧派系

众所周知，地方实力派是靠实力起家，没有实力也就没有了地方实力派，所以说蒋介石对不带一兵一卒的地方实力派并不担心，只是为报过去的旧仇、算过去的旧账才公开清算李宗仁、白崇禧以及弹劾过盛世才、马步芳等人。蒋介石担心的是中央派系，他们曾经都是蒋记政府的维护者，都是权力圈的"同志加兄弟"，在国民党大失败大逃亡中一部分人来到台湾。改造国民党和组建蒋经国、陈诚为首的"实力派"，就是为了改变以往以政学系、CC系、黄埔系、亲美英系、元老系为中心的政治权力构成，这样不可避免地遭到他们的反击。要想稳定政局，有必要重新洗牌。

如果说对退台的地方实力派，因为他们既无实力又无地盘，蒋介石既感到放心，还可以随意处置，但中央派系则不同，他们势力还在心不死，影响还在能量大，甚至一些派系的核心队伍基本保持完整，这是需要认真对付的。

元老派，是指早年加入同盟会，追随孙中山先生，参加过辛亥革命、护法战争，并担任相当一级领导职务的干部和名人。他们一个共同的特点，就是资格比蒋介石老，阅历比蒋介石深，只是官运不如蒋介石好，权术不如蒋介石精。去台湾的元老们很不景气，20世纪50年代初有吴稚晖、丁惟汾、邹鲁、居正、李文范等人因年事已高，很快过世。继续出现在台湾政坛上的只有时任"监察院长"于右任、"总统府资政"何成浚、中央评议委员张默君、"总统府国策顾问"马超俊、"总统府资政"张知本、"总统府国策顾问"冯自由等人，事实上他们大都已处于权力核心圈外。

CC系，退台的有在大陆时期任职中央组织部长的陈果夫、陈立夫、谷正鼎，社会部长谷正纲，国民党中央宣传部长张道藩，经济部次长萧铮，国民大会秘书长洪兰友，上海市党部主委方治，内政部长程天放，中央组织部副部长余井塘，上海总工会秘书长梁永章，侨委会副主委黄爵，蒙藏委员会委员长刘廉克，教育部政务次长吴俊升，教育部常务次长高信，《中央日报》社长程沧波、马星野、阮毅成，《东南日报》社长胡健中，甘肃省代主席田炯锦等。

政学系，旧政学系是岑春煊策划的反对孙中山先生的右派组织，新政学系则由张群、熊式辉、杨永泰操持系务。1936年时任湖北省主席的杨永泰被暗杀后，张群就成了事实上的掌门人。政学系大部分为行政官僚，精通权术，善于投机，没有固定的政治见解，随着政治舞台的风云变化，顺势而行，往往很少吃亏，总是既得利益者，当然也有一些是"专家治国论"者。作为南京政府内负责政务的一系，政学系内出过一批行政院长、部长、次长、省主席，其他官员则更多。退台的政学系中主要成员有：在大陆时期任职的行政院长张群、东北行营主任熊式辉、司法院长王宠惠、经济部次长汪公纪、经济部长郑道儒、江西省主席胡家凤、外交部长叶公超和王世杰、上海市长吴国桢、行政院副秘书长浦薛凤等。

黄埔系，退台的"准黄埔系"主要成员有：在大陆时期任职国防部长的何应钦、参谋总长顾祝同、上海市长钱大钧、徐州"剿总"刘峙、第一战区司令长官蒋鼎文、空军总司令周至柔、参谋总长陈诚、军训总监罗卓英、宪兵司令谷正伦等；黄埔系退台的主要成员有：在大陆时期任职第1兵团司令的黄杰、京沪杭警备副司令陈大庆、第18军军长高魁元、海军总司令桂永清、空军副司令王叔铭、高雄要塞司令彭孟缉、第6军军长罗友伦、第3编练司令沈发藻、国防部保密局局长毛人凤、国防部常务次长郑介民、警察总署署长唐纵、国防部第2厅厅长侯腾、杭州笕桥航空学校校长胡伟克、中央警官学校校长李士珍、南京卫戍副司令黄珍吾、第一战区司令长官胡宗南、第13兵团司令李弥、第21兵团司令刘安祺、第22兵团司令李良荣、第12兵团司令胡琏、第13军军长石觉、第52军军长刘玉章、第67军军长刘廉一、交通部长贺衷寒、国防部政工局长邓文仪、江西省主席方天等。

亲美英系，以孔宋家族为代表的、国民党政权内部势力最大的派系之一，行政院长、财政部长、中央银行总裁由他们轮流担任。他们之所以能够存在，主要是因为发展与西方大国的关系是南京政府的外交支柱，正是因为南京政府的财政状况取决于美国等西方国家援助的多寡，所以亲美英系在政府内也有着不可动摇的地位。退台的该系主要成员有：在大陆时期任职的中央银行总裁俞鸿钧、台湾省财政局长严家淦、宋子文秘书尹仲容、财政部次长徐柏园、行政院秘书长陈庆瑜、行政院主计长庞松舟、行政院物资供应局长江杓、军政部次长俞大维、教育部长蒋梦麟等。

太子系，原为粤系的一部分，在国民党内党争最激烈的20世纪20年代末和30年代前期，因主张"再造国民党"而又名为"再造系"。这是由国民党内一批无实力做后盾的官僚、政客组成，靠政治投机和靠孙科的"太子招牌"在官场上活动。孙科终于在1948年11月，取代因为币制改革失败而辞职的翁文灏内阁，出任行政院长，这对太子系来说是梦寐以求的事情，只是好景不长，次年3月8日即被"拒和内阁"取代。全国解放前夕，孙科前往香港。退台的有：在大陆时期任职的外交部长傅秉常、驻梵蒂冈大使吴经熊、地政部长吴尚鹰、立法委员梁寒操等。

中央派系中与蒋介石争过权夺过利的只有西山会议派、胡汉民系、汪精卫系和太子系，前三系已时过境迁，几无声音，现存的成员早已转投他系，太子系本身无足轻重。只是政学系、CC系、黄埔系、亲美英系难于处理，他们都是南京政府的忠实护卫者，只是因为在国民党大失败的背景下需要维护以蒋经国、陈诚为首的实力派地位，巩固他们的统治，蒋介石才下决心结束党内分派、派内不均的局面。这样，因为四系都是蒋家的忠臣，所以无法将其革出官场；因为新实力派新到台湾，所以还需要四系的人马参与。面对这一官场方程式，蒋介石的解法是，只要四系成员听命于新政治核心，就继续任用；而要四系成员接受蒋经国、陈诚的指挥，必须赶走四系的头目。

"贬职孔和宋"。四大家族是半殖民地半封建的旧中国这一特殊背景下，出现的特殊政治经济利益团体。在"宪政"旗号下，蒋介石把四大家族作为统治基础，实行国民党党治、四大家族专权、他本人一人独裁的习惯做法，已经走进死胡同，所以他分别于1944年底和1947年初撤去了孔、宋在中央的职务，四大家族的黄金时代基本结束。孔祥熙从此离开了政治中心，只是祖护儿女继续从事非法经营；宋子文则到广州出任省主席兼广州绥靖公署主任，事实上孔、宋已与蒋家分道扬镳。应该指出的是，两人退出官场时，宋子文已积累了上亿美元的财产，孔祥熙已积累了5亿美元的财产，这在20世纪40年代的中国是不多见的。

孔、宋好去，财经班底难除，国民党在大陆的最后两年，以及退台后近20年间的基本财经班子还是孔、宋人马。退台后继续重用孔、宋系是必要的，孔、宋的干将继续出任要职的很多，而且大都集中在财经领域。如"行政院长"俞鸿钧，"财政部长"徐柏园、严家淦，"经济部长"尹仲容，文职"国防部长"俞大维，"主计长"庞松舟等，他们对恢复和发展台湾经济起过不小作用。为保证他们不折不扣地执行蒋家的意志，必须堵截孔祥熙、宋子文的影响力。于是在退台过程中和退台初期，孔、宋成了局外人。

宋子文外放广东后，于广州解放前夕前往美国，凭借在职期间捞取的巨额财产，享福以外还不忘金融生意。1959年初，宋子文夫妇第一次东来台湾。20世纪50年代末期，国民党统治下的台湾已经进入专制统治下的稳定期，经济进入发展期，蒋经国接班已成定局，像宋子文那样的过时政治人物已难以对台北政局发生影响。再说蒋介石已经73岁、宋美龄已经63岁，宋子文也已67岁，对这一年龄层次的老人来说，忏悔、认错、和解已属多余，他们只是需要见上一面。宋子文夫妇以"处理私务"和"观光游览"为名，先到马尼拉看望女儿，再到香港查看生意，最后飞台北。宋子文第二次也是最后一次回台是在1963年2月间，在台期间，宋子文和妹夫蒋介石、妹妹宋美龄见面，对这些历经风雨的老人来说，主要是见面，至于见面后谈什么、态度如何已经不重要。1971年4月，宋子文离开纽约，到旧金山。24日宋子文任职董事长的当地广州银行一高级职员设家宴欢迎他，席间宋子文突然晕倒，再也没有醒来，经查为食物堵住气管引起心脏病突发所致。宋子文病逝后，蒋介石送来了"勋猷永念"的挽额，可此时正在美国的宋美龄和孔祥熙却没有在葬礼上露面，说明他们之间确实过节甚深。死者的遗体停在纽约州北部佛恩崖公墓的地下尸库中，等待葬回长眠在祖国上海万国公墓的父亲宋耀如、母亲倪桂珍和二姐宋庆龄的墓边。

孔祥熙到美国后，因名声不佳故夫妇二人躲在幕后，主要由二子一女孔令侃、孔令伟、孔令杰出面在商场活动，从事石油、建筑、股票、期货、批发等业务。一直在南京政府内掌管财政的宋子文和孔祥熙，同住在纽约，子孙间也有来往，可两人却是活不见面，死不往来。孔同台湾方面的联系基本没有停止，来往于纽约和台湾的国民党要员一般都要到孔宅拜访，宋美龄到美国也必到孔家。1956年宋蔼龄回到台湾，小妹宋美龄、小妹夫蒋介石都出场迎接、长叙，不少人为之捧场。孔祥熙随着岁月的流逝，回台之心日增，多次对友人说："我是中国人，我死也要死到中国。"蒋介石没有忘记连襟兄，于1962年10月上旬亲自用长途电话邀请其返台长住。10月23日，孔祥熙以"为76岁的蒋介石祝寿"为名飞抵台北，孔祥熙和二小姐、宋美龄的干女儿孔令伟在松山机场受到蒋介石、陈诚、蒋经国、蒋方良、张群、于右任等大员的迎接，回台的昔日党政大员中，孔祥熙受到欢迎的规格最高。11月下旬，孔住院治疗白内障。12月5、6日，蒋介石、宋美龄先后到"荣民总医院"探视问候。时过不久，87岁的孔祥熙返回美国家中，1967年8月16日因心脏病去世。台北方面派由宋美龄、蒋纬国等5人组成的代表团参加葬礼，并带来"总统褒扬令"，"以示政府崇报耆勋之至意"。蒋介石还专门写了《孔庸之先生事迹》，称"不愿其潜德幽光，湮没不彰，乃不能再避亲姻之私，而述其大略如此，世人当不以中正为有所偏私而加以辩解也，惟期对党国忠贞不贰之庸之先生在天之灵，有所慰藉云尔"。

"孙科去欧美"。自1927年以后，孙科以蒋介石违背孙中山总理遗嘱为名，也从事过倒蒋活动。一是因孙科有其父的雄心但无其父的胆略和才能，二是因孙科倒蒋也是为了争权，所以倒蒋活动有，但成功的却没有。在国民党官场，孙科也拉起"太子系"，人数不多，势力不大。在胡汉民、汪精卫两派兴盛的情况下，"太子系"跟着他们一起活动，还有生存空间。特别是在1931年3月间，因胡汉民被囚引发第二次倒蒋派大联合中，孙科南下广州，十分活跃，事件善后过程中于11月出任行政院长，不久蒋汪合流完成，次年1月25日孙科被迫辞职，转任立法院长，这是第一次出任短命行政院长。1947年，蒋介石新设国民政府副主席职，孙科又以其特殊身份而获选。1948年3月，国民党召开"行宪国民大会"，孙科出马竞选副总统，结果败于李宗仁之手，只得再任立法院长。不久，他又第二次出任短命的行政院长，这成了他政治生活的尾声。蒋介石已经准备在台湾重建统治机构，对孙科这样的人，用其无所补益，不用又成话柄，与其受其牵制，还不如不让他入台。经有关方面人士的点拨，孙科去了香港，不久又去了法国和美国。从政治角度看，即使让孙科入台，他也不具备掀起政治风浪的威望和能量，"太子系"也不是乱党乱事之人。之所以拒绝孙科，只是有一事让蒋介石无法放心，那就是蒋介石可以让"太子"蒋经国接班，为什么蒋介石当年不让作为孙中山儿子的孙科接班，而让蒋介石自己篡权？蒋介石自知愧对世人，无法自圆其说，只有将孙科排挤而去。

直到1965年10月，孙科夫妇才结束海外的流亡生活，回到台湾。蒋介石为表示尊重党"国"元老、感谢当年孙科能"识"大体甘愿出走，马上任命其为"总统府资政"，次年6月在莫德惠去世后，又提名孙科为"考试院长"，1967年8月让其兼任"中华文化复兴运动推行委员会委员长"。1969年3月国民党召开"十全大会"，孙科又当上中央评议委员会主席团第一主席。1973年9月13日历经政治风云的孙科病故，终年83岁。

"降服"政学系。1950年6月18日，台北市马町刑场，宪兵队如临大敌，把刑场团团围住。在黎明的晨色中，囚车上走下一位苍老中不失气度的老人。他遥望西边，并无惧怕的神色。他对待即将来临的死亡，就像对身边的国民党官员一样不屑一顾。一声枪响，前台湾行政长官、政学系骨干陈仪倒在了血泊中。

政学系在国民党政治结构中一直占有显赫地位，到台湾后蒋介石也是予以重用。该系中的张群、王宠惠、王世杰和以前的行政院长翁文灏，曾在美国于1949年8月发表的中美关系白皮书中被认为是国民党内"最能干的人物"，吴国桢也被称为"最好的一个官吏"。退台时，王世杰、吴国桢出任总裁办公室的"外交组正副组长"。不久，王世杰出任"总统府秘书长"，吴国桢出任台北当局唯一的实体省份——台湾省的省主席兼"行政院政务委员"、省保安司令，张群出任新成立的国民党高级党校——"革命实践研究院主委"。蒋介石重用他们并不让人意外，首先，政学系成员并不是"异己分子"，而是以往国民党执政队伍中的骨干；其次，退台初期国民党能否稳定，靠国民党改造这类政治运动是不能持久的，要想政局稳定需要经济的稳定，而经济的稳定则要靠美援的支持，美国赞扬的官吏当然是在重用之列；最后，以蒋经国、陈诚为首的实力派独霸政坛还需要时间，也就是说资历更深也颇有经验的政学系成员还不能不用。

对政学系成员，蒋介石、蒋经国的主要手法是恩威并用，重点是淡化其派系色彩，让其成员作为单个政治元素活动。"恩"是授予高职，政学系的代表人物纷纷出任高职，尽管蒋陈实力派不太满意，但也无可奈何，只好不断地对政学系骨干加以提醒，要其统一到新的政治核心中来。

踌躇满志的政学系，以为有美国的捧场就可以高枕无忧了，开始不把蒋经国放在眼里，以蒋经国不学无术、搞特务统治、有违西方民主原则为名，不断向实力派挑战。"恩"养骄，那只有施威了。蒋经国在陈诚的配合下，连出三棒，政学系就被降服。

第一棒打向陈仪。陈仪为政学系的核心人物，长期获得蒋介石的信任和重用。1949年2月17日因为汤恩伯的出卖，陈仪即被撤职，随即被关押和押送台湾高雄要塞。本来只想制止陈仪的亲共行为而并非要陈命的汤恩伯，见陈仪危在旦夕，四出奔走，为陈请命，无奈蒋介石主意已定。对此事"国策顾问"雷震说："老头子（蒋介石）要杀人立威"；谷正纲说："蒋介石要用陈头镇压反抗"；毛人凤也说："天威难测，我已经恳求过了，没有用。"陈仪是国民党退台后枪杀的最高级官员，就像蒋介石第一次下野时枪杀王天培军长、第二次下野时枪杀邓演达先生一样，都是为了惩治乱源，杀人立威。

第二棒打向王世杰。王世杰早年留学西洋，曾在伦敦大学获得硕士学位、在巴黎大学获得博士学位，五四运动前一年回国，27岁的王世杰经胡适推荐为北京大学法律系教授。蒋介石在南京建立政权后，王世杰应邀前往，出任法制局局长，负责制订南京政府早期的几乎全部法律条文。以后王世杰出任过教育部长、国民参政会秘书长、三青团中央监委会书记长、中央宣传部长、外交部长，到台后则出任"总统府秘书长"。王世杰步步升高，有点忘乎所以，提出召开"'反共'救国会议"，借"反共"为名，批评政治黑暗、特务横行是真；以"救国"为名，批评蒋经国等实力派抢权过猛是真。1953年11月18日，经情工系统略施小计，蒋介石马上以"蒙混舞弊，不尽职守"为名下令将王世杰撤职查办。王世杰的好友吴铁城漏夜赶到"官邸"向蒋介石求情，蒋介石指着他说："你还有脸活着，都是败在你们手里。"年已75岁的吴铁城，对国民党和蒋介石忠心耿耿一辈子，当然咽不下这口气，当晚回到家里吞药自尽。王世杰一下台就是6年，再复出时则是回到老本行，出任"中央研究院院长"，后于1981年4月21日病逝。

第三棒是利用"吴国桢事件"立威。吴国桢远走美国后，与台北当局进行了"隔洋大战"，1954年3月12日被撤销仅有的"政务委员"职和开除党籍。枪毙陈仪官方没有声张，撤职王世杰官方点到为止，教训吴国桢却是形成了声势浩大的批判运动，报纸、电台、杂志上尽是事件的消息，国民党中央党部、"国大""立法院"和"监察院"纷纷开会专议此事，声讨吴国桢的文章、谈话、演讲，铺天盖地，滚滚而来，无形中给包括政学系在内的各种政治势力形成巨大的政治压力，似乎向人们宣布，任何与蒋介石、蒋经国不一致的思想和行动都是非法的。一向对官场分外敏感的政学系当然不会不明白其中原委，只有当机立断，改弦易辙。

三棒之下，政学系损失了三员主将，还搭上一个自杀的，失去招架之力，留下的人马上不再作声。再说，政学系本身并非是好斗之徒，之所以在到台初期行动过激，严格说来是低估了蒋经国、陈诚实力派的实力，错估了官场上的力量对比。事到如今，按照他们见好就收、见风使舵的本性，全部转向实力派。尤其是熊式辉，安心于"总统府战略顾问"数十年；张群，时刻站在维护当局利益的立场上，安然出任"总统府秘书长"18年，以后以"总统府资政"和国民党中央评议会主席团主席的身份，安度晚年，并于1969年出版了《谈修养》一书，他的主要事务是从事一些有关台日关系的工作，1990年12月14日病逝。

"送"走陈立夫。对蒋介石的权力调整威胁最大的是CC系，CC系在党内有很深的渊源，在长期的历史过程中，国民党党务系统成了CC系的天下，CC系退台前，蒋介石撤销"中统"，收走了CC系的特工权；进行权力结构重组，收走了CC系的治党权。CC系通过控制党务、操纵特工，挑战蒋经国和陈诚已不可能，但是CC系的第三种权力成为双方斗争的焦点。

在国民党当局"制宪""行宪"，"普选"三大"中央民意机构代表"时，CC系最有远见，预感到"中央民意机构"在政治生活中的重要性，是增加他们对行政、立法、监察权进行控制的极好机会，所以利用所控制的党务机构助选、辅选，大量CC分子进入三大"中央民意机构"，形成颇为壮观的政治势力。退台后，为维护国民党当局的"法统"，蒋介石无法像对党政军系统那样对三大"中央民意机构"进行翻修、改造，因而CC系不仅因为民意机构的保留而完整地保存下来，而且民意机构还成为CC系出击的政治基地，他们利用问政议政、"立法"监督、"创制复决"的机会，向掌握政务大权的陈诚、蒋经国屡屡发难。二人不可能容忍CC系的干扰行为。

蒋经国更有一仇未报，1947年9月间，他乘党团合并之际出任政治学校教育长，曾遭到控制该校的CC系公开拒绝。身为"太子"和中常委的蒋经国，对此次阴沟里翻船记忆犹新，如今大权在握，清理在即。说到底陈果夫、陈立夫兄弟不受欢迎的根本原因，是蒋介石准备结束"蒋家天下陈家党，孔宋二家管钱袋"的分权局面，过渡到"蒋家天下蒋家党，孔宋二家靠边站"的一统局面，二陈岂有不倒之理。

为限制CC系势力的扩张和规范CC系势力的行动，蒋介石决定礼送陈立夫出境。国民党的"体制"和"法统"可以保护CC系，但不能保护二陈，蒋介石一顶"在大陆的失败就是国民党的失败"的政治帽子，压得二陈喘不过气来。

陈果夫于1948年12月6日赴台后，基本停止政治活动。蒋介石对退出政坛的陈果夫分外关心，政治上另眼相待，那么多身体健康的元老靠边，陈果夫却成为中央评议委员；经济上考虑到陈果夫医疗费所需甚大，特意批给5000元银圆；他甚至亲自为陈送医送药，关怀备至。1951年8月25日，在蒋介石的关怀中，陈果夫合上了双眼。病故后蒋介石还送来"痛失元良"的挽额。

对身体健康的陈立夫则不一样。陈立夫只要留在岛内，蒋介石就不能撤其职，因为，陈立夫退台时已是CC系的集中地、蒋家父子和陈诚一直想收编而没收编成的"立法院"的"副院长"。陈立夫对蒋家没有功劳有苦劳，没有苦劳有疲劳，岂能随意撤职。更为严重的是，陈立夫只要留在岛内，就是CC系的旗帜，CC系就会为陈而战；就是CC系的靠山，CC系就会更加有恃无恐。

这一日，在风景如画的日月潭旁，在前后警卫中间有两位老人在散步。从两人的神情中，可以看出他们的心情和谈话并不轻松。一位是国民党总裁蒋介石，一位是"立法院副院长"陈立夫，他们讨论的主题是如何进行国民党改造。

1953年在美国湖林镇养鸡的陈立夫

自称从小与蒋经国同睡一床的陈立夫，聪明绝顶，高人一筹之处就是善于审时度势，他再次作出并非自愿但不失英明的决策：与其在台湾饱受白眼，还不如远走高飞；与其被煎熬不止，还不如主动求去。陈立夫回忆说："到台湾后，有一次在日月潭陪伴总裁检讨国是与党事，我对总裁说大陆失败是国民党历史上的一个大失败，这个失败要有人负责，所以果夫先生与我本人，应当负其全责。我当时建议党的改造，应当把我兄弟二人除去，着重建议应由经国同志主持此事。"

陈立夫"情真意切"的一番话，解决了蒋介石的两大难题：一是由谁来公开承担国民党失败的责任；二是由谁来主持国民党的改造。前者陈立夫主动抢过包袱承担失败责任，后者陈立夫主动推荐蒋经国主持改造。有人认为陈立夫是不得已而为之，这话不无道理。但是如果陈立夫主动表示陈家兄弟不是失败责任者，如果陈立夫主动请缨负责党的改造，恐怕蒋介石的改造戏就"不大好唱"。

1950年8月，陈立夫以"出席世界道德重整会议"为名，经瑞士流亡美国。蒋介石行前送上5万美元，供其花费；宋美龄行前送上《圣经》一本，供其消遣。陈立夫曾是派系的制造者和受益者，如今成为"消除派系观念"的垫背者。需要指出的是，陈家二兄弟虽然不在台湾，但是CC系分子并没有就此罢休，在以后的近20年间，继续活跃在岛内政治舞台。

陈立夫在美国新泽西州湖林以养鸡为生，他自学相关专业知识，建场、买鸡、喂食、捡蛋、买饲料、卖鸡蛋、清理鸡粪，都是自己动手。他还制作皮蛋、咸蛋、豆腐乳、粽子等中式食品，供应唐人街的中餐馆。养鸡不仅让陈立夫摆脱了经济上的困窘，还让他多年伏案工作患上的背部肌肉劳损引发的疼痛也有好转。养鸡有成，颇有结余，夫妇两人不忘旧业，时常读书、写字、绘画。陈立夫在儒学研究上也有不少成就，一度还应聘为美国普林斯顿大学的客座教授。1961年2月陈立夫的父亲、陈其美的兄长、"国大代表"陈其业病危，陈立夫回到台湾看望父亲和治丧，期间蒋介石曾与他三次会见，陈立夫在谢绝蒋介石挽留后返回美国。7年后，1968年4月陈立夫回台湾定居。蒋介石仿效刚回到台湾不久的孙科，任命陈为"总统府资政"，另外兼职有"中华文化复兴运动推行委员会副会长""孔孟学会理事长"、国民党中央评议委员会主席团主席。晚年的陈立夫，政治上反对"台独"，主张发展两岸关系，但对党内的影响力已式微。2000年10月因为肺炎并发心肌梗塞住院，次年2月8日晚近9时在台中市中国医药学院附属医院病逝，享年102岁。

"腰斩"黄埔系。退台初期，最没有发言权的就是黄埔系。国民党兵败大陆，虽说党政经军各方面都有不可推卸的责任，但"军"是失败的直接责任者。因为只要军事上不崩溃，国民党何必去逃亡。军事崩溃也最易追究责任者，所以到台湾后，军事大权由经过陈诚、蒋经国挑选的黄埔系核心成员担任，其中主要有周至柔、桂永清、顾祝同、陈大庆、黄杰、彭孟缉、胡琏等人，绝大部分黄埔将领被遗弃，黄埔系被腰斩。这就带来不同的结果，同为国民党政权支柱的政学系、CC系、亲英亲美系退台后，考虑的是如何维护本派势力，黄埔系中的绝大多数成员考虑的却是如何打发后半生的问题。

黄埔系首先被要求交出军事大权。在国民党军队中，由日本士官学校、保定军校毕业生组成的准黄埔系除陈诚一花独放外全面衰竭。何应钦、徐永昌、顾祝同、钱大钧、陈继承、徐庭瑶、罗卓英、蒋鼎文、谷正伦等，彻底地结束了在国民党军界的活动。黄埔系将领也大部落马，黄埔系指挥的军队早在大陆时期就已大部被歼，原在大陆时期设置的数百个军事单位被撤销，将领们都是败军之将，败迹累累，谁又能言勇？只有老实接受编遣，退出军界。

其次，蒋介石痛批黄埔军人。蒋介石十分痛恨作为败军之将的黄埔军人。他认为他们纪纲败坏、腐化堕落、信仰动摇、虚骄盛行、骄奢淫逸。蒋介石更痛恨黄埔系成员的贪生怕死，"不成功则成仁"只是不需要"成仁"时候的豪言，到需要"成仁"时不是逃就是降。

在一片批判声中，接受编遣的黄埔旧势力，谁还有往日威风，谁还有"英雄气概"？请看：

何应钦，贵为"总统府战略委员会主任委员"，但他很快发现，军机大事既不用他"顾"也不用他"问"，难怪他在退台初期在回答记者有关"如何看待时局"的提问时回答说："不在其位，不谋其政。"直到1987年10月21日去世，他一直忙于需要他"顾问"的地方，搞过什么"世界道德运动"，忙过什么台日关系，还任过"国父纪念馆管理委员会指导委员会主委""观光协会理事长""红十字会会长""台日文化及经济协会理事长""台日合作策进会高级顾问"等职，1981年12月已92岁高龄的他还出任"三民主义统一中国大同盟主任委员"，只是没有一个职务与军机大事有关。

罗卓英，身为"国防研究院副主任"，1961年11月，65岁的他逝世时留下的主要成果却是《呼江海楼诗集》和《正气歌注》等文稿。

刘峙，国民党在大陆失败时，他去了印尼、泰国等地教书为生，1953年11月凭着袁守谦寄来的"入台证"才得以回台，次年1月出任"总统府国策顾问"，以后定居台中，连台北都很少去。1971年1月15日，78岁的刘峙病故。

蒋鼎文，到台湾后曾一度想重整雄风，在与郭寄峤争夺"国防部长"职失败后，在游山玩水中安度其"上将生涯"，1979年1月2日病逝于台北，终年84岁。

钱大钧，蒋介石的前任侍卫长，当过上海市长也当过县议长，到台后主要在体育界活动，任过"体育协会主委""足球协会主委""田径协会主委"等，1982年7月21日，90岁时去世。

朱绍良，1952年10月，61岁的他被宣布以"陆军二级上将"衔退役，以后就"剧怜扶杖已无乡，甲箓重新暗自伤"，"今朝休为稻粱忙，又把茱萸对客觞，夫妇齐眉儿女长，一杯含笑话家常"，显然志不在从军从政了。1963年12月25日病故。

徐庭瑶，1952年10月，他的"战略顾问"和"装甲兵顾问"被撤去，以"中将"衔退役，生活靠旧部接济，平时以养鸡消遣，1974年12月16日去世，时年83岁。

李良荣，到台后任过短期的"国防部中将参议"，不久又去竞选省议员，到东南亚经商。1967年6月2日，58岁的他在马来西亚死于车祸。

……

黄埔系结束了历史上的全盛时期，经过退台时期的分化和整顿，它由与政学系、CC系、亲英亲美系三派"打派仗争派利"的利益团体，重新成为以陈诚和蒋经国为首的实力派的统治工具，付出的代价是无数黄埔系骨干成为国民党改造和军队整顿的牺牲品。

组织实力派

无论是地方军阀，还是中央派系，在国民党改造过程中不是被削弱就是被降服，只有陈诚、蒋经国为首的政治势力一枝独秀，趁机吞并他系，拉拢他人，形成在人数和实力上都占绝对优势的实力派。实施国民党改造的过程，既是清算旧军阀、清理旧派系的过程，也是新兴的实力派形成和壮大的过程。实力派成为以后主导台湾政局的主流，在20年左右的时间内，控制着台湾的政局，通过高压手段，维持着岛内社会、政治、经济的相对稳定。只是到了20世纪70年代，国际格局进行新一轮的调整，岛内面临新的危机，这才导致实力派进行新的组合。

以陈诚、蒋经国为首的实力派，几乎占据了除"总统府"以外的绝大部分党政军岗位，仅是为了象征党内团结和修饰政治民主，留出一些微不足道的岗位安排其他派系的骨干。自国民党"七全"至1954年"第一届国民大会第二次会议"召开前后，实力派的主要代表人物有：

中央党部秘书长张厉生、"行政院副院长"黄少谷、"交通部长"袁守谦、"教育部长"张其昀、"总统府光复大陆设计委员会副秘书长"朱怀冰、"侨委会委员长"郑彦棻、"司法行政部长"谷凤翔、"内政部长"王德溥、中常委谷正纲、"外交部政务次长"沈昌焕以及中央党部第一组（自由区）组长唐纵、副组长胡轨，第五组（民运组）组长上官业佑，第四组（宣传组）副组长沈金奇，台湾省党部主委郭澄，《中央日报》社社长萧自成，中央社社长曾虚白，省府秘书长谢东闵，《新生报》社社长谢然之。

"国防会议秘书长"周至柔、"代理总参谋长"彭孟缉、"国防部长"郭寄峤、"总统府参军长"黄镇球、"国防部政务次长"杨业孔、"总政战主任"张彝鼎、"总政战副主任"胡伟克、"国防大学校长"徐培根、"陆军总司令"兼"台湾防卫司令"黄杰、"陆军副总司令"李振清、"陆军政治作战部主任"高魁元、"第1军团司令"兼"陆军副总司令"胡琏、"第2军团司令"石觉、"宪兵司令"罗友伦、"台北卫戍司令"黄珍吾、"澎湖防卫部司令"刘安琪、"金门防卫司令"刘玉章、"大陈防卫司令"刘廉一、"海军总司令"梁序昭、"海军副总司令"黎玉玺、"空军总司令"王叔铭。

实力派的特点是：分布广，党政军经文教科等部门都有；权力大，其他人都无法与陈诚和蒋经国相比；和蒋介石的关系深，这是能否控制政局的关键因素；组合合理，蒋经国负责党特文教和青年领域，陈诚负责政经军领域，分工合作，再也不会像大陆时期出现数派分赃的局面。这就决定了实力派的牢固政治地位和不断扩大的势力范围，以后负责掌握财经领域的原亲英亲美系成员和军队中孙立人系一些主要成员，不久都投靠了实力派。

总之，起自20世纪50年代的20余年间，台湾各方面的大权都已转移到实力派手中，正如岛内政坛有些失意官员运用古人张籍的诗，形容实力派是"如今相府用英豪，老去官班未在朝"。历史的辩证法是无情的，进入70年代，蒋经国又开始"相府用英豪"了，50年代的实力派则走到了尽头，这是后话。

"反共"——台湾岛狼烟四起

"'反共'复国""固守台湾"成为退台后的蒋介石和国民党当局的中心任务。为实现这一中心任务，蒋介石在进行统治阶层内部秩序整顿的同时，在政治上、思想上和军事上出台一系列新动作，以治理岛内的乱象。主要举措有狂热"反共"，镇压人民的不满；乱世重典，治理社会的不稳。

"古宁头"，自我膨胀

20世纪70年代，台湾当局拍了一部名为《古宁头大捷》的电影，讲的就是当年的"古宁头之战"。这一在地图上不易找到地名的地方所进行的战役，在蒋介石和台湾当局的眼中，简直成了"克敌制胜的历史性胜利"。战役的真相是：

上海解放后，第3野战军就准备向东南沿海进军。1949年8月11日，叶飞、韦国清指挥的第10兵团发起福州战役，17日解放该城。9月12日，发起漳厦战役，一星期后解放漳州，10月17日解放厦门。

失去厦门，台湾方面异常担心金门的安危。金门岛位于厦门以东1万米左右，形似哑铃，总面积为161.4平方公里，海岸线全长74.5公里，便于登陆作战的海岸线有16公里多。在它的西边还有一小岛，即小金门。

金门岛已成为第3野战军下一个进攻目标。在攻下厦门后，第28军军长朱绍清、政委陈美藻指挥7个团2万兵力，准备拿下金门。10月24日夜，解放军3个团2个营作为第一梯队乘坐帆船向金门进发。因为风向不顺和敌舰拦截，船队被冲乱，各船各自为政继续前进。25日凌晨，各船在金门的龙口、古宁头等处登陆成功，在"有几个人打几个人的仗，不等待，不犹豫，向里猛插"的战术要求下，分头向国民党守军发起攻击，结果大部被拦截在滩头阵地，部分部队穿插成功。当日晚，第二梯队的4个连赶到，与第一梯队会合后，顽强作战，苦战至27日，登上金门岛的解放军共9086人，大部分牺牲，一部分被俘，其中包括350名左右的船夫和民工。

导致全军覆灭的金门之战，是中国人民解放军开始战略反攻以来唯一的一次重大失利，主要原因有：

一是轻敌。在当时向全国进军的大好形势下，解放军官兵难免产生轻敌麻痹思想，似乎认为岛上守敌只知逃跑不会作战，只要解放军一上岛就会不战而胜。这从当时提出的政治口号中可见一斑，如"准备到金门吃午饭（所以参战部队只带三顿饭的给养）""坚决攻金门，渡海打台湾""不管这些战犯跑到天涯海角，我们一定要打到台湾，挖国民党的老根"。在这些轻敌思想下，难免低估敌人的作战能力，也难免导致作战准备工作的严重不足。

二是渡海作战不熟悉。渡海作战对中国人民解放军来说是一个新的作战方式，部队缺少相应的作战装备。所以，当第一梯队行动后，气候突然发生变化，强劲的秋季东北风将解放军乘用的帆船和木筏等简单的渡海工具吹得挤在一起，再加上敌军岸炮的炮击，船队被冲散，船只被击沉，不少攻占滩头阵地必不可少的中型武器遭受重大损失。解放军战士历尽千辛万苦上岸后，由于敌军"要塞阵地上的12门57毫米战防炮、4门42毫米重迫击炮、一个连的75山炮，在10座探照灯的照耀下，海滩照耀得如同白昼，火力得到充分发挥"，无法编为战斗队形。此外，又逢退潮，木船搁浅在海滩上动弹不得，金门守军又派人潜上船放火和敌机轰炸，使得海滩上的船只大部被毁，无法回福建接运第二梯队，解放军掌握的后备木船有限，只能运送少量的部队增援，他们登岛后无法阻挡扑上来的以逸待劳、装备优良的敌军。

三是敌众我寡。当时解放军方面估计敌军只有6个团，事实上是运送援兵来岛的"中字号"登陆舰，也被误判为是来撤退原在岛上的国民党第18军的，所以只选调了7个团参战。而敌军兵力则远多于解放军参战部队，敌方指挥官是第3野战军的手下败将、福州绥靖公署代主任汤恩伯，守军有李良荣的第22兵团，在解放军登陆作战前夕从广东潮汕运来的胡琏第12兵团又到达金门，总兵力达30个团；此外，还有黎玉玺指挥的国民党海军第2舰队的"太平""楚观""联铮""中荣""南安"等舰以及空军的"F-47""P-51"等战机配合，并从解放军10月上旬进攻金门旁边的大嶝、小嶝起，金门守军已进行了3次军事演习。蒋介石十分重视金门之战，担心从上海战场上逃跑、从福州战场上逃跑、厦门炮声一响即逃到舰上的汤恩伯故伎重演，特令汤："金门不能再失，必须就地督战，负责尽职，不能请辞易将。"在完全不利于解放军的力量对比下，且又是解放军缺乏经验的渡海作战，所以进攻金门失利。

古宁头一仗，立即成为蒋介石自我吹嘘、进行"反共圣战"的主要题材。在10月26日接到汤恩伯"金门登陆之匪已大部肃清，并俘获'匪'方高级军官多人"的电话后，蒋介石立即要蒋经国飞赴金门"慰问"。蒋经国认为古宁头一仗"为年来之第一次大胜利，此真转败为胜，反攻复国之'转折点'也。甚愿上帝保佑我中华，使我政府从此重整旗鼓，得以转危为安，转祸为福，幸甚幸甚！"（见蒋经国：《风雨中的宁静》263页）

蒋经国此话差矣："转败为胜"无从谈起，因为在此之前，中国人民解放军消灭了蒋介石的800余万军队；在此之后，解放了海南岛、舟山群岛等更多更大的岛屿，何谓"转败为胜"？

"转折点"无从谈起，金门之所以留给台湾当局，台湾之所以留给国民党当局，并非是海峡天险难渡和中共实力不足所致，而是中国共产党和中国政府的领袖们从振兴中华、建设祖国的立场出发，决定把台湾及其附属岛屿交给国民党方面管理，因此金门成为台湾方面离大陆最近的地区，从地缘政治学上讲，有助于加强台湾与大陆的联系。

台湾当局吹嘘和夸大古宁头的战绩，主要是为了给历经大败的国民党军队注射政治强心剂，稳住动乱不定的岛内社会和民心，造成国民党似乎能够保护台湾"安全"的假象。一时间，报纸、电台、书刊上铺天盖地的是关于古宁头的神话；古宁头成为"反共教育、反共宣传"的极佳教材，从蒋介石起至国民党的文宣人员，无一不拿古宁头作为夸耀的资本；似乎古宁头的胜利，就是"反攻大陆"的开端，似乎明天就可以返回南京了。

类似于"古宁头大捷"宣传的，还有子虚乌有的所谓"登步岛大捷""大担、二担岛大捷""东山岛大捷"，不过，国民党军队的士气、台湾的民心，并未因为有这样那样的"大捷"而有所振奋。在官方舆论反复而且卖力的煽动下，20世纪50年代的台湾确实弥漫着"悲壮"的气氛。可这种气氛的出现，并非是因为失败后立志奋起的决心，而是悲而不壮、歇斯底里的"恐共症"和进行自欺欺人宣传的结果。

这种自我吹嘘、自我安慰的行径，早在几十年前鲁迅的小说中就可以找到原型，是阿Q的"精神胜利法"在作祟。时过境迁，汤恩伯和李良荣早已作古，他们俩和胡琏的追随者及部分无聊的学者，还上演过一场"谁得古宁头头功"的闹剧，一时还闹得沸沸扬扬。因为当时的情况是这样的，汤恩伯为当地最高军事长官，李良荣是当地驻军最高长官，随后赶来的胡琏部则是作战主力，所以"三人争功"有"理"可争；国民党军队内有见硬仗就让、见责任就推、见功劳就抢的习惯，所以"三人争功"当然也就不奇怪了。

抓"共谍"，人人自危

国民党当局在患上"恐败症"的同时，也患上了歇斯底里般的"恐共症"。抓"共产党的间谍"成为最时髦的口号和最疯狂的行动，也成为实施恐怖统治的主要理由。在编造"国民党军队能够战胜解放军"的梦话的同时，为发泄疯狂的"反共仇恨"，台湾国民党当局在岛内一再掀起"反共高潮"，以配合"反共宣传"，制造看得见、摸得着的政治对立面。

早在国民党当局开始退台时，陈诚主持下的台湾当局，就严厉镇压民主进步运动。1949年3月20日，台湾大学、师范学院的学生掀起一场要求提高公费待遇的"反饥饿"斗争。当天因为警察殴打学生，两所大学的学生们举行示威游行。29日在台湾大学操场举行营火晚会，宣布成立"学生联盟"，高喊"争取生存权利""反饥饿，反迫害"等口号。省主席陈诚下令军、警、宪、特部门采取断然措施，于4月6日包围师范学院男生宿舍，逮捕了300多名学生，这就是震惊台湾的"四六事件"。紧随事件之后，5月1日开始实施户口总检查，5月20日正式宣布全面戒严。自台湾大学商学院学生王明德失踪始，全岛开始进入"50年代的白色恐怖时期"。

1950年6月5日，蒋介石在"保安司令部"官兵大会上，要求把肃清"匪谍"作为当时的中心工作。他宣称，国民党到台后的兵力集结已经完成，军事上已无问题，所以必须肃清"共谍"，方能完成"'反共'抗俄""反攻大陆"的任务。13日，他下令颁布"戡乱时期检肃匪谍条例"，规定："发现匪谍或有匪谍嫌疑者，无论何人均应向当地政府或治安机关告密检举"；"人民居住处所有无匪谍潜伏，该管区保甲长或里邻长应随时严密清查"；"各机关、部队、学校、工厂或其他团体所有人员，应取具2人以上连保切结，如有发现匪谍潜伏，连保人与该管区直属主管人员应受严厉处分"；"治安机关对于匪谍或有匪谍嫌疑者，应严密注意侦察，必要时得予以逮捕"。根据此一条例，在"反共"先行、"反共"升官的主题下，"共谍案"层出不穷，"共谍"抓不胜抓。据当年蒋介石的新闻助手董显光称，仅在1950年上半年内，"台湾治安当局处理了匪党地下活动案300件，牵涉的嫌疑犯在千人以上"。

例如，1950年2月底，在蒋介石"复职总统"前一天，在蒋经国的精心策划和导演下，竟在弹丸之地的台湾岛内一下子侦破了以洪国式为首的所谓"中共潜伏总组织"、以裕台贸易公司为首的所谓"中共经济潜伏组织"、以李朋和汪声和为首的所谓"苏联间谍组织"，一时轰动整个台湾。在当时的所谓"共谍案"中，最著名的有：

1949年10月间，正在写作《六三自箴》以纪念自己生日的蒋介石，先后听到"报喜"的报告：一举破获"中共台湾省工委会"和"中共台湾工委高雄市工委会"等组织。蔡孝乾领导的"中共台湾省工委会"在成功中学、台湾大学法学院、基隆中学等处的组织，相继被国民党当局破获，多名负责人被捕。10月31日，高雄地区的中共地下组织又遭破坏，书记陈泽民、委员朱子慧被捕。11月5日，"高雄市工委"所属工、农、学运各支部人员谢添水、庄炽宰等18人，蔡国智、于开任等8人，梁清泉、何玉麟等9人也先后被捕。在叛徒的出卖下，国民党特务更加疯狂，12月中共"台湾省工委"领导人张光忠等人被捕。上述案中的许多革命者英勇牺牲。

1950年1月29日，蔡孝乾本人也被捕入狱。蔡孝乾是台湾省彰化县花坛乡人，1908年出生，1924年至1925年在中国共产党创办的上海大学社会科学系读书，1925年12月主持召开上海台湾学生联合会成立大会，1926年7月返回台湾宣传革命，1928年参与组建台湾共产党，4月当选为台湾共产党（即日本共产党台湾民族支部）中央委员、常任委员兼宣传鼓动部长，同年8月为躲避日本当局搜捕到福建漳州，1932年6月在苏区反帝总同盟第一次代表大会上当选总同盟主任，1934年10月参加中国工农红军长征，是长征中唯一的台湾籍共产党人。全国抗战爆发后，曾任八路军总部野战政治部部长兼敌工部部长、各民族反法西斯大联盟执行委员会委员等职。1945年9月被任命为中共台湾省工委书记，1946年7月秘密返台开展工作。被国民党逮捕入狱后，很快即变节，致使1800多人被捕入狱，中共地下党遭受重大损失。之后，曾任台湾当局"国防部保密局"设计委员会委员、"国防部情报局匪情研究室"少将副主任兼"司法行政部调查局副局长"等职，出版过《日本帝国主义的殖民地台湾》《毛泽东军事思想研究》《江西苏区·红军西窜回忆》等书。1982年10月病死台湾。

"吴石案"。1950年3月1日，时任"国防部中将参谋次长"的吴石，被当局以"为中共从事间谍活动"的罪名逮捕。此事的起因是跟踪和偷听吴将等人谈话的"参谋本部"一特务横尸机关院内，特务当局趁机闹事，先后逮捕了吴石将军、将军夫人、副官和将军的部下聂曦、前"联勤总部"第四兵站总监中将陈宝仓等人。1950年6月10日，吴石等人倒在敌人的枪口之下。

"麻豆事件"。1950年5月，国民党当局以"共同意图颠覆政府罪"逮捕了台南县麻豆镇镇长谢瑞仁等33人。国民党退台后的前40年间，在台湾"通共"的"红帽子"和"颠覆政府"的"黑帽子"都是让人永不翻身的罪名，结果，谢瑞仁、蔡国礼、张木火3人于9月30日被判处死刑，孙清洁、李国民、林书扬、钟盖、陈永泉、黄阿华、王金辉、李金水、蔡荣宗被判处无期徒刑，郭天生、郭耀勋等18人被判处重刑。其中，被判处无期徒刑者，在暗无天日的绿岛被关押了30余年，当他们出狱重见天日时已是1983年底和次年初。

"桃园事件"。1950年6月，台北市电信局桃园收报台职员林清良等7人，突然被国民党当局逮捕。国民党恐怖统治下，"通共""亲共""助共"帽子满天飞，欲加之罪何患无辞，林清良、赖凤朝、李诗泽等3人被处死的罪名是"私阅中共文件书籍，意图颠覆政府并着手实施"；徐文赞被判处无期徒刑，其余3人被判处10—15年有期徒刑。

"两大企业案"。1950年3月间，台湾当时最大的两大公司"台湾糖业公司"和"台湾电力公司"的总经理先后被捕。台糖公司总经理沈镇南和人事室主任林良桐被枪杀，职员多人被抓被判刑，罪名竟然是"故意不出售公司的糖，准备让中共去接收，并准备把公司所属的铁路供给登陆的共军用"。台电公司总经理刘晋钰和公司职员严惠先也遭枪杀，刘的罪名是其子在台湾大学期间参加学生运动被捕，保释出狱后纵其投奔大陆；随翁文灏投共的台电董事长陈中熙曾给刘写过信，有"通共"嫌疑的严惠先与刘关系很好。身为台企业界重要人士的两位总经理就这样被枪杀。

"陈福星案"。1952年4月，台湾地区共产党负责人陈福星被捕。自台湾共产党省工委被破坏后，陈福星则开始在苗栗县山区重建省委组织的工作。由于当时岛内共产党组织被破坏十分厉害，陈福星开展的活动也为敌人所察觉。台当局在此案中共抓捕400多人，省委组织再被严重破坏。

"李友邦被害"。早在抗战期间，李友邦就在闽浙地区组织义勇队抗击日寇，1946年回到台湾出任国民党省党部副主任委员。1951年11月18日突然被捕，军事法庭指控其早就与中共有来往，"包庇窝藏中共间谍，支持匪谍分子之非法活动，搜集我党政军重要情报"，而自身早已加入中共组织"至今未向台治安机关依法履行自新手续"，同月30日即被判处死刑，次年4月22日被枪杀，他的夫人严秀峰也被捕并判刑15年。

抓"共谍"抓红眼的国民党当局，纵容特务滥捕滥抓，无所不为，甚至后来诺贝尔奖的得主、物理学家李政道的母亲张明璋女士和兄长李崇道，仅因为家中留宿过一位广西大学的学友，也被扣以"掩护匪谍"罪而坐牢。

除了惨死在国民党的枪口之下外，还有不少人被关进集中营。例如"保安司令部情报处"的秘密监狱在"戒严令"发布时只有"犯人"600余名，一年后即达到3000多人，在火烧（绿）岛上还有5600余人，监狱里人满为患，台湾当局从1953年起连续几年把"添建拘留所列为年度中心工作之一"。

在关押政治犯、"共谍"的集中营内，更是人间地狱，有些人甚至被秘密处决、丢进大海里喂鱼。正如李宗仁在1954年2月间发表的《致蒋介石先生的公开信》中所说："不知名之无辜人民，深夜被捕，密送台湾附近之绿岛，从此形音消沉，骸骨无何者，何止千百？凡兹暴政，谈者色变。"

……

国民党在退台初期，究竟把多少"共谍"送上刑场、究竟制造了多少"共谍案"、案中真假如何、被害人有多少，这一"机密"蒋介石从未谈及，蒋经国以后也是闭口不谈，即使在20世纪90年代的"宪政改革"初期，台当局也披露得不多。但从当时的一些报道来看，处决的人数是十分惊人的。其时有一则电讯称："国民党当局经常一车车地屠杀匪谍"，仅1950年3月22日，一次就枪杀了300余人。1952年12月17日，一家外国通讯社说，最近两周来已先后枪毙"共特"80多人。1950年4月2日，一家外国报纸说：在3月23日就有数名"高级军事人员被枪决，内有中将6名，少将13名，彼等均有共党嫌疑"。"据不完全统计，从1949年至1952年，被当局以'匪谍'、共党人员枪毙的达4000人左右，而被以同罪判处有期、无期徒刑者有8000人至10000人，至于被秘密处决者则无从统计。1993年，在台北六张犁公墓附近，就发现163座当年在白色恐怖条件下被杀害者的坟墓，其中既有本省人也有外省人。"（见《台湾历史纲要》第443页）

据台湾《中国时报》1995年2月27日报道，根据判决书、"国安局""历年办理'匪'案汇编"的机密文件、证人指认、六张犁公墓所找出的尸骨，当时因"叛乱罪"被捕的有3504人，其中死亡者有1437人，死亡者中有1008人被判处死刑立即枪决；因刑讯逼供等原因致死的有294人；狱中病死的有16人，自杀的有5人，失踪的有101人，事故死亡的2人。被枪毙的人中间，外省人为210人，本省籍人为683人，不知省籍的115人。外省籍人被捕后的遭遇比本省人更惨，有的根本就给"做掉了"。没死亡的则被处以重刑。"这一持续10年之久的政治肃清的风暴，历史学者估计约为5万人被捕，被定罪的约在1万人以上，被枪决的合计在4000人左右。"（见该报《回顾50年代白色恐怖》文）

当时之所以出现如此疯狂的抓"共谍"高潮，江南先生是这样说的："当局如是血腥遍野，肆无忌惮的原因，报复主义为其一，大陆丢了，他们又想腐蚀台湾，把这些人作为发泄情绪的对象。肃清主义为其二，只要行动可疑，经人检举，一概列入危险分子，格杀勿论。报销主义为其三，彭孟缉领导的保安司令部保安处游查组，以抓人破案为升官发财的阶梯，持着经国的尚方宝剑，只达目的，不择手段。因而宁可错杀三千，决不留情一个，彭孟缉后来坐直升机，爬到参谋总长的位置，即种因于此。"（见《蒋经国传》第235页）江南先生的分析，不无道理。蒋介石和国民党统治集团在"反共总目标"下，绝对不允许任何动摇国民党统治和蒋介石权威的政治势力和政治行为存在，特别是在大败之初且政局、社会高度混乱之际，抓"共谍"只是其镇压人民反抗和压制人民权利的借口和手法之一。问题是越是这样做越不得人心，人民情绪更加不稳，社会的变革迟早是要爆发的。（关于台湾抓所谓"共谍"的详情，可参考张玉法著《"中华民国"史稿》第533-548页）

出专著，充实理论

蒋介石到台湾后，开始拼凑新的"反共理论"，修补"反共思想体系"，为国民党当局所进行的"军事反共"和抓"共谍"、进行"反共宣传"制造理论依据。蒋介石的主要"反共理论著作"，在大陆时期只有《中国之命运》，到台湾后在御用文人的捉刀下，先后发表了《"反共"抗俄基本论》《解决共产主义思想与方法的根本问题》和《苏俄在中国》等书。以上4本书，可以说构成了蒋介石以"反共"为终极目标的理论的基本架构。

《中国之命运》站在历史唯心论的立场，反对历史唯物主义，任意伪造中国现代史，歪曲国共关系，诬蔑共产党、八路军和新四军，为国民党当局进行全面"反共"内战进行思想和舆论准备。

《解决共产主义思想与方法的根本问题》为蒋介石的"反共哲学著作"，主要是从哲学的角度否定马克思主义的哲学基础。他站在黑格尔唯心主义的辩证法立场上，提出"马克思所采取的黑格尔的辩证法，绝不是内核，而是外壳"，因为"黑格尔辩证法绝对没有外壳和内核之分的"；"宇宙的存在和发展，不能完全视为物质的反映，而非借精神价值，无法解释，亦无法成立辩证法"；黑格尔"要求从矛盾到统一，马克思却认为统一物的分裂是辩证法的基本"，马克思的分裂论"使世界的矛盾尽量扩大，人类斗争永无止境，最后就是人类丧失人性"；不存在矛盾的普遍性，天下万事万物均是和谐的，根本不需要经过矛盾统一的机械式的过程，其本身就有一种中和的本能，来求其均衡发展和不相害；有新陈代谢但无"否定之否定规律"，"消失荣枯是不可无的新陈代谢作用"，不是什么否定之否定；"突变"按黑格尔的本意，为特殊情况和偶然现象，而马克思却视为常态现象。

蒋介石否定唯物主义的目的，就是为了宣扬有神论和天人合一思想。他认为国共两党的斗争说到底是"天理与人欲的斗争"，也就是有神思想与无神

蒋介石翻阅《苏俄在中国》

思想的斗争。他说："我必须承认，宇宙之中，是有一位神在冥冥之中为之主宰的"，"这就是我们天人合一的哲理"。"天人合一"就是为了提高人的价值，正如孟子所说："'大而化之谓之圣，圣而不可知之谓之神'，这是认识中国正统哲学思想的起点，也就是心物一体论的根源。"同时他还认为："我国天人合一的精神，是首在尽我做人的天职与本分。"

蒋介石认为，唯物辩证法的根本弱点是双脚朝天的"倒立系统"，是"反精神、反生命、反人性"的，而在中国300年前就产生辩证法思想，远早于黑格尔和马克思的哲学，消灭和取代马克思主义哲学和共产主义思想的基本武器，就是中国传统哲学思想的精髓"天人合一论"。

蒋介石有所不知，或者说是有所知但不愿承认，他的唯心哲学决定了他的思想和理论缺乏坚实的哲学基础，因而脱离社会现实和人民群众，最后只有走上失败之路。

被蒋经国称为他父亲"遭受'患难、耻辱、艰危、诬陷、渗透颠覆'的一部痛苦经验的结晶"、一部"反共十字军的经典"（见《蒋"总统"经国先生言论著述汇编》12辑第519页）的《苏俄在中国——中国与俄共30年经历纪要》一书，与《"反共"抗俄基本论》一起，则成为蒋介石集中论述其以"反共"为基本指导思想的政治路线的代表作。

《苏俄在中国》全文24万字，分为三篇：第一篇集中论述的是"中俄和平共存的开始与发展及其结果"。蒋介石认为自1924年以来，苏维埃乃是"专制与恐怖的组织"，列强压迫下的中国，已经成为苏联传播共产主义种子的大好园地，中共行动皆出于斯大林指导。抗战时期，中共想夺取政权与破坏国家统一，苏俄从中插手，企图达到独占中国的目的。第二篇集中论述的是"反共斗争成败得失的检讨"。蒋介石除了宣扬中共"狡猾"之外，从政治、经济、军事3个方面探讨了国民党在大陆失败的原因，他认为政治上是"政党政治的失败"与新旧制度脱序;经济上是中共与苏联的破坏、宋子文经济政策失误及美援停止;军事上是马歇尔的错误指挥等。第三篇集中论述的是"俄共和平共存第一目标及其最后构想"。蒋介石认为斯大林企图以中共武力推翻国民政府,采取西守东进的策略,赫鲁晓夫当政后,提出"和平共存"政策,企图破坏"反侵略阵线而实施其战略的攻击"。苏联为达到控制全球的目的,设置欧洲、中东、远东3个战场,在欧洲使西欧各国脱离美国,在中东将西方势力逐出,在远东则要控制中国等亚洲国家。在这一基础上,蒋介石提出"民主阵营"及"自由世界",应该在美国的领导下进行"总体反共战争"。他自己是"衷心充满悲痛无比的情绪"和"怀抱着坚定不移的信心"写这本书的,目的是为了总结30年来与俄共和平共存斗争的"血泪经历",告诫西方"自由世界"警惕俄共与中共的"阴谋"。

《苏俄在中国》和《"反共"抗俄基本论》的要害是无视一个基本事实,即中国共产党之所以出现在中国大地上,并在28年后成功地夺取政权,是因为代表全中国人民的根本利益,得到全国人民支持的结果;国民党之所以在夺取政权22年后失败,之所以被消灭800余万军队,是因为侵犯了全中国人民的利益,被全国人民一致反对的结果。如果看不到这一基本点,那么再多的论述都是没有说服力的,也是多余的。至于诬陷中共为斯大林的代理人,是第三国际的别动队,是通过国共合作寄生于国民党内的"蟊虫",中共"狡猾多变"……诸如此类,则更属荒唐,只是在大败后无奈的说辞。(关于蒋介石的"反共理论",参见王俯民《蒋介石详传》第1491—1498、1509—1515页)

为配合蒋介石的"反共理论建设",在《中国之命运》炮制过程中曾提供过大量历史地理资料,此时为国民党中央党部秘书长的张其昀,用两年时

蒋介石自任"革命实践研究院院长",这是他在出席其"同乐晚会"

间，撰写了5卷本的《党史概要》，后改名为《近60年中国革命史》。台湾当局出版此书的目的，就是为了"激发国人革命热情"，纂述国民党简史。为了便于张其昀写作，蒋介石将"个人日记、文件交给张其昀阅览参考，并准许张在书中加以引用"。此书于1952年6月出版。《党史概要》政治上配合了当局进行"反共"政治宣传的需要，首先是为了重树蒋介石的"领袖形象"，吹捧蒋为孙中山革命事业的正统继承者；其次是为了从国民党历史的角度来论证、肯定、宣扬蒋介石拼凑出来的""反共"理论"；第三是攻击中国共产党，呼应国民党当局正在展开的"反共"活动。

20世纪50年代初期，台湾当局在"反共总路线"下，掀起一股股"反共"宣传高潮。宣传内容主要是鼓起一股疯狂的"反共情绪"，其中之一是吹捧蒋介石。宣传中不仅竭力回避蒋介石在大失败中应负的责任，称颂蒋介石是"伟大的领袖和救星""古往今来最杰出的圣人"。在国民党当局看来，要实现"反共救国目标"，必须树立"主义、领袖、国家、责任、荣誉"5大信念，誓死效忠领袖。

为重树大败后的蒋介石的权威，洗刷失败责任，国民党当局于1949年10月16日，在台北草山设立"革命实践研究院"和"革命实践研究院军官训练团"，蒋介石自任"院长"，由曾在20世纪30年代主持过国民党军官教育的陈诚代理"院长"。该院的任务是"为国家造就人才，以应反共复国之需要，完成国民革命未竟之大业"。蒋介石钦定了学院的课程和教育方针，"大抵为制度、战略、政策各种原则之研究，理论基础，哲学思想，行动纲领之建立"，学员要经过此次训练，"务求达到生动活泼，使学者能发挥其蓬勃之朝气，坚忍不拔之决心与再接再厉之奋斗精神"。"革命实践研究院"的开办，真实目的就是灌输蒋介石的"反共抗俄理论"、法西斯专制思想，以及忠君、仁义礼智信、不成功则成仁等封建伦理道德。通过训练和教育，对一批追随者进行理论和政治培训，这对巩固蒋介石统治和维持国民党专制是十分必要的。因此，"革命实践研究院"就像当年开办的黄埔军校和中央训练团一样，成为吹捧蒋介石、大搞个人崇拜、培植个人势力的极佳场所。

宣传内容之二是鼓动人们为把台湾建成"反共复国基地""复国典范"而作出牺牲。蒋介石宣称："我们今天失败到如此地步，最主要的致命伤，就是因为一般干部普遍犯了虚伪的毛病，相习于虚浮夸大，而不能实事求是。这种风气流行的结果，使得部队、机关和学校，一切办事、命令和报告，都是互相欺骗，互相蒙蔽，而没有几件事是完全实在的，可以相信的。这一恶习颓风，如果不彻底革除，真是要使我们亡国灭种！怎样才能革除这个恶习，转移这种颓风，唯一致力的方面，就是提倡实践。要以总理知难行易的哲学，就是力行实践的精神，来洗刷我们过去虚浮的恶习，要以笃行贯彻的实事，来洗刷我们过去徒有宣言、口号而没有实践行动的耻辱。"（见张其昀：《先"总统"蒋公全集》第2卷）台湾当局还提出了"实践"的要点是：实践贯彻命令，实践达成任务，实践防谍保密，实践四大公开，实践授权负责，实践自力更生，实践新生活，实践连坐法，实践为兵民服务，实践为革命尽职。

为推动各类"革命实践运动"，蒋介石到处煽动说："我们国家实在已到空前未有的危险时期，每个处在这个孤岛上的人也已没有什么可以撤退和逃避的地方。每个人的利益和整个国家的利益，再也没有一个时期能比现在更加一致。今日国家所追求的目标，就是每个人所追求的目标。""在这个目标下，我们首先要求每人把所有的私的利益完全克服下去。"（见1950年5月27日台湾《"中央日报"》）

按照"理想化"的构思，为了把"反攻大陆"变成现实，光有"圣人领袖"和"大捷"的报道是不够的，还要所有的台湾人行动起来，"追求保卫台湾的共同目标"，并要"每一个人，忘掉个人私利，把所有的私人利益完全克服下去，过上战时的生活，向奢侈者开刀，向腐化者开刀。人人生产、戒浪费，个个动员，参加战斗"。曾在苏联留学时对苏联组织宣传群众、运动群众有着深刻印象的蒋经国，为煽起民心，不遗余力地搞起一个接一个的什么"'反共'敢死队""清理死角运动""克难竞赛""文化清洁运动""道德重整运动"等"革命实践运动"。这容易使人想起在1933年蒋介石、宋美龄、陈诚等在江西等地区刮起的"新生活运动"，当年在南昌要将江西建设成所谓的"'三民主义'模范省"，如今在台北要将台湾建设成所谓"'三民主义'模范省"。无论是"新生活运动"还是"革命实践运动"，从形式上讲，都是自我教育为主，宣扬传统伦理和社会公德式的宣传；从内容上讲，就是在封建伦理道德上罩上西方民主的外衣，灌输法西斯主义和忠君思想，增强对人民的控制力；从可行性上看，也大多超越了当时经济和社会发展，缺乏实施的可能，更因为其"'反共'本质"人民大众不可能予以响应；从目的上论，则主要是为了维护国民党专制和蒋介石独裁。由于在打宣传仗的同时，还制定了严厉的制裁措施，故曾起到了一些宣传作用。问题是对那些有条件奢侈、腐化和浪费的人，当局想制裁也无法制裁，何况还是不想制裁的，因为法律对他们来说是无效的，只有下层群众才真正充当了紧缩经济政策、反共活动、"克难运动"的牺牲品。

蒋介石也承认"保卫大台湾""革命实践运动"收效不大，他后来在谈到此事时说："5年以来，大家尽管随时在讲实践，然而各位如能一加反省，大家对于平日所知和所订的工作计划，究竟实践了多少呢？究竟做到何种程度呢？我虽不敢说大家根本没有去躬行实践，可是真正切己体察困知勉行的同志，那实在是不很多见。"（见张其昀：《先"总统"蒋公言论集》第2卷）

"革命实践运动"的一个主要内容就是设法使人们相信"反共复国"能够成为现实。蒋介石大肆宣扬"反攻大陆"计划是"1年准备、2年进攻、3年扫荡、5年成功"。事实上连蒋介石本人也知道靠台湾实力永无反攻大陆之望，所谓的"5年计划"只有宣传作用，毫无任何实际效用。此外他还提出什么"三分军事、七分政治"、进行"反共文化战、心理战、意志战、总体战、立体战"等所谓的反攻方针、战略，给人的印象好像是"反共复国"从理论到实践都已不成问题，其实都是骗人的东西。

国民党当局进行"反共"宣传的手法也是应有尽有，报纸、电台、文学、文艺、歌曲、电影、戏剧等无不上阵，有些实在让人啼笑皆非。如在1953年8月2日，在台北火车站发出一列火车，名为"反共抗俄宣传列车"。这是国民党中央第4组的"杰作"，目的是为了加强台湾铁路沿线各地区民众对"反共抗俄"的认识。此列车主要任务就是无聊地在各车站间巡行，通过车上装配的设备，用放电影、放幻灯、放音乐、政治演讲等形式，分别由"国防部总政战部"、广播公司、"教育部"等部门出面，进行"反共"宣传。运用列车进行专门、专题政治宣传，恐怕是蒋介石和国民党空前绝后的发明和创造。

各种""反共"文化作品"也是充斥街头。1950年3月，在国民党当局操纵下组成了"中国文艺协会"，"文协"的成立宣言就把""反共"、反苏"作为其主要任务，提出"反共"宣传要注意多样化和趣味化，用易为人接受的方式进行，主张"宣传，正面不如侧面，注射不如渗透，论文不如小说，八股不如诗歌，训话不如小品，破口大骂不如幽默地旁敲侧击"。但是，只要是进行违反历史潮流的"反共"宣传，只要是"泛政治化"的文化作品，就不可能有真正的艺术品出现。在台湾地区，"反共"作品很多，但都是些口号式的、由"反共文字"堆砌起来的劣质产品。

最为典型的是歌曲《保卫大台湾》，全歌毫无艺术欣赏价值，只是发泄式的大喊大叫。但不可否认的是，这是当时利用率最高的一首歌。因为对于败于共产党之手的国民党当局来说，唱这首歌可以发泄失败后的愤怒和仇恨。

1950年11月，台湾农业教育电影制片厂和"中央电影公司"合作，开拍了到台后的第一部"反共"政治电影《噩梦初醒》，"因为过分浓厚的宣传意味和平庸的表现手法而抵消了它对观众的吸引力"，连成本都无法收回。当时颇有代表性的"反共"影片还有《春满人间》《永不分离》《军中芳草》等，均属同类作品。

《常住峰的青春》，则是国民党退台初期冒出来的第一部"反共"诗集，诗集长达4集，从抗日战争写到大陆解放，主要内容是吹捧蒋介石，攻击中国共产党和中国人民革命斗争。

20世纪50年代在台湾一再出现的"反共"文化作品，在历史上早已成为过眼烟云，只要稍有艺术良心的人和稍有艺术欣赏能力的人都会嗤之以鼻。即使在当时，岛内的一些评论家也是在尽量不涉及"反共政治原则"的前提下，间接和婉转地表示，"反共作品"都是"喊口号，喊出来而非写出来的"，"只在字面上充满'战斗热'，在实质上缺乏'文艺美'，因而只'战斗'不'文艺'，官方用'推销主义'推行，战斗文艺令人失望"。（1958年1月5日台《联合报》）

苛政——老百姓动辄得咎

国民党刚退台时，台湾社会治安恶化，既是遗留问题，又是现实问题。原来不过600万人口的台湾岛，经过"二二八事件"的震动及在一年左右的时间内，一下子挤进200多万随国民党当局而去的各类人员，社会问题的严重性可想而知。特别是去台人员逃难之际，谈何安定；思家心切，更增加社会动荡。社会治安的恶化，直接影响到国民党统治的地位，这就使得国民党当局不能不全力以赴地加以解决。

蒋介石进行社会治安的整治不仅是为了对付"乱世"，最主要的还在于不能容忍出现任何反对国民党和反对蒋记政权的行为、言论和思想。所以他的治理，不是通过严格的法治体系和有效的法律手段，建立正常的社会秩序和管理制度，规范社会成员的行为和监督社会成员的举动，而是制定严刑酷律，赤裸裸地使用各种法西斯式的手段，监视和控制人们的思想、行动和日常生活，使得20世纪50年代到60年代中期的台湾，成为特务横行的世界，恐怖和专制成为社会政治的主要存在形式。

特务遍全岛

蒋介石在中国台湾的统治，是移植其在大陆时期的统治机器，昔日南京政府惯用的特务统治手法被全部照搬到台湾地区，用以对付退台初期的乱局和民众的反抗活动、反抗心理。

蒋介石"复职"后，设立种种统治机构和出台种种统治措施，其中有一当时并不起眼的新机构，这就是"总统府资料室"。从字义上看，似乎只是主管"总统府"资料和档案一类的部门，其实不然，它当时是台湾当局的最高特务机关。

在国民党大败于中共前夕，蒋介石就在考虑退台后特工部门的设置和功能问题。1949年8月20日，在台湾圆山成立了一个名为"政治行动委员会（简称'政行会'）"的机构，成员有"国民党台湾省党部主任委员"蒋经国、"国防部次长"郑介民、"保密局局长"毛人凤、"前南京卫戍总司令"张镇、"高雄要塞司令"彭孟缉、"中统局前局长"叶秀峰、"前上海警察总局局长、现厦门警备司令"毛森、"前上海市民政局长"陶一珊、"国防部第二厅副厅长"魏大铭等人，唐纵为召集人，周至柔为"主任"，实际主持人是蒋经国。这一由蒋介石特定的机构的主要任务，是"统一所有情报工作，并使之充实强化"。（见孙家骧：《我所知道的蒋经国》第20页）

蒋介石"复职"后，又下令成立"台湾情报工作委员会（简称'台情会'）"，取代以前的"政治行动委员会"，由因在高雄地区提前镇压"二二八事件"而走红台湾官场的彭孟缉出任"主任委员"，主要协调党政军各系统内自成体系的情报特务机构。与此同时，"总统府资料室"也对外打出牌号，"主任"竟然是蒋经国。人们逐渐清楚所谓的"资料室"并不管资料，而是最高特务领导机构。除了领导"台湾情报工作委员会"以外，还领导由原"国民党中央调查设计局"转化而来的"法务部调查局"、由原"军事委员会调查统计局"转化而来的"国防部保密局""军事情报局"等部门，以及中央党部、社会、海外、青年、文化、教育等部门中有"情治"功能的机构。

蒋经国之所以任职于特工部门，充当特务总头目，是为了进行特务系统的大整顿。而整顿特工和情治部门，既要发挥特务机构的功能，又要彻底打乱昔日以中央党部调查设计局、军事委员会调查统计局、党员通讯局、国防部保密局为核心的特务机构的内部秩序，重新设置特工部门。蒋经国为统一全岛的特工工作，仿效美国的特工体系，对不同系统的情治单位的职责明确作出如下规定："法务部调查局"的主要业务是，负责台湾地区的"社会安全，防止经济犯罪、贪污、漏税"；"国防部情报局"主要业务是展开对大陆的"情报搜集"和建立特务网；"军事情报局"主要业务是进行以军情为主的情报作业；其他情治单位的主要业务是"防止共党渗透"、防止政治动乱。

在蒋经国的"指导"下，国民党的特务系统，虽然从规模上因为管辖范围的缩小和管理人员的减少而远不如在大陆时期，但从功效上和居民"人均占有特务量"上则远超过大陆时期。一批适应台湾现情、忠于蒋记政权的特务机构很快建立起来，使得小小的台湾岛，横行着"调查局、保密局、军情局、宪兵、总政战部、国防部二厅、台湾省警务处"等多重情治、特工体系，仅在20世纪50年代初期，除警察之外，各类特工和情治人员竟达到数万人之多。蒋经国在完成国民党退台初期最为关键的整顿军队和特工系统任务后，开始退出特工领域，转战有利于改变其政治形象和提升其从政能力的行政部门。1954年，国民党当局恢复"国防会议"体制，蒋经国出任"副秘书长"。10月，作为台湾最高情报机构的"国家安全局"成立，郑介民出任"安全局长"。不久，蒋经国"入阁"主管"退辅会"事务。

"警察满世界"。与特务横行相配合的是，作为代表社会"公共权力"的警察在台湾也发展到登峰造极的程度。作为社会的管理和处罚机构，警察权力是客观的需要，但是像20世纪50年代台湾警察那样滥用职权、迫害民主、限制民众权利的确很少见，即使在以后的台湾也是不多见的。

警察职能从党政机关到中小学校，从军队系统到社会各界，台湾全岛无处不在，无时不在，其规模、权限达到了惊人的程度。据当时台湾有关杂志统计，全岛有10万多名警察，分属于"台湾省警务处"、20个"县市警察局"、87个"分局"、187个"分驻所"、1268个"派出所"、5027个"警勤区"。此外乡镇还有"警卫股警卫干事"，"警务处"还有"保安警察总队、铁路警察局、森林警察局、工矿警察局、港务警察局"。城市还有"流动派出所",专门负责用卡车运载警察巡查。

警察网遍布岛内各个角落,什么"政治警察、情报警察、治安警察、交通警察、经济警察、思想警察、文化警察、新闻警察和教育警察"等,应有尽有。警察占总人口比例之高、网点之密,恐怕在世界上都是屈指可数的。

台湾人均警察拥有量堪称世界之最,职能也最为全面。警察的作用有"户口查察,指导民众,紧急警戒,集会结社之取缔,组训民众"等90多种。人们的衣食住行、言论、学习、社交、思想、工作,无一不处于警察的监视之下。再加上另外六大系统的特工人员,使得台湾简直成了警察和特务的世界。

"戒严卅八年"。为便于特务和警察贯彻"'反共'基本政治路线",行使正常社会管理和处罚以外的政治权力,防范人民思想和行为脱轨,镇压人民的反抗,强化对岛内民众的专制独裁统治,自1949年5月20日起,由台湾"警备司令部"颁布"戒严令",宣布台湾地区处于"战时动员状态",实施全面"戒严",以后又扩大到金马地区。配合"戒严令"的贯彻,台湾当局在此以后颁布了一系列法律法令,实行军事"戒严"和高度集权相结合的专制独裁统治。

这些远超出正常社会管理需要的法律条令,主要有"戡乱法""戡乱时期检肃匪谍联保连坐办法""戡乱时期检索匪谍条例""台湾省戒严时期户口临时检查实施办法""台湾省戒严期间新闻报纸杂志图书管理办法""戒严期间广播无线电收音机管制办法""惩治叛乱条例""妨碍军机治罪条例""妨碍国家总动员惩罚暂行条例""台湾省户籍实施暂订办法草案""共党及附共分子自首办法""检举共谍奖励办法""战时出版品禁止或限制登载事项""动员时期无线电器材管制办法"等。在如此多且细的酷律之下,人权、自由、民主、生命保障等基本权利,已成一纸空文。再加上效率极高的特务网,任何人时刻都有着被查、被抓、被判刑和被处决的可能。

根据这些反动恐怖法令,国民党当局在全岛采取法西斯式的管理,白色恐怖笼罩着台湾。人们往往在不知不觉中,就被以违反"××管制办法""××惩治法令"遭惩处。按照台湾当局的规定,为维持统治秩序,防范人民的反抗,每户人家必须与3家进行"连环保证";军公教人员实行"连保切结",先为4人一组,后为2人一组。甚至像梁实秋这样的著名文人也不例外,照样取保。如果其人被定为"不良分子",根据"连保切结制度",其"同事、同学、同工与亲属、戚友、佣工"等人中就会有许多人被株连。

户口管理极为严格，经常进行户口总清查和突击检查。从1951年3月至7月间，仅台北一地就进行过98次的户口突检。每次检查，均出动大批军警宪特人员，如临大敌，大肆逮捕民众。如在1950年4月30日的一次检查后，据不完全统计，总共逮捕12084人。

为防止大陆的消息传到台湾，国民党当局强迫备有收音机的人进行登记。凡是想购收音机的人，先要得到由"保安司令部"审核发给的准购证。一台收音机还要年交30元的执照费，执照上又要贴足16元的印花税，执照费和印花税的费用达到收音机价格的10%以上。逾期交纳上述两项费用者要加倍处罚。凡是出售无线电器材、收发报机、收音机的单位，一律要将器材名称、数量、存放地点，详细填表后交"保安部门"。

在台湾，国民党特务机构和行政部门，还实行人人自危的检举、举报运动。检举和举报的内容主要是：某人议论倾共；某人行动诡秘；某人收听大陆广播；某人经济来源不正。如果不予举报，亲友或邻舍中有人进行为当局所不允许的活动，无论是知情与不知情都有可能受到牵连。正如当时的一个特务头目所说：一些人"唯恐与自己有关的人确是'共谍'，将来受到株连，所以先向政府举报"。如此恐怖之下，人民何谈安居乐业？

至于新闻检查，则更为严格。由7个警察特工机关专门组成的"宣传会议"，对任何报纸、杂志、书籍都可以正式或非正式地"过问"，可以任意撤掉记者们的稿件，裁撤"不称职"的记者，处分任何一家报刊、出版部门。有一家独立性较强的民办报纸，只因刊登了一则香港报纸上的消息，内容中略有对蒋介石不敬的地方，不仅责任编辑坐牢，报纸也被责令停刊半年。在一次"文化清洁运动"中，有十余家杂志被封。如在政治上对台湾当局并无过多批评的文人梁实秋，也因为在翻译《沉思录》时，把作者Marcus Aurelius译为"马克斯"，竟然有人把这作为梁实秋进行红色宣传的依据，警察竟以寻找附近人家丢失的贵重物品为名，到梁家翻箱倒柜查找违禁品，闹了大半夜。

在20世纪70年代以前，台湾表面上是"岛泰民安"、社会稳定。民众生活正常，经济有序增长，人们情绪平稳，街面上几乎没有发生公开反对国民党统治和蒋介石独裁的政治游行和集会。每当各类重大节日，更是歌舞升平，莺歌燕舞。即使在"五二四刘自然事件"时，人们也不敢在公共场合进行任何针对当局的政治行为。统治者们有所不知，这不是社会真正的平静，更不是人们对国民党统治的认同，人们之所以没有公开反抗，只是慑于国民党的政治高压和无处不在的特务恐怖。因为按照"戒严令"，严格禁止社会上的任何政治游行和反对行为。对于人民的集会、结社，则规定必须要由当地行政、党务、治安机关派员指导，没有得到批准、没有通知警察机关的集会，一律取缔。在此明令下，人们当然不会"顶风而上"，只是把仇恨埋在心头，等待爆发的时机。

除了以上种种非正常的警察、特工的管制外，为了便于全天候地监视及考察军公教人员的表现，了解统治集团内部的政治动向，蒋经国还把警察、特务机制引进政府部门的组织人事系统。在上自"总统府"下至乡镇区公所的所有政府机关内，均设有"人事二处"或"人事乙室"，军队中有政训部门，学校中有训导室和军训员，他们利用掌管人事的有利条件，全权负责审查各类军公教人员和广大学生。凡与蒋记政权不一致或稍有不忠的行为，马上责令有关部门予以制止。人们稍有不慎，名字马上上黑名单，重则下狱，轻则失去了晋升的机会，成为"内控使用人物"。

台湾民众对国民党当局当时滥捕滥杀无辜无不记忆犹新。在20世纪50年代至60年代，台湾是一片白色恐怖，所谓"共谍"帽子满天飞，搞得人人自危，鸡犬不宁，不少人因此被投入大牢。一位翻译工作者因误译了马克·吐温的书，竟被当作宣传马克思主义而被捕。一位中学音乐教师在编辑音乐教材时，因选用民歌《读书郎》的歌词中有"为了穷人要翻身"的词句，被认为是"为敌张目"，书被查禁，人被逮捕。在那专制年代里，类似的案件层出不穷，不少人因为一两句话不慎而遭受牢狱之灾。

国民党当局的苛政，主要是通过大逮捕、大屠杀的手段，吓唬老百姓，迫使民间停止任何形式的反抗，结束任何形式的不忠行为。这种残暴统治措施，其实是1927年4月南京政府成立时使用的拿手戏，只是更严酷而已。可是，"人权""民主"是压不住的。进入20世纪70年代后，社会议政运动兴起。80年代中期，曾协助蒋介石搞专制的蒋经国，不得不宣布撤销"戒严"，一些被军法判处为终身监禁、关押在绿岛的"犯人"也被宣布开释，这是历史的必然。

"报禁和党禁"

国民党的一党专制除了特务统治外，还集中体现在"报禁"和"党禁"方面。蒋介石对国民党政权在大陆的覆灭有切肤之痛，深知掌握新闻、宣传工具的重要性，深知保持所需要的舆论导向的重要性。所以自退台起，对所有宣传工具实行严格控制，尤其是对时间快、影响大的报纸更是严加管制。自1951年起，规定不再进行新报纸的登记。直到1987年解除"戒严"，30多年间只有29家报纸。其中日报24家，晚报5家，中文27家，英文2家。按政治背景分，党报5家，军报3家，省政府报2家；官方人士以民营面目经营的有11家，其他人士创办的民间报纸8家。主要有：

1928年2月创刊的国民党当局的喉舌，到台后主要"宣扬三民主义，宣扬反共政策及宣传当局施政成就"的《"中央日报"》；

1950年《"中央日报"》社主办，实际上是该报晚报的《大华晚报》；

1945年10月创刊的台湾省府机关报《台湾新生报》；

1946年2月创刊的国民党台湾省党部机关报《中华日报》；

1952年10月创刊的"总政战部"机关报，主要任务是"宣传三民主义、颂扬领袖遗训、分析政治情势、对大陆情势作反面宣传"的《青年日报》；

1948年2月"陆军总司令部"发行的《忠诚日报》；

1949年11月"澎湖防卫司令部"发行的《建国日报》；

1949年5月"金门战地政务委员会"创办的《金门日报》；

1957年9月由当局批准发行、"马祖战地政务委员会"主办的《马祖日报》；

1951年9月由王惕吾的《民族报》、林顶立的《全民日报》和范鹤言的《经济时报》合组而成，标明为"反共、民主、团结、进步"的《联合报》；

1967年4月用原来的《公论报》执照发行，办刊宗旨是"为台湾工业添动力，为工商农业作喉舌"的《经济日报》；

1948年创办，1978年由《联合报》系编辑，岛内第一家专门报道衣食住行育乐等方面知识，具有实用性与趣味性的《民生报》；

1950年10月创办的《中国时报》，原名《征信新闻》，办报主题是"认定民主宪政为台湾的唯一前途，巩固"反共"政体是全民的唯一出路"，该报系主持余纪忠和《联合报》系的王惕吾在蒋经国当政后期曾当选为国民党中央常务委员；

《中国时报》系的《工商时报》；

1949年6月创刊的《中国日报》；

1947年10月创刊的《自立晚报》；

1950年9月地方人士李瑞标创办的《民众日报》；

……

"报禁"之下，岛内再无不同声音。每天翻开散发着油墨味的各家报纸，通栏都是颂扬蒋介石"伟大"、国民党"正确""政府""英明"的内容，御用文人、报人编织着一个个动人的故事。舆论高度一致，"新闻"无新闻，"舆论"无舆论，只有蒋介石的意志，各家报纸自觉和不自觉地成为国民党的吹鼓手。报纸只要有对蒋家不敬、对国民党不忠、对特务横行不满的任何举动和言论，必将有警察和特务光临，等待的只有惩罚。

"党禁"，也算是蒋介石的一大发明。蒋介石清醒地记得在抗战结束前后，在国统区出现一批政团和政党，它们站在民主、进步一边，加快了国民党反动统治的灭亡。所以到台湾后，他在严格禁止社会办报、限制民众言论自由、取消民众集会权利的同时，严格禁止社会各界成立新的政党。

台湾岛内在近40年间，合法政党只有三家。一家是国民党，掌握台湾地区所有党政经军资源，对全社会实施反动统治。另外两家是青年党和民社党。两党一起搭上蒋介石的"反共列车"，成为国民党当局的座上宾，入阁为官，成为点缀一党专制"民主"和"德政"的"政治头巾"。

民、青两党退台后，国民党当局自以为政治基础牢固，对与民、青两党的合作并不在意，甚至分化两党，造成两党间对立严重，党内也是四分五裂。20世纪60年代以后，因为国民党面临越来越多的无党籍政治势力的挑战，为减少党外攻击的目标，装饰民主形象，国民党又开始加强与民、青两党的政治配合，借助于民、青两党的在野形象，巩固自己的专制地位。由于民社党和青年党始终处于"在野"地位，靠国民党的政治补贴为生，主要政治活动就是为国民党帮腔，为蒋介石捧场，故党的路线、旗帜和口号也难以吸引岛内各界民众，一度企图借助于民、青两党与国民党进行合法斗争的党外政治势力也对其失望而去。所以，尽管两党在台湾存在时间不短，但缺少相应的政治和社会基础，难有大的发展，在台湾政坛上无所作为。但作为"党禁"下幸存的"在野党"，常年被国民党当局和蒋介石作为"政治花瓶"，点缀"政治民主"。

"党禁"之下，任何组织新党的活动和有组织地反对国民党统治的行为，都将受到惩处，参与人士被抓被关被判，国民党一党独大。即使有政治反对派存在，政治反对势力也只能以个人、家族和分散的形式存在，无法与国民党抗衡。蒋介石的如意算盘打得很妙，不允许成立新政党，台湾也就不可能出现具备实力与国民党对抗的敌手，从此国民党的江山万年长，蒋介石、蒋经国、陈诚就可以高枕无忧了。然而，世界上所有的专制政权最后的结果都是事与愿违的，最后不可避免地都要对自己的专制行为负责和付出高昂的代价。因为"禁止"不等于"无"，"禁止"之下，只是将来更大的爆发。

成立"反救团"

蒋介石到台湾后的整个统治机器，都是在延续大陆时期的所作所为。为了增加去台后的政治稳定性，扩大统治基础，蒋介石接受了蒋经国提出的在台湾组建青年团组织的建议，"中国青年反共救国团"（简称"反救团"）应运而生。并成为国民党去台后唯一发展起来的政治组织，以解决国民党脱离青年这一历史遗留问题。

1952年10月31日，为纪念蒋介石65岁生日，在12天前的"七全大会"上刚刚当选为"中央委员"、7天前的"七全一中"上刚刚当选为"中央常务委员"的蒋经国，以"反救团主任"的身份，主持了"反救团"的成立仪式。虽说"反救团团长"为蒋介石，可该团的全部事务均由"主任"蒋经国处理、决策。"反救团"隶属于"国防部总政治部"，胡轨、邓传楷为副主任，李焕为主任秘书。

蒋经国用在赣南时期练就的特有的蛊惑百姓的本领，带着一群帮手，热热闹闹地开张了。发展以蒋介石为领袖、由蒋经国主持的"反救团"组织，成为国民党党政军各系统的政治任务，无人敢怠慢，顿时台湾的每个角落都弥漫起组团气氛。5年之后，"反救团"形成完整的体系，整个组织有一个总团部，24个县市支队和15个大专学校支队、下属302个大队、1064个中队、9462个分队，有团员115093人。

蒋介石为何在5年前解散"三民主义"青年团，如今又搞起类似的名堂？一句话，都是为了蒋经国。撤销三青团是为了扩大蒋经国在国民党内的势力范围，重组"反救团"则是为了扩大蒋经国在社会上的影响，为其接班铺路。

蒋经国在组织政团方面确实有着超过其父的才能，蒋介石为提高国民党内的政治热情、活跃统治区域内部的沉闷气氛，也曾提倡过"民生""育""乐"，

蒋经国（左三）参加"青年战斗晚会"的情景

搞过什么"新生活运动""复兴传统文化"，可方式上只是进行枯燥无味的"反共理论"说教及宣扬封建伦理道德，所取得的结果可想而知：官方十分卖力，民间冷眼相待。

蒋经国却不同，根据他曾在赣南赤峰和虎冈、重庆浮图关主持青年训练的经验，根据青年的特点，开展团的活动，使得"反救团"既不失去吸引力，又保持其"反共性"。

说它有吸引力，是指"反救团"通过开展各种各样的活动来掩盖其政治上的丑恶形象。例如"反救团"出版过170种300余万册的青年丛书，利用暑假期间，举办过探险、航海、文艺、体育等青年喜爱的活动；组织过交通实况、中央山脉森林、化学肥料使用等调查队；组织过山地社会、古史遗迹、应用科学等考察队；组织过新闻、人类学、山地艺术教育等研究队；组织过昆虫和动物标本、风土、海产生物等采集队；组织过童子军野营等实习队、水利测量队、风土写作队。1954年起还特意为女性青年举办缝纫、打字、会计、应用文写作等短期训练班。

为促进青年的学习，"反救团"特意在总团部、支队部设立奖学金和助学金委员会，每年发放一次。1957年3月29日第一次发放，有415人得奖学金、1151人获助学金。为提高"反救团"的吸引力和声誉，蒋经国还在团内设立"忠勇、仁爱、孝友、和平、救助、强身、勤俭、负责、礼节、博学"等各种奖章，分别奖给当局挑中、在各类活动中表现突出的"反救团"团员。

以上活动，既与社会经济生活，和学校教育结合得很紧，又适合青年的特点，满足年轻人的好奇心和求知欲。尽管以上活动名目繁多，层次不一，有无收获令人怀疑，可搞得轰轰烈烈，起码达到了宣传的目的。尽管因为经费、技术、辅导人员不足等原因，前5年间参加各种活动的青年只有45158人次，可年轻人对此还是持欢迎态度的。

说它的"反共性"，是指在"吸收力"的背后，蒋经国有着不愿让人说穿的目的。按主办者的说法，"反救团"进行的教育和各种暑假活动，是"文武合一的教育，是坚持德、智、体、群四育并重的教育，是礼、乐、射、御、书、数六艺兼修的教育，是学校教育的延长与扩展，是社会教育的开展与充实"。蒋介石也说："国家需要革命青年，青年需要革命教育。"

这里所说的"革命教育"，是通过"反救团"对广大青年进行忠于蒋介石、忠于蒋记政权的政治教育和"反共"理论教育，那些文体、科研、社会调查活动是短期的，而政治灌输却是长期的、经常的，这才是蒋经国热心于"反救团"的目的所在。

"反救团"的基本政治教材是《三民主义基本教材》《领袖（蒋介石）对青年的训示》《中国之命运》等。此外还通过"反救团"主办的《青年修养》《团务》《文学》等期刊，作为宣传蒋介石、蒋经国建团理论的阵地，作为进行政治灌输的工具和辅助教材。

反救团进行的忠君教育，把失败的党魁、"总统"蒋介石变成了"英明、慈爱、必定完成反攻复国大业领袖"，变成了"不怕挫折、好学奋进的青年楷模"；"反共"教育则是把海峡对岸新中国的社会主义制度描绘成一片黑暗。最无聊的，则是把一切团务活动都与"忠诚""反共"连在一起。蒋经国的一切努力，都是为了迷惑青年，增加青年的"反共"思想意识。

"反救团"的"革命教育"，是要通过举办各类团务活动，加上四出宣传，把处于失败情绪中的国民党官员和士兵、台湾同胞，导向一种虚幻、自我安慰式的境界。在当时的宣传、报道中，经常出现各种研究队、调查队、采集队、文体活动的消息，人们眼中所及皆是"反救团"的旗号，到处都是青年们快

蒋经国在主持"反救团"的活动

活的声音，给人造成一种全岛歌舞升平的印象。蒋经国的宣传，虽然不是十分成功，手段却是一流的。

"革命教育"中还有一项内容，就是组织青年、学生进行军事训练。"反救团"的口号为"学习战斗技能，充实战斗知识，培养冒险犯难精神，养成互助合作美德，树立守法习惯，锻炼坚强体魄和勇敢意志"。1953年"国防部"决定开始在大中学校实施军训，当年及次年先后在中等和大专学校执行。军训内容是"军事知识之传授，军事基本动作之训练，生活管理军事化为重点，务求每一在学青年了解军事精神的真谛"。"反救团"忠实执行"国防部"的军训计划，在团务活动中，比例较大的是各种军训活动，如射击、驾驶、电讯、救护、海陆战斗、战地勤务、军事服务、军舰维护等。在团务活动中，规模最大的是军训队，如战场勤务队、技击队、金门战斗营等。按照蒋经国的设想，希望在"反救团"的组织下，青年们能够成为军事保卫台湾的不在编的"青年军"。

这种远期效益虽说一直没有产生出来，可"反救团"对蒋介石的直接效益却有不少：无处不在的"反救团"骨干，成为监视各级官员及民间的既合适又方便的特殊力量，成为"反救团团长"蒋介石、"反救团主任"蒋经国的直线耳目，对人民的安全，形成很大的威胁；对非蒋嫡系势力、不法官员来说，更是望而生畏的人物。国民党上层的有识之士称"反救团"为特务外围组织，不赞成从"政府系统"提供经费，呼吁解散这一"三青团第二"的组织，不是没有道理的。

随着社会民主运动的兴起，"反救团"的政治性、重要性日益降低。1989年8月28日，依据台湾《人民团体法》，改变为"教育性、服务性与公益性之社团法人"，正式脱离政治性组织的架构，转变为主要办理在周末假日、寒暑假期青（少）年休闲、旅游、留游学等活动的组织。2000年10月25日，"中国青年反共救国团"在举行的"团员大会临时会"中通过决议，团名改为"中国青年救国团"。

就蒋介石、蒋经国而论，儿子在蛊惑民众、组织团体、操纵舆论方面要远胜于父亲。"反救团"及其活动，同大陆时期蒋介石发起的、也搞得轰轰烈烈的"新生活运动""献机祝寿"等运动比起来，要成功得多。蒋经国寓教于乐，用青年的兴趣所在作为吸引的手段，再掺和政治说教和"反共"内容。这就是儿子比老子高明的地方。

"自治"选县长

要论蒋介石在台湾，在统治手法上有何新的变化，这就是实施地方自治和"民选县长"。按照孙中山的设想，在实施"宪政"的同时，应该实施"地方自治"。在台湾地区，"二二八事件"中提出的口号之一，就是实行地方自治，在事件善后过程中，国民党当局也表示同意实施地方自治。1949年7月20日，正在忙于安排国民党当局退台的蒋介石，下令成立"地方自治研究会"，由张厉生出任"主委"，萨孟武、林彬、王开仁、阮毅成、连震东、刘阔才等28人为委员。省主席陈诚在第一次座谈会上，为委员会定下8个题目：调整行政区域；整理自治财政；充实自治教育；厘定自治法规；训练自治人才；改选各级民意机构；选举县市长；选举省长。最后，地方自治研究会完成了《台湾省调整行政区域草案》《台湾省各县市实施地方自治纲要草案》《台湾省县市议员选举罢免章程草案》和《台湾省县市长选举罢免章程草案》的拟订。1950年3月4日，台湾省政府委员会第139次会议通过上述4案，并交"行政院"批准，于4月25日由台湾省政府公布施行。其他各有关地方自治法规也分别公布。

按照上述法案，全岛地方行政区划作了调整，将日本侵占时期的5州3厅改为8县，11市改为9个省辖市和两个县辖市。但是如此划分后，有些县市面积和人口悬殊，经济实力也不尽平衡，对实施地方自治造成很大不便。因此，省政府重新对行政区域进行调整，设置台北、基隆、台中、台南、高雄等5个省辖市及台北、宜兰、桃园、新竹、苗栗、彰化、台中、南投、台南、嘉义、云林、高雄、屏东、花莲、台东、澎湖16个县。此外，还有属于"福建省"的金门、马祖等县。这基本上决定了后来台湾地区行政区域的规模，以后的变动只是把台北和高雄市升格为"院辖市"，到2010年、2014年间又升格台北县、台中县市、台南县市、桃园县为"院辖市"，高雄县归并为高雄市。

根据自治法规，台湾地区进行第一届县市长和县市议员选举。其中县市长分8期选举，县市议员分6期办理。1950年7月2日，花莲县正式选举县议员，标志着台湾的县市自治开始实行；从1950年8月到1951年2月，县市议员选举完成并成立县市议会，共选出台北市正副议长黄启瑞、张祥传和高雄市正、副议长林仁和、陈玉波等21个县市的正、副议长。1951年11月18日，第一届台湾省临时议会成立，共有议员55人，任期3年；1950年10月至1954年12月，第一届县市长选举也先后完成，共选出台北市长吴三连、高雄市长谢挣强等21位县市长，县市长任期3年，后改为4年；县市以下的乡镇长及县辖市长、村里长也开始实行民选。至于省市长选举则是在40余年后才举行。

实施县市自治，并没有影响和动摇国民党的专制统治。所谓的"民选"，完全没有40年后那样的"政党政治"的政治环境，完全处于确保国民党统治的绝对安全线之内，以个人身份和个人力量参选的候选人远不是国民党的对手。再则，台湾处于"戒严"之下，如果出现任何动摇国民党统治的政治行为，都将受到严厉制裁；如果选举中出现意想不到的结果，则完全可以凭"戒严令"予以取缔。所以，实行县市自治有着几重"政治保险"，绝对不会导致任何不测事件的出现。这是蒋介石之所以开放县市长选举的原因之一。

原因之二是稳定人心。两度遭侵占、长期生活在外国殖民者统治之下的台湾民众，在回到祖国怀抱后，有着强烈的当家做主的愿望。特别是经过"二二八事件"，对国民党的反动统治有了进一步的认识，社会上潜涌着一股股针对国民党的反抗心理，蒋介石对此不是没有觉察，为防止重蹈历史覆辙，特意借助地方自治来宣泄民众参政议政、敌视国民党的情绪。所以，一方面是"戒严体制"，在党政军内部实行大清洗，在社会上实行高压统治；一方面是实行县市自治，作为"专制和独裁"的陪衬。

原因之三是转移社会矛盾。即把人民群众对国民党专制和蒋介石独裁的不满，通过选举省议员、县市长、县市议员和其他地方基层行政官员、"民意代表"等活动，引导到这些中下层的权力争夺战之中，以减轻对国民党上层的压力。但是，有条件的"民主"是一把"双刃剑"。"施以各种限制性条件"，暂时可以达到压制民主的目的。但是从长远看，尽管是不完全的"民主选举"，却也可以促使人们政治上的觉醒，培养人们的民主意识，地方政治人士也可以利用合法的选举积累经验和力量，等待有利时机的来临，这是蒋介石已经想到但却无法改变的。

专权——蒋介石占位不退

蒋介石在台湾无论是进行国民党改造、清理门户、大肆"反共"，还是修补政治理论、整顿军制、实施特务统治，都是为了控制政局，维持国民党的"法统"，进而为充当"终身总统"创造条件。

维持"中华民国法统"

蒋介石在台北"复职"只是第一步，按照此人的政治性格，决不会就此善罢甘休，他的政治目标接下来是连任"第二届总统"和充当"终身总统"。蒋介石之所以这样做并且能够实现这一目标，除了他个人原因之外，在当时的国民党内不存在轮流"执政"的可能。可以说只要蒋介石健在，就不会有人敢于就"国民党总裁"和"总统"职位向蒋介石挑战，即使有人挑战也不可能成功，而且必将是自取其辱。但是蒋介石也不是没有忧虑，这就是随着国民党退台，国民党政权的合法性已经丧失，因而蒋介石的"总统"也就成为非法的政治存在。为解这一"政治方程式"，蒋介石退台后的当务之急是如何保持"法统"的连续性。

被蒋介石奉若神明的国民党"法统"，就是指随着"南京政府"在大陆被推翻而被中国人民所抛弃的"中华民国宪法""动员戡乱时期临时条款"和"中央政府架构"。对到台的国民党当局来说，如果失去上述"法统"，也就失去了"正统"的基础。而为了保持和延续这一"法统"，必须坚持在大陆时期选出来的"中央民意代表"的合法性，因为这批"中央民意代表"是在全中国范围内选出来的，否定他们就是否定对大陆的主权；因为他们是制定"宪法"和执行"宪法"的最高机构代表，否定他们就是否定由他们制定的"宪法"和选出的"总统"；因为他们是国民党统治的"民意招牌"，否定他们就是否定他们批准的政治体制。

坚持"中央民意代表"的合法性，又涉及以下几个问题：一是"任期制"。国民党的"宪法"第47条规定，"总统"任期为6年；"国民大会代表""立法委员""监察委员"也是实行任期制，"立法委员"的任期是3年，"国代"和"监委"的任期是6年，到时不选如何向民众交代？

二是选举范围已经发生改变。1948年初选出的第一届"中央民意代表"来自全国各个选区，按照人口比例选出。其中"国大代表"江苏75人，浙江77人，安徽65人，江西81人，湖北70人，湖南85人，四川142人，西康33人，河北129人，山东107人，河南103人，山西102人，陕西84人，甘肃71人，青海16人，福建69人，台湾19人，广东98人，广西99人，云南110人，贵州78人，辽宁24人，安东19人，辽北19人，吉林21人，松江17人，合江18人，黑龙江23人，嫩江17人，兴安17人，热河20人，察哈尔19人，绥远23人，宁夏12人，新疆57

人，蒙古56人，西藏31人。此外，还有院辖市代表30人。边疆民族代表48人，侨民代表21人。总共"代表"2841人。除以上名额外，其余则为全国性铁路、交通、教育、律师、新闻、农会等职业和妇女团体的"代表"。第一届"立法委员"为773人，"监察委员"为180人。随着国民党当局退台，再无当年选举第一届"中央民意代表"的条件，选区只剩下台湾省。如果从台湾地区选举"代表"，那么又怎能代表"中华民国"呢？

三是民意基础丧失。且不说第一届"中央民意代表"基本上是国民党的代表，只能代表国民党，退台后已经脱离原选区和原选民，无论是从形式或是实质上都已失去了"代表资格"；他们原来选出的政府已经被推翻，他们的存在都是非法的，"代表资格"又何从谈起？

四是开会法定人数不足。按照国民党方面的"宪法"规定，"国民大会""非有代表过半数之出席，不得开议"。达到法定代表人数是西方民主制度最简单的法则，然而如何解决法定有效人数不是问题，对退台后的国民党政权和蒋介石来说简直是难于上青天。"国大代表"名额为3045人，实际选出2961人，"第一届国大"开会时报到人数为2841人，退台的只有1080人，几乎只有总数的三分之一。"立法委员"退台的有545人，"监察委员"退台的有104人。

蒋介石的过人之处就是，他只限制别人，从不受别人限制；他制定的法律是为了限制别人的，他怎么会受自己制定的法律限制呢？

蒋介石为完成"中央民意代表"合法化，首先于1950年12月，解决即将到期的"立法委员"的任期问题，蒋介石以"总统批准"的方式，延长任期。次年1月，"司法院大法官会议"又作出解释，在第二届"立法委员"和"监察委员"未能选出以前，第一届"立法委员"和"监察委员"继续行使职权。按照同理可证原则，"国大代表"当然也享受同等待遇了。蒋介石轻描淡写的几句话，这些"任期制"的"中央民意代表"竟然就成了"变相终身代表、万年委员"。"宪法""法律"和"体制"敌不过蒋介石的个人意志。

第二步，蒋介石着手解决"法定人数"问题。根据国民党"宪法"第29条规定，"国民大会"必须于每届"总统"任满前90日集会，重新选举"总统"。到1954年初，第一届"总统"蒋介石的任期届满，他的"连任"需要"国民大会"的认可；他出任"终身总统"的意愿需要通过"国民大会"去实现。召集全体会议，必须要有"代表过半数之出席"才能有效。如果蒋介石和国民党当局遵守"宪法"、按照"宪法"办事的话，则蒋介石不可能一直在"总统"的岗位上"战斗"至生命的最后一刻。

在国民党的历史上，有一条臭名昭著的法律，那就是专门为国民党一党专制和蒋介石个人独裁而设计的"动员戡乱时期临时条款"。"临时条款"的第一条规定："总统在动员戡乱时期，为避免国家或人民遭遇紧急危难，或应付财政、经济上重大变故，得经行政院会议之决议，为紧急处分，不受宪法第29条或第47条所规定程序之限制。"既然有法可依，蒋介石就更是得心应手。根据"紧急处分权"和"行政院"的建议，蒋介石于1953年9月27日，批准第一届"国大代表"继续行使职权至次届"国民大会"依法召开之日止。

同时，为补充"国大代表"，一是由国民党当局发表公告，要求原"国大代表"和代表候补人，必须自1953年10月10日至12月底向"内政部"亲行报到，逾期不报而行踪不明在3年以上者，依法取消"代表"和"代表候补人"资格。此种方式召回"代表"314名。二是从原来的"代表候选人"中递补。1953年9月25日，当局通过"第一届国民大会代表出缺递补补充条例"和"第一届国民大会职业团体及妇女团体代表缺额补充办法"。在1948年初以多数票当选而将代表资格让与他党的代表中，只要不是"犯内乱外患罪经判决确定者；犯贪污罪以判决确定者；剥夺公权尚未复权者"，都可以增补为"国大代表"，总共递补了230人。

以上三类"国大代表"总共有1624人，超过了半数，达到法定人数。为避免自然减员和开会期间缺席等问题的出现，"立法院"内的"终身委员们"，又在蒋介石的授意下，修改"国民大会组织法"，将第8条中的"开议人数须半数"改为开会人数只要达到三分之一即可。这样，蒋介石在不短的时期内，解决了"法定代表人数"难题。

"一届二次会议"召开

1954年2月19日上午10时，"第一届第二次国民大会"终于在台北中山堂举行。蒋介石特意从美国请回来的著名学者胡适担任"大会临时主席"，在"大会临时主席"的邀请下，蒋介石向"代表们"致辞。蒋介石最后说："中正受国民付托之重，兢兢业业，唯恐其不胜负荷，而最近4年来，大陆各省的失陷，亿万同胞的奴辱，我个人更不愿辞卸其应负的责任。今日中正唯一可以自慰而与代表诸君共勉的，就是自由中国的境地，从暗淡里重见光明。"反共"

蒋介石、陈诚连任第二、第三届"总统""副总统"

抗俄的前途，在险恶中显示了转机。"

"反攻光复的机运已经在握，而代表诸君正在这全世界人类视线所集的台湾举行第二次会议，不仅为国际社会观瞻所系，亦且为全国同胞希望所托，深信必能同心一德，专心致志，恪遵宪法，行使职权，为国家法统作纲维，为民主法治示风范。"（见《中国宪政史话》第371页）

"第一届国民大会第二次会议"的主要目的，就是追认蒋介石出任"总统"的"正统性"。为此，会议做了三件事：一是罢免李宗仁。实际上，如今第一届"总统"和"副总统"任期已满，对李宗仁的"罢免"已无实际意义。因为要李宗仁下台此时已顺理成章，只要不再选他，事实上也不可能再选他出任"副总统"，而且李宗仁已经自动去职。问题是蒋介石决不会忘记被桂系逼宫下台的仇恨，不会让李宗仁轻松离职，在其下台前当然要将其批倒批臭，所以唆使一批追随者发起轰轰烈烈的"罢免"运动，似乎李宗仁成了十恶不赦的罪人。

二是肯定"动员戡乱时期临时条款"。"临时条款"的第4条规定，"总统"最迟在1950年12月25日以前召集"国大临时会议"，决定"临时条款"是否延长或废止。蒋介石根本不想废除这一能够无限扩大自己权限的条款，当然也就不会在1950年底开会专议此事。现今任凭一些持有敌对情绪的"代表"怎样要求，会议执行主席王云五只是解释，因为当时"临时条款"由"国大代表"三分之二的多数通过，而本次会议只有三分之一的"代表"出席，所以无法对其进行变更。此人忘了，如果不到三分之二不能作出决议，那么不足三分之二"代表"参加的"第一届国民大会第二次会议"本身就是非法的了。最后，莫德惠等87人提出的关于"'临时条款'在未经正式废止前继续有效"的临时动议获得通过。

三是选举第二届"总统"和"副总统"。国民党上层关于"总统"和"副总统"候选人的提名，有过小插曲。蒋介石先是假惺惺地要何应钦担当"副总统候选人"，聪明的何应钦深知这是蒋介石要其他人出面帮他提名陈诚、以示他自己没有私心任用私人而已，所以坚辞不受，并主动推荐陈诚出任"副总统候选人"。此外，台湾当局换届的消息，还让远在美国的孔祥熙激动不已，他急忙派出第一任台湾省主席魏道明回台探风。魏道明本来就对1948年12月被赶下台深怀不满，特别是对没有通知他本人、新任省主席陈诚竟然就来上任一事，更有被愚弄的感觉，此次甘当孔祥熙的走卒前来探路。岂料蒋经国、陈诚命令各宣传喉舌大批昔日的"豪门"，列数"豪门"的罪行，孔、魏知趣识体，自知蒋介石只是在假唱民主、真搞独裁，当即主动停止了与"副总统"有关联的全部活动。

此次选举，蒋介石为装饰民主假象，还弄出多人竞选的架势。竞选期间，先后被提名为"总统候选人"的有：民社党提名前"司法部长"、现"总统府资政"徐傅霖为"总统候选人"，前"司法院副院长"、现"总统府资政"和民社党中央监察委员石志泉为"副总统候选人"。无党籍人士提名莫德惠和王云五分别担任"总统"和"副总统"候选人。国民党也于1954年2月15日召开中央全会，提名蒋介石和陈诚为"总统"和"副总统"候选人。事后，无党籍推荐的两位"候选人"懂事明理，知道可以充当蒋介石"民主"的道具，没有必要充当蒋介石"民主"的对手，主动表示弃选。不管怎样，蒋介石此次安排"连任总统"，还拉出几个人来陪衬，以示"民主和自由"。以后蒋介石充当"终身总统"时，则出面与蒋介石竞争是假、为"政治民主"捧场是真的"陪衬式的总统候选人"也不需要了，由蒋一人竞选竞争上岗。

3月20日投票，蒋介石获得1387票，徐傅霖获得172票，都不足当选所需的（3045票或2841票）的一半，按照"选罢法"的规定，必须进行第二轮投票。实力派立即出动，四处游说，面上动员和重点突破相结合，威胁警告和利诱哄骗相结合，很快见效。3月22日再次投票，蒋介石增加120票，超过半数当选。"副总统"也由陈诚出任。5月20日，第二届"总统"和"副总统"就职。蒋介石宣誓称："中正本于毕生革命的志节，把个人的生命和自由，早已献给于国家，今后更当根据宪法所给予我的职责，来勉任吊民伐罪，救国复国的公仆，竭其忠贞，前驱效命。"陈诚在誓词中也称："余谨以至诚，向全国人民宣誓：余必遵守宪法，效忠国家，如违誓言，愿受国家严厉之制裁。"（见1954年5月21日台湾《"中央日报"》）

"第一届国民大会第二次会议"的召开，标志着国民党已经结束退台带来的混乱状态，政治体制调整完成，进入国民党一党专政和蒋介石一人独裁下的相对稳定期；标志着国民党的"法统"和蒋介石的"总统"同时实现"部分合法化"，在保持国民党"宪法"完整性的同时，"国民大会代表""立法委员""监察委员"得以保存和延续，国民党政权的"正统"得到维持。

"一届国大二次会议"召开后，因为"行政院长"陈诚已出任"副总统"，蒋介石于1954年5月25日改组"内阁"，调整人事。由张群任"总统府秘书长"，俞鸿钧任"行政院长"，黄少谷任"行政院副院长"，王德溥任"内政部长"，胡适任"外交部长"（未到任），由俞大维连任"国防部长"，徐柏园任"财政部长"，尹仲容任"经济部长"（1955年因为"扬子木材公司贷款案"下台，由江杓接任），袁守谦任"交通部长"，张其昀任"教育部长"，谷凤翔任"司法行政部长"，刘廉克任"蒙藏委员会委员长"，郑彦棻任"侨务委员会委员长"。其他人事为："立法院长"张道藩，"副院长"黄国书；"司法院长"王宠惠，"副院长"谢冠生；"考试院长"莫德惠，"副院长"王云五；"监察院长"于右任，"副院长"梁上栋。

1957年10月10日至23日，国民党在台北阳明山举行"第八次全国代表大会"，出席和列席会议代表有500人。国民党总裁兼"总统"蒋介石主持大会并致题为《革命形势和大会使命》的开幕词，"副总统"、副总裁陈诚作《政治报告》，中央党部秘书长张厉生作《党务报告》，"参谋总长"王叔铭作《军事报告》。会议通过了《党章修正案》《对大陆"反共"革命发动中本党任务之决议案》《中国国民党政纲》和《中国国民党现阶段党务工作纲要》等提案。会议的主要议题为"建设台湾为三民主义模范省"和"完成反攻大陆准备"。对于前者，会议提出要建设台湾，要从政治上建设"民主与法制"，经济上建设一个自立的经济体系和自存的经济能力，"外交"上除加强与美国的合作之外，"对所有的反共及非共国家亦应设法力图争取"发展双边关系。会议提出，国民党自身也要适应这一转变，加强内部改造和重建。对于后者，会议提出为了实现军事反攻，要加强与盟邦军事合作，增进"反共"力量，派遣特务到大陆，潜伏发展，伺机渗透。同时要进行心战、政战，要"以武力为后盾，政治为主，军事为从"。会议修改党章，增设"副总裁"，经蒋介石提名，由陈诚出任继汪精卫后、国民党历史上的第二位副总裁。会议还选出了于右任、钮永建等76人为中央评议委员，陈诚、蒋经国等50人为中央委员，王升、李弥等25人为候补中央委员。在27日的八届一中全会上，选出了张道藩、俞鸿钧、黄少谷、蒋经国、谷正纲、张其昀、周至柔、陶希圣、陈雪屏、马纪壮、丘念台、沈昌焕、袁守谦、胡健中、谷凤翔为中央常委（中央常委每次全会改选，人员有变动）。唐纵为中央党部秘书长，郭澄、邓传楷为副秘书长。倪文亚为第一组主任，郑介民为第二组主任，郑彦棻为第三组主任、马星野为第四组主任、上官业佑为第五组主任、陈建中为第六组主任。

在俞鸿钧"内阁"未换届之前，1957年7月，"监察院"以"杜绝浪费，调整待遇"为名弹劾俞鸿钧，结果此案越演越烈，决定把俞鸿钧交"公务员惩戒委员会申诫"。次年6月，并没有接受申诫的俞鸿钧以"治病"为名辞职，再由陈诚兼"行政院长"，张群连任"总统府秘书长"，由王云五任"行政院副院长"，田炯锦任"内政部长"，黄少谷任"外交部长"，俞大维连任"国防部长"，严家淦任"财政部长"，杨继曾任"经济部长"，袁守谦连任"交通部长"，梅贻琦任"教育部长"，谷凤翔连任"司法行政部长"，李永新任"蒙藏委员会委员长"，陈清文任"侨务委员会委员长"。其他人事为："立法院长"张道藩，"副院长"黄国书；"司法院长"谢冠生，"副院长"傅秉常；"考试院长"莫德惠，"副院长"程天放；"监察院长"于右任，"副院长"李嗣聪。

两届"内阁"成员都是蒋介石、陈诚、蒋经国的亲信，都在南京政府时期就已担任过要职，他们的主要任务是不折不扣地执行蒋介石的旨意，维持国民党专制统治的稳定。因此，除了主管财经的部门有所建树外，其他"阁员"无政绩可言。尤其是"行政院长"人选，蒋介石信任的只有陈诚和俞鸿钧二人，只要他们二人还在，则不会让其他人出任。

"总统"任期制成摆设

蒋介石并不满足于当一个有任期的"总统"，他的目标是"终身总统"。在台湾政治现实下，蒋介石得到党内的赞成和"国大"通过并非难事，连任"总统"易如反掌，"连任"的难度在于他自己不断高唱的"民主"赞歌。他把自己打扮成实现"三民主义"的"创世者"，既然讲"民主""民权"，那就必须遵守"宪法"，那就必须实行"任期制"，那就必须维持原有的政治体制。在这种情况下，要么"违宪"当"终身总统"，代价是摒弃"宪政体制"；要么是当"终身总统"，把"宪政体制"当作政治玩物。蒋介石则既要当独裁型的"终身总统"，又要把自己打扮成维护"宪政体制"的典范，那只有以"独裁体制"取代"宪政体制"，把"宪政体制"当成手中玩物。

蒋介石充当"终身总统"，除了他个人想当、无人敢于出马竞争之外，忠于蒋记政权的实力派和了解蒋介石性格的部下们，也都争相效忠，极力劝进，意在保持各自的政治地位。可以说在国民党体制和政治现实下，蒋介石连选连任已成必然之势。

1960年2月，又到了"总统"换届时间。蒋介石已经任完"宪法"允许的最高任期——两任12年，他已无权再任"总统"，可此人的政治目标是生命不息任职不止。为在"宪法"体制下实现"超任"，他预先做了两方面的准备：

一是重定"国代名额"。国民党退台后，"国代"缺额将近一半，再加上自然减员，不足"法定人数"严重干扰"国大"的正常运行。当时，对如何计算"国代"总额问题有4种说法：以实际应选总额3045人为基准，这符合"宪法"和"选罢法"的规定；以实际选出人数2961名为基准，这也合理，"宪法"所定和实际选出有差距；以"国民大会第一次会议"报到时人数2841人为基准，这更可行，因为"一届国大"召开、制定"临时条款"和选举"总统"的都是这批人；以"一届国大第二次会议"报到时1643人为基准，这就有偏颇之处，因为即使不追究"递补"的231名"代表"是否合法，总数缺额也已近一半，无合法合理可言；经"宪法实施的准备程序第8条"所规定的三分之二即2036人为基准，这虽说不符合"宪法"，但在非常时期援引"附助法"并非不可。

不出人们所料，蒋介石选择的是第三种：以1643人为基准。这样可以一劳永逸地解决"国大"法定人数不足难题，至于合法不合法、合理不合理，则为政治上的需要、充当"终身总统"的迫切心情所代替。2月12日，"大法官会议"召开第138次会议，以14票对1票的绝对多数，通过第85号"释宪决议"。裁定：因为大陆失去控制后，部分代表无法应召出席会议，以依法选出而能应召在台湾地区集会的"国代"人数为"国民大会代表总额"，其能应召集会而未出席会议者，亦应包括在此项总额之内。根据此项决议，"行政院内务部"

于2月16日发表公告，宣布应召出席"第一届国民大会第三次会议"的代表人数为1576人。以前在考虑"法定人数"时总还受到早已不存在的另外一半的牵连，如今干脆只以在台湾的代表为准。至此，退台"国代""合法化"完成，"国民大会"成为"万年国会"，"国大代表"成为"终身代表"，由他们来选举"总统"和执行"宪法"，当然只能按照蒋介石的意志行事和作出决定。

二是突破"连任"限制。此次蒋介石选择用"临时条款"的方式来实现连选连任的目标。他的观点非常明确，如果用修改"总统任期"这一途径来完成"超任"，则属于"修宪"，而"宪法"不能修改，因为他还要把"宪法"完整地"带回大陆去"。"修宪"不成，但只要是在"戡乱时期"，那么"临时条款"却是无所不包，无所不能的。2月20日，"一届国大三次会议"在台北中山堂召开，出席会议实有"国代"1509人。3月11日，"三次会议第六次全体会议"通过决议修订"动员戡乱时期临时条款"，重新规定"动员戡乱时期总统、副总统得连选连任，不受宪法第47条连任一次之限制"。（见李守孔著：《国民革命史》第734页）这样蒋介石可以在不"违宪"的情况下出任"终身总统"了。也是这个"国大"，6年以前以当初"'临时条款'由'国大代表'三分之二的多数通过，而在台只有半数'代表'，不能进行修改"为名，禁止对"临时条款"进行改动。如今为蒋介石连任"合法化"，尽管还是只有半数"国代"出席，"临时条款"当然可以按蒋意进行"修改"了。从中可以看见，国民党的"宪法"也好，"体制"也好，都是为蒋而设，随蒋而变的。

3月21日、22日，又是进行走过场式"总统选举"的日子。"超期服役"的蒋介石和"二次连任"的陈诚在无人竞争的情况下"竞选""总统"和"副总统"，分别以1481票、1505票的绝对多数当选，赞成票分别高达98.1%和99.7%。如此高的"赞成率"和"一致性"，反映出在所谓"民主和法制"旗号下东方专制的丑陋。

"一届国大三次会议"听取了"财政部长"严家淦所作的"财政报告""经济部长"杨继增所作的"经济报告""参谋总长"彭孟缉所作的"军事报告""教育部长"梅贻琦所作的"教育报告"。因为此次会议前后，海内外对蒋介石破坏"宪法"、出任"终身总统"一事议论很多，会议为标榜民主，特意成立"国民大会宪政研讨委员会"。

蒋介石在会上做了"闭幕词"，对自己的"违宪行为"予以高度肯定。他说："第一就是此次国民大会一切举措，都能遵循民主规范，发扬其高度民主精神，对于任何一种主张和建议，在其讨论过程当中，多数的都能尊重其少数的意见……使其一切决议都能成为公意和真理的抉择，这是充分表现了最后趋于一致民主的范型"。"第二是这次大会的一切程序，都是根据法理来进行处理的。自解释大会总额起，经过修订临时条款，到完成选举，都是遵循宪法所赋予大会的使命来达成的"。"第三是代表诸君皆能竭忠尽智，损小全大，贯彻了不修宪法的决策，这乃是此次大会最大的一个成功"。（见1960年3月26日台湾《"中央日报"》）

蒋介石肯定和赞扬的正是国民党台北当局，违反其自己制定并一直在声称要尽力维护的"宪法"的要害所在，作为国民党最高领袖和亲手制定"宪法"的蒋介石对其"违宪毁宪"行为不仅没有丝毫的内疚和歉意，反而将其吹嘘成"民主的范型"和"遵循民主规范"的成果，真是让人不可思议，只能说明"蒋记专制"的可恶和无耻。当时，岛内外都有人出面，按照西方式民主的标准，劝导国民党应该"护宪"以稳定台湾的体制，劝导蒋介石不要"超任"以改善独裁形象，结果不仅没有被重视，反而还酿成政治事件，雷震等人因此被捕入狱。

蒋介石、陈诚连任后，蒋介石改组"内阁"和调整人事。"总统府秘书长"由张群连任，"行政院长"由陈诚兼任，"行政院副院长"由王云五连任，"内政部长"由连震东出任，"外交部长"由黄少谷连任，"国防部长"由俞大维连任，"财政部长"由严家淦连任，"经济部长"由杨继曾连任，"教育部长"由梅贻琦连任，"司法行政院长"由郑彦棻出任，"交通部长"由沈怡出任，"蒙藏委员会委员长"由田炯锦出任，"侨务委员会委员长"由周书楷出任。其他人事为："立法院长"黄国书，"副院长"倪文亚；"司法院长"谢冠生，"副院长"傅秉常；"考试院长"莫德惠，"副院长"程天放；"监察院长"于右任，"副院长"李嗣聪。

1963年11月12日至22日，国民党"第九次全国代表大会"在台北举行，会议代表和列席人员894人。会议由蒋介石致开幕词，副总裁、"副总统"兼"行政院长"陈诚，中央党部秘书长唐纵等就各自的工作作了相应的报告。会议提出国民党的总纲领是："贯彻反共国策，完成光复大业，遵行'中华民国'宪法，保障人民权力，拥护联合国宪章，确保世界和平，依据三民主义，建设现代化国家。"会议把"光复大陆"作为当前最主要的任务，会议在宣言中称，"反共复国"战争，是思想、政治和军事三结合的总体战，其作战序列是思想政治先于军事，是三分军事、七分政治。会议选举了党的领导机构，蒋介石、陈诚继续连任总裁、副总裁，中央委员、候补中央委员、中央评议委员以及中央常务委员，变动幅度不大。

1963年12月初，陈诚病逝，蒋介石不得不于12月4日改组"内阁"，因为俞鸿钧、陈诚已先后去世，只得推出严家淦"组阁"，部分人事进行了调整，"行政院副院长"由余井塘出任，"财政部长"由陈庆瑜出任，"教育部长"已于1961年2月间换为黄季陆，"蒙藏委员会委员长"由郭寄峤出任，"侨务委员会委员长"由高信于1962年11月间接任。

到1966年间，又面临"总统"换届。对台湾国民党当局来说，主要解决的问题有二：一是蒋介石怎么办，他已严重违反国民党的"宪法"，突破"总统"职只能连任一次的限制，已任三届共18年，年龄已达79岁。尽管如此，他也没有退休的意思，在寻找继续连任的理由。二是"副总统"陈诚已过世3年，要么取消"副总统"职，否则不能长久空着。对于"副总统"人选，蒋介石已有定论，因为俞鸿钧、陈诚先后过世，只有提拔"行政院长"严家淦出任。

为解决第一个难题，蒋介石于1966年3月7日至10日召开"九届三中全会"，由"党"出面推荐蒋介石、严家淦出任下一届"总统""副总统"候选人。19日，正在召开的"第一届国民大会第四次会议"再次修改1948年4月18日"第一届国民大会第一次会议第十二次全体会议"通过的"动员戡乱时期临时条款"，规定"动员戡乱时期"，"总统"有紧急处分权，可不受"宪法"所规定程序之限制；"总统""有权设置动员戡乱机构和决定动员

1966年，蒋介石出任第四届"总统"，严家淦出任"副总统"

戡乱有关大政方针"。按这一条款，蒋介石等于变成"终身总统"，"宪法"被冻结。至此，蒋介石超额连任的法律问题已经解决。在会议期间，蒋介石和严家淦成为国民党的第四届"总统"和"副总统"。

"总统"换届，"行政院"进行改组。严家淦连任"行政院长"，黄少谷出任"行政院副院长"，徐庆钟任"内政部长"，魏道明任"外交部长"，蒋经国任"国防部长"，陈庆瑜任"财政部长"，阎振兴任"教育部长"，李国鼎任"经济部长"，沈怡任"交通部长"，郭寄峤任"蒙藏委员会委员长"，高信任"侨务委员会委员长"。

其他"院会"人事变化是，于右任于1964年11月10日病故，"监察院长"改由李嗣聪代理和接任，1972年5月15日李嗣聪病逝后由张维翰代理，1973年3月15日由余俊贤接任；"副院长"李嗣聪升任"院长"后由张维翰出任，1973年3月15日由周百炼接任；"立法院长"于1972年5月由倪文亚接任，"副院长"由刘阔才接任；"司法院长"在谢冠生于1971年12月21日病逝后由田炯锦接任，"副院长"在傅秉常于1965年7月20日病逝后由谢瀛洲接任，谢瀛洲于1972年4月20日病逝后由戴炎辉接任；"考试院长"由孙科于1966年接任，孙科于1973年9月13日病逝后由杨亮功接任，"副院长"在程天放于1967年11月30日病逝后由杨亮功接任，杨亮功升迁后的空缺由刘季洪接任。

此次"内阁"改组，基本形成了到蒋经国出任"行政院长"时的行政院构成。总体上看，与国民党一成不变的专制相匹配的是，"内阁"成员大部分还是老面孔，大部分是从大陆退台的官员，大部分都是蒋介石、蒋经国重用的亲信，他们只是蒋介石独裁的工具，只是蒋氏政府的"门客"。要说有创见、有成效的行政官员，只有主管经济的部分官僚。

1969年3月29日至4月9日，国民党在台北举行了"第十次全国代表大会"，出席和列席代表为1198人。蒋介石在开幕词中称，国民党的三大任务是："革新强固国民党；巩固复兴基地；联合海内外力量，一心'讨毛反共'。"会议除继续坚持"反共复国"、组织"讨毛救国联合阵线"和强调社会建设等主张外，着重提出了国民党全面现代化的规划，强调政治革新，"要从政治风气、制度、人事机构各方面，力求全面革新"。会议选举的领导机构，除自然死亡的以外，主要人事变动不大，因为陈诚已经病故，蒋介石修改党章，取消"副总裁制"，以避免不信任的人担任国民党副总裁职。

"十全"开过后两个月，蒋介石部分改组内阁，由蒋经国接任"行政院副院长"兼"国际经济合作发展委员会主委"，俞国华接任"中央银行总裁"，黄杰接任"国防部长"，李国鼎接任"财政部长"，钟皎光接任"教育部长"，陶声洋（4个月后由孙运璇）接任"经济部长"，张继正接任"交通部长"。其中引人注目的是，蒋经国以国民党中常委身份兼任"行政院副院长"和"国际经济合作发展委员会主委"，全盘主管经济。此事说明，他在党内的地位已经很高，不仅是国民党举行历次"全国代表大会"和中央全会的实际控制者，而且已经走到"行政院"前台，开始主持全局工作。

在这期间，国民党专制地位较为稳固，挑战者有，能够取代国民党者没有，蒋介石和国民党统治集团可以高枕无忧。然而，历史总是要前进的，社会总是要发展的，政治高压下的稳定只是暂时现象。蒋介石的"终身总统"可以做，但是政治专制不可能长久。

政乱——"吴、孙、雷"挑战政坛

退台初期，因为蒋介石的专制措施和国民党的高压统治，更加加剧了岛内政局的混乱。蒋介石和以蒋经国、陈诚为首的实力派，对民主进步人士是镇压，对昔日政敌和大陆时期的地方实力派是打击，对过去的党国重臣、封疆大吏、高级将领是排挤，对统治阶层内部进行清洗式的调整，终于导致"吴国桢事件"和"孙立人事件"的发生。在后来蒋介石"超任"成功、出任"终身总统"后，更是引起岛内各界的议论，接连出现影响政局和社会稳定的重大政治事件。

在蒋经国病逝后，台湾很快刮起一股股翻案风，蒋家父子时期的政治事件，成为"立法院"和社会上要求翻案的重点案例：张学良、吴国桢、孙立人、雷震、殷海光、李敖，甚至受"湖口兵变"牵连的蒋纬国，成为翻案风的中心人物。翻案风使得九泉之下的蒋家父子感到不安，使得被蒋氏政权杀害的多少孤魂野鬼感到兴奋。有权的时候可以胡作非为，弄权于朝中，扬威于社会，而在接受自然规律的判决后任人评说，受审于历史，众多政治人物难于逃脱这一命运的裹臼。

关于震动台湾政坛的"吴国桢事件"和"孙立人事件"，一篇题为《弹丸江山父传子，可叹孤臣生非时——吴国桢、孙立人在蒋家王朝中的悲剧命运》

的文章认为，20世纪50年代初期最具"国际声望"的文官"台湾省主席"吴国桢被放逐、武将"陆军总司令"孙立人遭软禁，是在"侯门深似海"的台湾官场上，充当蒋氏父子权力重新组合牺牲品的结果。（叶一舟，见1988年4月17日美国纽约《中报》）"总统府国策顾问"雷震被重判，则是蒋介石为独裁清除障碍的举措。

"吴国桢事件"

吴国桢走的是旧中国标准的学人从政之路。早年出洋留美，学有所成，23岁获美国普林斯顿大学政治学博士学位；回国后从政多年，走红官场，为蒋介石所看重，为同僚所羡慕；晚年赴美反蒋，与台北方面"隔洋大战"，以后改行执教，著书立说。一生道路颇有奇特曲折之处，折射出中国近现代史上的政治风云的诡异和风云人物的迷惑，成为国民党内政治情势变化多端的一个缩影。因此，有些传记作家称他为国民党内"学人从政的先驱""有格调之反对（专制统治）者""一个历史见证人"。

1953年5月24日，下午1时，台北松山机场贵宾室冠盖云集，记者们频频按下快门，抢拍着一个接一个走进来的主持台北政局的政要们："行政院长"陈诚和夫人谭祥女士、"总政战部主任"蒋经国、中央党部秘书长张其昀、"台湾省主席"俞鸿钧、"总统府资政"张群、"参谋总长"周至柔、"联勤总司令"黄镇球、"司法院长"王宠惠、"立法院长"张道藩、"立法院副院长"黄国书、中常委谷正纲、"外交部政务次长"沈昌焕、"联勤副总司令"黄仁霖、中央评议委员蒋梦麟、"总统府一局局长"黄伯度等500余人。陈诚领衔的达官贵人，是来为吴国桢赴美送行的。握手致意，互道珍重，场面之热烈，实在看不出台北当局和吴国桢之间有何不愉快的过节。

飞机载着吴国桢起飞而去，陈诚和蒋经国一起走向各自的座车，两人不时交谈着。蒋经国担心放虎出笼后事情不会了结，陈诚要他放心，因为只要离了台就掀不起大浪。张群拍拍吴国桢的同学张道藩的肩膀说："清华大学出人才，你可少了一个同窗学友。"张道藩颇有所指地回答："鸟各投林，人各有志，同学不同路，只能好自为之啊。"

吴国桢，号峙之，湖北建始人。1903年10月21日出生于红岩镇凉水埠村，父亲吴经明曾任北洋政府陆军部军学司司长。吴国桢10岁时到天津南开中学就读，在他的同窗学友中有两位使他终生难忘的名人：一位是周恩来。吴进校不久，加入周恩来为会长的"敬业乐群会"，并与年仅16岁的周恩来"义结金兰"，两人关系好，但走上不同的道路，用吴国桢夫人黄卓群女士的话来说是"同窗不同路"。周恩来以自己的辉煌为班上的同学作出了榜样：在吴国桢出国留学之前，周就投身于救国救民和无产阶级革命运动；在吴国桢任职于南京政府时，周已担任中共中央常委和军事部长；在吴国桢就职重庆市长时，周作为中共代表团团长常驻重庆；在吴国桢出任最后一个职务台湾省主席时，周已担任中华人民共和国的总理兼外交部长。周恩来被吴国桢称为"安国定邦之才"，吴国桢临终前，周恩来的战友和夫人邓颖超邀请其回国探亲观光。1982年，吴国桢女婿从中国带来老丈人与周恩来结拜兄弟时之照片，吴国桢特作诗一首：七十年事，今又目睹。结为兄弟，后来异主。龙腾虎变，风风雨雨。趋途虽殊，旨同匡辅。我志未酬，君化洒土。人生无常，泪断沙埔。从中可以看出，作者对同窗挚友的思念。

一位是张道藩。张氏早于吴国桢一年进入南京官场，两人仕途上不相伯仲，张先后任过国民党中组部副部长、中央宣传部长和"立法院长"等职。到1954年2月，吴国桢与台湾方面论战开始，台北领头出面痛斥吴的却是张道藩。

吴国桢的两位同窗，耐人寻味。周、吴间政治上互相对立，吴甘心为南京政府所驱使，周恩来以大家风范，不计前嫌，一直没有忘掉这位远在美国的南开校友。可张、吴曾宦海同游，携手于官场，最后张公开拆台、大骂吴国桢，欲置吴于死地而后快。

1917年吴国桢考入清华大学，就读期间认识了大他3岁的孙立人。由于两人结识于清华，又曾先后留学于美国普林斯顿大学，以后一文一武在官场上关系非同一般，过从甚密，乃至一直被人议论。到台湾后，被外界传为"华盛顿放置在蒋（介石）身边的两颗定时炸弹"。所以，平时两人保持一段距离，见面都在晚上12点以后。两人均以西方民主准则评论台湾当局的专制，由受宠于蒋介石而变为被蒋介石所痛恨，终被清算。文官吴国桢被放逐、批判；武将孙立人被撤职、软禁。

1921年吴国桢毕业后考上官费留学生，就读于美国爱荷华的格尔奈尔学院，主修经济，兼修市政（巧合的是，他以后任过当时中国最大的城市汉口、重庆和上海3市市长，修市政是学有所用）。两年后获学士学位。30年后，已是台湾省主席的吴国桢被当年只授予他学士学位的母校授予荣誉博士学位。在该校最令他无法忘怀的事情是，当时学院因学习成绩优秀发给他颇为丰厚的奖学金。

1924年吴国桢考入普林斯顿大学，1926年以《中国古代政治理论》一文获得政治学博士学位，年仅23岁，可谓是年轻有为，学有所成。在同时代的留美博士里，后来基本上都走了两条路：一条从政，出任政府要职，闻达于诸侯，如宋子文、翁文灏、陈立夫、朱家骅、王世杰等；一条治学，如李四光、丁文江、胡适、钱思亮、吴大猷等。吴国桢兼而有之，故当官没有终结，治学不算深透。

吴国桢在美留学期间，与国民政府驻英大使郭泰祺之弟郭泰桢、宋子文及宋美龄建立了密切的关系，为日后归国从政打下基础。吴国桢从政期间，一直得到宋美龄的关照，他晚年在回忆中仍称蒋夫人是"很有吸引力和魅力的女人"，"蒋夫人个人对我和我的妻子一直很好"。

回到祖国后，吴国桢先是任职于北京国立政治研究所。经过一年间的研究，审时度势，觉得与做学问相比，还是从政为官好。经友人介绍，来到刚成立的南京政府外交部出任秘书。蒋介石开府南京不久，急需各类人才，留洋博士大多受到重用。吴国桢用一年的时间从秘书升为外交部第一司副司长，不久离开南京。15年后再回外交部时，已是外交部政务次长。在外交部的一年间，他最深的记忆，是曾为蒋介石的第三任"夫人"陈洁如办理过赴美护照。

离开南京的吴国桢，来到家乡省会武汉，由当时出任武汉政治分会主席的李宗仁任命为湖北省税务局长，很快因为李宗仁公开倒蒋，与李宗仁的渊源到此结束，以后任过汉口市地政局长、湖北省财政厅长等职。1932年，湖北大水，哀鸿遍野，湖北省主席让财政厅长吴国桢赴南京，请求财政部长宋子文拨款赈灾。宋部长避而不见，吴厅长紧追不放，从南京追到上海，再从上海追到南京，最后用20块银圆买通门房，终于见到部长先生。不知真忙假忙的宋子文只答应见5分钟时间，精明能干的吴国桢只用3分钟则将灾情说得一清二楚，宋当即同意月拨50万元救灾，并言明只有你在职，才能照办。宋子文高高在上，不顾民生，却也十分赏识这位年轻厅长的才能和干劲；吴国桢则因各县财政告急，要钱心切，两人从此成为朋友。

不到而立之年出任省财政厅长，地位并不为低，即使在当时颇为"年轻化"的南京官场内也算成功者。吴国桢并不满足，考虑得更加长远，他认为在外地从政不如在首都，在南京从政不如在国府，在中央机构从政就不如在蒋介石身边，而自己一直是在国民党统治中心圈外活动，缺乏实现政治抱负、出人头地的必要条件。被命运厚爱的吴国桢，在他以后的20年间，机遇从未离开过他。

1932年，湖北政界元老何成浚把吴国桢引荐给蒋介石，被任命为侍从室秘书，"侍秘"的职位不高，但是和侍从室搭上关系，接上通天热线，高升在即。

与蒋介石隔洋大战的吴国桢

1933年，出任汉口市长，此时他离开汉口不足两年，走时是部门长官，回来已是一方最高行政长官。他和武将中的陈诚、胡宗南、汤恩伯、周至柔、桂永清，文官中的陈立夫、谷正纲、谷正鼎、张历生等一样，30岁左右就掌管中央一部或外放负责一方。

1938年转任重庆市长，吴国桢作为一个结识蒋介石仅7年、年仅35岁的年轻人，竟然当上陪都市长，这在国民党内也是破例的。1941年因日寇"六五大轰炸"造成重大损失而引咎辞职。

1942年10月，出任外交部政务次长。1943年11月21日，作为随员与蒋介石、宋美龄参加开罗会议。国民党"六全"后，吴国桢转任国民党中央党部宣传部长。

1946年5月，吴国桢出任上海市长。在市长任内，吴国桢第一次和蒋经国合作。1948年8月，南京政府决定实施以搜刮人民财产为主要目的的币制改革，吴国桢认为："关于经济管制，南京方面事先从未征求我的意见，出这个主意的是翁文灏（行政院长）、王云五（财政部长）。翁是典型的书生，书生问政，难免与现实政治脱节。财长王云五不学无术，但专做有学有术的事情，焉有不闯大祸的。"（《八十忆往》，1984年6月香港《文汇报》连载）吴国桢根本不支持南京当局进行的没有准备金的金圆券改革，当然也谈不上配合前来主持经济管制工作的蒋经国。币制改革根本不可能有成功的希望，蒋经国的使命当然也只有以失败告终。吴国桢以他的"不合作"而结束了与蒋经国的第一次合作。随着蒋经国在党内的地位迅速上升，吴国桢和蒋经国发生冲突的可能性越来越大，而这种冲突对吴国桢带来的危险性也越来越大。

1949年5月1日，国民党当局宣布撤销吴国桢的上海市长职，转任总裁办公室外交组副组长。蒋介石去菲律宾访问时，吴国桢陪同前往，从此时起，蒋介石对这位爱臣已有另用之意。大败后的国民党，杯弓蛇影，惊魂未定，当务之急是治理社会、争取美援、权力转移。前两项非借助于吴国桢不可，后一项又把吴当作斗争目标。因为前两项，吴国桢将受重用；因为后一项，又弄出"吴国桢事件"。

治乱，吴国桢任过市长的汉口、重庆、上海，都曾有过大动乱时期，他的铁腕起过作用。如今台湾社会混乱，治理乱局是国民党的中心工作，直接由蒋介石、陈诚、蒋经国负责，吴只要执行就行了。问题的关键是能否争取到美援，1949年10月间，美国国务卿艾奇逊对来访的蒋介石代表郑介民明确提出了援台的"三个条件"：国民党当局愿意在台湾厉行改革、由吴国桢担任省主席、台湾人民获得更多的参政机会。吴国桢竟被美国发表的《美中关系白皮书》称为国民党内"最好的一个官吏"（还被1950年8月7日美国的《时代》杂志选为封面人物），现在美国方面点名要其出任实权仅次于"总统""行政院长"的台湾省主席。美国人虽说是帮助吴国桢出台，事实上却是在拆台，从长远看洋人的捧场对吴的仕途好处不多。

蒋介石为获取美援，本来也有此意，故同意了美国的方案。1949年12月14日，刚从成都回到台北仅4日的蒋总裁，派专机接回正在台南的吴国桢，次日签署"台湾省政府改组命令"：同意省主席陈诚辞职，任命吴国桢接任，并兼任"行政院政务委员"、省保安司令。蒋介石明确地对吴说："你很恰当，我要你全力争取美援。"

上任的当天晚上，吴国桢举行记者招待会，会上提出4点施政重心：继续"反共"，密切配合军事；努力向民主途径迈进；推行民生主义，为人民谋福利；实行地方自治，发扬法治精神，起用台籍人士。"新主席"的主张行得通的不多，因为有蒋经国和实力派的掣肘和干扰。有些如"民主、民生、自治"等直接和国民党专制发生冲突，则无完全推行的可能。

蒋介石对吴国桢很信任，这在"吴国桢事件"以前的国民党上层、"国民政府"内部都是众所周知的事实。江南是这样说的："就凭（吴国桢先生当官经历）这样一张履历，国民党的高官中，受蒋先生如此器重的，无与伦比。"

（《八十忆往》，见1984年6月香港《文汇报》）吴国桢本人到晚年也承认这一点，他说："蒋先生对我的恩惠，我永远不能忘记。我辞职，他派黄伯度传话，只要我愿意和经国合作，愿当行政院长，可当行政院长，爱当（台湾省）主席兼院长，悉由我挑。可是，我一概谢绝。""有一次蒋先生手中有5个重要职务，都想派给我。"（《八十忆往》，见1984年6月香港《文汇报》）

宋美龄对早在美国时期就相识和来往的吴国桢十分赏识，这也是吴在官场长盛不衰的重要背景。蒋介石对吴国桢的信任事出有因：一是吴氏在前20余年的政治生涯中，崇拜西方民主，持有强烈的"反共"意识，在国民党内属于强硬"反共"少壮派。正是因为"反共"态度、主战立场和与蒋介石的亲密关系，后来在新中国成立前夕，吴国桢被中国共产党定为特级文官战犯。蒋、吴政治上的一致性，是吴获得蒋信任的基本条件。当然，吴国桢对中国共产党的误解到晚年有了根本性的改变。

二是吴国桢专攻政治理论，熟悉西方政治学说和中国传统文化中的治国学说。他提到后者时，异常熟悉此点的蒋介石极为欢迎；他提到西方的政治学说和美欧政治制度时，亲自经历多年和熟悉此点的宋美龄极为欢迎。吴国桢理论上有一套，再加上超群的表达能力，在死气沉沉的国民党官场上能够独树一帜，脱颖而出，为蒋介石所发现和重用。

三是吴国桢干练、敢于负责，又颇有人情味。此人断事果断、令出计随、敢作敢当。在事件发生后，有人说他是八面玲珑，圆滑乖巧，上下不得罪，左右皆和气，则与事实不符。如果吴真是如此"圆滑""和气"的话，怎么会有"吴国桢事件"呢？有人说吴国桢圆滑，因而也是政治上一贯善于抓住时机的政学系骨干。说吴和政学系头号人物张群关系很好，确有其事，说他和政学系有多么深的渊源则无据。

蒋介石对吴国桢的信任，如果没有国民党的大溃败，没有撤到台湾这一大变化带来的大改组，也不会亮起红灯，直至闹翻。既然失败，蒋介石就要重整旗鼓；既然重整，蒋介石就要大改组；既然大改组，蒋介石就要重新组合权力班底。也就是说，蒋介石到台湾后的第三项要务"权力转移"，势必会引起"吴国桢事件"。

20世纪50年代的"权力转移"，是继孙中山1924年改组国民党、蒋介石1927年上台之后又一次全局性的权力调整，即以蒋介石为首的国民党老一代活动家开始把权力向以陈诚、蒋经国为首的国民党第二代活动家过渡。以陈诚、蒋经国为首的实力派的崛起，直接动摇了吴国桢的政治基础。

随着朝鲜战争的爆发，美国对台态度的好转，使得吴国桢在蒋介石眼中的重要性大为减弱。美国也不是要抛弃吴国桢，只是美国和西方的外交从无信义可言，向来是支持实力派，美国不会因为吴国桢一事而同台湾方面闹翻，更不会因为吴国桢一事而影响美国在太平洋地区的利益。

此时起，实力派在夺权过程中一直受到身为台湾省主席的吴国桢的干扰。本来吴顺应改组，把对蒋介石的忠诚扩大到对蒋经国的忠诚，也就无事。可是，吴所学的西方政治理论中没有权力传子一说，东方的传子接班只是封建社会的产物，使得吴国桢对准备接位的蒋经国产生了不屑为伍的念头。得不到蒋介石的支持，就倚仗美国原来的支持，对蒋经国不听调遣、不肯就范，还多次挑起与蒋经国实力派的冲突。

蒋经国对这位省主席本有旧怨，上海打"老虎"时市长公开反对、暗中拆台之事，还记忆犹新，而今又添新仇，双方哪有合作的基础？蒋介石已经下决心向儿子交班，培植儿子，在儿子和重臣的冲突中，偏袒儿子、支持儿子也属常情了。

吴国桢与蒋经国的矛盾，一是指斥蒋经国当特务头子，并且向蒋介石建议，劝导蒋如真要让儿子接班，就不应让其插手特务系统。蒋介石听罢，"面露不快之色"，表示"我今天头痛，改天再谈"。蒋与吴的看法不同，他觉得要掌握整个国民党，战乱时代主要靠枪杆子，和平时期除靠掌握军队外，更需要掌握警察、特工、情报系统，否则无法执政，这就是蒋介石在退台初期让儿子负责特工部门的目的。吴国桢明知故问，以关怀蒋经国为名，实则给蒋家父子出难题。

二是卡蒋经国的经费。蒋经国组织"反救团"、扩大特务权限和活动范围，把经费拿到省政府报销时，吴国桢则以国民党的党团活动经费不应由"国库""省库"来解决予以拒绝，他是拿西方政党活动法来压蒋经国。蒋经国不会让步，国民党和"政府"向来党"国"不分，"国"由党来支配，每次活动经费由"总统府"和"行政院"照准后，仍然到"省政府"领取或报销。吴国桢明知无法阻止蒋经国，无非是给蒋经国出难题，以发泄心中的不满。

蒋经国对吴国桢也不合作。一次是1950年初，蒋经国指使省保安副司令彭孟缉以莫须有的罪名，逮捕台湾火柴公司总经理王哲甫，身为"保安司令"的吴国桢知道后命令抓人的彭孟缉下令放人。蒋经国亲自出面予以拒绝，急得吴国桢当着蒋经国的面责问彭孟缉："究竟你做主席兼保安司令，还是我呢？"吴国桢的努力换来蒋介石派出秘书周宏涛两次前来说明案情，把王哲甫的徒刑由无期减为7年。

二是逮捕任显群。在蒋经国的默认下，"省财政厅长"任显群被逮捕，罪名是"担保有'匪嫌'的叔父由港入台"，判刑5年。吴国桢感到很气愤，因为"匪嫌"本人不抓，"担保人"却被抓和被判，"这是百分之百的冤狱，是公报私仇"。因为吴国桢卡蒋经国的活动经费，蒋经国对吴暂时没有惩罚的办法，但对掌握省财政大权的"财政厅长"却可以下手。任凭吴国桢如何奔走营救，案情依然如故。

三是乱抓县市议员。吴国桢举例说："有一天，基隆市长谢一贯向我报告，有两位市议员，午夜失踪。接报后，我向彭孟缉查询，彭先说不知道，后来推到保安司令部的一处长身上，那处长又说不知详情，案子是调查局办的。于是我下令他在3小时内开释。开释后，我要谢市长把两位台籍议员带来看我，出乎我意料，两位议员表示，人既恢复自由，倒过来要求我不必追究真相。原因：怕特务报复。后来说出真相，原来是因为未遵守党部指示，投国民党提名的议长一票，遂遭此惩罚。"（《八十忆往》，见1984年6月香港《文汇报》）

吴国桢对特务活动不满，并非是为了民主和人权。且不说他在汉口、重庆、上海市长任内，利用"共党分子"这顶红帽子，杀害过多少革命志士，即使在台湾省主席任内，抓"匪谍"、对民众实施苛政，他也是不遗余力的。他一再抗议特务系统的行为，无非是情绪所致、意气之争，偏要和蒋经国论一高低而已。

吴国桢说："我曾经把蒋经国的情形，向蒋（介石）先生力陈利弊，他听了以后，低头不语，装出一副很沉痛的表情，最后向我斥责：别说下去啦。""识时务者为俊杰，我从此下决心，请辞台湾省主席，并且计划远走高飞。"（《八十忆往》，见1984年6月香港《文汇报》）

促使吴国桢当这个"俊杰"的，除与蒋经国、陈诚、蒋介石三人不和这一原因外，还有一件存放在吴心中的疑案，也就是蒋经国派人暗杀吴国桢，使吴对蒋家父子彻底寒心。

此事发生在1952年复活节，吴国桢和夫人从日月潭回台北。日月潭到台中段不少是山路，又加上下雨，路面很滑，汽车难行，方向盘还出现摇晃现象。到台中无锡饭店吃饭时，司机发现车轮螺丝松动，极易出事。

吴国桢顿生疑窦：一疑临行前和"总统府"关系很好的原司机不知去向，只好临时请司机和技工开车，是不是原来的司机参与共谋或知情怕死而有意躲避？二疑事后吴国桢向蒋介石要求追查，没有反响，甚至"请见不见，写信不回"，是不是蒋介石知情不查？三疑是吴把此案曾向离任回国的美联社驻台北记者阿瑟·戈尔谈过，宋美龄为何突然为该记者饯行，并以高薪邀其出任她自己的私人秘书，是不是想堵洋人的口？为此，吴国桢断定，此案是蒋经国安排，试图以车祸方式使吴残废，从而退出政治舞台。幸亏黄少谷"识大体，坚持不可"，此谋未成。

"谋杀"一事恐怕有失真之处。既然黄少谷认为"坚持不可"，那么就不会有谋杀行动，那螺丝人为拧松的情况也就不会出现。

如果螺丝果真人为拧松，导致方向盘摇晃，两天几十公里的山路又怎能运行？

司机如真发现方向盘摇晃难握，又有技工在身边，又在路面高低不平、拐弯不停的山间公路上行驶，为何不及时停下来检查？

蒋经国真要害吴，制造车祸的特务高手竟然在雨天、山路的情况下没有得手，是否有点离奇？

他真要加害于吴国桢这样一位台湾闻名、在美国也挂上号的"政务委员"、省主席兼省保安司令，实属机密中的机密，只会单线向下布置，怎会与"行政院政务委员"黄少谷商量？这不是留下证人吗？

此事后，吴国桢照样任省主席一年，他离台赴美也能成行，应该说蒋介石、蒋经国对他还没有采取极端行动的计划。蒋经国谋杀吴国桢案，实为吴国桢"过敏"所致，也是蒋、吴长期斗法，吴痛恨于蒋的心理上一种异常联想的结果。如果蒋经国真想谋杀吴国桢，恐怕并非吴夫人黄卓群女士所说的"靠上帝保佑"就能躲得过的。

吴国桢感觉到和蒋介石分手的时间已经来临。蒋介石在出面挽留无果后同意其辞职。4月10日，"行政院"出面照准，任命俞鸿钧接替省主席。"行政院长"陈诚发表谈话称："此次吴主席因病连续三度请辞台湾省政府委员兼主席职务，总统及本人迭经恳切慰留，希望继续勉任繁剧，共济时艰，唯吴主席因健康关系，辞意极坚，总统及本人考虑再三，不能不勉允所请。吴主席在职三年有余，对于地方行政及执行国家政策，备极忠勤，功绩昭著，本人对其因健康关系辞去省府职务，深表惋惜。"蒋介石、陈诚是顺水推舟，趁势换马。陈诚的外交辞令把人们对吴国桢辞职原因的猜测引向"健康关系"。

吴国桢一面辞职，一面准备远走高飞。其赴美理由有二：一是应美国有关大学邀请去做讲演，并接受母校授予的荣誉法学博士学位；二是治疗气管炎、哮喘病。赴美申请送到"总统府"后，蒋介石一度置之不理，经宋美龄说情，同意放行。

蒋介石放走吴国桢乃不得已而为之。让走，是放虎出笼；不让走，是龙虎相争。可放虎出笼，无碍台湾政局，但要冒挨骂的危险；而龙虎相争，将打乱培养蒋经国接班的计划，但便于控制吴国桢。一个只是挨骂，一个危及传子，两害相权取其轻，又有夫人出面说情，还是"让走"吧。有关方面又搞小动作，先给"平民护照"，后又收回改发"官员护照"，并把吴国桢的小儿子修潢留做人质，以防止他滞美不归。不管怎么样，赴美可以成行了。

1953年5月18日，吴国桢对美联社记者称："政府"已获准给假两个月，让他赴美治病，并说他将在美发表多次演说，其夫人在美期间将展出一些文物。5月24日，吴国桢乘坐西北航空公司班机离台飞东京转美国。

吴国桢临行前，作为长者和好友的张群送来一副曾国藩的对联："水宽山远烟霞回，天澹云闲今古同"，意在劝他静心养身，宽心处事，忘掉不愉快的往事。吴国桢到美后，正如联上所说，很少涉及往事，并未发表过不利于台北方面的言论，把吴逼上梁山的是"王世杰事件"。王世杰当时身为"总统府秘书长"，只因为降服政学系的需要，王世杰才遭被整命运。官方明里说王"蒙混舞弊，不尽职守"，私下则传说他与宋美龄发生冲突、和海外第三势力勾结、挪用公款等，事实上只有一件事是真的，那就是逼迫与蒋经国不一致、妨碍实力派接班的王世杰退出政坛。

在传说的王世杰的罪状中，有一条是"在吴国桢赴美时，批给吴12万美元"。只因这一条，太平洋另一边的吴国桢便开始行动。他于1954年1月15日致信国民党中央党部秘书长张其昀，声明来美时"以私人所有台币"向台湾银行购买5000美元，是"行政院长"陈诚批准的，与王世杰"从未谈过去美费用问题"；"查桢为国服务二十余年，平生自爱，未曾贪污"，"如桢个人有任何劣迹，敬请国人检举，政府查办"，并要求公开发表此信。

吴国桢的这封信，并无什么指责、批评台北当局的内容。从后来的情况看，国民党当局也没有扣压不发的意思。就在此信在台北发表的当天，即2月7日，吴国桢见信寄出已20余天，还未发表，看来是台北方面不想公开，只有自己采取行动。当天，美国芝加哥WGN电视台因预定的客人失约，临时拉吴国桢到电视台采访。吴国桢在回答问题时，称自己赴美有"健康"和"政治"两个原因。"政治"的含义是"因为我主张台湾民主化"，遭到主流派的反对，不得已而出走。这一点，引起台湾方面反击，隔洋大战正式开始。如果国民党方面就吴国桢致张其昀的信早做说明、先行通知的话，以后的事情就不会马上发生了。

2月16日，吴国桢在家中接受合众国际社记者采访，明确提出他的政治主张，要求在台湾地区实施政治民主；台当局过于专权，搞一党专政；"政治作战"完全拷贝于苏联。

2月26日，台湾方面开始反击，"立法院长"张道藩在"立法院"内，针对吴国桢的谈话质询道："吴国桢离开台湾原因之一，是为了'健康'，其实他那又肥又胖的样子，美国观众在电视传真里看见了，自然证明他那为了健康而出国的原因是在说瞎话。至于政治的原因，吴国桢当初和政府发生什么争论，我们过去毫无所闻。"他在逐一批驳完吴的政见后，开始揭吴的老底，称吴在上海时临阵脱逃、为官时狂妄自大、到台后反对耕者有其田。

2月27日，吴国桢致函台"国民大会"，再次重申反对国民党一党专制、特务统治、侵犯人权、成立希特勒式的"反救团"等政治主张。要求审查"政党法"，明定特务机关的权力，撤销军中党部、"政战部"和"反救团"，设立冤假错案申诉委员会。当天吴又公开发表谈话，主要反驳张道藩在"立法院"的质询。

台北方面发起反击是可以理解的。可是如果吴氏真失职犯法，应该让法律部门追究，为何让"立法院"以质询方式进行声讨？或许是国民党当局的无知，或许是吴国桢的案情没有张道藩所说的那样严重。再说张道藩和吴国桢，曾为同窗学友，又同朝为官，现吴国桢身陷困境，自我洗清诬陷也不为过，作为老同学的张道藩理当鼎力相助，救同窗于危难。可张不识时务，甘为御用，炮轰同学并非大义灭亲，只能算是落井下石，暴露出一张活生生的投机、帮凶的嘴脸，也暴露出旧时知识分子的弱点。台湾当局对吴的声讨逐渐升级：

3月4日上午，张道藩举行记者招待会，指责吴国桢任职台湾省主席期间，私自滥发钞票，抛空粮食，包庇贪污，营私舞弊，勾结奸商，牟取暴利。

3月8日，两名"国代"提议，"应即刻召回吴国桢听候处分"。当天"国大"成立5人小组，研究刚刚收到的吴国桢的《致"国民大会"函》。

3月10日，张道藩唯恐吴国桢过关，又以书面形式向陈诚反映他的15个问题。

3月11日，台"最高法院检察长"赵深指示，对吴国桢的行为"严予彻查，依法办理"。次日，吴国桢在家中对记者发表谈话，称"批评权势是我的罪过"。

自11日起，台湾当局组织军界人士、省议会议长、有关官员、"国代"、一批中学校长等各类人物围剿吴国桢，称吴是"丧心病狂，假借民意，口是心非，惯用权术"，是"告洋状，期美国政府庇护"，是"叛国行为"。

3月17日，蒋介石出场，发表"总统令"称："据行政院呈'本院政务委员吴国桢于去年5月借病请假赴美，托故不归，自本年2月以来，竟连续散播荒诞谣咏，多方诋毁政府，企图淆乱国民视听，破坏反攻复国大计，拟请以撤职处分。另据各方报告，该员前在台湾省政府主席任内多有违法与渎职之处，自应一并依法查明究办。请鉴核明令示遵'等情。查核吴国桢历任政府高级官吏，负重要职责20余年，乃出国甫及数月即叛国家诬蔑政府，妄图分化国军，离间人民与政府及侨胞与祖国之关系，居心叵测，罪迹显著，应即将所任政务委员一职，予以撤免，以振纲纪。"此外，蒋介石还斥责吴国桢"在一个外国庇护下空论及滥言民主和自由，与共党分子毫无互异之处"。

当天，"国民大会"通过决议撤销吴国桢的"政务委员"职，饬令吴迅速回台听候查办；国民党中央常委会同时开除吴的党籍。

至此，台湾方面能唱的戏全部唱完了，能骂的骂完了，招数已尽，在美国"驻台大使"的调停下，双方停战。一夜间，台湾的报刊停止了对吴的指责，当局还作出姿态，送还吴国桢被扣压在台湾的小儿子吴修潢。

"吴国桢事件"的出现，非蒋介石的本意，因为吴国桢对国民党的批判，暴露出国民党蒋介石当局的黑暗；而台湾当局对吴国桢的批判，只能增加吴国

1945年反攻缅北胜利后，孙立人离开缅甸时的留影

桢的新闻价值和抬高他的身份。在这场论战中，台北方面的力量远超过对手，可这并不利于得分，越"战"失分反而越多。隔洋大战可以说是吴国桢不甘受屈，主动挑战，揭国民党的伤疤，论点中多一点西方式的民主；蒋介石不甘受骂，反击应战，查吴国桢的过失，论战中多一点东方式的专横。至于究竟是谁得到"外国的庇护"，正是美国的庇护，才庇护出一个国民党台湾当局；而对吴国桢来说，美国只庇护出一个"议论蒋介石的发言权"。

事件过后的吴国桢，极少谈及台湾当局，主要专心研究中国传统文化，时常做些学术讲座。1967年起，从定居多年的伊利诺伊州伊万斯顿城移居乔治亚州萨凡纳，在阿姆斯詹学院任教。中国大陆实行改革开放后，他十分欣赏中国共产党的方针政策，在接受江南先生采访时说：《邓小平文选》我反复看了三遍，这个人我非常佩服。对邓小平先生之措施，无论大小，莫不留心。其枝节细目，事非亲历，游夏之徒，自不能措一辞。但对年来施政大纲，实感所见相同。若能照此方针，按步推进，不屈不折，既周且彻，一代坚持，一代继行，不出两代，中华神州当可成为21世纪中世界上最富强康乐之一国。晚年的吴国桢，有一事反复萦绕心头，就是希望回国一游，亲眼看见祖国新貌。20世纪80年代前期，全国政协主席邓颖超和中央统战部长杨静仁，邀请吴国桢回国观光讲学，吴本预定于1984年9月启程，不幸于同年6月6日在家中病逝，留下了绵绵遗愿。

"孙立人兵变"

在国民党的军队里，黄埔系和准黄埔系形成军界两系分权、一统全军的局面。孙立人则不然，他是由美国军校培养出来的学生，其西派作风与东方格调时常产生矛盾，难免与黄埔二系发生冲突，最后成为悲剧性人物，被迫退出军政舞台。

年轻的孙立人志不在兵，而是幻想当一个建筑工程师。1923年自清华大学毕业后，考上官费留学生，前往美国普林斯顿大学，攻读土木工程。此时，清华校友吴国桢也在该校哲学系学习。孙立人获得学士学位后，考入弗吉尼亚军事学院学习，专攻军事指挥而非军事工程。学习期间，他结识了后来在"二战"前后成为西方军事名将的艾森豪威尔、马歇尔、麦克阿瑟、史迪威等人。1927年孙立人毕业离校，前往欧洲考察军事状况。1929年回到祖国，第一个职务是中央党务学校军训团中尉排长。次年，中央银行总裁、财政部长宋子文成立税警团，崇拜西方文明的宋子文，一眼相中美国军校的毕业生孙立人，命其出任税警团上校团长。

从国民党军事史看，黄埔系、准黄埔系作为蒋介石的军事助手和作战主力，有过5次升官高潮。首次是在北伐进军，二次是在军阀混战，三次是在"剿共"战争，四次是在抗日战争，五次是在内战时期。孙立人任职的税警团，主要任务是缉私收税，并非野战部队，前三次升官高潮一次也没有赶上，"团长"一当就是11年。而在以后的11年间，他则由"团长"升到"陆军总司令"，由"上校"升为"二级上将"。只因他升官太快，终成其他将领的排挤对象，为官场所不容。宣判他政治死刑的，是曾信任他、提拔他的蒋介石，蒋把他升上天堂，也把他送进地狱。

抗战结束后不久，蒋介石准备发动全面内战，原在云南的"昆明防守司令部"被改组为"东北保安司令部"，前往东北接收，新1、6军作为主力先运山海关、秦皇岛。新1军一直作为先头部队向北进攻，兵临第二松花江，集结长春、四平。1947年1月6日，中国共产党领导的东北民主联军发起"三下江南战役"，仅新1军就被消灭万余人；6月14日东北民主联军发动四平街战役，新1军和其他国民党军队损失巨大。此时，孙立人和黄埔系将领的矛盾因为争权夺利已形同水火，被黄埔系控制的东北保安总部将孙立人明升暗降，调升东北保安副司令。1947年9月，陈诚出任东北行辕主任，不愿孙立人在身边指手画脚，建议蒋介石任命孙为"陆军副总司令兼陆军训练司令"。1949年9月，改任台湾防卫司令兼东南军政长官公署副长官。国民党当局退台后，1950年3月升任"陆军总司令"。

1955年10月31日，蒋介石发布"总统令"："以孙立人久历戎行，曾在对日抗战期间作战立功，且于案发之后，即能一再肫切陈述，自认咎责，深切痛悔，既经令准免去总统府参军长职务，特准予自新，毋庸另行议处，由国防部随时察考，以观后效。"同时发表的还有"孙立人事件9人调查委员会报告书"。至此，关于"孙立人事件"的调查宣告结束，孙立人开始了漫长的囚徒生涯。

震动台湾的"孙立人事件"，当事人并非孙立人，而是时任"陆军步兵学校总教官室少校教官"的郭廷亮。事件的内容也有两个层次：一是郭廷亮预谋"兵谏"捉蒋，被逮捕关押；一是孙立人在不知情的情况下，利用郭廷亮出面联络自己旧部，以加强联系，保持自己对军队的影响，郭廷亮事发殃及孙立人。

郭廷亮为孙立人的老部下，沈阳解放前夕从解放军的包围中逃出，后与东北民主联军方面的有关人士有过接触，但无更深的联系。郭廷亮自到台湾后，有过发展自己组织、"兵谏捉蒋"想法。但他仅为少校，要联络他人多有不便，故只有借助于老长官孙立人的名义和关系网，为自己的活动提供掩护和方便。

孙立人也有自己的打算，他升任"陆军总司令"后，在黄埔系势力遍及各个角落的军界内，时刻有一种孤独感，与他亲近的上层人员少得可怜，数得着的只有"陆军副总司令"贾幼慧、"陆战队司令"唐守治、"副参谋总长"余伯泉、"大陈岛防卫司令"刘廉一、"台湾防卫总部副司令"舒适存等为数不多的几个将领。因此寄希望于自己到台湾后主持的第四军官训练班的学员身上，该班则成为后来在台复校的"陆军军官学校"的前身。从1953年11月下旬起，孙立人指示"陆军总部第五署督导组中校组长"江云锦出面，与以前已经毕业的"第四军官班"的学员保持联系。到次年元月，又要江把指定"负责联络责任之学生联起来"，建立横的、纵的联系。江云锦见此事有些不妥，工作不太积极，8月间孙立人召见郭廷亮要其负责此事，郭正好将此作为实施自己计划的良机。两人不谋而合，为各自不同的目的和任务协作行动。

郭廷亮发展的核心人物有江云锦，某部上尉情报官田祥鸿、刘凯英，"陆总五署"中校副组长王善从，"参军长办公室"少校陈户埧等5人，同意保持联络的校尉官有百余人。这批人内部成分复杂，组织涣散，没有一个共同的奋斗目标和领导核心，缺乏必要的纪律约束，根本不可能成为发动重大政治行动的基本力量。在这百余人中间，大部分是为了追随老长官孙立人，听命于郭廷亮的几乎没有，更没有人知道和认为自己的行动是为了"兵谏捉蒋"，郭廷亮在做一次毫无胜利把握的政治游戏。

1955年6月初，台湾军事当局计划在台南地区举行有"总统"和"美国顾问团"检阅的军事会操，郭廷亮决定在屏东机场检阅时，采取行动，一举活捉蒋介石，成为张学良第二。遗憾的是，屏东起事无论是从政治上、军事上还是从社会背景上讲，均不同于西安事变，失败是在预料之中。

为取得孙立人的同意，5月15日郭廷亮找到孙立人说："第四军官训练班同学因部队中存有一般不良现象，拟向总统呈递意见书"，并准备借某部于5月中旬由营教练结束转向团教练之间的10天时间为行动时间。尽管没有提发动"兵变"，孙立人也没有同意，只是表示，同学勿轻举妄动，如有意见，等自己于5月25日左右到屏东后再说。

郭廷亮为鼓舞士气，视此事为儿戏，对自己联络的对象们称：孙将军已决定在5月底6月初行动，并决定在南部设立指挥部，为便于行动，将乘汽车南下，沿途通知和指挥已经联络好的部队。临到发难，郭廷亮在准备兵变过程中的薄弱环节集中暴露出来：这些联络员大都没有掌握所在部队的指挥全权；不少联络员在得知兵变计划后纷纷退却，其中有20多人分别向上级、政战、特勤部门报告了郭廷亮异动的秘密。"国防部保密局局长"毛人凤突然乘飞机火速南下，统一行动，逮捕了各部队的联络员，而郭廷亮本人则在5月25日被"保密局特勤室主任"毛惕园扣押。

随着郭廷亮等人被捕，孙立人也失去自由。8月2日，经"副总统"陈诚批准，"调查委员会"向孙立人公布了郭廷亮案。次日，孙立人签呈蒋介石，称对郭廷亮是"竟未察觉，实为异常疏忽，大亏职责"；称联络旧部"不但有形成小组织之嫌，且甚至企图演成不法之举动，推源究根，实由职愚昧糊涂，处事不慎，知人不明，几至贻误国家，百身莫赎"。20日，蒋介石发布命令，决定："总统府参军长陆军二级上将孙立人因'匪谍'郭廷亮案引咎辞职，并请查处，应予照准，着即免职。关于本案详情，另组调查委员会秉公彻查，报候核办。派陈诚、王宠惠、许世英、张群、何应钦、吴忠信、王云五、黄少谷、俞大维组织调查委员会，以陈诚为主任委员，就'匪谍'郭廷亮有关详情彻查具报。"（许狄：《百战军魂孙立人将军》第179页）

"9人调查委员会"的工作到10月8日结束，其中包括在草山第一宾馆直接侦讯孙立人，最后认定他有如下责任：第一，对第四军官训练班部分结业学生发动联络组织，其动机并不正常，虽据称此非有形之组织，虽据称用心无他，可显然企图形成以个人为中心之一种力量，行为上实有在军中"违法密结私党或秘密结社集会"之嫌；第二，孙立人为加强上项联络组织，加派郭廷亮等更积极展开此项违法之秘密活动，孙虽然不知道郭廷亮的"兵变计划"，可偏听偏信，"未有任何适当之防范，应负失察之责任"；第三，"对旧部不法言行，恒徇情姑息之态度，知情不报以及其平日之管束无方与训导失当"；第四，刘凯英被追捕时于6月2日来到孙家，孙立人先是劝其回部队报到，后在刘说明不敢回去后资助路资，"实有徇情包庇之嫌"。（许狄：《百战军魂孙立人将军》第181—183页）

以上四条，除第一条把一个老长官想保持与部下的联系，这种在国民党军队内极为普遍的现象，说成是"密结私党"无限上纲外，其余三条基本上是客观的事实。即使从长达15000余字的报告书看，孙立人的问题也不过如此，换个朝中红人则太平无事，为何孙立人主动辞职后还被软禁30余年，这则是令世人迷惑之处。

此事一出，港台及西方顿时人言啧啧，存疑不少。一为郭廷亮是不是"共谋"？调查报告书称确有其事，并以此罪论刑。如真是"共谋"当时必死无疑，可郭却仅被判为无期徒刑，后来还被假释。

二为有无"兵变捉蒋"事实？郭廷亮是连一个有形的组织、一支可靠的军队都没有的"少校"，"兵变捉蒋"从何谈起？

三为何对孙立人大做文章？孙立人原是"陆军总司令"，事件发生时也是"总统府参军长"，挑选几位旧部做亲信，实属正常。郭廷亮挟"孙"行事，本为郭廷亮之事，为何国民党当局反而把重心放在孙立人身上？

四为孙立人并未加入"兵变"，为何仍被整肃下台？

五为办案何故特殊？一起被告密者说成是"兵变"的案件，在主犯被抓3个月、案情已明的情况下，为何蒋介石还要组织以"副总统"陈诚为首的最高层次的"调查委员会"来查处此案？

只有一个答案，那就是蒋介石要抛弃孙立人！

蒋、孙冲突起于孙立人"陆军总司令"的第二任期内，孙的第一任期可以说是蒋、孙关系的蜜月期。当然蒋介石的信任、孙立人的走红又是和美国人的支持、黄埔系的吃醋连在一起的。

蒋介石用孙事出有因：一是退台初期，蒋准备运台的部队大部分还在海南、舟山、大陈等地，台湾的守军主要就是孙立人在任"陆军训练司令"期间在台湾训练出来的由新兵组成的部队，"防卫司令""陆军总司令"的人选，从实力角度出发，非孙莫属。

二是孙立人自1947年底就已脱离内战主战场，同在前线与中共决战时败绩累累的黄埔系、准黄埔系的各位头目相比，孙立人虽说是被排挤出东北，可败绩也就少得多。蒋介石在选择"陆军总司令"人选时，挑来挑去，挑中孙立人多少能改善一下国民党军队的形象。

三是当时岛上军事人员来自近百个军师、各军兵种、各总部机关和地方绥靖机构、军管区、师管区，参差不齐，人员复杂，机构混乱，裁撤、整顿、训练的任务很重。而负责整训的便是"陆军总部"。

蒋介石让孙立人出来主持问题最大、最多的陆军整顿，并非盲目行事，而是择能从之。在蒋看来，黄埔系成员无法完成整顿黄埔系的任务，孙立人非黄埔军校出身，整顿由黄埔系控制的陆军狠得下心，下得了手，是最合适的人选。再说孙立人在训练和管理上采用的是美国方式，而国民党退台后的主要保护国、援助国是美国，按照美式要求、惯例整编军队，有助于接受美援和使用美援，有助于美军顾问团的指挥。

四是蒋介石为摆脱退台后的困境，想方设法争取美援。为取得美国老板的欢心，在用人上任命了一批深受美国方面欣赏的人物，军事上任用孙立人也属此意。为此孙立人当上"陆军总司令"，按照军事主官两年一任的规定，他在一任之后又连任一期。1954年6月第二任到期后，因蒋介石另有安排，孙立人调任"总统府参军长"。

孙立人是国民党决策圈内，为稳定军队里的混乱局面，把60万军队数十万军事人员，改编为现代化军队过程中的关键人物。正是他和陈诚、蒋经国一起，完成了台湾地区的整个防卫计划的制定，基本确定了台湾的军事规模。孙立人的整军，是建立在蒋介石的"反共复国"理论基础上的，因此，国民党军队镇压人民、反对进步的反动本性并没有改变。他的整军，有助于巩固蒋记政权，使得蒋家政权在台湾地区得以支撑下去。

孙立人成在整军，败亦在整军。同为"整军"，曾经得到蒋介石的赞扬，却很快为蒋介石所不容：

首先，孙立人的整顿，侵犯了黄埔系的利益。黄埔系在孙立人的眼里，始终是一帮练兵不精、打仗没有章法、官官相护、吃空额喝兵血、胡作非为的草寇。自己受气黄埔系已多年，只因黄埔系势力庞大，一直没有教训他们的机会，如今蒋介石的整顿令在手，整治这帮不法之徒的时机已到，决不手软。因此，在整顿中，黄埔系、准黄埔系花费30年创建起来的军事局面，全部被打乱；用人惯例、人事安排全部被取消；成批成批的"两系"将领被撤离岗位。虽然都知道这是蒋介石的安排，军队主官大多还是黄埔学生和中央军校学生，可失意者都把此记在孙立人的账上。军界上层更是一片反对之声，编余军官群起而攻之，为改变自己被整肃的命运四处告状，到陈诚、何应钦、顾祝同和蒋经国等处进谗言，诉说孙立人不是的黄埔系成员络绎不绝。积非成是，孙立人要"整垮黄埔系"的说法不胫而走，蒋介石当然不允许孙立人"腰斩黄埔系"。这样孙立人的整军，昨天还是功绩，今天却成为罪状。

其次，孙立人的整顿，配合了蒋家父子重建台湾的大业，功劳卓著，不免引起其他军中重臣的妒忌。军事上的烂摊子就是这批军中重臣留下的，可收拾烂摊子的却是孙立人，军中重臣当然不甘当孙立人的反衬。于是妒火中烧，明里反对，暗中拆台，加入倒孙大合唱。军中重臣以陈诚为首，而孙立人又是陈诚自抗战中期以来极力排挤的对象，倒孙过程中陈诚之卖力可想而知。这帮军中重臣大都曾帮助蒋介石夺权上台、30多年来一直被蒋介石视为心腹股肱，他们的意见往往能影响蒋介石的决策，所以孙立人必倒无疑。

最后，随着孙立人整顿的进行和时间的推移，蒋介石自己的态度也起了变化。蒋介石到台湾后的一条基本思路就是为蒋经国接班上台做准备，军事方面也是这样。孙立人在整编过程中，起用了一批深受蒋经国赏识的军人，这是符合蒋记基本路线的，也得到蒋经国赞同。可是蒋经国此时出任"国防部总政战部主任"，正好利用政工系统全面干预军事指挥事务。孙立人从西方军事管理理论出发，对过去在前线率领新1军作战时受到政工系的干扰，记忆犹新，更对现时无处不在的蒋经国政工势力的牵制分外反感，故把削弱乃至取消政工系统也列为陆军整编的一大内容。当他让"美国顾问团团长"蔡斯提出这一建议后，除得罪了大多由军中特务担任、权力很大的政工人员外，也得罪了蒋经国，从而也得罪了蒋介石，蒋、孙分手难免。

孙立人在台湾军界成为不受欢迎的人，本无关系，国民党上层不得人心、照样当官的人不在少数。问题是孙立人和蒋介石之间的矛盾迅速激化。蒋介石看不惯孙立人那高傲、盛气凌人的架势，"孙司令"平时缺少黄埔系成员的那股"机灵劲"，颇有"西派"作风，说话坦率刺耳，作风明快偏激，断事利落无情。特别是孙立人很受美国方面的宠爱，在"美国顾问团长"蔡斯眼里，只有孙立人，而无他人。孙立人更挟"洋"自重，目空一切，蔡、孙的亲热关系，刺激了包括蒋介石在内的台湾军政要员。孙立人只尊不敬的态度使蒋大为不满。在蒋的眼里，孙立人成为不可不用、不可久用的人物。"不用"，人才难得；"久用"，则恃才傲物。如今已到结束"久用"的时候。

蒋介石时机选得很准，此时美国已经准备在干涉中国内政的邪路上走下去，运到台湾的美援已经进入正常化、制度化阶段，蒋介石不必再为美援能否准时到来而担心，也不必再用美国方面喜欢的官员来争取美援。所以在两年前结束了孙立人的好友、同样看不惯蒋经国横行霸道的吴国桢的政治生涯，王世杰也因吴国桢事件被赶出"总统府"。在这种美援不断的国际背景下，孙立人下台的时机到了。

从台岛内部政治情势看，军事整顿已告一段落，接下来进入正常时期，不再需要"军中强人"。尤其是孙立人这样倚仗美国支持的"强人"存在，将会威胁到蒋介石的权威，增加蒋、孙之间的摩擦系数，成为蒋经国接班路上的障碍。蒋介石清醒地看到这一点，为消除后患，像当年在东北长春一样，调虎离山，于1954年6月任命孙立人为"总统府参军长"。"参军长"位置不低，可实权远不如"陆军总司令"，根本没有指挥一营一连的机会。明眼人知道，这是孙立人被贬的信号。

蒋介石不用孙立人，贬职可以，撤职也可以，为何施以如此重罚，实乃黄埔系头目所为。他们作为30年统治集团内部的主流派，与孙立人宿怨已久，到台湾后偌大的黄埔系竟成了孙立人玩弄的对象。孙立人本人更是招摇过市，神气一时，黄埔系看在眼里，恨在心里，真可谓之旧恨未了，新仇又添。该系内藏龙卧虎，岂能咽下这口气。

就在孙立人上任"参军长"，不再直接控制军队、加紧进行旧部联络之际，尾巴被黄埔系揪住。为整倒孙立人，把"联络旧部"说成是要在军中建立"纵的横的联系网"；把负责此事的郭廷亮说成是"匪谍"；把郭的活动说成是借孙立人的名义进行受中共指使的"兵运兵谏"，"制造大变乱"；孙立人则被说成是参与"共谍"所进行的阴谋活动，并是郭廷亮他们推举的最高长官。在陈诚等人的指使下，一桩错案就这样出笼了。由于孙立人地位特殊，时任美国总统的艾森豪威尔和五星上将麦克阿瑟等国际级闻人，致电蒋介石要其对孙立人"慎重处理"。一贯对西方文明有好感的蒋夫人宋美龄也极力为孙立人辩护。蒋介石不得不任命以"副总统"陈诚为首的"调查委员会"，对孙立人应负的责任进行了部分澄清，把孙和郭的关系加以区分，把"参与"改成"包庇"。但是，关于郭廷亮的问题仍进行全盘清算，这同样决定了"孙立人事件"的性质。因此可以说，孙立人垮台是继东北争功不成以后第二次也是最后一次受害于黄埔系。

蒋介石在得到孙立人参与"共谍发动的政变"的消息后，眼前马上映现出当年在西安临潼华清池东躲西藏被活捉下山的狼狈样，不禁龙颜大怒，语无伦次，一再表示要对孙立人施以重罚。由于此案钦定及黄埔系的倒腾，任何调查结果都不会改变孙立人的命运。

孙立人得知郭廷亮等将在会操期间向"总统"呈递意见书的报告后，定于5月28日经台南转屏东。郭廷亮被捕后，孙立人已处在特工部门的控制之下。蒋介石为防止意外，要孙立人在30日与自己一起乘飞机南下。6月6日，在台湾最南端的机场举行南部7万驻军校阅，为保证因"孙立人事件"惊魂未定的蒋介石和美军"顾问团团长"蔡斯、美军第8军军长泰勒的安全，特工人员两度对会操场地反复仔细检查，校阅也因此推迟两小时，延至11时30分举行。当日晚蒋介石为从南朝鲜飞来的泰勒洗尘，参加检阅的孙立人也应邀出席。6月15日，"国防部长"俞大维主持黄埔军校校庆并为蔡斯任满返美举行宴会，席间蔡的好友、"参军长"孙立人没有出现，显然他已失去自由。待事实基本查清后，因台北不便控制，官方强迫孙立人迁往台中居住。

在台湾上层社交圈和社会各界的疑惑之中，孙立人在台中开始为期33年的囚禁生涯。除每年到台北"荣民总院"作一次例行体检外，平时极少去台中以外的地方，由特工人员"保护"在家闭门思"过"，读书、养花。

直到蒋介石病故后，继承父位的蒋经国派出"总统府秘书长"马纪壮到台中探视孙立人，试探孙立人愿不愿意去见蒋经国。岂知秉性刚直的孙立人数十年来"思过无效"，对蒋家的"恩泽"领教不深，不愿去见这位曾经参与置自己于死地阴谋的过去的"太子"、今天的"天子"，只是提出三点要求：正式退役、请当局代修住房和恢复自由。由于孙立人冷落了蒋经国，结果实现的是"代修住房"，"正式退役"的退役金由70万新台币减为50万，"恢复自由"

则在蒋经国死后才实现。

1988年3月20日，蒋经国去世后两月余，经李登辉批准，一直负责"随时察考"孙立人的"国防部"，派出"部长"郑为元，来到台中孙家，宣布："你现在自由了，你愿意干什么就可以干什么，你爱上哪里去，就上哪里去，并可以同任何人交谈。"此时，孙立人已经88岁。此后逐渐恢复基本公民权利的孙立人，一直在等待官方澄清事件真相、纠偏平反日子的到来。两年半后，1990年11月19日，老人在等待中死去。

经过公开、正式处置吴国桢、孙立人，再加上国民党改造、清理门户的进行，国民党统治集团上层的不同意见基本消失，政治权力组合逐渐蒋家化，政治对抗趋于高压下的平静，台湾政局进入以国民党专制、蒋介石独裁为特征的以"力"服人时期。

"五二四事件"

在国民党当局高压统治下，人民群众任何公开的反抗都将被扼杀在萌芽状态，但这并不是说人民大众甘心于国民党当局种种摧残人民民主和权利的行为，只要有合适的气候和条件，便会有人站出来表达自己的政治态度。

1957年3月20日深夜，美军驻台人员雷诺上士在他位于台北阳明山的家附近杀害了"革命实践研究院"职员、好友刘自然。此案从未公布过真相，可以肯定地说，刘自然死得不明不白，地下又多了一个冤魂。事件被揭露后，社会舆论和民众一片哗然，要求惩治凶手，要求美国方面进行必要赔偿。国民党官方对伸张正义的呼声置之不理，对要求制裁杀人凶手的呼声连提都不敢提，美方更是态度傲慢，混淆黑白，颠倒是非，滥用外交特权，一味为罪犯开脱，违反起码的国际准则。

在社会各界的强烈要求下，5月20日，台北美军特设军事法庭开庭，经过3天半的审判，法庭于5月23日中午以雷诺杀人为"自卫"，"经本法庭陪审团审讯调查结果，投票表决，宣判无罪"。因为是军法审判，所以检察官不得上诉。

美国方面包庇杀人罪犯、军事法庭没有公正判决，台湾人民义愤填膺，要求还我公道。从美军军事法庭开设的第一天起，《联合报》《征信新闻》等几家报纸，就进行追踪报道，而且还就案情和法庭的审判过程发表了不少评论文章，无论哪家报纸和舆论机构，都一致认为雷诺会被判处死刑。

刘自然之死，已成为全台湾关注的焦点。雷诺被判无罪的消息迅速传开，台湾朝野和各界人士都感到"惊愕"，"愤慨活动的情绪弥漫于社会各个角落"。"立法院""监察院""司法部"等官方机构为此召开会议和发表声明，认为此案的审理"显失公平"，并要求最高当局和美方应就美驻台人员实质上不受台法律管辖一事进行谈判。

社会舆论界更是一马当先，直指美方袒护凶犯的罪行。5月24日的《联合报》社论认为："所谓美军事法庭，关于审判雷诺杀人案的一切法律过程，不是在决狱，而是一幕虚演的滑稽剧而已，天下不公平而又令人痛愤的事，孰有过于此者。"《征信新闻》则在当天的专栏文章中指出："无论从哪一国法律观点上看，雷诺案的宣判无罪都将成为对法治、公道剩有多少价值的一种嘲笑……我们要收回美军的治外法权！"

审判的结果与民众的目标实在距离太远，自3月20日以来就开始不断累积的民众反美情绪，终于到了总爆发的时候。观察当时台湾时局，稍有政治头脑的人都可以发现，一场群众性的反美运动即将开始。

1957年5月24日上午10时15分，死者夫人刘奥特华女士泪流满面，手持用中英文写着"杀人者无罪？！我控诉！我抗议！"的1米见方硬纸板做成的标语牌，到位于台北中正路的"美国大使馆"门前静立抗议。在遭到"美国使馆"人员和台湾警察的拒绝后，到中午12点已经聚集了一两百人。下午1点钟左右，在越聚越多、群情激昂的人群中，不知谁高喊一声"打"，人们就向"大使馆"冲去。被警察挡住后，双方反复拉锯达40分钟。此时，人们开始用石块砸"使馆"的玻璃，下午2点钟人群破门而入，将停在院内的12辆汽车推翻和砸坏。下午3点多钟，台湾省警务处长乐干率部赶到，下车后见状即鸣枪警告，枪声无疑是火上浇油，人们点燃了被推翻的汽车。警察的广播车也只好退出"大使馆"，事情已不可收拾。尽管有警察和宪兵在场，愤怒的人们又三度冲进"美国使馆"。

傍晚7点左右，台"外交部长"叶公超陪同"美国驻台大使"兰钦乘车到"使馆"视察，遭到群众的石块"欢迎"，叶公超差点被击中，两人见势不妙，只得在军警的保护之下匆匆离去。人们的抗议活动一直坚持到晚上9点左右。

位于中山堂的"美国新闻处"，成为人们抗议的第二战场。从下午4时起，"美新处"前已聚集不少人，下午5时左右，一些人开始向"新闻处"扔石块，不一会儿又冲进院内，砸门窗玻璃，直至下午6时左右，群众才陆续退出"新闻处"。此处的活动已经趋于平息，可是警察却突然抓了两名群众，并且用高压水龙射向已经有意要离开的民众，警察的行动，激怒了在场的群众，群众把目标转向警察，有3万余人聚集到台北市警察局四周，要求释放两名被捕的民众。见没有回应，下午6时40分，忍无可忍的群众，第一次冲进警察局，双方出现冲突。后在警方催泪弹的反击下，人们退出警察局。

晚8时50分，人群中有人高喊"警察打死人啦！"群众情绪再度高涨，包围警察局，有人点火烧着了停放在警察局大门里的车辆和停车房，火不到5分钟就被赶来的消防车扑灭。到晚9时30分，人们冲上三楼、四楼，见东西就砸，见警察就打。不久军队赶到，在警察局一带设立层层防线，群众只许出不许进，直到午夜，群众才全部散去。

除以上三个热点地区外，美军设在台北汉口街台糖大楼的"美军协防台湾司令部"，也被民众包围，工作人员一看不妙，就拉起大门，降下美国国旗，但在楼外停车场上的5辆美军车辆被推翻和烧毁，到下午4点，两个连的宪兵赶来保护，"协防部"才免遭更大损失。

以上四处的骚动，震惊了蒋介石，他仿佛看到10年前的"二二八事件"又在重演，为防止事态扩大，急命3个师的部队开进台北市，负责看守主要地段和敏感机构。同时，台北卫戍司令黄珍吾下令：自晚上7时起，（在台湾地区一直"戒严"的情况下）台北市和阳明山管理局等区域实行"戒严"和"宵禁"。他在宣布时说："在戒严期间，严禁有任何非法集会、游行、请愿及扰乱治安等行动，倘有故违者，决予以拘捕依法严办，务望全体市民，一致努力与本部合作，共同维持社会秩序，以巩固我反攻复国基地之安全。"这样，台北地区的群众抗议活动基本停止。

最先响应反美群众抗议的是台中市，领头的是台中农学院的学生，曾在5月24日、25日两度集会，商讨游行与抗议事项。遭到当局和军警部门的阻止后，没有上街活动。

为防止事件扩大，台湾当局先后在嘉义、云林、台南、基隆、花莲、台东等县市实施"戒严"。在台湾最南端的高雄市，也由高雄要塞司令部于25日紧急宣布："为确保高雄市区及港区安全，自25日起每晚12时到翌晨7时30分宣布戒严，此项规定在未正式宣布解除前，将继续维持。"

"五二四事件"至此基本结束，事件中死亡市民1人，伤38人。警方重伤2人，轻伤22人。美国"使馆"人员受伤8人，军事人员伤4人。损失情况是，美国"使馆"被毁汽车共13辆，其中包括美国驻台"大使"兰钦的座车，其他财产损失约为5万美元。

蒋介石自觉事件的严重，为挽回不良影响，下令撤销台北卫戍司令黄珍吾、"宪兵司令"刘炜、省警务处长乐干的职务。25日，"俞鸿钧内阁"总辞，26日蒋介石出面向美国"大使"道歉。25日，台驻美国"大使"董显光按照"外交部长"叶公超的指示，约见美国助理国务卿劳勃森，正式向美国政府表示："中国政府对于台北的暴乱事件表示深切的歉意。"

几辆汽车和5万美元，对美国来说，是九牛一毛，不足为奇，但如果一个美国公民被打死，除对凶手追究刑事责任外，对死者家属的赔偿金恐怕不是几十万美元所能摆平的。现在刘自然不但白白送命，而且在美国和国民党当局眼中还成为"五二四事件"的祸根。对人民群众，当局在事件过程中，在"美国大使馆"内抓了30多人，在"美新处"抓了15人，事件后又抓了近百人，并有40多人被定为"有意制造事件的暴动者"而被刑事处分。

美国方面大做文章，趁机利用此案来惩治一下不太听话、担心国民党政权被"美"化的蒋家父子。华盛顿当局认定此案是蒋经国暗中支持、导向的结果，按他们狭隘、自私、主观的逻辑推理："五二四事件，实乃精心策划……没有人幕后指示，中国人不会疯狂地为一个死者大张旗鼓。"要说"五二四事件"与蒋经国有关，那就是事件是由于蒋介石和蒋经国不顾中国人的尊严，为了美援不顾民众的生命，为了美援一味讨好美国人所致。至于美国军人，如果不侵驻台湾，如果在台湾安分守纪，或者在行凶后能依法惩治凶手，台湾人民也不会"疯狂地为一个死者大张旗鼓"。

7年多来，美国的援助给蒋家带来了好处，给国民党政权带来了稳定和实力，给台湾人民却带来了麻烦和痛苦。刘自然的非自然死亡引起的抗争，只是人民群众长期积累起来的不满情绪的总爆发。平心静气地说，民众打砸美国驻台机构的家具、汽车和密码机，固然有过火的地方，可对美军平日的暴行、蒋家父子不顾人格和丧失民族尊严的行为，台湾民众又有什么更好的抗议办法呢？

美国人把蒋经国称为"幕后人"，纯粹是出于对台湾当局施加压力的需要，而无任何真凭实据。美国方面有所不知，如果蒋经国真是策划人，发动群众性反美运动，美方恐怕不是数万美元的损失，也不是烧毁几辆汽车了。再说国民党政权去台仅8年，各方面还未进入发展时期，从"有奶就是娘"的信条出发，台湾当局离不了"奶"，怎么会抛弃"娘"呢？从美台关系和台湾的实情分析，当时不具备蒋经国发动数万市民掀起反美高潮的条件。当然这不排除蒋介石、蒋经国采取这样的行动：为维持自己的绝对权力，防止美国顾问干预内政，加强对内部的控制，利用这一群众性的反美抗议活动教训一下美国，但绝对不会发动群众性的反美运动。

此次事件的起因，按美方所说是死者偷看雷诺夫人洗澡，这是对死者人格上的侮辱，尽管死者并非是反美爱国志士，也不是为人民的利益、反对侵略而死，但不能不顾事实进行造谣，这就反映出美国人倚仗美元、仗势欺人的殖民者本质和面目。雷诺和刘自然之间有着极不正常的关系，雷诺是个贩毒犯，刘自然是个共犯，但是强龙压不过地头蛇，刘自然在毒品交易中曾黑吃黑欺负过雷诺。因为美国军纪规定，只要在台美军贩毒，即遣送回国，故雷诺不便控告刘自然，只好自认倒霉，但他一直在寻机报复，3月20日，终于把刘自然残杀在自家附近。根据当时警方的调查，刘自然根本不存在如雷诺所说的充当"窥浴者"的可能，而是被蓄意谋杀。刘自然参与贩毒固然是犯罪，但这用不着另一个贩毒同伙来进行惩治，在一直自认为是"文明、法治"的国度长大的雷诺，不会不知道这一点，所以说雷诺犯的是故意报复、杀人罪！所以说雷诺杀人是此次事件的直接祸根。

美国以强凌弱，侵犯人权，残害中国人，这才是事件的主要根源所在。早在1951年台美双方就有关"美军顾问团"成员在台权利的换文中规定，美国援台人员包括临时指派的人员，均受美国"大使馆"管辖，"享有外交人员待遇"。也就是说美国援台人员在台所犯的刑事、民事等罪，不受台湾有关法律管辖，所以刘自然被枪杀后台湾方面无可奈何。对当局这种为图"反共"不顾民族利益的行为，台湾人民从未认同过，不满情绪从未减弱。对于非"外交人员"的美国军人利用不该有的"外交豁免权"，横行霸道、胡作非为的行径，台湾人民从来没有停止过表达自己的不满。

此外，在无组织无动员无指挥的情况下，数万群众走上街头，数处地段一

这是蒋介石第二次"当选""总统"时，作为大会主席团主席的胡适（右）向蒋致送"当选证书"

起起事，数个城市共同行动，是多种不满情绪的综合反映。台湾自"二二八事件"后处于国民党高压统治下，人民大众处于无权地位，各种政治权力和基本利益得不到起码的尊重，特务统治压住了人民的声音，苛政酷律限制了人民的反抗，日积月累，沉淀发酵，如今在反对洋人欺负的旗帜和口号下，一齐爆发出来，不满的人们终于有了行动的机会和行动的场合；而且在当局一再的劝导和武力阻止下，事态越闹越大，客观上表现出民众对当局的仇视和对立。正是这一运动所具有的反美爱国倾向，正是这一运动所具有的客观上向统治当局示威的内容，所以蒋介石很快采取断然措施，派出重兵予以镇压，事后还对参与者追究刑事责任。

反专制事件

在国民党暴政下，被蒋介石称为"自由世界"的台湾，成了恐怖专制的世界。人民的反抗被镇压，即使在专制之下出现的任何不同声音也会被当局立即扼杀。只要翻读一下国民党去台后出版的报刊、书籍，收听台湾的广播就会明了。任何反对国民党的内容固然不会出现，任何议论国民党的内容都将受到细而严的检查，任何非歌颂性、只是史实性地谈及蒋介石及蒋家成员的内容都将视为大逆不道。清朝盛行的文字狱，在台湾已不算什么，因为写文章、发表言论，被以"颠覆国家、为匪张目、吹捧共党、侮辱元首"等莫须有的罪名，马上处以重刑。高压之下，批评的话全然消失，报纸上只剩下为国民党和蒋介石、蒋经国歌功颂德之词。这一时期曾经受到海内外谴责的侵犯人权的案件就有：

60年代初的胡适案。"中央研究院院长"胡适，因批评国民党专制、蒋介石独裁而遭到数次全面围剿。胡适，闻名世界、学贯中外的现代中国的大学者，就像世界上知道蒋介石、蒋经国一样，全世界都知道中国有一个胡适。此人曾任北京大学的校长和"中央研究院"院士。他一生不赞成共产主义，可也对国民党政权的专制进行过无数次批判。新中国成立时去了美国，1958年被蒋介石请回来出任"中央研究院院长"，尽管蒋介石为表示对胡适的欢迎，甚至愿意用自己的稿费来替胡建造公馆。可是这位学者，对西方文明有着发自内心的崇拜，所以到台湾后，时刻以西方尤其是美国的政治民主作为衡量国民党政权民主程度的标准，屡屡发表谴责国民党当局害怕民主、压制民主、反对民主的意见，特别是他曾同意和支持雷震、李万居等人筹组中国民主党，这就难免与台湾当局经常产生矛盾，他的文章和谈话经常成为台当局和舆论管制部门批判的主要目标；国民党的文宣部门和《"中央日报"》为首的宣传机构，也经常发动围剿胡适的"批判潮"。1962年2月24日，72岁的胡适在参加一次"中央研究院"的酒会时因心脏病突发去世。在去世前3个月，因他在欢迎美国国际开发总署代表团时，称如今台湾的民主还不如当年他所处的北洋时代，故遭到当局规模最大、调门最高、也是最后一次的围剿。胡适案的发生，是台湾当局要在知识分子阶层消除与国民党当局不一致的成分。

1960年雷震案。雷震，1897年6月月5日出生，1917年加入中华革命党，1926年毕业于日本帝国大学法学部，回国后曾任湖州中学校长、国民政府法制局编审、教育部总务司司长、国民党中央监察委员等职。在抗日战争中担任国民参政会副秘书长，1946年1月出任政治协商会议秘书长，后任"制宪国"大代表兼副秘书长、"国民大会"代表、政务委员等职。去台后任"总统府国策顾问"等职。同时还是1949年11月20日在台北创刊的《自由中国》半月刊的实际发行人，名义上是胡适。在《自由中国》的杂志内，集中了一大批从大陆到台湾、香港等地的著名知识分子，民社党和青年党中的非主流派，台湾地方势力中的一些著名人物。这些人事实上已结成松散型的政治同盟。他们的政治观主要是针对国民党的专制和蒋介石的独裁，进行比较隐蔽、相对含蓄的批评。最让台湾当局不能容忍《自由中国》和雷震的有三条：一条是10年来始终不懈地对台当局的每一项专制措施和压制民主的政策都进行评论，在利用中国丰富的文字进行嬉笑怒骂式的批判中，又开出一系列蒋介石和蒋经国都不喜欢的治岛良策；一条是对蒋介石违反"宪法"，在第二届任期期满后又变为"终身总统"一事所进行的冷嘲热讽和含沙射影式的批判；一条是准备冲破党禁。1960年5月4日雷震发表了《我们为什么迫切需要一个强有力的反对党》，鼓吹成立反对党参与选举以制衡执政党。5月18日，雷震主办选举改进检讨会，决议即日起组织"地方选举改进座谈会"，随即筹备组织中国民主党。雷震担任地方选举改进座谈会召集委员，与李万居、高玉树共同担任发言人。第一条已经犯下大忌，但不能成为直接镇压的理由，第二条因涉及蒋介石本人，蒋家不便马上采取行动进行镇压，第三条则违反"戒严令"，国民党当局完全可以对他采取行动了。1960年9月4日，台湾"警备司令部"对雷震等人采取行动，《自由中国》和筹组"中国民主党"的活动被镇压下去。此次为雷震制造的罪名是"明知'匪谍'而不告密检举，连续以文字为有利叛徒之宣传"，判刑10年。1970年9月4日雷震刑满出狱，1971年12月撰写《救亡图存献议》，提出政治十大建议，希望政府速谋政治、军事改革，以民主化方式应付危局，并要求将"国号"改为"中华台湾民主国（Chinese Republic of Taiwan）"。1979年逝世于台北，终年82岁。2002年9月4日台湾当局为雷震案平反。雷震案的发生，是台湾当局要在"国会"内部消除与国民党当局不一致的成分。

60年代的殷海光案。殷海光，曾是著名哲学家金岳霖的弟子，正式毕业于西南联合大学哲学心理系、科研所哲学部，专门研究逻辑学，1944年曾响应蒋介石引用吴稚晖之话发出的"一寸山河一寸血，十万青年十万兵"的号召，参加蒋经国直接指挥的青年军。抗战结束后，来到国民党中央宣传部担任编辑，1946年改任国民党"中央"机关报《"中央日报"》的主笔，后主编《青年周刊》。到台湾后，应台湾大学校长傅斯年的邀请，到该校哲学系任讲师。1954年去美国进修后又回台大任教，1957年已是教授。殷海光在大陆时期曾是国民党的坚定拥护者和支持者，在《"中央日报"》上发表过不少为国民党捧场、批判共产主义的文章。到台湾后，经过对大失败的思考，对国民党政权的认识产生质变，更多地从西方民主政治的角度去探讨台湾的政治，开始批判国民党专制和蒋介石独裁。他参加《自由中国》编辑和撰稿，并成为写稿最多、也就是对国民党当局批判最多的人，被称为"《自由中国》的台柱子"。《自由中国》此时存在已10年，杂志发表的最著名的一篇文章，即在雷震和李万居等人决定筹组民主党、国民党即将对其下手、黑云压城时所发表的《大江东流挡不住》，此文即出于殷海光的手笔。台港舆论界称殷的政论文章"充满道德理想色彩，语言清新犀利，有强烈的感染力"。在雷震案发生后，殷海光不畏强暴，继续仗义执言，指责国民党当局对雷震的镇压是"文字狱、党狱、冤狱"，宣布"我们实在发现不了我们的言论'违法'之处何在"，并表示愿意承担《自由中国》言论方面的法律责任。自此他就处于官方舆论的批判和高压之下，但他没有停止手中的笔，继续进行笔战，并和台湾年轻的政论斗士李敖一起，与国民党的文人展开决斗。在60年代前期发生的震动台湾文化和知识界的"中西文化问题论争"中，为李敖出谋划策，润色文章，被御用文痞们骂为"文化暴徒、西方人的豪奴恶奴"，搞"知识诈欺"。严格地讲，殷海光和李敖"全盘西化"的主张和对中国传统文化的批判，主要是出于对以传统文化的代表和继承者自居的专制势力的不满，但这种绝对化的西化主张确有不妥之处。这场论争，断断续续，一直没有停止。当局虽然没有对他的人身下毒手，可是也四面封杀，先是台湾大学按照有关方面的指示"辞退"这位教授，让他到"教育部"上班报到，便于控制和剥夺其上讲台的权利；有外国学者参加的座谈会，他有请柬但特务却不让他进门参加；他写的《中国文化的展望》一书刚出版就被查禁；美国一所大学聘其去讲课，他无法出境。到1969年9月16日因胃癌去世，国民党心头大患自然消失。殷海光案的发生，是台湾当局要在高等院校教授群体中消除与国民党不一致的成分。

1968年的柏杨案，这是又一件震动台湾的案件。柏杨，原名郭定生，别名郭衣洞，为台湾现代著名作家，当然他在文学上的知名度远不及被国民党逮捕、判刑后的社会知名度高。50年代初期他就开始发表小说，1960年起又包下《自立晚报》的"倚梦闲话"专栏，撰写杂文。从1955年到入狱，先后出版了9本小说和21本杂文集。他的杂文通过议论社会百态，对台湾社会的阴暗面、中国传统文化中的消极内容、国民性中的弱点进行了批判。既是杂文，就难免议论；既要议论，就难免议政；既然议政，就难免评蒋。因为在当时的台湾，只要稍有些思想和水平的人，只要是正直和正义之士，都会对当局的专制和愚民做法不满，都会利用各种方式表达自己的看法和不满。自"《自由中国》事件"之后，有关方面对社会舆论不断挤压，高度紧缩。在这个背景下，柏杨没有像胡适、雷震、殷海光那样公开批评国民党政权，但他运用文学和艺术方式对当局的专制、保守、僵化展开批评，当然成为官方注意的目标，只是没有合适的机会和借口对他下手。1968年1月3日，台湾《中华日报》发表柏杨译自美国报刊的一组漫画《大力水手》，内容是父子二人站在一个小岛上准备竞选总统，父亲正在喊："全国同胞们……"苦于没有机会和理由的有关当局，终于等到了对柏杨采取行动的机会。3月4日，"警备司令部"以"侮辱元首罪"逮捕柏杨，并交付让人生畏的军事法庭进行审判。国民党专制统治的一个很有特色的内容就是善于找到置人于死地，但当事人绝对不服的罪名。军事法庭认定这位柏杨先生是"运用文学技巧，影射政府的腐败无能；推行'匪'方文化统战工作"，前者问题不大，反正"政府"经常有人骂，至多判刑而已；后者则不一样，"红帽子"在当时是触犯天条的，因此被判处死刑。审判结果震惊了台港澳地区和西方不少政界人士，他们纷纷出面谴责，"案犯"本人也提出上诉，最后定为判处有期徒刑10年。柏杨为自己的言论付出了沉重的代价，被打断一条腿及无数次地受尽折磨；坐牢9年零26天；妻子倪明华被株连，为了生存，只好离他而去。出狱时柏杨没有为自己的行动而感到后悔。柏杨案的发生，是台湾当局要在文化界内消除与国民党当局不一致的成分。

1971年的李敖案。"《自由中国》事件"善后未了，在台湾政论界又出现一个新的声音，这就是李敖登台。谁也没有想到一位台湾大学法律系和历史系的年轻毕业生，竟然成为台湾政论界反对派的中心人物，他没有胡适那样的声望，没有雷震那样的资历，也没有柏杨那样的成果，甚至殷海光也是他的老师，李敖领政论反对派风骚之前，只是一个青年。可他一出场，就显示出其不同凡响的影响力。李敖1935年4月25日生于黑龙江哈尔滨，父亲李鼎彝、母亲张桂贞。1949年赴台定居台中，在省立台中第一中学高三时休学自修，1954年考取台湾大学法律专修科，后退学重考进入台大历史系，1959年毕业后在南部服役。1961年11月1日，在《文星》第49期发表《老年人和棒子》，针对蒋介石恋栈不下和台湾统治阶层严重老化的问题，论述了老年人在感情上肯不肯向青年人交棒、在技巧上会不会交棒，乃至是否会倒打青年人一棒的问题。此文一出，颇有洛阳纸贵的味道，经营平平的"文星书店"，立即成为令人瞩目的地方，门庭若市。李敖出手的第一仗是挑起"中西文化问题论争"，他认为中国传统文化中"不论是好是坏，全都是生了锈的发条，全都不能配合新的齿轮的作用"，因此要"一剪剪掉传统的脐带"，向西方"直接的学，亦步亦趋的学，惟妙惟肖的学"，"除了死心塌地学洋鬼子外，其他一切都是不实际的"。同时，对当时称雄于台湾学术界的数十位大学者，他都一一批贬。他的对手们也不示弱，称李是"小军阀、文化废人、骷髅姿态"。从1963年到1966年李敖所写的15本书，全部被禁。学术遭禁，李敖又干脆转向政治领域，1965

年12月1日，他发表《我们对"国法党限"的严正表示》，要求："国民党不但要注意退出司法、退出军队，并且还要注意在政治上所遗留的'训政式'的余波与惯性。"28日，台北市政府新闻室通知《文星》从次年元旦起停刊一年。同时，警方又通知禁止《文星》的4月号和12月号发行。这份综合性文艺刊物被禁后，李敖失去了发表作品的阵地，只好以贩卖旧电器为生。1967年，"台湾高等法院首席检查官"下令侦办李敖，自此时起他就处于软禁之中。1971年3月19日，警方以李敖参加"'台独'分子彭明敏叛乱案"为由予以逮捕，后被判刑10年，直到1976年11月才出狱。出狱后，对于有关方面特殊安排的、薪金不低的"台湾政治大学国际关系研究中心副研究员"工作岗位，他在13个月中既没有上班也没有领工资后"辞职"，靠研究和写作为生，有大量成果问世。1980年8月10日因案入狱半年。1981年8月10日又被国民党当局迫害入狱，1982年2月10日出狱后被平反。在狱中开始每月出版一册"李敖千秋评论丛书"，一直不断。以后，李敖在研究和写作的同时，担任过台湾东吴大学历史系教授，在台湾真相电视台开讲"李敖笑傲江湖"节目，在香港凤凰卫视开讲"李敖有话说"节目，在新加坡亚太卫视主持《李敖语妙天下》节目，在广州暨南大学担任名誉教授，2000年代表新党参加竞选台湾地区领导人，2004年当选为"立法委员"，2005年到大陆进行"神州文化之旅"，2006年以无党籍身份参选台北市长。李敖出版了100多本著作，《李敖大全集》是他大部分著作的合集，共80册，凡3000万字。其中曾有96本被国民党当局查禁，创下历史纪录，被西方传媒追捧为"中国近代最杰出的批评家"。李敖除了那种目空一切的口气和言论在当时过于尖刻、立论有些偏颇外，他还真是个有勇气说真话的学者。李敖案的发生，是台湾当局要在图书出版界消除与国民党当局不一致的成分。

以胡适、雷震、殷海光、柏杨、李敖为代表的20世纪60年代的"自由主义运动"，在国民党的高压政策和专制统治下，走向终结，这是受西方民主政治影响产生的台湾民主主义者，争取政治民主的预演，当下一波"民主运动"来临的时候，将会以更大的力度和广度，把台湾社会民主和开放程度推向一个新的层次。因此，这些事件的发生和被镇压，对台湾政局产生了不可低估的影响。国民党方面的镇压，必然引起民众对蒋介石和台北当局更大的仇恨；自由主义运动的表现，必然使得社会各界针对国民党的一党专政和独裁政治，进行以"否定现有体制"为主体内容的思考。

图新——蒋介石重整党务

蒋介石到台湾后，政治路线上有两大重点目标，一是巩固统治基础，一是图谋"反共复国"。为了实现这两大目标，尽管在两岸军事对峙之下，从岛内来讲，具备了进行一些经济、社会和政治建设所需要的条件，但是蒋介石仍然习惯于采取推进政治运动的方式。

进行党务革新

国民党是蒋介石维持统治的基础，自国民党改造以来已过十数年，为适应由"军事光复大陆"向"政治光复大陆"的转变，完成"建设台湾"和"把台湾建设成和平演变大陆的基地"的需要，政治上保持一致，克服因金门炮战后在社会和军队内部出现的失败心理，蒋介石认为有必要对国民党进行新的整顿。

蒋介石对党务是不满意的，他在1962年11月召开的国民党八届五中全会上称："党是国民革命的灵魂，实在也就是军事和政治的重心和依托，所以党一定要走在时代的前面，走在军、政的前面，走在民众的前面，发生主导的、核心的作用。""但就党、政、军总的成绩来考察，我以为乃是军事第一，政治第二，而党务则居于第三。""现在，党并没有能走在前面，反而在军事、政治的后面很远，这是令人失望的。"（张其昀：《先"总统"蒋公全集》第3册第2760页）

蒋介石认为：党内组织机构不健全；党务部门"衙门化、官僚化、命令主义、形式主义、文牍主义"盛行；党内充满"苟安心理和自私观念"，形成了"有了今天就不顾明天，有了小我就不顾大我"的心理病根。而"自私观念"就是不少党员，不顾党"国"，甚至不惜违纪、乱法、毁党、亡"国"。（张其昀：《先"总统"蒋公全集》第3册第2853—2354页）

国民党之所以走向腐败，根本原因是党的性质决定的，任何不代表人民根本利益的政党，最终只能成为利益集团；既然是利益集团，必然会拜倒在利益面前。国民党作为"当然执政党"，缺少强有力的监督和自律能力，不可避免地走向腐败；从党的奋斗目标论，蒋介石当局死守"反共"总目标，因而阉割了"三民主义"中合理的内核，党的战斗力和朝气严重不足，只能靠不正常的途径和特务式管理，维持党的生存，谈何深入民众，在民众和社区中扎根？从运行机制上讲，党内缺乏正常有效的干部任用制度，统治集团内部明争暗斗，权力依附、人身依附、金钱依附、利益输送、权钱交易，无时无刻不在腐蚀着国民党；更为严重的是，国民党成了完全体现蒋家意志的"蒋家党"，台北当局成了蒋记政权，民众对此不屑一顾，社会舆论冷嘲热讽，国民党焉能有威信？

蒋介石在找不到真正病根的情况下，为扭转党的队伍和党的干部落后于形势需要的局面，自"八届五中全会"后，开始实施党务改造。在以后的国民党各届代表大会和中央全会上，"党务革新"逢会必喊，基本成为蒋介石和蒋经国的口头禅，所以很难确定它的终止时间。在"八全"到"十全"期间，党务革新的主要措施有：

——全面进行党员登记。国民党内组织纪律松懈，成分复杂，缺乏奉献精神和牺牲精神，为夸大各自组织的成绩，许多党部更是充斥"人头党员"，党员"失联"现象相当严重，可以说这是国民党历史上一直存在、尽力解决但没解决的问题。国民党退台后，曾在国民党改造时进行过一次党员总登记，也没有解决问题，此次进行党员登记无非是想解决人头党员问题，同时设想通过党员登记，对党员进行一次政治甄别，确保政治上与蒋家意志的一致。正如蒋介石所说："党员总登记的意义，一方面是党给予党员自我考察其对党的革命任务，有没有艰苦奋斗，雪耻复国的决心，并得以自由的做一对革命的取舍，及其对本党去留的抉择；另一方面，则是党对党员的毅力、志节和信心、决心，所做的一次全盘的检查。"（张其昀：《先"总统"蒋公全集》第3册第2783页）具体登记日期为1962年12月20日至1963年2月15日。

——健全各级组织机构。国民党自"七全"起，为精简党务

蒋介石命人在金门太武山摩崖刻上自己题写的"毋忘在莒"4字，以示念念不忘"反攻复国"之意

1966年11月，蒋介石主持中山楼中华文化堂落成典礼并致辞

机构，改变大陆时期党部过分庞杂的状况，中央党部按所承担的任务而设立"工作组"，此次革新中则对中央党部的组成重新进行研究。中央党部的革新，直到1972年3月召开"十全"时才全面完成，按照不同业务方面，分设秘书处，以及组织、大陆、海外、文化、社会、青年、妇女等7个工作会和财务、党史、考纪、政策等4个委员会，负责人分别是张宝树、李焕、徐晴岚、陈裕清、吴俊才、梁永章、王唯农、钱剑秋、俞国华、杜云载、邓传楷、赵自齐，以后的国民党中央党部基本上都是照此设置。蒋介石称，健全各级机构的目的，是为了加强政治责任，应本着政治"以党领政"的原则，切实发挥党对政治建设与领导的功能，加强政治责任制度，各级党部应根据民众意愿及党员建议，拟具意见，提供同级从政同志作为施政计划的依据。（见《革命文献》第77辑第282页）

——鼓吹进行精神革新。蒋介石提出的精神革新的要求是："在思想上、观念上、生活上、行动上、作风上，以科学的精神和方法，一齐切实革新。"（张其昀《先"总统"蒋公全集》第3册第3044、2786页）希望国民党员彼此间"都能够检讨省察，劝善规过，使大家同样的得到更多的愤悱启发，勇猛精进"。同时，每个党员都要"守时、守分、守法、守信、守密"，蒋介石称这五点，是"精神革新和生活革新的基本条件"。（张其昀：《先"总统"蒋公全集》第3册第3044、2786页）

为进行"反共"精神动员，1964年12月20日，蒋介石在金门发表了"毋忘在莒运动的意义和启示"的讲话，梦想以田单复齐的故事激励官兵，实现"反攻复国"。他在介绍田单为决战准备的六条长期计划后，认为可以从中学习田单具有的"坚韧不拔的精神、团结奋斗的精神、研究发展的精神、以寡击众的精神、主动攻击的精神、防谍欺敌的精神、军民合作的精神"，因此发起"毋

忘在莒运动"，对军队而言，是以军事家的再开展；对社会而言，是革新、动员、战斗的再扩大；就青年而言，是青年自觉的再号召；就国民党而言，是党的战斗体的新生。归结到一点，"都是为了'反攻复国'的胜利"，"只要我们人人效法田单，念念勿忘在莒，就更将使雪耻复国的光辉史页，在我们的手里完成"。

蒋介石进行的党务革新，在对党的控制因而也是对社会和民众的控制上有所加强，国民党的专制统治进入登峰造极阶段，当然也是在步向末路。很快台湾的政治演变进入更大的波动时期，以蒋经国主导的"革新保台"为标志，国民党在台湾的"一党专制"开始动摇。因此，蒋介石主导的党务革新，本身并没有取得什么政治实绩，党的状况也没有发生什么质的转变，因为他是革新的创导者，但他又是引发各种弊端的旧体制的始作俑者，更是岛内党内革新力量的最大阻力所在。但是从长远看，蒋介石提出的革新理论和方针，为蒋经国出台新的"革新保台"措施和进行更大幅度的改革，进行了舆论准备和组织准备。

"文化复兴运动"

进入1966年，大陆进入空前的动乱时期，林彪、江青集团以既荒唐可笑又卑劣恶毒的手法，进行了种种否定中国优秀传统文化的活动，使台湾当局自认为找到了破坏中国共产党形象、离间台湾民众与大陆关系的契机。

蒋介石本人以"传统文化和三民主义的卫士"面目出面，于1966年11月12日孙中山先生诞辰100周年之际，发表"中山楼中华文化堂落成纪念文"，宣称"伦理、民主、科学，乃三民主义思想之本质，亦即为中华民族传统文化之基石"。"三民主义思想，不愧为中华民族文化之汇观，而三民主义之国民革命，乃益为中华民族文化之保卫者。"（见《中华文化复兴论丛》第1集第1—2页）

紧随蒋介石之后，刚回台定居的孙科、专门为蒋氏王朝唱赞歌的王云五、国民党元老张知本等领衔，由几乎囊括台湾政界全部名人的1500名各界代表，联名写信给"行政院"，建议发起"中华文化复兴运动"，要求将每年的孙中山诞辰日定为"中华文化复兴节"。12月25日，"国民大会宪政研讨会"举行例行会议，蒋介石在会上煽动说，发起"中华文化复兴运动"，实行"三民主义"，凭借传统人本精神与伦理观念，唤醒理性良知，消弭"共产邪说"，加强政治思想与经济反攻，再以全力进行致命打击。12月26日，国民党举行九届四中全会，在蒋介石的主持下，通过了"中华文化复兴运动方案"和"改进本党组织适应战斗需要案"。半年后，"中华文化复兴运动推行委员会"宣告成立，蒋介石任会长，孙科、王云五、陈立夫为副会长，谷凤翔为秘书长。在"推行委员会"下面还设有国民生活辅导委员会、文艺研究促进委员会、学术研究出版促进委员会、国剧推行委员会等9个委员会。该组织的任务是，在复兴文化的幌子下，进行"反共"宣传。自此以后，此项运动在社会上被强制发动起来。

蒋介石推行的"中华文化复兴运动"，大谈"三民主义"和中国文化，根本不是为了进行学术研究。根据他的推理，"三民主义"就是中国文化，中国文化就是"三民主义"，国民党正在进行的事业，就是传统文化的保卫者。因此，在他看来"中华民国"、中华文化、"三民主义"三者具有"不可分性"。（见《中华文化复兴论丛》第1集第3、第28页）在蒋介石的启发下，台湾岛内掀起一股论述"三民主义与中国文化关系"的热潮，陈立夫、陶希圣、梁寒操等人纷纷行动，从不同的角度加以阐述，他们的结论是："固有的优秀文化，主要就是这一部三民主义。"（见《中华文化复兴论丛》第1集第3页）

"中华文化复兴运动"成为蒋介石和台湾当局"政治反攻"的一部分。蒋介石一再宣扬"反攻大陆"是时间换取空间，是"七分政治，三分军事"，只有广泛展开政治作战，才能实现"政治反攻"的成功。特别是"文化大革命"中，许多优秀传统文化遗产遭到空前浩劫，正好为台湾当局"反共"提供了口实。蒋介石在10月9日发表的"告中共党人书"和次日的"双十文告"中，更是进行恶毒攻击，称大陆是"乱贼邪教""土匪流寇"构成的思想在统治，"破四旧立四新"毁灭人类文明，为国人所不齿。所以要"加强政治反攻，实践三民主义，复兴中华文化"。

就岛内自身原因看，"中华文化复兴运动"是为了扭转日益颓废的社会风气。60年代以来，在西方价值观念的冲击下，人心不古，世风日下，岛内追求物质享受的风气愈演愈烈，青年道德水准不断下降。当局和不少社会人士也希望借助中华传统文化、传统的伦理道德，改变社会奢侈风气和提高社会的道德水平，同时回击当时在社会上流行甚广的李敖提出的"全盘西化论"。

为配合"中华文化复兴运动"，在蒋介石和当局的过问下，整理、重新订校和出版了一批古籍名作，共有《尚书今注今译》《周易今注今译》《诗经今注今译》《老子今注今译》《论语今注今译》等28种古籍，应该说，对中国历史古籍的系统整理和注释，为促进传统文化研究做出了一定的贡献。

蒋介石在参观祭礼释奠预演

世界即将进入20世纪70年代，自"二战"结束以来维持了20余年的世界冷战格局已经处于大变革的前夜。随着中国综合国力的加强，不利于台湾当局的国际因素越来越多，危机和压力越来越大，岛内变革势在必行。在这一前提下，任何维护国民党专制统治和蒋介石个人独裁的社会政治运动必将走向没落。"中华文化复兴运动"也是这样，至多只是为一些熟识国学的老人提供了一个发表见解的舞台，对社会的现实政治并没有产生什么影响和作用。蒋介石的政治生涯随着他自己所发起的最后一场政治运动的消沉即将走向终点，他考虑的主要问题已是如何让蒋经国接班、什么时间接班了。

二、封锁海峡，严禁两岸往来

国民党当局退台后，蒋介石封锁海峡，两岸处于隔绝状态，祖国不能统一，两岸不能交流，多少家庭不能团圆，忍受着骨肉分离、亲人难见的痛苦。令中华民族悲痛、伤心的历史一页之所以出现，是因为"台湾问题"的存在。

蒋介石在察看岛上的作战工事

中国原本没有台湾问题，台湾问题是在第二次世界大战结束，中国对台湾恢复行使主权后才发生的。从本质上讲，台湾问题是中国内战的遗留问题，海峡两岸之间的争端也应由中国人自己来解决。台湾问题长期悬而未决，且有越来越复杂的趋势，则完全是由于美国介入中国内战、入侵台湾、直接干涉中国内政造成的。因此，美国在台湾问题上有着不可推卸的责任。

（一）美国插手，干涉中国内政

美国在台湾问题上的立场，严重违反了国际准则，是赤裸裸地干涉中国内政。台湾属于中国，即使在老牌殖民主义者活动猖獗时期，也毫无疑义；在人类正义取得空前胜利的第二次世界大战结束前后，这一公论在国际间再次得到重申；在当代国际政治活动中，"一个中国格局"更是得到国际法保护和绝大多数国家遵守的准则。

台湾属于中国——国际公认

台湾属于中国，历史上从未有过异议，在日本侵略者占领50年后，国际间再次重新确认台湾是中国领土不可分割的一部分。确立这一国际政治中公认事实的是"二战"后期的三次重要国际会议。

1943年11月23日，美国总统罗斯福、英国首相丘吉尔、中国国民政府主席蒋介石在开罗举行具有历史性意义的会议。如果不是斯大林歧视中国的话，

他本该也参加会议。开罗会议作出的一个重要决定就是肯定台湾是中国的领土，中国必须收回台湾。

1945年2月4日至12日，斯大林、罗斯福、丘吉尔在苏联克里米亚半岛的雅尔塔会晤，在协商战后政治新秩序的同时，决定根据1944年8月美、英、中等国代表参加的华盛顿敦巴敦橡胶园会议的

（左起）蒋介石、罗斯福、丘吉尔在开罗会议上的重要决定
之一就是肯定台湾是中国领土，中国必须收回台湾

精神，成立新的国际组织"联合国"。1945年4月25日在美国旧金山召开"联合国制宪会议"。6月26日，参加会议的56国代表，签署《联合国宪章》，中国成为创始会员国和安理会五理事之一。雅尔塔会议的召开和联合国的成立，肯定了中国的国际地位和主权完整性，同样也意味着肯定了中国对台湾地区的固有主权。

德国法西斯投降后，1945年7月16日，美国、英国、苏联三国首脑在柏林郊外的波茨坦举行首脑会议，会议发表的公告指出："欺骗及错误领导日本人民，使其妄欲征服世界之威权及势力，必须永久铲除。……开罗宣言之条件，必将实施。"如此明确的结论，再次肯定了一个基本事实：台湾属于中国。

根据雅尔塔会议和波茨坦会议的决定，为督促日本交出台湾，反法西斯阵营采取了一系列措施：苏联派出百万红军扫荡中国东北和朝鲜半岛北部地区；美国登陆朝鲜半岛南部地区，加快结束亚洲地区的对日作战；日本投降后，美国还专门向中国提供运输工具和派出联络小组，协助中国完成接收台湾的行动，中国政府向台湾派出的第一支军队就是由美国提供的军舰运往台湾的。

作为后来阻挠中国解决台湾问题的最大责任国美国，在"中华民国"在大陆被推翻前后的一段时期内，曾经遵守"台湾属于中国，不干涉中国内政"这一国际政治公理，美国政府准备抛弃蒋介石，杜鲁门总统公开声明对台湾"没有不良企图"。在20世纪40年代末和50年代初，美国对华政策的主要内容有：

一是默认中国共产党领导的中国人民革命力量解放全中国的壮举。在中国人民解放军解放南京城时，苏联等一些大国的外交使节已随即将被推翻的"中华民国政府"迁往广州城，美国驻华大使司徒雷登却在自己的官邸内睡大觉。他的行动似乎告诉人们，这是有意作出间接欢迎中国人民解放军的姿态，不乏默认中国革命胜利的内涵。

在南京解放后的第三天，后来出任中华人民共和国首任驻联合国代表和外交部长的黄华被任命为"南京军管会外事处长"。5月6日，美国驻华大使司徒雷登派私人秘书傅泾波作为其私人代表，拜访黄处长。同为北大校友的黄、傅见面时，傅转达了司徒雷登的意见：美国过去支持国民党是错误的，现已停止对国民党的援助，现已获得美国国务卿艾奇逊的同意与中共进行正式外交接触。5月10日，黄华处长接到中共中央主席毛泽东的指示，要求向司徒雷登明确声明美国应立即停止干涉中国内政。5月13日，黄华特地拜访了自己在北京大学求学时的老师司徒雷登。美国大使在对昔日的学生倍加赞扬以后表示，美国愿意同新中国建立外交关系，并把留在上海的美国援蒋的粮食和棉花移交中共。

当时由于不具备东西方交流的国际气候，美国不可能站在中国人民一边，杜鲁门总统向中国共产党提出的建交条件过高；国际两大阵营的冷战也不允许中国共产党执行不同于"一边倒"的外交政策，发展同西方的关系；再加上美国在新解放的沈阳旧领事馆从事间谍活动和领事馆美方人员欺负中方雇员，人民政府对此采取应有的措施，逮捕美国间谍和肇事者，杜鲁门一时心躁竟然叫嚷要派飞机和军队突袭沈阳劫回美方人员；6月30日毛泽东批示禁止美国新闻处在中国的活动，11月1日中国人民法庭正式审判美国人犯，就这样中美建交问题被搁置。司徒雷登在这期间也接到黄华的通知：司徒雷登可以继续留在南京，但因为双方没有外交关系故已不具备"大使"身份，只能是外国侨民。

在南京解放后的1年间，特别是在中华人民共和国成立后，美国国务院就制定新的对华政策，多次召集中国问题专家进行咨询。不少学者断定，新成立的中华人民共和国已经完全取代被推翻的"中华民国"，中国人民解放军下一步行动就是解放台湾。一些学者甚至建议，根据美国一贯的实用主义型的外交政策，劝导政府接受新中国成立的现实，承认新中国。在国民党当局到台湾时，美国政府没有命令驻华使节跟随去台湾，也没有向台湾再派出正式"外交"官员。

二是拒绝援助正在撤退至台湾的国民党政权。在三大战役进行之际，蒋介石已经预感到全面失败即将来临，为推迟这一日子的到来，1948年11月9日，写信给美国总统杜鲁门，请求美国在增加对南京政府的军事援助、经济援助的同时，发表支持南京政府、谴责中国共产党的声明。（蒋介石致杜鲁门函，见《中美关系资料汇编》之一第902页）杜鲁门总统既没有同意增加援助，也没有发表蒋介石希望看到的声明。蒋介石在焦急之中，只得再派出夫人宋美龄作为特使前往美国求援。对于宋美龄的美国之行，杜鲁门毫不客气地说："她到美国来是为了再得到一些施舍的。我不愿意像罗斯福总统那样让她住在白宫，我认为她也不太喜欢住在白宫，但是对她喜欢什么或者不喜欢什么我是实在不在意的。"宋美龄没有得到她想要的东西，就在她赴美不足两个月，在美国支持下，副总统李宗仁取代蒋介石已经升为"代总统"。

令宋美龄惊惧和愤怒的是，1949年8月5日，她还在纽约弗代尔孔祥熙家中，美国方面竟然公开发表多次批评国民党政权和蒋介石的《美国与中国的关系》白皮书。宋美龄出师无果的消息传到南京，蒋介石又派出参谋次长郑介民急飞华盛顿，请求紧急援助。不出蒋介石所料，郑介民除了听取美国"朋友"的指教和指责外，一无所获。

三是排除美国干涉台湾的可能。1949年12月23日，即已被推翻的国民党政权宣布迁台办公半个月，美国国务院《关于台湾的政策宣传指示》中就说，"台湾完全是中国政府的责任"，"美国没有承担过实际的或道义的责任或义务"，"台湾没有特别的军事重要性"，"对台湾的经济援助是为了经济与社会的目的，是符合美国对中国人民的幸福所表示的关切，并且没有为美国取得特许权利的想法"。"美国因台湾取得基地；派军队去；供应武器；派海军船只去；或者采取任何类似的行动，都将：（子）对中国或中国的国民党政权没有实际上的好处。（丑）使美国卷入长期的冒险中，这种冒险弄得好是造成新的僵持地区；弄得不好，可能卷入公开战争。（寅）使美国遭到猛烈的宣传攻击，并且甚至友好的人民特别是中国人民都将反对我们的'军国主义，帝国主义和干涉'，中国人民又再被用来反对我们。"（1951年6月2日美国《纽约时报》地方版第4页，见国务院台湾事务办公室研究局：《台湾问题文献资料选编》第855至第858页）

四是无意在台湾设立军事基地和谋取侵略特权。1950年1月5日，杜鲁门总统专门就台湾问题发表声明，表示"美国对中国的传统政策可以门户开放政策为例证，要求国际尊重中国的领土完整。这一原则为联合国大会1949年12月8日通过的决议所重申。该决议中有一部分，要求一切国家避免：一、在中国领土内获得势力范围或建立由外力控制的政权。二、在中国领土内求取特别权利或特权。……美国对台湾或中国其他领土从无掠夺的野心。现在美国无意在台湾获取特别权利或特权或建立军事基地。美国亦不拟使用武装部队干预其现在的局势。美国政府不拟遵循任何足以把美国卷入中国内争中的途径。"（见国务院台湾事务办公室研究局：《台湾问题资料选编》第858至第859页）。美国国务卿艾奇逊对此所作的解释更清楚："对于台湾目前之局势，我们不拟使用我们的武力。我们不拟企图攫取该岛。我们无论如何不拟在军事上在台湾岛上卷入旋涡。

就我所知，政府没有一个负责的人或军人曾相信我们应在该岛上把我们的军队卷入旋涡。"（见国务院台湾事务办公室研究局：《台湾问题资料选编》第859至第861页）一个星期后，艾奇逊具体介绍了美国的太平洋防线：北起阿留申群岛，中经琉球，南止菲律宾；至于其他地区如台湾与南朝鲜等，则没有人能保证其不受攻击。这也说明，美国并没有把中国的台湾纳入美国的远东防线中。

美国的"门户开放"政策，是为了保证后起的美国在"尊重中国领土完整"的借口下，均沾西方列强自鸦片战争以来在中国攫取的侵略特权。但是，不可否认的是，美国此时不干涉台湾的政策是正确的，如果美国能够遵守这一原则，则可以为世界减少一个热点地区，减少中国人民因分裂造成的痛苦；也会给美国减少许多外交上的麻烦，中美关系也会因此得到加强。遗憾的是，时隔不久美国就偏离了这一正确的外交基点，在有关对中国台湾地区的种种承诺上，很快食言而肥。

美国干涉中国——拖延统一

蒋介石对时局的忧心和焦虑，不仅是因为败局后台湾社会的不稳定和党内的不一致，不仅是因为难于在短期内改观的经济状况，也不仅是因为大陆的军事威慑力，他所担心的是，美国的态度和美国的援助如何。

"保台政策"的出台

20世纪50年代初期世界格局的主调是冷战，所以任何国际间的相互承诺和双边关系都是暂时的，同时也是脆弱的。台湾海峡的局势因为朝鲜战争的爆发而发生重大改变。从表面上看，美国改变不干涉台湾问题的立场是因为朝鲜战争的爆发，而从美国在第二次世界大战后急于充当"世界霸主"的心态论，美国干涉中国内政、插手台湾问题是迟早的事，朝鲜半岛上的枪声只是缩短了美国进驻台湾的进程。

美国改变在台湾问题上的立场和做法出自以下考虑：

一是美国为确保国家安全重新设想太平洋防线。从世界地缘政治学论，美国是最安全的国家，东西濒临的太平洋、大西洋保证了美国免受根本不具备侵略北美实力的欧、亚、非任何国家的入侵；南北相邻国家的弱小更使得美国无被侵略之虞。就是这个地缘政治最大的最惠国，却是强调"确保国家不受侵犯"最多的国家。如果说这是每一个国家应该坚持和思考的战略，美国这样做也不奇怪，问题是美国更是把这一观点强加给全世界，要求世界各热点地区所涉及的国家和地区，无保留地为美国坚持这一战略提供方便，即变成侵占战略要地、干涉别国内政的借口。台湾也被美国划入确保美国免遭侵略的太平洋第一道防线之中，从最北的阿拉斯加起，南下经南韩、日本、冲绳、台湾地区直至菲律宾，台湾终于被划入美国考虑世界战略的棋盘。从中可以证明，美国"确保美国不受侵犯"的理论，事实上成为美国向别国进行政治勒索、美国干涉合法化、欺骗美国人民和世界舆论的招牌。

二是冷战格局下与苏联竞争的需要。"柏林危机"揭开了世界冷战的序幕，美苏在反法西斯战争中结成的同盟至此结束，美国以资本主义阵营领袖、苏联以社会主义阵营旗手的姿态，在"雅尔塔体制"下展开长达数十年的竞争。美国为对外扩张，实现称霸世界的野心，在40年代末到60年代开始了在地缘政治学上具有战略意义的国家和地区建立军事基地的高潮，以控制尽可能多的国家作为其势力范围。在欧洲成立北大西洋公约组织对抗华沙条约组织；在非洲和中东地区利用民族主义势力和宗教势力培植亲美政权；在亚洲美国的重点则是围堵苏联的势力东扩，为保持美国在亚洲的地位和"二战"中进行太平洋战争所形成的优势，在盛行"一边倒"大气候下，美国已经拉住了日本、南韩、东南亚，位于太平洋西岸重要航线上的中国台湾地区当然也成了美国重点关注的对象。

三是由于台湾顽固坚持"反共"意识形态。"二战"后，一批社会主义国家应运而生，国际共产主义运动以更大的规模进入新的实践高潮期。社会主义国家更是以各自的综合国力，组成以苏联为核心的阵营，与已经存在数百年的资本主义制度进行激烈的竞争。在这一竞争中明显占优势和实力强大的美国对共产主义抱有深深的仇视，各国共产党提出的一些过激口号和采取的一些过激行动，更加剧了美国的担心。当反法西斯战争结束后不久，美国就把"反共"当作最主要的国际战略之一。在国内掀起"麦卡锡主义"，迫害进步人士和共产主义运动的同情者；在国际间则在东欧、亚洲组成两大"反共"主战场。对内实行社会主义制度和坚持共产党领导，对外坚定地站在社会主义阵营一边，尽力维护国际共产主义运动内部团结的中国，当然成为美国围堵的重点。与共产党势不两立、在惨败于共产党之后，顽固坚持"反共"立场的蒋介石和台湾国民党当局，理所当然地会得到美国的青睐和重视。在美国某些决策者的眼中，台湾成为围堵共产主义的前沿堡垒。

四是遏制中国强大的需要。中华人民共和国的成立，改变了世界格局。根据背着中国政府达成的"雅尔塔协定"的规定，地域广阔、人口众多、资源丰富的中国，应该是属于美国势力范围。四年后中国革命成功，建立了人民民主专政的政权，在两种制度的竞争中改变了以前不利于社会主义制度的局面，出现了向人民一边的倾斜。中国国内也因为革命的胜利，出现了翻天覆地的变化，人民的智慧和创造力得到了有效的发挥，旧中国受人欺负的日子一去不复返，帝国主义自鸦片战争以来在中国攫取的各种侵略特权至此永远丧失。出于意识形态的原因和国际战略的需要，美国当然不希望看到中国的强盛。当然，美国的决策者也十分清醒，外国任何遏制行动和干涉政策，事实上无法迫使中国人民和中国共产党屈服，也不可能阻挡中国经济的恢复和发展。但是，在对华问题上，却有一枚现成的棋子，这就是"打台湾牌"，在台湾扶持一个与中华人民共和国政府对抗的不合法政权，使之充当遏制中国的帮凶和打手。

五是朝鲜战争爆发冲击世界冷战格局。1950年6月25日，朝鲜战争爆发。美国认为，北朝鲜进攻有美国驻军的南朝鲜是对美国的威胁和进攻，如果南韩被打败不仅直接影响到美军的形象，也将导致美国太平洋第一道防线出现空洞，直接影响到美国的"国家安全"；北朝鲜之所以敢于发动战争，完全是苏联和中国支持的结果，因而也是苏联、中国为首的共产主义势力，破坏"雅尔塔协定"的具体行动，如果南韩失利，冷战格局将会出现自中华人民共和国成立之后的又一次有利于共产主义的改变；如果北朝鲜统一朝鲜半岛，美国"反共"铰链上将会失去重要一环；如果北朝鲜成功，将是对中国的鼓舞，有可能加以效仿，紧

1950年8月，蒋介石与麦克阿瑟的合影

随着发动解放台湾的战争。美国对朝鲜战争的判断，得出的结论就是在紧急全力保住南韩政权的同时，出兵台湾，维持这一"反华反共"的前沿阵地，把美国在太平洋的第一道防线变成"反华"包围圈。美国执行不过一年余的放弃蒋介石国民党政权、无意在台湾建立军事基地和谋取侵略特权的政策，至此全面转向。

美国在对台政策上出现了以下改变：

一是重新认识台湾在国际战略地理位置上的作用。出任侵略朝鲜的联合国军总司令的美国将军麦克阿瑟在1950年8月28日的演说，充分反映出美国对台湾战略地位重新认识的主要立场。他说：

"我们用我们和我们的盟友所占有的从阿留申群岛到马利亚纳群岛形成的一个弧形的一条岛屿的锁链，把太平洋直到亚洲海岸加以控制。从这条岛屿的锁链，我们可以用空军控制自海参崴到新加坡的每一个亚洲的海港，并可防止任何进入太平洋的敌对行动。"

"台湾的地理是这样：如果落在一个对美国不友好的国家手里，它成了插入在这防御圈正中央的一个敌性的凸角。它比亚洲大陆上任何一点距离邻近的对我友好的地方——冲绳和菲律宾——都更接近了100哩至150哩。目前在台湾有许多密集的空军和海军作战基地，它的潜力比黄海至马六甲海峡之间亚洲大陆上任何类似的集中地都更大。"

他更是把台湾比作"一艘不沉的航空母舰和潜水艇供应舰"，"这个永不沉没的母舰兼供应舰，可以容纳10个到20个航空大队，包括自喷气式飞机至"B-29型"轰炸机各式不同的飞机，并可予短程海岸潜水艇以前方作战之供应。若取得了这个前方潜水艇基地，则短程潜水艇的效能，将因活动半径之扩大而如此地加强，以至威胁整个从南方来的海运并切断西太平洋的所有海上通路。"

他危言耸听地说，如果失去对台湾的控制，美国将失去在西太平洋的屏障，"这样将把任何未来战区向东移动5000哩，达于美洲大陆的海岸"，等于把美国和友邦置于东方共产主义势力直接侵略威胁之下。（《当代重要演说》第708页，见国务院台湾事务办公室研究局：《台湾问题文献资料选编》第868至第871页）

美国把一个不属于自己的中国台湾地区，赋予如此高的军事战略地位，虽说是出于提高美国国家安全可靠度的考虑，但是一个强大且敌对的美国控制台湾，岂不是对拥有台湾主权，且与台湾距离只是美台之间距离百分之一的中华人民共和国的巨大威胁吗？！正如苏联政府不失公允地指出："美国政府对中国实行侵略，打算以武力手段夺取它的一部分领土，而却企图以显然站不住脚的关于美国安全的论调为借口，为它的这种行动辩解。这种论据的笨拙是非常明显的，因为大家知道，中国和美国隔着一个太平洋，而台湾距美国在一万一千公里以上。"（1954年12月15日，《苏联外交部关于台美"共同防御条约"的声明》，见国务院台湾事务办公室研究局：《台湾问题文献资料选编》第921页）美国这种极端利己主义的考虑，绝不是思维上的狭隘所造成，而是纯粹的帝国主义侵略理论的翻版。

二是实行"保台"政策并武装侵占中国台湾地区。还在5个多月前，信誓旦旦地宣称对台没有任何不良企图的杜鲁门，在朝鲜战争爆发两天后，公开发表声明声称："对朝鲜的攻击已无可怀疑地说明，共产主义已不限于使用颠覆手段来征服独立国家，而且立即会使用武装的进攻与战争。……（如果）共产党部队的占领台湾，将直接威胁太平洋地区的安全，及在该地区执行合法而必要任务的美国部队。因此，我已要求第七舰队阻止对台湾的任何进攻。"（载1950年7月3日美国《国务院公报》，见国务院台湾事务办公室研究局：《台湾问题文献资料选编》第864至865页）同时，他也限制台湾方面对中国大陆进行任何形式的军事行动。

按照杜鲁门的命令，1950年6月29日，美国第七舰队的2艘巡洋舰、6艘驱逐舰、1艘补给舰侵入中国台湾海峡，公然干涉中国内政。同时，"台美关系"迅速热络起来。国民党当局退台后，无论是1949年12月7日宣布在台恢复"办公"、12月10日蒋介石最后一次离开大陆飞到台北，还是次年1月13日宋美龄由美回台、3月1日蒋介石复职"总统"，均未见美国政府派出的代表到场致意。如今则不一样，紧随美国第七舰队来台，7月28日，兰钦作为美国"驻台公使衔代办"、贾纳德海军少将作为"驻台武官"赴任，美台双方实质关系得到恢复和提升。

1950年7月31日，麦克阿瑟率领驻日美军参谋长阿尔孟德、美国远东空军司令卓伊、第七舰队司令苏波到台访问。美国的"外交代办"和"军事使者"在与蒋介石、"行政院长"陈诚、"空军司令"周至柔、"海军司令"桂永清和"陆军司令"孙立人会谈后，决定双方陆海空部队由麦克阿瑟统一指挥，共同"防卫"台湾；增派美第13航空队驻台。根据美国的"保台"政策，美国军舰、飞机进驻台湾，对台的经济、军事援助也随之源源到来。美国直接插手台湾、军事占领台湾，导致中国统一问题的解决复杂化。

三是抛出"台湾地位未定论"。美国一方面军事占领台湾、武装侵略中国；另一方面则改变过去承认"台湾属于中国"的立场，抛出"台湾地位未定论"。杜鲁门身为总统忘记了在1950年1月5日所作的"过去四年来，美国及其他盟国亦承认中国对该岛行使主权"的声明，在6月27日的声明中荒唐地指出："台湾未来地位的决定必须等待太平洋安全的恢复，对日和约的签订或经由联合国的考虑。"（见1950年7月3日美国《国务院公报》，见国务院台湾事务办公室研究局：《台湾问题文献资料选编》第864至865页）

1950年8月31日，杜鲁门又公开称：台湾"当由曾对日作战的盟国，以及目前在日本驻有占领军各国在对日和约中来解决"。（美国总统杜鲁门关于第七舰队问题答记者问，见国务院台湾事务办公室研究局：《台湾问题文献资料选编》第871页）杜鲁门在这里犯了一个原则性的错误，竟然要重新解决台湾的所属问题。

美国代表奥斯汀在专门解释杜鲁门声明的致联合国秘书长的信中荒唐地称："美国的行动业已明白说明，对于将来的台湾地位的政治解决并无妨碍。该岛的实际地位是：它是一块由于盟军在太平洋的胜利而从日本人手里接收过来的领土。像其他这样的土地一样，它的法律地位在国际上采取行动决定它的前途之前是不能够确定的。""假使安全理事会愿意讨论台湾问题，我们将支持并且帮助那种研究。"（美国驻联合国代表奥斯汀致赖伊的信，1950年9月11日美国《国务院公报》，见国务院台湾事务办公室研究局：《台湾问题文献资料选编》第865至866页）在同年的联合国大会上，美国代表正式建议会议讨论台湾所属问题。

"台湾地位未定论"严重侵犯了中国的主权，违反了《开罗宣言》《波茨坦公告》等国际文件和决议，也是对杜鲁门本人和美国政府过去对华政策的反动，必然遭到中华人民共和国政府和中国人民的坚决反对。中华人民共和国政务院总理兼外交部长周恩来在杜鲁门声明发表的次日就严正声明："不管美国帝国主义者采取任何阻挠行动，台湾属于中国的事实，永远不能改变；这不仅是历史的事实，且已为开罗宣言、波茨坦公告及日本投降后的现状所肯定。我国全体人民，必将万众一心，为从美国侵略者手中解放台湾而奋斗到底。"

（见《外交公报》第1卷第2期，见国务院台湾事务办公室研究局：《台湾问题文献资料选编》第3页）

台湾国民党当局在肯定"台湾属于中国"、反对"台湾地位未定论"上坚持了承认事实的立场。按照蒋介石的旨意，台"外交部长"叶公超向美表示，台之接受美第七舰队进驻台湾海峡的建议，主要是因为：一、不影响台湾国民党当局对台湾的主权或开罗会议关于台湾地位的决定；二、能使"国际共产党"的"侵略或威胁"在短期内归于消除；三、不影响反抗"国际共产党"侵略和维护中国领土完整的立场。（美国驻台"代办"致国务卿电，见《美国对外关系文件》第6卷第226页）"大陆、台湾都是中国领土，不能容人割裂，曲解台湾的地位是别有用心的。"（蒋介石：《当前国际局势》，见1955年2月8日台湾《"中央日报"》）这说明蒋介石坚持"反共"和反对"台湾地位未定论"的立场是非常明确的。

正是因为海峡两岸中国人民的一致反对，美国策划的"台湾地位未定论"从一出现就先天不足，难以推行。为给美国在朝鲜的参战行动和在台湾的军事占领行动创造条件，美国表面上很快在"台湾地位未定"问题上放低姿态，改变调门。9月10日，美国主管远东国际事务的助理国务卿腊斯克宣布："对于台湾，除继续予以经济援助外，并将给予选择性军事援助，以加强台湾的防卫实力。"（《美国对外关系文件》第6卷）第二年5月，此人又代表美国政府宣布："我们承认中国国民政府，不管它管辖下的土地是如何狭小……台湾将继续获得美国的重要援助及协助。"（宋文明：《美国对华政策（1949—1960年）》第115页）需要指出的是，美国一直没有完全放弃"台湾地位未定论"，时常有人以此作文章。

四是"保台"但不将战争扩大到中国大陆。朝鲜战争的爆发和美国"保台"政策的出台，使得只有"一息尚存"的蒋介石和台湾国民党当局破涕为笑，欣喜若狂。

50年代初的台湾弥漫着失败的气氛，蒋介石追究失败责任和白色恐怖搞得人心惶惶，缺少安全感是岛内的共识。如今，被美国抛弃的台湾国民党当局又成了美国全球战略上的重要角色，随着美台关系的修复和美援的到来，毫无前途感的台湾终于迎来了美国的保护伞。美国"保台"政策的出台，从近期看是为了促使朝鲜战局朝向有利于南韩的转化，改变亚太地区的军事力量对比，所以直接派兵侵占台湾海峡；从远期看是为了牵制中国、遏制中国，所以既支持台湾国民党当局又要在"台湾地位"上作文章，为制造"两个中国""一中一台"打下基础。总之，美国并非准备直接出兵进攻中国大陆地区，打一场不可能打赢的战争；也不是要挑起海峡两岸的战争，从而影响美国在亚太地区的军事部署。

美国为实现这一意图，既不同意将朝鲜半岛上的战火（尽管中国已经参战）蔓延到中国境内，也不同意台湾国民党当局对大陆采取任何足以挑起海峡两岸战争的军事行动。蒋介石欢迎的只是美国的援助，只是对美国重视台湾在反对共产主义势力中的地位和作用感兴趣，对仅是牵制、遏制中国大陆的长期战略缺少认同，更反对美国"台湾地位未定论"。蒋介石的侧重点在于，借助于美国扩大朝鲜战争来实现"反攻大陆"的梦想。所以蒋介石同意美国军队进驻台湾，同意"美军顾问团"的设立。并且于1950年6月29日，委派驻美"大使"顾维钧向美国政府建议，由台湾当局派出3个精锐师3.3万人，参加以美军为主体的侵略朝鲜的"联合国军"。麦克阿瑟来台时，与蒋介石具体讨论了台湾抽调军队参与朝鲜战争计划。蒋介石愿意出兵50万前往朝鲜，麦克阿瑟则准备轰炸中国东北地区，掩护派往朝鲜的国民党军队在中朝边境登陆。

麦克阿瑟设想的直接进攻中国、扩大朝鲜战争的计划，蒋介石通过朝鲜战争"反攻大陆"的计划，都不符合美国"保台"政策的基点，因而计划还没成文前就已流产。且由于战争狂人麦克阿瑟自视在太平洋战争中功高盖世，异常嚣张，主张"把我们的军事行动扩展到它（中国）的沿海地区和内陆基地，则赤色中国就注定有立即陷于军事崩溃的危险"。（见《美国对外关系文件》第6卷）坚持："（一）加强我们对中国的经济封锁。（二）以海军封锁中国沿海。（三）取消对空军侦察中国沿海地区和满洲的限制。（四）取消对中华民国在台湾的军队的限制，并给他们军需上的支援以增强他们进攻中国大陆的有效军事行动。"（载美第82届国会第1次会议参议院军事委员会与外交委员会听取远东军事局势作证会议记录第5卷第3613至第3615页，见国务院台湾事务办公室研究局：《台湾问题文献资料选编》第884至第885页）他的设想和计划，超越了权限，违反了杜鲁门总统把朝鲜战争局限在朝鲜半岛的决定，不久麦克阿瑟在毫不知情的情况下，就被杜鲁门总统公开宣布撤销了其"联合国军总司令"的职务。

1952年5月1日，蒋介石、宋美龄举行茶会招待美军"顾问团"

五是签订"共同防御条约"。1952年11月，共和党人艾森豪威尔出任总统后，美国对台政策由"保台"转向积极支持，竭力推进与台湾国民党当局的合作。1953年2月2日，艾森豪威尔宣布解除杜鲁门确定的台湾"中立化"限制，台湾军队可以对大陆采取"自由行动"；接着，提升兰钦为"驻台大使"，双方"邦交"关系全面恢复；7月15日，台军方与美军顾问团协商大陆沿海岛屿的"防卫"问题，美太平洋舰队司令部认为，为了保卫大陆岛屿的"安全"，台湾应该采取包括在大陆沿海进行海空巡视侦察在内的必要军事行动；8月20日，台美军事力量在台湾海峡举行联合演习，向大陆炫耀武力。

蒋介石和台湾国民党当局非常欢迎艾森豪威尔的新举措，称"艾森豪总统解除台湾武装部队限制之决定，无论其在政治与军事上，以及在国际道义上，实为美国最合理而光明之举措"。（见《先"总统"蒋公全集》第3369页）美国政府的行动，并不能使蒋介石放心，为避免随着美国总统的更换对台政策发生变化，蒋介石更希望通过"结盟""签约"的方式稳定台美关系。

1953年6月7日，蒋介石亲自写信给艾森豪威尔，提出在朝鲜战争结束后，为遏制共产主义在亚洲的"扩张"，应组织双边或多边的共同安全条约。此信没有获得回应。9月，台美《军事协调谅解协定》签订，此协定规定"协防"地区包括台澎金马等地区；参加"协防"的单位有美国第7舰队、第13和第20航空队；台湾国民党军队的整编、训练、监督、装备完全由美方负责，如果战争发生，台湾军队的调动与指挥必须获得美方的同意；在台北成立"协调参谋部"，由美方主持，台湾方面派出一位中将级的军官充任助手。

1953年10月间，蒋介石让到美国活动的"外交部长"叶公超起草与美国合作的双边条约草案。11月2日，美国副总统尼克松"访问"台湾，这是至此为止美国到台的最高级官员，在同尼克松的会谈中，蒋介石和台湾其他官员都要求美国仿效与菲律宾、澳大利亚、新西兰、日本、南韩那样，签订共同防御条约。台湾国民党当局的要求终于有了回音，1954年2月2日、3月31日和8月25日，美国负责远东事务的助理国务卿饶柏森，在给杜勒斯的3份备忘录中建议立即同台湾进行缔约谈判。

1954年12月3日，台美正式签订"共同防御条约"。"条约"本身并未就"共同防御问题"提出过多的设想和规划，只是按照已经在执行的双方协定继续进行，但它的签订意味着双方已结成事实上的同盟关系。这一条约的签订，是美国公开阻挠中国解放台湾、干涉中国内政的严重步骤，中国人民和中国政府强烈抗议美国的干涉行为。次年1月28日，美国国会又通过"台湾决议案"，决定"授权美国总统于其认为必要时，得使用美国武装部队专事确保台湾与澎湖列岛，以防武装攻击"。（见《美国对外关系文件（1955—1957年）》第2卷第162至163页）

美国"保台"政策的出笼和实施，造成台湾问题复杂化：

一是美援的到来为国民党当局在台湾的生存和发展提供了必要的条件。国民党当局退台初期，除了承受战败所带来的巨大心理和政治压力之外，生存也受到严重威胁，各种战略物资、生产资料和生活用品严重缺乏。随着美国的对台新政策而来的是源源不断的美援。美国的军事装备使得受过重创的国民党军队死灰复燃；美国的工农业生产原料为面临困境的台湾经济提供了新的活力；美国的经援成为台湾国民党当局填补财政缺口，维持庞大的军警机构和繁杂的政府、党务系统的重要经费来源。总之，从50年代初到60年代末，有计划有重点连续不断的美援，成为确保台湾生存和促进台湾社会发展的基本因素。

二是干涉中国解决台湾问题。美国的对台政策，其根本目的是为了干涉中国内政。美国通过武装入侵、占领台湾海峡和驻军台湾，直接插手中国的内政。在中国的台湾地区，发号施令，限制中国人民为解决两岸分离问题所进行的努力，对此还大言不惭地称这是为了阻止台湾国民党当局对大陆采取军事行动。此外，还向中国政府炫耀武力，在中国领海领空进行军事活动，从外交、经贸和文化各方面对中国进行封锁。可以说当时美国的对台政策，是以其赤裸裸侵略的形式，干涉中国内政，阻止中国的统一。

三是造成台湾问题复杂化。50年代，美国保台政策的出笼和在此政策基础上出台的美国干涉中国内政的种种行为，造成台湾问题复杂化。台湾国民党当局想方设法借助于外力，挑战"一个中国"原则，对抗大陆；想方设法加入国际地区安全体系，"重返联合国"，意图把台湾问题变成国际争端。西方反华势力从国际战略和遏制中国的需要出发，利用台湾问题时常打出"台湾牌"，制造事端。台湾问题复杂化，是造成台湾问题久拖不决的主要原因。

四是造成两岸关系高度紧张。台美"共同防御条约"的签订和"台湾决议案"的通过，在海峡两岸间造成的直接后果是两岸关系的空前紧张。美国大量援助的到来，助长了台湾国民党当局的政治、军事野心，增加了其对抗大陆的实力。蒋介石凭恃美国军事、政治上的支持，在"反共复国"的口号下，时而对大陆进行军事挑衅，台湾海峡上空战云翻滚，冲突不断，双方进入军事对峙时期。

保住"联合国席位"

美台关系的调整和美国直接插手中国内政，在国际间造成的直接恶果有二：

一是剥夺了中华人民共和国在联合国的席位。随着中华民国的覆灭和中华人民共和国的成立，中华民国的全部对外独立代表权和对内行政管辖权则全部由中华人民共和国政府继承，中华人民共和国政府自1949年10月起则成为全中国的唯一合法代表，中国在国际间的全部责任和义务由中华人民共和国政府承担。同理可证，中国在联合国和在安全理事会的代表权均应归还中华人民共和国。中华人民共和国政府也提出了要求恢复在联合国和所属机构中以主权国家为成员的代表席位。

台湾国民党当局在联合国的席位，被蒋介石视为"国民党法统"的象征之一。蒋介石在国民党七届八中全会上曾说过："记得在1952年的时候，我政府派驻在联合国的蒋（廷黻）代表问我，'万一共匪羼入联合国，则我们将采取何种态度？'当时，我即答复说：'我们的复国基础有二：在国际上，法律地位的凭借，则为联合国；在内政上，则为复兴的基地台湾。这两个基础，皆为重要，但其根本，还是在台湾。'"为打压大陆，台湾国民党当局指使其驻联合国代表蒋廷黻于1949年11月25日，向联合国提交所谓的《控苏案》，声称苏联对中共提供的军事和经济援助，违反了1945年8月14日与国民党政府签订的《中苏友好同盟条约》，违反了联合国宪章，应该认定这是苏联对中国的侵略行为。国民党代表还鼓动所有会员国停止对中共的援助和来往，鼓动所有会员国拒绝承认中华人民共和国。台湾代表的提案，得到在冷战格局下运行的联合国部分代表的呼应。古巴、厄瓜多尔、秘鲁等国在美国等国的支持下，向大会提交了要求将《控苏案》交付大会讨论的提案。这一提案竟然最后获得大会通过。

　　为反击西方反华势力的进攻，1949年9月30日，中国人民政治协商会议通过决议，否认国民党当局的代表出席第四届联合国大会的资格。11月15日，政务院总理兼外交部长周恩来致电联合国，指出中华人民共和国中央人民政府是代表中国人民的唯一合法政府，国民党集团已丧失代表中国人民的任何法律和事实依据，要求立即取消所谓"中国国民政府代表团"继续代表中国参加联合国的一切权利。1950年1月8日，周恩来再次致电联合国大会主席罗慕洛和秘书长赖伊，重申这一主张。苏联驻联合国代表马立克在10日举行的联合国安理会会议上，提议把台湾国民党当局从安理会开除出去。19日周恩来又照会联合国，通知张闻天出任中国驻联合国安理会的首席代表（张闻天时任辽东省委书记，后因赴任联合国未成改任首任驻苏联大使）。3月8日，联合国秘书长赖伊发表备忘录，建议由中华人民共和国代表取代台湾国民党当局的代表。令人遗憾的是，中国政府的正当要求、苏联和赖伊等人的正确主张没有得到在美国等西方反华势力控制下的联合国的响应。

　　朝鲜战争爆发后，美国公然武装侵略中国台湾海峡，周恩来和中国政府在强烈抗议美国借联合国名义进行对外侵略、要求安理会制裁美国的同时，也要求恢复中华人民共和国在联合国的代表权，派出代表到联合国控诉美国的侵略罪行。1950年9月10日，周恩来致电赖伊，提出中华人民共和国代表来联合国控诉美国军用飞机侵入中华人民共和国领空扫射、美国军舰侵犯中国领海炮击商船、杀伤中国人的事实。这一正当要求，也被美国否决。

　　1950年9月18日，安理会根据8月29日的决议，准备讨论中华人民共和国政府控诉美国武装侵略案，16日周恩来致电赖伊，"提出坚决要求"："中华人民共和国中央人民政府是中国人民的唯一合法政府，同时又是这一控诉案的提案者和控诉者，完全有权利和必要派遣自己的代表团参加和出席联合国安全理事会……安全理事会在进行上述讨论时必须有中华人民共和国的代表出席陈述意见和参加讨论，这是程序上首先应解决的问题。安全理事会如果在没有中华人民共和国代表出席和参加讨论的情况下进行上述议程，则其所作的一切决议都将是非法的，因而也将是无效的。"（《周恩来9月16日、10月17日致赖伊电》，载《外交公报》第1卷第2期，见国务院台湾事务办公室研究局：《台湾问题文献资料选编》第7至第8页，第10页）

在中国政府和一切主持正义的国家的力争下，1950年10月24日，联合国第一委员会同意中华人民共和国特派代表参加会议。26日中国政府任命伍修权作为特派代表和顾问乔冠华一起出席安理会会议。11月24日，伍修权一行到达纽约，并于28日和30日两次就美国侵略台湾问题做了重要发言，阐明了中国政府和中国人民的严正立场，明确指出台湾是中国的一部分，任何"台湾地位未定论"都是站不住脚的，美国必须立即停止对中国台湾地区的侵略活动。中国政府的正确主张，得到世界一些国家的支持，加拿大外交部长在联合国政治委员会提出了《朝鲜停战五原则》，其中规定召开解决朝鲜问题的远东会议时，应有苏联和中国参加。

台湾国民党当局对于新中国代表在联合国的发言和有权参加解决朝鲜战争国际会议一事，感到非常紧张，认为动摇了台湾国民党当局在联合国的基础，已经危及国民党当局的"法统"地位。蒋介石要蒋廷黻加紧活动，阻止新中国进入联合国。在联合国第六届年会期间，蒋廷黻再提《控苏案》，联合国指导委员会在美国的操纵下，以9票对3票通过此案，此事说明联合国已经处于国际反华势力的控制之下，在当时的国际背景下，中华人民共和国恢复在联合国席位的时机还不成熟。自此以后，中国在联合国的席位被台湾国民党当局窃据达20年之久。在20世纪五六十年代，国民党在台湾的统治地位稳固，蒋介石一人独裁得以延续，与在国际间占据联合国席位有很大的关系。

"对日和约"的签订

二是签订反法西斯盟国对日本"和约"。早在第二次世界大战结束后不久，反法西斯盟国就主张签订对日和约，以约束侵略国日本的行为。由于当时作为反法西斯主要国家之一的中国正处于内战之中，无法参加讨论；再加上苏联看到美国在对日和约中有意袒护日本、姑息侵略的用心，坚决反对。因此，在1947年7月的远东国际会议上，美国签订对日和约的提案被否决。朝鲜战争爆发后，美、日两国见有机可乘，联合起来进行和约修订工作，并于1951年3月由美国国务卿杜勒斯出面提出了和约草案，主要内容为：参加对日作战的国家，均可以成为缔约国；日本加入联合国可以讨论；日本承认朝鲜独立；日本将琉球群岛和小笠原群岛交联合国托管，并由美国管理；中国的台湾、澎湖列岛和南库页岛及千岛群岛之地位，由美、英、苏、中决定。

对日和约中的关键之处有四：其一是严重侵犯中国主权，提出"台湾地位未定论"；其二是有意扶持台湾国民党当局作为中国的代表出席，如果此事不成，则取消中国的出席资格；其三是急于提升战败国日本的地位，在日本对外侵略罪行没有进行认真、有效清算前，美国就要把日本拉入联合国；其四是美国图谋通过和约，取得占领区的控制权，扩大在亚太地区的势力范围。

既然有如此多不可告人的目的，当然也会引起反对。中国政府坚决反对，早在1950年12月4日即发表声明，强调维护国家领土和主权完整的决心和坚持中华人民共和国政府为中国人民唯一合法代表的主张；英国对自己被排除在草案协商之外和被排在战败国日本之后而分外气愤，提出必须由中华人民共和国的代表出席"和会"、台湾所属问题已经解决，无须讨论；苏联则主张，对日和约应由苏、中、美、英四国外长来解决；同为日本侵略受害者的菲律宾，则表示对日和约要解决日本的战争赔偿问题；同为对日作战国的澳大利亚，则责问作为战败国的日本为何在重整军备。

杜勒斯为实现与日勾结、完成"对日和约"的签订，与英国外相莫礼逊等人密谋，对于中国代表权问题，最后决定由日本在和约签订后自行决定是和中国大陆还是和中国台湾缔约，和会正式召开时和签订和约时，不邀请中国代表参加。

美、英关于对日和会的决定一透露，理所当然遭到中国人民的坚决反对。周恩来指出："盟军授权美军占领日本，其目的仅限于肃清日本军国主义及实行日本的民主化；但美国占领当局在日本推行的政策，却是竭力保存日本的军国主义与阻止日本的民主化，因此，是与上述国际协定不相容的，非法的。……美国政府的和约草案就是企图将它这一系列的非法行为加以合法化。……美国的草案却只谈到日本放弃对台湾及澎湖的一切权利，而关于将台湾及澎湖列岛归还中国一事，却只字未提。美国政府的目的显然是企图长期非法占领我国台湾，并以台湾为军事基地，进一步侵略我中华人民共和国。"（1951年5月22日《周恩来致苏联驻华大使罗申的照会》，见国务院台湾事务办

公室研究局：《台湾问题文献资料选编》第42页）

蒋介石也对取消参加对日和会十分气愤，但他出于保持"国民党法统"的考虑，于1951年4月17日制定了对日和约五项方针，主要是将不丧失台湾当局作为盟国一员的地位，不损害国民党当局对台湾的统治权，台、澎不受任何军事干涉及侵略的三原则作为进行签约活动的依据。6月18日，蒋介石发表声明，指出："中华民国参加对日和约之权，决不容疑；中华民国政府仅能以平等地位参加对日和约，任何含有歧视性之签约条件，均不接受。任何违反中华民国上述严正立场而订立之对日和约，不但在法律上及道义上，丧失其力量，亦抑在盟国共同作战之历史上，永留不可洗涤之错误，其错误之重，影响之大，诚有非余所忍言者。因此种丧失真实性之对日和约，不但使第二次世界大战不能获得真正的结束，并将加深远东局势之混乱，更种下世界未来之无穷祸患也。"（张其昀：《先"总统"蒋公全集》第3册第3348页）

美国无视中华人民共和国和许多国家的反对，于1951年9月4日至8日，在旧金山正式召开对日"和会"，在第二次世界大战中作出杰出贡献的中国和其他参战国印度、缅甸等国被拒绝出席。会议通过了所谓的对日"和平条约"，会后美国与日本还签订了《美日安全条约》，正式把日本纳入美国的远东防卫体制。杜勒斯还称，日本将在会后与台湾"自由中国"签订"双边和约"。对于美国的阴谋活动，参加会议的苏联、波兰、捷克斯洛伐克等国，为伸张正义，拒绝在和约上签字。

对日单独"和约"的签订，中国人民予以强烈抗议。周恩来总理发表声明指出：美国政府公然违反一切国际协议，排斥中华人民共和国，签订的对日单独和约，"这只是一个复活日本军国主义，敌视中苏、威胁亚洲、准备新的侵略战争的条约，为重新武装日本并把日本完全变为美国军事基地廓清道路。这就是美国政府正在亚洲和远东准备更大规模的侵略战争的铁证。中华人民共和国中央人民政府认为美国政府强制签订的旧金山对日和约及美日双边安全条约，业已对中华人民共和国的安全以及其他许多亚洲国家的安全，构成了严重的威胁。中国人民对于美国政府利用旧金山对日和约以及所谓美日双边安全条约来加紧准备新的侵略战争的恶毒阴谋，一定要坚决反对到底"。"旧金山对日和约由于没有中华人民共和国参加准备、拟订和签订，中央人民政府认为是非法的，无效的，因而是绝对不能承认的。"（1951年9月18日，《周恩来关于

美国及其仆从国家签订旧金山对日和约的声明》，见国务院台湾事务办公室研究局：《台湾问题文献资料选编》第44至45页）

蒋介石因为可以单独与日本"谋和"，不仅不再反对，反而欣喜若狂。立即指示"外交部长"叶公超、"总统府秘书长"王世杰和"驻美国大使"

1952年11月，艾森豪威尔出任美国总统后，竭力推行干涉中国内政、支持台湾国民党当局的政策。这是蒋介石、宋美龄与艾森豪威尔在一起（1960年6月）

顾维钧，与包括美国国务卿杜勒斯、远东事务助理国务卿腊斯克、美国"驻台湾大使"兰钦在内的美国、日本等国代表接触，筹办此事。只是因为日本吉田内阁从发展与中国关系大局出发，对与台湾签订和约一事并不热心，并且明确表示，如果中共要求与日本讨论此事并缔结和约，日本政府自然愿意谈判并缔约。台湾国民党当局认为日本方面有意拖延，又向美国告洋状，美国由杜勒斯出面与日本会谈，要日本尽快与台湾签订"和约"。

1952年2月20日至4月28日，台湾当局的"外交部长"叶公超和日本代表河田烈在台北举行了3次正式会谈和18次非正式会谈，最后议定了"台日和平条约"，主要内容包括：日本放弃对台湾、澎湖列岛及西沙群岛的一切权利，并承认这些岛上的居民为"中华民国"的人民；1941年12月9日中国对日宣战前中国与日本签订的一切条约无效；台日之间按照联合国宪章发展相互关系，尽速签订关于双方运输、渔业等协定。条约于8月5日开始生效。

"台日条约"的签订，等于日本拒绝与中国建立和发展外交关系，台日关系"正常化"。蒋介石派出张群作为特使赴日本访问，双方开始互派"大使"。台驻日首任"大使"是董显光，日首任驻台"大使"是芳泽谦吉。蒋介石与日本签订"和约"，丧失了民族气节，为了保持所谓的"中华民国国体"，严重地伤害了国家领土和主权完整。美国、日本正是投其所好，以承认台湾当局"合法性"、台日单独签约的形式压制中华人民共和国的合法地位，事实上配合了美国、日本搞"两个中国"的阴谋，因此可以得逞一时，迟早是要失败的。当然，中日两国人民的友好是大势所趋，时隔不久，尽管在日本右翼势力的压制下，中日两国民间交流迅速发展起来，这是台日"和约"所无法限制的。

美国在向台湾提供各种援助和以武力阻挠中国统一的同时，支持台湾维持在联合国的席位，支持台湾在"二战"善后过程中与日本单独签约，为台湾国民党当局提供了与台湾现实不符的"国际生存空间"。正是在美国的庇护下，台湾国民党当局得以窃取联合国席位22年，得以与绝大多数国家保持"邦交"至20世纪70年代初期。但是，世界在前进，一些西方政治势力很难在国际舞台上一手遮天，中国已逐渐成为国际社会中的重要力量，台湾当局推行的对外政策在国际上的影响力已越来越小。正如权威著作所说："在新中国建立初期的国际环境中，中国虽未能及时恢复自己在许多国际组织中的合法地位，但通过斗争，揭露了美国企图把约占世界人口四分之一的新中国排斥在国际社会之外的无理行径，申明了中国的严正立场和不容剥夺的权利，为后来解决这一问题准备了条件。"（《当代中国外交》第15页）

（二）军事对峙，海峡战云翻滚

作为国民党军事家和政治家的蒋介石，深知要想稳住台湾政局和社会，不管是行"反共"宣传，发动"革命实践运动"，还是抓"共谍"，写"反共"理论著作，至多是起到宣传作用，并不代表综合实力，尤其是军事防御和进攻能力的增加。他比谁都清楚，把台湾建设成进行"'反共'抗俄圣战""'反共'复国"的基地，要靠军事实力；长期与大陆军事对峙，也要靠军事实力。事实上他很清楚，台湾的军事部署，在大陆的军事实力面前，都是"银样蜡枪头"。只是他已得知中共领袖并没有将他从台湾赶下海的意思，所以台湾的军事防卫当然也就"固若金汤"了。

沿海撤军——蒋介石集中兵力

对于蒋介石撤退台湾、军事固守计划，大陆当然有自己的想法。习惯于从全国一盘棋、整体战略高度思考问题的毛泽东主席、刘少奇委员长、周恩来总理、朱德元帅和其他中共领袖们，为保卫大陆东南沿海的社会、经济安全，首先，要拿下比台湾岛小约九分之一的海南岛，让台湾方面知道中国人民解放军具备进攻任何分裂势力的能力，也就是说古宁头的"失败"不会重演；其次，必须收回国民党当局占领的海峡北边的舟山群岛、大陈岛。

兵败海南

1950年4月17日，解放军第4野战军的4万官兵，分乘数百艘帆船、机帆船，强渡琼州海峡，与冯白驹将军指挥的琼崖纵队会合后迅速展开，20日解放海口市。海南国民党军队最高指挥部——防卫总部撤至榆林，军队向榆林、陵水等地逃跑。蒋介石见琼岛守敌覆灭在即，赶紧派出20余艘舰只前往接运逃兵。29日，无心再战的6万余名国民党官兵登上海轮，当监督军人上船的宪兵营用小船驳到大轮时，解放军已追到海滩，只得靠军舰上的远程大炮掩护，宪兵营才得以离岸上船。

蒋经国是这样解释海南失守的："由目前的形势看来，自从国军撤出西昌之后，海口失去跳板作用。同时我们反共抗俄的最高策略，就是集中一切力量，巩固以台湾为主的据点，准备反攻大陆。所以军事力量的分散，就是战略的失败。在过去政府已尽了最大的力量，在海南布置必要的防务，所以海口的放弃，就是基于全盘战略的要求而决定的措施。"

其中"跳板说"是符合实际的。在国民党的大失败和大逃亡的过程中，如同台湾与京沪杭之间的舟山群岛，以及台湾与厦门和福建之间的大小金门一样，海南岛成为大陆西南地区和台湾之间的中转站，包括蒋介石、蒋经国多次去重庆、成都、昆明活动，都是从海口中转。如果没有海南岛，国民党在西南和华南的人、财、物及武器损失不知要增加多少倍。大西南和华南被中共方面解放后，国民党方面便不再需要海南岛这块"跳板"了。

"政府已尽了最大的力量在海南岛布置必要的防务"，此说并不可信。防守海南岛主要是粤系军队，粤系三巨头陈济棠、薛岳、余汉谋分任海南行政长官、防卫总司令、行政副长官。三人除决心在海南岛依靠海峡天险与中共顽抗之外，还曾与白崇禧密谋过"军事占领海南，经济争取美援"的粤、桂二系在海南岛东山再起的计划。到头来"海南岛反共倒蒋独立计划"，因桂系30万大军在广西、粤系十数万大军在海南岛被中国人民解放军打垮而破产。

蒋介石、蒋经国对海南岛的态度是自相矛盾的。为了安排好退台事项，有秩序地退台，取得更好的退台效果，还需要海南岛，以解决当时美式运输机不能作长途飞行的难题，利用岛上日本人在占领期间修筑的5个机场，为大西南至台湾航线上的飞机加油和中转。在1949年下半年到次年春，起降海南的航班很多，大多满载运往台湾的物资、武器和人员。海南岛秀英和榆林两港也成为开往台湾的船只停靠的主要码头。"跳板""中转站"作用一失，蒋介石担心又起，唯恐海南岛落入粤系手中。一旦陈济棠、薛岳、余汉谋三人在海口站住脚，海南岛无疑将成为国民党内对蒋家不满者的集中地，成为国民党的又一政治、军事中心，与台湾分庭抗礼，双方的政治账将永无了结之日。为防止这一失控现象的产生，蒋介石对粤方是只用不养。在西昌未失之前，途经海南港口和机场的轮船、飞机，是满载来满载去，不见卸下一兵一卒、一枪一弹支持当地守军。所谓必要的防务，全由1949年10月间在解放军4野、2野围歼之下从广东沿海逃出来的粤系军队担负，这批残兵败将，自上岛后从未得到台湾方面的什么补充，蒋介石对"必要的防务"没有尽到"必要的责任"。中共向海南发起进攻后，蒋介石坐山观"陈"败，见陈济棠部的战斗力已被解放军摧毁、粤系已无翻身再起的实力后，才急忙派轮队前来接运，以便把几万粤军残部运到台湾改编为"正宗国军"，增加台湾的防御力量。至于粤系3巨头中，被蒋介石看中、继续飞黄腾达的只有薛岳。

"尽了最大的力量说"是在推卸责任。海南之战，国民党当局根本未做任何防止失败的"努力"。就拿蒋经国来说，在沿海地区对中共的作战中，无论是金门岛还是舟山群岛，他每次都能飞赴前线打气，唯独那么大的海南岛在半月作战期间，一次也未到前线。不但国民党坐视海南失败，蒋经国还坐镇高雄港，待接运而来的海南守军一上岸，马上宣布整编两个军的命令，换将换官，不给粤系军阀有喘口气、重新指挥旧部的机会。面对这种明编暗抢的整编，陈济棠、余汉谋愤愤不平，薛岳则主动向蒋投靠。由此可见，蒋经国对海口的防卫并不重视，只是关心海南粤军的整编。

"国军主动撤出西昌、放弃海口"，此说则与事实不符。西昌守军的下场蒋经国最清楚，在西昌守军被解放军包围时，胡宗南逃离西昌到台湾向蒋经国报告；在西昌守军被解放军消灭后，接替胡宗南指挥部队的罗列、盛文从战场死人堆里爬出后，流窜几千里逃到台湾，向蒋经国报告最后全军覆灭的经过。明明是在被消灭，又何谈撤出？"海口的放弃说"，也是拖泥带水，含糊不清，明明是在解放军紧追下逃窜，被消灭数万人后依靠现代化的海上交通工具才得以逃离海南，又何谈"放弃"？人们心里明白，蒋介石、蒋经国也明白，他的"撤出"和"放弃"，意味着被消灭、被打垮，最好的下场是被赶走。

舟山撤军

解放军渡海作战获胜，把台湾岛内因古宁头之战后暂时获得的宽松、安定气氛一扫而光，海峡并不能阻挡解放军向沿海岛屿的进攻。海南失败后，蒋介石担心主要从上海撤往舟山的12万军队会遇到上海守军同样的命运，被解放军消灭大部后赶下海，更担心如果中共进攻舟山，守军将缺少海南岛那样的回旋余地，可能在撤退所需的船只到达之前就成为解放军的俘虏。

舟山群岛面积不过1200平方公里，蒋介石却部署了6个军共12万人。舟山岛上的定海机场，曾对国民党退台和抢运物资去台，起过决定性的作用。国民党统治中心京沪杭地区的主要人员和物资都是借助于舟山定海机场才得以去台，特别是在南京、上海、杭州解放前夕，很多国民党人员、各种生产资料和生活资料，包括坦克和装甲车在内的军事装备，大多先运到定海，再待机运往台湾。华东沿海地区解放后，定海机场又成为国民党方面骚扰大陆、轰炸上海，封锁长江、钱塘江出海口的主要基地。

此时的舟山地区局势，明显有利于中国人民解放军，大部分岛屿已经落入人民之手，国民党的舟山群岛及定海防线门户已开。中国人民解放军华东军区的将帅们，在中央军委的统一指挥下，对解放舟山群岛做了充分准备，空军的50多架苏制战斗机和轰炸机来到华东前线，海军的100多艘舰只待发，十数万官兵准备在6月至7月间攻下舟山群岛。面对此情此景，蒋介石听取了蒋经国关于"收缩""集中"兵力，在大陆都已丢失的情况下更要舍得放弃守不住的岛屿的建议，决定"转移舟山守军，集中台湾，确保反攻基地"。

为保证逃跑计划的实施，海运行动的公开代号是"运输美援及日本赔偿物资"。1950年5月11日，"副参谋总长"郭寄峤、"空军副司令"王叔铭、"海军副总司令"马纪壮飞到定海，协助"浙江省主席兼防卫司令"石觉、"防卫副司令兼52军军长"刘玉章安排逃跑。

5月13日黄昏，守军各部分批登船，15日深夜起锚。为保守秘密，各种无线电讯全部停止，全区实施戒严，军、师长待部队集结完毕上船后才被告知航海路线和目的地。与此同时，派出81架次的飞机对大陆前沿阵地进行轰炸扫射，干扰对方。撤退时，装甲兵和75毫米以上的炮兵部队第一日登船；定海本岛的守备部队于第二日晚开始登船；前沿岛屿如岱山、普陀、长白山、秀山诸地区的守备部队是第三日上船。17日上午8时，在外海集结几十小时的轮队启程，20日到达基隆港。撤至台湾的装备和人员有121辆坦克、180辆各类机动车、12.5万名官兵。蒋经国此次没有去定海，而是和海南逃跑时一样，守在基隆港，待轮队一靠岸，立即把船上的第52、67、19、87、75军等5个军缩编为3个军。此次作为中央军内部整编，将、官的命运要稍好于从海南退出来的粤军将、官。

蒋介石、蒋经国终于赶在解放军进攻舟山以前，指示、安排守军悄悄逃跑了。自抗日战争胜利后，蒋介石指挥得最好、进行得最顺利的军事行动就是舟山逃跑。他在5月16日晚10时45分的广播讲话中称："半个月之前，我们撤退了海南岛的部队，今天定海的军队也主动向台湾及其卫星岛上集中了，这就是我复职以后第一步计划完全实现了。如果来侵犯台湾，那就是我们国军迎头痛击、乘胜反攻大陆的时机。这样3个月以后，我们就可以正式反攻大陆了。如果'共匪'始终不敢来侵犯台湾，那我们亦要在一年之内，完成我们反攻大陆的准备。至迟一年后，亦必能实行反攻大陆。"

把海南、舟山撤退说成是收缩兵力、固守台湾似乎可信，可把撤军说成是"反攻大陆"的开端，则谁也不会相信。值得一提的是，舟山撤军并非"主动"，如果没有解放军的强大军事压力，蒋家父子也不会"主动""轻易"离去，这跟被解放军直接赶走性质相似。再则，蒋介石把"二岛撤军"说成是自己"复职总统"后的第一项重大决策，可是从时间和军事背景上看，他3月1日复职，解放军马上向舟山本岛的外围岛屿发动进攻，施加军事压力；4月17日又发动解放海南之战。"二岛之战"与其说是符合蒋介石的"战略构思"，还不如说是大陆送给蒋记政府新上台的旧当家人的"贺礼"。

缅境撤兵

海南、舟山守军撤回台湾后，蒋介石又安排接收了两支部队。在云南省境外的缅泰交界处，活动着一支国民党的残余军队。他们最早是抗战期间远征军93师的部分被冲散的官兵，长期在当地驻扎，以"93师"番号存在。在此基础上，1950年初组成"滇缅反共游击队"，有500余人。另一部分是云南逃兵。在云南起义前，第8军军长李弥和第26军军长余程万阻止卢汉起义未果后，被陈赓指挥的第4兵团所击败，逃跑中的李弥被任命为"云南省主席"兼"云南绥署主任"，率残部经蒙自机场空运海南岛，在运完家眷和宪兵队后，原计划在1950年1月16日组织大批军用飞机和民用客机前来接运第8、26两军部队。岂知

15日晚9时，预计在数日后才能赶到的解放军先头部队和3个军突然赶到，李弥部的撤军计划失败，只得分路突围。余程万已在3日前乘飞机去海南，后转往香港。1950年1月24日，第8军残部在元江受到重创，余部沿元江渡过打洛河继续撤退，与其他剩余部队会合后到达了泰缅边境的小勐棒，小勐棒位于缅北大其力以东，湄公河以西，紧靠泰缅边境，处于金三角的中心，是个"三不靠"的山区。合并后部队有1600人，在当地开荒种地，修营房，收税经商，建立了自己的"独立王国"，又与云南马帮混为一体。部队逐步扩大到3000人左右。1951年2月20日，李弥到猛撒，于次月正式成立"云南反共救国军总指挥部"，自任"总指挥"兼省主席。下设第193师，李国辉任师长；第93师，彭程任师长。两师共约7000人。从5月和7月，李弥指挥所部，两次大规模侵扰中国边境地区，一度攻占沧沅、孟连等县城，作战中美国还派出运输机空投武器和补给。李弥对云南边境地区的进攻受挫后，在当地发展贸易，联络土司、头领。还开办了"反共抗俄军政大学"，李弥任校长，招收华侨、汉族子弟入学，最多时学员有2000人左右。为便于接收台湾方面的空投物资和武器，在湄公河西岸峡谷中还修建了一座简易的江腊机场。蒋经国出任"国防会议秘书长"时，来视察李弥部，就是飞到这一机场。到1953年间，李弥部有了包括近2万人、3个军区、数百平方公里的控制区。为此，李弥在国民党"七全大会"上，以其进行实实在在的"反共"和反攻大陆的军事活动，而当选为"候补中央委员"。

李弥部多次反击缅甸政府军的围剿，迫使缅甸政府到联合国控告李弥部侵略缅甸领土、危害缅甸主权与安全。在国际舆论和有关方面的压力下，蒋介石同意李弥部撤离，从1953年11月7日到1954年6月3日，先后有李弥总部、"'反共'抗俄大学"、第26军军部、93师、193师、第10纵队、第4纵队、第3军等部撤出，到1954年间，共有5472人和家属1035人撤回台湾。为解决这一遗留问题，应缅甸政府要求，中国政府决定派兵跨境作战，清剿李弥残军。1960年11月22日，解放军开始越境清剿作战，国民党残军节节败退，向老挝、泰国边境方向撤退，江腊机场也被解放军占领。应缅甸政府要求，联合国再次做出决议，要求蒋介石当局撤回李弥部。1961年3月5日，台湾当局"副参谋总长"赖名汤飞到泰国曼谷，开始执行安排撤军的"春晓计划"。赖名汤来到缅、泰、老三国交界的丛林中，见到时为"云南反共志愿军总指挥"的柳元麟，决定总部及下属第1、2、4军部分官兵经由老挝、泰国空运返台，"云南人民反共志愿军"番号取消。另有数千人留在当地，基本与台湾方面脱离关系。李弥则是在1961年第二波撤离潮中回到台湾，到台湾后，出任"国大代表""光复大陆设计研究委员会委员"和国民党中央评议委员等职，此后，他成了天主教徒，1973年12月因心脏病突然复发而去世。

接兵越南

1949年11月底，跟随"华中剿总"司令白崇禧在广西顽抗到底的有黄杰的第1兵团。黄杰是在湖南省主席程潜、陈明仁宣布湖南和平解放后，由"国防部"任命为湖南省主席兼湖南绥靖总司令、第1兵团司令。8月17日，刚在芷江就职的黄杰，就在中国人民解放军的追击下撤往广西。在桂北战役中，黄杰部在小榕江等地被击溃，12月间，在走投无路之际，他向白崇禧和陈诚发电请示，并致信法国驻越南高级专员，假道越南撤退。法国方面同意黄杰部进入越南，但是黄杰部必须分为500人一组，武器集中封存，由法方负责运输到港口再转交"国军"，路上安全由法军负责。就这样，黄杰带着建制混乱的2万余人进入当时由法国殖民当局控制的越南北部。同时进入越境的还有原云南的第26军，此部由新任军长彭佐熙指挥，在蒙自机场逃跑计划破产后，第26军和第8军各自逃命，第26军残部则利用边境地形复杂的特点，来到越南。自1949年12月13日起至1950年元月底止，进入越南的国民党军队残部总计3.4万余人，主要是被打垮的众多残部，也有一批军队眷属、地方警察和闲杂人员等。

黄杰进入越境不久，法方派专机将他接到河内，软禁在一座洋楼里。不久，法国人把他们全部送进了集中营，1950年3月移至富国岛和金兰湾两地。在集中营内，国民党官方基本生活保障都不够，先后有1000多人死亡。1951年底，富国岛的官兵进行了集体绝食抗议，要求尽速将他们送回台湾，引起了国际社会的关注，加上美国政府不断施压，几个月后法方终于同意放行。1953年5月23日，经过长期谈判，越南和法国方面同意台北方面接回军队。黄杰回台后，以其在大陆坚守至最后一刻，带回3万余军队而受到蒋介石嘉奖，以后步步高升，回台后即出任"台北卫戍司令"，次年出任"陆军总司令"兼"台湾防卫总司令"，1957年1月受任为"总统府参军长"，似乎将要退出军界。岂料在1958年执掌新成立的"台湾警备总部"，1962年又转任"台湾省主席"，1969年7月在"内阁"改组中接替蒋经国出任"国防部长"兼"行政院政务委员"，1972年6月改任"总统府战略顾问"。1995年，93岁的黄杰去世。

撤离大陈

进入1955年以后，大陈岛地区局势变得紧张起来。解放军准备解放大陈岛，无疑是给刚与美国签订"台美共同防御条约"、自以为台湾安全已确保无虞的台北当局兜头一盆凉水，也让刚刚在岛内演完连任第二届"总统"政治闹剧的蒋介石倒吸一口凉气。

大陈海域北起南田、南到沙埕，长约174海里，共有大小岛屿90多个，其中上、下大陈岛面积最大，各在10平方公里之下，两岛相隔一海里，距大陆不过14海里。新中国成立之初，岛上没有国民党的正规军，只有一批从大陆沿海逃出来的散兵游勇、恶霸、地主、土匪。朝鲜战争爆发后，美国西方公司代表皮尔司准将与时任"国防部参谋次长"的郑介民会商后，经美台双方同意，由美方支助，在大陈重组游击队，作为干扰、破坏大陆正常秩序的武装力量，并开始把大陈地区筹组为进攻人民政权的前哨基地。

1951年3月17日，蒋介石任命自己最赏识的骨干、1950年3月自西昌逃回台湾后因在大陆时期的败绩而被弹劾的胡宗南，出任"反共救国军总指挥"兼"浙江省主席"，被派到大陈的大岙里驻扎，随之调来的是由编遣军官组成的4个军官团。次年2月，军官团与原来岛上的残匪，被扩编为6个突击队、1个海上突击队。其中第1大队驻上、下大陈，第2大队驻南麂，第3大队驻渔山，第4大队驻一江山，第5大队驻披山，第6大队驻上大陈，东南干部学校驻上大陈。海上大队有6个小艇队，负责在各岛之间联络、运输和警戒，并与陆上大队一起到大陆沿海活动。

在化名"秦东昌"的胡宗南指挥下，"反救军"先后30余次偷袭闽粤沿海的洞头、白沙、黄礁、金镇卫、沙埕等岛屿及地区，严重威胁东南沿海人民的生命安全和经

身披蓑衣在大陈岛留影的蒋经国

济建设的正常进行，中国人民解放军最高指挥部决定铲除这一毒瘤。1953年6月24日，解放军一部攻占距胡宗南指挥总部只有14000米之遥的积谷山岛，岛上守敌89人无一生还，大陈岛连环防线被突破，胡宗南和美国西方公司的代表吓得跑回台北。胡一跑，大陈另设"防卫总部"。为筹设新机构，蒋经国特意飞到大陈岛，主持改编。接管"防卫总部"的是原"国防部第三厅厅长"、刚从美国参谋大学毕业的刘廉一，"浙江省主席"为胡宗南的原参谋长钟松。大陈防务变动、加强，并不能挽救败局。

1954年5月，"国民大会第二次会议"召开，蒋介石连任"总统"，大陆送来的"贺礼"是接连拿下鲠门、头门、田岙3岛。11月14日，在抗战胜利后美国送给南京政府的排水量为1400余吨、装有3英寸火炮3门和40毫米机关炮2门、时速达19海里的台海军主力舰"太平号"，被中国人民解放军刚组建起来的海军击沉，吨位远大于大陆拥有的海军鱼雷艇的台湾海军军舰再无往日威风。1955年1月10日，刚组建几年的中国人民解放军空军在海域炸伤国民党4条战舰，制空权落入中国人民解放军之手。

1月18日，上大陈北面不远的一江山岛被解放军攻占。一江山岛位于浙江台州湾椒岛口海面，由南、北两岛组成，面积仅1.7平方公里，距大陆13海里，距大陈岛7.5海里，是大陈岛的前哨据点，敌军有1100余人。

担任进攻一江山岛的中国人民解放军前线总指挥的是华东军区参谋长张爱萍，他非常荣幸地指挥了中国人民解放军第一次合成立体实战。

这一仗显示的威力，并不是说在一江山岛上消灭了多少国民党军队，而是中国人民解放军进行的第一次立体实战检验。18日拂晓，中国人民解放军空军的第一批战鹰升空，海军的战舰开始进行战地巡逻。8时，由苏制图—2轰炸机组成的第二批战鹰直插敌岛上空，岸炮部队也向敌方开始集团性轰击，一江山岛在爆炸气浪中颠簸。下午2时，解放军的步兵突击队在海军的护送下向一江山岛进发，下午4点多钟，全岛解放，全歼岛内守军，毙敌519名，俘虏567名。攻克积谷山、一江山岛，使得大陈岛全部暴露在解放军的岸炮轰击之下。

大陈国民党守军只有两条路，一是跑，二是亡，死守就是亡，稍有与解放军作战经验的国民党将领明白这一点，蒋介石更有切肤之痛。为避免全军覆灭，只有在解放军登陆之前逃跑。可下令撤退又有难处，这对刚刚有所稳定的台湾军心打击太大。最后让蒋介石下决心大撤军的，除了"守不住"的原因之外，还有就是美国的态度。

1954年12月2日，台美之间签订"共同防御条约"，蒋介石等了5年、姗姗来迟的此条约，明确规定双方共同防御的地区只有台湾和澎湖列岛，金门、马祖、大陈均不在美国第7舰队的保护之下，也

蒋介石父子（前排坐者左二、三）在上大陈听取战事简报

就是说美国要蒋介石放弃大陆沿海的岛屿。之所以这样，则是因为美国比蒋介石明智和实际，在华盛顿看来，蒋介石靠"反共"决心和自己给自己壮胆的宣传口号来防守金门、马祖和大陈岛是不现实的，而中国人民解放军却有实力以陆、海、空三军协同作战收复这三个地区，直到兵指台湾。美军顾问团力劝蒋介石从沿海撤军。

美国外交的老练、狡猾和自私处处表现出来，在"共同防御条约"的背后，有着不可告人的潜台词：放弃沿海岛屿之后，台湾、澎湖远离大陆，可以造成"一中一台""台湾独立"的地理现实。对此，中国政府从1949年11月起就停止了在解决台湾问题之前收回金门、马祖的行动，这样台湾就有了一个近望神州大陆的立足点，保持台湾与大陆的整体感，不给对中华民族不怀好意的人以任何口实，中国共产党和国民党在这一点上是有认同的。

对与台湾并没有什么地区政治地理联系的大陈岛，大陆采取了对待同样远离台湾的海南岛、舟山群岛那样的方针，武力攻占。蒋介石在大陈岛的去留问题上，也算是识时务者，能够接受失败的事实：大陈守军与其死守被消灭，还不如及早撤离。况且，即使国民党军队继续待下去，利用大陈基地时常去大陆偷鸡摸狗、杀人放火，又能达到什么样的结果？只能加深国共之间的仇恨，只能加深海峡两岸之间的互相敌视，不利于祖国的统一，不利于民族团结。

一江山之战刚结束，3个月前由"国防部总政治部主任"改任"国防会议副秘书长"的蒋经国立即飞到大岙里，部署逃跑事项。此次撤退与海南、舟山撤退不一样，按蒋经国的计划，不仅要带走军队，还要把岛上的14000余名居民

全部裹胁到台澎金马地区，造成一种"军民同仇，共反共党"的假象，以减少台湾方面因大陈撤退而引起的军心不稳、民心动摇现象。

1月26日，"大陈地区行政督察专员"沈之岳发布公告，说是最激烈的战斗即将开始，为确保生命安全，要居民前往"县政府"进行登记，以便准备交通工具，疏散到外地。长期生活在国民党"反共、恐共"宣传下的大陈居民，就在不明真相的情况下，与军队混在一起，被迫离开了家乡。

大陈解放后，海峡两岸之间的军事对峙没有结束，但以攻占对方管辖地域为目的的军事行动已经停止。

整顿军制

退台后的军事体制有所调整，蒋介石重新设立军政系统、军令系统和政工系统。军政系统即"国防部"，主管军事行政；军令系统即"参谋总部"，设有"三军"和"警备""宪兵"总部及澎湖、金门、马祖、大陈等"防卫部"，指挥"三军"；政工系统即"总政战部"，隶属于"国防部"，职能是负责政治作战、军事新闻、心理作战、组织训练、政治教育、文化宣传、保密防谍、战地政务及官兵福利等业务。"政战部"的设立，是蒋介石总结国民党在大陆的失败原因时提出的。

军队的整顿也很复杂。退台后的国民党军界和党政界一样，机构、番号众多，退台的60余万官兵，几乎遍及大陆时期的各个部队，几个人扛着一个军、一个师、一个旅番号，一支部队番号下只有几个主官的现象非常普遍。1950年3月25日，蒋介石任命蒋经国出任"国防部总政治部主任"，与"行政院长"陈诚、"陆军总司令"孙立人，一起负责整顿退台和以后分别从海南、舟山、大陈等地

国民党在大陈岛上大肆进行"恐共、反共宣传，撤退时将岛上居民也裹胁而去。这是蒋氏父子在视察大陈岛时的留影

接运回台的军队，在4年间接连4次整顿。第一次是解决实有员额问题，第二次的重点是统一编制，第三、四次主要是减少指挥机构，集中指挥权，仅是撤销的军以上建制的番号就有60余个。"行政院长"陈诚、"总政主任"蒋经国等支持孙立人行使铁腕，强行编遣了以黄埔系为主的为数众多的将领、军官，解散了许多徒有虚名的机构、单位，打破原有建制进行了混编、改编。

陈诚、蒋经国下手准、下手狠，一些被认为"政治上不可靠"的军队退台靠岸时，必须先交出武器再上岸。例如刘汝明的第8兵团、驻海南和舟山的部队，以及从缅甸和越南运回的军队，上岸时不准携带武器，原有建制全部打乱，重新混合编组，以确保不会出现意外失控事件。

再如在1952年的一次性处理中，被宣布退除役的军官就有"一级上将"阎锡山、徐永昌；"二级上将"何键、林蔚、朱绍良、杨爱源；"中将加上将衔"孙震、杨森、罗卓英、李品仙、钱大钧、刘士毅；"中将照上将待遇"秦德纯、俞济时，以及谷正伦、陈继承、徐庭瑶、贺国光、刘汝明、韩德勤等37名"中将"，甘登俊、刘树人等80名"少将"。在蒋经国的铁腕下，"将星们"一夜之间失去光彩，成为一介"荣民"。

对陆军以整顿、裁编为主，而对空军和海军、装甲兵等特种兵则主要是充实、扩编。经过蒋经国的整治和改造，军界退台时的混乱状态基本结束，且不论战斗力如何，至少已有点"军队"的样子了。陆军被编为两个军团部，5个前瞻军军部，1个轻装军军部，12个前瞻步兵师，6个轻装步兵师，7个重装预备师，两个轻装预备师，总共约30万人。

装甲师设1个师部4个旅，装备有近1000辆不同型号的坦克、装甲车。

退台的海军舰只、装备、干部和技术人员全部保留，时有驱逐舰、护卫舰、扫雷舰、登陆舰等80余艘，编为4个舰队。另有几个由小型战斗艇、鱼雷艇组成的艇队，包括海军陆战队在内有40000余兵力。

空军也没有裁撤，编有P51驱逐机4个大队，B-24、B-25和蚊式轰炸机两个大队，以及C-46、C-47运输机两个大队，共有500架左右的飞机，9万多名空勤人员。

通过整军，确立了"义务兵役制"，把18岁定为应征年龄，服役年限陆军为两年，海、空军为3年。退伍或未征的适龄青年均为预备役，直至45岁除役，最大动员量保持在130万至150万人。陈诚、蒋经国主持的整军，确立了后来台湾的军事规模。在此基础上，以后变化较大的是武器装备不断更新，海军、空军还呈扩大、上升趋势，陆军、装甲兵也有所调整。

到1954年4月间"第一届国民大会第二次会议"召开和俞鸿钧"组阁"时，标志着军事整顿告一段落，当时的军事指挥体系是这样的："国防部长"再次由俞大维出任、"副参谋总长兼代总长"彭孟缉、"总政战主任"张彝鼎、"陆军总司令"黄杰、"海军总司令"梁序昭、"空军总司令"王叔铭、"联勤代总司令"黄仁霖；"第1军团司令"胡琏、"第2军团司令"石觉、"新编第3军军长"徐汝诚、"新编第8军军长"郭永、"新编第9军军长"许朗轩、"新编第10军军长"尹俊等；"台湾防卫部司令"黄杰（兼）、"澎湖防卫部司令"刘安琪、"金门防卫部司令"刘玉章、"福建人民反共救国军总指挥"刘玉章（兼）、"大陈防卫部司令"刘廉一、"浙江人民反共救国军总指挥"胡宗南。

军制调整的重点还有：实施军官"假退役制度"，这一制度主要是为了解决在大陆时期高级将领过多的矛盾。蒋介石之所以提出此一方案，还有一个目的，那就是清理异己势力，将退台后用不着的、不准备重用的将领趁机清除出军界。

恢复主要军官学校，军事教育逐步走上正规化。在大陆时期原有的"陆军军官学校""空军军官学校"和"海军军官学校"先后在台湾高雄恢复。在台复校的其他主要军校还有"三军大学（原名为'陆军大学''国防大学''三军联合大学'等）""国防医学院"，以后还有在1951年设立的"政治作战学校"、1966年设立的"中正理工学院"、1976年设立的"中正国防干部预备学校"等。

建立"军事主官任期制"，规定各军事主官采取任期制，每任为两年，以防止军事主官拥兵自重。事实上，这一制度对保持蒋介石对军队的绝对控制权是有所助益的，但是违反这一制度最多的是蒋介石本人。他对自己不喜欢的将领，到时即按任期制予以调降，而对自己的爱将，使用时经常突破所谓的任期制，如其子蒋纬国在"湖口兵变"之前，出任"装甲兵司令"即长达10年。

建立政战制度。董显光说："建立之政治作战制度，其主要目的在激励军队的高度战斗精神。为达此目的，每一军官或士兵必须充分信仰三民主义，并具有为三民主义而不惜任何牺牲之坚决意志。"（《蒋"总统"传》第622页）蒋经国作为首任"主任"，他规定的工作职责是："肃清'匪谍'，转移风气，推行思想教育；严密军队组织，提高军中文化，推行克难运动；健全一切组织，推行实践制度，改善官兵生活；要求

蒋氏父子参观美国"勇往"号军舰

全体官兵把思想变成信仰，把信仰变成力量，要做到在政治上永不屈服，在战场上永不投降。"（见钟声：《蒋"总统"经国先生》第124页）

设立政治作战制度，蒋介石的意图是十分明显的，即通过整顿的方式，在进行军中人事调整的同时，完成思想上的整肃。在检讨国民党失败的原因时，他认为对"三民主义"信仰的动摇是军队崩溃的主要原因，因而重新树立对盖上蒋家印记的"三民主义"的信仰，在军队里完整贯彻蒋介石的个人意志和"反共"政治理论体系成为其整军的主要动机。设立专门的政治作战部门，事实上成为军中政治教育的专门机构，大大加强了军中进行"反共"政治教育的功能，这是其一。其二，增加对军队的控制能力。政治作战作为军中独立的组织体系，成为与军令体系平行的一大系统，单独控制着军内的人事升迁、组织、党务，而且更多的是从"反共"意识和政治立场上监视军官和兵士，考察军人对国民党和蒋介石的忠诚度，成为军中事实上的特务组织，有利于增加蒋介石对军队的控制。其三，有利于蒋经国的接班安排。设置新的、专门的政治作战部门，军中阻力很大，难以开展工作，但是由于蒋经国出面掌握，无人敢于公开反对。并且，蒋经国一上任，无限扩大政治作战系统的权限，为以后政战系统的生存和发挥效力，提供了有利条件。对蒋经国个人来说，身为"第一任主任"，增加了对军事问题的发言权。蒋经国主持和完成了国民党军队退台后最初也是最为关键的整顿，选拔出一大批忠于国民党、忠于蒋介石、被他认为是忠诚的将领，这为以后他自己走上国民党最高领导岗位打下了坚实的军事基础。

蒋介石的军事改革，一方面为国民党军队革除弊端、加强军纪起到了一定的作用；另一方面也为蒋介石的专制独裁提供了有力的保障，将在大陆时期由地方实力派和黄埔系、保定系、士官系控制的"多元化"军队，成功地完成"军队蒋家化"。

此外，蒋介石、陈诚、蒋经国整治军队，同在大陆时期1929年、1937年、1946年进行的大规模整编相比，涉及的将领、编制、兵员、装备方面的问题最多。如果说前三次整军因涉及关系网太多和阻力太大而不了了之，那么这次整军却因彻底冲垮了以黄埔系、准黄埔系和地方实力派为主体的各种关系网而获得了成功。国民党政权自1925年8月正式建军后，至此才彻底结束了军界强人屡起、枪多兵多等于权多的历史。值得一提的是，以前出面主持整军的人不具备陈诚、蒋经国所有的强硬后台，而被整的一方也都是重兵在握，要顶要抗有实力，所以成功的把握不大。

蒋介石连续整顿军队，当然有加强对军方控制、提高军队战斗力的考量，还有一个不可忽视的因素就是为接收美援做准备，通过整军把军事编制调整到能够适合美国提供的武器和装备上来。

自朝鲜战争爆发后，美式军械开始大规模地运来台湾。到1953年度，美国提供的军事援助达6.7亿美元，此外在经济援助中的军援还有8000万美元。据当时的外国通讯社报道，在1949年底，美国的250辆坦克和陆军5个师的装备运抵台湾；1950年上半年，有740余辆坦克和装甲车运来台湾供军方替换过时的相应装备；1950年下半年至次年5月，美国又运来加农炮150门、坦克约70辆，还有火箭炮、平射炮、榴弹炮及重型牵引车等；1952年6月，运来一批军用车辆，包括重型卡车和吉普车；1953年2月、3月间，运来一批火炮、机枪及工兵装备。运来的海上武器有90余艘各类登陆艇和军舰。制空武器有：1949年底运来的100架B－25双引擎轰炸机；1950年初运来的一批飞机零部

1953年6月，美援第一批F－84雷霆喷射机运抵台湾，蒋经国在试穿飞行装备

件和通信装备，4月、5月间运来的轰炸机120架；1951年6月后的1年间分批运来的飞机40架；1952年11月运来的"野马式"战斗机28架；1953年初运来的一批螺旋桨飞机，6月运来的一批F-84战斗机。因为武器的运输是高度军事秘密，以上外国通讯社的消息本身有不准的地方，可能还有更多美国武器到达台湾的消息没有见报，应该说运到台湾的武器远远超过上述数目和种类。

美国武器的到来，帮助国民党军队度过了最困难的时期。首先，国民党军队所拥有的武器，经过在大陆失败的冲击，损失之大前所未见，旧武器过时落后，新武器缺乏零配件远达不到实战要求，美国武器的到来正好可替换国民党军队中的武器装备，国民党军队颇有美械"武装到牙齿的风采"。其次，国民党在大陆失败，又接连从海南、舟山、大陈撤兵，已经在台湾民众心目中留下"战不能胜，守不能固"的形象，美式装备的到来，无疑改善了国民党军队的形象。最后，美国武器在一定程度上加强了国民党军队的战斗力。这成了蒋介石炫耀的资本，也成为他稳定岛内政局、提高士气的法宝，给混乱的台湾社会和动摇不定的台湾民心注入了稳定剂。事实上，连蒋介石本人也知道，靠这些美国武器是无法阻挡中国人民解放军的军事进攻的，只是为了政治上的需要而拼命抬高美国武器的作用和夸大国民党军队的战斗力。

军事反攻——国民党有心无力

军事整顿后，快人快语且时常夸大其词的陈诚，说"现在经过整编的军队，战斗力量增强，1个军可打'共匪'3个军，这是有把握的"。（见何定藩：《陈诚先生传》）国民党当局在掀起一股股"反共"浪潮的同时，不断地对大陆进行军事骚扰，给人造成一种似乎"反攻大陆""'反共'复国"就要实现的假象。

蒋介石无法忘怀在大陆的失败，时刻思考的主题就是如何完成"复国梦"。早在1949年6月26日，他在台北召开的东南区军事会议上就发表《本党革命的经过与失败的因果关系》讲话，宣称只要全党一心，完成党政军各部门的整顿，那么不出3年，就可以消灭"中共"。

众所周知，不到半年，中华人民共和国成立，国民党蒋介石当局退到台湾孤岛，深知这一结果对国民党在政治上意味着什么含义的蒋介石，不得不修改"反攻时间表"，他在《"复职"的目的与使命》一文中，将"反攻大陆"

程序定为"1年整训，2年反攻，扫荡'共匪'，3年成功"，"就是说，从现在起，少则3年，多至5年，就能完成"反共"复国使命"。

令人可悲的是，政治家为了维护自己的形象，实现无法实现的目的，只有靠不断公开讲假话或大话自欺欺人。"反攻大陆"本身是一个永远无法兑现的"太虚幻境"，蒋介石却要让民众相信这是近在眼前、马上就能成功的事实，所以只有不断食言。他是如何自欺欺人的呢？

"我去年来台湾以后，7月间，在台北介寿馆召开东南区军事会议，检讨过去剿匪失败的原因，并厘定我们今后反攻的计划和期限。在会议闭幕的时候，我提'半年整训，巩固基地，1年反攻，3年成功'的结论。那时候广东、广西、四川、云南、贵州、绥远、甘肃、宁夏、青海、新疆各省，以及陕南，都还在我们的国军手中，所以我认为东南区1年之内开始反攻，绝对没有问题。但是后来战局变化太快，整个的西北和西南，不到4个月时间，就全部陷落在敌人的铁蹄之下，这是我始料所不及的。所以现在的情况，已经和当时大不相同了，我们要重新来拟订计划，徐图恢复，决不能好高骛远，只求速效。我们知道越王勾践在会稽失败以后，经过'10年生聚，10年教训'，而后灭吴。今天我们要恢复整个大陆1200万平方公里的土地，彻底消灭毒辣阴险的国际'共匪'，当然是需要长时期的艰苦奋斗，才能有效。"（见张其昀：《先"总统"蒋公全集》第2卷）

同样在张其昀主编的大作中，又记下了蒋介石新的时间表：在回答记者"究竟什么时候开始反攻大陆"的提问时，蒋介石称只要中共3个月内来犯台湾，那就是"国军""痛击"后"乘胜反攻大陆"的时机。"如果'共匪'始终不敢来侵犯台湾，那我们亦要在1年之内，完成我们反攻大陆的准备，至迟1年以后，亦必能实行反攻大陆。"

中国人民解放军的行动再次让蒋介石泪洒台北。也就是在蒋介石讲话后"3个月"左右，解放军在海南和舟山等地发动军事进攻。蒋介石不仅没有"迎头痛击、乘胜反攻"，而且在海南是先打后逃，而且在舟山是不打就逃，所以"3个月反攻论"又一次破产。

1950年5月16日，蒋介石在《为撤退海南、舟山"国军"告全国同胞书》中又称："现在我再将政府反攻大陆的计划，总括四句话对同胞们重说一遍，就是'1年准备，2年反攻，3年扫荡，5年成功'。"蒋介石的"一二三五计划"正式出台。如果从此时算起，应该在1952年开始反攻，1955年"还都"南京。

历史已经证明，蒋介石开出的又是一张"政治空头支票"。蒋介石在每年例行发表的"新年、青年节、双十节、台湾光复节"4次文告中，总是说今年是"反攻大陆的决定年""关键年"，明年是"反攻大陆的胜利年"，旧调重弹，弹无止境。直到国民党八届二中全会召开，国民党退台10年之际，蒋介石才对"5年成功没有成功"做出说明："由于大家从大陆撤退来台，已经10年，当时国破家亡的悲哀沉痛，和污辱血债，也多少为岁月所侵蚀！又由于社会的安宁和经建的发展，也有一部分人确实在特别忙于照顾自己的生活，并且企图提高其个人待遇为主要目的，因而或多或少忘记了自己反共雪耻的责任，模糊了自己报仇复国的目标。当然还有很多的知耻奋发的同志，在埋头苦干，尤其是一般基层工作的同志，不求人知，而唯其效忠报国，在我见到这种情形的时候，更引起我对复国建国的前途无限的乐观。"蒋介石在这里又强调："再过10年，超过'10年生聚，10年教训'的期限，还不能反攻复国的话，那就任何希望都要破灭了。"蒋介石可谓语重心长，可是对此类"反攻大陆"的"教导"，绝大多数下僚臣属们只能是听者藐藐了。

为实施军事反攻大陆计划，国民党当局在美国中央情报局（CIA）的帮助下，成立了一个名为"西方企业公司"（Western Enterprises Inc.简称WEI）的机构，直属于CIA内的"政策协调处"（OPC），与"特别作业处"（QSO）平行。最先倡议成立这个组织的有宋美龄、美国飞虎将军陈纳德、中情局长艾伦·杜勒斯等。最主要的推动人则是CIA的政策协调处处长魏斯纳（Frank Wisner）、远东处处长史迪威上校（与战时任中国战区蒋介石参谋长的史迪威同姓，后来曾任西点军校校长）、政策协调处中国科科长狄普义上校（Col. William E.Depuy此人后来成为四星上将，是提拔后来任职国务卿的鲍威尔的恩人）。"西方公司"于1951年2月在美国匹兹堡市正式注册成立，出面的负责人是布立克（Frank Brick），此人曾任美陆军第90师军法官，是中情局创始人杜诺万将军的老同事。汉弥顿是"西方公司"的秘书兼财务，总裁则由庄士敦（Johnston SACO的老特务）挂名。"西方公司"的雇佣人员在公司成立后的次月（1951年3月）即抵达台湾，开张作业。

"西方公司"的台湾总部设于台北市中山北路，靠近圆山饭店，首任老板是皮尔斯（William Ray Peers）中校，第二次世界大战时他曾在缅甸主持敌后的情报工作，是CIA前身OSS第101支队队长，后派到中国，在戴笠主持的"中美合作所"内工作。"西方公司"全盛时代的工作人员达70多人（当地的支援性职员不计在内），有各式各样的"人才"，包括游击战术、爆破、密码解译、伞兵训练、心理战等方面的专家。本来"西方公司"准备在台湾本岛训练"游击队"执行突击大陆的任务，后来发现在外岛更能发挥这方面的长处，故在金门和大陈岛都设了联络站，派人常驻，就地训练"游击队"，并与驻地的台军司令指挥官联系协调战斗任务。（参见"西方公司"成员何乐伯Frank Holober：《中国海上突击队 Raider of the China Coast》）东山岛之役是CIA所属的"西方公司"在台湾及外岛准军事作业的转折点，自此以后，"西方公司"逐渐终止了支持"游击队"的活动，公司本身也在1955年初寿终正寝，其业务由"海军辅助通讯中心"（CIA在台湾对外的名称，简称NACC）接管。（参见2006年2月5日台湾《中国时报》）

与此同时，蒋介石不断派遣武装力量骚扰大陆：

1950年2月中旬，蒋介石派遣的飞机13次轰炸上海，死伤居民千余人；2月19日，轰炸南京市。在此期间，先后轰炸了广州、福州、南昌、青岛、蚌埠等城市。

朝鲜战争爆发到1955年9月，共出动3500多批、6200多架次，袭击和骚扰大陆地区。

国民党海军在台湾海峡共劫持大陆各类船只470艘。

国民党特工机关，在1950年至1954年，向大陆空投特务230余人，电台96部，各类枪支千支左右，各类弹药18万发。

自退台起，台湾当局就组编培训大规模的"游击武装"，利用金门、马祖和当时还在国民党控制下的大陈等地，骚扰大陆沿海地区。自1950年至1954年8月间，台湾当局对大陆沿海地区多次进行军事偷袭，其中较大规模的有41次，动用总兵力达13万人次。

在这些军事偷袭中，尽管蒋介石采取"小股偷袭，以开展游击战""大股进攻，以占领部分地区""以大吃小，速进速退"等战术，但结果都是一样的，即乘兴前往，失败而归，还有不少次是归都不归。

1951年9月4日，金门、马祖敌军的"泉州纵队"和"永安纵队"共370

人，化装成中国人民解放军，在福建晋江地区登陆后向内地穿插，3天后被中国人民解放军全部消灭。

1952年6月10日，胡宗南率部1200余人，登上黄焦岛，立即遭到中国人民解放军守岛部队的阻击，一战就消灭胡部310人。

1952年10月11日，金门敌军9000余人，偷袭南日岛。当解放军赶来时，敌军已吓得逃回海上。

蒋介石对士兵训话

1953年7月15日，胡琏亲自指挥1万余人在"海空军"掩护下，武装进攻东山岛，处于劣势的解放军官兵坚守阵地，打退敌人数十次进攻。胡琏还出动了480名伞兵，企图切断东山与大陆的联系。中国人民解放军的增援部队赶到后，胡琏率部逃离。此战胡琏部损失3379人。

尽管是有去无回，尽管是损兵折将，但是蒋介石仍然一如既往地搞下去，不为别的，只是想让部下"不忘复国"，要让民众相信"能够复国"。

从"3个月反攻""一二三五计划"到"10年成功"，"反攻时间表"不断修正，只能证明蒋介石从事的是毫无希望的事业。

蒋介石的"反攻时间表"一个接一个，他的反攻战略也是十分理想化的。1954年7月16日，根据部分"国代"提议，蒋介石下令设立"光复大陆设计研究委员会"，由陈诚兼任主委，胡适、徐永昌、曾宝孙、左舜生、徐傅霖5人为副主委；成员为当时的1616名"国代"和277名"行政院设计委员会"成员；由邱昌渭任秘书长，朱怀冰、朱佛定为副秘书长。11月25日，该委员会正式成立，下设台北、台南两个研究区，主要任务是研究如何"反攻大陆""'反共'复国"。这个隶属于"总统府"的机构，集中了一大批"反共"分子，前后研究出1000多种"反攻方案"，不能说不尽力，只是因为缺乏"反攻"的条件和实力，这些方案当然永远只能存于保险箱内。

总体上看，有代表性的"反攻方案"有二：一是在退台初期提出的，主要内容为"迫不及待，不问美国同意与否，我们自动的、单独的来反攻大陆；等到俄共全面侵略战争发动时，与美国并肩作战；在获得美国的同情与支援下，对大陆发动反攻"。这一名曰"不向美国同意与否"，实则寄希望于美国同意和支持的方案，因为美国只愿扶蒋"反共"但不愿公开介入中国内战，以及对国民党蒋介石当局在大陆败于中国共产党之手、4年损失800万军队一事记忆犹新而告吹。

二是在1955年10月，蒋介石在国民党七届六中全会上提出的方案。主要内容为："以国军首先单独的反攻，而后大陆同胞群起响应；大陆同胞发动的起义发难，而后国军反攻登陆接应；我们台湾国军反攻，与大陆抗暴运动的发展，彼此呼应。"（见张其昀：《先"总统"蒋公全集》第2卷第2477页）这一方案把寄希望于美国的支持，转变为寄希望于大陆同胞的"起义"，这就更加荒唐。蒋介石根据对大陆形势的主观臆测和错误分析，得出了大陆同胞"每一分钟和每一秒，都有反共抗暴事件"发生的结论（见张其昀：《先"总统"蒋公全集》第3卷第3403页），以为这就是反攻大陆的依靠力量。问题是大陆根本就没有发生此类"抗暴"事件，那么国民党军队进行"呼应"又从何而来呢？

蒋介石的两大反攻方案，如同"反攻时间表"一样，没有实力基础，没有社会基础，只能纸上谈兵。反攻是不可能的，但是"间接反攻""迂回反攻"则一直在做，这就是不断对大陆进行军事骚扰。

可是，历史是无情的，"反攻大陆"自蒋介石提出的那一天起就注定是空想。他不是不想为，实在是为而不止；他不是不尽力，实在是为而无法实现也。

和平解放——共产党适时决策

20世纪50年代前期，国共双方进行过一系列的军事较量。中国人民解放军为保护沿海地区的正常生活和生产秩序，先后解放了海南、舟山、大陈等岛屿；国民党当局从退台之日起，不断派遣武装力量，骚扰大陆沿海地区。在1953年2月2日美国总统艾森豪威尔同意蒋介石在军事反攻上"自由行动"和签订台美"共同防御条约"后，为挫败以美国为首的西方反华势力干涉中国内政、图谋"台湾中立化"的阴谋，拨正两岸关系的航向，掌握两岸关系的主导权，为解决台湾问题留出充分的空间，中国共产党和中国政府再次明确提出一定要解放台湾。

中国共产党早在1949年3月15日、12月31日就两次提出了"解放台湾"号召。新中国成立后，国共双方进行过一系列的军事较量，中国人民解放军先后解放了海南、舟山、大陈等岛屿。台美"共同防御条约"签订后，中国共产党中央委员会主席毛泽东，从世界冷战格局下东西方的斗争新形势出发，意识到如果再不重申"解放台湾"，无疑会给世人留下"中国有意放弃台湾"的错误印象，无疑会给西方反华势力留下从事"两个中国""一中一台"活动的借口。

1954年7月23日，毛泽东主席致电参加完日内瓦国际和平会议、正在回国途中的总理周恩来，指出为击破美蒋军事和政治合作阴谋，必须向全国、全世界提出解放台湾的口号。毛泽东的这一英明决策，在次日发表的《人民日报》社论《一定要解放台湾》一文中得到完整阐述，社论明确指出："美国侵占我国台湾，并勾结蒋介石残余匪帮进行军事阴谋活动，是对中华人民共和国的不可容忍的侵略和挑衅行为，严重地威胁着亚洲及世界和平。……中国人民再一次向全世界宣布：台湾是中国的领土，中国人民一定要解放台湾。不达目的，决不休止。"（见1954年7月24日《人民日报》）

为向全世界宣示一定要解放台湾的信心和决心，警告西方反华势力停止干涉中国台湾问题行为，中国政府决定在9月3日起开始第一次炮击金门，同时准备解放大陈地区。

大陈地区解放后，国共双方以占领对方管辖地域为目的的军事行动结束，海峡两岸间进入新的军事对峙状态。两岸间高度军事对峙，美国利用海峡情势干涉中国内政、遏制中国，从而带来的两岸关系复杂化，也出现新的态势。

通过解放沿海岛屿的军事行动，大陆拔掉了国民党在浙江沿海地区进行骚扰和破坏活动的据点，在世界面前显示出中国人民解放军海陆空三军协同作战的威力，粉碎了美蒋的军事挑衅，打破了国民党反动派"反攻大陆"的"美梦"。从此，台湾国民党当局被局限在台澎金马地区，侵扰东南沿海地区正常的生产、生活秩序的能力和可能性大为减少。

进入50年代中期以来，国内外形势发生了较大的变化：

一是随蒋介石当局来到台湾的人们，尤其是那些匆匆忙忙来台的国民党军政人员，对长期留居台湾缺少思想和物质准备，思乡心切，要求回归大陆，因而要求国民党当局采取有力措施，反攻大陆，以踏上返乡之路。但是，他们也对军事反攻能否成功抱有疑问，又无法促使蒋介石同意和平解决统一问题。在这种矛盾状态下，岛内民众人心不稳，台湾国民党当局加紧进行军事反攻准备，以转移岛内民众的注意力。

二是随着1953年7月《朝鲜停战协定》的签订、1954年日内瓦会议期间印支停火协议的达成，国际紧张对峙局势有所缓和。这或多或少有利于改变第二次世界大战结束后出现的东西方冷战紧张状态，当然也让美国为首的反华势力把注意力相对集中于台湾海峡地区，图谋干涉中国的内政。尤其是美国借助于台美"共同防御条约"，准备在台湾问题上加大干涉的力度，加快实施"台湾地位未定"的阴谋。

三是台美在金、马防卫问题上矛盾加剧。美国方面一再要求国民党当局放弃金、马二岛。当时美国在台湾问题上的底牌是"台湾地位未定"，为实现这一计划，美国方面以固守台湾、澎湖地区为名，要台湾国民党当局撤出台湾与大陆之间富有特殊意义的地理联络点金门、马祖地区，以孤立台、澎地区。对此，国民党当局并不赞成，坚持台湾、澎湖、金门、马祖地区的不可分割性以及与大陆的地理联系。美国插手台湾事务越来越深，加剧了美蒋矛盾。

四是中美开始会谈。1954年日内瓦会议期间，出席会议的美国代表团请英国代表团出面，要求与中国代表团会谈。6月5日至21日，双方就美国在中国的侨民等问题进行了4次谈判。9月2日至次年7月15日双方在日内瓦开始领事级谈判。1955年4月亚非会议期间，周恩来总理发表声明，宣布中国政府愿意同美国政府进行谈判，以缓和远东地区的紧张局势，特别是缓和台湾海峡的紧张局势。5月9日，英国驻华代办杜维康；5月11日，印度驻联合国代表梅农专程访华。两国代表愿意充当中美间的调停人。在中国政府的有利、有理、有节的斗争下，世界许多国家也要求美国不要固执己见，而要坐下来与中国谈判。8月1日中国和美国大使级谈判正式开始。由于美国无视中国政府的努力，不愿意放弃停止干涉中国内政、插手台湾问题的错误立场，并且无理阻挠大使级谈判，到1957年12月12日的第73次会议时，美国单方面变相终止谈判。中美两国开始大使级谈判，是中美关系中的重大事件。

因此，在围绕海峡形势方面出现了新的态势。一方面，台湾国民党当局利用艾森豪威尔"放蒋出笼"、在反攻大陆时可以"自由行动"和台美"共同防御条约"签订的时机，加紧进行军事反攻大陆的准备，两岸间的军事对峙不断加剧；另一方面，中美两国开始谈判，改变了自新中国成立以来没有政治接触的局面，为中国部分调整对外政策、宣传祖国统一方针提供了合适的背景。面对国内外形势的变化，以及大陆进行社会主义革命与建设的需要，中国共产党和中国政府审时度势，调整了对台方针，将"武力攻台"改变为"和平解放台湾"。

1955年5月31日，中华人民共和国政府总理周恩来在第一届全国人大常委会第15次扩大会议上，表示"中国人民解放台湾有两种可能的方式，即战争的方式和和平的方式，中国人民愿意在可能的条件下，争取用和平的方式解放台湾"。这标志着中共对台政策进入"以武力方式为主，以和平争取工作为辅"的新阶段。（见国务院台湾事务办公室研究局：《台湾问题文献资料选编》第82页）

1956年1月25日，中华人民共和国主席和中国共产党主席毛泽东在第6次最高国务会议上指出："台湾那里还有一堆人，他们如果是站在爱国主义立场，我们都要欢迎他们，为我们的共同目标奋斗。"同时，毛泽东主席宣布："国共已经合作了两次，我们还准备进行第三次合作。"

1月30日，周恩来总理在二届政协二次会议上所作的政治报告中宣布："凡是愿意走和平解放台湾道路的，不管任何人，也不管他们过去犯过多大罪过，中国人民都将宽大对待，不咎既往。凡是在和平解放台湾这个行动中立了功的，中国人民都将按照立功大小给以应得的奖励。凡是通过和平途径投向祖国的，中国人民都将在工作上给以适当的安置。"与此同时，为开展对台工作，中共中央成立了"对台工作领导小组"，由李克农和罗瑞卿负责，徐冰参加，罗青长、凌云和童小鹏作具体工作。同年春，大陆有关方面通过在香港与国共两党均有联络的章士钊转信给蒋介石，提出和平解决台湾问题、完成祖国统一的具体措施。

1956年6月28日，周恩来总理在一届人大三次会议上，明确指出："我们愿意同台湾当局协商和平解放台湾的具体步骤和条件，并且希望台湾当局在他们认为适当的时机，派遣代表到北京或者其他适当地点，同我们开始这种商谈。"

7月16日，周恩来总理在北京接见受台湾当局派遣、蒋经国在赣南时的同事曹聚仁，表示："我们对台湾不是招降，而是彼此商谈，只要政权统一，其他都可以坐下来共同安排。""国民党和共产党合作过两次，第一次合作有国民革命军北伐的成功，第二次合作有抗战的胜利，这都是事实。为什么不可以第三次合作呢？台湾是内战问题，爱国一家，为什么不可以来合作建设呢？"周总理请曹聚仁先生将此意思明确转达给蒋经国。（1984年5月27日《华声报》）

在此前后，毛泽东也针对国共关系和两岸关系形势，多次说："和为贵，爱国一家"，"我们都是中国人，三十六计，和为上计"。（张山克：《台湾问题大事记》）

1957年4月，受台湾方面的委托，"立法委员"宋宜山抵达北京，周恩来总理接见了他，并由中共中央统战部部长李维汉同他进行具体商谈，提出如下建议：国共两党通过对等谈判，实现和平统一，台湾成为中国政府统辖下的自治区，实行高度自治，大陆政府不派人干预；国民党可派人到北京参加全国政务的领导，但外国军事力量一定要撤离台湾海峡。

大陆为促进祖国统一所做出的努力，台湾国民党当局不但没有积极地响应，反而加紧进行军事准备，狂妄叫嚣"反攻大陆"，两岸之间刚有的联络管道和来往被迫终止。

金门炮战——海峡间奇特战争

美国的"保台"政策有两方面的内容：一是无理要求中国人民停止解放台湾的行动；一是要求台湾方面放弃金门、马祖地区。二者实质都是妄图使中国分裂永久化，制造"两个中国""一中一台"。

对中国政府，美国无理要求中国政府宣布对台放弃使用武力。美国迫于国内外形势与中国政府进行大使级谈判，但在会谈中无理要求中国政府放弃武力解放台湾、承认美国在台湾地区有"单独和集体的自卫的固有权利"，以此作为改善中美关系的前提。这是美国自朝鲜战争以来制造"两个中国"阴谋的一部分，其实质是要求中国政府放弃武力，承认其侵占台湾的现状和国民党在台湾统治的合法性。

对中国台湾，美国强迫蒋介石从金、马撤军。50年代中期，美国国务卿杜勒斯多次以削减美援相要挟，强迫蒋介石从金门、马祖撤军。美帝国主义的意图是很明显的，就是避免由于这两个小岛的战端而被蒋介石拖入中国内战，从而根除美国卷入远东战争的隐患；更主要的是阴谋割断台湾同中国大陆在政治上、地理上的联系，进而孤立台湾，把台湾从中国分离出去，最终达到"划峡而治"，制造"两个中国""一中一台"的目的。

为向中国政府施加军事压力，美国呼应蒋介石的军事反攻行动，充实台湾"反共"实力。自中国人民解放军解放大陈岛到1958年8月初，包括陆军部长史蒂文森、副总统尼克松、远东空军总司令廉特上将、第7舰队司令毕克莱、太平洋区总司令兼太平洋舰队总司令史敦普、国务卿杜勒斯等在内的美国军政要员频频赴台活动，与蒋介石策划对付大陆的计划。美国还派遣大批军事人员进驻台湾，向台湾提供大量的军事经济援助。1955年美台"共同防御条约"生效后，美国不断增加驻台美军兵力，其中军事顾问最多达2600名，海军在台湾海峡设立了"永久性"的海上基地，部署了以中国大陆腹地为目标、可携带核弹头的地对地"斗牛士"导弹。1955年4月20日美国总统艾森豪威尔又宣布，要进一步加强对台湾的军事援助，并于1956年1月决定在台湾成立9个预备役师，由美国提供装备加以训练。美国方面的行动，增加了台湾国民党当局的"反共"实力，台湾已经成为美国的"反共"、反华基地。

与此同时，美国虽恢复与中国进行大使级谈判，但仍明目张胆地推行敌视中国的政策，加紧在亚洲策划与缔结一系列所谓集体安全防御条约，如《美韩共同防御条约》《东南亚集体安全防御条约》、美台"共同防御条约"等，以图在西太平洋构筑一道遏制、孤立和绞杀中国的包围圈，并把台湾海峡两岸分裂局面以所谓"集体安全"的形式固定下来。1955年1月26日，美国更是策动新西兰等国在联合国提交提案，要求由安理会审议中国政府和台湾当局"在中国大陆沿岸某些岛屿地区的敌对行动"。1957年8月美国国务卿杜勒斯还宣布所谓"对华三原则"：支持台湾国民党当局，不承认中国大陆政权，反对新中国进入联合国。1957年11月11日，美国第7舰队更是明火执仗，在台南海域进行以中国大陆为假想敌的大规模军事演习，向中国大陆炫耀武力，替台湾国民党当局撑腰打气。1958年5月，美国将驻台的7个主要机构合并，组成"美军驻台协防军援司令部"，以加强台湾的军事指挥系统和作战力量。

中国政府坚决揭露和反击美国干涉中国内政、策划"划峡而治"和"两个中国"的阴谋。1954年8月11日，周恩来总理在中央人民政府第33次会议上

1955年2月14日，蒋介石召开中外记者招待会，批驳"两个中国"的谬论

所作的外交报告中郑重指出："台湾是中国神圣不可侵犯的领土，决不容许美国侵占，也决不容许交给联合国托管。解放台湾是中国的主权和内政，决不容许他国干涉。"

1955年2月3日，周恩来回电联合国秘书长哈马舍尔德，明确指出：新西兰提案"干涉中国内政，掩盖美国对中国的侵略行为"。中国政府的严正立场，迫使联合国安理会拒绝讨论新西兰提案。

对于美国的"台湾地位未定论"，蒋介石十分清楚，如果撤出金、马，"划峡而治"，而"台湾地位未定"，无疑是割断了台湾与中国大陆的政治地缘联系，既失去"反攻"大陆的前进基地，更不利于维护国民党当局在台湾的统治，因而他在极力依靠美国的同时，也坚决反对美国分裂中国的行径。在新西兰提案出笼后，1955年2月8日，蒋介石说："我要正告全世界人士：中华民国人民和政府决不容任何人割裂我中华民国的领土！""两个中国的说法，真是荒谬绝伦。在四千余年的中国历史上，虽间有卖国贼勾结敌寇叛乱之事，但中华民族不久终归一统。""台湾和大陆本属一体，骨肉相关，休戚与共。"他反复声明，绝不从金门、马祖撤军。可见，国共两党在坚持"一个中国"、反对"两个中国"和"一中一台"的原则问题上具有一致性。但是也应该看到，蒋介石一方面反对"划峡而治"，反对美国提出的从金门、马祖撤军的建议；另一方面又图谋借助于美国的支持，既向大陆施加压力，又想把美国拖入中国的内战，以趁机把台湾问题"国际化"。这就决定了蒋介石不可能在一个中国原则上坚守多么彻底，因为他要搞"台湾问题国际化"，他要借助美国的军事实力来实现"反攻"大陆的计划；同时他也不可能全面倒向美国方面，在"一个中国"的问题上他的态度是明确的。

基于"一个中国"的立场和民族大义，帮助蒋介石顶住美国要求其从金、马撤军的压力，挫败美国策划的"划峡而治""台湾地位未定"和"两个中国"的阴谋，已成为中国共产党和中国政府维护国家主权和领土完整的重大战略任务。因此，国共双方都需要在金门、马祖地区打一场不是战争的战争，以显示国共内战没有结束，金门、马祖地区属于中国的领土，谁来管辖金门、马祖地区应该由国共两党来决定。

蒋介石在金门太武山用望远镜远眺祖国大陆

蒋介石只能选择这一办法，来对付美国的"划峡而治"阴谋。台湾当局采取了以下行动：

1955年6月，蒋介石在答美联社记者问时称："我对中共，决不做任何方式的谈判，亦绝无任何影响可以促使我对中共的谈判。"

1957年10月，国民党召开"八全大会"。会议政治报告中更是颠倒黑白，诬蔑中国共产党提出的和谈建议是"想以政治颠覆台湾和外岛基地"的"统战阴谋"，是"要混乱国际间对我们反攻复国决心的认识"。

1957年11月，台湾当局举行了有11万军队参加的以大陆为假想敌的"昆阳"大规模军事演习，进行武装挑衅。

不仅如此，在美国的纵容与支持下，国民党当局还把海军的"巡逻线"伸向浙江、福建和广东的沿海一带，增加对大陆沿海港口的侵扰，以武力威胁各国商船进出厦门、福州等港口。

美式装备的国民党空军机群也不断骚扰大陆领

1958年8月20日，蒋介石由蒋经国等陪同视察金门前线

"八二三炮战"期间，与外国记者在一起的蒋经国

空，仅在1955年3月至8月的6个月中，国民党空军就出动2009批3550架次，到福建、广东、浙江沿海空袭骚扰，严重破坏大陆人民的安全生产和正常生活。

国民党当局还依恃其海、空军，利用金门、马祖地区的炮兵阵地，对福建沿海地区和过往海峡的大陆运输船只进行炮击，总计自1953年至1958年8月中旬炮击2150多次，发射炮弹7.6万发，打死打伤大陆军民500余人，击毁民船84艘、房屋数百间。台湾国民党当局还不断从金门、马祖派遣两栖蛙人潜入大陆沿海刺探军情，骚扰大陆边防部队。

为扩大军事影响和转移岛内民众的视线，1958年8月6日，台湾当局宣布台湾海峡形势紧张，台澎金马地区进入备战状态。在此之前的7月15日，美国宣布在远东地区的海陆空三军进入戒备状态。8月18日至20日，蒋介石巡视金门、马祖前线，为国民党官兵打气，要求他们"与阵地共存亡"；金门、马祖的军事实力也不断增强，到1958年8月中旬，金门驻军由1952年的3万人猛增至9.6万人，马祖驻军由1952年的6000人增加到4万人，两地驻军占国民党全部陆军的三分之一；与此同时，对大陆东南沿海进行的侦察、空投"反共"宣传品等骚扰行动也大为增加。一时间，台湾海峡因美国的武装干涉和台湾当局的军事活动而硝烟弥漫，战云密布。

因此，在台湾问题上交叉着几大矛盾。一是蒋介石既反对美国策划的"划峡而治"等严重伤害中国主权和领土完整的政策，但又需要美国的包括军事援助在内的各种援助；二是中国政府愿意与美国在平等互利、尊重领土主权完整的前提下缓和中美关系；另一方面又坚决反对美国任何干涉中国内政、插手台湾问题的做法；三是大陆愿意和台湾国民党当局讨论和平解决祖国统一问题；另一方面又坚决不允许台湾国民党当局倚仗美国的支持进行军事挑衅；四是美国借台湾问题公开干涉中国内政；另一方面又不愿意卷入中国的内战。四大矛盾中，维护中国主权和领土完整是高于一切的核心任务。也就是说，美国要想维持美台关系，需要停止分裂中国的行动；美国要想缓和同中国的关系，需要停止干涉中国内政的行动；美国要想避免卷入中国内战，需要停止插手台湾问题的行动；蒋介石要想更好地维护国家主权和领土完整，必须抵制美国插手台湾问题的行为，必须停止对大陆的军事挑衅。如果美国不放弃干涉中国内政的做法，就不可能改善中美关系，就要受到两岸中国人民的反对；如果蒋介石不停止军事挑衅，就不可能缓和两岸关系，就要受到必要的惩罚。

对此，海峡两岸都有着惊人的共识，都把抵制外国干涉放在第一位。为挫败美国"划峡而治"、分裂中国的阴谋，严惩国民党当局猖狂的"反共"行径，支援中东人民反对美国侵略的正义斗争，中南海的中共领袖们高瞻远瞩，决定在金门、马祖，同蒋介石当局进行较量，向世界表明中国的问题必须由中国人自行解决。

1958年7月18日，中共中央军委主席毛泽东召集军委副主席和有关部门负责人开会，明确指出金门、马祖是中国领土，打金门、马祖是中国内政，敌人找不到借口，而对美帝国主义有牵制作用。这实际上是炮击金门的战前动员。

在具体军事部署上，志愿军空军司令聂凤智调任福州军区空军司令，6个歼击机团开始进入海峡一线机场。海军东海舰队司令彭德清也来到厦门前线，协调海空军作战。炮兵增调3个师到前线，与原有岸炮部队一起，部署在从角尾到厦门、大嶝、小嶝，到泉州湾的围头的半圆形一线，炮火覆盖了大金门、小金门及其所有港口、海面。

7月27日，毛泽东写信给国防部长彭德怀和副部长兼中央军委秘书长黄克诚。信中说："睡不着觉，想了一下。打金门停止若干天似较适宜。目前不打，看一看形势。彼方换防不打。待彼方无理进攻，再行反攻。中东解决，要有时日，我们是有时间的，何必急呢？暂时不打，总有打之一日。彼方如攻潮、汕、福州、杭州，那就最妙了。这个主意，你看如何？找几个同志议一议如何？政治挂帅，反复推敲，较为有益。一鼓作气，想得往往不周，我就往往如此，有时难免失算。你意如何？如彼来攻，等几天，考虑明白，再作攻击。以上种种，是不是算得运筹帷幄之中，制敌千里之外，我战则克，较有把握呢？不打无把握之仗这个原则，必须坚持。如你同意，将此信电告叶飞，过细考虑一下，以其意见见告。"（叶飞：《毛主席指挥炮击金门》）

8月17日，中共中央政治局在北戴河召开扩大会议，除通过了《关于1959年计划和第二个五年计划的决定》等文件外，还决定第二次炮击金门。8月20日，福建军区政委叶飞飞赴北戴河，毛泽东、林彪及总参谋部作战部长王尚荣向他布置了炮击金门的特殊任务。会后，毛泽东让叶飞留在北戴河，和国防部长彭德怀住在一起，共同指挥炮击战事。这样，前线由福州军区副司令张翼翔、福州军区副政委刘培善指挥，再直报叶飞，由叶飞向毛泽东、周恩来、彭德怀汇报。

在毛泽东主席亲自指导下，由周恩来总理亲自筹划，8月23日晚6时30分，中国人民解放军福建前线部队对金门岛上国民党重要军事目标及驶往金门的运输舰只进行猛烈炮击，这是解放军炮兵战史上第一次大规模的现代化炮战，3天内发射炮弹10万余发，摧毁了国民党军队许多军事设施，打死"澎湖防卫部"和"金门防卫司令部"3位中将副司令赵家骧、吉星文、章杰和两名美国顾问，击伤台"国防部长"俞大维。人民解放军还出动海军舰艇打击国民党海上目标，在金门正南的东碇岛附近海域击沉台湾国民党当局招商局400吨级商船"台生号"，重创国民党大型运输舰"中海号"。同时也对金门机场实行暂时封锁，以切断金门地区国民党守军的补给线路，用暂时断绝其后勤供应的办法，达到教训国民党守军的目的。

对于战局出现的如此变化，蒋介石于8月27日和9月4日，两次请求美国总统艾森豪威尔"为国民党船只从福摩萨到各海滩的全程提供护航"，以保证对金、马地区的后勤补给和军事支持。美国认为这是插手中国内部事务、制造"两个中国"的绝好时机，当即决定"协防"金、马，企图阻止人民解放军的军事行动。

9月4日，美国总统艾森豪威尔授权国务卿杜勒斯发表声明，公然叫嚣要把美国在台湾海峡的侵略范围扩大到金门、马祖，下令第7舰队为台湾国民党当局的补给船队护航，并命令地中海美军第6舰队一半舰只、第46巡逻航空队、第1海军陆战队"增援"台湾。在增派军队的同时，美国还进行核讹诈，以迫使中国人民屈服。

面对美国赤裸裸干涉中国内政的行径和插手中国内战的丑恶行径，中国政府当即针锋相对地发表关于领海宽度的声明，宣布中华人民共和国的领海宽度为12海里，台、澎、金马均为中国岛屿，反对外国干涉中国内政，任何外国飞机和军用船舶未经中华人民共和国政府的许可，不得进入中国的领海和领空。中国政府的声明等于提醒美国当局，任何对国民党军队的护航行为，都是对中国主权和领土的侵略，必将遭到中国人民的坚决反对。

美国不仅没有就此为止，而且顽固表示"协防"台湾决策不变，并执意于9月7日组成一支由7艘航空母舰、3艘巡洋舰、40艘驱逐舰、2个航空队组成的海上混合运输编队，驶向金门港口料罗湾，替国民党当局护航。这是自第二次世界大战结束后，美国军队在远东地区最大的一次集结，以此向中国政府和中国人民炫耀武力。

中国政府为制止台湾国民党当局拖美国下水、将台湾问题国际化的阴谋，力求避免同美国发生直接冲突。人民解放军根据军委主席毛泽东"只打蒋舰、不打美舰"的战略部署，集中力量回击台湾国民党当局的军事挑衅，专打在码头上卸货的国民党军舰及运输船只。面对中国人民的正义立场和反对侵略的坚定不移的态度，美国不愿为了台湾国民党当局而牺牲自己的利益，不敢冒同中国发生直接军事冲突的危险，在护航遭到炮击时一炮未还，不顾国民党军舰的安危掉头逃跑，撤出中国海域。在这种情况下，国民党海军运输舰只也只好立即向外海逃窜。

中共中央主席毛泽东对金门局势看得更深，在9月5日至8日召开的最高国务会议上指出："我们炮打金、马，美国人紧张起来，杜勒斯似乎要进金、马绞索，把台、澎、金、马全都包下来。这也好，给套住了。我们什么时候要踢他一脚就踢他一脚。我们主动，美国人被动。""金、马在蒋军手里，实在讨厌。卧榻之侧，岂容他人鼾睡。但是，我们现在不是马上登陆金、马，只是试试美国人，吓吓美国人。""就让蒋军待在那里，也无碍大局，美国人给套住就是了。"（吴冷西：《武仗与文仗》）。毛泽东的话，把人民解放军发动金门炮击的意图说得一清二楚。"炮击金门，就是要帮助蒋介石守好金门。"（叶飞：《毛主席指挥炮击金门》）。

9月11日，艾森豪威尔似乎忘了所谓"共同防御条约"的内容，在关于台湾海峡局势的演说中声称，"我决不要求任何美国男儿仅仅为金门而战"，愿意恢复中美谈判解决分歧。中国海军"炮击美台联合运输舰队"一事和美台对此的不同反应说明，美国和台湾在金门防卫问题上存在着重大分歧。

美国政府武装干涉中国内政、卷入中国沿海岛屿战争的行动，遭到全世界爱好和平的国家和人民的反对。1958年9月7日、19日，时任苏联部长会议主席的赫鲁晓夫两次写信给美国总统艾森豪威尔，谴责美国干涉中国内政，明确表示反对美国发动对中国的核攻击。赫鲁晓夫对中国炮击金门的意图并不了解，害怕引发世界大战，特意派了外交部长葛罗米柯来北京了解真情。在周恩来、毛泽东把中国的打算告知后，赫鲁晓夫的胆子顿时大了起来。

国际社会即使像法国、加拿大、英国这些美国的重要盟国都反对美国介入，认为金、马沿海岛屿属于中国内政。美国国内也有人力主美国"应该明智地避免卷入中国的内战"，停止这一"自杀政策"。

美国见武力威胁没有奏效，又使出软的一手，表示接受中国政府恢复中美大使级会谈的要求，但却以中国停止炮击、"停火"作为谈判的先决条件。在提出的协议草案中，美国无理地要求中国"放弃对金门群岛和马祖群岛使用武力与武力威胁"，而美方将设法使台方控制的金门、马祖"不被使用于对大陆或其他沿海岛屿进行攻击或其他挑衅行动"。美国的目的，是要在大陆与金门、马祖之间划一条"永久停火线"。

美国的"建议"显然不可能实现，它害怕为国民党军队护航、与中国发生直接冲突而两败俱伤，加上担心大批战舰滞留台湾海峡对其全球战略不利，准备金蝉脱壳，强迫蒋介石从金、马撤军。9月30日，美国国务卿杜勒斯称，如果海峡两岸获得"相当可靠的停火，那么仍然在金马保持强大军事力量是愚蠢的，不明智和欠谨慎的"，"美国没有保卫沿海岛屿的任何法律义务"。（杜勒斯讲话全文见国务院台湾事务办公室研究局：《台湾问题文献资料选编》第962至第971页）10月1日，美国总统艾森豪威尔称，金、马"并不是极为重要的"，把很多军队驻在这里不是一件好事情，美国将赞成国民党军队从这里撤出。（艾森豪威尔讲话全文见国务院台湾事务办公室研究局：《台湾问题文献资料选编》第971至第974页）很明显，美国迫使国民党军队撤出金、马的目的是要从金门炮火中脱身，以免在中国内战的泥潭中越陷越深；更主要的是企图以此换取中国政府同意"停火"，不再对台澎使用武力，从而达到其使中国分裂永久化的目的。至此，美国"划峡而治"，把台湾海峡两岸割裂开来，以制造"两个中国"或"一中一台"的图谋暴露无遗。海峡两岸的中国人民坚持反对美国的这一计划。

毛泽东主席以其特有的气魄和眼光，决定"联蒋抗美"，请出章士钊先生写信与蒋介石联络。国学大师章士钊写给蒋介石的信，文情并茂，意味深长。信中说："溪口花草无恙，奉化庐墓依然"，"台澎金门，唇齿相依，遥望南天，诸希珍重"。毛泽东只是把其中的"南天"改为"南云"，并说：我们同台湾，谁也离不开谁，就像《长恨歌》中所说："在天愿作比翼鸟，在地愿为连理枝"，蒋介石把枝连到美国，而美国却连根都会把它挖掉。

毛泽东果然是战略家，炮击金门这一特殊的战争，带来的是海峡两岸一起反对外国干涉的局面。蒋介石在得知大陆炮击金门时，不仅没有惊慌失措，反而眉飞色舞地说："好！好！好！"在得知这一消息时，毛泽东笑笑说："我们的这个对手是精明的，炮声一响，他又可以向美国主子讨价还价了。"（雷英夫：《炮击金门内幕》）

9月29日，显然是接到了章士钊先生的信、愿意与祖国大陆共同坚持"一个中国"立场的蒋介石公开表示：台湾将决心固守金、马，"不容为了考虑盟邦态度如何，而瞻顾徘徊"，若至紧急关头，台湾将独立与大陆作战。

10月1日，蒋介石和美国记者谈话时又坚决反对减少外岛驻军，并指责杜勒斯的声明是"片面的，台湾没有任何义务来遵守它"。这表明，台湾国民党当局决心死守金门和马祖，美台之间的矛盾进一步激化。

在这种形势下，富有前瞻性的新中国领袖们认识到，把金、马地区继续交给台湾国民党当局管辖，一是可以向全世界宣布发生在台湾海峡间的战争，是中国的内战；二是显示中国共产党和中国政府和平解决统一问题的诚意，以利于争取台湾广大民众；三是可以进一步扩大美蒋矛盾，帮助蒋介石顶住美国要求其从金、马撤军的压力，挫败美国"划峡而治"、搞"两个中国"的阴谋。

为此，中共中央军委根据毛泽东的决定，确定对金门、马祖的新政策，即"打而不登，封而不死"。1958年10月6日，大陆通过新闻媒介发表了由毛泽东主席亲自起草的、署名为国防部长彭德怀的《告台湾同胞书》。这篇历史性的文献指出：

"台、澎、金、马是中国的一部分，不是另一个国家。世界上只有一个中国，没有两个中国。这一点，也是你们同意的，见之于你们领导人的文告。你们领导人与美国人订立军事协定，是片面的，我们不承认，应予废除。美国人总有一天肯定要抛弃你们的。"

"你们和我们之间的战争，三十年了，尚未结束，这是不好的。建议举行谈判，实行和平解决。这一点，周恩来总理在几年前已经告诉你们了。这是中国内部贵我两方有关的问题，不是中美两国有关的问题。美国侵占台、澎与台湾海峡，这是中美两方有关的问题，应当由两国举行谈判解决，目前正在华沙举行。美国人总是要走的，不走是不行的。早走于美国有利，因为它可以取得主动。迟走不利，因为它老是被动。一个东太平洋国家，为什么跑到西太平洋来了呢？西太平洋是西太平洋人的西太平洋，正如东太平洋是东太平洋人的东太平洋一样。这一点是常识，美国人应当懂得。中华人民共和国与美国之间并无战争，无所谓停火。无火而谈停火，岂非笑话？台湾的朋友们，我们之间是有战火的，应当停止，并予熄灭。这就需要谈判。当然，再打三十年，也不是什么了不起的大事，但是究竟以早日和平解决较为妥善，何去何从，请你们酌定。"（国务院台湾事务办公室研究局：《台湾问题文献资料选编》第104至第105页）

《告台湾同胞书》宣布从10月6日起，"暂以七天为期，停止炮击，你们可以充分地自由地输送供应品，但以没有美国人护航为条件。如有护航，不在此列"；并建议国共双方"举行谈判，实行和平解决"。（国务院台湾事务办公室研究局：《台湾问题文献资料选编》第104至第105页）

文告的发表，标志着金门炮战进入新的阶段，即以政治斗争、外交斗争为主，军事斗争为辅的阶段。大陆采取打打停停、以打促和、揭露美国侵略野心来争取岛内民心的策略，充分体现了中国共产党和中国政府原则的坚定性和策略的灵活性，使我们在斗争中始终处于政治上有理、军事上有利、策略上有节的主动地位。为了给台湾官兵一个思考的时机，继续争取民心，国防部于10月13日命令对金门再次停止炮击两周，使金门军民得到充分补给，以利于他们固守，强调这是为"对付美国人的"，金门海域"美国人不得护航，如有护航，立即开炮"。（国务院台湾事务办公室研究局：《台湾问题文献资料选编》第109至第110页）

美国为了劝说和拉拢台湾国民党当局接受"划峡而治"的主张，派出国务卿杜勒斯到台湾游说，声称如大陆"恢复炮击，美国将恢复护航"。并且从10月19日起，为国民党海军运输舰恢复护航。对于美国公开的挑衅活动，中共中央军委决定提前恢复炮击。10月20日，国防部长彭德怀指出："中国人的事决不允许美国人插手，这是民族大义。执迷不悟的人究竟是极少数。台湾当局迷途知返接受和平解决的时机看来尚有所待，我们继续寄以希望。美国人赖在台湾、台湾海峡是不行的，美国人干涉中国内政，是绝对不允许的，美国人利用台湾当局进行任何侵犯我国主权的勾当，我们是绝对不承认的。"（国务院台湾事务办公室研究局：《台湾问题文献资料选编》第110页）

大陆的炮击策略，增加了蒋介石拒绝美国停火和撤军要求的资本，在杜勒斯再次要求国民党减少驻外岛的兵力、玩弄"划峡而治"的把戏时，蒋介石针锋相对地提出，在大陆继续炮击的情况下，根本不可能放弃金门、马祖地区，因此既不同意放弃武力"光复大陆"的打算，也不同意从金、马撤军。海峡之间的战争，迫使美国同意蒋介石的主张。杜勒斯和蒋介石在10月23日发表的"会谈公报"中，表示双方继续合作，"双方认为在当前情况下，金门、马祖与台湾、澎湖在防卫上有密切的关连"。（国务院台湾事务办公室研究局：《台湾问题文献资料选编》第990页）国共双方在"一个中国"问题上的默契配合，客观上形成了抵制美国"划峡而治"、分裂中国阴谋的统一行动，挫败了美国搞"两个中国"的阴谋。

为了增加反对美国制造"两个中国"阴谋的力度，为了进一步缓和海峡两岸局势和争取一切可以争取的力量，10月25日，以国防部长彭德怀的名义发表了《再告台湾同胞书》，提出"中国人的事只能由我们中国自己解决。一时难以解决，可以从长计议。美国的政治掮客杜勒斯，爱管闲事，想从国共两党的历史纠纷这件事情中间插进一只手来，命令中国人做这样，做那样，损害中国人的利益，适合美国人的利益。就是说，第一步，孤立台湾，

蒋介石视察马祖炮兵阵地

1601

第二步，托管台湾。如不遂意，最毒辣的手段，都可以拿出来"。"同胞们，我劝你们当心一点。我劝你们不要过于依人篱下，让人家把把柄都拿了去。我们两党间的事情很好办。"希望台湾当局不要"屈服美国人的压力，随人俯仰，丧失主权，最后走到存身无地，被人丢到大海里去"；希望海峡两岸中国人联合起来，反对美帝国主义"制造两个中国的伎俩"，绝对不容许美国的阴谋得逞。文告的最后，提出了"化敌为友""一致对外"的具体措施，即"单（日）打双（日）停"。文告还主动表示，如果台湾对金、马的供应，"如有不足，只要你们开口，我们可以供应"，以利台"长期固守"。（国务院台湾事务办公室研究局：《台湾问题文献资料选编》第111至第112页）

在这以后，人民解放军又两次猛烈炮击金门，至1959年1月9日，中央军委指示福建前线部队"今后单日不一定都打"，至此，金门炮战基本结束。在以后的岁月中，解放军炮击金门，都打到无人的海滩上，金马守军回击时也心照不宣，双方都打"和平炮"。1961年12月起至1979年1月1日，双方的炮击又改打"宣传炮"（用大炮发射宣传品）。

在金门炮战中，大陆以"打打停停，半打半停，时打时停，打而不登，封而不死，攻而不取"的奇特战争方式，争取台湾国民党当局的配合，使美国"划峡而治"、搞"两个中国"的阴谋无论在中美会谈还是台美会谈中均未能得逞。正如毛泽东主席在1959年2月2日召开的中央省市委书记会议上讲话时指出的：台湾"可以10年、20年不去进行改革，还是三民主义，搞特务、反共，尽他去反，只要你这个葫芦是挂在我的腰上，不挂在美国的腰上"。因此，这次炮战是大陆和台湾隔海武装冲突的最高点，也是由军事抗衡转向冷战对峙的转折点。

经过金门炮战，美国政府在台湾海峡进行军事恫吓、搞"两个中国"的阴谋彻底破产，不得不于9月15日恢复中美大使级会谈。在中美两国没有外交关系的情况下，华沙会谈成为双方保持接触和交换意见的渠道，对后来两国关系的改善起到了一定的促进作用。台湾方面于1978年回顾"八二三炮战"时称，炮战"最大的后遗症"就是美国"表示愿意重开停止已久的华沙谈判"，因而种下了美国与中国"直接接触的祸根"。

通过金门炮战，沉重打击了国民党当局"反攻大陆"的嚣张气焰。此次炮战是海峡两岸长期对峙中规模最大的战争，至1958年12月底，人民解放军共击沉、击伤蒋军各型舰艇23艘，击落、击伤敌机34架，毙伤敌中将以下官兵7000余人。大陆的炮击，使得台湾当局不敢再对大陆轻举妄动。

在两岸军事对峙下，中国共产党和中国政府并没有放弃和平解放台湾的主张。金门炮战后，毛泽东主席和周恩来总理特意再派章士钊先生赴香港，通过有关部门向台湾当局建议：一是暂时不谈，双方先作有限度的接触，如互访、通邮通电，然后相机通航；一是台湾可以拥有自己的地方政府、军队、党组织，经费由内地负担，只要求台湾当局承认台湾是中华人民共和国的一部分。

到20世纪60年代初期，中国共产党和中国政府关于和平解放台湾、统一祖国的主张已经具体化：台湾必须统一于中国；台湾统一于祖国后，除外交必须统一于中央外，台湾之军政大权、人事安排等悉委于蒋介石；台湾所有军政及经济建设一切费用不足之数，悉由中央政府拨付；台湾的社会改革都可以从缓，等条件成熟后并尊重蒋介石的意见，协商决定后进行；双方互不派特务，不做破坏双方团结的事。

在金门炮战中遭到沉重打击的台湾国民党当局，继续坚持"反共"立场，拒绝中国共产党和中国政府一再发出的和谈信息，并在美国的唆使与支持下利用50年代末60年代初大陆经济困难、中苏两国关系紧张、中印边境战争、美国介入越南战争后加紧对中国进行挑衅等时机，掀起一股股"反共复国"的逆流。

1958年11月23日发表的"蒋杜联合公报"中，台湾国民党当局宣布原则上"放弃使用武力收复中国大陆"，同意实现"重返大陆"的主要手段是实行"三民主义，而不是使用武力"。［《中美关系资料选编》第2辑（下），世界知识出版社1961年版，第2915、第2886页］

1958年12月初，蒋介石又提出"光复大陆以三民主义为主，以军事为辅""以政治为主，军事为从，以主义为前锋，以

蒋介石乘军舰视察

1603

武力为后盾，以大陆为本战场，以台湾为支战场"的方针。（《先"总统"蒋公文集》第3册，台湾中国文化大学出版部1984年出版，第3450页）

1960年9月，国民党八届三中全会通过了所谓《"反共"建国纲领》；1962年11月八届五中全会又通过了所谓《光复大陆指导纲领》。主要内容均为综合政治、军事、经济、文化各种力量，推翻新中国政权。

从1958年9月至1964年6月，台湾军用飞机侵入大陆领空233次，共405架次；从1962年10月到1965年9月，美蒋连续派海军舰艇骚扰大陆沿海；从1950年到1974年9月，在东南沿海登陆达万余次，仅1962年大陆逮捕的国民党伞兵和特务就有2237名，仅1970年大陆逮捕的国民党特务就有1780名；从1958年至1977年，台湾飞机向大陆空投约3.25亿份小型报刊、100万张号外、22万本小册子，并且还用气球向大陆沿海空飘"反共"宣传品，1967年空投1500万份，1970年空投约4200万份。美国最先进的U-2高空侦察机也被中国人民解放军导弹部队击落。

台湾国民党当局对大陆的武装挑衅，并未取得实效，岛内民众普遍对所谓反攻大陆丧失信心。此外，美国对台湾的援助也从1960年起由赠款转为贷款，且款额不断减少。1961年美国又通知台湾当局预定1965年停止对台贷款。一旦美国援助停止，台湾经济建设资金便将遇到很大困难。因此，就岛内因素论，如果继续以反攻大陆的军事行动作为岛内一切活动的中心，困难则越来越大。

与此同时，大陆不仅在军事上粉碎了蒋介石的武装窜犯活动，而且顺利度过三年困难时期，进入发展阶段，工农业生产得到迅速恢复和发展，人民生活有所改善。1964年10月，成功地爆炸了原子弹，保卫祖国领土和主权完整的能力空前加强，国际影响大为提高。

在这一背景下，蒋介石不得不调整大陆政策，将原来高唱入云的"军事第一，反攻第一"的调调降低为"政治为主，军事为从"。国民党在1963年召开的"九全大会"上进一步提出"反攻复国总体战"，指出"反共斗争是一种长期的总体战"，不仅仅限于一时的军事作战，还包括政治、经济、文化、社会各方面，国民党的中心任务是以"七分政治"和"三分军事"，对大陆主要进行"政治作战"。国民党的"九全"的召开，标志着蒋介石对大陆政策将军事反攻调整为政治反攻。

蒋介石改变开始于退台初期的军事反攻大陆的政策，标志着这一政策的失败。然而，他并没有汲取教训，没有响应中国共产党和中国政府的呼吁，没有同意进行第三次国共合作，而是继续做着政治反攻梦。当然他的"政治光复大陆"政策也注定是要破产的，但大陆政策的调整，客观上减少了两岸激烈的军事冲突。同时，台湾国民党当局基本停止军事反攻大陆后，开始把主要精力转移到经济建设方面，这对台湾经济的发展是有好处的。

当然，蒋介石并没有完全放弃军事反攻打算，并没有停止军事扩张行动。尤其是在1964年间，蒋介石为劝说美国方面支持他的反攻大陆军事计划，曾提出访问美国，专议军事反攻。此事由时任"总统府秘书长"的张群先向"美国驻台大使"赖特试探，赖特两次致电美国国务院报告。11月20日，美国副国务卿鲍尔回电，明确指出："国务院认为蒋介石此时访美不宜。……很清楚，蒋计划寻求美国对'中华民国政府'反对大陆的活动更大的支持，但他会失望而返。"（见1998年8月25日台湾《中国时报》）。这说明，蒋介石虽然高喊"政治反攻"，也明知军事反攻不可能成功，但从来没有放弃过军事反攻的努力。

封锁海峡——两岸间禁止往来

大陆进行的"文化大革命"，破坏了对台工作领导机构和工作系统，干扰了对台工作的进行，两岸关系始终处于高度紧张状态，台湾民众对大陆的误解不断加深。当然，由于中共老一辈无产阶级革命家对极"左"路线的抵制与反对，由于全党和广大人民群众的共同努力，工农业生产仍然获得较大进步，尤其是科技与国防建设方面取得了重要成就，大大提高了大陆在国际社会的地位和影响，改变了海峡两岸在国际社会的力量对比。大陆的对台工作，也在毛泽东、周恩来等第一代领导核心的亲自关怀下，把极"左"路线对对台工作的破坏减少到尽可能小的程度。从"文化大革命"中后期起，大陆的对台工作，开始恢复并逐渐走上正轨，为十一届三中全会后对台工作的转变打下了基础。

台湾国民党当局在鼓吹"政治反攻"的同时，并没有放弃军事反攻的图谋。尤其是在1965年1月蒋经国任职"国防部长"后，如同他在以前的各类职务的任职期间一样，把军事战备工作搞得热火朝天。其特征是能够把狂热的"反共"宣传和"反共"军事活动联系起来，造成一种"反攻大陆"就要由空想变为现实的不正常气氛。

蒋经国在重弹"反共复国""反攻大陆"老调的同时，继续进行并加强对

蒋介石在阅兵

大陆的各种偷渡、空降、派遣和侦察飞行等特务活动。上任第一年派出的、有去无回的偷渡特务就有18批42人次，各种特务飞机对大陆的飞行45批50架次，在沿海地区还不断派出一些海狼艇对大陆的船只进行袭扰。

在台湾内部，更是掀起一股股"反共"军事活动高潮，人为地制造海峡间的紧张情势。蒋经国上任"国防部长"一个月，就宣布全岛进入局部性戒备状态，各部队停止休假，陆军战备机动部队随时待命，空军进入三级战备。一些部队进行扩编，把富有进攻性的空降团扩为空降旅，把一个陆军师改为可以渡海进攻作战的陆战师，并且在马祖单独成立"防卫总部"。新"部长"还煞有介事地制订出《动员与应变计划》，要求民间进行防空疏散、防空、反空降演习。为配合宣传，蒋经国屡次命令进行全岛性的大搜捕，逮捕所谓的不安定分子。

在大陆"文化大革命"期间，蒋介石和台湾国民党当局进行了一系列的"反共"活动。在军事上加强防卫，制造军事恐怖。1967年初，蒋介石下令进入全面戒备状态，2月1日成立"戡乱时期国家安全会议"。"国安会"前身为"国防会议"。会议主要成员有"总统""副总统""总统府秘书长""总统府参军长""行政院正副院长""国防部长""外交部长""经济部长""国家安全会议秘书长"和各委员会主任委员。必要时还可由"总统"指定"五院院长"及其他官员参加。会议下设"国家建设研究委员会"和"科学发展指导委员会"，"国家安全局"也划归"国安会"领导。"总统""副总统"为会议"当然主席"和"副主席"。会议的主要职责是："关于动员戡乱大政方针之决定事项"；"关于国防重大政策之决定事项"；"关于总体作战之策定及指导事项"；"关于国家总动员之决策事项"；"关于战场政务之处理事项"等，并规定其权限在"行政院"之上，可以按照需要调整"行政院"的组织。会议第一任"秘书长"为黄少谷。同时向马祖和台湾东部地区等前沿阵地增派3个轻装步兵师，以增加反登陆力量。在1969年3月间举行的国民党"十全大会"

上通过了《积极策进光复大陆案》，提出了"光复大陆的基本目标""光复大陆的策进方针"及"光复大陆的行动要领"。其基本精神为：一是鼓吹对大陆进行"思想战"，妄图和平演变大陆，蒋介石声称要"以文化战、思想战、政治战来配合军事战"，而"反毛、反共"的战争，以文化为前导，以思想为中心，以人心为制胜的枢纽"，"攻匪之心，夺匪之魄"。（张其昀：《先"总统"蒋公全集》第3册，第3088、第3629、第3735页）二是声称要"鼓舞反共思潮，挑起群众反对中国共产党"，要求在大陆的特务利用"文革"动乱，"结合（大陆）群众，作为敌后组织的外围"。为此台当局不断派遣特务潜入大陆，发展反动组织。（秦孝仪：《革命文献》第77辑，台湾中央文物供应社1978年出版，第291至292页）三是在海外华侨中大肆煽动"反共"情绪。1968年10月21日，蒋介石露骨地要求各地华侨扩大抵制大陆货运动，切实做到不买大陆货，不卖大陆货，不用大陆货，不与大陆商人交易，不与大陆银行往来。挑拨华侨与祖国的关系，离间华侨对祖国的感情。

军事上蒋经国还有更大的野心，他已经拟订出整个以特种兵、空降兵为主的袭扰大陆的行动计划，准备利用"文化大革命"造成的混乱局势，捞取军事上的好处。类似的反攻方案有《王师1号、2号、3号计划》和《棉湖1号、2号计划》。根据1967年初提出的《王师1号计划》，蒋军将对闽浙粤3省沿海地区和闽粤交界处实施加强军空降、两栖登陆作战，总兵力为3个步兵师、1个装甲旅、4至9个特种兵作战大队、3个空降营和1个炮兵营、1个空军战斗机联队和1个运输机联队，外加所需的海军运输、巡航舰只，进行行动。根据《王师2号计划》，则是准备用40架C–119运输机运送1个空降营和2个特种作战大队偷袭大陆。根据《王师3号计划》，准备空降1个连和1个特种作战大队偷袭大陆。《王师计划》和所有的"反共"军事计划一样，全部流产。没有把"军事行动方案"付诸实

蒋介石、宋美龄在观看空军表演

1607

施，这是蒋明智的地方。到1968年4月，蒋经国又提出了《棉湖计划》，该方案所定的军事行动规模、安排、派出兵力与《王师2号、3号计划》大同小异。

除此之外，出任"国防部长"的蒋经国在1965年9月访美期间，于22日向美国方面提出了代号为"GT-5（即大火炬）"的反攻大陆计划和名为《共同利益问题》的小册子，提出利用中共在西南5省地区力量薄弱的空隙，由美国海空军掩护，国民党军队同时登陆广东、广西和空降云南、贵州、四川，全面向5省进攻，占领大陆腹地，进而全面反攻，并可断绝中国支援印度支那战争的通道。同时，正在美国的宋美龄也在国务卿鲁斯克为她举行的宴会上，请求美国摧毁大陆已经拥有的核能力。美国方面于同年底派出参谋长联席会议主席惠勒上将访台，当面告知蒋介石，美国不赞成台湾方面提出的军事计划，认为"GT-5计划"根本没有成功的可能。两人会谈110分钟，没有取得一致。蒋介石却不愿放弃这一计划。次年1月25日，美国驻台湾"代办"恒安石代表美国政府正式通知蒋经国，华盛顿决定取消"GT-5计划"。到1967年3月初，美国驻联合国大使高德柏访台，蒋介石再次提出了实施登陆大陆5省反攻计划。美国即在3月16日，通过"外交途径"转告蒋介石："美国和'中华民国'持同一立场，即恢复大陆人民的'自由'，应主要以政治方法而非武力达成，欣见蒋'总统'对中国人民的新年广告中，特别强调此点。"至此，蒋介石反攻大陆5省计划胎死腹中。（见1998年8月24日台湾《中国时报》）

按蒋介石、蒋经国的智力水平和对中共作战的经验教训，他们心中非常清楚，任何针对大陆的军事计划只是一种宣传而已，无实用价值。但这种耳提面命式的宣传，可以把台湾居民的注意力集中到对大陆社会主义制度的仇视上来，减少对国民党当局的压力。至于军事上能否有收获，事实已经证明，历年来派去大陆的武装力量、隐蔽特务均属"一去不复返"，只有"失败"这唯一的结果。

蒋介石在完成由"军事反攻"向"政治反攻"过渡的同时，继续以台湾的"安全"为名，防卫所谓的"共谍渗透"，封锁海峡，禁止两岸间任何形式的往来。两岸间的探亲和经济、文化、科技、人员交流等都处于禁止状态，甚至通过香港、澳门和海外的两岸间接交流也被严格禁止。

在严格禁止两岸交流的同时，蒋介石在岛内进行了大量的"反共、仇共、灭共"宣传，进行了无数的仇视大陆社会主义制度和共产党领导的宣传，台湾民众对大陆的误解日深，大大加深了两岸间的敌意，人为地增加了祖国统一的阻力。

蒋介石封锁海峡，禁止一切民间往来，对民族、民众、国家、家庭带来了巨大灾难，也是中国历史上空前绝后的大悲剧。处于非正常状态下，禁止所有民间来往，甚至探亲、经商、旅游、求学活动，这在历史上也是空前的。中国历史上发生过无数次内战，但交战双方除了因为某一场战争的特殊需要而暂时断绝民间交流外，一般都允许人民探亲访友、求学念书、发展双方贸易。即使国共两党在大陆进行武装较量的22年间，国民党方面也没有彻底禁止国统区和解放区民众间的来往，双方之间的经济、人员交流不在少数，但在世界进入20世纪下半叶，各种交流和来往已经成为人类社会活动的主要形式时，台湾国民党当局竟然逆历史潮流而动，封锁海峡，严禁两岸民间来往，这是对人民的犯罪，这是对民族的犯罪，严重阻碍了两岸关系的调整和祖国统一问题的解决，严重干扰了两岸经济的发展，因而这种隔绝来往的政策本身就是对台湾的"安全"和社会、人心的稳定的威胁。

蒋介石封锁海峡，阻碍了两岸的共同发展。海峡两岸间有着共同的文化，社会风俗民俗相同，文化、艺术、宗教、文字、语言甚至消费习惯基本一致。两岸本该能够进行很好的互补性合作，双方取长补短，共同发展。蒋介石当局到台后，严禁海峡两岸来往，大陆充裕而台湾急需的原料、燃料和农副产品、传统消费品无法进入台湾市场，大陆巨大的市场也被拒之门外，有着广阔空间的两岸工业、农业、第三产业间的合作被禁止，两岸中国人的智慧也没有起到"一加一大于二"的效果，使得台湾经济失去了持续发展的纵深空间。台湾当局为了防范根本不存在的所谓大陆的入侵，花费了巨额经费用于发展军备；为了维持所谓的"中华民国法统"，花费了巨额"外交"经费用于稳定"邦交国"。因此，封锁海峡政策本身就是对台湾生存的威胁。

蒋介石封锁海峡，违背了包括台湾人民在内的所有中国人的意愿。禁止两岸来往，直接损害了两岸人民特别是台湾同胞的利益。国民党当局退台前，台湾和大陆的联系非常紧密，两岸民众常来常往，亲戚、婚姻关系非常普遍；国民党退台过程中，追随国民党和被国民党当局裹胁去台湾的大陆人士多达200万人，这批人中的绝大部分配偶、子女和亲友都在大陆，如"监察院长"于右任、中评委吴稚晖的夫人，"总统府秘书长"张群的母亲，著名学者胡适的一

晚年的蒋介石手中经常拿着高倍望远镜，用以遥望祖国大陆

个儿子，都未去台湾，这些著名人士尚且如此，占95%以上的中下层人士则更不用说了，只能成为蒋介石封锁海峡政策的牺牲品。在长达近40年的时间内，台湾同胞失去了与大陆家乡亲人团聚的机会，在大陆的台湾同胞也被蒋介石剥夺了回家乡的权利，"青山一道同云雨，明月何曾是两乡"，在蒋介石的封锁政策下，多少

白头游子尝尽了"两乡"之苦。多少家庭被拆散，多少亲人可望不可见。"葬我于高山之上兮，望我故乡，故乡不可见兮，永不相忘。"孤独的老人于右任临终前的思乡之声，不正是对封锁海峡政策的控诉吗！正是这种思乡思潮，形成了反对蒋介石一党专制、封锁海峡政策的巨大冲击波！

蒋介石以"安全、反共、反攻"为由，严禁两岸间的任何来往。历史的进程往往让人不可思议，正是蒋介石封锁海峡、禁止两岸来往的政策，到后来成为冲击国民党专制统治的最直接、最主要的因素。

三、扶持经国，再传蒋记政权

在蒋介石主导的台湾政坛，高高在上的是蒋介石，台前抛头露面的是陈诚、俞鸿钧、严家淦，幕后埋头苦干的是蒋经国。蒋介石晚年的成功之作是自退台起就把决策大权交给蒋经国，这样既有利于向下贯彻蒋介石的个人意志，也有利于为蒋经国的政治接班创造条件，同时可以避免国民党上层因为蒋介石年老体衰后留下政治真空而出现政治动乱，从而确保党内的稳定。蒋介石败也是败在"传子"，"世袭家传"为蒋介石的政治生涯增添了极不光彩的记录；"传子"只能给台湾政局带来短期的稳定，从长期、全局上论则将孕育出更大的政治危机；从蒋介石两个儿子的行为看，因为"政治接班"，导致相互往来的"政治化"，一有风吹草动就成为舆论和媒体关注的焦点，更成为社会街头巷尾议论的话题。

（一）振兴经济，建设初具规模

蒋介石部署蒋经国接班，费时多年，煞费苦心，做了多方面的努力，创造较好的经济条件便是其中之一。蒋介石到台湾后，对发展经济的重要性有了远比在大陆时期更为深刻的认识，因此在维持专制统治不动摇、"反共复国"不动摇的前提下，采取了一些改良措施，促进经济的发展。同样，到台湾后国民党当局发展经济的有利因素，也比在大陆时期多，因此，台湾经济在蒋介石时期确实有了长足的发展。然而，台湾经济的发展也带来了一些后劲不足的弱点，至于所谓"台湾经验"则更有值得商榷之处。

国民党当局到台后，工作重心放在三个方面：一是军事上继续与大陆对抗，二是政治上进行治理整顿，三是经济上全面恢复。蒋介石到台湾后，岛内经济状况不佳，运行状况并不正常，一是从日本接收过来的经济部门还没有清理完毕，也没有进入正常运行阶段；二是退台造成岛内人口猛增和社会秩序严重不稳，生产、流通秩序被破坏，物资匮乏，供应严重不足，经济已经到崩溃的边缘。因此，蒋介石的工作重心是恢复经济与发展进口替代工业。这一时期的经济发展主要是围绕满足岛内需求而运行的。其中又分为两个阶段：一是战后经济的恢复；二是进口替代经济的发展。

经过战后经济恢复时期医治战争的创伤，1952年台湾的工农业生产基本上恢复到战前水平。粮食产量达到战前最高水平的112%，人均国民生产总值近200美元，严重的通货膨胀也有所舒解，物价上涨率从1946年的30多倍降至23%。尤其是重点恢复与发展农业，不仅解决了居民的基本生活需要，而且为工业的发展积累了资金，满足了岛内市场的供需，为替代进口工业的发展创造了条件。1952年是台湾经济发展史上的一个重要转折点。经过贯彻蒋介石的意图，由蒋经国导演的蒋介石复职"总统"，采取了国民党改造和各主要系统的整顿、缓解苛政统治等措施，政治上基本摆脱国民党大失败引起的政局大动荡的局面，与之相适应的是经济也走出低谷。

20世纪60年代中期至70年代初期为经济出口扩张经济较快发展阶段，1963年工业比重在经济结构中首次超过农业，是台湾经济发展道路上的转折点，标志着台湾经济已经踏上稳定发展的坦途。台湾当局顺应客观要求，选择了以出口扩张为导向的外向型经济发展战略，适时地将经济体制由"统制经济"转向"有宏观控制的市场经济"，逐步形成了一个有限度的开放经济体系。这一战略的实施，带来了台湾20世纪60年代和70年代工业发展的"黄金时代"。

这一时期台湾经济的确获得较快的发展，经济增长率较高。从生产净值看，1952年为16.74亿美元，1975年为146.3亿美元，增长了近8.73倍；从经济增长率看，1953年至1974年平均增长率为8.78%；从人均生产毛额看，1952年为196.02美元，1975年为910.75美元。不仅如此，从台湾经济结构的变化也可以看出经济发展是较为正常的，其中1963年工业生产净值超过农业生产净值，标志着台湾社会经济结构已由农业经济为主转变为以工业经济为主；1961年财政收支状况开始由赤字转为盈余；1971年贸易收支结构开始出现持续顺差。此外，在这期间的物价相对较为平稳，所得分配也相对较为平均。

台湾经济之所以取得较快的发展，除了在政策方针上适时调整经济建设次序、适时调整经营体制、适时调整宏观控制模式、培养内需消费市场、重视人才教育外，还有另外几大因素：

"特殊的历史遗产。"台湾经济"奇迹"直接利用的历史遗产有二：一是从日本人手中接收的较好的经济基础。日本强占台湾50年间，为把台湾建成侵略中国大陆的前沿基地，也在当地进行了一些建设，粮食产量一直保持较高的水准，交通运输网络较为完善，教育较为普及。仅在国民党接收台湾时，从日本人手中接收的工厂达5969家，这些工厂从业人员达25万人，遍及台湾工业各个领域。此外，在台湾已经形成较为完善的资本主义生产关系，为发展现代工业提供了基础。二是从大陆带来了不少资金、机器设备和科技人才。论资金，国民党当局运台的黄金为277.5万市两，银圆1520万元，美元1.5亿，约合美元10亿以上；至于民间带去台湾的金银外汇还不计算在内。论机器设备，除国民党当局拆运去台的之外，还有民间企业家拆迁至台湾经营的，仅上海的纺织行业就有10家大型纺织企业搬往台湾，台湾在1950年间纱锭由1万多锭突然升至19万锭，主要就是大陆纺织业主搬台所致；在台湾的100家大型企业中，曾在大陆创业后搬台湾的就有21家。论科技人才，因为退台时的混乱和评定标准不一，因此到底有多少科技人才去台湾无法统计，但据1988年6月号《天下》杂志登载的报告中说："当年当局带着200万人来台湾，其中有一大群菁英分子，如台湾财经政坛比较著名的尹仲容、李国鼎、俞鸿钧、严家淦、孙运璇、俞国华等便都是。"郝柏村也在一次记者招待会上表示："我们假定，如果1949年，先'总统'蒋公没有带着60万的军队（后多为劳工）到台湾来，以及大陆上的杰出人才，以及几百万黄金到台湾来，今日的台湾又是什么样的台湾？"这两笔特殊历史遗产是蒋氏政权在台湾经营的资本，曾在恢复和发展台湾经济中发挥了很大的作用。

"美援的支持。"战后台湾经济几乎是美国出于干预中国内政的需要一手扶植起来的。从1951年到停止美援的1968年这18年间，美国给予台湾的经济援助达14.82亿美元，相当于同期台湾当局的财政所得的8%、国际收支经济账差额的86%，以及同期全部固定资本形成的58.8%。美援成为同时期台湾平衡国际收支、弥补财政赤字、稳定金融物价以及恢复和发展工农业生产的重要支柱。台湾著名经济学家王作荣在《我们如何创造了经济奇迹》一书中说："在与美方磋商加速经济发展计划大纲时，美方即以安全分署署长赫乐逊署名送交我方备忘录一件，列出8点财政需要改革之处"，这成为台湾制定经济发展战略的重要依据。在美援停止后，美国即以贷款方式继续予以支持，数目要比以前大得多。除此以外，还有美国对台湾军事科技的转让和支持，这对台湾经济直接和间接地起到了不小的作用。台湾一位高级经济官员说，如果没有美国日本等西方国家的"经济与技术的合作，台湾经济的发展至少要比现在落后20年到30年"。

"国际经济的繁荣给台湾带来机遇。"从1945年到70年代，是西方经济的"黄金时代"，资本主义经济迅速增长，技术革命导致新的国际分工，发达国家把资本有机构成低、污染程度高的劳动密集型产业转移给工资低廉的发展中国家和地区经营，同时把一部分新开发

蒋介石参观工业产品展览

的产品生产技术转让给予自己关系密切的发展中国家和地区生产。在发达国家转移其产业和技术的进程中，美、日两个经济大国对台湾影响最大。以石化产品为例，在20世纪50年代中期到60年代初期，由美日转让的石化产品生产技术对这个时期的经济发展起到强有力的推动作用。台湾积极引进世界新开发的塑胶生产技术，并掌握了一次、二次加工生产技术，其产品不仅满足内部市场需要，而且开始进入世界市场，从20世纪60年代到70年代初期，台湾石化工业的产值已占制造业总值的35%，出口值占出口总值的19%。与此同时，美国、日本等国也向台湾转移了许多劳动密集型产业，台湾的纺织业也迅速发展起来。并且从20世纪70年代起，台湾开始吸引部分世界电子资讯产业前来投资，为后来发展高科技产业打下了基础。

综上所述，战后台湾经济是在特殊的背景和条件下发展起来的，不看到这些就不可能对其发展过程有全面的了解。同样也应该看到台湾经济发展到1975年前后，也有不可忽视的"经济发展过于依赖贸易"的弱点。对外贸易依赖过大，导致台湾经济过分依赖世界经济，使台湾经济的兴衰过分系于世界经济的荣枯之上，而缺乏自我调适和回旋余地。国际经济的任何变动都会影响到台湾的经济形势。如70年代石油危机，一方面油价上涨使台湾经济增长过程中的成本上升，直接影响到台湾经济的发展；另一方面油价的巨幅上涨引发世界性的通货膨胀，通货膨胀造成世界经济低增长甚至负增长，从而直接影响到台湾的出口，给台湾经济造成了相当大的困难。

"农工失衡。"台湾虽然60年代就提出"依靠工业发展农业，依靠对外贸易促进农工"的新方针，但事实上执行的仍是片面发展工业，放弃农业，致使台湾农业长期停滞不前，农工失衡日益加剧。自1969年台湾农业生产出现了第一次衰退以后，农业生产的发展充分体现出低速、徘徊和极不稳定的特点。这种牺牲农业的政策给台湾经济带来了深刻的危机，增加了都市问题，如城市公共设施不足、犯罪率上升、失业增加、房地产价格上涨过速等。同时也使得乡村生产力下降，缺乏必要的资金和技术，农村劳动力外流和女性化、老年化现象日趋严重。

"工业升级难。"台湾自身的工业研究和开发力量不足，对工业升级可以说力不从心。台湾经济历来有"浅碟子经济""拼盘经济"之称，企业忽视技术开发，采取技术拿来主义，致使长期处在加工装配状态。加上发达国家及其公司，历来实行严格的技术保护主义，技术不到衰退期不转让给台湾，致使台湾工业升级缓慢。当年的"塑胶大王"王永庆就说："我们出口什么呢？出口的东西都很可怜，都是些杂货！即使是电子机械出口也从日本进口零件，装配好了再出口，这其实是劳动力出口，仔细分析起来我们没有从头到尾自己制造的东西出口。"

"经济发展与社会失衡。"由于片面强调了经济的快速发展，忽略了社会的发展，使经济与社会的发展失衡，导致台湾社会心理失落、文化脱序、价值观念紊乱。普遍的急功近利的社会伦理，投机心态伦理，弥漫着台湾社会，在取得经济快速发展之后，便逐渐形成官商既得利益集团的相互沟通、勾结和垄断。这样的经济发展，对台湾社会的文化精神理念产生极为不良的影响。

"污染日益加重。"台湾当局推行急功近利式的发展经济的策略和政策，一味追求发展速度，很少顾及生态环境，结果经济起飞了，生活提高了，其自然环境却受到严重的污染和破坏。工业的快速发展及人口的迅速增加与生活水平的提高，使台湾各城市成为全岛环境最差的地方。台湾的污染对农业的影响也十分严重，工业部门排出的污水已将大部分河流严重污染，岛内45条河流均被有毒废水污染，许多河流河面已呈灰色。台湾的环境污染，极大地破坏了岛内的自然生态平衡，对民众的日常生活也构成了严重威胁。

总之，台湾的经济发展付出了相当大的代价，有其持续发展后劲不足的弱点和弊端。从退台到20世纪70年代初期，尽管有不少负面影响、副作用，但台湾经济的稳定发展，成为蒋介石维持专制统治的经济基础，更成为蒋经国上台主政的支撑力量。当然经济的发展，自由经济规模和中产阶级队伍的壮大，同样要求政治上的开放和自由，再加上开放两岸交流的呼声、"外交"上的一系列危机的出现，组合成冲击国民党统治的强大的社会思潮，这就成为挑战国民党专制、蒋介石独裁的社会动力。

（二）"世袭传子"，蒋介石既定方针

蒋介石作为中国近现代史乃至现代世界史上的重要人物之一，他一生中作出的重大决定，导致失败和不光彩记录的很多，导致国民党的事业取得一时成功和胜利的只有北伐和抗日战争；在用人制度上，蒋介石远谈不上知人善任，成功的用人只是发生在退台以后，一是重用陈诚，为蒋经国护航；一是重用蒋

经国，培植其接班。

家传天下——蒋介石传子已定

在退台之初，蒋介石就开始把蒋经国拉进核心决策圈，并让其先后到党、军、政、经各部门历练，直至掌握全权。蒋介石重用蒋经国，主要是出于"家传天下"的需要，延长蒋家政权。不过，并不排除蒋介石也是从"谁能更好地改善和加强国民党的领导、更好地对国民党的专制进行自我调整、更好地将西方政治制度台湾化"的原则来加以考虑的。

蒋介石之所以没有把国民党第一代中较为年轻的领导人，作为自己身后的过渡性接班人，主要是因为国民党统治集团因多年的保守、既得利益集团的反对，已经出现明显的人才断层危机，在蒋介石的周围，已没有什么人可用。老一代人士中，张群、何应钦、严家淦、谷正纲、薛岳、余井塘、陈立夫、王世杰、顾祝同、黄杰、张其昀、黄少谷、周至柔、黄国书、孙科等，虽说人不在少数，且在大陆时期和退台初期不少人也是呼风唤雨之辈，但随着20世纪50年代的整肃和调整，他们已成为过时人物；尽管他们也是各司其位，官职官阶不低，但要论接班则不可能。当然，他们被排挤出接班阵营的主要原因并不在此，除了因为他们和蒋介石一样都已年迈之外，深受中国传统文化中的封建遗毒——"封建宗族制、等级制、世袭制和嫡长子继承权"影响的蒋介石另有考虑，这就是：

——他们没有蒋家的血统。

"世袭传子"在退台初期已经定型，作为深受传统文化影响的中国老人和原南京政府第一代领导人的蒋介石，曾经费尽心机建立起自己的政权，如果又从自己手中失去政权，这对蒋介石来说是很难接受的，巩固统治和延续蒋家统治，已成为唯此为大的事情，所以不可能非蒋人士"接班"，当然他也希望这个"后蒋

蒋介石与长子经国、次子纬国的合影

介石时代"应和以前不一样，而是能够建立起一套与经济的发展相称的、尽可能为民众接受的政治制度，也就是说他对蒋经国的改革主张是满意的，对蒋经国的新思维是赞成的。

——他们不具备"接班"所应有的实力。不少旧臣资历不短、任职不低，可一直是蒋家专制下的陪衬，只是一大批唯"蒋"首是瞻的高级办事员；在蒋介石的专制和绝对权威下，他们成了毫无主见和思想的奴仆。因为有蒋介石的巨大阴影笼罩，他们中虽不乏能人，不乏有用之人，可都无法发出应有的光彩。特别是到台湾后，他们大多已退出政治中心多年，只是成为台湾政治中实际最高主持人蒋经国的"喝彩者和拉拉队员"，甚至连"助手"都算不上。所以他们中的任何一位，如果出面领导整个国民党，显然是力不从心的，即使他们果真"接班"，只能造成新的内斗。

——他们没有蒋经国那样开明。蒋介石作为历经20世纪政治风云的政治人物，经历过惨痛的失败教训，到晚年看到了进行政治革新、改善国民党领导和国民党进行自我完善的重要性，所以从后期起一再号召和推动政治改革，只是由于党内存在巨大的保守势力的惯性，所以难以推开。同时，对这一场政治改革运动，他当然不放心托付于他人进行，蒋经国则是最合适的人选。那些元老们，显然落后于时代的步伐，对西方民主还抱有较深的疑虑，既看不到对国民党的一党专制进行改革的必要性，且对社会转型和政治开放的措施、行动，采取怀疑、拒绝的态度，甚至对蒋经国接班后推行的一些政治开放措施，也采取批评和限制的态度。当然正是因为他们深受中国传统文化的影响，在党的领导方式上的"忠君思想"和封建遗毒，也促使他们同意蒋家第二代蒋经国来接班。只要有蒋经国在，他们谁也不会超越他而篡位。当然蒋经国与

1959年2月蒋介石与儿孙们一起用餐。蒋纬国右边是邱爱伦，蒋经国右边是蒋方良

他们相比，除在对中国共产党的仇视和误解方面是一致的外，后来亲自主导了台湾的社会变革，国民党的统治在他的手中得到了很大的改善，统治手法更加现代化。他的局限性主要表现在只主张和同意进行有限的改革，台湾社会的转型、国民党在新形势下的改造必须在他的掌控下进行。那些党内元老们显然不具备蒋经国所具有的开明和魄力。

——他们没有蒋经国的经历。南京政府的元老，大多是同盟会时期就参加打倒清朝政府和北洋军阀的革命活动，并且是国民党和南京政府的重臣。虽然他们的地位不低、权力不小，可与蒋经国相比，都有局限性。比如，孔祥熙、宋子文两人，主要是管财政，涉猎外交和行政；张群主要是政务，他所任的军职大多不用上前线，事实上他并没有指挥过像样的战役；陈果夫、陈立夫虽掌握中统特务组织和党务系统，但对军事、政务则显外行；何应钦、顾祝同、周至柔、黄杰等军人当接班人显然不合适；蒋介石到台湾后重用的人士中，大部分是经济人士，过分的单一化，也不见得有利。而蒋经国却在到台后主管过几乎涉及作为"政权"支柱的主要部门的所有领域，党务、组织、特工、军队、外交、经济、社会等无所不包；更重要的是，蒋经国在幕后早已成为实际上的最高领导人，全面主持工作，特别是他本人亲自安排了退台及其治理，他的经历非元老们所能比。

——他们没有重新培植自己的派系。蒋介石和蒋经国在退台初期，通过反省大失败、国民党改造等方式，将国民党内的各个派系整得七零八落，可以说原有国民党的派系，基本已被冲垮，这批元老无法再利用原有的派系，也就失去了兴风作浪所必备的动力和根基。蒋经国则不一样，自出任台湾省党部主任委员起，利用插手国民党政权各项工作的机会，一是把在赣南和团中央干部学校时的追随者拉进不同的部门，掌握关键岗位，成为自己的基础。由于当时活跃在政坛上的主要还是资历深厚的元老重臣，在30年代末和40年代初出道的"赣南和中干系"，还无法耀武扬威于官场，只能在幕后活动，充当蒋经国的卧底人物。二是招降纳叛，对原来其他派系中的骨干分子，只要他们愿意卖身投靠为蒋所用，都加以收编。在这一问题上，蒋介石和蒋经国颇有远见的一个做法，就是与陈诚结盟，组成主流实力派，作为台湾政坛的基本力量。其中有陈诚、蒋经国到台湾后提拔的新人，有多年的追随者，更有一些原为其他派系的骨干和识时务者，实力超过了国民党历史上的任何一个派系，故在退台初期的派系斗争中大获全胜，一"统"天下，为蒋经国行使更大权力、扩大政治影响提供了合适的气候和环境，当然也为他日后接班创造了条件。

——他们没有蒋介石的支持。知儿子者莫若父，蒋介石知国民党更知蒋经国。作为中国现代史上最著名的家族之一的蒋氏家族的大家长，蒋介石十分关心长子的成长并寄予厚望；作为党魁，蒋介石十分欣赏长子敏锐的政治眼光和对权术的精通；作为世界上最著名的"反共老人"，蒋介石十分肯定长子的"反共信心"和对中共的仇视态度。因此，对蒋经国接班一事，蒋介石从兵败大陆时就有考虑，从那时起蒋经国接班计划就开始进入实际运转。

蒋介石有两个儿子，从他为两个儿子起的名字上也可看出其良苦用心。长子为"经国"，次子叫"纬国"，源于"经天纬地"和"经文纬武"两句古词。蒋介石的本意是，希望兄弟俩将来成为"经文纬武""经天纬地"治理国家的人才。当然他没有想到"经天经文"的经国，只将蒋记政权延长了13年；而"纬地纬武"的纬国，竟然卷入了"湖口兵变事件"。从蒋家小气候看，兄弟之间的来往，也因为夹带有政治接班的含义而变得政治化；兄弟之间的来往，也因为夹带有政治接班的含义而给外界以神秘感。

"湖口兵变"——蒋纬国一度受冷落

蒋纬国的知名度与生俱来，他是蒋介石的小儿子，本身就是一个富有新闻价值的人物。虽说他贵为"次太子"，身为"龙种"，可关于他的父母是谁，又有持续几十年的疑问，更引起世人的瞩目。此外，其父、兄"总统"身居铁幕之后，离人间太远，而他时常出没于各种社交场合，其特殊身份决定了他无论出现在哪里均会成为中心人物。再说蒋纬国个人经历中出现的风波，一次又一次地把社会各界，尤其是舆论界的注意力吸引过来。

在这种社会气氛和蒋府这一家境中成长、生活的蒋纬国，无法放开，并不轻

蒋纬国8岁时与父亲合影

1619

松。正如台北一家周刊所说：蒋纬国"几十年来都能自敬自强，处变不惊，一直以笑脸迎人，坦率风趣，不时幽自己一默，看起来真是在'人生以快乐为目的'，还是在装疯卖傻，只有他明白"。因此，他留给世人不少谜。

蒋纬国的"谜"都与他的家族有关，如果他不在军界任职，谜也就会少一些。如果他才华平庸，弱于兄长，谜也会少一些。无奈他才过兄长，可命不如兄长，蒋介石在全力以赴扶持长子的同时，怠慢了次子。蒋纬国在家中被冷落，便到外面寻求乐趣，为社会各方所接受。人们逐渐解开蒋纬国的"谜"后，发现他的生活并不顺利，他的悲欢不少于民间常人，他的升迁曲折缓慢，造成这一切的，是他的显赫的家族。

"总统"之子

蒋纬国8岁时，其父已是黄埔陆军军官学校校长；11岁时，其父政变成功，成为南京政府总头目。蒋纬国除有特殊的父亲处，还有一个特殊的家庭。说家庭"特殊"，是因为蒋介石有过4位夫人，她们依次是毛福梅、姚怡琴（与蒋介石同居后改名为姚治诚）、陈洁如、宋美龄。蒋纬国出生于1916年农历九月初十，此时蒋介石同毛夫人成亲已16年，蒋姚同居已6年，小纬国由姚氏抚养。蒋纬国5岁时，其父又与陈洁如一起生活。11岁时，其父最后一次结婚，娶回宋美龄小姐。蒋介石的浪漫婚姻，不可避免地影响到蒋纬国的幼年、童年和少年生活。

蒋纬国有"特殊"的父亲和家庭，还有一个特殊的政治背景，这就是在国共合作、国民党建军、北伐的同时，蒋介石及其个人势力集团迅速崛起，不久完全背叛了孙中山的"联俄联共扶助农工"的三大政策，成为中国现代史上最黑暗的政治势力。此

抗战期间，蒋介石与蒋纬国在贵阳张良庙合影

种政治风云，或多或少地波及到蒋纬国的幼年少年时的生活。

16岁那年，寄养在苏州吴忠信家的蒋纬国以优异的成绩从东吴附中毕业后，就读于东吴大学物理系。21岁那年，由朱家骅介绍，蒋纬国前往德国留学。蒋介石的两个儿子，大儿子经国已去苏联留学多年，接受的是红色教育；小儿子纬国则去德国，接受法西斯军事教育。事实上蒋介石对儿子的前途早有计划，他让大儿子去苏联，并非希望其信仰共产主义，而是让其实习共产党训练、宣传、组织民众的方式方法，掌握被他认为是"专制独裁的""集权主义式"的苏联政治制度，为将来接班上台打好基础。他让小儿子去德国，并不全是从军事学习方面考虑，如果仅是学习军事，去日本固然因两国交兵而不便前往，但可以去名声不亚于日本陆军士官学校、德国慕尼黑军校的美国西点军校、英国桑赫斯特皇家军事学校，况且美、英两国与南京政府正打得火热。可蒋介石自有打算：德国为西方各国的军事实力之首，侵略性很强，他要儿子在学习的同时，实习、掌握法西斯的军事理论和纳粹是如何支配国家政治、经济生活的，为将来配合哥哥共同执掌政权打下基础。当然，蒋介石要两个儿子，一文一武协作掌权的安排并未完全实现。

值得一提的是，蒋纬国赴德前夕，发生震惊中外的"西安事变"，他的父亲在事变中被兵变部队扣押。蒋纬国做梦也没想到，28年后，他自己也受到所谓"兵变"的牵连。蒋介石在答应抗日后，很快获释返回南京，"兵变"领导人张学良将军从此被关押。蒋纬国也没想到，自己差点成为张学良第二，只是因父子关系，才免除牢狱之灾，但被冷落十余年，这是后话。

"出身之谜"

蒋纬国的知名度与生俱来，关于他的谜也与生俱来，有关他出身的传说更是几十年盛传不衰。一说他是国民党前考试院长戴季陶与日本籍妻子津渊美智子的儿子，并有胞兄戴安国、胞妹颜世芳。纬国过继给蒋家的缘由是蒋介石只有一个儿子经国，有绝后之虑，故向戴季陶要求领养蒋纬国。此说很难服人，蒋介石担心绝后，当时在中华革命党内地位、影响及与孙中山先生的友情，都不在蒋介石之下的戴季陶就不担心自己靠婆妾生来的两子剩一同样有绝后之险吗？再说蒋介石如真考虑到需要延续自家香火，为何不把向人讨要来的儿子直接送到奉化老家，以宽慰老母和元配夫人，反而让名不正言不顺的姚氏抚养呢？

人们所说的戴季陶送子他人的另一原因是为了儿子的前途，希望蒋纬国能跟着蒋介石飞黄腾达。此话不足为信。首先，当时戴、蒋所从事的活动都处于不合法状态，生命都无保障，当官享福从何谈起？既谈不上当官享福，荫妻庇子又从何谈起？其次，在蒋纬国3岁前，蒋介石任过的职务是：粤军司令部作战主任、第2支队司令；戴季陶任过的职务是：广州军政府法制委员会委员长、大元帅府秘书长、外交次长。两人地位如此悬殊，到底是谁该把儿子托付于谁以求仕途呢？

二说他是蒋介石和津渊美智子所生。传说蒋介石自"二次革命"失败后逃避日本，在东京得到帮会黑龙社的帮助。工作之余，与黑龙社的女佣人、美丽多情的津渊美智子来往甚密，后生下的孩子就是蒋纬国。蒋纬国后随父回国，由姚夫人抚养。这就让人费解，如果正如以上所说，且不说蒋介石起码应该给美智子以"妾"的地位，在当时宗族制的情况下，母以子贵，蒋介石的夫人中只有毛福梅生子，现美智子生子岂不可以凭"子"压人，有何可担心？为何从不露面？如果蒋介石为"孝母"，不愿暴露在日本娶妾、同居丑闻，那在美智子之前有姚治诚，后有陈洁如，直到40岁时还热热闹闹地与宋美龄结婚，美智子之事怎会存在隐恶之由？持美智子为纬国生母说的人，出示的证据是蒋纬国二度结婚时，特意赶到日本举行婚礼，就是为了让安居日本的生母高兴，并说婚礼主持人就是津渊氏。到60年代蒋纬国又把生母接回台湾居住，养老送终。可是举此例的人也只用"传闻"二字，难以作据。

三说他是蒋介石、戴季陶共同所生。说的是二人在日本住在一起，雇用一位日本女仆。三人同居，不知不觉中女仆连续生下二子，无法推算二子中哪一子归蒋哪一子归戴，最后只好凭掷骰子来决定两个孩子的归属，结果是戴得大，蒋得小，分完儿子后一起回国。此事可能性不大，"三合一"与生育二子，并非短时期行为，不易数年和平共存。

四说他与戴安国都为蒋介石所生，戴安国则是由蒋介石过继给戴季陶。持此说者还提出两位证人："台湾军事记者联谊会会长"刘毅夫和"陆军指挥参谋大学校长"张柏亭。不过刘、张两人所举的也是二手材料，并未指出一手材料来自何方。蒋介石生三子说最为离奇，因为他不会让亲生儿子在1949年2月起就在没有父亲的状态下生活。

社会上不少人认为蒋纬国实为蒋介石和姚治诚所生。与蒋介石同时代、共过事的人不在少数，其中还包括不少有过亲密交往的人。如果蒋介石和蒋纬国的关系不正常、蒋纬国的来历不正常，这些元老为何不说？如果说为蒋介石"讳"、隐盖其丑闻，可在蒋介石出任黄埔军校校长之前，仅为国民党内的二三流人物，任意被人轻薄为常事，为何不见有人说起蒋纬国的"出生之谜"？蒋介石发动政变上台后，有些元老和知情者走上反蒋、倒蒋道路，为何也不见有人说起蒋纬国之事？

从姚治诚以后的生活看，也可反映出她与蒋介石、蒋纬国的关系之亲密。姚夫人一直处于蒋介石的精心照顾之下，抗战前定居苏州城，离南京、上海不远，双方探视很方便，并在1927年至1937年间经常与纬国在一起，抗战军起迁往重庆。国民党退台时迁往台湾桃园大溪，已经身为将军的蒋纬国几乎每逢周末均前往看望。每逢姚氏的生日，蒋纬国总要前往祝寿，看那下跪时五体投地般的虔诚，非对亲娘老子做不出来，直至姚1972年逝世。蒋介石休妻3人，与宋美龄结婚后，一直与毛福梅、姚治诚来往，与陈洁如基本上无甚来往。蒋介石敢于顶住宋美龄的压力、宋美龄能够默认蒋介石与毛氏和姚氏来往，皆因毛、姚各有一子，这一富有中国特色的传统，使得深受西方文化熏陶的"第一夫人"宋美龄也奈何不得，入乡随俗矣。据1996年间出版的关于蒋纬国的传记《千山独行》的作者称，蒋纬国自己认为并非是蒋介石的儿子，其父是戴季陶。

蒋家家私之所以为人所"关心"，本来不存疑问的蒋介石与蒋纬国的父子关系为人所议论，无非是蒋家在历史上有对不起天下人的地方，天下人借蒋纬国的出身之谜，出出蒋家洋相而已。据笔者之陋见，关于蒋纬国生父生母的传说，不管真假，无足轻重，绝大多数国家的法律早已承认亲生、偷生、庶出、养子作为儿子的权利。即使蒋纬国是蒋介石的养子也无多大不是，更不值得人们说三道四；蒋家及有关人士也不要把人

抗战期间，蒋纬国给蒋介石做翻译与外国记者交谈

们对蒋纬国的出生议论视为大忌，蒋介石有无养子本身不值得做多大文章。问题的关键是只要蒋介石和蒋纬国能够父像父、子像子就足矣。

蒋介石对经国和纬国两个儿子同样看重，这从"西安事变"时蒋介石请黄仁霖转交给宋美龄的信中可以看出来。信中说："余决为国牺牲，望勿为余有所顾虑，余决不愧对余妻，亦绝不愧为总理之信徒。余既为革命而生，自当为革命而死，必之清白之体还我天地父母也。对于家事，余无所言，唯经国、纬国俩儿，余之子亦即余妻之子，望视如己出，以慰余灵，但余妻切勿来陕。"这里且不论蒋介石在事变之初跳墙逃跑时的狼狈样与信中所说的"视死如归"是多么的不协调，不说他是如何违背总理遗教的，也不说蒋、宋间及与两个儿子间的微妙关系，只就父子之情论，蒋介石在自以为将死之前，不忘两个儿子，还真有点舐犊之情，不失人之天性。

蒋纬国也说过蒋介石的不少好话，关于童年时期与父亲的关系，他这样写道："从小，父亲就是我最好的师长、最要好的朋友，他只要在家就会教我读书，陪我练字，我们之间无话不谈。他从不曾打过我或大声责骂，是对是错，他都会清清楚楚地从正面教导我，我们没有代沟。"所以说蒋纬国的童年、少年、青年时期一直在父亲的监护之下，颇为顺利、舒适，这种情况的改变是在蒋经国走上接班之路后。

"装甲之头"。蒋纬国的家庭背景，已经决定了他有不同于别人的政治前景。蒋纬国从军，对其父来说，完全符合内定的两个儿子一文一武的总体规划；对他本人来说，完全是兴趣所至，而兴趣则来自随指挥千军万马的父亲当年在黄埔军校、国民革命军总部时的见闻。1937年9月纬国由朱家骅安排踏上赴德留学之路，经当时正在德国的中国著名军事理论家、军事教育家蒋百里的介绍，先到柏林大学学习4个月的德语，随后被安排至当

抗战时期，蒋介石与蒋纬国的合影

时堪称一流的德国装甲兵见习4个月。这是他第一次比较全面地接触与他的一生有着不解之缘的装甲兵，也是他成为职业军官之始。12年后他成为将军，13年后成为国民党方面的"装甲兵总司令"。

不久蒋纬国又转入德国山岳步兵98团受训，1938年秋正式进入德国著名军官学校慕尼黑军校步兵科学习，接受系统的军事指挥理论教育。客观地讲蒋纬国在军事理论和军事管理方面确有一套，晚年在台湾更以军事教育家、评论家自居，纸上谈兵自成一家。要论实战经验，几乎是个空白，因为他没有领衔指挥过任何一次作战。他的军事素养除了来自自幼爱好军事、研读过一些军事论著外，与在德国军校的学习不无关系。

次年夏，蒋纬国军校毕业，被分配到德国第8师担任山地炮兵少尉见习，还未到部队报到，德国已兵分三路突袭波兰。德波战争惊动了远在重庆的蒋介石，这位中国的委员长当然不会赞成宝贝儿子成为异国战场上的异乡魂，为防意外，急电纬国回国。经希特勒亲自过问，蒋纬国很快回到重庆。

蒋纬国赴德达到了蒋介石预期的目的，蒋纬国在学习军事知识的同时，对所在国的法西斯统治、希特勒的独裁十分欣赏，在以后的几十年中，搞过不少关于蒋介石的神话、崇拜。他宣传国民党的一党专制、一个领袖、一个主义，其源在德国受训时。

蒋介石见到儿子学成归国，高兴之中没有相信儿子要求奔向抗日前线的慷慨之言，而是让他学习再学习，先是到中央训练团军干班受训，让其首先了解出国两年之后的国民党和官场特色。一期结业，蒋纬国又由其父送到美国，进入陆军航空兵战术学校和装甲兵中心受训。这次赴美不足一年，可对蒋家父子来说极为重要，当后来美援到华，装甲部队筹组时，蒋纬国就成为这方面的专家。

蒋纬国自美回国后，硬着头皮到潼关，出任胡宗南手下的第1师3团2营5连1排少尉排长，第三年蒋纬国升任3团2营中校营长，不久重庆方面发起"一寸山河一寸血，十万青年十万兵"的青年从军运动，蒋纬国被调任青年军206师616团营长、副团长。在下层的几年间，他对士兵和下级军官生活有所了解，日后当上高级将领后，能体察下情，与人交往比较随和。

1945年底，蒋纬国来到装甲兵部，进入一个新的时期。他出任第3处处长和装甲1团上校团长，1948年出任装甲兵参谋长，淮海大战时曾亲率装甲团开

1953年6月，蒋纬国乘战车抵松山机场，准备搭机赴美国进修

往前线，可未开打就逃回上海。淮海决战国民党彻底失败，蒋介石见大势已去，败局难以挽回，便命令装甲兵先到台湾开设基地，蒋纬国升为少将副司令，1950年继徐庭瑶出任台湾"装甲兵总司令"，1953年到美国进修时一度离职。

国民党军溃败时，三军中退台最完整的是空军和海军，最零乱的是陆军。陆军中各部均散乱不堪，唯独装甲兵相当整齐，短时期缩编为装甲旅后，很快恢复装甲兵总部。到台湾后，蒋纬国当了10年的"装甲兵总司令"，也是控制装甲兵时间最长的"总司令"。同其他人比起来，蒋纬国担任任何职务都不为过，对其他人来说至关重要的资历、成绩、能力、人事关系等因素，对蒋纬国来讲均已失去作用，任何铨叙、考选部门对他来说只是摆设，任何政治派系均无法增损他的利益。他只受制于一个人，那就是蒋介石；影响他仕途的也只有一个人，那就是蒋经国。

丧妻之苦

蒋纬国的元配夫人石静宜，是西安西北纺织厂、上海大秦纺织厂老板石凤翔的女儿，毕业于西北大学，两人相识于从西安返回驻地的火车上。两人于1944年的圣诞节之夜正式举行婚礼。到台湾后，石静宜以自己的好动和美貌，抛头露面，出没于台北官场，甚至穿着长统马靴，独自开车上街寻找乐趣，更是丈夫所辖的装甲兵总部舞厅"装甲之家"的常客。在如何保持蒋介石所希望的"总统"儿媳妇应有的庄重、气势、神秘方面，蒋经国夫人蒋方良则要强得多。

对石静宜之所为，蒋纬国不以为然，不闻不问；蒋经国欲管不能；蒋介石则心有不悦，与她关系稍好一些的是宋美龄。让人感到吃惊的是，这位风华正茂的女士，竟会突然死去，她的"死之谜"则成为继蒋纬国的"生之谜"之后的又一谜。特别是石小姐牵连上"魏文起、包启黄案"更增加了一层神秘色彩。

石小姐曾在宋美龄的帮助下，向"联勤总部"的科长魏文起借款300万元，同意此事的是"联勤副总司令"黄仁霖，"司令"黄镇球却向蒋经国告密，后魏文起被"保密局"特务处决，"军法局长"包启黄因向魏妻索要巨款和有过私通，被"保密局长"毛人凤设计查处后枪毙。

石静宜突然死亡后，因当局没有公布过"魏、包案"和300万元借款的真相，社会上的议论也就海阔天空，无奇不有。所谓石氏的死因，分别有："赐死说"，说的是蒋介石得到大儿子的密报后，把小儿媳叫到面前，大骂一顿，骂完后丢下一句话："你自己看着办吧！"石静宜回住所后吞药自尽；"害死说"，说的是蒋经国见弟弟势力日甚，尤其是装甲兵部的坦克几乎控制着"总统府""行政院"，故利用300万元借款案打击蒋纬国，在弟妹生育时让医生做了手脚；"自杀说"，石静宜见借款被黄镇球、蒋经国揭发后，自知罪责重大，畏罪自杀。从台湾的政治现实和蒋家兄弟关系基本处于正常状态的情况看，以上三种均不可能发生。

石静宜确实是非正常死亡，那是在1953年春节前后，她忽报有喜，经医院检测，预产期约在农历九月中旬，与蒋介石的生日农历九月十五日相差无几，石静宜为了让孩子延期降临，任性地要大夫保胎。可到蒋介石生日前一天，还未有临产的征兆，任性的她又要大夫采取催生措施，不料身体出现异常反应，抢救无效。正在美国进修的37岁的蒋纬国，得知爱妻的死讯，肠断魂销，立即飞回台北，料理夫人的丧事。为寄托对夫人的哀思，他利用自己的地位和影响，创立"静心小学""静宜女子英专"（后改为"静宜女子文理学院"），作为怀念。也有材料说，石静宜临产时，蒋纬国人在家中，因为负责接生的医生"把顺产弄成难产"而导致孩子死亡，石静宜在此打击下两个月后"病死"。

个人生活的不幸，并未影响蒋纬国的官运。在出任"国防部侍从高参""第三厅副厅长"之后，升为"第五厅厅长"，到1958年又复任"装甲兵总司令"，1961年晋升为"陆军中将"，并在1956年和1960年两次担任军事大演习"分指挥和裁判官"，1963年1月转任"陆军指挥参谋大学校长"。"湖口兵变"后军事指挥权被剥夺，官场好运被中止11年。

石静宜死后近两年，蒋纬国结识了不满20岁的青年女子邱爱伦。邱小姐的父亲做过"中央信托局储运处副处长"，母亲是德国人，这位中德混血儿兼有东西方之美，其气质、容貌不在石静宜之下。蒋纬国虽然年届40，可体形、

蒋纬国与邱爱伦结婚时，偕新娘向蒋介石奉茶

身材并未出现臃肿、肥胖之累，风度不减当年，两人可以说一见钟情。订婚后邱小姐去东京学习音乐，1957年2月蒋、邱两人在旧日好友戴安国的陪同和主持下，在日本举行婚礼。1963年独子蒋孝刚出生。中年得子，给蒋纬国及本来和睦的家庭，带来无限欢乐。时年已75岁的蒋介石添了孙子，也是高兴异常。

就像命中注定，蒋纬国和邱爱伦的爱情也像和石静宜的爱情生活一样，不过维持了10年。10年间两人的爱情由热烈、平淡到恶化，到当局处罚邱爱伦的兄长邱廷亮因涉及政治事件被军法当局判刑6年时，已处于分居状态，到蒋介石去世，宋美龄于1975年9月赴美居住，邱爱伦则陪同前往，这是蒋纬国留给世人的"婚之谜"。

蒋纬国中年丧妻，二度婚姻失败，进入老年后凄凉、孤独，究其原因，除有蒋纬国自己及石静宜、邱爱伦的原因外，在两度悲剧中都有其兄的阴影在作祟。如果作为兄长的蒋经国，在处理"300万元借款案"和"邱廷亮案"时助蒋纬国一把，恐怕蒋纬国的不幸会要少一些。

"兵变之谜"

1964年1月21日上午10时左右，台湾"装甲兵副司令"赵志华在湖口基地主持装甲第1师例行的战备检查，上台致辞时突然发表令人意想不到的演说。主要内容是：国际形势不利于台湾当局，世界各国争着讨好中共，国民党的"外交"有陷于孤立的危机，当局官员没有处理"外交"的能力，竟有人提倡"两个中国"的论调；高级军事将领，只顾自己生活享受，不顾部队生活，时任"总统府参军长"的周至柔养的狼狗，每月吃的东西花的钱比一个连伙食费还多；台湾小姐选拔，无异鼓动奢靡生活，小姐们本身也沦为高官子弟追逐的对象；装甲部队是国军精锐，也曾是戍守台北的"御林军"，理应挺身而出。

不料赵志华却被假装赞成"副司令"观点的少尉张民善和另一士官抓住，

这就是"湖口兵变"主要内容和全过程。

还未宣布但事实上已经接替梁序昭为"国防部副部长"的蒋经国接到报告后，立即下令湖口以北的陆军及装甲兵进入各临时阵地，随时准备阻击任何北上的坦克或装甲车，如阻击不成，即炸毁进入台北市的中兴、中正、台北3座大桥；命令桃园、台中的空军机群进入战备状态，随时准备配合陆军阻击叛军；设在台中清泉岗的"装甲兵总部"因"总司令"郭东不在职，由"参谋长"金仲原和"政治部主任"武宦宏坐镇，并委任前"总司令"蒋纬国负责联系。一小时过后，蒋纬国便得到仅是赵志华一人"口头政变"，而非装甲兵谋叛的消息。这是蒋纬国留给世人的第四个谜"兵变之谜"。

赵志华演说，算不算兵变？赵志华被捕后，并未依陆海空军刑法中规定的"叛乱罪"起诉，而是以违反军纪案处理。赵志华如果真是要率领装甲兵叛乱，必死无疑，绝不会仅被判为无期徒刑，14年后又"保外就医"，1982年病故，其妻室子女早已获准移居美国，以上处理结果说明不是"兵变"。

1988年3月间，蒋纬国在其兄经国死后仅两个月，就在台湾大学举行的国际学术会议上称：湖口兵变，绝非事实，全是外界讹传，不足采信。非"兵变"，那是什么呢？据当时在场的一位将军说："所谓'湖口兵变'，根本谈不上是有计划、有预谋的'兵变'，仅是赵志华将军的个人事件。"当时，蒋介石看到赵志华在狱中所写的《万言书》后，认为赵只是基于一时之激愤，并无明显的叛乱意图，所言又充满效忠之情，乃从枪口下救下赵志华一命。但他没有容忍赵志华的鲁莽行为，不能不考虑到万一装甲1师的坦克、装甲车开到"总统府"前，则后果非赵志华所能控制，也非自己这位"大总统"所能控制。为了杜绝类似

1950年10月10日，蒋纬国与蒋介石合影

的事件发生、类似的人物出现，蒋介石故把赵志华交给军法部门审判。所以蒋纬国在后来评价此事时说赵是"动机单纯，方法错误"，此话倒也不失为客观持平之论。

问题的关键是蒋纬国的遭遇。其遭遇如何，又取决于他与"湖口事件"的关联程度。首先，蒋纬国把装甲兵当成"第二生命"。他为装甲兵花过不少心血，主持完成了装甲部队退台后的恢复、整编事务。在国民党政权退台后的15年间，当了10年的"装甲兵总司令"，按照台湾军界关于军队主官任期为两年的规定，这是例外。

对于装甲兵，蒋介石无法放心，故让小儿子出任"装甲兵司令"，以确保装甲兵不出差错。尽管装甲兵归蒋家人管，由于总部在台北，"总部"院内的坦克和装甲车的"炮口"总是虎视眈眈地对着台北市的各"中央机构"，社会上关于"装甲兵造反"的传闻一直不断。在蒋纬国第一次调离装甲兵后，"总部"就由台北迁往台中。蒋纬国以"总统"、总裁儿子的身份，长期经营装甲兵，装甲兵成了他一人独霸的势力范围，他人不敢染指，连无处不到的蒋经国也从未到过装甲兵营一步。

其次，蒋纬国和赵志华有着不一般的关系，两人合作达20年之久，案发之后，蒋纬国不顾自己的困境，尽可能地为赵辩护，说赵志华的行动属于莫名其妙的精神不正常所为，不必送军事法庭，关进精神病院即可。甚至还说动了"陆军总司令"刘安琪，一起去说情。赵志华入狱后，蒋纬国经常看望，亲自安排赵的妻室子女去美国定居，安排赵本人的因病保释。赵死后又出面料理丧事，自始至终是个有情有义的朋友。

由于与装甲兵和赵志华的关系均过分亲密，尽管蒋纬国离开装甲兵已经近1年，但"子弟兵"闹事、"第二生命"梗阻，他也难辞其咎。"湖口事件"发生，蒋纬国立即向"国防部长"俞大维"自请处分"，俞大维虽是蒋介石的忠臣、连任10年的"国防部长"、蒋经国的儿女亲家，却也不敢处分蒋纬国，只是报蒋介石裁决。

蒋介石并没有公开处分蒋纬国，可也没有轻饶小儿子。老子不满儿子的原因是儿子辜负了老子的期望，没有把装甲兵带好。他日夜担心的"装甲兵要造反"一事，终于发生，差点酿成大乱，而大乱的根源则是蒋纬国长期信任的、曾被中国人民解放军俘虏过的赵志华；而装甲兵不稳，又是蒋纬国长期放松管理的结果。这同蒋经国在接班路上不出差错、稳扎稳打地前进，大相径庭。

在老子的眼里，蒋纬国已经不具备带兵的条件。从此时起，蒋纬国就停止了晋升，开始放下手枪，拿起笔杆，致力于军事教育。说他自愿，却是蒋介石的安排；说他不自愿，可"理论研究"的成果一大堆。有人说蒋纬国从此被蒋介石冷冻起来，可他离开装甲兵后在政界军界学术界的活动大为增加；有人说蒋纬国从此不再理睬蒋介石，可他写过不少为父、兄捧场的文章；有人说他从此"消极怠工"，可他情绪一直很高，很快成为台湾军界的军事理论家、教育家。这就是他留给世人的又一个谜"冷落之谜"。

"冷落"之后

先为"总统之子"，后为"总统之弟"的家庭现象，在如今社会已不常见，在封建时代却屡见不鲜，先为先帝之子，在长兄接替父王宝座后，其弟又成皇上之弟。蒋纬国有幸在中国最后一个统治王朝——蒋氏政府获取"总统"之子、"总统"之弟双重身份。人们在谈到蒋家的"总统""继位总统"和"总统之子之弟"的关系时，总是把兄弟争夺"亲父王位"作为主线，事实上难免有牵强附会之处。

蒋纬国如要争位，正常途径则不可能；而使用非常手段，则需要实力。从台湾的现状看，装甲兵是发动政变的最佳力量，世界上也不乏把坦克开上街头、控制"总统府"后政变即告成功的先例。从政变的最佳时机看，应是在50年代初期和60年代初。因为50年代初期，国民党政权刚到台湾，缺吃缺穿缺装备，社会一片混乱，军队编制不全，大失败的气氛笼罩着全岛，统治秩序还未建立起来，政变者可以乱中夺权；再说美国方面也有在台湾扶植新兴政治势力、抛弃蒋记政权的计划，政变者可以得到美国的呼应。

20世纪60年代初也是政变的最佳时机，因为自1958年8月金门炮战开始，对台湾当局形成巨大的政治压

1953年2月10日，蒋纬国与蒋介石于西子湾　1631

力；次年秋台岛中南部遭受特大水灾，主要产粮区基本被淹，水灾损失惨重，对当局形成巨大的经济压力。在这些压力下，人心不稳，社会动荡，政变者如选在此刻动手，将会大大增加成功的系数。作为50年代初期和60年代初的"装甲兵总司令"蒋纬国，控制着"发动政变的最佳力量"，有过两次"发动政变的最佳时机"，他又是蒋介石的小儿子，有一定的正统性，但40年已经过去，他没有动手，也没有政变篡位计划，或者说没有谈起过此事此案。从蒋纬国的后半生看，正是因为他作为"总统"次子，没有继承权，故在对待自己的政治前途，在谈及兄弟关系和父子关系时，瓜田李下，非常谨慎，以避嫌疑。此种心情是可以理解的，他从蒋氏政府的大局着眼，为维持台湾政局的稳定，服从其父蒋介石的安排，对兄作出让步，从而保证蒋经国上台。

蒋介石的早期计划是大儿子接班、小儿子掌握军队撑腰，一文一武，武为文用，可他为何改变计划、放弃了让蒋纬国执掌军权的打算呢？一是从到台湾后的经历看，特别是"300万借款事件"及"赵志华事件"后，蒋介石觉得小儿子思想偏激，情绪奔放，稳重不足，轻浮有余，虽说不至于背叛蒋家，可成事之才逊于败事之能，不堪重任，放在一线位置容易出乱子，还不如早做安排。

二是在旧中国的政治舞台，向来是枪杆子说话声音最响，蒋介石自己就是靠枪杆子政变上台的，蒋纬国如果独掌军权，形成尾大不掉之势，是否会在国民党上层成为蒋介石第二，打乱大儿子蒋经国的接班步骤？还不如早做防范。

三是蒋经国的接班意图公开后，父传子、家天下，令天下耻笑。蒋介石为减少人们的议论，故意让蒋纬国放弃一些权力，不再担任作战部队主官，以此来美化自己的形象，淡化蒋记色彩，以蒋纬国的损失来换取蒋记政权得以延续。蒋介石所为，岂能骗过世人？父子世袭早已被钉在历史的耻辱柱上。

四是蒋介石所看到的不可否认的现实是：家人儿子有限，可奴才不少，蒋家人士放弃的职位，可以用听话的下属来代替，况且下属比儿子便于管理，更能理解和执行蒋介石、蒋经国的旨意，对蒋氏政权有益无害，特别是不易造成军权落入一人之手的被动局面。当然为防止军事主官拥兵自重，杜绝赵志华式的人物出现，蒋家父子则采取了加强"政战系统"的监督、军事各主官严格执行"任期制"等防备措施。

五是对蒋纬国的自我发展，蒋介石则根据自己办黄埔的经验和蒋经国出任各种各类职务的经验，希望蒋纬国寻找机会去表现自己、提高自己。最好的办法无疑是办教育，通过执教办校，以扩大自己的影响，这种威望来得容易，来得迅速。再说蒋纬国也具备到军校任教的条件，他口才上乘，风度不俗，看过不少书，大学毕业后又3度出洋专攻军事，见多识广，文的武的洋的土的齐全。

自觉也好，不自觉也好，蒋纬国接受了父亲和兄长的安排，从军事指挥系统转到军事教育、军事研究系统，出任"陆军指挥参谋大学校长"，在"赵志华事件"后则干脆放弃了军事指挥权。国民党军界类似"指挥参谋

蒋纬国在观看兄长蒋经国写条幅

大学"的学校有三所，分别设在"陆、海、空三军"，负责培训参谋人员，与"陆、海、空三军军官学校"相配套。"陆指参大学"规模不大，蒋纬国却干得有声有色。这与他受过完整的本科教育和数度出国留学、进修有关，他对教育有一种本能的好感，也颇为内行。

蒋经国和蒋纬国的关系应该说是比较友好的。弟兄两人幼时共同生活的时间不长，只有两次两年余。蒋经国留苏12年后回来，蒋纬国得知兄长归来的消息，非常高兴，特意从苏州赶至香港，迎接从海路南下的哥嫂全家。退台后蒋介石历经毁灭性的打击，开始部署接班人问题，蒋经国进入政治接班见习期，接替父职势在必行，蒋经国基于某种顾虑，时刻注意抑制蒋纬国，给同父异母的弟弟出点难题，防止大兄弟超越自己和出现越轨之举，这就是弟兄俩相处中"中间欠佳"的根源所在。

到蒋经国出任"国防部部长"之时，"接班"大局已定，蒋纬国也已离开装甲兵整2年，哥哥的担心、顾虑全消，为减少自己接班的阻力和获取支持，又与弟弟亲密如故。蒋纬国虽说是蒋介石的儿子，蒋氏家族中的中心人物之人，但他一直处在蒋经国的阴影之下，所以永远是个配角，在蒋经国死后，也不可

能对延续蒋记政府有什么作为。

久经历练——蒋经国有意接班

蒋经国能够在国民党内崛起并成为国民党的新一代领导人，最根本的原因是他的出身，因为有了父亲蒋介石，当然作为他个人也有与众不同的经历，也为此进行过种种努力，当他踏进国民党的最高行政机构"行政院"的大门时，客观上已形成此一宝座非他莫属的局面，即使反对他的人在当时也无法推出比他更合适的人选。

从政实习

蒋经国1909年5月7日出生于浙江省奉化溪口镇，为蒋介石长子。少年时期在家乡上学，1922年3月间，14岁的蒋经国首次外出到上海、北京等地求学，1925年间参加反对北洋军阀、日本帝国主义的五卅运动。同年夏，作为国民党中央最高顾问的第三国际代表鲍罗廷在广州公开宣布，苏联方面决定成立孙逸仙大学，专门招收中国进步青年，培养革命干部。国民党为此成立了由胡汉民、汪精卫等人组成的赴苏留学选拔委员会。已经出任黄埔军校校长兼国民革命军司令官、广州卫戍司令的蒋介石立即决定送子赴苏。

蒋经国在上海万竹小学读书时与蒋介石的合影

受到苏联、中国共产党和中国国民党，以及日本侵华的影响，蒋经国在苏联的生活和学习并不顺利，直到12年后才回到祖国。蒋经国回国时已是1937年4月间，之后在家乡边休息边熟悉因在苏12年间已变得生疏的中华传统文化和国民党的理论、蒋介石的思想。1938年1月4日，蒋介石的密友、江西省政府主席熊式辉发布命令，任命蒋经国为江西省保安处少将副处长。任职一发表，在家里憋了9个月的蒋经国终于得以摆脱枯燥乏味的学习生活，走上社会，次日立即走马上任。

一是蒋经国到江西后任过多项职务。先是以副处长职兼江西政治讲习学院主任（后改为江西青年服务团总队长），5月兼任保安司令部新兵督练处处长，1939年6月出任江西第四行政区督导专员兼区保安司令，年底又兼任军政部江西省伤兵管理所赣州分所所长、《新赣南日报》社社长，1940年8月出任"三民主义"青年团江西支团部筹备主任、支团主任、支团干部训练班主任、新赣南

蒋经国夫妇于苏联留影

经济建设干部训练班主任，并兼赣县县长、正气中学校长、财政部盐务署浙闽赣三省督运所所长；1941年出任中央西北宣传慰问团团员，视察大西北后又回到江西，至1944年1月离开。他到江西后，职务有高有低，涉及党政军经团等方面，通过这些任职，蒋经国对国民党政权的中下层有所了解，对国民党的现状有所了解，可以说掌握了国民党中下层工作的经验。所以说，蒋经国与其他的军政要员相比，多了一个中下层工作的经验；而与中下层官员相比，又有一个他人所没有的、权大无边的父亲。有此两条，他最后完整地从其父手中接下了掌管国民党政权的大权。

二是蒋经国在赣南确立起自己的为政风格，树立起自己的为政旗帜。在这落后、贫穷、黑暗、混乱的赣南地区，蒋经国打响了从政第一炮。他的赣南新政并非创新，只是把从苏联所看到、学到的一套搬到赣南。针对当地的社会风气，他下令禁赌、禁烟、禁娼。蒋经国令出法随，对凡是违禁者，不论是谁一律处以重典严刑。同时，蒋专员还搞起具有样板作用的中华新村，创办学校、体育院、托儿所，改善教育状况；实施土地改革，平均地权。谁都明白，蒋经国刮起的社会新风，在当时恐怕难以变为现实。但他在行使权力时，敢负责，能办事，对下属比较平和，跟他父亲的威势熏天、弟弟的轻松自如、继母的做作肤浅都有不同之处。新专员经常短衣草履，放下身段，上山下乡，走村串户，与百姓民众随意交谈。

赣南时期脚穿草鞋的蒋经国

三是蒋经国在赣南建立起自己的班底。到台湾后在蒋记班底中，赣南系是最基本的力量。该系的组成人员主要来自四个方面：专员公署的部分干部；蒋经国主持的三青团江西支团的负责人；赤峰江西支团干部训练班成员；虎岗的青年营成员。其中赤峰班、虎岗班有"太子的黄埔"之称。

四是蒋经国在赣南发生婚外恋情。蒋经国到赣南后，遇到来自南昌的章亚若小姐，章小姐比蒋经国小4岁，曾有过一次不幸的婚姻，1939年初，蒋专员把在公署图书馆工作的章亚若调到身边当秘书，到1941年6月、7月间，章女士发现有孕，后离开赣州去桂林待产。在桂林，章亚若直接得到蒋经国的好友、广西省民政厅长邱昌渭的照应。次年农历正月二十七日，双胞胎早产降生。7天后，蒋经国赶来，并根据家谱给儿子分别起名为"孝严、孝慈"。孩子刚过半岁，一天，章亚若在参加一次友人的晚宴返回后即病倒，第二天在设备完善、医术上乘的省立医院大夫的抢救中死去。章亚若的死因，正如蒋纬国夫人石静宜的突然死亡一样，几十年来成为人们议论的话题。章亚若的死亡，可以断定为非正常死亡，只是能够在太子头上动"章"的肯定并非一般之辈，蒋经国也就只哭不追究了。

赣南时期作为蒋经国的从政实习期，成为其个人政治发展史上的一个重要阶段，成功多于失败，才干多于平庸，从而确立起在国民党官场的地位，为以后的仕途打下坚实的基础。更为重要的是，蒋介石从蒋经国在赣南的表现中看到了他的潜力。1944年1月蒋经国任三青团中央干部学校教育长，在任职期间，他做的一个重要工作，就是培养起一批基干力量，继赣南系之后又组成"中干系"。11月任青年军编练总监部政治部中将主任。1945年9月任外交特派员，处理对苏事务，并且在6月和12月间两次出访苏联，与斯大林会谈。1947年9月，国民党举行"六届四中"全会，决定国民党和"三民主义"青年团相应各级进行平等合并，蒋经国顺理成章进入国民党中央常委会。之后，蒋经国试图出任由ＣＣ系创办和控制的国民党中央党校中央政治学校教育长，因为CC系分子的反对而没有成功，改任国防部干部局局长。不久，他又担任更艰巨的任务，到上海主持实施经济管制。

1948年8月19日，南京政府发布《财政经济紧急处分令》，意在扭转不可逆转的经济颓势。在等着失败、灭亡的军事、政治形势下，不可能出现令蒋介石放心的经济形势。财经紧急处分令下达的第二天，总统蒋介石、行政院长翁文灏联合会见民意代表和京沪地区的财经界人士，宣布为保证币制改革的顺利进行，决定设立由王云五、俞鸿钧、张厉生、严家淦及蒋经国等人组成的经济管制委员会。21日南京当局又宣布，在全国重要的经济中心上海、广州、天津设立经济督导区，分别由俞鸿钧、宋子文、张厉生担任督导员，以督促三中心实施经济处分令。蒋经国以"经济管制委员"的身份前往金融、工业、商业中心上海市，协助俞鸿钧。蒋经国干劲十足，决心再次开辟一个属于自己的时代。他在管制经济过程中，对有违法行为的人严惩不贷，先后逮捕上海滩的名商荣鸿元、詹沛霖、吴锡龄、黄以聪、杜维屏等。不几日，又宣布枪毙对抗经济管制的大商人王春哲、泄露经济情报的财政部秘书陶启民、敲诈勒索的警备司令部稽查大队长戚再玉和经济科长张亚民。此"五虎将"一抓和一开杀戒，全上海震动："蒋经国真是打老虎了！"打"老虎"一事，因为以吴国桢为市长的上海市政府的不协作、孔祥熙的儿子孔令侃带头对抗、广州方面的宋子文有意放水，以及"经济管制"本身具有的剥削民众的本质，最后以失败而告终。

在国民党兵败大陆过程中，蒋经国开始成为其父的左右手，成为父亲的代言人，南京政府的灭亡成了"太子"提前崛起的促进因素和机会。蒋介石下野、破坏国共谈判、国民党退台、蒋介石撤退、抢运中央银行金库的黄金、西南督战等事项，均由蒋经国具体安排。

接班训练

考察蒋经国退台后的行踪，有一个不可忽视的事实，那就是他在国民党决策时所起的超越包括蒋介石在内的所有人士的导向和决定作用。蒋介石退台后的每一项决策，几乎都有他的作用和因素。正是蒋经国的年轻、开明又有坚定的"反共"决心，为老蒋所代表的陈旧、老化、反动的国民党政权增加了新的活力。蒋经国以其高超的官场艺术，以及对国民党和民众情感的驾驭能力，

1637

蒋氏父子在乌来瀑布前的合影

为腐败不堪的台北政府装上了一副新的面具。由于他了解世界，注意缩短台湾地区与西方世界在政治、经济、科技、教育等方面的距离，为即遭覆灭的国民党政权找到了一线生机。所以说退台后，蒋经国不论担任什么职务，都已成为国民党统治程序的主导者。因此，正如一些舆论所说，蒋经国名义上的接班是在出任"行政院长"时，实际上他早就是"地下行政院长"。

蒋经国到台湾后，政治生涯大体可分为四个时期，前14年是接班实习期。1948年12月任国民党台湾省党部主任委员，1950年3月25日任"国防部总政治部主任"，并兼任"总统府资料室主任"，8月任国民党中央改造委员兼中央干部训练委员会主任，1952年10月当选为第七届中央常务委员（以后均连任）兼"中国青年反共救国团主任"，1954年9月改任"国防会议副秘书长"，1956年4月改任俞鸿钧"内阁"的"行政院退除役官兵辅导委员会代理主任委员"和"主任委员"，1958年任陈诚"内阁"的"政务委员"，1960年7月晋升为"陆军二级上将"。接班实习期的主要特征是忙于退台后的善后工作，着重解决遗留问题，稳定台湾社会，整治党政军各部门，重点主要是放在控制党务、特工、政战、政务方面。

　　任"总政治部主任"时的蒋经国

从1964年3月到1969年6月，正式踏上接班之路。1964年3月任严家淦"内阁"的"行政院政务委员"兼"国防部副部长"，1965年1月升任"国防部长"，1967年2月任新设的"国家安全会议"下设的"总动员委员会主任委员"。这五年间的主要特征是主管军事，并多次到美国、日本、南朝鲜等地活动，这样，一方面在岛内打下接班的军事基础；另一方面则为上台打下了"外交"基础。

从辞去"国防部长"到1975年4月为完成接班期。1969年6月25日，任"行政院副院长"，1972年6月1日任"行政院长"。这六年间的主要特征是主管经济，完成台湾经济现代化，主持全面工作。这样由接班实习期的"治理乱局"、出任"国防部长"的"从军"，到现在的"从经"，蒋经国完成了接班的整体布局。事实上，从1972年出任"行政院长"起，就已开始接班。

护航结束

对蒋经国接班一事，蒋介石责无旁贷、费尽心机作了特殊的安排，应该说他的安排是妥当的、有远见的，也是有成效的。其中一项最主要的动作，就是请陈诚等人为蒋经国"护航"。

国民党退台时，蒋介石挑选原任国防部参谋总长和东北"剿共"总指挥的陈诚、原任中央银行总裁的俞鸿钧、原任台湾银行董事长和台湾省财政厅长的严家淦等作为国民党政权的一线决策人物，作为自己和儿子蒋经国之间的接班过渡人物。三人中，陈诚最拿手的是军事，让此人出将入"相"，不是没有原因的。

陈诚，追随蒋介石起自黄埔军校创办时，当时蒋经国还只是一个15岁的少年，还在跟着共产党后面参加学运。在东征时陈诚的军事指挥才能就被蒋校长赏

任"行政院长"时的蒋经国

1639

识，当时他只是一个连长，5年后升为师长，6年后升为军长，12年后授衔陆军上将，13年后升为军委会政治部长、战区司令长官，22年后升为参谋总长，25年后当上"行政院长"，而后又任"副总统"。在国民党召开"八全"时，蒋介石为陈诚特设副总裁职，陈诚病故后此职即取消。陈诚的军事才能既没有何应钦、顾祝同的稳重，没有白崇禧、李宗仁的多谋，也没有刘峙、汤恩伯的无能。到台湾后，蒋介石对他更加重视，看中的是陈诚的坦率、忠诚和敢干。陈诚于1948年10月出任台湾省府主席兼保安司令，1949年7月出任东南军政长官，1950年3月出任"行政院院长"，1954年5月20日在"国民大会"复会的第一届第二次会议上当上"副总统"，1957年10月在国民党"八全"上又成为副总裁，在俞鸿钧于1958年6月辞职后，又以"副总统"和副总裁的身份兼任"行政院长"。

俞鸿钧，在国民党统治集团内部最出名的"俞家将"中，他是较为突出的一个。同俞大维、俞济时、俞飞鹏、俞国华相比，他是唯一的非浙江人氏，此人为蒋介石所用的因素有三：一是他是美国芝加哥大学的函授硕士，很受美国的欢迎，在美国银行界有不少朋友；二是他表面上派系色彩不是很浓，各方面都能应付，人缘不差；三是早在30年代，由于他的告密，使得蒋介石在上海抓住了最痛恨的党内反对派领袖邓演达，从中可以看出他对蒋氏政府的忠诚。以上三条，都是蒋介石所喜欢的。所以自退台起，原有的国民党财经决策人物孔祥熙、宋子文等赴美后，他就成为蒋介石在金融方面最倚重的人物。确切地说，他的财经管理理论水平要低于孔宋，实践才干则要略高于孔宋。在国民党兵败大陆过程中，他坚定地站在蒋介石一边，建议和协助蒋家父子将中央金库的全部库存黄金、银圆和外币运往台湾，同时顶住"代总统"李宗仁指示拨款的压力。到台湾后，在如何稳定岛内金融形势，争取美援和合理使用美援方面，他提出了不少一再得到蒋家父子肯定的见解。在政治上，他则进入仕途上的高峰期，任过"中央银行总裁""交通银行董事长""台湾银行董事长"，在陈诚升任"副总统"后接任"行政院长"。

严家淦，曾创下一个纪录，即在蒋介石逝世后竟然在蒋经国的前面出任过3年国民党政权的"总统"，能与他相比的还有一个李宗仁，可李是在蒋介石处于无奈之下争来的，严却是蒋经国礼让的。此人，江苏吴县人氏，在人才辈出的江浙人中靠才华和能力得到升迁，最早欣赏他的恩师是在1950年6月间被台北当局处决的前福建、浙江省府主席陈仪。"二战"后中国收回台湾主权时，严淤家随出任台湾行政长官的陈仪来到台北接收财政机关，主管交通、财政。国民党当局撤往台湾、陈诚"组阁"时，出任过"经济部长""财政部长"兼"美援运用委员会副主任委员"，主管财经和美援的使用，作为蒋介石所信任的亲美人物而在国民党统治集团内部得到重用。1954年起改任"台湾省府主席"，陈诚病故前一年余，升任"行政院长"，1966年5月起兼任"副总统"，蒋介石去世后出任"总统"3年。

三人各有特色。陈诚无时不显示出他的一脸无私的样子，耿直、敢为，无论是谁，只要他对其有意见就敢说，有时对蒋介石直言时，能气得蒋介石拂袖而去；俞则以随和、圆滑而著称，有求必应，从不轻易说"不"字；严则是善解"蒋"意，为政谨慎，决策时总是以蒋家父子的意旨办事，但又以他的才华和稳重把蒋家父子要办的事办得更好，但从不僭越，蒋介石去世后又忠心耿耿地为蒋家第二代服务。

蒋介石让陈、俞、严参与决策，并不影响培养蒋经国的计划，实为培养长子计划的一部分，这是因为"太子"需要有人"护航"。虽说蒋介石40岁即出掌南京政府，可时代不同了，在相对和平的时期，刚到台湾也是40岁的蒋经国却不能马上独霸"政府"，除官场中的老将们不服以外，蒋介石本人也不便退出政坛，蒋经国更不会僭越父亲。所以这就需要有人暂时代替蒋经国出面，他们既要甘心为"太子"护航，又要不把护航作为资本向蒋家讨价还价。蒋介石在让儿子积累政治资本的同时，先请陈诚、俞鸿钧、严家淦三人出面主持工作。尤其是陈诚，不愧是蒋介石挑选、使用多年的干部，对蒋介石的安排心领神会，经常情愿与不情愿地作出让步，全力以赴保蒋经国上台。

陈诚和蒋经国的共事起于三青团时期，当时的陈诚对蒋经国并不熟悉，时常还有些拆台行为。蒋经国离开江西时，国民党中央对其只闻其声，不见其人，当然也就有对其大不敬之事发生，特别是在蒋经国到重庆控制三青团之初。蒋介石最初成立三青团，主要是为了把志愿参加国民政府抗战阵营的无数青年组织起来，不久江西赣南已存不下蒋经国这座佛，蒋介石希望长子去亲自控制三青团，并把三青团逐渐转为自己的阵地。蒋经国在三青团中的活动理所当然引起以陈诚为核心的原有领导集团的反对，陈诚在权衡利弊后主动退让，蒋介石也为陈诚安排了更重要的工作，所以两人并没有完全闹翻。到台湾后，蒋经国对比自己年长12岁的陈诚还是相当信任的，陈诚也没有像其他大部分黄埔系将领那样继续与"太子"作对，两人的感情也逐渐加深，联袂合作，组成国民党内新兴的政治势力——主流实力派，共同对付其他政治派系和地方实力派的剩余势力。

在台前陈诚说了算、台后蒋经国说了算的"双轨制"中，蒋经国既是走"台阶"，又是高速度地"入阁"当上"退辅会主任""国防部长""行政院副院长"，与之相适应的政治基础、实力基础和民意基础也已初具规模。在这种情况下，蒋经国经过近20年的修炼，要资历有资历，要实力有实力，要班子有班子，要经验有经验，可以说已到了能接班的程度，但此时再往上升迁却遇到麻烦，他总不能超越"护航"的陈诚、俞鸿钧和严家淦而自秀一枝，"护航的人"反而又成了"接班人"的阻力。

生老病死的自然规律帮了蒋经国的忙，先是俞鸿钧于1960年6月1日病故，他的去世，对台湾的政坛影响不大，因为他在两年前已不再任现职，"行政院长"再次由陈诚兼任。况且，俞某已被"兼职领薪案"弄得灰头土脸。那是在1957年3月，"监察院"通过了一项纠正案，其中谴责"行政院长"俞鸿钧既在"行政院"领薪，又在兼职的"中央银行"享受"总裁"供给制，要求当局立即予以纠正。俞某四次拒绝到"监察院"备询，"行政院"和"监察院"之间，争论延续数月。12月23日，从来不敢打蒋记老虎、想打也打不死蒋记老虎的"监察院"，终于通过"弹劾俞鸿钧案"，判定俞鸿钧"违法失职、兼职领薪在违节约"。次年1月31日，从来只是为当局敲边鼓的"司法院"，好不容易等来一次显示权威的机会，宣布俞"违法失职"不实，"兼职领薪"属实，故给予俞"申诫"处分。遭到弹劾和申诫的俞鸿钧只得提出辞去本兼各职。所以俞

　蒋介石阅览蒋经国所著《我的父亲》一书

的"护航工作"没有做好。

身负党政重任的陈诚，官运好身体不见得好。从20世纪50年代后期起，肝病就有恶化的趋势，到1963年12月，以"副总统"身份辞去所兼"行政院长"时，几乎已到了卧床不起的地步，1965年3月5日，蒋经国出任"国防部长"1月余，久病的陈诚就因肝癌去世了。陈诚是国民党上层第一位死在"副总统"、副总裁岗位上的领袖型人物，台北当局给予了最高规格的葬礼，之所以这样，是因为蒋介石、蒋经国感谢死者对蒋记政权的贡献。蒋经国送的挽联写道："三十年导师中殂，忧国不忧身，少长皆令照肝胆；千万里疆土待复，为河亦为岳，涕洟原许负弓旌。"他在祭奠陈诚时还说："陈副总统的逝世，在国家和党来说，是无可补偿的损失。在我个人来说，尤其是失去追随了近30年的导师。陈副总统卧病以来，我曾晋见过多次，最后一次谈话，是3月1日上午。当时副总统曾紧紧地握着我的手和我谈话。副总统虽在病中，仍殷殷以国事为念，并且对我个人勉励有加。"可见蒋家十分赏识这位多年的心腹。

蒋经国任职"国防部长"不久，陈诚病逝，顿时使得蒋经国"接班"趋势明朗化，"接班问题"立即被提到议事日程。头号重臣死亡后，蒋介石在提拔严家淦兼补"副总统"缺的同时，决定让长子更快晋升，担任更重要的职务。总之，陈诚的死，给"太子"提前"更上一层楼"提供了机会。

在陈诚病故以前，蒋介石为迷惑世人，掩盖建立蒋家第二代王朝的真相，几次迂回。例如蒋经国出任"总政治部主任"时，完全可以升任"参谋总长"或"国防部部长"；他担任"国防会议副秘书长"时，完全可以升任"国防会议秘书长"；蒋经国到了"退辅会"，完全可以升任"行政院副院长"，可当了8年的"退辅会主委"又降任"国防部副部长"。给人以假象，似乎蒋经国没有继位的意思。这个迷魂阵是专为欺骗老百姓的，蒋经国"接班"是总的趋势。蒋介石不愿让长子急于登台的原因，就是尽量减少各种潜在的、内在的反对势力，让儿子增加政治资本和官场经验。

蒋经国的接班实习，可以说完全符合蒋介石的要求，蒋介石有意把儿子放到关键岗位，处理难度较大的棘手问题，是对儿子的信任、培植和考察。当然，蒋经国之所以能在台湾官场战无不胜，固然有问政水平、措施得当、讲究效率等原因，更有"太子"权威、家庭背景等因素，如此他才能使用铁腕，杀出重围，开辟蒋家第二代王朝。父子两个时代，虽说反动本质没有区别，表现形式却有不同。

进入20世纪70年代，对蒋介石来说极不吉利，"内政""外交"、两岸关系以及他自己的身体一再亮起红灯，自觉让长子上台的时间到了。

（三）新政出台，蒋经国身挂"相印"

蒋经国出任"行政院长"，率全体"阁员"宣誓，由85岁的蒋介石"监誓"

进入20世纪70年代，台湾面临各种危机，社会已进入一个新的转折时期，作为国民党最高领导人的蒋介石在晚年的明智之处，就是看到了这种变化；同时他也看到了国民党第一代领导中老的老、亡的亡，还能使用的人中，绝大部分人不能适应这种社会变革的需要，不具备完成指导这一社会转型任务的才能和智慧，他只有"举贤不避亲"，"隆重"推出自己的长子蒋经国出来"组阁"。由此在现代政治演变史上，出现了极其少见的父亲为"总统"、儿子为"总理"的家天下局面。

格局在变——变革势在必行

岛内外出现的新变化，让已经迈入生命最后阶段的蒋介石应接不暇，习惯于冷战格局、顽固"反共"和两极思维的蒋介石，面对的是一个"新的世界"。

尼克松访华

世界潮流，浩浩荡荡，发展与中华人民共和国的关系，成为进入20世纪70年代后的世界外交主旋律。1970年10月13日，西方七国成员加拿大首开纪录，在中国外交关系经过"文化大革命"初期因混乱引起的数年停顿后，成为第一个与中国建交的国家。随之而来的是，遍布各大洲的许多国家相继与中国建立外交关系，发展与中国人民的友好关系。当然，台湾则是相反，不断地发表"断交"声明，宣布与已和中国建交的国家断绝"外交"关系，在北京于短短数年间增加几十个驻华大使馆的同时，驻台北的"大使馆"越来越少，"外交部"成了名副其实的"断交部"。对外关系上的"断交"事件，对蒋介石和蒋经国的打击之重，对政局的振动之大可想而知。蒋经国在这一背景下，开始走上前台操纵政局。

1971年7月8日晚，巴基斯坦总统叶海亚·汗举行盛大宴会欢迎美国总统国家安全事务助理基辛格博士，岂料这位美国总统的超级助手，不一会突然称肚子疼痛难熬。在这国际外交场合难得出现的突发事件面前，叶海亚总统显出少有的冷静和沉着，立即将基辛格送往纳蒂亚加利总统别墅"休养"。与事实不同的是，主人确实不知道客人是真的肚子疼，因为根据原有的计划，基辛格博士也应该在此时开始装病，而就在基辛格准备装病时突然肚子真的疼痛起来。原计划应该在巴基斯坦停留48小时的基辛格，实际停留了72小时，期间关于基辛格的行动没有任何消息，事实上基辛格处于失踪状态。对熟悉国际外交游戏的记者们来说，似乎有一种预感，在伊斯兰堡可能正在上演着一幕外交大戏，这就是后来人们才知道的以基辛格为主角的"波罗行动"。

次日凌晨，这位美国总统的特使带着6位助手悄悄出现在伊斯兰堡国际机场。尽管他戴着一顶大礼帽和一副宽边墨镜，但由于电视的普及及他自1969年初出任现职以来在电视上曝光率太高，在机场不多的候机旅客中，还是有人认出了他。

英国伦敦《每日电讯报》驻巴基斯坦特约记者贝格无意中认出了这位世界级政治人物。富有新闻意识和职业敏感性的英国记者，立即从机场负责人那里套出了基辛格即将飞向神秘国家的消息，马上以最快的速度向伦敦总部发出了"美国总统国家安全助理基辛格已乘707飞机飞往中国"的急电。这位幸运的记者，碰到的却是一位自负的编辑。这位倒霉的编辑认为贝格报的是"愚人节"的内容，这条可以把世界震得目瞪口呆的新闻被扔进废纸堆。由于编辑的失误，《每日电讯报》失去了报道"世界级独家新闻"的机会，但使得基辛格的"秘密外交之行"还能保持秘密状态。

虽然后来被"水门事件"弄得狼狈不堪，但在调整世界格局上不失为大手笔的美国政治家尼克松，在1969年1月20日当选为美国总统，在一年后即1970年2月18日向国会提出的第一个外交政策报告书中说："从长远来说，如果没有拥有7亿多人民的国家出力，要建立稳定和持久的国际秩序是不可想象的。""我们以力所能及的步骤来改善同北京的实际上的关系，这肯定是对我们有益的，同时也有利于亚洲和世界的和平与稳定。"在这一点上，他比他的前任们看得要远得多，有志于在任内结束中美交恶20多年的不正常状态。

在国务院发言人罗伯特宣布加快美国与中国改善关系的进程消息时，按照基辛格的指示，罗伯特特意将"中华人民共和国"重复3遍。事后，苏联驻美国大使多勃雷宁按照勃列日涅夫的指示，求见基辛格并质问："亨利，你们为什么对中国改变了称呼？"基辛格不无幽默地说："你们使用'中华人民共和国'的称呼叫了20多年，难道我们用一次都不行吗？"

尼克松总统听取了外交智囊的建议，经过慎重考虑，于10月25日和26日先后会见巴基斯坦总统叶海亚·汗和罗马尼亚总统齐奥塞斯库时，委托他们向中国领导人传话：美国希望中美关系正常化。特别是在会见后者时，作为美国总统第一次称呼中国为"中华人民共和国"。

很快得到回音，12月9日，周恩来总理请巴基斯坦总统转告尼克松，欢迎他们派代表到北京来讨论台湾问题。拥有绝对权威的中国领袖、中共主席毛泽东，通过美国记者、曾在20世纪30年代就与中共建立起联络渠道的斯诺，向美国方面转达了邀请尼克松总统访华的信息：如果尼克松访华，中国"将高兴地同他谈，他当作旅行者也行，当作总统也行"。次年初，周恩来总理请齐奥塞斯库总统捎去了给尼克松总统的信："我们之间只有一个悬而未决的问题，这就是美国对台湾的占领。中华人民共和国真诚地试图谈判这个问题已经15年了。如果美国政府有解决这个问题的愿望和解决的方案，中华人民共和国将准备在北京接待一位美国的特使。"

1971年4月10日，美国乒乓球队应邀到中国，进行了被周恩来总理称为"打开了两国人民友好往来的大门"的访问。台"外交部长"周书楷却称美国乒乓球队访问中国是"神经战"。

1971年5月9日，巴基斯坦驻美国大使希拉利给基辛格博士送来了周恩来总理的回信，信中对基辛格提出的访问中国的请求给予明确的回答："欢迎基辛格博士来华，作为美国代表先来同中国高级官员进行初步秘密会谈，为尼克松总统访问北京进行准备并做必要的安排。"

由此出现了基辛格在伊斯兰堡装病的"波罗行动"。基辛格在北京南苑机场一下飞机，前往迎接的中共中央军委副主席叶剑英，陪同这位美国朋友住进了中国级别特殊且神秘的钓鱼台国宾馆。在世界古城北京，美国总统安全事务助理基辛格对名胜古迹果然感叹不已，印象更深的是他和中国领导人毛泽东主席、周恩来总理的会谈。在基辛格访问期间，周恩来曾向毛主席汇报与美国代表会谈的情况，针对美国有意搞小动作的行为，毛主席深刻地指出："猴子变人还没变过来，还留着尾巴，台湾问题也留着尾巴，它已不是猴子，是猿，尾巴不长。"后来，中美关系的发展过程正是这样，美国总还留着"尾巴"。

13日，基辛格圆满结束在中国的访问后回到华盛顿，与周恩来总理和叶剑英军委副主席的会议结果得到尼克松的赞同，中美双方于15日晚7时，同时发表了公告，公布了基辛格访华这一改变世界政治格局的消息。世界各地为之吃惊是在意料之中，反应最为强烈的当然要数中国台湾地区，蒋介石、蒋经国至此才知道这一历史性的事件，表面上是处变不惊，内心的悲愤可想而知，暗骂美国佬不够朋友、出卖朋友；"行政院长"严家淦立即发表声明，要求尼克松取消中国之行；台"驻美大使"沈剑虹向美国国务院提出强烈抗议。中美友好是大势所趋，并非几个人所能阻挡。

蒋介石和蒋经国对中美之间的来往已有思想准备，特别是蒋经国1970年4月对美国最后一次访问以后，对美国对台政策的疑虑已越来越多，当然不难看出一些端倪：美国新总统尼克松上台之初，就开始谋求同中国实现关系正常化，除了对北京发出各种信号外，对台湾政策也有了更大的修正。令蒋介石、蒋经国父子大为震惊的是，1969年12月25日，在圣诞节这个西方的良辰吉日里，华盛顿宣布，尼克松即日下令美国第7舰队完全停止巡逻台湾海峡，这是自朝鲜战争爆发、第7舰队侵占中国领海以来从未有过的举动，在此以前，美国方面已经撤销了原来在台湾海峡轮流巡逻的3艘驱逐舰，巡逻任务改由顺道路过的美台舰只进行。这位白宫发言人还宣布，原定谈妥的由美国向台湾提供一个中队"鬼怪式"战斗机的协定停止执行。过后不久，美国国会投票否决了原定购买"鬼怪式"飞机及辅助设备的5450万美元的军事拨款。蒋经国最后一次飞美前夕，美国方面又作出了一个令"二蒋"震惊的决定，美国飞机停止对侵犯中国领空的台湾海峡巡逻飞行，在太平洋东海岸侦巡区由距大陆沿海50海里延至100海里之外。数棒之下，台湾当局惶惶不可终日，大有末日来临之感。此时的蒋经国，怎么也不会忘记1948年底到1950年6月近两年间被美国抛弃的历史，如今又要成为被美国抛弃的"孤儿"。或多或少，对美国的态度"二蒋"已有感觉。当然他们不希望被美国抛弃的日子到来，更不愿看到在如此短的时间内成为事实，他们想不通是可以理解的。

1949年10月后，踏上台湾的第一位美国副总统的尼克松，于1972年2月16日以总统身份，在中国北京首都机场，受到中国总理的欢迎。尼克松总统访华最重要的工作，是与毛泽东主席的会谈。

在这一次历史性的会见中，双方谈到了"蒋介石"。毛泽东主席对美国总统说，我是中国共产党人的头子，而你是世界上著名的"反共头子"，历史把我们带到一起来了，我们的共同的朋友蒋委员长可不喜欢这个。他叫我们"共匪"。

尼克松则明知故问："蒋介石称主席为匪，不知道主席叫他什么。"

周总理作了实事求是的回答："一般地说，我们叫他们'蒋帮'，有时在报上我们叫他匪，他反过来也叫我们匪。总之，我们互相对骂。"

毛泽东马上接过话题说："其实，我们与蒋介石的交情，比你们同他的交情长得多。"

中国最高领袖毛泽东主席和周恩来总理，以不可调和的原则性和多变巧妙的灵活性相结合，说服了尼克松总统，双方同意发展两个大国之间的友好关系。毛泽东的魅力征服了喜欢评论各国领袖的尼克松。一周访问结束前夕，中美发表举世闻名的《上海公报》，奠定了两国关系的基础。

《中美上海公报》指出：中国坚持中华人民共和国政府是中国的唯一的合法政府，台湾是中国的一个省，早已归还祖国，解放台湾是中国的内政，别国无权干涉；全部美国武装力量和军事设施必须从台湾撤走；中国政府反对任何旨在制造"一中一台""一个中国、两个政府""台湾独立"和鼓吹"台湾地位未定"的活动。面对中国政府的这一正义立场，美国方面表示：它认识到台湾海峡两边的所有中国人都认为只有一个中国，台湾是中国的一部分，美国对这一立场不提出异议。但美方重申它对由中国人自己和平解决台湾问题的关心。考虑到这一前景，它确认从台湾撤出全部美国武装力量和军事设施的最终目标。在此期间，它将随着这个地区紧张局势的缓和，逐步减少它在台湾的武装力量和军事设施。由上可见，《上海公报》已经决定了台湾的命运，美国事实上已经以发展与中国人民的关系为重，蒋介石当局在美国国际战略中的地位和重要性开始逐渐下降。

在台北"总统府""行政院"及国民党中常会内部，蒋经国比谁都更关切着中国领导人与美国总统的会谈。面对蒋氏父子的求知之心，尼克松只是在赴中国前夕派基辛格会见台"驻美大使"沈剑虹，在离开中国后派助理国务卿格林到台北通报此事。时至今日，蒋家父子主要考虑的是如何应付可能失去美国保护伞以后的台湾处境，对尼克松在善后过程中的"怠慢"行为也就无心计较了。

中日复邦交

国民党"外交"上所受到的挫折，并非仅此一击，在尼克松中国之行前，还有被赶出联合国事件，在尼克松北京之行后，又有日台"断交"事件，以及一系列的"断交"冲击。在中国近现代史上，日本军国主义分子曾是中国人民最凶恶的敌人，对中华民族危害最大的战争，就是日寇发动的甲午战争和自"九一八事变"开始的长达14年的侵华战争。可是，日本又是最愿意和中国建立关系的国家，自国民党退台后，日本凭借优于美国的地理条件，在经济、技术、贸易和外交等方面成为台湾当局的仅次于美国的第二号合作伙伴。日本政界以及社会上的右翼保守势力与蒋介石当局，凭借1952年4月签订的《和平条约》，共同反对中日间的友好往来，阻挠中日关系正常化。

中国进入联合国后，中日关系的改善已为大势所趋。中日两国备忘录贸易办事处的日方代表和政坛要人田中角荣，先后正式表示赞成中国政府提出的"日本必须承认中华人民共和国为中国唯一合法政府；日本必须承认台湾为中国领土；日本必须废除与台湾当局签订的'和约'"的"中日复交三原则"。1972年7月，日本新上台的内阁总理大臣田中角荣明确表示了愿意恢复日中邦交的意向和访华心愿。从20世纪70年代初期起，看到中日关系的不断发展，国民党当局使出一切手段，阻止中日接近。当时已任"行政院副院长"的蒋经国焦急万分，多次亲自出面干扰中日关系正常化的进程，声称日本如背信弃义，台日将再度为敌，日本的行为将"铸成大错"。他先派驻日"大使"彭孟缉等要员四出活动，拉拢亲台势力；再派长期主持对日关系的元老张群飞东京，与包括天皇在内的日本政界、工商界和社会各界人士频频会谈，以推迟"日台断交"日子的到来。蒋经国的这些活动都是徒劳的。

1972年9月25日，日本自民党新兴实力派之一、当代世界级政治家之一田中角荣首相直飞北京，对中国进行有史以来日本首相的第一次访华活动，与中国领袖毛泽东和周恩来进行了历史性的会见。周恩来总理在会谈中，对田中首相仅用"添了麻烦"作为对侵华战争的道歉一事，进行了措辞严厉的批评，迫使日本方面反省侵略罪行。毛泽东主席会见田中时，第一句话就是"打架打完啦？不打不行啊"。最终化解了中日之间存在23年的最大难题，于9月29日，两国领导人正式签署了《联合声明》，宣布两国关系不正常状态已经结束，从即日起恢复外交关系。声明中说，中华人民共和国政府重申："台湾是中华人民共和国领土不可分割的一部分。日本国政府充分理解和尊重中国政府的这一立场。"

台湾当局对日本表达了强烈的不满，在日本外相大平正芳举行记者招待会、宣布日中正式恢复邦交的当天深夜，台"外交部长"沈昌焕发表了措辞激烈、态度强硬的声明，宣布台日"断交"。称田中对中国的访问和中日间恢复邦交的决定，是"罔顾条约义务之背信忘义行为，是日本民族之耻"。以《中央日报》为首的台湾舆论，更是露骨，咒骂田中访华是"搭上贼船，乃是日本历史上最丑恶、最肮脏的一页，同时亦为日本引狼入室，与虎谋皮，埋下了一颗必然爆炸的定时炸弹"。台湾当局控制的各类媒体，从来就有遇事争先恐后、群策群力、一家赛过一家谩骂的习惯，不过它们的攻击所起作用不多。

在此前后的几年间，和中国建立外交关系的国家越来越多，中国迅速改变了在"文化大革命"前期只与1个国家（也门民主人民共和国）建交、外交停滞不前的局面，从1970年10月13日加拿大与中国建立外交关系起，到蒋介石去世的1975年间，中国与57个国家建立了外交关系。此外，还有一系列的国际组织和国际公约承认中华人民共和国为中国的唯一合法代表。同时，在台北的"外国使馆"越来越少，台湾当局只得一次又一次地宣布"断交"以挽回面子，掩饰"外交"上的失败。

离开联合国

世界上只有一个中国，中华人民共和国政府是代表全中国的唯一合法政府，理应享有在所有以国家为成员的国际组织，特别是联合国的合法席位和权利。正是由于美国的阻挠，中华人民共和国政府长期被排除在国际大家庭之外，台湾的国民党当局一直窃踞着中国在联合国的代表权。为恢复中华人民共和国在联合国的合法权利，中国共产党和中国政府与世界上主持正义的国家围绕着中国代表权问题，同美国为首的西方反华势力进行了历时20余年的斗争。

20世纪50年代初到60年代初，美国和台湾当局沆瀣一气，采取"拖延讨论"的手法，以"时机不宜"为由，阻挠恢复中国的席位。台湾当局的依据是，作为"联合国创始会员国"，他们还有效地治理着中国的一部分领土，当然有权代表中国。美国则操纵联合国表决机器，阻挠大会把中国代表权问题列入议程。70年代期间曾出任台"驻美大使"的沈剑虹承认："在头10年中，在美国与其他许多友好国家的帮助下，'中华民国'利用延期战术而保持在联合国的席位。""每当北平的同路人提出所谓代表权问题时，就用这个办法使问题延期，使其不能在会中认真地讨论。"（《使美8年纪要——沈剑虹回忆录》53页）

20世纪50年代后期，由于第三世界国家的理解和支持，坚决反对美国借"延期讨论"来阻挠恢复中华人民共和国在联合国合法席位的做法，美国被迫从1961年起改变手法，把中华人民共和国恢复联合国席位问题作为"重要问题"来对待，也就是说中国在联合国席位的恢复需要三分之二的多数赞成才能有效。1964年中国核武器试验成功后，中国维护世界和平的力量大大加强，在国际事务中的影响大为扩大，在1964年一年中就有7个国家与中国建立外交关系，其中包括西方7大国之一的法国。

中国国际地位的提高，在联合国内部也有所反应。在1970年的第25届联合国年会上，由阿尔巴尼亚等国提出的"支持恢复中华人民共和国在联合国的席位、立即驱逐蒋介石代表的提案"，已经获得了51票赞成、49票反对、25票弃权的简单多数支持。虽然该案因未达到三分之二多数票而被否决，但结果表明驱逐台湾当局、恢复中华人民共和国在联合国的合法权利已经成为不可阻挡的历史潮流。

面对中国国际地位的提高，美国也在调整和改变与中国的关系。1971年9月21日，一年一度的联合国年会又要召开。台湾当局派出以"外交部长"周书楷为"团长"、由40余人组成的庞大代表团赶到纽约，采取以往行之有效的行动，即对没有把握的一些国家代表团成员实施"人盯人战术"，以防止在关于中国代表权问题投票时出现误差。有些国家的代表为躲避台湾代表的跟踪，竟然躲进厕所；有一国的外交部长见台湾代表不断前来骚扰，大发脾气："你既然不相信我，你以后不必来见我。"台湾代表的工作是卖力的，可是在周书楷发言时，当场就有36个国家的代表退席，这似乎预示着台湾在联合国的命运不妙。

美国照例又要表演一番，一方面由国务卿罗杰斯出面，坐镇联合国实施拖延中国进入联合国计划。内容是联合日本，抛出两项提案：一是驱逐蒋介石当局是"重要问题"，企图保住台湾当局在联合国内的席位；一是中华人民共和国与台湾当局同时参加联合国，即"双重代表案"，公开制造"两个中国"和"一中一台"。与他们针锋相对的，是由阿尔巴尼亚、阿尔及利亚、罗马尼亚等22国提出的"支持恢复中华人民共和国在联合国的席位、立即驱逐蒋介石代表的提案"。美国、日本等为了达到目的，手段卑鄙，代表四处活动，直到表决前几分钟，美国还指使某些国家出面要求推迟表决，以便说服一些仍然举棋不定的成员国。另一方面又作出调整对华关系的姿态，于10月20日派出基辛格访华，安排尼克松总统访华事项。罗杰斯作为国务卿意识到了基辛格访华与纽约联合国内辩论间的微妙联系，但他的提醒并未引起尼克松和基辛格的重视。

10月25日下午3时，大会辩论开始。从会上的发言中，人们已经可以预感到关于中国代表权问题已有作出正确决定的可能。晚上8时20分，在联合国会场连续进行了多场表决战：

当时美国的盟友沙特阿拉伯代表巴罗迪提出，关于中国代表权问题的表决推迟到次日即26日进行，这显然是美国在背后教唆的结果。大会为慎重起见，只好首先对他的提议进行表决。结果以56票反对、53票赞成、19票弃权被否决。支持中国的"22国案"首战告捷。

接下来，应该表决由阿尔巴尼亚、阿尔及利亚、罗马尼亚等22国提出的关于恢复中华人民共和国在联合国一切合法权利并驱逐台湾代表的提案，因为此案的提出是在当年7月15日，至于美国、日本等21国提出的"重要问题提案"，美国、日本等18国提出的"中国双重代表制案"直到9月20日才正式报大会秘书处。按先来后到的原则，应当先表决"22国案"。美、日等国代表蛮横不讲理，坚持先表决"21国案"。会议不得不先就美、日等国的提议进行表决。结果竟然以61票赞成、53票反对、15票弃权获得通过，会议只得先表决"重要问题案"。

会场一时气氛凝重，在投票和检票完成后，大会主席马利克向会场正式宣布，美、日等21国提出的"重要问题案"以59票反对、55票赞成、15票弃权被否决。会场顿时一片欢呼声，美国首席代表布什、日本首席代表爱知呆若木鸡，最伤心的则是来自台湾的"外交部长"周书楷和"驻联合国代表"姚淇清，他们心想大势已去，眼睛里噙着泪水，一边骂着"这简直成了马戏场"，一边自动退场。联合国成员国作出如此选择，其中一个原因，则是美国总统国家安全事务顾问正在中国北京钓鱼台国宾馆与中国总理进行会谈。

巴罗迪又出来表演。他提出了与美国"双重代表制案"相仿的"修正案"，并要求立即表决。

蒋介石正在研究世界局势

此位代表显然误解了要他出场提出"修正案"以推迟表决"22国案"的美国代表布什的用意，因为他提出的"修正案"，与刚被否决的"21国案"相仿，不可能获得通过。布什见巴罗迪不会办事，只得亲自上阵，要求在"22国案"中删除"驱逐台湾"的内容。大会主席马利克裁决，因为巴罗迪提议在先，布什提案无效。大会对"修正案"进行表决，结果为2票赞成其余皆反对被否决。这位沙特阿拉伯的代表因为此事，被人称为"无定向导弹"。

阻碍被排除，现在开始表决"22国案"，这个代表国际正义、坚持联合国宪章的提案，以76票赞成、35票反对、17票弃权获得通过。马利克宣布："提案通过了，其内容立即向中华人民共和国通告。"历史在这里写下了重重的一笔。

由于"22国案"以压倒多数通过，主张"中国双重代表制"的"18国案"自然失效。当电子计票牌出现最后结果时，掌声响起达两分钟，不少亚、非、拉国家的代表热烈欢呼，甚至跳起舞来。场面之热烈，情绪之高涨，固然不在话下，甚至美国代表布什也不得不承认："任何人都不能回避这样一个事实：刚刚投票的结果实际上确实代表着大多数联合国会员国的看法。"

午夜前，一直在等待表决结果的台湾"代表团团长"周书楷，举行记者招待会，宣布台湾"退出"联合国，诬蔑驱逐台湾当局是撕毁联合国宪章的非法行为，大陆政权无权代表中国人民；攻击联合国会场像"几年前北京的红卫兵"，他还自解自嘲地说："这是卸下了我们肩上的一个包袱，它是21年来一直套在我们脖子上的一块大磨石。"

联合国投票后，美国国务卿罗杰斯则对记者说："对联合国剥夺'中华民国'在该组织的代表深表遗憾。"在中国进入联合国问题上，美国再次表现出其在外交上的老练和狡猾，既利用"重要问题提案"和增设临时提议的方式，为台湾争取最后一个机会；又用基辛格留在北京商谈尼克松访华的方式，在客观上表现出对中国进入联合国的支持姿态。自此台北当局失去了本来就应属于中华人民共和国的最大也是最重要的世界舞台。蒋介石的态度可想而知，在次日发表的《告"全国"同胞书》中，指责联合国："自毁宪章的宗旨与原则，置公理正义于不顾，可耻地向邪恶低头，卑怯地向暴力屈膝。'中华民国'退出联合国的声明，实际上就是联合国毁灭的宣告。"（见1971年10月26日台湾《"中央日报"》）此时的蒋介石，真可谓是气急败坏又无力回天的无奈。

"盟友"纷纷去

国民党蒋介石当局去台后，在国际间活动的一个重心是放在与东南亚"反共"政权的结盟上。在国民党兵败大陆前夕，蒋介石本人一共进行过两次"外交活动"，一次是在1949年7月10日至12日，抵菲律宾活动，与总统季里诺商谈组织"太平洋联盟"问题；一次是在同年8月3日至8日，飞南朝鲜活动，与李承晚就远东地区"反共联盟"问题交换意见。在当时的冷战格局下，有无有形的"反共联盟"组织都不重要，因为在东西方尖锐对立的情况下，无须这类联盟，在美国的主导下，反华包围圈自然形成。特别是朝鲜战争爆发后，美国遏制中国的目标更加明确，蒋介石和远东地区的"反共盟友"间的关系日益紧密。

中国外交局面打开后，特别是美国总统尼克松不顾昔日盟友，开始了与中国建立关系的壮举，这对远东地区的"反共盟友"和反华势力产生极大的影响。更为重要的是，对东南亚和太平洋沿岸国家来说，要讨论地区安全和发展问题，无法绕开在国际舞台上发言权越来越大的中华人民共和国。蒋介石和台湾当局为阻止这一趋势的发展进行了很大的努力，无奈与中华人民共和国建立和发展关系，已成为时代潮流，无法阻挡。

蒋介石的"反共盟友"南朝鲜，于1972年7月，与北朝鲜进行了高级会谈，并就"反对外来势力干涉、自主解决统一问题；超越思想、信念和制度的不同，促成民族大团结；以和平方式实现统一"等三项原则达成了协议。南朝鲜的举动，无疑是随着经济实力的增强，有意发展对外关系，只是因为僵化和过时的"反共"教条限制了向外发展，因而想冲破以往的政治束缚，发展与红色世界的关系，第一步当然是与社会主义的北朝鲜缓和存在多年的政治对立，下一步就是寻找时机与中华人民共和国建立关系。

增加与社会主义国家的来往，进而建立外交关系和经贸关系，成为东南亚国家的共同行动。菲律宾因为过去中国政府支持菲律宾共产党发动的反政府武装斗争，成为蒋介石的天然盟友。1970年12月，一直是联合国内美国"反对中国恢复在联合国的合法地位和驱逐蒋介石代表提案参与国"的菲律宾也开始出现松动，外长罗慕洛表示要对中华人民共和国采取"新政策"。次年5月该国工商代表团访问中国，总统马科斯称"商会贸易代表团访华是健康的发展"。很快该国"第一夫人"伊斯梅尔达成为中国政府的贵宾，两国关系进展神速，建交只是时间问题。远东"反共"战线出现大缺口，发生了无法遏制的裂变。

因为中国支持该国反政府武装斗争而成为台湾当局天然"反共盟友"的泰国，同样也向中国一再发出了改善两国关系的信息，自1971年起，多次通过第三国同中国政府的代表进行接触。同年5月，泰国政府下令所有的官方舆论机构停止对中国的攻击。外交部长科曼在谈到对华关系时，公开称中国为中华人民共和国。东南亚的新加坡、马来西亚也是如此，采取积极且务实的态度，通过合适的渠道，寻求发展与中华人民共和国的关系的途径。

在与中华人民共和国发展关系的浪潮中，更让国民党当局和蒋介石担心的，是"反共政权"的垮台。在印度支那半岛，中华人民共和国一直支持半岛三国的共产党，台湾当局追随美国，一直支持反动统治势力：柬埔寨的朗诺、越南南方的阮文绍和老挝的右派势力。

中美关系的改善，同样影响到印度支那半岛上政治局势的演变和力量的对比。长期遭受美国侵略并处于战争纷争下的越南南方形势出现逆转。1973年1月27日，参加巴黎会议的越南各方和美国代表，正式签订了"关于在越南结束战争、恢复和平的协定"，决定美国自60日内从越南南方撤出全部美国及其盟国的军队和军事人员，停止对越南南方的军事卷入。越南南方阮文绍集团一再违反协定，进行军事挑衅，越南南方民族解放阵线决定自行解决国内纷争，用武力结束分裂局面，此时的力量对比已经有利于人民一方。

另一个由美国扶持起来的反动政权柬埔寨朗诺集团自1970年3月18日一出

场，就处于柬埔寨共产党领导下的人民武装力量的沉重打击之中，3个月内被消灭军队3万余人，其中包括1万余名美国军人，迫使美国方面宣布于6月底前撤出。同时，柬埔寨民族团结政府宣告成立。到年底，以柬埔寨共产党为主体的民族解放武装力量已经解放了全国百分之七十五的土地，占领全国已经指日可待。

1960年12月爆发内战的老挝，人民革命党领导的武装力量很快将敌人逼上谈判桌，于1962年7月21日在日内瓦签署协议，成立了左、中、右三派组成的联合政府。次年4月，美国策动极右势力发动军事政变，并像在越南和柬埔寨公开介入一样，在老挝发动了"特种战争"。战争结果出乎美国意料，老挝人民武装先后歼灭美伪军17.6万余人。到1973年2月21日，老挝敌对双方在首都万象，正式签订《关于在老挝恢复和平和实现民族和睦的协定》。协定刚签订，极右势力在美国的支持下就开始闹事。

1974年6月，柬埔寨共产党中央委员会召开会议，决定进行解放全国的决战。1975年初，民族解放武装力量在湄公河下游、金边周围及一些省会地区发起总攻击；越南南方民族解放阵线组织广治、承天、顺化和广南、岘港战役，向西贡市挺进。印支半岛局势一日三变，搞得蒋介石、蒋经国寝食不安。到1975年3月底，印支局势紧张得简直让蒋氏父子透不过气来：

3月28日，柬埔寨金边波成东机场被包围，朗诺集团对外空中走廊被隔断；

3月29日，朗诺集团首脑郑兴逃往巴黎；

3月30日，越南南方军事重镇岘港解放，阮文绍5个师的数万军队投降；

4月1日，柬埔寨军事重镇奈良解放，朗诺由金边逃往印尼；

4月2日，阮文绍的军队全部退出越南南方中部地区，民族解放武装力量解放第二大城市马德望；

4月3日，西贡的外国侨民开始撤离；

4月4日，柬埔寨民族解放武装力量的军队挺进到金边城外5英里处；

4月15日，波成东机场被民族解放武装力量占领；

4月17日，柬埔寨首都解放；

4月26日，阮文绍带着30箱的行李乘飞机逃往台北；

4月30日，越南南方首都西贡解放。

在此前后，老挝的政治形势也开始出现向人民革命党一边倒的形势。

台湾当局"反共盟友"中出现的"多米诺骨牌效应",在今天看来似乎已是过眼烟云,无足轻重,但在当时对蒋介石、蒋经国和国民党当局的打击之大,非常人所能想象。蒋介石的身体正是在这一系列冲击中,加速了总崩溃。台湾《"中央日报"》称,所谓"骨牌"的行列,是东南亚乃至世界各自由国家,是美国的盟邦或友邦,如今倒了一个、两个,便可能要轮到第三个(台北当局),美国应紧急支援东南亚的"反共"斗争,关键则在美国的一念:能否明辨敌友,自救救人。(见1975年3月28日台湾《"中央日报"》)4月2日,蒋经国在国民党中央政策会上称:"中南半岛受越(南)、棉(柬埔寨)情势的影响,影响到整个国际局势,而亚洲首当其冲。台将坚定一贯立场,决不与中共妥协谈判。国人在今后世局艰困的情势下,要更加团结,更坚强。"两天后,即蒋介石病死前一天,蒋经国在"立法院"称:"目前越南、高棉严重而悲惨的局面,给予我们一个很大的教训,那就是唯有'自己靠自己',唯有自己有坚强的国防力量,才能生存。"

"外交"冬天的来临,对蒋氏父子形成巨大的"外交"和政治压力。蒋介石称之为"迁台以来的最大挫折,从此以后,我们要比以前更依靠自己。"这位经过1949年大失败的国民党总裁、"总统"没有放弃再次显示自己"临危不惧和高瞻远瞩"的机会,他说:"在风平浪静时不松懈、不苟安、不骄惰;在暴风雨来时,不畏惧,不失望,不自欺。形势愈险恶,我们愈坚强,愈奋发。"(见1971年10月26日台湾《"中央日报"》)蒋经国有着清醒的认识,觉察到"今天国家前途、处境是何等的艰难,姑息逆流是何等的疯狂"。强调要与"姑息气氛"奋斗,加强与美国的

面临多事之秋的蒋氏父子

军事合作，推行"国防"现代化；在发展中求巩固，以改革为先；坚持既定的"反共国策"；开展"总体外交"，改变孤立局面。

这种局面的形成，并非是中国大陆打压台湾"国际生存空间"的结果，而是国际正义和法则在起作用。自"中华民国"被推翻后，它的一切权利和义务都同时为中华人民共和国所继承，这是国际法的规定和国际间的惯例，也是中国人民的选择，中国台湾地区及其主政的国民党当局必须接受这一点，也必须承认这一点。此外，随着中华人民共和国的崛起和强大，任何国际问题的解决都必须考虑中华人民共和国的因素，"二战"后形成的冷战格局到了非调整不可的程度。对"外交"上的困境和打击，蒋介石有着清醒的认识，一方面坚持"'反共'立场"，同时坚持一个中国原则，在国际间与中国共产党和大陆政府势不两立，决不附和国际间的"两个中国""一国两府""台湾独立"等分裂中国的主张；另一方面认识到要扭转对外关系上的被动局面是不可能的，因为这一局面属于历史潮流已很难改变。在内部问题上，他也认识到政治转型势在必行，无法阻挡。蒋介石的明智之处，是看到了这种变化，并在儿子的劝说下，已经在考虑如何去适应这种变化，改变国民党的统治手法，其中主要措施之一，就是让蒋经国走上前台接班。

社会要变革

自国民党政权退至台湾岛以来，在国民党一党专制和蒋介石一人独裁的高压下，政治专制化、政权苛政化、军队一党化、社会警察化。组成政权各级机构的大多是毫无生气的"政治植物官"；国民党一统天下，操纵各种选举和任何民意活动；民众有话不敢说，有火不敢发，敢怒不敢言，敢想不敢做；报纸是一式版面，广播是一种声音，官员是一种腔调，舆论是如此"一律"。这样不可避免地出现极不正常的情况，社会表面是高度的一致，政局表面是高度的稳定。大凡世界上的专制者对此都自以为得意，都把此当成江山万年长的保证。殊不知对执政者来说，这是最危险的一种现象。人民不说话不是没话说，人民不表态不是没主张；人民可以忍受专制于一时，但不能容忍专制于永远。台湾民众的这种沉默和容忍，维持到20世纪70年代初，从"保钓运动"开始出现突变，出现社会议政高潮，这对习惯于听一种声音、看一种版面、用一种手段的以蒋介石为首的国民党第一代领导人形成很大冲击，他们意识到政局的变迁即将开始。

"老人政治何时休"。就如蒋介石出任"变相终身总统"一样，台湾地区上层官僚机构也盛行"变相终身制"。

在最高决策核心国民党中央常务委员会内，自"八全"后一般情况下是在21人左右，虽说在1952年的"七全"以后至1969年的"十全"，每次大会和中央全会都要改选中常委，可从整体上看中常委的组成，除蒋介石、陈诚以总裁和副总裁的身份为当然中常委外，几乎每届中常会，虽说改选过多次，可基本上是由蒋经国、张其昀、张道藩、严家淦、谷正纲、黄少谷、袁守谦、谢东闵、黄杰、连震东、周至柔、胡健中、沈昌焕、郭骥、郑彦棻、谷凤翔、陶希圣等人组成，这批人已成为变相的"终身中常委"。

在权力峰层的"行政""立法""监察""司法""考试院"等"五院"首脑中，除因死亡去职的外，任职人员的圈子极小，也是由少数几个人包揽。

在最高行政当局的"行政院"内，"阁员"中的"政务委员"人选的挑选范围也不大，主要是余井塘、黄季陆、黄少谷、蔡培火、田炯锦、叶公超等人。"部长"们也是这样，不少是轮流坐庄，或者干脆一人连任几届。

在军界，轮流坐庄则更明显，"三军总部"和"联勤"及"警备总司令""参谋总长""国防部长"及他们的"副职"总是由几个人轮换，只是重新洗牌而已。

从总体上看，自国民党政权到台后，到蒋经国出任"行政院长"执行新的干部路线和组织路线前，台湾的一线主官候选人的人选不多，这样干部队伍稳定，政治上可靠，对蒋介石忠，对国民党亲，统治阶层内部矛盾不大。随着时间的推移，国民党统治集团内许多掌握重权的高级干部的弱点和失误越来越多。最主要的问题有：

年龄老化。在台湾一线主官中，不少人是北伐时的产物，南京政府成立之初就为之效力，都是论资历有资历、论职位有职位的"党国忠臣"，可资历老最起码要付出"年龄"这一代价，这是自然规律，经过去台20余年的时间，精力、体力、体质都已表现出衰老状态，惰性越来越大，也就是说他们"忠蒋"可佳，可力不从心。

观念落伍。他们在去台初期最困难的年代，竭尽全力为国民党政权的重建和国民党的复兴，出过力作过贡献，但他们墨守成规，无法适应蒋经国上台即将推出的"革新保台"运动，也就是说他们守业有成，可革新无望。

缺乏适应。这批国民党的老干部，不少都是当年的高才生，都有完整的学历，且学历都不低，但事到如今，几十年过去，专业早已忘记，从政经验也只是学会执行蒋介石的指示。如今，这一封闭型的官场内，一党专制式的官场经验也已过时，显然他们不能适应由一党专制改为通过选举获得选票来掌权这一现实，也就是说他们只想掌权，却不思变革。

需要肯定的是，国民党政权去台后前20余年间所用的高级干部，他们并不是不能当官，并非全是只知"反共"不知治"国"、只知捞利不知工作、只知败事不知成事的无能之辈。严格地说，他们都是在国民党统治集团去台初期经过再三考验且严格甄选的干部，无论是任过中央党部秘书长的张其昀、张厉生、唐纵、谷凤翔及所有的中央常委等党务干部，还是任过"行政院长"的陈诚、俞鸿钧、严家淦和任过"政务委员""部长"的徐柏园、俞国华、李国鼎、徐堪、尹仲容、孙运璇、毛松年等财经人才；无论是任过"五院"正副首脑的陈诚、余井塘、黄少谷、张道藩、倪文亚、黄国书、王宠惠、谢冠生、于右任及任过"部长"的沈昌焕、魏道明、周书楷、沈剑虹等行政官员，还是任过各"军事总部长官"的黄杰、陈大庆、高魁元、黎玉玺、马纪壮、彭孟缉、胡琏、刘玉章等军事将领，论立场"反共"坚决，论水平有学有识，论经验知行结合，论地位有权有势，论与蒋介石和蒋经国的关系，都是二蒋的最热心的追随者和崇拜者。他们的存在，有利于国民党政权去台初期专制统治的重建和60年代国民党统治的强化，有利于蒋介石独裁和国民党一党独大。如果没有蒋经国的"革新保台"，也就不会显示出他们中许多人的不足和不适应；当然如果没有蒋经国的政治革新，台湾也就是一潭死水。

为了应付国际格局的改变，蒋经国急于提升台湾社会的政治、经济和文化层次，急于进行全方位的改革。而以党务和政务革新为主的"革新保台"本身，暴露出原有实力派中的很多人，经过20余年的掌权生涯，已暮气沉沉，体力不支，观念落伍，已经无法适应变化中的世界，无法完成政治革新的使命。蒋介石过去用他们，是为了维护自己的统治和权威；蒋经国如果今不用他们，是为了完成自己的革新和改善国民党的领导方式。所以说蒋经国如果要改革，只有改变老人一统政局的局面，从起用新人做起。

"保钓引发变革潮。"20世纪70年代起，随着经济转向加速和党务革新的进行，岛内社会上对当局封杀舆论的冲击越来越激烈。出现这种情况并不奇怪，因为人民总是要出来说话的。在舆论上，国民党推行愚民政策和麻醉政策，宣传方面都是陈词滥调，可是人民并非愚民，政治上也未失去知觉，更是听腻了以"反共"为中心的宣传，他们也在探寻台湾社会变革的道路。当他们从对外开放和赴海外留学、观光旅游中，看到许多与台湾不同的现实，不可避免地拿之与台湾生活方式、国民党的统治方式进行比较，得出各色各样的结论。民众如此，为政治爱好者提供了社会基础。自国民党去台以来台湾就有相当一批人一直在从事分析、批判直至否定国民党统治的活动，他们在整个社会都在悄悄议论国民党统治的得失时，不失时机地站出来向国民党政权多年来的舆论封杀发动冲击。

到20世纪60年代末70年代初，再次领头出来冲击舆论封锁的是《大学》杂志。《大学》创办于1968年1月，总编辑是台湾大学心理系教授杨国枢，编辑、社务、撰稿队伍最强盛时达100余人，其中最突出的有才气、有胆识的是张俊宏、陈鼓应、丘宏达等人。该杂志自"保钓运动"开始，就成为"各大学校友，包括大学里的青年教师、归国的留学生及新兴青年商人的发言台"。

把这本从事文艺、教育方面一般性讨论的杂志，转为以议政为主的政治杂志，是1970年底发生的"保钓运动"。钓鱼岛由本岛、大南小岛、大北小岛、黄尾屿及赤尾屿等8个小岛组成，陆地面积为6.3平方公里，属中国台湾省管辖，是台湾地区渔民的日常捕鱼作业区。1970年8月间，美国私下表示在归还琉球群岛于日本时，把钓鱼8岛也包括在内。这一公开侵犯中国主权的行为，理所当然遭到中国人民的反对，台湾海峡两岸的中华儿女和海外华人，纷纷利用各种形式和场合，抗议美国和日本的阴谋活动。1971年6月17日，美、日两国正式签订《归还冲绳协定》，美国把该岛划归日本，有意挑起国际事端。

中国人民和政府强烈抗议这一无耻行径。6月17日当天，中国外交部发表严正声明，宣布美日之间的协定是无效、非法的。12月30日，中国政府严正声明，钓鱼岛自古以来是中国的领土，一定会收复的。

台湾当局也让"外交部"出面，指出钓鱼岛属于中国，美国政府应采取措施加以解决。台湾各高校学生也组织"保卫钓鱼岛委员会"，指导学生走上街头，举行示威抗议活动，向美国"大使"递交抗议书。在美国和海外的华人、留学生积极行动起来，组织"保钓委员会"，举行各种抗议活动，保卫祖国领土。

《大学》杂志在这一过程中起到了号召和引路的作用，台湾"保钓运动"最早就是在该杂志的影响下开展起来的。那是在1971年4月9日，在正式协议签订前两个月，美、日两国宣布关于钓鱼岛的属向问题仍按原协议办，同月的《大学》杂志发表了由93名学者及一批实业界人士的呼吁书《我们对钓鱼岛的看法》，敦促当局采取强硬立场，捍卫中国的领土。正是在这种情况下，全岛尤其在校园内开始了"保钓运动"。

由于台湾当局对日美行动一味迁就，并对岛内的大学生抗议活动明里暗中进行牵制及破坏，促使愤怒而富有正义感的大学生、知识分子进行思考，很快把这一场保钓爱国运动，由反抗侵略转到对岛内要求革除弊政、进行政治改革上来。

蒋介石让时任"行政院副院长"的蒋经国出面处理此事。蒋经国的态度很微妙，先是放，后是收，再是抓，治理"学运"的方针同过去差不多，手段、方式上有创新。"保钓运动"起来后，上街的学生、市民不绝于道，规模、时间、人数上均已超过"刘自然事件"时的反美运动。蒋经国并未像当年那样派出军队维持秩序，而是加以利用。在保钓运动起来之时，他指派国民党中央秘书长张宝树召开了两次青年"国是"座谈会。张秘书长在会上动员与会人员畅所欲言，并称自到台以来，在国民党召开中央常委会的地方，举办如此毫无顾忌的"国是"座谈会，且应邀与会的还有很多并非国民党员，足见国民党接纳不同声音的诚意。在听取出席会议的青年代表发言后，张宝树还主张先由与会者筹办一本青年杂志，作为青年论政的舆论阵地和团结海内外青年的核心。会后，这批青年知识分子决定集体加入《大学》杂志编委会，并把它改造成为政治性杂志，使之成为青年知识分子的言论广场和中心阵地。这个决定，也得到了国民党方面的同意。

蒋经国自己还出面邀请青年学者中的精英、学生代表座谈，听取意见后还鼓励学生、青年"要多讲话、多关心国事"。1971年12月15日，他在"反共青年救国团"冬令青年音乐研讨会上发表演讲，以鼓励的口气称："目前有很多青年学生，平常往往什么事都不问，看见什么问题都不表示意见，就是有人问，也不想把心中的话完全讲出来，这不是好现象，因为青年人应该有蓬勃的朝气，应该对什么都能开诚布公。"他还号召说，今后一定要让青年人多说话，多发表意见，要为青年人创造条件，任何问题一定要经过详尽的讨论和多方面的辩论。作为刚任职不久的"行政院副院长"，他不顾元老们和保守势力的反对，抓紧机会频繁出来亮相，摆出一副开明的姿态。此外，在利用学生运动的同时，他还在"政府"内部大讲政治革新，除掉官场弊病。

台湾不少舆论也对青年运动和蒋经国对青运的态度，表示支持和肯定。两家有着深刻政治背景的民营大报，评价蒋经国的倡议"针对今日之时弊，有极高的价值"，"或有人担心鼓励青年多讲、多说、多发表意见，将有破坏目前良好学风，造成学生干政的可虞后果，其实不然。蒋经国领导青年运动多年，他在此时提出鼓励青年多讲、多说、多发表意见的主张，自是对青年与时代背景有深刻的体认"。蒋经国如此鼓励青年出面议论政治，应该说这是他长期接触青年的一贯做法的继续，只是他所说的"政治"是"国民党政治"，并非是指对国民党政治的集中批判；他在当时之所以这样讲，是在为他上台接班树立一个开明的形象，并借青年们的观点和气势来批判元老们的保守弊病，并非是真正准备依靠青年改革台湾的"政治"。当然这些总是走在时代前头、并不绝对正确的青年知识分子和青年学生们，过分地相信了蒋经国，真的一个比一个勇敢地开始议论起时政来。在这一鼓励青年关心"国是"、多少有些引蛇出洞阴谋的背景下，《大学》杂志编委会改组完成。

1971年1月，（第37期）《大学》在新的编委会的主导下，推出《成立3周年纪念刊》，标志着向政论性刊物转向。纪念刊上除发表了张俊宏、陈少廷等人对台湾政治、经济等各方面的问题发出革新呼吁的文章外，重头戏是刘福增、张绍文、陈鼓应给蒋经国的信，信中建议这位以"青年领袖"自居、时任"行政院副院长"的蒋经国：

"（一）多接触想讲真心话的人；（二）提供一个说话的场所；（三）若有青年人被列入'安全记录'而影响他的工作或出'国'时，请给予申辩和解释的机会。"

严格地说，这一期刊物只是从正面来讲新生代的意见和希望，并对现实进行批判，也没有触及国民党当局的禁区。7月杂志刊出《台湾社会力的分析》一文，开始议论时政，突破国民党的禁区。被誉为"20多年来，对台湾社会最深刻，也最全盘性的探讨"的《对台湾社会力的分析》，对台湾旧式地主、农民及其子弟、知识青年、财阀、企业干部、中小企业者、劳工、公务员等阶层分别做了剖析，建议国民党当局应当重视"最拥有潜力的人力资源"如知识青年、中小企业者、公务员等。文章还列举了台湾经济高速增长造成的"富裕"表象背后所隐藏的各种社会问题,期望国民党速行改革。善于利用青年感情的蒋经国还推荐党团干部,认真研读这篇文章。《大学》杂志的文章成为国民党和"救国团"的学习材料,对杂志和新生代不啻是一大鼓舞。

到1971年10月间,第46期《大学》杂志发表了杨国枢、张俊宏、陈鼓应、许信良、丘宏达、孙震等15位年轻人的署名文章《国是诤言》,把议政提高到一个新的台阶。《诤言》围绕社会改革、民主政治等主题,就"国府权力结构的调整、政治的革新、司法真正独立、实现五权分立、保障学生自由"等当时不敢触及的敏感问题,发表自己的意见。舆论界认为《国是诤言》的价值在于它严厉批评了"二十几年来,我们始终在维持着一个庞大、衰老而且与广泛大众完全脱节却以民意为名的特权集团"。《国是诤言》以少有的胆气、鲜明的立场、深刻的见解,成为知识分子批评国民党台湾当局最早的基本政治纲领。在同一期的杂志上,还刊登了陈少廷的文章《中央民意代表的改选问题——兼评周道济先生的方案》,该文的价值是第一次提出了全面改选"中央民意代表"的问题。

经过《大学》杂志近一年来的耕耘和保钓运动的发展,在新生代知识分子和青年学生中,民主化运动已经广泛展开。《大学》杂志的呼吁在大学校园首先得到响应,大学生走在民主运动的前列。台湾最高学府台湾大学分别在1971年11月15日、11月25日、12月7日接连举行3次议政座谈会,当时正风靡台湾的著名青年学者陈鼓应、杨国枢、王晓波、胡佛等人出席了这些座谈会。前两次座谈会以"言论自由在台大"和"民主生活在台大"为题,讨论大学内部的言论、出版自由等问题,意在否定国民党文化特务和政训特务对大学生的监视和管制制度。

突破校园范围、直指国民党统治核心问题的,是1971年12月7日举行的题为"中央民意代表应否全面改革"有3000余人参加的辩论会。与会者要求解散早已非法的"三大民意机构代表",全面改组"国大""立法院""监察院",重新选举"中央民代",实施"全面的政治革新"。会上《大学》杂志社社长陈少廷与亲国民党的周道济进行了激烈且精彩的辩论。陈少廷认为,现今的"三大中央民意代表"早已失去了应有的代表性,只有进行全面改选,以新的"国会"代替"万年国会"。周道济提出的以维持原有的"民意机构"体制为基点的6种方案，都承认"终身制的中央民意代表的代表性和合法性"，所以根本不可能被人们所接受。

与会者抓住国民党赖以生存的精神、法理支柱——"法统问题"大做文章，要求解散早已非法的"三大民意机构代表"，全面改组"国大、立法院、监察院"，重新选举"中央民代"，使之适应台湾现实的需要，实施"全面的政治革新"。

辩论会成为"空前的座谈会"。说"空前"，是因为在台湾，在蒋介石活着时，第一次在公开集会上就台湾所面临的政治体制危机和国民党统治是否"合法"问题，进行公开辩论，公开批判国民党的"法统"，公开要求"万年国代、终身委员"们辞职；是因为新生代第一次向国民党统治发起挑战，因此在社会上引起极大的反响。

《大学》本身在问政和议政方面也在逐步升级。1972年1月，杂志又发表杨国枢、陈少廷、张俊宏、许信良、陈鼓应等18位青年学者、政论家的文章《国是九论》和陈鼓应的文章《开放学生运动》，在社会上刮起一股政治冲击波。

《国是九论》议论的问题有：一论基本人权；二论人事制度；三论生存"外交"；四论经济发展方向；五论农业与农民；六论社会福利；七论教育革新；八论地方政治；九论青年与政治。从这些问题看，该文成为新生代知识分子和青年学生，全面、系统评价国民党政权在台湾20多年来施政得失的代表作，并对此提出了具体的革新建议。

陈鼓应的文章《开放学生运动》，是他在台湾大学座谈会上的讲演，内容主要是要求在台湾大学内开辟民主广场，为学生议政提供一个阵地。这是要被批评者提供专门批评他们自己的阵地，无疑是与虎谋皮。现在事情发展到这一步，就要走入另一面，因为批评者一方显得多么的无力，竟然要被批评者一方提供专事批评的"海德公园"；而被批评者一方，怎么可能为专门批评自己的人提供批评的阵地。这就是70年代初期的台湾政治界新生代在政治上的幼稚之处，也是国民党政权老练之所在。

新的社会舆论的出现和大学校园内的民主气氛，引起社会各界的强烈反应，人们纷纷提出"争取政治参与、确保言论自由、解除戒严、保障人权"等令蒋介石和蒋经国十分反感的口号。一时间议政成为最基本的话题，大陆时期国民党执政后张贴、流行最广的标语"莫谈国事"为人所弃。当"议政"成为最时髦的话题时，国民党及蒋氏父子也就成为众矢之的。自此之后，虽说议论此类事为非法，可不断有人打擦边球，有关否定"中央民意代表""解除戒严"的言论、文章，可以说禁而不止，愈久愈多。

蒋经国，作为国民党统治集团内部的核心人物和蒋介石的接班人，从保钓运动开始，他对学生运动的支持态度，必然对青年知识分子的"鸣放"产生推动作用。大学生们和学者们，误认为官场头号实力人物蒋经国已经改变统治手法，误认为实行西方式新政就在前头，故一个个奋勇当先，挥鞭上阵，议政调子不断升高，由学运、民运到"法统"，由校园、社会到官场。当矛头由"外交"转向内政，直指"万年国代、终身委员"时，这批"过时代表"以保住"中央民代"就是保住"法统"、保住"法统"就是保住蒋氏政权为由，劝说蒋经国"收"；蒋经国此时已内定出任"行政院长"，他的"革新保台"就是要通过改善国民党的领导来巩固国民党的统治，通过巩固国民党的统治来巩固自己的权力。也就是说他本来就不希望新生代和学生们出来批评乃至否定国民党的领导。事情发展到现在，可以看到蒋经国所谓"革新"的本质：论公，只是改善、保证国民党统治前提下的"改良"；论私，只是打民主牌，捞取政治资本、民主名声。所以，他当然不允许任何动摇国民党统治、蒋家政权根基的行动。在新生代提出"全面改选中央民意代表"，侵犯国民党政权赖以生存的"法统"；在新生代提出"开放学生运动"，学生走出校园，走上街头、影响社会秩序的稳定；在提出"开设民主墙、民主广场"，要求议政合法化、扩大化时，蒋经国预感到问题的严重性，所以他准备接受"中央民意代表"和对政治革新抱有怀疑态度的不少元老们的劝告，制止这场对国民党统治有害无益的议政运动，所以收已"必然"。

1972年4月，国民党中央机关报《"中央日报"》连续6天连载《一个小市民的心声》长文，以批判陈鼓应的《开放学生运动》一文，对"自由主义集团、新生代"进行舆论反击。借"小市民"之名出面的蒋经国的御用文人，在文中称新生代是"抵制革新思潮、宣扬一种得过且过的苟安心态，指责一切的改革无非是增加国家的危机"。为扩大影响，官方显示出远远超过自由主义分子的经济实力，《一个小市民的心声》竟然发行60万册，高于《大学》杂志发行量的50倍，借助于政权系统，分发到军公教人员和大、中学生中间，进行大规模的"政治消毒"。

蒋经国原以为《一个小市民的心声》一出来,青年知识分子的呐喊就会停止,社会上就会鸦雀无声,岂知该文一发表,在台湾和海外舆论界又爆发出一场是求新、变革,还是苟安、偏安的论战。具有强烈忧患意识的青年学者、知识分子、大学生没有停止战斗,参加论战的文章多达数百篇,《心声》被驳得体无完肤,以"小市民"名目出现的后台大人物只得硬着头皮听骂。到年底,台湾大学"大学论坛社"举办"民族主义座谈会",陈鼓应等人继续发表指责当局种种弊端的讲演,并与国民党的耳目"职业学生"在会上发生公开冲突,引发了著名的"民族主义座谈会事件"。

与此同时,台湾当局开始分化瓦解《大学》杂志中的骨干分子,对其中部分主要是批评国民党的缺点、为国民党补台、或多或少有些家庭背景的青年学者,封官许愿。蒋经国在这方面也是不吝啬的,像关中、魏镛、施启扬、李钟桂、孙震等人,作为"青年才俊",一再受到当局重用,很快在政界崭露头角。如关中,出任过国民党台北市党部主任委员、中央组织工作会主任;魏镛,出任过教授、"行政院研考会主任委员";施启扬,出任过"教育部常务次长""法务部部长";孙震,出任过"行政院经济建设会主任委员"、台湾大学校长;李钟桂,出任过"教育部国际文教事业处处长"、国民党中央青年工作会副主任。这些人已经从政,且有了固定的岗位,当然不用再到校园内依靠一两本刊物议政了。

《大学》杂志成员有的被分化拉走;有的退出战场,如杨国枢、陈少廷等日后成为自由派教授;坚持与国民党一争高低、一争是非的则处于高压之下。他们中出现如此分化,并不奇怪,因为这些人中没有公认的领导核心和领袖人物,没有统一的指导纲领,又过分强调个人的意见和观点,只是在一起讨论一些问题的同路人而已。他们没有形成有组织有纲领的团体,当然没有组织政党的可能,当时只要有一点这方面的动向,只能招来严厉的镇压,连一点还手、申辩、讨论的余地都没有,更不用说大规模地批评国民党当局。

但是,《大学》杂志社中的不少成员并不理会蒋经国通过"小市民"传过来的信息,不仅没有停止发言,反而和"小市民"开战。图穷匕首见,蒋经国见"打招呼"无用,舆论反击无效,便于1973年2月17日逮捕了台湾大学教师陈鼓应、王晓波及学生钱永祥、卢正邦等人,罪名是在上年12月4日他们组织过"民族主义座谈会",为中共宣传统战。蒋经国的真实目的是擒贼擒王,抓一儆百。次日,台大学生郭誉为抗议当局逮捕以上人员,举着"和平、统一、救中国"的血书,在校门口持刀刎颈,周围有2000余名群众围观,影响很大,最后有关当局只得以"约他们去谈谈"为名,予以释放。次月任职于中央党部的自由主义集团首领张俊宏、与《大学》有关的台湾大学14位哲学系教师被解聘。经过"放、收、抓"3个阶段,被台湾党外人士称为"鸣放时期"的民主运动就此告一段落。大凡专制者,则过分相信武力,把枪杆子的作用估计过高。在蒋经国的眼里,抓人、关人是解决社会矛盾的捷径。然而,问题不是那么简单,人心、民情是压不住的,蒋经国听不见人民反抗的声音,就以为天下太平,可大众慑于高压不说话,不等于没有话说。

以新生代为主的自由主义集团中的不少人,在高压下调整策略,重新投入民主改革运动,酝酿、发动第二次为社会改革造舆论的高潮。1975年8月,张俊宏任总编辑、黄信介为发行人、康宁祥为社长、姚嘉文为法律顾问的《台湾政论》创刊,他们顶住政治高压,以此为阵地展开批判国民党专制的运动,很快在台北和全岛得到响应。此次运动有着特殊的背景,进入1975年,国民党当局屡遭厄运:蒋介石病危及病故,印度支那"反共政权"崩溃,台北当局的坚实盟友菲律宾、泰国与中国建交,国民党政权的"内政、外交"频亮红灯。《台湾政论》及时打出旗号,再度冲击国民党的统治罗网。

《台湾政论》的岛内背景是,开放部分"增额中央民意代表选举"以来,党外力量接受在1969年首次"增选补选中央民意代表"时,大部分"国民大会代表""立法委员""监察委员"名额几乎被国民党独占的教训,在1972年12月的第1次增额"国代""立委""监委"选举和第5届省议员选举以及1973年12月的第2届台北市议员选举中,全力拼搏,多有斩获。党外人士对自己的竞选活动,不断进行总结,得出一条基本经验:要想论政议政,就要当选各级"民意代表";要想当选各级,特别是"中央级的民意代表",仅靠选举期间的短期宣传是不够的,平时就要做工作,扩大影响。

平时扩大社会影响,受到很大的限制,街头宣传富有煽动力且很有效果,可这不被允许;集会、游行、示威影响很大,也容易对当局形成压力,可这更是被严禁之列;那就只有钻国民党政策的漏洞,开发半合法状态的舆论阵地;在台湾的现实环境下,舆论阵地中最主要,也是最快的手段——办报是严令禁止的，那只有创办刊物。

刊物对"戒严"体制下岛内热心于政治的活动分子帮助很大。因为，每次选举时当选的"各类议会成员"，他们的问政舞台已从街头搬到"各级议会"，他们问政的听众已由民间百姓上升为"议会成员和政府官员"。可是当选的"增额中央民意代表、省市议员"对此有清醒的估计，他们深知之所以能够成为"各级议会成员"，需要选民们的选票；而要想获得选民的选票，就要保持与选民的联系；且通过本派或本人所办的刊物，还可以宣传自己的为政主张，鼓动民心，制造声势，把自己在"议会"内的发言和主张，向各自选区的选民进行充分的说明，增加"议会问政"的杀伤力。对在各种选举中，特别是在"增额中央民意代表选举"中落选的人士而言，为了能在下一次选举中东山再起，就需要在选民中继续保持自己的影响力；而保持影响力的最佳办法就是主办刊物，通过刊物，增加自己在政治上的发言权，让选民了解自己、知道自己、支持自己。从中可以看出，主办刊物是台湾现实政治的需要，也是党外人士参政议政、投身竞选的需要。

此时，台湾批评国民党、要求民主化的政潮屡禁不止，这对国民党统治已形成无法消除、越来越大的冲击波。作为国民党最高领导者的蒋介石、蒋经国，也在寻找时机，进行反扑。

"党外"活动忙

在台湾有一个专门的政治术语叫"党外"，这是国民党实施"党禁"的结果，凡是因为不能组织新政党又不愿参加国民党而又有志于从事政治活动的人，均属于"党外"。

党外势力是在台湾特定政治条件下产生的政治势力，在长达20余年的过程中，一直是处于有活动无组织、有声音无力量的状态，直到进入20世纪70年代初期，党外势力才进入一个新的历史时期，成为台湾政坛的一支专与国民党竞争的重要力量。

党外势力的发展主要得益于国民党当局举行的各类选举。国民党举行的全国选举，开始于1946年11月间举行的"制订宪法国民大会代表"的选举，这是国民党统治史上，由国民党直接控制的第一次全国性的"普选"活动。由于此次大会主要是为"蒋介石个人独裁、国民党一党专制"完成合法化手续，中国共产党和民主同盟等爱国进步组织拒绝与会。根据"制宪国大"通过的完全违背孙中山先生的民权理论，以"人民无权、国民党一党集权、蒋介石一人独裁"为特征的"宪法"所定，又在1947年底进行了第二次也是最后一次全国范围内的、由国民党操纵的"普选"，选举"第一届行宪国民大会代表、立法委员、监察委员"等三大"中央民意机构代表"。

到台湾后的首次岛内选举，则是1950年7月开始举行的县市议员选举。以后又举行了县市长选举、省市议员选举，此外还有乡镇长、乡镇市民代表、村里长选举。以上选举按照有关规定每隔几年定期举行。因为选举种类繁多，间隔时间不一，起始时间不一，台湾几乎年年都有选举，或者有时一年举行几类选举，"选举假期"不断。严格地说，选举多并非是坏事：

不同层次的选举多，可以为不同层次的政治人物提供相应的表现机会，避免大材小用和小材大用，符合当"中央民意代表"的就参选同一层面的选举，符合当"村里长"的就参选同一层面的选举，虽然层面不同，但基本上都是同一层面的优秀人物出面，这样相对可以改进不同层面的管理质量和提高政务官的素质。

选举的次数多，可以增加对"政府"管理的评价和对当政人物水准的评论，在人选上和施政方针上及时汰劣选优。选举时参选人物多，可以在更大的范围内选择选民所需要的"执政者"，可以及时发现和肯定人才。因此，选举多对提高官员的政治品质来讲，应是一件好事。

即使在蒋介石的专制统治时期，在台湾的各种地方选举中还是冒出了一批较合格的管理人才，在国民党重用的不少"理想人选和青年才俊"中，其中相当大的一部分都是从选举和各类公职人员考核中挑选出来的，台湾经济在短期内取得了同类地区中较为突出的成绩，与有一批合格的管理者不无关系。关键是"选举多"的上述优点，必须在保证选举"公开、公平、公正"的前提下，才能得到充分的发挥。

国民党在台湾举办的各种选举，并没有按照"三公开"的原则进行。在退台后的前20年间，国民党政权进行和主持的"选举和宪政"，无一不带有蒋记特色。

特色之一是选举不公平。台湾在前20年间所举行的绝大多数选举，缺少公开和公平。每次选举，整个选举过程，都是由国民党各级党部控制，竞选、助选、提名、投票和监督都由党工负责，缺少行之有效的监督。当然国民党的此类活动是在冠冕堂皇的理由下进行的，因为国民党掌握充分的选举资源，选举管理机构自然也就由国民党方面掌握，选举结果当然也就是国民党一党专政，选举过程成为国民党党内的主要政治势力互相争吵、拼杀、夺权的过程，人民只是被愚弄。这一情况到后期才略好些。造成这一状况的原因是台湾的岛情所决定的，因为政党政治还未建立，那就不存在其他政党与国民党的竞争，也就是说在宪政条件还不具备的情况下，国民党是以选举的方式来掩盖国民党的专制和蒋介石的独裁。

特色之二是选举起点不一致。既是民主选举，就应是一场公平的竞争，候选人应在同一起跑线上接受选民的选择。台湾在前20年间所实行的选举就缺少这一点，它只是模仿西方的资产阶级政治制度，在平等、博爱、自由的幌子下，进行一党独霸下的选举。国民党方面允许民众自由参选，这是事实，可它又同时规定，根据党禁的原则，任何非国民党籍人士不能有组织地参选，这样有组党之嫌，属禁止之列，只能以个人身份参选。故一方是掌握"国家权力"的国民党，该党的候选人可以依靠所掌握的政治资源，由党部、行政机构、军事机构出面拉票，动员和组织"铁票部队"；而另一方是个人身份，助选、辅选、宣传、拉票、活动都只能以候选人个人的身份出现，远不能和国民党籍候选人强大的组织辅选阵容相比。双方竞选、助选力量相差太大。论竞选的起点，国民党一方占绝对优势；论竞选的进行，国民党贿选、胁选、金钱和暴力比比皆是，根本谈不上选举的公开、平等、普遍、直接、公正、公道，"自由选举、自由参选、自由投票"成为一句空话，选举成为政治人物、官场政客表演的黄金时期。

特色之三是选下不选上、选小不选大。国民党到台湾后的前20年间，只有中层和下层的选举，上层不选。如果真实行民主政治，即所有的政务官和民意代表都应该选举产生，可蒋介石及国民党统治集团，对这一西方资产阶级发明的执政方式加上东方特色，即"总统""省市长""中央民意代表"禁选，也就是最重要的选举不开放，只开放不影响国民党专制的中层和下层选举，谈何民主；即使同一层次也不一样，如"省市议员"是选举产生，可"省市长"却是由"行政院"任命；还有自世界各国和各地区实行民选以来都从未见过的怪现象，即在同一层选举中大部禁选、小部开放，如"三大中央民意机构代表"中，从大陆带过去的"国民大会代表""立法委员""监察委员"一个也不改选。直到1969年才开始实行新办法，内容是新人新办法，老人老办法，即新增的"增额委员"是选举产生并实行任期制，"立法委员"任期是3年，另外两类任期是6年；原有的"三大委员"则是实行变相终身制，不存在改选的问题。总之，国民党的"宪政"，只是为了巩固国民党的强权；蒋介石的"宪政"，只是为了强化他自己的独裁。

按照国民党通过的"宪法"规定，"国民大会代表""立法委员""监察委员"，都是实行任期制，到期全部改选。国民党政权去台后，只是管理台湾地区的地方政权，已没有在全国进行普选的可能。蒋氏父子为了维护国民党政权的"正统性"，无法在台湾地区举行"三大民意机构代表"选举，因为如果在台湾举行选举，也就是说只是台湾地区的代表，只能代表台湾地区的民意，不可能代表全中国。唯一的办法，只有继续保持在大陆时选出的第一届"中央民意代表"，再由他们选举"总统"和参政议政，这样，全国范围内选出的"代表"形式上"代表全国各省"，这批"代表"选出的"总统"和与之相配的"行政""立法""司法""监察""考试"等"五院"体制，名义上就算是"南京政府的继续"。

同时也因为要保持"法统地位"，必须保持具有"法统地位"的"中央民意机构"的完整，所以蒋介石到台湾后采取的任何整顿、改造、缩编、革新措施，都无法影响到"中央民意机构"的首届成员。所以一方面"国民大会代表""立法委员""监察委员"成为"变相终身委员"；另一方面"国民大会""立法院""监察院"因不受整顿、改编的影响而保持退台时的原装状态，所以"三大民意机构"就成了以顽固、僵化而出名的保守派的核心阵地，根本无法反映民意，反映社会，反映时代。自身违法存在，他们选出的"总统"和"政府"又怎可算合法？！这批代表因败得福，他们发的是"失败财"、交的是"逃跑运"。

这种"万年国代、终身委员"的出现，是对国民党民主政治的最好写照：民主的形式，专制的实质。政治上蒋介石可以把代表的任期制变为"变相终身制"，可以自欺欺人地将已被中国人民革命所推翻的国民党政权称作"播迁台湾"，可以把"非法"变为"合法"，却没法扭转自然法则的作用。到20世纪60年代末，20余年过去，即使去台时为中壮年的，此时也已进入老年；去台时为中老年的，则不可避免地走向衰老和死亡，这是不以人的意志为转移的。

据不完全统计，到1969年底，在台湾过世的"副总统""五院院长""内阁阁员""大法官"国民党中央评议委员和中央委员、军界各"总部司令""总统府资政""国策顾问""战略顾问""五院秘书长"大学校长就达230余人。其中著名人物有"联勤总司令"郭忏，前"监察院副院长"刘哲，前"总统府"秘书长吴鼎昌，台湾大学校长傅斯年，青年党主席曾琦，"立法委员"夏斗寅，中央评议委员陈果夫，前"司法院长"居正，前"外交部长"郭泰祺，"总统府资政"吴稚晖，"国策顾问"谷正伦，"总统府资政"吴铁城，"总统府战略顾问"汤恩伯，"海军总司令"桂永清，"总统府资政"陈济棠，"总统府国策顾问"林蔚，"总统府国策顾问"何键，"国防部保密局长"毛人凤，"总统府国策顾问"刘纪文，"司法院长"王宠惠，"国民大会秘书长"洪兰友，"行政院长"阎锡山，"行政院长"俞鸿钧，"总统府战略顾问"胡宗南，"教育部长"梅贻琦，"中央研究院总干事"朱家骅，"监察院长"于右任，"行政院长""副总统"兼国民党副总裁陈诚，"总统府战略顾问委员会副主任"白崇禧，"总统府国策顾问"许克祥，"考试院副院长"程天放，"国策顾问"朱白冰，"国策顾问"贺国光，"总统府顾问"上官云相，"国史馆馆长"罗家伦，前"司法院副院长"傅秉常，前"考试院副院长"程天放。真是岁月不饶人，天不易老人易老。

在"三大民意机构"中，也是这样，不少"国代""立委""监委"过世。就"国大代表"而言，随蒋介石到台的有1624人，到20世纪70年代已过世近500人；第一届"立法委员"选出773人，到70年代因过世或其他原因只剩下300余人；"监察委员"也大同小异，当选的180位中只有104人去了台湾，20年后只剩下40余人。这样又出现了一个新的问题："三大民意机构代表"因人数不足而遭质疑的合法问题早已得到解决，可现在在台的"国民大会代表""立法委员""监察委员"又因人数不足再次面临是否合法的质疑。除此之外，台湾的不少党外人士趁势提出为什么不补齐代表的缺额？

为扭转20世纪70年代初因国际石油涨价带来的经济困境，需要改变国民党当局在国际上令人憎恶的形象。20年中，国民党在民主方面，只有收没有放，一系列的高压措施和逮捕雷震等迫害持不同政见者的行为，使得"台湾当局"成为"专制、恐怖"的代名词，台湾成了警察和特务横行的天下。包括美国在内的西方盟友，一直耳提面命地劝导蒋介石逐步放松对民众的控制，在经济转型的同时应逐步建立起类似西方的民主制度。蒋经国在"国防部长"和"行政院副院长"任内3次访美，受到的"教诲"大都集中在西方式民主方面。

　　台湾岛内针对国民党假民主、真独裁而产生的不满情绪，与日俱增。特别是热心于问政和参政的不少社会名流，对已开放进行的村里长、乡镇长、乡镇市民代表、县市长、县市议员和省市议员选举已不满足，强烈要求扩大选举范围。虽然人们不敢提出将会成为被当局抓、关、杀罪名的"民选总统"这一条，可已明确提出要民选"台湾省主席、台北和高雄市长、中央民意代表"。

　　蒋经国比其父开明之处，就在于虽然同样保持国民党专制、蒋介石独裁的本质，但在形式上要比老子灵活些，具有更大的欺骗性和危害性，更能得到西方盟友的欢迎。开放部分"中央民意代表选举"，就是蒋经国说服蒋介石，20余年来在政治方面采取的第一个"放"的行动。"民选总统、省主席、台北和高雄市长"则被明确拒绝。为解决"中央民代"人数严重不足问题，到1969年间，台湾当局决定，补选"国大代表"15人，"立法委员"11人，"监察委员"2人。由于是第一次选举，本来还不强大的党外势力，对此不摸底，也来不及准备，最后28个名额全部落入国民党籍候选人之手，这是"中央民意代表"选举中国民党唯一的一次全赢。

　　从1972年起，为易于区别，新选出的"中央民代"前面加上"增额"二字。蒋经国每次拿出一定的名额供竞选用，1972年举行的第二次"中央民意代表选举"，共有"增额国民大会代表"53人，"增额立法委员"51人，"增额监察委员"15人，同时还有省议员73人。此外，还有省市议员、县市长和县市议长、县市议员、乡镇长、乡镇市民代表和村里长，供热心于问政、参政的人们去竞选。

　　"增额中央民意代表选举"、地方行政官员和议员选举的进行，并不意味着民主、民权已经降临到台湾

　　　蒋介石在"选举"中投票

岛。蒋介石利用国民党完整的组织系统，利用严厉的党纪驱使200余万党员操纵选举，利用社会上的非国民党候选人无法可比的经济力量，动用所掌握的各种行政机器，创造一切条件保证国民党籍候选人获胜。其中包括收买竞争对手，威胁政敌，拉拢选民，更有甚者大搞作弊、欺骗，无所不用其极。

在每次这类"民轻官重"的选举中，国民党方面基本都能得到70％左右的选票和席位，他们采用种种正当和非法的手段赢得选举中的胜利。即使有党外代表当选，也无法打破国民党籍代表操控的局面。因为"增额中央民代选举"本身只占"中央民意代表"一小部分，每次党外势力只能得到约3成的选票和席位，当选的党外人士在3大"中央民意机构"内，势单力薄，只有发言的声音，不见有益于党外政治势力的提案通过。穷其原委，20名"增额党外国大代表"对1100余名"万年国代和增额国民党籍国代"，30余名"增额党外立法委员"对300余名"万年立委和增额国民党籍立委"，10余名"增额党外监察委员"对60余名"万年监委和增额国民党籍监委"，力量对比，众寡分明，"增额党外中央民代"又能有何作为？

再则，"增额党外中央民代"是任期制，"党外势力"又缺少统筹兼顾，当选人员流动性很大，能够连选连任的人很少，无法形成统一的政治势力。零碎、分散、短期，严重削弱了党外队伍的战斗力。而他们的对手却是"万年国代、终身委员"为主体的、几十年不变的蒋记阵营，力量对比，强弱分明。蒋介石无忧可担，党外势力根本无法在"民意机构"内威胁国民党的霸主地位，这是蒋经国提出补选"增额中央民意代表"并能够说服蒋介石同意此举的原因。

不过，蒋经国建议并被批准进行的"增额中央民意代表选举"，与"保钓运动"开始的舆论部分开放一起，为"党外人士"的崛起、议政，提供了一个极好的机会和舞台。这一选举的"副产品"，使得蒋介石、蒋经国防不胜防，堵不胜堵，禁则更不可能。

论蒋经国的为政措施，确比其父的极权统治要松些，他一再提出要进行全面革新，厉行法治，行动上也有所表示，可他深受中国传统文化中某些不良内容的影响，以"圣人、贤人"自居，有着浓厚的"功必自我成"的思想，民主改良必须在他自己允许的范围内、用他提倡的方式进行。最根本的是，不可动摇国民党的一党专制和"法统""国本"，不可怀疑、反对蒋经国的权威。这些政治上的死结，蒋经国直到死前才有所解开。

台湾的政治反对派，自20世纪70年代中期起被称为"党外势力"。它的出现，是台湾的政治舞台上所特有的现象，来自于国民党的一党专制。蒋经国对此有一段"精彩的论述"："在亚洲，一党专政是唯一统治的办法。政工、特务、青年救国团，共党攻击得最厉害，美国的误会也最深，……共产党存在一天，我们永远无法实行我们的理想，那么则永远没有民主。"（见江南：《蒋经国传》第223页）这段话，在亚洲的社会发展史上找不到任何史实可以佐证，只能说明蒋经国冒天下之大不韪，一意孤行，至于他把"一党专制"说成是亚洲的特产，亚洲人民不会同意。

按照蒋经国的指导思想，国民党唯我独尊，为保持其专制地位，只承认民社党和青年党，作为执政党的"宪政花瓶"。除此之外，不允许任何人组织任何新的政党。"禁止组党、禁止办报"，成为国民党政府在戒严期间制划定的两大禁区。在历年历次的选举中，不少非国民党籍、热心于政治的社会人士经常站出来与国民党竞争，无论势力大小，均不能组织新党，他们又不愿依附于国民党，人们为了把他们与国民党、民社党和青年党相区别，称之为"党外人士、党外势力、无党籍人士"，"党外势力"这一台湾专用名词，还真能反映出台湾特定的政治环境。

由于国民党的高压政策及地方性选举的有限活动范围，政治反对派在国民党到台湾后的前20年间，一直没有形成像样的政治集团。在选举方针、为政观点、政治见解等方面，都不敢偏离当局的统治轴线，大多在官方允许的范围内活动。在热闹一时的"《自由中国》和雷震事件"时期，台湾政坛形成的一股反对派势力，成为党外势力的早期代表。主要人物除雷震、胡适之外，还有李万居、吴三连、高玉树、李源栈、郭国基、郭雨新等台籍人士。

20世纪50年代后期到60年代初期，台湾以《自由中国》为核心的民主运动，在雷震被捕、胡适逝世后，抨击政府、批评国民党官员等反对"政府"的活动大量减少，党外人士大多利用"省议会"和所任的职务这些合法的舞台进行软着陆，尽量不给国民党当局以镇压的口实。

一些早年投身于选举政治生涯的名人，如高玉树、吴三连等人则成为国民党当局的座上宾。进入20世纪70年代后，经济的发展、社会的开放、文化水准的提高、对外交流的扩大，引起不少人的参政欲望。参政、议政热来自社会的中下层人士对现状的不满心理，他们厌恶国民党的统治，对治而无果的现实问题感到灰心，对蒋经国力主政治革新的成果感到丧气，迫切希望通过自己或类同于自己的一大批人的加入，尽快改变台湾死气沉沉的政治局面，建立多元化的议政制度。故政治反对派的参政活动，得到不少有一定文化程度、在台湾经济中最活跃的中产阶级和小经营者的支持，具有相当深厚的社会基础。

大量的知识分子和由知识分子投入实业界而成的中产阶级，热衷于民主运动，加入政治反对派队伍，大大提高了议政能力，政论水平提升到一个新的层次。他们崇拜西方民主政治制度，把"普选和三权分立"作为议政和奋斗的目标，这样，不可避免地与现"政府"发生激烈冲突。冲突的交会点是：台湾的戒严与西方的开放、台湾的一党专制与西方的多党制、台湾的党禁与西方的自由组党、台湾的"万年国代、终身委员"与西方的国会成员任期制、台湾的蒋记独裁与西方的民选总统及一整套政权机构、台湾的特务恐怖与西方的基本人权保障。以上交会点，在当时几乎没有任何妥协、平衡的可能。

政治反对派要把这些作为政治纲领和斗争口号，必然会遭到当局的镇压，触犯其中任何一条都可以被判处数年有期徒刑；如果不提出这些口号，则无法触及国民党的要害，也无法动员广大选民支持党外力量，争取更多的选票。从台湾党外势力发展的历史看，明确提出这些观点的，则是第二期政治反对派人士，在行动上公开抛出这些观点的则是第三期已被称为党外势力的政治反对派。

从"保钓运动"开始的舆论解放运动，为政治反对派宣布自己的政治主张提供了最为合适的环境、条件。他们把自己的政治见解一一抛向社会，引起强烈反响，为党外势力的崛起进行了舆论和思想上的准备。正是因为政治反对派中加入了大学生议政队伍，也正是因为政治反对派的政治见解引起巨大的震动，导致蒋经国倒向元老派、保守派，出面查封《大学》杂志，镇压了继《自由中国》及"雷震事件"之后的第二次自由舆论高潮。大学校园的民主运动暂时被压下去，第二期党外人士迅速把自己的阵地转移到已经展开的"增额中央民代选举"和其他选举上。

在20世纪60年代末至70年代中期，作为台湾第二期党外势力的代表人物有康宁祥、黄信介等人，在"立法院"有"变相终身立委"费希平。他们的主要活动，是参加新的全岛性的"中央民意代表"的选举。他们的主要贡献在于，以日本投降后由南京政府派到台湾接收的台籍人士李万居、郭国基、郭雨新等为代表的、国民党政权去后的第一期政治反对派，向以民进党领导人物为代表的第三期党外势力之间的过渡，是由他们完成的。这种过渡，不仅表现在中心人物的不同上，也表现在斗争形式、指导思想、理论基础等各方面。

在20世纪70年代初期的台湾政坛，政治反对派中以竞选形式同国民党进行顽强斗争的只有康宁祥和黄信介两位，队伍和人数虽说没有80年代党外势力那样庞大，可两人在台湾政坛和反对派运动史上占有较高的位置。在党外势力静寂的几年间，只有这两人在坚持作战。

康宁祥31岁当选台北市议员，他的"年少高中"本身就是对选民和有意从政者的鼓励，更让台湾民众见识到一个新的政治运作方式。

一是他直接走上街头发表竞选演说，在台北市掀起聆听不同政见的热潮，这种方式后来被各方竞选者广泛运用。这是他与当时在台湾政坛闹得轰轰烈烈的《大学》杂志集团的区别所在，《大学》杂志社中还未成熟，也未具备实力的反对派新生代，只是在刊物上和校园内"书生议政"。

二是他与台湾政坛反对派人物进行大串联。1969年12月，康宁祥和黄信介联合参选和助选；1972年底又和黄信介及其胞弟、后来当选为"国民大会代表"的黄天福，一起参选助选，后来双双上榜；1973年11月又支持《大学》杂志上《台湾社会力的分析》一文的作者张俊宏参选，并和康义雄、陈怡荣、王昆和组成联合战线，为张俊宏辅选。这一方法也为后来的党外人士所采用。

三是自己创办宣传工具。办刊物并不是康宁祥的发明，但创办刊物为竞选趟路子，影响选民的投票趋向，则是他的创造。如1975年8月创办的《台湾政论》就是特意为年底的"二届增额立法委员选举"敲锣打鼓、拉拢民心的。再从党外势力的发展史看，《大学》杂志的问政热潮，有力地配合了1972年的"增额中央民意代表选举"；20世纪70年代末和80年代出现的一大批政治反对派主办的刊物，在抨击国民党专制的同时，积极为竞选服务。

四是大幅度提高问政层次，把以往政治锋芒只是指向国民党官场的黑暗和腐败，转向"法统、基本国策、戒严、民主政治"等国民党统治的基础，开始怀疑和否定国民党的一党专制及蒋家独裁的合法性。尽管当时还不具备进行"宪政改革"的条件，如此尖锐激烈的批判文字和胆略，除了给当时的竞选带拉来一定的选票外，更主要的是对党外势力第三期的成长和发展产生较大的影响。正是因为康宁祥和黄信介等中壮代对国民党激烈批判的尝试和对国民党戒严体制的冲击，首开先河，才使后来的党外活动家以此为起点，把同国民党争夺"议会"的斗争提高到更高的阶段，即利用选民的情绪，同当局发生直接冲突，也就是向已在台湾地区统治20余年的国民党政权公开示威和较量，迫使蒋经国修正统治策略，调整统治基本路线。

"增额中央民代选举"把党外人士的政治活动范围，由以前特定的县市扩大到全岛，走向更大更广的政治舞台。1969年的"增选补选中央民代代表"，因为来得突然，党外人士还没适应，也来不及准备，蒋经国轻易获胜。到1972年的"三大中央民意机构代表选举"时，党外人士和国民党进行第一次公开、合法的较量。自此以后，双方的斗争就集中在党外一方要扩大选举成果、国民党一方千方百计予以限制这一焦点上。

"增额中央民意代表选举"是台湾国民党当局举办的规模最大、影响最广的选举，也成为党外势力积极参加的主要政治活动，每逢选举年选举节，党外势力倾巢而出，全力争取。选举除给党外势力带来政治利益、能够进入"中央民意机构"直接问政外，还成为党外队伍成长壮大的良机。

首先是因为选举的"合法"性，使党外人士名正言顺地有了政治舞台，得以站稳脚跟，不再受到特务的公开迫害，在有了人身自由的前提下进行政治活动，无党籍人士不会因为参加政治运动而担惊受怕，不必再屈从于国民党几十年以来为巩固一党专政而采取的种种包括暗杀、谩骂、威胁、秘密逮捕等在内的高压手段。再说，各种选举结果一经投票表决后即成"法律"，不会因为国民党上层人物和实力人物一言而否定之，党外人士有了成功的机会，一些社会地位并不很高的人士因竞选策略和手段得当，而一举成为知名度极高的"三大中央民意机构代表"。

这种为政为官之道，当然被更多的党外人士所重视和运用，故"合法"和"当选"使得加入党外队伍的人越来越多。其中有不少人原为国民党籍，在未被各级党部提名为国民党籍候选人后脱党自行参选，政治上靠拢党外势力；也有在没被提名的情况下违纪参选的国民党员，被开除党籍后转入无党籍的。以上状况在20世纪50、60年代还不多见，到70、80年代就较为普遍，所以说"选举的合法性"成为党外队伍不断膨胀的基本条件。

其次是选举的群众性。竞选是广大社会成员都可以参加的一场政治竞争，为争取群众，各类候选人利用准备选举、组织辅选的机会，利用报纸、电视、电台、杂志、传单、广告、讲演、访问、调查等方式，向选民们宣扬自己的施政方针。党外人士的观点和见解，迎合了不少台湾人的政治胃口，通过宣传、竞选，党外人士赢得了大量的支持者。"选举的群众性"大大增加了党外势力的社会基础，党外人士水涨船高，大有发展。

再次是选举的竞争性。党外人士利用竞选的机会，同每个选区里的国民党籍对手进行激烈的较量，这种以笔仗、嘴仗和拉拢选民为主要形式的文斗，为竞选所允许。党外人士为压倒对手，揭露出许许多多国民党官场的丑恶现象和国民党籍候选人昔日依仗党势、胡作非为的劣迹。这种合法地批判国民党的讲台和机会，即使官方的种种阴暗面及时曝光，又宣传了党外势力的主张，国民党籍候选人的失败大多在这类批判之中。只因是竞选，国民党当局既无法阻止，又无法报复，党外势力趁势上升。

选举的"合法性、群众性、竞争性"是客观的，要赢得选举战还要靠"人"。20世纪70年代以后的"中央民代"选举，造就了一大批党外政治活动人士。党外人士竞争的对手国民党，是一支历史悠久、富有官场经验、善于玩弄权术的政治力量，要战胜这样的敌手，并非易事。党外势力这一边，尽管第一期的党外人士，有的被国民党控制起来，有的成了国民党的帮腔者，有的颓废消沉，但新人在不断总结选举经验和研究对手策略的基础上，以更成熟的面貌出现，使得党外势力逐渐熟悉对手们的政治战略，以远不及国民党的实力，与国民党进行特殊的斗争。同时，随着台湾经济的好转，中产阶级的出现，使得党外势力所需的经费、竞选费、活动费都有了较为稳固的来源。虽然不能和国民党以一岛之财为本相比，却也免受囊中羞涩之苦。党外势力财源状况变好，有利于取得更好的竞选成绩。所以说尽管从实力、财力到从政经验均无法与国民党方面同日而语，内部也有领导人几经变迁、缺少统一意志等不足，可非国民党籍的党外势力，自70年代以后一直能够保持上升趋势。

党外势力，是在得到国民党的默认和被作为"民主"招牌的情况下发展起来的，国民党再想查禁则不可能，一个想"收"，一个不想"退"，双方坚守的阵地都是在竞选上。党外势力利用了民众对国民党统治的不满心理，而国民党籍候选人则利用掌握远超过党外势力的政治资源和选举系统的特权，为实现各自的竞选目标，使出浑身解数，算尽机关，所以双方决斗不可避免，这主要是由于国民党操纵选举、造成选举的不平等性造成的。

经国接班——再传蒋家政权

1972年5月20日，86岁高龄的蒋介石以"无法推托和顺应民意"为名，蝉联"第五届总统"。新当选的"旧总统"，此时政事已不用他来考虑，他最关心的是身后事。这位在中国现代史上留下深深痕迹的老人，在思考着一个既现实又严峻的问题：自己年事已高，台湾危机重重，"外交"上一片昏天黑地，"内政"上到处政潮汹涌，蒋经国走上前台的时刻已经到了。

面对蒋介石年老、正在缩短人生最后旅途时间的事实，国民党统治集团内部不少人比蒋介石还要着急，比蒋经国本人还要强烈地希望蒋经国"组阁"。他们如此动作，并非是出自公心，也非是出自对"党国大业"的关心，而是为了防止在蒋介石若突然于第五届"总统"任期内去世，自1963年12月起出任"行政院长"、1966年5月起兼任"副总统"的严家淦全盘控制国民党的事情发生，有必要乘"总统"换届不换人、"内阁"大改组之际把蒋经国推上"行政院长"的位置。事实上在当时的情势下，23年来蒋经国在党内的地位已经稳固，即使由严家淦继任"总统"也不会发生架空蒋经国的事情。

1972年3月，选举第五届"总统"的"第一次国民大会第五次会议"召开。87岁的原属西山会议派的国民党元老、曾任过"司法行政部长"的张知本，85岁的以"社会贤达"身份在抗战结束后被蒋介石延揽入阁、曾任"行政院副院长和财政部长"，并因主持金圆券改革失败而臭名远扬的王云五，这两位无论是从年龄还是从资历上都是元老的"国民大会代表"领衔，发动1183名"国代"，联名上书蒋介石，为蒋经国劝进。文中称蒋经国："志行高洁，器识宏通，气魄雄浑，襟怀谦冲，在以往数十年献身党国之奋斗中，凡所作为，皆有极卓越之成就。因此博得国际称誉……实乃当前主持政院之唯一最佳人选。在昔钧座谦抑为

1973年11月国民党召开十届四中全会前夕，严家淦（左四）、蒋经国（左三）等去蒋介石处致礼

怀，未尽发挥其才猷，诚为国家之损失，今当面临空前之变局，宜有大开大阖之作风，不必有所瞻顾。"（见漆高儒：《蒋经国的一生》179页，台湾传记文学出版社1991年3月版）

如此多的代表说出如此吹捧性的话，本身就不正常，凭两位80多岁且已退出政治中心多年的老人的能量和体力显然是做不到的，只要稍微有点历史常识和对国民党官场内幕略有了解的人，就会发现此非偶然，必有背景，这就是蒋经国的势力在活动。

最能体察"蒋"意的严家淦，当然也有同样的感觉。他同意蒋经国出掌"行政院"，确实是出自真心，并非虚伪，也不是讨好，更不是曲线争权。他在国民党官场中"官念"恐怕不是最大的，"权欲"恐怕不是最高的，可在蒋氏政权里官当得却是最大。到此时，他觉得也应该把蒋经国"接班"的事办好，主动表示要辞去已任9年余的"行政院长"职。5月11日，连任"副总统"的严家淦正式向蒋介石提出辞职书，表示志愿辞去兼职"行政院长"，集中精力当好"副总统"，并推荐蒋经国"坚忍刚毅，有守有为"，是"最理想之行政院长继任人选"，也是"政府当前最适切亦需要之举措"。5月17日，国民党中央常委会召开专门会议，讨论"新总统就职和内阁改组"。颇有自知之明的"严副总统"主动向国民党的最高决策机构成员表示辞去"行政院长"，请求会议同意蒋经国继任。

会上，中常委员谷正纲、倪文亚、郭澄，列席会议的中央评议委员张群、孙科、田炯锦等相继发言，呼应严家淦的提议。他们的态度和立场，原因很多，但有一点是共同的，因为他们都是蒋家的忠臣，都是属于既得利益集团。特别是谷正纲，想当年蒋介石在大陆失败前夕被迫辞职时，他正在"社会部长"任上，曾在会场上痛哭流涕，力劝蒋介石打消辞意。以后他就成为蒋家的护门神，几十年来在遇到有损于蒋家的事情时，总是毫不犹豫地站出来主持"蒋"义，这在台北官场是出了名的，为此换来连任7届共30余年"中常委"的报酬。张群也是如此，这位当年蒋介石留学日本习武的同学，对蒋氏政权的忠心是众所周知的，同样没有蒋介石也就没有他张群，他虽然仅在大陆时期任过短期的"行政院长"，可他在蒋介石心目中的地位却一直是很重要的。如今，聪明的张群看到，蒋介石显然力不能支，与其政权落入他姓手中，还不如让蒋经国延续香火。当天中常会就作出决议："蒋经国同志，忠纯宏毅，早岁经历地方行政，并从事中央党政，已著忧勤，近年主持国防建设，充沛三军战力，出任行政院副揆，从容肆应世局，而综缉财经，留心工农福祉，领导青年，培植国家新锐，尤深为国人所寄望与推重，当此大敌未靖之际，信如严家淦同志所推举，蒋经国同志确为今日主持国家行政最理想之人选，中央常委会谨一致吁请总裁不以内举之微嫌，废国家兴复之至计，允即召蒋经国同志出任行政院长。"（见陈布公：《新编中国现代史》，香港文史出版社1981年版）

这是蒋介石的拿手戏，自己想干又不便干的事，就让下属们自己去体会，去揣摩，最后让下属们再向他提出来，以示他自己的清正和廉洁。

1972年5月20日，这是国民党政权"新总统"的就职日，按照惯例新当选的"总统""副总统"在宣誓就职后，应与台湾所有的要员在"总统府"的检阅台上露面，接受广场上民众的"欢呼和祝贺"，同时向全岛转播就职实况。岂知，当摄像机的镜头对准"副总统"严家淦时，在电视机的屏幕上竟然出现一段不明不白、与典礼毫不相干的文字："大哥不好了⋯⋯"让人以为是严家淦的话，而被他这位"副总统"称为"大哥"的只有"总统"蒋介石，似乎是在预言蒋介石快不行了。这就使人想起清朝末代皇帝溥仪登基时，摄政王载沣哄骗3岁宣统小皇帝在登基典礼上别闹时所说的"快了，快了，快完了"，竟然成为谶语，3年以后清王朝就被倾覆。电视台的误播，也在预言蒋介石很难度过新的6年任期，果然他在3年后病逝。

1972年5月22日，中国国民党中央常务委员会正式通过"总裁交议案"，提名蒋经国为"行政院长"。按照国民党"宪法"的规定，重要的任命，必须要有副署，有关"院长"拥有相应的副署权，"行政院长"的任命需要经过"立法院"通过和"立法院长"副署，这样"总统"的任命才能生效。

为此，蒋介石在以"总统"名义，向"立法院"推荐蒋经国出任"行政院长"的信中这样说道："'行政院长'严家淦，恳请辞职，已勉循所请，予以照准。兹拟以蒋经国继任'行政院长'，蒋员坚忍刚毅，有守有为，历任军政要职，于政治、军事、财经各项设施，多所建树，其于行政院副院长任内，襄助院长处理院务，贡献良多，以之任为'行政院院长'，必能胜任愉快，援引宪法第55条第一项之规定，提请贵院同意，以便任命。"

众人皆知，蒋经国的军政职务本来就来路不明，也绝对不是因为他有足够的能力和靠自己的奋斗向上升迁的，他靠的是家庭背景；既然靠的是家庭背景，起点之高就为旁人所不及，也就缺少与他人比较的标准；既然没有衡量的标准，"多有建树"从何谈起？蒋介石此时抛弃了应有的谦虚、谦让的美德，赤裸裸地为儿子上台鸣锣开道，对这位年过八旬的老人来讲，也是不得已而为之，为了自己的"江山"顺利传子，顾不及名声和面子了。

"立法院"里的"立法委员"并非他人，都是在大陆时期选出的老人，他们靠着蒋介石和蒋经国所坚持的"法统"，停止"立法委员"的改选，因而成为"万年委员、终身委员"，和"国代""监委"一样，捧上了官场"铁饭碗"。此次在有关蒋家政权的香火延续事情上，这批"变相终身委员"毫不含糊，创下了在对"行政院长"任职资格同意权上的新纪录。

1972年2月，"立法院"刚进行过人事改组，接替黄国书出任"院长"的是倪文亚。"立法院"改组，是蒋介石为长子创造的一个深层次的接班环境。因为根据孙中山先生"五权分立"的构想，审议"行政院"各项决策的是"立法院"，也就是说能够与"行政院"抗衡、能够给"行政院长"出难题的只有"立法院"。为扶持长子组阁"行政院"，蒋介石特意推举倪文亚主持"立法院"，尽可能减少蒋经国在"立法院"的阻力。

倪文亚与蒋经国的关系可以追溯到三青团后期，当时倪是三青团的浙江支团主任。张治中担任三青团书记长时，从江西请来蒋经国担任三青团干部学校教育长，此时倪也来到中央团部接替与蒋经国矛盾颇深的康泽出任中央组织处处长。倪处长利用自己掌握组织大权的机会，为蒋经国接管整个三青团系统起过很大的作用。到台后，被蒋经国派到国民党台湾省党部，主持党的改造工作，改造结束后继蒋经国任省党部主任委员。自此以后，成为蒋经国在党务、文宣方面的重要助手，以"革命实践研究院副主任"、中央党部一组主任等职活跃在台湾政坛。现在正在用人之际，倪文亚也就应运而出。

新"立法院长"固然不辜负蒋家的期望，倪文亚一接到蒋介石送来的《咨文》，不敢怠慢，于1972年5月26日举行全体会议，审议蒋经国的任职资格，与往日不同的是，大多已进入老年阶段、出任24年的"立法委员"竟然一个不缺，全部到会，这本身就是"立法院"的一绝。会场上几乎没有其他的声音，除了极少数自以为能干，为蒋经国出谋划策者以外，都是大唱特唱蒋经国的赞歌。最后，投票见分晓，到会的408名"立法委员"中，同意票有381张，反对票13张，空白票13张，未收回票1张，结果蒋经国以93.38%高票当选为"行政院长"，创下"立法院"通过"行政院长"任命的纪录。

至此，蒋经国出任"行政院长"的手续已全部完成。1972年6月1日，新"院长"正式上任，成为自国民党开府南京以来，继谭延闿、蒋中正、

1974年端阳节病魔缠身的蒋介石与全家人的合影

陈铭枢、孙科、汪兆铭、宋子文、孔祥熙、张群、翁文灏、何应钦、阎锡山、陈诚、俞鸿钧、严家淦之后，第15位"行政院长"。只是前13人是在南京政府时期任职，后3人在台湾任职。

蒋经国出任"行政院长"，等于公告他已是蒋介石的接班人。尽管他说："我不愿意因为我去做'行政院长'，而伤害领袖一生的德威，让人家误以为，领袖培植他自己的儿子。"人家并未冤枉蒋氏父子，如果没有蒋介石的背景，恐怕蒋经国很难当上"行政院长"和后来接管整个国民党政权。道理很简单，因为具有蒋经国水准的政治活动人士实在太多了，具有蒋经国作风的官员也实在太多了，而具有蒋经国家庭背景的人实在太少了，这就是这位国民党内最大的成功者的秘密。

蒋经国成为蒋家政权的第二代也是末代传人。在民国史上，留下痕迹最深的家族有四大家族。在蒋、宋、孔陈四大家族中，则首推蒋氏家族。在近现代史上，出过名人的家庭很多，但像蒋家那样出过如此多的在历史上留下影响的人不多；出过文武百官的家庭很多，但像蒋家那样出过两位"国民党主席和国民党政权总统"的人不多；出过个别当代荣耀、下辈沾光但无作为的官僚的家庭很多，但像蒋家那样两代主政、第三代虽然不及前辈但也官及大吏的家庭不多。蒋家所娶的媳妇也有出众之处，蒋介石的正式夫人宋美龄年幼到美国留学，蒋经国的夫人蒋方良是苏联国籍，蒋纬国续弦夫人邱爱伦的母亲是德国

籍，蒋经国的子女中有三子一女是中俄混血儿，蒋纬国的独子也有外国血统；家里通用的语言有中、英、俄、日、德等多种，家庭颇有"小联合国"的味道。蒋氏家族之所以出名，除蒋家出的名人多之外，重要的是蒋家人跟近现代史上很多大事都有联系，特别是和近现代史上很多坏事都有关，更出名的是蒋家第一代蒋介石和他领导的国民党成为中国近现代政治斗争中最大的失败者！第二代蒋经国则开始把台湾经济与世界市场接轨并引向现代化！蒋氏家族中，核心人物是蒋介石。如果没有蒋介石，蒋家曾经有过的一切都将是个未知数；蒋氏家族中，蒋经国是仅次于其父的最关键和最重要的人物。他的重要性表现在，自进入国民党官场不久就成为蒋介石最为信任的助手，也就成为国民党决策圈内的中心人物。同样，他在蒋氏家族中的重要性，还表现在曾为结束蒋家传人在国民党政权中的接班地位，也就是给政治意义上的蒋氏家族画上一个句号，起到了关键性的作用。

第一，蒋经国虽说接班顺利，却并非是好事。一是活跃中国政治舞台60余年的蒋介石，置时代民主潮流于不顾，以封建帝王为榜样，扶持长子蒋经国接班，家传天下，把国民党政权的名器当作个人的财产私相传授，此乃犯了民主政治之大忌。二是一人"反共"，全家行动，与中共势不两立、不共戴天，兵戎相见20余年，隔海对峙数十年，此乃犯了人心向背之大忌。三是把台湾作为国民党复兴基地，与大陆断绝来往几十年，多少家庭被分割，多少人家无团圆，此乃犯了民族统一之大忌。"三忌"之下，蒋氏家族的存在，终于导致蒋家盛国不兴、蒋家旺民不安的令人遗憾的局面。蒋经国本人，生前也在台湾地区做过一些补救工作，努力挽回因家天下、家族政治而造成的极其恶劣的影响，这也是他在上台后实施"新政"的原因之一。

第二，蒋经国接班的成功，使得国民党政权进入一个新的时期，即开始摆脱传统的政策和路线。他导演了台湾地区由专制政治和平演变为"民主政治"的开局，整个国民党由保守转趋开放，由专制转趋多元，由封闭转向开化，总之，开始把蒋介石制订的已执行数十年的以"反共复国"为主的基本路线，转移到建设、加强台湾的实力上来，政治上的管制不断调整，经济上越来越走向自由化，两岸关系上也有所松动。对岛内出现的一股股要求改革社会的呼声，对非国民党政治势力的参政议政热潮，蒋经国采取更加客观的态度，最后在他去世前整个台湾已经进入事实上的开放期。正是因为蒋经国实行宽松政策，解除世界当代史上最长的"戒严"，开放党禁、报禁等各种政治上的"禁令"，才使蒋家政权在最后的阶段，在台湾民众眼中改善了形象，蒋介石的专制形象为蒋经国的开明形象所代替。

第三，蒋经国接班成功，是对岛内某些不怀好意的政治势力的遏制。众所周知，台湾岛内多年来有一股"台独势力"在活动，并利用西方某些国家的支持，在海外有一定的市场。随着经济的发展，反国民党专制的岛内民主势力活跃起来，"台独分子"和"台独组织"的活动越来越多，蒋经国作为一个民族主义者，出掌"行政院"后，把政治上的逐步开放和破坏国家统一的"台独活动"严格区别开来，对前者只要不造成社会的混乱就可以让其进行，对后者则没有任何形式的宽容，对各种有害于祖国认同和有害于民族统一的"台独势力"，进行了坚决的打击，这是符合中华民族利益的，也是符合台湾民众利益的。在打击"台独"的同时，蒋经国在病故前，为加强海峡两岸人民的了解和来往，终于迈出第一步，部分开放台胞前往大陆探亲。

第四，蒋经国的接班成功，有助于经济的转型和经济的发展。蒋经国早年对经济建设并不热心，到20世纪60年代末70年代初，犹如"奶水"一样的美国援助将要停止，需要自己寻找经济上的动力；退出联合国以及对美对日的"外交"支柱突然消失，需要自己在新的世界格局中寻找新的定位，经济、外贸实力所起的作用越来越大，蒋经国的眼界放到了世界上。他和在上海打"老虎"时一样，也是用行政手段指导经济运作，用行政命令代替经济规律，所不同的是，要比上海时期更加尊重经济规律，更加内行化，结果在相当程度上和相当长的时间内，对台湾的经济建设起到了不小的推动作用，台湾的经济出现高速增长，民众的生活水平得到了很大的提高。当人们议论起台湾经济的各种局限性时，有一点是可以肯定的，即蒋经国确实为台湾经济找到了一条可行且有效的发展路子。

第五，蒋经国接班的局限性。人们称他为"少学多术"并不过分，从其一生看，他确实是一位搞政治斗争的老手，搞经济建设的新手。在国民党内无论是从政治建设角度还是从经济建设角度挑选接班人，比蒋经国合适的领导人不是没有，但他们在名声和实力上都比蒋经国相差一大截，造成这种"比例失调"的，并非孙运璇、严家淦、张其昀、谢东闵、李焕、宋美龄、张群、李国鼎、俞国华等人水平比蒋经国差多少，而是没有蒋家传人这一金字招牌。在中国传统文化的大背景下，国民党上层在挑选新的领袖人物时，深受封建世袭和家庭出身观念的影响，自然而然地把目光对准蒋介石的长子。如果蒋介石在选择接班人时，蒋经国能避而远之，而不是当仁不让；蒋经国如能举贤代之，而不是非我莫属，这样起码能换来一点好名声。从国民党的官场运作看，蒋经国不接蒋介石的政治班，就像蒋经国的五儿一女并没有接父亲的班那样，其地位、资产、学识不会比接班差多少，凭着"太子"的资格也是可以横行于官场、闻达于诸侯。即使蒋经国不接班，蒋介石的政治路线也不会很快改变；反过来说蒋经国接了班，也不能保证蒋介石的政治路线万年不变，只是把蒋家天下延长了13年而已。

尾声：蒋介石病逝台北

蒋介石晚年身边的医生回忆说，蒋介石在生命的最后日子里，对清明似乎特别关注。1975年4月初一个下午，蒋介石的精神不错，对护士罗小姐说，过两三天就清明了，你替我念几首描写清明节的古诗吧！罗小姐翻开蒋介石常看的那部《唐诗三百首》，她起先念的是唐朝诗人杜牧写的《清明》："清明时节雨纷纷，路上行人欲断魂。借问酒家何处有？牧童遥指杏花村。"对此，蒋介石没有特别的感觉，接下来念的是宋朝诗人黄庭坚写的《清明》："佳节清明桃李笑，野田荒冢只生愁。雷惊天地龙蛇蛰，雨足郊原草木柔。人乞祭余骄妾妇，士甘焚死不公侯。贤愚千载知谁是，满眼蓬蒿共一丘。"当念到最后一句时，蒋介石脸上肌肉突然略微抽搐了一两次，他说，这首诗写得好，你多念几遍。可谓是冥冥之中有定数，在清明节深夜去世的蒋介石，对清明节感触特深，特别是对诗句"贤愚千载知谁是，满眼蓬蒿共一丘"更有体会，在死亡面前，贵贱贤愚、功名尘土、荣辱得失，都将变成荒土一堆。

（一）局势让老人不安

20世纪70年代，对蒋介石来说，是充满挑战的时代，国民党到台20多年来的各种危机一齐爆发。

论两岸关系。事实上从新中国成立起，大陆就已制定了在坚持一个中国原则的前提下，坚决反对任何外国干涉和"台独"行为，暂时保持现状的基本政策。尽管双方发生过"八二三炮战"等多次武装冲突，发生过无数次台湾当局向大陆派遣特务的间接冲突，也发生过多少次舆论战、思想战和政治战，但总体上是相安无事的。因为这些冲突基本上是在台湾岛外发生的，对岛内民众的日常生活影响不大，要说有影响的话，那就是蒋介石利用这些事件，加紧对民众的控制，限制民众的思想。再说，大陆在对待祖国统一问题上，坚持一个中国原则，只要台湾国民党当局不搞"独立"，只要坚持国内的事情由双方自行解决，就不会用武力来解决台湾问题。蒋介石对此十分了解，所以他与大陆坚持"不接触、不谈判、不妥协"的立场，尽管海峡两岸关系极为紧张，但不直接影响岛内的基本稳定。这种情况到20世纪70年代有了改变，两岸隔绝20余年的现实，民众已不能容忍。中国出现在世界政治舞台上，美、日等大国及绝大多数国家与中国的来往，促使台湾人民再也不相信当局的宣传，迫切希望了解大陆，希望进行两岸的交流，希望和家人团圆。这就向蒋介石统治集团提出一个问题，对这一历史潮流是堵是疏是导，需要作出选择，老一代的国民党领导人，以固执和顽固，对中共抱着极大的误解和偏见，显然不具备响应中国共产党和政府的号召、开放两岸交流的政治胸怀。蒋介石陷入深深的苦恼之中。

论岛内政局。"戒严令"下人民的权力所剩无几，政治专制化、政权一党化、军队政党化、社会警察化，任何民众的不满和反抗，都将受到严厉的镇压。在这种高压下，蒋介石的任何旨意都可得到及时和有效的贯彻、执行，组成政权各级机构大都是毫无生气的"政治植物官"。维持到20世纪70年代初，以"保钓运动"为标志的群众参政议政开始兴起，尤其是党外势力已经开始联合起来向执政当局发起新的冲击，这对习惯于听一种声音、看一种画面、用一种手段、有一种思维的以蒋介石为首的国民党第一代领导人形成很大的冲击，他们意识到政局的变迁即将开始，不情愿和不自觉地准备去适应这一变化。这给蒋介石带来很大的难堪。

论经济状况。台湾经济的恢复起自20世纪50年代的中后期，历经大失败的国民党政权至此渡过了生存关，开始进入发展阶段。经济好转使得已坚持数十年在政治、军事上与中共对抗这一基本路线的国民党当局，结束了在大陆时期财政一再危机、几遭崩溃的困难局面，尝到了即使政治上和军事上大失败，只要能在经济建设上有起色，也能复生和发展的甜头，开始了以发展经济为主要施政方针的基本路线的转变。这种经济上的收获和发展，成为台湾社会稳定的基础和前提。但是，经济的发展和文化的普及，必然会带来民众对政治的关注，特别是中产阶级的崛起，必然会形成政治舞台上新的势力集团。台湾经济进入发展期，整个60年代是起跑期，推动台湾经济前进的主要力量之一的私营经济，在这一期间得到很大发展，中产阶级的形成和经济自由化的出现，成为台湾政治变迁的经济因素。新的经济基础的出现，必然会带来上层建筑和生产关系的变革，政治多元化成为社会新的追求目标。当然，经济本身也已暴露出不少问题，如何提升经济水准？如何寻找更多的外资？如何扩大国际市场？如何解决岛内的就业问题和人才不足的问题？这些问题已成为台湾政界和经济实业界无法回避的现实。经济本身的发展也带来了新的要求，即美援输血、以岛内经营为主、保证台湾地区需要为主的经济模式受到越来越大的冲击，有识之士提出了新的经济建设模式，即向外向型、国际型、高科技型方向发展。要完成这种经济转型，需要必要的社会基础和政治基础。也就是经济的转型，随之而来的是社会和政治的转型，要完成这三种转型，一般官员无法具备所需的条件。严格地说，在当时国民党统治集团内部，意识到并同意进行经济转型的官员不少，但同意进行政治和社会转型的官员不多。即使在同意进行政治开放和社会多元化的人士中间，有实力完成这种转型的官员也不多。蒋介石面临巨大的压力。

论对外关系。如果说两岸关系、岛内政局、经济状况方面的矛盾还未进入暴露期，只是潜在性威胁的话，那对外关系上的挫折却是公开、强烈、接连不断的。自中华人民共和国成立后，国民党当局到台湾以来，从坚持一个中国原则出发，中国的对外代表权已经由大陆行使，台湾国民党当局不能与外国保持任何官方关系；在这一前提下，中国台湾地区可以与世界上任何国家保持经济、文化、科技、人员等非官方关系；或者在北京中央政府的统筹安排下，在一个中国基础上，进行一定的外事活动。违反了这一原则，台湾国民党当局在国际上的任何活动，都是在搞"两个中国""一国两府"或"一中一台"，这是不能允许的。20余年来，两岸在国际间进行了尖锐的斗争，经过一再较量，"世界上只有一个中国、台湾是中国的一部分"已经被世界上绝大多数国家所接受，美国结束与台湾的蜜月期，中日恢复邦交，被蒋介石视为"中华民国法统"所在的国民党代表在联合国的席位也已丧失。蒋介石看到在台北的"外国使馆"越来越少，美国、日本等大国相继离去，"国际空间"越来越小，他似乎看到了20世纪50年代初期成为"世界孤儿"的情景又将再现。"外交"冬天的来临，对蒋介石形成巨大的"外交"和政治压力。

以上四个问题中，经济是唯一的从正面提出来的变革要求，虽还未到激烈的程度，但开始威胁到国民党当局统治稳定的是岛内政局和两岸关系，最严重的是"外交"上的困境和打击。四重打击之下，已经步入衰老年龄的蒋介石的健康状况迅速恶化。

（二）清明节突然病逝

1975年3月26日晚，已变成蒋介石临时特护病房的士林官邸内，医生们正在紧张地忙碌着。病床上躺着控制国民党50年、出任国民党总裁37年、担任"总统"27年的蒋介石，已经昏迷3个多小时。年初以来，在"外交""内政"一系列的危机打击下，这位88岁高龄的老人已经多次出现高烧不退、睡中缺氧、昏迷不醒的严重状态。现在昏迷已久，随着时间的推移如果还无法缓解的话，病情将失去控制。此时，只见病人忽然微微睁开了眼睛，令在场的医护人员和蒋经国、宋美龄高兴不已。这位历经无数政治风云的老人，他还有事情没有做完，还有话要交代。

蒋介石自知时日无多，让蒋经国通知"五院院长"立即赶来。"立法院长"倪文亚、"司法院长"田炯锦、"考试院长"杨亮功、"监察院长"余俊贤在接到"行政院长"蒋经国的电话后，很快来到官邸。病榻上的老人，向夫人宋美龄和"五院院

蒋介石、宋美龄、蒋孝勇在庭院散步

长"口授了"遗嘱"，内称："余自束发以来，即追随总理革命，无时不以耶稣基督与总理信徒自居。无日不为扫除"三民主义"之障碍，建设民主宪政之国家，艰苦奋斗。近20年来，自由基地日前精实壮大，并不断对大陆共产邪恶，展开政治作战；"反共"复国大业，方期日新月盛；全国军民、全党同志，绝不可因余之不起，而怀忧丧志！务望一致精诚团结，服膺本党与政府领导，奉主义为无形之总理，以复国为共同目标，而中正之精神自必与我同志、同胞长相左右。实践"三民主义"，光复大陆国土，复兴民族文化，坚守民主阵容，为余毕生之志事，实亦即海内外军民同胞一致之革命职责与战斗决心。唯愿愈益坚此百忍，奋勉自强，非达成国民革命之责任，绝不中止矢勤矢勇，毋怠毋忽。"蒋介石的遗嘱，反映出他至死不变的对共产主义的仇视和成见，也反映出他主张一个中国的立场和决心。

蒋介石晚年的身体一直较为正常，各项指标都较为理想。只是从1962年初起，开始有小便不畅感觉，经专家会诊后，诊断为老年性前列腺肥大症，保守疗法难于根治，故建议手术治疗。3月间在"荣民总医院"进行手术，割除肥大部分。岂知手术并不成功，出现尿道炎、便血、尿道狭窄等并发症，治疗后基本正常，只是前列腺炎时有发作，成为慢性疾病。导致他的身体明显走下坡路

的是一场车祸。

1969年9月16日下午5点，蒋介石夫妇乘车从山下回阳明山官邸，沿着仰德大道到岭头、永福附近，一辆公交车在站牌旁等候乘客上车。当时，参加当天阳明山军事会谈分组会议的高级军官们，乘各自的专车下山，突然一辆军用吉普车，从公交车左后方冲出，对着"总统车队"的先导车而来，先导车刹车及时，吉普车擦身而过，紧接后面的"总统座车"却高速撞上先导车。由于凯迪拉克7人座轿车本来空间就大，再加上为了特殊乘客的舒适起见，又拆除了中间座位，在后排座与驾驶座之间距离加大。巨大的惯性，使得坐在后排的蒋介石和宋美龄冲向驾驶后座隔板；宽敞的空间，又增加了冲击的强度。由于冲撞力过猛，蒋介石当场口吐鲜血，胸部闷痛，宋美龄的颈部和膝盖也受伤严重。

横冲直撞的吉普车司机被移交司法处理，乘车的师长也被撤职。蒋介石夫妇被送到"荣民总医院"急救，当时并没有大碍。几个星期后，蒋介石发觉体力大不如前，他在后来谈起此事，认为"永福车祸"，减他阳寿20年。确切地说，此事成为蒋介石身体越来越虚弱的开始。车祸后不久，蒋介石体检时，发现心脏大动脉部位有严重杂音，显然是车祸撞击时重创了主动脉瓣膜，使得心脏功能严重受损。1971年5月22日体检时发现心脏有明显扩大现象。1971年11月间，蒋介石在高雄"澄清湖宾馆"度假时，因为便秘，侍从副官钱如标在为他塞"通便甘油球"时，不慎将肛门刺破，之后引起炎症，治疗近两个月才痊愈。显然，车祸、心脏肥大、肛门受创等意外事件，让蒋介石的身体越来越差。

1972年5月21日，蒋介石就任第五任，即他有生之年的最后一任"总统"。再次"登基"，对蒋介石来说已无新意，只要他活着，"总统"肯定由他充当，这在国民党内无人质疑。对社会来说，则不是这样，岛内政局出现空前动荡，"终身总统"在天下人的眼中已成为政治小丑，蒋介石对此不会不知道。每6年一次完成"登基"的过程，简直成为民众和舆论对他的潜在的定期嘲笑、审判过程。蒋介石虽"登基"可心中无喜，邪火侵入，内热激增，上任不过1个月，慢性前列腺炎复发。7月中旬患上感冒，7月22日下午起突起高烧，经检查为肺炎。当局立即组成了包括肺、心、肾、传染、神经、营养等各科专家在内的治疗组。此时，病人因感染严重，导致微血管出现痉挛，影响各组织系统循环，肾脏也因缺氧而发生小便减少现象。经治疗后，体温和血压趋于正常，脉搏降至每分钟100跳左右，呼吸每分钟不超过30下。8月初，为方便治疗，蒋老先生被转往"荣总"。

很多政治人物都不愿在失去希望前公布病情和承认有病。蒋介石也是这样，明明是在病中，报上却公布了蒋介石在孙子蒋孝勇新婚时的合影，表示他的身体依然健康。所有有关他的政务活动消息，依然在发表，而实际政务早已移交给蒋经国。

1972年9月15日，处于医护人员严密监视下的蒋先生，突然感到身体严重不适，经细菌培养后确诊为前列腺炎复发所致，因长期治疗服药，体内已产生抗药性，最后不得不采用新型抗生素进行治疗。此次治疗效果较好，各种病症消失，连原有的肺炎也已治愈。自9月底起，蒋先生恢复正常的生活习惯，一日三餐，体重增加到110磅。同时，辅以物理疗法，已卧床数月的蒋先生很快便能下床行走。只是，因为抗药性的存在，他的慢性前列腺炎一直处于失控状态。

1972年10月31日，还在住院的蒋介石85岁寿辰，美国总统尼克松发来了贺信。这位已经访问过中华人民共和国的美国总统，在信中用了许多溢美之词称赞蒋介石，显然他是知道这位东方老人的病情的。

1972年11月12日，蒋介石离开医院，前往会场，亲自主持国民党的十届四中全会。会上讨论的就是"针对世变'匪'乱贯彻我们革命复国的决心和行动"。蒋介石在会上不顾久病刚愈虚弱的身体，大讲：自十届三中全会以来，国际关系急剧变化。这期间，"国家"承受了一连串姑息逆流的冲击。……今天的四中全会，就是要我们全党同志，"全国"同胞凝结为一，把灾难转化为黄金般的机会，使我们的革命定力——信心与慧力，成为推动反攻复国的"坚强的剑与盾"。（见张其昀《先"总统"蒋公全集》3册第3104、第3107页）

这幅照片是蒋介石在病中拍的，公布于众则是希望人们看到他在"健康地"享受天伦之乐

1973年12月22日，这位被外界认为是"荣民总医院"内"神秘病人"的蒋先生，离开住了15个月的病房，回到士林官邸。毕竟年事已高，一有风吹草动，旧病随时都可能光顾。蒋先生此时的身体状况已很不乐观，慢性前列腺炎时好时坏，经常折磨着这位耄耋之年的老人，血管硬化和心脏肥大症状也开始明显，随时可能出现并发症。

1974年8月，台湾当局宣布，蒋介石因健康情况不佳，将减少政治活动。这是国民党第一次承认蒋介石身体有病。10月31日，是蒋介石的87岁生日，当局为给蒋介石"冲喜"，制作了大量的"蒋总统万岁"徽章让百姓佩戴。在生日当天，还用巨型气球向大陆投放了无数张蒋介石的照片，在同一年内向大陆漂放的此类照片达1.8亿张。

1974年底，台湾流行感冒，年老体弱的蒋先生首当其冲，12月1日中午突然发起高烧，曾发过炎的左肺叶上部及右肺叶下部又开始感染。医生当即用大剂量抗生素治疗，3星期后无明显疗效。12月27日，前列腺炎复发和膀胱内出血，心跳急剧加速，心律现象不好，当即进行输血抢救。虽说病情有所稳定，但体力开始不支。1975年1月9日，心跳突然减慢，治疗小组认为病人因心肌缺氧，已出现严重病变，特别是极易在医护人员无法发现的情况下于睡眠中死亡。蒋经国也觉得父亲的此次病情非同以往，故分外关心，每日至少探视3次，每次父亲抓住儿子的手久久不放。蒋介石还把最后一件墨宝、病中手书的"以国家兴亡为己任，置个人死生于度外"送给了蒋经国。

1975年4月5日，蒋经国在日记中是这样写的："忆晨向父亲请安之时，父亲已起身坐于轮椅，见儿至，父亲面带笑容，儿心甚安。因儿已久未见父亲笑容矣。父亲并问及清明节以及张伯苓先生百岁诞辰之事。当儿辞退时，父嘱曰：'你应好好多休息。'儿聆此言心中忽然有说不出的感触。谁知这就是对儿之最后叮咛。余竟日有不安之感。傍晚再探父病情形，似无变化，在睡眠中心脏微弱，开始停止呼吸，经数小时之急救无效。"（见《蒋"总统"经国先生言论著述汇编》第9辑第671页）

负责抢救的"荣总"医疗小组讲述的情况与此差不多。4月5日，蒋介石突然感到腹部不适，泌尿系统失灵。医生认为蒋先生的心脏功能欠佳。傍晚8时15分，他的病情迅速恶化。医生发现蒋的脉搏突然转慢，于是急用电话通知蒋经国。当蒋经国赶到时，已处于昏迷状态。医生见人工呼吸无效，改用药物和电极直接注入心脏，心脏正常后不过几分钟，再度停止跳动，11时50分，蒋介石走完了人生，终年88岁。此时，在场的还有宋美龄、蒋纬国、蒋孝武、蒋孝勇等。

蒋介石似乎早有预感，所以在生前的最后一句话，是感谢医生的治疗。他说："非常谢谢你！"

接到通知后匆匆赶来的"副总统"严家淦和"五院院长"，与宋美龄一起在蒋介石的遗嘱上签字。其中蒋经国签字时"双手发抖，已不成书"。2小时又10分钟后，"行政院"

过80岁生日的蒋介石正在切蛋糕

发布了由主治医师签字的医疗报告和蒋介石的遗嘱。

国民党当局和蒋经国、宋美龄决定将蒋介石的灵柩暂厝于台北市南60公里处的慈湖。这是蒋介石生前选中的地方，因为这里风景犹如浙江溪口，早在20世纪60年代，蒋介石就在此修建了一座四合院式的"行宫"，定名为"慈湖"。暂

厝于此的目的，是为了"以待来日光复大陆，再奉安于南京紫金山"。

蒋介石的去世并没有引起台湾政局的混乱。一是因为民众对蒋介石的身体状况早有所闻，88岁高龄的老人随时都有过世的可能，舆论和民间、社会上对此都已有思想准备。二是蒋经国自出任"行政院长"后，已成为实际上的台湾最高决策者，全部权力早已汇集到他的手中，统治阶层和民众的心里也已接受这位"院长"的权威。所以，"岛丧"期间，无论是政界还是民间，均未出现什么不正常的

蒋介石选中此地放自己的灵柩，是因为这里的风景颇像故乡溪口

现象。

1975年4月6日7时，国民党中央常委会召开临时会议，作出两项重要决议：其一是根据"宪法"第49条规定，由"副总统"严家淦继任"总统"；其二是不准"行政院长"蒋经国辞职。

严家淦继任后的第一道命令，就是发布"治丧令"：特派"五院院长"和张群、何应钦、陈立夫、王云五、于斌、徐庆钟、郑彦棻、黄少谷、谷正纲、薛岳、张宝树、陈启天、孙亚夫、林金生、沈昌焕、高魁元、赖名汤等21人组成治丧委员会。

4月6日凌晨2时，蒋介石的遗体由士林官邸移至"荣民总院"，供民众瞻仰遗容。4月9日，蒋经国亲自为其父穿衣服。按照浙江家乡的习惯，给其父穿了7条裤子7件衣服，外衣为长袍马褂，胸佩大红"采玉勋章"，左右两旁佩戴"国光勋章"和"青天白日勋章"。棺木中还装着蒋介石生前喜欢的书籍：《"三民主义"》《圣经》《荒漠甘泉》和《唐诗》。另有毡帽、小帽各一顶，手套一副，手帕一块，手杖一根。至此，蒋介石的遗体由医院移往"国父纪念馆"。

4月9日起，严家淦和全体治丧大员轮流为蒋介石守灵，数日内共有250万人排队等候瞻仰遗容。16日，举行大殓，张群、何应钦、陈立夫、薛岳、谷正纲、黄少谷、黄杰、谢东闵等8位国民党中央评议委员和中央常务委员，将一面青天白日的党旗覆盖在灵柩上，接着严家淦和"五院院长"及徐庆钟、王云五、于斌等，将青天白日满地红的"国旗"覆盖在灵柩上。之后，牧师周联华主持了追思礼拜与安灵礼。结束后，鸣礼炮21响，灵车队启动，向慈湖缓慢进发。

灵车布满了深黄色的小花，两边各有几条

蒋介石与宋美龄结婚后开始信奉基督教，所以棺木中要放《圣经》。这是蒋氏夫妇与宋蔼龄（前排左三）一起参加梨山耶稣堂奠基礼

白绋，车前挂着一青天白日的"国徽"及鲜花十字架。灵车队由99辆宪兵车开道，包括"国旗"车、党旗车、统帅旗车、奉行遗嘱令车、捧勋车、遗像车。下午1时10分，安灵礼全部完成。

　　1975年4月28日，国民党第十届中央委员会召开临时全体会议，决议修改党的《中央组织条例》，保留"党章"中的"总裁"一章，仿效当年孙中山逝世后，广州革命政府和国民党中央执行委员会把"总理"的称号永远留给孙中山的做法，把"总裁"的称号永远留给蒋介石。另外在"党章"中增加"设党主席"条文，决定中央委员会设主席1人，并为中央常务委员会主席。此条在当时是专为蒋经国所写的，他被全会推为国民党历史上的第一任主席，继孙中山、蒋介石之后，成为国民党的第三任领袖（在孙中山和蒋介石之间，存在过一段集体领导和领导机构不稳定时期）。孙中山所以成为党的领袖，真正是为自己所创建的党作出了旁人所不能及的贡献；蒋介石所以成为党的领袖，是有实力和权谋；蒋经国所以成为党的领袖，则是主要靠接收父亲的政治遗产。如果说他出任"行政院长"是实质上的接班，现出任党主席，则是在公开、正式接班上迈出了关键的一步。按照国民党党政合一的传统，他离全面接班只剩下最后一步：出任"总统"。此事在三年后完成，严家淦再次主动让"贤"，推荐蒋经国继任。

　　至此，蒋经国全面接班全部完成，终于成为"中华民国"史上的第四位"总统"。蒋经国登上"总统"宝座，当时台湾比他更有资格主政的并非没有。在健在者中间，有在他赴苏留学时已到黄埔军校就读，在他离苏回国时已经当上省主席、部长的大员；有统率过十数万乃至几十万大军的重臣；有名扬四海、著作等身的学者；更有当年追随孙中山、后来追随蒋介石的元老，可他们都不是蒋家的传人，在竞选"总统"时都不如蒋经国有分量，可以说蒋经国是走遍台湾

蒋介石的陵寝中悬挂着这幅遗像

1699

宋美龄陪同蒋介石接待外宾

无敌手，"选举"只是走过场而已。在国民党"行宪"以来的四位最高领导人中，足智多谋的是李宗仁，平庸无为的是严家淦，有权有术的是蒋介石，有权有为的是蒋经国。在这四位"总统"中，以及在民国初年袁世凯篡权以来任过"总统、执政、国民政府主席"的人士中，比较起来蒋经国可以说是上乘者，论政治有起色，论经济有实绩，论名声有"民意"，只是一生坚持与中国共产党决不妥协的立场，使其本来可以有更大作为的可能永远无法变成现实。在与旧中国的"元首级人士"比较起来，要说有何不足，这就是其他人起码在表面上曾管理全中国，但他只是管理中国的一个省，面积稍大于他在赣南任专员时管辖的地盘。

（三）蒋家后人的凋零

蒋介石去世，蒋记政权进入收尾时期。蒋家成员在蒋经国主政时期还算活跃，在蒋经国身后则可谓凋零不堪。

蒋介石夫人宋美龄

蒋介石病故，受影响最大的是宋美龄。到台湾后，宋美龄对台湾当局大政方针的影响力明显降低，但活动没有减少。

发起"反共抗俄妇女救国运动"。1950年4月17日"中华妇女反共抗俄联合会"成立，该组织共有48个分会、148个支会、70多

蒋介石在观赏宋美龄的绘画

个工作队，遍布全岛各地，宋美龄出任"反共抗俄联合会会长"和国民党中央妇女工作委员会委员长。"妇运"并无什么实绩，妇女们对此也无多大兴趣，她召集的只是一批爱吃政治饭的妇运专业户，其中不乏出人头地者，如王亚权、钱剑秋则主持台湾妇女界数十年。宋美龄之所以如此重视妇女运动，不是为提高妇女地位，保障妇女和儿童权益，只是把妇女界作为她发表政见、影响中央决策的主要政治舞台。

陪同蒋介石出场。蒋介石参与的外事场合和外出视察时，宋美龄均作为女主人陪同。特别是在50年代至70年代初，台湾一直是美国全球战略中的一个重要阵地，以美国为代表的所谓自由世界与台湾间的"外交活动"较多。蒋介石接见外宾时，宋美龄是"夫人、助手、翻译"；在蒋介石的浙江官话和英语之间，她是最合适的翻译；在蒋介石向外宾发表见解时，她是蒋记思想和观点的最好解释者；在蒋介石宴请外宾时，她精通西方礼节，并注意和东方文化相结合，是名实相符的女主人。在蒋介石晚年病重期间，一些非由蒋介石出面不可的外事场合，就由宋美龄代替主持。

宣传蒋介石，为国民党当局辩护。宋美龄发表过不少文章和谈话，宣扬自己的政治主张。在此列举其于1966年5月19日在美国国会议员眷属联谊会的演讲，可以看出她的政治信仰及对丈夫的忠诚，当然，也反映出她在政治上的不明智之处。宋美龄是这样说的："我们如以同样公平的心地，超然的观察，不存辩护之心，亦无厌恶烦腻之感，而去注意共匪方面的诽谤诋毁分子及其代言人过去和现在说'蒋总统'如何如何，我们可以说，不论他有什么瑕疵，历史和有良知的人都将在记录和口头上说'蒋总统'不仅是目标纯一不二的伟大爱国者，而且也是一位天赋睿智的人。他的真知灼见，超越了狭隘的民族主义，这可以从一件事得到证明，他很早就对史达林、'毛匪'及其同党所实行的马列主义的性质与伎俩有深切的认识，并向世人提出了警告。当共产主义还只是一种批判性的学术课题，供给那些假知识分子和富有阶级在起居室和客厅里作一种聊天的话题时；当共产主义的狂热与阴险跟虚无主义与无政府主义混淆不清时，他早已向世界揭示共产主义的真面目。在共产主义变成今日世界普遍流行的毒害及造成如许痛苦、不幸、纷乱与失望以前，他早已认清了共产主义的性质。它是20世纪的中心问题，也是对政治认识未成熟者的欺骗。'蒋总统'在对种种邪恶势力作战之中，充分表现了他那坚定不移和始终一贯的毅力。"

宋美龄的确没说错，蒋介石确实是一个"反共先知先觉，力行反共的先锋"。

多次到美国活动。宋美龄不适应台湾的政治气氛，特别是在以蒋介石为中心向以蒋介石、蒋经国为中心的过渡过程中，她的不适应性时常表现出来。如对蒋经国的直线上升，如对忠于蒋经国的干部全面出击夺权、掌权，如对蒋经国一系列的新政措施，她虽然没有成为绊脚石，但颇多微词，有时候心理难以平衡，就到美国的姐姐、哥哥、弟弟家中调剂一下。再则中美关系紧张时，台湾受到美国重视，宋美龄到美国后还有一些市场，官方和民间右翼人士还给她捧场，她还能给台湾活动来一点美元（援）。当然，在对美"外交"上她已失去大陆时期的主导地位，而由蒋经国全盘控制。

培植"夫人系"。宋美龄到台湾后，主要职责是充当妇女领袖，在党内曾是第六届中央执行委员，随着国民党改造第六届中央党部撤销，她的"中执委"身份也自动中止。从1952年10月国民党的"第七次全国代表大会"起，出任中央评议委员（从"十全"起又兼任中央评议委员会主席团主席），作为党的顾问，基本上没有与蒋家父子特别是蒋经国发生过重大冲突，而且还把自己看中，极力推荐、提拔上来的"夫人系"骨干，主动介绍给蒋经国，为蒋经国效劳，增加蒋经国的统治实力，并通过他们反映自己的政见，实施自己的主张，代表自己的利益。由于"夫人系"同"实力派"配合默契，为蒋经国完成接班出力、护航，所以"夫人系"也得到应有的报酬，一批骨干进入国民党决策圈。例如黄仁霖、周应龙、曹圣芬、沈昌焕、沈剑虹等辈在台湾和国民党内都有相当高的知名度。宋美龄等人也在1974年11月召开的国民党"十届五中全会"上获得最高荣誉奖励"中山奖章"。

对宋美龄晚年生活冲击最大的莫过于蒋介石、蒋经国相继病重去世。蒋介石的去世，对宋美龄影响很大，也带来严重后果。48年的夫妻、官场协作，如今只剩下孤独一人。新的以蒋经国独裁为标志的领导体制形成，以及蒋介石停灵完成，蒋介石夫人宋美龄已经感觉到丈夫的时代只有影子存在，而蒋经国的时代已经开始，再留台北已无必要，故于9月17日飞赴美国。

宋美龄临行前一天，公开发表《告别辞》，称蒋介石过世后的国民党上层，"徒嚷'团结'口号，忙于新的势力范围划分"，故作为"总统夫人"的她"莫偕无道行，耻与群小立，避彼轻慢徒，不屑与同席"。宋美龄要求"党国要员"还像蒋介石在世时那样忠于她，是不切实际、办不到的。那些"党政要员"如在蒋介石尸骨未寒之际就伤害宋美龄女士，那也是人走茶凉、势利之举。

宋美龄到美国后，住在纽约长岛蝗虫谷附近拉丁镇孔令伟的别墅内，除在蒋介石逝世周年时短期返台外，一住就是11年，平时深居简出，偶然会见一些台湾去美活动的要员，绝不发表评价蒋经国政绩的意见。由于年事已高，健康水平日差，深受疾病折磨，治病成为她的主要事务。

蒋经国对继母在美国的静居是满意的，舆论界曾透露过一封他写给宋美龄的信。信中说："最近福体想正渐就安吉，孺慕无已，父亲大人九十诞辰渐近，是日将有中枢纪念典礼，纪念堂亦同时破土，另并发行纪念金币及邮票，虽礼意勉强就备，唯大人尚在纽约疗养，天各一方，不能随大人之后，致其思慕虔诚，知大人感慨后更甚于家中子孙，祈望大人安心疗养，使得早日康复返国，而此实亦国人所一致馨香祷祝者也。"

宋美龄留美期间，台湾并不平静。在经济方面，蒋经国重点进行台湾岛改造计划，基本上完成了"十大建设"和"十二项建设"。外交上与1949年8月《中美关系白皮书》发表情况相类似。1979年1月1日，美国与中国正式建立外交关系，这与第26届联大上台湾代表被驱逐出联合国一事一起，标志着国民党当局在国际上陷于孤立境地。政治上，1977年11月18日出现"中坜事件"，次年12月10日出现"高雄事件"。在此前后，出台了蒋经国一手导演的"保台和本土化""政治革新""解除戒严令"和颁布"国家安全法"、开放"党禁"和默认民进党成立等一系列政治改革措施。1987年11月2日开放部分台湾同胞到大陆探亲等。

此类在蒋介石时代想都想不到，甚至想都不敢想的大事，在蒋经国时代接二连三发生，强烈震撼着台湾政坛和民众心理。对台湾经济上的成绩，宋美龄感到欣慰；对美台"断交"，宋美龄感到忧虑；对国民党当局和"党外人士"的冲突，宋美龄感到担心；对蒋经国的种种政治革新措施，起用台籍人士和发展台籍党员、改善国民党的独裁统治，宋美龄持保留意见。但她知道蒋经国的个性，没有自讨没趣去指导蒋经国该做什么不该做什么，当然蒋经国也没有征求过后妈的高见。

在此期间，宋美龄代表蒋经国出面办过一件事。1982年7月，蒋经国在为纪念已经去世7年的父亲发表的专文中表示："切望父灵能回到家园与先人同在。"蒋经国还在文中充满深情地说，"要把孝顺的心，扩大为民族感情，去敬爱民族，奉献于国家。"面对蒋经国流露的故乡之情，大陆决定由中央对台工作领导小组副组长廖承志出面写信给蒋经国，廖承志是国民党元老廖仲恺儿子，是蒋经国的儿时好友，也是莫斯科中山大学时的同学。

1982年7月24日，廖承志致蒋经国的信，包括"晓以大义、陈以利害、动以感情、批驳其谬论和不切实际幻想"四个渐次递进的主题，指出，近读大作，"切望父灵能回到家园与夫人同在"之语，不胜感慨系之，今老先生仍厝于恋湖，统一之后，即当适安故土，或奉化，或南京，或庐山，以了吾弟孝心。吾弟近曾有言："要把孝顺的心，扩大为民族感情，去敬爱民族，奉献于国家"。旨哉斯言，盍不实践于统一大业！就国家民族而论，蒋氏两代对历史有交代；就吾弟个人而言，可谓忠孝两全。否则，吾弟身后事言何以自了，尚望三思。

蒋经国因为主政台湾地区的身份，没有回信，由宋美龄1982年在8月17日出面回信廖承志。令人遗憾的是，宋美龄全面拒绝大陆的建议，以长辈身份斥责廖承志，应该说蒋经国和宋美龄都失去了一次为民族作贡献的机会。蒋经国在5年后开放部分台胞到大陆探亲，宋美龄在这一问题上却分外顽固。

1986年10月，为参加蒋介石一百诞辰纪念活动，宋美龄回到台湾。热热闹闹的纪念典礼结束后，因身体状况不宜远行，没有马上返美。想不到一年以后，蒋经国突然病逝，这对宋美龄的冲击超过蒋介石逝世。蒋经国去世后台湾当局的最高权力面临重新分配。按照先例，"总统"蒋介石病故时，由当时的"行政院长"蒋经国任"党主席"（蒋介石是"总裁"），由"副总统"严家淦递升为"总统"。因此在蒋经国逝世的当天晚上，国民党临时中常委会议决"副总统"李登辉继位"总统"，这符合当年严家淦接替蒋介石的先例。"夫人系"和"官邸派"（以"总统侍从室"重要成员为骨干）要员"总统府秘书长"沈昌焕、"总统府国史馆馆长"秦孝仪依照先例提出"行政院长"俞国华继任"党主席"。"拥俞派"遭到以李登辉为代表的"开明派"的坚决反击。1988年1月26日，宋美龄为挽救"拥俞派"的失败，出面致信国民党中央秘书长李焕，认为大丧期间不宜讨论"主席继承问题"，应根据《党章》规定，放到预定在7月7日举行的"十三全"上决定。次日中常委会上，蒋经国的重臣、中央党部副秘书长宋楚瑜一反过去对蒋家的忠诚，首先发难，对宋美龄、俞国华等人提出的推迟决定"党主席"的行为表示强烈抗议。因为他的政治态度和地位，致使会议出现一边倒，包括"夫人系、官邸系"在内，全体中常委大员一致推举李登辉出任"代理党主席"。

宋美龄给李焕的信不长，内容却很重要，这是老夫人在蒋介石过世后，唯一的一次公开干预和反对国民党中央决策的行动。此事留存于国民党史，对此议论不少。国民党的党政合一领导体制，主要从人选是否合适而非过去的"先例"出发。此战失利，宋美龄和国民党上层的"拥蒋派"，再度推出深受宋美龄喜欢的"国家安全会议秘书长"蒋纬国，在1988年7月7日开幕的国民党"十三全"上参选中央副主席，结果在李登辉方面的反击下，内定为"中央常务委员候选人"的蒋纬国，连"中央委员、候补中央委员"也未选上，只是出任处于二线的"中央评议委员和主席团主席"，蒋纬国及"拥蒋派"惨败。

1990年3月间，国民党方面举行"第八届总统选举"，"拥蒋派"在得到宋美龄的默许后，提名林洋港、蒋纬国为"正、副总统候选人"，对决另一组候选人李登辉和李元簇，结果可想而知，林、蒋不得不退出竞选。

三仗败北给宋美龄带来的痛苦固然不小，更让她无法忍受的却是台湾社会上出现的一股股"倒蒋风、翻案风、否定风"。自蒋氏父子过世后，政治高压减弱，各界人士纷纷发言发文，调子由过去几十年来一贯的"颂蒋"，变为"评蒋、批蒋、贬蒋和骂蒋"，有关从西安事变到台湾的"孙立人事件""湖口兵变"等国民党历史上的许多重大政治疑案，都被提上媒体进行讨论，人们的调子由赞成蒋氏父子的裁决变为要求重新公布事实真相，为冤假错案平反昭雪；对于蒋家两代人几十年来的重大政治决策，人们由以前的拥护和执行变为怀疑和批判。总之，蒋介石、蒋经国已不再是神圣的偶像，人们可以自由地议论，其中包括随心所欲、各取所需的评价。有关蒋氏父子的纪念设施被破坏，纪念名称被取消，可以说台湾进入一个否定蒋家王朝的时期。宋美龄作为未亡人、过来人，心头难以平静，心理难以平衡，从政治上讲她已无留在台湾的必要。

老人心里充满凄凉，健康也不乐观，1989年1月，做过卵巢良性肿瘤切除手术之后，宋美龄的视力、听力、记忆力均严重衰退，进食也受到影响，台湾的政治气氛也不适合她养病。1991年9月26日，宋美龄飞离台北去美国定居，再次进入孔、宋后代圈内生活。台湾的有关报纸是这样说的：她告别这块土地，带走了"蒋家王朝的最后一片云"，也带走了"一个渐行渐远的年代，为蒋氏家族在台湾政坛的影响力画下了句点"。当然，在台湾的蒋家人还是有的，如蒋经国的夫人蒋方良女士，如蒋经国的儿子章孝严、章孝慈等。

宋美龄一生，因其身份和地位而使得其生活充满情趣，见解、学识使得她的生活颇有浪漫和艺术情调。在宋女士的业余爱好里，成就最大的是书法和国画。说来也怪，她干什么都显得耐心和毅力不足，可在学习书法和国画上却多年坚持，成绩甚丰。

宋美龄一生搏击官场，宦海漫游，在历史上留下了自己的影响，也留下不少的遗憾。其中最大的遗憾，莫过于叶落归根无法实现。历史上曾经轰轰烈烈的"宋家王朝"，六个姐妹兄弟，只有二姐一人安葬于父母墓边，其余均流落他乡，过世后则葬在异国。

晚年宋美龄的生活并不愉快，原因有二：一是面对"台独"势力越来越嚣张和李登辉的毁党毁"宪"活动，"世纪老人"深切地为台湾前途和台湾同胞的福祉担心。二是儿孙辈相继去世，在蒋经国于1988年1月13日病逝后，孙子蒋孝文、蒋孝武、章孝慈、蒋孝勇先后于1989年4月14日、1991年7月1日、1996年2月24日、1996年12月22日病故；1994年又送走了最心爱的姨侄女孔令伟；小儿子蒋纬国于1997年9月22日病故。白发人送黑发人的伤心事，接连发生在这位老人身上。

平时，宋美龄偶尔接见访客、逛逛公园、参观画廊。每年的生日，似乎是她最快乐的时刻，1997年庆祝了百岁生日。2000年9月8日，作为国民党中央评议委员会主席团主席的宋美龄，办理国民党员重新登记，从美国寄去包括亲笔签名的《党员规约》在内的所有重新登记文件、换发党证需要的两张照片、终身党费1万元，同时对有关通信地址等基本资料也都做了更新，成为国民党终身党员，从中可见她对国民党的感情。面对李登辉的毁党毁"宪"活动和"台独"势力的嚣张，她能够坚持"一个中国理念"，坚持台湾是中国的一部分，反对"台独"，强调"不做民族罪人"，成为岛内反"台独"力量的"精神领袖"。在美期间，她拒不接待"台独"分子，包括1995年赴美国活动、要求会面的李登辉，包括过境纽约、表示要"顺道拜访"的陈水扁。2002年9月19日，陈水扁妻子吴淑珍到美国活动时，公开攻击百岁老人宋美龄，从中可以看出"台独分子"的无知和蛮横。

宋美龄是虔诚的基督教徒，床头有本英文《圣经》，每天晨起必先用英文祷告。此外，她是《纽约时报》的忠实读者，后来因为年岁太大，看报吃力，由专人每天读报给她听。由于她活动量很少，医生担心她的肌肉会逐渐萎缩，除了要求护理人员定时为她做全身按摩之外，同时也希望她能够适当做些运动。在她生命最后的岁月里，百岁老人的筋骨已经滞硬，但她咬着牙，每天逼着自己扶着屋内楼中楼的扶梯，走完楼梯。

她搬到曼哈顿之后，生活有专人照顾，由台湾来的振兴医院、荣总医院人员所组成的医护小组，24小时不分昼夜，密切观察她的健康情况；营养师和厨师根据她的身体状况调配合适的菜谱。"国防部"派来的宪兵则终年在寓所执勤，以保护她的安全。她的房租、生活费、医疗费和医生、护士、助理的工资和节假日红包都由孔家负责。唯一例外的是宪兵的工资由台湾方面负担，不过宪兵的红包也由孔家解决。

2002年以后，宋美龄的双腿肌肉越来越萎缩，连站起来都相当吃力。在她105岁生日时，由孔令仪推着轮椅和宾客见面。2003年3月14日，宋美龄没有像往年那样举行庆祝106岁生日仪式，而是单独留在房间里度过。2003年10月24日，宋美龄逝世。

宋美龄病故后，正在台湾地区执政的民进党当局负责人曾表示要为其覆盖"国旗"，蒋家代表、蒋孝勇夫人方智怡断然表示，宋"一生捍卫'中华民国'，不希望一个不承认'中华民国'的人为她覆盖'国旗'"。宋美龄病故后，面对这位历经3个世纪的百岁老人逝世，"台独"分子出于分裂祖国的立场，缺乏起码的人道关怀，极力贬低这位中国现代史和两岸关系史的亲历者和见证人，声称宋是"旧时代的新女性"，她的辞世"象征旧时代已随她告一段落"，意味着"国共斗争的思维就此结束"，"代表台湾向中国、向旧时代说再见"。李登辉的表态更为阴损，因为他的对美"外交"和"康乃尔之行"都是金钱开路的结果，所以，他把宋美龄在抗日战争的紧要关头赴美、为贫穷的祖国成功争取美国援助的事说成是"拿钱到美国企业界游说"。从"台独"势力的攻击中，也可以看出宋美龄的政治立场。

面对世纪老人的去世，台湾各界利用各种方式表示哀悼。伴随着"台独"分子宣扬"象征旧时代已随她告一段落"、趁机进行"去中国化"的图谋，各电视台专门播放宋美龄的生平纪录片，平面媒体都设有报道专版，许多书店设立"宋美龄专柜"，妇女联合会、商业总会、宋美龄生前创办的"振兴医院"

以及许多社会团体均设立灵堂进行悼念。岛内主流媒体评论说，"她的容貌，她所接受的东方传统和西式教育，加之家族强大的背景与美国的关系，使她在权力、财力与魅力的交织中，成为中国近代百年史上最有影响力与争议的女性之一"。中国国民党主席连战得知宋美龄去世的消息后，称赞宋美龄"对国民党、对台湾有重大贡献"。亲民党主席宋楚瑜称赞宋美龄"值得后人怀念"。国民党、亲民党和新党决定联合成立"治丧委员会"，共同协助家属办理治丧及哀悼事宜，举办大型"追思会"。

许多国际友人深切哀悼宋美龄逝世。刚刚结束亚太6国之行返回夏威夷的美国总统布什通过白宫发表声明说，他和劳拉闻讯"感到哀伤"，称赞宋美龄"在她的一生，尤其在上个世纪的艰难岁月里，一直是美国的亲密朋友"。美国国务院发言人埃雷利在例行新闻发布会上称宋是"一位历史人物"，是"美国和美国人民的朋友"。美国主流媒体在醒目位置报道了宋美龄逝世的消息，各主要电视台也在要闻时间播出这一消息，大多把报道主题放在宋美龄1943年在美国国会的演说、蒋介石夫妇与罗斯福总统合影等历史镜头上。

对于她的逝世，中国人民表示深切哀悼。全国政协主席贾庆林指出："宋美龄女士是中国近现代史上有影响的知名人士，她曾致力于中国人民抗日战争，反对国家分裂，期盼海峡两岸和平统一、中华民族兴盛。"贾庆林主席和海协会会长汪道涵、民革中央主席何鲁丽、全国妇联主席顾秀莲等领导人，政协海南省委员会、宋庆龄基金会、黄埔军校同学会等团体，分别委托中国驻美人员，前往宋美龄住所敬献花篮和慰问信，深切悼念宋美龄女士。

宋美龄生在19世纪，走过20世纪，步入21世纪，是横跨三个世纪的传奇人物。从蒋家角度看，她进入蒋家时，虽说蒋家已经成为"名家"，但蒋家"全面辉煌"却是在蒋介石与她结婚后。更为难得的是，在蒋家的代表性人物蒋介石、蒋经国、蒋纬国先后去世后，她还在撑起蒋家的门面。在她去世后，"蒋家的最后一片云"消失了。

蒋经国和夫人

蒋介石的死，并未造成台湾当局内政、"外交"政策的改变，因为晚年蒋介石，只是一个招牌、偶像，大权早就落入蒋经国之手，台湾不会因蒋介石的去世而发生大政方针上的变动。

1978年1月，"总统"严家淦在中央常务委员会会议上，提议蒋经国为第六届"总统"唯一候选人。3月1日，"第一届国民大会第六次会议"开幕，"国大"自创设以来只有一件事，那就是为蒋介石、蒋经国出任"总统"盖上一个"合法之印"。不管民意如何，蒋介石、蒋经国出任"总统"不会改变，"国民大会"也不会同意"第三者"插足。严家淦纯属意外，所以当了3年"总统"。

六次"选举"，前五次是蒋介石唱主角，父亲一去，第六次则由儿子唱主角。最后蒋经国在1193名"国大代表"参加的"选举"中，获得1184张"选票"，创下民国以来"总统"选举上的得票新纪录。与其父亲比，在得票上也有"一代胜一代"的味道。

蒋经国成为中国帝制取消后，唯一子接父班成功的案例。而且，蒋经国是在民主潮流浩浩荡荡的20世纪70年代世袭成功的，这是国民党的悲剧和失败。最后，蒋经国还算明智，亲手结束了蒋家统治。

蒋经国在为政核心方面，基本上是按父亲的老路走，可在形式上还是很有特色的，推出过一道道施行政治革新措施、惩治贪官污吏的法令，给人以耳目一新的感觉。

自"保钓运动"开始的舆论解放运动，为"党外势力"宣传自己的政治主张提供了最为合适的环境、条件。"党外人士"在"鸣放时期"把自己的政治见解一一抛向社会，引起强烈反响，为"党外势力"的崛起进行了舆论和思想上的准备。正是因为"党外人士"加入大学生的议政队伍，也正是因为"党外人士"的政治见解引起社会的震动，导致国民党当局查封《大学》杂志，镇压了继"《自由中国》及雷震事件"之后的第二次自由舆论高潮。大学校园的民主运动暂时被压下去，"党外人士"则把自己的阵地转移到已经展开的"增额中央民代选举"等合法活动上。"增额中央民代选举"，把"党外人士"的政治活动范围，由以前特定的县市扩大到全岛，走上更大更广的政治舞台。1969年的"中央民代"补选，因来得突然，"党外人士"还没适应，也来不及准备，国民党方面轻易获胜。到1972年开始"增额三大中央民意代表"选举时，"党外人士"和国民党进行第一次公开、合法的较量。自此以后，双方的斗争就集中在"党外"一方要扩大选举成果、国民党一方千方百计予以限制这一斗争焦点上。双方发生重大冲突分别是1977年11月18日的"中坜事件"和1979年12月9日的"美丽岛事件"。尽管事件中党外势力受到重创，但是民主意识不断深入和强化，追随者越来越多，"党外队伍"发展很快。

蒋经国上任"行政院长"后，如果说他在经济上做过什么努力，那就是为台湾经济创造了一个合适的投资、生产、贸易环境。石油危机打乱了蒋经国的经济规划，原来拟订的以发展重化工业为核心的重工业发展计划，因石油短缺和涨价而无法实施；原来拟订的以"发展为主"的第六期"四年计划"，只得改为以"调整为主"。在经济调整过程中，蒋介石于1975年4月5日病故，蒋经国继续推动"经调"工作。1976年，经济调整告一段落，转入"六年经济建设时期"。到20世纪70年代末80年代初，各项工程相继完工和大部完工后，对整个社会经济的促进作用马上显示出来。岛内海陆空交通状况大为改善，提高经济层次的大气候逐步形成，经济实力有了相当程度的增强，同时提供了大量的就业机会，大批农村青年进城谋生，促进了就业结构向有利于社会发展、社会消费、生活水准不断提高方面的转化。当然，台湾经济也存在忧患，近忧是缺乏实力，远虑是较为脆弱，患的是缺乏持续发展后劲。一些西方及港台经济界人士把台湾经济称为"浅碟式经济、泡沫型经济"，不无道理。

蒋经国在世的最后数年，在促进台湾经济继续增长的同时，围绕"宪政改革"主要抓了三个方面的大事：选择接班人，有限度地开放回大陆探亲，解除"戒严令"。这样在他离开人世之前，或多或少给国民党的历史留下了一点有价值的东西。1985年12月25日，蒋经国在"行宪纪念大会、国民大会宪政研讨委员会第20次全体会议、第一届国民大会年度会议"联合典礼上致词表示，下一任"总统"，必然会依据"宪法"而产生，经国的家人中有没有人会竞选下一任"总统"？答复是不能也不会。蒋经国的谈话，击破了海内外关于蒋经国要"传子世袭"的传说。在选择谁来接班方面，蒋经国重点培养的是4位搭档，分别是"副总统"谢东闵、李登辉，"行政院长"孙运璇、俞国华。4人中，蒋经国有意培养接班的是孙运璇、李登辉。用谢是为推进任用台籍干部政策，用俞则是为安抚对政治改革政策不满的元老派、保守派。最后在1986年2月15日，国民党"十二届二中全会"正式决定李登辉为第七届"副总统候选人"，成为事实上的蒋经国接班人。1986年7月14日"总统"蒋经国正式签署"解严令"，宣布将从7月15日零点起，台湾地区"解严"。可以被称为世界戒严之最、持续38年之久的"戒严令"的撤销，成为国民党政治改革的高潮。1987年10月15日，台湾"内政部长"吴伯雄在记者招待会上正式宣布，民众可以探视三亲等为由前往大陆。因政治对立而分居于台湾海峡两边、又被国民党当局禁止往来的民众，终于有了与亲人相聚的可能。

蒋经国在最后的日子里，安排李焕出任国民党中央党部秘书长、蒋纬国出任"国安会秘书长""陆军一级上将"郝柏村留任"参谋总长"、俞国华留任"行政院长"，由这些人与"副总统"李登辉组成身后的权力班底。"五人帮"在蒋经国去世后，很快被李登辉一一破解，李登辉开始走上"威权"和"台独"之路。

蒋经国的身体在70岁以前还是正常的，颇有台湾官方舆论所说"身体康健、步履稳健"的劲头。1980年1月18日，经保健医护小组检查，发现蒋经国患有前列腺炎，于是住进荣民总医院动手术割除。1981年7月又在该院进行眼部手术。10月10日，因血压过高当场晕在"国庆"大典上。次年3月又做左眼视网膜手术。1983年间，糖尿病再度恶化。1984年5月20日，蒋经国出任第七届"总统"，登台宣誓时步履艰难，发表了17分钟的讲话，讲话时声音颤抖，吐字不清。第二年8月，又进入荣民总医院进行右眼白内障摘除手术。1986年4月安装人工心律调节器，1987年下半年只能以轮椅代步，1988年1月5日立下遗嘱，1月12日最后一次来到"总统府办公室"。

1988年1月13日早晨7时30分，蒋经国起床后感到不舒服，经保健医生检查，未发现恶化症状，经一般性保健治疗后，病人恢复平静。下午1时55分，病人突然大口吐血，荣民总医院的特护小组立即施行抢救。吐血中的病人很快转为昏迷，进而发生呼吸衰竭。当李登辉、俞国华、李焕、蒋纬国等赶到官邸抢救现场时，蒋经国已昏迷多时。荣总副院长姜必宁和台中医院院长、著名肠胃专家罗光瑞接到电话后，迅速从台中赶来指导抢救。由于病情恶化迅速，"除了以人工心肺机急救外，根本来不及做任何处理"。3时50分，病人心脏停止跳动，瞳孔散大，医生停止一切抢救措施，79岁的蒋经国病故。当天晚上8时零8分，"副总统"李登辉宣誓就任第七届"总统"。

国民党方面为蒋经国举行了规模空前的葬礼，台湾各界人士也用不同的方式表达对死者的哀思。1月30日在台北圆山"忠烈祠"举行大殓仪式，为蒋经国覆盖国民党党旗的是"前副总统、总统府资政"谢东闵、"总统府资政"黄少谷、"总统府战略顾问"薛岳、"总统府秘书长"沈昌焕、国民党中央党部秘书长李焕、"内政部长"吴伯雄、"外交部长"丁懋时、"国防部长"郑为元。为蒋经国覆盖"国旗"的是"总统"李登辉、"行政院长"俞国华、"立法院长"倪文亚、"司法院长"林洋港、"考试院长"孔德成、"监察院长"黄尊秋、"总统府资政"陈立夫和"立法委员"王世宪。

大殓仪式结束后，蒋经国的灵柩被送至桃园大溪镇头寮宾馆，宾馆也改名为"大溪陵寝"。在陵寝几公里外就是其父蒋介石灵柩停灵处慈湖宾馆。曾在中国政治舞台上呼风唤雨几十载的蒋氏父子，谁都没有下葬，他们在等着回到故乡。

蒋经国病故第二天，中国共产党中央委员会致电中国国民党中央委员会，对蒋经国先生不幸逝世深表哀悼，并向蒋经国先生的亲属表示诚挚的慰问。同日，中共中央总书记发表谈话，指出蒋经国先生坚持一个中国，反对"台湾独立"，主张国家统一，表示要向历史作出交代，并为两岸关系的缓和作了一定的努力。国民党领导人更替之际，我们重申，我党和平统一祖国的方针和政策是不会改变的。我们希望新的国民党领导人，从中华民族根本利益出发，审时度势，顺应民心，把海峡两岸关系上开始出现的良好势头推向前进，为早日结束我们国家的分裂局面、实现和平统一作出积极贡献。台湾人民有着爱国的光荣传统，盼望统一，反对分裂，近年来同港澳同胞、海外侨胞一起，为推动和平统一，促进国共两党和谈作出了努力。我们愿与台湾各界人士共商国是，完成统一祖国振兴中华的大业。我们由衷地期望台湾局势稳定、社会安宁，经济继续发展，人民安居乐业。

中国国民党革命委员会名誉主席、蒋经国留苏时的同学屈武也致电慰问，电文说蒋先生"一生爱国，正期再展才干，共竟祖国和平统一大业，不意遽尔长逝，痛惜何似"。全世界均注意到了北京的声音，这是中共对台方针的继续。

蒋经国因自身、家庭及国民党的原因，成为历史的弄潮儿，可没能成为历史的主流派。

蒋经国夫人蒋方良的俄文名叫法因娜·伊帕季耶娃·瓦哈列娃（也被称为"芬娜"），出身于苏联地方贵族之家，家庭财富在革命中被充公，但良好的家庭教育还在，长期养成的文化素质还在，因此法因娜显得成熟和有教养，优雅之中很有气质。法因娜因为出身问题而在社会上被歧视，1935年3月与当时在苏联留学的蒋经国结婚。蒋经国在《我在苏联的日子》一书里说："我在乌拉尔重型机械厂那几年，法因娜是我唯一的朋友，也是我的部属。她最了解我的处境，每逢我遇到困难，她总会表示同情并加以援手。1935年3月，我们终于结婚。"

蒋经国历经12年旅苏的不平常生活后，终于在1937年初携夫人、长子回到祖国。蒋介石按照文化习俗，为法因娜和爱伦分别起名为"蒋方良""蒋孝文"。意在要法因娜做一个"方正贤良"、举案齐眉、相夫教子的好主妇，要孙子讲孝道、尊长辈。

在台湾，蒋方良曾经有过公职。在蒋经国担任"国防部总政治部主任"时，蒋方良顺理成章地成为"妇联会""国防部分会"主任委员。只是为时不长，蒋方良就赋闲在家，应酬也很少。只有两种场合必定出席，一是以夫人的名义陪同蒋经国迎来送往，一是夫妇两人同时参加各类选举时的投票。因此，社会舆论认为"历来有权、有势的妇女，很少有人能耐得住寂寞、她表现出另外一种形式的伟大"。

对蒋方良打击最大的有二：一是在丈夫去世后的8年间先后失去3个儿子。长子蒋孝文病故于1989年4月，终年54岁；次子蒋孝武病故于1991年7月，终年46岁；小儿子蒋孝勇病故于1996年2月，终年48岁。70多岁的老人，尝遍白发人送黑发人的心酸。二是在丈夫去世后从媒体上看到了章孝严、章孝慈兄弟要认祖归宗的事，才知道丈夫在几十年前与章亚若生有一对双胞胎，她异常痛苦地询问苍天："这是为什么？"

2004年10月蒋方良女士进医院治疗，11月底出现左侧肺肿瘤渗血症状，经治疗后停止出血。12月6日胸部X光检查，发现左侧肺部积水，癌细胞已经转移至前左第三至五肋骨和左第六肋骨部。15日中午12点10分因病去世，享年90岁。方良女士走得非常平静。得知蒋方良去世的消息时，正在主持项目会议的国民党主席连战宣布会议暂停，立即率秘书长林丰正等人前往台北荣总医院吊唁。国民党方面表示，方良女士一生为人处世谦卑、廉洁、温和，她的过世让人们永远怀念她的为人处世作风。

蒋方良是一位普通女性，虽说生活在充满政治特权的蒋氏家族，但只是享受了其中的"平静的生活"，是一个"最没有声音的人"，没有要求过什么特殊的待遇。虽然生活在与众不同的蒋氏家族，但她一直把自己当成普通人，蒋家最早"平民化"的人就是她。

蒋纬国和夫人

在蒋家成员中，蒋纬国处于特殊的地位。在蒋介石去世后，蒋经国对弟弟的看法有了改变，蒋纬国的处境，与以前相比有了很大不同。1975年9月，蒋纬国从"中将衔"的"陆指参大学校长""三军大学副校长"兼"战争学院院长"职位上，调升"三军大学校长"和"陆军二级上将"，1980年5月出任"联勤总部总司令"，1984年6月转任"联合作战训练部主任"。到蒋经国自感来日不多之时，任命蒋纬国担任"国家安全会议秘书长"，显然是寄予厚望。"国安会"是国民党的最高权力决策部门，名列"总统府"之后、"五院"和"国民大会"之前，下设"国家建设研究委员会""科学发展指导委员会""国家安全局"，会议组成成员为"总统""副总统""总统府秘书长和参军长""行政院院长和副院长"，及"国防部""外交部""财政部""经济部"等部长、"参谋总长""国安会秘书长"和"国建、科指、国安"三机构主官，从会议组成人员可以看出该机构的分量。"秘书长"是会议实际召集人，虽说不掌握具体的党政军经警宪特领导权，可从所处的位置看，确实可以协调各方面的行动，为大政方针定调子。当然，在蒋介石和蒋经国时期，两人处于独裁地位，"国安会"形同虚设，无足轻重。蒋经国意识到，自己身后，台湾政治权力中心可能会出现真空状态，国民党上层缺少以前那种"一家言"和"一律论"。在这种国民党严重失控的状态下，"国安会"应该可以起到平衡、折中、指导国民党"党政军经"工作的作用。然而，由于李登辉在蒋经国病故后，为夺取权力不择手段，遭到宋美龄和蒋纬国等"拥蒋派"公开反对。作为"国安会秘书长"的蒋纬国，也很快卷入国民党内部权力重新分配的竞技场，由幕后走向幕前，寻找适合自己角色表演的政治舞台。

蒋经国病故后，李登辉为巩固权力基础和推行"实质台独"，在党内分化拉拢，打击异己，无所不用其极。国民党内许多人为反击李登辉的打压，拥护具有特殊身世和地位的蒋纬国，同李登辉发生了4次冲突。

第一次是在李登辉接任党主席问题上，宋美龄、蒋纬国联合中央党部秘书长李焕、"总统府秘书长"沈昌焕、"总统府国史馆馆长"秦孝仪等人，提出蒋经国大丧期间不宜讨论"党主席继承问题"，以拖延他们并不信任的李登辉继任党主席。由于历史和现实的原因，李登辉又戴着"民主""改革"的面具，因此他接任党主席成功。

第二次是在蒋经国病故后的第一次党代会"十三全"上，由"行政院长"俞国华等人领衔，在宋美龄的支持下，为抵制李登辉破坏国民党的举动，提出修改党章、增设副主席，意在推举蒋纬国为副主席。蒋纬国也说："我不争什么，但不代表我什么都不要。"提案被以李登辉为代表的"主流派"否决，原来内定蒋纬国为中央常务委员候选人的计划，因其在中央委员选举中落选而告吹，蒋纬国只能继续担任"中央评议委员和主席团主席"。

第三次是抵制李登辉连任"总统"。1990年3月间，台北当局举行台湾地区领导人换届选举，拥李的"主流派"和拥蒋的"非主流派"就此接连交手。"非主流派"先是有意推举蒋纬国为"副总统"候选人，结果李登辉耍弄他们一番后提名李元簇为副手。接着"非主流派"推举林洋港和蒋纬国参选正、副"总统"，并且主张在决定"总统"候选人的国民党"十三全临时全会"上，为避免被李登辉操纵，把原来的"起立、鼓掌通过"改为以"无记名投票方式"决定候选人人选。两项建议均在李登辉的分化、打压下失败。特别是侄子蒋孝武公开跳出来反对，指斥蒋纬国是要借机"夺权"。蒋孝武的行为，对蒋家的形象、对蒋纬国的行为，伤害非常大。

第四次是随着李登辉在党内的领导地位得到巩固，他在4年内把俞国华、李焕、郝柏村排挤出领导中心，拆散蒋经国生前安排的"接班组合"。对于"接班组合"的最后一位成员蒋纬国，采取迂回路线，1990年5月安排其兼任"中华战略协会理事长"，10月聘为"国家统一委员会委员"，1993年4月任"总统府资政"，1996年6月正式免去其"国安会秘书长"职务。

蒋纬国由于生活在由陈水扁任市长的台北市，因此日子并不太平。有着几十年军旅生涯的蒋经国因遗忘在家中的旧枪差点被以"私藏枪支罪"起诉，更为可怜的是，他的儿子蒋孝刚在台北士林购买土地、依法兴建的住宅，也在1996年2月6日被工务局建管处和近百名警察，以"免办建照"的手续不全为由强行拆除。特别是多年来社会上发生、被李登辉和"台独"势力利用来打压国民党的"非蒋化"思潮中，蒋纬国成为他们发泄的目标，更加重了他的心理负担。

就蒋家内部来说，他的5个侄子中有4位先他而去，打击之重可想而知。正是在这种"风刀霜剑寒相逼"的气氛中，蒋纬国的身体状况越来越差。唯一能给他带来安慰的，是妻子邱如雪和儿子蒋孝刚的关怀，是与远在美国的宋美龄及同在台北的蒋方良、侄媳的联系，成为他生活的主要乐趣。

1997年9月1日，蒋纬国因肺炎而引起急性呼吸衰竭，病情危急，住进荣民总医院加护病房。22日，因败血症和器官衰竭症病逝，终年81岁。9月24日，大陆海协会会长汪道涵发来唁电："惊悉纬国先生不幸病逝，甚感哀痛。纬国先生坚持一个中国，反对'台独'。值此谨致哀悼。"关于蒋纬国安葬的墓地，有人主张选在石静宜所在的六张犁墓地。10月19日上午，治丧委员会决定把蒋纬国安葬在他担任"联勤总司令"时修建的台北县五指山公墓。

蒋纬国病故后半个月，尸骨未寒，1997年10月3日，岛内各大报以显著位置和整版篇幅，报道他的生前好友、"中华文化协会"会长、中兴大学教授范光陵向台湾《商业周刊》透露的惊人消息，引起人们对于蒋介石生育能力的再一次议论。此事只能说明一件事，那就是随着蒋纬国的去世，政治意义上的蒋家，在加速、全面走向"平民化"。

蒋纬国的再婚夫人是邱如雪，也叫邱爱伦。在石静宜去世后近两年，蒋纬国结识了不满20岁的女子邱如雪。邱如雪的英文名字叫Ellen，媒体有时称她为邱爱伦。邱如雪的母亲是德国人，生父是中国人，是中德混血儿。在第二次世界大战中，邱如雪与母亲失散，随父亲留德，后由前国民党"中央信托局局长顾问"邱秉敏抚养长大。早在1950年，邱如雪跟随全家从香港来到台湾。到台后，邱家生活在当时已算中上等。在富足的环境中，邱如雪喜欢读书，和邱家的感情很深。因为她的中学是在香港读的，说的是一口广东话，到台后国语水平较差。所以读大学时，被送到"静宜英专"就读。

1957年间，因为曾经留学德国和会讲德语，蒋纬国成为"中（台）德文化经济交流协会"负责人之一，在一次聚会时认识了随父亲邱秉敏与会的邱如雪，之后开始猛烈的爱情攻势。客观地说，邱家当初并不赞成这一婚事，理由很简单，蒋纬国年长18岁还可以接受，不过邱家是"平民化的家庭"，难于与蒋家的"特权化的家庭"接轨。为让两人分开，邱秉敏硬是把邱如雪送到日本读书，地理上的距离没有成为心理上的距离，蒋纬国在1958年4月任"国防部第五厅（计划）少将厅长"兼"联合作战计划委员会副主任"，经常利用公事私事往日本"追求爱情"。1959年，蒋纬国再次出任"装甲兵总司令"，邱如雪成为"司令夫人"。1963年蒋孝刚出生，蒋纬国中年得子，给蒋纬国及蒋家带来无限欢乐。

关于夫妻关系，蒋纬国曾说，有了邱如雪的日子，虽然物质生活并没有什么变化，但是她却大大丰富了他的精神生活。邱如雪小蒋纬国18岁，他们之间的感情既像夫妻，又像朋友、兄妹，甚至父女。邱秉敏为了女儿和女婿也做出了较大的牺牲，为了避免不必要的麻烦，避免把自己应得的东西被人说成是靠蒋家换来的，刻意淡出仕途，最后定居美国。

蒋纬国和邱如雪婚后10年，处于分居状态，到蒋介石去世后，宋美龄于1975年9月赴美居住，邱如雪带着儿子蒋孝刚陪同前往，以后就在美国、台湾和蒋孝刚学习的地方来回奔走。邱如雪在美国基本过着自食其力的生活，靠着从小培养的艺术欣赏能力和品位，在美国从事室内装潢设计工作。在美国的日子里，邱如雪同一般人一样，有时坐地铁，有时自己开车上下班，赚的钱能够养活自己和供儿子上学。

蒋纬国和邱如雪分而不离，引起世人议论纷纷。两人闹翻原因何在？有人说蒋纬国长邱如雪18岁，老夫少妻是婚变的原因所在；有人说邱如雪个性浪漫，与严谨、刻板的官邸生活的冲突是分居的原因所在；有人说邱如雪的哥哥邱廷亮，因一政治事件被时任"国防部长"的蒋经国下令判处6年徒刑，蒋纬国说情不力；有人说蒋纬国与"华视"的一位女明星"过从甚密"。

蒋纬国晚年，身体不好，为照顾他，蒋孝刚则回到台湾当律师，邱如雪也基本住在台湾，陪侍丈夫。在蒋纬国病逝时，旅居美国的台湾三军军校校友还特意致电邱如雪，深切怀念蒋纬国。在丧礼会场，邱如雪"在追思礼拜中始终戴着墨镜静穆不语，直到全场人士高唱蒋纬国改编的《梅花》时，终究止不住哭泣；蒋孝刚在妻子王倚惠轻抚下拭泪"。

跟随蒋纬国走过一段不平常的人生岁月，邱如雪可说是了无遗憾。后来，她在德国又找到了失散多年的生母，算是多少弥补了一些童年的缺憾。她唯一未了的心愿就是没赶上见大陆的祖母一面。邱如雪的明智之处，是在蒋家得势时她没有把自己完全"整托"进去，而是利用作为蒋家成员的便利，跑到美国开创新的生活。在蒋家失势后，她在美国的生活环境没有改变，她依然可以自由地生活。

蒋介石的孙辈

蒋家第三代是命运复杂的一代，成为蒋家由"特权化"向"平民化"的过渡人物，前半期有政治特权庇护，有些成员留下不太好的名声；随着蒋经国的去世，特权全部消失，而且还承受"非蒋化"的压力，被迫步入"平民化"。

更可悲的是，蒋家第三代出现严重早衰现象，蒋孝文、蒋孝武、蒋孝勇、章孝慈4位成员过早逝世，如今蒋孝章在美国生活，蒋孝刚是一个律师，只有章孝严还在吃"政治饭"，但都没有了以往蒋家的光环，生活在"平民化"之中。

长孙蒋孝文

1935年12月14日，蒋孝文出生于苏联西伯利亚与乌拉尔山交界处的斯弗罗夫斯克市，乳名"爱伦"。1937年春节前夕，"爱伦"随父母从海参崴乘船离开苏联，来到父亲阔别12年的祖国。这位有一半俄罗斯血统的孙子，活像一个可爱的洋娃娃，出现在祖父面前时，蒋介石和宋美龄非常高兴，根据族谱，蒋介石是"周"字辈，儿子是"国"字辈，孙辈是"孝"字辈，爱伦则是"孝"字辈中的第一人，蒋介石为其起名为"蒋孝文"。蒋孝文深受蒋家人喜爱，成为全家上下的宠儿。但蒋孝文给蒋家留下一个遗憾——不爱学习，对课外的很多东西却兴趣盎然，整天迷恋骑马、驾车和射击。尤其是打靶，他能"左右开弓，人称'双枪太保'"。1955年中学毕业后，为约束蒋孝文，蒋介石把他送进凤山陆军军官学校。蒋孝文在军校经常违反校规，对抗教官，私自开着校长座车到高雄、台中、台南等地寻欢作乐，不到一年即退学。1956年，名声不好的蒋孝文被送往美国加州大学伯克利分校念书，1960年2月因违规开车被告上法庭。此时与其青梅竹马的徐乃锦也来到加州大学念书，两人不期而遇，很快坠入情网。婚后他们转学到了华盛顿大学。蒋孝文不断惹是生非，在徐乃锦劝说下，回台创业。蒋孝文从美国返台时已经27岁，到电力公司任副管理师，1963年3月被提升为台湾电力公司台北区西郊分处的主任，同时受命筹建金门电厂。1964年9月被提升为新建的台电公司桃园管理处经理。1966年7月蒋孝文应聘兼任"青年反共救国团"桃园县团务指导委员会主任委员，开始涉足政界。任内主持修建了桃园、杨梅、中场等3处青年

蒋孝文婚后全家的合影。站者左起：孝勇、孝文夫人徐乃锦、孝文、孝章、孝武

娱乐中心和杨梅镇埔心野营活动中心，把当地的青年活动搞得有声有色，像青年生活"教育研习营"和暑期青年娱乐活动——滑水训练，在当时台湾地区是首创。

拥有蒋家这样的家庭条件，又有相当的业绩基础，蒋孝文作为蒋家第三代的第一人，应该具有辉煌的前景和发展空间。只是他喜欢喝酒，因"贪杯"葬送了自己的前途。1970年底，一次蒋孝文与友人欢聚时，饮酒过量当场醉倒。不料，蒋家遗传的糖尿病已经在蒋孝文体内发生作用，他在熟睡中出现因糖尿病并发的血糖降低症，血糖急速下降，血液中大量缺氧，损坏正常脑细胞而失去知觉，第二天发现情况不对被送到荣民总医院急救。根据现代医学的结论，因糖尿病昏迷一两个小时，就会严重损及脑细胞，昏迷超过10小时的蒋孝文极有可能成为植物人。

这对于蒋家来说，无疑是晴天霹雳。在荣民总医院的全力抢救下，蒋孝文昏迷近1个月后竟然奇迹般地苏醒，不过智力和记忆力已受到严重损害，连家人都不认识。蒋介石得到爱孙清醒过来的消息，立即赶到医院探视。说来也巧，他竟然成为苏醒后的蒋孝文认出来的第一人。蒋孝文先是盯着蒋介石看，不一会儿喊了声"阿爷!"随后认出母亲蒋方良，再又认出父亲蒋经国。

蒋孝文的脑细胞严重受损，在荣民总医院治疗和观察达4年。之后回家静养，除了请一位护士照顾外，每周医生固定检查一次。蒋孝文病后身体一直还好，可以单独在室外散步，兴致高时，甚至能够坐车在阳明山住处一带兜风或到亲友家串门。至于意识方面，有时清楚，能记得一些事和认出一些人，但注意力不能长时间集中，讲话时语言也不太连贯，还时常反复问同一个问题，智商及记忆力仅维持在四五岁孩子的水平。

蒋孝文的悲剧让蒋介石、蒋经国异常悲伤，他俩临终前最放不下心的就是蒋孝文。特别是蒋经国临终前已经感觉到社会上出现的"非蒋化"思潮，他分外担心病残的长子的生活环境，但他没有想到的是，长子竟在13个月后随他而去。患病后的蒋孝文离开了政界和社会，一直过着半隐居的生活，只是在1975年4月和1988年1月在家人和医护人员的陪同下出现在祖父蒋介石和父亲蒋经国的灵堂。应该说，直到蒋经国去世之前，蒋孝文拥有优越的生活和治疗条件；蒋经国去世之后，在徐乃锦的照顾下，蒋孝文的生活和治疗条件也没有降低多少。

1988年10月，蒋孝文因长期吞咽困难、疼痛且喉部有明显肿大现象而住进荣民总医院，经X光检查和病理切片，证实蒋孝文患上喉癌，而且已经到了晚期。造成这一局面的是蒋孝文本人，他早期出现喉癌症状，因其脑部受损、智商低下而感觉不到，而且又像小孩子一样不肯就医检查，所以延误了治疗。由于他的智商受损和原有的病体，家人和医生对他的新病情，总觉得是原有疾病的反应，没有引起足够的重视，直到外观凸显和咽食出现明显障碍时才认真检查，这时恶性肿瘤已经蔓延。面对蒋孝文的病情，医生只能尽力延长他的生命和减轻他的痛苦。

医生采取保守疗法，每天为他进行200单位"钴60"的放射治疗，但没能制止癌症的发展，1个月后癌细胞已转移至肺部和脊椎，到12月间已不能自己进食，只能由护理人员灌入流体食物，蒋孝文的生命进入最后阶段。从1989年2月24日起，开始以呼吸器延续生命。于4月初，又出现"黄疸"症状，表明癌细胞已转移至肝脏，久病的蒋孝文已经没有能力与癌症斗争下去，于4月14日凌晨1时43分病故，终年54岁。他走完了先是惹是生非、再是务实工作、后又抗争病魔的一生。

蒋孝文能够在返台后改邪归正做人、踏踏实实工作，能够在最后阶段走得还算体面，应该归功于妻子徐乃锦。徐乃锦又名南茜（Nancy），1938年生，是反清革命先烈徐锡麟的孙女，父亲徐学文是留德化学博士，曾任台湾樟脑局局长，颇为蒋经国欣赏；母亲徐曼丽是德国籍音乐工作者，与徐学文相爱于德国，结婚于上海。

徐乃锦自幼聪慧过人，精通英、德、法3国语言。自静宜中学毕业后，赴美留学，获加州大学心理学硕士学位。徐家与蒋经国家住得较近，12岁时徐乃锦与蒋孝文就常在一起游泳和玩乐，之后分别赴美国念书时，两人再度相逢很快相爱。对于早就认识和喜欢的徐乃锦与放荡不羁的儿子的恋爱，蒋经国欣喜不已，觉得学业有成、聪明过人的徐乃锦，是鼓励和督促儿子成熟、创业成才的合适人选，所以立刻致电儿子，要他一边成家、一边念书。

1960年6月正在读大学二年级的徐乃锦和蒋孝文在美国结婚。婚后不久怀孕，回台生下女儿蒋友梅之后，又重返美国继续念书，直至1962年随夫回台。徐乃锦先后任职"中视"、师大教育研究所和"国际职业妇女协会台北分会"等机构。导致徐乃锦工作和生活发生转折的是蒋孝文的病。蒋孝文病后，她尽到妻子的全部责任。先是辞去工作，有5个月的时间整日在病房看护。在此后的18年间，不知付出多少不为人知的艰辛。更为重要的是，徐乃锦一直尽力协助蒋孝文与病魔作斗争，在加强其肢体和生活自理能力的同时，还采取各种方式训练他的反应和记忆力，以温情唤起丈夫的回忆。

蒋经国去世后，蒋家第三代打破过去的界线，开始形成紧密的"命运共同体"。于是，身为蒋家长孙媳的徐乃锦便经常作为蒋家对外的代表出席活动。事实上对她来说，面对蒋家特权鼎盛过后的萧条，面对无论出于什么目的的"非蒋化"，她都坦然以对，自重自立自爱。1992年8月9日至15日曾回大陆浙江溪口扫墓并了解现状，从而成为1949年以来蒋介石家族成员中第一个登上大陆的人。蒋孝文病故后，徐乃锦即从台北搬到淡水丹霞湾过着平静生活。

蒋孝文生活在拥有至高无上权力的家庭，先是不当使用政治特权，生活"痛快"但不愉快；后在政治特权下开始认真做人和工作，生活务实而愉快；最后因为重病而无可奈何，但有最好的医疗条件和徐乃锦的照顾，生活可惜但不"可悲"。当他不明白世事的时候，可以随心所欲；当他明白世事的时候，疾病却让他丧失了思维能力，身体却让他放弃了一切努力。蒋孝文可以说是一个政治特权下具有特殊生活方式和经历的人。

孙女蒋孝章

在蒋家第三代中，蒋孝章是蒋经国与苏联籍妻子蒋方良的独女，也是蒋家唯一的孙女。在蒋家环境中成长的兄妹中，她是出头露面和引起社会议论最少的一个。蒋孝章1938年2月15日生于浙江奉化。她是蒋经国的第二个孩子，小名爱理。因为母亲的外国血统，这位中俄混血儿一双蓝眼睛、高鼻梁，长相出众、漂亮。

蒋经国的4个儿女中，数蒋孝章最乖巧听话，善解父母心意。去台湾初期，蒋介石住在台北草山宾馆，蒋经国一家则住在中山北路四条通（现长安东路1段18号），门口挂着"蒋孝文"的名牌。当时蒋孝文不好学习，惹是生非，闹得学校和四邻鸡飞狗跳，蒋经国常常把他绑起来打，蒋方良也不敢马上来劝阻，唯一可以救他的人是蒋孝章，由此可见蒋孝章在其父母心目中的位置有多么重要。

1957年，蒋孝章在台湾高中毕业，蒋经国决定送她到美国读书。他之所以做出这样的决定，一是要让爱女接受最好的教育，为立身创业打基础。二是不愿爱女深受"特权"影响，不愿自己的女儿成为政治特权的弄权人，更不愿让政治特权毁了女儿。三是不愿让爱女受岛内政争影响，与其让女儿以后陷于不义，不如趁早让她离开是非之地。蒋经国不仅送女儿去美国读书，而且在她学业完成之后，坚决反对她回台湾发展。

蒋孝章进入美国加利福尼亚州米尔斯学院就读，一人过着寂寞、单调的生活。就在蒋孝章赴美国留学时，蒋经国托好友、"国防部长"俞大维的儿子俞扬和照顾蒋孝章。俞扬和留学美国后定居，由于其父与美国军界、军火商的特殊关系，作为白领，他在美国职业稳定，生活安定，条件较好，于是对这位来自家乡的美女细心关照，不久两人坠入爱河。

俞大维是浙江绍兴人，与蒋家私交历来很好，从国民党当局到台湾起担任"国防部长"达11年。与俞家结为亲家，蒋经国求之不得，双方家长分外满意。蒋孝章和俞扬和于1960年在美国正式结为夫妻。婚礼只有双方家长与极少数亲属在场，举行了一次简单的宗教仪式。两人婚后生活美满，第二年生有一子，蒋介石为外曾孙取名为"俞祖声"。同一年，蒋孝文的女儿蒋友梅出生，表兄妹成为好朋友。最高兴的是蒋介石、蒋经国，每当蒋孝章带着俞祖声回台湾时，蒋友梅肯定也会来找小表兄玩，蒋经国常常会与外孙和孙女一块在地上玩玩具。俞祖声随父母长居美国。由于受到父亲的影响，其兴趣主要是在科技方面。

在蒋家兄妹中，蒋孝章是最为成熟和完美的一个。她没有蒋孝文那样荒唐的青少年时期，也不会像两个弟弟那样如此充分地使用政治特权，如果在台湾无论是经商还是从政，都不会有过多的负面影响。但她从父亲送她到美国读书、定居中看到其中的良苦用心，完全接受父亲的安排。嫁给俞扬和后，便随夫定居美国，每年总要回台湾两三次，探视祖父母、父母。不管是她一个人来，还是与丈夫一起来，每次都悄悄地来悄悄地走，不愿大肆声张，甚至连亲友也不知道。到台湾后，她只想多留点时间与家人团聚，不愿去参加社交应酬。俞扬和与蒋孝章结婚30余年，没有在台湾媒体上出现过，这在蒋家亲属中是绝无仅有的，说明他的开明和谨慎，他没有利用蒋家权势做文章和谋利益。他的名字最早出现在台湾的报刊上，是蒋介石去世之后，蒋经国发表的《守父灵一月记》中说："上午领章女、扬和婚再到慈湖"，人们才知道蒋孝章的丈夫叫俞扬和。蒋孝章夫妇能够做到这样，与蒋经国有很大的关系。蒋经国清楚，要想身后避免给女儿和女婿带来麻烦，最好的办法就是女儿和女婿离台湾政治和社会越远越好。

蒋孝章早已取得美国国籍，定居于美国奥克兰州已有多年。1988年1月，其父蒋经国去世时，蒋孝章又一次返回台湾。当时，有人揣测，她此次回来可能会在政坛上求得发展。但她在为父亲守灵、尽孝之后，立即回到美国，过起半隐居式的生活。其兄蒋孝文，其弟蒋孝武、蒋孝勇、章孝慈病故时，蒋孝章都没有回台湾参加他们的葬礼，主要是为了避免卷入岛内复杂的政争旋涡。

蒋家第三代中，蒋孝章是唯一的女性，她的过人之处，就是没有利用蒋家的特权谋利，没有生活在蒋家的特权余荫之下，因而成为蒋家成员中最为平静的一个，也是较早开始"平民化"生活的人。

孙子蒋孝武

在蒋家环境中成长的第三代中，蒋孝武是从事政治活动最多的一个，引起的议论也是最多的，显然他是蒋家特权的产物，是享受、利用上辈政治庇护谋取利益的典型。他利用政治特权最多，给本来名声不好的蒋家带来的负面影响也最多。在蒋经国去世后，他成为蒋家子女中唯一公开背叛蒋家的人。

蒋孝武1945年4月25日生于四川重庆，中学毕业后由蒋介石和蒋经国安排到德国学习军事。蒋孝武到德国后自作主张，改入德国慕尼黑的政治学院政治系学习政治。从此事可以看出，蒋孝武的独立性和政治上发展的企图心很强烈。在留学期间，他与华侨美女汪长诗相识，两人结婚时，蒋介石还于1969年12月9日亲自去函祝贺。1970年，夫妇俩返台。回台初期，蒋孝武根据其父的安排，在退辅系统和党务部门任职，工作比较单纯，家庭生活比

蒋介石与次孙孝武（左）、三孙孝勇合影

较正常。1972年1月女儿蒋友兰出生，1973年7月儿子蒋友松出生。学政治学专业出身的蒋孝武，随着年龄增加和走向社会，开始敢于、善于利用蒋家特权，不仅混迹于黑社会帮派，与影视圈明星也是情浓意浓，很快学会两大爱好：玩枪和玩女人。从小在瑞士长大的汪长诗，本来对蒋家的生活环境不太适应，更不适应蒋孝武开始出现的变化，无法容忍他的这两大爱好，在共同生活7年后离婚。离婚之后，汪长诗离台返回瑞士，后又改嫁。

此时，蒋孝武在蒋家的位置开始变得很重要，先后担任"国军退除役官兵辅导委员会"参议、国民党中央政策会的专门委员和秘书、中央组织工作委员会委员、中央委员会秘书、党务顾问和"国安局中央固国小组"成员。蒋孝武在这些岗位上，一是熟悉和参与国民党决策过程，二是熟悉国民党上层人事关系网，三是掌握国民党中央党部运作的经验。不到30岁的蒋孝武，在短短几年内，在如此多且重要的部门供过职，可见蒋经国望子成龙之心情该有多么急迫。

蒋孝武在任职党政部门的同时，担任的社会职务是"华欣文化事业中心主任"，以扩大在文艺界的影响。不久他又成立"欣欣传播事业有限公司"，依靠特权到处"募捐"，命令中视、华视、台视3家电视台轮流播出"欣欣传播"制作的节目。1976年7月，蒋孝武继国民党中央文化工作会主任白万祥之后，当上了国民党"中央广播电台主任"，他利用自己的身份，更新电台广播设备，扩大广播能力。然而，虽然蒋经国在极力栽培蒋孝武，但蒋孝武却无独当一面的才能，又有世家子弟的傲慢与霸气，如果没有蒋家特权的话，他实在不足以当大任。但是，在相当长一段时间里，在蒋氏第三代子弟中，他的政治行情最为看好。

在蒋经国晚年，社会上关于蒋孝武的传闻越来越多。有人曾开玩笑说，仅是蒋孝武本人，不知为多少政论、休闲、社会杂志创造了多少赚钱的机会。在众多传闻中，关于他的绯闻和关于他要"政治接班"的消息是主流。蒋孝武有许多桃色传闻，其中最引人注目的，是他与郑姓女富商的恋情。1984年4月，有人在菲律宾看见蒋孝武与郑女士手牵手在散步，不久传出他们两人秘密结婚的消息。不到两年，突然从台湾岛传出蒋孝武又与蔡惠媚秘密同居的消息，不久蒋蔡两人又在新加坡公开举行婚礼。蒋孝武与郑女士的恋情就此结束。

关于政治接班，在短短十几年的时间里，蒋孝武走遍国民党的大部分要害部门，特别是他负责蒋经国和行政系统之间的沟通，可以每周定期见到父亲，向父亲提建议和拿到父亲的批示，帮助父亲作出判断和决策。因此在党政军特负责人看来，他已成为蒋经国的代理人。然而，社会已经进入20世纪80年代，蒋经国安排儿子蒋孝武"接班"不合时代潮流，也不可能被岛内各方接受。此时，发生的"江南被害案"改变了蒋孝武"接班"的势头。1984年10月15日，台"国防部情报局长"汪希苓指使台湾黑社会组织"竹联帮"成员陈启礼等人在美国暗杀了《蒋经国传》作者、著名作家江南（刘宜良）。案发后查明，出面向陈启礼等人下达行动命令的是汪希苓，汪希苓则得到蒋孝武的暗示。事情被揭露后，舆论一片哗然，国际舆论和岛内媒体一致批评蒋经国的"传子"意图和蒋孝武的胡作非为。蒋经国开始正视蒋孝武能否"接班"的问题，1986年3月，外放蒋孝武担任台湾当局"驻新加坡商务代表团副代表"，一是帮蒋孝武摆脱困境，二是为蒋孝武创造一个独立处事的环境和显示才干的机会，三是要消除社会各界对他"家传天下"的疑虑。不久，台湾"驻新加坡代表"胡炘退休，蒋孝武"由副变正"。

1988年1月13日，蒋经国因病在台北去世。第二天，蒋孝武即从新加坡赶回台湾奔丧，在机场上与迎接他的弟弟蒋孝勇抱头大哭。2月4日，在蒋经国去世后三周丧假一满，他与夫人蔡惠媚即回到新加坡。1990年元月，蒋孝武卸任台湾"驻新加坡商务代表团代表"，出任台湾"亚东关系协会"驻日本东京办事处"代表"。这是李登辉的安排。这个职务相当于"大使级"，历来由"部长"级人选担任。李登辉能让蒋孝武出任如此要职，表明对蒋家还是很照顾的。3月，国民党内围绕地区领导人换届选举爆发激烈冲突。一批追随蒋经国的元老和要员，为遏制李登辉暗中排斥异己、毁坏国民党的图谋，在宋美龄、蒋纬国等人的支持下，力图阻止李登辉连任。作为蒋家主要成员的蒋孝武，于3月8日深夜抵达台北，3月9日中午面见李登辉。见过李登辉之后3个小时，蒋孝武举行记者招待会，攻击蒋纬国是"假民主之名，图夺权之谋"。他的举措沉重打击了蒋纬国的自信心，毁坏了蒋纬国的名声。不久，林洋港、蒋纬国自动宣布退出竞选"总统"与"副总统"。此举也使蒋家内部的裂痕表面化，败坏了蒋家在台湾政坛上的名节，同时成为李登辉等人嘲弄国民党"元老派""拥蒋派"的笑料。

早在1982年间，即查出蒋孝武患有糖尿病、高脂血症和慢性胰腺炎。1991年6月，蒋孝武被免去职务后回到台湾，准备接任"华视董事长"一职。6月30日他感到身体不适，住进荣民总医院治疗，被诊断为胰腺炎，经药物治疗后，病情略有好转。然至7月1日清晨5时45分，他的呼吸与心跳均已停止。

蒋孝武走得很突然。章孝严在一篇回忆蒋孝武的文章中说：他接到电话后"匆忙换了衣服，跳上计程车，直奔荣总。到达荣总才6点18分。一路上，我以为你一定是病危正在急救中，怎么也不能料到，一到病房，看见惠媚一个人在病榻左边，搂着你的头，叫着你的名字，右手抚着你的额头，你已经过去了！你真的走了！走得太突然，走得太意外了！前一天下午，你、惠媚、美伦（黄美伦，章孝严妻子）和我，我们4人还在蔡府二楼客厅有说有笑，从下午4时一直聊到7时，你精神一直蛮好的。你提到当前的政局，你提到两岸关系，你提到对华视的期望，你提到要制作一个有意义的政治访谈节目，你提到4日要到新加坡陪友兰、友松住一段时间，然后送友兰到瑞士去进大学，你也提到友松正要考试"。他的猝死，令人意外。7月31日，台湾当局为其举行葬礼，把他安葬在三芝乡白沙湾安乐园基地。蒋家成员中，蒋孝勇和甚少露面的蒋孝章的丈夫俞扬和参加了家祭。蒋孝武的前妻汪长诗亦前往致祭，但是其他蒋家成员包括宋美龄、蒋方良、蒋纬国、蒋孝章、徐乃锦、蒋友梅则未露面。显然，蒋家成员不谅解他在临终前1年4个月对蒋家的背叛行为。

蔡惠媚作为蒋家的第一位本省籍媳妇，与蒋家成员来往有限。她和蒋孝武1986年4月结婚时，蒋经国身体状况已经不好，蔡惠媚只能是礼节性的拜访；在她结婚后1年9个月，蒋经国病故。宋美龄于1986年10月，从美国来到台湾参加蒋介石100周年诞辰纪念典礼后在台湾生活3年多，不过蔡惠媚在台湾的时间少，在新加坡的时间多，因此两人没有过深的来往。蔡惠媚嫁入蒋家时，蒋方良已经70岁，两人的共同语言不多。见面次数也有限。总之，蔡惠媚和蒋家的长辈来往不多，但与蒋家平辈的关系显得亲近一些，与蒋孝文的妻子徐乃锦、蒋孝勇的妻子方智怡、章孝严的妻子黄美伦彼此都是可以交心深谈的朋友；特别是黄美伦，两人经历和性格相似，更是无话不谈。蒋孝武去世后，孤身一人的蔡惠媚，平日刻意避开新闻媒体的追踪采访，只有在每年公公与丈夫的忌日，才会在媒体前露面。其余时候，除了到官邸探望孤独的蒋方良外，偶尔爬山、打网球。蔡惠媚只与丈夫生活了5年余，丈夫正值壮年时去世，妙龄丧夫，生活就是这么冷酷无情。

蒋孝武只活了46年，像他那样的条件，像他那样的地位，实在是走得太早了。蒋孝武走的完全是一条政治特权庇护下的路，他靠蒋家特权崛起，靠蒋家特权存在，当蒋家特权消失的时候，他表示出强烈的不适应症，甚至背叛蒋家而取悦于李登辉以换取特权。他的这一表现和突然病故，成为蒋家特权结束过程中的一段插曲。

孙子蒋孝勇

1948年10月27日蒋孝勇在上海的一家医院里出生，与两个哥哥和一个姐姐相比，他的不同点在于面貌上没有中俄混血儿的特征。小时的蒋孝勇却成为蒋介石的"开心果"，每当蒋介石遇到不适意而大发脾气的时候，手下人要做的第一件事就是赶快派专人开车到台北长安东路1段18号的蒋经国住所，把蒋孝勇接到士林宫邸，往蒋介石的桌子上或椅子上一放，蒋介石立即就会眉开眼笑，把一切烦恼都暂时抛开。正是在这种环境的熏陶之下，蒋孝勇的家族优越感从小就很强。1964年，蒋孝勇在高中毕业后投考陆军军官学校预备班，一次在训练中跌伤脚踝，先后动了两次手术，拄着拐杖上了几天的课后办理离校手续。蒋孝勇本来就不愿投笔从戎，退学反而使他更高兴。

蒋孝勇离开军校后进入名声更响的台湾大学政治系理论专业继续学习，这一转校是如何实现的，外界有多种说法，不过真正的原因只有一种，那就是蒋家特权在起作用。即使在学校里他也是这样，在当时的社会背景下，利用特殊的地位和身份，为政治系、班级和同学谋取便利。如系里缺钱要拉赞助，他轻而易举就能拉到大笔资金。班上组织外出活动，蒋孝勇负责安排，不需要经费，不需要人力，当

蒋介石与四孙孝刚合影

地的官员和相关部门已经为他们准备好一切，周到热情，唯恐他不满意。在台大读书期间，老师们私下里对他的评价还不错。蒋孝勇在政治系读书时，后来任"行政院长"的连战正好是政治系主任，对蒋孝勇颇为照顾。蒋孝勇时常去系办公室，与连战的关系自然很好。

蒋孝勇在1975年任台北市体育会射击委员会主任委员，1976年任台北市体育会滑冰委员会名誉会长，1978年12月任中兴电气公司总经理、后任董事长。随后他在国民党党营企业中步步高升。自20世纪60年代以来，中兴电气公司成为国民党党营事业中的重量级企业，1970年造出了台湾的第一台黑白电视机后，很快成为家电行业的老大。家电业界在1983年10月推举蒋孝勇为电机公会理事长。蒋孝勇除了经营家电业以外，还兼任中兴玻璃纤维公司总经理、台湾玻璃纤维强化塑胶技术协进会理事长等职，负责中兴工程顾问公司。总之，蒋孝勇在商界的影响越来越大。

随着蒋经国年事日高，有关蒋家第三代接班的问题逐渐成为社会的热门话题。1984年10月"江南案"发生之后，蒋经国被迫作出"不搞家天下，总统不传代"的表白。1986年2月，蒋孝武又外放新加坡。在这一情况下，蒋孝勇的活动趋向频繁，外界甚至传言，蒋孝勇趁着蒋孝武外放的空档积极布置，以取代他的位置。一时间，"蒋孝勇要接班"的传闻甚嚣尘上。在蒋经国身体急剧转危的最后时间里，蒋孝勇继蒋孝武成为其父的"代言人"，有人便戏称他为"地下总统"。虽说社会舆论对蒋家兄弟"接班"的议论甚嚣尘上，但是蒋经国对此从来没有过明确的安排，最典型的例子是蒋孝武、蒋孝勇都没有担任高级行政、党务、特工、军事职务，从这一点看，蒋经国没有授予儿子更高职务和更大权力的打算，只是利用儿子来办一些交给别人办不放心的事而已。

1988年1月蒋经国去世，蒋孝勇离开权力圈。在同年7月举行的国民党"十三全"上，蒋孝勇与章孝严、章孝慈一起当选中央委员。面对社会上愈刮愈烈的"非蒋化"风潮，能够站出来维护蒋家形象的只有蒋孝勇夫妇。1997年9月蒋纬国逝世时，蒋孝勇夫人方智怡在美国旧金山表示，面对有关蒋家的风风雨雨，不愿再作评论，但"希望外界不要打击蒋氏家族"。在宋美龄病逝时，针对"蒋家希望陈水扁为宋美龄盖旗"的传言，方智怡断然表示，宋美龄"一生捍卫'中华民国'，不希望一个不承认'中华民国'的'总统'为她覆盖'国旗'"。

面对蒋家特权的消失，蒋孝勇继续为维护蒋家的权威和影响力继续奔走，协助宋美龄、蒋纬国和国民党内许多人，一起阻止李登辉危害国民党的活动。蒋孝勇站在宋美龄一边，把宋美龄的信直接送给国民党中央党部秘书长李焕，并且打电话给有关中常委转达宋美龄的意见。蒋孝武病故后，蒋孝勇成为蒋家的"发言人"，一时成为"拥蒋派"的希望所在，只是蒋家已经失势，要想在政治上有所作为很难。

1989年3月，经宋美龄建议，蒋孝勇决定全家迁往加拿大。蒋经国病故后，蒋家势力急剧式微，在台湾已没有蒋家多大的生存空间，而且社会上对国民党专制统治的愤恨，有可能发泄到蒋家子孙身上。为避免到时难以脱身，还不如现在远走高飞。在加拿大生活了5年，夫妇俩为了孩子上学，又举家迁到了旧金山。生活安定之余，蒋孝勇开始整理祖父和父亲的日记。蒋介石、蒋经国先后在台40年，留下的日记和文件不在少数，蒋经国过世后，这些重要的资料都由蒋孝勇保管。在岛内一片要清算蒋家的声浪下，蒋孝勇决心将这些资料整理出来，让"历史自己说话"，以正蒋家名誉。在他病重期间，嘱咐妻子要把这些事继续做下去，她做不完交给儿子，儿子做不完就交给孙子。

1995年底，蒋孝勇被查出癌症，不得不停止整理祖父、父亲的日记和文件的工作。作为阶段性成果之一，是在1996年9月根据回忆和掌握的史料，在重病中口述《宁静中风雨——孝勇的真实声音》一书，谈及不少过去的国民党和蒋家的事情。其中，他说蒋经国逝世之后，是他领着两位异姓的血缘哥哥去见父亲最后一面。查出食道癌后，蒋孝勇开始了漫长和没有希望的治疗过程，在台北、大陆和美国等地治疗无效后，1996年12月22日因食道癌病逝于台北，年仅48岁。在蒋家，蒋介石去世时88岁，宋美龄去世时106岁，蒋经国去世时78岁，蒋纬国去世时81岁。蒋家第三代，生活虽安逸，但大多患有早衰症，颇让人们感到意外。

1997年1月，方智怡带着3个儿子，捧着丈夫的骨灰踏上了飞往美国的班机。送行的有两个嫂嫂徐乃锦和蔡惠媚。对于蒋家的媳妇们而言，富贵荣华当真是过眼烟云，她们亲眼看见了这个家族由喧嚣走向平静，从权贵变为平民的全过程。

蒋孝勇与方智怡相识于求学台大期间。方智怡生于1949年，父亲是当时任台湾省公路局工程队的小队长方恩绪，母亲自己开办幼教学校。方家有两儿两女，方智怡是最小的，就读于新闻专科学校。蒋孝勇念陆军军官学校预备班的时候，一位中学同学在高中毕业后，想离开台湾外出读书逃避兵役，于是很郑重地将女朋友方智怡托付给蒋孝勇代为"照顾"。蒋孝勇对朋友的托付十分认真，经常陪方智怡一起看电影、吃牛肉面；在她生日时，亲手为她绣了"文化绣"做礼物，用他的话来说是"尽了最大努力"。于是，这位忠于朋友"嘱托"的蒋孝勇很快就赢得方智怡的芳心。严格地说，并不是蒋孝勇"挖墙脚"所致，完全是两人相爱的结果。在毕业前夕，蒋孝勇向父母禀明了自己的恋情。蒋介石、蒋经国对于这桩亲事还比较满意，等见了方智怡之后，更是满心欢喜。1973年7月23日，刚从大学毕业的蒋孝勇与方智怡举行了婚礼。蒋介石在高兴之余，与新人一起拍照，照片上蒋介石和宋美龄坐在中间，蒋孝勇和方智怡一对新人陪侍两边。次日，台"新闻局"为此又配上一条新闻让各报刊登，这在蒋家第三代婚姻史上还是第一次。要说有什么其他用意，那就是外界盛传蒋介石病重，此次露面则是为了向外界证明蒋介石身体健康。

在蒋家第三代媳妇中，蒋方智怡是继续从事一些政治活动、为国民党继续工作的人，当然也是为维护蒋家在台湾地区的声誉而继续奋斗的人。在民进党执政时期，蒋方智怡能够站出来批评当局通过"去蒋化"达到"去中国化"的图谋和举措，并进行过抵制。作为蒋家继续活跃在政治舞台的后人，她多次来大陆访问，走访蒋家的故乡，祭扫祖坟。在国民党内，多次连任中央常务委员，支持连战、马英九推动的国民党改革，为国民党东山再起、顺利执政出过力。

2008年2月间，蒋孝勇之子蒋友柏在个人博客上，批评国民党荣誉主席连战在2004年选举后不认输。事实上因为"3·19枪击案"导致陈水扁胜选后，泛蓝军走上街头抗议。连战在投票日当晚高喊"选举无效"，当时蒋方智怡就站在连战的后面，表达支持连战的立场。蒋友柏批评连战的文章在国民党内引起相当大的振动，中央党部的基层党工"骂声不断"，党务部门负责人认为蒋友柏不应该用这种负面的手法来消费国民党，而且摆明了就是要向国民党宣战，真的很不厚道，而且也很恶毒。不仅以下犯上，没了礼数；而且昧于事实，十分肤浅，不值一驳。蒋友柏这类言论不仅伤人，而且伤己，也害了蒋家。2月12日，蒋方智怡特地赶到连战办公室表达歉意，而连战则要蒋方智怡别放在心上，同时说蒋友柏已经当父亲了，要为自己说过的话负责任。次日，蒋方智怡在国民党中常会上，拿出报纸报道，指"蒋家母子踏着国民党的血迹前进"的报道对她伤害很大，身为一个母亲，也有必要承担这些责任与压力，因此辞去"中常委""中央委员"等所有党职。总之，蒋方智怡在蒋家第三代中间，还是一个有作为的女性。

孙子蒋孝严

章孝严（2002年改从蒋姓）和同胞弟弟章孝慈一起，都是不在蒋家环境里长大的蒋家后代。蒋经国和章亚若所生，1942年农历一月十七日出生在广西桂林。母亲章亚若，生于1913年，江西省新建县（现属南昌市）吴城镇人。外祖父章期忱（后改名章甫），任过小学校长、教育厅督学、北京市政府秘书、遂川县知事、赣西税务司司长等职。外祖母周锦华，生有5女2子，章亚若是第三个女儿。

章亚若15岁时嫁给表兄唐英刚，生有唐远波、唐远辉两个儿子。后唐英刚因不能适应时代的各种剧烈变动而精神崩溃，以自杀结束年轻的生命。1939年初，日本侵略军逼近南昌城，章家逃难来到赣州。当时，蒋经国担任赣南行政专员，章亚若十分欣赏他在当地的"新政"，并写信给蒋经国倾吐内心的苦闷与希望。蒋经国派人联络后，同意章亚若到专员公署图书馆上班。1940年上半年，加入"三青团"受训，结业后返回公署担任专员助理秘书。下半年参加由蒋经国主办的"三青团江西支团部干部训练班"第一期受训，与后来曾被蒋经国视为助手的"总政战部上将主任"王升是同期。作为蒋专员的秘书，俩人在工作中形影不离，关系密切，章亚若成了蒋经国在工作上的一个好助手，生活上的好帮手，后来两人同居了。章亚若怀孕后，为了避免招人议论，有损名声，蒋经国决定把她送到广西待产。在桂林，章亚若化名为慧云，蒋经国化名为慧风，保持通信联络，也时常来探望。1942年农历一月十七日，章亚若生下丽儿、狮儿一对双胞胎，蒋经国为两个孩子取名为"蒋孝严、蒋孝慈"。在双胞胎半岁左右，章亚若在出席友人的晚宴后回家即发病，在广西省立医院急救后死去。在广西民政厅厅长邱昌渭的协助下，遗体由时任广西警察训练所教务主任的苏乐民代为安葬在桂林市东江镇的一座山下。章亚若的死因，成为一个难以破解的谜。

对章亚若的一对儿子，蒋经国出于各种考虑不能带在身边，于是委托章亚若的妹妹章亚梅将他俩抱去，交给其外婆周锦华、大舅章浩若抚养。蒋经国为照顾双胞胎儿子，特地任命章亚若的大弟章浩若为贵州铜仁县长。两个孩子在铜仁长到3岁要上托儿所，为从安全考虑，章浩若建议让两兄弟暂时随他姓章，改为"章孝严、章孝慈（小名为大毛、小毛）"。1949年5月，国民党当局在大陆失败前夕，蒋经国没有忘记这两个不在身边的儿子，特地派王升接运章孝严兄弟和外婆周锦华、二舅章浣若等赴台，一家定居在新竹市中央路231号。章家兄弟开始了在台湾难忘的童年。

从学习经历看，章家兄弟还算比较顺利。小学毕业后，兄弟俩转往省立中扬中学。高中毕业后，章孝严考入台湾淡江大学外文系（后转入东吴大学外文系）。当时，蒋经国忙于国民党当局到台湾后的各项整顿，接班局势还不明朗，没有足够的权力和精力来顾及周锦华一家，因此在新竹的周锦华一家，生活比较清苦。事实上，蒋经国从20世纪50年代中期起，也就是在章家兄弟读初中时起，开始对章家多少有点补助。否则，章家生活更加困难。这种生活环境，让不知道身世的章家兄弟两人从小就有了通过奋发读书改变处境的志向，可以说，章家兄弟能够健康成长完全是因为有外婆和二舅的照顾，章家兄弟后来取得学习上的成就主要是因为有外婆和二舅的关心。

在台湾东吴大学读书时，章孝严在外边兼课、当家庭教师，赚取学费和生活费，甚至因钱不够经常要求学校批准延期缴纳学费。1964年，他在东吴大学毕业后应征入伍服役，来到桃园中坜的"国防部政治作战总队"当政治作战教官，退役后到虎尾中学教书。这时，他一方面联系美国学校申请留学，一方面参加"外交领事人员乙种特种考试"，结果以第四名的资格被录取。1969年，即以"外交部"学员身份派往台湾驻比利时"大使馆"工作，从此开始了他的"外交官"生涯，也是他的政坛生涯的第一步。同年12月12日，在比利时首都布鲁塞尔，他和追求多年的空中小姐黄美伦结婚。

章孝严返台后，在"外交部"档案资料处担任科员，后调任"外交次长"陈雄飞的秘书。1974年2月，章孝严以"三等秘书衔"被派到驻美"使馆"，首度正式外放。在美国初期，章孝严嫌房租太贵，只好带着妻女在同事家打地铺。不过他很勤奋，晚上还到乔治大学攻读国际法与国际关系课程。不久回台担任台湾"北美事务协调委员会"副秘书长、秘书长等职，1982年任"外交部北美司司长"，1986年任"外交部常务次长"。从科长到"外交次长"，章孝严用了9年时间。

章孝严是一个称职的"外交官"，既会普通话、闽南话、客家话，又精通英语、法语，讲话风趣、幽默，而且很健谈。章孝严的学识、才干、性格，不仅让"外交界"接受，不仅得到社会舆论的基本认同，也得到蒋经国的肯定。蒋经国不仅不反对他担任公职，而且还暗中支助。原因除对章亚若的怀念之外，就是对章孝严做人、学识、才干、业绩的肯定。在他担任"外交部"负责人以后，每逢星期五，蒋经国都会同他共进早餐，除了叙父子之情外，也让他知道很多机密。在很多部门负责人想见蒋经国见不到的情况下，章孝严的"殊荣"大大提高了他在"外交圈"和上层圈内的地位。

1988年1月13日，章孝严以"外交部常务次长"身份在"外交部"主持晚宴，接待访台的美国国会议员助理们。大约6点半，他接到妻子黄美伦的电话，说是有朋友告知，蒋经国已在当天下午去世。蒋经国去世以后，章孝严和章孝慈这一对非婚生的双胞胎兄弟十分悲痛。由于各种人际关系的制约，他们无法改姓归宗，也不能尽人子之孝守灵戴孝。

李登辉上台后，迎合"台独阵营"的需要，背叛蒋经国的基本路线，全面削弱国民党的政治基础，系统破坏国民党的组织基础。为了增加欺骗性，他礼待章孝严，摆出重用蒋家人的样子，以分化"拥蒋势力"，章孝严则能坚守政治底线，不赞成"台独"。1989年底，章孝严担任国民党中央海外工作会主任，从事也为"外交部"基本任务之一的国民党海外工作和团结华侨工作。1990年8月回到"外交部"任"政务次长"，继续从事对外联络工作。1993年2月担任"行政院侨务委员会委员长"，基本业务与国民党中央海外工作会相同。1993年8月当选为国民党第十四届中央委员、中央常务委员，1996年3月当选"国大代表"。1996年6月升任"外交部长"，1997年8月升任"行政院副院长"兼"消费者保护委员会主任委员"，12月任国民党中央秘书长，不久成为国民党中央大陆工作指导委员兼小组会议副召集人、国民党政策指导委员会成员、国民党中常会"修宪"策划小组成员。1999年11月担任"总统府秘书长"，一个月后因为"绯闻案"辞职，改任"总统府有给职资政"，民进党上台后离任。

章家兄弟是到高中时才知道自己的身世的，一直以为远在大陆的大舅父和大舅妈是父母的章家兄弟，如今才知道自己的生父竟然是当时担任"退辅会主委"的蒋经国。外婆临终前把全部经过告诉了他们，兄弟两人分外怀念自己的母亲。章亚若在被人遗忘了几十年后，1984年底，广西桂林有关方面拨专款重新修葺了位于东区马鞍山西侧凤凰岭的章亚若的坟墓。1988年7月间，章孝严与姨妈、当年把他们兄弟俩从桂林接回江西的章亚梅取得联系。1989年11月，章孝严让时任东吴大学教务长的弟弟章孝慈出面，重新为母亲修墓。1993年8月，章孝慈终于如愿以偿，以东吴大学校长身份参加两岸学术交流后，赴桂林拜祭亡母。章孝严在辞去"总统府秘书长"后，则多次来大陆，完成赴桂林扫墓心愿。

章家兄弟的真实身份，在蒋经国晚年已成为公开的秘密，可以说包括蒋方良在内的蒋家成员更是无人不知。不过事实存在与完成章家兄弟认祖归宗是两回事，因此同父异母的兄弟一直鲜有来往。蒋经国去世后，章孝严在公共场合已不回避自己的身世。对于认祖归宗问题，为了避免给蒋方良等蒋家老一代成员造成困扰，一直没有进行。在蒋孝文、蒋孝武、章孝慈、蒋孝勇和蒋纬国接连病故后，蒋方良对于章孝严认祖归宗的心态越来越好。2000年8月，章孝严带着孩子和已故弟弟章孝慈家人，回到故居溪口镇。25日，一家人一身素服来到了蒋家祠堂，在6位蒋氏族人的陪同下，祭拜祖先，完成"认祖归宗"。2002年12月，身为"立法委员"的章孝严获得新的身份证，父母栏更改为"蒋经国、章亚若"。

国民党下野后，章孝严在2000年6月"十五全临全会"、2001年"十六全"上连任中常委，2001年12月当选"立委"。2002年10月，他提出的"春节包机直航计划"得到间接实现。为促进两岸交流，章孝严出面组织台商发展协会，一方面鼓励台商到大陆投资，多次组织台商团到大陆进行实地考察，增加了许多台商赴大陆投资的感性认识；一方面针对台商在大陆和岛内遇到的困难，通过台商协会予以帮助，做台商的朋友。章孝严的活动，受到社会各界和工商界的好评。国民党继续执政后，蒋孝严担任国民党中央副主席，继续活跃在政治舞台，作为民意代表，为民谋利，为党出力，为两岸交流作出独特的贡献。

夫人黄美伦是章孝严东吴大学外文系低二届的学妹，1966年黄美伦毕业回到云林县，章孝严服完兵役，就匆匆忙忙追到云林和她相聚。对于章孝严的痴情，黄美伦十分感动，但是为了前途考虑，再三劝章孝严参加"外交官"考试，早日离开云林。章孝严和黄美伦婚后生有3个子女，虽然有子女连累，但黄美伦却一直是一个职业妇女，在"华航"工作，任过企划室秘书。黄美伦的外语能力很好，又很活跃，加上长得漂亮，所以在台驻外的"使节"圈子里，名气不小。1999年12月，时任"总统府秘书长"的章孝严传出与一位王姓女士的婚外情，章孝严很快辞去所任职务，向各界表示歉意。黄美伦则表示，她与孩子将给予章孝严最大的支持。

总之，章孝严是蒋家成员中"特权化"和"平民化"结合得较好的一个，有特权但不滥用，当平民但能奋发。而且在蒋家萧条的时候，他正式认祖归宗，成为蒋家成员，蒋家先辈真应该感谢他。

孙子章孝慈

在蒋家第一代中，宋美龄曾得到人文、法学等14个荣誉博士学位。在第二代中，蒋纬国曾得到法学、哲学、人文、理学等6个荣誉博士学位。在第三代中，章孝严和蒋孝武曾获得硕士学位，章孝慈先后拿到双学士、双硕士和法学博士学位，在学业、学位、学术成果、专业职务等方面卓有建树。

章孝慈在母亲去世、父亲不管、初到台湾新竹的情况下，由外婆、二舅抚养成人，童年很快活，家庭生计一般。二舅章浣若做小生意经常亏本，最后破产，连房屋都被债权人查封。章孝慈对小时的艰苦生活和受人欺负铭记在心，立志将来要当法官，好为舅父这样的弱者撑腰。这一心愿，成为他以后学法律的原因。

章孝慈与胞兄章孝严一样，聪明好学，以优异的成绩从小学、初中、高中毕业后，考入东吴大学中文系，取得文学学士学位。照常理说，像他这样连学费都交不出、年年都要求学校延期收缴学费的人，毕业后当尽早就业，但他却没有去就业，而是转系攻读法律第二学士学位。待他把第二学士学位读完时，本科已花了8年时间。不久，他又出外留学，到美国得克萨斯教会办的南美以美大学读研究生，毕业后获政治学硕士学位。再转入美国杜尔大学，获得法学硕士学位，再留校攻读法学博士学位。拿到博士学位时，已经35岁。此时，章孝严已经服完兵役、当过中学教师、完成"外交领事人员乙种特种考试"、担任台驻美国"大使馆"三等秘书。比较起来，章孝慈结束"学习"的时间过晚。拿下多个学位的人很多，但同时拿双学士、双硕士学位的人不多；经历学士、硕士到博士完整学历的人很多，但大多是分期或者就业后边工作边学习，像他那样一口气拿下5个学位的人不多。不过他谦虚地说："学位与学问没有必然的关系。"

章孝慈学习刻苦，生活条件也艰苦。虽说从20世纪50年代中期起，蒋经国通过友人已经给予章家一定资助，但数目并不大，尤其是在章家兄弟大学毕业后，此类资助有所减少。当时，章孝慈在东吴大学读完"双学士"，又花了4年。然后他又放弃就业，申请赴美留学，蒋经国不可能拿出大笔经费资助。在盛行勤工俭学、以优异成绩获得奖学金的留学时代里，章孝慈也是请人担保贷款才得以成行的。在美国留学期间，靠勤工俭学维持生活。其中有6年是靠暑假打短工赚钱吃饭、交学费的。他干过不少苦差事，在餐厅洗碟子，卖苦力，还做过保安公司的警卫，白天上学、晚上巡夜。靠打工完成学业，在亚裔留美学生中非常普遍，问题是作为蒋经国的儿子章孝慈如果生活在蒋家，则不需要这样。从这一点看，章孝慈还真吃了不少苦。不过，章孝慈有自己的人生哲学，他不喜欢"倾吐、诉苦"的字眼，更厌恶这种行为，因为"说以前多苦，博取同情既无意义，更没必要；重要的是应该谈未来的希望，以争取尊敬"。作为学者，他主张奋发图强，力求进取，不断上新台阶。当然，后来章孝慈在有限的生命里，确实研究成果一再上了"新台阶"。

1978年，他学业告成返回台湾，在东吴大学法律系任教授，由于表现出色，两年后就当上法学院长。1986年，在激烈的竞争中脱颖而出，兼任东吴大学教务长。东吴大学校长杨其铣，对一手提拔起来的章孝慈极为欣赏，也十分得意。他称赞章孝慈"头脑细密，办事有步骤，讲话有条理，思路清晰；平日虽然不大爱讲话，但教学、演讲都不错"。1992年2月12日，杨其铣借健康之故，向学校董事会提出辞职请求，后被聘为名誉校长。董事会经过反复讨论，确定章孝慈为新校长人选，报台"教育部"批准。章校长于2月14日走马上任。

客观地说，章家兄弟没有上蒋家门索要过什么，也没有拿着蒋家的招牌去换取个人利益。章孝慈说，长大后，总是感觉从来没有喊过真正的"爸爸""妈妈"，这是很大的遗憾。到章家兄弟读高三那年，外婆周锦华去世前夕，才把真实情况告诉外孙。为了隐瞒真实身份，章家兄弟在身份证上填写的不是双胞胎，两人的实际出生时间是1942年农历一月十七日，但章孝严身份证的出生时间是1941年5月20日，章孝慈身份证的出生时间是1942年1月24日；父亲栏写的是大舅章浩若，母亲栏写的是大舅母纪琛。而且还把大舅父的两个女儿说成是双胞胎。直到高中毕业前，兄弟俩一直以为，自己的父母亲因为战乱没有能够渡海来台，外婆告诉他们的是"在大陆没出来，打仗逃难就是这样子啊！"

在高三时知道母亲19年前已经病故、父亲健在但没有见过的消息后，章家兄弟从来没有想到要去蒋家讨口饭吃。对于自己的血缘，章孝慈甚至觉得承认自己是蒋经国的私生子，便会有损蒋经国的"光辉形象"，所以一直在公开场合刻意回避自己的身世背景。1978年他回台到东吴大学任教，此时已经从政多年的章孝严与蒋经国建立了经常性的联系，当然章孝慈也与父亲蒋经国取得了联系。尽管双方联系是不公开进行的，但是蒋经国知道了他在东吴大学发展的志向，开始提供必要的帮助。在蒋经国病逝前的10年间，正是章孝慈在学校发展最为关键的10年。

章孝慈平时慎于言辞，长于思考，对政治虽不抵触，但从不形于言表，还表现出与政治不怎么沾边的样子，到后期也是关心政治但不热心政治。兄弟俩中，章孝严以从政为职业，官至"极品"后不再担任行政职务，但继续服务于国民党。章孝慈在从事法学研究、讨论"修宪"、教学和教学管理的同时，竟然开始从政，出台就有不小斩获。国民党"十三全"在1988年7月举行，早在5月间，章孝慈在公开承认为蒋家血脉后同时宣布，要竞选国民党代表。章孝慈的想法是，蒋经国已经去世，他参与政治活动可以不再考虑蒋家因素；政党政治是时代必然的趋势，国民党在观念上必须有所调整，应该引入竞争机制和专业人才。结果，他不仅当选为党代表，还与兄长章孝严、弟弟蒋孝勇一道当选为中央委员。这是蒋家第三代最为成功的壮举，也是"拥蒋势力"的一次大回潮，以后除了章孝严得到李登辉的特殊利用外，如此辉煌则成绝响。不过，5年后国民党举行"十四全"时，章孝慈主动退出国民党中央委员选举，原因只是为了减少对正遭受"非蒋化"严重冲击的蒋家不利的话题。

1988年7月，章孝慈收到新竹市红十字会转来的姨妈章亚梅的信，知道了大陆亲戚的消息，也知道了母亲章亚若墓地的下落。1989年，他授权台北友人赴广西桂林代办修葺母亲墓地。1993年8月23日，"海峡两岸法学学术研讨会"在北京人民大会堂举行，章孝慈应邀参加并在开幕式上发言说，虽然两岸社会结构、价值观念上有相当差异，加上40多年来的长期分隔，使双方感觉上有些陌生，但两岸有着共同的文化、共同的语言，只要双方本着客观、公正、求真、求实的态度，任何问题都可以通过讨论、交流找到解决的办法。当天晚上，中共中央总书记江泽民在中南海会见了章孝慈。8月29日章孝慈抵达上海访问，大陆海协会长汪道涵在衡山宾馆会见了他。9月4日傍晚，章孝慈由杭州搭机飞往广西桂林。第二天上午，在滂沱大雨中，章孝慈带着兄长章孝严的深情，前往桂林市郊马鞍山麓凤凰岭母亲墓前，祭拜母亲章亚若。他跪在墓前，泪如雨下，悲痛万分，倾诉半个多世纪来对母亲的思念。然后，他把自家与章孝严家的"全家福"照片摆放在母亲墓前。

1994年11月13日，章孝慈在北京参加学术活动期间，突发脑溢血而丧失意识，经北京中日友好医院紧急救治，病情得到初步控制，24日搭载专机经香港回台湾。1996年2月24日凌晨，丧失意识已一年半的章孝慈因并发肺炎病故。在其病重期间，夫人赵申德一直陪伴在身边。

章孝慈是蒋家第三代中唯一以学术、研究为重的人，和孪生兄长一起成为蒋家第三代中最成功的人。他清贫时，没有得到权势冲天的蒋家的眷顾；他付出巨大辛苦而获得成功时，蒋家的余荫间接起过作用；蒋家失势后，他在尝试从政初获成功之后生命却戛然而止。显然，章孝慈在学术研究和参政从政方面，更喜欢前者。

孙子蒋孝刚

蒋孝刚系蒋纬国和邱如雪所生，出生于1963年。名字为蒋介石所定。47岁的蒋纬国中年得子，十分喜爱，常像一般初为人父的男人一样，为了逗小儿一笑，趴在地上给儿子当马骑或将儿子放在肩上。蒋孝刚小学毕业就离开台湾去海外读书，蒋纬国经常去看望他。他在英国剑桥大学读书时，蒋纬国每年都要去伦敦，参加由"国际战略协会"召开的年会，会后总要在伦敦待上一段时间，与儿子和侄孙女一起生活。同样，每年寒暑假期间，蒋孝刚和蒋友梅都会到美国纽约长岛去探望宋美龄和经常在美国的邱如雪。

对于蒋孝刚的未来，最冷静的是邱如雪。邱家属于普通公务员阶层，对社会思潮和民意倾向比较了解，邱如雪已经预感到社会"民主"潮流是挡不住的，专制制度和蒋家的

章孝严（左）、章孝慈（右）合影

荣耀迟早是要消失的，如果让儿子在蒋家的环境中成长，一是有可能成为"恶少"，二是即使不变坏，所背的蒋家包袱过重，到"非蒋化"时受到的冲击更大。为避免这两种她所不愿意看到的情况出现，只有拉开与蒋家的距离。对待蒋孝刚，邱如雪的立场非常明确，不能让蒋家环境影响儿子的心灵，要做到这样，只能让儿子脱离蒋家环境去生活、学习。蒋介石从蒋孝文、蒋孝武、蒋孝勇的表现中，意识到脱离"特权圈"对孩子成长的必要性，反复表示要把蒋孝刚送出去。邱如雪对此十分赞同，待蒋介石一过世就把儿子送到美国读书。到了美国，为减少对儿子学习的干扰，邱如雪把从小在生活上被照顾得十分周到的儿子送进了寄宿学校。

蒋孝刚虽为蒋家第三代成员，但基本没有堂兄常有的那种豪门之后的特性。蒋家权势冲天，邱如雪一直对蒋孝刚进行"贬低特权式"的教育，可以说蒋孝刚与蒋孝章差不多，很早就脱离了权势的环境，对"特权"没有过多的留恋。在蒋家第三代中，蒋孝刚的年龄与其他"孝"字辈的蒋孝文、蒋孝章、蒋孝武、蒋孝勇等相差一大截，比最小的蒋孝勇还小15岁，双方之间兴趣不同，感情并不深，往来也不密切。相反他在幼年时期，与年龄相差不到2岁的蒋孝文之女蒋友梅关系不错，自小经常一起在蒋介石住处玩。1980年底，蒋孝刚与蒋友梅考入英国剑桥大学。蒋孝刚攻读法律，蒋友梅则专修艺术。负责照顾他们的是台湾"驻英代表"金炎夫妇与中国现代文学史上有名的女作家凌淑华。

与堂兄相比，蒋孝刚自小显得早熟，稳重老成，这是由特殊的生活环境养成的。在他懂事起，正好进入父母关系不好的时期，父母处于分居状态，在蒋孝刚幼小的心灵中蒙上阴影。更为重要的是，从他懂事起，已经进入20世纪70年代，岛内外对国民党专制和蒋家独裁的批判风起云涌，以后他生活在海外，同学之间经常有意无意表达出对蒋家的鄙视、对专制的讨厌，这对他形成很大的压力。因此，蒋孝刚不苟言笑，沉默寡言，经常以埋头学习来分散心头的积郁。

蒋孝刚自小学习分外认真，在英国剑桥大学求学时，读书十分刻苦，尤其对《商事法》和《国际法》下的功夫最深，成绩也最突出。所以从剑桥大学法律系毕业后，他来到美国纽约获得硕士学位和通过律师考试，在父亲患病期间回到台湾就业，以便照顾父亲。他对政治没有兴趣，也曾想攻读政治，但是被母亲拒绝，邱如雪说："你想学政治？可以！除非你从我尸体上跨过去！"因此，蒋孝刚开始远离政治。在英国剑桥大学毕业后，台"外交部"曾有意延揽他出任官职，但被拒绝。蒋经国去世后，蒋家势力日见式微，蒋家第三代不得不独自发展，他更不会走从政路、吃政治饭。

1987年8月19日，在台北士林官邸凯歌堂举行蒋孝刚、王倚惠的婚礼。王倚惠的祖父魏宗锋曾担任台湾"中国银行总经理""中国商业银行董事长""中联信托公司董事长"，早已退休。新娘的父亲是菲律宾侨界一位著名商人，定居美国。王小姐的父亲与蒋孝刚的父亲蒋纬国私交很好。婚礼主持人是时任"副总统"的李登辉，花童则是已故国民党重臣陈诚的儿子、时任国民党中常委和台"行政院国家科学委员会主委"的陈履安。来宾有数百人，可谓是冠盖如云，权贵尽至。新郎、新娘婚后又返回美国。进入20世纪90年代以后，蒋纬国身体欠佳，蒋孝刚夫妇又回到台湾，在台北从事律师工作，就近照顾父亲。

不问政治、从事律师职业的蒋孝刚也遇到麻烦事。1996年2月6日，台北市工务局建管处在近百名警力的支援下，以建筑违法为名，强行拆除他的别墅。蒋孝刚委托的律师团在当天下午记者会上指出，蒋宅的土地和建筑都是私人购买、兴建的，市政当局随意认定为违建，是"逾越权责"，"漠视法令的存在和尊严"，台北市长陈水扁破坏法治，因此将依法要求台北市政府赔偿3亿新台币。社会舆论指出，陈水扁此举则是不顾纳税人的利益进行"政治秀"，利用部分民众对过去蒋家的不满，以达到扩大自己政治影响的目的。

蒋孝刚在留学时，吃不愁穿不愁，蒋家有足够的能力保证他完成学业。不过应该看到，他的聪明之处是，没有利用蒋家特权谋取更多的利益，而是把自己定位为"平民"，所以才有了后来正常的生活。

蒋介石的去世，成为蒋氏家族史上的一个重要标志，预示着顶峰已经过去；后来蒋经国去世，则成为蒋氏家族史上的转折点，标志着蒋家开始走向全面衰落；而在蒋经国去世后，蒋孝文（1989年4月14日，54岁）、蒋孝武（1991年7月1日，46岁）、章孝慈（1996年2月24日，54岁）、蒋孝勇（1996年12月22日，48岁）、蒋纬国（1997年9月1日，81岁）、宋美龄（2003年10月24日，106岁）、蒋方良（2004年12月15日，90岁）等接连过世，特别是7个孙辈有4位英年早逝。对于这一现象，人们议论纷纷，有的从政治角度认为是蒋家自食其果，有的从迷信角度认为是恶有恶报，有的从佛教角度说是因果报应，有的从生理规律角度说是身体不好，总之在蒋家第三代身上发生的事实确实是悲剧，九泉下的蒋介石、蒋经国对此恐怕没有想到。

蒋介石虽然寿终正寝，但他却难以瞑目：

一生从事的"反共事业"没有完成，也不可能成功，岂不悲哀？他至死也没有忘掉自己的"责任"，所以在他的公文包里还时时放着《国民党党员证》和身份证，他的遗嘱更是要人们"达成国民革命之责任"。

"反攻复国"永无成功之日，老人不能不伤心。在他的黄色公文包里，始终还装有《中国大地图》，中国人民解放军、台

蒋介石夫妇合影

湾军方的军事部署和调整记录，"挥师西进的雄心"至死不灭。

他更担心自己离世后台湾政局的走向，知子莫如父，他相信年已六十好几、在政坛上历练多年的蒋经国已经具备驾驭国民党和台湾政局的能力，但是国际形势动荡不安，岛内政治巨变在前，国民党前途多舛，蒋经国能否顺利将蒋记政权延续下去不能不令人揪心。

他也担心夫人以后的日子，想当初他开府南京后娶宋美龄为妻，22年后来到台湾岛，如今其体面的生活可以保持，但生活中的冷清是不可避免的了。

此时的蒋介石，恐怕还要想起另外三位女性：36年前死于日本侵略军飞机轰炸的毛福梅、两年前分别去世的姚冶诚和陈洁如，他和她们都曾有过一段值得回忆的时光。如今人事不在，即将相会黄泉，倒也未尝不是一件幸事。只是他和陈洁如的养女蒋瑶光，一直没得到他直接照顾，难免留下遗憾。

蒋介石还有怀念的人，那就是长子的情人章亚若，如今她的双胞胎儿子已长大成人，可还未得到蒋家的认同，还未正式进过蒋家的门，更让人伤

心的是，这位没有名分的女性葬在何处当时也不知道！还有一位女性就是次子蒋纬国的夫人石静宜，蒋氏家庭里不该发生石静宜猝死的悲剧。对于长媳蒋方良这位异国女性，他心中稍能安慰，因为蒋经国还在，方良应该不会有寂寞。

他更思念海峡对岸的家乡，溪口的湖光山色无数次出现在梦中，20多年来他从未为母亲的坟上除草添土，从未为蒋家祠堂添上一支香，何谈尽孝？他和所有远离家乡的老人们一样，对未能最后看上一眼家乡和故土，对未能魂归故里，感到无限遗憾。

更为重要的是，他难以接受国民党在大陆惨败的事实，他时刻想复辟失去的江山！

综观他一生的失误，集中到一点，就是"反共"！"反共"毁了他一生的政治生涯，对中国共产党的仇视和对共产主义的恐惧，使他成为流落台湾的失败者。

所以，从整个历史长河论，蒋介石是时代的落伍者，是中国历史上最大的失败者。蒋介石一生的兴衰告诉世人，任何一个执政者，得道多助，失道寡助；得人心者兴，失人心者衰；顺历史潮流者兴，逆历史潮流者亡。从整个历史长河论，因为众所周知的原因，海峡两岸出现暂时分离现象，但中国人民要求祖国统一，中国人民有信心完成祖国统一大业。

蒋介石位于慈湖的陵寝

蒋介石全传

·Biography of Jiang Jieshi

新版后记

作为特定的政治人物，蒋介石在历史上的痕迹是抹不掉的，也不需要抹掉。拙作就是要把60余年间曾在中国呼风唤雨的蒋介石的兴衰史，相对集中地展现于广大读者面前。

蒋介石活动时间段是20世纪的前、中期，也是旧中国由衰而变、由变而乱，新中国由乱而治、由治而强的历史发展过程。在这历史发展过程中，出现了以中国共产党的领袖们为代表的一大批胜利者，也出现了以北洋政府和南京政府的领袖们为代表的一大批失败者。笔者只是想从"兴衰"的角度，"录下"历史的必然性：只要代表人民的利益，任何政党和政治人物就能成为胜利者，中国共产党及其领袖们就是这样！只要违背人民群众的利益，任何政党和政治人物只能走向失败，清廷、北洋军阀、南京政府和蒋介石就是这样！

观察蒋介石，在早期从事政治活动的17年间，在封建制度崩溃后带来的社会大变动中迅速崛起；在控制南京政府后的22年间，经历了有过政治顶峰、有过迅速衰败的不正常过程；在走下坡路的年龄段却在建设台湾方面有所成就，总算让自己的政治命运有了一个较为理想的结局。对于这样一位十分复杂而又影响巨大的政治人物，在分别坚持中国特色社会主义和中国特色资本主义的海峡两岸间，任何传记都很难做到令各方满意。拙作只能是为民国史、现代史和蒋介石研究做一点补充而已。

《蒋介石大传》2001年2月经过有关部门批准、在团结出版社出版后，加印过多次（每次加印数千册，其中2005年间重新设计封面和版式），能够得到广大读者的如此厚爱，这对于我这样一个民国史研究、蒋介石研究和传记文学领域的"票友"来说，已经心满意足了。

我的本职工作是高校教学，学科方向是政治学类的台湾问题研究，接触过许多关于民国史、蒋家的资料，再加上在南京大学历史系77级学习时对于中国现代史的爱好，所以在十多年前创作并出版了《蒋介石大传》。前不久，出版社要重新修订出版此书，这对于我这样一个年龄近六十、将要从工作岗位退下来的学者来说，无疑是好事和鼓励。

近一时期以来，以"蒋介石日记"为代表的有关蒋介石研究的史料大量出现，为深入研究提供了许多有利条件。不同时期、不同背景和不同资料等状况，肯定会影响到对于特定历史人物研究的深入程度，但不应影响到对于历史人物的基本评价。研究历史人物，自然史料越多越好，但更需要的是研究者坚持辩证唯物主义和历史唯物主义的立场和态度。对于蒋介石来说，有关他追随孙中山参加反帝反封建革命，参加国民革命投身第一次国共合作，政治上"反共"组建南京政府，主张抗日参加第二次国共合作，发动"反共"内战导致其建立22年的政权在大陆被推翻，以及他退踞台湾及所进行的政治、经济建设，所有这一切，均应在史料史实基础上，按照辩证唯物主义和历史唯物主义的基本原则，按照是否有利于国家和民族的强盛、是否有利于人民大众生活水平的提高、是否有利于社会和历史的进步等标准，如实记述、论述和评述。经过十多年的观察，当年撰写本书时的思考和注意点，至今看来还是令自己满意的。

以"蒋介石日记"为代表的大量研究资料的出现，也成为我继续关注蒋介石研究的主要动因。接到出版社的通知后，笔者参考有关蒋介石研究的新史料，结合自己10多年来新的研究体会，与责任编辑商定了修改的基调，在基本保持全书内容、结构、观点和论述的前提下，增加、删除和调整一些内容。基本用意是作为蒋介石的传记，要尽量经得起时间的检验和读者的推敲。

关于自己的稿子，篇幅多、人物多、评述多固然是特点，也有一些独到的地方。比如，与人物研究相比，本书对性质、过程和影响的论述多一些；与民国史研究相比，本书关于人物的内容多一些；与传记文学相比，本书关于背景、历史和政治的篇幅多一些。因此种种，带来的特点还不少，如讲的面要比人物研究宽一些，写的史要比历史研究活一些，对人物特性的描述要比传记文学专业性强一些。因此，一方面这些尝试看来已经得到一些读者朋友们的理解和接受，另一方面这些尝试在书中发挥得还不理想。

衷心感谢为拙稿新版出力的团结出版社！

衷心欢迎读者、同行的批评和指正！

刘红

2014年8月